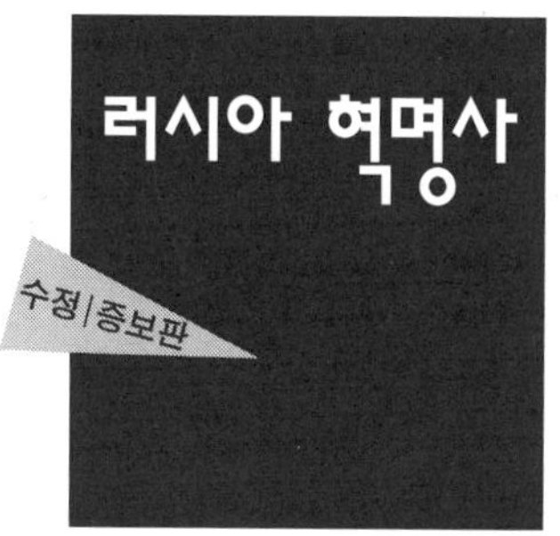

김학준 지음

지은이 **김학준**은 1943년 중국 선양瀋陽에서 태어났다. 인천대학교 총장, 동아일보사 사장 및 회장, 단국대학교 이사장, 한국과학기술원KAIST 김보정金寶鼎석좌교수, 동북아역사재단 이사장 등을 역임했다. 현재 국립 인천대학교 이사장이면서 한동대학교 석좌교수다.

러시아 혁명사
수정·증보판

초판 1쇄 1979년 12월 26일
초판 22쇄 1995년 5월 23일
재판 1쇄 1999년 12월 26일
재판 6쇄 2018년 1월 24일

지은이   김학준
펴낸이   이광호
펴낸곳   ㈜문학과지성사
등록번호   제1993-000098호
주소   04034 서울 마포구 잔다리로7길 18(서교동 377-20)
전화   02) 338-7224
팩스   02) 323-4180(편집)   02) 338-7221(영업)
전자우편   moonji@moonji.com
홈페이지   www.moonji.com

ISBN 89-320-1136-2

러시아 혁명사

김학준 지음

문 학 과 지 성 사
1 9 9 9

수정 · 증보판 머리말

1979년 12월에 출판된 졸저 『러시아 혁명사』는 처음부터 모자란 곳이 적지 않았다. 우선 나의 공부와 생각이 짧았으며 자료도 충분하지 않았다. 그런데도 참으로 많은 분들이 읽어주었고 때로는 과분하게 평해주기도 했다. 그러했기에 이 졸저는 큰 부담이 되어왔다. 그래서 언젠가는 꼭 고쳐 써야겠다고 마음먹고 있었다. 그러나 게으름과 능력의 한계로 전혀 손을 대지 못했다.

그렇게 지나는 사이 어느덧 초판으로부터 꼭 20년이 지났다. 더 이상 방치할 수 없다는 생각이 압박해왔다. 비록 흡족하지는 않다고 해도 수정할 곳은 수정하고 보완할 곳은 보완해야겠다고 마음먹으며 지난 스무 해를 돌이켜보니 이 책의 주제와 관련해 다음과 같은 몇 가지 변화가 있었음을 새삼스레 깨달을 수 있었다.

첫째, 신간들의 출현, 그리고 그것들이 준 새로운 자료들과 새로운 해석들이다. 우선 미국 하버드 대학교 사학과 교수로 러시아학의 세계적 대가들 가운데 한 사람인 리처드 파이프스Richard Pipes의 『러시아 혁명』[1] 이다. 1,000쪽에 가까운 이 방대한 책은 러시아 혁명의 시기 구분에 관해 새로운 관점들을 제시하면서, 특히 1899년의 대학생 집단 항의로부터 1924년의 레닌 Vladimir Ilichi Lenin 사망까지의 약 25년을 러시아 혁명의 절정기로 보는 가운데 종전의 많은 책들이 다루지 않았거나 다루지 못했던 사건들에 대해 새로운 조명을 주었다.

둘째, 러시아 혁명의 직접적 산물인 소련의 해체, 그리고 러시아 혁명의 이념적 · 이론적 기관차이었던 마르크시즘 · 레닌이즘의 붕괴이다. 이 역사적 사건은 학자들로 하여금 자연히 러시아 혁명을 되돌이켜 생각해보게 만들었으며, 그 과정에서 소련의 해체를 깊이 있게 분석한 책들이 출간됐다. 그것들 가운데 대표적인 책이 프랑스의 세계적 소련학 대가인 여류 사학자 엘렌 카레르 당코스Hélène Carrére d'Encausse가 저술한 『소비에트 제국의 종언: 민족들의 승리』[2]이다. 이 책은 러시아 혁명 그 자체를 다루지는 않았다. 그러나 러시아 혁명을 재조명하고 재평가하는 작업에 있어서 중요한 암시를 주었다.

셋째, 러시아 방문을 통한 현지에서의 자료 수집이다. 1991년 6월에 소련을 처음 방문한 이후 나는 소련을 포함해 러시아를 여덟 차례 방문하면서 러시아 혁명의 사적지들도 찾아보았고 러시아 혁명에 참여했던 지도자들의 생가나 무덤도 찾아보았을 뿐만 아니라[3] 러시아 학자들의 러시아 혁명에 대한 인식을 접하는 가운데 새로운 자료들과 해석들을 수집할 수 있었다.

새 자료들과 시각에 바탕을 두고, 이번 판은 다음과 같은 부분들을 개정하거나 보완했다. 첫째, 가장 기초적인 작업으로, 어떤 사람이나 사건에 대해 새롭게 사실이 밝혀진 경우 그 사실로써 지난날의 서술을 대체했다. 라스푸틴의 사인(死因)에 관한 새로운 해석이 한 작은 보기이다.

둘째, 러시아 혁명사와 관련해 꼭 들어가야 할, 또는 적어도 짧게나마 언급돼야 할 사항이었건만 지난 판에서는 빠졌던 사항들을 이번 판에서는 포함시키고자 했다. 1895년에 일어났던 호딩카 들판의 참사라든가 1909년에 일어났던 『베히 Vekhi』 운동이 그 한 작은 보기들이다.

셋째, 차리즘의 성립 과정과 그 성격을 밝히는 일에 상당히 많은 지면을 주었다. 지난 판이 1825년에 일어난 데카프리스트들의 반란을 제1장으로 삼았음에 비해 이번 판이 그것에 앞서 제1장과 제2장을 새로 둔 까닭이 거기에 있다. 그러한 취지에서 제2장에서는 차리즘에 대해 심각한 위기를 조성했던 푸가초프 Emilian Pugachev의 반란이나 라디스체프 Alexandr Radischev의 저항에 대해서도 자세히 설명하고자 했다.

넷째, 데카프리스트들의 반란은 '러시아 최초의 혁명'이라고 불릴 만큼 역사적으로 중요한 사건이었는데도 지난 판은 반란의 전개 양상을 묘사하는 데 치중해 참여자들의 사상을 간략히 다룬 흠을 보였다. 이번 판은 그 흠을 보완하기 위해 반란 지도자들의 사상 형성 과정을 좀더 자세히 설명하고자 노력했다.

다섯째, 러시아 혁명의 전개 과정에 중요했던 사건들이라고 새롭게 해석되고 있는 사건들을 이번 판에 포함시켰다. 1899년과 1900년까지 러시아의 거의 모든 대학교들에서 전개된 학생들의 집단 시위들이 그 대표적인 보기들이다.

여섯째, 지난 판은 러시아 혁명의 전개 과정을 지나치게 레닌과 트로츠키Leon Trotsky 및 스탈린Iosif Stalin 등 세 혁명가들과의 관계에 기울어져 서술했던 것이 아닌가 하는 반성을 해보게 된다. 이러한 배경에서, 이번 판은 러시아 혁명의 전개 과정에서 중요한 역할을 수행한 다른 혁명가들에 대해서도 지난 판에 비해 훨씬 보다 많은 관심을 주고자 했다. 그 대표적 혁명가들이 체르니세프스키Nicolai Chernyshevsky, 플레하노프 Georgi Plekhanov, 트카초프Pyotr Tkachev, 룩셈부르크Rosa Luxemburg 등이다.

일곱째, 혁명가들이 타도의 대상으로 삼았던 차리즘 체제의 대응, 예컨대 황실과 각료들의 논리와 행동은 물론 그들의 손발로 현장의 일선에 섰던 경찰의 노력, 심지어 당국과 혁명 세력 사이를 오가며 이중 정보원의 역할을 수행했던 첩자들의 암약에 대해 지난 판에 비해 훨씬 더 많은 조명을 주었다. 비운의 마지막 황제 니콜라이 2세Nicolai Ⅱ의 '나약한' 성격이 상황 전개에 많은 영향을 주었음도 충분히 고려하고자 했다. 전반적으로, 체제와 반체제 사이의 일종의 복잡한 상호 작용이 상황 전체를 어떻게 만들어가고 어떻게 바꿔놓는가에 대해 더 자세히 썼다.

여덟째, 러시아 혁명사에서 큰 뜻을 갖는 1905년 1월의 '피를 흘린 일요일,' 그리고 세계사적으로도 대단히 큰 의미를 갖는 2월 혁명과 10월 혁명을 그 중요성에 걸맞게 좀더 자세히 다루고자 했다. 그래서 지난 판에는 각각 1개 장으로 된 '피를 흘린 일요일'과 2월 혁명 및 10월 혁명을 이번 판에서는 각각 2개 장으로 나눴다. 1905년 10월에서 12월까지 계속된 총파업에 대해서도, 그리고 10월 선언에 대해서도 훨씬 더 자세하게 쓰고자 했다.

아홉째, 니콜라이 2세 일가의 '처형' 또는 '살해'를 별개의 장으로 삼아 자세히 다뤘다. 소련의 붕괴 시기에 새롭게 공개됐거나 발굴된 자료들은 이 사건의 진상과 성격을 보다 더 명확히 밝혔고 그것은 소련 체제의 본질을 보다 더 객관적으로 이해하는 중요한 자료라는 점에서 파이프스 교수가 독립된 장으로 다룬 방식에 공감했기 때문이다.

열째, 러시아 혁명의 결과로 소비에트 국가가 세워진 뒤 그 동안 혁명을 이끌었던 혁명가들의 운명은 어떻게 됐는가를 앞의 장에서 함께 설명하고자 했다. 이 물음에 관련해, 마르크스의 무덤, 레닌의 무덤, 레닌의 아내 크루프스카야의 무덤, 레닌의 연인 이네사의 무덤, 레닌 가족의 무덤, 트로츠키의 무덤, 스탈린의 무덤, 룩셈부르크의 무덤, 그리고 수많은 혁명가들의 공동 묘지라고 할 수 있는 크렘린 외벽의 무덤 등을 비롯해 많은 혁명가들의 무덤들을 돌아보았다. 다른 한편으로, 소비에트 국가가 세워진 뒤 혁명가들이 해방시키고자 했던 러시아 인민의 삶은 과연 어떻게 달라졌는지를 설명하고자 했다.

수정·증보판이라고 해도 이 책은 지난 초판의 경우와 마찬가지로 나의 독창적 연구의 산물은 결코 아니다. 자료의 발굴이나 해석의 어느 측면에서도 새로운 얘기를 전혀 내놓지 못했다. 그저 이 주제와 관련해 지난 수십 년 동안 읽은 책들을 내 나름으로 소화하고 요약하고 정리한 것에 지나지 않는다. 그러므로 정확히 말해 이 책은 다른 연구자들이 이미 출판한 저술들의 독서의 산물에 지나지 않는다.

앞으로 우리나라에서도 러시아 혁명사에 관해 독창적인 저술이 출판되기를 바란다. 러시아 혁명사 분야의 국제 학계에서 "한국 사람의 시각에서 씌어진 러시아 혁명사로는 어떤 책이 있느냐?"고 물어올 경우 "이 책이다"라고 내놓을 만한 저술이 나올 때 나의 이 졸저는 생명을 다할 것이다.

이번 판의 출판에 즈음해 문학과지성사 대표 김병익(金炳翼) 선배에게
다시 감사하고자 한다. 김선배는 초판 때도 출판을 권유해주어 실질적으
로 이 책의 산파 역할을 맡았었는데 이번에도 마찬가지였다.

이 책에는 수정되고 보완돼야 할 부분이 여전히 많이 남아 있다. 또 사
실의 확인에서나 판단에서 잘못이 적지 않을 것이다. 그 잘못들이 고의
의 결과는 아니지만 그것들에 대한 책임은 전적으로 나에게 있다. 독자
들의 많은 가르침을 기대하고자 한다. 겸허하게, 그리고 감사히 받아들
여 다음 쇄 또는 다음 판에서 고칠 것임을 약속한다.

1999년 11월 15일
인천대학교 연구실에서
지은이 씀

책머리에

혁명이란 단어가 모든 젊은이들의 피를 끓게 하던 시대가 있었다. 유럽의 18세기 중반부터 20세기 중반까지의 2백여 년에 걸쳤던 시대가 바로 그러한 시대였다. 이 대변혁의 시대에 젊은이들은 혁명의 깃발 아래 기꺼이 자신의 몸을 던졌고 혁명의 열기 속에 자신의 열정을 불태웠던 것이다.

혁명이란 말 한마디가 그 시대 젊은이들의 정열을 흡수할 수 있었다는 것은, 그리고 정치의 원동력으로 작동할 수 있었다는 것은, 결국 정치적 낭만주의가 살아 있었다는 것을 의미하는 것이다. 여기서 우리는 정치적 낭만주의가 무엇을 의미하는가를 따질 필요는 없을 것이다. 그저 현실 정치에의 직접적 참여를 통하여 낡은 질서를 무너뜨리고 새로운 이성적 질서를 이룩할 수 있다는 믿음이 대하의 물줄기처럼 도도히 흘러나가는 사회——그 사회에는 정치적 낭만주의가 존재하고 있는 것으로 생각해도 좋을 것이다.

정치적 낭만주의가 힘을 쓰고 있는 사회에서 사람들은 비록 오늘은 가난하고 괴롭다 하여도 내일에의 꿈이 있기에 행복할 수 있다. 사람이란 반드시 이른바 오늘의 '부귀영화'로써 만족하고 행복할 수 있는 존재는 아니다. 정녕 사람은 정신적인 존재다. 그러기에 그에게는 일상적인 안락은 오히려 권태를 더할 뿐이며, 그 안락이 스스로를 안락사(安樂死)시키는 무서운 독소로 비쳐질 수 있는 것이다. 그에게는 새로운 질서에 대한 기대가, 비록 그 기대의 표현 자체가 금압되는 것이라 하여도, 그 스스로의 존재 의의를 일깨워주고 그 스스로의 삶을 값지게 해주는 활력소로 나타나는 것이다.

오늘의 질서에 대한 평가와 내일의 질서에 대한 기대를 이론적으로 정리하고 체계화한 것을 나는 일단 정치 사상이라고 부르고 싶다. 물론 정치 사상을 이렇게 정의할 때, 그것은 정치 사상의 속성 가운데 보수적인 성격을 사상(捨象)시키고 대항적 성격을 더욱 부각시켰다는 반론을 예상할 수 있을 것이다. 그러나 미래에 더 많은 관심이 있는 정치적 낭만주의자들에게 정치 사상은 정녕 대항적 성격이 그 본역인 것으로 받아들여지는 것이다.

여기서 바로 혁명과 정치 사상이 서로 만나는 것이다. 그 둘은 모두 현실 질서에 대해 비판적이며 회의적인 입장을 취하면서 새로운 질서를 지향한다. 물론 정치 사상은, 사상이란 말이 나타내고 있듯이, 혁명에 비해 보다 관념적이고 덜 행동적이라고 볼 수 있다. 그것은 추종 세력과 지지 세력을 얻기 전에는 한낱 관념에 지나지 않을 수밖에 없는 경우가 일반적일 것이다. 그러나 역사가 우리에게 가르쳐준 바에 따르면 어떠한 혁명도 그에 훨씬 앞서서 반드시 그 혁명의 이론적 · 정신적 원천이 되는 정치 사상의 출현을 보았던 것이다. 미국의 혁명이 있기에 앞서 로크John Locke의 민주주의 정치 사상이 나타났었고, 프랑스의 대혁명이 있기에 앞서 루소Jean-Jacques Rousseau의 사회계약론이 전개되었으며, 러시아 혁명에 앞서 마르크스Karl Marx의 공산주의 이론이 출현했던 것이다. 일체의 혁명이 이론서 위에서 시작되었다는 뜻에서, 현실적 혁명은 종이 위에서 출발한다고 말한 풀브라이트William Fullbright의 이른바 '지상(紙上) 혁명론revolution on paper'은 이를 가리키는 것이다.

20세기 중반에 들어서면서 구미(歐美)에 있어서는 혁명의 열기가 가라앉았다. 스탠리 와그너Stanley Wagner 같은 이의 표현으로는 이제 인류는 "혁명의 종말" 시대에 들어선 것이다. 동시에 하나의 유행어가 되어버린 '이데올로기의 종말'이란 말이 적절히 나타내고 있듯이, 정치 사상에 대한 사람들의 열정도 가셔버렸다. 상황이 이처럼 바뀌어진 가장 큰 이유는 역시 과학 기술의 발달과 이를 바탕으로 하는 경제 사회적 발전

속에 있다. 구미에서 볼 수 있었던 '빈곤 상태에서 복지 사회로의 전환'은 바로 이러한 사회 발전의 결과였고, 이에 따라 사회적 긴장은 누그러질 수 있었다. 사람들은 차차 어떤 청사진을 놓고 사회적 조화를 바탕으로 하는 유토피아를 실현하기 위한 사회적 공작(工作)에 의해 새로운 사회를 만들 수 있다는 믿음을 버리게 된 것이다. 또한 생활이 비교적 넉넉해지면서, 그리고 일상적인 생활의 재미가 커지면서 사람들은 본능적으로 혁명보다는 보수(保守)와 현상 유지에 더 많은 관심을 쏟게 되었던 것이다.

그러나 구미의 부유한 지역과는 달리 아시아와 아프리카 및 라틴아메리카의 가난한 지역에서는 '혁명의 종말'이 아니라 '혁명의 여명'이, 그리고 '이데올로기의 종말'이 아니라 '이데올로기의 여명'이 시작되고 있는 것이다. 이것은 이들 지역의 내재적 성격을 고려할 때 당연한 결과일 것이다. 국제적으로는 종속적인 지위에 있으며 따라서 국제 자본의 지배 아래, 그리고 그와 결탁한 국내의 보수 매판 세력의 통치 아래 내부적 모순이 심화되고 있을 뿐인 대부분의 후진 국가들에 있어서, 혁명과 그리고 이를 뒷받침하는 진보적 이데올로기야말로 높은 점화력(點火力)을 지닌 채 민중의 의식 저변을 도도히 관류하고 있는 것이다.

대부분의 후진 국가들, 라틴아메리카의 국제 경제학자들의 표현에 따르면 종속 국가들에 있어서는, '혁명의 종말'이 아니라 '혁명의 여명'이, 그리고 '이데올로기의 종말'이 아니라 '이데올로기의 여명'이 시작되고 있다는 관찰은 물론 '이데올로기의 종말'을 지적한 아롱Raymond Aron 같은 학자들에 의해 이미 제시된 것이다. 확실히 그들은 보수(保守)하려고 해야 보수할 것이 거의 없고 오히려 새로운 가치 체계와 이에 따른 새로운 질서의 출현 및 그의 정착이 갈구되는 후진 국가들에게 절대적으로 필요한 것은 혁명이라는 점을 인식하였던 것이다. 혁명적 진보의 사상의 필요성과 정당성을 아울러 인식하였던 것이다.

그들의 인식의 세계와는 직접적인 관계없이 실제에 있어서 전후의 후진 국가들은 혁명적 열기 속에 잠겨 있었다. 혁명적 진보의 사상을 강력히 포지하고 있는 엘리트가 현실 권력을 장악하고 있는 경우에는 물론 집권 엘리트에 의해 혁명은 국가 건설의 바탕이 되었다. 그렇지 못한 경우, 즉 여전히 외세의 신식민 세력과 그리고 국내의 소수 보수 세력과 결탁하여 자신의 권력을 유지하면서 민중이 강력히 요구하는 사회경제적 변혁을 금압하는 반(反)역사적 세력이 현실 권력을 장악하고 있는 경우 대항 엘리트에 의해 혁명이 요구되었다. 따라서 전반적으로 볼 때, 후진 국가의 정치는 바로 혁명이라는 이념적 테마를 중심으로 전개되었던 것이다. 가령 찰스 앤더슨Charles W. Anderson과 같은 정치학자가 "혁명은 격렬한 갈등 속에 태어난 새로운 국가들의 이념적 테마이어왔다. 오늘날 혁명은 민주주의, 그리고 사회주의와 함께 개발이 덜 된 나라들의 대부분에 있어서 정치적 수사(修辭)의 기본 개념인 것이다"라고 말하고 있는 것은 그러한 각도에서 이해될 수 있는 것이다.

대부분의 후진 국가들에 있어서 혁명이 정치의 핵심적 테마로 등장하면서 세계사적 의의를 갖는 혁명들에 대한 연구가 활발히 일었던 것은 당연한 일이라고 할 것이다. 확실히 역사는 장기적인 안목에서 볼 때 하나의 법칙성을 갖고 움직이고 있으며, 또한 오늘은 과거의 연장이며 내일은 오늘의 축적인 것이다. 다만 주의해야 할 것은 그 연장과 축적이 변증법적 발전의 결과라는 점이다. 역사적 발전을 단선적으로 이해하려 할 때 이해하기 어려운 상황에 빠지는 것은 그 점을 간과하기 때문이다. 이러한 과오를 범하지 않으면서 역사를 다시 살핀다는 것은 분명히 오늘의 성찰에 있어서 중대한 교훈을 추출하는 작업에 직접적으로 연결되는 것이다. 그러기에 역사적 혁명에 대한 개별적 및 총체적 연구는 역사학자들에게는 물론 비교사적(比較史的) 접근 방법을 취하는 입장의 정치학자들에게도 주요한 학문적 작업의 하나였다. 사학과 정치학의 두 분야에서 혁명에 대한 의미 깊은 연구가 잇달아 나오고 있으며 또한 그럼에도 불구하고 그 자극적 테마가 아직도 충분히 진(盡)하지 않았다는 데 의견의 일치가 있는 것은 바로 그 때문이다.
러시아 혁명에 대한 학문적 관심과 연구도 마찬가지로 설명될 수 있다. 인류의 기록된 역사에 있어서 정부의 수립에까지 이른 최초의 사회주의 혁명인 1917년의 러시아 혁명은 그가 지닌 상당한 역사적 의의 때문에, 그리고 그것이 전후 후진 국가의 정치 지도자들과 지식인들에게 준 깊은 영향 때문에, 실로 많은 역사학자들과 정치학자들의 주요한 연구의 대상이 되어왔다. 아마도 러시아 혁명에 직·간접으로 연결되는 연구 업적을 조사한다면 그 방대한 양에 압도될 것이다. 그럼에도 불구하고 러시아 혁명에 대한 연구 업적은 오늘날에도 끊임없이 쏟아져나오고 있는 형편이다. 러시아 혁명은 그 단초(端初)부터 따져나간다면 실로 백여 년의 역사를 갖는 역사적 대사변이었고 그처럼 한 세기가 지나면서 무수한 색채의 이론과 사상 및 인물들이 서로 대립하고 화합하면서 직접적으로 또는 간접적으로 관련되었던 것이다. 러시아의 사회경제적 구조와 그 모순이 모두 그 역사적 사변에 연결되어 있다. 말하자면 그것은 무수한 실개천과 냇물, 그리고 강하(江河)를 모두 흡수하면서 때로는 평원을 지나고 때로는 험준한 계곡을 거치며 때로는 얼고 때로는 녹은 채 흐르고 흘러 마침내 도도한 장강(長江)의 형세로서 대해(大海)에 이른 형상이었다고 할 것이다.

　러시아 혁명의 성격이 이렇기에 그것은 가령 마르크스주의라는 단일한 사상이나 또는 레닌이라는 단일한 인물로 설명되기에는 지극히 어려운 측면들을 안고 있다. 마르크스와 레닌을 합친다 해도 그들의 그림자만으로는 도저히 러시아 혁명 전체를 덮을 수가 없을 것이다. 그들은 다만 그들이 살던 역사적 시점에서 자신의 혼신의 노력으로 자신의 역사적 몫을 다하였을 뿐이다. 물론 그 진정한 평가는 차치하고 말이다.

　러시아 혁명에 관한 외국 학계의 연구는 이제 큰 물줄기의 몇 개를 잡아놓은 셈이라고 할 수 있다. 그리고 작은 물줄기들은 그 상류에까지 찾아가고 있는 형편이라고 하겠다. 실로 많은 연구자들이 진지한 탐색자의 자세로서 때로는 그 탐색 자체를 용공시하는 극우적인 세력의 의혹과 싸우고 때로는 러시아 혁명을 교조주의적으로만 해석하려는 극좌적인 세력의 비난과 겨루면서 묵묵히 역사에 대한 심판의 외로운 작업을 수행하고 있는 것이다.

　유감스럽게도 우리나라에 있어서의 러시아 혁명에 대한 연구는 지극히 부진하다고 보겠다. 정치학계에서는 물론 사학계에 있어서도 러시아 혁명에 대한 입문서 정도의 교과서도 찾기 어려운 형편이다. 이 책은 이 공백을 메우려는 소박한 노력의 하나이다. 바꿔 말하여 이 책은 러시아 혁명에 관한 국제적 연구 업적을 비판적인 안목에서 정리해서 국내에 소개하려는 하나의 개설서인 것이다.

바깥의 밝은 세계와는 두꺼운 벽을 쌓고 전제 정치의 어두움 속에 신음하고 있던 제정(帝政) 러시아의 수도 상트 페테르부르크 St. Petersburg에 그 어두움을 무너뜨리려는 총성이 일었다. 1825년 12월 14일의 일이다. 전제 정치를 유지시켜주고 있는 핵심적인 기둥의 하나인 장교단에서 전제 정치의 타도를 외치는 반란이 일어난 것이다. 러시아 역사에서 흔히 '데카프리스트들의 반란 the Decembrist revolt'이라 불리는 이 청년 장교 및 지식인의 반란은 곧 진압되었다. 그러나 그 사건은 현실적인 실패에도 불구하고 러시아 역사에 있어서 중대한 뜻을 가진다. 그 사건으로 러시아의 얼어붙은 땅속에 혁명의 씨앗이 심어졌던 것이다. 그 씨앗이 전제 정치의 두꺼운 지층을 뚫고 싹을 틔워 러시아의 역사뿐만 아니라 세계의 역사를 바꾼 러시아 혁명의 나무로 성장하기까지는 무려 92년이 소요되었다.

이 책은 이 92년 간의 역사를 대체로 다음과 같은 두 가지 점에 유의하면서 기술하였다. 첫째, 제정의 체제가 타도되고 새 질서가 세워져야 한다고 믿었던 사람들의 생애를 살펴보았다. 혁명아로서의 그 괴로운 삶을 살아간 사람들은 개인적으로 어떤 사람들이었는가에 대한 관심이 이 측면에 더 많은 조명을 주게 되었다. 자기 자신과 자신의 가족만을 위해서가 아니라 다른 사람과 그리고 그 사회를 위해 고민하며 살아가는 사람이란 역시 관심의 대상이 아닐 수 없는 것이다. 그러기에 나는 비록 나와는 사상을 달리한다 하여도 깊은 관심으로써 그들을 보고자 하였다. 둘째, 그러한 사람들의 이론과 사상 체계를 살펴보았다. 인간은 역시 사상을 가질 때 위대하다는 것이 나의 소박한 믿음이다. 살찐 돼지보다 여윈 소크라테스 Socrates가 되고자 한다는 말이 진실임을 나는 믿고 있다. 사상이란 그것이 상식과의 부단한 투쟁의 결과라고 생각할 때 그것은 더욱 존귀하게 보여지는 것이다. 일상적인 행복을 보장해주는 상식에의 도전적 회의가 있을 때 사상의 새로운 지평은 열리는 법이다.

러시아 혁명은 무엇보다 이러한 무수한 색깔의 이론과 사상의 결과였다. 따라서 나는 러시아 혁명에 관련된 사람들이 어떤 사상을 갖고 있었으며, 어떻게 해서 그 같은 사상에 도달할 수 있었는가를 보고자 하였다. 물론 이들의 사상 가운데 나의 세계관이나 사상과 전혀 맞지 않는 것이 많음도 사실이다. 그들의 사상이나 이론 가운데 상당한 부분은 비판되어야 마땅한 것이 많다는 점 역시 사실이다. 그러면서도 순전히 학술적인 소개와 비판의 목적에서 비교적 상세히 다뤄보고자 하였다. 그러나 정치 사상 분야에 대한 소양과 훈련이 약하기 때문에 제대로 소화·처리하지 못한 대목이 많다는 점을 미리 고백한다. 많은 분들이 여러 가지로 좋은 지적을 해주시면 다음 기회에 수정 또는 증보의 방법으로 이를 받아들이고자 한다.

1979년 8월
서울대학교 사회과학대학 정치학과 연구실
김 학 준

고마움의 말

　1976년 가을 졸저인 『소련 정치론』을 세상에 내놓았을 때 학계로부터 분에 넘치는 격려의 평을 받았다. 이에 힘입어 그 책의 앞부분의 한 참고서에 해당된다고 할 수 있는 러시아 혁명사를 쓰고 싶다는 의욕을 갖게 됐다. 특히 러시아 혁명에 대한 사회경제적 분석 및 사상사적 분석에 밝으면 밝을수록 오늘날의 공산주의 이론에 대한 이해가 보다 쉬워지리라는 생각은 그 의욕을 더욱 자극했다.

　마침 월간지 『세대』의 발행인이요 주간인 동학(同學) 권영빈(權寧彬) 사학도(史學徒)가 나에게 귀중한 지면을 내어주면서 2년 반여의 연재를 허용해줌으로써 나의 의욕을 구체화해주었다. 『세대』에 연재할 때는 늘 시간에 쫓겨 여러 책들을 참고하지 못하고 몇 권의 책에 의존하고 있었다. 특히 버트램 월프Bertram D. Wolfe의 『혁명을 이룩한 세 사람 *Three Who Made a Revolution*』에 크게 의존하고 있어서, 그 글은 솔직히 고백하건대 편술(編述)에 지나지 않는 것이었다.

　그런데도 불구하고 몇 출판사들로부터 책으로 묶어 내주겠다는 고마운 제의를 받았다. 그러나 연재의 원형대로는 도저히 책을 낼 수가 없었다. 다행히 그 사이 많은 자료를 얻을 수 있었으며, 특히 1978년 12월초부터 1979년 2월말까지 90여 일에 걸쳤던 미국의 저명한 대학교의 소련 문제 연구소 순례는 새로운 자료 입수에 큰 도움을 주었다. 원래 이 여행의 목적은 소련의 동아시아 정책을 연구하기 위한 자료의 수집에 있었는데, 약간의 외도를 한 셈이 됐다. 어떻든 이 책의 자료를 구할 수 있는 기회를 마련해주었다는 점에서, 저자는 여행의 기회와 비용을 베풀어주신

서울대학교 사회과학연구소의 초대 소장 이해영(李海英) 교수님과 그를
이은 현소장 이홍구(李洪九) 교수님 및 같은 분야의 연구원 김용구(金容
九) 교수님에게 고마움을 표하고자 한다. 또한 저자의 짧은 여행 동안 자
료 수집을 이모저모로 도와준 두 분, 즉 버클리 소재 캘리포니아 대학교
에서 정치학 박사학위 과정을 밟고 있는 하용출(河龍出) 석사와, 그리고
시애틀 소재 워싱턴 대학교의 이정복(李正馥) 박사 두 분께 고마움을 표
하고자 한다.

저자는 이 또 하나의 졸저의 출판을 맡아준 문학과지성사의 김병익(金
炳翼) 학형 및 김주연(金柱演) 학형을 포함한 여러분께 고마움을 표하고
자 한다. 그리고 이번에도 다시 교정 및 색인 작성의 어려운 작업을 전적
으로 맡아 지혜롭게 처리해준 서울대학교 조교 이서항(李瑞恒) 석사와
유네스코 한국위원회의 백운선(白雲善) 석사 및 서울대학교 정치학과 출
신의 김기정(金基禎) 학사의 학문적 열정을 높이 치하하는 바다.

마지막으로 저자는 자신의 바쁜 유학 기간 중 본저에 관련된 많은 책
을 일일이 골라 보내주고 집필을 격려해준 아내 강기원(姜基遠)과 저자
의 바쁜 집필 생활로 시간을 할애받지 못한 딸 은수(恩秀)에게 고마움과
미안함을 함께 표한다.

1979년 8월
서울대학교 사회과학대학 정치학과 연구실
김 학 준

러시아 혁명사 차례

수정 · 증보판 머리말 | 5
책머리에 | 10
고마움의 말 | 17

제1장 러시아 혁명의 뿌리로서의 차리즘 체제가 성립된 과정 | 29
  1. 키예프 루시 시대와 몽골 타타르 지배 시대의 러시아 | 30
  2. 모스크바 대공국의 시대 | 34
  3. 로마노프 왕조의 성립 | 47
  4. 표트르 대제와 제정(帝政)의 개막 | 59

제2장 귀족의 황금 시대 대 푸가초프의 농민 반란 및
       라디스체프의 지식인 저항 | 70
  1. 귀족 계급의 황금 시대와 농노제의 확대 | 70
  2. 푸가초프의 농민 반란 | 73
  3. 러시아 지성계의 계몽주의 수용과 농노제 비판 | 77
  4. 러시아 '최초의 혁명가' 라디스체프의 저항 | 82
  5. 개혁을 추구하다 후퇴한 알렉산드르 1세 | 85

제3장 조국 전쟁의 영향과 데카프리스트의 반란 | 92
  1. 청년 장교들의 비밀 결사들 | 93
  2. 청년 장교들의 반란 | 99

　　3. 데카프리스트 반란의 역사적 의미 ┃ 106

제4장 니콜라이 1세의 반동 정치 대 지식인들의 저항 ┃ **108**
　　1. '몽둥이 차리' 니콜라이의 통치 개시 ┃ 109
　　2. 인텔리겐치아의 대두와 차리즘에 대한 공격 ┃ 113
　　3. 서구화주의가 일어나다 ┃ 119
　　4. 슬라브주의도 형성되다 ┃ 128
　　5. 서구화주의와 슬라브주의 사이의 이화 수정 ┃ 134

제5장 알렉산드르 2세의 '대개혁' 대 '러시아 혁명주의'의 성장 ┃ **136**
　　1. 알렉산드르 2세의 '대개혁' ┃ 137
　　2. 체르니세프스키의 혁명 사상과 혁명 운동 ┃ 143
　　3. 체르니세프스키의 동시대 혁명 사상가들 ┃ 153
　　4. 나로드니크의 활동 ┃ 157
　　5. 트카초프, '최초의 볼셰비크'의 등장 ┃ 159
　　6. 라브로프와 네차예프의 생애와 사상 ┃ 171
　　7. 알렉산드르 2세의 암살 ┃ 175

제6장 알렉산드르 3세의 반개혁 대 플레하노프의 러시아 최초의
　　　　마르크시스트 조직 ┃ **178**
　　1. 알렉산드르 3세의 강압 통치 ┃ 179
　　2. 공업화와 노동 계급의 등장 ┃ 182
　　3. 마르크시즘의 내용 ┃ 184
　　4. 플레하노프가 인민주의자로 성장하다 ┃ 189
　　5. 플레하노프가 마르크시즘으로 전환하다 ┃ 197
　　6. 플레하노프가 노동자 해방 그룹을 세우다 ┃ 204

제7장 레닌이 마르크시스트가 되다 ┃ **212**
　　1. 대학생이 되기 이전의 레닌 ┃ 213

　　2. 레닌의 정치적 사고의 성장 　| 220

　　3. 마르크시스트로서의 레닌의 초기 활동 　| 224

제8장　니콜라이 2세의 반개혁 지속과 레닌의 노동자 해방 동맹 결성 　| 232

　　1. 나약하고 어리석었던 니콜라이 2세 　| 233

　　2. 혁명을 계승한 니콜라이 2세의 초기 통치 　| 236

　　3. 레닌이 플레하노프와 연계하다 　| 240

　　4. 레닌이 투옥된 뒤 유배되다 　| 247

　　5. 플레하노프가 수정주의 및 경제주의와 투쟁하다 　| 259

제9장　1899년의 대학 소요와 1900년의 『이스크라』 창간 　| 270

　　1. 1899년의 대학생 집단 시위 　| 270

　　2. 레닌이 삼각 동맹을 형성하고 해외 망명 계획을 세우다 　| 275

　　3. 레닌과 플레하노프가 손을 잡다 　| 278

　　4. 레닌이 볼셰비즘의 이론적 기초를 만들다 　| 284

제10장　트로츠키가 인민주의자를 거쳐 마르크시스트가 되다 　| 296

　　1. 트로츠키의 유년 시절 　| 297

　　2. 트로츠키의 오데사 시절 　| 304

　　3. 트로츠키가 인민주의자가 되다 　| 311

　　4. 트로츠키가 마르크시스트가 되다 　| 315

　　5. 트로츠키의 유형 생활과 탈출 　| 318

제11장　레닌이 플레하노프와 멀어지면서 트로츠키와 손을 잡다 　| 327

　　1. 『이스크라』 지도층에 금이 가다 　| 327

　　2. 트로츠키가 레닌을 찾아오다 　| 331

　　3. 『이스크라』의 성장과 이에 맞선 『노동자의 대의』 　| 338

　　4. 2차 당 대회 준비 과정에서 레닌과 플레하노프가 다투다 　| 342

제12장 러시아 사회민주당 2차 대회가 볼셰비키와
        멘셰비키로 분열되다 ▮ 349
    1. 통합 당 대회가 열리다 ▮ 349
    2. 『이스크라』 사람들이 단결하다 ▮ 352
    3. 『이스크라』 사람들이 분열되다 ▮ 358
    4. 레닌이 『이스크라』를 떠나다 ▮ 363
    5. 궁지에 몰린 레닌이 볼셰비키 위원회 국을 만들다 ▮ 368

제13장 1905년의 '피를 흘린 일요일'로 가는 길 ▮ 377
    1. 러시아의 공업 성장과 세 갈래의 반정부 운동 ▮ 377
    2. 내무부 대신 플레베의 강압 통치와 경찰사회주의 ▮ 383
    3. 러일 전쟁에서의 패배와 혁명가들의 대응 ▮ 392

제14장 마침내 '피를 흘린 일요일' : 1905년 1월의 러시아 혁명 ▮ 401
    1. 가퐁 신부와 교회사회주의 ▮ 401
    2. 겨울 궁전으로 행진한 노동자들에게 발포하다 ▮ 405
    3. 유혈 사태에 대한 항의 ▮ 409
    4. 황실의 대응 ▮ 412
    5. 가퐁 신부의 활약과 최후 ▮ 416

제15장 망명자들의 귀국과 투쟁 노선을 둘러싼 논쟁 ▮ 420
    1. '피를 흘린 일요일' 이후의 레닌 ▮ 420
    2. 트로츠키가 파르부스와 제휴하다 ▮ 426
    3. 혁명의 장사꾼 파르부스의 기복이 많았던 생애 ▮ 437
    4. 트로츠키가 마침내 귀국하다 ▮ 439

제16장 10월의 총파업과 소비에트의 출현 ▮ 444
    1. 공장에서 파업이 확대되다 ▮ 444
    2. 위테가 대안을 마련하다 ▮ 447

3. 상트 페테르부르크에서 소비에트가 성립되다 | 450

4. 볼셰비키와 멘셰비키가 논쟁을 벌이다 | 454

5. 1905년의 혁명과 플레하노프 | 461

제17장 10월 선언의 발표와 반동 정치의 재개 | 465

1. 니콜라이 2세가 10월 선언을 발표하다 | 465

2. 차리즘 체제가 10월 선언에서 후퇴하다 | 469

3. 트로츠키가 두각을 나타내다 | 471

4. 소비에트가 정부에 도전하다 | 474

5. 트로츠키의 '왕복 여행' | 482

제18장 입헌주의의 실험과 혁명가들의 전략 | 486

1. 헌법을 둘러싸고 논쟁이 벌어지다 | 487

2. 러시아 역사에서 처음으로 민선 의회가 열리다 | 491

3. 멘셰비키와 볼셰비키가 잠시 손을 잡다 | 497

4. 두마를 둘러싼 사회주의 혁명가들의 전략 논쟁 속에 레닌이
   우왕좌왕하다 | 501

제19장 '러시아 역사에서 가장 정치가다운' 스톨리핀이 개혁과 억압의
        양면 정책을 추진해 혁명가들을 긴장시키다 | 508

1. 새로운 발상의 스톨리핀이 총리로 등용되다 | 508

2. 긴급 조치로 일관한 스톨리핀의 억압 정책 | 513

3. 스톨리핀의 개혁 정책 | 518

4. 러시아 사회민주당 안에서 파쟁이 격화되다 | 526

제20장 레닌이 무장투쟁론을 전개하면서
        동시에 강도 행위로 자금을 조달하다 | 535

1. 레닌이 새로운 투쟁 방식을 제시하다 | 536

2. 멘셰비키가 레닌의 '자금 조달' 방식에 반발하다 | 539

3. 마지막 통합 당 대회가 런던에서 열리다 | 545

4. 은행털이 패거리와 카모 | 553

제21장 러시아와 폴란드 및 독일에서
          여성 혁명가 로자 룩셈부르크가 투쟁하다 | 563

1. 로자 룩셈부르크가 마르크시스트 혁명가로 성장하다 | 563

2. 독일의 노동 운동에 뛰어들다 | 570

3. 1905년의 러시아 혁명과 로자 룩셈부르크 | 573

4. 새로운 투쟁의 깃발을 들고 | 579

5. 로자 룩셈부르크의 자본주의 종말론과 제국주의론 | 588

제22장 스탈린의 유년 및 청년 시절 | 598

1. 스탈린의 출생 지역: 그 역사적 배경 | 599

2. 스탈린의 어린 시절: 사실과 왜곡 | 604

3. 스탈린이 신학교에서 혁명 운동에 접하다 | 612

제23장 스탈린이 마르크시스트 혁명 대열에 참여하다 | 620

1. 스탈린이 직업적 혁명가로 출발하다 | 620

2. 스탈린의 투쟁 경력: 조작과 사실 | 624

3. 역사는 어떻게 조작되는가 | 637

제24장 스탈린이 레닌의 제자가 되다 | 648

1. 첫 아내의 죽음이 스탈린의 성격을 더욱 모질게 만들다 | 648

2. 제3차 당 대회에도 참석 못 한 스탈린 | 655

3. 스탈린이 마침내 레닌을 만나다 | 663

4. 레닌이 스탈린을 발탁하다 | 670

제25장 혁명 열기의 하강과 외로워진 망명 생활 | 674

1. 혁명의 열기가 식어들다 | 675

2. 레닌만이 혁명을 붙들고 투쟁하다 | 680

3. 무인도의 트로츠키 | 684

4. 철학적 논쟁이 크게 일어나다 | 695

제26장 혁명의 열기가 다시 일어나다 | 699

1. 레닌의 입장이 개선되다 | 700

2. 레닌이 프라하에서 당 대회를 열다 | 704

3. 혁명 운동의 삽화 말리노프스키 사건 | 709

4. 부하린이 혁명 운동에서 두각을 나타내다 | 717

제27장 러시아의 제1차 세계 대전 참전과 레닌의 반전 운동 | 724

1. 러시아의 참전과 황실 | 725

2. 라스푸틴의 궁정 농락과 피살 | 731

3. 사회주의 인터내셔널의 분열 | 743

4. 레닌의 반전 운동과 제국주의론 | 746

제28장 2월 혁명과 임시 정부의 수립 | 755

1. 1917년의 1월과 2월 | 756

2. 2월 혁명이 일어나다 | 760

3. 니콜라이 2세가 퇴위하다 | 766

4. 2월 혁명과 1905년 혁명과의 비교 | 777

제29장 이중 권력 시대의 개막:
        임시 정부의 무기력과 소비에트의 실권 장악 | 780

1. 임시 정부의 발족과 정책 | 781

2. 소비에트가 임정을 압도하다 | 787

3. 로마노프 황가의 망명 문제와 임정 | 791

4. 임정의 결정적 실정 | 794

제30장 혁명가들의 귀국과 레닌의 4월 테제 | 798

　1. 레닌이 독일의 도움으로 귀국하다 | 798

　2. 레닌이 4월 테제를 발표하다 | 806

　3. 4월 위기를 계기로 임정과 소비에트의 연합 정부가 세워지다 | 810

　4. 레닌과 독일의 비밀 접촉 | 818

제31장 10월 쿠데타와 소비에트 국가의 성립 | 822

　1. 코르닐로프의 쿠데타가 실패하다 | 822

　2. 레닌이 무장 봉기를 역설하다 | 830

　3. 볼셰비키가 쿠데타를 일으키다 | 838

　4. 소비에트 국가가 세워지다 | 844

제32장 니콜라이 2세 일가의 최후와 혁명가들의 최후 | 851

　1. 니콜라이 2세 일가가 에카테린부르크로 옮겨지기까지 | 851

　2. 에카테린부르크에서의 학살 | 855

　3. 다시 망명길에 올랐거나 암살됐거나 처형된 러시아 혁명가들 | 864

　4. 볼셰비키 정권의 성격 | 879

주 | 883

러시아 혁명사 일지 | 918

중요 인물 소개 | 938

참고 문헌 | 948

색인 | 966

김학준 지음

제1장
러시아 혁명의 뿌리로서의
차리즘 체제가 성립된 과정

"러시아 역사의 기본적이면서 가장 바뀌지 않은 특징은 경제적 후진성과 사회적 형태의 원시성 및 문화적 저급성을 낳은 발전의 느린 속도이다." 이 문장은 러시아 혁명을 다룬 세계적 고전들 가운데 하나인 레온 트로츠키의 『러시아 혁명사』[1]의 첫 문장이다. '러시아 혁명 3대 주역들'[2] 가운데 한 사람이었던 트로츠키는 뒷날 소련의 권력 투쟁에서 패배해 해외 망명의 길에 오르게 되자 첫번째 망명지인 터키의 프린키포Prinkipo 섬에서 방대한 양의 이 책을 완성함으로써 역사적 사건의 참여자가 동시에 그 역사적 사건의 서술자가 된 귀한 사례를 보여주었다.

바로 이 점 하나만으로도 그는 고대 아테네와 스파르타 사이의 전쟁에 참여했으면서 그 전쟁을 『펠로폰네소스 전쟁 *The Peloponnesian War*』이란 역사책으로 남긴 투기디데스Thucydides, 그리고 갈리아 지방*의 정복을 지휘하면서 그 전쟁의 기록을 『갈리아 전쟁에 대한 회고록 *Commentaries of the Gallian War*』으로 남긴 줄리어스 시저Julius Caesar(이탈리아 발음으로는 율리우스 카이사르)의 반열에 서게 됐다. 또는 『러시아 혁명사』의 저술 하나만으로도 그는 고대 그리스의 투기디데스, 고대 로마의 타키투스Tacitus, 이탈리아의 니콜로 마키아벨리Niccolo Machiavelli, 영국의 에드워드 기본Edward Gibbon 등과 같은 고전적 역사가의 지위를 얻게 됐

---

   * 고대 유럽의 켈트인들이 살던 지역. 오늘날의 프랑스와 벨기에 전역, 이탈리아 북부, 네덜란드 남부, 독일의 라인 강 왼쪽, 스위스의 대부분을 포함했다. 기원전 1세기에 로마에 복속됐다.

다.[3] 이러한 평가에 걸맞게 트로츠키의 『러시아 혁명사』는 구절구절이 문제의 핵심을 정확히 지적하고 있는데, 특히 앞에서 인용한 그 유명한 첫 문장은 러시아 혁명의 뿌리를 가장 잘 말해준다. 인류 역사상 최초의 사회주의 혁명인 러시아 혁명은 수백 년에 걸쳐 인간에 대한 압제와 착취를 뒷받침한 러시아의 정치경제적 후진성과 사회문화적 낙후성에 철저히 저항한 혁명가들의 목숨을 건 순교자적 투쟁의 산물이었기 때문이다. 이러한 각도에서, 이 장은 제정 러시아의 체제적 성격을 러시아의 역사적 맥락에서 분석하기로 한다.

1. 키예프 루시 시대와
몽골 타타르 지배 시대의 러시아

선사 시대의 러시아. 러시아의 역사를 인류 발상의 시점까지 거슬러 올라가 논의할 수 있다. 구석기 시대, 대빙하기(大氷河期), 간빙기(間氷期), 신석기 시대, 청동기 시대의 유적들은 러시아의 여러 지역들에서 발견됐으며, 신석기 시대와 청동기 시대에는 농경 사회가 성립되어 소아시아의 한 지역에서는 우라르투Urartu라는 작은 나라가 세워졌던 사실도 고고학적으로 증명됐다. 그뒤 흑해 지방의 초원 지대에 유목 민족인 스키타이족Scythian이 이른바 스키타이 제국을 세웠고 이어 사르마티아족Sarmatian이 스키타이족을 복속시켜 이른바 사르마티아 제국을 세웠다. 이 제국 역시 다른 민족들에 의해 무너졌고, 그리하여 오늘날의 러시아 땅에서는 여러 민족들이 할거한 채 서로 싸웠다.

그 과정에서 동(東)슬라브족이 가장 힘있는 민족으로 자리잡았는데, 그들은 언어를 기준으로 차차 대(大)러시아 사람Great Russian과 소(小)러시아 사람Little Russian(또는 Ukrainian) 및 백(白)러시아 사람White Russian(또는 Byelorussian)으로 나뉘어갔다. 이들이 바로 러시아 역사의 주역으로 등장하게 되는데, 이들 가운데서도 대러시아 사람이 지배적인 민족이 된다.[4]

키예프 루시의 시대. 동슬라브 사람들이 러시아 땅에 세운 최초의 국가
는 이른바 키예프 루시(영어로는 the Russia of Kiev, Russia of the Kiev, the
Kievan Russia, Kievan Rus)였다.[5] 여기서 잠시 설명해야 할 부분은 루시와
러시아다. 루시라는 이름은 15세기 후반까지 쓰였다. 그러다가 우리가
앞으로 살피게 될 모스크바 대공국 시대인 이반 3세 Ivan Ⅲ 때 러시아로
바뀌어 불리더니, 제정 러시아 시대인 1721년에 표트르 1세 Pyotr I(영어
로는 피터 Peter)에 의해 러시아가 정식 이름으로 채택됐다.

키예프 루시의 시작은 우리 역사의 후삼국 시대에 해당하는 9세기 중
엽에 오늘날 우크라이나 Ukraina 공화국의 수도인 키예프를 중심으로 동
슬라브 사람들이 ── 또는 동슬라브 사람들과 바이킹 Viking족이 뒤섞여
── 세운 키예프 공국(公國)이었다. 그뒤 키예프 이웃의 여러 도시들에
서 비슷한 방식으로 공국들이 섰으며 그 수가 많을 때는 10개에서 12개
에 이르렀다. 이 공국들이 하나의 연합 국가 또는 복합 국가를 형성했으
며 이것을 흔히 키예프 루시라고 불렀는데 이 나라는 약 350년 동안 계
속된다. 12세기의 시점에서 키예프 루시의 인구는 대체로 7백만 명과 8
백만 명 사이였던 것 같다.

그러면 키예프 루시는 어떤 성격의 국가였는가?[6] 첫째, 사회경제적으
로 볼 때, 봉건 체제를 유지했다. 주된 지배 계급은 보야르 Boyar(보야린
의 복수)라고 불린 대귀족으로, 좋은 땅을 많이 차지한 대지주 계급이었
다. 그들의 영지는 세습됐으며 어느 경우에는 친위대를 거느렸고 사실상
무제한의 권력을 누렸다. 공국의 우두머리인 공후(公侯)로 하여금 보야
르 두마 Boyar's Duma* 결정에 따르게 함으로써 공후를 자신들의 영향 아
래 둔 경우가 흔했다. 보야르 바로 아래에 상인 계급이 있었다. 이들은
갖가지 상업에 종사하면서 재부(財富)를 쌓았으며 고리대금업을 번성시
키기도 했다. 그들 역시 지배 계급이었다. 이들 아래에 수공업자들이 있
었다. 이들은 도공·피혁공·대장장이·무기공 등등의 구역을 이루고
살았다. 이들 아래에 소농민들이 있었는데, 수공업자들과 더불어 지배받

---

* 러시아어의 두마는 영어의 council에 해당한다. 우리말로는 '의회'로 번역된다.

는 계급을 형성했다.

공국들은 거의 모두 민회(民會)를 갖고 있었다. 그러나 키예프 루시에 서 두번째로 큰 공국인 노브고로드Novgorod* 공국은 뒷날 상업 국가로 발전하게 되자 상인이 중심이 된 베체viece라는 이름의 민회를 발전시 켜 어떤 다른 공국들에서보다 훨씬 자유로운 분위기를 조성했다. 이 민 회는 주요 행정관들은 물론 공후까지도 뽑았다.[7] 다른 한편으로, 농민이 중심이 된 지역 공동 협력체인 미르mir를 발전시킨 경우도 있었다.

둘째, 문화적으로 볼 때, 키예프 루시의 6대 공후 블라디미르Vladimir 대공이 989년에 기독교를 받아들인 이후에는 기독교의 영향을 크게 받았 다. 그는 비잔틴Byzantine 제국**의 황녀 안나Anna와 결혼하면서 비잔 틴 제국의 국교로 기독교의 한 지파(支派)인 그리스 정교***를 받아들였 고 자신의 모든 백성들에게 이 종교를 믿도록 만들었다. 그리스 정교가 그 이후 러시아 역사에 미친 영향은 참으로 컸다. 키릴Cyril 문자의 개발, 교육의 보급, 건축과 예술의 발전, 기존 법률에 대한 기독교적 개념의 도 입을 통한 법률의 진화 등등은 그리스 정교의 영향이었다.

몽골 타타르의 굴레 시대. 높은 수준의 문화를 꽃피웠던 키예프 루시는 우리 역사에서 고려 왕조의 중기에 해당되던 시점에 분열과 해체의 징조 들을 나타내기 시작했다. 이 무렵 동아시아의 변방에서 '위대한 정복자' 가 나타났다. 몽골의 다양한 부족들, 그리고 중앙 아시아의 초원 지대에 서 생활하던 몽골족과 터키족의 혼혈인 타타르Tatar족을 모두 통합시켜 1206년에 '우주의 지배자'라는 뜻의 칭기즈 칸Chingiz Kahn의 칭호를 받

아 몽골 제국의 첫번째 칸(汗)이 된 테무진Temuchin, 그의 후계자 오고 타이 칸Ogotai Kahn 및 칭기즈 칸의 손자 바투는 유럽에 대한 원정을 계속하면서 키예프 루시에 대해서도 여러 차례 공격을 가했다. 키예프 루시는 몽골 장군들의 표현으로 '독하고 끈질기며 용맹스럽게' 대항했으나 1240년에 마침내 바투의 대군 앞에 멸망하고 말았다. 바투는 무자비해, 루시에 대한 살육과 파괴는 역사에서 그 보기를 찾기 어려울 정도로 큰 규모였고 철저했다. 도시와 농촌을 가리지 않았으며 왕궁은 물론이거니와 교회와 백성들의 작은 집 모두를 불사르거나 무너뜨렸다. 그리하여 "죽은 사람을 위해 울도록 열려진 눈은 아무 곳에도 남아 있지 않았다"는 말이 역사에 기록되기에 이르렀다. 키예프의 경우, 수백 년 동안 키예프 루시의 수도이면서 '모든 러시아 도시들의 어머니'로서의 영화는 무참하게 깨어져, 1246년에 이곳을 방문한 교황청의 한 외교관의 기록에 따르면, 남은 것이라고는 아무것도 없는 곳이 됐고 겨우 200채 정도의 초라한 집들을 발견할 수 있었는데, 그나마 거주자들은 몽골 사람들의 노예로 비참하게 살고 있었다.[8]

바투는 이 일대를 중심으로 몽골 제국의 한 부분으로서의 킵차크 Kipchak 한국(汗國)을 세우고 이제는 망국민이 된 키예프 루시 사람들을 가혹하게 지배했다. 우리 역사의 경우, 조선의 성종(成宗) 시대에 해당하는 1480년까지 240년 동안 계속되는 킵차크 한국의 지배 시기를 러시아 역사의 제2기인 '몽골 타타르의 굴레의 시기'라고 부르는데, 지배자들은 마치 거미줄에 걸려든 불운의 포로를 마지막까지 흡혈하는 왕거미처럼 피지배자들을 철저히 수탈했다.

그러나 그것보다 더 중요하게 지적돼야 할 점은 이 시기에 러시아는 서유럽으로부터 거의 완전히 절연됐다는 사실이다. 첫째, 서유럽의 개인주의와 근대화를 촉진시킨 문예 부흥과 종교 개혁의 시대적 조류에서 완전히 격리됐다. 간단히 말해, 러시아의 발전 속도를 서유럽의 발전 속도에 비해 2세기나 뒤떨어지게 만들었다. 그 대신에 몽골 제국을 특징지은 절대주의와 군국주의가 뿌리깊이 심어졌으며 몽골 특유의 호구 조사와 징세 및 화폐 등 몇 가지 행정적 기술이 전해졌는데, 이것들은 그뒤 모스크바 대공국에, 그리고 모스크바 대공국을 이은 제정 러시아에 남게 됐다. 둘째, 북서부가 북유럽 사람들과 리투아니아Lithuania 사람들*에게 넘어갔다. 몽골 지배자들이 그 지역들에 대해서는 관심을 두지 않았기 때문이었다.

2. 모스크바 대공국의 시대

모스크바 대공국의 개창. 그래도 다행스러웠던 것은 몽골 타타르의 숨막히는 굴레 속에서도 러시아 사람들은 독립의 날을 기다리며 민족 정신을 잃지 않았다는 사실이다. 그 가운데, 키예프 러시아의 변경에 자리잡은 조그만 도시인 모스크바를 중심으로 공국을 세워 몽골의 지배를 비교적 덜 받던 모스크바 공국이 이제는 원(元)이라고 불리는 몽골 제국의 쇠망과 그 부분으로서의 킵차크 한국의 쇠망을 틈타 차차 힘을 길러나가 모스크바 대공국으로 성장하면서 러시아의 중심으로 자라났다. 이 과정에서 중심적 역할을 수행했던 지도자가 모스크바 공국의 중시조라고 할 수 있는 알렉산드르 네프스키Alexandr Nevsky였다. 그뒤 드미트리 돈스코이 Dmitri Donskoi 대공과 같은 용기와 지혜를 함께 갖춘 지도자가 나타나, 1380년에 "조국 루시를 몽골 타타르의 지배로부터 구하기 위해 뭉쳐 싸우자"라는 구호 아래 국민들을 궐기시켜 대항함으로써 부분적으로 성공을 거두었다. 그는 곧 크렘린을 건축했다. 크렘린이란 원래 고대 루시 도시의 성채(城砦)와 내성(內城)을 가리키는 말이다. 하얀 돌로 된 크렘린이 건설된 때부터 모스크바는 '하얀 벽돌의 모스크바'로 불렸다.

그뒤 모스크바 대공국에는 영걸스런 통치자들이 계속 대를 이어, 모스크바 대공국의 영토를 넓혀나갔다. 그 과정에서 우선 이반 3세의 역할이 컸다. 우선 자신이 즉위하기 10년 전인 1453년에 비잔틴 제국이 터키족

---

* 리투아니아 사람들은 발트 연안의 넓은 지역들을 통일해 리투아니아 대공국을 세웠으며 곧 폴란드와 동맹을 맺어 하나의 통일 국가를 세웠다. 키예프 루시의 북서부 사람들은 이 국가에 예속됐다.

의 오스만 제국에 의해 멸망한 것을 적절히 활용했다. 오스만 제국이 기독교에 대해 적대적인 이슬람 제국임을 강조하면서 그는 1472년에 비잔틴 제국의 마지막 황제인 콘스탄틴 팔레올로그Constantine Palaeologus의 조카딸 소피아 팔레올로그Sophia Palaeologus와 결혼한 뒤 스스로를 비잔틴 제국 황제의 계승자임과 그리스 정교의 수장임을 참칭하고 모스크바를 '제2의 로마' 콘스탄티노플에 이은 '제3의 로마'라고 선언함과 아울러 러시아 정교의 성립을 선언했다. 이어 그는 비잔틴 제국의 상징인 쌍두 독수리의 깃발을 자신의 옥새의 도안으로 씀으로써 자신의 위신을 크게 높였다.

그는 또 외교와 전쟁의 두 수단을 통해 지난날 키예프 루시를 형성했던 지역들을 거의 모두 모스크바 대공국에 편입시킨 데 이어 킵차크 한국의 붕괴를 적절히 활용해 1480년에 몽골 타타르의 지배로부터 아주 벗어났다. 이러한 공로로 그는 이반 대제Ivan the Great로 불렸다.[9] 이때로부터 그는 사모데르제츠Samoderzhets의 칭호를 썼다. 이것은 비잔틴 제국의 황제의 칭호였는데, 전제 군주라는 뜻과 독립 군주라는 뜻을 함께 지녔다. 그는 또 '모든 루시 사람들의 전제 군주'라는 칭호*를 썼다. 이것은 옛 루시 땅이 이제 모스크바 대공국의 주도 아래 단일 중앙 집권 국가로 통일됐으며 독립국이 됐음을 알리는 것으로, 이에 따라 서유럽의 여러 나라들로부터 많은 사신들이 모스크바를 방문했다.

이처럼 대외적으로 민족적·국가적 위신을 높인 이반 3세는 내치에서도 능력을 발휘했다. 본격적인 국가 행정 조직과 법전을 만들어냈으며, 이탈리아 건축가들을 불러 새로운 크렘린을 건설하는 등 상당한 치적을 남긴 것이다. 그러나 그가 만든 제도들 가운데 가장 중요한 것은, 그가 정복한 땅을 군의 장교들에게 나누어주고 그 대가로 그에 대한 충성과 복무를 요구하는 새로운 토지 소유제 포메스티pomestie를 도입한 것이

---

* 이 경우의 전제 군주를 러시아말로 '차리'라고 불렀다. 영어로는 '차르 Tsar(또는 Czar)'로 표기되는 이 단어는 로마의 황제를 뜻하는 라틴어의 '케사르 Caesar'에서 시작되었고, 비잔틴 제국으로 흘러들어갔다가 다시 모스크바 대공국으로 전파된 것이다. 이 말은 뒷날 독일에서 '카이저 Kaiser'로 쓰인다.

다. 이것은 군주와 군을 잇고 토지에 바탕을 둔 귀족의 힘을 약화시킨 결과도 낳았지만, 농노제의 탄생을 가져왔다.[10]

모스크바 대공국의 팽창과 이반 4세. 이반 3세가 죽은 뒤 그의 아들 바실리 3세 Vasily Ⅲ가 즉위해 1533년까지 통치했다. 이 시기에 루시 땅은 마침내 모스크바 대공국의 손에서 통합을 보았다. 이로써 동유럽에는 면적이 280만 제곱킬로미터에 이르고, 인구가 900만을 헤아리는 거대한 단일 중앙 집권 국가로서의 러시아 국가가 일어났다. 지난날의 공후들은 모스크바 대공의 지배를 받는 대귀족들이 됐다. 그러나 대귀족들은 대귀족 회의를 통해 대공의 권력을 제한할 수 있었다. 국내외의 모든 중대한 문제들에 대해 대공은 대귀족 회의와 더불어 결정해야 했으며, 따라서 정부의 명령서들은 "대공은 명령을 내렸고, 대귀족들은 이를 가결했다"[11] 는 식으로 작성되었다.

바실리 3세는 1533년에 죽었다. 바실리 3세의 아들인 후계자 이반 4세는 세 살밖에 되지 않았다. 그래서 그의 어머니인 대공비 엘레나 Elena가 그녀의 형제들인 글린스키 Glinsky 집안의 공작들과 함께 통치했다. 이때부터 권력 투쟁이 벌어졌다. 대공비가 독살됐다는 소문 속에 죽으면서 권력은 슈이스키 Shuisky 집안으로 넘어갔다. 그러나 곧 벨스키 Belsky 집안으로, 이어 보론초프 Vorontsov 집안으로, 이어 다시 슈이스키 집안으로, 그리고 마침내 글린스키 집안으로 돌아갔다. 이 과정에서 유혈 숙청이 잇달았으며, 한 번 권력을 쥔 집안은 자신들의 치부에만 몰두했다.

일련의 궁정 혁명은 어린 이반 4세를 병적인 성격의 소유자로 만들었다. 그의 평생을 지배한 의심하는 버릇과 잔인한 성품 및 편집광적 태도는 이 과정에서 형성된 것이다. 그러나 그는 타고난 예지와 뛰어난 언변, 그리고 평론가적인 재능을 지녔던 것도 사실이었다. 그는 귀족들 사이의 집안 싸움이 어느 정도 멈춰진 때인 1547년에 17세의 소년으로 즉위했다. 그는 러시아 역사상 처음으로 차리로서의 대관식을 가졌다. 크렘린 우스펜스키 사원에서 거행된 이 대관식은 러시아 정교의 대주교 마카리 Metropolitan Makary가 주재했으며, 그는 축사를 통해 차리의 권력이 하느님으로부터 나왔다는 황권신수설(皇權神授說)을 강조했다. 이 대관식

으로 이반 4세의 권위는 강화됐으며, 러시아 국가의 국제적 위신은 높아졌다.[12]

그가 즉위한 직후인 1547년 6월에 모스크바에서는 큰 불이 일어나 1,700여 명의 주민들이 죽고 거의 모든 주민들이 집을 잃었다. 왕궁도, 왕가의 보물들도, 그리고 무기고까지도 타버렸다. 글린스키 가문이 불을 질렀다는 소문이 나돌면서, 주민들은 흥분 속에 들고일어나 이반 4세의 삼촌인 유리 글린스키 Yuri Glinsky 공작을 찢어 죽임과 아울러 글린스키 집안의 집들을 파괴했다. 그들은 이반 4세에게까지 몰려가 글린스키 집안의 사람들을 내놓도록 요구했다. 감춰둔 사람은 한 사람도 없다는 차리 스스로의 다짐으로 성난 군중들을 겨우 해산시킬 수 있었다.

앞에서 설명했듯이, 이반 4세는 즉위하기 전에 여러 차례 겪은 궁정 혁명을 통해 대귀족들에 대한 불신을 키웠다. 그들은 러시아의 통일을 강화하는 일에는 관심이 없고, 자신들의 힘을 그대로 지켜 자신들의 세습 영지 안에서 전제적인 지배자로 남는 일에 몰두하고 있다는 사실을 깊이 깨닫고 있었다. 모스크바의 큰 불 때 있었던 백성들의 반(反)귀족 봉기는 이반 4세가 대귀족에 대해 지녔던 불신을 더욱 강화시켰다. 그리하여 그는 대귀족에 의한 정치보다는 자신의 명령에 복종하여 공무나 군무에 종사하는 관리들을 통한 통치에 더 많이 의존했다. 이 시점부터 그는 술과 여자에 빠져 지내던 생활에서 벗어나 개혁에 몰두했다. 이로써 그의 통치의 제1기인 개혁의 시대는 시작됐다.

앞에서 이미 암시됐듯이, 이반 4세의 일차적 관심은 중앙 집권주의의 강화였다. 이 목표를 이루고자 그는 우선 이즈브란나야 라다 Izbrannaia rada를 세웠다. 라다 rada는 원래 우크라이나 지방의 인민 집회를 가리키는 말이며, 이즈브란나야 라다는 '선발된 인민 회의'로 번역될 수 있다. 이 기구에는 이반 4세에 충실하고 모스크바의 융성을 위해 노력하며 중앙 집권화를 지지하는 귀족들이 참여했다. 이반 4세는 대귀족의 힘을 꺾고 중앙 집권을 강화하기 위한 또 하나의 노력으로, 즉위 2년 뒤인 1549년에 젬스키 사보르 Zemsky Sabor를 구성했다. 하위의 귀족과 성직자와 관리와 도시 부르주아지의 대표들로 구성된 이 기구는 러시아의 역사상

각 계층의 대표자들이 모인 최초의 국민 회의였다.

이 회의의 첫 모임에서 이반 4세는 대귀족들의 권력 남용을 비난하고 러시아 국가의 통일을 더욱 굳건히하기 위해 함께 뭉치자고 호소했는데, 이 호소야말로 이반 4세가 이 기구를 발족시킨 참뜻을 그대로 말해주었다. 그는 이 회의를 여러 차례 소집했으며, 1566년에는 상인의 대표와 수공업자의 대표까지 불렀다. 이로써 러시아에는 계급 대표 군주제가 세워졌다.

힘있는 중앙 집권의 국가를 세우려는 이반 4세의 노력은 계속됐다. 그는 이즈브란나야 라다를 통해 많은 개혁안들을 추진했다. 우선 성(省)이라는 이름의 중앙 정부 기구들을 확대시켰다. 이어 지방 행정 제도를 바꾸었다. 첫째, 대귀족이 맡던 지방 장관들을 중앙 정부가 임명했다. 둘째, 주민들이 내는 코름 korm이라는 이름의 세금으로 지방 장관들이 봉급을 받던 이른바 부지 제도(扶持制度)를 폐지하고, 그 대신 중앙 정부가 그들에게 봉급을 주었다. 셋째, 지방 장관들로부터 재판권과 징세권을 빼앗아 그 권한들을 별도로 신설된 재판소장에게 맡겼다. 한편, 중앙 정부는 화기로 무장한 보병 상비군을 창설했고 포병을 강화했으며, 지방의 대귀족들에게 국가가 전쟁에 직면했을 때 무장 기병대를 끌고 모스크바로 와야 한다는 의무를 부과했다. 넷째, 교회를 개혁하여 교회와 사원의 대금업(貸金業)과 지나친 토지 소유를 금지시켰으며 중앙 정부에 대한 충성을 높이도록 조처했다.

이러한 조처들은 대귀족들의 불평과 불만을 낳았다. 기회를 엿보던 그들은 1560년에 황비 아나스타샤 Anastasia가 죽자, 이즈브란나야 라다의 핵심 간부들이 그녀를 독살했다는 소문을 퍼뜨렸다. 실의에 빠져 발작을 일으킨 이반 4세는 이 소문을 믿고 이즈브란나야 라다를 해산함과 아울러 문제의 지도자들을 유배시켰다. 이로써 이반 4세의 통치는 새로운 시기, 곧 그의 통치의 제2기로 접어들었다. 그것은 공포 정치의 시대였다. 이반 4세는 1565년에 황실령(皇室領)이란 뜻의 오프리츠니나 oprichnina를 확보했다. 이제 이반 4세는 그 안에서 전권을 지닌 주인이 되는 황실령을 확보한 것인데, 그 범위는 중부와 북부 지역의 땅들에 미쳤다. 그는 곧 황실령을 수비하는, 말하자면 자신의 친위대이면서 비밀 경찰인, 오프리츠니키oprichniki를 조직했다. 처음에는 1,000명 규모로 출발했으나 나중에는 6,000명 규모로 커진 이들은 국가의 반역자들을 모조리 물어뜯어 쓸어버리겠다는 뜻으로 검은 옷을 입고 말안장에는 개의 머리와 빗자루를 달고 다녔다.

실제로 오프리츠니키는 이반 4세가 베푸는 혜택 아래 이반 4세가 반대파에 대해 가하는 유혈 폭력에 충실하면서도 무자비한 도구가 됐다. 예컨대, 1566년에 대귀족들과 성직자들이 자신들의 독자적 영역을 지키기 위해 황실령의 폐지를 요청하자 이반 4세는 오프리츠니키를 동원해 그들을 거의 모두 죽였다. 러시아 정교의 대주교 필립Philip이 이에 항의하자 그마저 죽였다. 1568년에는 몇몇 유력한 공후들과 대귀족들 및 고관들을 반역죄의 혐의로 죽였고 그들의 세습 영지를 모두 황실령으로 귀속시켰다. 1570년에는 모스크바의 지배에 여전히 불만을 품던 노브고로드에 들이닥쳐 5주일 동안 광범위하게 고문과 처형을 계속함으로써 노브고로드를 모스크바에 철저히 예속시켰다. 곧이어 모스크바로 돌아와서는 대신들을 포함한 수백 명의 관리들을 뼈를 부러뜨리는 악형 속에 죽였다. 이때는 우리 역사에서 조선 시대의 선조 때에 해당하는데, 이반 4세가 이반 뇌제(雷帝) 또는 이반 공포제(恐怖帝) Ivan Grozny, Ivan the Terrible, John the Dread로 불리는 까닭이 여기에 있다.

그의 공포 정치는 정반대되는 두 개의 결과를 낳았다. 첫째, 모스크바를 중심으로 하는 러시아 통일 운동을 촉진시켰다. 봉건적 분열주의는 완전히 철퇴를 맞았으며 통일을 위한 투쟁은 결정적인 마무리 단계에 들어섰다. 둘째, 그러나 너무나 많은 사람들을 두려움에 빠뜨렸으며 그리하여 나라를 쇠잔케 했고 백성들을 고통스럽게 만들었다.[13] 이반 4세는 안으로는 러시아 국가의 통일을 강화하면서, 밖으로는 국가의 팽창을 추구했다. 그는 우선, 세 차례의 원정을 통해 1552년에 타타르 사람들의 나라인 카잔 한국을 붕괴시켰고, 1556년에 또 하나의 타타르 나라인 아스트라 한국을 정복했다. 이제 그 지역들에 살던 사람들은 모두 모스크바 대공국의 백성들이 됐다. 이로써 러시아는 '커다란 다민족 국가'가 됐

다. 또 볼가 강을 확보함으로써 동방의 여러 나라들과의 무역을 확대할
수 있었다.

남쪽으로 땅을 넓힌 이반 4세는 북쪽으로 눈을 돌려 발트 해(海)로, 그
리고 발트 해를 지나 대서양으로 진출하려고 했다.[14] 그러나 이 지역의
봉건 영주들이나 국가들은 그의 야심을 가로막고 있었다. 이 무렵인
1553년에 북해를 통해 동방으로 진출할 해로를 찾으려던 영국의 한 상인
리처드 챈슬러 Richard Chancelour가 폭풍 때문에 오늘날의 아르칸젤
Archangel인 러시아 북부의 조그만 마을에 표착했다. 이반 4세는 그를
만나본 뒤에 그가 발견한 해로로 대서양에 진출할 수 있다고 생각했으
며, 이 해로를 통해 특히 해양 국가인 영국으로부터 러시아가 필요로 하
는 전쟁 물자를 사들이려고 마음먹었다. 그리하여 이반 4세는 그를 통해
영국의 러시아 통상을 허용한다고 선언했다. 이에 따라 몇 해 사이에 러
시아의 여러 곳들에 영국의 무역관이 생겼고, 러시아는 이들을 통해 전
쟁 물자를 사들였다. 이반 4세는 여기서 그치지 않고, 1556년에 영국으
로 자신의 대사를 보내 두 나라가 동맹을 맺자고 제의했으나 거부됐다.

발트 해로 꼭 진출해야겠다고 결심을 굳힌 이반 4세는 우선 1558년에
리보니아 Livonia에 싸움을 걸어, 독일의 봉건 영주들이 창건했으며 장악
한 리보니아 기사단을 참패시켰다. 그러자 폴란드와 리투아니아와 스웨
덴 및 덴마크 등이 연합하여 러시아 군대의 북진을 힘껏 막았다. 전쟁은
25년 동안 계속됐으며, 결국 승패가 분명하지 않은 상태에서 1583년에
휴전이 이루어졌다. 이 과정에서 모스크바로 가는 길목을 지키는 도시
프스코프 Pskov는 '영웅적인 저항'을 과시했다. 그러나 오랫동안의 노력
과 희생이 있었는데도 모스크바 대공국은 리보니아 지역에 대한 권한을
포기하고 이로써 발트 해로 나가는 중요한 길을 빼앗겼다.

발트 해로 진출하려는 노력은 꺾였으나 시베리아로의 진출은 이루어
졌다. 이반 4세는 1581년에 카자흐*의 우두머리인 올리닌 Vasily T.

---

* '카자흐'라는 말은 원래는 이주민(移住民) 또는 노동자를 뜻했다. 러시아의 농노들 가
  운데 세금이나 노역을 피해 러시아의 초원 지대로 도망쳐나온 사람들이 '카자흐'로 불
  리게 된 것이다. 그들은 자연히 그 일대의 다른 민족들과 피를 섞게 됐는데 타타르족과

Olenin, 일명 예르마크 the Cossack Yermak의 원정대를 시베리아로 보냈으며, 이 용감한 병사들은 이듬해에 이곳의 타타르 나라인 쿠춤 Kuchum 한국을 정복했다. 예르마크는 승리 속에 방심하고 있다가 타타르의 복수 부대에 쫓겨 죽고 말았다. 그러나 그의 원정이 성공함으로써 러시아 사람들은 우랄 산맥 너머 시베리아로 옮겨 살 수 있게 됐다. 러시아 사람들은 그 공로를 잊지 않아 오늘날까지도 그를 사랑한다.

위에서 살폈듯이, 이반 4세는 힘있는 대내외 정책을 통해 모스크바 대공국을 강력한 전제주의적 중앙 집권 국가로 자리잡게 만들었다. 그러한 업적에 걸맞게 그는 문화와 교육 및 기술의 발전에도 힘을 써서 인쇄술이 창시(創始)됐고 미술과 건축에서 눈부신 작품들이 쏟아져나왔다. 이러한 업적들로 말미암아 그는 '영웅적 애국자'로 높이 평가되기도 하고 다른 한편으로는 '포악한 권력자'로 폄하되기도 한다. 이반 4세에 대한 엇갈리는 평가는 오늘날까지도 계속되고 있다. 이반 4세는 그뒤로부터 오늘날까지 소설이나 연극 또는 오페라의 주제가 되어왔다.

혼란의 시대. 이반 4세는 1584년에 53세의 나이로 갑자기 죽었다. 이때로부터 러시아는 '혼란의 시대'*를 맞이했다. 1584년부터 1613년까지 29년 동안 계속된 이 시대는 로마노프 왕조의 성립과 동시에 끝난다. 그 경위는 다음과 같다.

이반 4세에게는 원래 세 아들이 있었다. 황태자였던 큰아들 이반은 발작한 아버지의 쇠지팡이에 맞아 죽어, 이반 4세가 죽었을 때는 첫번째 아내에게서 난 표도르 Feodor와 일곱번째 아내에게서 난 생후 6개월 된 드미트리 Dmitry가 있었다. 차리의 자리에는 당연히 표도르가 올랐다. 그러나 표도르는 병약하고 어리석어 나라일을 제대로 돌볼 수 없었다. 그

의 혼혈이 많아졌다. 그들은 사냥과 낚시 또는 싸움과 약탈을 통해 생계를 유지했다. 뒷날 그들은 주로 우크라이나 일대에서 '독립적인 자유 카자흐'를 형성했다. 15세기 카자흐족의 폴란드와의 전투를 주제로 카자흐족의 생활을 잘 보여준 소설이 제정 러시아의 문호 고골리 Nicolai V. Gogol가 쓴 『타라스 불리바』이다.

* 러시아어로는 스무트노예 브레미야 Smutnoe Vremia라고 부른다. 영어로는 'the Time of Troubles'로 번역된다. '혼란의 시대'라는 번역말고 '동란의 시대'라는 번역도 있다. 이 시대를 '암흑의 시대'라고 이름붙인 학자들도 있다.

렇지 않아도 이반 4세의 무질서하고 발광적인 공포 정치로 러시아는 황폐해질 대로 황폐해졌던 터에 이처럼 무능력한 군주가 등장하니 혼란은 더욱 걷잡을 수 없었다. 그리하여 차리의 권력은 이반 4세의 비밀 경찰 두목이었으며 표도르의 처남인 대귀족 보리스 고두노프Boris Godunov에게 넘어갔다. 고두노프는 현명하고 통찰력 있는 통치자로 책략에도 밝았다. 그는 우선 책략을 써서 1588년에 모스크바 대주교구를 콘스탄티노플 총주교구로부터 독립시켜 전체 기독교권에서 다섯번째의 총주교구로 승격시킴으로써 모스크바 대공국의 위신을 높였다. 다른 한편으로 그는 드미트리를 모스크바 북쪽의 작은 도시 우글리치Uglich로 쫓아냈으며 드리트리의 어머니를 시골의 작은 사원으로 유배했다. 드미트리는 거기서 죽었는데 고두노프가 암살했다는 소문이 나돌았다.

표도르는 1598년에 후계자가 없는 상태에서 죽었다. 이에 젬스키 사보르는 고두노프를 새 차리로 뽑았는데,* 이 과정에서 모스크바 총주교구가 힘껏 도왔다. 고두노프는 경제 부흥과 국방력 강화에 힘을 쏟았다. 그는 특히 모스크바 대공국의 영토를 상당히 늘렸다. 그러나 그의 정책은 대귀족 계급의 불만을 불러일으켰으며, 그들은 이 '책략에 의한 비합법적 차리'를 타도해야겠다고 결심하게 됐다.

이 무렵 고두노프에게 매우 불리한 두 가지 사건이 일어났다. 첫째는, 1601년부터 시작되어 3년 동안 계속된 큰 흉년으로 수십만 명이 굶어 죽었다. 사람이 사람을 잡아먹는 일마저 여기저기서 벌어지면서 농민과 노예 및 도시민의 봉기가 시작됐다. 둘째는, 참칭자 드미트리의 출현이다. 그는 1603년에 폴란드로 도망간 수도사 그리고리 오트레페프Grigori Otrepev였다. 그런데도 그는 살해됐다는 드미트리는 사실 한 사제의 아들이었고 자신이 암살을 피해 살아남은 진짜 드미트리라고 주장하면서 반(反)고두노프 원정을 선언했다. 이것은 러시아와 오랫동안 적대 관계에 있던 폴란드의 음모였는데, 여기에 러시아의 반(反)로만 카톨릭적 태도에 격분해 있던 로마 교황청이 합세했다. 참칭자 드미트리가 모스크바

---

* 이때부터를 '혼란의 시대'라고 보는 학자들도 있다. 모스크바 대공국 왕실이 표도르의 죽음으로 끝났다고 보는 것이다.

로 진격할 무렵이던 1605년에 고두노프는 갑자기 죽고,* 그의 아들 표도르Feodor가 제위(帝位)에 올랐다. 고두노프에 반대하던 세력들은 참칭자를 지지하고 나섰을 뿐만 아니라 고두노프 일가를 죽이거나 박해했다. 이 소용돌이 속에 참칭자는 그해 6월에 모스크바에 당당히 입성해 차리가 됐다. 진짜 드미트리의 어머니는 유배에서 풀려나와 가짜 드미트리가 자신의 진짜 아들이라고 거짓 증언해주었으며, 모스크바 총주교구의 총주교가 차리의 관을 씌워주어 누구도 그의 주장을 반박하기 어려웠다.

가짜 황제 드미트리는 자신의 즉위를 도운 폴란드 사람들을 고관으로 임명하고, 폴란드 용병들과 자신에게 충성하는 귀족들에게 국고를 열어주었다. 폴란드 용병들은 개선군처럼 돌아다니며 갖가지 횡포를 부렸다. 여기에 가짜 드미트리의 폴란드적이며 카톨릭적인 행태까지 덧붙여져, 드미트리에 관련된 모든 것들은 이제 러시아 사람들의 반감을 불러일으키기에 충분했다. 이에 러시아의 대귀족들은 바실리 슈이스키Vasily I. Shuisky의 지도 아래 '대변혁'을 추진해 마침내 가짜 드미트리를 죽여 불태운 뒤 그의 추종 세력을 몰아냈다. 제위에는 바실리 슈이스키가 올랐다. 그러나 그의 통치는 모스크바 시에 국한됐을 뿐이며, 그 밖의 지역들에서는 여전히 혼란이 계속됐다.

이 무렵에 농민 전쟁이 일어났다. 이 농민 전쟁을 이해하기 위해서는 당시 러시아 농민들의 지위를 살필 필요가 있는데, 한 러시아 역사가는 다음과 같이 설명한다:

러시아 인구의 대부분을 구성하고 있는 것은 농민들이었다. 개개의 농가는 조그마한 분할 토지를 가지고 있었지만, 농민들이 대를 이어가며 경작하는 이 토지는 국가나 대세습 귀족, 수도원, 그리고 지주 귀족 등과 같은 봉건 영주들의 소유 재산으로 간주됐다. 봉건 영주들은 농민들에게 소

출 작물이나 돈으로 소작료를 내도록 강요했으며, 부역을 이행하도록, 즉 국가의 논밭을 경작하고, 그들 봉건 영주를 위해 버섯과 딸기 등을 따며, 그 밖의 모든 일들을 하도록 강요했다. 대귀족들이나 봉토 지주들의 저택에는 노예나 다름없는 많은 하인들이 있었다.[15]

이러한 지위에서 벗어나고자 많은 농민들은 폭력과 탈출 가운데 어느 한 방법을 골랐다. 폭력이란 물론 가혹한 주인과 그 가족을 죽이는 일부터 시작하여 떼를 지어 반항하는 방법이었다. 이 경우 당국의 대응은 혹독한 처형과 진압이었다. 탈출이란 물론 달아나는 방법이었다. 보다 나을 것으로 기대되는 다른 주인을 찾아가거나 또는 봉건 영주들에게 속해 있지 않은 자유로운 땅으로 떠나곤 했다. 그러나 거의 전원이 중도에서 체포되어 혹독히 다루어졌다.

농민들의 이러한 행동이 지주들의 수입에 부정적인 영향을 끼치자 그들은 차리를 움직였다. 그리하여 이반 3세는 1497년에 농민들의 이동을 성인(聖人) 게오르기 유리 Georgy Yuri 기념일인 11월 26일의 '유리의 날' 을 앞뒤 한 2주일에 한정하고, 이때 농민들은 부역을 이행하며, 소작료와 토지 이용에 대한 '특별 경작세' 를 지불하도록 하는 법령을 발표했다. 이 제도 아래서 봉건 영주들 사이에는 농민을 서로 차지하려는 다툼이 벌어졌다. 그러자 이반 4세 때에 와서는 몇 해 동안 그나마의 이동마저 금지시켰다. 1597년께는 노예는 죽을 때까지 주인에게 봉사해야만 된다는 가혹한 법령까지 나왔다.

농민들과 도시 빈민들의 원성은 쌓일 대로 쌓였다. 그리하여 그들은 자신들을 박해하는 대귀족과 봉토 지주와 지방관에 맞서 싸우는 한편, 자신들을 구원해줄 '좋은 차리' 의 출현을 열망했다. 여기서 그들은 가짜 드미트리 1세나, 당시 민중 속에 나타났던 그 밖의 많은 참칭자들을 지지하기에 이르렀다.

이러한 분위기를 틈타, 카자흐 사람으로 노예 출신인 이반 이사예비치 볼로트니코프 Ivan I. Bolotnikov가 키예프 동북방의 한 작은 도시를 기점으로 '차리 드미트리' 의 지방관임을 자처하면서 농민과 노예와 도시 빈민이 주축이 된 반란을 일으켰다. 1606년 7월에 모스크바로 진군하는 동안 곳곳에서 황군을 격파하자, 70개에 이르는 도시들에서 호응 봉기가 뒤따랐다. 마침내 여러 지역들의 귀족들조차 볼로트니코프에 가담했다. 차리 슈이스키를 거세하고 싶었던 이 귀족들은 반란군의 힘을 빌리려고 했던 것이다.[16] 승세를 타면서 볼로트니코프의 반란군은 같은 해 10월에 모스크바에 접근했다. 이 시점에서 귀족들은 황군 쪽으로 넘어갔다. 그들은 반란의 반(反)지배 계급적 본질과 반란군의 엄청난 규모를 뒤늦게 깨달았던 것이다. 이 바람에 반란군은 패배했으며 볼로트니코프를 비롯한 많은 지휘자들은 물론 반란군 병사들도 잔인하게 처형됐다.

그뒤에도 농민들의 소요는 몇 해 더 계속됐다. 노예들과 도시 상공인들도 계속해서 봉기했다. 오직 가혹한 탄압으로만 민중 봉기들을 진압할 수 있었다. 그러나 볼로트니코프가 이끈 농민 전쟁의 영향은 아주 컸다. 그것은 봉건 영주들을 몹시 놀라게 했고 농민들의 결정적인 농노화를 여러 해 동안 늦췄으며, 제정 러시아 시대에 나타날 라진의 농민 전쟁과 푸가초프의 농민 전쟁을 위한 토양을 마련했다.

농민 전쟁이 가라앉은 그 다음해에 폴란드 봉건 영주들은 국왕 지기스문트 3세 King Sigismund Ⅲ와 공모하여 또 한차례의 가짜 드미트리 연극을 벌였다. 가짜 드미트리 2세에게 군대와 무기를 주고 모스크바로 진격하게 하여, 그의 군대는 1608년 여름에 마침내 모스크바의 투시노 Tushino 마을에 진지를 형성하기에 이르렀다. 가짜 드미트리의 죽음을 믿지 않았던, 아니 믿기를 거부했던 농민들은 새로운 차리의 출현을 뜨겁게 환영했다. 이처럼 가짜 차리의 군대가 세력을 떨치자 차리 슈이스키에 불만을 품었던 몇몇 대귀족들과 귀족들이 투시노로 넘어갔다. 투시노는 권력의 중심으로 바뀌었으며, 차리 슈이스키의 지위는 매우 위태롭게 되었다. 한편 폴란드 용병 부대는 전국을 휩쓸면서 주민들을 약탈했다. 이로써 가짜 차리는 모스크바 사람들로부터 '투시노의 도적'이라는 지탄을 받게 됐다.

러시아의 혼란을 틈타 스웨덴은 노브고로드를 점령했고, 폴란드는 스몰렌스크 Smolensk를 비롯한 러시아의 많은 지역들을 공개적으로 침략했다. 차리의 반격도 효과를 나타내, 1610년초에는 가짜 차리를 죽일 수 있었다. 그러나 폴란드 침략군은 모스크바로 진격해 들어왔고, 이에 호응하여 러시아의 대귀족 7명이 차리 슈이스키를 폐위시킨 뒤 폴란드 왕자 블라디슬라프Vladislav를 새로운 차리로 선출했다. 곧이어 점령자들의 방화와 살육과 강탈이 무자비하게 벌어졌다. 하룻동안에 무려 수천 명의 비무장 민간인들을 죽인 일도 있었다. 이제 러시아 국가는 사실상 사라지는 듯했다.

국가적 위기에 직면하여 그 동안 죽은 듯했던 러시아 국민 모두가 일어섰다. 처음에는 총주교 헤르모겐Patriarch Hermogen이 궐기를 호소했다. 곧 니지니 노브고로드 상공인들의 우두머리인 코지마 미닌Kuzma Minin이 포자르스키Dmitry Pozharski 공을 총사령관으로 하는 국민군을 조직해 폴란드에 대한 민족적 항쟁을 벌였다. 이 항쟁에는 곧 토지 귀족과 상인은 물론 농민과 농노까지 참가했고 카자흐와 타타르도 참가하여 기세를 올렸다. 이에 쫓겨 폴란드 점령군은 모스크바 성안으로 퇴각했으나 굶주림에 시달려 1612년 11월에 항복하고 말았다. 이로써 러시아 국가는 되살아났으며 로마노프 왕조가 열리는 계기가 마련됐다.[17]

이상에서 우리는 '혼란의 시대'를 일별했거니와, 이러한 혼란은 그렇지 않아도 경제적으로나 기술적으로 낙후한 러시아를 더욱 피폐하게 만들었다. 거듭 말하건대, 그 이후의 시대에도 그러했지만 모스크바 대공국의 시대에도 러시아는 압도적인 농업 국가였다. 상업과 수공업 및 무역에 종사하는 사람들이 있었으나 그 수는 아주 적었으며, 국민의 대부분은 농업에 종사했다. 그런데 영농 기술을 포함한 과학과 기술의 수준은 원시적 상태에 머물고 있어서 농업 생산물은 빈약했다. 이 빈약한 생산물의 대부분을 극소수의 대귀족들과 관리들이 차지함으로써, 러시아 국민의 대부분은 유럽의 다른 나라들의 국민들에 비해 매우 열악하고 비참한 삶을 영위하지 않으면 안 되었다. 러시아의 세계적 역사학자이면서 철학자인 니콜라이 베르디아에프Nicolai Berdyaev가 "혼란의 시대"를 포함한 모스크바 대공국의 시대를 러시아의 전체 역사에서 "최악의 시대"였으며 "가장 숨막히는 시대"였다고 규정한 것[18]은 그러한 배경에서 이해될 수 있었다.

3. 로마노프 왕조의 성립

로마노프 왕조의 개창. 폴란드 점령군이 항복하고 모스크바가 해방되자, 국민군 총사령관 포자르스키 공은 이듬해인 1613년에 새 정부를 구성하기 위해 젬스키 사보르를 소집했다. 러시아 역사상 '모든 자유 계급'의 대표가 처음 참석한 것으로 평가되는 이 국민 의회는, 로마노프 집안의 17세 소년인 미하일 로마노프Mikhail Romanov를 차리에 선출하여 로마노프 왕조를 출발시켰다.[19] 이때는 우리 역사에서 광해군(光海君) 때에 해당한다. 미하일은 이반 4세의 첫째 황후의 오빠의 손자인데, 최고 통치자가 되기에는 마음이 약했다고 한다. 그의 즉위와 더불어 그 동안 폴란드에 인질로 잡혀 있던 부친 필라레트 로마노프Philaret Romanov가 돌아와 1613~1633년의 기간에 공동 차리로 선언됐다.

로마노프 왕조는 이처럼 국민군과, 그리고 비교적 광범위한 계층의 이익을 대표한 국민 의회에 의해 탄생했다. 그러나 그 통치자들은 국민과의 협조를 통한 통치보다는 모스크바 대공국 때 굳어진 전제 정치에 의존했다. 미하일의 즉위 때부터 약 10년 동안 왕조의 기반이 불안정한 상태에서 젬스키 사보르는 해마다 열렸다. 그러나 왕조 초기의 문제가 어느 정도 가라앉게 되자 차리는 이 기관을 멀리하기 시작했고 1670년대 이후에는 거의 소집하지 않았다. 일정한 선출 방식이 마련된 예도 전혀 없었고 소집될 때마다 구성원의 사회적 성격도 달라졌다. 귀족이나 향신(鄕紳)*도 관료 기구로 뽑혀가기를 더 희망했지 대의 기구를 발전시키는 일에는 관심이 없었다. 이로써 러시아는 전제정(專制政)으로 치닫게 되는데, 만일 로마노프 왕조의 초기 지도자들이 젬스키 사보르를 발전시켜나가고 그 왕조 탄생의 밑거름이었던 국민과의 협력을 중시했더라면 러

---

* 영어로는 the gentry. 귀족 다음가는 계급의 사람들. 그러나 귀족the nobility과 똑같은 뜻으로도 쓰였다.

시아의 역사와 세계의 역사는 크게 달라졌을 것이다.

차리즘의 기본 성격. 그러면 러시아 전제정의 상징이자 핵심인 차리는 어떤 존재인가? 이 물음에 대답하기 위해 우선 2대 차리의 명칭 전체를 예시해본다. 그것은 '모든 대러시아와 소러시아와 백러시아의 대군주, 황제, 대공, 알렉세이 미하일로비치 전제자 the Great Lord, Tsar and Grand Duke, Alexis Mikhailovich, of All Great and Little and White Russia, Autocrat' 라는 긴 이름이다. 여기서 가장 중요한 용어는 '전제자(專制者)'이다. 그는 국가의 원수로 3권을 장악하며 러시아 정교의 수장을 겸함으로써 그 어느 것에 의해서도 제약받지 않으며 그 어느 누구에 대해서도 대답할 필요가 없고 그 어느 누구에 대해서도 책임을 지지 않는 절대 군주의 지위를 지녔다. 헌법도, 제도화된 내각도, 선출된 입법부와 정당도 존재하지 않았다.

이 점은 4대 차리 표트르 대제 때보다 더 명백하게 다듬어졌다. 그가 1716년에 제정한 군법(軍法) 제3장 제20조는 "폐하는 절대 군주로, 폐하의 행위에 관해 이 세상의 어느 누구에 대해서도 대답할 의무가 없으며, 폐하의 희망과 선의(善意)에 따라 폐하의 국가와 영토를 기독교 주권자로서 통치할 권력과 권위를 갖고 있다"고 규정한 것이다. 이 규정에 따라 차리만이 모든 법률과 명령의 원천으로 간주되어, "이 국가의 어느 지위에 있는 사람도 새로운 법령을 만들 수 없으며, 차리의 재가 없이는 어떠한 법령도 발효할 수 없다"[20]고 선언됐다. 차리의 이러한 지위는 유럽의 절대 군주들의 지위와 같았다. 그러나 큰 차이가 하나 있었다. 그것은 제정 러시아의 경우, 사유 재산의 개념이 없었기에 국내의 모든 것이 차리의 절대적이며 배타적 소유로 간주됐다는 사실이다. 그리하여 차리즘은 주권 sovereignty과 소유권 ownership의 결합이라는 독특한 성격을 지녔다. 이로써 차리즘 체제는 17세기 영국의 정치 사상가 토머스 홉스 Thomas Hobbes가 말한 "가부장적 patriarchal" 체제라는 평가를 받게 됐다.[21]

이러한 배경에서, 차리는 반신반인적(半神半人的) 존재였다. 이 점은 "오직 하느님과 차리만이 아신다"라든지, "하늘에서는 하나뿐인 태양이 빛나고 땅에서는 러시아의 차리가 빛난다” 따위, 또는 “하느님과 차리를 통해 러시아는 강하다”라든지, “하느님에게 가는 길은 매우 높고 차리에게 가는 길은 매우 멀다”라든지, “하늘은 높다. 그러나 차리는 더 높고 멀다” 따위, 또는 “차리가 없다면 땅은 과부에 지나지 않으며, 차리가 없이는 백성은 고아일 뿐이다”라든지, “모든 것은 하느님의 권력에 속하며 차리의 권력에 속한다” 따위의 러시아 속담에 잘 나타나 있다. 한마디로, “바티우슈카 차리,” 곧 “아버지 차리”의 믿음이 굳어졌던 것이다. 그러나 차리가 아무리 반신반인적 전제자라고 해도 홀로 광대한 러시아를 통치할 수는 없었다. 그는 관료·비밀 경찰·귀족·군대·정교회 등 다섯 기관 또는 제도로부터 지원을 받았다. 그 다섯 제도에 속하는 사람들은 러시아 전체 인구의 극소수로 교육을 잘 받았고 도시에 살면서 ‘공식적 러시아 official Russia’를 형성했다.

‘공식적 러시아’에 대조되는 것이 ‘농촌 러시아 rural Russia’였다. 러시아 인구의 압도적 다수는 농민이었다. 1900년대초 현재, 인구의 약 80%가 농민이었고 직업의 약 75%가 농업이었다. 이러한 비율은 프랑스 혁명 직전 당시의 그것과 같은 것이었다.[22] 농민은 세 부류로 나뉘었다. 첫째가 국가·교회·사원 소유의 땅을 경작하는 농민인 국가 농민이었다. 둘째가 지주 등이 개인적으로 소유한 ― 그러나 관념적으로는 차리에 소속된 ― 농노였다. 셋째가 노예를 포함한 기타였다. 시대에 따라 달랐지만, 제정 러시아 시대에 국가 농민이 전체의 약 50%, 농노가 전체의 40%, 기타가 약 10%였다.

농노는 두 종류로 나뉘었다. 첫째가 가속 농노(家屬農奴) domestic serf로, 그는 자신 소유의 땅은 전혀 없이 주인집에 살면서 그 집안의 온갖 잡일을 다 하고 의식주를 제공받는다. 농노들 가운데 가장 비참한 농노가 이 가속 농노이다. 둘째가 경작 농노(耕作農奴) field serf이다. 그는 주인으로부터 일정한 집과 땅을 받아 농사를 짓는다. 그는 바르시치니 barshchinny와 오브로츠니 obrochny의 두 종류로 나뉜다. 바르시치니는 부역 농노(賦役農奴)이다. 그는 일주일에 사흘은 주인을 위해 바르시치나 barshchina, 곧 부역을 바치고 사흘은 자기 땅에서 일한다. 그렇게 하고도 주인이 돈을 요구하면 응해야 한다. 오브로츠니는 지대 농노(地代農奴)이다. 그는 자기 땅에서만 일하고 주인에게 오브로크obrok, 곧 지대를 바치며 때로는 농산물과 가축도 바친다.[23] 대체로 오브로츠니의 생활이 바르시치니의 생활보다 나은 것으로 되어 있다.

그러나 전반적으로 농노의 생활은 짐승의 생활이나 다름없었다. 제정 러시아 시대에, 지주들 사이에서는 애완견 몇 마리와 농노 몇 사람을 맞바꾸는 일이 드물지 않았다. 이때 농노들은 이왕 거래될 처지라면 가족 전체가 상대방 집으로 거래되기를 호소해도 몇 사람만 거래됨으로써 가족이 헤어지는 아픔과 슬픔을 겪기도 했다. 비록 농노가 아니라 농민이라고 해도 그의 생활은 매우 고달팠다. 한마디로 요약해, ‘공식적 러시아’와 ‘농촌 러시아’의 관계는 노예 해방 이전의 미주 대륙에 있어서 백인과 아프리카 흑인 노예의 관계와 같았다. 이러한 상황은 1840~1860년대에 가서야 비로소 기계제 대공업의 도입과 더불어 약간 개선됐으나, 그래도 농노제적 대귀족, 곧 대지주가 정치력과 경제력을 장악했고 자본제와 봉건제가 엇갈린 채 반(半)봉건 사회를 형성하고 있었다. 이러한 사회를 개혁하기에는 차리즘은 너무 취약했다. 전제 체제가 반드시 강력한 정부는 아니었던 것이다. 따라서 농민 반란과 반체제 운동이 끊임없이 일어나면서 차차 러시아 혁명의 길을 닦게 됐다.

초기 차리들의 통치 시기: 모스크바 시대의 계속. 여기서 우선 1대 차리로부터 3대 차리까지의 시기, 곧 표트르 대제 직전까지의 시기를 연대기적으로 살피기로 한다. 1대 미하일의 경우, 그가 직면한 상황은 글자 그대로 참혹했다. 비록 모스크바를 해방하여 새 왕조를 세우는 데는 성공했으나, 폴란드와의 전쟁 및 스웨덴과의 전쟁은 여전히 계속됐으며, 비록 몇 해 뒤 종전에 들어가긴 했으나 땅을 떼어주지 않으면 안 됐던 것이다. 구체적으로 말해, 1617년에는 영국의 중재로 스웨덴과 평화 협정을 맺고 핀란드 만 일대를 넘겨주었으며, 이듬해에는 스몰렌스크와 노브고로드의 북부를 폴란드에 넘겨주었다. 1632년부터 2년 동안 스몰렌스크를 되찾고자 폴란드와 전쟁을 했으나 지고 말았다.

1645년에 그가 죽고 외아들인 알렉세이 미하일로비치 Alexei Mikhailovich

가 제위에 올랐다. 그는 매우 경건하고 신앙심이 깊어 수도원을 자주 찾았다. 그리하여 16세의 나이에 제위에 올랐을 때 '젊은 수도사'라고 불릴 정도였다. 권력은 자연히 그를 양육했으며, 황후 마리아 밀로슬라프스카야Maria Miloslavskaya의 형부인 모로조프B. I. Morozov, 그리고 황후의 친정인 밀로슬라프스키Miloslavsky 집안으로 넘어갔다. 이 가운데 특히 모로조프가 권력을 농단하여 국민들의 원성을 샀다.

국민들의 원성은 우선 도시의 봉기로 나타났다. 세금을 면제받던 대귀족들과 부유한 상인들과 황실 관리들의 횡포에 맞서, 지나친 납세 의무에 시달리던 도시 외곽 상공인들과 빈민들이 1648년에 모스크바를 비롯한 여러 도시들에서 봉기한 것이다. 모로조프는 상비군에 발포를 명령했으나 상비군은 오히려 봉기 군중의 편을 들었다. 힘을 얻은 군중들은 지배 계층의 집들을 파괴했다. 모스크바의 경우, 모로조프를 비롯한 고위층의 집들과 재산을 파괴하는 한편, 포병 대장 트라하니오토프P. T. Trakhaniotov와 상공 지대 관리관 플레스체예프L. S. Pleshcheev를 죽였다. 그들은 모로조프의 처형을 요구했는데, 차리의 직접적 호소로 모스크바에서 추방하는 선에서 타협됐다. 한편 정부는 불합리하던 세금 제도를 어느 정도 개선했다.[24)]

도시의 봉기는 1650년에 프스코프와 노브고로드에서 되풀이됐다. 정부가 스웨덴을 위해 이 두 도시에서 곡물을 조직적으로 사들임에 따라 곡물의 값이 지나치게 오른 데 대한 저항이었다. 프스코프의 경우에는 잠시나마 인민 공화국의 형태마저 등장했다. 두 곳 모두 정부군에 의해 봉기는 진압됐다. 도시의 봉기는 1662년에도 있었다. 벌써 13년째 폴란드와 전쟁을 계속함으로써 재정난에 부닥친 정부는 세금을 지나치게 물리고 빈민들로부터조차 세금을 무자비하게 거두어들였다. 뿐만 아니라, 동화(銅貨)를 새로 만들어 세금은 은화로 받으면서 수공업자들에게는 동화로 대금을 지불했다. 정부가 하는 짓을 보고 몇몇 대귀족들과 상인들도 동화를 만들어 썼다. 이에 따라 동화의 가치는 급속히 떨어졌고 동화파동 속에 물가가 마구 뛰어 상공인 지대의 사람들은 굶주림에 시달렸다. 1662년 7월에 모스크바의 거리에는 동화를 만들어낸 차리 측근의 대귀족들을 비난하는 편지들이 나붙었다. 여기에 자극된 주민들이 황궁으로 몰려가 이른바 동전 반란을 일으켰다. 이에 맞서 차리는 무력으로써 겨우 진압할 수 있었다. 진압의 과정은 참혹했다. 약 7,000명을 죽였으며, 약 15,000명을 불구자로 만든 뒤 유배지로 보냈고, 그 나머지 사람들의 이마에는 반란자를 뜻하는 러시아어 분토프슈치크buntovshchik의 머릿글자 B가 문신으로 새겨졌다.

이른바 동전 반란이 진압된 때로부터 5년 뒤인 1667년에는 농민의 반란, 곧 저 유명한 스테판 라진Stepan Razin(또는 Stenka Razin)의 반란이 일어났다. 그 먼 원인은 1649년에 젬스키 사보르가 새 법전 울로제니에 Ulozhenie를 채택하면서 귀족들의 거센 요구에 따라 농민들을 완전히 농노화하는 조항들을 삽입한 데 있다. 구체적으로 말해, 이 법전은 "한번 농노이면 영원히 농노이다"라는 원칙을 세움으로써 농노 자신은 물론 그의 자손까지도 영원히 농노로 묶어놓았으며 농노들에 대한 사법적인 권한과 경찰권을 농노의 주인에게 주었고 도망친 농노를 숨겨주는 데 대해 무거운 형벌을 부과했다. 이 법전으로써 러시아에서 농노제가 완전하게 확립된 것인데, 이러한 제도 아래 농민들과 농노들의 생활은 극도로 비참해졌던 것이다.

카자흐 사람 라진은 전국을 걸어서 돌아다니며 도시 빈민들과 농민들 및 농노들의 참상을 목격하고 반란을 꿈꾸다가 1667년 봄에 마침내 하층 카자흐 원정대를 조직해 볼가 강과 카스피 해와 우랄 강을 거치면서 해적질을 하기도 했으며 여러 도시들을 황폐화시키고 노예 시장을 파괴했다. 지지자들의 규모가 약 20만 명 수준으로 커지자 그의 부대는 1670년 봄에 다시 볼가 강으로 진출한 뒤 이 일대에서 세력을 크게 떨쳤다. 그러나 오늘날의 울리야노프스크Uliyanovsk인 심비르스크Simbirsk에서 정부군에 패배하면서 반란군의 기세는 꺾이기 시작했다. 라진은 1671년 4월에 돈 강에서 붙잡혀 두 달 뒤 모스크바에서 모진 고문 끝에 처형됐다. 망나니는 처음에는 그의 한 팔을 자르고 다음에는 그의 한 다리를 잘랐으며 그 다음에 가서 목을 쳤다. 이 야만스런 처형 과정에서 그는 한마디의 신음도 내지 않음으로써 영웅적인 반란 수령으로서의 위대한 정신력을 과시했다. 그의 처형에 이어 나라 전체에서 100,000여 명에 이르는 반란자들이 혹독하게 처형됐다.[25]

그러나 라진의 이름은 오늘날까지도 러시아 사람들의 노래와 시에 낭만적으로 남아 있다. 여기서 분명히 지적돼야 할 사실이 있다. 그것은 라진이 차리 타도를 외치지 않았다는 사실이다. 그는 차리에게 차리 관리들의 나쁜 짓들을 고발하고 자신들의 가난과 고통을 호소하자고 선동했을 뿐이다. 거기에 라진이 일으킨 농민 반란의 한계가 있었다.

도시에서의 봉기와 농촌에서의 반란이 잇닿는 동안 러시아 교회는 분열됐다. 러시아말로 라스콜리raskol라고 불리는 교회의 분열 과정에는 세 주인공이 개입되었다. 차리 알렉세이와 총주교 니콘Patriarch Nikon과 사제장 아바쿰Archpriest Avvakum이 그들이다. 앞에서 이미 지적했듯이, 알렉세이는 러시아의 모든 차리들 가운데 가장 신앙심 깊은 차리로 평가되는데, 역설적으로 그의 치세 때 교회가 분열되고, 니콘은 외로운 시골 길에서 죽는 한편 아바쿰은 화형된다. 종교적 대결자였던 니콘과 아바쿰은 모두 주견이 강하고 광신적 요소를 가졌기에 교회의 분열을 재촉했던 것이다.

원래 차리 알렉세이는 니콘을 깊이 존경하여, 1652년에 그의 앞에 무릎을 꿇고 울며 빌면서 총주교에 취임할 것을 부탁했다. 니콘은 차리가 자신을 차리의 으뜸가는 목자이며 교리와 관습과 기강에서의 아버지로 섬길 뿐만 아니라, 러시아 정교를 개혁하려는 자신의 모든 노력을 절대 지지해야 한다는 조건 아래 총주교의 자리에 올랐다. 니콘은 1654년에 고위 성직자들로 구성된 종교 회의에서 전면적인 개혁안을 채택하고 이것을 과감히 추진했다. 러시아적 전통을 중시하는 이른바 구교도들이 여기에 반발했다. 그 대표가 바로 아바쿰이었다. 차리는 니콘을 지지하는 반면 아바쿰과 몇몇 추종자들을 시베리아로 추방했다. 구교도들은 이에 굽히지 않았다. 몇몇 대귀족들도 구교도들의 운동을 지지했는데, "이들은 구습을 지키고 차리의 중앙 집권화된 권력을 약화시키기 위해 이 운동을 이용했던 것이다. 많은 농민과 외곽 상공인 지대의 사람들에게는 구교파 운동이 농노제와 차리 지방관들의 횡포에 대한 항의의 한 형태로 생각됐었다."[26]

　처음에는 굳게 단결된 알렉세이와 니콘 사이에 금이 가기 시작한 것이 이 무렵이었다.[27] 차리는 나이를 먹으면서, 차리 위에 서서 정부에 영향을 끼치려는 니콘에게 차차 반발하게 된 것이다. '대주권자' 라는 칭호를 함께 쓰던 두 사람의 대립은 1658년 여름에 표면으로 나타났고, 차리는 결국 니콘에게서 총주교직을 박탈한 뒤 그를 수도원으로 쫓아냈다. 니콘은 알렉세이가 죽은 뒤에야 사면을 받아 모스크바로 돌아오게 되지만 길에서 죽는다.

　알렉세이와 니콘 사이에 갈등이 벌어지자 구교도들의 반개혁 운동은 활발해졌다. 그러나 차리는 이들을 파문하고 화형에 처했다. 아바쿰도 처형됐다. 이에 그들은 볼가 강 너머의 숲속으로 들어가 종교 공동체를 이루고 살았다. 정부는 거기까지 쫓아가 화형을 집행했다. 이러한 탄압 속에서 어떤 공동체의 구성원들은 기도소에 모여 불을 지르고 기도문을 노래하며 타죽어갔다. 이와 같은 장작불 집단 자살을 통해 1675~1695년 사이에 불에 타 죽은 사람이 약 20,000명에 이르렀다. 구교도들을 이렇게 박해했지만, 정부는 교회의 분열을 극복할 수 없었다. 구교도들은 많은 농민과 수공업자와 상인 등의 지지를 받아가며 신앙을 지켜나갔고, 그리하여 18세기에 이르러 정부는 그들의 권리를 인정하지 않을 수 없게 된다.

　차리 알렉세이의 통치 기간에 러시아의 대외 관계 역시 시끄러웠다. 우선 폴란드와의 전쟁이 계속됐다. 이번 경우에는 우크라이나 문제가 개재됐다. 폴란드에 예속됐던 우크라이나는 독립 전쟁을 계속하면서 자신이 독립한 뒤 러시아에 '결합' 돼도 좋다는 제의와 함께 러시아의 지원을 요청했다. 1653년에 러시아는 폴란드에 대해 우크라이나와의 전쟁을 중지하도록 요구했으나 거절당했다. 이에 러시아는 우크라이나를 러시아의 일원으로 받아들이고 폴란드에 선전 포고를 했다. 폴란드와 러시아 사이의 전쟁은 13년 동안 계속되다가 1667년에 강화 조약으로 마무리됐다. 이 조약에 따라 우크라이나의 왼쪽은 러시아로 돌아갔고, 그 오른쪽은 그대로 폴란드에 남게 됐다. 러시아의 옛 수도이며 우크라이나의 수도인 키에프는 2년 뒤 폴란드로 넘어가게 됐다. 이어 1659년부터 러시아는 스웨덴과도 싸웠으나 전과가 좋지 못해 1661년에 카르디스 조약the Treaty of Kardis을 맺고 발트 해 연안 지역을 스웨덴에게 내놓았다.

차리 알렉세이는 1676년에 죽었다. 이에 따라 그의 첫 황후의 첫아들 표도르가 즉위했다. 15세였던 그는 반(半)환자였기 때문에 대관식에 제 발로 걸어갈 수가 없었다. 두 차례의 결혼을 통해서도 후계자를 출생시키지 못한 채 그는 1682년에 27세로 죽었다.

표트르 1세의 즉위를 둘러싼 궁정의 권력 투쟁.[28] 3대 차리 표도르의 죽음은 2대 차리 알렉세이 때부터 자라나던 궁정 안의 권력 투쟁을 표출시켰다. 앞에서 부분적으로 지적했듯이, 차리 알렉세이 때는 첫째 황후의 밀로슬라프스키 집안이 정권을 장악했다. 첫째 황후가 죽은 뒤 알렉세이는 나리슈킨 Naryshkin 집안에서 둘째 황후를 취했고, 이로써 정권은 나리슈킨 집안으로 넘어갔다. 알렉세이가 죽고 첫째 황후의 첫아들 표도르가 즉위하면서 권력의 추는 다시 밀로슬라프스키 집안으로 옮겨졌다.

누워서 러시아를 통치하던 표도르가 후사를 남기지 못한 채 죽은 뒤 계승의 문제는 심각해졌다. 후보는 알렉세이의 첫째 황후의 둘째아들이며 표도르의 동생인 이반과, 그리고 알렉세이의 둘째 황후의 아들이며 표도르의 이복동생인 표트르 두 사람이었다. 두 황후의 집안이 4대 차리의 자리를 놓고, 즉 정권의 향방을 놓고 다시 한번 대결하게 된 것이다. 궁정의 관례를 따질 때, 첫째 황후의 아들일 뿐만 아니라, 표트르보다 여섯 살 위인 이반이 당연히 계승해야 했다. 그러나 이반은 장님에 가까웠고 다리를 절었으며 말하는 데 어려움이 있었음에 반해, 표트르는 나이에 비해 몸이 컸고 활동적이었으며 영민했다. 그러한 대비(對比)보다 더욱 중요했던 것은, 어떤 소년이 차리가 되든지 반드시 나타날 섭정이 어느 집안에서 나올 것이냐였다. 대귀족들은 나리슈킨 집안을 선호하는 편이었고, 총주교 역시 표트르를 지지하는 입장이어서, 귀족 회의는 결국 표트르를 새로운 차리로 선포했다.

그러나 정권의 문제가 그렇게 쉽게 끝나지는 않았다. 황녀 소피아를 중심으로 하는 밀로슬라프스키 집안이 끝내 승복하지 않은 것이다. 성격이 강한 소피아는 자신의 동복(同腹)동생 이반이 차리가, 또는 적어도 공동 차리가 되어야 한다는 집념을 갖고, 밀로슬라프스키 집안 사람들과 상의해 스트렐치 the Streltsy를 동원하기로 결심했다. 그러면 스트렐치란 무엇인가? 이 무렵 22개 연대 약 23,000명으로 구성된 이 군대는 소총을 주된 무기로 삼아 크렘린을 경비하면서 차리의 보호를 일차적 책임으로 삼고 있었다. 지적(知的) 수준이 낮았고 정치에 대해 무식했으며 쇄신을 싫어하고 개혁을 반대하는 대신에 언제나 기존의 방식을 좋아하는 그들은 차리의 비호 아래 많은 특권을 누리고 있었다. 그들이야말로 '러시아에서 권력의 열쇠'였다.

소피아를 중심으로 하는 밀로슬라프스키 집안은 이들을 이용하기로 마음먹고 나쁜 소문을 지어 돌렸다. 나리슈킨 집안이 외국 의사들을 매수해 차리 표도르를 독살한 뒤 자기 집안에 연결된 표트르를 불법적으로 차리의 자리에 선출했다는 것, 그리고 새 집권 세력은 외국인들을 정부나 군대의 요직들에 배치해 러시아적인 전통 질서의 기둥인 러시아 정교와 스트렐치를 탄압할 예정이라는 것 등이 바로 그것이다. 이 소문을 듣자 단순한 스트렐치들은 흥분한 채 궁성으로 뛰어들어가 곧바로 나리슈킨 집안의 권신들을 학살했으며, 이반을 제1차리로, 표트르를 제2차리로 선포했다. 소피아는 이반의, 곧 이반 5세의 친누이로 섭정이 됐다. 독신의 여자였던 소피아의 섭정 시대는 1682년부터 1689년까지, 곧 25세 때부터 32세 때까지 7년 동안 계속됐다. 이 시기에 그녀의 통치를 뒷받침한 신하들 가운데 가장 중요했던 이는 소피아가 자신의 권력과 사랑을 함께 나눴던 골리친 Vasily Golitsyn 공으로, 사실상 총리 대신직에 있었던 그는 그때의 러시아의 지배층 인사로는 드물게 친서방적이었으며 러시아의 서유럽화를 추진하려는 계획을 부분적으로 추진해나갔다. 그러나 전반적으로 볼 때, 소피아와 골리친은 국내 정치에서는 큰 업적을 남기지 못한 편이었다.

그 대신에 그들은 대외 정책에서 괄목할 만한 업적을 남겼다. 주변의 국가들과 평화를 유지한다는 원칙 아래 영토를 넓히려는 생각도 실지(失地)를 회복한다는 생각도 함께 버림으로써 러시아를 오랫동안의 전화(戰

禍)로부터 벗어나게 했다. 이어 폴란드와의 협상을 통해 키예프를 영구히 확보할 수 있었다. 앞에서 지적했듯이, 1667년에 맺은 폴란드와의 강화 조약에서 러시아는 2년 뒤 키예프를 폴란드에 돌려준다고 다짐했었다. 그러나 러시아 도시들 가운데 가장 오래된 도시이며 키예프 루시의 수도였고 우크라이나의 수도인, 따라서 러시아 사람들에게 너무나 많은 것을 의미하는 러시아 정교의 이 고도(古都)를, 더구나 카톨릭의 폴란드에 넘겨준다는 것은 어렵고 고통스러웠으며 생각도 할 수 없는 일이었다. 그래서 러시아는 협상하며 시간을 끌었는데, 마침내 소피아에 이르러 골리친의 성공적인 교섭을 통해 매듭을 보았던 것이다. 반면에 폴란드 국왕은 키예프를 잃는다는 생각에 너무나 가슴이 황량했던 나머지 조약에 동의했을 때 눈물이 두 눈에서 흘러내렸다.

키예프를 확보하는 대가로 러시아는 오스만 제국*과 전쟁중인 폴란드와 스웨덴의 편에 서기로 동의했다. 이로써 러시아는 그 역사상 처음으로 공동의 적에 맞서기 위해 유럽 열강의 연합에 참여하게 된 셈이었다. 러시아가 대항해야 할 직접적인 적은 오스만 제국의 속국인 크림**의 한(汗)이었다. 1687년에 골리친은 첫번째 원정을 떠났다. 그러나 결과는 공식적인 승전의 선언과는 달리 패배였다. 그러므로 그가 1689년에 두번째 원정을 떠날 때는 집 앞에 정적들이 은밀히 가져다 놓은 관을 보아야 했던 것이다. 이 원정 역시 공식적인 승전의 선언과는 달리 패배로 끝났다. 이 해에 청(淸)나라와 네르친스크(尼布楚) 조약 the Treaty of Nerchinsk을 맺고 두 나라 사이의 국경을 확정했다.

이 무렵 소피아는 차리로 즉위하려는 계획을 은밀히 추진하고 있었다. 소피아의 욕망을 눈치챈 반(反)소피아 및 반(反)골리친 세력은 자연히 표트르를 중심으로 모여들었다. 그 동안 모스크바 근교의 한 마을에 머물며 자신의 소년병 부대들과 함께 병정놀이에 몰두하는 한편 수학과 포

---

* 오스만 1세가 소아시아 지방에 세운 이슬람 제국(1299~1922). 1453년에 비잔틴 제국을 멸망시켰고 16세기 술레이만 1세 때 강대국이 됐음. 20세기에 들어와 케말 아타튀르크Kemal Atatürk의 개혁으로 멸망함. 일명 터키 제국.
** 흔히 크리미아Crimea로 발음되는 반도. 오늘날에는 우크라이나에 속해 있다. 얄타 회담으로 유명한 얄타가 바로 이 반도에 있다.

병술과 역사학 등을 공부하던 그는 골리친이 두번째의 패전을 기록한 1689년에 결혼함으로써 러시아의 관습에 따라 성년으로 간주되고 있었던 것이다.

소피아와 표트르 사이에 긴장이 높아가던 어느 날 밤 소피아가 스트렐치를 동원했다는 소식이 전해졌다. 표트르는 서둘러 트로츠키 수도원the Trinity-Sergeev Monastery으로 달아났다. 트로츠키 수도원은 그 자체가 견고한 요새였을 뿐만 아니라 매우 큰 정치적 상징성을 갖고 있었다. 그곳은 러시아에서 가장 신성한 곳으로 여겨지고 있었으며, 차리의 가족들이 위기에 빠졌을 때 쓰이는 전통적인 피난처였다. 만일 표트르의 지지자들이 러시아 국민들을 참칭자에 맞서 차리를 구원하는 전선에 동원하려는 목적에서 차리가 트로츠키 수도원으로 달아나는 그림을 그려 전국에 돌린다면 그 효과는 엄청나게 클 것이다. 스트렐치조차도 그곳을 공격하기 위한 진군을 결심하기 쉽지 않았을 것이다. 실제로 표트르의 어머니, 곧 모태후와 그의 황비는 물론 총주교와 궁정 대귀족들, 그리고 그의 소년병 부대가 곧바로 달려왔다. 대세는 표트르에게 기울었고, 그리하여 그는 소피아를 노보데비치Novodevichy 수도원에 유폐함과 아울러 골리친을 비롯한 그녀의 측근자들을 처형하거나 유배시킬 수 있었다.

소피아는 1704년에 47세의 나이로 죽을 때까지, 그러니까 15년 동안 수도원 밖을 한번도 나가지 못했다. 그러면 러시아 최초의 여성 지배자였던 소피아 섭정을 어떻게 평가할 수 있는가? 찬양하는 쪽은 그녀 이전에 러시아에는 결코 있어본 일이 없는 현명한 정부를 그녀가 이끌었다고 주장하고, 비판하는 쪽은 표트르가 열게 될 러시아 근대화의 길을 가로막았던 구질서의 마지막 지배자였다고 주장한다. 그러나 그 어느 쪽도 정확한 평가는 아니다. 그녀의 통치 기간은 러시아의 과도기였다. 2대 차리 알렉세이와 3대 차리 표도르는 이미 온건한 변화와 개혁을 제도화했었으며, 그녀는 이 속도를 늦추지도 재촉하지도 않은 채 그것이 계속되도록 했고, 그렇게 함으로써 표트르가 닦을 러시아 근대화의 길을 예비했던 것이다. 소피아가 러시아의 역사에서 기억되어야 할 대목은 러시아의 지배자로서가 아니라 러시아의 여성으로서일 것이다. 몇백 년 동안 러시아의 여성들은 내실(內室)의 어둠 속에 묻혀 지냈다. 그녀는 이 관습을 깨고 한낮의 햇빛을 향해 뛰쳐나왔으며 정권마저 장악했다. 비록 차리의 자리에 있었던 것은 아니나 권력의 정상에 있었던 그녀의 뒤를 따라 러시아의 역사에는 네 명의 여성 황제가 등장하게 된다.

소피아 섭정이 몰락했다고 하여 제2차리 표트르가 곧바로 국정을 맡지는 않았다. 그는 모든 정사(政事)를 사실상의 병자인 이반 5세에게 맡긴 채 자신의 소년병 부대들과 함께 병정놀이를 계속했다. 그러나 권력은 이제 표트르의 어머니의 친정인 나리슈킨 집안으로 돌아갔다.

4. 표트르 대제와 제정(帝政)의 개막

'대사절단' 의 서유럽 방문.[29] 소피아 섭정의 시대가 끝나 이반 5세가 명목상의 통치를 맡은 때로부터 6년이 지난 1695년에 러시아는 흑해로의 출구를 열기 위해 오스만 제국과의 전쟁을 다시 시작했다. 포병 상등병으로 참전한 표트르는 이 전쟁을 실질적으로 이끌고, 돈 강 하구의 오스만 제국의 요새 아조프Azov를 공략했다. 러시아 군대는 큰 희생을 치렀으나 성공하지 못한 채 회군하고 말았다. 표트르는 패전의 원인을 함대의 부족에서 찾았다. 러시아 군대에 의해 포위된 아조프 요새에 오스만 해군이 바다를 통해 식량과 군수품을 공급하는데도 함대가 없어서 막지 못했던 것이다. 그 쓰라린 경험을 교훈 삼아 그는 보로네즈Voronezh 근교에서 함대를 건조했다. 그 스스로 때로는 목수로 때로는 노동자로 이 일에 참가했다. 마침내 함대가 건조됐다. 이에 따라 1696년 6월에 러시아 함대는 돈 강을 따라 아조프 해로 나와 아조프를 봉쇄함으로써 아조프의 지배자로부터 항복을 받아낼 수 있었다. 그러나 흑해는 여전히 오스만 제국이 장악했다. 그뿐만 아니라, 1710년에는 오스만 제국의 공격을 이겨내지 못해 아조프를 빼앗기고 만다. 이것은 표트르의 남진 정책이 종당에는 좌절됐음을 뜻한다.

표트르가 보로네즈에서 함대를 건설하면서 아조프에 대한 공격을 준비하던 1696년 2월에 제1차리 이반 5세가 29세의 나이로 죽었다. 이에 따라 표트르는 유일한 차리로서 러시아 국가의 실질적인 최고 지배자가 됐다. 곧이어 그는 아조프 전쟁에 참전해 승리를 거두었다. 차리 알렉세이 이후 러시아가 처음 이룩한 주요한 군사적 승리로 기록되는 아조프의 승전은 유일 최고 지배자로서의 그의 권위를 더욱 높인 중요한 계기였다. 특히 모스크바로의 개선 행진에 한 사람의 병사로 참가한 그의 '겸손'은 국민들에게 많은 감명을 주었다.

러시아의 아조프 요새 함락은 서유럽 열강을 놀라게 했다. 이 분위기를 이용해 표트르는 오스만 제국에 맞서기 위한 유럽 열강의 동맹을 성립시킬 목적에서 서유럽 여러 나라들에 '대사절단'을 보냈다. 그는 이 사절단에 귀족들을 포함시켜 각자가 방문하는 나라에서 무엇인가 유용한 기술과 지식을 배워오도록 지시했다. 자신의 전문 분야에서 충분히 배웠다는 증명서 없이는 아예 귀국하지 못한다는 엄격한 규칙을 세우기도 했다. 그뿐만 아니라, 그 스스로가 차리로서가 아니라 '포병 상등병'으로 이 사절단에 참가했다. 250명 이상으로 구성된 이 사절단원 가운데 어느 누구라도 그를 차리라고 부르거나 또는 차리가 사절단에 포함되어 있다는 말을 하는 경우에는 사형에 처하도록 규정했다.

'대사절단'은 1697년 3월에 모스크바를 떠났다. 그들은 우선 발트 해 연안의 리보니아를 통과했다. 오늘날의 라트비아Latvia에 해당하는 이곳은 그때 스웨덴이 장악하고 있었으며, 스웨덴은 리보니아의 수도 리가Riga를 발트 해 방면의 가장 중요한 요새로 만들어놓았다. 이 점에 착안하여 표트르는 축성술을 열심히 배웠다. 이곳으로부터 '대사절단'은 쿠를란드Courland 공국을 거쳐 프로이센(영어로는 프러시아)으로 들어갔다. 스웨덴을 견제하기 위해서는 러시아의 도움이 필요하다고 느끼던 프로이센 국왕 프리드리히 1세Friedrich I의 환대 속에 그는 스스로 포병술을 익혔다. 이어 홀란드Holland를 방문했다. 오늘날의 북부 네덜란드에 해당하는 이 나라는 그때 유럽에서 가장 부유하고 가장 도시화됐으며 가장 국제적인 곳으로 홀란드의 역사상 가장 큰 국력과 가장 높은 국위를 자랑하고 있었다. 그는 이곳에서 스스로 목수가 되어 조선술을 배웠고 군함을 건조했으며 공장과 학교를 방문했고 의학에도 관심을 보였다. 이어 방문한 영국에서 그는 해양 군사학을 공부했으며 관상대를 찾아보고 의회를 참관했다. 군주의 권한을 의회가 제한한다는 사실을 받아들일 수는 없었으나, 백성들이 진실되게, 그리고 공개적으로 군주에게 말하는 것은 좋은 일이라고 그는 논평했다.

'대사절단'의 다음 목적지는 오스트리아였다. 그때 오스트리아는 합스부르크Hapsburg 세계의 중심이었고 비엔나Wien는 합스부르크 세계의 심장이었다. 합스부르크 세계의 정점인 레오폴드 1세 Leopold I는 신성로마 제국의 황제로서 오스트리아의 대공과 보헤미아의 왕과 헝가리의 왕을 겸하고 있었으며, 교황을 제외하고는 자신과 동렬(同列)에 설 수 있는 인간이란 한 사람도 없다는 자부심에 가득 차 있었다. 러시아의 차리를 '천막 속에서 생활하는 동방의 공후들 가운데 하나' 정도로 여기는 그를 표트르가 굳이 찾은 중요한 이유는, 오스만 제국에 반대하는 동맹, 곧 '터키 사람들을 유럽에서 영원히 쫓아내기 위한 동맹' 속에 그를 끌어넣으려는 데 있었다. 표트르는 이 목적을 이룰 수 없었다. 오스트리아가 현상(現狀)의 유지를 골격으로 삼는 오스만 제국의 평화 조약 체결 제의를 받아들였기 때문이다.

오스트리아에서 이탈리아로 출발하려던 때인 1696년 7월에 표트르는 스트렐치의 일부가 반란을 일으켰다는 급한 보고를 받고 귀국을 서둘렀다. 폴란드에 들어와서 반란이 진압됐다는 보고를 받은 그는 15개월에 걸쳤던 외유를 마치고 8월에 모스크바로 돌아왔다.

표트르의 서유럽화 정책: 모스크바 시대로부터 제국의 시대로.[30] 귀국과 더불어 표트르는 친위병 반란자들을 직접 심문했다. 단근질까지 가하는 철저한 고문 끝에 밀로슬라프스키 집안과 소피아가 개입됐다는 자백을 얻어낸 그는 스스로가 최고 처형관(處刑官)이 되어 1,700명이 넘는 관련자들을 무자비하게 처형했다. 거기서 한걸음 더 나아가 그들의 시체를 갈기갈기 찢어 대중 앞에 공개했다. 소피아에 대해서는 삭발과 여승의 길을 밟게 했으며, 그녀와 연관된 것으로 보이는 197명은 그녀가 유폐 생활을 보내는 사원 부근에서 처형했고, 특히 3명은 그녀의 침실 창문 앞에서 처형했다. 황태자 알렉세이Alexei가 음모에 관련됐다는 사실을 자신의 직접 심문을 통해 파악한 그는 친아들마저 용서하지 않고 투옥한 뒤 독살했다. 이로써 그는 '처형관 차리'라는 별명을 얻었다.

표트르는 곧이어 러시아 사람들의 생활 관습들 가운데 '미개한 관습'으로 여겨진 부분들을 '서유럽화'시키기 시작했다. 그 작업은 턱수염 깎기에서 시작됐다. 러시아 정교를 신봉하는 러시아 사람들에게 턱수염은 종교적 신앙과 자기 존경의 기본적 상징이었다. 예수 그리스도와 그의 제자들, 그리고 예언자들이 지녔던 턱수염은 하느님이 준 장식품으로 여겨지고 있었다. 그리하여 이반 뇌제 같은 이는 "턱수염을 깎는다는 것은 모든 순교자들의 피로써도 씻을 수 없는 죄이며 하느님이 창조한 인간의 상(像)을 훼손시키는 행위"라고 선언했었고, 신부들은 턱수염 없는 사람을 기독교 밖에서 사는 수치스런 사람으로 여겨 그에 대한 축복을 거부했다. 17세기 중엽 이후 턱수염이 없는 외국의 상인들과 병사들과 기술자들이 모스크바에 자주 나타나면서, 황실은 턱수염에 대한 종전의 태도를 조금쯤 바꿨다. 예컨대, 표트르의 아버지 알렉세이는 원하는 사람은 턱수염을 깎아도 좋다고 선언했던 것이다. 그런데도 턱수염을 깎는 이는 거의 없었으며, 총주교 같은 이는 오히려 "하느님은 턱수염 없는 인간을 만들지 않았다. 턱수염을 깎는 것은 어리석은 일일 뿐만 아니라 불명예스러운 일이며 치명적인 죄다"라고 역습하고 나섰다.

이러한 분위기에 맞서 표트르는 자신의 턱수염을 깎았고, 스스로 면도기를 들고 측근 고관들의 턱수염을 깎아주었을 뿐만 아니라, 성직자와 농민을 제외한 모든 사람들은 턱수염을 깎아야 한다는 법령마저 실시했다. 이것 때문에 그는 '이발사 차리'라는 별명을 얻었다. 반발은 당연히 심각했다. 사람들은 '처형관 차리'보다 더 나쁜 것이 '이발사 차리'라고 주장하기에 이르렀다. 그리하여 타협안으로 일정한 세금을 낸 사람에게는 작은 동메달을 주어 턱수염 깎기 단속에서 벗어나게 했다.

표트르는 또 러시아 귀족들이 즐겨 입는 외투의 긴 옷자락을 자르게 했으며 재단사들에게는 전통적인 러시아 의복을 더 이상 만들지 못하게 했다. 그 대신에 귀족들에게는 유럽식의 의복을 입게 했다. 그는 이어 일종의 사교 모임인 '야회(夜會)'를 권장했으며, 스스로 야회에 자주 참가해 술을 마시거나 춤도 추었고 이야기와 농담을 나눴다. 또 "장화를 신고 춤을 추지 말 것, 손수건에다 큰 소리를 내어 코를 풀지 말 것, 손가락으로 코를 후비지 말 것, 손가락을 핥지 말 것, 음식 앞에서 머리를 긁지 말 것, 쩝쩝 소리를 내며 음식을 먹지 말 것" 등의 내용을 담은 『젊은이들의 교훈서』를 발간해 젊은 귀족들의 행실을 서유럽화시키고자 했다. 하인들 앞에서 젊은 귀족들이 외국어로, 특히 프랑스어로 말하는 것이 권장된 것도 이때였다.[31]

표트르의 개혁은 생활 습관의 개혁에 멈추지만은 않았다. 그것은 정치 제도를 크게 고치는 선으로까지 확대됐는데, 그 기본적인 출발점은 절대권의 강화였다. 절대주의를 철저히 신봉했던 그는 "차리가 나라의 주인으로 모든 권력을 쥔 채 통치해야 하며, 차리의 전권적이고 전면적인 통치를 뒷받침하기 위해서 러시아의 모든 정치 제도는 고쳐져야 한다"고 굳게 믿었던 것이다. 그는 자신의 믿음을 실천할 만한 용기와 담력도 갖고 있었다. 키가 2미터가 넘었기 때문에 어떠한 사람들의 무리 속에서도 쉽게 눈에 들어왔던 그는 언제나 힘차게 걸어다니는 데다가 보폭이 커서 동행자들은 뛰다시피 따라다녀야 했다. 힘도 장사였다. 이러한 사람인지라 자신이 정한 목표를 달성하기 위해서는 어떠한 장애물 앞에서도 멈추지 않았다.

그러면 표트르의 제도 개혁은 어떻게 전개됐는가? 그는 자신의 개혁 정치를 상징하기 위해 1703년부터 네바 강변에 서유럽식의 새 도시를 세우기 시작했다. 네바라는 단어는 핀란드어로 늪이란 뜻이다. 여기서 이미 엿보이듯이, 네바 강변의 땅은 매우 거칠고 습해 건강에 이롭지 못했다. 아무도 이곳에 사람의 주거지를 세워나갈 수 있다고 생각하지 못했다. 그런데도 그는 그러한 통념에 대담하게 도전하여 큰 규모의 토목 공사에 착수한 것이다. 이 사업에는 엄청난 노동력이 동원됐다. 주로 해외로부터 불러들인 건축 기술자들의 지휘 아래 러시아 전국으로부터 끌려온 목수들과 석공들과 일반 노동자들이 매우 춥고 습해 전염병이 나도는 열악한 상황 아래서 임금도 제대로 받지 못한 채 눈물과 원한 속에서 하루종일 일해야 했다. 1712년에 가서야 새 도시 건설은 대체로 끝났는데, 100,000명 정도의 노동자가 작업 도중에 죽었다는 소문이 나돌았다. 뒷날 원성이 어느 정도 가라앉고서야 그 숫자는 30,000명 정도인 것으로 고쳐졌다.

어떻든 이 엄청난 희생 때문에 새 도시는 '뼈 위에 세워진 도시'라는 별명을 얻기에 이르렀다. 1712년에 수도는 모스크바로부터 이곳으로 옮겨졌으며, 이 도시는 건설자의 수호성인(守護聖人) 베드로(Peter)의 이름을 따서 러시아어로는 독일어적 성격이 강한 쌍뜨 뻬쩨르부르그(독일어로는 페테르부르크)로, 영어로는 세인트 피터스버그St. Petersburg로 불렸다.* 여기서 한 가지 주목해야 할 대목은 그가 수도를 모스크바로부터 이곳으로 옮겼다는 사실이다. 이것은 표트르 대제 때 비로소 러시아는 모스크바 대공국의 틀에서 벗어났음을 의미했다. 바꿔 말해, 로마노프 왕조의 개창 이후에도 계속된 모스크바 시대가 이제서야 끝났음을 뜻하는 것이었다.

이 도시의 한쪽에는 작은 섬 하나를 완전히 뒤덮은 요새가 세워졌다. 러시아어로는 페트로피블로프스크로, 영어로는 피터 앤 폴St. Peter and St. Paul로 불리는 이 요새에는 큰 규모의 감옥이 들어섰는데, 뒷날 러시아 혁명사의 크고 작은 주인공들이 한번쯤 거치는 곳이 된다. 다른 한쪽에는 또 하나의 작은 섬 하나를 뒤덮은 요새가 세워졌다. 크론슈타트 Kronstadt 해군 요새가 그것으로, 이 요새는 러시아와 적대 관계에 있던 스웨덴 군함이 네바 강으로 들어오는 것을 막으려는 데 그 일차적 목적이 있었다. 이 해군 요새 덕분에 페테르부르크는 러시아의 매우 중요한 항구로 기능하게 되었다.

새로운 수도는 초기엔 인기가 없었다. 백성들은 말할 것도 없고 황실 사람들조차 아주 싫어했으며 표트르가 죽으면 함께 사라질 것이라고 생각했다. 표트르, 그리고 그가 가장 믿는 신하인 멘시코프 Alexandr Danilovich Menshikov는 예외였다. 멘시코프는 새 도시가 '북방의 베니스'가 될 것이며 수많은 외국인들이 새 도시의 아름다움을 즐기기 위해

---

* 우리말 표기법으로는 상트 페테르부르크이므로, 이 책 전체를 통해 그렇게 표기하기로 한다. 상트는 Saint, 곧 성(聖)이란 뜻이다.

64

몰려올 것이라고 예언했다. 그 예언은 적중했다. 페테르부르크는 번창을 거듭하는 가운데 '북방의 베니스' 또는 '흰 눈 속의 바빌론'으로서의 정평을 얻어갔고 외국인들의 발길이 끊이지 않았다. 뒷날 러시아의 시인 푸슈킨Alexandr Sergeevich Pushkin은 자신의 서사시 「청동의 기사」를 통해 이 도시를 "유럽으로 나아가는 창문"이라고 부르면서 표트르를 찬양했다. 소련이 세워진 뒤 러시아 사람들은 이 도시를 레닌그라드Leningrad로 개칭했는데, 자신들이 가장 존경하는 레닌에게 자신들이 지닌 것 가운데 '가장 좋은 것'인 이 도시를 바쳐야 한다는 생각에서였다. 그러나 소련이 해체된 뒤 이 도시의 이름은 원래의 이름으로 돌아갔다. 이것은 표트르의 야심적인 건설 사업이 역사 속에 성공했음을 뜻하는 것이었다.

표트르의 개혁 정치는 새로운 관료 제도의 마련으로 이어졌다. 그는 상비군을 창설하고 자질에 바탕을 둔 새로운 관료 제도를 안출하는 등, 그에게 충성을 바치는 새로운 상층 계급을 만들어 구귀족들을 견제했다. 군대와 법원 및 문관에 14등급의 계급 제도가 마련됐고 승진은 가장 유능한 이에게 주어졌다. 이 제도는 나중에 족벌주의와 뇌물과 정실 따위로 부패해졌으나, 레닌의 볼셰비키 혁명에 의해 폐지되는 1917년까지 존속했다. 그는 또 1711년에는 원로원을 만들어 귀족원Duma of Boyars을 대치시켰다. 원로원은 내각과 비슷한 성격의 자문 기관이었다. 이 기구 아래 외무부·법무부·군무부(軍務部)·상업부·광업부를 비롯한 국가의 여러 분야에서의 행정을 맡은 8부(部)를 두었으며, 각 부에 다시 3~5명으로 구성된 운영위원회를 두어 행정력이 한 개인에 집중되는 것을 막고, 그럼으로써 자신의 권력을 강화하려 하였다. 그는 이어 전국을 8개의 구베르니아gubernia, 곧 성(省)으로 나눠 각 성마다 지사를 임명했는데 그 수가 1719년에는 12개로 늘어났다.

표트르는 자신의 개혁 정치를 지속적으로 추진하려면 전문가들과 숙련된 기술자들이 많이 배출돼야 한다고 믿었다. 그리하여 그는 우선 어린이들을 위한 산술 학교를 세웠으며, 항해 학교와 포병 학교 및 공병 학교, 그리고 해양 아카데미와 같은 군사 학교를 세웠고, 공장 지대에는 숙련공을 길러내는 기술 학교를 세웠으며, 병원에는 부속 의학교를 세웠다. 교회와 학교밖에 없던 러시아에서 글자 그대로 교육 혁명이 일어난 것이다. 그는 귀족들에게도 교육을 강요했다. 귀족들이 새로운 러시아의 지도적 세력이 돼야 한다고 믿었기에 그들을 해외로 보내 선진 학문들을 배워오도록 독려했으며 글을 모르는 귀족에게는 결혼을 금지시켰다. 그는 글자에서도 개혁을 가져왔다. 책의 인쇄와 기초 학문의 교육을 보다 쉽게 하기 위해서는 복잡한 교회 슬라브어 문자를 좀더 간편한 시민 문자로 바꾸어야 한다고 믿고 그렇게 성사시켰다. 그것은 약간의 수정을 거쳐 오늘날까지 쓰여지고 있다. 그는 이어 1702년에 러시아 최초의 신문인 『베도모스티 *Vedomosti*(뉴스)』를 발행했다. 그는 러시아의 역사와 지리에 대한 연구도 장려했다. 1719년에는 러시아 최초의 자연 · 역사 박물관을 세웠고, 1724년에는 과학 아카데미를 세웠다. 러시아의 지도가 작성된 것도, 시베리아의 천연 자원에 대한 조사가 실시된 것도, 그리고 새해를 9월 1일부터가 아니라 1월 1일부터 계산하게 만든 것도 그의 명령에 따른 결과였다.

포트르의 개혁 정치는 러시아 정교의 조직 개혁으로까지 이어졌다. 그는 국가로부터 독립된 총주교의 강력한 일원적 지휘 체제 아래 놓인 러시아 정교를 차리에게 복속시켜야 한다고 일찍부터 마음먹고 있었는데, 우리가 곧 살피게 되듯이, 1721년에 대(大)북방 전쟁에서 승리함에 따라 자신의 권위가 크게 올라가자 이 기회를 활용하게 됐다. 곧 이 해에 종교령을 공포하여 러시아 정교의 총주교구를 폐지하고, 자신이 임명한 민간인 행정관인 대사장(大司長)의 감독을 받는 신성종교행정회의로 대체시킨 것이다. 볼셰비키 혁명에 의해 폐지될 때까지 거의 200년 동안 존속된 이 제도 아래, 신부가 되려는 사람은 국가가 세운 신학교에서 일정 기간을 수학해야 했으며 차리를 무조건 수호하는 것이 자신의 임무들 가운데 하나임을 선서해야 했다. 이로써 차리에 대한 교회의 예속을 공식화함에 성공했다.

내정의 개혁을 추진함과 아울러 포트르는 스웨덴과의 전쟁인 북방 전쟁을 줄기차게 수행해나갔다.[32] 1700년부터 무려 21년 동안 계속된 이 전쟁에서 그는 마침내 스웨덴을 완전히 굴복시킬 수 있었다. 이에 따른 니슈타트 조약the Treaty of Nystadt에 의해 러시아는 발트 연안의 광대한 지역을 장악함으로써 옛 노브고로드의 땅을 되찾았을 뿐만 아니라 서유럽으로 나아갈 수 있는 직접적 해로를 열었다. 러시아는 이제 세계 열강의 하나가 된 것이다. 여기에 맞춰 이 해에 그는 국호도 '러시아 차리 대국Grand States of the Russian Tsardom'으로부터 '모든 러시아 사람들의 제국Empire of All the Russians'으로 고치고, 영어의 엠퍼러Emperor, 곧 황제에 해당하는 임페라토르Imperator라는 칭호를 함께 쓰기 시작했다. 이것은 중요한 의미를 갖는다. 다시 말하거니와, 이것은 러시아가 글자 그대로 제정 러시아가 됐으며, 모스크바 대공국의 시대가 끝났음을 의미하는 것이다. 이때가 우리 역사에서는 숙종(肅宗)과 영조(英祖) 사이의 경종(景宗) 치세에 해당한다.

이처럼 표트르는 대내외 정책에서 큰 업적을 남겼다. 그러나 그의 개혁 정치는 표면적인 것에 지나지 않았고, 러시아 대다수의 인구를 차지하는 농민들에게는 아무런 혜택이 없었다. 농민들과 농노들은 오히려 계속되는 전쟁으로 말미암은 아주 무거운 세금과 부역 및 병역에 시달려야 했다. 따라서 표트르의 치세 동안 크고 작은 농민 반란들이 끊이지 않았다. 그 대표적인 것이 1707년에 돈 강과 볼가 강 일대를 뒤덮었던 카자흐 사람 콘드라트지예 불라빈Kondratzije Bulavin의 반란이다. 상공인들도 징세의 희생자가 됐으며, 그리하여 1705년에는 아스트라 한에서 봉기하기도 했다. 지식인들의 문제 제기도 뒤따랐다. 그 대표적인 경우가 이반 티호노비치 포소시코프Ivan Tikhonovich Pososhkov의 저술들이다. 그는 『빈곤과 부』와 같은 책을 비롯해 몇 가지 저술을 남겼는데 표트르 대제의 정책들을 부분적으로는 찬성하고 부분적으로는 비판했던 것으로, 결국 피터 앤 폴 요새 감옥에 투옥됐다가 그곳에서 옥사했다.

한마디로, 표트르의 개혁 정치는 소수의 상층부와 무수한 일반 대중 사이에, 도시의 '공식적 러시아'와 농촌의 '옛 러시아' 사이에 깊은 분열을 가져왔다. 그것은 단순히 치자와 피치자의 분열이 아니라, 교육을 받고 서유럽화된 상층부와 러시아의 전통적인 가치 체계 속에 살고 있던 무식한 농민 대중 사이의 깊은 문화적 분열이었다. 이 분열은 긴 눈으로 보면 뒷날 일어나는 러시아 혁명의 근본적인 원천이 된다. 그러나 전체적으로 볼 때 표트르의 개혁 정치는 부정적인 측면보다는 긍정적인 측면이 훨씬 더 많다는 것이 역사가들의 객관적인 평가이다. 그는 러시아를 어두운 과거로부터 끌어내어 근대화와 계몽의 길로 들어서게 했으며, 유럽 세계의 당당한 일원으로 성장시킨 것이다. 한마디로, 그는 대제(大帝)라는 이름에 충분히 어울릴 만한 위대한 업적을 러시아 역사에 남긴 것이다.[33]

계속되는 궁정 혁명. 표트르 대제는 만 53세가 된 1725년에 후계자를 지정하지 않은 채 죽었다. 따라서 대귀족들은 표트르 대제가 처형했던 황태자 알렉세이의 큰아들인 10세 소년 표트르를 새로운 차리로 추대했다. 그러나 친위대 장교들은 무력을 동원해 표트르 대제의 둘째 부인인 에카테리나를 새로운 차리로 등극시키는 데 성공했다. 이것은 궁정 혁명의 시대가 열리기 시작했음을 알리는 것이었다. 실제로 그때부터 알렉산드르 1세 Alexandr I가 즉위하는 1801년까지 76년 동안 제위(帝位)의 계승은 극도의 난맥상을 보였다. 이 시기에 등장한 열 명의 차리 가운데 일곱 명이 아버지와 아들 사이의, 또는 남편과 아내 사이의 살해와 쿠데타 등 비정상적 방법에 의해 제위에 올랐다는 사실이 그 점을 말해주었다.

에카테리나 1세 Ekaterina I는 제위에 올랐던 때로부터 2년 뒤에 죽었다. 그녀의 후임으로 표트르 대제의 처형된 황태자 알렉세이의 큰아들 표트르가 표트르 2세로 즉위했다. 그가 1730년에 3년 만에 죽자 표트르 대제의 조카딸인 안나 Anna가 즉위했다. 안나는 '무례하고 교양이 없는 게으른 여자' 였다. 그녀는 재위 10년 동안 카드놀이와 향연과 광대놀이에 많은 돈과 시간을 썼다. 국정은 그녀의 연인인 비론 Count Ernest John Byron 백작에 맡겼는데, 한 지방 공작의 마부 출신으로 무식하고 잔인한 그는 프로이센 사람들을 불러 국정을 운영하게 만들면서 그들과 함께 백성들을 가혹하게 수탈했다. 반대자를 잔혹하게 다뤄, 안나 여제의 재위 10년 동안 무려 수천 명을 처형했고 약 2~3만 명을 시베리아로 추방한 사실로도 잘 알 수 있다. 이 시기를 '비론의 학정 시대' 라고 부른다.

그런데 이 책의 주제와 관련해 그것들보다 중요하게 지적돼야 할 사실이 있다. 그것은 그녀의 즉위를 대귀족들이 도우면서 그 반대급부로 일종의 '헌법적 제한'을 받아들여 그 틀 안에서 통치할 것을 요구했다는 사실이다. 대귀족들은 차리의 권력을 제한함으로써 자신들의 특권을 제도적으로 더욱 확대하고자 한 것이다. 그녀는 처음엔 그 요구를 받아들였다가 곧바로 취소했다. 그러나 누구에게도 책임지지 않는 무제한적 절대 군주에게 '헌법적 제한'을 제도화하려고 했다는 점에서 20세기초 제정 러시아의 저명한 반체제적 지식인이던 표트르 스트루베 Pyotr Struve는 그것을 러시아 혁명의 시발로 보았다.[34] 안나가 죽으면서 생후 2개월 된 자신의 조카딸의 아들인 이반을 후계자로 지명하고 비론을 섭정으로 임명하자 표트르 대제의 딸 엘리자베타 Elizabetha가 쿠데타를 일으켰다. 그녀는 비론을 죽을 지경으로 두들겨팬 뒤 유배시키고 제위에 올랐다. 그녀는 자신이 '외국인 통치 시대'를 끝냈다고 자랑했지만 그러나 훌륭한 통치자는 아니었다. 그녀는 옷장에 15,000벌의 옷을 갖고 있을 정도로 옷차림에 신경을 썼으며 무도회와 기병 여행을 즐겼다.

이 일련의 과정에서 친위대와 귀족의 힘이 커졌다. 그들이 짜고 차리의 폐립을 좌지우지했기 때문이었다. 특히 엘리자베타 여제가 20년의 통치 기간에 국정을 귀족들에 맡겼기에 귀족의 힘이 빠르게 성장했다. 이 시기를 '러시아 귀족 계급의 부흥의 시기'라고 부르는 까닭이 거기에 있다.

제2장

귀족의 황금 시대 대 푸가초프의
농민 반란 및 라디스체프의 지식인 저항

엘리자베타 여제가 죽은 1761년으로부터 표트르 3세와 에카테리나 2세를 거쳐 파벨 1세가 죽은 1801년까지 40년 동안 제정 러시아에는 '귀족들의 황금 시대'가 열렸다. 동시에 제정 러시아의 대외적 팽창이 이뤄졌고 봉건 제도도 가장 높은 단계로 발전했으며 거기에 반비례해 농민들과 농노들의 생활은 더욱 비참해졌다. 그 결과 이 시기에 푸가초프의 농민 반란과 라디스체프의 지식인 저항으로 상징되는, 차리즘 체제에 대한 심각한 도전들이 일어났다. 이 장에서는 그 과정을 살피기로 한다.

1. 귀족 계급의 황금 시대와 농노제의 확대

귀족의 특권 확대. 이미 엘리자베타 여제 시대에 커진 귀족의 힘은 1761년부터 1762년까지 만 1년 동안 재위했던 표트르 3세 때 훨씬 더 커졌다. 원래 제정 러시아에서 귀족들은 국가로부터 많은 특권을 받는 대신에 종신토록 군대와 관직에 봉사해야 할 의무를 지고 있었다. 그런데 표트르 3세는 귀족은 국가에 대한 모든 의무, 곧 납세와 병역 및 체형으로부터 면제된다는 귀족 특권장을 내준 것이다. 그런데도 그는 곧 귀족들에게 쫓겨난다. 그 경위는 다음과 같다.

표트르 3세는 일찍 부모를 잃고 프로이센 왕 프리드리히 2세 Friedrich Ⅱ의 궁전에서 자라다가 러시아로 돌아온 탓에 그때 러시아의 적국이던 프로이센에 대해서는 우호적인 반면에 러시아에 대해서는 애정이 없거나 오히려 경멸적인 입장을 취했다. 그의 그러한 입장은 엘리자베타 여제 때 시작된 유럽의 7년 전쟁, 곧 프로이센 대 프랑스, 오스트리아, 러시아 등의 전쟁에서 러시아로 하여금 프로이센과 강화 조약 및 동맹 조약을 맺게 하고 오스트리아와는 전쟁을 하게 만들었다. 표트르 3세는 또 저능했으며 성격이 괴팍했다.

그리하여 군의 장성들과 귀족들은 표트르 3세를 제거하기로 합의하고 이 음모에 그의 아내 에카테리나를 끌어들였다. 독일의 한 작은 공국의 공주인 그녀는 러시아 황실에 들어온 뒤 러시아 정교에 입교해 에카테리나라는 세례명을 받고 표트르 3세가 황태자이던 때 결혼했던 것인데, 남편을 우습게 여긴 채 불행한 결혼 생활을 탄식하던 터였다. 그녀는 남편과는 달리 러시아와 러시아 문화를 사랑했으며 친위대와도 가깝게 지내왔다. 친위대는 표트르 3세를 곧바로 구금한 뒤 1762년에 에카테리나를 에카테리나 2세 Ekaterina II로 즉위시켰으며 동시에 표트르 3세를 암살했다. 에카테리나 2세는 1796년까지 34년 동안 재위하면서 러시아를 통치하게 된다.

이처럼 즉위 과정에 귀족과 친위대의 큰 도움을 받은 그녀는 그 보상으로 곧 귀족 특권장을 다시 확인했으며, 1785년에는 새로운 귀족 특권장을 발표해 귀족의 특권을 더욱 확대했다. 더욱 중요하게, 귀족의 재산을 인정해줌으로써 제정 러시아에서도 비로소 부분적이나마 사유 재산의 개념이 성립됐다.* 에카테리나 2세는 특히 토지를 보호해주기 위해 '제국 상업 은행'을 세워주기도 했다. 이 무렵 귀족 계급은 전체 인구의 1%를 조금 넘었지만 이 극소수의 사람들이 러시아를 지배한 셈이 됐다. 성직자들, 곧 러시아 정교의 사제들과 그들의 가족들 역시 전체 인구의 1%를 차지했는데 그들의 지위는 귀족의 지위보다 낮았으며 수입이 넉넉하지 못했다. 이 시기를 '귀족의 황금 시대' 또는 '귀족의 독재 시대'라

---

* 에카테리나 2세는, 앞에서 말했듯, 독일 출신이었다. 그녀는 독일어에서 '재산'이란 뜻을 갖는 아이겐툼 Eigentum으로부터 소브스트베노스치 sobstvennost'라는 러시아말을 만들었다. 이 말은 영어의 프로퍼티 property에 해당한다.[1]

고 부르는 까닭이 거기에 있다.

농노제의 확대. 그뿐 아니라, 그녀는 농노제를 크게 확대시켜주었으며, 우크라이나에 이미 존재하던 농노제를 합법화시켜주기도 했다. 그녀의 치세 초기에 모든 농민의 52%가 국가 농민이었고 42%가 개인적으로 소유된 농노였는데 그녀는 국가 농민의 대부분도 사유화시켜 농노로 전락시켰던 것이다. 그리하여 그녀의 치세 말기인 1794~1796년의 인구 조사에 따르면, 농노는 모든 농민들의 53.1%를 구성했고 인구 전체의 49%를 차지하기에 이르렀다. 이러한 맥락에서, 역사학자들은 러시아의 농노제가 에카테리나 2세 때 최악의 상황에 도달했다고 썼다.

농노의 확대 추세는 에카테리나 2세의 아들 파벨 1세 Pavel I에 의해 더욱 가속화된다. 그는 어머니의 정책을 보다 더 충실히 계승하여 농노를 더욱 양산시킴으로써 1800년 현재 3,600만여 인구의 절반 이상인 2,000만여 명이 사람보다는 오히려 짐승에 가까운 비참한 농노의 생활을 하지 않으면 안 됐던 것이다. 다시 강조하거니와 농노에 대한 지주의 학대와 수탈은 상상을 뛰어넘을 정도로 가혹했다. 러시아의 한 역사학자는 이렇게 썼다:

국가의 모든 의무로부터 벗어난 많은 귀족들은 자신들의 영지에 안주하면서 무위도식하게 됐다. 커다란 정원에 연못과 분수대를 갖춘 호화로운 저택, 가장 무도회를 비롯한 각종 사치스런 무도회는 많은 비용을 필요로 했다. 결국 지주들은 농노들을 가혹하게 착취하기에 이르렀다. 농노들은 처벌당하고 투옥되거나 징집됐으며 시베리아로 이주당하거나 강제 노동에 처해지기도 했다. 지주들의 잔인함은 끝이 없었다. 예를 들어, 모스크바의 여지주 살트이코바는 농노들을 매질하고 이들에게 끓는 물을 끼얹었으며 발가벗긴 채 혹한 속으로 내몰기도 했다. 그리고 그녀는 75명이나 되는 사람들을 죽을 지경에 이르기까지 고문했다. 또한 지주들은 농노들을 마치 노예처럼 매매하거나 사냥개와 바꿨으며 노름판에서는 판돈으로 걸기도 했다. 이 밖에도 지주들은 자주 농노들의 남편과 아내, 어머니와 아이들을 서로 갈라놓기도 했다. 농노들의 생활은 참으로 참을 수 없을 정

도로 힘들게 되어갔다.[2]

농노들은 자신의 처지를 차리나 정부에 호소하는 것이 금지됐다. 특히 지주들에게 불리한 방향으로 시정해줄 것을 탄원하는 일조차 금지됐다. 그러면 농민들의 형편은 어떠했나? 러시아의 한 역사학자는 다음과 같이 썼다: "국유지 농민들은 농노들보다 잘살았지만 그들의 의무 역시 18세기 동안에 증가됐다. 최상의 경우에는 북부의 몇몇 지역들의 경우처럼 농민들은 적당한 정도의 자율성과 유복한 처지를 유지했다. 그러나 최악의 경우에는 농민들의 운명은 농노들조차 부러워하지 않을 정도였다."[3]

농노들이나 농민들 가운데는 지주에 바쳐야 할 오브로크를 마련하기 위해 여러 가지 제품들을 만들었다. 자물쇠·칼·포크·순가락·컵·접시·장난감·가죽 제품 따위들은 대체로 그들의 손에서 나왔다. 그들은 또 겨울에는 아르첼리 arteli(아르첼의 복수)라는 공동 단체를 만들어 고향을 떠나 부업을 찾았는데, 목수와 칠장이 또는 건축 노동자가 전형적인 부업이었다.

한편 몇몇 지역들에서는 광공업이 일어나기 시작했다. 우랄 지역에서는 채광과 금속 공업이, 핀란드와의 접경 지역에서는 금속 공업이, 모스크바와 그 주변 지역에서는 방직업이 일어나면서 에카테리나 2세 말기에는 러시아 전역에 약 3,000개의 공장들이 세워졌다. 광공업의 성장은 상인들과 무역업자들을 성장시켰다. 그러나 그들의 수는 매우 적었다. 장인(匠人)들도 자라났다. 그들 역시 적었다. 광공업을 떠받드는 것은 역시 노동자로 그들의 총수는 약 220,000명으로 추산됐다. 이들의 생활 조건 역시 비참했다. 그들은 사실상 '산업 농노들'이었던 것이다.[4]

2. 푸가초프의 농민 반란

푸가초프의 거병. 농민들과 농노들의 이러한 처참한 상황 때문에 에카테리나 2세의 치세 34년 동안 약 60회의 농민 반란이, 그리고 그의 후임자 파벨 1세의 치세 5년 동안 78회의 농민 소요가 일어났으며, 그 대부분이 군대의 동원 없이는 진압될 수 없을 정도로 과격했다. 그 대표적인 보기가 1773년부터 1774년까지 계속된 에밀리안 푸가초프의 반란이다. 우리는 앞장에서 카자흐 사람 불라빈의 반란을 지적했다. 이 반란이 실패한 뒤에도 카자흐 사람들의 불만과 복수심은 가라앉지 않았다. 카자흐 출신인 푸가초프는 이 기운과 반(反)러시아적인 폴란드의 지원에 힘입어 반란의 깃발을 들었던 것이다. 그의 나이 서른한 살 때의 일이었다.

그는 암살된 표트르 3세라고 자칭했다. 자신이 농민들의 권익을 신장시키는 조처를 취하려고 했기 때문에 귀족들이 에카테리나와 짜고 자신을 죽이려는 것을 눈치채 황궁을 도망쳐나와 농민들 속에 숨어살다가 이제 봉기했다고 설명하면서, 나쁜 아내와 귀족들을 쓸어없애고 착한 농민들이 잘사는 세상을 만들자고 호소했다. '좋은 차리'의 출현을 기대하던 농민들의 심리를 잘 이용한 것이었다. 그러나 그는 스테판 라진이 태어났던 돈 강 유역의 카자흐 마을에서 태어나 전쟁에 몇 차례 참전해 용감하게 싸웠던 공로로 카자흐군의 소위로 승진하기도 했고, 그뒤 탈영하다가 투옥되기도 했던 젊은이였다. 어깨가 넓고 검은 턱수염과 날카로운 눈을 가진 깡마른 체구였다.

푸가초프의 호소는 즉각적이면서도 광범위한 반향을 불러일으켰다. 농노들, 우랄 산맥의 광산과 공장에서 일하는 근로자들, 구교도들, 타타르 사람들, 그리고 몇몇 다른 소수 민족들이 합세한 것이다. 그리하여 1774년초에는 반란군이 무려 5만여 명에 이르렀다. 그는 '차리'로서 위풍당당하게 행동했다. 자신의 통치 지역 안에 일종의 황실과 행정부를 만들었으며 참모부와 포병대를 갖춘 '정규군'을 '국방부' 아래 편성했고, "관리들과 지주들을 없애고 모든 사람들을 농노제와 징세 및 병역에서 해방시킨다"고 '차리'의 이름으로 선언했다.

푸가초프의 반란은 처음에는 성공적이었다. 반란군은 많은 도시들을 점령했으며 정부군을 격파하면서 기세를 올릴 수 있었다. 그러한 성공의 이유로 두 가지를 지적할 수 있다. 첫째, 그때 러시아는 터키와 전쟁하고 있어서 군대의 대부분이 터키 전선에 가 있었던 데다가, 정부가 터키와의 전쟁에 모든 힘을 쏟았기에 푸가초프의 반란을 심각하게 여기지 않았던 것이다. 둘째, 차리즘 체제의 여러 가지 모순이 극에 이르렀기에 압제받는 민중의 불만이 푸가초프의 반란을 지원하는 쪽으로 쏠렸던 것이다.[5]

정부는 비로소 위기를 직감했다. 그리하여 터키와의 전쟁을 중단하고 명장 알렉산드르 바실리예비치 수보로프Alexandr Vasilievich Suvorov를 포함한 노련한 장군들이 지휘하는 큰 규모의 병력을 보냈다. 1774년 봄에 벌어진 일련의 전투에서 푸가초프의 군대는 패배했으며, 푸가초프는 그를 지지하는 우랄 지방으로 피신했다. 그러나 타타르 사람들을 비롯한 몇몇 소수 민족들이 푸가초프의 군대에 합세했다. 여기에 힘입어 그는 2만여 명의 군사로 카잔을 점령하는 데 성공했다. 정부군이 카잔을 포위하면서 대접전이 벌어졌다. 결과는 정부군의 승리였다. 반란군은 준비와 협동, 그리고 통솔력에서 정부군에 뒤졌던 것이다. 푸가초프는 겨우 500명의 병사들을 이끌고 볼가 강을 건너 남쪽으로 달아났다. 그런데 뜻밖에도 이 지역의 농민들과 몇몇 소수 민족들이 그의 편에 서주었다. 많은 도시들과 마을들은 교회의 종을 울리면서 그를 '인민을 해방하려는 차리'로 환영해준 것이다. 이제 수천 명의 병사들을 거느리게 된 그는 사라토프Saratov를 비롯한 볼가 강 유역의 여러 도시들을 차례로 점령할 수 있었다.

푸가초프의 패배. 반란군과 정부군의 대접전은 1774년 8월에 차리친 근교에서 벌어졌다. 그 동안 반란군의 취약점들을 정확히 파악해두었던 정부군은 마침내 반란군을 격파하기에 이르렀다. 푸가초프는 소수의 카자흐 패잔병들을 이끌고 볼가 강 너머로 도망쳤다. 그러나 이제는 더 이상 기대를 걸어볼 수 없게 됐다고 계산한 그의 부하들은 밤중에 그를 붙잡아 정부군에 넘기고 말았다. 그는 철창에 갇혀 모스크바로 이송된 뒤 재판을 받고서 1775년 1월에 유달리 잔인한 방법으로 처형됐다. 서른세 살때의 일이었다. 그리고 그를 따랐던 수천 명의 반란자들도 잔인하게 처형됐다. 한동안 교수대에 매달려 죽은 시체들과 그 교수대들을 함께 실은 뗏목들이 볼가 강을 따라 계속해서 흘러내려왔다. 푸가초프의 반란은 푸슈킨의 소설 『대위의 딸』에 잘 묘사되어 있다. 이 소설을 통해 그는 농노의 반란과 인민의 힘에 애정 어린 관심을 나타냈다.

그러면 푸가초프의 반란은 왜 실패했을까? 이 물음에 관해 푸슈킨은 『푸가초프〔반란〕사』에서 크게 보아 세 가지 측면에서 대답했다. 첫째, 조직의 결여였다. 반란군은 조직의 측면에서 정부군에 비교가 되지 않았다. 둘째, 반란군의 주축인 농민들의 무능력이었다. 그들은 자신들의 이익을 끝까지 쟁취할 줄을 몰랐다. 셋째, 농민들의 타고난 복종심이었다. 농민들은 수세기에 걸쳐 지주들에게 순종하게끔 철저히 길들여져 있었다. 이렇게 분석하면서도 푸슈킨은 푸가초프의 반란과 같은 농민 반란이 다시 일어난다면 그때는 오직 귀족과 지주, 그리고 고관만이 차리의 편에 설 것이라고 경고하는 것을 잊지 않았다.[6]

푸가초프 농민 반란에 대한 정부의 조처. 푸가초프의 반란은 진압됐지만 그것은 에카테리나 2세를 놀라게 했다. 그녀는 이러한 일이 다시는 일어나지 못하도록 하기 위한 강력한 대책으로 1775년에 행정 개혁안을 발표했다. 그녀는 백성들을 보다 더 확실하게 장악해야겠다는 판단에서 성(省)을 더 작게 나눴다. 곧, 인구 300,000명에서 400,000명 사이의 규모를 성의 단위로 삼은 것이다. 그리하여 전국은 1796년 현재 50개의 성으로 나뉘었다. 중요한 성에는 총독을, 덜 중요한 성에는 지사를 두었는데, 차리가 아주 믿는 이들만이 임명될 수 있었다. 성은 30,000명 정도의 군(郡)으로 나뉘었다. 총독과 지사는 물론 군수도 자신의 관할 구역에서 막강한 권력을 행사했다.

푸가초프 농민 반란의 의의. 미국의 독립 전쟁보다 3년 앞서, 그리고 프랑스 대혁명보다 16년 앞서 일어난 푸가초프의 농민 반란은 러시아의 농민들이 차리즘의 압제에 맞서 일으킨 러시아 역사상 가장 큰 반란이었다. 이 반란에는 민족의 자유를 얻기 위해 일어선 소수 민족들도 많이 가담했다. 그러나 이 반란 역시 차리즘 타도를 목표로 삼지 않았다는 점에서 일정한 한계를 보였다. 반란의 대의(大義)가 '좋은 차리'를 앞세워 '나쁜 차리'와 차리의 나쁜 관리들을 징벌하자는 데 있었지 차리즘 그 자체를 폐지하자는 데 있지 않았던 것이다.

그렇다고 해서 이 사건의 역사적 의의가 줄어들지는 않는다. 이 사건은 러시아 봉건 제도의 바탕을 뒤흔들어놓았으며 봉건주의의 결함을 폭로하는 계기가 됐다. 그리고 혁명적 반봉건주의 사상이 빠르게 자라나도록 만든 중요한 계기가 됐다. 트로츠키가 『러시아 혁명사』 제1장에서 이 사건의 역사적 의미를 높이 평가한[7] 까닭이 거기에 있다.

3. 러시아 지성계의 계몽주의 수용과 농노제 비판

밖으로의 팽창 정책. 푸가초프의 반란을 진압함으로써 여유를 갖게 된 에카테리나 2세는 대외적 팽창 정책을 가속화시켰다.[8] 뛰어난 정력과 야망으로 특징지어진 걸출한 통치자인 그녀는 우선 1783년에 크림 반도를 장악하는 데 성공했고, 이에 반발하여 도전한 터키를 1791년에 굴복시킴으로써 흑해와 지중해로의 진출을 가능하게 만들었다. 그리고 세 차례에 걸쳐 폴란드의 분할에 참여했다. 1772~1773년에는 프로이센 및 오스트리아와 함께, 1793년에는 프로이센과 함께, 그리고 1795년에는 다시 프로이센 및 오스트리아와 함께 폴란드를 분할함으로써, 유럽 대륙에서 면적으로 3위를, 인구로 4위를 차지하던 폴란드를 지도 위에서 없앤 것이다. 폴란드는 제1차 세계 대전이 끝난 후 1년이 지난 1919년에야 독립을 얻는다.

폴란드 분할에의 참여를 통해 러시아는 리투아니아와 우크라이나 전역을 차지하는 데 성공했으며, 이어 시베리아와 동북 아시아로 진출해 이 지역을 개척했고, 여세를 몰아 북미 대륙의 알래스카Alaska에까지 진출했다. 다른 한편으로, 영국에 대항하기 위해 프랑스와 스페인 및 오스트리아를 끌어들여 4국 동맹을 결성시키려고 애썼다. 그러나 1789년에 프랑스에서 혁명이 일어나자 태도를 바꾸어 프랑스 개입에 앞장섰다. 이처럼 그녀의 통치기에 제정 러시아는 영토를 크게 넓히고 인구를 7백만 명 정도 늘리는 가운데 유럽의 주요한 강대국으로 확실하게 자리잡았으며 국위를 크게 떨쳤다. 그녀가 대제(大帝)라고 불린 까닭이 거기에 있었다.

에카테리나 2세가 이처럼 대외적 팽창 정책을 성공적으로 수행할 때 손발이 되어준 대표적 장군이 바로 푸가초프의 농민 반란을 진압한 수보로프였다. 1730년에 태어나 1800년에 죽을 때까지 생애의 대부분을 전장에서 보낸 그는 일생 동안 35회의 전투에서 군대를 지휘했는데, 거의 언제나 작은 병력으로 싸웠으나 한차례도 지지 않았다. 그가 마지막으로 치른 전쟁은 1799년에 프랑스를 상대로 북부 이탈리아에서 치른 전쟁이었다. 그는 일흔 살의 고령에 병사들과 함께 걸으면서 알프스 산맥을 넘는 영웅적인 행군을 감행하여, 북부 이탈리아를 프랑스 군대의 점령으로부터 완전히 벗어나게 했다. 오늘날에도 그는 러시아 정부와 국민 모두로부터 위대한 장군으로 추모받는다.

학술과 예술의 발전. 러시아가 대외적으로 유럽의 큰 나라로 성장하는 동안, 특히 에카테리나 2세 때, 대내적으로는 학술과 예술 부문에서도 비록 더디나마 발전하는 길을 걸었다.[9] 1725년에 과학 아카데미가 개원한 데 이어, 1750년에는 러시아 최초의 극장이 야로슬라블리 Yaloslavly에서 문을 열었으며, 1755년에는 모스크바 대학이 철학부와 법학부 및 의학부를 중심으로 개교했고, 1757년에는 예술 아카데미가 개원했으며, 1765년에는 자유경제연구회가 발족해 농업과 경제에 대한 지식을 보급시켰다. 이때가 우리 역사에서는 조선 영조의 치세에 해당한다.

이 무렵에 중등 보통 교육을 위한 학교로 중학교가 생겨 귀족과 상인의 자제들이 입학했다. 중학교는 농민과 상공인의 자녀들은 받아들이지 않았는데, 그것은 천민들이 교육을 받으면 봉건 체제에 반항하게 된다는 지배층의 믿음 때문이었다. 따라서 러시아 사람들의 대부분은 문맹 상태로 남아 있었다. 여자들도 중학교에 들어갈 수 없었다. 다만 귀족의 딸들을 상류 사회의 귀부인으로 키우기 위한 '신부(新婦) 여학교'가 에카테리나 2세에 의해 1764년에 수도 근교인 스몰리니 Smolny에 세워졌고, 곧이어 역시 에카테리나 2세에 의해 큰 상인의 딸들을 위한 여학교가 세워졌을 뿐이다.

이러한 제약 속에서도 뛰어난 학자와 예술가가 쏟아져나왔다. 그 대표적인 학자가 평범한 농어민의 아들로 태어난 미하일 바실리예비치 로모노소프Mikhail Vasilievich Lomonosov였다. 학구열이 뛰어났던 그는 많은 역경을 헤치며 5년의 독일 유학을 거친 뒤 과학 아카데미의 회원과 교수로서 자연과학과 인문과학 모두에 크게 이바지했다. 문학에서도 큰 업적을 남겨 오늘날까지도 '근대 러시아 문학의 아버지'로 꼽히고 있다. 모스크바 대학도 그의 계획안에 따라 1755년에 창설된 것이다. 그리하여 푸슈킨은 그에 대해 "로모노소프는 위대한 인물이었다. 그 스스로가 우리의 최초의 대학이었다"고 예찬했으며, 다른 학자들은 그를 "러시아 학계의 몽 블랑Mont Blanc"이라고 불렀다. 그는 오늘날까지도 근대 러시아의 레오나르도 다 빈치Leonardo Da Vinci로 추모되고 있다.

역사학의 발달도 이루어졌다. 로모노소프는 『고대 러시아의 역사』를 출판했으며, 이어 '러시아 역사학의 아버지'로 꼽히는 바실리 타티슈체프Vasily Tatishchev가 나와 5권으로 된 『러시아의 역사』를 출판했다. 여기서 중요하게 지적돼야 할 사실은 로모노소프와 타티슈체프 모두 차리즘 체제의 개혁을 추구했다는 사실이다. 로모노소프는 민중의 처참한 생활상을 개선시켜주기 위해 농업과 보건 등 여러 분야에서의 새로운 구상들을 황실의 측근에게 건의했다. 타티슈체프는 거기서 훨씬 더 나아가 의회제의 채택을 건의했다. 이로써 그는 투옥되기도 했으나 오늘날까지 러시아에서 처음으로 의회주의를 제창한 사람으로 기록되고 있다.[10] 농노 문제에 관한 그의 의견은 결코 혁명적이지는 않았다. 그러나 그는 농노의 생활 향상을 위해 귀족과 지주가 많은 물질적 혜택을 베풀어줄 것을 강력히 호소했다.

법학에서는 영국 글래스고 대학교 교수 아담 스미스Adam Smith의 제자인 세미온 데스니츠키Semyon E. Desnitsky가 귀국해 모스크바 대학교 법학부를 중심으로 러시아 법학을 발전시켜 '러시아 법학의 창건자'라는 칭호를 얻었다. 그와 함께 스미스 밑에서 공부하고 귀국한 이반 트레차코프Ivan Tretyakov 역시 러시아 법학의 발전에 이바지했다.

그런데 이 대목에서 우리가 기억해야 할 사실들이 있다. 첫째, 당시 법학이라고 할 때 그것은 정치학과 경제학 및 사회학을 모두 포괄한 것으로, 이 두 학자는 좁은 의미에서의 법학뿐만 아니라 경제학을 많이 공부했기에 러시아에 스미스 학파의 경제학을 처음으로 소개했다는 사실이다. 둘째, 그들은 자연히 러시아 사회의 부르주아적 발전을 지향했다는 사실이다. 노동의 분업과 공예품 생산의 증대, 그리고 은행의 창설 등을 통해 상공업을 크게 일으켜 국부(國富)를 키우고 상공인 중심의 부르주아 계급을 길러 러시아 사회가 농업 사회를 기반으로 하는 귀족 및 지주의 사회로부터 벗어나야 한다고 주장한 것이다. 이러한 주장 때문에 데스니츠키는 교수직에서 일찍 은퇴하도록 강요당했다.[11]

이들 외에도 천문학에서는 루모프스키 S. Ia. Rumovsky가 태두(泰斗)로 나타났으며, 수학과 기계학에서는 코젤스키 Ia. P. Kozelsky가 등장했다. 돌이켜보면, 로모노소프로 대표되는 새로운 지식인들의 등장은 표트르 대제의 서유럽화 정책의 산물이었다. 푸슈킨이 그들을 "표트르 둥지에서 태어난 새들"이라고 불렀던 까닭이 거기에 있다.

프랑스 계몽 사상의 도입. 학문과 예술이 발달하는 가운데, 18세기 후반에 들어서면서 프랑스 계몽주의자들의 사상이 진보적 지식인들 사이에 전파됐다.[12] 볼테르 Voltaire와 디드로 Denis Diderot 및 루소 Jean-Jacques Rousseau 등의 저술들이 러시아어로 역간됐으며, 여기에 영향을 받은 러시아의 계몽주의자들은 군주제와 봉건제에 대해 비판적인 글들을 발표했다. 이 무렵의 저술가들로서는 우선 '러시아 최초의 고전주의 학자'로 꼽히는 칸테미르 A. B. Kantemir 공과 궁정 시인 트레디아코프스키 V. K. Trediakovsky를 지적할 수 있다. 이들은 주로 프랑스의 고전들과 소설들을 번역했다. 이어 수마로코프 A. P. Sumarokov를 지적할 수 있는데, 그는 주로 극작에 치중했으며 프랑스 극작가들의 희곡들을 많이 번역했다. 폰비진 D. L. Fonvizin 역시 극작가로 이름을 날렸는데, 황실의 족벌주의와 위선을 풍자하는 한편 농촌의 부패도 통렬히 비판했다. 한편 데르자빈 G. R. Derzhavin은 시인으로 사랑을 받았다.

에카테리나 2세도 집권 초기에는 프랑스 계몽주의자들의 저술을 열심히 읽었다. 볼테르와는 편지를 교환하기도 했고 디드로를 초청하기도 했다. 그녀는 계몽 군주라는 명성을 얻고 싶었던 것이다. 그러나 다른 한편으로는 그들의 사상과 이론에서 절대주의와 농노제의 정당성을 찾고 싶었음이 사실이다. 그녀가 삼권 분립을 강조한 프랑스의 법률가 몽테스키외Montesquieu의 『법의 정신』을 읽은 뒤 "러시아와 같이 영토가 넓은 나라에서는 권력이 전제 군주 한 사람에게 집중되는 전제주의 체제가 필요하다"는 결론을 내린 것, 그리고 "노예들과 하인들은 이 세상이 창조될 때부터 존재했으며 이것은 하나님의 섭리에 결코 어긋나지 않는 것"이라고 단언한 것 등은 그녀의 계몽주의 수용이 얼마나 자기 마음대로였던가를 말한다. 1773년에 푸가초프의 반란이 일어나고, 1789년에 프랑스에서 대혁명이 일어나자 그녀의 태도는 전제주의 체제를 강화하는 쪽으로 더욱 빠르게 바뀌었다. 그녀는 프랑스 대혁명은 계몽 사상가들이 퍼뜨린 사상의 '나쁜 열매'라고 보고, 그들의 저술들의 대부분을 버림과 동시에 억압적인 통치를 더욱 굳힌 것이다.[13]

프리 메이슨 운동의 사회 비판. 흔히 볼테르주의라고 불렸던 프랑스 계몽 사상이 도입된 그 시기에 또 다른 갈래의 사상이 도입됐다. 그것은 영국을 비롯한 서유럽에서 성장한 프리 메이슨 운동Freemasonry의 사상이었다. 자유석공(石工)운동이라는 뜻의 이 운동은 엘리자베타 여제 시대에 들어와 에카테리나 여제 시대에 두드러졌는데, 이 운동에 참가한 사람들은 더 이상 석공들이 아니라 귀족과 지식인층에 속했다. 그들은 볼테르주의의 합리주의와 유물론에 반대하는 가운데 명상과 자기완성 같은 신비주의적 경향을 받아들이면서도 기독교 윤리와 자유주의적 입장에 서서 사회개혁에 깊은 관심을 쏟았다. 그리하여 그들은 학교들과 출판사들을 세우며 대중을 계몽시키고자 했다.

제정 러시아 역사에서 "단 하나의 정신적 운동"으로 평가되는[14] 프리 메이슨 운동가들 가운데 대표적 지도자가 니콜라이 노비코프 Nicolai Novikov였다. 그는 에카테리나 2세 시대에 가장 활발한 자유주의적 시사 평론가이면서 작가로, 프리 메이슨 운동의 틀 안에서 러시아의 여러 곳에 학교와 출판사를 세웠다. 풍자 잡지 『수펄』과 『화가』가 대표적인 출판물들로, 그는 이 출판물들을 통해 약 10년에 걸쳐 전제정과 농노제 및 지주들의 탐욕과 잔인, 그리고 황실 관리들의 전횡과 뇌물 수수 등을 계속해서 폭로했으며 특히 궁정의 비도덕성을 맹렬히 비판했다. 그리하여 러시아 지성사에 '노비코프의 10년'을 기록했다. 그래도 참고 지냈던 여제는 푸가초프의 반란을 보자 곧바로 그 잡지들을 폐간시켰으며 프랑스 대혁명을 본 뒤에는 노비코프를 투옥한 뒤 15년 징역형을 선고했다. 복역을 끝냈을 때 그는 완전한 폐인의 모습이었다.[15]

4. 러시아 '최초의 혁명가' 라디스체프의 저항

프랑스 대혁명의 영향. 프랑스 대혁명은 확실히 러시아의 지배층을 놀라게 했다. 더구나 1793년에 프랑스 왕 루이 16세 내외가 혁명 세력의 손에 단두대에서 처형됐다는 소식이 전해지자 그들은 똑같은 일이 러시아에서 벌어지는 것이 아닌가 겁을 먹기도 했다. 대담한 에카테리나 2세조차 앓아누울 정도였다. 그러나 러시아의 진보적 계층은 용기를 얻었다. 그들은 프랑스 대혁명의 역사적 의미를 활발히 토론하는 가운데 러시아에도 자유주의 시대가 올 것이라는 기대를 공공연히 나타냈다. 이러한 분위기 속에서 프랑스 대혁명이 일어난 때로부터 1년 뒤인 1790년에 알렉산드르 니콜라에비치 라디스체프 Alexandr Nicolaevich Radischev는 차리즘의 타도를 외친 혁명적 저서 『상트 페테르부르크에서 모스크바로의 여행 *A Journey from St. Petersburg to Moscow*』을 출판했다.

라디스체프의 인민혁명론.[16] 그러면 라디스체프는 어떤 사람이었나? 그는 넉넉한 지주 집안에서 1749년에 태어났다. 이것은 그가 미국과 프랑스에서 혁명을 이끌었던 사람들과 같은 세대에 속했음을 뜻했다. 그는 미국의 혁명, 곧 미국의 독립 전쟁을 이끌어간 토머스 제퍼슨 Thomas Jefferson보다 여섯 살 아래였고 프랑스의 계몽주의자 미라보 백작 Comte de Mirabeau과 동년배였으며 프랑스 혁명의 과격파 로베스피에르 Maximillien Robespierre보다 아홉 살 위였던 것이다. 그는 수도의 중앙 유년 학교를 마친 뒤 황실 파견의 유학생으로 뽑혀 독일로 유학해 1771년에 라이프치히 대학교를 우수하게 졸업했다. 거기서 괴테 Johann W.

von Goethe와 함께 수학한 그의 공부는 폭이 넓었다. 자연과학·역사학·법학·철학에 밝았으며 독일어·프랑스어·영어·이탈리아어·라틴어 등을 자유롭게 쓸 수 있었다. 귀국한 뒤 약 20년 동안 공무원으로 일했으며 마지막 단계에서는 상트 페테르부르크 세관장을 지냈다.

그의 생애는 1790년에 『상트 페테르부르크에서 모스크바로의 여행』을 출판하면서 전기를 맞았다. 이 책을 주의 깊게 읽은 에카테리나 2세가 이 책이야말로 "프랑스 전염병의 확산"이고 이 책의 저자는 "푸가초프보다 더 나쁜 반역자"라며 격노하면서 그를 재판에 돌려 사형을 선고했기 때문이었다. 그는 곧 감형되어 10년 동안의 시베리아 유형에 처해졌으며, 그 책은 100년 이상 금서로 묶이게 된다. 이로써 그는 노비코프와 함께 러시아 최초의 '지식인 순교자'로 꼽힌다.[17]

그러면 그 책의 내용은 무엇이었나? 그 책은 우선 농노제에 대한 철저한 공격이었다. 그는 지주들이 농노들에게 "일주일에 여섯 차례나 부역 노동에 나오도록" 강요하고도 너무나 힘에 겨운 소작료를 부과했으며 가축처럼 쇠사슬로 묶어서 팔아넘겼다고 규탄했다. 그는 지주들이 "굶주린 야수"처럼, "탐욕스런 흡혈귀"처럼 농노들과 농민들로부터 공기만을 빼놓고는 나머지 모든 것들을 빼앗아버렸다고 비난했다. 이처럼 농노제의 경제적·사회적·도덕적 파괴성을 폭로하고 농노제의 폐지가 피할 수 없는 역사의 길임을 강조했다. 그 책은 이어 차리즘으로 상징되는 전제정을 무자비하게 비판했다. 차리를 "악당들 가운데 가장 잔인한 악당"이라고 비난한 뒤 그러한 차리가 정점에 서 있는 전제정은 인간의 본성에 가장 적대적인 제도라고 공격했다. 그리고 농노제와 전제정이 공존하면서 서로 보강시켜주고 있다고 설명한 뒤 이 두 "괴물들"을 타도하기 위해서는 폭력과 농민 반란도 주저하지 말아야 한다고 역설했다. 이러한 주장의 바탕에는 그의 자유주의적 자연법 사상이 깔려 있었다. 그는 정치와 경제의 자유를 인간의 자연적 조건이라고 보고 농노제와 전제정은 자연법을 위반한 것이라고 주장한 것이다.

라디스체프의 결론은 인민 혁명이었다. 그는 농노들과 농민들이 중심이 된 인민 혁명을 통해 차리즘 체제를 타도하고 공화제를 수립해야 한

다고 선언한 것이다. 이 점에서 그는 확실히 러시아의 '최초의 혁명가'
였다. 그러나 그는 혁명 이외의 다른 방식도 제시했다. 그는 점진적이면
서 평화적인 농노 해방안을 포함해 차리가 귀족의 동의를 얻어 수행하는
일련의 개혁안들을 내놓았던 것이다.[18] 그러나 그는 차리와 귀족으로부
터 개혁을 기다리는 것은 쓸데없는 일이라고 지적했다. 자유는 권력자들
의 양심에서 나오는 것이 아니라 농노제의 질곡 자체, 곧 농노와 농민의
자연발생적 분노로부터 나오는 것이기 때문이라고 보았던 것이다. 그는
다음과 같은 위협적인 예언으로 끝을 맺었다:

어떤 종말이 우리를 기다리고 있고 우리가 지금 어떤 위험 속에서 살고
있는지 당신들은 모르겠는가? 모든 노예들의 감정은 손상될 대로 손상되
어 있다. 자유라는 고상한 구호는 그것을 치유하기는커녕 오히려 그들의
격앙된 감정만을 자극할 뿐이다. 격류는 그 물살을 가로막는 힘이 크면 클
수록 더욱 강력한 힘을 발하게 마련이다. 그리하여 일단 둑이 무너진다면
아무것도 그것을 걷잡을 수가 없다. 그 격류가 바로 우리가 족쇄를 채워놓
고 있는 우리의 형제들이다. 그들은 기회와 때를 기다리고 있다. 경종이
울린다. 가공스런 재앙이 우리들에게 닥칠 것이다. 우리의 주위에는 칼이
난무하고 독살이 횡행할 것이다. 잔인함과 비인간성의 대가로 우리에게
죽음과 방화가 지불될 것이다. 우리가 그들을 늦게 풀어줄수록 그들은 더
욱 무서운 복수를 감행할 것이다.[19]

라디스체프는 동(東)시베리아의 일림스크에서 유형 생활에 들어갔다.
죽은 아내의 여동생인 엘리자베타 루바노프스카야 Elizabetha Rubanov-
skaya가 그의 어린아이들을 데리고 와서 두번째 아내가 되어 그를 돌봐
주면서 그에게 용기와 희망을 북돋아주었다. 이로써 그녀는 러시아 혁명
사에 나타나는 수많은 여성 혁명가의 선구자가 된 것이다.

5. 개혁을 추구하다 후퇴한 알렉산드르 1세

파벨 1세의 암살. 1796년에 에카테리나 2세가 죽으면서 그녀의 아들 파벨 1세가 마흔두 살의 나이로 즉위했다. 파벨 1세는 공식적으로 에카테리나 2세와 표트르 3세 사이의 하나뿐인 혈육이었다. 그러나 파벨 1세가 표트르 3세의 아들이 아니라, 에카테리나 2세가 거느렸던 적어도 21인 총신들* 중 하나인 살티코프Sergius Saltykov의 아들이라는 소문이 유력했다. 만일 이것이 사실이라면 로마노프 황가는 표트르 3세에서 끝난 것이라고 역사가들은 주장한다. 어떻든 그는 성격이 나약하면서도 잔인한 데다가 얼굴이 못생겨서 신하들의 신뢰를 받지 못했다. 게다가 자신의 즉위를 너무 오래 기다리면서 어머니와 어머니의 총신들에 대한 미움이 커졌던 탓인지, 즉위하자마자 어머니 시대의 고관대작들을 쫓아내고 어머니의 총신들을 유배시켰고 어머니가 공포한 여러 칙령들을 폐지했다. 라디스체프를 사면해 수도로 돌아오도록 허용해준 것도 그였다.

재위 5년 동안 그는 난폭한 독재자로 굳어져 푸슈킨은 그를 제정 로마 때의 난잡한 폭군 칼리굴라Caligula에 비유하곤 했다. 마침내 귀족들의 불만이 폭발할 지경에 이르자, 우리가 앞에서 이미 보았듯이, 그는 귀족들의 희망에 따라 농노들을 양산시키는 방안에 동의했다. 그러나•귀족들은 그의 폐위를 결심하고 그의 장남인 알렉산드르를 음모에 끌어들였다. 그리하여 1801년의 어느 날 밤에 음모자들은 그의 침실로 들어가 그를 목 졸라 죽였다.

우유부단했던 알렉산드르 1세의 통치. 이에 따라 알렉산드르가 스물네 살의 젊은 나이에 알렉산드르 1세로 즉위했다. 그는 1825년 11월 마흔여덟의 장년에 죽었으니 스물네 해 동안 제위에 있었던 셈인데 이 기간의 그의 통치는 모순에 가득 찬 것이었다. 그의 할머니인 에카테리나 2세가 그의 어린 시절에 "저 아이는 모순 덩어리야"라고 소리지른 적이 있었는

---

* 그녀는 겉으로는 독신을 고집했으나 자유분방하게 살았다. 그녀는 만년에 "젊었을 때 사랑할 수 있는 남편을 만났다면 평생 정숙하게 살았을 터인데"라고 개탄했다고 한다.

데, 그것은 가장 정확한 지적이었다. 모순과 애매모호야말로 그의 생애에 일관되게 흐른 특성이었다.[20] 그를 '수수께끼 같은 차리'라고 불렀던 까닭이 거기에 있었다.

그의 애매모호한 성격은 그를 제위에 일찍 오르게 한 결정적인 계기가 된 아버지의 암살 사건 때도 뚜렷이 나타났다. 귀족들이 친위대의 장교들과 짜고 파벨 1세를 죽일 계획을 세운 다음 파벨을 이을 아들인 그에게 귀띔을 했던 때 그는 아버지에게 '신체적인 해(害)'만 끼치지 않는다면 궁정 쿠데타에 동의한다는 뜻을 보였다. 이것은 분명히 자기 기만이었다. 아버지에게 죽음과 동의어인 '신체적인 해'가 가해진다는 것을 그는 궁정 정치의 경험에서 알고 있었을 터인데도 다만 자신의 양심과 체면을 아랫사람으로부터 지키기 위한 방패막이로 실현이 거의 불가능한 조건을 내세웠을 뿐이었던 것이다.

그 같은 불분명한 태도는 그의 재위 동안 계속해서 나타났다. 그의 출발은 자유주의적이었으며 개혁 지향적이어서 즉위와 동시에 우선 교육부의 신설을 통해 각급 학교를 증설했다. 상트 페테르부르크 대학교가 개교한 때도 그의 치세이던 1819년이었다. 그는 이어 법률 개혁에 착수했으며 농노 해방에 대해 호감을 표시했다. 심지어 라디스체프를 법률개혁위원회에 등용하기도 했다. 그리하여 체제 안에 자리잡고 있으면서도 체제의 개혁을 기대하던 젊은 귀족들과 지식인들은 그에게 상당히 큰 기대를 걸게 됐다.[21] 그러나 그는 기득권층의 반발에 부딪히게 되면 쉽게 물러서곤 했으며, 라디스체프에게 가해지는 기득권층의 위협을 막아주지 못했다. 이러한 억압적 배경에서 라디스체프는 "후손들이 나를 위해 복수할 것"이라는 유서를 남긴 채 자살했던 것이다. 그는 '억압으로부터의 피난처'가 없을 때 자살은 마지막 피난처가 된다던 스스로의 평소의 발언에 충실했던 셈이다. 그가 후대에 미친 영향은 참으로 컸다. 푸슈킨을 비롯한 그 이후의 대표적 비판자들에게 깊은 영향을 주었으며, 이로써 그는 '과격한 러시아 인텔리겐치아의 첫번째 대변인'으로 기록되기에 이르렀다. 이것이야말로 그가 바라던 것이었다. 그는 "나는 러시아에서 자유를 선언한 첫번째 사람으로 기억되기 바란다"[22]고 말하곤 했기 때문이다.

입헌주의 정치 체제에 대한 태도 역시 비슷했다. 그는 할머니 에카테리나 2세가 가정 교사로 뽑아준 스위스 출신의 자유주의자 프레데릭 세자르 라하프 Frédéric César Laharpe를 통해 루소의 정치 사상을 뜨겁게 받아들이면서 자신이 차리가 되면 러시아에 루소식의 자유주의 정치 체제, 곧 루소식의 입헌주의 정치 체제를 실현하겠다고 굳게 다짐했었다. 물론 그는 그러한 이상(理想)의 실현이 어렵다는 것을 알고 있었다. 그것을 절실히 깨닫게 되는 순간엔 그는 자신의 제위를 바로 아랫동생 콘스탄틴 Konstantin에게 넘겨주고 자신은 자신이 열여섯 살의 소년으로 성급히 결혼한 아름다운 아내 바덴의 마리 루이제 Marie Louise of Baden 공주와 라인 강변에 은퇴해서 살고 싶다는 생각을 줄곧 가졌었다. 제위에 오르는 순간에도, 그리고 그뒤에도 그는 자신이 일단 입헌 정부를 세워놓기만 하면 물러나겠다는 말을 하곤 했다.

그리하여 그는 즉위하자마자 자신의 젊은 친구 네 사람으로 일종의 작은 내각인 자문위원회를 구성하고, 여기에 자신의 루소적 이상을 털어놓았다. 그러나 그의 이상은 즉각적인 반대에 부딪혔다. 그들은 모두 러시아는 전제정의 원리에 의해서만 통치돼야 한다고 역설한 것이다. 전제 체제의 약화는 국가의 분할과 인민에 대한 재해를 가져올 뿐이라고 주장하면서, 러시아에 필요한 것은 자비로운 전제 군주일 뿐이며 알렉산드르가 지향해야 할 것은 바로 자비로운 전제 군주라고 그들은 역설했다. 자문위원회의 한 사람인 스트로가노프 Pavel Stroganov 백작의 표현에 따르면, 러시아는 개혁을 요구하나 그 개혁도 전제 군주에게서 오지 않으면 안 된다는 것이다. 알렉산드르 1세는 결국 이들의 건의를 받아들였고 그리하여 루소식의 입헌 체제 구상은 백지로 돌아갔다.

카람진의 역사 의식. 돌이켜보면, 그들의 생각은 낭만주의적이면서 보수주의적 역사가인 니콜라이 카람진 Nicolai M. Karamzin의 사상에 따른 것이었다. 카람진은 "내 유일한 희망은 러시아가 영원토록 보존되는 것"이라고 말한 데 잘 나타났듯이, 기본적으로 보수주의자였고 민족주의자였다. 그러나 그는 '계몽적 보수주의자'였으며 '계몽적 민족주의자'였다.

그리하여 그는 러시아의 당면 과제는 전제제의 폐지나 과격한 개혁에 있는 것이 아니라 전제제를 그 본래의 취지에 맞게 복구시켜주는 것이라고 보았다. 즉 '진정하고 계몽적 전제 군주'의 의무와 책임과 특권과 방식을 정확하게 규정해놓는 작업이라고 보았다. 그리고 그는 전제 군주란 자신이 명령을 내리는 사람이면서 동시에 그 자신이 부과했고 또는 그의 조상으로부터 물려받은 법률과 행위의 규범을 준수하는 사람이라고 보았다. 또한 그러한 법률과 행위의 규범은 매우 중요한 사유에 의해서만 고쳐질 수 있다고 생각했다. 이에 반해 자신을 법 위에 놓고 있는 사람이 폭군이라고 주장했다.

카람진의 이러한 견해는 몽테스키외의 법률 사상으로부터 어느 정도 영향을 받은 것으로 러시아인의 재래적인 법률관과는 크게 대조되는 것이었다.[23] 그는 1811년에는 「고대와 현대 러시아에 관한 회고」라는 논문을, 그리고 1816년부터 1826년까지는 『러시아 국가의 역사』 전 12권을 각각 출판함으로써 '러시아의 토머스 칼라일 Thomas Carlyle'*이라는 칭송을 받는다.

스페란스키의 헌법안. 자문위원들의 건의를 받아들여 입헌주의로의 개혁 구상을 포기했던 알렉산드르 1세는 세월이 지나자 다시 입헌주의 개혁 구상으로 돌아섰다. 1808년, 그러니까 알렉산드르 1세가 프리들란트 Friedland에서 프랑스의 황제 나폴레옹 Napoléon Bonaparte에게 패배하여 굴욕적인 틸지트 조약 the Treaty of Tilsit을 체결한 해로부터 1년 뒤에, 그는 서른네 살의 유명한 관료 미하일 스페란스키 Mikhail Speransky를 발탁했는데 그가 바로 제정 러시아 사상 최초의 입헌 정치 제도안을 만들어낸 주인공이었다. 스페란스키는 자문위원회의 위원들처럼 귀족의 아들이 아니었다. 그는 가난한 시골 신부의 아들**로 관리가 됐는데 놀라울 정도로 뛰어난 역량을 발휘하여 차리의 눈에 들게 된 것이었다. 일단 차리의 행정 보좌관으로 중용된 때부터 4년 동안 그는 차리의 총애와 신임

---

* 19세기 영국의 역사가. 프랑스 혁명에 관한 세 권의 책, 프로이센의 프리드리히 2세에 관한 여섯 권의 책, 그리고 『영웅숭배론』으로 유명하다. 다작의 저술가였다.
** 러시아 정교의 신부는 결혼해 가족을 갖는 것이 허용됐다.

을 독점하다시피 했으며 일반 행정의 모든 국면에 강력한 영향을 미쳤
다. 이 시기에 총리 대신이라는 직제는 없었지만 사실상 그러한 지위에
서서 그러한 역할을 수행하고 있었고 차리의 스승으로 불리기도 했다.
그는 행정 보좌관으로 갖출 수 있는 모든 능력을 보여주었다고도 할 수
있는 사람이었다. 명석하고 간결했을 뿐만 아니라 현실 감각을 갖췄고
문제의 핵심을 파악해서 근본부터 해결해나가는 능력을 아울러 갖고 있
었다. 그는 특히 뛰어난 형평의 감각, 곧 바라는 것과 가능한 것 사이의
차이를 인식하고 받아들일 수 있는 능력을 가졌으며 타협의 가치를 신봉
하고 있었는데, 이러한 자질은 러시아 사람으로서는 특이한 것이었다.

    그러나 그에게도 모자라는 점이 있었다. 그는 남에게 호감을 주거나
매력적인 성품을 갖고 있지는 않았다. 그리고 대부분의 세력가나 또는
빨리 판단해버리는 행동형의 인간처럼 그 역시 자기 의견에 반대하는 사
람들과 논쟁하는 것을 싫어했다. 자신의 판단에 자신감을 가졌기에 더욱
그러했다. 그래서 그의 주위에는 차차 그를 찬양하는 아첨꾼들만이 모여
들기에 이르렀다. 이러한 성격상의 결함은 곧 궁정의 반감을 불러일으켰
다. 특히 그의 여러 가지 행정 개혁은 귀족들의 권리를 잠식해 들어가,
귀족들의 불만의 표적이 되기도 했다. 게다가 그는 프랑스의 정치 제도
를 사랑했는데, 이때 알렉산드르 1세는 나폴레옹과의 속마음으로는 못마
땅한 협조에 불만을 키워나가고 있었다. 앞서 지적했듯이 러시아는 나폴
레옹에 패배했기 때문에 별수없이 영국을 겨냥한 그의 대륙 봉쇄령을 받
아들이고 있었는데, 이 때문에 러시아는 외화 획득의 주종인 밀을 영국
에 팔 수 없어서 국고는 메말라갔고 경제도 파탄에 직면했기 때문이었
다. 러시아 사람들도 러시아가 프랑스에 추종하는 현실에 대해 불만을
품었다. 이에 알렉산드르 1세는 마침내 1812년 3월에 대륙 봉쇄령을 깨
뜨리고 프랑스와 전쟁에 임했는데, 이와 동시에 스페란스키를 해임했다.
그는 스페란스키에게 이렇게 말했다:

    적군이 제국의 국경에 접근하고 있다. 우리가 처해 있는 여건을 살펴보
    자. 그대의 평소 언행은 다른 사람들의 의심을 자아냈다. 그 때문에, 만일

전쟁에 패하는 경우, 짐은 그 불행한 사태에 대해 짐에게 책임이 있는 것으로 신민(臣民)들에게 비추어서는 안 되겠다는 것이 대단히 중요하다. 확실히 짐이 짐의 은총을 그대에게 계속해서 베풀 수 있기 위해서는 짐은 그렇게 하지 않으면 안 된다. 상황이 이렇기 때문에 짐은 그대가 상트 페테르부르크나 또는 그 주변에 머물러 있는 것조차 말라고 권고하고자 한다. 그대가 다가오는 사태의 결과를 기다리면서 머물 수 있는 주거지를 선택하라. 우리는 커다란 모험을 시작하고 있다. 그 모험이 크면 클수록, 만일 실패하는 경우 그대에게 닥칠 위험은 클 것이다.[24)]

알렉산드르 1세의 말대로 만일 러시아가 패전했다면 스페란스키를 해치려는 사람이 나올 수 있었을 것이다. 확실히 궁정 안의 그의 적들은 그를 나폴레옹의 동조자라고 모략하고 있었으니 말이다. 그러나 알렉산드르 1세가 스페란스키를 보호하고자 그를 정치적으로 유배시킨 것은 아니었다. 프랑스와의 결전을 앞두고 차리는 자신의 지위를 보호할 필요를 느끼고 있었다. 자신의 아버지를 죽인 자는 바로 귀족이 아니었던가. 그리고 스페란스키의 행정 개혁으로 불만을 품게 된 세력도 바로 귀족이 아니었던가. 패전은 귀족들을 단결시켜 자신에게 덤벼들 계기를 마련해줄 것이 아니겠는가. 그렇다면 우선 스페란스키를 내침으로써 귀족들을 기쁘게 해주어야 하지 않겠는가. 확실히 스페란스키는 알렉산드르 1세의 생존을 위한 정치적 계산에 의해 희생된 것이었다. 나폴레옹 전쟁이 러시아의 승리로 끝난 뒤 알렉산드르 1세는 스페란스키를 다시 궁정으로 불러들였고 스페란스키는 알렉산드르 1세의 후계자인 니콜라이 1세 때까지 중요한 관직들에서 일한다. 그러나 스페란스키는 그 이전의 위신을 결코 회복하지 못한 채 죽는다.

스페란스키는 이처럼 기복과 영욕을 겪었지만 그가 정치적 유배를 떠나기에 앞서 1809년에 마련했던 러시아 역사상 최초의 헌법안은 그의 이름을 러시아 역사에서 불후의 존재로 남게 했다. 여기서 스페란스키의 헌법안을 간단히 살피기로 한다. 『국가 법률집』이라고 이름지은 이 헌법안의 가장 중요한 부분은 인민들에 의해 선출되는 의회에 관한 규정이었다. 그가 두마라고 명명한 이 의회는 네 개의 층으로 구성되는데, 행정부가 내놓은 모든 법안을 심의하여 다수결의 원칙에 따라 그것을 부결시킬 권한을 가졌다. 이 입법부와 나란히 대신들과 판사들로 구성되는 행정부가 존재하는데, 이들은 모두 차리에 의해 임명되며 차리에 대해 책임을 진다. 그리고 이 입법부와 행정부의 위에 국가평의회라고 불리는 원로 정치인들의 협의 기관이 있어서 이 기관이 차리의 자문 역할을 하도록 되어 있었다. 차리는 주권의 소유자로서, 그의 권력은 자연법에 의해서만 제한될 뿐이며 그는 어떠한 형태의 인간 기관에 대해서도 책임지지 않는다. 두마에 의해 통과된 어떠한 법도 차리의 확인이 없이는 효력이 없으며, 두마 자체도 차리나 그 대리인이 의장의 역할을 수행하는 국가평의회의 권고에 따라 차리에 의해 해산될 수 있었다.

스페란스키의 헌법안은 의회제 정부안이나 공화 정부안 또는 입헌 정부안으로부터는 상당히 거리가 먼 것이었다. 그러나 전제 체제로부터도 역시 떨어져나온 것이었으며, 러시아의 현실에 비추어서는 분명히 혁명적인 구상이었다. 바로 거기에 자극받아 보수주의자 카람진은 「고대와 현대 러시아에 관한 회고」라는 논문을 써서 스페란스키의 개혁 운동에 제동을 걸려고 했던 것이다. 그러나 만일 스페란스키의 구상이 채택되고 실현되어 의회 제도를 발달시켜나갔다면, 그래서 차리즘에 불만을 갖게 될 지식인 세력과 이상주의적 세력을 의회 제도 속에 끌어들이고 의회를 통한 단계적 개혁을 수행해나갔다면, 20세기초에 폭발하고 만 혁명의 열기와 에너지는 아마도 체제 속에 흡수되었을지 모른다. 그러나 알렉산드르 1세의 변덕은 그가 한때 지지하고 격려했던 스페란스키의 헌법안을 백지로 만들어버리게 했다.

제3장

조국 전쟁의 영향과 데카프리스트의 반란

알렉산드르 1세가 우유부단하게 머뭇거리던 상황 속에서 러시아의 젊은 세대들은 점차 러시아 사회의 본질적인 개혁을 꿈꾸게 됐다. 이처럼 개혁 지향적인 차원에 머물러 있던 그 젊은이들을 반체제적인 차원으로 확실하게 돌려놓은 계기가 생겼다. 러시아가 나폴레옹 전쟁에 본격적으로 참전한, 러시아 사람들의 표현으로는 조국 전쟁이 바로 그것이었다. 이 전쟁에 참전하여 유럽을 제 눈으로 보게 된 러시아 귀족의 자제들은 그곳에서 러시아의 사회적 후진성을 절감하게 됐고 러시아 사회를 철저히 뜯어고쳐야겠다는 의지를 굳히게 됐던 것이다.

그들이 유럽에서 감명 깊게 본 것은 비교적 자유스런 농민과 그런대로 안정되고 힘을 쓰는 중산 계급, 그리고 자유를 누리며 신축성을 지닌 채 생활하는 귀족층이었다. 그리고 무엇보다 이념의 발효였다. 그곳에는 확실히 자유로운 사회가 있었으며, 이미 자유로운데도 더 많은 자유를 요구하며 또 그 요구에 따라 자유가 더 얻어지는 사회가 있었던 것이다. 이러한 유럽에 비교해본 조국 러시아는 자신들의 양심에 비추어볼 때 너무나 부끄러운 존재였다. 러시아에서는 1800년 현재 3,600만 인구의 절반 이상인 2,000만 명이 사람보다는 오히려 짐승에 가까운 비참한 농노의 생활을 하고 있었고, 이러한 비인도적 착취의 사회적 바탕 위에 차리즘은 서 있었던 것이며, 귀족인 자신들은 그 차리즘의 보호 아래 현실적인 행복을 누리는 것이었다. 그러나 그들은 희망을 갖고 있었다. 알렉산드르 1세에 대해 여전히 포기할 수 없는 기대였다. '개혁적 이상주의자' 이며 '유럽의 해방자'인 알렉산드르 1세가 러시아를 점점 근대적인 사회로 바꿔나갈 것이라는 믿음을 버리지 않고 있었다.

그러나 그것이 환상에 지나지 않았다는 것을 그들은 곧 깨달았다. 궁정의 보수주의자들에 눌려서, 그들이 '위대한 차리'라고 믿었던 알렉산드르 1세는 개혁을 위해 한걸음도 내딛지 못하고 있었다. 여기서 그들은 결국 자신들에게 돌아가게 됐다. 조국 러시아를 전근대적인 사회로부터 구출하여 근대 사회로 이끌어나갈 세력은 자신들밖에 없다고 확신하게 된 것이다. 그리하여 마침내 러시아 역사상 '최초의 혁명'이라고 불리는 데카프리스트의 반란이 일어나게 된다.

1. 청년 장교들의 비밀 결사들

조국 전쟁의 학교. 제정 러시아는 평상시에 평균 약 50만 명에서 60만 명 사이의 대규모 상비군을 유지하고 있었다. 1860년대까지 실시된 징병 제도 아래서 병사들은 사실상 '국가 군사 노예'나 다름없는 대우를 받았다. 그러나 장교들은 달랐다. 그들은 귀족의 자제들로 사관학교를 거치며 높은 수준의 교육을 받았다. 특히 차리를 직접 호위하는 근위 사단의 장교들은 명문 귀족의 자제들이었으며, 앞으로 차리즘의 중추적 기둥이 될 사람들이었다. 그러므로 그들이 어린 시절부터 받은 교육은 철저히 차리즘을 옹호하고 반차리즘 세력을 분쇄하는 데 집중되었다. 그러나 그들은 운명적으로 새로운 학교를 경험하게 된다.

앞장에서 이미 지적했듯이, 나폴레옹은 1812년 6월에 60만의 대군을 이끌고 러시아를 침략하기 시작했다. 러시아는 거국적으로 대항했다. 장교는 물론 병사도, 그리고 평소에 차리즘에 억압받으며 살던 백성들조차 모두 나폴레옹 군대에 맞서 싸웠다. 러시아군의 총사령관은 67세의 미하일 쿠투조프 Mikhail Kutuzov였다. 수보로프의 전우로 러시아의 터키와의 전쟁 때 이미 명성을 쌓았던 그를 알렉산드르 1세는 좋아하지 않았지만 군과 국민의 사기를 고려해 총사령관에 임명했던 것이다. 두 나라 사이의 격전은 모스크바 근교인 보로디노Borodino에서 9월 7일에 벌어졌다. 하루에 끝난 이 전투는 나폴레옹 군대에 엄청난 손해를 입혀, 뒷날 나폴 레옹으로 하여금 "내 생애에서 가장 무서웠던 전투는 모스크바 근교에서 의 전투였다"고 회고하게 만들었다. 그런데도 나폴레옹 군대의 진격이 계속되자 쿠투조프는 "모스크바를 잃는다고 해서 러시아를 잃는 것이 아 니다"라고 말하며 후퇴하면서 모스크바를 불살라버렸다. 그리하여 나폴 레옹 군대가 9월 14일에 모스크바를 점령했지만 생활이 불가능했고, 한 달 뒤부터는 퇴각하지 않을 수 없었다. 이에 알렉산드르 1세는 승세를 몰아 영국과 오스트리아 및 프로이센과 동맹을 맺고 나폴레옹을 계속 추 격했으며 1814년 3월에 마침내 파리에 입성할 수 있었다. 이 전쟁이 이 듬해에 끝났을 때 알렉산드르 1세의 국제적 위신은 한껏 높아졌다. 그는 새롭게 분할된 폴란드의 가장 큰 부분을 수도 바르샤바와 함께 차지함으 로써 폴란드 왕국의 국왕을 겸하게 됐으며 핀란드 대공의 지위를 그대로 유지하게 되었다.[1]

바로 이 원정에 참여했던 러시아의 청년 장교들이 직접 목격한 유럽은 그들의 생각을 완전히 바꿔준 '학교'였다. 1776년에 영국 식민지에서 일 어난 독립 전쟁이 '모든 사람은 평등하게 태어났다'는 정신 아래 저 먼 곳 북미에 자유스런 입헌 공화국을 세워놓았다는 소식, 그리고 1789년에 일어난 프랑스 대혁명이 자유·평등·박애의 깃발 아래 새로운 세계를 열어가고 있음을 확인시켜준 것이다. 그들에게 특히 감명을 준 것은 비 교적 자유로우며 활력에 넘치는 상공인들과 농민들이었다. 확실히 러시 아의 청년 장교들이 호흡한 유럽의 공기는 신선하기조차 했다.

이에 비해, 조국의 현실은 어떠한가? 그들은 알렉산드르 1세가 조국 전쟁에 목숨을 걸고 싸운 농노들에게 해방의 선물을 줄 것으로 기대했으 며 역시 목숨을 걸고 싸운 농민들과 도시 빈민들에게도 상당한 범위의 자유를 베풀어줄 것으로 기대했다. 그러나 차리즘 체제의 변함없는 억압 과 수탈 속에 농노는 여전히 농노였으며 일반 백성들의 삶 역시 예전과 다름없이 너무나 고통스러웠다. 러시아 역사학자의 표현으로, "유럽 원 정에서 진짜 학교의 교육 과정을 끝마친 청년 장교들은 차리즘의 보루들이 요지부동인 현실을 비통한 심정으로 바라보았다."[2]

애덤 스미스의 영향. 이들의 심정은 드미트리에프 마모노프 M. A. Dmitriev Mamonov 백작이 자신의 친구 미하힐 오를로프 Mikhail F. Orlov 장군에게 보낸 편지에 잘 나타나 있었다. 그는 "다른 사람들을 해방시켰던 우리 자신은 혐오스런 멍에 밑에서 신음하고 있다"고 썼던 것이다. 군인은 아니었으나 관리로서 러시아가 해방한 지역에서 일했던 니콜라이 투르게네프 Nicolai Turgenev*가 친구에게 보낸 편지에서는 그들의 마음이 훨씬 더 실감나게 묘사되어 있었다. 그는 "우리가 유럽에서 보았던 사건들에서 우리들이 받은 자극이나 흥분은 명백했다. 바로 이것 때문에, 러시아 군대가 귀국한 뒤 이른바 자유주의 이념이 러시아에 확산되기 시작했다. 정규 군인들 밖에도 많은 수의 인민 의용군들이 유럽 원정에 참가했다. 온갖 신분과 계급에 속했던 이들은 국경을 넘어 귀국한 뒤 유럽에서 목격한 것을 모두 털어놓았다. 그러나 어떠한 인간의 말보다도 사건 자체가 더 많은 감화를 주었다"[3]라고 썼던 것이다. 이렇게 볼 때, 러시아의 세계적 역사학자 베르디아에프가 "러시아 군대의 유럽 원정으로부터의 귀국은 혁명 운동의 성장에 크나큰 중요성을 가졌다"[4]라고 평가했던 것은 조금도 과장이 아니었다.

여기서 우리가 관심을 갖게 되는 부분은 이들이 라디스체프의 『상트페테르부르크에서 모스크바로의 여행』을 자주 읽으면서도 거의 모두 유럽의 자유주의적 또는 계몽주의적 정치경제학에 빠져들고 있었다는 사실이다. 특히 영국의 정치경제학자 애덤 스미스의 『국부론 *The Wealth of Nations*』에 많은 영향을 받았다. 그들은 이 책에서 모든 선(善)은 정치적·경제적 자유에 기초한다는 점, 교조적 논리에서가 아니라 이성적 탐구에 의해 과학적으로 진리에 도달해야 한다는 점, 그리고 농노제는 폐지돼야 한다는 점 등을 배울 수 있었다.

이러한 사상적 수용으로부터 그들은 러시아의 현실에 적합한 논리로 저술을 끝내 동지들에게 회람시키기도 했다. 예컨대, 투르게네프는 1818

---

* 니콜라이 투르게네프는 『아버지와 아들』의 작가 이반 투르게네프 Ivan Turgenev와는 먼 친척이 될 뿐 직접적인 관계는 없었다.

년에 『조세론』을 출판했는데, 이 책은 유럽 정치경제학자들의 자유주의 이론들을 소개하면서 자유 없이는 어떠한 민족도 결코 평화와 안정을 누릴 수 없다고 강조한 뒤 자유에 어긋나는 차리즘을 비판하고 농노제의 폐지를 제의했다. 그는 스스로 "나는 극히 분명하고 강력한 어조로 저 가증스런 농노제를 비판했다. 아마도 농노제에 관해 이렇게 분명하고 정밀하게 비판한 글은 러시아에서 처음 출판된 것일 게다"라고 자부했다. 그의 자부는 근거 없는 것이 아니었다. 이 책을 탐독한 청년 장교들은 그를 '위대한 투르게네프'라고 부르기를 주저하지 않았던 것이다.[5] 투르게네프의 농노제에 대한 투쟁은 저술에 국한되지 않았다. 그는 차리에게 농노제 폐지를 위한 단계적 방안을 문서로 건의했으며, 고관들을 상대로 왜 농노제가 폐지돼야 하는가에 대해 부지런히 강의하면서 그것의 입법화를 위해 노력했다.

페스텔의 지도적 역할. 이러한 배경에서 청년 장교들의 음모 집단이 처음 형성된 것은 1816년에 상트 페테르부르크에서였다.[6] 근위 사단의 장교들로 서로 가까운 친구들인 알렉산드르 무라비에프 Alexandr Muraviev 와 니키타 무라비에프 Nikita Muraviev 및 이반 야쿠슈킨 Ivan Yakushkin, 그리고 세르게이 트루베츠코이 Sergei Trubetskoy 공 등은 주로 프리 메이슨 운동가들의 집들에서 만나 토론을 계속하다가 '구조 동맹(救助同盟)' 또는 '조국의 진정하고 충실한 아들들의 협회'를 비밀리에 만든 것이다. 이들 가운데 지적으로는 무라비에프가 가장 뛰어났다. 부유한 귀족의 아들인 그는 모스크바 대학 출신으로 7개 국어에 능통했다. 곧 이 음모 조직에 대단히 중요한 역할을 수행할 인물이 가담했다. 24세의 청년 장교 파벨 이바노비치 페스텔 Pavel Ivanovich Pestel이 바로 그 사람이다. 앞에서 말한 투르게네프가 어디까지나 사상가였음에 반해 페스텔은 행동가였다. 페스텔은 곧 이 음모 조직의 실질적인 지도자로 등장하게 된다.

페스텔은 1793년에 당시 부패와 잔인성으로 악명 높던 서부 시베리아 총독의 아들로 태어나 독일에서 교육을 받은 뒤 상트 페테르부르크의 육군사관학교를 수석으로 졸업했다. 사관학교에서는 정치학에 흥미를 느껴 이 학교의 교수이며 러시아 학술원 회원인 카를 헤르만 Karl F.

Hermann의 지도를 받았다. 헤르만 교수는 자유주의 정치경제학을 러시아에 소개한 최초의 학자들 가운데 한 사람이었던 만큼 페스텔이 그로부터 자유주의적 사상을 전해받았을 것이라고 짐작해도 좋을 것이다. 사관학교 교장이 페스텔의 학적부에 "페스텔은 자유주의 사상에 쉽게 기우는 경향이 있으며 농노제를 반대하는 토론에 참석한 일이 있다"[7]라고 기록해놓은 것을 보면 페스텔의 자유주의적 사상이 이미 이 시기에 형성되기 시작했던 것으로 보인다. 임관되면서 황실 근위대에 배속됐던 그는 곧 보로디노 전투에서 영웅적으로 싸웠으나 부상을 당하고 쿠투조프 총사령관으로부터 무공 훈장을 받았으며 루드비히 비트겐슈타인 Ludwig Wittgenstein 장군의 부관이 되어 유럽 원정에 참전했다. 그는 귀국하고 나서 비밀 결사에 가담한 뒤인 1821년에 만 28세의 나이로 대령으로 진급해 키예프 부근의 연대장으로 발탁됐다. 이 무렵 그와 만 22세의 청년 시인 푸슈킨 사이에 짧은 만남이 있었다. 푸슈킨은 자신의 일기에 "페스텔은 글자 그대로 현인으로서 내가 알고 있는 가장 독창적인 사상을 갖고 있는 사람들 가운데 한 사람"이라고 썼다.

확실히 페스텔은 뛰어난 사람으로서 발군의 웅변 능력을 지닌 타고난 지도자였다. 열정과 활동력이 대단했으나 그것을 억제할 수 있는 지혜 또한 갖고 있었다. 정치에 대한 정열은 남다른 것이었으나 오직 한 사람, 곧 차리만이 지도자로 받아들여지고 있고 따라서 정치가 금지되어 있는 나라에서 태어났기에 그의 정치는 결국 불가피하게 음모의 형태를 취하지 않을 수 없었다. 그의 정치 사상은 자코뱅주의 Jacobinism, 곧 급진주의로 요약될 수 있었다. 차리는 암살에 의한 방법으로도 제거돼야 하며 차리 제도는 폐지돼야 하고 그 대신에 공화 정부가 세워져야 한다는 것이 그의 주장의 핵심이었다. 공화 정부 아래서는 자유 기업과 자유 무역을 바탕으로 하는 경제 제도가 실시될 수 있다고 그는 또한 믿었다.

그런데 차리 제도가 폐지되고 공화 정부가 세워지는 과정에 일어날 혼란은 어떻게 극복될 것인가? 페스텔의 대답은 잠정적 독재였다. 권력이 고도로 그리고 철저히 중앙으로 집중된 그러한 독재 정부를 그는 구상하고 있었다. 이 독재 정부를 유지하기 위해서는 현재의 차리즘 체제가 운영하는 비밀 경찰보다 더욱 엄격한 비밀 경찰을 마련해도 좋다고까지 그는 생각했다. 확실히 뒷날 나타나는 스탈린주의적 국가의 이론적 원형을 우리는 여기서 보게 된다.

'구조 동맹'은 2년 뒤인 1818년에 '복지 동맹'으로 바뀌면서 더 많은 회원들을 받아들였다. 토론이 점점 활발해지면서 페스텔의 과격주의는 많은 반발을 불러일으켰다. 니키타 무라비에프로 대표되는 온건파는 입헌 군주제를 제시했다. 페스텔의 과격주의는 결과적으로 통제할 수 없는 농민 봉기를 촉진시킬 것이며 그렇게 되면 무지한 농민들은 파괴적인 유혈 혁명으로 치달을 것이라고 반박했다. 투르게네프 역시 페스텔의 과격주의, 특히 쿠데타 계획에 반대했다. 그는 어디까지나 자유주의적이며 개혁주의적인 사상가요 학자였던 것이다. 이러한 대립은 1821년에 '복지 동맹'의 해체를 가져왔으며,[8] 음모 조직은 둘로 나뉘었다. 사람들은 주도 인물의 배속지에 따라 무라비에프파를 북부 협회라고 불렀고 페스텔파를 남부 협회라고 불렀는데, 확실히 그들의 노선 차이는 점점 메우기 어려울 정도로 깊어졌다. 그러나 한 가지 점에서는 공통점이 있었다. 농민 반란에 대한 두려움이었다. 북부 협회가 주장했듯이, 만일 차리즘 체제에 어떤 개혁이나 수정이 없어서 '아래로부터의 혁명'이 일어나는 경우 러시아는 유혈적인 무질서 속에 빠져들 것이라고 그들은 생각하고 있었다. 이것을 피하기 위해서라도 질서를 존중하며 사려 깊게 혁명을 진행시킬 수 있는 의식 분자에 의한 '위로부터의 혁명'이 일어나야 한다는 것이 그들의 믿음이었다. 일종의 예방혁명론을 그들은 염두에 두고 있었다고 하겠다.

이러한 토론 속에서 페스텔은 「러시아의 법」*이라는 긴 논문을 완성했다. 이 논문의 내용은 '러시아 국가 구조의 개선을 위한 명령이며 인민과 임시 최고 정부를 위한 진정한 지침이 되는 위대한 러시아 인민의 신성한 국가 헌장'이라는 부제가 말하듯 쿠데타에 의해 세워질 임시 정부

---

* 이 논문의 제목은 「러시아의 정의」라고 번역되기도 한다. 이 논문은 80년 동안 고문서 보존소에 파묻혀 있다가 1906년에 와서야 발견돼 축약된 형태로 출판됐다. 주석이 추가된 채 완전한 형태로 처음 출판된 때는 1958년이었다.

의 활동을 강령의 형태로 제시한 지침 사항들이었다. 여기에는 여러 내용들이 들어 있었는데, 가장 중요한 것은 "임시 정부는 러시아에 공화주의적 통치 형태를 수립하고, 토지를 필요로 하는 모든 사람들에게 언제든 일정한 토지를 제공함으로써 농민과 도시 빈민이 토지가 없어서 궁핍에 빠지는 일이 없게 하는 방향으로 토지 제도를 개혁하며, 농노제와 계급적 특권을 폐지한다"[9]는 것이었다. 토지 개혁에 관한 구상만 보면 그것이 프랑스의 초기 사회주의자들, 이른바 공상적 사회주의자들의 영향을 크게 받은 것임이 확실하지만 전체적으로 볼 때 이 시점에서 페스텔은 좌익 급진주의적 사상으로 완전히 기울어 있었던 것이다. 어떻든 이 논문은 곧 남부 협회의 핵심적 강령 문서로 채택됐으며, 북부 협회에 의해 채택도 거부도 되지 않은 채 검토되고 있었다. 북부 협회는 지도자 무라비에프가 헌법과 의회에 의한 차리의 권한 제한을 통해 전제정을 폐지하고 아울러 농노제를 폐지할 것을 골격으로 하는 헌법안에 기울어 있었던 것이다.

러시아의 정치 상황에 비춰볼 때 참으로 혁명적인 토론들이 계속되는 가운데 이 비밀 결사에는 신참자들이 계속 늘어났다. 처음부터 과격한 성격의 남부 협회에는 물론 온건한 성격의 북부 협회에조차 급진주의자들이 늘어났으며 낭만적 시인 콘드라티 릴레예프Kondraty P. Ryleyev처럼 자신이 차리의 암살자가 돼도 좋다고 생각하는 행동주의자도 나타났다. 1825년초에 이르러서는 남과 북을 가리지 않고 이제는 결정적인 행동이 있어야겠다는 믿음이 팽배해졌다. 그때 러시아의 식민지이던 폴란드의 반체제적 집단들도 이들에게 지지를 전해왔다. 이에 따라 그들은 1826년을 거사의 해로 잡았다.

2. 청년 장교들의 반란

앞당겨진 쿠데타. 그러나 거사는 예상하지 못했던 일로 앞당겨졌다. 알렉산드르 1세가 1825년 11월에 남부로 열차 여행을 하다가 갑자기 죽었는데, 이것이 쿠데타를 준비하던 세력에게 빌미를 주었다.

문제는 알렉산드르 1세에게 아들이건 딸이건 자식이 전혀 없었다는 데서 비롯됐다. 자연히 제위(帝位)는 바로 아래 동생인 콘스탄틴 대공에게 계승되게 됐는데 그가 1820년에 러시아 황실이 아닌 폴란드의 어느 귀족의 딸과 결혼함으로써 제위 계승권을 잃은 것으로 풀이됐다. 이에 따라 알렉산드르 1세는 다음 동생인 니콜라이로 하여금 제위를 계승하도록 한다는 문서를 1822년에 작성하고 측근의 몇 사람에게만 이 사실을 조용히 알려놓았다. 이 일은 워낙 은밀히 이뤄졌기 때문에 콘스탄틴도 니콜라이도 전혀 모르고 있었다. 이러한 상태에서 알렉산드르 1세가 갑자기 죽고 문제의 문서가 공개되자 콘스탄틴은 곧바로 니콜라이의 즉위를 받아들여 그에게 충성을 맹세했다. 그러나 니콜라이는 즉위를 거부했을 뿐만 아니라 콘스탄틴에게 충성을 서약했다. 니콜라이는 부황(父皇)의 문서가 할아버지 파벨이 만든 제위 계승법에 어긋날 뿐만 아니라 생전에 공개된 것이 아니므로 받아들일 수 없다는 입장을 취한 것이다. 이에 따라 군대는 곧바로 콘스탄틴에게 충성을 다짐했다. 그런데도 콘스탄틴은 일관되게 부황의 뜻을 받아들여야 한다고 강조했다. 이에 니콜라이는 1825년 12월 14일*에 니콜라이 1세로 즉위한다고 발표했다. 그런데 제위 계승 과정에서 일어난 이 혼란을, 아래에서 보듯, 북부 협회는 거병에 활용한다.

북부 협회 회원들은 릴레예프의 집에 모여 니콜라이가 콘스탄틴의 제위를 찬탈한 만큼 차리에 충성을 다해야 하는 황군이 니콜라이의 즉위를 막아야 한다는 명분을 세웠다. 그리하여 자신들의 직접적 영향 아래 있는 근위 연대가 충성을 선서하기로 되어 있는 시간과 장소에서 거병하기로 계획했다. 이 계획에 따라 근위 연대는 원로원 광장 앞에 집결했다. 곧이어 수도의 보병 연대와 해상 경비대도 가담했다. 그러나 약 3,000명

---

* 이 날짜는 그때 통용되던 율리우스 달력 Julian Calender에 따른 것이다. 1917년의 10월 혁명 직후 소비에트 정부는 세계 공통의 그레고리 달력 Gregorian Calender을 채택한다. 앞의 것을 구력(舊曆), 뒤의 것을 신력(新曆)이라고 부른다. 이 두 달력 사이에는 19세기에는 12일의 차이가 있었고 20세기에는 13일의 차이가 있다.

에 이르는 병사들은 지휘관들의 속마음을 모르고 있었다. 병사들은 보수와 근무 조건을 개선해주겠다는 약속에 더하여 찬탈자 니콜라이에 반대하고 정당한 계승자 콘스탄틴에 충성을 다하자는 명분에 움직이고 있을 뿐이었다. 지휘관들은 이들로써 원로원 청사를 포위한 뒤 원로원 의원들로 하여금 차리 체제가 폐지됐음을 선언하게 하고 헌법 제정 회의를 통해 국민의 기본권과 농노제의 폐지를 보장하는 헌법을 채택할 것임을 다짐하는 혁명 선언서를 발표하도록 강요하고자 했다. 원로원 광장은 반란을 성공시키기에 전략적으로 중요한 자리였다. 왜냐하면 그 광장은 원로원과 차리의 겨울 궁전을 차단시키는 곳이었기 때문이다. 반란군은 원로원과 겨울 궁전 사이에 자리잡은 해군 본부에 등을 돌리고 원로원을 향해 지휘관의 명령을 기다리며 서 있었다.

시간이 흐르면서 구경꾼들이 모여들기 시작했다. 이들은 굶주림과 추위에 떨고 있는 병사들에게 보드카와 빵, 그리고 소시지를 갖다 주었다. 콘스탄틴 만세를 부르는 이도 있었다. 이들은 만일 황군과 반란군 사이에 무력 충돌이 일어나는 경우 반란군에 가담할 사람들이 분명했다. 그러나 반란군의 지도 장교들은 이 방대한 시민층에게 지원을 호소하거나 또는 그들을 조직할 생각은 전혀 하지 않았다. 그들은 그저 북극으로부터 네바 강을 거쳐 불어오는 얼음 바람에 추위 떠는 병사들에게 부동 자세를 취하고 있을 것을 요구했다.

진압되는 쿠데타. 그러나 반란의 대의(大義)에는 유감스럽게도 우선 원로원 의원들은 이미 니콜라이 1세에게 충성을 맹세한 뒤 귀가한 뒤였다. 그것보다 더 중요하게 원로원 광장 앞에 세워질 계획이던 혁명 본부는 벌써 깨어진 뒤였다. 반란의 총수 격인 페스텔 대령은 전속 부관의 밀고로 거사 하루 전날 체포됐고, 혁명 본부의 임시 집정관으로 내정된 트루베츠코이 공은 이미 변심하여 자신이 퇴위시키겠다고 결심했던 바로 그 대상자, 곧 니콜라이에게 비밀리에 충성을 맹세한 다음 상트 페테르부르크 주재 오스트리아 대사관에 몸을 감췄다. 반란 세력의 제2인자인 불라토프Bulatov 대령도 이미 모든 비밀을 털어놓고 니콜라이에게 충성을 서약한 뒤 숨었다. 뒷날 그는 체포되어 투옥되자 형무소 감방의 벽에 자신의 머리를 부딪쳐 스스로 목숨을 끊는다.

그들뿐만이 아니었다. 코카서스 출신의 장교로 여러 전투에서 용맹을 떨쳤고 혁명적 열정에서 누구보다 앞섰던 알렉산드르 야쿠보비치 Alexandr Yakubovich 역시 반란의 대열에서 빠져나갔다. 그래도 그는 반란군 앞에 얼굴을 내놓고 콘스탄틴 만세를 부르기도 했다. 그러나 그가 한때의 전투에서 다쳤던 머리의 통증이 이때 재발한 것인지 알 수 없지만 참을 수 없는 두통을 이유로 대열에서 벗어났다. 그리고는 곧장 니콜라이에게 달려가 그에게 충성을 약속했다. 그러나 니콜라이로부터 고맙다는 인사를 받은 다음에는 다시 원로원 광장에 나타나 니콜라이가 겁을 먹고 있으니 반란군은 더욱 굳은 자세를 지키라고 역설하곤 집으로 돌아갔다. 그리고는 방문을 걸어잠그고 권총에 실탄을 장전한 다음 어떤 사태가 전개될 것인가 기다렸다. 그날 밤 그는 경찰에 체포됐다.

반란군의 수뇌부가 이처럼 대열을 떠난 상태에서 병사들은 그것도 모르는 채 명령을 기다리며 서 있었다. 그들의 앞에는 이미 포병과 기마병을 합쳐 약 9,000명의 충성스런 황군이 차리의 명령을 기다리고 있었다. 니콜라이 1세도 현장에 나와 있었다. 체격이 번듯하고 차갑게 잘생긴 29세의 그는 말을 타고 그의 참모들에 둘러싸여 조용히 사태의 흐름을 바라보고 있었다. 그는 자신의 통치의 첫날을 피로 장식하고 싶지가 않았다. 따라서 그는 황군에게 발포하지 말도록 명령을 내리고 반란군이 백기를 들기를 기다리고 있었다. 그 사이 반란군도 대열 가운데로부터 새로운 지도자를 뽑아냈다. 에브게니 오볼렌스키Evgeni Obolensky 공이 그 사람이다. 반란군으로부터 산발적인 발포는 있었으나, 아직 조직적인 발포는 시작되지 않았다.

이 팽팽한 대결 속에서 마침내 첫 희생자가 나타났다. 새 차리의 가장 가깝고 가장 신뢰받는 고문들 가운데 한 사람인 상트 페테르부르크의 총독 미하일 밀로라도비치 Mikhail A. Miloradovich 백작이 그 사람이다. 그는 결코 대중들의 미움을 사는 사람은 아니었다. 그는 나폴레옹 전쟁에서 혁혁한 공로를 세워 많은 훈장을 받았으며, 매사를 공정히 처리할 뿐만 아니라 인격적으로도 훌륭한 사람이었다. 혁명에 평생을 바친 알렉산드르 게르첸Alexandr Herzen 같은 사람조차 그에 대해서는 좋은 기억을 갖고 있었다. 그의 이처럼 존경받는 인품을 높이 사서 알렉산드르 1세는 그를 반란을 감시하는 가장 중요한 자리인 수도의 총독직에 임명했었던 것이다. 바로 그러한 자리에 있었기에 그는 제일 먼저 반란군 앞에 나타나 각자 자기 소속 병영으로 돌아가라고 호소했다.

그러나 반란군의 지휘자 오볼렌스키는 오히려 총독에게 돌아갈 것을 경고했다. 설득이 어려울 것으로 판단한 총독이 그의 말〔馬〕머리를 돌리는 순간 한 발의 총성이 그의 목숨을 끊었다. 총을 쏜 사람은 처음부터 반란군의 대열에 서 있던 민간인 표트르 하코프스키Pyotr Khakovsky였다. 그는 뛰어난 지식인으로서 차리의 살해뿐만 아니라 차리 체제의 타도만이 러시아 인민을 위한 길임을 확신하고 있었으며 또 자신의 믿음을 위해 자신의 목숨을 바칠 굳은 결심이 서 있었다. 바싹 여윈 이 지식인의 무자비한 저격은 어쩌면 이 반란 뒤에 잇달아 일어나면서 100년의 러시아 혁명사를 점철하는 지식인 테러리스트의 상징이었는지도 모르겠다.

밀로라도비치 총독의 이 공개적 총살은 이상하게도 황군과 반란군의 어느 쪽도 자극하지 않았다. 황군을 격앙시키지도 않았고 반란군을 격동시키지도 않았다. 두 편 모두에게 마치 한 마당의 꿈이 계속되는 듯했다. 마침내 황군에서 다시 상위 계급의 한 장교가 반란군 앞으로 말을 몰고 나왔다. 그러나 그 역시 경고를 받고 돌아서는데 다시 하코프스키의 총탄이 그를 맞추었고 비록 목숨을 빼앗지는 못했으나 중태에 빠지게 했다. 이번에도 니콜라이 1세는 발포 명령을 내리지 않았다. 그러자 러시아 정교의 상트 페테르부르크 교구장이 화려한 법복을 자랑하며 반란군 앞으로 걸어갔다. 그 역시 돌아가라는 경고를 받고 아무런 저격을 받음이 없이 돌아갈 수 있었다. 마지막으로 새 황제의 동생 미하일 대공 Grand Duke Mikhail이 용감하게 나섰다. 그러자 이번에는 반란군의 대열에 서 있던 또 한 사람의 민간인 지식인인 시인 빌헬름 퀴헬베커 Wilhelm Küchelbecker가 총을 쏘았다. 그러나 총알이 빗나가서 그는 목숨을 건질 수 있었다.

짧은 겨울 낮은 점차 끝나가고 있었다. 어둠이 멀지 않았다. 만일 어둠

이 원로원 광장을 덮을 경우 다른 연대들이 반란군에 가담할 가능성이 높다고 니콜라이 1세는 생각하게 됐다. 그리하여 그는 반란군의 발포의 유발을 각오하면서 기마대의 배치를 명령했다. 기마대가 나가 반란군을 유혈 없이 물리치도록 작전을 세운 것이다. 그러나 편자가 제대로 끼워져 있지 않은 말들이 얼음으로 뒤덮인 광장에서 나동그라졌다. 반란군의 조소가 뒤따랐다. 그래도 새 차리는 여전히 발포를 허락하지 않았다. 그는 다시 황궁의 포병 수비대장 수호자네트 N. O. Sukhozanet 장군을 보냈다. 만일 너희들이 모두 병영으로 돌아가기만 한다면 모두 용서받을 것이라고 그는 말하려고 했다. 그러나 그 역시 비록 피하기는 했으나 발포를 불러왔을 뿐이다. 이 무렵부터 민간인 구경꾼의 무리들이 행동으로 들어가려는 징조들을 나타내기 시작했다. 반란군 대열로부터의 산발적인 발포도 더 잦아졌다. 새 차리 주변에까지 총알이 날아왔다. 그러자 그의 장군들이 발포를 강력히 요구해왔고, 마침내 그도 머리를 끄덕였다. 세 문의 대포가 모습을 나타냈다. "짐의 통치 첫날에 짐의 신민들이 피를 꼭 흘리도록 해야겠다는 것이냐." 그는 줄곧 이렇게 말했었다. 이제 그는 이렇게 외치는 것이었다. "이것이야말로 짐의 통치의 좋은 시작이로다."

세 문의 대포는 반란 세력을 몰아내기에 충분했다. 광장을 뒤덮은 흰 눈이 붉은 피로 물들여지는 가운데 광장은 시체와 꿈틀거리는 부상자로 가득 차버렸다. 얼어붙은 네바 강 위로 달아난 사람도 꽤 있었다. 그러나 포병들은 쫓아가 일대 학살을 감행했다. 이렇게 간단히 반란은 진압됐다. 온밤 동안 경찰은 시체와 부상자들을 모았다. 그리고는 그들을 모두 네바 강의 얼음 구멍 속으로 밀어넣어버렸다. 이와 동시에 경찰과 황궁 친위대의 장교들은 이번 음모의 주모자들을 찾아나섰다. 원로원 광장의 현장으로부터 피해 있던 주모자들도 물론 체포의 대상이었다. 그들은 모두 붙잡혔다. 남부 협회가 이러한 소식을 접한 것은 며칠 뒤였다. 그래도 그들은 굴하지 않고 12월 29일에 거병했다. 그러나 그들은 황군에게 쉽게 무장을 해제당했다.

이 반란에 연루되어 체포된 사람은 모두 579명에 이르렀다. 니콜라이

1세는 반란 사건의 조사와 재판을 군법 회의나 민간 법원에 넘기는 길을 택할 수 있었다. 그리고 형의 선고를 확인하거나 또는 감형의 은전을 베풀 수 있었으리라. 그러나 그는 그 길을 밟지 않았다. 스스로가 모든 주모자들에 대한 수사관이 됐고 심판자가 됐다. 몇 주 동안 그는 그들을 하나하나 불러 각자의 형편에 따라 묻기도 하고 설교하기도 하며 달래기도 하고 위협하기도 했다. 각자가 수감될 그 유명한 피터 앤 폴 요새 형무소의 감방까지 일일이 지정했으며, 그가 어떤 대우를 받아야 하며 어떤 음식이 주어져야 하는가에 대해서까지도 일일이 지시했다. 처형될 자와 해외로 추방될 자에 대한 구분도 그 스스로가 담당했다. 페스텔과 릴레예프 및 하코프스키를 비롯한 다섯 명에게는 사형이 선고됐다. 페스텔에게는 능지처참형이 선고됐다. 그러나 니콜라이 1세는 마지막 단계에서 교수형으로 확정해 다섯 사형수는 1826년 7월에 모두 교수형에 처해졌다. 이로써 그는 최고 경찰관과 최고 형무관으로서 통치를 시작했고 또 그것으로 일관하게 된다.

여기서 여담을 삽입하기로 한다. 그것은 우리가 앞장에서 살폈던 스페란스키의 역할이다. 스페란스키가 반란 지도자들의 아버지들과 가까우며 그의 이름이 반란 지도자들이 작성한 임시 내각의 각료 명단에 포함된 것을 알게 된 니콜라이 1세는 가학적 취미를 발휘해 그를 반란자들에 대한 재판관들의 한 사람으로 임명해 고통을 겪게 했다. 스페란스키는 때로는 눈물을 흘리며 이 재판에 참여하면서 니콜라이 1세에 대한 충성심을 증명해주었다. 니콜라이 1세는 그에게 백작의 작위로써 보상해주었다.[10]

투르게네프의 망명 생활. 그러면 데카프리스트들에게 많은 영향을 주었던 니콜라이 투르게네프는 어떻게 됐는가? 그는 영국의 정치 제도와 법률 제도를 공부하기 위해 관리의 신분으로 데카프리스트들의 반란이 일어나기 20개월 앞선 1824년 4월에 러시아를 떠나 반란이 일어났을 때는 런던에서 살고 있었다. 그는 반란의 주도자들이 자신이 음모의 주역들 가운데 한 사람이었다고 진술한 데 대해 항의했다. 자신은 이 반란에 참여하지 않았다고 스스로를 변호했던 것이다. 그렇지만 그는 반란자들에

게 결정적으로 이념적 자극을 주었고 반란자들이 구성할 내각의 일원으
로 이름이 올라가 있었다는 이유로 교수형의 선고를 받았다가 종신형으
로 감형됐다. 그는 그뒤 파리로 이주해 『러시아와 러시아 사람들』과 같
은 책을 출판하면서 데카프리스트의 반란을 '짓궂은 어른들의 장난'으
로 묘사함으로써 이 반란에 참여했다가 사형은 면하고 옥살이를 하던 데
카프리스트들의 격분을 샀다.

그렇다고 해서 그가 차리즘에 반대하는 입장을 굽힌 것은 아니었다.
여전히 러시아의 전제정과 농노제 및 토지 제도를 맹렬히 비난하고 있어
서 그 책과 그의 다른 저술들은 러시아 당국의 눈으로는 불온하고 용서
할 수 없는 내용들로 꽉차 있었다. 그 스스로 러시아의 망명객들은 물론
다른 나라들의 망명객들도 자기 집으로 즐겨 받아들이는 가운데 파리의
사회주의자들과 자주 어울렸다. 그리하여 그의 파리 생활은 '열린 마음
과 열린 집'으로 불렸다. 그가 죽은 뒤 러시아의 세계적 작가 이반 투르
게네프가 "미래의 어떤 러시아 역사가도 19세기 우리 사회의 발전 과정
을 설명하면서 니콜라이 이바노비치 투르게네프의 이름을 그냥 지나칠
수 없을 것입니다"라는 조사를 발표했던 것은 고인에 대한 아첨도 과대
평가도 아니었다.

3. 데카프리스트 반란의 역사적 의미

최초의 러시아 혁명. 12월에 반란을 일으켰다 하여 데카프리스트
Dekabrist(영어로는 Decembrist), 곧 12월당 당원의 반란이라고 불리는
이 사건은 러시아 역사에서 확실히 새로운 것이었다. 그것이야말로 기성
체제를 겨냥한 최초의 진정한 정치 운동이었다. 물론 이에 앞서 차리가
타도됐던 적이 여러 번 있었다. 그러나 그것은 현재의 차리를 다른 차리
로 갈아치우기 위한 궁정 혁명의 과정에 일어난 사건에 지나지 않았다.
또한 농민 반란도 여러 차례 일어났었다. 황실을 위협한 농민 반란만도
최소한 무려 네 개를 꼽을 수 있을 정도였다. 그러나 농민들은 자신들의

반란이 차리에 대항한 것이라는 생각은 전혀 하지 않았다. 오히려 그들은 차리를 깊이 존경하고 있었다. 차리는 그들의 모든 행복과 은혜와 빛의 근원이었고 태양이었다. 그들의 분노는 차리의 빛을 가리고 선 탐욕스럽고 부패한 관리와 지주에게 향한 것이었다. 그렇기에 17세기말에 농민 반란을 일으켰던 라진도 그의 추종자들에게 "차리 앞에 서서 호소하고 차리의 배반자들을 제거하기 위해" 수도로 진격하자고 외쳤고, 그보다 다른 한 세기 뒤에 궐기한 푸가초프도 자신을 진짜 차리, 즉 여제(女帝) 에카테리나 2세의 피살된 남편인 표트르 3세라고 주장했을 뿐이었다.

그러나 데카프리스트들의 반란은 그 성격에 있어서 특이했다. 차리의 전제 정치 그 자체가 겨냥이 되었다. 그것은 타도되고, 비록 공화국에 의해서가 아니라 해도 최소한 입헌 군주제에 의해 대체되어야 할 것으로 생각되고 있었다. 이런 뜻에서 데카프리스트의 반란을 차리의 전제 정치에 대한 러시아 사상 최초의 주요한 정치적 항의 또는 '최초의 러시아 혁명'이라고 부른 아나톨 마주르Anatole G. Mazour의 평가[11]는 실로 적절한 것이었다. 마주르뿐만이 아니다. 파이프스 교수 역시 "러시아 혁명은 실패한 데카프리스트 반란과 함께 1825년에 시작됐다"[12]고 썼던 것이다.

게르첸에게 준 영향. 확실히 데카프리스트들의 반(反)차리적 정신은 다음 세대 러시아 혁명가들의 사상적인 기원이 되었다. 이 점에 대해 레닌은 알렉산드르 게르첸 탄생 100주년을 맞아 1912년에 쓴 「게르첸을 추모함」이란 글에서 이렇게 썼다: "데카프리스트들은 〔러시아 사회주의의 아버지인〕 게르첸을 각성시켰고, 게르첸은 혁명적 선동을 시작했다. 〔그 이후의 혁명은〕 이것이 점차 확대되고 강화되어나간 것이다."[13] 러시아의 한 역사학자가 지적했듯이, "원로원 광장에 울려퍼진 총성은 인민의 자유를 위해 싸울 새로운 세대의 혁명 투사들을 일깨워주었다."[14] 게르첸을 비롯한 이 혁명 투사들의 사상과 행동을 우리는 다음 장에서 읽게 된다.

제4장

니콜라이 1세의
반동 정치 대 지식인들의 저항

데카프리스트의 반란을 겪으며 유혈 속에 즉위한 니콜라이 1세는 자연히 반란 또는 혁명에 대해 매우 민감해졌다. '중대장 정도의 식견을 지닌 평범하고 고집이 센 거친 인간'이라는 평을 받던 그는 오직 무자비한 탄압만이 차리즘 체제를 유지시킬 수 있다고 믿었다. 그리하여 그는 즉위와 동시에 "혁명이 러시아의 문턱에까지 이르렀으나 짐은 맹세한다. 짐이 살아 숨쉬는 한 혁명은 러시아에 침투하지 못할 것"이라고 선언하면서 혁명을 처음부터 분쇄시킬 수 있다고 기대되는 제도들을 새로 만들어냈다. 이로써 '무서운 반동의 시대'라고 불린 니콜라이 1세의 30년에 걸친 통치가 시작됐다. 그러나 그것은 지식인들의 저항을 불러일으켰다. 그들은 차리즘 체제에 보다 더 깊은 회의와 반감을 키우는 가운데 주로 서클 활동과 문필 활동을 통해 저항을 확산시켜나갔다. 이 과정에서 지식인들은 서구화주의와 슬라브주의로 나뉘면서 커다란 논쟁을 벌이게 된다.

이 시대와 관련해 1차 자료들이 적지 않게 나와 있어서 일일이 소개할 수 없으나 한 가지만 먼저 소개하기로 한다. 그것은 프랑스의 퀴스틴 후작the Marquis de Custine이 쓴 러시아 여행기 『1839년의 러시아*La Russie en 1839*』이다. 프랑스의 명문 귀족인 그는 니콜라이 1세 치세이던 1839년에 러시아를 방문한 뒤 이 책을 써서 1843년에 네 권으로 출판했다. 이 책은 러시아의 부끄러운 부분들을 그대로 그려낸 것으로 러시아에서는 금서가 됐다. "이런 사기꾼의 방문을 주선해주었다니! 결국 내가 책임을

질 수밖에!” 니콜라이 1세는 이렇게 화를 냈다고 한다. 한편 미국의 세계
적 러시아 전문가로 소련 대사를 지내기도 한 조지 케난 George F.
Kennan 교수는 이 책을 퀴스틴과 같은 시대의 프랑스 고관 토크빌 Alexis
de Tocqueville이 건국 초기의 미국을 방문한 뒤 쓴 『미국의 민주주의
Democracy in America』와 비교할 가치가 있다고 역설했다. 제정 러시아
의 완강한 반동 세력, 곧 현상의 변화를 전혀 바라지 않는 정부 관료와
귀족 및 고위 군경 간부에 대해 가장 잘 쓴 책이라고 격찬하면서 이 책에
묘사된 러시아에서 이미 스탈린의 소련의 냄새가 완연히 난다고까지 썼
다.[1]

1. ‘몽둥이 차리’ 니콜라이의 통치 개시

니콜라이 1세의 심리 구조.[2] 니콜라이 1세는 귀족적이며 수려한 용모와
뛰어난 체격, 그러면서도 전신에 넘치는 위엄으로 항상 다른 사람을 압
도했다. 그룬월드 C. de Grundwald는 그의 『니콜라이 1세의 생애』라는 저
서에서 니콜라이 1세는 아폴로와 주피터를 합친 것 같은 사람으로 의심
할 여지 없이 유럽에서 가장 잘생긴 남자라고 썼다. 비단 그뿐만 아니다.
니콜라이 1세를 직접 만났던 서방의 외교관들인 앤드류 화이트 Andrew
Dickson White는 니콜라이 1세야말로 “인간의 창조 이래 가장 장엄한 용
모를 갖고 태어난 존재”라고 표현했고, 존 모틀리 John Motley는 “내가 아
직까지 본 사람 가운데 가장 잘생긴 남자”라고 자기 아내에게 썼다. 외
모에 대한 칭찬만이 기록된 것이 아니었다. 그의 장중함에 대한 찬양의
기록도 많이 남아 있다. 그를 모세에 비유한 푸슈킨의 시, 그를 “교육 수
준이 높은 표트르 대제”로 표현한 러시아 주재 프랑스 대사 라 페론네즈
La Ferronnays의 서한, 그리고 “모든 다른 사람들의 머리를 지배하는 그
의 머리”와 “잊을 수 없는, 그처럼 권위로 꽉차 있고 그렇게 엄숙하며 확
고한, 따라서 분명히 명령하기 위해 태어난 사람에게만 속하는 그 음성”
을 격찬한 퀴스틴 후작의 서술 등이 그 보기들이다.

　그러나 이러한 표현들은 니콜라이 1세의 한 면만을 말하는 것이었다. 프로이센의 빌헬름 3세 Friedrich Wilhelm Ⅲ의 딸로 그와 결혼한 샬로트 Charlotte 황후가 남긴 일기와 편지들 및 측근의 신하들이 남긴 회상 따위는 30년에 걸친 그의 어두운 강압 정치를 이해함에 있어서 결정적 도움이 되는 그의 다른 면을 말해주고 있다. 이러한 기록들을 면밀히 분석한 테오도르 쉬만 Theodore Schiemann 교수에 의하면, 그의 심리적 밑바탕에 일관되게 흐르던 공포가 공격적 강경 정책으로 나타났다는 것이다. 확실히 그의 일생을 지배한 지나친 공포 심리는 어린 시절부터 뚜렷했다. 군인들, 불 끄는 작업, 천둥과 번개, 대포 따위는 언제나 두려움의 표적이었다. 그는 또한 높은 곳에 올라섰다가 떨어지지나 않을까 하는 공포심에 시달렸다. 심리학자들에 따르면, 공포 심리는 방어 심리로 나타난다. 그 둘은 동전의 양면을 이루는 것으로 공포 심리의 다른 표현이 방어 심리라고 그들은 설명한다. 니콜라이 1세의 경우 그 관찰은 정확하였다. 그는 일생을 지나친 공격적 방어에 보냈는데, 이 방어 심리 역시 어린 시절부터 뚜렷했다. 어린 시절에 장난감으로 여름 휴양소를 짓는 장난을 할 때마다 그는 그 집의 보호를 위해 그 집 앞에 대포를 설치해놓는 것을 결코 잊은 일이 없었다는 것이다.

　이처럼 어린이 때부터 지녔던 공포심이 러시아에 혁명이 일어나 결국 차리즘이 무너지지나 않을까 하는 두려움으로 뭉쳐졌고, 이것이 그의 의식 세계와 무의식 세계 모두를 지배하고 있었다. 그리고 그것의 위장된 외적 표현이 '용기'와 '장중'과 '위엄'으로 나타났던 것이다. 조금만 틈을 보여도, 조금만 양보를 해도 러시아 제국은 혁명으로 무너진다는 본능적인 공포가 그로 하여금 공격적인 강경 정책으로만 치닫게 했다는 뜻이다. 이 점에서 러시아의 한 세계적 역사학자가 "니콜라이 1세는 그의 치세 동안 한번도 그리고 어떠한 여건 아래서도 권력의 문제에서 양보한 일이 없다"고 쓴 것은 정확한 관찰이었다고 하겠다. 이러한 심리 구조를 가진 그가 제위에 오르던 날 반란이 일어났으니 그의 공격적 방어 심리가 더욱 굳어질 수밖에 없었다. 그가 인정했듯 이 반란의 교훈을 그는 한번도 잊지 않았던 것이다. 물론 유혈 사태에 대한 부끄러움도 그는 느끼고 있었다. 참극이 벌어지던 때 대비 마리아Mariia Fedorovna가 "유럽이 뭐라고들 떠들어댈 거야"라고 되뇌었을 때, 그것은 강압에나 의존하는 후진 러시아에 대한 황실 스스로의 부끄러움을 상징하는 것이었다. 그러나 차리즘의 보호가 더욱더 중요하였다.

공격적 방어책 또는 방어적 강경 정책은 결국 군부에의 과도한 의존으로 연결되었다. 군국주의 역시 그의 청년기에 자리잡은 것이라고 볼 수 있다. 무엇보다 처가의 나라인 프로이센의 군국주의에 그는 깊은 감명을 받아 질서의 가장 이상적인 모습은 병영에 있다고 생각했다. 따라서 그는 즉위와 더불어 군부를 크게 강화하는 한편 러시아 전체를 하나의 커다란 병영으로 만들었다. 그에게 모든 백성은 병영의 병사와 같은 존재로 생각되어졌다. 그리고는 매일매일 어느 곳에 음모와 반란의 냄새가 나는 것이 아닌가를 점검하고 나서야 잠을 이룰 수 있었다. 이 점에서, 니콜라이 1세를 본 뒤 "러시아의 차리는 군대의 사령관 같은 존재였다. 그의 매일매일은 전투의 매일매일이었다"고 쓴 퀴스틴 후작의 표현은 적절한 것이었다.

경찰 국가 체제의 강화. 니콜라이 1세 치하의 러시아는 확실히 어두웠다. 검은 반동의 시대에 들어서 있었던 것이다. 즉위 다음해에 신설한 황제원(皇帝院) 제3부는 일종의 비밀 경찰 기관으로서 이 어두움의 장막이 헤쳐지는 것을 막고 있었다. 구체적으로 말해, 이 기관을 통해 반체제의 가능성이 보이는 모든 사람들에 대한 감시와 체포, 그리고 사상의 통제와 책 및 서신의 검열 따위를 강화했던 것이다. 거기에 더해 장군 알렉산드르 벤켄도르프Alexandr Benckendorff 백작이 지휘하는 헌병대를 창설해 탄압을 도왔다. 특히 1848년에 유럽을 뒤흔든 시민 혁명이 일어나자 대내적 통제를 더욱 강화하여 많은 지식인들을 투옥하는 등 강권 정치를 굳혀나갔다. 심지어 헌병대의 병사들로 하여금 혐의가 가는 사람이나 죄인을 몽둥이로 마구 두들겨패게 했고 때려죽이게까지 했다. 그래서 사람들은 니콜라이 1세를 '몽둥이 차리'라고 불렀다.

이러한 사회적 분위기 속에서 포상을 바라는 밀고와 무고가 넘쳐흘러 어떤 때는 반체제 인사들에 대한 탄압보다 무고 사범들을 다스리는 데 더 많은 시간을 써야 했다. 자연히 법을 새로 많이 만들어내야 했고 법에 대한 복종이 강조됐다. 이러한 배경에서 1833년에 스페란스키는 니콜라이 1세의 명령에 따라 1649년에 채택된 울로제니예 법전으로부터 니콜라이 1세까지의 법전을 망라해 『러시아 제국의 법률 전집』 45권과 이것을 요약한 『러시아 제국의 법률 개요』 15권을 편찬했다.

대학에 대한 탄압. 니콜라이 1세의 강권 정치는 교육에서도 마찬가지였다. '정교 신앙 Orthodoxy, 전제주의 Autocracy, 러시아 국민의 특성 Nationality*'을 표방한 그의 교육 정책은 차리에 충실한 인간만을 만들어냄으로써 그의 절대권을 굳히려는 데 일차적 목표를 두었다. 세르게이 우바로프 Sergei Uvarov 백작이 교육부 대신이 된 뒤 그 정책은 더욱 강력히 추진됐다. 그런데도 1848년의 유럽 시민 혁명은 니콜라이 1세로 하여금 더욱 강경하게 나가도록 했다. 우바로프보다 더 강경한 반동의 상징 시린스키 시흐마토프 Syrinski Shikhmatov를 교육부 대신에 앉히고 자유주의의 전파를 어떤 수단을 써서라도 막게 했다. 이에 따라 자유주의적 성향의 교수들이 해임됐고 헌법 및 철학 교육과 해외 유학이 중단됐으며 군사 교육이 강화됐고 모든 대학교의 정원은 각각 300명으로 축소됨으로써 대학교는 사실상 사라지다시피 했다. 벤켄도르프가 "백성들의 지식 수준이 높아지면 체제에 도전하게 되므로 그들에게 교육을 베풀 필요가 없다"고 건의함에 따라 니콜라이 1세는 농민들의 자녀들이 대학교는 말할 것도 없고 중학교에 진학하는 것도 금지시켰다. 또 도서와 서신 검열관들도 믿을 수 없다는 판단에서 그들에 대한 검열을 제도화시켰다.[3]

'유럽의 헌병.' 니콜라이 1세는 국내에서 자유주의적 사상을 탄압했을 뿐만 아니라 국외에서도 혁명 운동을 탄압하기로 결심했다. 국외의 혁명 운동을 탄압해야 그 바람이 국내로 흘러들어오지 못한다고 믿었기 때문

---

* Nationality는 노어의 'Narodnost'를 영역한 것이다. 그러면 이 말의 정확한 뜻은 무엇일까? '국민성' '러시아 국민의 특성' '애국심' 또는 '애국주의' 등 여러 갈래로 번역된다. 그것들 가운데 '러시아 국민의 특성'이라는 번역을 채택했다. 당시 니콜라이 1세는 러시아 국민은 유럽 국가들의 국민들의 이념적·문화적 특성과는 다른 고유한 특성을 갖고 있다고 강조하면서 따라서 유럽의 입헌주의와 자유주의를 러시아에 도입할 필요가 없다는 논리를 편 것이다.

이다. 그리하여 1830년의 7월 혁명에서 1848년의 2월 혁명에 이르기까지, 예컨대 폴란드 독립 운동과 헝가리 독립 운동 및 프랑스 혁명 등에 사사건건 개입했다. 이로써 그는 '유럽의 헌병'이란 조롱을 받았다. 그는 거기서 그치지 않았다. 지중해로의 진출을 시도한 것이다. 따라서 그 자신이 '유럽의 병자'라고 부른 터키와의 전쟁을 일으켰다. 그러나 고래(영국)는 코끼리(러시아)가 물뭍 동물이 되는 것을 원하지 않았다. 따라서 영국은 프랑스와 함께 터키를 지원해 러시아와 겨루니 이것이 1853년과 1856년 사이의 크림 전쟁이다. 여기서 러시아는 세바스토폴 Sevastopol의 함락을 계기로 패전하여 지중해와 발칸 방향으로의 남진이 저지되고 흑해가 중립화됨으로써 러시아의 국위와 니콜라이 1세의 위엄이 크게 손상됐다.[4] 이것은 역설적으로 반체제 지식인들을 고무시켰다. 그들은 겉으로는 강해 보이는 니콜라이 1세의 반동 체제가 속으론 무기력하다는 사실을 확인했기 때문이다.

2. 인텔리겐치아의 대두와 차리즘에 대한 공격

인텔리겐치아의 등장. 인텔리겐치아 intelligentsia라는 단어가 러시아어로 정착된 때는 니콜라이 1세의 말기에 해당하는 1860년대에 이르러서이지만, 이 단어에 해당하는 사회 계층은 아주 작게나마 이미 1600년대말부터 러시아 사회에 존재했다. 이들의 성격에 대해 파이프스 교수는 "개방적이며 비직업적인 교육을 받고 비종교적 성향을 가진 소수의 사람들"[5]이라고 정의했다. 그런데 이들의 수는 1736년에 발표된 귀족에 대한 의무 교육의 도입과 1762년에 발표된 귀족에 대한 병역 및 부역의 면제에 힘입어 1700년대 중반부터 부쩍 늘어났다.

1800년대에 들어서면서 영국의 세계적 역사학자 아놀드 토인비 Arnold Toynbee가 "내면적 프롤레타리아트"라고 부른 이들 인텔리겐치아의 수는 더욱 늘어났고, 러시아의 무수한 대중과는 유리된 채 생활하는 이들을 통해 유럽의 여러 사상들은 다양하게 해석되면서 서서히 러시아의 얼어붙은 땅으로 흘러들어오기 시작했다. 이 과정을 거쳐 1800년대 중반까지는 더욱 좁은 의미에서의, 그리고 더욱 주관적인 의미에서의 인텔리겐치아가 나타났다. 이 현상은 니콜라이 1세의 억압 통치 시대에 더욱 두드러졌다. 러시아의 '전제주의 노예 국가 체제'에 깊은 회의를 품고 농노들의 비참한 생활에 '양심의 매를 맞으며' 내일의 러시아를 구상하는, 또는 무수한 러시아의 민중을 대변하여 자기 국민을 계몽하고 국가를 개조하려는 민족적 사명감을 가진 인텔리겐치아가 어두운 밤을 비치는 별처럼 나타난 것이다. 게르첸이 "생활은 나에게 사색하는 것을 가르쳐주었다"고 말했듯이, 억압적이며 비참한 반동의 세월 속에서 지식인의 의식은 오히려 뚜렷해졌던 것이다.

푸슈킨의 사회 비판. 이 지식인들 가운데 그 당시에 이미 많은 사회적 영향을 주었고 오늘날까지도 러시아 사람들에게 가장 큰 사랑을 받는 이는 '국민 시인' '러시아 최대의 시인' 또는 '러시아 시의 태양'이라고 불리는 푸슈킨일 것이다.[6] 그는 결코 사회과학자가 아니었다. 그러나 그의 작품들은 정치경제학에 대한 그의 높은 안목을 보여주었다. 특히 그의 운문소설 『에브게니 오네긴 *Evgeni Onegin*』은 알렉산드르 1세 말기에 수도에서 생활하던 한 젊은 귀족 에브게니 오네긴의 사고와 행동을 통해 귀족들과 지주들을 비판하고 데카프리스트들의 사상을 은연중에 뒷받침함과 아울러 당시 러시아의 경제 상황을 뛰어나게 묘사했다. 푸슈킨은 농노제를 철저히 반대하지는 않았다. 라디스체프의 『상트 페테르부르크에서 모스크바로의 여행』에 대해서도 자신은 라디스체프는 존경하나 이 책은 민중의 불행을 과장해서 극단적으로 묘사했기에 혹평할 수밖에 없다고 주장했다. 그래서 그의 비판자들은 그가 본질적으로는 친체제적이라고 주장했다. 그러나 그는 농민들과 농노들의 처참한 삶에 지극히 동정적이어서 농민들이 들고일어나 악덕 지주를 죽이는 글을 쓰기도 했으며, 그들이 해방될 때 비로소 러시아 민중 전체가 정치적으로 자유스러울 수 있다고 분명히 썼다. 그는 유형을 끝낸 뒤 니콜라이 1세 치세이던 1837년에 어느 한 귀족이 함정을 파놓고 걸어온 결투에 응했다가 향년 37세로 죽었다.

같은 시대의 뛰어난 또 한 사람의 시인 미하일 레르몬토프 Mikhail Lermontov, 그리고 작가 니콜라이 고골리도 차리즘과 농노제에 대해 비판적인 작품들을 발표했다. 레르몬토프의 경우, 귀족 사회의 허위와 위선을 공격했으며 억눌려 살아야 하는 백성들을 격려했다. 그리하여 지배층은 그를 미워했으며 그를 결투라는 형식을 통해 죽게 만들었다. 향년 만 27세였다. 고골리의 경우, 독특한 문학적 재능을 통해 특히 산문의 꽃을 피웠다. 『죽은 혼』은 지주의 생활에 대한 민중의 분노와 혐오감을 불러일으켰으며, 『검찰관』은 관료적인 러시아 전체에 대해 경악할 만한 풍자를 보여주었다. 그는 자살한 것으로 알려졌다.[7]

차아다에프의 '암흑을 꿰뚫는 총성.' 그러나 이 지식인들 가운데 차리즘에 대해 가장 충격적인 도전장을 낸 사람은 표트르 차아다에프 Pyotr Chaadaev였다. 정교와 전제제의 신성 불가침이 국시로 되어 있고, 학계에서 전제제의 장점을 황실 이상으로 옹호한 카람진의 권위가 지배하던 지적 풍토 속에서 그는 생각할 수 없는 지적 모험을 감행했으니, 그가 1836년에 『망원경』이란 잡지에 발표한 「역사철학에 관한 서한 제1호」는 니콜라이 체제와 국시를 완전히 부정하는 것이었다.

차아다에프는 에카테리나 대제 때의 유명한 정치가이며 사학자요 문인이었던 슈체르바토프 M. M. Shcherbatov의 외손이며 부유한 지주의 아들로 태어났다. 1809년에 모스크바 대학교에 입학했다가 3년 뒤엔 명문 귀족 출신으로만 구성됐던 기마 장교단의 일원이 되어 조국 전쟁에 참가했으나 1821년에 불분명한 이유로 군에서 나왔다. 그는 정신적 고민이 심해지자 치료를 위해 유럽으로 여행을 떠났는데 이때 독일의 관념적 철학자 프리드리히 셸링 Friedrich W. Schelling을 만나 큰 영향을 받았다. 데카프리스트의 반란 때는 해외에 있었기에 직접 개입하지 않았으나 그들의 이념에는 동조하였다. 그래서 귀국 즉시 체포돼 조사를 받았지만 석방됐으며 곧 모스크바로 돌아와 은거 생활을 하면서 지적 활동에 종사했다.[8]

그가 판코바 E. D. Pankova라는 가상의 여인에게 역시 가상적인 죽음의 도시 네크로폴리스 Nekropolis로부터 보내는 서한의 형식인 「역사철학에

관한 서한」을 당시 지식인과 귀족의 언어인 프랑스어로 쓴 것은 1829년
이었다. 그해에 「제1서한」으로부터 「제8서한」까지 끝냈는데, 얼마 동안
원고 상태로 여러 사람들에게 돌려지며 읽혔다. 그러다가 1836년에 마침
내 「제1서한」이 러시아어로 번역되어 출판됐다. 그러나 그것이 그의 출
판 경력의 처음이자 마지막이었다. 니콜라이 1세는 자신의 체제를 뿌리
로부터 부인하는 그 글을 용납할 수 없었다. 우선 그 글을 출판해도 좋다
고 순전한 실수로 판정한 모스크바 대학교 총장 볼디레프A. V. Boldyrev
가 총장직에서 해임되고 연금을 받을 권리도 박탈당했다. 『망원경』의 편
집 책임자 나데즈딘N. I. Nadezhdin 역시 해임되고 북부 러시아로 유배됐
다. 그는 두 해 뒤에야 겨우 돌아올 수 있었다. 그리고 『망원경』은 영구
정간 처분을 받았다. 차아다에프 자신은 미친 사람으로 공식 선언되어
18개월 동안 자택에 연금된 채 의사의 방문을 매일매일 받지 않으면 안
됐다. 「서한」에 대한 논평은 그를 지지하는 것이건 비판하는 것이건간에
금지됐다.

　게르첸은 차아다에프의 「서한」을 가리켜 마치 "암흑을 꿰뚫는 총성"과
도 같은 충격적 효과를 가진 것이었다고 했다. 그러면 그 글의 내용은 무
엇이었나?[9]

　차아다에프는 그 시대의 다른 지식인들과 마찬가지로 러시아와 유럽
사이에는 근본적인 문화적 차이가 있음을 인정했다. 그러나 그는 이러한
차이가 황실이 주장하듯 러시아의 독특한 우수성 때문에 생긴 것이 아니
라 오히려 러시아의 낙후성 때문에 생긴 것이라고 보았다. "우리의 고유
문명의 특징들 가운데에서도 가장 통탄스런 점은 다른 민족들, 간혹 우
리보다 후진인 다른 민족들까지도 이미 오래 전부터 터득한 진리들을 우
리는 이제야 발견하는 도중에 있다"고 그는 선언하고 "그 까닭은 우리는
다른 민족들과 어깨를 나란히하여 전진해본 적이 없었기 때문이다"라고
주장한 것이다. 그는 또한 "우리의 민족적 전통 가운데에서 아무런 효과
적인 교훈도 찾아볼 수 없다"고 단언하고 유럽 문명에 대한 러시아의 위
치는 마치 사생아의 입장에 비유될 수 있다고 보았다. 이러한 상황 속에
러시아인들은 아무런 희망 없이, 그리고 아무런 사회 내적인 발전이나

자연스런 진보 없이 어린애처럼 살고 있다면서 그는 "과거도 없고 미래도 없고 협소한 현재 속에서 우리는 살고 있다. 간혹 우리가 일어서서 행동할 경우 그것은 어떤 공공 이익을 성취할 수 있다는 희망이나 욕구에서 하는 것이 아니고 유모가 내미는 장난감을 잡기 위해 일어나 앉아 손을 내미는 어린 아기와 같이 생각이 없는 반사적인 행동을 하는 것뿐"이라고 결론지었다.

러시아의 이러한 비극적 상황은 러시아가 카톨릭 교회의 관할 아래서 이탈되어 있었기 때문에 빚어진 것이라고 그는 보았다. 카톨릭 교도인 그는 결국 역사철학의 기반을 역사적 동력으로서의 카톨릭 교회의 공헌에 대한 절대적인 가치 인정에 두었던 것이다. 그에게 역사적인 면에서의 유럽이란 기독교 세계란 말과 일치되는 것이며, 유럽의 모든 문화적 유산이나 전통은 기독교의 철학에서 비롯된 것이었다. 논리적으로 사고할 수 있는 능력은 물론이며 인간을 하나의 도덕적인 존재로 행동할 수 있도록 하는 의무와 정의 및 권리와 질서 등의 이념이 기독교 세계의 유럽 사회에서는 생활화되어 있으나 러시아는 바로 기독교 세계에서 벗어나 있었기에 그렇지 못하다고 보았다. 유럽인들에게는 그들이 호흡하는 공기에 바로 스며들어 있는 개인의 존엄성이나 자유 같은 개념들이 러시아에는 전혀 알려져 있지도 않다는 것이다. 한마디로 다른 민족들의 역사는 해방의 역사인 데 반해 러시아의 역사는 농노 제도와 전제 체제의 발전의 역사라고 그는 보았다.

차아다에프가 이처럼 조국 러시아를 가혹하게 비판했다고 해서 그에게 조국에 대한 사랑이 없었던 것은 아니다. 미친 사람이라는 누명을 쓰고 연금당하고 있던 동안에 쓴 「미친 사람의 변명」이란 글에서 그는 조국을 그처럼 혹독하게 비판한 자신의 심정을 이렇게 토로했다:

나는 눈을 감은 채, 머리를 숙인 채, 입을 다문 채, 나라를 사랑하는 방법을 배우지는 못했다. 나는 그 나라를 분명한 눈으로 볼 수 있는 사람만이 그 나라에 유용한 존재가 될 수 있다고 생각한다. 그리고 맹목적인 사랑을 하던 시대는 이미 지났고 이제는 자기의 조국에게 진실을 고할 의무를 누구나 지닌다고 생각한다. 〔……〕 나는 모든 것을 어떻게 해서든지 미화하고 스스로 만들어낸 환상 위에 잠이 드는 식의 자축적인 애국심, 불행히도 지금 많은 선량한 인간들에게 감염되어가는 그런 나태한 애국심을 느끼고 있지 않다고 솔직히 고백한다.[10]

차아다에프는 조국 러시아에 대한 정확한 평가 위에서만 러시아의 앞날에 대한 정확한 설계가 가능하다고 보았다. 러시아가 유럽에서 고립돼 있었고 역사적 후진국이라는 사실은 러시아로 하여금 유럽이 쌓아온 경험을 한꺼번에 자기의 것으로 만들어 유럽이 저질렀던 잘못을 피하고 그 대신 유럽이 이룩한 유산 가운데서 장점만을 취할 수 있도록 해준다는 것이었다. 다시 말하면 그는 자기 나라의 과거를 무조건 미화하려는 편협하고 근시안적인 애국주의를 끝까지 지양하면서 그 대신 후진성의 이점이라는 역설적인 역사 해석 방법을 시사하는 것이었다. 그는 결국 러시아의 서구화(西歐化)를 주장한 것으로 러시아는 유럽과의, 그리고 특히 카톨릭 교회와의 접촉을 통해 모든 것을 배우고 의미 있는 역사를 이룩해야 한다는 것이었다. 따라서 그는 1830년대와 1840년대에 러시아의 지식인들 사이에서 나타난 자파드니키 Zapadniki,* 곧 서구화주의자의 선구자로 간주됐다.

차아다에프와 비슷한 생각을 갖고 있던 사람으로 페초린 Pechorin을 들수 있다. 그는 러시아가 카톨릭 교회의 정신을 받아들여야 한다는 확신속에서 스스로 해외로 이주하여 카톨릭의 신부가 되었다. 그리고는 니콜라이 1세 체제에 대한 맹렬한 공격을 퍼부었다. "자신의 조국을 미워하며 그의 괴멸을 진정으로 기다리고 있는 것이란 얼마나 달콤한 것인가." 그는 자신의 심정을 이처럼 역설적으로 나타내기도 했다. 그는 러시아로 귀국하지 못한 채 해외에서 죽는다.[11]

---

* 단수는 자파드니크 Zapadnik이며 자파드니키는 자파드니크의 복수이다. 이 말은 슬라브주의자들이 만들었다.

3. 서구화주의가 일어나다

차아다에프의 글들은 지식인들 사이에 격렬한 논쟁을 불러일으켰다. 우선 그들은 러시아가 문화적으로 서구의 영향에 압도되어 자율성을 지키지 못하고 있으며 현재의 상태가 바람직한 것이 못 된다 함을 대체로 시인했다. 그러나 어디에서 무엇이 잘못되어왔으며 시정하는 방법이 무엇인가에 대해서는 주장이 엇갈렸다. 여기서 이른바 서구화주의자들과 슬라브주의자들이라는 서로 대조되는 두 세력으로 나뉘게 된다.

스탄케비치 서클로부터 페트라세프스키 서클까지. 서구화 운동의 시작은 1831년에 모스크바에서 조직된 한 철학 서클로 거슬러 올라간다. 독일 철학을 연구하기 위해 니콜라이 스탄케비치 Nicolai Vladimirovich Stankevich가 만든 스탄케비치 서클이 그것이다. 처음에 그들은 독일 관념주의적 철학의 대가들인 셸링과 피히테Johann G. Fichte에 큰 관심을 쏟았다. 그러나 스탄케비치가 1837년에 건강 때문에, 그리고 독일 관념주의 철학의 완성자인 헤겔Georg Wilhelm Friedrich Hegel의 직접적 제자들로부터 강의를 듣고자 베를린으로 간 뒤 그들의 관심은 전적으로 헤겔로 돌려졌다. 그들은 1840년에 스탄케비치가 죽었을 때까지 계속 만났는데, 그 주요 회원들이 비사리온 벨린스키Vissarion Grigoryevich Belinsky, 미하일 바쿠닌 Mikhail Alexandrovich Bakunin, 티모피 그라노프스키 Timofey Nikolayevich Granovsky, 바실리 보트킨Vasily Petrovich Botkin, 그리고 게르첸이었다.

게르첸은 처음엔 스탄케비치 서클에 속해 있었으나 곧 니콜라이 오가리오프Nicolai Platonovich Ogaryov와 함께 별개의 서클을 만들었다. 스탄케비치의 서클이 주로 헤겔 철학에 관심을 쏟았음에 비해, 이들은 거의 전적으로 프랑스 사회주의자들, 특히 생 시몽Saint Simon의 저술들에 매달려 있었다. 정치적인 성향도 이들이 훨씬 더 높았다. 이 서클의 생명은 길지 못했다. 1834년에 이 두 사람이 함께 체포되어 모스크바로부터 추방되면서 해체되고 말았기 때문이다.

두 개의 서클은 공통된 분야에 대해 관심을 가진 사람들끼리의 독서 및 토론 집회였을 뿐 하나의 운동체로서의 뚜렷한 자아 인식을 갖고 있지 않았다. 하나의 운동체로서의 자아 의식에서 출발한 최초의 서클은 러시아 지성사와 혁명사에 큰 발자취를 남긴 저 유명한 페트라셰프스키 Mikhail Vasilyevich Petrashevsky의 서클이었다.[12] 페트라셰프스키 서클은 24세의 젊은 지식인인 페트라셰프스키가 1845년에 상트 페테르부르크의 자기 집에서 처음부터 비밀리에 조직한 이념적 독서회였다. 이들은 추상적이며 관념적인 독일 철학에는 처음부터 관심이 없었다. 게르첸의 독서회처럼, 이들의 관심은 철저하게 프랑스와 영국의 사회주의자들에게 쏠렸다. 그리고 구체적인 행동 강령에 대해서도 머리를 쓰기 시작했다. 한 회원이 지적했듯이, 그들은 아직까지 채택돼온 방법에 의해서 인간의 문제를 개선한다는 것은 불가능하다는 것을 깊이 깨달았던 것이다. 뒷날 러시아의 세계적 문호로 자리잡게 되는 표도르 도스토예프스키 Fyodor M. Dostoyevsky가 바로 이 독서회에 속해 있었다. 이들은 1849년에 모두 체포되어 재판을 받고, 니콜라이 1세가 이들에게 공포 의식과 황제에 대한 은혜 의식을 동시에 심어주려고 꾸민 '사형 사면' 연극의 운명을 겪었다.

그러면 이들 서구화주의자들의 사상은 무엇이었는가? 이 물음에 대해 한마디로 대답하기는 어렵다. 서구화주의자라고 해서 이들이 서구의 모든 것을 그저 단순히 숭배한 사람이라거나 또는 러시아적인 것을 무조건 배격한 사람이라고 생각해서도 안 된다. 그러면 무엇이란 말인가? 이들의 사상은 러시아가 유럽 국가라는 인식에서 출발한다. 러시아는 분명히 유럽 국가로 출발했는데, 그래서 유럽의 전통 속에 성장했는데도, 13세기 중엽부터 2세기 반 동안 몽골 타타르족의 군국주의적 지배 아래 살았기에 그만 유럽으로부터 차단되어 무지하고 몽매한 후진 사회가 되고 말았다는 것이다. 그런데 이 후진 유럽인 러시아를 발전시켜 그 시대의 다른 유럽 국가의 수준으로 끌어올리려는 영걸이 나타났으니 그가 바로 표트르 대제였다는 것이다. 그러니까 이들은 종교적인 입장에 서 있었던 차아다에프나 반(反)종교적인 입장에 섰던 벨린스키나 게르첸의 경우를 막론하고 러시아에서 의미 있는 역사는 표트르 대제에서부터 시작됐다고 보는 것이다. 표트르 대제의 서구화 정책에 의해 러시아는 제 길을 찾아들기 시작했으나 러시아의 사회적 수준이 낮았고 사회적 성숙도가 떨어져 있었으므로 결국 니콜라이 1세의 전제 정치와 같은 반동의 형태로 변질됐다고 이들은 이해했다. 여기서 러시아의 본격적인 서구화라는 결론이 나왔던 것이다.

서구화주의자들의 반정부적 태도를, 특히 행동적 반정부주의를 결정적으로 굳혀준 사건은 바로 페트라세프스키 독서 회원들에 대한 정부 당국의 고문 사건이었다. 별 구체적 혐의가 없었던 이들에 대한 관헌들의 야만적인 고문과 그것에 의한 사건의 조작이 알려지면서 니콜라이 체제에 대한 반감은 신념으로 굳어졌다. 철학자들의 관심도 헤겔 이상주의로부터 정치적 행동으로, 그리고는 혁명으로 바꾸어졌다. 바쿠닌의 표현을 빌리면, "파괴의 폭풍"이 이들에 의해 예고되기 시작한 것이다. 이러한 분위기 속에서 서구화 운동은 우리가 뒤에서 살펴보게 되듯이 차차 니힐리즘nihilism, 곧 허무주의와 혁명 운동으로 바뀌게 된다.

이러한 서구화 운동의 선배 격으로 우리는 특히 세 사람을 지적할 수 있다. 벨린스키와 게르첸 및 바쿠닌이 그 사람들이다. 다음에서 이 세 사람의 생애와 사상을 러시아 혁명이라는 큰 테두리 속에서 살펴보기로 한다.

벨린스키의 생애와 사상. 벨린스키는 1811년에 지금은 핀란드에 속하지만 당시엔 러시아 영토에 속한 스비보르그Sveaborg 군항에서 한 해군 군의관의 아들로 태어났다. 이 점은 특별한 뜻을 갖는다. 그가 귀족 계급이 아닌 이른바 라즈노치네츠raznochinets, 곧 잡계급(雜階級)에 속했음을 뜻하는 것이었다. 그가 다섯 살 때 아버지가 퇴역해 그의 조부가 신부로 있던 모스크바 동남쪽의 쳄바르Chembar란 시골로 이사했다. 이곳에서의 생활은 무척 따분했다. 그러나 그는 열네 살 때인 1825년에 펜자Penza의 고등학교에 입학하는 데 성공함으로써 활기찬 새로운 환경 속에 젖어들 수 있었다. 농땡이를 잘 쳐서 퇴학을 당했으나 1829년에 모스크바 대학교에 입학할 수 있었다. 그러나 3년 뒤 퇴교를 당했는데 그것

은 그가 농노제를 비판한 『드미트리 칼리닌 *Dmitry Kalinin*』이란 희곡을
썼기 때문이었다. 1834년에 그는 저널리즘에 뛰어들었다. 그리고 1848년
에, 푸슈킨이 요절했던 "운명적인 나이"[13]였던 37세의 젊은 나이로 요절
할 때까지 저널리즘에서만 활동을 벌였다.

그가 주로 기고한 잡지들은 모스크바의 『망원경』과 『모스크바 관찰
자』, 그리고 1839년 이후엔 상트 페테르부르크의 『조국 연보』와 『동시대
인』*이었다. 이 잡지들을 통해 그는 뛰어난 문예 비평 활동을 벌이는 가
운데 '위대한 계몽가'로서의 자리를 굳혔으며, 비록 돈은 벌지 못했으나
상당한 명성을 획득할 수 있었다. 사람들은 푸슈킨이 죽은 1837년부터
그가 죽은 1848년까지를 '벨린스키의 10년'이라고 불러주기까지 했다.
이로써 그는 잡계급 출신 인텔리겐치아의 원조로 자리매김된다. 언제나
병마와 가난에 시달리면서도 과로할 정도로 일을 했고 이로 말미암아 결
국 그는 상트 페테르부르크에서 결핵으로 요절하고 만 것이다.[14]

벨린스키는 차리의 전제제와 농노제에 대해 혹독한 비판을 퍼부었다.
이 두 제도 아래서는 그가 가장 중시하는 가치인 인간성의 우위가 깨질
수밖에 없다는 것이었다. 여기서 그는 차리즘의 혁명적 타도를 공공연히
주장했는데, 그 어조는 문자 그대로 과격한 것이었다. 대부분의 사람들
에게 행복을 가져다주기 위해서는 "수백 수천 명의 목숨을 빼앗아도 좋
다"고 주장하면서 "모든 인간을 고통과 질곡으로부터 구제할 혁명에 의
해서만 새로운 사회는 세워질 수 있다"고 보았다. 그는 "사람들은 어리
석어서 혁명가에 의해 강제에 의해서라도 행복으로 끌어내어져야 한다"
고까지 주장하고 정의의 구현을 위해서 혁명가는 독재자가 되어도 좋다
는 논리를 전개했다. 이 점에서 벨린스키는 볼셰비즘의 정신적 선구자들
가운데 한 사람이 되는 것이다.[15] 혁명에 의해 세워질 새 사회는 벨린스
키에 따르면 사회주의적이어야 했다. 돈 많은 사람과 가난한 사람의 구
별이 없이 모두가 고르게 사는 사회를 그는 그렸으며, 그러한 사회는
'공동체적인 사회주의 조직'에 바탕을 두어야 한다고 주장했다. 바로 이

---

* 러시아어의 Sovremennik로, 영어로는 The Contemporary로 번역됐다. '현대'라고 번역
될 수도 있다.

점에서 그는 러시아의 저 유명한 나로드니크narodnik 운동, 곧 인민주의 운동의 정신적 선구자들의 한 사람으로 평가된다.[16]

그러나 여기서 잊어서는 안 될 사실이 있다. 벨린스키는 인민주의자들과는 달리 러시아의 자본주의적 발전을 확신했다는 사실이다. 인민주의자들이 지지하는 '러시아 사회에 고유한 농민 공동체'는 미래가 없는 진부하고 가부장적인 사회 생활 형태로 여겼으며 따라서 그것을 사회주의의 출발점으로 여기기를 거부했다. 이렇게 볼 때, 농민 공동체의 사회주의적 발전 가능성을 유토피아적 시각에서 확신했던 게르첸이나 체르니세프스키보다 한 발 앞섰다고 하겠다. 그의 그러한 입장이 그가 마르크스Karl Marx와 엥겔스Friedrich Engels의 저술들을 읽은 결과인지는 분명하지 않다. 그러나 그를 '러시아 최초의 마르크스 지지자들 가운데 한 사람'으로 보는 견해는 받아들일 수 있겠다. 어떻든 그는 "평민 출신으로서 혁명 운동에 뛰어든 최초의 비범한 인물"[17]이었다.

게르첸의 생애와 사상. '러시아 사회주의의 아버지'라고 평가되는 게르첸은 1812년에 모스크바에서 태어났다. 그러나 그는 모스크바의 세력 있는 향신이며 돈 많은 아버지 이반 알렉세예비치 야코블레프 Ivan Alexeyevich Yakovlev와 집안일을 보는 한 젊은 독일 여자 사이에서 출생한 사생아였다.[18] 그의 아버지는 사생아인 이 아들을 매우 사랑해서 훌륭한 교육을 시켜주었고 자신의 일차적 상속자로 지명했으나 아들의 어머니와는 결코 정식으로 결혼을 하지 않았다. 따라서 그는 '마음의 자식'이란 뜻의 게르첸이란 성을 갖게 됐다. 가정 교사의 교육을 받는 가운데, 아버지의 장원에서 농노들에게 가해지는 가혹 행위를 보면서 날카로운 사회 의식을 갖게 된 그는 열다섯 살의 소년으로 그의 절친한 벗인 오가리오프와 함께 저녁노을에 물든 모스크바의 한 언덕에서* 데카프리스트들을 위해 복수하고 일생을 인민 해방을 위한 싸움에 바치자고 맹세했다. 이어 두 해 뒤인 1829년에 모스크바 대학교 자연과학부에 입학했다. 여기서 그는 졸업 때까지 5년 동안 공부했는데, 이 시기를 그는 평생

---

* 이 언덕은 모스크바 대학교 정문 앞에서 가까운 곳에 있으며 '레닌 언덕'으로 불린다.

토록 가장 행복했던 시기로 회상하곤 했다.

졸업과 동시에 그는 군대에 들어가 출세하기를 바라는 아버지의 뜻에 반해 문학과 철학 분야에서 종사하기로 결심했다. 그리고 오가리오프와 함께 독일의 낭만주의 철학에 매달린 채 서클을 조직했으나 1834년에 경찰의 탄압으로 해체됐다. 그는 오가리오프 등과 함께 모스크바에 몇 달 동안 구금됐다가 5년의 유형 생활을 하게 되는데, 이때 작은아버지의 사생아인 나탈리아 자하리나 Natalia A. Zakharina와 결혼식을 올렸다. 유형이 풀리자 마침내 상트 페테르부르크에서 평론 활동에 뛰어들었다. 여기서 벨린스키를 비롯한 진보적 헤겔주의자들과 접촉하고 이들과 함께 헤겔 철학의 바탕 위에서 정치적 행동을 위한 현실주의적 철학을 세우는 문제에 대해 토론을 벌였다. 이 과정에서 그는 그의 머리에 그 찌꺼기가 남아 있던 이상주의적이며 낭만주의적인 사상을 완전히 털어버리고 무신론과 사회주의를 받아들인다.

그는 이스칸더 Iskander라는 익명으로『조국 연보』지에 몇 편의 중요한 비평문들을 발표했다. 그러나 과격한 표현을 감추지 않았던 탓에 다시 체포되어 노브고로드로 유형을 떠나지 않으면 안 됐다. 1841년부터 1843년까지 두 해 동안의 이 유형 생활은 그로 하여금 반체제로 돌아서게 함에 있어서 결정적인 역할을 한다. 1846년에 그의 아버지는 막대한 재산을 남겨놓고 죽었다. 이것은 서구의 자유로운 공기 속에 살기 위해 러시아를 떠나고 싶던 그의 평소의 생각을 행동으로 옮기게 한 계기가 됐다. 고생 끝에 겨우 여권을 얻어들고 러시아를 떠났는데 이것이 러시아 땅으로부터의 영원한 이별이었다. 그는 서구의 여러 도시들에서 혁명을 직접 목격하기도 하며 때로는 참여하기도 한 다음 결국 스위스에 가서 시민권을 얻었다. 그는 제네바에서『피안(彼岸)으로부터 *From the Other Shore*』라는 책을 썼다. 이 책은 러시아에 있는 그의 동료들에게 혁명 사업을 계속하도록 격려하는 내용을 담고 있었다. 이 책을 낸 직후인 1852년에 그는 런던으로 옮겨 거기에서『북극성』이란 책을 출판했다. 이 책의 표지에는 처형된 다섯 명의 데카프리스트들의 얼굴들이 그려져 있었다. 그는 곧 런던으로 망명해온 오가리오프와 함께 종(鍾)이란 뜻의『콜로콜

Kolokol』이란 잡지를 출판하기 시작했다. 그리곤 이 잡지를 본국의 혁명가들이나 반체제 인사들에게 부쳤다. 1860년대에 알렉산드르 2세가 개혁정치를 시작하자 그의 비판의 목소리는 낮아졌다. 그와 동시에 영국을 떠나 프랑스와 스위스 및 이탈리아 등을 여행하다가 1870년에 파리에서 죽었다.

앞에서 지적했듯이, 게르첸은 서구화주의자로서 서구를 이상화(理想化)했다. 그리고 1848년의 혁명의 분위기 속에 서구에 와서 처음엔 거기에 끌렸으며 큰 희망을 가졌다. 그러나 그는 곧 서구 자본주의 사회의 참상을 보고 서구와 서구인 모두에 대해 쓰디쓴 실망을 느끼게 됐다. 그의 실망에 대해 우테친 S. V. Utechin은 이렇게 자세히 쓰고 있다: "게르첸이 서구로 망명한 뒤 그곳을 여행하면서, 그리고 특히 그가 파리에서 경험한 1848년의 혁명 동안에 부르주아지의 이기주의와 야비함 및 부패뿐만 아니라 프롤레타리아트의 이기주의와 야비함 및 부패를 보았을 때, 그의 낭만주의적인 서구화주의는 큰 충격을 받았다. 그뒤 그는 서구 사람들이 더 큰 자유를 누리고 있다는 것을 인정하면서도 빛이 서구로부터 러시아로 올 것이라는 기대를 더 이상 갖지 않았다."[19]

서구에 대한 실망은 자연히 러시아에 대한 희망으로 이어졌다. 이 점에 관해 우테친은 이렇게 쓰고 있다: "그는 사회주의의 수립이 인간성의 자유롭고 충분한 발전을 위한 필요 조건이라는 점을 여전히 믿고 있었다. 그러나 그는 이제 사회주의가 발전할 전망은 서구보다도 러시아에서 훨씬 더 좋다고 생각하게 됐다." 그러면 무슨 근거에서 그런 판단을 한 것인가? 당시 러시아에는 미르mir라고 부르는 농민 공동 부락체가 존재하였다. 이것은 확실히 러시아의 태아기(胎兒期)적이며 고유한 사회주의적 제도였는데 슬라브주의자들은 이 미르를 높이 평가하였다. 이것을 잘 발전시키면 러시아는 사회주의에 도달할 수 있다는 것이었다. 게르첸도 이러한 믿음을 갖게 됐다. 그래서 그는, 다시 우테친의 표현을 빌리면, "서구화주의자들의 사회주의를 농민 공동 부락체에 대한 슬라브주의자들의 찬양과 혼합시킴으로써 특별하게 러시아적인 사회주의의 개념을 독창적으로 생각해냈다." 여기에 또한 러시아 지성사에서 게르첸의 이름이 빛나는 이유가 있다. 그는 서구화주의로 출발하였으나 서구화주의와 슬라브주의를 접근시키는 데 성공한 것이다. 벨린스키는 이 점에 관해 "게르첸이란 사람 속에서 러시아의 서구화주의는 어떤 측면들에서 슬라브주의에 접근했다"[20]고 썼다. 게르첸이 이처럼 러시아의 농민 공동 부락체의 가치를 높이 평가하고 러시아의 농민 속에서 러시아의 장래를 찾았을 때 '러시아 인민주의'는 그 싹이 자라게 됐던 것이다. 특수하게 러시아적 현상인 나로드니체스트보 narodnichestvo, 곧 인민주의는 바로 이러한 배경 속에서 시작된다.

바쿠닌의 생애와 사상. 낭만적 기질을 가진 사람으로서 바쿠닌의 생애나 저술을 흥분하지 않고 읽을 수는 없을 것이라는 말이 있다. 확실히 그의 생애는 믿을 수 없는 모험의 연속이었고 그의 저술은 사랑과 폭력에 대한 독창적인 생각들로 가득 차 있다.[21] 러시아 최초의 직업적 혁명가인 바쿠닌은 1814년에 돈 많고 높은 귀족의 열한 명의 자식 가운데 맏아이로 태어났다. 그의 아버지는 대단히 높은 교양을 갖추고 있어서 백여 명이 살던 그의 큰 집은 지식인들의 교환 장소로 자주 쓰였다. 바쿠닌은 포병학교를 다녔고 19세에 장교로 임관했다. 그러나 군대는 그에게 맞지 않았고 철학에 대한 관심만 커졌다. 특히 스탄케비치의 권고로 독일 철학자 칸트 Immanuel Kant의 『순수 이성 비판』을 읽은 뒤 철학에 빠져버려 임관 이듬해 군대를 뛰쳐나와 모스크바로 가서 그곳의 지식인들 모임에 끼여들었다. 집에 알리지도 않은 결정이었기에 그는 이일 저일로 먹고 사는 문제를 겨우 해결할 수 있었다. 지식인들 모임의 토론에서 그의 평생의 기질은 뚜렷이 나타났다. 공상적이면서 극단으로 흐르는 한편 흥분하길 좋아하고 추상적인 개념에 매료될 뿐 아니라 자신의 개인적 안전이나 편안함 같은 것에는 전혀 관심 없는 자유분방하면서도 혁명적인 기질은 이때 이미 형성됐던 것이다. 공부를 해야겠다는 명분으로 게르첸으로부터 돈을 빌려 그는 1840년에 베를린으로 갔다. 그곳에서 헤겔 좌파와 포이어바흐 Ludwig Feuerbach의 철학에 심취하게 됐고, 마치 마르크스가 그렇게 결론지었듯, 그 역시 철학의 과업은 세계를 해석하는 것이 아니라 세계를 변화시키는 것이라고 결론지었다.

그때로부터 얼마 지나지 않아 그는 파리에서 마르크스를 만났으며, 1848년에는 브뤼셀에서 마르크스의 민주 연맹에 잠시 가담했다. 바쿠닌은 마르크스에 의해 영향을 받고 마르크스는 바쿠닌에 의해 영향을 받았으나, 두 사람은 평생토록 중요한 문제들에 대해 합의에 이르지 못했으며 상대방의 전술이나 성격에 대해 서로 비난하며 지냈다. 아무런 직업없이 철학만 좋아하고 사는 그의 생활은 정말 가난해서 게르첸의 도움이 없었으면 그는 굶기를 밥 먹듯 했을 것이다. 그런 형편에도 그는 유럽의 거의 모든 나라들에서 미국에 이르기까지 혁명이나 반란이 일어나는 곳에는 무조건 뛰어들었다. 거의 모든 정치적 음모와 비밀 결사에 끼여들었으며 그 때문에 그는 독일과 오스트리아–헝가리 합병 제국 및 러시아의 형무소, 그리고 시베리아 유형지에서 그의 반생을 보내다시피 했다. 역사는 그로 하여금 인류의 해방을 위해 주도적인 역할을 수행하도록 명령하고 있다는 자기 확신 속에 그처럼 뛰어다니게 했던 것이다. 환갑이 되어서야 그는 비로소 스위스에서 혁명으로부터 은퇴했다. 그러나 건강을 너무 상한 탓에 두 해 뒤 베른Bern에서 죽고 말았다.

바쿠닌 역시 다른 서구화주의자들과 마찬가지로 차리즘을 공격했다. 차리즘을 모든 악의 근원으로 본 것이다. 그러나 그는 제정 러시아만이 악의 근원이라고 보지 않았다. 모든 국가가 악의 근원이라고 보고, 사회가 완전히 재건되기 위해서는 우선 국가가 완전히 파괴되지 않으면 안 된다고 주장했다. 여기서 그의 유명한 아나키즘anarchism, 곧 무정부주의가 출발하는 것이다. 그런데 국가를 파괴하기 위해 우선 종교를 파괴해야 한다고 바쿠닌은 보았다. "종교가 없는 곳에 국가가 있을 수 없다"는 것이 그의 주장이었다. 여기에 무신론과 무정부주의의 결합이라는 그의 독특한 사상이 전개되는 것이다.

종교와 국가의 파괴를 위해 바쿠닌은 모든 형태의 혁명, 이를테면 테러리즘과 소요 및 대중 봉기 등을 옹호했다. 파괴를 가져오는 무기라면 그 어느 것도 무시해서는 안 된다는 것이 그의 주장이었다. 그러나 그는 혁명 투쟁이 제도를 겨냥한 것이어야지 개인을 겨냥해서는 안 된다고 보았다. 왜냐하면 개인은 자기 의지의 자유를 갖지 못한 환경의 단순한 비자의적(非自意的) 산물에 지나지 않기 때문이란 것이다. 자기 의지의 자유가 없었으니 그 개인이 범법자였건 또는 법의 집행자였건간에 책임도 없다는 것이다. 이것은 자유가 없으면 범죄도 없고 사실상 법도 있을 수 없다는 그의 사상 체계의 바탕을 이루고 있는 중요한 부분이다. 혁명 투쟁을 주도하기 위해서는 조직이 필요하다는 점을 바쿠닌은 인정했다. 그리고 그 조직이 효율적이기 위해서는 고도로 중앙 집권적이어야 하며 비밀스러워야 하며 독재적이어야 한다고 보았다. 이 점은 뒷날에 나타날 레닌의 조직 이론과 공통되는 것이다.

4. 슬라브주의도 형성되다

러시아가 직면한 과업은 하루빨리 모든 것을 서구로부터 배워 후진성을 극복하는 것이라고 본 서구화주의자들과는 달리 러시아 문명의 특성을 강조하는 한 무리의 지식인들이 거의 같은 시대에 나타났다. 이들을 슬라브주의자라고 부르는데, 약간의 어용 학자들을 제외한 대부분은 니콜라이 체제에 대해 비판적인 태도를 보였다. 다음에서 슬라브주의가 형성되어간 과정을 보기로 한다.[22]

'지혜를 사랑하는 사람들.' 슬라브주의도 서구화주의와 마찬가지로 철학 서클에서 탄생했다. 당시 러시아에 물밀듯이 들어오는 서구의 철학을 연구하려는 젊은 지식인들이 모스크바의 외무부 문서국에 모여 '지혜를 사랑하는 사람들'이란 서클을 만들었는데, 이들이 바로 나중에 슬라브주의를 창시한 사람들이 된다. 문서국에서 모였다 하여 젠코프스키V. V. Zenkovsky가 '문서국의 청년들'이라고 부른 이들은 서클의 지도자 격인 베네비티노프D. V. Venevitinov와 오도예프스키 V. F. Odoyevsky 공, 코셀리오프A. I. Koshelyov, 셰비리오프S. P. Shevyryov, 파고진M. P. Pagogin, 형제 사이인 이반 키리예프스키Ivan Kireyevsky와 표트르 키리예프스키 Pyotr Kireyevsky 등이다. 이들은 처음엔 주로 셸링의 저작을 읽어나갔다. 그리고 1824년에 자신들의 글을 모아 러시아 역사상 최초의 철학 논문집인 『므니모지나*Mnemosyna*』*를 출간했다. 이 논문집이 1827년에 파고진의 책임 아래 나오는 『모스코프스키 베스트니크*Moskovsky Vestnik*』, 곧 『모스크바 해럴드』의 전신이다.

이들은 하나의 조직으로서 결집력이 약했다. 학문적인 업적을 남기지도 못했다. 특히 그들 가운데 몇 사람이 데카프리스트의 반란에 연좌된 바람에 1825년에는 해체의 비운을 겪지 않으면 안 됐다. 그러나 그들은 철학 서클이라는 독특한 지식인 모임을 만들어냄으로써 러시아의 지성사에 크게 이바지했다. 뒷날 러시아의 지식인들과 철학자들이 만든 철학 서클들은 모두 그들의 철학 서클을 모방한 것이었다. 최초의 철학 서클은 해체됐으나 겨우 열일곱 살의 나이에 여기에 가담했던 이반 키리예프스키가 새로운 철학 운동을 전개함으로써 그 명맥은 1860년대까지 유지됐다. 1861년에 알렉산드르 2세가 대개혁을 시작하면서 이 운동은 중단되기 시작했다. 그런데 셸링을 읽음으로써 시작된 이 철학 운동은 차차 슬라브적 성격을 갖기 시작했다. 그들은 러시아를 '아시아적'도 '유럽적'도 아닌 '러시아적'이라고 본 것이다. 따라서 그들은 러시아의 역사와 전통, 그리고 러시아가 발전시켜온 제도 및 러시아인의 신앙의 중심인 러시아 정교를 면밀히 연구함으로써 오늘날 러시아가 처한 환경을 정확히 이해할 수 있고 그 바탕 위에서 러시아가 걸어갈 길을 찾을 수 있다고 믿었다. 그들 역시 러시아의 몇 가지 기본적인 사회 여건, 예컨대 농노제나 관료제에 대해서는 비판적이었다. 그러나 서구의 합리주의와 기계주의 및 법률주의, 그리고 민주적 '몰인간주의(沒人間主義)'에 대해서는 똑같이 반대했다. 그들은 서구가 이미 정신적 가치들을 잃었거나 잃고 있다고 본 것이다. 이 점에서 그들은 반합리주의적·반실증주의적·반물질주의적 입장을 보였다. 다음에서 슬라브주의를 이끌어나간 대표적인 사상가들의 생애와 사상을 소개하기로 한다.

이반 키리예프스키의 생애와 사상. 대표적인 슬라브주의자 이반 키리예프스키는 1806년에 유서 깊고 교양 높은 한 모스크바 귀족의 집안에서 태

---

* 그리스 신화에 나오는 기억의 여신. 제우스와의 사이에 뮤즈를 낳았음.

어났다. 이반이 어렸을 때 별세한 그의 아버지는 프리 메이슨 운동에 가담했고 계몽주의 철학에 심취했던 사람이다. 그리고 그의 어머니는 낭만주의적 시인 주코프스키 Vasily A. Zhukovsky의 조카딸로서 당대 일류의 문학 살롱의 활동적인 회원이었다. 그녀는 이반을 일류 가정 교사를 두어 가르쳤는데 이반은 그로부터 독일의 문학과 철학을 교육받았다. 그의 계부 옐라긴 A. A. Yelagin 역시 낭만주의 철학도였다. 따라서 이반은 어려서부터 철학적이며 문학적인 분위기 속에서 컸고, 그랬기에 열일곱 살 때 벌써 철학 서클에 가담할 수 있었다. 그는 모스크바 대학교에서 철학을 전공했다. 뒷날 그는 모스크바 대학교의 철학 교수가 되고자 했으나 정부에 대한 충성심이 의심스럽다는 혐의로 성공하지 못했다. 대학생 시절 그는 시인 베네비티노프와 가까웠으며 특히 코셸리오프와 친교를 맺었는데 그와의 친교는 평생 동안 계속됐다. 그와 그가 속해 있던 철학 서클의 회원들은, 앞에서 지적했듯, 셸링의 미학과 종교학에 몰입해 있었다. 그는 그의 최초의 철학 논문 「19세기」가 보여주듯 서구화주의자였다. 서구에 대한 예찬과 몰입은 대단한 것이어서 그는 뒷날 슬라브주의자로 돌아선 뒤에도 서구에 대한 향수를 버리지 못했다.[23]

　이반은 1831년에 독일을 두루 여행했다. 베를린에서는 헤겔을 직접 만나 가르침을 받기도 했으며 리터 Ritter와 슐라이어마허 Schleiermacher를 포함한 많은 철학자들의 강의를 듣기도 했다. 그리고 뮌헨에 가서는 마침 거기서 공부하던 형 포트르를 통해 셸링을 만났다. 몇 달에 걸쳤던 이 여행을 통해 그는 헤겔 철학의 위대함을 느꼈으며 이에 따라 러시아에 서양 철학을 전파하겠다는 결심을 품고 돌아왔다. 그래서 그해에 세운 것이 『유럽인』이란 잡지였다. 그러나 이 잡지는 곧 정간 처분을 받았다. 그가 여기에 발표한 논문 「19세기」가 당국의 비위를 건드렸던 것이다. 그래서 파고진 교수와 함께 『모스크바인』이란 철학 잡지를 새로 시작했으나 그것도 실패로 끝났다. 이반 키리예프스키의 전환점은 이지적인 한 여성과의 결혼에 의해 마련됐다. 그녀는 천품의 뛰어난 재질을 가졌으면서도 헌신적인 여성으로서 남편에게 탁월한 지적·도덕적 영향력을 미쳤다. 남편에게 옵티나 푸스틴 Optina Pustin 사원의 승려들을 소개시켜준 것도 그녀였으며 그리스 교부들의 저서들에 눈을 돌리게 한 것도 그녀였다. 옵티나 푸스틴은 러시아 정교 재흥(再興)의 총본산으로서 당대 최대의 영광을 누리고 있었다. 이반 키리예프스키는 이곳의 신부들, 특히 마카리오스 옵틴스키Makarios Optinsky와 그리고 아내의 영향 아래 차차 러시아 정교로 완전히 개종하게 된다. 그리고 그리스 교부들의 철학에 대한 연구는 그의 평생에 걸친 연구가 된다.

　러시아 정교를 받아들인 다음부터 1856년에 콜레라로 50세의 나이에 죽을 때까지 그는 슬라브주의 운동을 전개했다. 그의 사상의 핵심은 그가 1852년에 쓴 「서구 문화의 성격과 러시아 문화와의 관계」인데, 여기서 그는 유럽이 러시아보다 정치경제적으로 부강하다는 점은 인정하지만 도덕적으로는 러시아가 유럽보다 더 순수하고 덜 부패했다고 주장했다. 유럽은 로만 카톨릭과 개신교의 사설(邪說) 때문에 신앙과 신의(神意)를 잃었으며 유럽 국가는 원래 정복과 폭력 및 인민의 예속 위에 세워진 것이어서 그 법률도 도덕성이 약하고, 또한 인간의 인격보다는 재산권이 중시되며 인간 정신의 다른 모든 기능은 무시되고 있다고 보았다. 이에 비해 러시아는 서구화 개혁이 있기 전까지는 부패되지 않은 덕성이 보존되어 있는 사회였다고 보고, 그 지주를 러시아 정교와 농촌의 미르에서 찾았다. 러시아 정교야말로 진정한 신앙으로 하느님의 뜻에 부합되는 것이며, 미르야말로 각자가 개인과 이기주의를 버리고 공동 이익 속에 융합해 사는 인민의 연합체로서 러시아 사회의 도덕성의 원천이라는 것이다. 그런데 표트르 대제의 서구화 정책은 러시아 정교를 국가에 예속시켰고, 또 '농촌 러시아'와는 별개의 '국가 러시아'를 만들어 강압적인 관료 체제가 나타났다고 보았다. 서구화주의자들이 표트르의 개혁을 의미 있는 새로운 러시아의 시작이라고 파악한 데 반해, 슬라브주의자들은 표트르의 개혁을 모두 역사악(歷史惡)의 근원으로 보았고 탄압적인 니콜라이 정권 같은 현상도 그릇된 서구화 정책의 당연한 귀결이라고 보았다.

　호먀코프의 생애와 사상. 이반 키리예프스키와 더불어 슬라브주의 운동을 이끌었던 또 한 사람의 사상적 지도자 알렉시스 호먀코프 Alexis

Stepanovich Khomyakov는 1804년에 전통 있고 부유한 한 모스크바 귀족의 아들로 태어났다.[24] 성격이 몹시 강한 어머니는 아들에게 러시아 정교의 신앙을 불어넣어주었는데, 이 때문에 그는 평생토록 독실한 신앙심을 지녔다. 가정 교사의 교육을 받은 다음 군대의 청년 장교로 복무했으며 불가리아에서 터키군과 싸울 때 무용을 발휘하기도 했다. 그러나 그 뒤 그는 군대에서 나왔고 평생을 당시의 전형적인 지주의 생활로 일관했다. 그는 서구도 두루 오랫동안 여행했다. 극도로 국제주의적인 성격의 그는 이 여행을 통해 서구의 많은 사상가들과 저술가들 및 종교인들을 만나 학문적인 교류를 할 수 있었다. 모스크바 대학교에서 수학을 전공하기도 했으나 그는 신학으로부터 화학에 이르기까지 모든 학문에 대해 깊은 관심을 가졌고 또 스스로 공부하기도 했다. 특히 신학과 교부들의 저술에 대한 그의 지식, 그리고 헤겔 철학에 대한 조예는 깊었다.

슬라브주의 운동에 대한 그의 가장 큰 기여는 집단주의 또는 집단 공동의 원칙이라고 번역되는 소보르노스치 Sobornost' 라는 개념 또는 교의(敎義)의 개발이라고 하겠다. 일차적으로는 신학적 개념인 이 개념은 1) 대외적으로는 러시아 정교의 종교 회의 제도를 카톨릭의 교황 절대주의와 개신교의 개인주의의 상위에 두며, 2) 대내적으로는 교회를 가르침이나 권위의 중심으로서가 아니라 '그리스도 속에서 사랑하는 사람들의 회중(會衆)'으로 파악하는 교회 의식(敎會意識)의 유기체적 개념인 것이다. 그의 이 개념은 러시아 정교를 이상화함으로써 슬라브주의의 정신적 기반을 제공했다.

오도예프스키의 생애와 사상. 호먀코프와 마찬가지로 1804년에 태어난 오도예프스키는 공후(公侯) 가문 출신으로 학식이 풍부했다. 음악가이기도 했던 그는 서구 음악의 도입에 앞장서기도 했으며 공상소설들을 쓰기도 했다. 그러나 그것들보다 더 중요하게 논의돼야 할 사실은 그가 당시 서구를 이끌던 자유주의적 · 자본주의적 정치경제학에 대해 비판적이었다는 점이다. 그는 서구 사회가 물신 숭배 및 빈부의 격차 등으로 심각한 모순에 빠졌다고 비판하고 러시아는 절대로 그 길을 밟아서는 안 된다고 경고했다.[25]

범슬라브주의. 슬라브주의는 약사코프 Ivan Aksakov에 의해 범(汎)슬라브주의로 발전했다. 그른 러시안 슬라브족만이 러시아 정교의 진정한 신봉자이고 수호자이며, 러시아 정교의 큰 적이 바로 로만 카톨릭이라고 주장했다. 따라서 러시아 정교를 로만 카톨릭의 세계에 살고 있는 러시안 슬라브족에까지 확장시킬 사명을 러시아가 갖고 있다는 구세주의적 입장을 전개한 것이다.[26] 도스토예프스키의 『백치』도 이러한 성향을 강하게 나타냈다.

도스토예프스키의 사상. 여기서 잠시 도스토예프스키의 사상적 변천 과정을 살피기로 한다. 1821년에 가난한 군의관의 아들로 태어나 수도의 육군 공병학교를 졸업하고 관직에 나갔으나 곧 사직한 뒤 창작에 몰두했던 그는 사회주의에 빠져들었다. 그의 초기 작품인 『가난한 사람들』과 『백야』는 모두 도시 뒷골목에 사는 빈민들에 대한 그의 인간적 동정심을 바탕으로 삼았다. 그리하여 그는 앞에서 지적했듯 페트라세프스키 서클에 가담했다가 체포돼 시베리아로 유형됐던 것이다.

10년에 걸친 유형 생활에서 그는 사회주의와 무신론을 버리고 종교적 인간이 됐다. 인간의 불행으로부터의 탈출구를 사회 변혁에서가 아니라 인간 내부로부터, 곧 종교로부터 찾고자 한 것이다. 여기서 그는 러시아 정교를, 그리고 한걸음 더 나아가 슬라브적 정신을 중시하게 됐는데 그의 『죄와 벌』과 『카라마조프 집안의 형제들』 및 『악령』 등은 바로 그의 사상을 잘 나타내고 있다. 예컨대, 『죄와 벌』에서 사회 혁명을 추구하는 무신론적 엘리트 청년 라스콜리니코프 Raskolinikov가 끝내 신앙심 깊은 창녀 소니아 Sonia에게 감화되는 과정을 묘사했고, 『악령』에서는 혁명의 이름으로 방법을 가리지 않고 신의 법도를 파괴하는 사람들을 악령에 홀린 사람들로 묘사했던 것이다. 이 점 때문에 그는 뒷날 소련 당국으로부터 비판받게 된다. 그러나 그는 인간 혼과 고뇌의 예술적 표현자로 세계의 문학에서 그 어느 누구와도 비교될 수 없는 독특한 자리를 차지하고 있다.[27]

5. 서구화주의와 슬라브주의 사이의 이화 수정

슬라브주의자들의 러시아 정교에 대한 강조와 서구에 대한 무분별한 반감은 결과적으로 '정교 신앙, 전제주의, 러시아 국민의 특성'을 표방한 니콜라이 1세의 강압 통치를 지지하는 것으로 나타났다. 그러나 그들의 대부분은 관료 권력의 축소와 개인 자유의 신장 및 농노제의 폐지 등을 주장했으며 이런 점에서 볼 때 그들이 서구화주의자들보다 덜 진보적이며 덜 자유주의적인 것은 아니었다.

여기서 서구화주의자들과 슬라브주의자들 사이의 이화 수정(異花受精)에 대해 이야기하기로 한다. 슬라브주의자들은 "기본적으로 과격한 서구화주의자들의 세속화되고 혁명적이며 무엇보다도 사회주의적 이념에 대해 보수적이며 적의(敵意)를 갖고 있는 사람들"[28]이라고 말할 수 있다. 그러나 양자 사이에는 상호적인 영향이 있었다. 가령 슬라브주의자들의 극단적인 민족주의적·구세주의적 편견은 서구화주의자들에게 의심의 여지없는 영향을 미쳤던 것이다. 어떤 슬라브주의자들이 한때 서구화주의 쪽으로 기울어졌던 반면에, 어떤 서구화주의자들은 자신들의 지적 발전에서 슬라브주의의 시기를 거치기도 했다. 동시에 그들 사이에는 어느 정도의 이화 수정이 일어났던 것이다. 벤투리 Franco Venturi 교수는 이 점에 대해 다음과 같이 쓰고 있다:

모스크바는 자연히 슬라브주의자들의 중심지였다. 〔……〕〔서구화주의자〕 게르첸은 그들의 수도에서 살았고 일했으며, 그리고 그곳에 사랑과 미움, 반대와 합치로 구성되는 그 복잡한 관계를 세웠던 것인데, 이 복잡한 관계는 그의 생애를 통해 다양한 형태로 계속되는 것이었으며 마침내 그를 인민주의로 이끌어갔다. 슬라브주의자들은 사회주의를 서구의 문제점들의 지적인 반영으로부터 그들 자신의 나라의 농민들에게 밀접히 관련되는 문제로 변형시키는 데 일조를 했다. 이것은 물론 그들이 의도했던 것은 아니었다. 그러나 이것은 그들의 반대자인 게르첸 덕분에 그들이 성취

한 것이었다. 러시아에서 농민 공동체의 초기 형태에 관한 논의 ― 그것
은 18세기에 시작됐고 데카프리스트들에게는 이미 대단한 중요성을 부여
하고 있었다 ― 를 계속 살아 있게 함으로써, 후진적이며 가부장적인 농
촌 생활을 지지하는 이 사람들은 게르첸의 인민주의를 위한 바탕을 마련
했던 것이다.[29]

러시아 과격파의 구세대. 이제까지 우리는 니콜라이 1세의 반동 정치 아
래 자라난 반체제적 사상을 살펴보았다. 그 사상은 서구화주의이건 슬라
브주의이건 하나의 공통점을 가졌다. 그것은 대체로 '회개하는 귀족들'
에 의해 이끌렸다는 사실이다. 비록 귀족으로서 현실적으로는 특권을 누
리며 살지만 무수한 농민들과 농노들의 비참한 생활을 보면서 '양심의
매를 맞는' 귀족들이 반체제 사상을 발전시키고 있었다는 뜻이다.

출신 성분이 그러했기에 그들은 대체로 농민들과 농노들의 전국적 반
란에 대해서는 반대했거나 비판적이었다. '무지하고 다루기 힘든' 농민
들과 농노들의 갑작스런 전국적인 반란은 사람의 목숨과 재산의 대규모
파괴만을 가져올 것이라면서 유혈적인 사회 혁명을 부정적으로 평가했
던 것이다. 그들의 대안은 '위로부터의 혁명'이었다. 차리와 귀족이 러
시아의 사회 현실을 직시하고 유럽의 역사적 발전으로부터 교훈을 받아
자발적으로 농노의 해방을 포함하는 개혁의 정치를 펼쳐야 한다는 뜻이
었다.

그러나 다음 장에서 보게 되듯 그들은 '과격주의의 구세대'로 자리매
김하게 된다. 그들의 후배들은 '위로부터의 혁명'론을 배격하면서 '아래
로부터의 혁명'론을 펴게 된다. 이들이 곧 '과격주의의 신세대'로 자리
매김하게 된다.

제5장

알렉산드르 2세의
'대개혁' 대 '러시아 혁명주의'의 성장

19세기 러시아에서 혁명이란 말은 인텔리겐치아의 논쟁과 토론에서 공통적이며 일반적인 주제였다.[1] 그러나 차리즘 아래서 이러한 논쟁과 토론이 자유롭고 공개적으로 전개될 수는 없었다. 그것은 영어의 서클 circle이란 말에 해당하는 러시아어의 크루즈키 kruzhki라고 불린 비밀 토론 모임에서 또는 검열을 피하기 위한 이솝 우화식의 표현으로밖에는 전개될 수 없었다. 이처럼 고립되고 봉쇄된 동아리를 중심으로 러시아 전체 인구의 1%밖에 되지 않는 과격한 인텔리겐치아 사이에 혁명에 대한 논쟁은 때로는 격화되고 때로는 심화되면서 진행됐다. 당시 논쟁의 주제는 주로 개인 대 사회, 무정부 대 국가, 자본주의 대 농촌사회주의, 혁명 후기의 독재주의 대 자유민주주의 등이었다. 그런데 이 논쟁의 과정에서 과격파는 보수파와 자유주의파를 모두 누르고 지배적인 세력이 됐다.

1861년에 발표된 알렉산드르 2세의 칙령에 따라 러시아의 농노는 법적으로 해방됐다. 그러나 농노의 해방은 지극히 기만적이었으며 해방 농노는 사실상 다른 형태의 경제적 예속에 시달리게 됐다.[2] 그리고 그러한 현실은 오히려 혁명에 대한 욕구를 가열시켜 알렉산드르 2세 치세인 1860년대부터 러시아의 혁명 운동은 새로운 단계에 접어들었다. 그렇다고 해서 혁명 운동이 농민과 토지 문제만을 중심으로 전개되지는 않았다. 농민 문제가 특정한 혁명과 교리의 선동적 부분이 된 것은 사실이었지만 그 밑바탕에는 러시아 사회의 총체적 재조직이라는 근본적 철학이 깔려 있었다.

이 대목에서 한 가지 지적해야 할 것은, 이들의 혁명 철학 또는 혁명 이론은 거의 완전에 가까운 논리적 순수성을 가졌다는 점이다. 여기서 논리적 순수성이라고 할 때, 그것은 그 이념 자체가 순수하다는 것을 의미하는 것은 결코 아니다. 앞에서 지적했듯이, 혁명을 논한 인텔리겐치아들은 대중과는 완전히 떨어져 있었으며 공개적인 토론을 할 수가 없었고 지극히 제한된 규모이며 서로 고립된 서클 안에서만 토론이 가능했다는 점들 때문에, 자기의 주장에 대한 대중의, 그리고 다른 그룹의 지지를 얻기 위해 이론적 타협을 할 필요가 없었으며, 따라서 논리적인 일관성을 유지했다는 것을 의미한다.

이 장에서는 우선 알렉산드르 2세 스스로 '대개혁'이라고 부른 일련의 조처들을 살피기로 한다. 이어 이러한 조처들에도 불구하고 더욱 거세어진 반체제적 인텔리겐치아의 저항 논리가 마침내 이른바 러시아 혁명주의로 뿌리내리며 그것에 바탕을 두고 혁명가들이 행동으로 나서는 과정을 살피기로 한다.

1. 알렉산드르 2세의 '대개혁'

'황제의 관을 쓴 병사'로 불리던 니콜라이 1세는 국민의 불만이 확대 일로로 치닫던 1855년에 크림 전쟁에서 패전하자 자존심의 손상을 참지 못해 음독 자살하면서 "위난에 처한 국가의 통치권을 그대에게 양도하노라"[3]라는 유언과 함께 장남 알렉산드르 2세에게 차리의 자리를 넘겼다. 향년 만 59세였다. 한편 알렉산드르 2세는 만 37세였다.

개혁 정책. 알렉산드르 2세가 즉위와 동시에 직면했던 상황은 크림 전쟁에서의 패전에 따른 국가 위신의 실추였다. 그것은 러시아가 유럽의 강대국들에 비해 후진 국가임을 여실히 입증했으며, 패전의 산물인 파리 조약은 러시아의 대외 활동을 크게 제약함으로써 국제 정치에서의 러시아의 몰락을 상징했다. 이제 개혁은 불가피한 과제가 됐다. 여기서 알렉산드르 2세는 파리 조약의 체결과 동시에 평화 선언을 발표하고 국내적 개혁과 근대화를 다짐했다. 실제로 그는 파리 조약이 체결된 1861년 그 해에 농노를 해방했으며, 이어 1862년에는 예산 제도를 개혁했고, 1863년에는 대학 정책을 개혁했으며, 1864년에는 지방 자치 기구인 젬스트보 zemstvo 의회를 신설함과 아울러 사법 제도를 개혁했고, 1870년에는 지방 정부를 개편했으며, 1874년에는 계급의 차별 없는 징병제를 채택했다. 이때는 우리 역사에서 대체로 조선 시대 철종 말기와 고종 초기에 해당한다.

농노 해방. 이 일련의 개혁들 가운데 가장 핵심적인 것은 그를 '해방자 차리'로 부르게 만든 농노의 해방이었다. 그는 약 2,000만 명의 농노들을 해방시키고 그들을 포함한 약 5,000만 명의 농민 전체의 지위에 직접적인 영향을 끼친 역사적인 해방령에 1861년 2월 19일에 서명하고, 이것을 같은 해 3월 5일에 공포했던 것이다. 이것은 약 400만 명의 흑인 노예를 상대로 했던 미국 링컨Abraham Lincoln 대통령의 해방 선언에 두 해 앞선 것이었다. 그러면 그는 왜 이 시점에서 농노를 해방하게 됐던가? 이 물음에 대해, 러시아의 농노 문제를 깊이 연구한 블럼Jerome Blum 교수는 다섯 가지 대답을 제시했다.[4]

첫째, 교환 경제가 성장해서 농노제가 낡은 것이 됐다. 1840~1860년대에 기계제 대공업이 도입됐는데, 농노제 때문에 자유로운 임금 노동자를 얻을 수 없어 그 발전이 저지되고 있었으며, 따라서 기업가들은 농노제의 폐지를 옹호하게 됐다.

둘째, 토지를 주지 않으면서 농노만 해방시키면 결국 생계의 수단이 없어져서, 그들을 더욱 쉽게 착취할 수 있으리라는 지주들의 교활한 계산이 작용했다. 실제로 농노의 해방은 지주에게 압도적으로 유리하게 실현됐다.

셋째, 인도주의 및 자유주의 정신이라는 시대적 압력이 거세게 작용했다. 이 점과 관련해서는 우리가 앞의 장들에서 살폈던 많은 지식인들의 농노제 비판 및 농노제 폐지 주장의 영향이 매우 컸지만 러시아의 세계적 문호 이반 투르게네프가 1852년에 출판한 소설 『사냥꾼의 수기』의 영향 역시 컸다. 이 책은 농노들을 완전히 성숙한 사람들이며 결코 잊을 수 없는 사람들로 실감 있게 묘사함으로써 귀족들과 지주들조차 적지 않게 감동시켰다. 고골리의 뒤를 이어 극작법에 많은 독자적인 영역을 개척한 그의 그 밖의 작품들 역시 가난하고 억울한 사람들에 대한 동정과 지주에 대한 모욕으로 가득 차 있었다. 그래서 그는 유형을 겪기도 했다.[5]

넷째, 농민 반란에 대한 두려움이 크게 작용했다. 1848년 한 해에만 107번의 농민 반란이 일어났었으며, 1854~1855년에 일어난 격렬한 농민 반란은 더 이상 농노제를 유지하는 것이 불가능하다는 것을 지배 계급에 깨우쳐주었다. 알렉산드르 2세의 즉위에서부터 해방 선언까지의 다섯 해 동안에도 농민의 반란은 끊이지 않았다.[6]

다섯째, 알렉산드르 2세의 확고한 결심이다. 그는 진보적인 견해와는 무관한 사람이었지만, 농노제를 그대로 존속시키다가는 혁명을 피할 수 없을 것이라는 현실만큼은 냉정하게 인식하고 있었다. 그래서 그는 귀족 대표들 앞에서 "농노제가 스스로 아래로부터 폐지되는 것을 기다리기보다는 위로부터 폐지시키는 것이 더 낫다"고 강조했고, 실제로 농민 개혁 안을 작성하기 위한 귀족위원회를 수도와 각 성(省)에서 열게 했다.

이러한 배경에서 실시된 농노의 해방은 러시아의 사회 구조에 비추어 볼 때 개혁 이상의 혁명이었다. 게르첸 같은 대표적 반체제 운동가조차 농노 해방령을 듣고서는 알렉산드르 2세를 향해 "오 주여! 당신은 정복하셨도다"라고 외쳤을 정도였다. 지난날 소련 사학계를 대변했던 시로프 교수도 "농노제의 폐지는 커다란 진보적 의미를 지닌다. 농민들은 더 이상 지주들의 소유물이 아니었으며, 지주들 또한 그들을 가축처럼 내다 팔거나 놀음판의 판돈으로 이용하고, 개와 교환하는 등의 행위를 할 수는 없었다. 농민들은 지주의 허락 없이도 결혼을 하고, 취업 전선에 나가거나 고용 노동을 할 수 있게 됐을 뿐만 아니라, 상업과 각종 부업에도 종사하고 자신의 재산을 유산으로 물려줄 수 있는 권리도 얻게 됐다"라고 긍정적으로 분석한 다음, "개혁의 결과 러시아에는 공업과 상업의 발달 및 농업 경영의 자본주의적 양식의 발달을 위해 보다 좋은 여건이 조성됐다. 이렇게 하여 러시아는 자본주의 국가로 변모하는 노정에서 중요한 한걸음을 내디뎠던 것이다"[7]라고 결론지었다.

그러나 다른 한편으로는, 농노의 해방이 타협적이며 기만적인 성격을 지녔던 것도 사실이다. 우선, 국가는 농노가 생계를 영위할 만한 농토를 분배받도록 보장한다고 선언했고, 이 원칙에 따라 농노들이 지주를 위해서가 아니라 스스로를 위해 경작하던 농토를 분여지(分與地)라 하여 나누어주었다. 그런데 분여지는 농민이나 농가에게 개별적으로 주어지는 것이 아니라 미르를 통해 주어지는 것이어서, 농민은 미르의 통제를 받지 않을 수 없게 됐다. 분여지도 농노의 수에 비해서는 턱없이 부족하였을 뿐만 아니라, 토지 매수금도 농노가 감당하기에는 너무 비싸게 책정됐다. 그리고 그 매수금의 20%는 지주에게 직접 지불해야 하고, 나머지 80%는 국가가 지주에게 물어주지만 농노는 그 돈을 49년 동안 연리 6%의 높은 이자를 포함해 정부에 갚아야 했다. 그리고 이 상환이 끝나야만 비로소 농민은 그 토지의 소유자로 인정됐다. 그런데 이 매수금과 상환금 때문에 농민은 결과적으로 더 불리하게 지주에게 매이는 꼴이 됐고, 이 때문에 농민과 지주의 관계는 더욱 적대적이 됐다.[8]

실제로 해방령이 발표된 1861년 한 해 동안 1,176건의 농민 소요가 일어났다. 농민들이 지주들과 관리들을 죽이고 저택들을 파괴하면서 귀족들의 토지와 재산을 빼앗기도 했으며 지주들에게 지불하라고 명령된 돈을 지불하기를 거부하기도 했다. 카잔 현에서는 안톤 페트로프Anton Petrov라는 해방 농노가 차리의 명령서라고 이미 발표된 것은 가짜이며 자기가 진짜 명령서를 가져왔다고 주장하면서 이 진짜 명령서에 따르면 농노들은 아무런 제약이나 조건 없이 완전히 자유라고 선언했다. 해방된 농노들은 모두 그를 따랐다. 그러자 군대가 몰려와 페트로프를 총살하고 약 350명의 동조자들을 죽이거나 다치게 했다. 펜자 현에서도 비슷한 일이 일어났다. "마지막 한 사람이 죽을 때까지 우리 모두는 무릎을 꿇지 않을 것"이라고 외치며 완전한 해방을 요구한 농노들에게 군대는 일제 사격을 가했던 것이다. 다른 여러 곳들에서도 불만을 품은 해방 농노들은 채찍으로 맞고 투옥당했으며 강제 노동이나 시베리아 유형에 처해졌다.[9]

농노의 해방은 지주만이 참가해온 지방 행정 기구의 개편을 불가피하게 만들었다. 따라서 내무부 대신의 직속 보좌관으로 자유주의적 개혁가이던 밀류틴 Nicolai A. Miliutin의 구상에 바탕을 두고 농민들도 참여할 수 있도록 성(省)과 지구(地區)에 각각 젬스트보 의회를 신설했다. 지구 젬스트보 의회는 농민 계급과 지주 계급 및 도시민 계급의 대표들로 구성됐는데, 일정한 재산을 가진 사람만 투표권이 있었고 그나마 간접 선거의 방식을 취했다. 한편, 성 젬스트보 의회는 3년 임기로 지구 젬스트보 의회에 의해 선출됐으나 대부분 지주 계급에 의해 지배됐다.

대외 정책. 대내적으로 개혁 정치를 펴나가면서 알렉산드르 2세는 대외적으로도 활발한 진출을 꾀했다. 이러한 맥락에서 성과가 가장 두드러진 부분은 아시아에서의 '거대한 팽창'이었다. 니콜라이 1세는 남(南)카자흐스탄을 병합하고, 여기에 오늘날 알마타 Alma-Ata라는 큰 도시로 발전한 베르노에 Bernoe 요새를 세웠었는데, 알렉산드르 2세는 이곳을 거점으로 삼아 대체로 1865년부터 1876년까지의 시기에 중앙 아시아의 대표적인 세 개의 봉건 국가 코칸트 Kokand와 부하라 Bukhara 및 히바 Khiva를 정복했던 것이다. 코칸트 한국(汗國)의 타슈켄트가 러시아의 손안으로 들어온 것도 이때였다. 이러한 터전이 구축됐기에, 1880년대에는 투르크멘까지 병합할 수 있었고 1895년에는 영국과의 조약을 통해 아프가니스탄과의 국경을 획정할 수 있었다. 러시아는 이 지역의 넓은 점령지에다 투르케스탄 Turkestan 식민 총독부를 설치했다.

알렉산드르 2세는 태평양 지역으로도 진출했다. 특히 정력적이고 야심적인 동시베리아 총독 무라비에프 Nicolai Muraviev의 개척 사업에 힘입어 아무르 지역으로의 진출이 성공한 것을 바탕 삼아, 중국으로부터 1858년에는 아이훈 조약 the Treaty of Aigun을, 그리고 1860년에는 베이징 조약 the Treaty of Peking을 각각 얻어냄으로써 영토를 넓힐 수 있었다. 하바로프스크 Khavarovsk 및 블라디보스토크 Vladivostok와 같은 새로운 도시들을 세운 것도 이 무렵이었다. 그러나 1867년에는 알래스카를 720만 달러에 미국으로 팔아넘기는 어리석음을 저지르기도 했다.

알렉산드르 2세는 소아시아에서 숙적인 터키와의 전쟁에서 승리함으로써 발칸 반도로의 진출도 꾀할 수 있었다. 당시 발칸 반도의 여러 민족들은 터키의 지배에서 벗어나기 위해 봉기했으나 열세에 몰려 있었는데, 알렉산드르 2세가 범슬라브주의의 깃발 아래 1877년에 터키에 선전 포고를 함으로써 발칸의 소수 민족들을 고무시켰고 이듬해 마침내 승리를 거두어 터키에 대해 산스테파노 조약the Treaty of San Stefano을 강요할 수 있었다. 이 조약은 러시아의 영토를 넓혀줄 뿐만 아니라 몬테네그로Montenegro와 세르비아Serbia 및 루마니아에게 완전한 독립을 허용하게 했고, 새로운 국가로서 불가리아의 탄생을 보장했다. 전반적으로 보아 발칸 반도에 대한 러시아의 영향력이 크게 늘어났다. 이 점에 대해 영국과 오스트리아-헝가리 합병 제국이 반발했다. 두 나라는 전쟁도 사양하지 않겠다고 위협하면서 산스테파노 조약의 개정을 요구했다. 그리하여 같은 해에 베를린에서 회의가 열렸다. 러시아 대표로는 노련하고 현명한 외교관으로, 당시 80세이던 외무부 대신 고르차코프 Alexandr Gorchakov 공이 참석했다 '정직한 중개인'을 자임하면서 회의를 중재한 프로이센의 총리 대신 비스마르크Otto Eduard Leopold von Bismarck는 영국과 오스트리아-헝가리의 편에 섰으며, 따라서 산스테파노 조약의 대부분은 고쳐졌다. 알렉산드르 2세는 그 밖에도 1864년에 일어난 폴란드의 반란을 진압할 수 있었다.

대외 관계 전반을 볼 때, 알렉산드르 2세 때에 와서 크림 전쟁의 패배로 최하점으로 내려갔던 러시아의 위신은 크게 회복됐다. 그러나 러시아의 국제적 위신이 매우 높던 1830년대에 비교하면 미흡했다. 이처럼 알렉산드르 2세는 대내외 정책에서 괄목할 만한 치적을 남겼다. 그러나 그것이 점점 뜨거워지는 혁명 운동의 열기를 식히지는 못했다. 프랑스의 정치 사상가 토크빌은 부패한 정부에게 가장 위험한 시기는 그 정부가 개혁을 시작할 때라고 지적했다. 개혁의 시도는 개혁돼야 할 사회적 해악의 존재를 공식적으로 시인하는 것이며 또한 국민의 기대를 부풀게 하는 것이다. 그러나 개혁이 그 사회적 해악을 교정하지 못하면 기대는 좌절과 분노와 초조로 바뀌고 혁명의 저력이 된다는 것이다. 알렉산드르 2세의 통치가 바로 여기에 해당된다. 그의 개혁 정치는 '기대 상승의 혁명'과 더불어 '기대 좌절의 혁명'을 가져왔다. 이러한 분위기 속에서 혁

명의 기운은 점점 무르익어갔고 혁명 전략에 대해 좀더 구체적인 이론들
이 나오기 시작했다.

2. 체르니세프스키의 혁명 사상과 혁명 운동

잡계급 출신의 대두. 이러한 배경 속에서 1860년대에 세 사람의 대표적
혁명 사상가들이 등장했다. 이들이 바로 니콜라이 체르니세프스키와 니
콜라이 도브롤리우보프 Nicolai Dobrolyubov 및 디미트리 피사레프 Dimitri
Pisarev이다. 이 세 사람 가운데 체르니세프스키와 도브롤리우보프의 등
장은 그들이 귀족 출신이 아니라는 점에서 새로운 유형의 인텔리겐치아,
곧 비귀족 출신의 인텔리겐치아인 라즈노치네츠 raznochinets, 곧 잡계급
출신의 대두를 뜻함과 아울러 러시아 지성사에서 새로운 시대의 개막을
상징하는 것이었다.[10]

그러면 어떻게 이 시점에서 잡계급 출신의 지식인들이 출현할 수 있었
는가? 이 물음에 대한 답은 알렉산드르 2세가 1863년에 발표한 대학 개
혁령에서 찾을 수 있다. 이 조처를 통해 니콜라이 1세가 사실상 죽여놓
다시피 한 대학교의 문을 어느 정도 넓혀 니콜라이 1세 말기에 375명에
지나지 않던 상트 페테르부르크 대학교의 학생 수가 대학 개혁령 이듬해
에는 1,500명으로 늘어났는데, 그 상당 부분이 귀족 출신이 아니라 하급
관리의 아들들, 신부의 아들들, 심지어는 소상인의 아들들이었다. 이제
게르첸과 같은, 또는 게르첸 시대의 대학생들과 같은 '지주 대학생'의
시대는 끝난 것이다. 자연히 이들은 귀족 출신의 인텔리겐치아보다 그
성향에서 훨씬 더 과격한 입장을 취했다. 그럴 수밖에 없었던 것이 그들
은 경제적으로 가난했기 때문이었다. 그들은 가난한 대학 생활을 보내야
했으며 더구나 졸업한 뒤에는 자신의 당장의 생계를 위해, 그리고 가족
들의 생활을 돕기 위해 직장을 찾지 않으면 안 됐다. 이러한 생활 환경은
그들의 변화 추구적 지적 성향을 크게 자극시켰으며 그 성향은 과격성을
갖게 됐고 행동으로 기울게 만들었다.

　　1830년대와 1840년대에 서구를 휩쓸었던 시민 혁명의 좌절은 이들 라즈노치네츠에게 큰 영향을 주었다. 이들은 서구의 시민 혁명은 경제적 기반에 대한 개혁 없이, 곧 불평등으로 가득 찬 경제적 기초 위에 '가짜 정치적 민주주의'의 상부 구조를 세움으로써 실패하지 않을 수 없었다고 진단하고 "사회 혁명 없이 정치 혁명은 불가능하다"는 게르첸의 이론의 타당성이 입증됐다고 보았다. 따라서 이들은 대체로 정치적 자유보다 사회 복지와 평등주의를 더욱 중요하게 여겼다. 다른 한편으로, 서구에서 역사적 사건들이 전개된 양상은 이들에게 러시아의 역사적 경험과 그 미래는 서구의 그것과 다르다는 구별감을 강화시켰다. 러시아는 '본능적으로 공산주의 제도'인 농민 공동 부락체, 곧 미르를 발전시켜온 만큼, 서구의 병폐 많은 자본주의 단계를 거치지 않고도 사회주의에 도달할 수 있다고 이들은 믿고 있었다. 그뿐 아니라 서구의 병폐 많은 자본주의의 단계를 의식적으로라도 뛰어넘거나 회피해야 한다고 믿고 있었다. 이러한 이들의 주장을 도약 이론(跳躍理論) 또는 회피 원칙(回避原則)이라고 부른다.

　　저작 · 정치 활동. 그러면 먼저 '60년대 최초의 사람'이라고 불린 체르니세프스키의 생애와 사상을 살피기로 한다.[11] 체르니세프스키는 1828년에 볼가 강 중부 지역의 사라토프에서 사제의 아들로 태어났다. 그의 어머니도 사제의 딸이었으므로 체르니세프스키는 엄격한 도덕률과 경건한 분위기 속에서 소년 시절을 보냈다. 14세에 사라토프 신학교에 입학했다. 그러나 그의 학문적 자질은 신학교 교육에 만족할 수 없었다. 따라서 상트 페테르부르크 대학교에 진학해 문학과 문헌학을 전공했다. 1846년부터 1851년까지의 대학 시절, 그러니까 서구에서는 시민 혁명과 사회주의 혁명이 연발하고 러시아에서는 이에 대한 반동으로 니콜라이 1세의 강압 정치가 펼쳐지던 이 시절에, 그는 학우들과의 토론을 통해 헤겔을 비판적으로 극복하고 포이어바흐에 기울면서 철학적 유물주의 또는 유물론적 단원론을 그의 세계관으로 받아들이면서 사회주의자로 자처했다. 그는 특히 프랑스의 유명한 급진주의적 사회주의자로 1848년의 노동자 폭동이 실패하자 영국으로 망명한 블랑Louis Blanc에 심취하여 스스로를 "붉은 공화주의자이며 사회주의자"라고 불렀다. "정치적 자유만으로 사회적·경제적 복지를 보장할 수 없다"고 그는 주장하면서 특히 러시아에 대해서는 농노의 해방, 행정권의 제한, 교육에 대한 보조, 여성에 대한 정치적 권리의 부여, 군대의 축소 등을 구상했다.

러시아의 전통적 정치 권력 구조에 반대하는 그의 입장도 대학 시절에 굳어졌다. 군주는 결코 귀족적 위계 질서를 깨뜨릴 수 없으며 귀족의 특권에 어긋나는 정치를 할 수 없을 것이라고 믿게 된 것이다 이에 따라 그는 군주제의 파괴, 곧 러시아의 혁명을 주장하게 됐다. 이 점은 라즈노치네츠의 선배인 벨린스키와 대조되는 점이었다. 벨린스키는 언제나 끊임없는 의문 속에 살았고 늘 초조하게 진리를 추구한 반면에 체르니세프스키는 초기에 진리를 발견했고 자신의 기본 견해를 일관되게 옹호할 수 있었다.

대학을 마친 뒤 1851년 3월에 그는 고향의 한 고등학교 문학 교사로 내려갔다. 그러나 그는 교실에서 학생들에게 자유와 혁명을 불어넣는다는 당국의 혐의를 받게 됐고 결국 이태 만에 교직을 사임한다. 1853년 5월에 수도로 돌아온 그는 「현실에 대한 예술의 미학적 관계」라는 석사학위 논문을 완성하는 한편 평론 활동에 뛰어들었다. 그가 활약한 곳은 『동시대인』이었다. 이 잡지의 기고가로 출발한 그는 차차 이 잡지에 대한 자신의 영향력을 키워가면서 사회·정치 평론지로 만들어나갔고 좌파의 견해를 더욱 강하게 드러내게 했다. 이로써 독자의 수는 불어나 1860년에는 6,500부를 찍기에 이르렀다. 『동시대인』은 이제 모든 경쟁지들을 압도적으로 물리치고 러시아에서 제일가는 월간지가 된 것이다.

게르첸과의 대결. 이 무렵인 1859년에 러시아 지성사에 매우 중요한 일이 일어났다. 도브롤리우보프가 『동시대인』에 '구세대' 반체제 인사들의 '미온적 태도'를 규탄하고 그들이 실제로는 '자유주의자들'에 지나지 않는다고 매도한 논설을 발표한 데 대해, 게르첸은 『콜로콜(종)』에 「대단히 위험하다」는 논설을 통해 '신세대' 반체제 인사들의 과격한 비판주의를 공격한 것이다. 게르첸은 '신세대'의 과격주의자들이 자신들의 선배들에게 부당한 공격을 퍼부음으로써 사실상 차리즘을 돕는 결과를 빚어내고 있다고 주장했다. 『콜로콜』은 1840년대를 대표하는 반체제적 지식인 게르첸이 이끄는 잡지였고, 『동시대인』은 1860년대를 이끌어갈 대표적 반체제 지식인 체르니세프스키가 이끄는 잡지였다. 따라서 『콜로콜』과 『동시대인』의 대결은 많은 지식인들의 관심을 불러일으켰다. 대부분의 반체제 인사들은 그들의 제휴를 바라기도 했다. 이에 체르니세프스키는 곧 런던으로 가 게르첸과 만나 의견을 나눴다.[12] 당대 러시아 과격주의의 두 거인의 이 역사적 해후는 그러나 문제를 해결하지 못했다. 상대방을 설득하려는 서로의 노력은 아무런 결실을 맺지 못한 것이다. 이때 체르니세프스키는 서른한 살이었고 게르첸은 마흔일곱 살이었다. 열여섯 해의 간격이란 정말 깊은 것이었으며 특히 그 기간에 일어난 여러 가지 사건들, 예컨대 크림 전쟁에서의 러시아의 패전이 젊은 층에 준 충격은 너무나 컸었다. 두 사람의 만남은 서로 다른 견해를 가진 러시아 과격주의의 두 세대의 상징적 만남이었던 것이다.

정말 1840년대의 지식인과 1860년대의 지식인 사이에는, 비록 그들이 반체제적이라는 점에서는 공통점이 있었으나, 메우기 어려운 간격이 있었다. 1860년대의 지식인들에게 1840년대의 지식인은 머릿속에서만 과격한 사람들에 지나지 않았다. 그것은 사실이었다. 그들은 예외 없이 러시아의 대단히 잘사는 지주 계급 또는 안락한 귀족 출신으로서 농노제가 베풀어준 물질적·육체적·시간적 여유를 즐긴 사람들이었다. 그들의 거의 모두는 생계를 위해 일해본 일도 없으며 관료 기구 안의 명예직을 갖고서 사회적 지위를 누렸다. 어려서는 가정 교사에 의해 폭넓은 교육을 받고, 그 다음엔 해외 여행을 통해 안목을 넓혔으며, 그리고 몇 해를 독일의 어느 한 대학교에서 철학이나 문학을 전공한 사람들이다.

우리가 앞에서 이미 보았듯, 당시 교육부 대신 우바로프는 사람은 제 신분의 수준을 넘어서는 교육을 받아서는 결코 안 된다는 생각을 지녔기에 대학 교육의 기회를 오직 지주와 귀족의 자제들에게만 주고 그들만이 대학 교육을 받을 수 있었던 것이다. 대학에서 그들은 주로 독일의 시인이며 극작가인 실러J. F. von Schiller의 희곡을 읽고 역시 독일의 철학자들인 셸링과 헤겔의 사상을 공부했으며, 프랑스의 공상적 사회주의자인 푸리에 Charles Fourier의 이상향에 몰입했다. 푸슈킨처럼 결투에 임하기도 하고 게르첸처럼 피의 맹세를 즐기기도 했다. 간단히 말해 그들은 사변(思辨)과 철학, 그리고 낭만주의에 빠졌었던 것이다. 반면에 즉각적인 문제들, 그들 주변의 사회 문제들로부터 그들은 멀리 떨어져 있었다. 그들의 지적 열의는 비실제적 영역에 쏟아져 있었던 것이다.

이러한 '1840년대의 사람들'은 적어도 '1860년대의 사람들'에게는 1860년대의 시대적 상황에 맞지 않는 것으로 비쳤다. '1840년대의 사람들'이란 꿈꾸고 희망을 갖고 그리곤 실망해버리는 능력밖에는 없는 사람들로 비쳐졌던 것이다. 간단히 말해, 그들은 행동의 능력을 결여한 사람들로 여겨지고 있었다.

그러면 '1860년대의 사람들'은 어떠한 성격을 가졌던 것인가? 그들은 1850년대 중반부터 러시아에 새로이 전개된 혁명적 상황에서 지적 성향이 이뤄진 사람들이었다. 러시아를 '검은 반동'으로 몰아넣었던 니콜라스 1세가 죽고 개혁 지향적인 알렉산드르 2세가 즉위한 1855년의 그해부터 러시아는 폭발적인 상황에 들어가기 시작했다. 변화를 요구하는 목소리가 커졌으며, 그 목소리는 곧바로 대중 운동으로 연결될 잠재력을 갖고 있었다. 이에 따라 알렉산드르 2세는 여러 가지 양보적·타협적 조처를 취하지 않을 수 없었는데, 그 조처의 하나가 대학 교육의 문호를 어느 정도 개방한다는 것이었다. 그 결과 라즈네치노츠가 성장했음은 이미 지적했거니와, 이 새로운 세대는 자신들의 선배들이 그처럼 깊은 관심을 쏟았던 독일의 이상주의를 형이상학이라고 단정짓고 배격했다. 자신들의 선배들의 깊은 관심의 대상이던 추상적 철학 체계 역시 배격했다. 실제와 행동에 보다 큰 관심을 가진 그들은 과학과 사회학 및 사회주의, 그리고 실제적 정치 강령에 강하게 이끌리고 있었다. 그들은 또한 남이 보지 않는 일기장에나 자신의 과격한 사상을 토로하던 '1840년대의 사람들'과는 달리 시위를 벌이고 선언문을 배포하는 행동적 방식에 몰입해 있었다.

'1860년대의 사람들'을 실제 정치에 보다 깊이 빠져들게 함에 있어서 중요한 역할을 수행한 것은 저널리즘이었다. 알렉산드르 2세는 타협적 조치의 하나로 언론 활동을 어느 정도 허용했는데 비록 검열 제도와 금기 사항은 그대로 남았으나 잡지와 신문이 꽤 많이 발간될 수 있었다. 이에 따라 논쟁이 꼬리를 물고 일어나게 됐고, 이 과정에서 지식인과 대학생을 비롯한 젊은 세대들이 정치적으로 훈련됐다. '1860년대의 사람들'의 영웅은 체르니세프스키였다. 그는 알렉산드르 2세의 개혁 정치를 가짜라고 비판하면서 오직 전면적인 혁명에 의해서만 러시아는 정의로운 사회로 바뀌어질 수 있다고 주장했으며, 그가 주도한 『동시대인』은 바로 과격주의를 러시아의 청년들에게 주지시키는 데 이바지하고 있었다

26년에 걸친 감옥과 유배 생활. 이러한 그에 대해 정부의 감시와 회유가 동시에 나타났다. 정부의 회유를 거절하자 1862년 6월에 정부는 마침내 또 하나의 과격한 잡지인 『러시아의 말』과 함께 『동시대인』을 폐간시켰다. 이 무렵 영국에 있던 게르첸이 『동시대인』을 해외에서 출판할 것을 제안한 편지를 한 밀사를 통해 체르니세프스키의 한 동료에게 보냈다는 얘기를 해버렸다. 이 얘기를 전해들은 러시아 경찰은 그 밀사를 쉽게 붙들었으며 이것을 근거로 체르니세프스키가 영국의 망명자들과 접촉하고 있다는 증거를 만들었다. 이로써 그는 같은 해 7월에 체포되어 우선 2년 동안 피터 앤 폴 포트레스 형무소에 투옥됐다.

1864년 2월에 그는 엉터리 재판에 의해 7년형을 선고받고 트랜스 바이칼 지역의 형무소로 보내졌다. 7년형을 마친 그를 정부는 다시 더 추운 지대인 레나 강변의 황량한 한 마을로 유배시켰다. 그가 수도로 돌아오는 경우 과격파들에게 줄 영향력이 크다고 판단했기 때문이다. 혹한 지대인 이곳에서 그는 1872년부터 1883년까지 11년을 보냈다. 강추위도 강추위였지만 빈곤과 단절감은 말할 수 없이 괴로웠다. 그것은 문자 그대로 '저주받은 생활'이었다. 여기서도 그를 구출해내려는 자유주의자들의 계획이 시도됐다. 그러나 그것은 실패로 돌아갔고 자연히 그에 대한 감시와 통제는 더욱 심해졌다. 이 시기에 그의 운명이 바뀔 수 있는 기회가 있었다. 시베리아 총독은 만일 체르니세프스키가 자신의 유죄를 시인하기만 한다면 석방시켜주겠다고 제의한 것이다. 그러나 그는 이 제의를 거절했다.

1880년대에 들어와 체르니세프스키에게 은사가 내려져야 한다는 여론의 압력이 러시아 안팎에서 점점 커졌다. 폭력적 혁명 세력인 인민의 의지당은 체르니세프스키가 시베리아에서 돌아오게만 해준다면 알렉산드르 3세의 대관식에서 폭력을 쓰지 않겠다고 당국에 제의하기도 했다. 이러한 요인들이 겹쳐져 1883년 여름에 그의 유배지는 생활이 훨씬 편한 유럽 러시아의 아스트라한으로 바뀔 수 있었다. 여기서 여섯 해의 지리한 세월을 보내고 고향으로 돌아온 지 넉 달 만에 죽었다.

새로운 철학의 도입. 19세기의 서구에서 기독교적인 인간관과 자연관, 그리고 전통적 사회 제도와 정치 제도를 합리화시킨 모든 논리들은 철저히 배격된 반면에 이른바 신계몽(新啓蒙) 사상이 크게 세력을 떨치고 있었다. 이 신계몽 사상의 중요 요소는 정통 헤겔주의의 보수적 내용을 공격한 헤겔 좌파의 사상과 그리고 헤겔의 철학적 이상주의를 배격한 철학적 유물주의, 특히 『기독교의 본질』이란 저서를 통해 신(神)은 결국 사람이 만들어낸 존재에 지나지 않는다는 논리 위에서 기독교는 물론 종교 그 자체를 철저히 부정하고 인간의 존엄성을 강조한 포이어바흐의 인본주의적 유물주의였다. 이 두 요소를 러시아에 도입하는 데 주도적 역할을 수행한 이가 바로 체르니세프스키였다. 그는 이처럼 구질서와 구논리를 배격하는 입장에서 사회·경제 이론 및 정치·혁명 이론을 전개했다. 그리고 이러한 활동을 통해 당대와 후대의 젊은이들과 혁명가들에게 커다란 영향을 미쳤다.

농민·농촌 문제. 러시아의 사회경제적 상황을 서구와 비교하면서 체르니세프스키는 러시아가 오랫동안 농업 국가로 남을 것임을 인정했다. 그러나 러시아에도 사유 재산과 자본주의 제도에 바탕을 둔 경쟁 법칙의 사회가 나타날 것임을 예견했다. 여기서 그는 러시아는 이미 서구가 사유 재산과 자본주의 제도로 말미암아 겪는 사회적 병폐를 되풀이 경험할 필요가 없다고 강조하면서 그 대안으로 미르를 지적했다. 미르는 러시아가 서구식 사회 발전의 길을 회피할 수 있는 수단이 된다는 뜻이었다. 그는 미르의 효용성을 단기적인 측면과 장기적인 측면에서 나눠보았다. 단기적으로 미르는 러시아를 농토 없는 프롤레타리아트의 병폐로부터 구

출할 것이라고 보았다. 국가는 '국가 소유의 공동체적 토지'를 늘 확보
하고 있음으로써 토지를 원하는 농민을 흡수할 수 있어야 한다는 뜻이었
다. 장기적으로 그는 토지에 대한 '사회 소유제'를 주장했다. 이 토지의
사회 소유제와 이미 미르에 잠재해 있는 생산품의 사회적 배분을 확대하
는 정도만으로도 러시아는 서구 자본주의가 낳은 경제적 참상을 회피할
수 있다는 뜻이었다. 이러한 그의 믿음은 막 자라던 러시아 인민주의 또
는 인민주의적 사회주의의 바탕이 됐고, 1860년대에 표트르 라브로프
Pyotr Lavrov에 의해 계승된다.

이처럼 러시아가 자본주의의 단계를 피하고 사회주의로 직접 들어갈
수 있다는 체르니세프스키의 주장은, 달리 표현해 그가 제시한 '회피 원
칙'과 '역사적 도약 이론'은 헤겔의 변증법적 역사 발전 과정을 부인하
는 것이었다. 그러나 그것은 1860년대와 1870년대의 러시아 청년들에게
크나큰 자극을 주었다. 트카초프가 뒷날 주장하게 되는 도약 이론 및 회
피 원칙은 모두 체르니세프스키에게서 계발받은 것이다.

경제에 대한 윤리·평등관. 체르니세프스키의 정치 이론의 두번째 요소
는 경제에 대한 강력한 윤리관 및 평등관이었다. 그의 이러한 관념은 우
선 당시 서구의 자본주의에 대한 비판으로부터 시작됐다. 그는 자본주의
의 바탕을 형성하는 자유 경쟁은 결국 무수한 무산 노동층을 만들어냈고
부(富)의 대부분을 차지하는 극소수의 자본가와 그 제도의 변덕에 의존
하게 만들었다고 보았다. "이러한 식으로 영국과 프랑스에서는 한편으로
는 수천 명의 부자들이 생겨나고 다른 한편으로는 수백만의 빈자들이 생
겨났다. 무제한적 경쟁의 숙명적 법칙에 따라, 부자의 부는 언제나 증가
하고 더 적은 수의 사람들에게 집중됨에 반해 빈자의 지위는 더욱더 악
화된다"고 그는 썼다. 이 견해는 블랑의 『노동자 조직론』에서 거의 전적
으로 따온 것으로 그의 독창적인 견해는 아니었지만 이른바 자유주의자
들의 견해와 어긋나는 것이었다. 그러한 견해에 입각해 그는 노동자들에
대한 정치적 자유와 법적 권리의 보장으로 문제가 해결된다고 믿는 자유
주의자들의 주장은 자기 양심을 무마하기 위한 위선이라고 보았다.

자본주의적 자유 경쟁의 대안으로 그가 지지한 것은 협업(協業)에 바

탕을 두고 모든 사람들에게 이익이 되도록 생산과 분배를 계획할 수 있는 제도였다. 「자본과 노동」이란 논문에서 그는 농업과 공업의 두 면에 관여하고 있는 협업 조직의 이상적 모형을 자세히 설명했다. 물론 이 구상은 블랑과 푸리에에게서 영향받은 것이었는데, 그런대로 독창성이 있었다. 그는 4백 가구로부터 5백 가구, 그러니까 1,500명에서 2,000명 정도로 하나의 협업 조직을 만들 것을 제의했다. 이 조직에 들어오고 나가는 것은 전적으로 개인의 의사에 속한다. 그러나 그 구성원의 직업이나 기술의 균형을 고려해야 한다. 일하지 않는 자는 쫓겨난다. 그리고 교회와 학교 및 도서관 같은 공동의 필요 시설은 협업 조직의 자금으로 마련된다 — 이것이 그의 구상의 골자였다. 그는 결론적으로 국민 경제의 선악 판단에 대한 진정한 기준은 국부(國富)가 아니라 국민 복지라고 주장하면서 불평등하게 분배된 국부는 아무것도 아니라고 썼다. 그의 경제관은 프랑스의 유토피아 사회주의자들과 마르크스에 가까운 것이며 또한 트카초프에 의해 계승될 것이었다.

농노 문제. 체르니세프스키 이론의 세번째 요소는 농민 대중에 대한 그의 견해였다. 그는 알렉산드르 2세의 농노 해방령과 토지 개혁령의 기만성에 대해 강력한 항의를 제기한 최초의 소수인들 가운데 한 사람이었다. 농노 해방의 기만성에 대한 체르니세프스키의 가장 날카로운 비판의 하나는 그가 1862년 2월에 발표한 「주소 없는 편지」에 잘 나타나 있다. 여기서 그는 우선 해방령은 농민에 대한 착취의 형태만을 바꿨을 뿐 본질에 대해서는 아무런 변경이 없다고 지적하고 차리의 전제 체제 자체가 그의 지배를 위해 농노제에 의존하고 있는 것이 문제의 핵심이라고 보았다. 따라서 차리 전제 체제의 타도 없이 농노제를 포함한 러시아의 일체의 사회·경제 문제는 해결될 수 없다고 주장했다. 이러한 논거에서 그는 차리 전제 체제를 유지하면서 점차적으로 '위로부터의 개혁'을 추진하자는 군주제안의 진보 세력과 군주제에 대한 온건한 반대 세력, 이른바 자유주의자들을 모두 비판했다.

과격주의론. 이러한 점에서 그는 분명히 과격주의자였다. 스스로도 그렇게 생각했으며 과격주의에 대한 정의를 다음과 같이 내리기도 하였다:

과격주의는 어느 한쪽 또는 다른 쪽의 정치 형태에 대한 집착을 의미하는 것이 아니라 사회의 가장 중요한 부당성은 그 사회의 기본을 완전히 다시 만드는 것에 의해서만 교정될 수 있다는 믿음을 의미한다. 과격주의는 하찮은 일들의 교정에 관심을 갖지 않는다. 과격주의의 지지자들은 중대한 변화를 달성하기 위해 힘force을 사용할 준비가 되어 있으며 그들의 목적을 달성하기 위해 언론의 자유와 입헌적 형태를 희생할 준비가 되어 있다.

『무엇을 해야 하나?』. 러시아에 대한 혁명적 해결 방안을 제시하면서도 체르니세프스키는 또한 차차 민주적이며 점진적인 해결 방안에 대해서도 약간의 믿음을 보였다. 이러한 측면은 그가 피터 앤 폴 포트레스에 갇혀 있는 동안 집필한 일종의 정치소설인『무엇을 해야 하나? *What Is To Be Done?*』에서도 엿보인다.[13] 그는 이 소설에 인민에 대한 자신의 사랑과 믿음을 표시하고 대중의 생활을 향상시킴에 의해서만 러시아의 사회 제도는 개선될 수 있다고 주장하면서 인텔리겐치아의 사명은 인민을 교육하고 지배 계급을 각성시키는 것이라고 주장했다. 그의 이러한 사상은 특히 '인민으로 V Narod; To the People'의 운동을 창도한 인민주의자, 곧 나로드니크 narodnik*에게로 계승됐는데 농민을 위한 순수한 순교자의 정신을 갖춘 소설의 주인공 라흐메토프 Rakhmetov는 청년들과 혁명가들의 이상상(理想像)이 됐다. 이 소설은 또 남녀 평등과 자유 연애 및 연애 결혼을 옹호한 점에서도 낡은 인습을 거부하는 젊은이들을 감동시켰다. 레닌이 1902년에 집필한 그의 한 소책자에 바로 이 소설의 이름을 그대로 붙인 것은 이 소설의 영향의 한 구체적 예라고 하겠다.

---

* narodnik는 단수이며, 복수는 narodniki이다.

3. 체르니세프스키의 동시대 혁명 사상가들

도브롤리우보프. 스탄케비치와 게르첸이 벨린스키를 키워냈고, 벨린스키가 네크라소프 N. A. Nekrasov를 키워냈듯, 체르니세프스키는 1856년부터 『동시대인』을 통해 도브롤리우보프를 키워냈다. 두 사람의 관계를 체르니세프스키는 자신의 반(半)자서전적인 소설인 『프롤로그』에서 주인공 볼긴 Volgin과 그가 후원하는 후배이며 동료인 레비트스키 Levitsky의 관계로 그려내고 있다.[14] 두 사람이 처음 만난 것은 1856년 당시 상트 페테르부르크의 사범대학생이던 도브롤리우보프가 『동시대인』에 기고하러 왔을 때였다. 두 사람은 곧 의기 상통해졌고, 이에 따라 도브롤리우보프는 이듬해 졸업과 동시에 『동시대인』에 입사해서 체르니세프스키를 돕기 시작했다. 사실 『동시대인』이 점차 과격한 방향으로 나가고 이 때문에 투르게네프 같은 작가들이 완전히 손을 떼게 된 것은 바로 이 두 사람의 제휴 때문이라고 볼 수 있다. "뱀(체르니세프스키)과 코브라(도브롤리우보프)가 싫어서" 『동시대인』을 떠난다는 뜻을 투르게네프는 분명히했던 것이다.

도브롤리우보프의 삶은 너무나 짧은 것이었다. 폐결핵으로 시달리다가 25세의 젊은 나이에 체르니세프스키의 팔에 안겨 숨을 거뒀던 것이다. 체르니세프스키의 충격과 슬픔은 너무나 커서 그는 자신이 대신 죽었더라면 하고 회고하는 때가 많았다. 한 친구에게 보낸 편지에서 그는 도브롤리우보프의 죽음은 "러시아 인민들이 그들의 가장 뛰어난 옹호자를 잃었음을 의미한다"고 말하고 "젊은 천재이며 러시아의 가장 뛰어난 아들"[15]이라고 썼다.

확실히 도브롤리우보프는 아마도 알렉산드르 2세의 농노 해방령 이후의 세대에게 혁명열과 행동주의를 고취한 최초의 이론가로 평가될 것이다. 그는 러시아의 많은 사회 문제를 해결하기 위해서는 '즉각적인 행동'이 요구된다고 주장하면서 사상과 이념을 행동과 동일한 수준에 놓아야 할 '긴급성'을 역설했다. "지난 20년 동안 또는 30년 동안 러시아의

인텔리겐치아가 이룩한 것은 아무것도 없다"고 단정한 그에게, 투르게네
프 소설의 주인공으로서 다변가적인 이상주의자 루딘Rudin은 더 이상
필요하지 않았으며 이념의 즉각적인 실천이 필요했던 것이다. 그의 이러
한 주장은 게르첸에 의해 대표되는 구세대에 대한 규탄일 뿐만 아니라
'위로부터의 개혁' 또는 '인민적 차리즘'을 주장하거나 개혁을 열망하면
서도 사태의 추이를 앉아서 기다리고 본다는 방관적 인텔리겐치아에 대
한 성토이기도 했다.

　　피사레프. 1861년에 도브롤리우보프가 죽고 1862년에 체르니세프스키
가 투옥되면서 과격파의 목소리는 죽어가는 듯했다. 그러나 피사레프가
남아 있었다. 귀족의 후예인 그는 복간된 『러시아의 말』에 과격한 글들
을 썼을 뿐만 아니라 이 잡지의 편집을 맡아 러시아 과격주의의 대표적
대변지로 발전시켰다. 그러나 그의 이러한 활동은 오래갈 수 없었다. 정
부가 해외 반체제 운동의 영수 격인 게르첸을 비방하는 소책자를 찍어내
자 분격하여 정부를 힐책하고 혁명을 옹호하는 논문을 발표함으로써 투
옥됐기 때문이었다. 피터 앤 폴 포트레스에서 4년을 보내면서도 그의 붓
끝은 무뎌지지 않았다. 물론 보다 은유적이며 우회적이었으나 그가 감옥
에서 써서 『러시아의 말』에 발표한 글들은 당대의 지식인들에게 큰 영향
을 미쳤다. 석방된 다음다음해인 1868년 여름에 수영하다 익사했는데,
이때 그의 나이는 고작 스물여덟이었다.[16]

　　피사레프는 러시아 허무주의의 가장 대표적인 설명자로 평가된다. "독
특하게 러시아적인 현상"[17]인 허무주의는 1860년대를 풍미한 러시아의
지적 해방 운동이라고 할 수 있는데, 그 철학적 논리는 이미 체르니세프
스키에 의해 형성되고 도브롤리우보프에게서도 발견되는 것이다. 피사
레프는 허무주의의 가장 전투적인 챔피언이 된다.[18] 그는 「이론과 윤리
를 타도하라!」라는 논문에서 "이론의 필요성에 대한 믿음이 사라져야 하
며 이론을 엄격히 수행해나가는 것은 인간성의 수난을 의미할 뿐"이라고
주장했다. 그는 또한 "이상주의자란 그들의 결론을 위해 그렇게 하는 것
이 누구의 이익이 되든 가리지 않고 무엇이든지 깨뜨릴 준비가 되어 있
는 사람들"이며, "그들은 인간이 생각해내서 만들어진 어떠한 결론보다

언제나 귀중한 것임을 느낄 수 없는 사람들"이라고 비난했다. 그에게는 행동이 더욱 중요했던 것이다. 그에게 진리는 모두 상대적이었다. 각자가 진리라고 말하는 것은 모두 진리이며 따라서 진리의 세계에는 다만 A의 진리와 B의 진리 및 C의 진리 등이 함께 존재하고 있다고 보았다. 따라서 지적 선전 및 도덕적 선전은 어느 정도 각자의 자유에 대한 침해였다. 이러한 입장에서 볼 때, 인위적으로 '생각해내서 만들어진' 가치라는 것은 무의미했다. 그 대신 그가 지지한 것은 엄격하게 검증될 수 있는 과학적 명제였다. 피사레프의 이러한 사상은 투르게네프가 1840년대의 아버지와 1860년대의 아들이 겪는 세대적 갈등을 묘사한 『아버지와 아들』의 아들인 바자로프 Bazarov의 그것과 일치하는 것이었다.

피사레프의 사상은 그와 함께 『러시아의 말』에 기고했던 트카초프에게 큰 영향을 주었다. 트카초프가 사상적 전통이란 것을 가볍게 보고 모든 가치에 있어서의 총체적이며 혁명적인 변화와 그리고 사회의 '새로운 기본적 원칙'의 설정을 주장한 것은 그의 영향이라고 할 수 있다.

자코뱅주의자들. 체르니셰프스키는 '혁명적인 민주주의자'로서 장차 어느 날엔가 대중은 전제 정치의 굴레를 팽개치고 대중에 바탕을 둔 대의 정부의 새 시대를 열 것이라고 믿었다. 이 점은 게르첸과 그리고 1860년대 그의 동시대 지식인들에게도 공통적인 것이었다. 우리가 곧 살피게 될 1870년대와 1880년대에 출현하는 혁명가들, 예컨대 라브로프, 토지와 자유당의 당원들, 인민의 의지당의 당원들, 그리고 자유주의적인 대학 교수들이 모두 같은 견해를 갖고 있었다. 물론 토지와 자유당원들 또는 인민의 의지당원들은 모두 농민의 계몽을 통해 그들을 사회 혁명으로 유도해야 한다고 주장한 사람들이다. 그러나 그들도 사회 혁명 뒤에는 인민과 보편적 대표성에 바탕을 둔 제헌 의회를 구성하고 여기서 다수결의 원칙에 따라 경제·사회 문제를 해결해야 한다고 생각하고 있었다.

그런데 이러한 생각과는 뚜렷하게 구분되는 생각들을 가진 소수의 사람들이 있었다. 이들은 '천박하고 무지한 대중'이 아니라 소수의 인텔리겐치아가 혁명을 창도해야 할 뿐만 아니라 혁명 이후에도 사회의 전반적 재조직을 위한 혁명의 원칙을 설정하고 그 방향으로 혁명을 이끌어야 한다고 주장한 것이다. 이들이 바로 러시아에서 자코뱅주의 또는 브랑키주의의 전통을 만들어낸다. 러시아 자코뱅주의의 초기 대표자는 아마 데카프리스트 반란의 주모자였던 페스텔일 것이다. 그는 무정부주의적 성향을 가질 농민의 반란은 러시아 국가를 경제적·군사적으로 약화시킬 뿐이며, 따라서 이것을 방지하기 위해서는 '과격한 귀족 소수자'의 궁정혁명이 필요하다는 일종의 예방혁명론을 전개했다. 그는 혁명이 성공한 뒤에도 토지 개혁과 토지 분배를 완수하고 의회를 세울 때까지는 바로 이 소수자가 독재권을 장악해야 한다고 주장했다.[19] 페스텔식의 자코뱅주의는 1860년대에 이르러 스페슈네프Nicolai A. Speshnev에 의해 좀더 심화된다. 우리가 제4장에서 살펴보았던 페트라셰프스키 사회주의 서클의 한 사람이었던 그는 러시아의 모든 혁명 조직과 혁명 활동을 조직하고 이끌 수 있는 중앙 집권적 중앙 위원회가 구성돼야 하며 이 기관이 혁명 이후 독재 정권을 수립해서 혁명의 프로그램을 실시해야 한다고 주장했다. 그는 혁명 조직이 음모적이어야 하며 혁명 전술은 마키아벨리적이어야 한다고 덧붙이고 이때 벌써 러시아 농업의 집단화를 제시했다.[20]

1862년에 표트르 자이치네프스키 Pyotr G. Zaichnevsky가 집필한 「청년 러시아의 선언」은 러시아의 자코뱅주의 전통에서 중요한 뜻을 갖는다. 이 선언은 1861년에 체르니셰프스키가 발표한 「위대한 러시아인」을 반박하기 위해 마련됐다. 농노 해방령이 공포된 지 8개월 뒤에 발표된 「위대한 러시아인」에서 체르니셰프스키는 러시아의 과격한 인텔리겐치아들에게 알렉산드르 2세가 입헌주의를 받아들이도록 압력을 가할 것을 역설하고 만일 이 평화적 접근 방법이 채택되지 않을 때는 농민 반란이 일어날 것임을 경고했다. 이에 비해 「청년 러시아의 선언」은 훨씬 더 과격하고 혁명적이었다. '혁명위원회'의 이름으로 발표된 이 선언문은 스스로를 "1848년의 불쌍한 혁명가들이 아니라 1872년의 위대한 폭력주의자"에 비유하고, "현존 사회 질서의 전복에 필요하다면 우리는 1790년대에 프랑스에서 자코뱅주의자들이 흘렸던 피의 두 배 이상으로 피를 흘릴 것"이라고 호언했다. 그리고 혁명을 창도해나가기 위한 혁명 정당의 결성을 선언함과 동시에 혁명이 성공한 경우 이 정당이 혁명 정부를 조직하고 그 위에 서서 '행정적으로뿐만 아니라 정치적으로도 중앙 집권적' 인 권력을 장악하여 '가능한 한 짧은 시일 안에' 새로운 경제 · 사회 조직의 기초를 세울 것임을 분명히했다. 혁명 정부의 구체적 과업으로서 이 선언문은 경제와 사회 생활 전반의 사회주의화를 주장했다.[21]

「청년 러시아의 선언」은 호응을 불러일으키지 못했다. 바쿠닌과 체르니세프스키 및 게르첸, 그리고 토지와 자유당 모두가 자이치네프스키의 혁명 이론에 대해 부정적인 태도를 보였다. 이들은 자이치네프스키의 혁명 이론은 "러시아에서 혁명 활동에 해를 가져올 뿐인 미숙한 정신의 산물"이라고 비판했다. 그러나 사회 혁명에 앞서서 정치 혁명이 먼저 와야 한다는, 풀어 말해, 사회 구조의 변형 이전에 정치 권력의 장악이 이뤄져야 한다는 자이치네프스키의 혁명 이론은 서서히 추종자를 갖기 시작했다. 토지와 자유당의 분파인 인민의 의지당의 당원들 및 러시아 블랑키스트들이 바로 여기에 속하는데, 이들은 정치 권력의 장악을 위한 폭력의 필요성을 인식하게 됐다. 뒤에서 보겠지만 폭력에 의한 정치혁명론은 트카초프에 의해 이론적으로 더욱 심화된다.

4. 나로드니크의 활동

'인민으로' 의 운동. 이러한 사상사적 및 사회적 분위기 속에서 게르첸의, 더욱 직접적으로는, 체르니세프스키의 영향을 받아 1860년대말과 1870년대초에 '인민으로' 의 운동이 나타났다. 대학생과 인텔리겐치아가 그 운동의 중심 세력이었다. 당시 귀족층 또는 상류층의 청년 자제들이 부모의 맹렬한 반대를 뿌리치고 체르니세프스키의 『무엇을 해야 하나?』를 높이 든 채 농촌에 뛰어드는 모습은 귀족으로서 반체제 운동에 참여한 무정부주의자 표트르 크로포트킨 Pyotr Kropotkin의 회고록[22] 속에 잘 나타나 있다. 나로드니크라고 불린 이들은 지하 조직인 토지와 자유당을 형성하고 농촌에 들어가 차리 체제에 대한 저항을 고취시키고 농촌을 부흥시키며 스스로와 농민 사이의 간격을 가교(架橋)하려 했던 것이다.

나로드니크 운동을 부채질한 혁명가들은 우리가 앞에서 살펴본 바쿠닌과 그리고 뒤에서 살펴볼 라브로프였다. 이 두 사람은 청년들에게 대학을 자퇴해서 농촌으로 가라고 선동했다. 바쿠닌이 훨씬 더 선동적이었는데, 그는 농민은 '타고난 무정부주의자'이므로 농촌을 혁명의 불길 속에 잠기게 하기 위해서는 오직 하나의 불꽃만 있으면 된다고 주장하면서 청년들이 농촌에 뛰어들어가 바로 그 불꽃을 던지라고 역설했다. 그에 비해 라브로프는 보다 점진적인 접근 방법을 취했다. 농민들을 혁명가들로 바꿔놓기 위해서는 우선 농노 해방령이 지닌 부당성을 농민들에게 깨우쳐주어야 하며 따라서 농민들을 상대로 하는 선전과 교육이 앞서야 한다고 주장한 것이다.[23] 이들의 선동은 확실히 효과를 나타냈다. 그들에 호응하는 청년의 수가 1860년대에 비해 훨씬 늘어난 것이다. 이로써 나로드니크 운동은 알렉산드르 2세 치세인 1873~1874년에 정점에 이르렀다.

그러나 그들은 그들이 생각했던 농민의 '혁명적 에너지'를 폭발시킬 수 없음을 깨달았다. 무지한 농민은 이 운동의 성격을 이해할 수 없었고 또한 그들의 참뜻에 의심을 품기도 했다. 특히 재산 문제에 대해 청년 지식인들과 농민들의 메울 수 없는 견해 차이는 양자의 거리를 더욱 멀게 했다. 귀족과 지주의 아들로 태어나 안락한 삶 속에서 관념적으로 혁명 사상을 받아들인 청년 지식인들은 오히려 재산에 대해 관념적으로 냉소적인 태도를 보일 수 있었다. 사회의 모순이 바로 사유 재산 때문에 생긴 것이니 이 사유 재산을 없애야 한다고 쉽게 말할 수 있었던 것이다. 그러나 삶의 최저선상에서 헤매던 농민들은 오히려 어떻게 하면 조금이라도 재산을 더 늘리느냐는 데 관심이 커서 청년 지식인들의 재산 폐지론에 반감을 갖게 됐다.[24] 이러한 무관심과 오해와 갈등 속에서 농민들은 농촌에 뛰어든 청년 지식인들을 경찰에 넘기거나 돌팔매질로 쫓아내는 경우가 많았다. 따라서 '인민으로'의 운동의 첫 물결은 인민의 무관심과 경찰의 탄압의 벽에 부딪혀 깨어져버리고 말았다.[25]

'인민으로'의 운동의 분파. 이런 상황 속에서 나로드니크 세력은 차차 크게 보아 세 개의 흐름으로 나누어졌다.[26] 첫째는 지식인들이 농민들을 교육하겠다는 자세를 버리고 오히려 농민들 속에 들어가 농민들로부터 배우려는 자세를 취해야 한다는 흐름이다. 둘째는 이에 반대하는 흐름이다. 그것은 혁명의 포기를 의미할 뿐이라는 주장이었다. 이들은 일종의 과격파로서 차리즘의 타도는 농민 운동보다 폭력에 의존해야 하며 특히 차리와 차리의 고급 관리들을 암살해야 한다고 주장했다. 1878년에 이들은 마침내 인민의 의지당을 구성했고, 1881년에 드디어 알렉산드르 2세의 암살에 성공했다. 뒤에서 살펴보겠지만, 농민들에 의존할 것이 아니라 폭력적 엘리트들에 의해 혁명을 이뤄야 한다는 이들의 신념은 레닌의 사상 형성에 큰 영향을 주었다. 셋째는 반(反)테러리즘을 옹호하고 나로드니크 전통의 고수를 주장하면서 서구의 사회민주주의에 관심을 보인 흐름이다. 이들은 흑토 재분배당을 결성했는데, 이 당의 지도자가 바로 '러시아 사회주의의 아버지'로 불리게 될 플레하노프이다.

5. 트카초프, '최초의 볼셰비크'의 등장[27]

레닌의 사상적 선배. 레닌이 러시아 혁명의 지도 이념으로 레닌이즘 또는 볼셰비즘을 만들어내기에 앞서 19세기까지만 거슬러 올라간다 해도 무수한 사상가들과 혁명가들이 제정 러시아를 타도하고 새로운 이상 사회를 건설하기 위한 혁명적 정치 사상과 정치 이론을 꾸준히 발전시켜왔다. 이러한 사상과 이론은 마르크스나 엥겔스의 가르침에 못지않게, 오히려 그것보다 더욱 중요하게 레닌이즘 또는 볼셰비즘의 형성에 큰 영향을 주었다. 베르디아에프가 마르크시즘에 대한 지식은 소련의 공산주의를 이해하는 데 별로 도움이 되지 않으며 오히려 러시아에서 전개된 혁명적 정치 사상의 이해가 소련 공산주의의 이해에 결정적인 도움을 준다고 주장하는 것은 바로 그 점 때문이다.[28]

이 사상가들과 혁명가들 가운데 레닌의 사상 형성에 가장 직접적이며 결정적 영향을 준 사람은 트카초프였다. 트카초프에 대한 이해 없이 레닌에 대한 진정한 이해가 있을 수 없다고 말한다고 해서 그것을 과장이라고 하기 어려울 만큼 레닌에 대한 트카초프의 영향은 컸다. 레닌이즘의 중요한 부분을 우리는 트카초프의 정치 이론에서 거의 모두 찾아볼 수 있는 것이다. 이러한 중요성에도 불구하고 트카초프의 정치 사상은 거의 완전히 묻혀 있었다. 트카초프가 레닌에게 미친 막대한 영향에 대해 영어로 제일 처음 논문 정도의 분량이나마 발표된 것은 카르포비치 Mikhail Karpovich 교수가 1944년에 발표한 「레닌의 선구자인 트카초프」라는 글에서였다. 그뒤 적지 않은 학자들이 두 사람 사이의 비슷한 성격을 밝혀왔다. 월프, 사피로 Leonard Shapiro, 벤투리, 페인소드 Merle Fainsod, 마이어 Alfred Meyer 등이 그 대표적인 학자들이다. 그러나 트카초프의 짧았던 생애, 사상의 형성 과정, 혁명 이론, 레닌이즘과의 비교 등 여러 문제에 대한 본격적인 연구는 윅스 Albert L. Weeks 교수의 1965년도 컬럼비아 대학교 박사학위 논문[29]과 하디 Deborah Hardy 교수의 1968년도 워싱턴 대학교 박사학위 논문[30]에서 비로소 이뤄졌다. 이 두 연구를 중심으로 트카초프의 생애와 사상 체계를 살펴보도록 한다.

'1860년대의 아이.' 트카초프는 1844년 6월에 프스코프 Pskov 성의 벨리키 루키 Velikie Luki에서 중농 정도의 지주의 아들로 태어났다. 유년기에 아버지가 별세했기 때문에 그는 네 명의 형제자매들과 함께 어머니 밑에서 컸다. 혁명가로서의 그의 경력은 상트 페테르부르크 대학교 법학부의 입학과 동시에 시작됐다. 이로써 그 역시 '1860년대의 아이'가 됐는데, 고등학교의 엄격한 분위기에 대해서도 싫증을 냈던 그는 대학의 혁명적 열기에 쉽게 젖어들었으며 이로 말미암아 크론슈타트 형무소와 피터 앤 폴 포트레스 형무소에서 감옥 생활을 하게 됐다. 감옥에서 그는 마르크스를 읽고 마르크스의 경제결정론에 기울어졌다. 석방된 뒤 학교를 그만두고 곧 저술 활동에 뛰어들었는데, 우선 『러시아의 말』의 편집진에 참여했다. 1866년에 이 잡지가 폐간되자 그는 『대의(大義)』 편집진에 참여했다. 이때부터 트카초프는 서구의 철학을 깊이 파고들기 시작했다. 공리주의와 실증주의·사회주의·자본주의에 대해 본격적으로 접근해나갔으며 서구의 역사를 깊이 공부하기 시작한 것이다. 이때 그의 나이는 스물두 살에 지나지 않았다. 그러나 도브롤리우보프는 스물다섯 살에 죽었으며 피사레프는 스물두 살에 죽지 않았는가. 더구나 러시아의 젊은이는 이른 나이에 지적으로 크게 성장하는 경우가 흔했다. 따라서 그도 낭비할 시간적 여유를 갖고 있지 않았으며, 그렇기에 무서운 열의로 수많은 어려운 책들을 빠른 속도로 읽어나갔다.

유럽의 철학을 공부하다. 독서와 사색의 생활이 그의 혁명적 정열을 감퇴시키지는 않았다. 러시아 사회는 반드시 변혁돼야 한다는 확신 속에서, 그리고 러시아 사회 변혁의 논리를 정립하고자 책을 읽었기에 혁명에의 의지는 굳어질 뿐이었다. 그렇기에 그는 혁명의 논리에 어긋나는 이론이나 자료는 그것이 누구의 것이든 받아들이지 않았다. 트카초프는 우선 공리주의 철학을 집중적으로 파고들었다. 여기서 그는 체르니세프스키로부터 많은 지적 도움을 받았다. 체르니세프스키는 영국의 철학자 벤담Jeremy Bentham의 공리주의적 윤리관을 열렬히 받아들여 이것을 러시아에 소개하는 논문들을 꾸준히 발표했었는데, 트카초프는 이 논문들의 영향을 받은 것이다. 그래서 트카초프도, 가치는 사회적 유용성에 의해 평가돼야 하며 선(善)이란 사람을 행복하게 느끼도록 해주는 것이라는 공리주의적 윤리관의 원리를 존중했다.

실증주의에 관해서는 프랑스의 사회학자 콩트Auguste Comte의 저서를 열심히 읽었다. 당시 러시아의 과격파들은 실증주의를 지지하고 있었다. 그들은 실증주의자가 관념주의를 배격하고 있으며 유물주의 및 합리주의를 포용하고 있다고 보았으며, 과학적 조사 방법을 강조하고 있는 실증주의적 방법론은 사회 현상의 분석에도 적용될 수 있다고 판단한 것이다. 이런 점에 미루어 트카초프 역시 실증주의를 지지했을 것으로 생각할 수 있을 것이다. 그러나 그는 콩트의 실증주의를 배격했다. 지식이 역사 발전의 동인(動因)일 수 있다는 콩트의 주장은 옳지 않다고 본 것이다. 지식은 행동을 불러일으키지 못하며 이념은 오직 개인적 이해 관계와 일치할 때만 활발한 동인이 될 수 있는 만큼 순전히 "수동적 요소이며, 좀더 정확히 말해, 장식품적 요소"에 지나지 않는다고 주장하면서 인류의 진보를 지식의 축적으로 여긴 콩트를 비판했다. 콩트를 몹시 싫어한 나머지 그를 "부르주아 형이상학자"라고 부르기도 했다. 콩트는 진정으로 본질적인 철학적 물음과 싸우기를 거부하고 실증주의를 형이상학으로부터 분리시키려는 헛된 노력을 기울였을 뿐이라고 매도하기까지 했다.

이 시절에 트카초프는 자본주의 경제학도 열심히 연구했다. 특히 스미스와 맬서스Thomas Malthus 및 밀John Stuart Mill 등의 저술들을 꼼꼼히 읽어나갔다. 2년에 걸친 그의 연구는 이들 자유주의 학파의 자본주의 경제 이론이 그르다는 결론에 도달하게 했다. 그들은 인간이 생래적으로 경쟁 심리를 가졌고 물질적 욕구에 싸여 있으며 비도덕적 수단을 써서라도 돈을 벌겠다는 욕심을 가졌다고 보고 이러한 인간적 본성에서 자본주의가 나왔다고 주장하는데 그것은 현상 인식의 오류에서 나온 것이라고 비판한 것이다. 자본주의 체제 아래니까 사람의 본성이 그렇게 왜곡된 것이며, 새로운 체제 아래서 사람의 본질은 완전히 달라질 수 있다고 그는 주장했다. 트카초프에게 서구의 자본주의 사회는 전체적으로 그른 사회였다. 그 사회는 경쟁적이며 파괴적이고 잔인한 인간을 만들어냈고 노동자들로부터 생활 또는 존재의 안전을 빼앗았다고 본 것이다. 자본주의 사회를 대치할 새로운 사회의 모습을 설명할 수 있는 자유가 당시의 러시아에는 없었다. 그래서 그는 자신의 입장에 어느 정도 부합하는 견해가 담겨 있는 베처Ernst Becher의 책 『현대적 의미에 있어서 노동자의 문제와 그 해결 방법』을 번역해서 1869년에 출간했다. 이 역서에서 그는 자신의 견해를 은연중에 밝히는 서문과 주해를 붙였으며 프루동Pierre Joseph Proudhon*의 글을 부록으로 실었다.

이 일련의 작업에서 나타난 트카초프의 사회 사상은 다음과 같이 요약될 수 있다: "노동은 어떠한 형태로든 모든 생산에서 유일한 원천이므로 노동은 생산품에 대한 모든 권리를 가져야 한다. 그러나 실제에서는 노동과 생산품 사이에는 일종의 허구적 논리에 바탕을 둔 다양한 특권의

---

* 프랑스의 철학자이며 공상적 사회주의자로 사유 재산 제도를 모든 악의 근본으로 파악해 그 제도의 폐지를 제의했다. 법과 국가를 사유 재산의 보호를 위한 유산 계급의 장치라고 보면서 그것들의 폐지를 옹호함으로써 무정부주의 사상에 이바지했다. 대표작은 『빈곤의 철학』이다.

도움을 받고 있는 중간인이 서 있어서 생산품을 횡령하고 있을 뿐이다. 보다 좁혀 말해 자본에 의해 노예화되어 있어서 자신의 열매를 자본에 의해 강탈당하고 있다. 그리고 이러한 상황이 사회 생활 전반을 파괴하고 있으며 사회적 고뇌와 무정부 상태를 유도하고 있다." 그러면 이러한 부정의한 사회 상태를 어떻게 고쳐야 할 것인가? 그의 해답은 노동자와 소유주의 병합이었다. 그는 베처의 '생산자 협동조합' 안을 지지했다. 이 조합은 중간인-자본주의자를 제거하고 노동자들로 하여금 자신들의 노동으로부터의 모든 가능한 이익을 나누어 가질 수 있게 한다는 것이다.

'생산자 협동조합'이 세워지려면 물질적 지원과 재정적 뒷받침이 반드시 필요하다. 베처는 국가가 특수 은행을 세워서 협동조합에 자금을 지원해주거나 또는 개인 은행에 그렇게 하도록 조처할 것을 제의했는데, 트카초프는 이러한 방식은 실현되기 어렵다고 보았다. 부르주아 계급의 이익에 봉사하기 위해 세워져 있는 국가가 부르주아 계급의 이익에 반해 노동자의 이익에 도움을 주는 그러한 제도를 실시하지 않을 것이라고 생각한 것이다. 여기서 그는 결국 폭력에 의한 부르주아 국가의 타도와 이에 따른 노동자 국가의 건설이라는 그의 혁명 이론을 차츰 발전시켜나가게 된다.

농민에 대한 견해. 『대의』에 참여하던 시기에 트카초프가 이처럼 서구의 사회 철학 또는 사회 이론에 몰입한 것은 사실이다. 그렇다고 해서 그가 러시아와 러시아 인민에 대해 잊고 있었던 것은 아니다. 서양 학문에 대한 그의 관심은 오히려 러시아와 러시아 인민에 대한 깊은 이해를 얻으려는 그의 애국적 정열의 발로였을 뿐이다. 그래서 그는 『대의』에 러시아의 농민과 여성을 포함해 주로 압박받는 계층에 대한 글들을 써 나갔다.

러시아 농민에 대한 그의 관찰과 분석은 확실히 새로운 것이었다. 그 이전에는 대체로 두 개의 농민관(農民觀)이 있었다. 하나는 러시아 농민이 정신적·도덕적으로 대단히 순수하고 협동적이라고 보면서 이러한 성품의 농민이 언젠가 봉기하여 구체제를 붕괴시키고 사회주의적인 국가를 만들 것이라는 확신이었다. 이에 비해 다른 하나는 농민을 우스꽝스럽고 무식하며 거친 성품의 소유자로 보면서 이러한 농민이 봉기한다면 무자비한 학살과 방화와 유혈의 연속이 벌어질 것이라고 주장했다. 트카초프는 이 두 견해를 모두 배척했다. 그는 우선 러시아의 농민을 이상화하는 견해는 그들의 실태를 전혀 모르는 지식인들의 환상이라고 비판했다. 절대 빈곤에 시달리고 있는 농민은 '위(胃)의 명령에 따라' 움직일 뿐인 존재인 만큼 농민이 자신들의 복지 향상을 위해 조직화된 봉기를 일으킬 수 있다고 보는 것은 농민의 잠재력을 과대평가하는 것이라고 주장했다. 그는 러시아의 농민이 무지하고 거칠다는 견해에 오히려 동조했다. 그러나 이 견해를 계속 주장하고 때로는 과장하는 사람들은 "그렇기 때문에 농민은 계속 현재의 비참한 상태에 머물러 있어야 한다"는 반동적 입장을 강화시켜줄 뿐이라고 비판했다. 너무나 빈곤하기 때문에 그런 성품을 보여주고 있을 뿐이며 지식인들의 교육적 노력에 따라 그들을 혁명 세력으로 충분히 끌어들일 수 있다고 그는 주장했다.

유럽으로의 망명과 『경종』의 출간. 그러나 무엇보다 중요하게 이 시기에 바쿠닌의 제자로 과격파에 속한 세르게이 네차예프Sergei G. Nechayev와 친근해졌다. 그와의 만남은 트카초프의 짧은 생애에 중대한 변화를 가져왔다. 경찰이 '네차예프 운동'을 탄압하자 1869년 봄에 트카초프도 체포돼 피터 앤 폴 포트레스 형무소에 수감됐다. 이곳에서 4년 동안 생활하며 그는 마르크스의 책들을 샅샅이 읽으며 마르크스에 심취했다. 서구 자본주의 체제의 병폐와 서구 민주주의의 위선에 대한 그의 경멸은 더욱 굳어졌다. 특히 그는 한 나라의 부(富)를 국민 생산의 증대 또는 번영의 증대로 생각하는 경제학자들을 맹렬히 공격하게 됐다. 마르크스의 『자본론』을 깊이 연구한 그에게 전체적 국부(國富)라는 것은 무의미했다. 번영에의 열쇠는 부의 배분에 있다고 그는 본 것이다.

1872년에 석방되면서 이듬해 스위스로 망명했다. 그의 스위스 망명을 주선한 사람은 라브로프의 인민주의자 단체였다. 뒤에서 살펴보겠지만, 라브로프는 대중이 혁명에서 주요한 역할을 수행할 것이며 차리의 전제 체제도 결국 대중 봉기에 의해 타도될 것이라고 보고 있었다. 이러한 라브로프가 트카초프의 망명을 주선했다는 것은 트카초프가 당시에는 인민주의자로 받아들여졌음을 말하는 것이었다. 그러나 취리히의 라브로 프 기관지인 『전진(前進)』에서 일하게 되면서 트카초프는 차차 농민의 계몽을 통해, 그리고 농민에 사회주의 사상을 계속적으로 주입시킴으로써 농민 혁명을 유도한다는 라브로프의 혁명론에 반기를 들기 시작했다. 트카초프에게 라브로프는 '새로운 혁명 운동에는 이방적인 사람'으로, 기껏해야 자유주의적 지식인일 뿐이지 혁명가는 아니었다. 결국 트카초프는 1874년에 『전진』을 떠나 폴란드의 망명객들과 함께 1875년말에 제네바에서 『경종(警鐘)』을 출간하게 된다. 『경종』이란 이름은 게르첸의 『콜로콜(종)』보다 강도를 더 높이겠다는 뜻에서 나온 것이었다.

『경종』의 출간은 트카초프 개인의 저작 활동에서 획기적인 또는 가장 생산적인 시기의 개막을 의미하는 것이면서 동시에 러시아 혁명 운동의 큰 흐름에 새로운 물줄기가 나타난 것을 의미하는 것이었다. 스위스의 러시아 망명객들 가운데 거물로 꼽히던 파벨 악설로드Pavel Axelrod가 『경종』의 출현으로 1870년대말에 제네바의 러시아 망명가들은 『경종』파와 바쿠닌 추종 세력의 기관지인 『코뮌』파로 양분됐다고 지적할 정도였다. 『경종』에 기고한 논문들을 통해 트카초프는 트카초프주의를 형성해 나갔다. 그러나 그보다 더 과격한 사람들이 편집진에 참여하게 되면서 그의 영향력은 크게 줄어들었다. 이 무렵 그의 내연의 처도 그와의 언쟁 끝에 그로부터 떠나갔다. 그녀는 프랑스의 몽펠리에 대학교 의과대학을 졸업한 뒤 외과 의사가 되어 1903년에 러시아로 돌아간 다음 러일 전쟁 때 군의관으로 자원했는데 군대 내부에서 반체제 선전 활동을 시도했다는 이유로 체포된다.

트카초프의 장례식. 실망과 좌절과 고독 속에서 그는 1879년에 제네바를 떠나 파리로 이주했다. 그러나 그는 많은 활력을 잃었으며 종전과 같은 전투적인 글도 쓰지 못했다. 다만 그 사이 자신이 써온 글들을 묶어 2권의 전집을 내는 데 그쳤다. 1881년 1월에 프랑스의 혁명 운동가 블랑키가 죽자 그는 추도문을 썼는데 여기서 그는 최대의 경의를 나타내고 있다. 프랑스 혁명 운동에 대해서뿐만 아니라 러시아 혁명 운동에 대해서도 크게 이바지했다는 것이다. "그는 음모적 활동의 위대한 기술에 있어

서 우리의 교사이다. 모든 반동적 정부의 위대한 희생자인 그는 혁명적
이념의 구현이다"라고 그는 썼다.

말할 수 없는 빈곤 속에 그의 종말은 가까워왔다. 1882년 11월 30일에
치러진 블랑의 장례식 날 그는 파리의 길거리를 헤매면서 이상한 몸짓을
나타냈다. 경찰이 체포하여 요양원으로 넘겼는데 '뇌 마비'의 진단이 내
려졌다. 이때부터 40개월 가까운 세월을 그는 '살아 있는 시체'로 보내
게 됐다. 그는 한마디 말조차 할 수 없었으며 가까운 거리에 있는 사람이
아니면 알아보지도 못했다. 긴 고통 속에서 1886년 1월 4일에 그는 마침
내 42세의 젊은 나이로 죽고 말았다. 장례식에는 파리에 머물던 러시아
의 거의 모든 망명객들이 참가했다. 그와 커다란 논쟁을 벌였던 라브로
프도 나와서 장례식을 이끌어갔다. 62세의 노장인 그는 "무덤 앞에서 모
든 개인적 논쟁은 사라지며 모든 당파적 분열도 아무것도 아닌 것이 된
다. 우리는 오직 공동의 적에 대한 공동의 투쟁만을 기억한다"는 말로
시작하여 "전제주의에 대한 영원한 전쟁을! 고통받는 계급을 위한 흔들
리지 않는 투쟁을!"로 끝나는 추도사를 낭독했다. 죽은 뒤에도 불운은
계속됐다. 파리의 공동 묘지 한구석에 5년의 전세 계약으로 묻혔던 그의
시체는 5백 프랑의 영구 구입비를 치르지 못해 1892년에 파헤쳐져 납골
당으로 옮겨졌다.

국가관과 혁명관. 트카초프의 전체 사상에서 가장 중요한 부분은 대중
과 혁명가, 그리고 혁명을 통해 집권한 통치자와의 관계이다. 이 점에 관
한 그의 이론이 러시아 혁명 전통에 대한 그의 주요한 공헌이다.

트카초프는 대중에 대해 아무런 환상도 갖지 않았다. 대중을 강조한
인민주의자들과는 달리, 그는 대중은 무지할 뿐만 아니라 보수적이어서
혁명적 용기와 정열도 전혀 갖고 있지 못하다고 보았다. 1868년에 집필
한 「깨어진 환상」에서 그는 인민이란 그냥 내버려두면 새로운 것이라고
는 아무것도 건설하지 못하고 오직 그들이 익숙해 있는 낡은 생활 방식
을 전파할 뿐이라고 지적하고 "인민은 지도자를 갖지 못하는 한, 낡은
것의 파괴 위에 새로운 질서를 세울 수 없으며 공산주의의 이상을 실현
시키는 방향으로 전진하지도 못한다"고 단정했다. 대중에 대한 그의 경

멸은 자연히 '혁명적 소수'에 대한 그의 신뢰와 비례했다. 지적이며 과격한 소수 혁명가들이 대중을 위해 혁명의 목표도 설정하고 지도력을 제공하지 않으면 안 된다는 것이다. "인민이 그들의 파괴적 혁명력을 적용하도록 길을 열어주는 것이 바로 혁명적 소수이며 이 힘에 의존해 혁명적 소수는 이 폭력을 혁명의 직접적인 적의 파괴로 영리하게 이끌어가야 한다"고 주장했다.

트카초프의 혁명 이론은 결국 궁정 쿠데타 또는 소아병적인 좌익 폭동주의가 아닌가? 사실 트카초프의 비판자들은 트카초프가 혁명의 대중적 기반에 거의 아무런 주의를 기울이지 않았다는 점에서 그를 '프티 부르주아 블랑키즘의 옹호자'로 비판했다. 그러나 트카초프가 혁명의 대중적 기반을 무시했다는 비판은 타당하지 않다. 그 스스로 "권력의 중앙에 대한 공격이 대중적 봉기를 수반하지 않는 경우, 그리고 혁명가에 의한 권력의 장악이 대중적 봉기를 수반하지 않은 경우에는, 권력 중앙에 대한 공격과 혁명가에 의한 권력의 장악은 오직 가장 좋은 조건 아래서만 긍정적이고 지속적인 결과를 가져올 수 있다"고 지적함으로써 대중 봉기의 중요성을 결코 가볍게 여기지 않았다. 혁명 세력과 대중과의 유대에 대해서도 그는 적지 않은 관심을 보였던 것이다. 다른 한편으로, 트카초프의 정치 사상에서 힘과 조직은 중요한 의미를 갖는다. 특히 그는 중앙 집권적 권위의 힘과 효력에 대해 언제나 존경심을 갖고 있었다. 정부 기구가 어떤 방식으로 조직되는 경우 어느 특정 계급의 이익에 치우치지 않고 모든 계급 위에 서서 보편적인 권위를 행사할 수 있을 것인가의 문제는 그의 관심의 한 초점이기도 했다. 이 점이 트카초피즘에 있어서 비(非)마르크시스트적인 개념의 하나이다.

따라서 트카초프가 묘사하는 국가는 강력한 권력을 보유한 홉스적인 국가였다. 그럼으로써만 "노동의 수지 안 맞는 오늘날의 상황을 변경시키고 자본의 탐욕을 억제시킬 수 있다"고 그는 주장했다. "국가는 경제의 영역을 넘어서서 우리의 행동의 기준을 제공하고 우리의 양심을 지배하는 공법(公法)이다"라는 것이 그의 결론이었다. 이 표현은 법률은 공적 양심이라고 말한 홉스의 표현과 비슷하다고 하겠다. 트카초프는 이어

개개인의 양심을 강조하는 종교의 초자연적 성격이 "각 개인으로 하여금 도덕 행위에 대한 그 자신의 개별적 길을 택하지 않게 하도록 해야 한다"고 주장했다. 만일 각 개인이 도덕적 행위에 대한 그 자신의 개별적 길을 택하는 경우 그 자신의 개별적 양심은 충족되겠으나 법은 법의 보편적 의무 부과성과 법의 보편적 적용성을 잃게 될 것이라고 보았다. 그렇게 되면 "법은 이반Ivan에 대해서는 이러한 것이 표트르Pyotr에 대해서는 저러한 것이 되며, 그리고 일반적인 인간 행동에 대한 의무적 규범으로서의 법의 종막을 의미하는 주관적이며 사적이고 개인주의적인 법이 될 것"이라고 경고했다. 그 경우 공법은 인간 관계의 공통적 규제자(規制子)로서 기능하지 못하게 된다고 경고했다. 트카초프는 법이 강제력에 바탕을 두고 있을 뿐만 아니라 법은 효과적인 적용 속에서 끊임없이 지지되고 유지되어야 한다는 점을 강조했다. 더구나 민간 사회에서 법과 경찰 및 법원에 의한 강제력의 적용은 인간 진보의 교사자(敎唆者)로 간주돼야지 그 당시의 무정부주의자들이 주장하는 바와 같이 그 반대로 간주되어서는 안 된다는 점을 강조했다. 그러나 그는 법은 강제적으로, 그리고 선한 목적을 위해 적용되지 않으면 안 된다고 보았다.

트카초프의 국가 이론은 전반적으로 요약해볼 때 권위주의에 대한 강조라는 특징을 갖고 있다. 이 입장은 그의 혁명조직론과 그리고 혁명 이후 독재권론에도 그대로 나타나며 이것은 또한 사회주의 인텔리겐치아에게 계승된다. 그 점 때문에 그의 국가 이론은 철저한 무정부주의자들로부터는 물론 라브로프의 추종자들로부터 위험스러운 것이라는 비판을 받았다. 권력은 그 사용자를 부패시키게 마련이며, 이 점은 권력이 절대에 접근했을 때 더욱 그렇다고 라브로프의 추종자들은 비판했다. 이 비판에 대해 트카초프는 이렇게 답하고 있다:

그대들은 무엇을 두려워하는가? 이 혁명적 소수자가 — 부분적으로는 그의 사회적 지위 때문에, 부분적으로는 그의 이상 때문에, 그리고 인민의 이익에 완전히 스스로를 바쳤기 때문에 — 그의 손에 권력을 장악함에 의해서 갑자기 대중적 폭군으로 변형된다고 생각하지 않으면 안 될 어떤 권리를 그대들은 갖고 있단 말인가?

　그대들은 주장하고 있다. "모든 권력은 인간을 부패시킨다"라고. 그러나 권력을 장악하고 있는 지도자들이 권력을 장악한 이후보다 권력을 장악하기 이전에 더 나은 사람들이었다는 생각을 그대들은 어디에서 얻었는가? 그들의 전기를 읽어보라. 그러면 그대들은 정반대의 인상을 갖게 될 것이다. 국민 의회의 일원이며 프랑스 운명에 대한 전권의 지배자였던 로베스피에르Maximillien Robespierre*와 혁명 이전 무명의 시골 변호사였던 로베스피에르는 하나이며 동일한 사람인 것이다. 권력은 어떤 방법으로도 로베스피에르의 도덕적 특성에서나 그의 이념과 의도에서나, 그리고 그의 가정에서의 행위조차에도 약간의 변화도 가져오지 않았다.[31]

　트카초프가 소수 음모가에 의한 혁명론을 전개했음은 앞에서 이미 지적했다. 그의 이론을 그의 '강력한 중앙 집권적 지도부' 론과 관련시켜 살펴보기로 하자. 트카초프는 "집권 정상층이 혼돈과 무질서 및 무정부 상태 또는 다두 정치(多頭政治)를 드러낼 때, 곧 정권이 동요하고 비틀거릴 때가 혁명을 일으키기에 가장 좋은 시기"라고 보았다. 이러한 현상이 일어날 때 "조직된 혁명가들"은 권력의 중앙부를 강타하고 구정권이 장악한 "강제력과 응징력," 곧 국가의 유효 권력을 제거하지 않으면 안 된다고 그는 주장했다. 그런데 그는 "강제력과 응징력의 제거"만으로는 충분하지 않고 이 사실을 대중에 공표하는 것이 중요하다고 역설했다. 그 사실이 널리 알려졌을 때에만 대중은 구정권에 대한 두려움에서 해방되어 그들의 무제한적 파괴력을 발산시킬 것이기 때문이라는 것이다. 완전히 사회주의 이념에 몸 바친 "헌신적인 직업적 혁명가들"로 구성될 "혁명의 타격군"은 엄격하고 빈틈없이 또한 중앙 집권적으로 조직돼야 한다고 그는 주장했다. 이 점에 대해 그는 『경종』에서 "혁명의 성공은 분산된 혁명의 세력들을 하나의 활성체로 통합하고 조직함에 달려 있다. 이 활성체는 또한 단일의 공통적 계획에 따라 행동할 수 있어야 하며 단일의

공통된 영도력에 복종할 수 있어야 한다. 곧 권력에 있어서는 중앙 집권, 기능에 있어서는 분권의 원칙에 바탕을 둔 조직이 되어야 한다"라고 썼다. 그리고 그는 그 혁명 조직이 철의 기율을 갖는 조직이 되지 않으면 안 된다는 것을 강조했다.

혁명 이후의 '노동자 국가' 론. '혁명의 파괴적 단계' 를 종식시킨 다음 소수의 혁명가 집단은 혁명의 '건설적 단계' 에 들어가서 '영원히 혁명적인 국가' 를 세워야 한다고 트카초프는 주장했다. 그러면 이 국가는 어떤 성격을 가져야 하는가? 그는 그 국가가 중앙 집권적인 국가여야 한다고 보았다. 혁명 이후 지방 분권화하는 것은, 그리고 민주주의로 가거나 연방제적인 조처로 넘어가는 것은 혁명의 목표를 파괴하게 될 위험성을 안고 있다는 것이다. 그 국가는 또한 완전히 권위주의적이어야 한다고 보았다. 사회 생활의 물질적 · 정신적 측면 모두에 대한 전체적 권력을 장악하고 있으며 경제와 입법권을 장악할 뿐 아니라 언론과 교육은 물론 가족 내부의 관계에 대해서조차 통제할 수 있는 힘을 국가는 가져야 한다는 것이다. 이에 저항하는 '불순 세력' 을 제거하기 위해 '공안위원회' 를 세울 것을 주장한 것도 그였다.

전반적으로 보아, 그는 러시아에는 서구의 어느 선진 공업 국가에서보다 혁명의 기운이 임박해 있다고 보면서, 그러나 혁명을 위한 기회는 혁명가에 의해 즉각적으로 포착되지 않으면 그 기회는 결코 다시 오지 않는다고 주장했다. 그의 주장은 러시아가 부르주아 자본주의의 단계를 거치지 않고도 사회주의에 도달할 수 있다는 것이었으며, 혁명 과정의 '주관적 요소' 를 더 강조한 것이었다. 앞서 지적했듯이 트카초프의 혁명 이론은 뒷날 레닌의 혁명 이론에 큰 영향을 미쳤다. 레닌이 1917년에 출판한 『국가와 혁명 *The State and Revolution*』은 바로 트카초프가 1876년에 출판한 『혁명과 국가 *Revolution and the State*』에서 따온 것이다. 또한 레닌의 전위대 당 이론, 엘리트에 의한 당 지도 이론, 소수 혁명가에 의한 권력의 장악 이론 등은 거의 모두 트카초프에게서 배운 것이라고 할 수 있다.

6. 라브로프와 네차예프의 생애와 사상

라브로프의 생애.[32] 인민주의 운동의 최초의 그리고 가장 중요한 철학자인 라브로프는 1823년에 프스코프 성에서 향신의 아들로 태어났다. 가정교사의 교육을 받은 다음 상트 페테르부르크의 포병학교를 마치고 19세인 1842년에 임관했다. 그뒤 거의 20년 동안 수도의 각종 군사 학교에서 수학과 과학사를 가르쳤는데 교수로서의 자질이 크게 인정되어 대령으로까지 승진했다. 어린 시절부터 라브로프는 철학에 깊은 관심을 보였다. 그리고 고대 그리스 철학으로부터 10세기 중엽의 유물주의 철학과 실증주의 철학에 이르기까지 두루 통할 정도로 실력을 쌓았다. 그의 사상적 경향은 실증주의로 기울어졌으나 칸트와 헤겔로부터도 큰 영향을 받았다. 그 역시 당시의 주도적인 잡지들에 논문을 기고하게 됐는데, 1859년에 『조국 연보』에 실린 「개성(個性) 이론의 개관」 같은 것이 그 한 보기였다. 1860년에는 「철학의 현대적 의의에 관해」라는 제목으로 상트 페테르부르크 최초의 대중 강연에서 자신의 철학을 쉽게 발표하기도 했다.

1860년대에 들어서면서 그도 차차 사회주의와 개혁주의로 기울어, 1863년에는 마침내 비밀 조직인 토지와 자유당에 가입하기에 이르렀다. 1866년에 토지와 자유당의 26세 청년 드미트리 카라코조프 Dmitry V. Karakozov가 알렉산드르 2세를 암살하려다가 실패한 사건이 일어났다. 이에 따라 카라코조프는 처형되고 토지와 자유당의 많은 과격 당원들이 체포됐을 때 라브로프도 거기서 빠져나오지 못해 모스크바 북부의 볼로그다 Vologda로 유배됐다. 유배지에서 그는 학문적 저술에 계속 몰두했다. 특히 체르니세프스키와 피사레프 추종자들의 자연과학 숭배를 공격하는 글들을 열심히 썼다. 그의 대표적 저술인 『역사 서한』은 바로 그런 목적에서 이 시기에 완성된 것이다. 1870년에 그는 파리로 탈출하는 데 성공했으며, 런던으로 옮겨가 마르크스와 엥겔스를 만난 뒤 1873년에 취리히에 정착했다. 그리고 여기서 인민주의적 사회주의 강령을 고취시킨

『전진』을 발간하기 시작했다. 그러나 자신의 추종 세력들의 전투성이 모자란다고 느껴지자, 보다 전투적이며 동시에 과격한 인민의 의지당의 이론적 기관지의 역할을 하게 되는 『인민 의지의 선전자』라는 잡지를 발간하게 됐다. 1894년에는 2권의 대작 『현대 사상사론』을 출간했고, 1900년에 77세의 나이로 파리에서 죽었다.

라브로프의 혁명 이론.[33] 라브로프의 혁명 이론은 1875년에 저술한 『미래 사회에서의 국가의 요소』에 가장 뚜렷이 나타나 있다. 그는 트카초프와는 달리 대중이 혁명에서 주요한 역할을 수행할 것이라고 보았고 또 차리의 전제 체제도 결국 대중 봉기에 의해 타도될 것이라고 보았다. 그러나 대중은 건드려주기만 하면 곧 혁명으로 폭발할 수 있을 것으로 본 바쿠닌과는 달리 대중은 지식인들의 선전 활동에 의해 교육돼야 한다고 주장했다. 라브로프가 농민에 대한 '선전의 예비 기간'을 강조했던 것은 이 때문이다. 그는 교육과 선전에 의해 깨어난 대중이 전제 체제를 붕괴시킬 수 있다고는 생각했다. 그러나 대중은 새 정권을 세울 능력은 없으므로 '비판적으로 사고하는 사람들'의 조직된 단체가 중핵을 형성한 혁명가들의 당이 새 정권을 세워야 한다고 보았다. 그리고 특히 혁명의 계기가 당도했을 때 당은 곧바로 행동으로 옮겨갈 준비가 되어 있지 않으면 안 된다고 주장했다.

그런데 여기서 우리가 다시 기억해야 할 것은 라브로프는 혁명이 인위적으로 일으켜질 수 없다는 점을 강조했다는 사실이다. 이 점은 그가 1873년에 쓴 「우리의 강령」에 뚜렷이 지적되어 있다. 그는 혁명을 '개인 의지의 산물'도 아니며 '한 그룹의 활동의 산물'도 아닌 '전체적인 일련의 복합적인 역사적 과정의 산물'로 보았던 것이다. 이 점은 직업적인 소수 혁명가들의 의지에 의한 혁명론과 대조되는 것으로 그의 다음의 글에서 명백히 나타난다: "역사적 사건의 진로(進路) 그 자체가 혁명의 시기는 왔으며 러시아 인민은 혁명을 맞을 준비가 되어 있다는 것을 보여줄 때만, 혁명을 일으키기 위해 인민들을 혁명에 뛰어들도록 요구할 권리를 혁명가는 갖는 것이다."[34]

권력을 장악한 다음 당은 러시아 사회 구조의 '혁명적 변혁'을 시도해야 하는데, 대중은 대체로 혁명에 무관심하거나 혁명 정부의 정책에 적대적일 수도 있으므로 이들이 새 질서를 받아들일 때까지의 과도기에는 사회주의 혁명 정당에 의한 독재 정치가 실시돼야 한다고 보았다. 그는 이것을 '과도기적 독재'라고 불렀으며, 이 과도기적 독재를 담당하는 정부를 당에 의해 통제되는 '집행부 회의'라고 불렀다. 그는 또한 러시아에 사회주의 정권이 세워지는 경우에는 서방의 자본주의 국가들이 침공할 염려가 있으므로 이에 대비해 '사회주의 군대'를 창설해야 한다고 주장했다. 그러면서도 이 군대가 반혁명 활동을 하지 못하도록 당에 충실한 정치 장교의 감시를 받아야 한다고 보았다. 라브로프의 정치장교론은 뒷날 트로츠키에 의해 계승된다. 확실히 라브로프는 1870년대 인민주의 운동의 이론을 체계화한 대표적인 철학자였다. 그의 인민주의 이론은 니콜라이 미하일로프스키 Nicolai Mikhailovsky에 의해 발전된다.

　　네차예프의 생애와 사상.[35] 가장 열광적인 러시아 혁명가들 가운데 한 사람인 네차예프는 1847년에 농노의 아들로 태어나 35세의 젊은 나이에 그가 10년 이상을 보낸 형무소에서 죽은 과격 행동주의자였다. 상트 페테르부르크 대학교에서 교육을 받았는데, 늘 프랑스 대혁명기의 혁명가들이었던 바뵈프 Francois N. Babeuf와 블랑키 Louis Auquste Blanqui*의 글들만을 읽으면서 비밀 결사의 조직을 꿈꿨다.[36] 대학에서 좌익 학생 운동을 주도했다가 경찰이 이 운동을 검거하기 시작하자 제네바로 망명했다. 그리고 거기서 바쿠닌을 만나 스승과 제자의 관계를 맺었다. 『혁명가의 교리 문답』이란 책은 이 두 사람의 친교의 결과로 나타난 것이다. 혁명가의 입장을 처음으로 완전하게 정리해놓은 책으로 러시아 혁명사에서 큰 위치를 차지하는 이 책의 내용을 윌슨 Edmund Wilson은 다음과 같이 재치 있게 요약하고 있다:

---

* 바뵈프는 프랑스 대혁명 시대의 좌익적 정치 선동가로 평등주의를 제창했다. 1797년에 37세의 나이로 처형됐다. 블랑키는 1800년대 프랑스의 혁명적 사회주의자로 평생에 걸쳐 33년 이상을 감옥에서 보냈다. 그와 그의 추종자들은 1871년에 파리 코뮌의 형태로 일어난 대중 봉기에서 중요한 역할을 담당했다. 저널리스트로 사회주의를 널리 홍보하는 일에도 힘썼다.

혁명가는 오직 한 가지, 혁명밖엔 생각하지 않는다. 그리고 그는 유식 사회의 모든 법률 모든 윤리와 절연한다. 유식자들 사회에 끼여 살며 유식자인 체하지만 그것은 그 유식자들 사회를 더욱 자신 있게 쳐부수기 위할 따름이다. 〔……〕 그는 냉철해야 한다. 죽음을 각오하고, 고문을 이겨낼 힘을 기르고, 개인 감정을 일체 죽여버릴 각오가 있어야 한다. 염치라는 것이 자기 목적에 방해될 경우엔 염치까지도 없애버려야 한다. 자기 목적에 도움이 될 사람에게만은 우애를 느껴도 좋다. 열등 혁명가는 얼마든지 희생시켜야 한다. 이를테면 자본 소모나 다름없게 여겨야 한다. 동지가 잡혀가는 경우엔 그 이용 가치에 따라 그리고 혁명력의 소모 관계 여하를 고려하여 그 구출 여부를 결정할 것이다. 〔……〕

혁명가의 목표는 다만 한 가지, 육체 노동자들의 자유와 행복, 이것뿐이다. 그러나 이 목표는 일체를 파괴하는 민중 혁명으로써만 달성되는 만큼 혁명가는 전력을 다해서 악폐를 조장하여 민중들이 더 참을 길 없이 들고일어나게끔 해야 한다. 러시아에서는 서양 각국에 유행하는 혁명 방식을 버려야 한다. 이런 혁명 방식은 언제나 사유 재산 제도와 소위 문명과 도덕이라는 종래의 사회 질서를 그대로 따르게 마련이요, 한 국가를 쓰러뜨리고 새 국가를 또 하나 만드는 데 지나지 않기 때문이다. 러시아의 혁명가는 국가와 국가의 모든 전통, 모든 제도, 모든 계급을 전멸시켜야 한다. 따라서 혁명을 선동하는 집단은 상부로부터 민중에게 어떤 정치 조직을 강요하려고 해서는 안 된다. 장래 사회의 조직은 반드시 민중 자체 속에서부터 생겨날 터이니까 말이다. 우리가 할 일은 파괴 그것뿐이다. 완전하고 전면적인 무섭고 무자비한 파괴 말이다. 그리고 이 목적을 위해서 우리는 대중 가운데 완강한 반항분자들과 손잡을 뿐만 아니라 또한 대담한 악당들과 손잡아야 한다.[37]

네차예프는 '도끼' 또는 '인민의 정의'라고 불린 혁명 단체를 조직하고 당원의 절제와 국가 및 엄격한 규율 등을 강조하는 한편, 혁명을 촉진하는 일체의 행위는 도덕적이며 혁명을 저해하는 일체의 행위는 비도덕적이라는 새로운 도덕률을 제시했다. 그의 주장은 뒷날 레닌에 의해 모두 받아들여졌는데, 특히 네차예프의 새로운 도덕률에 대해 레닌은 이렇게 논평했다: "이 점을 기억하라. 우리와 같은 입장을 취하지 않는 자는 우리에 반대하는 자이며 우리에 반대하는 자는 우리의 적이다. 우리의 적은 어떠한 수단에 의해서라도 절멸되어야 한다."[38)]

7. 알렉산드르 2세의 암살

우리는 앞에서 인민주의자들의 과격 그룹이 혁명을 촉진하는 방법의 하나로 폭력 수단에 의존하게 됐다는 점을 지적했었다. 인민의 의지당이 바로 그 세력이었다. 이들은 테러리즘을 통해 국가를 '분해'시킬 수 있다고 믿었던 것이다. 정치 요인에 대한 이들의 폭력 행위로 유명했던 것은 베라 자수리치 Vera Zasulich라는 한 젊은 여자의 트레포프 D. F. Trepov 장군 암살 미수 사건이었다. 트레포프는 당시 상트 페테르부르크 경찰국장으로 성격이 몹시 거칠었다. 권력을 행사하는 데 큰 취미가 있었고 남을 지배한다는 생각만으로도 기뻐 어쩔 줄 모르는 일종의 정신적 미숙아였다. 대단히 무자비해서 1863년에 폴란드의 민중들이 러시아의 지배에 견디다 못해 반란을 일으켰을 때 민간인에게까지 무조건 발포했었고, 이 공로로 출세하기 시작했다. 그러면서도 오페라라든가 음악회나 미술 전시회의 후원자로 이름내기를 좋아했다. 크랭크쇼 Edward Crankshaw의 표현으로 "상트 페테르부르크에서 사람들이 가장 두려워한 사내였고, 사악한 기질을 가진, 멋내기 좋아하는 가학형의 인간"[39)]이었다.

이러한 그를 1878년 1월에 스물여섯 살의 미혼 여성으로 이미 노련한 혁명가로 꼽히던 자수리치가 권총으로 쏘았던 것이다. 1852년에 스몰렌스크 Smolensk에서 지주의 딸로 태어나 열일곱 살 때 혁명 조직에 가담했다가 체포되어 4년 동안 형무소와 유배지에서 보낸 그녀는 계속해서 반정부 활동에 종사하고 있었다. 그러던 중 트레포프가 정치범 보골리우보프 A. Bogoliubov를 사람들이 보는 앞에서 매질했다는 소식을 듣고는 '인

간의 존엄성을 행동으로 옹호하기로 결심하고' 트레포프의 암살을 시도
했던 것이다. 그러나 죽이지는 못하고 상처만 입히는 것으로 끝났다. 자
수리치는 살인 미수 혐의로 재판에 회부됐다. 살인 미수의 증거가 명확
했으나 놀랍게도 배심원들은 그 증거를 채택하지 않고 무죄 평결을 내렸
다. 경찰이 법정에서 무죄 석방되는 그녀를 다시 체포하려 하자 방청객
들이 방해하여 그녀는 무사히 법정을 나와 곧 망명가들의 '지하 열차'를
통해 제네바로 망명할 수 있었다.[40]

　　자수리치의 뒤를 이어 정부 고관에 대한 암살 시도가 계속 발생했다.
그리고 이를 보다 조직화하기 위해 젤리아보프A. I. Zheliabov는 토지와
자유당 안에 암살단을 만들어냈다. 이 암살단은 어느 누구보다도 차리의
목숨을 겨냥한 것이 그 특징이었다. 그들은 자신들이 '야수의 사냥'이라
고 부른 차리의 암살에 무려 2년 동안 정열을 쏟았다. 그 각고의 노력이
열매를 맺는 듯도 했다. 차리의 겨울 궁전에서 일하는 목수 스테판 할투
린S. N. Khalturin으로 하여금 차리의 식탁에 식사 시간에 맞춰 폭발할 폭
탄을 걸어놓게 하는 데 성공했던 것이다. 그러나 폭탄이 미리 폭발하는
바람에 차리의 목숨을 빼앗지 못했다. 오히려 젤리아보프를 비롯한 암살
단원들이 모두 잡혀 처형되는 결과를 가져왔다.[41]

　　그러나 과격 행동주의자들의 차리 암살은 마침내 실현됐다. 1881년 3
월 1일이었다. 소피아 페로브스카이아Sophia Perovskaia란 여자가 이끈
음모자들이 수도의 중심가를 지나가는 알렉산드르 2세의 마차에 폭탄을
던지는 데 성공한 것이다. 첫번째 폭탄으로 마차가 부서지자 차리는 뛰
어내려 죽거나 다친 부하들을 돌보고 있었는데, 두번째 폭탄이 날아들어
그의 하반신을 갈기갈기 찢어버린 것이다. 그러면 이 대담한 암살자는
어떤 사람이었는가? 그녀는 부유한 귀족이자 고관의 딸로 일찍부터 농
민들의 고통에 눈을 돌려 농업 교사의 자격을 얻은 뒤 처녀의 몸으로 농
촌으로 들어가 일하면서 혁명 사상을 키웠다. 자연히 인민의 의지당에
가입했으며 몇몇 동지들과 함께 기사(技士) 니콜라이 이바노비치 히발
리치치Nicolai Ivanovich Khivalichichi의 지도를 받으며 지뢰와 폭탄을 만
들었던 것이다.[42]

차리의 암살은 혁명 운동에 일단 찬물을 끼얹었다. 일반 대중들이 처참하게 암살당한 차리에게 깊은 동정심을 나타냈고 테러리즘에 대한 반감을 명백히했다. 이러한 사회 심리적 분위기는 과격 행동주의자들을 의기 소침하게 만들었다. 혁명 세력에 대한 대대적인 검거와 처형의 선풍은 혁명 세력의 씨를 말릴 것 같은 기세였다. 마치 데카프리스트들의 반란이 니콜라이 1세의 반동 정치를 가져왔듯이, 알렉산드르 2세의 암살은 그를 이은 알렉산드르 3세의 반동 정치를 가져온 것이었다.

종합적으로 시로프 교수는 다음과 같이 매듭지었다: "인민주의자들은 농민들을 혁명의 길로 이끌지 못했다. 러시아가 자본주의 과정을 피해갈 수 있으리라는 그들의 신념은 잘못된 것이었다. 러시아는 이미 그 길로 들어서고 있었던 것이다. '인민의 의지' 당원들의 투쟁 방식 또한 깊은 결함 속으로 빠져들고 있었는데, 그것은 바로 개인적인 테러 행위로 말미암아 이들이 대중들로부터 유리됐고 파멸의 길로 빠져들게 됐다는 사실이다. 그러나 희생은 헛되지 않았다. 인민주의자들이 보여준 대담하고 영웅적인 행동과 희생 정신, 놀랄 만한 비밀 음모의 체험, 심지어 그들이 저지른 실수까지도 인민 과업을 위한 새로운 세대의 혁명 투사들에겐 하나의 교훈이 되어 그들이 자라나는 밑거름이 됐던 것이다."[43]

제6장

알렉산드르 3세의 반개혁 대 플레하노프의
러시아 최초의 마르크시스트 조직

19세기 러시아에는 다섯 명의 차리가 나왔다. 그런데, 파이프스 교수가 지적했듯이, 성격의 관점에서 강(强)과 약(弱)의 순서로 이어졌다. 약한 알렉산드르 1세, 강한 니콜라이 1세, 약한 알렉산드르 2세, 강한 알렉산드르 3세, 약한 니콜라이 2세의 순서가 그것이다.[1] 약한 알렉산드르 2세가 암살된 뒤 제위에 오른 그의 맏아들 알렉산드르 3세는 우선 신체적으로 거인이었다. 맨손으로 큰 주석 잔을 찌그러뜨리거나 맨몸으로 자물쇠로 닫아놓은 문을 부수고 들어가는 힘을 가졌다. 정신적으로도 대담해서 무력을 동원하는 데 주저함이 없었다. 이러한 성격의 그가 부황(父皇)의 암살을 본 뒤 즉위했으니 반체제 세력에 대해 철권 통치로 임하는 것이 놀라운 일은 아니었다. 그러나 반체제 세력 역시 쉽게 굴복하지 않았다. 차리즘을 반드시 타도하고 말겠다는 "진실된 신앙인들"[2]이 줄을 이어 나타난 것이다. 이러한 흐름 속에서 알렉산드르 3세 치세의 러시아는 마침내 러시아 역사상 최초의 마르크시스트 조직이 '러시아 마르크시즘의 아버지' 플레하노프의 지도 아래 등장하는 것을 보게 됐다.

이 장은 우선 알렉산드르 3세의 강압 통치를 살핀 뒤 주로 이 마르크시스트 조직이 등장하는 과정을 설명하기로 한다. 특히 이 조직에 대해서뿐만 아니라 그 이후에 펼쳐지는 러시아 반체제 운동에 대해서도, 그리고 레닌에 대해서도 커다란 영향을 미친 플레하노프의 혁명 사상과 혁명 운동에 대해 자세히 설명하기로 한다.

1. 알렉산드르 3세의 강압 통치

반동의 기수들. 아버지 차리가 인민주의자들의 손에 폭사하는 것을 보면서 36세의 젊은 나이에 즉위한 알렉산드르 3세는 본능적으로 차리즘의 강화로 기울어졌다. 이로써 '반개혁(反改革)의 시대'가 열렸다. 알렉산드르 3세가 혁명을 탄압하고 차리즘을 강화시켜야겠다고 결심했을 때 그를 적극적으로 뒷받침했던 '반동의 기수들'은, 알렉산드르 3세의 가정 교사였으며 1880년에 신성 종교 회의 의장이었고 모스크바 대학교 법학부 교수를 지낸 포베도노스체프Konstantin Pobedonostsev, 1882년에 내무부 대신이 된 드미트리 톨스토이Dmitrii Tolstoy와 교육부 대신이 된 델랴노프Ivan Delianov였다. 이 세 사람 가운데서도 대표적인 사람이 포베도노스체프였다. 그는 인간이란 원래 약하고 악하며 인간의 이성이라는 것도 오류성과 위험성을 동시에 지니고 있어서 인간에 대한 강력한 통제가 요청된다고 전제한 다음, 국가의 가장 고귀한 목적은 사람들 사이에 법률과 질서와 안정 및 통합을 유지시키는 데 있으므로, 차리는 전제주의를 더욱 강화하고 러시아 정교를 통한 교화를 더욱 충실히함으로서 그 목적을 달성해야 한다고 주장했다. 이들밖에도 우리가 제4장에서 살폈던 범슬라브주의자 악사코프와 언론인 카트코프Katkov가 차리의 입장을 옹호했다.

이러한 통치 철학을 뒷받침하기 위해 알렉산드르 3세는 1881년 늦은 여름에 '임시 법규'를 발표했다. 이것은 '공공의 질서를 위협하는 사람들'을 군법 회의를 통해 체포하여 수사하고 재판하여 투옥하거나 유형시키는 것을 가능하게 만들었으며, 또 이 과정에 관련된 관리들이 폭넓은 권리를 행사하는 것을 허용했다. 원래 3년의 시한부로 발표된 이 법규는 계속해서 갱신됐으며, 그 결과 알렉산드르 3세 치하는 사실상의 계엄 통치였다고 해도 과장이 아니었다. 알렉산드르 3세는 또 이듬해에 새로운 언론 규제령을 내려, 특히 급진적 언론을 철저히 억눌렀으며 온건한 자유주의적 언론도 통제했다. 이어 새로운 대학령을 발표하여, 대학의 자치를 사실상 폐지했고 각급 교육 기관에서의 종교 교육을 강화했다. 농민들에 대한 통제를 강화하기 위해서는 젬스키 나찰니크 zemskii nachalnik라는 새로운 지방 관리관들을 각급 지방 행정 기관들에 파견했는데, 행정권에 사법권까지 지닌 이 관리들은 농민들에 대한 직접적인 관료적·사법적 통제권을 행사했다.

알렉산드르 2세가 채택했던 젬스트보 제도도 크게 후퇴시켰다. 곧, 젬스트보 의원을 선출할 수 있는 유권자의 법적 조건을 크게 제약해 유권자의 수를 엄청나게 줄여놓았는데, 그들은 거의 전부가 상당한 수준의 재산을 가진 귀족들이었다. 같은 조처 아래, 농민들은 의원 후보들만을 선출하는 수준으로 그 권리가 줄어들었다. 또 같은 조처 아래, 내무부 대신은 젬스트보 운영위원회 위원장을 승인하는 권리를 지니게 됐고, 각급 행정관들은 거기에 상응하는 젬스트보 직원들을 승인하는 권리를 지니게 됐다. 알렉산드르 3세는 러시아 정교를 통한 러시아화 정책을 강력히 추진했다. 그는 러시아 정교를 믿지 않는 사람들에 대해 차별하거나 박해하는 정책을 썼으며, 러시아의 판도 안에 사는 많은 소수 민족들 또는 이민족들에게 러시아 정교를 믿도록 강요했다. 그의 이러한 정책은 폴란드 사람들과 핀란드 사람들 및 그루지야 사람들, 그리고 아르메니아 사람들에게까지 확대됐다. 이 정책으로 가장 큰 고통을 받은 소수 민족은 유태인들이었다. 그들은 이미 여러 조처들에 의해 권리가 상당히 제한되어 있었는데, 새로운 제한 조처들이 추가됐던 것이다. 이처럼 알렉산드르 3세는 변화를 막아내기 위한 벽을 세웠지만, 우리가 뒤에서 보게 되듯, 그 벽은 오히려 새로운 압력이 쌓이는 댐의 역할을 하게 된다.

모로조프 노동자들의 파업. 알렉산드르 3세의 반동적 정책의 대상들에서 노동자들이 예외일 수는 없었다. 앞에서 이미 몇 차례 지적했듯이, 알렉산드르 2세의 개혁 이후 러시아에서는 자본주의적 생산이 점진적으로 발달하고 있었으며, 그 결과로 노동자들이 늘어나고 있었다. 노동자들의 인간 조건은 너무나 열악했다. 시로프 교수에 따르면, "공장주들은 근로 보호법이 없음을 이용하여 노동자들로 하여금 하루에 12~14시간씩 일하도록 강요하고는 보잘것없는 임금을 지불했으며, 게다가 벌금이란 명목으로 임금의 많은 부분을 공제하곤 했다.”[3] 부녀자들과 아이들도 공장에서 성인 남자들과 거의 똑같이 일하는 경우가 많았으나, 그 대가는 훨씬 더 적었다. 다시 시로프에 따르면, “작업장은 숨이 막힐 정도로 비좁고 어두웠다. 노동자들은 토굴이나 움막에 살면서 잠은 판자바닥에서 잤다. 또, 노동자들은 과로와 만성적인 영양 실조, 비위생적인 생활 환경 등으로 말미암아 결핵이나 그 밖의 여러 질병에 쉽게 감염되곤 했다. 이 때문에 노동자들이 40세도 채 되기 전에 목숨을 잃었으며, 그들의 자녀들 역시 대부분이 어린 나이에 죽어갔다.” 이러한 상황인데도 알렉산드르 3세는 공장주들의 입장을 옹호했다.

더 이상 견디기 어려워진 노동자들은 임금의 인상과 작업 시간의 단축을 요구하면서 동맹 파업에 호소하기 시작했다. 그 가운데 가장 심각했던 동맹 파업은 1885년 1월에 블라디미르 성(省) 니콜리스코예 마을의 한 면방직 공장에서 일어났다. 티모페이 모로조프 T. Morozov가 경영하는 이 공장에서 일하는 약 12,000명의 노동자들이 상트 페테르부르크의 노동 운동계에서 풍부한 경험을 쌓은 표트르 모이센코 Pyotr Moiseenko의 일사불란한 지휘 아래 봉기한 것이다. 놀란 성(省) 지사는 군대를 동원해서야 겨우 파업을 진압할 수 있었다. 그래도 노동자들은 꺾이지 않았다. 1886년 5월에 파업 지도자 33인에 대한 재판이 열렸을 때, 그들은 조금도 굽힘이 없이 자신들의 처참한 생활상을 폭로하면서 공장주의 야만적인 착취상을 규탄했다. 이 사건은 정부 당국의 간담을 서늘하게 만들었으며, 알렉산드르 3세로 하여금 1886년 6월에 새로운 법률을 공포하게 만들었다. 이 법률은 공장주들로 하여금 적어도 한 달에 한 번 임금을 지급할 것과 해고할 경우에는 당사자에게 2주 앞서 미리 알릴 것을 의무화했다. 또, 공장주들이 노동자들에게 부과하는 벌금이 임금의 3분의 1을 넘을 수 없게 했다. 한편, 공장주들은 공장주들대로 이 사건 이후에는 노동자들에 대해 신중한 태도를 취하기 시작했다. 확실히 모로조프 공장의 파업은 그 뒤의 러시아의 노동 운동에 매우 큰 영향을 끼쳤다.[4]

이상에서 우리는 알렉산드르 3세의 반동적 정책들을 살펴보았는데, 아무리 반동적 차리라고 하여 모든 정책을 시대의 흐름에 거슬리는 방향으

로만 끌고 갈 수는 없었다. 재정 및 경제 분야에서는 몇 가지 건설적인
조치들을 취했는데, 그 대표적인 보기가 재무부 대신 붕게 Nicolai Bunge
시대의 농민 토지 은행 설립 및 인두세의 폐지 등, 그리고 그의 후임자들
인 비슈네그라드스키 Ivan Vyshnegradsky와 위테 Sergei I. Witte 시대의 국
철(國鐵) 확충 및 중공업 진흥 등이었다.

2. 공업화와 노동 계급의 등장

인민주의의 호소력이 약해지다. 알렉산드르 3세 치세인 1891년과 1892년
2년 동안 러시아에는 커다란 가뭄이 들었으며, 이로 말미암아 농민들은
말할 수 없는 참혹한 상태에 빠졌다. 수백만의 농민이 굶주림과 질병에
시달리고 있었다. 그런데도 정부는 아무런 구제책을 쓰지 않았다. 사실
자체가 도시에 알려지는 것을 막으려 했으며, 수도에는 비축된 곡식이
충분히 있었으나 제대로 풀지 않았고 대외 수출을 중단하지도 않았다.
정부의 이러한 무능과 냉혹은 반동의 시대인 1880년대에 침묵과 망각에
빠졌던 많은 지식인들을 격분시켰으며 겨울잠을 자던 사회 의식을 소생
시켰다. 슬라브주의적 자유주의자들과 온건파 자유주의자들은 구조 사
업대를 조직하여 농촌으로 달려갔다. 그들에 비해 좌파적 자유주의자들
과 혁명적 사회주의자들은 자선적·시혜적 방법으로 농민의 고통이 줄
어드는 것은 아니라 보고 오직 차리즘의 타도만이 해답이라고 맞섰다.
그러나 알렉산드르 3세는 조금도 움직이지 않았다. 그리하여 그들은 '위
로부터의 개혁'이 없다면 '아래로부터의 혁명'이 반드시 있어야 한다고
확신하게 됐다.

그들은 '아래로부터의 혁명'에 더 깊이 몰두하면서 인민주의자들의
이론과 예측이 잘못된 것임을 깨달았다. 대기근을 계기로 자신들이 스스
로 농촌을 살펴보니, "러시아의 농촌에는 본능적으로 공산주의적인 협동
정신이 살아 있고 공동체적인 생활 양식이 뿌려내려 있다"는 인민주의자
들의 분석은 순전히 목가적인 것이었다. "공산주의적인 러시아의 농민

공동체가 러시아 사회주의의 바탕이 될 수 있는 만큼, 러시아는 자본주의 단계를 밟지 않고도 사회주의 단계에 들어갈 수 있다"는 인민주의자들의 예견은 이제 더 이상 지탱될 수 없다고 그들은 믿게 됐다. "러시아의 농민들이 종국엔 봉기하여 차리즘을 타도하는 계기를 열 것"이라는 인민주의자들의 또 하나의 예견도 한낱 미몽이었음이 확실해졌다. 그 상상을 넘어선 기아와 억압 아래서도 농민들은 일어나지 않았다. 라진의 반란과 푸가초프의 반란은 근대 러시아에서는 후계자를 발견하지 못하고 있었다. 이러한 상황은 인민주의자들의 믿음을 크게 약화시켰다.

마르크시즘에 대한 관심이 커지다. 반면에 농민 공동체는 몰락해버릴 것이며 농민은 혁명적 잠재력을 갖고 있지 못하다고 주장했던 마르크시스트적 분석에 대한 신뢰가 높아졌다. 마르크시즘적 분석에 대한 신뢰는 러시아에서 산업 혁명이 진행되면서 한층 더 높아졌다. 1880년대말과 1890년대초에 러시아는 유능하고 활동적인 재무부 대신 위테의 주도 아래 공업화를 추진하고 있었다. 러시아의 산수화적인 풍경은 이제 버섯처럼 솟아오른 공장들로 채워지기 시작했으며, 철도가 가설되고 도로가 넓혀졌다. 보호 관세 제도의 실시와 금융 제도의 확장은 공업 팽창을 촉진시켰다. 농노 해방으로부터 30년이 지났기에 공장 노동자의 확보에는 아무런 어려움이 없었다. 게다가 가뭄은 보수적인 농민들마저 도시로 떼지어 몰려들게 만들었다. 이제 러시아에 혁명적 잠재 세력으로서 프롤레타리아트가 존재한다는 주장을 아무도 부인할 수 없게 됐다. 실제로 그들은 보다 나은 임금과 노동 조건을 위해 투쟁하고 있었다. 이러한 상황은 프롤레타리아트를 사회주의 혁명의 주력 세력으로 인정하고 그 출발점에서 혁명 이론을 전개하는 마르크시즘적 분석 방법에 보다 많은 관심을 쏟게 만들었다. 다시 말해, '과학적 사회주의'라고 주장하는 마르크시즘은 공업화된 자본주의 사회에서 공장 노동자들에 의한 혁명이 반드시 일어난다는 '복음'을 가르쳐주는 것으로, 그 '복음'은 혁명을 열망해온 인텔리겐치아의 목마름을 풀어주기에 충분했다.[5]

3. 마르크시즘의 내용

여기서 우리는 일단 마르크시즘의 내용이 어떤 것인가를 간단히 살펴기로 한다.[6]

마르크시즘의 선구. 유럽의 사상적 전통 속에는 오늘날 우리가 사회주의나 공산주의라고 부르는 이념적 요소를 갖고 있는 정치 사상이 언제나 흐르고 있었다. 그 잠재적인 사상은 프랑스 대혁명을 전후하여 인간의 평등이란 구호로 표면화됐다. 평등을 신분의 차별로부터 해방된 법적 평등으로 이해한 자유주의자들에 반대해, 재산이나 부의 평등으로 이해한 바뵈프 등은 바로 근대 공산주의의 초기 사상가들이다. 사유 재산 제도의 폐지와 경제적 평등을 위한 혁명적 독재를 기도한 그들의 입장은 계속하여 근대 공산주의의 핵심이 되어왔다. 19세기에 들어서서 영국을 비롯한 유럽 여러 나라들에선 산업 혁명이 급속히 진행되어 국가적 생산력과 부의 획기적 증가를 가져왔다. 그러나 생산의 기계화는 노동 임금의 저하를 가져왔고, 도시를 중심으로 건설되는 공장은 낮은 임금에 허덕이는 노동 인구를 도시로 집중시켰다. 산업 혁명이 부의 절대적인 증가를 가져온 것도 사실이지만, 경제적 불평등의 심화라는 새로운 사회 문제를 낳은 것도 사실이었다.

이 심각한 불평등의 문제는 고전적 자유주의에 대한 불신을 가져왔다. 새로운 사회 및 경제 문제가 자유 방임 속에서 '보이지 않는 손'에 의해 해결되리라고 믿기에는 사태가 너무 심각했다. 이러한 상황 속에서 나타난 사람들이 이른바 '공상적 사회주의자들'이다. 생 시몽과 푸리에 및 오웬 Robert Owen 등이 바로 그 대표적인 사람들인데, 이들은 불평등의 문제를 주로 사회 환경의 개혁으로 해결하려다가 결국 성공하지 못했다. 영국의 세계적 철학자인 러셀 Bertrand Russell은 서구에서 공상적 차원을 떠나 실제의 정치와 그리고 실제의 정치적 권력과 결합된 사회주의는 마르크스와 엥겔스로부터 시작됐다고 지적했다. 그들 이전의 사회주의는 공상적인 꿈에 빠져 있었고 강력하고 안정된 정당을 설립하는 데 실패했으나, 마르크스와 엥겔스는 정치 권력의 획득을 목표 삼으며 또한 정치 권력을 통해 실현하겠다고 하는 사회주의의 교리를 체계적으로 형성했다는 것이다. 마르크스와 엥겔스도 스스로의 사회주의를 '과학적'이라고 불렀다. 그러면 마르크스의 '과학적 사회주의' 이론의 골격은 무엇인가.

변증 유물론. 첫째, 변증법적 유물론이다. '역사를 움직여나가는 힘'이 무엇인가에 대해서는 많은 해답이 있어왔다. 어떤 이는 신(神)의 의지라고 했고, 또 어떤 이는 문화의 순환이라고 했다. 이에 대해 마르크스는 그 답을 변증법적 유물론에서 찾았다. 사회는 유물 변증법의 원칙을 따라 흥기·발전·소멸한다는 것이다. 변증법이란 용어는 원래 고대 그리스에서 논쟁의 한 방법을 의미했던 것으로, 어떤 개념을 정립하면 그에 대한 부정 개념을 반정립(反定立)하고 이들을 종합 개념으로 이끄는 논리적 방법을 말한다. 이 변증법적 과정은 결국 낡은 것의 부정과 새로운 것의 창조를 의미하는데, 마르크스는 이 변증법적 과정이 사회 질서 안에서도 작용하고 있으며 따라서 모든 사회는 내적 반대를 자극하거나 만들어내며 이것이 새로운 사회로 발전되어나가는 것이라고 보았다. 이 변증법적 과정에서 동력은 무엇인가? 헤겔은 주관과 객관, 이상과 현실, 추상과 구체가 종합되는 절대 이념이 바로 동력이라고 보았다. 여기에 대해 마르크스는 인간 생활에서 물질적 요소가 역사를 움직이는 기본적 힘이며 이념·예술·종교·철학·정치 제도 따위들은 파생적 힘이라고 주장했다. 이 후자들은 자율적인 힘도 되지 못하며 어느 주어진 사회의 물질적 조건에 종속되어 있다고 그는 보았다.

유물사관. 둘째, 유물사관이다. 마르크스는 변증법적 유물론으로 인류의 역사를 다음과 같이 풀어보았다: 인간은 원래 자연에 의해, 그리고 차차 인간의 인위적 환경에 의해 부과된 필요, 곧 의·식·주를 만족시키기 위해, 자연으로부터 무엇을 추출하거나 가공한다. 즉 노동에 의한 생산을 통해 필요를 충족시킨다. 이처럼 인간이 그의 필요를 충족시키기 위해 갖고 있는 기계나 공장이나 또는 과학·기술상의 지식이 생산력 또는 생산 수단이며, 생산 수단의 소유 및 통제 제도를 비롯한 경제 체제가 생산 관계 또는 생산 양식이다. 그런데 생산력은 생산 양식의 기본 성격을 결정한다. 예컨대 토지가 생산의 주요 수단인 사회에서는 봉건 체제가 나타나고, 기계가 생산의 주요 수단인 사회에서는 자본주의 체제가 나타난다. 생산 양식은 또한 사회의 정치적·정신적·사회적 모든 가치와 조직을 결정한다. 예컨대 경제라는 하부 구조의 성격이 정치·종교·철학·문화 등의 상부 구조의 성격을 규정한다. 이것이 경제적 결정론이다.

그런데 사회의 진화는 이 생산력과 생산 양식의 모순에 의해 이루어진다. 사회의 물질적 생산력이 그 발전의 일정한 단계에 이르면 기존 생산 양식 또는 그 법률적 표현인 기존 소유 관계와 모순되게 되며 기존 생산 양식은 생산력 발전에 대해 장애물로 나타난다. 예컨대 증기 기관이라는 새로운 생산력의 발전을 봉건 제도라는 기존 생산 양식은 도저히 감당할 수 없게 된다. 이때가 바로 사회 혁명의 시기이다. 왜냐하면 이때에는 반드시 생산력 발전에 장애가 되는 기존 생산 양식이 무너지고 생산력 발전에 유리한 새로운 생산 양식, 전례에 준하면 자본주의 체제가 나타나게 되며, 새로운 생산 양식은 다시 새로운 하부 구조가 되어 일체의 기존 상부 구조를 새 하부 구조와 동일한 성격으로 변혁시키고, 또 기존 생산 양식 때문에 부당 이익을 본 종래의 착취 계급은 생산력 발전에 주도적 역할을 담당한 피착취 계급에 의해 타도된다.

자본주의 체제는 산업 혁명에 따라 봉건 체제 안에서 발생한 것이다. 그런데 자본주의 체제 안에서도 생산력의 발전이 고도화하여 현존 자본주의 체제로서는 도저히 이를 감당할 수 없게 되면, 이때에는 현존 자본주의 체제는 무너지고 그 대신 고도화된 생산력에 적합한 새로운 사회주의 체제가 나타나며 이것이 새 하부 구조가 되어 사회주의적인 정치·법률·종교·문화 등의 상부 구조가 형성된다. 이것이 선진 자본주의 국가에서는 필연적으로 발생할 사회주의 혁명이다. 이상이 마르크스 유물사관의 개요이다.

자본주의 사회와 혁명론. 셋째, 그의 유물사관과 변증 유물론에 의한 자본주의 사회의 분석이다. 그의 분석에 의하면, 1) 자본주의 체제 또한 그 체제를 붕괴시키고 새로운 체제를 만들어낼 내적 모순을 갖고 있는데,

그것은 바로 자본주의 체제의 지배적 생산 수단을 움직이고 있는 공장 노동자들이다. 그의 잉여 노동 가치설에 의하면, 모든 가치는 노동에 의해 창조되는데 바로 노동자가 만들어낸 잉여가치를 생산 수단을 소유한 자본가들이 착취하고 노동자들에게는 목숨을 유지할 만큼의 임금밖에는 지불하지 않는다는 것이다. 이것이 인간에 의한 인간의 착취라고 마르크스는 주장했다.

　2) 자본주의가 발전하면 할수록 필연적으로 과잉 생산과 실업자의 증대 및 임금의 저하가 연쇄적으로 나타나 임금 노동자의 생활은 점점 비참해지고 프롤레타리아의 수는 점점 늘어나는 한편, 생산 수단은 점점 소수의 자본가에게 집중 또는 독점된다고 보았다. 이러한 부의 집중화와 프롤레타리아의 빈곤화는 결국 프롤레타리아의 구매력을 거의 영화(零化)시켜 경제 침체 및 공황을 가져오는데, 이 일련의 위기들이 결국 자본주의 체제 전체를 붕괴시킨다고 마르크스는 예언했다. 그런데 마르크스는 자본주의 체제의 붕괴와 이에 따른 사회주의로의 전이(轉移)는 반드시 '프롤레타리아 혁명'에 의해 '필연적'으로 이뤄진다고 보았다. 이 점이 바로 마르크스의 사회주의와 다른 사람들의 사회주의를 구별짓게 하는 구분선이다.[7] 이 점을 이해하기 위해 그의 유물사관의 테두리에서 그의 계급 투쟁설을 보기로 한다.

계급 혁명과 국가 소멸설. 마르크스는 어느 한 사회에서 그 사회의 지배적인 생산 양식은 반드시 그에 따른 이익과 그에 상충하는 이익을 낳으며 이것이 사회를 여러 대립하는 계급으로 분열시키는데, 지배적인 생산 양식을 장악하고 있는 계급은 그들의 이익을 보호하기 위해 정부와 법률로 상징되는 국가 기관을 만들어 비지배적 계급을 억압하거나 착취한다고 보았다. 바꿔 말해 국가는 한 지배 계급이 자기 계급의 이익을 옹호하고 다른 계급을 억압하기 위한 조직이며 모든 실정법은 이 목적을 위한 도구라는 것이다. 그런데 지배 계급은 바로 이 국가 기관을 장악하고 있어서 결코 역사의 무대에서 제 발로 걸어나가지 않으며 혁명에 의해서만 타도된다는 것이다. 이런 관점에서 그는 1848년의 『공산당 선언』에서 "아직까지 존재해온 모든 사회의 역사는 계급 투쟁의 역사였다"라고 썼다. 그는 특히 자본주의가 고도로 발달한 선진 공업 국가에서 자본가와 프롤레타리아의 계급 투쟁이 첨예화하여 계급 혁명이 먼저 발생할 것이라고 보았다. 그는 사유 재산의 폐기와 공동체에 의한 생산 수단의 소유를 의미하는 사회주의 체제에서는 경제적 불평등을 바탕으로 한 사회 계급 그 자체가 사라지며 따라서 사회 계급을 바탕으로 한 국가도 소멸된다고 보았다. 이것이 이른바 국가 소멸설이다.

마르크시즘의 약점. 이른바 과학적 사회주의라고 불리는 이 마르크시즘은 적어도 세 가지의 결정적인 약점을 갖고 있다. 첫째, 마르크스는 모든 사회 변화의 원인을 경제적인 면에 한정시킴으로써 복잡한 사회 현상을 지나치게 단순화했다. 사회 변화를 설명함에 있어서 정치적이나 심리적 요인을 단순한 종속 변수로 취급할 수 없다는 것이 여러 학자들에 의해 지적되고 있다. 둘째, '과학적' 이론의 필수 조건인 설명과 평가의 분리, 예측과 처방의 분리를 마르크시즘은 지키지 못했다. 예컨대 노동자에 의한 계급 독재의 도래는 역사 법칙에 의해 자연히 이뤄질 것이라는 예측인지 또는 그러한 독재가 반드시 이뤄져야만 되겠다는, 또 그리 되는 것이 바람직하다는 처방인지를 마르크스는 분명히 구별하지 못함으로써, 이데올로기적 차원에서는 '과학적'이라는 환상을 만들어냈지만 학술적 차원에서는 '비과학적' 이론임을 드러냈다. 셋째, 마르크스의 이른바 '과학적' 예측은 적중하지 못했다. 그는 자본주의가 고도로 발달된 사회일수록 우선 노동 계급에 의한 혁명이 일어날 것이라고 예측했으나 영국이나 미국 등 최선진 자본주의 국가들은 노동 계급에 의한 혁명이나 혁명의 위험을 경험하지 못한 것이 역사적 사실이다. 혁명은 오히려 공업화가 가장 낮은 러시아에서 제일 먼저 발생했던 것이다.

마르크시즘은 이러한 이론적 약점이 있음에도 불구하고, 앞에서 지적한 이유들 때문에 1880년대와 1890년대의 러시아 지식인들에게 받아들여지기 시작했다. 베르디아에프는 러시아에서 사회주의의 발전을 다음의 세 단계로 나눠보았다.[8] 첫째가 생 시몽과 푸리에의 영향을 받은 유토피아적 사회주의 단계이고, 둘째가 거의 전적으로 러시아적 요소인 나로드니크 사회주의 단계이며, 셋째가 마르크시스트 사회주의 단계이다.

이 단계설에 대한 논의는 여기서 제외한다 하더라도, 한 가지 명확한 것은 러시아에 마르크시즘을 도입한 사람들이나 또한 이에 반대한 사람들이나 모두 나로드니키였다는 사실이다.

4. 플레하노프가 인민주의자로 성장하다

이러한 배경에서 러시아에 마르크시즘이 도입됐고 마침내 마르크시스트 조직들이 나타났다. 초기의 중심적 인물은 플레하노프였다. 다음에서 플레하노프를 중심으로 마르크시스트 조직들이 러시아에 나타나는 과정을 살피기로 한다. 여기서 가장 많이 참고된 책은 새뮤얼 바론의 『플레하노프: 러시아 마르크시즘의 아버지』[9]임을 미리 밝혀둔다.

부나코프 교수의 영향. 게오르기 플레하노프는 1856년 11월 29일에 중앙 러시아의 탐보프 Tambov 성의 한 마을인 구달로프카 Gudalovka에서 태어났다. 그의 아버지는 군인으로서의 경력을 쌓아올린 하급의 향신이었다. 첫 부인에게서 일곱 자녀를 두었으며 재취로부터 다섯 자녀를 두었는데, 이 두번째 부인과의 사이의 첫아이가 바로 게오르기였다. 아버지는 군인답게 아들들을 엄하고 규율 있게 키웠고 그들이 장교나 관리로 입신하기를 원해 그의 세 형님은 모두 사관학교에서 교육을 받았고 충실한 군인이 됐다. 장차의 혁명가가 러시아 국가에 대한 뜨거운 충성의 전통을 가진 가정에서 성장하게 된 것이다. 지적인 면에서 어머니의 수준은 대단히 높았다. 어려서부터 인문학과 사회과학에 대한 그의 관심은 어머니에 의해 자극된 것이었다. 플레하노프는 10세가 된 1866년에 보로네즈 Voronezh 육사에 입학해 7년 동안 수학했다. 그가 이 학교에 재적하던 당시에는 알렉산드르 2세 치세로 러시아 전체에 자유주의가 기세를 떨쳐 전쟁부도 개혁주의자인 밀류틴의 관장 아래 있었다. 그 한 결과가 각종 군사 학교들의 자유화였으며, 이에 따라 보로네즈 육사에도 당대의 1급 자유주의 사상가들이 교수진을 지배하고 있었다. 역사학자 드 풀레 M. F. de Pulé와 교육학자 부나코프 N. F. Bunakov가 그 대표적 보기인데,

그러한 교수진은 플레하노프의 사상 형성에 중대한 영향을 미치게 된다. 이런 뜻에서 뒷날 그의 어머니는 "내 아들이 혁명가가 된 발단은 보로네즈 육사의 자유주의적 교수들의 가르침에 있었다"고 회고했다.

그 자유주의적 교수들 가운데 플레하노프에게 가장 큰 영향을 준 사람이 바로 부나코프였다. 부나코프는 결코 혁명가가 아니었다. 그러나 그의 교육관은 당시 제정 러시아의 교육 정책으로 미루어볼 때 혁명적이었다. 그는 국민 모두에 대한 의무 교육을 옹호했으며 이로 말미암아 교직을 잃기도 했었다. 이러한 성향의 부나코프는 보로네즈에 자리잡은 뒤에도 사관 후보생들에게 러시아 인민에 대한 책임 의식을 고취시켰다. 귀족적·선민적 지위에 자기 만족해 살 것이 아니라 너무나 비참하게 생활하는 러시아 농민들을 위해 무엇을 할 것인가를 생각하라고 가르쳤다. 이 가르침이 플레하노프에게 준 영향은 컸다. 두 사람 사이는 점점 가까워졌다. 특히 부나코프가 플레하노프의 문장력을 알아보고 "게오르기 플레하노프, 자네는 위대한 저술가가 될 것일세"라고 격찬한 것은 사제 관계를 밀착시킨 주요한 계기가 됐다. 부나코프는 당시 제정 러시아의 3대 과격 논객으로 꼽히던 벨린스키와 체르니세프스키 및 도브롤리우보프의 글들을 플레하노프에게 소개해주었다. 이 세 사람들 가운데 그에게 가장 큰 영향을 준 사람은 체르니세프스키였다. 그는 체르니세프스키를 마르크스에 비견될 만한 사상가로 평가했다. 어머니로부터 러시아 정교의 신앙을 받았던 그였지만 이러한 독서 과정에서 차차 무신론으로 기울었다.

1973년에 보로네즈 육사를 졸업한 다음 상트 페테르부르크의 콘스탄티노프스코예 군사 학교에 입학했다. 그러나 한 학기 뒤에 자퇴했다. 그는 차리에 대한 충성을 요구하는 이 학교의 교육과 그것에 따른 군직(軍職)이 러시아 인민에 대한 봉사와 양립할 수 없다고 판단한 것이다. 그는 이듬해 상트 페테르부르크의 광산대학에 입학했다. 당시 러시아의 과격 청년들은 유물주의와 과학에 심취해 있었으며 과학의 발달은 국민의 복지 증대의 주요한 한 방법이라고 믿었다. 그가 사회과학이나 철학을 택하지 않고 공학도의 길을 걷고자 한 것은 이러한 세태의 반영이었다.

토지와 자유당에 가입하다. 광산대학으로의 전학은 플레하노프의 생애에 중대한 변화를 불러일으키는 계기가 됐다. 학업에 열중하면서도 그는 지하의 학생 서클에 나가 금서들을 읽어나가기 시작한 것이다. 그리고 그 과정에서 6년 연상의 악설로드와 1년 연상의 레브 도이치 Lév Deutsch를 만났으며, 1875년말과 1876년초 사이에 경찰에 쫓기던 그 두 사람을 차례차례 자신의 하숙방에 숨겨주었다. 이 사건이 플레하노프로 하여금 점차 혁명가로의 길을 걷게 만들었던 것은 의심의 여지가 없다. 특히 "그대가 그처럼 오랫동안 화학 공부에만 전념해야 한다면 혁명을 위한 일은 언제 시작하겠다는 것인가?"라는 악설로드의 힐책은 플레하노프의 마음을 크게 움직였다. 물론 악설로드의 영향이 그로 하여금 혁명의 큰 뜻에 몸바치게 한 주된 요소는 아니었지만, 혁명에 대해 최고의 충성심을 바친 악설로드의 생활 자세는 그에게 큰 인상을 남겼다. 어머니는 아들의 뜻을 바꾸고자 노력했다. "너는 멸망해버릴 거야"라고 경고하기도 했다. 그러나 바로 그 어머니가 어려서부터 심어준 '정의와 진리에 대한 봉사'를 위해서는 불가피하게 혁명 운동에 뛰어들 수밖에 없게 됐다고 대답하면서 그는 이렇게 말했다: "모두가 어머니 방식으로 생각한다면 어떤 일이 생기겠습니까?"

이 무렵 러시아에는 나로드니크들, 다시 말해 인민주의자들에 의해 토지와 자유당이 조직되고 있었다. 청년들이 주축이 된 나로드니크들은 1874년 여름부터 이른바 '인민으로'의 구호 아래 농촌으로 뛰어들어 농민들의 혁명을 촉발시키고자 했다. 그러나 농민들이 냉담하고 적대적인 반응을 보인 데다가 정부의 탄압이 심해지자 인민주의자들은 농민들의 구미에 맞는 구호를 만들어내는 한편 보다 음모적인 조직을 만드는 쪽으로 전략을 바꿨다. 그 결과가 토지와 자유당으로 나타났던 것이다. 이때가 1876년이었는데, 플레하노프는 이 조직의 창설 과정에 뛰어든다.

카잔 광장 시위와 망명. 그는 곧 토지와 자유당이 주도한 이른바 카잔 광장 시위를 이끌어나간다. 1876년 12월 6일에 상트 페테르부르크의 카잔 광장에서 일어난 시위는 러시아 혁명 운동사에서 영원히 기억될 사건이었다. 그 경위는 이러했다.

반정부 운동을 벌이다가 체포된 사람들이 형무소에서 가혹한 대우를 받고 있다는 소문이 나돌자 토지와 자유당의 간부들인 그의 동지들이 항의 시위를 벌이기로 결정했다. 마침 노동자 대표들이 이들에게 "만일 지식인 중심의 항의 시위가 벌어지기만 한다면 2,000명 정도의 노동자들을 합세시킬 수 있다"고 다짐했다. 이 무렵 토지와 자유당 간부들은 전투적인 바쿠닌 노선에 기울어가고 있어서, 노동자 대표들의 제의를 선뜻 받아들였다. 지식인들과 노동자들의 공동 시위는 일반 시민의 반정부적 집단 행동을 촉발시킬 수 있으리라고 생각한 것이다. 그러나 막상 거사일로 지정된 12월 6일이 되자 노동자들은 발을 빼버려 상트 페테르부르크의 카잔 대성당 앞에는 500명 미만의 학생들만이 웅성거리고 있을 뿐이었다. 학생들도 사기가 떨어지기 시작했다. 이때 한 청년이 뛰어나와 "동지들!" 하고 외쳤다. 그의 청아하면서도 힘차고 낭랑하면서도 위엄에 넘치는 목소리는 군중을 일순에 조용하게 만들었다. 그는 말했다. "알렉산드르 2세의 농노 해방은 가짜다. 그의 개혁 역시 가짜다. 오랫동안 투옥돼 있는 체르니세프스키는 외롭지 않다. 그의 뒤를 이어 수많은 청년들이 투옥되고 있기 때문이다." 이때 한 젊은 노동자가 토지와 자유라고 쓴 붉은 기를 흔들었다. 그러자 군중은 "사회주의 혁명 만세! 토지와 자유 만세!"를 외쳤다. 그 외침은 오래갈 수 없었다. 경찰이 나타나 대량 검거를 시작한 것이다. 플레하노프는 도망쳤다. 그러나 이제 그의 다리는 수선이 불가능할 정도로 불타버렸다. 그는 스스로를 법의 바깥에 위치시킨 것이다. 이때 그는 만 21세였다.

플레하노프는 우선 파리로 달아났다. 2개월 전에 결혼한 나탈리아 스미르노바Natalia Smirnova가 그의 유일한 동반자였다. 나탈리아에 대해서는 별로 알려진 것이 없다. 그녀가 의대 학생이었다는 것, 첫번째 결혼에 의해 자녀를 갖고 있었다는 것, 반체제적인 정열에 가득 차 있었다는 것—이것이 그녀에 대해 우리가 알고 있는 것의 전부다. 그들의 결혼 생활은 대단히 짧은 세월에 그친다. 파리로부터 그는 곧 베를린으로 옮겨갔다. 그곳에서 그는 세계 사회민주주의 운동의 원천인 독일 사회민주주의자들의 활동을 목격할 수 있었다. 그 일차적 체험은 그들에 대해 가졌던 선입견을 변화시키지 않았다. 바쿠닌주의자였던 그는 그들의 온건주의 또는 점진적 개혁주의를 혁명에 대한 배반이라고 보았던 것이다.

바쿠닌 노선을 지지하다. 플레하노프가 해외에 머물러 있는 동안 토지와 자유당은 당 강령과 당 헌장을 모두 마련했으며 새로운 당원들을 받아들였다. 당 조직은 바쿠닌의 이론에 따라 고도로 중앙 집권적이며 고도로 음모적인 형태를 취했다. 소수의 간부로서 '기본 서클'을 구성하고 이 '기본 서클'이 당 전체, 그리고 대중 전체를 혁명으로 이끌어간다는 것이었다. 플레하노프도 '기본 서클'의 일원으로 선출됐다. 이에 따라 그는 1877년 중반에 러시아로 잠입하여 볼가 하류의 사라토프에서 활동을 벌였다. 여기서 그는 '인민으로'의 운동에서의 인민은 농민이라기보다 공장 노동자여야 한다는 인식을 갖기 시작했다. 어떻든 그의 활동에 주목한 경찰에 쫓겨 그는 상트 페테르부르크로 돌아온다.

그 무렵 러시아의 혁명가들은 이제 러시아의 국민들이 "정부의 자의적 행위에 항의할 준비가 상당히 되어 있다"고 판단했다. 이에 따라 혁명가들의 활동과 토론이 모두 활발해졌는데, 플레하노프는 바쿠닌 노선에 서서 라브로프 노선에 대한 공격에 앞장섰다. 라브로프 노선은 혁명적 모험주의를 비판하고 혁명을 위한 단계적 점진적 준비를 강조했으며 독일의 사회민주주의자들에 이념적으로 동조해 즉각적인 봉기와 전투적 활동을 앞세우는 바쿠닌 노선과 대립될 수밖에 없었다. 그런데 여기서 미리 밝혀두어야 할 것은 몇 년 뒤에 플레하노프의 사상적 입장이 정반대 방향으로 바뀐다는 사실이다. 그는 자신이 조롱해 마지않던 독일 사회민주주의자의 입장 또는 라브로프의 노선을 취하게 되며, 이에 따라 그들에게 자신이 던졌던 똑같은 조롱을 받게 된다. 그러나 당시로서는 과격 행동 노선의 열렬한 지지자로 활약하고 있었고, 이 점은 『동시대인』의 편집인들 가운데 한 사람이었으며 반체제적 시인으로 유명했던 네크라소프의 장례식에서 행한 그의 조사에서도 부분적으로 드러났다. 첫번째 연사였던 56세의 도스토예프스키가 네크라소프를 푸슈킨과 동격의 시인인 것으로 평가했음에 비해, 21세의 플레하노프는 네크라소프가 푸슈킨을 난쟁이로 만들었다고 주장한 것이다. 푸슈킨이 "춤추는 여자들의 발뒤꿈치를 따라다니며 노래를 불러준 난쟁이"라면, 네크라소프는 자신의 시 안에 사회 의식을 끌어들인 거인이었다고 그는 말했다.

토지와 자유당을 통한 플레하노프의 활동은 더욱 활발해졌다. 그는 1878년과 1879년에 여러 도시에서의 공장 파업을 지휘하기도 했고, 당 기관지 『토지와 자유』의 창간에 깊이 관여하기도 했다. 그러나 그를 비롯한 토지와 자유당 당원들의 열성적인 활동에도 불구하고 인민들은 큰 호응을 보이지 않았다. 특히 농민들의 반응은 냉담했다. "농민들은 잠재적인 혁명주의자들이므로 그들을 깨우쳐주기만 하면 곧바로 대규모 봉기에 나설 것"이라는 바쿠닌의 농민관은 실제와 너무나 다른 것이었다. 무엇보다 차리에 대한 농민의 충성심이 너무 깊었다. "차리를 위해 무기를 들라"고 교묘히 속일 때만 농민들이 관리나 지주에 맞서 싸울 정도로 차리에게 바치는 농민들의 복종심은 강한 것이었다. 간부급 혁명가들의 한 사람으로 농노 출신인 안드레이 젤리아보프가 "우리는 마치 얼음을 깨뜨려가며 헤엄치는 물고기 같다"고 탄식한 것은 결코 지나친 표현이 아니었다.

그렇다고 모든 혁명가들이 실의와 낙담에 빠지지는 않았다. 시골 구석에 파고들며 그곳의 농민들과 함께 생활하던 이른바 시골 운동파는 자신들의 혁명 사업이 이제 막 시작됐을 뿐이며 장래에는 훌륭한 결실이 있을 것이라는 희망을 간직하고 있었다. 그러나 전반적으로 볼 때 '인민으로'의 운동은 농민의 대규모 봉기를 촉발시키는 데 성공하지 못하고 있음이 확실했다. 이러한 상황은 토지와 자유당 당원들로 하여금 자신들이 걸어온 길을 되돌아보게 하고, 보다 적절한 처방이 무엇인가를 따져보게 했다. 플레하노프도 물론 그러한 혁명가들 가운데 한 사람이었다.

대부분의 혁명가들은 정부의 고관에 대한 폭력 행사에서 해답을 찾고자 했다. 그러나 출발 동기에서는 몇 가지 갈래가 나타났다. 정권에 대한 증오를 직접적이며 강력히 표시하기 위해 폭력에 의존해야 한다는 주장이 첫째 갈래였다. 그보다 이론적으로 좀더 체계화된 것이 둘째 갈래로서, 트카초프의 영향을 받은 혁명가들은 폭력 행위가 종국적으로 정부의 해체와 혁명가들에 의한 권력의 장악을 가져올 것이라고 주장했다. 이 두 갈래 사이에 셋째 갈래가 있었다. 이들은 트카초프주의자들이 표방하는 목표보다는 훨씬 온건한 목표, 예컨대 입헌 정부의 수립과 그것에 따른 정치적·시민적 자유의 획득을 최종적 목표로 설정한 사람들로서, 테러리즘을 이 목표 획득의 효과적 수단으로 여기고 있었다. 젤리아보프가 여기에 속했다. 이처럼 출발의 동기는 달랐지만, 테러리즘에 의존하려는 성향이 토지와 자유당 사이에서 높아졌고, 이에 따라 1878년과 1879년 사이에 특히 정부의 공안직 고위 관리들에 대한 폭력 행위가 자주 일어났다. 1879년초에는 알렉산드르 2세 암살안이 제기되기도 했다.

테러리즘에 대한 반대. 그러나 토지와 자유당 안에는 테러리즘에 회의를 품거나 반대하는 혁명가들도 있었다. 플레하노프도 반대자들 중 한 사람이었으며, 대부분의 시골 활동가들 역시 마찬가지 입장이었다. 이들이 모든 종류의 폭력을 부정한 것은 아니었다. 자위 수단으로서의 폭력을 인정했고 보복적 성격의 개인적 폭력을 용서했다. 그러나 무장 투쟁을 위한 농민의 훈련을 주장했던 플레하노프는 테러가 인민주의의 목표를 달성하는 방법으로 적합하지 않다는 결론을 내리고 있었다. 소수 혁명가들이 수도에서 몇몇 정부 고관들에 대해 폭력을 행사해보았자 그것은 반체제 세력에 대한 탄압의 강화만 가져올 뿐 무수한 농민 대중에게는 아무런 자극도 주지 않는다고 판단한 것이다. 알렉산드르 2세 암살안에 대해서도 그들은 마찬가지 입장을 취했다. 차리가 암살돼도 차리즘은 그대로 지속될 것임에 비해 반체제 세력은 가혹한 탄압으로 뿌리가 뽑혀버릴 것으로 우려하였다.

그러나 토지와 자유당의 대다수는 특히 1879년에 들어서면서 테러리즘에 크게 기울어졌고 실제로 정부 공안 당국 요인들의 암살을 시도했으며 4월 2일에는 알렉산드르 2세의 저격을 시도했으나 실패하고 말았다. 모로조프N. A. Morozov 같은 이는 테러리즘의 정당성을 이론화하기도 했다. 그러나 차리의 암살 시도 사건은 정부의 즉각적인 억압 조처를 불러일으켰으며, 12명 정도의 당원이 처형됐다. 토지와 자유당은 위기에 빠졌다. 이에 간부들은 당의 장래를 전반적으로 검토하기 위해 1879년 6월에 보로네즈에서 당 대회를 열기로 합의했다. 플레하노프는 당 대회에서 자신의 입장이 관철될 수 있으리라고 생각했다. 한편 미하일로프A. D.

Mikhailov와 티호미로프 Lev Tikhomirov 및 모로조프로 대표되는 테러리즘 옹호론자들은 자신들의 입장을 관철시키기 위한 준비의 하나로 당 대회에 앞서 자파(自派)만의 비밀 회의를 리페트스크 Lipetsk에서 열었다. 이 회의에서 그들은 "정치적·시민적 자유를 확보할 때까지 윌리엄 텔 William Tell의 방법으로 싸우지 않으면 안 된다"는 원칙을 다시 확인하고, 알렉산드르 2세의 암살이 당의 일차적 당면 과제임을 선언했다. 또한 보로네즈 당 대회에서는 플레하노프와 시골 활동가들을 고립시킬 것에 합의했다.

역사적인 '피크닉.' 1879년 6월 24일에 보로네즈 부근 강상(江上)의 한 작은 섬으로 스물네 명 정도의 젊은이들이 피크닉을 왔다. 숲이 우거진 이 섬에서의 피크닉이 러시아 혁명 운동사와 플레하노프의 생애에서 주요한 한 사건인 토지와 자유당의 당 대회였음은 물론이다. 당 대회는 테러리즘 옹호론자들의 치밀한 작전대로 이끌어졌다. 최근에 키예프에서 처형된 동지 발레리안 오신스키 Valerian Osinsky의 마지막 편지가 낭독됐고, 이어 또 한 사람의 동지 드미트리 리조구브 Dmitri Lizogub가 오데사 Odessa에서 처형됐다는 사실이 발표됐다. 참석자들은 차리즘에 대한 증오로 다시 한번 몸을 떨었으며, "혁명적 테러리즘이 지금 상황에서 토지와 자유당에게 주어진 가장 효과적이며 유일한 수단"이라는 오신스키의 유언에 쉽게 동의할 수 있었다. 플레하노프의 패배는 명백했다. 그는 홀로 섬을 나왔으며, 당 대회는 그가 토지와 자유당에서 자발적으로 탈퇴한 것으로 처리했다.

그는 우선 몇 개월 전부터 동거해온 로잘리아 마르코프나 보그라드 Rosaliia Markovna Bograd가 있는 키예프로 갔다. 부유한 유태인 집안 출신으로 상트 페테르부르크 대학교 의학부 학생이었던 그녀에게 그는 보로네즈에서 일어났던 일들을 탄식조로 얘기해주었다. 그는 분명히 맥이 빠져 있었으며, 토지와 자유당이 사실상 깨어진 만큼 학문에 몰두해볼까 하는 생각을 갖기도 했다. 그러나 새로운 가능성이 그 앞에 열렸다. 도이치와 스테파노비치 Iakov Stefanovich 및 자수리치와 같은 혁명가들이 자신에 대한 신뢰를 보여주었을 뿐만 아니라 테러리즘 옹호론자들에게 이론적 포문을 열었던 것이다. 이제 토지와 자유당의 분열은 피할 수 없는 것이 됐고, 마침내 그해 10월에 양파는 어느 쪽도 모당(母黨)의 이름을 쓰지 않는다는 점, 자금을 똑같이 나눈다는 점, 앞으로도 상부상조한다는 점 등을 전제로 분당에 합의했다. 테러리즘파는 '인민의 의지'의 깃발 아래, 그리고 플레하노프를 비롯한 정통 인민주의자들은 '흑토 재분배'의 깃발 아래 모였다. 정통 인민주의자들의 당 이름은 농민 혁명을 통해 농민들에게 토지를 재분배한다는 자신들의 이념을 나타낸 것이었다.

단명했던 흑토 재분배당. 흑토 재분배당의 생명은 길지 못했다. 첫째, 이 무렵에는 나로드니크 운동이 결정적 퇴조기에 들어가고 있었다. 농촌에 파고들었던 인민주의자 운동가들은 그곳의 불편한 생활에 짜증을 내고 도시로 빠져나오고 있었다. 둘째, 새로운 당원의 충원이 어려웠다. 혁명에 뜻을 둔 젊은이들의 대부분은 오히려 테러리즘 노선을 지지하여 인민의 의지당 쪽으로 몰려갔다. 플레하노프의 충실한 지지자로 '북러시아 노동자 동맹'의 창립자인 할투린 같은 동지조차 테러리즘에 기울어, 1880년 2월 차리의 여름 궁정 식당에 다이너마이트를 가설하기까지 했다. 셋째, 경찰의 감시가 보다 철저해졌다. 경찰은 1879년 봄에 일어난 알렉산드르 2세에 대한 암살 미수 사건의 배후 조종자로 역설적이게도 플레하노프를 지목하고 있었는데, 차리 암살 미수 사건이 잇따르자 그를 체포하려는 노력이 가중된 것이다. 이에 따라 플레하노프는 자수리치와 도이치 및 스테파노비치와 함께 당의 동의 아래 1880년 1월에 서구로 망명하지 않을 수 없었다. 며칠 뒤 당 기관지 『흑토 재분배』의 창간호가 출간됐다. 그러나 곧 경찰의 전면 수사가 뒤따라 인쇄기 등이 압수되고 러시아에 머물러 있던 간부들 거의 모두가 체포됐다.

5. 플레하노프가 마르크시즘으로 전환하다

러시아에서의 마르크시즘. 플레하노프는 1880년 1월에 제네바에 도착했다. 반년 뒤 부인 로잘리아가 그들 사이의 첫아이인 딸 베라Vera와 함께 그곳으로 합류했다. 처음에는 망명 생활이 오래갈 것으로 생각하지 않았다. 그러나 그때로부터 37년 동안 그는 결코 다시 러시아 땅을 밟지 못하게 된다. 1880년부터 1882년까지의 2년 동안 플레하노프는 '지적 오디세이 intellectual Odyssey,' 곧 지적 항해를 경험했다. 그리고 그 항해는 그를 인민주의로부터 마르크시즘으로 정착시키게 된다.

마르크시즘이 러시아 지성계에 소개된 것은 1840년대였다.* 게르첸 그룹과 벨린스키 등이 마르크스의 저작들에 익숙해 있었으며, 체르니세프스크의 『동시대인』이 엥겔스를 소개하고 있었다. 1860년대에는 트카초프가 마르크스의 역사적 유물론을 소개했으며 바쿠닌이 마르크스에 대한 자신의 반감에도 불구하고 『공산당 선언』을 번역 출판했다. 1870년대에는 『자본론』이 번역됐고, 지버 N. I. Ziber 교수는 『데이비드 리카도와 칼 마르크스 및 그들의 경제 연구』를 출간했다. 그런데 여기서 지적돼야 할 것은 러시아 과격파 지성인들의 마르크스관은 비교적 객관적이었다는 점이다. 서구 자본주의 사회에 대한 마르크스의 경제적 분석 방법에 대해서는 비교적 너그럽게 받아들였으나, 마르크스의 이론 체계 가운데 다른 부분들에 대해서는 비판적으로 보는 입장이 우세했다. 예컨대 라브로프는 마르크스적인 사회학과 철학은 서로 어긋나는 점이 있음을 지적했고, 바쿠닌은 마르크스적 정당관을 혹독하게 공격했다. 종합적으로 말해, 러시아의 과격파들은 마르크스가 서구 자본주의 사회의 뿌리와 그 운동 법칙을 정확히 밝혀낸 날카로운 분석가이기는 하지만 마르크스의 분석과 처방은 러시아에는 적용될 수 없는 것이라고 보았다. 러시아는 아직 역사 발전에서 자본주의 단계에 들어와 있지 못하다는 점, 그러면서도 러시아는 사회주의에 도달할 것인데 그것은 마르크스의 처방에 따라서가 아니라 독특하게 러시아적인 방식에 의해서일 것이라는 점 — 이 점들을 특히 인민주의자들은 굳게 믿었던 것이다.

플레하노프의 마르크시즘 연구. 이러한 일반적 분위기 속에서 플레하노

---

* 마르크스의 저작들이 번역된 최초의 외국어는 러시아어였다. 이 사실은 러시아의 혁명 운동가들에게 마르크스가 얼마나 큰 영향을 주었던가를 잘 말해준다. Alfred G. Meyer, *Communism*, 3rd ed.(New York: Random House, 1967), p. 59.

프의 마르크스관은 어떠했던가? 이 물음에 가장 적절한 해답을 주는 자료는 그가 1879년 1월에 발표한 논문인 「사회의 경제적 발전 법칙과 러시아에서 사회주의의 문제」이다. 이 논문을 면밀히 분석한 지난날 소련의 정상급 마르크스 연구자인 리아자노프D. Riazanov에 의하면, 이 논문에는 지버의 마르크스관이 강하게 나타나 있다. 지버의 마르크시즘 해석을 받아들이면서 플레하노프는 유물사관을 역사 발전의 법칙으로 인정한 것이었다. 그리고 당대의 러시아 인민주의자들의 해석과는 달리, 마르크스의 기본 원리는 자본주의 사회에 대해서뿐만 아니라 모든 사회에 적용될 수 있다고 주장했다. 그러면서도 그는 러시아가 러시아의 독특한 방식에 따라 사회주의에 도달할 것이라는 인민주의자들의 주장을 뒤흔들지는 않았다. "마르크스적 원리는 모든 사람들이 똑같은 역사를 갖지 않으면 안 된다고 명령하고 있지는 않다"고 그는 쓴 것이다. 간단히 말해, 그는 마르크스의 사회 분석 방법과 러시아 인민주의자들의 처방 사이에서 일종의 타협을 추구하고 있었다. 그래서 그는 마르크스의 사회 분석 방법이 러시아에도 분명히 적용될 수 있지만, 러시아가 걷게 될 길은 인민주의자들이 예견하는 '무정부주의적 사회주의적 질서'일 것이라고 보았다. 농민의 혁명적 행동에 의해 차리즘이 타도되고 나면 '자유롭고 자치적인 농민 공동 부락체의 자유로운 연방체'가 종국적으로 러시아에 자리잡을 것이라고 생각한 것이다.

이처럼 '외형에 있어서는 마르크스적이나 내용에 있어서는 바쿠닌적 인민주의자'인 플레하노프의 세계관은 곧 어느 한쪽으로 기울어질 운명에 처해 있었다. 흑토 재분배당의 실패, 그리고 서구에서의 사회주의에 대한 일차적 체험 등은 차차 그로 하여금 바쿠닌적 인민주의를 버리고 마르크시즘에 빠져들게 했다. 이 이념적 전환 과정에서 그에게 영향을 준 사람은 라브로프와 구에드Jules Guesde였다. 이미 오래 전부터 제네바에서 망명 생활을 하던 라브로프는 33년 연하의 플레하노프에게 물질적 지원을 아끼지 않았을 뿐만 아니라 사회주의에 관해 공부를 계속할 수 있도록 여러 가지의 배려를 아끼지 않았다. 한편 프랑스 마르크시스트 운동의 지도자인 구에드의 자기 희생적인 궁핍한 생활상은 플레하노프에게 깊은 감명을 주었다. 그러나 플레하노프의 이념적 전환에서의 가장 중요한 요인은 그 스스로의 독서와 사색이었다. 그는 파리와 제네바의 주요 대학교들에서 정치학과 경제학 및 유럽사를 청강했으며 주요 도서관들에서 그 방면의 책들에 전념했던 것이다.

당시의 그의 노트에 의하면, 그는 정치와 경제의 관계, 사회 제도에 대한 경제적 변화의 영향, 프랑스 혁명, 사회주의 사상의 발달사 등에 깊은 관심을 가졌다. 또 마르크스가 주도적 역할을 수행한 제1차 사회주의 인터내셔널에 관한 자료들을 닥치는 대로 읽었으며, 그것을 통해 마르크스와 바쿠닌 사이의 그 거대했던 이론적·실제적 투쟁에 익숙해질 수 있었다. 프루동의 『빈곤의 철학』과, 그리고 이 책을 무자비하게 반박한 마르크스의 『철학의 빈곤』을 모두 이때 읽었다. 1880년말에는 엥겔스의 『반(反)뒤링론』을 읽었는데, 그가 '고전적 작품'이라고 평한 이 책은 그로 하여금 인민주의에 대해 깊은 회의를 품게 하는 데 중요한 역할을 수행했다. 이 책은 러시아 인민주의의 이론적 기초를 완전히 무너뜨린 것이었기 때문이다.

우선 엥겔스는 러시아 인민주의자들이 강조하는 농민 공동 부락체가 완전히 몰락해가고 있다고 주장했다. 러시아의 농민은 "본능적으로 혁명주의자들"이고, 또 공동 부락체라는 협동주의적·사회주의적 전통 속에 살아왔기 때문에 "본능적으로 공산주의적"이며, 따라서 러시아 인민주의자들은 "사회주의의 선택된 인민들"이라는 러시아 인민주의자들의 견해를 조롱하면서, 엥겔스는 "공동 부락체적 특성은 오래 전에 러시아에서 사라졌으며, 그 외양도 거의 종말에 이르렀다"고 썼다. 러시아에서 혁명이 일어난다면 그것은 사회주의 혁명이 아니라 부르주아 혁명일 것이라고 단정하기도 했다. 러시아 사회를 이렇게 진단할 때, 러시아 인민주의자들의 농민 혁명 운동이란 참으로 무의미하다고 엥겔스는 주장했다. 엥겔스의 이러한 분석은 트카초프와의 그 유명한 논쟁에서도 되풀이된다.

플레하노프가 러시아 사회에 관한 엥겔스식의 분석에 처음 접했던 것은 제네바로 망명오기 전이었다. 그는 우선 "농민의 협동적 공동체가 많은 나라들에서 그 공동체 내부의 부유층과 빈곤층 사이의 이해 관계의 충돌이 증대됨에 따라 몰락하고 있다"는 사회학자 코발레프스키M. M. Kovalevsky의 저술을 읽었었다. 그리고 코발레프스키의 명제가 러시아에 서도 타당하다는 것을 구체적 자료로써 입증한 오를로프V. I. Orlov의 『모스크바 지구에 있어서의 농민 공동 부락체의 특성』을 읽고 충격을 받 기도 했다. 그러나 엥겔스의 글은 인민주의의 이론에 대한 그의 믿음을 깨뜨리기에 충분했다. 이러한 시점에 제네바에 도착한 악설로드와의 토 론은 그로 하여금 인민주의를 청산하게 하는 또 하나의 요인이 된다. 정 치적 투쟁을 통해 시민적 자유를 확보하고 그것을 바탕으로 사회주의 운 동을 전개한다는 서구 사회민주주의 이념에 동조해온 악설로드의 주장 은 그에게 적지 않은 영향을 주었다.

나타나는 이념적 전환. 1880년 가을부터 1882년 봄 사이에 플레하노프가 발표한 글들은 확실히 그의 이념적 전환과 그 방향을 보여주고 있다. 우 선 1880년 9월에 제네바에서 간행된 『흑토 재분배』 제2호에 기고한 논문 에서, 그는 농민 혁명 이후에 러시아에는 일종의 무정부적 사회주의 질 서가 나타나리라는 종전의 주장을 전혀 언급하지 않았다. 그 대신에 그 는 차리즘이 종국에는 상층 계급에게 헌법을 허락하지 않으면 안 될 것 이라고 썼다. 바꿔 말해, 러시아의 다음 역사 발전 단계는 일종의 부르주 아적 헌정 질서가 될 것이라고 쓴 것이다. 러시아 사회가 이렇게 발전해 나간다고 주장하는 것은 러시아의 역사적 운명은 서구와는 달리 러시아 특유의 길을 걷게 될 것이라는 주장을 부인하는 것이며, 또한 러시아가 자본주의 단계로 발전해간다고 보는 것과 마찬가지다. 그러나 그는 이러 한 결론을 명시적으로 쓰지는 않았다.

러시아가 자본주의 단계와 부르주아적 입헌주의 단계를 거치게 될 것 이라고 파악한 이상, 시민적 자유 또는 정치적 자유를 위해 투쟁하는 것 이 옳다는 것을 시인하지 않으면 안 된다. 따라서 그는 "우리는 정치적 자유의 가치를 알고 있다. 우리는 인간의 권리를 위해 모든 투쟁을 환영 한다"고 선언했다. 이러한 선언은 그가 1년 전까지만 해도 열렬히 옹호 했던 인민주의적 입장을 버렸음을 의미한다. 그러나 그에게는 그것이 괴로웠던 듯하다. 따라서 그는 그러한 투쟁은 사회주의자들에게는 '오직 이차적 의미'를 지닐 뿐이라고 덧붙였다. 그러면 사회주의자들에게 '일차적 의미'를 지니는 투쟁은 무엇인가? 부르주아지와 그의 대표들이 차리즘 체제에 반대하여 시민적 자유와 정치적 자유를 옹호해 싸우는 동안, 사회주의 혁명의 이념을 인민 사이에 계속해 전파하는 것이 사회주의자들의 '일차적 투쟁'이라고 주장했다. 여기서 이미 그는 러시아 사회에 대한 2단계 혁명론을 전개하고 있었다. 차리즘 체제를 타도하는 부르주아적 입헌주의 혁명, 그리고 어느 정도 장기간 지속될 부르주아적 헌정 질서를 타도할 사회주의 혁명을 내다보았다는 뜻이다.

플레하노프의 이 논문이 지닌 또 하나의 중요성은 그가 인민주의자들과는 달리 도시의 공업 노동자 문제에 깊은 관심을 보였다는 점이다. 물론 그는 "농촌 문제는 러시아 사회주의자들의 일차적 관심으로 남아 있다"고 단언했다. 그러나 그는 "러시아의 공업 발전이 아직도 중요하지 않지만, 그것이 조용히 멈춰서 있는 것은 아니다"라고 전제하고, "이와 함께 경제 문제의 중력의 중심은 공업 중심지로 전환하고 있다"고 썼다. 그러므로 사회주의 혁명을 오로지 농민 혁명이라는 시각에서만 접근하는 것은 잘못이라고 지적했다.

플레하노프의 이념적 전환은 1881년 1월에 간행된 『흑토 재분배』에 실린 그의 논문에서도 명백했다. 이 글에서 그는 "러시아의 다음번 사회경제적 구성은 부르주아적 입헌적 정권일 것"임을 명백히 지적했다. 그리고 흑토 재분배당은 그 강령에 정치적 자유와, 그리고 세제 개혁, 공장 감독, 근로 시간 단축 등 경제적 개선을 포함시켜야 한다고 썼다. 여기서 그는 처음으로 비록 불완전하게나마 정치적 투쟁과 사회주의적 활동의 종합을 시도한 것인데, 이러한 노력은 러시아 혁명 사상에 대한 그의 주요한 공헌의 하나로 평가된다. 그러나 이 논문에서도 그는 인민주의를 완전히 청산하지 못하고 있다. 그의 이론적 구성은 이제 사회민주주의의 그것에 적어도 외형에서는 일치하는 것인데도, 그는 여전히 마르크시즘과 인민주의를 어떻게든 조화시켜보려고 시도하는 흔적을 보여주었다.

플레하노프가 이념적 모호성을 보이지 않은 첫 글은 1882년 봄에 자신이 번역 출간한 『공산당 선언』에 붙인 역자 서문이다. 이 글에서 그는 러시아는 자본주의 단계를 거쳐 사회주의 단계로 들어간다고 단언했다. 그러므로 모든 사회주의 혁명가는 우선 자본주의 단계에서 가능한 반(反)차리즘 및 반(反)절대주의 투쟁에 적극 참여하여 부르주아적 시민적 자유, 곧 정치적 자유의 획득에 협력해야 한다고 주장했다. 그러나 사회주의 혁명가는 동시에 또는 그 이상으로 노동자 계층을 깨우쳐서 그들의 계급 의식을 높이며 하나의 계급으로서 조직화하는 데 앞장서야 한다고 강조했다. 특히 노동자 계층에서 부르주아 계급과 프롤레타리아 계급의 이해 관계는 서로 충돌하는 것임을 주지시켜 일단 부르주아 혁명이 성공하면 거기에 만족하지 말고 곧바로 프롤레타리아 계급 투쟁에 들어갈 수 있도록 준비시켜야 한다고 주장했다. 이러한 일련의 주장에서 명백한 것은 플레하노프가 이제 정치적 투쟁, 곧 정치적 · 시민적 권리 및 정치적 헤게모니를 위한 투쟁과 사회주의적 활동, 곧 국가의 파괴와 사회 · 경제적 혁명을 가져오게 하려는 목적에서 대중을 선동하는 작업을 상호 배타적으로 보는 것이 아니라 양자가 상호 관련되어 있는 것으로 파악하고 있다는 점이다. 양자의 어느 한쪽도 다른 쪽을 무시한 채 강조될 수 없으며, 정치적 투쟁에 의해서만 사회주의가 획득될 수 있음을 그는 명백히했다. 정치적 투쟁을 무시한 채 사회주의 혁명만을 강조한 인민주의자들의 잘못, 그리고 사회주의 정당의 장래를 보장하는 유일한 방도인 대중 운동의 창설에 대해서는 잊어버린 채 절대주의에 대한 정치적 투쟁에 사로잡힌 테러주의자들의 잘못을 모두 청산해야 하며, 그 양자의 진정한 결합을 가져올 때 비로소 러시아의 혁명적 전개가 가능하다고 결론지었다.

플레하노프의 이러한 이론적 발전은 러시아 혁명 사상에서 하나의 중대한 혁신을 대표하는 것이었다. 그것은 또한 사회주의 문제에 관한 서구적 접근 방법의 타당성을 입증하는 것이었다. 그는 "러시아의 역사에 서구의 역사로부터의 근본적 차이점이란 없다"고 단정하면서, 러시아가 러시아에 특유한 길을 걸을 것이라는 슬라브주의적 견해를 배척하고 러시아의 역사 발전 역시 서구의 역사 발전의 길을 따를 것임을 분명히했

다. 그러므로 러시아의 혁명가는 모름지기 러시아의 특수성에만 매달릴
것이 아니라 오히려 서구의 사회 발전과 사회주의 사상을 공부함으로써
더 많은 계발을 받아야 할 것이라고 주장했다. 이로써 그는 러시아 지성
사의 두 줄기의 하나로 슬라브주의자에 대립되는 서구화주의자의 계열
에 자신을 위치시켰다.

6. 플레하노프가 노동자 해방 그룹을 세우다

마르크시즘의 기초를 닦다. 플레하노프가 마르크시즘으로의 이념적 전환
의 여행을 계속하는 동안 이미 갈라섰던 토지와 자유당, 곧 테러리즘파
와 흑토 재분배당, 곧 정통 인민주의파 사이의 재결합 협상이 벌어졌다.
양파가 모두 이론적·실제적 잘못을 저질렀다는 것을 깨달은 이상 플레
하노프도 이 합병 협상에 반대하기 어려웠다. 이러한 시점에 알렉산드르
2세의 암살이 성공했다는 소식이 제네바에도 전해졌다. 세 차례의 실패
끝에 1881년 3월 1일에 테러리즘파는 마침내 차리의 암살에 성공했던 것
이다. 이것은 양파의 합병 협상에 즉각적인 영향을 미쳤다. 테러리즘의
위신은 한껏 높아져서 흑토 재분배당을 모두 휩쓸어버릴 것만 같았다.
흑토 재분배당의 간부들 가운데도 다시 테러리즘에 매료되어 러시아로
밀입국하는 일마저 벌어졌다. 그러나 플레하노프는 테러리즘이 러시아
의 역사 발전에 이바지하지 못할 것이라는 평소의 확신을 견지하면서 마
르크시즘의 연구에 몰두했을 뿐만 아니라 제네바에 망명하던 모든 러시
아 혁명가들에게도 마르크시즘을 권유했다. 이 무렵 토지와 자유당은 보
다 과격해지기 시작했다. 차리의 암살이 아무런 변화를 가져오지 못할
뿐 아니라 오히려 가혹한 탄압만을 불러일으키자 그들은 초조해져서 트
카초프류의 '즉각적 국가 전복'을 행동의 일차적 지침으로 내세운 것이
다. "소수의 음모적 혁명가들에 의한 국가의 전복과 정치 권력의 장악이
라는 목표 앞에 우리는 모든 다른 것들을 종속시킨다"라는 그들의 공개
적 입장은 플레하노프로서는 생각할 수 없는 일이었다. 이제 재결합은

불가능해졌다. 플레하노프는 이에 따라 악설로드와 자수리치 및 자수리치의 내연의 남편인 도이치 등과 1883년 9월 12일에 '그루파 오스보보즈데니트루다,' 곧 '노동자 해방 그룹'과 기관지의 발행을 담당할 '현대 사회주의 도서관'을 창설했다. 그 단체가 러시아 혁명 운동사에서 최초의 마르크시스트 조직이다.

그러면 도이치는 어떤 사람인가? 플레하노프보다 한 살 위며 악설로드보다 다섯 살 아래인 그는 남부 러시아에서 태어났는데, 1870년대의 혁명가들 가운데 가장 대담하며 가장 정력적인 사람들에 속한다고 할 것이다. 1860년대초 군 복무중에, 키예프에서 반란을 일으켰다고 체포된 사람들을 탈옥시켜주었다가 자신이 수감되기도 했다. 그러나 곧 탈출해서 키예프 반란으로 수감됐다가 자신의 도움으로 탈옥했던 스테파노비치와 함께 이른바 치기린 Chigirin 사건을 꾸미다가 다시 체포됐다. 제2의 탈옥에 성공해 밖으로 나온 뒤에도 계속해서 테러리즘에 참가했음은 물론이다.

노동자 해방 그룹의 창설과 동시에 플레하노프는 『사회주의와 정치적 투쟁』을 출간했고 이태 뒤인 1885년에는 『우리의 차이점』을 출간했다. 첫번째 것은 자신과 인민주의자들 사이의 논쟁을 골격으로 삼은 것이며, 두번째 것은 그것을 보다 확대한 것이다. 이 두 권의 책은 러시아 마르크시즘의 기초를 놓기에 충분했다. 소비에트 역사가인 포크로프스키 M. N. Pokrovsky의 표현으로는, 이 두 권의 책은 "19세기말까지의 러시아 마르크시즘의 재고품을 형성한 모든 기본적 이념들을 포함하고 있었다." 뒷날 1903년에 러시아 사회민주주의 운동이 분열됐을 때, 이 책들에 담긴 기본 이념들은 멘셰비즘에 가장 큰 영향을 주며 또한 볼셰비즘에도 적지 않은 영향을 준다.

『사회주의와 정치적 투쟁』. 우선 『사회주의와 정치적 투쟁』을 보자. 이 책에서 플레하노프는 인민주의자들과 인민의 의지당원들을 비교적 부드럽게 논평했다. 또한 그들의 지난날의 업적에 대해 너그러운 찬양을 나타내기도 했다. 정부와의 의식적 정치 투쟁의 기원을 연 것은 그들의 업적이라고까지 썼다. 그러나 그들은 바쿠닌적인 농민관 및 사회 혁명관에 매달렸기에 정치적 투쟁과 사회주의 혁명의 양자를 역사 발전 단계에 맞도록 연결시키지 못하고 있다고 비판했다. 그는 바쿠닌적 세계관을 완전히 청산하고 '현대의 과학적 사회주의'를 그 자리에 대치시키라고 요구한 것이다.

플레하노프의 이러한 주장에 대해 인민주의 및 인민의 의지당의 입장을 대변한 티호미로프가 반박에 나섰다. 그는 1884년 4월에 간행된 『인민의 의지 신문』 제2호에서 "러시아는 결코 자본주의의 단계를 거치지 않을 것이라는 점과 러시아 인민은 보편적으로 토지에 대한 욕망을 갖고 있다는 점이 다가오는 러시아 혁명의 성격을 규정한다"고 시작했다. 이어 그는 "이 혁명은 단순한 정치 혁명이 될 수 없고 러시아를 사회주의의 세계로 직접적으로 몰아넣는 혁명이 될 것"이라고 주장하면서, "혁명 정당에 의한 권력의 장악을 통해 사회주의 정권이 수립된 다음 그 정권은 대중 혁명이 일어나도록 유도하여 곧바로 그러한 사회적 변혁을 추구해나갈 것"이라고 예견했다. 방어를 마친 다음 공격에 들어가면서, 그는 플레하노프가 "자본주의의 광채에 매혹되어 부르주아지와의 동맹까지도 받아들일 수 있다는 입장으로 후퇴했으며, 자본주의를 거치지 않고도 사회주의에 도달할 수 있음을 깨닫지 못한 탓에 자본주의와 부르주아지의 승리를 환영하고 있다"고 비난했다. 결론적으로 말해, 노동자 해방 그룹은 사회주의를 환상적인 목표인 것처럼 말함으로써 사회주의를 위한 투쟁을 포기할 것을 제의하고 있으며 그럼으로써 부르주아지가 정치적 우위를 확보할 수 있도록 도와주고 있다고 그는 주장했다.

『우리의 차이점』. 이에 대한 대답이 『우리의 차이점』이었다. 플레하노프는 우선 티호미로프의 글은 1870년대 나로드니크 운동의 이론보다도 훨씬 뒤지는 것이라고 포문을 열었다. 1870년대의 인민주의자들은 대중적 혁명 운동을 발효시키기 위해 농민 속에 뛰어들어 그들을 선동한다는 데 일차적 목표를 두었는데, 이제는 농민 혁명에 대한 신앙마저 잃고서 소수의 음모적 혁명가 집단에 의한 권력의 기습적 장악 이론에 매달려 있으니 이것이야말로 이론적 후퇴가 아니고 무엇이냐고 공격했다. 인민의 의지당원들이 이처럼 오도된 이론에 집착하는 것은 그들이 '즉각적인 사회주의 혁명'이라는 바쿠닌적 관념에서 해방되어 있지 않기 때문이며, 그렇기 때문에 이미 엥겔스에 의해 완전히 파탄이 난 트카초프의 기습적 음모 혁명론에 다시 매달리게 된 것이라고 그는 비난했다. 그렇다고 해서 이 책이 단순한 반박의 책은 아니다. 러시아의 사회경제적 조건과 발전에 관한 마르크시스트적 분석을 제시하고 있으며, 이것으로부터 러시아 사회민주당 강령 및 혁명 운동의 프로그램이 나오게 된다. 다음에서 이 책에 나타난 플레하노프의 이념적 구성을 몇 개의 상이한 분석 차원으로 나누어 간단히 살피기로 한다.

1) 역사·철학적 차원: 그는 자신의 반대파들이 역사 발전의 법칙을 전혀 이해하고 있지 못하다고 주장한다. 그러면 그가 이해하고 있는 역사 발전의 법칙은 무엇인가? 그것은 마르크시스트적인 것이었다. 그는 우선 "인간의 의지와는 무관하며 객관적이고 법칙에 매여 있으며 따라서 감지할 수 있는" 역사의 발전 과정이 존재한다고 주장하면서 그 역사 발전 과정이 합리적 사회 행동의 한계를 수립한다고 설명한다. 그에 의하면 어떤 사회에서나 제도와 현상은 모두 서로 연관되어 있는데, 물질적 조건과 관계가 철학적·법률적·정신적 현상에 앞서 있으며 이 현상들을 결정짓는다. 특히 한 사회의 경제력이 그 사회의 구조와 이데올로기적 상부 구조를 결정함에 있어서 결정적 역할을 수행한다고 그는 본다. 즉 발전 과정에서 사회의 물질적 기초의 변화가 제도적·이데올로기적 변화에 초기적 충동을 준다는 것이다.

이러한 역사 발전의 법칙을 전제하면서 플레하노프는 나로드니크들과 그 테러리스트 후계자들의 이론을 하나하나 따져나갔다. 그는 우선 그들의 이론적 출발점인 체르니세프스키의 분석, 곧 "러시아는 농민 공동 부락체의 전통이 강하므로 자본주의 단계를 거치지 않고 원시적 공산주의로부터 최고 형태의 공산주의로 직접 옮겨갈 가능성이 있다"는 분석을 문제삼았다. 그리고는 비록 체르니세프스키의 결론은 옳지 않지만, 농민 공동 부락체를 변증법적으로 이해하고자 한 그의 방법론은 적절한 것이었다고 평가했다. 풀어 말해, 체르니세프스키는 러시아 사회 전체와의 관련 속에서 농민 공동 부락체를 파악하고 따라서 러시아 사회의 변화에 따라 농민 공동 부락체도 변화할 가능성이 있다고 내다보았을 뿐만 아니라 그것이 변화하는 경우 그것은 사회주의의 기초로서 봉사할 수 없을 것임을 인식하고 있었다고 주장했다. 그런데도 체르니세프스키를 우상으로 섬기는 인민주의자들은 그의 글만을 고수할 뿐 그의 방법론을 외면했고, 따라서 농노 해방 이후 러시아 사회가 경험한 깊은 변화를 깨닫지 못하고 동시에 농민 공동 부락체의 변화 가능성을 인식하지 못하고 있다고 공박했다.

2) 경제적 차원: 러시아에서 '자본주의의 운명,' 바꿔 말해 '농민 공동 부락체의 운명'의 문제는 러시아 사상가들에게는 생사의 문제였다. 이에 대한 플레하노프의 해답은 명백했다. "러시아의 국민적 생활의 낡은 형태는 그 내부에 해체의 많은 균들을 갖고 있으며, 따라서 현존의 상황 아래서는 최고의 공산주의 형태로 발전할 수 없다"는 것이었다. 오히려, 농민 공동 부락체는 해체의 과정에 있고 자본주의가 러시아를 지배할 것이라고 결론지었다

3) 사회 · 경제적 차원(사회주의 혁명): 플레하노프는 사회주의 혁명을 첫째, 장기적 · 진화적 경제 발전의 정점이면서, 둘째, 그 경제 운동의 과정에서 일어나 마침내 정치적 영역으로 옮겨져 싸워지는 계급 투쟁의 양자로 파악했다. 사회주의 혁명은 상당한 기간의 선행의 진화적 발전을 전제하는 것이므로 전체 역사 단계를 건너뛰면서 사회주의에 도달한다는 것은 생각할 수 없다고 결론지었다. 따라서 역사 발전 단계를 고려하지 않은 '농민 혁명' 또는 '음모적 소수 혁명가 집단에 의한 기습적 권력 장악'은 그것이 설령 이뤄진다고 해도 권력의 유지는 불가능할 것이라고 그는 보았다.

4) 사회 · 경제적 차원(부르주아 혁명): 서구에서 자본주의의 발달이 절대주의의 붕괴와 부르주아지에 의해 지배되는 입헌적 · 대의적 정부의 수립을 위한 길을 열었듯, 러시아에서도 자본주의의 발달은 사회주의 혁명보다도 그 같은 혁명을 먼저 경험하게 할 것이라고 플레하노프는 주장했다. '러시아 사회 생활의 유럽화' ── 러시아의 자본주의 발달과 그것에 따른 사회적 변형을 그는 이렇게 불렀다 ── 는 러시아 정치 체제의

'유럽화'를 가져오게 할 것이므로, 현실적 혁명주의자라면 차리 절대 체제의 타도를 일차적 목표로 삼아야 한다는 것이다. 차리즘 절대 체제가 붕괴되고 부르주아적 입헌 정치 체제가 수립되면, 사회주의 운동가들은 박해의 위험 없이 사회주의 정당을 조직하고 사회주의 이념을 근로 대중 사이에 전파하여 그들의 지지를 동원함으로써 의회에서 다수를 차지하는 것이 그 다음의 과제라고 보았다. 사회주의 정당이 의회의 다수파가 되면 토지 제도에 대한 '과격한 수정' 또는 '토지의 국유화'를 이룩해야 하는데, 이것을 통해 사회주의 세력을 농민층에까지 확대한다는 것이다. 이러한 방식으로 부르주아 민주주의 단계에서 사회주의 질서로의 전이가 가능하다고 그는 보았다.

5) 플레하노프 마르크시즘의 특성: 플레하노프의 마르크시즘 이론은 선진 공업 국가 또는 부르주아 국가에 적용될 수 있는 마르크스적 사회주의 강령을 후진적 국가 또는 절대주의 국가에 적용하려는 첫번째 시도였다는 데 그 특성이 있다. 여기에는 벌써 한 가지 논쟁점이 개재된다. 선진 공업 국가 또는 부르주아 국가 단계에서 사회주의로의 전이를 위해 투쟁하는 데 그 일차적 의의가 있는 마르크스 정당이 과연 후진적 국가 또는 절대주의 국가 단계의 러시아에 존재할 가치가 있느냐의 물음이다. 이 물음에 대해 그는 긍정적으로 대답했다. 사회민주주의자들이야말로 절대주의 체제의 종결을 촉진시킬 뿐만 아니라 부르주아 입헌 정치 체제 아래서 사회주의 혁명을 지도해나갈 수 있는 가장 효과적인 세력이라는 것이다.

고립의 10년. 『사회주의와 정치적 투쟁』의 출간으로부터 10년 동안 플레하노프의 정치적·지적 생활은 노동자 해방 그룹에 집중됐다. 1883년에 창립된 이 단체는 1903년에 러시아 사회민주노동당 제2차 대회에서 해체될 때까지 20년 동안 존속했다. 두번째의 10년 동안, 이 단체는 러시아 사회민주주의 운동에서 뛰어난 존재였다. 그러나 첫번째의 10년 동안, 이 단체는 그 운동에서 뛰어났을 뿐만 아니라 그 운동 자체였다. 이 시기에 러시아 마르크시즘의 역사는 노동자 해방 그룹의 역사와 사실상 일치하는 것이었다. 두번째의 10년에서 러시아 안팎에서 러시아 사람들에 의해 전개된 사회민주주의 운동의 보다 큰 조류는 바로 첫번째의 10년 동안 이 단체가 터놓은 물줄기들의 합류였을 뿐이다. 그러나 물줄기들을 트는 고된 작업이 시작되던 그 10년은 고립과 좌절과 고난의 세월이었다.

왜 그러했던가? 알렉산드르 2세의 피살에 따라 제위를 계승한 알렉산드르 3세는, 앞에서 이미 보았듯이, 아버지의 비극적 종말을 자유주의적 이념의 옹호와 전복적 세력에 대한 우유부단의 논리적 귀결로 간주하고 혹독한 탄압 정책으로 전환했다. '신뢰할 만한 세력'에 대한 부양책과 '신뢰할 수 없는 세력'에 대한 탄압책을 복합적으로 쓰면서 동시에 농민에 대한 감시를 엄격히 실시했던 것이다. 이러한 상황에서 1870년대의 혁명적 정열은 식어들 수밖에 없었다. 러시아 사회사상사 학자인 이바노프 라주므니크Ivanov Razumnik에 따르면 혹독한 억압적 분위기 속에서 "대부분의 지식인들은 반동에 대한 증대하면서도 지속적인 저항을 제공하지 못함으로써 그들의 위대한 전통을 배반했다." 범용과 비속과 권태가 1880년대 러시아 사회의 징표가 됐다. "비참한 인간보다 만족스런 돼지가 더 낫다"는 금언이 사회적 분위기를 지배하기 시작했다.

이러한 러시아의 사회적 분위기는 확실히 어떤 혁명 운동이든지 그 직전을 가로막는 것이었다. 그러나 그 사회적 분위기보다 더욱 중요하게 노동자 해방 그룹을 좌절하게 만든 것은 러시아의 전통적 혁명가들의 무관심과 적대감이었다. 그들은 마르크시즘의 러시아적 적용은 생각할 수 없는 일이라고 믿었으며 사회민주주의란 독특하게 독일적인 것으로서 비혁명적 이데올로기라고 생각하고 있었다. 그래서 바쿠닌주의자인 망명객 주코프스키N. Zhukovsky는 노동자 해방 그룹을 향해 "당신네들은 혁명주의자들이 아니라 사회학도일 뿐"이라고 주장했고, 라브로프와 티호미로프는 자신들이 그 그룹과 무관하다는 점을 널리 알리고자 힘쓰기도 했다. 조직 그 자체에도 타격이 왔다. 다섯 회원 가운데 재정을 담당한 이그나토프V. I. Ignatov는 1885년에 폐결핵으로 죽었다. 도이치는 러시아에 자신들의 책자들을 밀송하고자 독일에 갔다가 붙잡혀 러시아 관헌에게 인계됐다. 회원은 이제 플레하노프와 악설로드 및 자수리치의 세 사람으로 줄었다.

이러한 역경 속에서도 러시아 내부의 혁명 조직과 연계를 이룩하려는 노력은 계속됐고, 1885년에 마침내 상트 페테르부르크의 러시아 사회민주당 — 당수는 불가리아 학생인 블라고에프 Dmitri Blagoev로서 뒷날 불가리아 공산당을 창건하다 — 과의 제휴에 성공한다. 그러나 그 조직이 경찰에 의해 와해됨으로써 1년 정도의 제휴도 끝난다. 1891년말에 상트 페테르부르크의 브루스네프 서클 Brusnev Circle과의 연계를 이룩하지만, 이것도 경찰의 검거에 의해 깨어지고 만다. 개인적인 불운도 뒤따랐다. 그들의 빈곤상은 참혹할 정도였다. 플레하노프는 폐결핵에 걸리고 딸을 잃기도 했다. 부인 로잘리아가 천신만고 끝에 1895년에 스위스에서 의사 자격을 얻어 개업할 때까지 매일 끼니를 걱정하지 않으면 안 됐다. 그런 가 하면 스위스 당국의 오해로 1889년에는 스위스에서 추방돼 프랑스로 홀로 떨어져나갔으나 1894년에는 프랑스로부터도 추방됐다. 1893년에 취리히에서 열린 사회주의 인터내셔널에서 "프랑스 정부가 제정 러시아와 제휴함으로써 공화제의 원칙을 배반했다"고 연설한 것을 프랑스 신문이 문제삼은 결과였다. 그는 별수없이 영국으로 갔다.

제7장

레닌이 마르크시스트가 되다

앞에서 살폈듯이 러시아의 마르크시스트 단체는 러시아 밖에서 망명자들에 의해 먼저 조직됐다. 그러나 마르크시스트 단체는 러시아 안에서도 곧 조직되기 시작했으며 그 지도자의 한 사람이 바로 레닌이었다. 그는 러시아의 전통적 혁명 사상과 마르크시즘을 결합시킴으로써 레닌이즘을 만들어내는 데 성공한다. 달리 표현해, 러시아의 토양 위에 뿌려진 마르크시스트적 씨앗을 레닌이즘으로 개화시키는 데[1] 성공하게 된 것이다. 다음 몇 장들에서 주로 레닌이즘의 성장과 발전 과정 및 그것이 러시아 혁명에 끼친 영향과 연관시켜 살피기로 한다.

이 대목에서 우선 자료에 대해 말하고자 한다. 레닌에 대해서는 물론이거니와 트로츠키 및 스탈린 등에 대해 지은이가 가장 많이 의존한 책은 버트램 월프의 대표작 『혁명을 이룩한 세 사람: 전기적(傳記的) 역사』[2]이다. 월프는 1896년에 뉴욕 시의 브룩클린 지구에서 태어나 뉴욕 시립대학교와 멕시코 대학교 및 컬럼비아 대학교에서 수학했다. 러시아에 대한 그의 평생의 관심은 1917년 2월 러시아 혁명의 발발과 더불어 시작됐는데, 그는 이때 2월 혁명에 이어 제2의 혁명이 일어날 것임을 예견했다. 그는 그 제2의 혁명의 결과로 세워진 소련을 여러 차례 방문했으며, 모스크바에서 두 해 동안 살기도 했고, 스탈린, 트로츠키, 부하린, 몰로토프, 케렌스키 등과 친교를 맺기도 했다. 그는 캘리포니아 대학교와 옥스퍼드 대학교 및 제네바 대학교 등 서방 세계의 유수한 대학들에서 러시아의 역사와 소련의 정치에 대한 강의를 담당했으며, 그가 객원 교수로 있던 캘리포니아 대학교에서 1962년에 명예 박사학위를 받았다. 이 책에 이어 저널리스트인 루이스 피셔의 『레닌의 생애』,[3] 그리고 문명 비평가인 윌슨의 『핀란드 역까지』[4] 등을 비롯한 레닌 전문서들에도 의존했다.

1. 대학생이 되기 이전의 레닌

레닌의 부모. 볼가 강은 상트 페테르부르크와 모스크바 사이의 러시아 중심부에 수원(水源)을 두고 동쪽으로 장엄하게 관류하면서 니즈니 노브고로드와 카잔을 거쳐 다시 타타르 지역인 남쪽으로 흘러 심비르스크 Simbirsk, 사마라, 사라토프, 아스트라한 등을 경유하여 마침내 내륙해인 카스피 바다로 빠지는 느리면서도 단조롭게 흐르는 강이다. 이 강 주변에 대(大)러시아인들의 노래와 전설들이 주절주절 열려 있다.

레닌은 바로 이 강이 흐르는 지역에서 피를 받아 태어났고 성장했다. 그의 아버지는 아스트라한, 어머니는 카잔 출신이었고, 그 스스로는 심비르스크에서 태어나 사라토프와 카잔에서 수학했으며, 사마라에서 짧았지만 법률가로서의 경력을 보냈고 또한 혁명가로서의 첫번째 활동을 벌이기도 했다. 레닌이 태어났을 당시의 심비르스크는 낙후되고 황량한 한 성(省)의 수도였다. 인구는 3만여 명에 지나지 않았고 철도조차 부설되지 않았으며 중요한 항구도 되지 못했다. 이곳의 농민들은 볼가 강 유역의 어느 지역의 농민들보다 뒤떨어졌고 수공업도 미미한 정도였으며 귀족이라도 몹시 가난했다. 볼가 강 유역의 주요 지역들은 모두 가령 라진의 반란이라든가 푸가초프의 반란과 같은 혁명적 열기로 휩싸였던 전통과 전설을 가졌지만 심비르스크만은 예외였다. 레닌 이전에 이 도시 출신으로 러시아의 전국적 인물이 된 사람이 있다면 아마 역사가 카람진과 소설가 이반 곤차로프Ivan Goncharov 정도일 것이다. 레닌 이후의 인물로는 2월 혁명 직후 한때 임시 정부를 이끌었던 알렉산드르 케렌스키 Alexandr F. Kerensky를 꼽을 수 있다.

이러한 곳에서 레닌은 알렉산드르 2세 치세이던 1870년 4월 22일에 아버지 일리야 니콜라에비치 울리야노프Ilya Nicolaevich Ulyanov와 어머니 마리아 알렉산드로브나Maria Alexandrovna의 셋째아이로 태어났다. 아버지는 아스트라한 출신이었는데, 이 도시는 옛날 타타르족의 중심지였고, 또한 그의 어머니는 칼무크Kalmuck족이었다. 칼무크족은 불교를 신봉하는데, 크고 둥글고 넓적하며 노란색과 고동색이 섞인 얼굴에 몽골족의 눈을 가졌다. 대러시아족으로서 가난한 재단사였던 레닌의 할아버지 니콜라이 바실리에비치 울리야노프Nicolai Vaslievich Ulyanov는 쉰 살이 넘어서야 이 칼무크족의 한 사생아였던 안나 알렉세예브나 스미르노프Anna Alexeyevna Smirnov와 결혼해서 그가 예순일곱 살, 그리고 그의 아내가 마흔세 살이었을 때 레닌의 아버지인 일리야를 낳았던 것이다. 이러한 배경에서, 일리야와 레닌은 모두 광대뼈, 낮은 코, 깊고 작으며 경사진 눈 등 몽골 타타르의 얼굴을 가졌다. 레닌의 할아버지와 특히 할머니에 대한 이러한 사실은 아르메니아Armenia 출신의 소련 여류 작가 마리에타 샤기니안Marietta Shaginyan이 1930년대에 여러 차례에 걸친 조사 끝에 밝혀낸 것이다. 그런데 지난날 소련 당국은 이 사실에 대해 입을 다물었다. 가령 '소련 마르크시즘-레닌이즘 연구소' 주관 아래 포스펠로프P. P. Pospelov를 비롯해 아홉 학자들이 함께 써서 1960년에 출판한 602쪽짜리의 『레닌 전기 *Vladimir Ilyich Lenin, Biograiya*』는 레닌의 조부모는 "아스트라한의 가난한 하(下)의 중류 계급 인민"이었다고만 썼다. 레닌의 할아버지는 레닌의 아버지 일리야가 겨우 다섯 살 때 죽었다.*

그러자 일리야보다 열두 살 위였던 형은 학업을 그만두고 가정을 돌보기 시작했다. 죽을 때까지 결혼도 하지 않고 수레를 끌거나 남의 상점에서 점원 노릇을 하며 가정을 돌본 그의 희생 위에서 일리야는 학업을 마칠 수 있었다. 그는 아스트라한의 고등학교와 카잔 대학교를 모두 우등으로 졸업한 것이다. 대학에서는 수학과 물리학을 전공했는데, 오늘날

---

* 레닌의 할아버지에 대한 월프의 기록은 피셔의 그것과 차이가 많다. 가령 월프는 레닌의 할아버지가 무척 젊은 나이에 죽었다고 썼다. 그러나 지은이는 이 부분에 관해서는 비교적 최근 자료를 활용한 피셔의 기록을 따랐다.

비(非)유클리드 기하학의 창건자로 알려진 세계적 수학자로 그때 카잔 대학교 교수이던 니콜라이 로바체프스키Nicolai Lobachevsky의 지도를 받았다. 대학을 졸업하고 그는 로바체프스키의 추천으로 펜자 시의 측후 소장이 됐다. 그러나 이 자리는 보수가 없어서 그는 부근의 중학교에서 물리학과 수학을 가르쳐 받는 수입으로 생활하지 않으면 안 됐다. 서른 세 살이 됐을 때, 일리야는 니즈니 노브고로드의 한 중학교 교사가 됐다. 여기서 그는 그가 펜자에서 일할 당시의 동료의 동생이며 또한 하숙집 주인의 딸이던 마리아 알렉산드로브나 블랭크Maria Alexandrovna Blank 와 결혼했다. 신부의 나이는 스물아홉이었다. 니즈니 노브고로드에서 그 들은 장녀 안나Anna와 장남 알렉산드르Alexandr를 차례로 보았다. 결혼 여섯째 해인 1869년에 일리야는 심비르스크의 장학관으로 승진해 이곳 으로 옮겨왔으며 이듬해 셋째아이를 보았다. 일리야는 그 아이의 이름을 블라디미르라고 지었는데, 블라디미르는 우리가 제1장에서 보았듯 키예 프 러시아의 6대 통치자로 서기 988년에 그리스 정교를 받아들여 성자의 칭호를 받았던 사람이다. 일리야는 자신의 셋째아이의 이름을 바로 이 성자에서 따온 것인데, 그 아이가 나중에 레닌으로 불리게 된다.

일리야는 장학관의 직무를 헌신적으로 수행했다. 당시는 알렉산드르 2 세가 개혁 정치를 펼 때여서 교육의 보급에 상당한 열의를 보였기 때문 에 공립 학교가 많이 세워지고 있었다. 따라서 일리야는 여러 지방을 순 시하기도 했으며 자신이 새 교사들을 가르치기도 했다. 그의 헌신과 열 의는 곧 보상을 받았다. 1874년에 그는 성(省)안의 모든 초급 학교들을 감독하는 최고 책임자가 됐으며, 성 참의원의 칭호를 받았다. 이 칭호에 따라 그의 자식들은 세습 귀족이 됐다. 그러니까 레닌도 귀족이 된 셈이 었고, 실제로 공식 서류에는 그 칭호를 쓰기도 했다. 물론 레닌에 관한 지난날의 소련 공식 문헌은 이 사실에 대해 완전히 입을 다물었다. 그것 은 오히려 일리야가 혁명 사상을 갖고 있었으며 실제로 혁명가였다고 주 장했다. 그러나 트로츠키의 『레닌의 청년 시대』는 이 주장을 부인했다. 일리야는 러시아 정교의 충실한 신도였고 황실에 충성스러운 관리였다. 교사들과 교육 행정가들이 자유주의 사상을 갖고 있을 뿐만 아니라 학생들에게 이 사상을 전파하는 것이 아닌가 해서 끊임없는 조사가 따랐지만, 일리야가 그러한 조사의 대상이 됐던 일은 한번도 없었음이 그 사실을 증명한다. 보다 더 확실하게, 그의 딸 안나는 "우리 아버지는 결코 혁명가가 아니었다. 그는 우리들, 곧 그의 자녀들을 보호하려고 했을 뿐인 사람이었다"고 썼다. 그는 알렉산드르 3세 치세이던 1886년 1월에 55세의 나이에 갑자기 졸도해 죽고 말았다.

레닌의 어머니 마리아는 독일계였다. 그녀의 아버지는 카잔의 지주이면서 의사였고 어머니는 볼가 강 유역의 독일인 지구에서 성장했는데, 모두 루터 신교파에 속했던 것 같다. 이 점 때문에 지난날 소련의 공식 문헌들은 마리아의 출신, 특히 그녀가 독일계라는 점에 대해 침묵했다. 예컨대, 『소련 대백과 사전』, 교육부 장관을 지낸 케르젠트세프Platon M. Kerzhentsev가 1939년에 출판한 『레닌의 생애』, 코브나토르Ray Kovnator가 1944년에 출판한 『레닌의 생애』 어느 한곳에도 레닌의 어머니가 독일계라는 사실에 대한 언급이 없다. 반면에 레닌의 누이 안나가 알렉산드르 3세 암살 미수 사건에 연좌돼 처형된 동생 알렉산드르에 대해 1930년에 출판한 『알렉산드르 일리치 울리야노프에 대한 회고』에서, 안나는 그들의 어머니 마리아가 독일계였음을 분명히 지적했다.

마리아는 남편 일리야보다 더 높은 사회 계층 출신이었다. 그렇기에 그녀는 그의 아버지가 소유한 땅의 약 20%를 결혼 지참금으로 가져올 수 있었다. 그녀의 교육은 전적으로 집에서 가정 교사를 통해 받은 것이었는데, 그 교육은 주로 외국어와 음악 및 미술에 치중됐다. 그 교육의 덕으로 독일어와 프랑스어 및 영어를 구사할 수 있었으며, 자녀들에게 이들 외국어의 기초를 가르칠 수 있었다. 그녀는 또 책 읽는 것을 무척 좋아했을 뿐만 아니라 자녀들에게 늘 소설 따위를 읽어주었다. 그래서 레닌은 어린 시절부터 러시아 소설들에 대해 꽤 친숙했고, 성장한 다음에도 고전에 대한 이해가 깊을 수 있었다. 마리아는 그의 자녀에 대해 매우 헌신적인 어머니였다. 그녀의 여섯 자녀들은 모두 한 번씩 또는 그 이상으로 혁명 운동에 관여한 혐의로 체포됐었는데, 그녀는 형무소 부근으로 이사하면서까지 이들을 돌보았다. 그녀는 한번도 자식들의 혁명 활동을 이해한다고 말한 적이 없었다. 그러나 그녀는 자식들이 사리사욕을 위해서가 아니라 사회와 대중을 위해 싸우고 있다는 인식을 갖고 있었으며 그것을 자랑스럽게 여기기도 했다. 마리아는 남편보다 30년을 더 살았다. 그 30년이란 그녀의 자식들이 혁명 운동에 뛰어듦으로써 빚어진 간난신고의 해들이었다. 외국에 오랫동안 망명한 레닌을 보기 위해 두 차례 해외로 나가기도 했었다. 그녀는 러시아 혁명이 일어나기 한 해 전에 여든세 살의 나이로 죽었는데, 그 헌신적이며 고달팠던 30년에서 불과 한 해를 더 살지 못함으로써 레닌이 새 정부의 수반이 되는 것을 보지 못했다.

알렉산드르의 생애. 레닌의 가정에, 그리고 레닌의 생애에 하나의 전환점을 만들어준 사람은 일리야와 마리아의 큰아들이며 레닌의 형인 알렉산드르였다. 알렉산드르와 레닌은 용모와 성격 및 성향에서 무척 대조적이었다. 알렉산드르는 어머니를 닮아 키가 컸으며 얼굴이 길고 생각에 깊이 잠긴 모습이었다. 살결은 우유처럼 희고 머리칼은 숱이 많았으며 짙은 눈썹 아래 깊은 눈은 내면을 응시하는 듯했다. 한마디로 조각품과 같은 그의 얼굴은 꿈꾸는 사람, 성자, 금욕주의자의 그것이었다. 이에 비해 레닌은 아버지를 그대로 닮아 키가 작고 머리는 달걀처럼 생긴 데다 머리숱이 적어 20대에 벌써 대머리가 됐다. 살결은 회색과 피색의 혼합이었고 눈은 작은 몽골형이었다. 외양으로 보아 두 사람이 형제라고 여길 사람은 거의 없을 정도였다. 외양뿐만 아니라 성격에서도 형제는 대조적이었다. 알렉산드르는 조용하고 내성적이었다. 시키기 전엔 결코 말하는 법이 없었지만 일단 발언을 하면 직설적이면서도 간결하게 말했다. 워낙 과묵해서 아무도, 그의 어머니나 누나 안나까지도, 과연 알렉산드르가 무엇을 생각하고 있는지 짐작조차 할 수 없었다. 그에 비해 레닌은 시끄럽고 떠들썩한 성격이었으며 짓궂고 농담을 좋아했다. 어려서부터 자신이 머리가 좋다는 사실을 과시하거나 남을 놀려대기를 좋아했다. 이 때문에 그와 친구들 사이에는 항상 벽이 있었다. 형제의 기질의 차이는 그들이 좋아하는 작가의 선택에서도 뚜렷했다. 알렉산드르는 내면적이고 주관적이며 '병적인 성인성(聖人性)'의 도스토예프스키를 좋아한 반면, 레닌은 투르게네프와 사실주의적인 톨스토이를 좋아했다. 형제는 각각 자기 학급에서 늘 수석을 차지했으며, 심비르스크의 고등학교로부터 최우등생에게 주는 금메달을 받았다. 그러나 그들이 좋아한 과목은 달랐다. 알렉산드르는 과학을 좋아했으나 레닌은 라틴어와 역사와 문학을 좋아했다.

1883년에 알렉산드르는 상트 페테르부르크 대학교에 진학해 생물학, 특히 동물학을 전공했다. 그가 대학에 진학한 해는 알렉산드르 2세가 인민의 의지당원의 손에 암살된 때로부터 두 해가 지났고 알렉산드르 3세의 억압 정치가 기승을 부리던 시기였다. 그런데도 반체제적 학생 단체들은 여전히 감시의 눈을 피하며 명맥을 유지하고 있었다. 알렉산드르는 당초에는 학생 단체에 관심이 없었다. 그는 학업에만 전념해 늘 현미경과 싸웠고 특히 지렁이에 대한 관찰을 끊임없이 하고 있었다. 1885년말에 몇몇 급우들이 그에게 접근해서 학생 단체에 가입할 것을 권했을 때도 그는 "학생 단체에선 말만 많이 할 뿐 배우는 것이라곤 없다"는 이유로 거절했다. 1886년 1월에 아버지가 뇌일혈로 갑자기 별세했다는 편지가 당도했다. 며칠간 그는 아무것도 하지 않고 방안을 왔다갔다했다. 그러나 그는 그의 연구를 포기하지 않았고 심비르스크로 돌아가기조차 하지 않았다. 몇 주 뒤 그는 지렁이에 대한 연구로 금메달을 받을 수 있었다. 심리학자 프로이트Sigmund Freud에 의하면, 젊은이는 그의 아버지가 죽은 뒤에야 비로소 중대한 독립적 행동을 하게 된다고 한다. 프로이트의 이 주장은 적어도 알렉산드르에게는 타당한 것이었다. 확실히 아버지가 죽은 뒤 알렉산드르는 중요한 변화를 보이기 시작했다. 그는 마치 가장처럼 행세해서 레닌이 어머니를 거칠게 대한다고 그의 생애 처음으로 동생을 나무랐다. 그뿐 아니라, 1886년에 학생들이 알렉산드르 2세 때 농노의 해방을 추진했던 사상가들과 관리들을 위한 추도식을 상트 페테르부르크의 볼코프 공동 묘지*에서 벌였을 때, 알렉산드르 역시 참가했으며, 같은 해 여러 분파의 학생들이 경찰에 의해 금지되지 않는 유일한

---

* 볼코프는 늑대라는 뜻이다. 뒷날 레닌 일가는 모두 이 공동 묘지에 묻힌다.

218

학생 조직인 종교 클럽으로 통합됐을 때, 그 역시 여기에 가담했다.

알렉산드르의 사상은 점차 과격해져 그는 드디어 알렉산드르 3세의 암살 음모에 가담하기에 이르렀다. 20세에서 26세 사이의 일곱 청년으로 조직된 이 음모단은 알렉산드르 2세의 암살 6주년인 1887년 3월 1일을 거사일로 택하고 폭탄을 만들기 시작했다. 알렉산드르는 폭탄 제조의 책임을 졌다. 그는 심비르스크 고등학교에서 받은 금메달을 전당포에 잡혀 받은 돈으로 질산을 구해 폭탄을 제조할 수 있었다. 그러나 이들의 음모는 발각되어 거사일에 모두 체포되고 말았다. 알렉산드르는 그의 숙소에서 체포됐는데, 이때 안나도 동생의 숙소를 방문중이어서 함께 붙잡혔다. 자녀의 비운의 소식에 접한 어머니 마리아는 집안일을 열여섯 살의 레닌에게 맡기고 곧바로 상트 페테르부르크로 떠났다. 그 당시 심비르스크에는 철도가 개통되지 않아서 마리아는 얼마만큼은 말을 타고 가지 않으면 안 됐다. 그래서 레닌이 동행자 한 사람을 구해드리려고 했으나 이 집안의 사정을 알게 된 사람들은 아무도 그 요청에 응하지 않았다. 이 사건은 어린 레닌에게 큰 영향을 미쳤다. 그는 특히 형의 체포에 대해 무관심하거나 겁을 먹고 피한 이른바 자유주의자들에게 깊은 경멸을 갖게 됐다.

재판이 시작됐을 때 어떤 친구는 음모에 관련된 사실을 부인했고, 어떤 친구는 동지들을 배반했다. 이 음모를 조직한 장본인인 체브레프 Chevreev도 사라져버렸다. 오직 알렉산드르만이 가장 의연한 자세를 보였을 뿐이다. 그는 법정에서 동지들에게 "필요하다면 자네들은 모든 책임을 나에게 돌려도 좋네"라고 말한 다음, 법관들에게 다음과 같이 말했다: "조국을 위한 죽음보다 더 훌륭한 죽음은 없다. 그러한 죽음은 진실하고 정직한 사람에겐 아무런 두려움도 주지 않는다. 나는 불행한 러시아 인민들을 돕겠다는 오직 하나의 목표만을 가졌을 뿐이다." 피고인석에서의 그의 늠름하고 유창한 연설은 그의 어머니와 누이를 크게 감동시켰을 뿐만 아니라 판사들과 검사들까지도 움직이게 했다. 법정 기록을 읽은 알렉산드르 3세도 "이 솔직성이야말로 감동적이다"라고 부르짖었다. 그는 또 "지금 정부의 힘으로는 도저히 백성의 지위를 향상시킬 길이 없다"는 뜻도 밝혔다. 이 점에 대해서도 알렉산드르 3세는 공감했다. 차리는 이 대목 바로 옆의 여백에 "이것은 옳은 말"이라고 적어넣었다. 그러나 그해 5월 20일에 알렉산드르는 스물한 살의 나이에 세 명의 동지들과 함께 처형됐다. 그와 함께 체포됐던 누이 안나는 며칠 뒤 석방됐다. 그러나 외조부 블랭크의 집으로 가 있어야 한다는 명령이 내려졌다.

2. 레닌의 정치적 사고의 성장

레닌의 대학 생활. 알렉산드르 3세의 억압 정치는 우리가 이미 살폈듯이 러시아를 점점 짙은 어둠 속으로 몰아넣었다. 사학자 미하일 포크로프스키 Mikhail Pokrovsky가 "1880년대는 러시아 문화사를 암흑 지대처럼 가로질러 갔다"[5]고 표현했던 것은 참으로 적절했다. 이러한 시대적 상황 속에서 레닌은 정치적으로 성장하기 시작했다. 그의 형 알렉산드르의 처형은 그를 아주 냉정한 사람으로 만들었으며 그로 하여금 혁명의 문제를 심각하게 생각하도록 만들었다. 형의 사형 소식을 전해준 여교사에게 그는 "그렇다면 결국 형님으로서는 다르게 행동할 도리가 없었던 거지요"라고 말했다고 한다. 알렉산드르가 처형된 뒤 모든 사람들이 이 불운의 가정에 등을 돌렸다. 그러나 심비르스크 고등학교 교장 표도르 케렌스키 Feodor Kerensky만은 예외였다. 그는 결국 차리의 암살 미수범이 되고 만 알렉산드르에게 금메달을 주었다는 사실 때문에 알렉산드르 처형 이후 상부의 견책을 받았는데도 레닌도 수석으로 졸업하게 되자 주저없이 금메달을 주었고, 레닌의 장래에 대해 아낌없는 도움의 말을 주었다. 그는 레닌의 어머니에게 레닌을 상트 페테르부르크 대학교 대신에 카잔 대학교에 보내고 어머니가 그 곁에서 늘 돌보아줄 것을 권고했다. 그뿐 아니라, 레닌이 카잔 대학교에 무난히 입학할 수 있도록 최고의 추천장을 써주었다. 그는 이 장문의 추천장에서 레닌이 부모로부터 종교와 합리적 기율에 입각한 가정 교육을 받았으며 여태까지 어른 말을 거역해본 일이 한번도 없는 모범생이라고 다짐하고 그의 어머니가 따라가서 대학 공부를 돌보게 된다는 말까지 덧붙였다. 이 추천서에 힘입어 레닌은 카잔 대학교에 들어갈 수 있었다. 케렌스키 교장은 그에게 문학이나 사학을 택할 것을 권했지만 그는 법학과 정치경제학을 택했다.

심비르스크에서 북쪽으로 150마일 떨어진 카잔은 볼가 강 중류 지역의 주요 도시이며 또한 과거 타타르족의 요충지이기도 하였다. 카잔 대학교는 아직 교령(校齡)이 1세기에 이르지는 못했으나 러시아 정교의 중심지로 여겨졌고 주로 지방의 귀족들과 관료들의 자제들이 수학하고 있었다. 상트 페테르부르크만큼은 되지 못했으나, 심비르스크에서 열일곱 해를 보냈던 레닌에게 카잔에서의 삶은 근대 세계로의 진입을 의미했다. 그러나 이곳에서의 생활이 오래 계속되진 않았다. 그의 형과 그 동지들의 처형은 상트 페테르부르크 대학생들을 움직여, 이들의 구명은커녕 이들의 행위 자체를 비난한 대학 당국에 항의하는 전단이 나돌았다. 대학에 대한 탄압은 더욱 심해져서 진보적 교수들이 더 파면되고 미심한 학생들이 더 제적됐다. 그해 12월에는 학생 시위의 전류가 카잔에까지 파급되어, 학생들은 집회를 열고 대학 감독관을 불러다 놓고 최근에 당국이 빼앗아간 몇 가지 권리를 다시 돌려달라고 요구했다. 이때 레닌은 결코 주동자는 아니었으나 맨 앞줄에 앉아 있었다. 그의 특이한 용모는 감독관의 주목을 끌기에 충분했으며 따라서 학생증의 제시를 요구받았다. 그 학생증에서 울리야노프란 성(姓)을 발견한 감독관은 곧 그가 알렉산드르의 동생임을 알아냈고, 이번 시위의 주동 인물이라고 마음대로 단정해버렸다. 그날 밤 경찰이 레닌의 하숙집에 찾아와서 그를 잡아갔다. 그는 대학에서 제적됐고 카잔에서 추방됐다.

제적생으로서의 생활. 제적된 학생은 대학촌이나 공업 중심지에 거주하는 것이 허용되지 않았다. 사안이 가벼운 경우, 출생지가 작은 도시이거나 시골일 때에 한해 고향으로 돌아가는 것이 허용됐다. 그러나 사안이 무거울 때는 시베리아로 추방되는 것이 관례였다. 레닌은 코쿠슈키노 Kokushkino의 외가로 가도록 명령을 받았다. 그곳에는 안나가 이미 추방되어 있었으며, 따라서 이 두 사람은 모두 경찰의 감시 아래 놓여졌다. 어머니는 물론 이곳으로 와서 이들을 돌보았다. 여기서 레닌은 남동생 드미트리 Dmitri와 그리고 안나의 약혼자인 보험사원 엘리사로프 Elisarov 와 주로 장기를 두며 소일했다. 엘리사로프는 사마라 시의 진보주의적 변호사 하르딘 A. N. Khardin을 소개해서 두 사람은 우편으로 장기 시합을 벌이기도 했다.

코쿠슈키노의 외가에서 레닌은 그의 외숙이 마련했던 도서실을 발견했다. 이 도서실의 책들은 주로 1860년대와 1870년대 러시아 지식인들이 러시아의 장래를 논한 것들이었다. 이 책들은 그의 지식욕을 충족시키기보다는 오히려 자극했다. 이에 따라 그는 우편을 통해 카잔의 도서관으로부터 많은 책들을 빌려보았다. 그는 집 밖의 보리수 숲에서 긴 봄과 여름철을 주로 책을 읽으며 보냈다. 책의 개요를 공책에 요약하기도 하고 자신의 비평을 쓰기도 했다. 그러면서 자신의 미래를 설계하기도 했으며 차차 러시아의 장래에 대해 깊은 관심을 갖기 시작했다. 아침 식사 직후부터 오후 세시에 점심 식사를 할 때까지 그는 주로 전공 서적을 읽었다. 점심을 마친 뒤엔 소설이나 시를 읽고 산책하거나 수영을 하고 자신이 만들어 세운 평행봉에서 신체를 단련시켰다. 그리고는 안나에게 라틴어를 가르쳐주었다. 저녁을 마친 뒤에 그는 다시 책을 읽었다. 당시의 많은 지식인들은 자포자기 상태에 빠지거나 맹목적인 반항에 뛰어들곤 했는데, 레닌은 그런 길을 택하지 않았다. 자신의 장래가 어떻게 될 것인지 불확실했지만 독서와 운동으로 심신을 단련시키고 있었다. 물론 그도 자신의 장래에 대해 불안해할 때가 있었다. 이런 경우, 그는 담배를 태우곤 했다. 흡연이란 청교도적인 이 집안에선 낯선 버릇이었다. 어머니는 처음엔 흡연이 건강을 해친다는 이유로, 그 다음엔 얼마 안 되는 생활비를 축낸다는 이유로 그를 나무랐다. 이에 레닌은 담배를 끊었으며 결코 다시 입에 대지 않았다. 몇 해 뒤 그는 장기놀이가 역시 정력을 소비시킨다고 믿자 끊어버렸다. 이러한 엄격한 극기력은 그로 하여금 아무런 결실 없는 무한정한 토론이 오직 정력의 낭비만을 가져오게 한다는 결론에 도달했을 때 거의 일체의 토론을 피하게 만들었다.

대학에서 제적된 때로부터 다섯 달 뒤 그는 처음으로 복학원을 냈다. 그러자 지방 시학관은 "그의 두드러진 능력에도 불구하고, 그는 현재로서는 몸가짐에서나 정치면에서나 믿을 만한 사람으로 여겨질 수 없다"는 판단서와 함께 그의 복학원을 교육부에 보냈다. 교육부의 학무국장은 이 판단서를 읽기도 전에 "알렉산드르 울리야노프의 동생이 아닌지? 심비르스크 출신이 아닌지?"라는 평을 복학원 여백에 써넣었다. 그러고 나서 지방 시학관의 판단서를 읽고는 "그를 복학시키는 것은 결코 바람직하지 않음"이라고 써버렸다. 두 달 뒤, 그의 어머니는 자신이 미망인이라는 점과 자기 남편이 교육계에 남긴 업적을 상기시키면서 아들의 복학을 호소했다. 그러나 다시 기각됐다. 이에 레닌은 '건강을 이유로' 해외에 나갈 수 있도록 허가해줄 것을 요구했다. 지난날 소련에서와 마찬가지로 제정 러시아에서도 사람들은 관청의 허가 없이는 러시아를 떠날 수 없었던 것이다. 이 청원 역시 받아들여지지 않았다.

그러나 어머니의 끈기 있는 노력으로 1888년 가을에 레닌은 카잔으로 되돌아가도 좋다는 허가를 받고 주민들 일부가 아직 타타르어를 상용하는 이 동양풍 짙은 고읍(古邑)으로 옮겼다. 그러나 복학은 여전히 허가되지 않았다. 레닌의 어머니는 아들의 복학을 위해 자기 남편을 알고 있는 교육부 관리들을 부지런히 찾아다니며 호소했다. 그러나 아무도 그녀의 호소를 들어주지 않았다. 이에 그녀는 아들이 다른 길을 밟는 것이 어떨까 하는 생각도 갖게 됐다. 그 다른 길이란 아들을 농장의 경영주로 만드는 것이었다. 이에 그녀는 심비르스크에 있는 집과 그녀의 부동산 등을 처분한 7,500루블로 사마라 부근의 알라카에프카에 농장을 사들였다. 알라카에프카는 여든네 가구가 사는 가난한 시골로서, 아홉 가구는 한 마리의 말이나 소도 갖고 있지 않았고 네 가구는 오막집마저 갖고 있지 못했다. 학교도 없었다. 이런 곳에 그녀는 약 225에이커의 농장을 사들였고 여기에 방앗간과 조그만 집을 지었다. 물론 이런 얘기는 지난날 소련에서는 완전히 묻혀버렸다. 그 이유를 헤아리기란 어렵지 않다. 이곳에서의 레닌은 어떻든 토지의 소유자, 곧 지주였을 뿐만 아니라 이웃 농민들을 삯을 주어 고용했던 '착취자'였기 때문이다.

알라카에프카의 생활도 길지 못했다. 농장 경영이 수월하지 않았기 때문이다. 마침 레닌의 어머니는 레닌이 교외 자습생으로 법학 공부를 다

시 시작해도 좋다는 교육부 대신의 허가를 받아내는 데 성공했다. 그것
은 1890년 여름이었으며, 레닌이 카잔 대학교로부터 제적된 때로부터 세
해 뒤였다. 이에 따라 그는 약 1년 동안 4년 과정을 독학해 상트 페테르
부르크에서 실시된 법과대학 졸업 자격 시험에 응시했고, 1891년 봄에
제1부를, 그해 가을에 제2부를 각각 수석으로 합격했다. 1891년 11월에
그는 우등 졸업장을 받았다. 그의 어머니가 다시 바쁘게 뛰어다닌 끝에
그는 변호사 개업에 꼭 필요한 '충성과 선량의 증명서'를 받아낼 수 있
었다. 이에 따라 1892년 1월 스물두 살에 그는 장기놀이의 상대역이었던
사마라의 변호사 하르딘의 법률 사무소에 취직했다. 하르딘은 자유주의
자로서 뒷날 입헌민주당에 가입한다.

　레닌은 성공적인 변호사는 아니었다. 그가 변호사로 일한 동안 꼭 열
건의 사건을 맡았는데, 하찮은 형사 사건들의 변호에서 번번이 졌다. 다
만 한 가지 예외가 있었다. 그것은 그 자신이 그 지방의 한 상인을 고소
해서 이긴 것이었다. 그 상인은 사람들에게 자기 기선으로 볼가 강을 건
너라고 강청했는데, 어느 날 레닌이 남의 어선을 빌려 타자 도하(渡河)
를 방해했던 것이다. 당국은 이 사건을 공판에 회부하지 않으려 애썼지
만 레닌은 재간을 부려 결국 이 상인에게 유죄 판결을 내리게 했다.

3. 마르크시스트로서의 레닌의 초기 활동

마르크시즘에 접하다.[6] 레닌이 처음으로 마르크스의 저서를 읽은 것은
여전히 알렉산드르 3세 치세이던 1888년 가을에 카잔으로 돌아가서였다.
그 저서는 『자본론』이었다. 마르크스 학설에 어느 정도 익숙해지자 그의
해설을 들으려 카잔 대학교의 급우들이 찾아오기도 했다. 그러나 그가
마르크스를 본격적으로 연구하고 마르크시즘을 받아들인 것은 사마라의
변호사 시절이었다. 그는 원전을 읽기 위해 독일어를 열심히 공부해 금
서인 마르크스의 저술들을 거의 모두 독일어로 읽었다. 또한 『자본론』에
제시된 분석적 방법을 러시아의 통계 자료에 적용해보기도 했다. 그뿐

아니라 정부의 통계와 보고서, 그리고 사회학자들 및 경제학자들의 논문들을 닥치는 대로 읽었다. 그가 마르크시즘을 집중적으로 깊이 있게 연구한 것은 이때로부터 약 6년 동안이었는데, 마치 스펀지처럼 지식을 흡수했고 그 지식을 도서관의 목록철처럼 체계적으로 정리했다.

기록에 남아 있는 레닌의 최초의 저술은 포스트니코프 V. E. Postnikov가 쓴『남부 러시아의 농업 경제』에 대한 서평이다. 말이 서평이지, 분량으로는 거의 한 권의 책에 맞먹었다. 이 서평을 그는 사마라의 독서회에서 읽었는데, 포스트니코프의 이름조차 알려지지 않은 시골의 독서계에 23세의 청년 레닌의 분석은 마르크시스트의 걸작으로 평가됐고, 레닌을 마르크시즘의 권위자로 부각시켰다. 레닌은 독서회의 발표를 위해 두 부의 필사본을 준비했는데, 그 가운데 한 부가 경찰의 손에 들어가게 되어 아직까지 남아 있게 됐다. 1923년에 소련에서『레닌 전집』이 발간되면서이 서평은 제1권에 수록된다. 레닌 스스로는 그 서평을 쓴 때로부터 다섯 해 뒤『러시아에서의 자본주의의 발달』을 저술할 때 그 내용의 대부분을 포함시킨다.

서평을 발표한 거의 비슷한 시기에 레닌은『사회민주주의자와 인민주의자 사이의 토론』이라는 필사본의 책을 썼다. 그는 여기서 사회민주주의자의 입장에 서서 자신의 견해를 밝힘과 동시에 인민주의자들을 비판하고 결국 인민주의자들이 자신의 주장에 끌려오는 모습을 그렸다. 이 필사본은 경찰에 압수되지 않은 탓에 불행히도 전해내려오고 있지 않다. 레닌의 이 두 저술의 주제는 한 가지였다. 그것은 인민주의자들의 입장을 부인하는 것이었다. 농민들 속으로 파고들어 농민들을 계몽함으로써 차리의 전제 정치에 반기를 들게 해야 한다는 인민주의자들의 주장 대신에 무산 노동 계급을 혁명의 추진력으로 보는 마르크스의 가르침을 받아들여야 한다는 것이다. 그는 무산 노동자 계급이야말로 전제 체제에 대한 투쟁의 추진력이며 러시아의 공업 도시들이 혁명 운동의 지휘소라고 확신하게 됐으며, 자연히 사마라와 같은 작은 도시를 떠나 상트 페테르부르크로 가야겠다고 결심했다.

크루프스카야와의 만남.[7] 레닌은 스물세 살이던 1893년 가을에 사마라를 떠나 상트 페테르부르크에 도착했다. 이 순간부터 그의 생활은 일신됐다. 그는 우선 마르크시스트들의 단체를 찾아 거리를 떠돌면서 소일했다. 그러다가 몇몇 마르크시스트들을 만났다. 그는 볼가 지역으로부터 온 박학한 마르크시스트로 소개됐고, 사실상 토론 집회를 서서히 이끌어 나갔다. 수도에서의 새 생활 가운데 특기할 것은 그의 평생의 반려자가 될 나데즈다 콘스탄틴노브나 크루프스카야 Nadezhda Konstantinovna Krupskaya와의 만남이었다. 레닌이 스물네 살이고 그녀가 스물여섯 살이었던 1894년 봄에 이들은 러시아의 전통적인 한 축제일의 팬케이크 파티에서 만났다. 이 자리에는 상트 페테르부르크의 거의 모든 마르크시스트들이 참석하고 있었다. 말이 축제일의 연회였지 사실은 마르크시스트들의 위장된 공식 집회였다. 경찰이 습격하는 경우에 대비해서 여러 가지 음식들이 준비되어 있었으나 그들의 대화는 전적으로 혁명에 대한 것이었다.

이 연회에 나오기에 앞서 나데즈다 크루프스카야는 이미 레닌의 저술에 대해 들었었다. 낯이 선 한 청년을 보았을 때 그녀는 쉽게 그가 레닌임을 알 수 있었다. 그녀는 특히 이 모임에서 그 청년의 날카로운 관점과 역설적인 표현에 큰 감명을 받았다. 그날 저녁 그들은 네바 강변을 거닐었다. 여기서 그녀는 자신이 매일 저녁과 일요일에 노동자들에게 글을 가르치고 있음을 이야기했고, 레닌은 마르크시스트로서 자신의 구상과 함께 처형당한 형 알렉산드르에 대해 이야기했다.

나데즈다 크루프스카야는 알렉산드르 2세 치하이던 1869년에 태어났다. 그녀의 부모는 모두 어려서 고아가 됐고 맨몸으로 결혼했다. 아버지는 육군 장교로 젊었을 때 폴란드 반란의 진압 작전에 파견되어 그때부터 폴란드 사람들에게 동정을 품게 됐다. 그래서 폴란드의 한 지방의 군정관이 되고서도 본국 정부의 폴란드에 대한 무자비한 러시아화 정책으로부터 폴란드 사람들을 보호하게 했다. 그는 인민의 해방을 옹호하는 과격주의자였던 것이다. 그러나 이 때문에 그는 불충죄로 고발돼 군에서 쫓겨났다. 이 사건의 심리는 10년이나 끌었고 그 사이에 그는 보험회사 외무원도 지냈고 공장 감독 노릇도 했다. 죽기 직전에야 겨우 무죄 판결을 받았다. 한편 그녀의 어머니는 계몽 사상의 소유자로 자녀들에게 귀족제와 농노제의 폐해를 들려주곤 했다.

아버지가 별세했을 때 나데즈다 크루프스카야의 나이는 겨우 열네 살이었다. 모녀는 쥐꼬리만한 연금에 의존해 살 수밖에 없었다. 그들은 무척 어려운 생활을 견뎌내지 않으면 안 됐다. 방들은 전세내주고, 문서를 베끼는 일 따위를 했으며, 나데즈다 크루프스카야는 아침부터 저녁까지 가정 교사의 일을 했다. 그러면서 야간 고등학교를 다녔고, 상트 페테르부르크의 어느 조그만 여자 대학을 졸업했다. 전공은 교육학이었다. 그녀는 톨스토이를 읽었고 자기 생각에 사치라고 생각되는 것을 생활에서 모두 없애버렸다. 대학을 졸업한 뒤 그녀가 가진 직업이란 야간 고등학교의 강사직이었다. 그러나 이때부터 그의 사회 의식은 자라고 있었다. 어려서부터의 고생으로, 가난한 사람과 억압받는 사람들에 대한 동정심을 간직해왔던 그녀가 대학 교육을 통해 사회 의식을 갖게 되면서 그녀는 당시의 과격한 지식인들처럼 마르크시스트가 됐다. 이에 따라 1891년에 상트 페테르부르크에서 결성된 최초의 마르크시스트 단체의 일원이 됐고, 저녁에 노동자들을 가르치기 위해 자기의 직업인 야간 고등학교 강사직을 버리기까지 했다. 그녀의 소녀 시절에 대해 윌슨은 "처녀 때의 그의 사진을 보면 그 당시에 흔하던 훌렁소매에 목이 긴 옷을 입고 있는데, 머리칼을 곧바로 빗어젖히고 사람을 깔보는 듯한 작은 눈, 고집 센 코, 입술이 두툼하면서도 침울한 입 — 모두 반항적인 '남자' 타입이다"[8]라고 썼다.

그녀의 학생들인 노동자들은 헌신적인 교사에게 무한한 신뢰를 보냈다. 그들은 그녀에게 모든 것을 다 털어놓고 이야기했다. 한 노동자가 자기 아내가 아들을 낳았다는 얘기를 했으며 한 여공은 그녀에게 구혼하는 청년을 데리고 와서 그 청년이 글을 깨우치기 전엔 결혼할 수 없다고 호소하기도 했다. 일요일 오후 그녀는 레닌과 만나 함께 거닐면서 그녀가 노동자들을 통해 들은 공장의 작업 환경이나 임금 수준이나 또는 노동자들의 불만의 근원들을 이야기했다. 이로써 혁명가로서의 삶이 시작됐다. 이 시점에 혁명이란 직업은 러시아의 생활 속에서는 명백히 정의된 하나의 선택이었으며 그것은 또한 여성에게도 개방되어 있었던 것이다. 종합해보건대, 맥닐Robert H. McNeal이 지적했듯이, "그녀는 본질적으로 혁명의 직업에 맞춰 태어났다. 만일 크루프스카야의 출생이 그녀로 하여금 혁명의 딸이라고 불릴 자격을 준 것이라면 그녀의 생애는 그녀로 하여금 혁명의 신부(新婦)라고 불릴 자격을 준 것이었다."[9]

마르크시스트 독서회의 운영. 레닌은 아주 꼬치꼬치 캐묻거나 자신의 사고(思考)와 저술의 경과를 말해주곤 했다. 그러면서 레닌은 그녀에게 아주 정밀하게 작성된 질문서를 주고 그 방향으로 노동자들의 답변을 받아낼 것을 지시하기도 했으며, 그녀로 하여금 믿을 만한 노동자들을 집에 데려오게 해 자신이 직접 묻기도 했다. 레닌은 이러한 체계적 분석을 기초로 공장에 뿌릴 전단을 만들기도 했다. 이와 동시에 레닌은 노동 운동을 자연발생적으로 이끌면서 이것을 사회주의의 이념에 연결시키는 데 몰두하기 시작했다. 당시 상트 페테르부르크의 마르크시스트 단체들은 대개 문맹 퇴치반 같은 것을 운영하고 있었다. 이 문맹 퇴치반들은 차차 레닌의 주목의 대상이 됐다. 상트 페테르부르크에만 그 회원이 1,000명이 됐고, 모스크바에만도 100명이 됐다. 그들은 나로드니크와 마르크시스트 및 자유주의자를 모두 망라하였다. 그들은 무료 도서관과 도서실을 세웠으며, 노동자들을 위해 쉬운 말로 쓴 싼값의 책을 출간했다. 운영 자금은 기부금, 회비, 강연장 임대료, 음악회장 임대료 등으로 충당했는데, 그것은 적지 않은 액수였다. 레닌은 원래 문맹 퇴치 운동 따위로 러시아 사회의 변혁을 가져올 수 있다고 생각하지는 않았다. 따라서 이러한 운동에 대해 몹시 냉소적인 태도를 보였었다. 그러나 그는 이 문맹 퇴치반들과 문맹 퇴치 운동이 마르크시스트 운동의 전파에 좋은 기반이 될 수 있음을 깨닫고 파고들기로 결심했다.

실제로 이 조직들에 대한 침투를 통해 그는 상당수의 노동자들을 뽑아서 자신이 이끄는 마르크시스트 독서회로 충원시킬 수 있었다. 여기서 그는 『자본론』을 쉽게 풀이해나갔다. 구절구절 설명해주고 자문자답의 형식을 취해 해설해주고 러시아의 현실과 결부시켜 풀이해주었다. 그리고는 노동자들로 하여금 물어보게 했고 또 노동자들 사이에 토론을 진행시켰다. 이러한 교육 방법은 노동자들로 하여금 『자본론』의 내용에 익숙하게 만들었을 뿐만 아니라, 독립적인 사고를 하게 만들었으며 더군다나 대중 앞에 서서 자기 의견을 말할 수 있는 힘을 키워주었다. 이 독서회에는 노동자들뿐만 아니라 지식인들도 참가했다.

1894년에 레닌은 『인민의 벗이란 무엇이며 그들은 사회민주주의자와 어떻게 싸워야 하는가?』를 썼다. 이 책의 부제는 '『러시아의 부(富)』에 게재된 논문 「마르크시스트에 반대하여」에 대한 회답'이었다. 『러시아의 부』는 그때 경제학·사회학·철학·문학 방면의 주도적 잡지로, 편집 책임자는 나로드니크 운동의 탁월한 이론적 지도자인 니콜라이 미하일로프스키였다. 미하일로프스키는 이 잡지를 통해 마르크시즘에 대항하는 이념적 십자군 운동을 펼쳤던 것인데, 레닌은 바로 미하일로프스키가 쓴 「마르크시스트에 반대하여」에 반론을 편 것이다. 레닌의 이 책은 세 권의 노란 공책에 씌어진 것이어서 동지들 사이에는 '작은 노란 책'으로 불렸다. 여기서 스물네 살에 지나지 않은 그가 무려 스무 해 동안 러시아의 진보적 사상계를 이끌어온 인민주의의 대표적 이론가 미하일로프스키를 논리적으로 압도하고 있었다. 그는 나로드니크의 입장을 통렬히 비판하고, 러시아는 마르크스의 가르침에 따라, 곧 무산 노동자 계급의 혁명에 의해 구제돼야 한다고 주장했다. 이 저술을 통해 레닌은 정통 마르크시즘의 수호자로서의 지위를 확고히했다.

합법적 마르크시즘.[10] 마르크시스트와 인민주의자 사이의 이러한 대립을 경찰 당국은 결코 나쁘게 생각하지 않았다. '도둑놈들이 사이가 멀어지면서 싸울 때' 일어날 수 있는 일로 이해한 것이다. 한 명의 차리(알렉산드르 2세)를 암살하는 데 성공했고 다른 한 명의 차리(알렉산드르 3세)를 암살하려다 실패한 무리가 바로 인민주의자들이었다는 사실은 경찰로 하여금 오히려 더 학문적이며 따라서 덜 위험스럽게 보이는 이론적 마르크시스트들이 나은 편이라고 생각했다. 레닌의 '작은 노란 책'이 한천판(寒天版)으로 복사되어 지하로 보급되며 읽히던 해인 1894년 바로 그해에 레닌과 같은 나이의 청년 마르크시스트인 표트르 스트루베는 인민주의자들의 입장에 반대하는 학문적인 논문을 써서 합법적인 출판을 위해 검열 당국에 제출했다. 그 논문의 제목은 「러시아의 경제 발전 문제에 대한 비판 소고」였다. 놀랍게도 경찰은 이 논문의 출판을 허가했다. 이로써 '합법적 마르크시즘'은 하나의 현실이 됐다.

같은 해에 벨토프Beltov가 쓴 훨씬 더 공개적인 마르크시스트 저술인 『역사의 일원론적 개념의 발전에 관해』를 검열 당국에 제출했다. 다음 장에서 보듯, 이 책은 실제로는 플레하노프가 쓴 책이었고 벨토프는 가명이었다. 이것 역시 출판이 허락됐다. 그뿐 아니다. 스트루베의 책과 함께 이 책은 3주 만에 품절됐다. 이로써 '합법적 마르크시트' 문헌의 밀월시대가 시작됐다. 경찰의 입장에서는 인민주의자들에 대한 '천적'이 나타난 셈이었으니 잘됐다는 판단이 내려졌던 것이다.

이와 더불어 마르크시스트적 경향을 지닌 저술들과 잡지들이 수도를 중심으로 전국적으로 쏟아져나왔다. 이 책들은 모두 한 눈은 마르크스에, 다른 한 눈은 검열관에 돌리고 있었다. 번역서도 쏟아져나왔다. 마르크시즘이 잘 팔리는 탁월한 상품임을 발견한 출판업자들이 독일 마르크시스트들과 프랑스 마르크시스트들의 책들을 경쟁적으로 번역해낸 것이다. 그뿐 아니라 그 원서들을 먼저 입수하려고 선불금을 치르기까지 했다. 검열을 통과하기 위해 이 책들은 학술적인 용어로 표현되어 있었다. 그리고 당국이 신경을 곤두세우는 소책자의 형태가 아니라 두터운 책으로 제작됐으며, 전투적 용어나 실제적 행동 강령 따위 등은 철저히 회피했다. 또 검열관을 즐겁게 하기 위해 인민주의자들을 맹렬히 공격했다. 낡은 농경적인 농민 공동체는 소멸될 것이며 러시아에서 자본주의는 불가피할 것이고, 그것은 실제로 마르크스가 제시한 일반 법칙에 따라 발전하고 있으며, 봉건주의에 대해 자본주의는 진보적인 힘으로 부르주아지와 프롤레타리아트라는 새로운 진보적 계급을 만들어내고 있다 ― 이 정도의 표현은 검열을 통과할 수 있었다. 그러나 이 새로운 계급들이 봉건적 절대주의에 반대하는 혁명적 투쟁을 위해 단결해야 한다는 식으로 너무 명백하게 표현하는 것은 검열을 통과할 수 없었다.

'합법적 마르크시즘'에 대한 레닌의 반격.[11] 다른 마르크시스트들과 마찬가지로 레닌 역시 마르크시즘이 광범하게 논의되고 사실상 합법적으로 전파되게 된 것을 기뻐했다. 그래서 그 자신도 '합법적 마르크시즘'의 물결을 타면서 자신 나름대로 마르크시즘을 대중 사이에 전파해보고자 했다. 합법적인 잡지의 출간도 계획했다. 그러나, 아마도 마르크시스트들 가운데 거의 유일하게, 그만이 점차 '합법적 마르크시즘'에 대해 깊은 회의를 느끼기 시작했다. 검열을 통과하고 합법성을 얻기 위해 마르크스로부터 혁명적 내용을 희석시켜버린다면 그게 무슨 뜻이 있느냐고 느끼기 시작한 것이다. 이에 따라 그는 비혁명적이며 부르주아적인 마르크시즘에 대한 반론을 제기하기 시작했다. 이와 더불어 그는 마르크스의 가르침들 가운데 검열을 통과할 수 없는 부분들을 노동자들에게 전달하기 위한 스스로의 노력을 배가하기로 했다. 이에 따라 펜으로 직접 쓰거나 또는 한천판으로 복사한 전단을 종전보다 훨씬 많이 만들어냈고, 지하 인쇄 공장을 손에 넣으려고 별별 궁리를 다했으며, 해외로부터 마르크시스트 문헌을 원서 그대로 입수하는 방법을 골똘히 생각하곤 했다. 또한 지하 신문을 발간하려는 노력도 계속했다.

같은 해 말에 스트루베와 레닌이 함께 가입하고 있던 한 마르크시스트 단체에서, 레닌은 스트루베를 앉혀놓고 그의 책을 날카롭게 비판했다. "마르크스는 자본주의의 몰락을 갑작스럽고 파국적인 것으로 이해했지만 오늘날의 마르크시스트들은 그것을 돌연한 혁명으로서가 아니라 일련의 개혁을 통한 점진적인 이전(移轉)으로 이해해야 한다" — 이것이 스트루베의 핵심적 주장이었다. 그런데 이것을 레닌은 공격한 것이다. 레닌은 체제 안에서의 개량을 주장하는 것 자체를 벌써 마르크스에 대한 중대한 수정이라고 보았다. 스트루베에 대한 반론을 레닌은 스트루베의 저서에 대한 자신의 서평으로 정리했다. 검열을 통과하기 위해, 그리고 자신과 '합법적 마르크시스트'들과의 분열을 방지하기 위해 레닌은 그의 비판을 훨씬 부드럽게 표현했다. 이것은 말이 서평이지 한 권의 책이었다. 이 서평은 레닌의 『전집』(러시아어판) 제1권에서 139쪽을 차지하게 된다.

제8장

니콜라이 2세의 반개혁 지속과 레닌의 노동자 해방 동맹 결성

1894년은 우리 역사에서 동학 혁명이 일어나고 이것을 계기로 청(淸)과 일본 사이에 전쟁이 일어난 해였다. 바로 이 해 10월에 알렉산드르 3세가 제위 13년 만에 죽으면서 만 26세인 그의 맏아들이 니콜라이 2세로 차리의 자리에 올랐다. 제정 러시아의 마지막 차리가 되는 비운의 그는 부황(父皇)의 억압 통치, 곧 반개혁(反改革) 통치를 계속했다. 역사학자들이 알렉산드르 3세의 시대와 니콜라이 2세의 시대를 묶어 '반개혁의 시대'라고 부르는 까닭이 거기에 있다. 니콜라이 2세의 반개혁 통치는 물론 시대의 흐름에 너무나 역행하는 것이었다. 공업화의 진전에 따라 노동 계급이 광범위하게 성장해, 러시아 사회가 부르주아 계층과 프롤레타리아 계층으로 확연히 양분되면서 심각한 갈등을 빚던 시기에 그는 이 중요한 문제를 근원적으로 해결하려는 자세는 전혀 취하지 않고 오로지 낡은 방식의 탄압에만 의존했던 것이다. 그리하여 그의 치세에 프롤레타리아 혁명을 앞세운 마르크시스트 운동은 더욱 확산됐으며 마침내 차리즘의 바탕을 그 중심으로부터 거세게 흔들어갔다. 그리하여 1905년 1월에 마침내 '러시아 혁명의 전주곡'이라고 불리는 '피의 일요일'이란 역사적 대사건이 일어났던 것이다. 이 장은 니콜라이 2세 통치의 전반부, 곧 '피의 일요일' 이전의 10년을 다루기로 한다.

1. 나약하고 어리석었던 니콜라이 2세

준비 안 된 차리. 니콜라이 2세는 우선 대제국을 물려받았다. 당시 러시아의 인구는 약 1억 2천 5백만 명에 이르렀으며 경제는 세계에서 5위였다. 면적은 물론 세계 1위였다. 그러나 더욱 중요하게, 트로츠키가 이미 재치 있게 표현했듯이, 니콜라이 2세는 혁명을 물려받았다.[1] 반면에 불행히도 니콜라이 2세는 이처럼 큰 나라를, 더구나 혁명의 열기로 가득 찬 병이 깊은 나라를 효율적으로 다스릴 만한 능력을 물려받지 못했다. 절대 전제정은 절대 전제자를 필요로 하는데, 그는 절대 전제자가 요구하는 지능과 성격을 결여했던 것이다. 우선 그는 어려서부터 유약한 성격의 소유자임을 여러 방면에서 보여주었다. 예컨대, 행동거지가 지나치게 섬세했으며 수줍음을 잘 탔고 조용하면서 주위 사람들에게 부드러웠다. 권력에 대한 욕심은 거의 없었고 정치인들의 권력 다툼과 자리 다툼을 경멸했으며 고관들의 음모를 천하게 여겼고 행사를 좋아하지 않았다. 강한 성격의 사람들을 싫어해, 자신의 중신들 가운데 그러한 특성을 보이는 신하들이 나타나면 해임해버렸고 귀염성 있고 겸손하면서 변변치 못한 신하들을 중용하곤 했다. 가족들과 시간 보내기를 제일 좋아했으며 특히 야외에서 산책하거나 가볍게 운동하기를 좋아했다. 그가 22세의 황태자이던 때 그를 만났던 한 고관은 뒷날 "그의 얼굴에는 표정이 없었다. 그의 용모는 너무 평범해서 그가 군중 속에 섞여 있다면 찾아내기 어려울 것이다"라고 회고했다. 부황 알렉산드르 3세 스스로 그를 "계집애 같다"고 핀잔을 주기도 했으며 23세의 황태자를 어린애처럼 다루기도 했고 심지어 "저 아이가 과연 대제국의 절대 전제자가 될 수 있을까"[2] 하고 걱정하기도 했다. 지적으로는, 파이프스 교수의 표현으로, 바보 같았다. 국정의 현안들에 대해 토론하거나 연구하기를 싫어했으며 지적인 대화 그 자체에 쉽게 싫증을 냈다.

　부황의 걱정은 근거가 충분히 있었다. 황태자는 전제 군주의 역할에서 벗어나고 싶어했기 때문이었다. "내가 차리가 되지 않는 것이 러시아에 해를 끼치는 일이 아니라면 그만두고 싶다"는 말을 측근에게 내뱉곤 했던 것이다. 그러했던 만큼 그는 차리의 자리에 오를 준비가 전혀 되어 있지 않았다. 부황이 49세의 젊은 나이에 갑자기 죽은 것도 그의 준비 부족에 한 요인이 됐다. 그리하여 그는 즉위 직후 대신들에게 "나는 아무것도 모른다. 부황은 자신의 죽음을 전혀 예상하지 않고 있었기에 내가 무엇을 시작하도록 준비시켜놓지 않았다"[3]고 솔직히 털어놓았던 것이다.

게다가 니콜라이 2세는 운세가 좋지 않은 사람이란 인상을 처음부터 주었다. 태어난 날이 당시 러시아 사람들이 재수 없는 날로 여겼던 '욥 Job의 날'이었던 탓인지, 그가 하고자 한 일들은 거의 모두 실패했다. 황태자 시절이던 1890~1891년에 독립심을 길러보겠다는 뜻에서 중동과 극동을 여행했는데 마지막 방문국인 일본에서는 1891년 5월 11일에 일본의 한 미친 폭력주의자의 손에 암살될 뻔했다. 우리가 다음 절에서 자세히 살피게 될, 대관식 날 벌어진 호딘카 들판의 참극 역시 실패의 한 보기라고 하겠다. 그래서 사람들은 그를 '운이 없는 차리'라고 불렀는데, 그 스스로 이 말에 영향을 받아 무슨 일이건 새롭게 시작하는 일을 꺼리거나 처음부터 하지 않으려 했다

한마디로, 니콜라이 2세는 못난 차리였다. 그 점을 말해주는 일화들은 적지 않은데, 그 한 보기가 몬테네그로의 통치자의 딸들에게 결혼한 두 사람의 러시아 대공들이 요청한다고 해서 터키로부터 받은 거액의 전쟁 배상금 전액을 몬테네그로의 통치자에게 개인적 선물로 주려고 했던 결정이다. 대신들이 그 돈은 국고로 들어가야 한다고 여러 차례 권고해도 듣지 않았다. 러시아 전체를 로마노프 황실의 개인적 세습 재산으로 여기던 그에게 국고가 무엇인지 이해가 가지 않았던 것이다. 결국 대신들의 권고를 받아들이긴 했으나 이 일화는 그가 혁명의 열기로 가득 찬 러시아를 이끌어가기에 얼마나 안목이 좁은 차리였던가를 말해주었다.[4]

상황을 악화시킨 황후. 니콜라이 2세의 무능과 불운을 더 나쁜 쪽으로 끌고 간 사람이 다름아닌 그의 차리나(황후)였다. 니콜라이 2세의 황후 알렉산드라 페도로브나Alexandra Fedorovna는 빅토리아 여왕의 외손녀로 독일의 헤세Hesse 공국에서 태어났다. 따라서 러시아에서는 '독일 여

자'로 인식됐다. 거만한 데다가 냉정해서 그녀는 곧바로 수도의 상류 사회에서 인기를 잃었으며 자연히 극소수의 측근들에 둘러싸인 채 고립됐다. 웃는 일이란 거의 없었고 두통을 자주 앓았으며 심장이 약하다고 스스로 생각해 지나치게 약과 미신에 빠져들었다. 그때 러시아에 주재하던 프랑스 대사에 따르면, 그녀는 정신적으로 불안해 보였고 늘 슬픈 표정이었으며 흥분과 소진(消盡) 사이를 오락가락했고 "보이지 않고 초자연적이며 믿어지지 않는 미신에 생각의 대부분을 바치는 것 같았다."[5] 그녀의 미신들 가운데 하나가 러시아의 인민들은 차리의 가족들을 한없이 사랑하는 반면에 차리의 친척들은 차리를 쫓아낼 궁리만 하고 있다는 것이었다.

그녀는 니콜라이 2세가 성격적으로 나약하며 우유부단하다고 늘 걱정하면서 따라서 자신이 계속해서 가르쳐주고 격려해주어야 한다고 믿었다. 니콜라이 2세를 마치 '성품이 착한 어린이'처럼 대하면서 자신의 미신을 주입시키기도 했다. 니콜라이 2세는 아내의 말이라면 거의 그대로 따랐다. 그녀의 이러한 성격과 태도는 황실과 사회 사이를 점점 이간시켰다. 차리를 신뢰하고 차리를 보호하려던 사람들조차 '이 독일 여자'를 싫어하게 됐으며 백성들도 그렇게 됐다. 이렇게 볼 때, 트로츠키가 이미 날카롭게 지적했듯이, 앞으로 닥칠 러시아 혁명 앞에 희생될 니콜라이 2세 부부는 1789년에 일어난 프랑스 혁명으로 처형된 루이 16세 부부와 닮은 점이 많았다. 우선 니콜라이 2세의 경우, 앞에서 썼듯이, 즉위에 임해 "나는 아무것도 모른다. 부황은 내가 무엇을 시작하도록 준비시켜놓지 않았다"고 말했는데, 루이 16세도 즉위에 임해 "이게 무슨 부담이람. 나에게는 아무것도 가르쳐주지 않았어"라고 말했었던 것이다. 니콜라이 2세의 황후가 외국인이었듯이 루이 16세의 황후 마리 앙투아네트 Marie Antoinett도 외국인(오스트리아 사람)이었다. 마리 앙투아네트 역시 거만했고 냉정해서 프랑스 사람들의 인심을 잃었으며 황실을 사회로부터 멀어지게 하는 데 이바지했다.[6]

그러나 니콜라이 2세 부부는 금슬이 무척 좋았다. 그들은 정말 서로 깊이 사랑하며 상대방에 대해 헌신적인 부부였다. 뿐만 아니라 모든 일에 의견이 일치했다. 예컨대, 그들은 이제는 러시아 사회에서도 자리잡은 여론이란 말을 경멸했다. 여론이란 황실을 사랑하는 백성들로부터 황실을 이간시키기 위해 세워놓은 인위적인 벽이라고 여겼다. 그들은 또 인텔리겐치아라는 단어 자체를 싫어했다. 그들이 이 단어를 들었을 때 마치 매독이란 단어를 들었을 때의 표정과 똑같은 표정을 지었으며 러시아어 사전에서 삭제돼야 한다고까지 생각했다.

이 부부 사이에서 우선 딸만 넷이 태어났다. 황후는 무척 초조해졌다. 차리의 자리를 이을 아들, 곧 차레비치(황태자)가 태어나지 않았기 때문이었다. 그래서 그녀는 많은 복술가들에 의지해 기도를 올리기도 했는데, 그 과정에서 필립Philippe이라는 프랑스의 한 돌팔이 의사에 속아 아들을 임신한 것으로 확신했다. 해산달이 임박해서야 세밀한 진료 끝에 '상상 임신'을 한 것으로 밝혀졌지만 이 일은 그녀의 위신을 크게 실추시켰다.[7]

2. 혁명을 계승한 니콜라이 2세의 초기 통치

이러한 니콜라이 2세의 등극은 시대와 통치자가 잘못 만난 가장 대표적인 보기라고 하겠다. 많은 러시아 역사학자들이 지적했듯이, 표트르 대제와 같은 영걸스런 통치자가 이 시대를 맡게 됐다면 러시아는 파국을 면할 확률을 더 많이 갖게 됐을 것이다.[8] 그러나 트로츠키가 강조했듯이, 이 시점의 차리즘 체제는 너무나 낡고 너무나 부패해서 경륜과 행동력을 겸비한 통치자를 탄생시킬 수 없었다.

호딘카 들판의 비극. 그렇지만 많은 사람들은 처음엔 새 차리가 어떤 양보적인 조처들을 취할 것이라는 기대를 가졌다. 부황 알렉산드르 3세가 강압적이고 거칠며 담대한 성격이었음에 비해 니콜라이 2세는 온유한 성격을 지닌 것으로 인식됐기에 니콜라이 2세는 성격에 걸맞게 부드러운 통치자가 되리라고 믿었기 때문이었다. 그러나 그 기대는 환상에 지나지 않았다. 그는 알렉산드르 3세 시대의 악명 높은 반동주의자 포베도노스체프로부터 절대 군주제가 가장 훌륭한 제도라고 배웠기 때문에, 1895년에 젬스트보의 대표단에게 행한 연설에서 상류층이 제의하는 온건한 수준의 개혁마저 '무의미한 꿈'이라고 단정하고, 전제주의 원칙에 대한 강력한 믿음을 분명히했다. 표트르 대제가 죽은 때로부터 무려 170년이 지난 시점에서도 그는 "차리는 누구에게도 대답할 필요가 없으며 누구에게도 책임지지 않는다. 차리는 차리가 바라는 대로 누구든지 처벌할 수 있고 누구에게라도 보상할 수 있다"[9]던 표트르 대제의 말을 금과옥조로 삼고 있었던 것이다. 스스로 "나의 임무는 수백 년에 걸쳐 이 나라를 다스려온 선제(先帝)들이 이룩한 전제주의를 완벽하게 수호하는 일"이라고 강조하곤 했다. 그의 이러한 시대착오적 신조는 역설적으로 혁명 세력의 결심을 더욱 굳혀주었다. '위로부터의 개혁'이 없다면 '아래로부터의 혁명'이 반드시 있어야 한다고 그들은 확신하게 된 것이다.

그들의 확신을 더욱 굳혀준 사건이 1896년 5월에 일어났다. 이른바 호딘카Khodinka 들판의 비극이 그것이다. 니콜라이 2세가 자신의 대관식을 모스크바에 있는 크렘린의 우스펜스키 대사원에서 거행하면서 큰 규모의 인민 축제를 열어 선물을 나누어줄 것이라고 발표하자, 축제장(祝祭場)으로 지정된 호딘카 들판으로 헐벗고 굶주린 사람들이 아이들과 가족들을 모두 이끌고 몰려들었는데, 그 수효가 약 500,000명에 이르면서 서로 밀치고 밀리다가 약 2,000명이 목숨을 잃었다. 그런데도 황실은 화려한 축제를 계속하는 잔인한 무감각을 과시함에 그쳤을 뿐이다. 이와 관련해 시로프 교수는 다음과 같이 썼다: "죽은 시체들은 실려나갔고 불구가 된 수천 명의 사람들은 황제를 저주하면서 각자의 움막으로 뿔뿔이 흩어졌다. 축제는 계속됐다. 음악이 연주되고 배우들이 등장했다. 저녁에는 궁정에서 무도회가 열려 그 음악 소리가 멀리까지 퍼져나갔다. 즉위식에서 '성유(聖油)'를 바른 새로운 황제이자 인민의 '아버지'인 니콜라이 2세가 고관들과 어울려 마음껏 즐기는 동안 노동의 도시 모스크바는 죽은 자들을 애도했다."[10]

반동의 계속. 뚜렷한 대안이 없었던 니콜라이 2세는 알렉산드르 3세의 반개혁 정책을 계속해서 추진했다. 언론을 엄격히 통제하기 위해 '임시 법규'를 계속해서 확대시켰으며 교육을 제한하기 위해 가능한 모든 노력을 기울였다. 젬스트보의 권한은 더욱 엄격히 제한됐으며, 종교 박해 역시 점점 심해졌다. 아르메니아 사람들의 기독교 교회도 박해해, 예컨대 그 교회들의 재산을 몰수했다. 다른 종파들에 대해서도 같은 조처들을 취했다. 유태인에 대한 박해는 더욱 가중되어, 그들은 도시와 유태인 거주 지역을 제외한 러시아 안의 모든 곳에서 땅을 사는 것이 금지됐다.[11]

핀란드에 대해서도 러시아화 정책을 더 가혹하게 추진했다. 1898년에 니콜라이 보브리코프Nicolai Bobrikov 장군을 핀란드 총독으로 임명한 것을 계기로 핀란드 사람들에게도 병역 의무를 부과함과 아울러 핀란드를 철저히 통제하고자 했다. 이 조처들은 핀란드 사람들을 격분시켰으며 1904년에 보브리코프의 암살로 이어졌다.

위테의 공업화. 다른 한편으로, 니콜라이 2세는 재무부 대신 위테 백작을 통해 급속한 공업화 정책을 채택했다. 세르게이 위테는 참으로 유능한 관리이면서 정치인이었다.[12] 니콜라이 1세 치세이던 1849년에 코카서스 총독부 농업 국장의 아들로 그루지야의 수도 티플리스Tiflis에서 태어난 그는 오데사의 노보로시스크 대학교에서 수학을 전공한 뒤 철도 행정관이 됐다. 철도 분야에서 오랜 경력을 쌓은 그는 1892년에 알렉산드르 3세에 의해 재무부 대신으로 발탁된 이후 니콜라이 2세의 초기까지 11년 동안 러시아의 경제를 부흥시킴으로써 기울어가는 로마노프 왕조를 살리고자 모든 노력을 기울였다. 그는 독일의 경제학자 리스트Friedrich List의 국민 경제 이론을 자신의 경제철학으로 받아들였다. 중공업을 먼저 건설한 뒤 경공업을 발전시켜야 하며 이 목표를 위해 검소한 경제 생활이 긴요하다고 믿었다. 리스트의 보호무역주의 역시 그는 받아들였다. 다만 리스트가 존중한 입헌 정부 제도를 위테는 거부했다. 그는 '진보적 전제주의'를 통해 공업화를 추진하고 이것을 바탕으로 사회적·문화적·경제적 이익을 취해야 한다고 생각한 것이다. 1897년에는 금본위 제도를 수립했다. 이것은 러시아 경제에 대한 유럽 선진국들의 신뢰를 높였다.

그런데 위테의 급속한 공업화 정책에 따라 공장 노동자들은 급격히 늘

어났으나 그들의 작업 현장과 생활은 비참성이 극에 이르렀다. 여섯 살
짜리 노동자들이 여기저기에 적지 않게 생겨났으며 부녀자들도 제철 공
장의 중노동에 종사해야만 했다. 1897년에 노동자를 위한 입법이 있었으
나 하루 작업 시간을 열한 시간 반으로 줄인다는 것이 고작이었다. 노동
자들의 평균 수명이 40세가 채 되지 않았던 사실은 그들이 얼마나 힘든
삶을 살았는가를 말해준다. 농민들의 생활은 여전히 참혹했다. 약
30,000명의 대토지 소유자들이 약 천만 명의 영락한 농가만큼의 땅을 갖
고 있으면서 농민들을 모든 수단에 의존해 철저히 착취하였던 것이다.[13]

  무정부주의의 확산. 이러한 상황에서 무정부주의가 바쿠닌의 이론과는
다른 새로운 이론 체계와 함께 등장했다. 그 대표적 사상가가 크로포트
킨이었다. 그는 니콜라이 1세 치세이던 1842년에 유서 깊은 귀족 집안에
서 태어나 제국 소년 사관학교를 비롯한 명문 학교들을 마친 뒤 법률가
로 입신했다. 그러나 그는 소년 시절부터 평등주의 사상에 심취해 만 29
세이던 1871년에는 스스로 작위를 버렸다. 크로포트킨은 탐험을 좋아했
으며 그래서 시베리아 지역의 자연 생태계 조사에 나섰다. 그의 보고서
는 학문적으로 뛰어나 그에게 지리학자의 명성을 덧붙여주었다. 크로포
트킨은 학자로서도 성공적인 삶을 누릴 수 있었다. 그러나 사회주의 문
헌을 읽으면서 그는 점점 사회 정의의 실현에 자신의 일생을 바쳐야 한
다는 소명 의식에 빠지게 됐다. 1872년에 스위스를 방문하고 유럽의 저
명한 사회주의자들과 무정부주의자들을 만난 뒤 무정부주의에 대한 신
념을 굳혔다. 그리하여 귀국 직후 노동자들을 위한 비밀 결사에 가담했
다. 그는 곧 체포됐다. 그러나 알렉산드르 2세 치세이던 1876년에 서유
럽으로 탈출하는 데 성공했다.

  서유럽에서, 특히 영국에서 활동하면서 크로포트킨은 상부상조론이란
이론을 정립했다. 이 이론은 영국의 생물학자 다윈 Charles Darwin의 생
존경쟁론과 적자생존론에 대한 반박이었다. 과학 연구, 특히 자연 생태
계의 연구를 통해 그는 생물이 다윈이 말하는 생존 경쟁과 적자 생존에
의해서라기보다는 상부 상조에 의해 생활하고 있다는 확신을 갖게 됐다.
그는 이 이론을 『상부 상조: 진화의 한 요인』이라는 책으로 1890년부터

1896년 사이에 출판했다. 크로포트킨의 무정부주의는 바로 이 상부상조론에서 나왔다. 인간은 상부 상조를 바탕으로 자연발생적이며 자발적이고 자유로운 결합을 통해 국가나 정부 없이도 얼마든지 행복하고 창의적인 생활을 영위할 수 있다는 것이다. 또 그렇게 생활할 때라야 생존 경쟁과 적자 생존의 이론 아래 합리화되는 자본주의 사회에서의 비인간적이며 비정한 무한 경쟁, 그리고 그 경쟁에서 탈락한 사람들의 비참한 삶이 시정될 수 있다는 것이다.[14]

러시아가 낳은 세계적 문호로 『전쟁과 평화』의 대작을 남긴 톨스토이 Lev Tolstoy 역시 이 시기에 와서 두드러지게 무정부주의적 경향을 보였다. 알렉산드르 1세 치세이던 1828년에 명문 귀족의 집안에서 태어났으나 농노와 농민에 대해 깊은 동정심을 표현했던 그는 특히 『안나 카레니나』를 완성한 1877년 이후에는 '농민적 무정부주의'의 입장에 서서 차리즘에 강력히 항의했다. 그래서 그는 '1억 러시아 농민의 변호사'라는 칭송을 들었다. 그러나 그는 폭력 혁명 노선이 아니라 무저항 정신을 강조했다. 인간의 구원은 폭력적 사회 혁명을 통해서가 아니라 비폭력적인 도덕적 회생을 통해 가능하다고 믿었기 때문이다. 그가 니콜라이 2세 치세인 1899년에 완성한 『부활』은 바로 이러한 믿음을 반영한 것이다.[15]

3. 레닌이 플레하노프와 연계하다

그러나 러시아의 사회적 모순은 빠른 속도로 마르크시즘을 받아들이게 만들고 있었다. 러시아의 장래를 마르크시즘에서 발견했다고 믿게 된 젊은이들은 마침내 제네바의 러시아 마르크시스트 단체와 연계를 맺으면서 국내에서 마르크시스트 단체를 조직하기에 이르렀고 이 과정에서 레닌의 위상이 높아진다.

러시아 국내의 마르크시즘 성장에 대한 플레하노프의 공로. 니콜라이 2세가 즉위한 해인 1894년말에 러시아로부터 한 사람의 밀사가 런던에 머물고 있던 플레하노프에게 찾아왔다. 청년 마르크시스트인 알렉산드르 포트레소프Alexandr N. Potresov가 바로 그였다. 그는 러시아 안에서도 마르크시즘 운동이 상당히 성장했음을 알리면서, 플레하노프의 저술들을 러시아 국내에서 합법적으로 출판할 것을 제의했다. '고립의 10년'을 경험해온 플레하노프에게는 정녕 놀라운 소식이 아닐 수 없었다.[16]

그러나 결코 놀라운 일이 아니었다. '고립의 10년'이 결코 '헛된 10년'이 아니었다. 플레하노프가 쓴『우리의 차이점』은 러시아에 흘러들어가 인민주의자들을 포함한 모든 혁명가들에게 읽혔으며 그들의 사색에 커다란 영향을 주었다. 예컨대, 뒷날 러시아의 '합법적 마르크시즘'을 이끌게 되는 스트루베는 "플레하노프는『우리의 차이점』의 저자로, 1890년과 1894년 사이에 러시아의 정통 마르크시즘의 기초를 이룩함에 있어서 대단히 큰 역할을 수행했다"고 회고했으며, 장차 멘셰비즘의 지도자가 되는 유리 마르토프Iuri Martov는 자신이 그 시기에 플레하노프의 글들을 접함으로써 마르크시스트로서의 길을 걷게 됐다고 회고했다. 마르토프의 동지들도 노동자 해방 그룹의 정기 간행물인『사회민주주의자』를 빠뜨리지 않고 읽었으며 그것을 통해 러시아 국내 문제에 관한 플레하노프의 '뛰어난 검토'에 깊은 감명을 받아 마르토프처럼 마르크시스트가 됐다. 레닌 역시 이 시기에『우리의 차이점』으로부터 커다란 영향을 받아 마르크시스트가 됐다. 그는 1893년에 자신이 처음 쓴 장문의 정치 논설에서,『우리의 차이점』을 마르크시스트적 입장에 관한 고전적 해설이라고 격찬하고 인민주의자들이 역사의 무대 위에 여전히 남고 싶으면 우선 이 책을 논파해야 할 것이라고 주장했다. 그뿐 아니라 플레하노프의『사회주의와 정치적 투쟁』은 마르크스와 엥겔스의『공산당 선언』이 서구에 준 것과 같은 영향을 러시아에 주었다고 평가했다.

물론 플레하노프의 글들만으로 또는 노동자 해방 그룹의 선전 활동만으로 러시아의 마르크시즘 운동이 크게 성장했다고 말할 수는 없다. 앞 장에서 이미 지적했듯이, 1890년대에 들어오면서 러시아에는 마르크시즘 운동이 자랄 수 있는 사회경제적 기반이 형성되어갔던 것이며, 이러한 상황 아래 혁명 운동계에 마르크시스트들이 나타났던 것이다. 그러나 이들에게 마르크시즘의 이념적·이론적 확신을 심어주고 이들을 하나의 정치 세력으로 결집시켜준 원동력은, 다음에서 보게 되듯, 확실히 '고립의 10년' 동안 그와 그의 동지들이 벌여온 투쟁이었다.

합법적 마르크시즘과 플레하노프의 저술들.[17] 플레하노프와의 협의를 마치고 귀국한 포트레소프는 우선 플레하노프의 『유물론의 옹호』를 출간했다. 그러나 제목은 보다 중립적인 『역사의 일원론적 개념의 발전에 관해』로 고쳤으며, 저자의 이름도 벨토프라는 가명으로 바꿨다. 우리가 앞장 끝 부분에서 이미 보았듯이, 초판이 3주일 만에 품절될 정도로 그것은 커다란 성공이었다. 러시아의 마르크시스트들은 열광적으로 읽었으며 큰 영향을 받았다. 뒷날 멘셰비즘의 지도자가 되는 단 Theodore I. Dan은 "그 책은 러시아 인텔리겐치아의 정치적·이념적 발전에서 거대한 역할을 수행했다"고 술회했고, 레닌은 "그 책은 러시아 마르크시스트의 한 세대 전체를 키웠다"고 썼으며, 마르토프는 "그 책이 마르크시즘을 위해 거둔 위대한 이론적 성공은 러시아 사회민주주의의 정치적 정향(定向)의 밝은 미래를 예견하게 한다"고 주장할 정도였다.

그러면 이 책의 내용은 무엇이었는가? 간단히 말해, 이 책은 마르크스까지의 1세기에 걸친 서구 지성사이다. 여기서 플레하노프는 18세기 프랑스의 유물주의 철학자들로부터 시작하여 왕정 복고 시대의 프랑스 역사가들과 유토피아 사회주의자들 및 독일의 관념적 철학자들, 특히 헤겔의 사회 분석을 살피고, 마지막으로 마르크스와 엥겔스의 변증법적 유물론을 다뤘다. 그런데 분명히 지적돼야 할 것은 그가 이들의 철학과 이론을 "보다 높고 보다 완전한 형태를 지향하는 사상의 진화에 있어서, 또 사회적·경제적 생활의 진보를 반영하며 그 진보에 의해 가능해진 진화에 있어서의 계속적인 단계"로서 파악하고 있다는 점이다. 풀어 말해, 각자는 각 단계에서 사회 분석 방법의 총체적 발전에 대한 그 단계로서의 기여를 한 것으로 그는 이해했다. 그러나 각자는 제약을 안고 있었으며, 그 제약은 바로 다음 단계의 사상가에 의해 극복되다가, 마침내 마르크시즘의 역사적 유물론에 의해 과학적 사회 분석에 대한 모든 가시적인 장애들이 제거됐다는 것이다. 이러한 설명 과정에서 그는 인민주의자들을 마르크스에 의해 이미 해결된 모순들로 가득 찬 시대 착오적인 사고의 대변자라고 공격했다.

이 책의 성공적 출간 이후 플레하노프의 다른 글들에 대한 요청은 폭발적으로 커졌다. 스위스 당국의 공식적 허락을 받아 제네바로 돌아온 뒤인 1895년에는 그의 전집이 나왔으며, 그의 글들은 합법적 마르크시즘의 모든 간행물들을 장식했다. 무엇보다 고무적인 것은 러시아 내부의 사회민주주의 단체들이 플레하노프를 비롯한 '러시아 마르크시즘의 노인들'을 찾아오기 시작했다는 사실이다. 따지고 보면 그의 위신이 그의 전생애를 통해 이때만큼 높은 언덕에 도달한 때도 없었다. 그 이전에는 이때만큼 광범한 독자를 가져본 일이 결코 없었으며, 그 이전, 그리고 그 이후 어느 때도 마르크시즘의 교리 전파를 위해 이때만큼 유리한 여건을 향유해본 일도 결코 없었다. 확실히 그는 '지식인의 정복'에 성공한 것이다. 그러나 그가 늘 지적했듯, 지식인이란 '병사 없는 참모'에 지나지 않는 존재이다. 바꿔 말해서 노동자들이 움직이지 않는 한, 그들은 체제와 심각한 일대 격전을 치를 수 없다. 그런데 다행히도 혁명에 참여하라는 지식인들의 요구에 노동자들이 응해오기 시작한 것이다.

이제 러시아 사회민주주의 운동에서 노동자 해방 그룹의 주도적 위치는 확고해졌다. 우선 노동자 해방 그룹을 주축으로 해외의 러시아 마르크시스트들의 집결체인 러시아 사회 민주 동맹이 결성됐고 『라보트니크 *Robotnik* (노동자)』라는 정기 간행물이 플레하노프와 악설로드를 편집인으로 삼아 출간됐다. 이어 러시아 내부에서의 사회민주주의 운동체도 이 그룹을 상부 기관으로 인정하고 정기적인 보고서를 보내오기 시작했다. 노동자 해방 그룹의 존재는, 특히 플레하노프의 존재는 서구의 사회민주주의 운동계에서도 확고하게 인정됐다. 엥겔스와 카를 카우츠키 Karl Kautsky 및 에두아르드 베른슈타인 Eduard Bernstein 등 당대의 정상급 사회민주주의 지도자들은 모두 플레하노프의 탁월한 사회 분석에 경의를 표시했다. 특히 엥겔스는 자신과 마르크스가 한때 러시아 인민주의자들의 견해가 옳은 것 같다고 썼던 것은 잘못된 것이었으며 오히려 플레하노프가 『우리의 차이점』에서 보여준 이론적 분석이 타당하다는 것을 인정했다. 서구 사회민주주의 운동의 다양한 기관지들은 플레하노프에게 기고를 요청했으며, 여러 나라의 출판사들은 자국어로 그의 글을 역간했다. 플레하노프와 노동자 해방 그룹에 대한 물질적 지원도 늘어났다. 이러한 배경에서 그와 그의 동지들은 1896년에 런던에서 열린 제4차 국제 사회주의 대회에 러시아 마르크시스트 운동을 대표해 자랑스럽게 참여할 수 있었다.

레닌이 플레하노프를 만나다.[18] 러시아 국내에서 노동 계층이 형성되면서, 그리고 이미 비참한 노동 조건이 그 이하로 더욱 나빠지면서 노동자들의 계몽과 조직화를 위한 활동이 마르크시스트들 사이에 벌어졌다. 초기 단계에서 그것은 '서클 사업'의 형태를 취했다. 합법적인 '독서위원회'를 조직해 노동자들에게 글을 가르쳐주고 서서히 그들의 의식을 계발해가는 활동이었다. 그러나 이 방식은 곧 비판에 부딪혔다. 예컨대 크레머 A. Kremer는 1894년에 『선동에 관해』라는 소책자를 통해 "불가피하게 소수밖에 상대할 수 없는 이 방식으로는 광범위한 노동 대중에 침투할 수 없다"고 지적하면서 보다 폭넓은 '대중 속에서의 선동'을 옹호한 것이다. 이제 러시아에서 노동 계층의 양적 팽창은 그들의 효과적인 계몽과 조직의 문제를 핵심적인 과제로 제기시킨 것이다.

이러한 분위기 속에서, 레닌은 플레하노프를 찾아가게 된다. 그때는 1895년 봄이었다. 그 무렵 심한 폐렴을 앓았던 레닌은 다시 건강을 이유로 해외 여행을 신청했다. 그러나 레닌의 본뜻은 스위스에 가서 플레하노프가 주도하는 노동자 해방 그룹의 지도자들을 만나려는 데 있었다. 그의 청원이 받아들여짐에 따라 그는 자신의 저서들을 선물로 들고 나갔다. 제네바에서 레닌은 플레하노프와 악설로드 등을 만났으며 자신의 저서들에 대해 의견을 나눴다. 플레하노프와 악설로드는 레닌이 러시아 혁명에서 자유주의자들이 차지할 역할을 과소평가하고 있다고 비판했다. 이들은 러시아에서 프롤레타리아트의 즉각적인 이해 관계는 다른 진보주의자들의 긴요한 이해 관계와 일치한다고 본 것이다. 프롤레타리아트와 진보주의자들은 모두 절대주의의 타도라는 동일한 긴급한 문제에 직면해 있다고 그들은 주장했다. 그러나 레닌은 자신의 주장을 포기하지 않았다. 1899년에 포트레소프에게 보낸 편지에서 그는 악설로드가 차리즘에 대한 투쟁에서 자유주의적 세력에 대한 지지와 그리고 이들과의 동맹을 제시하고 있으나 자신의 의견으로는 지지와 동맹이라는 단어보다는 이용이라는 표현이 더욱 정확하고 적절하다고 주장했다. 자유주의적 세력 또는 자유민주주의자들에 대한 레닌의 이러한 태도, 곧 지지와 동맹이 아니라 이용의 대상이라는 레닌의 견해는 그의 생애 전체를 통해 일관된 것이었다. 그것은 또한 지난날 세계의 모든 공산당들이 통일 전선 또는 연합 전선을 내세울 때 변함없는 진리로 받아들였던 점이기도 하다.

이때로부터 약 5년 동안 스트루베와 투간 바라노프스키Tugan-Baranowsky를 대변인으로 하는 '합법적 마르크시스트'들은 청년 레닌이 뛰어나게 이미 감지했고 예견했던 바로 그 길을 밟아나갔다. 속마음으로는 못마땅하지만 검열을 통과하기 위해 마르크시즘 가운데 '불온한 부분'을 삭제하거나 부드럽게 바꿔 표현하던 '삭제된 마르크시즘'에서 마르크시즘으로부터 혁명적 열정을 모두 빼앗아버린 '거세된 마르크시즘'으로, 그리고 종국에는 마르크시즘에 대한 공개적 반대로 변모해버렸다. '합법적 마르크시즘'이 이처럼 자신이 예견했던 길을 정확히 밟아나가게 되자, '심각한 청년'으로 평판이 높던 레닌은 예언자로서의 자신감을 더욱 굳히게 되었다. 그의 자신감은 "스트루베와의 옛 논쟁은 이론적 논쟁에서 비타협성의 실제적 가치의 한 교훈적인 보기가 된다"는 1907년의 자신의 고백 속에 잘 나타나 있다.

레닌은 1895년 봄과 여름 동안 서구에서 넉 달을 보냈다. 독일에서 책을 통해서만 배운 독일어를 써봤으나 전혀 통하지 않았다. 그러나 독일에서 플레하노프와 엥겔스 다음으로 그가 살아 있는 우상으로 존경하는 카우츠키와 개인적인 친교를 맺었다. 카우츠키는 사회민주당의 기관지 『노이에 자이트 *Neue Zeit* (새 시대)』의 편집인으로 '마르크시즘의 교황'이란 평가를 받고 있어서 레닌으로서는 그와의 교우를 무척 소중히 여겼다. 레닌은 또 '너무나 많은 책들을 사고 싶은 유혹'에 굴복하여 어머니에게 두 번씩이나 편지를 써서 책값을 타냈다. 이때 그가 산 책의 하나로 그가 가장 아낀 것이 마르크스가 죽은 뒤 엥겔스가 편집해서 막 출간한 마르크스의 『자본론』 제3권이었다. 프랑스에서 그는 프랑스어를 어느 정도 알아들을 수 있었다. 이것은 교육받은 19세기 러시아인의 특징이기도 했다. 그는 파리의 넓고 밝은 거리, 많고 많은 가로수 길, 그리고 녹지대를 사랑하게 됐다. 마르크스의 사위이며 사회주의 지도자였던 롱게Jean Longuet를 경건한 마음을 갖고 찾아다녔다. 스위스에서 그는 플레하노프와 자수리치 및 악설로드와 긴 대화를 가졌으며, 귀국한 뒤에 그들의 단체인 노동자 해방 그룹을 러시아 안에 세울 것과 그 활동을 그들에게 정기적으로 보고할 것, 그리고 그들의 저술을 밀반입할 것 등을 약속했다. 뒷날 그는 이 약속을 실현하는 데 성공했다.

'노동자 해방 동맹'의 결성. 1895년 가을에 그는 상트 페테르부르크에 '노동 계급의 해방을 위한 투쟁의 동맹'을 세울 수 있었다. 이 단체는 당시 러시아에 유행하던 서클의 수준을 월등히 뛰어넘는 것으로, 수도에 있는 모든 마르크시스트 서클들을 하나로 묶고 혁명적 지식인들과 일반 노동자들 사이의 간격을 메우는 데 그 목적을 두었다.[19] 이때 레닌을 도와 이 단체를 만든 사람이 장차 레닌의 강력한 정적이 되는 마르토프였다. 본명이 유리 체데르바움Iuri O. Tsederbaum인 그는 중류의 유태인 가정에서 태어나 상트 페테르부르크 대학교에 재학중 나로드니크 운동에 참여하여 퇴학당한 다음 빌르나Vilna로 망명했다. 거기서 유태인 방직 노동자들을 상대로 한 마르크시스트 교육 활동을 벌이다가 1895년에 다시 귀국한 것이다.[20] 레닌은 바로 이 마르토프와 손잡고 '동맹'을 만든 다음 제네바에 상세히 보고했다. 이 조직은 토지와 자유당의 붕괴 이후 러시아에서 가장 효과적인 혁명 조직으로 성장한다.

1895년 가을에 상트 페테르부르크에서는 큰 규모의 노동자 파업이 일어났다. 레닌은 마르토프와 함께 이 파업을 효과적으로 조종하려 했다. 그래서 크루프스카야가 가르치는 문맹 퇴치반의 노동자들과 직접 만나 그들의 문제가 무엇인가를 파고들었고, 그 바탕 위에서 전단을 만들었다. 노동자들도 차차 '노동 계급의 해방을 위한 투쟁의 동맹'의 존재를 인식하기 시작했으며, 여기저기에 흩어져 있는 마르크시즘 독서회들과 '동맹'을 연결시켜나갔다. 이와 동시에 『노동자의 대의』라는 지하 신문의 발간을 계획했다. 자신에 대한 경찰의 감시가 점점 심해지고 있다고 느낀 그는 암호 사용법, 점 조직법, 눈으로 그냥 봐서는 안 보이고 화학 약품을 써야만 보이는 잉크의 사용법, 비밀 메시지를 보통 책갈피 속에 안전하게 끼워넣는 법, 미행을 피하는 법 따위를 배웠다. 또 그의 동지들에게도 이런 것들을 가르쳐주었다.

그해 12월에 『노동자의 대의』의 인쇄 준비가 끝났다. 기사와 평론의 대부분은 레닌에 의해 씌어졌다. 드디어 두 장의 교정쇄가 나왔다. 그러나 그날 밤 경찰은 현장을 습격해서 레닌과 마르토프 및 크르지자노프스키 Krzhizhanovsky — 그는 뒷날 소련의 국가 계획위원회의 의장이 된다 — 등을 체포했다. 바네프 Vaneev와 구트술 Gutsul도 이때 잡혔는데, 구트술은 미쳐버려 부모의 감독 아래 놓인다는 조건으로 석방됐다. 크루프스카야와 포트레소프는 몇 달 뒤에 잡혔다. 결국 탄생한 지 얼마 안 된 '노동 계급의 해방을 위한 투쟁의 동맹'의 맹원 거의 전부가 체포된 셈이며 그 기관지는 출생과 더불어 사망한 셈이다. 이들의 활동을 경찰에 알린 사람은 이 단체에 맹원으로 잠입했던 밀정 미하일로프였다. 마르크시스트를 자처한 이 치과 의사는 보복으로 곧 살해됐다.

4. 레닌이 투옥된 뒤 유배되다

형무소에서의 14개월. 레닌은 즉시 상트 페테르부르크의 피터 앤 폴 요새에 갇힌 채 14개월을 보냈다. 당시 러시아의 법률은 내무부 대신에게 국가 안전을 위협하는 이른바 국사범을 재판에 의하지 않고 구속시킬 수 있는 권한을 주었으며, 레닌의 수감도 이 법률에 따른 '행정 조처'였다.[21] 그는 세월을 결코 헛되이 보내지 않았다. 이 기간에 엄청난 양의 책을 읽었으며, 아마도 그의 평생의 유일한 학술 서적이라고 할 『러시아에서의 자본주의의 발달』을 집필하기 시작했다.

정부의 질(質)은 형무소의 질에 비례한다는 말이 있다. 가령 톨스토이는 "형무소에 있어보지 않은 사람은 그 정부가 어떤 종류의 정부인지 결코 알 수 없을 것"이라고 썼던 것이다. 제정 러시아의 형무소는 실질적으로는 러시아 정부의 수준에 걸맞게 야만적이었다. 그러나 외형적으로는 교육 수준이 높은 관리들에 의해 운영됐으며 그들 가운데는 학자의 수준에 도달한 사람도 적지 않았다. 그리고 정치범은 어떤 특정한 폭력 행위를 한 혐의로 체포되지 않는 한, 징역형을 선고받지 않는 것이 관례였으며 독서와 연구가 허용됐다. 레닌도 특정 폭력범으로 구속된 것이 아니었기 때문에, 거의 무한정의 독서와 연구가 허용됐다. 따라서 그의 학문적 열의에 감복된 검사는 레닌에게 "허용될 책의 수를 제한할 필요가 없음을 확인한다"는 증명서를 떼어주었다. 그뿐 아니라, 형무소 안의 도서관에서는 물론 바깥에서 책을 들여오거나 출판사로부터 직접 사들이는 것도 허용해주었다. 이에 따라 그는 건강을 유지하기 위해 매일 체조를 하고 잠자리에 들기 전에 쉰 번씩 엎드려 팔굽혀 펴기를 하는 시간을 제외하고는 『러시아에서의 자본주의의 발달』을 집필하기 위한 독서와 연구에 몰두했다.

이러한 생활이 계속되던 가운데 1895년 2월에 검사는 그에게 3년의 시베리아 유형이 결정됐다는 행정 명령을 알려주었다. 앞서 지적했듯, 국사범의 경우엔 재판이 생략될 수 있었고 정치 경찰은 재판 없이 5년까지의 유형의 조처를 취할 권한을 갖고 있었다. 레닌의 어머니의 요청이 받아들여져 그는 자비로 형지에 가도 좋다는 허가를 받았다. 관리의 아들이며 세습 귀족이라는 신분이 이것을 가능하게 했던 것이다. 레닌은 일주일 정도를 상트 페테르부르크에서 보내면서 친지들에게 작별 인사를 하고 의사와 건강 상담을 하는 한편 여행에 필요한 물건을 사들였다. 그뿐 아니라, 그가 주도한 '해방 투쟁'의 나머지 단원들과 비밀 회합을 갖기도 했다. 그는 모스크바에서도 어머니와 함께 몇 날을 보내기도 했다. 그리고 죄수가 아니라 여행자처럼 천천히 시베리아를 향해 떠났다. 중앙 시베리아의 한 성(省)의 수도인 크라스노야르스크 Krasnoyarsk에서 그는 시베리아의 봄을 즐기면서 다섯 주를 보냈다. 그가 이곳에서 다섯 주씩 머물렀던 이유는 이곳에는 시베리아의 상인이면서 장서가로 이름 높던 유딘 Gennadii Vasilyevich Yudin의 거대한 개인 도서관이 있었기 때문이었다. 이 도서관에서 레닌은 18세기와 19세기에 러시아 전역에서 출판된 정기 간행물 모두를 발견할 수 있었으며, 특히 그의 저서에 필요한 사회 과학 저서들과 통계들을 찾아낼 수 있었다. 유딘은 1907년에 이 도서관의 8만 권 장서를 미국 국회 도서관에 미화 약 5만 달러에 팔며 이 책들이 이 도서관의 슬라브과의 기초가 된다.[22]

유형지에서의 생활.[23] 레닌이 예니세이 강 상류 지역의 한 작은 마을인 유형지 슈센스코예Shushenskoye에 도착한 때는 형무소에서 풀려나온 지 거의 석 달째인 5월 20일이었다. 예니세이스크Yenisseisk 성이 있는 동시베리아는 추운 북방 지대로부터 남쪽으로 멀리 떨어져 있어서 지내기가 아주 편하고 건강에도 크게 도움을 주는 쾌적한 지역의 하나로 '시베리아의 이탈리아'로 불리는 타누 투바Tannu Tuva 지역을 포함하고 있다. 레닌의 유형지는 이 타누 투바에서 그렇게 멀지 않은 곳이었기에 3년의 유형 생활을 고생 않고 지낼 수 있었다. 레닌에 비해 그의 동지 마르토프는 몹시 괴로운 유형 생활을 보내지 않으면 안 됐다. 반항적인 유태인에 대한 관리들의 편견 때문에, 그는 북극권의 얼어붙은 땅 투르한스크Turkhansk에 유배됐던 것이다. 몇 차례나 청원했는데도 그는 결코 이곳을 벗어나지 못했으며, 이곳에서의 생활이 너무 고생스러워 결국 아무런 체계적인 일도 하지 못했다. 그러나 마르토프를 제외한 나머지 동지들, 예컨대, 크르지자노프스키, 스타르코프Starkov, 바네프, 레페신스키Lepeshinsky, 실빈Silvin, 렝그니크Lengnik, 사포발Shapoval 등은 대개 레닌의 유형지로부터 반경 50마일 이내 지역에 유배됐다.

레닌과 그의 동지들에게 성(省) 지사는 매달 8루블(약 4달러)씩 생활비를 주었다. 당시 시베리아의 생활비는 매우 낮은 데다가 루블의 구매력은 아주 높았기 때문에 그 돈이면 유형수 혼자서 셋방을 얻고 세 끼 식사를 하기에는 충분했다. 그러나 가족을 불러다 생활하는 유형수들은 다른 잡일들을 해서 부수입을 얻어야 했다. 유형수들은 유형지의 성안을 꽤 자유롭게 나다닐 수 있었고, 성탄절과 부활절 휴일이나 결혼 및 장례 행사 때는 서로 만나 정치 문제에 대한 토론도 하고 노래를 부르기도 했으며 장기를 두기도 했는데, 장기 시합에서 언제나 이긴 사람은 레닌이었다. 이들은 또 어울려 숲속으로 사냥을 떠나기도 했다.

레닌도 농부의 한 오두막집에 하숙을 정했다. 하숙비와 세탁비를 내면 8루블은 다 없어졌다. 식사는 퍽 단조로웠다. 하숙집 주인은 한 번 양을 잡으면 그 양고기가 다 없어질 때까지 계속해서 양고기만 먹였는데 이것이 보통 일주일은 걸렸다. 그렇게 하고 나면 소를 잡아 커틀릿을 만들어다 먹어 없어질 때까지 계속해서 이것만 먹였다. 그러나 우유는 언제나 넉넉히 주었다. 레닌에게 절대적으로 필요했던 것은 책이었다. 책을 얻기 위해 그가 어떻게 노력을 했는가에 대해 윌슨은 이렇게 썼다: "유형지에 도착하면서부터 그는 필요한 책을 보내달라고 자기 가족에게 자꾸 편지를 보냈다. 그런 책이 그의 손까지 들어오는 데 1년 반이 걸린 경우도 있었다. 그때 보낸 편지 한 장에 왈(曰), '거리가 아무리 멀든 무슨 문제가 되느냐?'고 했다. 그러나 우편물 발송 날짜를 계산하고 봄 홍수로 지연될 날짜를 계산에 넣고 급행 열차의 속도를 알아내가지고 레닌은 늘 서신 왕래를 잘 조절하여 종시 서양과의 연락을 끊지 않았다."[24]

책값을 벌기 위해 그는 영국의 페이비언 Fabian* 사회주의자인 웨브 부처 Sidney and Beatrice Webb가 쓴 『영국 노동조합의 이론과 실제』를 번역했고, 경제 평론을 쓰거나 서평을 쓰기도 했으며, 그의 노작인 『러시아에서의 자본주의의 발달』의 원고를 팔기도 했다. 어떤 원고료는 100루블 또는 200루블에 이르기도 했으며, 서평에 대한 값으로는 주로 레닌 스스로가 지정한 책들을 받았으므로 그는 책값에 궁하지는 않았다.

이곳에서 레닌은 비교적 건강한 생활을 할 수 있었다. 물론 이곳도 겨울이 되면 시베리아의 모든 다른 지역처럼 추웠고 가을과 이른봄에는 대륙을 가로지르는 큰바람이 불어댔으며 눈이 녹은 다음엔 모기떼가 하늘을 덮기도 했다. 그러나 이곳엔 수영을 할 수 있는 예니세이 강이 있었고 사냥할 숲이 있었으며 장엄한 지평선이 있었다. 이곳에서 레닌은 살이

---

* 1884년에 영국의 점진적 사회주의자들은 페이비언 협회 the Fabian Society를 세웠다. 고대 로마의 명장 파비우스 Fabius가 한니발 Hannibal의 카르타고 대군을 기동전에 의해서가 아니라 지구전에 의해 격파했던 고사에서 암시를 받은 그들은 폭력적 혁명에 의해서가 아니라 점진적 개혁에 의해 자본주의 체제를 변화시킬 수 있다는 취지에서 페이비언 협회를 조직했던 것이다.

포동포동 쪘으며, 그가 소화불량을 치료하려고 마시던 탄산수의 이름을 잊을 정도가 됐다. 슈센스코예의 생활은 단조롭고 외로웠다. 레닌이 그의 동지들이 유배되어 있는 이웃 마을로 옮겨달라고 청원했다면, 아마 어렵지 않게 허락됐을 것이다. 그러나 그는 그렇게 하지 않았다. 그들과 같이 있어야 장기나 두고 논쟁이나 하면서 정력과 시간을 소비할 것이 뻔했기 때문이었다. 이곳에는 유형수라고는 레닌 이외에 폴란드 사회민주당원으로 모자 제조공인 프로민스키Prominsky와 핀란드 출신의 상트 페테르부르크 노동자인 엔버그Enberg가 있었을 뿐이었다. 레닌은 이곳에서 농민들을 위해 법률 사무소를 열었다. 물론 그것은 인가가 없는 사무소였다. 그러나 농민들 사이에 인기가 높아 수많은 농민들이 몰려들었다.

유형 생활에는 슬픔도 컸다. 형무소에 있는 동안 폐결핵에 걸렸던 바네프는 유형 생활 동안 병이 도져 죽고 말았다. 프로민스키는 아내와 자식 여섯을 데리고 살았는데, 가족의 생계 보조비로 성(省) 지사가 지급하던 월 수당이 30루블에서 19루블로 깎이자 큰 고통을 겪었다. 그는 자신의 형기가 끝나면 자신과 가족들이 폴란드로 돌아갈 수 있도록 여비를 마련하려고 모자를 만들어 시골 사람들에게 팔기도 했다. 그러나 형기 동안엔 물론이고 그뒤 20년 이상 그곳에서 모자를 팔았으나 결코 여비를 마련하지 못한다. 1923년에, 그러니까 러시아 혁명이 성공한 때로부터 여섯 해가 지나서 소련 정부가 그의 귀환을 주선했으나, 그는 티프스에 걸려 돌아오는 길에 죽고 만다. 에피모프는 피해 망상에 걸려 미쳐버렸다. 마르토프도 신경 쇠약에 걸려 학자로서, 저술가로서, 그리고 선동가로서의 뛰어난 자질이 꺾어버리고 말았다. 유형자들 사이의 갈등과 반목도 레닌을 무척 괴롭혔다. 나이 많은 인민주의자들과 나이 젊은 사회민주당원들 사이에, 폭력을 옹호하는 혁명가와 이에 반대하는 혁명가 사이에 심각한 불화가 발전되어나갔다. 사회민주당 출신의 한 유형자가 탈출함으로써 나머지 유형자 전원의 특혜가 박탈되자, 사회민주당원들과 인민주의자들 사이의 반목은 더욱 깊어졌다.

이러한 고질적인 갈등 속에서도 레닌은 초연한 자세를 취했다. 이 점

에 대해 윌슨은 이렇게 썼다:

> 그는 마르크스와는 달리 말다툼이나 남의 참견을 절대 안 했다. 이것은
> 사실 유형 생활의 고질이라 할 수 있다. 그는 마르크스와 달리 자기 동료
> 들의 편의와 건강을 생각해줄 줄 알았고, 동료들의 개인 문제에 참견을 아
> 예 안 했고 비평조차도 절대 안 했다. 혁명 후에 일처다부주의 여성 콜론
> 타이(1862~1952. 외교관·저술가)가 갑자기 젊은 미남 해군 장교와 크림
> 반도로 달아났을 때 동료들은 그녀를 엄벌에 처하자고 했으나 그는 새 제
> 안을 내어 그 남녀에게 형벌로 4년 간 동거 생활을 시키게 한 일이 있는데
> 이런 데서 그의 특성을 알 수 있겠다. 분규에 휩쓸릴 우려가 생기면 그는
> 간단하게 그저 상대자와 관계를 끊어버렸다. 사회민주당 유형수들과 인민
> 의지당 유형수들 사이에 개인 싸움이 벌어질 우려가 생기자 그는 아예 상
> 종을 말라고 주장했다. "이런 유형수들 사이의 싸움처럼 고약한 것은 없
> 다. 기막힐 노릇이다. 이 사람들은 모두 신경 쇠약에 걸려 있다. 하긴 그
> 들이 겪은 고생, 그들이 겪은 형기를 생각하면 당연한 노릇이다. 그러나
> 우리는 이 따위 싸움에 정신을 팔아서는 안 된다. 우리 할 일은 모두 이제
> 부터가 아닌가? 이 따위 일에 공연히 정력을 낭비해선 안 된다"고 그는
> 편지에 썼다.[25]

이처럼 유형수들과 일종의 격리된 생활을 하면서 레닌은 학문에 전념
했다. 정말 그의 집중력은 대단해서, 그와 함께 유형 생활을 한 크르지자
노프스키는 "사람들은 그의 믿을 수 없을 정도로 놀라운 집중력과 일하
는 능력에 깊은 인상을 받는다"[26]고 회고했다. 그 결과 그의 유형 생활의
마지막 해인 1899년 4월에 그는 『러시아에서의 자본주의의 발달』을 탈고
해서 출판할 수 있었다. 그는 검열을 통과하기 위해 표현과 내용에 몹시
신중했었는데, 과연 아무런 이의 없이 출간될 수 있었다. 이 책을 출판하
면서 레닌은 브이 일린 V. Ilyn이란 가명을 썼다. 그러나 경찰은 저자가
레닌이란 것을 알고 있었다. '합법적 마르크시즘'의 최초의 기관지인
『나찰로 *Nachalo* (시작)』를 사실상 금전적으로 지원한 것이 바로 경찰이

었으며, 발행인 구로비치 M. Gurovich는 바로 경찰이 박아둔 밀정이었던 것이다. 그의 임무는 가명을 쓰는 마르크시스트들의 진짜 이름을 밝혀내는 것이었으며, 이 잡지에 가명으로 기고한 플레하노프, 자수리치, 마르토프, 포트레소프, 레닌의 정체를 소상히 파악하고 있었다. 레닌은 자신의 저서를 출간함에 앞서 제3장의 일부를 '브이 일린'이란 가명으로『나찰로』에 기고했었기 때문에, 그 책이 출간되자 경찰은 어렵잖게 그것이 레닌의 저서임을 알았던 것이다.

러시아 사회민주당의 결성. 레닌과 그의 동지들이 시베리아에서 유형 생활을 보내고 있는 동안, 상트 페테르부르크의 마르크시스트 단체의 지도자들은 러시아 최초의 마르크시스트 정당인 러시아 사회민주노동당을 결성하게 된다. 다음에서 그 과정을 살피기로 한다.

러시아에 존재하는 다양한 마르크시스트 단체들을 하나의 사회민주주의 정당으로 통합시키려는 노력은 레닌과 그의 동지들이 체포되기 전부터 있었다. 특히 플레하노프가 1896년에 런던에서 열린 제4차 국제사회주의 대회에서 행한 연설을 통해 "마르크시스트 운동들을 조직적으로 연결시켜주고 종국적으로 통합으로 유도하는 것이야말로 즉각적인 장래에 우리들이 기울여야 할 노력의 일차적 목적이 돼야 한다"고 강조한 것이 큰 자극제가 됐다. 그러나 경찰은 그들의 움직임을 미세한 부분까지 정확히 파악하고 있어서 늘 중도에 좌절되고 말았다. 피터 앤 폴 요새에 수감되어 있던 당시에도 레닌은 통합 정당의 강령 초안까지 만들어 밖의 동지들에게 몰래 내보내는 데 성공했지만, 결국 경찰 당국에 발각되어 결성 대회는 열리지 못했다. 그뿐 아니라 통합 운동에 뛰어든 동지들도 차례차례 거의 전원이 체포됐다. 이러한 어려움 속에서도 이들은 1898년 3월에 오늘날 백러시아의 수도인 민스크 Minsk에서 러시아 사회민주노동당 — 흔히 줄여서 러시아 사회민주당이라고 부른다 — 제1차 당 대회, 곧 창당 대회를 소집할 수 있었다. 당 대회에 참가한 대의원은 9명으로 상트 페테르부르크와 모스크바 및 키예프의 지역 대표들과『남부의 노동자』라는 잡지의 대표, 그리고 마르토프가 한때 지도자였던 '유태인 사회주의 동맹'의 대표로 구성되어 있었다. 리브망 Marcel Liebman의 표현을 빌리면, "그것의 시작은 조촐했다."[27] 창당 대회는 사흘 동안 계속됐다. 그러나 그 대회는 참가자의 숫자와 질에서 빈약한 대회였다. 그뿐 아니라 경찰은 이 창당 대회의 냄새를 이미 맡고 있었다. 그래서 창당 대회는 당 헌장이나 강령조차 채택하지 못했다.

창당 대회의 유일한 성취가 있다면 그것은 창당 선언문의 채택과 3명으로 구성된 중앙위원회의 선출이라고 하겠다. 창당 선언문은 스트루베가 기초한 것이었다. 이 선언문은 "우리가 유럽에서 동쪽으로 가면 갈수록, 부르주아지는 정치적으로 더욱 비겁해지고 처참해지며, 문화적·정치적 과업은 더욱더 프롤레타리아트에게 부과된다"는 유명한 구절을 담고 있다. 창당 대회의 참가자들은 대회가 폐막된 지 며칠 만에 곧 체포됐다. 9명의 대의원들 가운데 8명이, 그리고 3명의 중앙위원들 가운데 2명이 경찰에 잡힌 것이다. 이로써 러시아 사회민주당은 사실상 창당과 더불어 소멸된 것이나 다름이 없었다. 다시 리브망의 표현을 빌리면, "당은 현실보다는 구상으로 남아 있었다."[28]

크루프스카야의 합류. 레닌의 연인 나데즈다 크루프스카야의 운명은 어떻게 됐나? 레닌이 경찰에 잡힌 지 여덟 달 뒤에 그녀 역시 체포됐다. 그러나, 그녀는 꿋꿋한 자세를 보여서 경찰도 그를 험하게 다루지 못했으며 이렇다 할 자백도 얻어내지 못했다. 한편 그녀의 어머니는 딸의 건강이 좋지 못함을 이유로 석방을 청원했다. 그녀는 실제로 과로했던 탓에 건강이 좋지 않았다. 형무소의 의사도 그녀의 건강이 "만족스럽지 못하다"[29]는 판정을 내려주었다. 그러나 당국은 석방시켜줄 생각이 없었다. 그런데 그녀가 수감되어 있던 구치소의 여사(女舍)의 한 수인이 분신 자살하자, 당국은 일단 다른 여자 정치범들을 석방했다. 크루프스카야도 이 조처에 따라 1897년 3월에 석방됐다. 그러나 1년 동안 형의 선고를 기다리지 않으면 안 됐다. 1년 뒤 선고가 났다. 그녀 역시 행정 조처에 의해 3년 동안의 시베리아 유형을 선고받았다. 유형지는 북부 러시아의 우파 Ufa라는 곳이었다.

크루프스카야는 자신의 약혼자인 레닌과 함께 있을 수 있도록 슈센스코예로 보내줄 것과 또 레닌이 형기를 마치고 러시아로 돌아갈 때 자신도 함께 갈 수 있도록 자신의 형기를 줄여달라는 청원을 냈다. 그녀의 유형지 우파는 유럽 러시아에 속했기에 지내기가 그렇게 힘든 곳이 아니었다. 이곳을 포기하고 살기 어려운 시베리아의 슈센스코예를 선택하는 만큼 형기가 줄어들어야 하지 않겠느냐는 뜻을 그녀는 내무부 대신에게 보내는 청원에서 비치기도 했다. 당국은 청원의 첫 부분은 들어주었으나 둘째 부분은 들어주지 않았다. 당국은 또한 그녀의 어머니와 함께 자비로 형지까지 가도 좋다고 허가해주었다. 그러나 만일 그녀가 형지에서 레닌과 즉각적으로 합법적인 결혼을 하지 않는다면, 그녀는 우파로 되보내질 것이라고 경고했다. 1898년 5월에 그녀는 슈센스코예에 도착했으며 두 달 뒤 레닌과 결혼식을 올렸다.[30] 결혼은 특히 허무주의자들과 무정부주의자들을 포함한 일부 혁명가들 사이에서는 낡은 것으로 배격되고 있었다. 그러나 사회민주주의자들 사이에서 결혼은 예외가 아니라 하나의 법칙으로 받아들여지고 있었고, 크루프스카야와 레닌도 자신들의 결합을 아주 진지하게 여기고 있었다. 레닌과 결혼한 뒤 그녀의 법적 성명은 나데즈다 콘스탄티노브나 울리야노프로 바뀌었다. 혁명 운동기에 그녀는 동지들로부터 나데즈다 콘스탄티노브나로 불렸다. 레닌을 포함해 그녀의 가족과 가까운 친구들은 그녀를 '나드야'라고 불렀다. 그녀의 가명은 레닌이 붙여주었는데 칠성장어란 뜻의 '미노가Mynoga'가 그것이다. 그녀 스스로가 만든 가명은 '사블리나'였다. 뒷날 그녀는 언제나 크루프스카야로 불린다.[31]

크루프스카야가 슈센스코예로 올 것이라는 소식을 듣고 레닌이 그녀에게 보낸 편지를 보면 그가 그녀를 얼마나 깊이 사랑하고 있었는가를 느낄 수 있다. 크루프스카야의 뒷날 회고에 따르면, 레닌은 투르게네프의 한 단편소설의 주인공인 안드레이 콜로소프Andrei Kolosov를 결혼에서의 이상적인 남성상(男性像)으로 생각하고 있었다고 한다. 냉철하고 플라토닉한 애정을 실천하는 콜로소프, 그는 아마도 애정 때문에 혁명의 뜻을 결코 저버릴 수 없는 레닌에게 꼭 맞는 사람이었을 것이다.[32] 그렇기에 크루프스카야에 보낸 그의 편지의 대부분은 지시와 타이름으로 꽉 차 있었다. 그녀가 혁명가의 아내로 해야 할 일이 무엇인가에 대한 긴 설

명이 있었고 또 그녀가 슈센스코예에 오면서 가져와야 할 물건들의 목록
과 또 오기 전에 해야 할 임무들이 적혀 있었다. 레닌은 그녀에게 우선
당시 '합법적 마르크시스트' 잡지의 편집인인 스트루베를 만나 자신이
앞으로 쓸 논문들과 서평들에 대해 의견을 교환하라고 부탁했다. 발표한
논문들을 모아 책으로 발간할 출판사를 찾을 것과, 몇 가지 정기 간행물
의 정기 구독 신청을 마쳐놓을 것, 그리고 가능한 한 많은 책들을 갖고
올 것을 부탁했다. 그 밖에도 그는 자질구레한 많은 부탁을 잊지 않았다.
그녀는 아내로서, 비서로서, 가정부로서, 그리고 충실한 제자로서 봉사
함으로써 레닌의 생활을 풍요하게 했다.

러시아판 수정주의와의 투쟁. 유형의 만기가 가까워오면서 레닌의 야심
적인 대저 『러시아에서의 자본주의의 발달』도 집필이 끝났고 웨브 부처
의 저서의 번역도 끝났다. 그러나 레닌은 점차 불안해졌다. 러시아에서
마르크시스트 운동의 분위기가 바뀌고 있었기 때문이다. 레닌과 같은 연
배의 마르크시스트 혁명가들 — 이들은 아직 젊은 나이임에도 불구하고
'노장파'로 불렸다 — 이 모두 시베리아에 유배되어 있음으로 말미암아
남겨진 자리들을 메운 '소장파'들이 꽤 다른 방향으로 이 운동을 이끌어
가고 있었던 것이다.

이것보다 더 마음의 안정을 어지럽힌 것은, 다음에서 보듯, 마르크시
즘의 바로 총본산인 강력한 독일 사회민주당에서 마르크시즘에 대한 수
정주의 운동이 일어나고 있다는 소식이었다. 그 수정은 레닌에게는 마르
크시즘으로부터 그의 정통적인 혁명적 열의를 빼앗아버리는 시도요 모
욕으로 보였다. 그 수정주의 운동의 지도자는 엥겔스의 친우였던 베른슈
타인이었다. 그는 엥겔스가 죽은 그 다음해인 1896년부터 상당한 양의
논문을 발표하면서 이 운동을 주도해왔던 것이다. 레닌은 그의 누이들에
게 베른슈타인의 논문이 나올 때마다 꼭 부쳐달라고 성화를 해가면서 이
를 다 읽어치우곤 했다. "이 책의 내용은 우리에게 진정한 놀라움을 불
러일으키고 있습니다. 이론적으로 이 책은 믿을 수 없을 정도로 약합니
다. 그에게 동조하는 많은 러시아인들이 있다는 베른슈타인의 암시는 우
리를 분노로 가득 차게 합니다"[33]라고 레닌은 그의 어머니에게 썼다. 그

러나, 월프가 평가했듯이,[34] 베른슈타인이 제시한 길이 유럽의 실정에 알맞은 것이었는지 모른다. 자본주의 경제 체제의 파멸을 예고했던 마르크스와는 달리, 베른슈타인은 점차적으로 위기가 없어지는 경제와 부의 점차적인 확산으로 말미암아 격변이나 혁명을 수반함이 없이 자본주의가 사회주의로 눈에 안 띄게 성장해나간다는 일종의 낙관론 또는 사회개량론을 제시했던 것이다. 베른슈타인이 이처럼 사회개량론을 제시할 수 있었던 것은 유럽의 경제적 형편이 훨씬 나아졌기 때문이었다. 유럽의 제국주의 국가들이 해외에서 식민지들을 획득하고 해외로 팽창해나감에 따라 철도 부설과 무기 및 자본의 수출이 뚜렷해졌고, 이것은 또한 중공업의 발달을 크게 자극했다. 독점 이익과 식민지로부터의 이익은 마르크스의 이익률 하락의 법칙에 대한 신뢰도를 크게 떨어뜨리는 것이었다. 유럽의 위기도 그 강도(强度)에서 크게 줄었고, 경제 회복도 새로운 고지로 치솟았다.

러시아에서도 상황은 비슷했다. 레닌과 그의 동지들이 유배되어 있는 동안 러시아의 경제는 재무부 대신 위테의 정력적인 성장 정책에 따라 일종의 붐을 누리고 있었다. 또 노동자들의 파업도 상당한 성공을 거두고 있었다. 지식인들은 이러한 일시적 또는 표면적 현상에 현혹되어 차리에 대한 정치적 투쟁보다 경제적 투쟁에 더욱 역점을 두는 새로운 투쟁 이론을 개발해내기 시작했다. 이것은 '경제주의'라고 불렸다. 러시아에서 경제주의가 일어난 것은 물론 서구의 영향에 의한 것이었다. 권위를 숭상하는 러시아 사람들의 심정과 전통에 비추어 서구의 주도적 사회민주주의 정당들이 표방하는 경제주의가 이들에게 쉽게 받아들여졌다는 것은 놀라운 일이 아니었다. 베른슈타인이 러시아 안에 자신의 지지자가 많다고 주장한 것이 결코 빈말은 아니었으며 레닌과 그의 동지들은 사실상 소수파였던 것이다.

러시아의 '경제주의자'들의 입장을 분명히 밝히고 있는 것은 상트 페테르부르크 노동 해방 그룹의 프로코포비치 S. N. Prokopovich와 그의 내연의 부인 쿠스코바 E. D. Kuskova가 기초했으며 레닌이 '사도신경'이라고 이름붙인 하나의 문서였다. 이 문서는 '정치적 투쟁론'을 '사회주의 지식인들의 장난감'이라고 혹평하고 그것과 싸워야 한다고 선언하면서 기본적으로 '최소 저항의 길'을 강조하고 나섰다. 서구에서는 부르주아지가 스스로와 프롤레타리아 계급을 위해 정치적 권리를 이미 전취했기 때문에 노동 계급은 보다 쉽게 정치로 뛰어들 수가 있다고 이 문서는 주장했다. 또 노동 계급을 위한 하나의 독립된 통합 정당을 결성하자는 주장은 상이한 상황에 기반을 둔 외래 사조의 수입에 지나지 않는다고 보았다. 사회주의 인텔리겐치아가 해야 할 일이란 노동자가 노동조합을 결성하도록 도와주고, 러시아를 민주화하기 위해 차리즘과 맞서 싸우는 자유주의적 반대 세력을 도와주는 것이라고 이 문서는 주장했다.[35)]

이 '사도신경'은 확실히 러시아 혁명 운동 세력을 둘로 가르는 하나의 칼과 같은 역할을 했다. 악설로드는 취리히에서 그 주장을 반박하는 소책자를 발간했으며 이 소책자는 곧 러시아로 밀반입됐다. 레닌도 그 주장을 날카롭게 비판하는 논문을 썼다. 레닌은 한걸음 더 나아가 자신의 유형지와 이웃 유형지의 수인들을 어느 잔칫날을 빌미로 불러모아 그 주장을 반박하는 공동 항의문을 작성했다. 이 항의문에 서명한 사람은 모두 17명이었다. 이 '17명의 항의'는 경제주의에 대항한 혁명적 마르크시스트 소수파의 반격의 개시를 의미하는 것이었다.

1900년 2월에 그의 3년 형기가 끝났다. 그러나 아내의 형기는 1년이 더 남아 있었으며 그 1년을 이제는 그녀의 원래의 유형지로 지정됐던 우파에서 보내지 않으면 안 됐다. 따라서 레닌은 그녀를 우파까지 데려다주고, 그 길로 자신은 모스크바의 가족을 만나러 갔다. 가족과 만나는 장면을 윌슨은 이렇게 묘사하고 있다:

미타가 정거장까지 그를 마중나왔다. 집안 식구 문안을 다 하고 나자 그는 대뜸 베른슈타인을 혹평하기 시작했다. 시베리아에 있을 때, 사회주의에 관한 이 사람의 책을 구해 읽고 그는 이 사람을 위험한 마르크스 곡해자라고 단정하고 이 사람과 결정적인 무자비한 투쟁을 해야만 하겠다고 생각하게 된 것이다. 집에 들어서자 그는 전보와 편지 관계를 묻고 마르토프가 안 왔느냐고 물었다. 동지 마르토프의 소식이 전연 안 온 줄을 알자

그는 매우 등이 달아 그 자리에서 전보문을 써 갖고 미타더러 어서 가서
이 전보를 치고 오라고 했다. 식구들은 그가 집에 돌아온 처음 몇 시간만
은 집안끼리만 오붓하게 지낼 수 있을 줄 알았던 만큼 그의 이런 태도에
실망을 느꼈다고 안나는 술회하고 있다.[36]

5. 플레하노프가 수정주의 및 경제주의와 투쟁하다

앞에서 보았듯이, 러시아 마르크시스트들 사이에는 어느 사이에 이념
적 분파가 자라나고 있었다. 그 가장 중요한 분파가 이른바 경제주의로,
이것은 독일 사회민주주의 운동 내부에서 자라난 수정주의의 영향을 받
은 것이었다. 플레하노프는 바로 이 수정주의와의 투쟁에 들어가게 된
다.[37]

베른슈타인의 수정주의. 잘 알려진 바와 같이, 수정주의는 1890년에 독
일의 에르푸르트Erfurt에서 열린 독일 사회민주당 대회에서 싹을 보였었
다. 여기서 소수파를 대변한 폴마르Georg Vollmar는 '지배 계급과의 유
익한 휴전'을 제의했던 것이다. 숲속의 두 마리의 새보다는 손에 잡힌
한 마리의 새가 더 가치 있는 만큼, 당이 '생산의 사회주의적 조직'이라
는 궁극적 목적이 '먼 장래의 문제'임을 인정하고 부르주아 계급과의 협
상에 들어가 노동자의 이익을 위한 많은 양보를 얻어내야 한다는 것이
그의 주장의 골격이었다. 폴마르는 확실히 영국의 사회주의 운동이 걷고
있는 길을 독일의 노동 운동이 뒤따라야 할 것임을 제시하고 있었다. 이
제의가 에르푸르트에서는 패배했다. 그러나 점차 지지자를 얻어가고 있
었고, 자수리치마저 심리적 동요를 느끼기 시작했다.

폴마르의 구상은 마침내 베른슈타인의 수정주의로 결정됐다. 1898년 1
월에 베른슈타인은 『노이에 자이트』에 마르크스의 명제들을 비판하는
일련의 논문들을 발표한 것이다. 여기서 우선 베른슈타인은 마르크스의
파국 이론, 곧 자본주의의 생명은 폭력적이며 극적인 타도에 의해서 종
결되어질 수 있다는 이론을 부인했다. 이어 그는 마르크시즘의 이론적

기초의 거의 모든 것을 폭격했다. 그는 점진적 방법 또는 평화적 방법에 의한 사회주의의 실현이 가능하다고 본 것이다. 그의 글에 대해 상당수의 당원들은 저항하지 않았다. 그만큼 수정주의의 분위기는 익어왔던 것이며, 그렇기에 당의 대표적 이론가이며『노이에 자이트』의 편집 책임자인 카우츠키가 게재를 허용했던 것이다.

그러나 비독일인 마르크시스트 이론가인 로자 룩셈부르크와 파르부스 A. L. Parvus 및 플레하노프는 즉각적으로 반발했다. 러시아의 사회주의 혁명을 위해 일생을 바치고 있는 이들에게 베른슈타인의 수정주의란 자신들이 추구해온 대의의 전면적 포기를 의미하는 것이기도 했다. 당내에서의 반발이 뒤따르자 카우츠키는 베른슈타인의 논문 연재를 중단했다. 그러자 베른슈타인은 1899년초에 사회주의의 이론적 기초의 과격한 수정을 요구하는『사회주의의 전제 조건들과 사회민주주의의 과제들』을 출간했다. 이것은 수정주의의 지지자와 반대자 사이의 심각한 갈등을 표면화시킴으로써 독일 사회민주주의 운동뿐만 아니라 국제 사회주의 운동 자체를 뒤흔들었다.

베른슈타인은 우선 자신이 여전히 노동 계급의 이익과 사회주의의 수호에 헌신하고 있으며 이러한 입장에서 마르크스와 엥겔스의 저술을 '완전화' 하고자 한다고 주장했다. 이 말은 무슨 뜻인가?『공산당 선언』이후의 역사적 진화는 마르크스와 엥겔스의 분석이 바탕을 두고 있는 세계관의 많은 요소들이 유토피아적이거나 단순히 잘못된 것임을 입증한 만큼 그것들은 과감히 버리고, 그 대신에 오늘날의 현실에 상응하는 사회주의 이론을 정립하는 것을 의미한다.

이러한 전제에서 1)그는 우선 마르크스 사회주의의 중심적 명제인 '자본주의로부터 사회주의로의 전이를 위한 객관적 조건들'이 역사적 진화에 의해 사실상 발생되지 않았다고 주장했다. 곧, 공업에서 생산의 집중은 마르크스 사회주의가 예상했던 것보다 더 빨리 진전됐고, 소기업들도 꽤 많이 유지되고 있었으며, 농업에서는 집중의 경향이 전혀 나타나지 않았다는 것이다. 따라서 극소수의 부유층과 대다수의 빈곤층으로 양극화되기보다 마르크스와 엥겔스가 사라질 것으로 예언한 중간 수입

그룹의 질적 및 양적 성장으로 말미암아, 사회는 이전보다 훨씬 복잡한 계급적 구성을 갖게 됐다고 그는 분석했다. 또 마르크스와 엥겔스의 예견과는 반대로, 자본주의 아래서도 노동자들은 이제 다양한 법적 권리를 얻었으며 이 권리들을 통해 사회적 지위와 물질적 복지에서 상당한 향상을 이룩할 수 있었다고 보았다. '생산의 무정부'도 통제되고 있어서 경제적 위기는 덜 빈번히 일어나고 있고 덜 심각해졌다고 그는 결론지었다. 2) 베른슈타인은 이어 '자본주의의 파국적 붕괴'론에 대해서 공격을 가했다. 그는 과거에도 그러했지만 현재의 경향도 그러한 결과를 예견하게 하지 못하고 있다고 주장하면서 파국론은 하나의 신념일 수 있을 뿐이라고 결론지었다. 이어 그는 봉건 체제가 자신의 비신축성 때문에 강제적 타도가 불가피했음에 비해, 현대의 자유주의 사회는 변화와 발전을 위한 자신의 능력을 과시하고 있음에 주목해야 한다고 강조했다. 그렇다고 해서 사회주의를 버리자는 것은 아니었다. 사회주의를 '역사적으로 불가피하고 과학적으로 타당한 이론 체계'로서가 아니라 '하나의 합리적으로 선택된 윤리적 이념'으로서 받아들여야 한다는 것이었다. 이러한 점에서 헤겔의 결정론과 변증법보다는 '인간은 높은 이념을 획득하고자 노력하는 존재'라는 독일 철학자 칸트Immanuel Kant의 관념이 사회주의 운동에 더 적합하다고 썼다. 그러므로 혁명보다 진화적 발전을 강조하며, 의회와 노조 활동을 통한 사회의 민주화로 노동자의 이익을 증대시켜야 한다고 결론지었다.

플레하노프의 베른슈타인 공격. 베른슈타인의 수정주의적 이론 전개는 플레하노프에게 커다란 충격을 주었다. 그는 베른슈타인의 이론에도 '부분적인 타당성'이 있음을 시인했다. "가까운 장래에 사회주의 이상이 실현될 것으로 기대하는 것은 불가능하다"고 그는 악설로드에게 썼다. 그러나 사회주의의 지도자가 사회주의 운동에는 해를 끼치면서 그의 적들에게는 기쁨을 주는 행동을 공개적으로 하는 것은 비난받아야 한다고 주장했다. 그뿐 아니라 마르크스와 엥겔스의 사회 분석을 비판하고 부르주아적 입장에서 경제 이론을 전개한 슐체 게베르니츠 G. Schulze-Gaevernitz를 베른슈타인은 '무비판적으로' 받아들였다고 힐난했다. 그러나 이러한 점들만으로 플레하노프가 분노를 느낀 것 같지는 않았다. 마르크스 사회주의를 '유토피아 사회주의'와 동일시한 베른슈타인의 주장은 정말 그를 아프게 했다. 자신은 자신의 이론적 적이었던 인민주의자들을 유토피아적이라고 공격했었다. 그런데 이제 자신의 입장이 그렇게 공격받게 됐다니 견디기 어려웠다. 바꿔 말해, 러시아의 사회주의를 '과학적 근거' 위에 세웠다고 자부한 플레하노프가 이제 자신이 그처럼 자부해온 세계관이 '과학적 이론'이 아니라 '종교적 신념'에 가까울 수 있다는 가능성에 직면하게 된 것이다. 러시아 혁명이라는 시각에서 볼 때, 베른슈타인의 수정주의는 플레하노프의 절대적 업적인 '인민주의의 마르크시즘으로의 전환'의 역사적 가치를 감소시키는 것이었다. 그것은 또한 러시아 마르크시스트 운동에 참여하고 있거나 앞으로 참여할 젊은 세대의 신념을 꺾어버릴 위험을 안고 있었다.

이러한 판단에서 플레하노프는 베른슈타인에 대한 공격에 앞장서기로 결심했다. 그럼에도 불구하고 처음에는 약간의 주저가 있었다. 앞서 지적했듯이 당시 플레하노프는 엥겔스를 국제 사회주의 운동의 최고봉으로 숭앙하고 있었고 그 다음으로 카우츠키를 존경하고 있었다. 그런데 그 카우츠키가 『노이에 자이트』의 편집 책임자로 베른슈타인의 논문들을 아무런 반박 없이 기꺼이 게재했다는 사실이 플레하노프를 괴롭혔고, 따라서 당분간 참으려고 했다. 그러나 베른슈타인의 논문이 잇달아 발표되자 마침내 공개적 대결을 카우츠키에게 요청했다. 카우츠키가 그의 제안을 받아들여, 그는 1898년 8월에 자신의 반론을 『노이에 자이트』에 발표할 수 있었다. 하지만 카우츠키와 플레하노프의 거리는 18년 간의 교우에도 불구하고 곧 멀어지게 된다. 1898년에 독일의 슈투트가르트Suttgart 에서 독일 사회민주당 대회가 열렸을 때, 반(反)수정주의적 입장을 공식으로 나타냈음에도 불구하고, 베른슈타인의 논문들을 아무런 논평 없이 게재했다는 이유만으로 당내 좌파 세력에 의해 공격을 받자 카우츠키는 "베른슈타인은 우리로 하여금 다시 생각해보게 하고 있으며, 그 점에 대해 우리는 감사하지 않으며 안 된다"고 답변했었다. 이것은 플레하노프로 하여금 카우츠키와의 논쟁을 결심하게 했다.

따라서 그는 "우리는 그에게 무엇에 대해 감사해야 되는가?"라는 격렬한 공개 서한을 라이프치히Leipzig와 드레스덴Dresden의 당 기관지에 발표했다. "누가 누구를 매장시켜야 하는가? 베른슈타인이 사회민주주의를 매장시켜야 하는가 아니면 사회민주주의가 베른슈타인을 매장시켜야 하는가?"라고 쓰기까지 하였다. 베른슈타인은 마르크시즘의 "배반자"가 되어 부르주아 계급에 "팔려버렸다"는 것이 플레하노프의 주장이었다. 노동자가 역사의 주인이 되어 자본주의를 파괴하고 그 잔해 위에서 멋진 새 세계를 세워나가는 영웅적 역할을 수행하도록 권고하는 것이 아니라, 자본가의 '자비심'에 호소하여 '가진 자' 층에 편입되라고 설득하는 것이 그 증거라는 것이었다. 또 신속하고 극적인 진군에 의해서가 아니라 거북이처럼 기어서 '가진 자' 층에 편입되라고 유혹하는 것이 그 증거라는 것이었다. 이 같은 '자비주의적 거북이적' 이론으로써 노동 계급을 모욕한 베른슈타인은 사회민주주의 이름으로 매장돼야 한다고 플레하노프는 격렬하게 써나갔다.

돌이켜보면, 또 역사적 경험에 비추건대, 베른슈타인의 수정주의는 옳은 길이었다. 플레하노프는 "베른슈타인이 사회민주주의를 매장시켜야 하는가 아니면 사회민주주의가 베른슈타인을 매장시켜야 하는가"라고 썼지만, 양자는 '매장시키고 매장당하는 적대적 관계'가 아니라 공존의 길을 걸어오면서 노동자의 이익을 실질적으로 증대시켜왔다. 그럼으로써 베른슈타인의 수정주의는 오늘날 사회민주주의의 동의어로 쓰이고 있는 것이다. 객관적으로 평가하건대, 그 본질에서 영국의 페이비언 사회주의와 동일한 베른슈타인의 수정주의 속에서 서구의 마르크스 사회주의는 자본주의를 합법적이며 점진적인 방법으로 변화시켜 노동자의 복지 향상과 계급 갈등의 중대한 약화에 크게 이바지한 것이다.

그러면 무엇이 베른슈타인으로 하여금 역사의 나갈 길을 발견하게 했으며 플레하노프로 하여금 그것을 공격하게 했는가? 베른슈타인은 마르크시즘에 대한 신앙이 흔들렸고 플레하노프는 철석 같은 의지의 인간이었기 때문인가? 또는 베른슈타인은 마르크시즘에 대한 이해가 모자랐고 플레하노프는 스승의 가르침에 도통해서였는가? 그 어느 쪽도 정확한 해답이 아니다. 두 사람이 속한 나라의 환경이 달랐기 때문이다. 독일은 1890년대에 들어와 자본주의를 수정시키면서 노동자의 복지를 증대시키는 방향으로 전환했다. 1890년에 반사회주의법이 철폐됐으며, 이와 더불어 노동자와 그 대변 세력으로 하여금 의회와 노조를 통해 자본주의의 폐해를 교정시켜나갈 수 있는 길을 열어주었다. 바꿔 말해 자본주의의 궤도 수정은 사회주의의 궤도 수정을 가져오게 하였다. 여기에서 베른슈타인의 수정주의가 나올 수 있었던 것이다. 독일의 경우와는 달리, 차리즘의 러시아는 착취적 지배 체제 그 자체였으며 궤도 수정을 암시하는 약간의 움직임도 나타내지 않았다. 이 경색된 상황은 플레하노프로 하여금 수정주의를 받아들일 수 없게 만들었던 것이다.

러시아판 수정주의의 성장. 그러나 마르크시즘의 '정통'을 수호하기 위해 베른슈타인과의 논전을 벌이고 있는 그 시점에 러시아 사회민주주의 운동 내부에서는 경제주의라고 불리는 러시아판 수정주의가 성장하고 있었다. 이에 따라 러시아 마르크시스트 운동도 정통주의와 수정주의 사이의 심각한 논쟁에 빠져들게 됐고, 이 과정에서 플레하노프와 그의 노동자 해방 그룹은 경제주의자들의 커다란 도전을 받게 됐다. '고립의 10년'에서 벗어나 러시아 마르크시스트 운동의 정상부로서의 확고한 지위를 누리게 된 때로부터 겨우 몇 해 지나지 않아 그들은 다시 새로운 곤경에 직면하게 된 것이다. 그러면 러시아 마르크시스트 운동에서는 수정주의가 구체적으로 어떻게 성장했던 것인가? 이 물음에 답하기 위해 우리는 러시아 내부에서 마르크시스트 운동이 전개된 과정을 살펴보지 않으면 안 된다.

러시아에서 노동자의 대폭적 증가와 이에 따른 마르크시스트 운동의 확산은 자연히 마르크시스트 운동가들로 하여금 단순한 '서클 사업'에서 벗어나 '대중 속의 선동 사업' 속에 뛰어들게 했다. 이 전환의 의미는 대단히 컸다. 막상 노동자들 속에 뛰어들어 깊이 접촉해보고 그들은 노동자들이 경제적 투쟁에만 관심이 있을 뿐 정치적 투쟁에 대해서는 외면한다는 사실을 발견한 것이다. 실제로 임금 인상과 작업 시간 단축 및 노동 환경 개선 등의 목표를 달성하기 위해 고용주와 싸워야 한다는 선전에 열띤 반응을 보이던 노동자들이, 차리즘의 붕괴만이 궁극적으로는 노동자들의 복지를 향상시킨다는 이론에는 아무런 표정을 나타내지 않고 있었다. 노동자들은 물질적 복지를 위한 투쟁과 정부에 대한 투쟁 사이의 상관 관계를 이해할 수 없었으며, 후자는 자신들에게 위해만 가져다 줄 뿐 아무런 보상을 주지 않는다고 믿고 있었다. 간단히 말해, 노동자들은 일종의 노조주의를 옹호했던 것이다. 이 점은 노동자의 복지 향상을 위한 투쟁을 강조한 전단들이 열광적으로 읽힌 데 반해서 정치적 성격이 짙은 당의 선언서 같은 것은 공장의 창밖으로 내던져지는 현실에 의해 잘 입증되고 있었다. 이러한 노동자들의 심리에 직면하여 러시아 마르크시스트들의 대부분은 투항하고 말았다. 그들은 노동자들로 구성되는 혁명군의 참모가 되기를 거부하고 노동 운동의 행정 부관이 되고자 한 것이다.

이에 따라 경제주의는, 우리가 이미 앞에서 살폈듯이, 마침내 정치적 투쟁을 부인하는 형태로까지 발전했다. 정치적 투쟁은 노동자들이 바라는 것도 아니며, 또 차리즘의 타도가 노동자들의 상황을 기본적으로 변화시키지 않을 것이므로 노동자들의 진정한 필요에 부응하는 것도 아니라는 것이었다. 물론 이러한 극단적 경제주의는 온건한 경제주의와 공존해 있었다. 후자는 전자처럼 정치적 투쟁의 가치를 부인하지 않았다. 노동자들도 시민적 권리 또는 정치적 자유를 확보하기 위해 싸워야 하는데, 그것은 그들이 자신들의 경험을 통해서 그 필요성을 자각할 때까지 유보돼야 한다고 그들은 주장했다. 그러나 온건한 경제주의도 본질적으로 노조주의와 그 성격이 같은 것이었다.

이러한 경제주의의 조류가 막아지지 않은 중요한 요인은 플레하노프와 그의 노동자 해방 그룹을 강력히 지지했던 레닌과 마르토프 및 포트레소프 등 상트 페테르부르크 노동자 해방 그룹의 창설 요원들이 1895년 말에 검거된 데 있었다. 이들의 검거와 더불어 이 조직의 주도권은 자연히 뒤늦게 마르크시스트 운동에 뛰어든 젊은이들에게 넘어갔던 것이다. 마르크시즘의 이론 체계에 별로 밝지 못하지만 정열만으로 노동 운동의 대열에 참여한 이들은 플레하노프와 그의 노동자 해방 그룹에 대해 별로 큰 존경심을 갖고 있지 않았고, 러시아 본토로부터 오랫동안 떨어져 생활해온 선배들보다 러시아의 노동 운동 속에 직접 개입해 있는 자신들이 사회주의 운동의 방향에 대해 더 잘 알고 있다고 과신하고 있었다. 그러므로 그들은 자신들의 지배 아래 놓여 있는 기관지『노동자들의 생각』을 통해 거리낌없이 노동자들의 권익 향상만으로도 마르크시스트 운동의 목표는 달성될 수 있다는 취지의 글들을 발표했던 것이다.

러시아 국내에서 이처럼 성장한 경제주의는 마침내 스위스의 러시아 마르크시스트 운동계에도 흘러들어왔다. 그 계기는 경제주의의 핵심적 이론가들이었던 프로코포비치 내외의 스위스로의 망명이었다. 제네바의 러시아 사회 민주 동맹에 가입함과 동시에 그들은 경제주의를 전파하기 시작했다. 베른슈타인의 수정주의의 보급도 하나의 요소로 작용해, 경제주의라는 '세균'의 전염 속도는 대단히 빨랐다. 1898년 11월 러시아 사회 민주 동맹 총회가 열렸을 때, 경제주의자들의 수는 이미 플레하노프의 지지 세력을 압도하고 있었다.『라보트니크』의 폐간과『라보체 델로 Rabochee delo(노동자의 대의)』의 창간도 일방적으로 결정됐다. 그뿐 아니라 편집과 논설 진용에서 플레하노프와 악설로드 및 자수리치는 제외됐고, 그들 대신에 경제주의적 정향을 가진 크리체프스키 B. N. Krichevsky와 이반신 V. P. Ivan'shin 및 타플로바 Taplova가 들어갔다. 러시아 국내의 마르크시스트 운동 단체들과 제네바를 연결해주는 모든 끈도 그들에게 장악당했다. 러시아 마르크시스트 운동의 개척자들이 이제 자신의 후배들에게 굴복하게 됐을 뿐만 아니라 그 열세를 만회할 기회조차 완전히 거부된 것처럼 보였다.

선구적인 러시아 마르크시스트들에게 수정주의의 '독배'가 강요되는 상황에서, 몇 해 전만 해도 국내외를 막론하고 러시아 마르크시스트 운동의 정상부로 공인된 이들의 노동자 해방 그룹은 효율적으로 대응하지 못하고 있었다. 플레하노프는 1898년 한 해 동안 베른슈타인 및 카우츠키와의 논전에 몰두했고, 또 러시아 안팎에서의 그러한 변화를 그저 '하나의 지나가는 단계' 정도로 가볍게 생각하고 있었다. 악설로드는 '지적으로 열등한' 젊은 수정주의자들과 싸워야 한다는 점에 대해 역겨움을 갖고 있었으며, 자수리치는 실제로 몸이 아파서 전의를 상실하고 있었다. 상황은 점점 악화됐다. 1899년초 베른슈타인이 플레하노프에 대한 반론을 펴면서 러시아 사회민주주의자 대다수는 플레하노프보다 자신을 지지하고 있다고 호언할 정도가 되었다. 실제로 저명한 합법적 마르크시스트인 스트루베와 불가코프S. N. Bulgakov 및 베르디아에프는, 그리고 합법적 마르크시스트들의 기관지인 『나찰로』는 공개적으로 수정주의를 지지하고 있었다. 또한 유형중의 포트레소프가 극도의 놀라움을 안고 알려왔듯, 상트 페테르부르크의 마르크시스트 운동가들도 '절대 체제 아래서의 노조주의'를 옹호하고 있었다.

『편람』을 통한 경제주의 공격. 이러한 긴박한 상황에서 플레하노프는 마침내 투쟁의 무기를 들기로 결심했다. 그는 우선 악설로드에게 경제주의를 체계적으로 논박하는 논문을 집필할 것을 권고했다. 그리고 러시아 사회 민주 동맹으로의 통합 이후 발간을 중단해온 노동자 해방 그룹의 기관지를 독자적으로 다시 발간하기로 합의하고 악설로드에게 성명문을 발표하게 했다. 이 기관지는 "다시 한번 그 이전보다 더욱 전투적이 되어야 하고 더욱 탁월해야 한다"고 플레하노프는 선언했다. 스스로도 『편람』을 집필해 1900년 3월에 출간했다. 그것은 경제주의자들에 대한 하나의 폭탄이었다. 곧이어 소집된 제2차 러시아 사회 민주 동맹 대회에서 플레하노프와 그의 노동자 해방 그룹은 탈퇴를 선언했다. 17년 전에 인민의 의지당과 절연했듯이, 이제 그들은 자신들이 오랫동안 수용해온 기본 노선을 경제주의의 왜곡으로부터 지키기 위해 다시 한번 러시아 사회민주주의 운동의 외견상의 다수파와 관계를 끊어버린 것이다. 그러나 그들이 외로운 존재가 된 것은 결코 아니다. 우리가 앞에서 보았듯이, 시베리아에 유형중인 17명의 러시아 사회민주주의자들이 경제주의에 대한 공개적 항의를 발표한 것이다. 이 '17명의 항의'는 물론 플레하노프에게는 커다란 격려가 된다.

『편람』의 서문에서, 플레하노프는 우선 "내가 이러한 수치스러움을 경험하면서 살도록 운명지어졌다고는 결코 생각하지 않았다"고 전제하고, 자신이 창시한 운동의 분열로 러시아 마르크시스트들의 정력이 내부

투쟁에 분산되게 된 현실에 대한 분노를 표시했다. 이어 그는 경제주의에 대한 공격으로 들어갔다. 첫째, 그는 현재의 논쟁이 앞 세대의 논쟁과 그 성격이 비슷함을 지적했다. 경제적 선동을 사회주의의 전진을 위한 유일한 수단으로 여기고 정치적 투쟁을 그 목적과는 무관한 활동으로 파악한 인민주의자들과의 논쟁이 경제주의자들과의 논쟁으로 되살아났다고 주장한 것이다. 경제주의자들은 인민주의자들과 마찬가지로 '모든 계급 투쟁은 정치적 투쟁'이라는 진리를 망각했으며, 따라서 노동 운동의 전략을 '완전화'하고 '전진시킨다'는 미명 아래 오히려 인민주의자들이 저질렀던 잘못을 되풀이하고 있다고 비판했다. 둘째, 그는 경제주의의 가르침은 노동자들을 부르주아 자유주의자들의 '맹목적 도구'로 전락시킬 위험성을 안고 있다고 주장했다. 노동자들의 정치 의식이 전혀 개발되지 않은 상태에서 또는 정치 투쟁에 의해서만 경제적·물질적 향상도 획득할 수 있다는 확신이 심어지지 않은 상태에서, 그들은 자유주의자들의 부르주아 혁명에 이용될 뿐이며 제 몫을 분배받지도 못한다고 본 것이다. 오로지 사회민주주의자의 정치적 지도 아래서 노동자들은 정치 의식 또는 계급 의식을 가질 것이라고 강조했다.

돌이켜 생각해보면, 플레하노프는 경제주의의 역사적 역할을 과소평가했다고 비판될 수 있다. 특히 온건한 경제주의는 상당한 이론적 타당성을 갖고 있었다. 노동자들의 경제적 투쟁은 결국 정부와의 갈등 속에서 서서히 정치적 투쟁으로 전개될 것이며, 이에 따라 노동자들의 정치 의식은 '자연적으로' 발전할 것이 확실하기 때문이다. 그리고 이러한 경제주의자들이 점차 세력을 늘려갔다면, 그들이 차리즘 체제에 대한 투쟁에서 자유주의적 주도권을 장악할 가능성은 커졌을 것이고, 그것은 종국에는 서구의 부르주아 혁명 같은 것을 러시아에 낳게 했을 것이다. 그러나 플레하노프는 온건한 경제주의와 과격한 경제주의 양자를 구별함이 없이 가혹하게 비판했으며, 그 과정에서 '노동자의 희망에 따른 노동 운동'을 내세운 경제주의자들의 주장과 대조되게 지나칠 정도로 '사회민주주의자의 리더십에 의한 노동 운동'을 강조했다. 역사가 보여주듯, 경제주의는 극복된다. 그러나 그렇다고 해서 플레하노프의 '정통주의'가 승리하지도 못한다. 레닌의 볼셰비즘에 권력은 돌아가고 마는데, '사회민주주의자의 리더십'에 대한 플레하노프의 강조는 본의 아니게 바로 당의 러더십을 어느 무엇보다 앞세우는 레닌의 볼셰비즘이 자라나는 길을 닦아주게 된다.

제9장

1899년의 대학 소요와 1900년의 『이스크라』 창간

 돌이켜보건대, 1890년대말의 몇 해는 로마노프 왕조의 운명과 관련해 매우 중요했다. 1895년에 레닌을 중심으로 러시아 국내에서 최초의 마르크시스트 단체가 출범했고, 1898년에 러시아 국내에서 최초의 마르크시스트 정당이 결성됐다. 그리고 1899년에 대학생들의 집단 시위가 벌어졌는데, 이 집단 시위는 차리즘 체제에 상당히 큰 부담을 준다. 이러한 배경에서, 1900년에 시베리아 유형에서 풀려난 레닌은 곧바로 해외로 망명해 플레하노프와 손을 잡고 마르크시즘 운동의 선전 기관으로 '불꽃'이란 뜻의 『이스크라』를 창간하게 되며 볼셰비즘의 기초 이론이 되는 『무엇을 해야 하나?』를 출판하게 된다. 이 장은 1899년의 대학 집단 시위로부터 『이스크라』의 창간 및 『무엇을 해야 하나?』의 출판까지를 다루기로 한다.

1. 1899년의 대학생 집단 시위

상트 페테르부르크 대학교 개교 기념 축제.[1] 우리가 이미 앞의 장들에서 보았듯이, 1860년대 이후 대학교는 러시아에서 차리즘에 반대하는 세력과 운동의 일차적 중심지였다. 혁명가들은 거의 모두가 대학생들이었거나 대학 중퇴생들이었다. 20세기를 바라보는 시점에서 러시아에는 고등교육 기관의 수가 늘어나 대학교와 전문대학의 수는 모두 10개에 이르렀으며 재적생은 모두 약 35,000명에 이르렀다. 1890년대에 들어서서는 러시아에서도 인구가 1억을 넘어서게 된 데다가 공업화가 진행되고 자본주의가 발전함에 따라 사회 성격이 바뀌게 되자 사회 각 부문의 요구에 맞게 훈련된 관리자들을 양성하지 않을 수 없었기에 위험을 무릅쓰면서 제한된 범위에서나마 증설과 증원을 허용한 결과였다. 이러한 정책적 변화는 낮은 계급의 자녀들도 상당히 많이 고등 교육 기관에 입학할 수 있게끔 만들어주었다. 그래서 1911년 현재 전체 대학생들 가운데 세습 귀족의 자녀들은 10%에 지나지 않았다. 가장 많은 학생들은 신부들의 자녀들이었고 그 다음이 관리들과 농민들의 자녀들이었다.

1881년에 알렉산드르 2세가 암살되면서 차리즘은 반동으로 회귀했다. 우리가 이미 보았듯이, 알렉산드르 3세는 즉위와 동시에 반개혁의 조처들을 계속해 취하면서 1884년에는 21년 전에 발표됐던 비교적 자유로운 대학령을 고쳐 대학의 자치권을 박탈했다. 이제 대학교는 교육부의 직접적인 감독 아래 놓였으며, 교수들은 총장을 선출하던 권리를 잃었다. 학생들에 대한 제재는 교외에서, 곧 경찰의 권한을 지닌 시학관에 의해 이뤄졌다. 학생들의 단체들은 비정치적인 친목 단체에 이르기까지 모두 불법적인 것으로 선언됐다. 심지어 같은 성 출신의 학생들이 상부 상조를 위해 결성한 단체들도 해산을 강요당했다. 학생들은 물론 이러한 조처들에 반감을 품었다. 그 반감은 1897년에 로마법 교수 니콜라이 보골레포프Nikolai Bogolepov를 교육부 대신에 임명한 사실로 더욱 커졌다. 그는 철저한 보수주의자이고 인정이라고는 없어서 사람들은 '돌 손님'이라고 부르곤 했다.

이러한 분위기에서 상트 페테르부르크 대학교의 학생들은 1899년 2월 8일 개교 기념일을 맞아 예년처럼 축제를 준비했다. 시내의 중심에서 벌어지는 축제는 정치적 성향이 거의 없었다. 글자 그대로 그저 즐기는 행사로 시종하곤 했다. 그런데도 교육부 당국은 총장 바실리 세르게에비치Vasily I. Sergeevich로 하여금 축제가 허용될 수 없다는 방침을 발표하도록 강요했고 세르게에비치 총장은 그 강요에 굴복했다. 발표문은 교내 여러 곳들에 게시됐고 신문에 전문이 게재됐다. 제법 긴 이 경고문은 이 축제가 도심에서 소요를 불러일으킬 수 있다고 주장하고, 만일 공안을 교란시킨 혐의를 받게 되면 7일의 구류와 25루블까지의 벌금형을 받게 된다고 설명했다. 그 경고문은 이어 도심에서의 축제가 큰 군중을 개입 시키게 되고 그 군중이 경찰의 해산령을 따르지 않게 될 때 축제에 참여 한 학생들은 1개월의 구속과 100루블까지의 벌금형을 받게 되며, 만일 그 군중을 해산시키기 위해 무력이 동원되면 축제에 참여한 학생들은 3 개월의 구속과 300루블까지의 벌금형을 받게 된다고 설명했다. 그리고 경찰과 충돌하게 되어 체포되는 학생은 학생으로서의 권리를 잃게 되고 퇴교당한 뒤 수도로부터 추방될 것이라고 설명했다.

이 경고문은 학생들을 격분시켰다. 2월 8일에 세르게에비치 총장이 연 단에 올라섰을 때 학생들은 20분 동안 우 하고 소리질렀으며 계속하여 야유를 퍼부었다. 그리고 나서 그들은 그때 대학생들이 축제 때 부르던 라틴어 노래인 「젊었을 때 즐겁게 놉시다」와 프랑스 혁명 당시의 노래로 프랑스 국가가 된 「라 마르세예즈」를 부르면서 학교 밖으로 나갔다. 그 들은 시내로 들어가기 위해 '궁정 다리'를 건너려고 했다. 그러나 경찰 이 가로막고 있는 것을 보고 '니콜라에프 다리' 쪽으로 갔다. 거기에도 경찰이 가로막고 서 있었다. 여기서 학생들과 경찰관들 사이에 난투가 벌어졌다. 뒷날 학생들은 경찰관들이 채찍으로 학생들을 때렸다고 주장 했고, 경찰관들은 학생들이 눈 덩어리와 얼음 덩어리로 경찰관들을 때렸 다고 주장했다

학생들은 흥분했다. 그리하여 그들은 이틀 동안 교내에서 집회를 연 끝에 경찰이 학생들의 권리를 존중해줄 것을 정부가 보장할 때까지 동맹 휴학하기로 결정했다. 이때까지만 해도 학생들의 불평은 특정적이었고 어떤 조처에 의해 해소될 수 있었다.

과격파의 개입.[2] 그러나 과격파가 개입해 이 상황을 정치적으로 활용하 면서 사태는 곧바로 확대됐다. 대학 안의 불법 조직인 '상호 지원 기금' 의 간부들은 이 상황을 잘 이용하면 큰 정치적 항의로 변질시킬 수 있다 고 판단했다. 사회주의자들인 그들은 뒷날 모두 러시아 혁명 운동에서 주요한 역할을 수행하게 되는데, 유명한 테러리스트가 되는 보리스 사빈

코프Boris Savinkov와 1905년에 모스크바 총독 세르게이 대공을 암살하게 되는 이반 칼리아에프Ivan Kaliaev 및 1905년 10월에 페트로그라드 소비에트의 의장이 되는 게오르기 노사르Georgi Nosar 등이 바로 그들이었다. 그들은 곧 조직위원회를 구성한 뒤 학생들의 동맹 휴학을 지도하는 한편 밀사들을 다른 학교들에 보내 지원을 호소했다. 그리하여 2월 15일에는 모스크바 대학교가, 2월 17일에는 키예프 대학교가 동참했으며 이어 전국의 거의 모든 대학교들이 동참했다. 이것은 약 25,000명의 학생들이 동맹 휴학에 참여했음을 뜻했다. 그들은 대학에 대한 자의적인 제재와 경찰의 잔인성을 끝내라고 요구했다. 그들은 아직 정치적 요구로 들어가지는 않았던 것이다.

당국은 동맹 휴학의 지도자들을 체포하는 것으로써 대답했다. 그러나 보다 자유주의적인 관리들은 학생들의 항의가 정치적 목적을 지니지 않은 만큼 학생들의 정당한 요구를 받아들여줌으로써 학생들의 동맹 휴학을 끝내게 하는 것이 바람직하다고 주장했다. 사실 학생들은 차리즘 체제에 도전하고 있다고 생각하기보다는 법의 수호를 위해 행동하고 있다고 믿고 있었기 때문에 이 주장은 합리적이었다. 다행히 이 건의가 받아들여져 이 문제를 다룰 위원회가 정부에 의해 구성됐다. 위원장에는 흠이 전혀 없는 보수주의자로 존경받는 장군이면서 전쟁부 대신을 지낸 표트르 반노프스키Pyotr Vannovsky가 임명됐다. 이 결정에 학생들은 과격파의 조직위원회의 권고를 물리치고 동맹 휴학을 끝냈다. 상트 페테르부르크 대학교는 3월 1일에, 모스크바 대학교는 3월 5일에 각각 다시 수업을 시작했다.

과격파 사회주의자들은 실망했다. 그래도 그들은 3월 4일에 선언서를 발표하면서 차리즘의 타도를 위한 투쟁을 조직하자고 호소했다. 러시아의 모든 반대 세력들이 다가오는 차리즘 타도 투쟁을 위해 모두 하나로 뭉쳐야 한다고 주장하기도 했다. 그러나 경찰은 이 선언서에 큰 의미를 두지 않았다. 그렇지만, 긴 역사적 안목에서 볼 때, 파이프스 교수가 강조하듯, 이 대학생 집단 소요는 러시아 혁명의 전주곡이었다. 비록 잠시 소강 상태로 돌아갔으나 대학교는 앞으로 계속해서 집단 시위 또는 소요에 휩싸이게 된다. 그리고 이것에 대한 당국의 반응은 우리가 앞으로 보게 되듯 차리즘 체제가 정당한 특정적 요구에도 응하지 않는, 신축성을 잃은 체제임을 보여주며 결국 그러한 성격이 차리즘의 몰락을 재촉하게 된다.

반노프스키 위원회의 건의가 기각되다.[3] 반노프스키 위원회는 전반적으로 보아 학생들의 입장에 동조하고 경찰에 책임을 묻는 보고서를 정부에 제출했다. 이 보고서는 2월 8일에 일어난 학생들의 집단 시위는 음모의 소산도, 정치적 성격을 지닌 것도 아닌 자신들이 부당한 대우를 받는 데 대한 학생들의 불만의 자발적인 표현이었다고 지적했다. 이 보고서는 결론적으로 대학의 자치권을 박탈한 1864년의 조치 이전으로 돌아갈 것을 권고했다. 특히 학생들에게 집회의 자유를 보장할 것을 강하게 권고했다. 그러나 당국은 이러한 권고를 받아들이지 않았다. 당국은 처벌이 가장 효과적 대처라고 확신한 것이다.

실제로 정부는 1899년 7월 29일에 대학생이 정치적으로 잘못된 행위로 말미암아 유죄가 인정되면 군 입대 연기의 특권이 박탈된다는 법령을 발표했다. 그때 대학생들은 이 법령이 대학생들을 위협하기 위해 만들어졌을 뿐 실제로 발효되리라고는 믿지 않았다. 그러나 그 법령은 발효됐다. 1900년 11월에 몇몇 대학들에서 집단 시위가 일어나자 교육부는 1901년 1월에 시위 참여 학생들을 모두 징집했다. 격분한 학생 표트르 칼포비치Pyotr Karpovich는 교육부 대신 보골레포프에게 총을 쏘아 중상을 입혔다. 그는 결국 죽고 마는데, 이로써 그는 그뒤 몇 해 동안 수천 명의 목숨을 빼앗아간 테러리즘의 새 물결의 첫 희생자가 됐다. 그러나 그것보다 더욱 중요하게, 그 시대의 사람들은 학생들에 대한 보골레포프의 조처와 그의 피살을 새로운 혁명 시대의 시작이라고 보았다.

보골레포프의 암살에 뒤이어 많은 대학교들에서 시위나 동맹 휴학이 벌어졌으며 수백 명의 학생들이 퇴교당했다. 상황을 진정시키려고 정부는 보골레포프의 후임으로 78세의 반노프스키를 임명했다. 반노프스키는 자신의 건의안에 포함됐던 조처들을 하나씩 실시해나갔다. 우선 학생들의 집회에 관해 훨씬 너그럽게 대했다. 그러나 학생들은 그것에 만족하지 않았다. 그들은 이 양보가 정부의 약세를 반영하는 것이라고 보고 이 약세를 정치적 목적에 활용하기로 했다. 대학가는 여전히 시끄러웠다. 이에 정부는 반노프스키를 해임했다.

이제 대학은 정치적 반대의 지렛목이 됐다. 내무부 경찰국장으로 극단적 보수주의자인 비아체슬라브 플레베Viacheslav Plehve는 "차리 살해자들, 그리고 정치적 범죄에 개입된 대부분의 사람들은 대학생들"이라고 보고했다. 자유주의적 학자인 에브게니 트루베츠코이Evgeni Trubetskoi 공은 이제 대학교들은 철저히 정치화됐다고 보았다. 대학생들은 학문이나 학문적 권리 및 자유에 대한 관심을 잃고 평상적인 대학 생활을 불가능하게 만드는 정치에 관심을 쏟게 됐다는 뜻이었다. 1906년에 러시아의 역사와 현실에 대한 글을 쓰면서 그는 1899년의 대학생 동맹 휴학이 "국가의 총체적 위기"의 시작이었다고 주장했다.

2. 레닌이 삼각 동맹을 형성하고 해외 망명 계획을 세우다

대학가에서 이처럼 소요가 끊이지 않고 일어났다는 것은 결국 니콜라이 2세 치하의 러시아 사회가 전반적으로 들끓고 있음을 반영하는 것이었다. 바로 이러한 시대적 상황에서 레닌의 차리즘 타도를 향한 운동은 힘을 얻었다.

유형지에서 풀려난 레닌의 망명 계획. 1890년대의 노동자 해방 그룹의 운명은 사실 해외 망명지의 '스승들'과 국내 현장의 '젊은 제자들' 사이의 관계에 의해 좌우됐다. 양자의 성공적 제휴가 성립됐을 때, 노동자 해방 그룹은 '10년 간의 고립'을 깨뜨리고 '대돌파'를 이룩할 수 있었다. 반면에 '젊은 제자들'의 검거로 말미암아 양자의 제휴가 중단됐을 때, 노동자 해방 그룹은 다시 곤경에 빠졌다. 그런데 이제 양자의 제휴가 부흥의 시기에 들어섰다. 플레하노프가 경제주의자들에 대해 포문을 연 『편람』이 출간된 그 시점에 '젊은 제자들'은 유형지에서 풀려나 '스승들'을 찾아왔던 것이다.

'젊은 제자들'이란 물론 레닌과 마르토프 및 포트레소프를 말한다. 이들은 이미 시베리아 유형지에서 '스승들'과의 재연합을 통해 러시아 마르크시스트 운동의 '정통'을 수호하기로 합의했었다. 곧, 서로 형제라고 부르는 레닌과 마르토프 및 포트레소프로 구성되는 '삼각 동맹' 또는 '삼두 지배 체제'가 노동자 해방 그룹과 단결해서 수정주의 및 경제주의에 맞서 투쟁한다는 레닌의 제의가 받아들여졌던 것이다. 그 제의에는 통일된 사회민주주의 세력의 대변지 발간 계획도 포함되어 있었으며 여기에서 우리는 『이스크라』의 싹을 보게 된다.

유형 생활을 끝내고 고향으로 돌아온 레닌은 유형지에서의 구상을 실천에 옮기기 위한 작업에 들어갔다. 이 과정에서 그는 다양한 그룹의 러시아 마르크시스트들을 만났다. 1900년초에 상트 페테르부르크를 은밀히 방문한 자수리치와도 만났으며, 러시아 사회 민주 동맹이 파견한 대표자와도 만났고, '합법적 마르크시스트들'인 스트루베와 투간 바라노프스키도 만났다. 그들과의 대화를 통해 레닌은 '삼각 동맹'에 대한 자신을 보다 강화할 수 있었다. 러시아 사회 민주 동맹과 '합법적 마르크시스트들'은 트로이카를 러시아 사회민주당의 중앙으로 대접해주었던 것이다. 자수리치도 트로이카와 노동자 해방 그룹의 제휴를 기꺼이 받아들이고 있었다. 이에 따라 레닌은 각 그룹 사이의 이념적 차이를 어느 정도 덮어두고 그들을 모두 하나의 단체 속으로 통합시키는 것이 보다 중요하다고 판단했다. 통합 운동체를 대변할 기관지의 편집·논설 방향을 제시하는 자신의 초안에서 그가 놀라울 정도로 타협적인 자세를 취한 것은 그 때문이었다. 여기서 그가 수정주의와 『사도신경』 및 『노동자들의 생각』을 공격하기는 했으나, 경제주의와 『노동자의 대의』 및 스트루베를 이름을 들어서 비판하지는 않았다. 또한 "운동의 계속성과 통일의 유지가 바람직하나 그렇다고 해서 그것이 다양성을 배제하는 것은 결코 아니다"라고 강조하면서, 자신이 제안하는 기관지가 다양한 모든 의견의 토론지가 될 것을 희망한다고 썼다. 간단히 말해, 그 기관지는 '일반적 민주주의'의 간행물로서, 현존 정치 체제 아래서 억압받는 모든 이들에게 개방되어야 한다는 것이었다.

기관지의 발행을 구상하다. 기관지의 발행에 치중한 레닌의 이러한 구상은 매우 현실적이었다. 왜냐하면 1890년대의 처음 몇 해 동안은 경찰 당국이 무지했기 때문에 마르크시즘이 러시아에서 성행할 수 있었지만, 1890년대말부터는 상황이 달라져, 이제는 경찰들이 사회민주당원들을 잡으려고 뒤쫓아다녔고, 1900년 봄엔 남부 지방에서 검거 선풍이 불었기 때문이었다. 그래서 레닌은 사회민주당 총회를 여는 것은 너무 위험한 짓이라고 반대했으며, 이러한 상황에서 할 수 있는 일은 외국에 가서 신문을 발행하는 것뿐이라고 결론지었던 것이다. 이 점에 대해 맥닐은 이렇게 쓰고 있다: "많은 러시아의 마르크시스트들과는 달리, 그는 해외에서 발행돼 국내로 밀반입될 불법적인 신문 ─ 학문적인 고려(考慮)는 회피하고 오로지 혁명 하나에만 자신을 바칠 신문의 창간에 가장 높은 우선 순위를 두었다. 러시아와 그리고 다른 곳에서 마르크시즘에 대한 다양한 해석의 확산과 더불어 레닌은 희석되지 않은 마르크시스트의 혁명적 '진실'을 위해 무자비하게 싸울 기관지를 창간하는 것이 가장 중요하다고 생각했던 것이다."[4]

세 사람은 형기가 끝나자 곧바로 해외 여행 신청을 냈고, 당국은 이 신청을 허가했다. 우선 레닌은 알렉산드라 칼미코바Alexandra M. Kalmykova로부터 신문을 발간할 자본으로 2,000루블을 받아내는 데 성공했다. 칼미코바는 원로원 의원의 미망인으로 스트루베의 가까운 친구였다. 레닌은 곧바로 마르토프와 함께 그들에게는 여행이 금지된 상트 페테르부르크로 들어갔다. 그러나 니콜라이 2세가 거기 와서 여름을 지내는 까닭으로 경계가 엄중했기 때문에, 그들은 다시 경찰에 잡히고 말았다. 레닌의 주머니에는 신문 발행 자금 2,000루블이 들어 있었고, 또 그 신문을 받아볼 사람들의 명단과 주소 및 플레하노프에게 갈 편지들이 들어 있었다. 물론 이 명단과 주소 및 편지는 안 보이는 잉크로 지폐에 씌어져 있어서 들키지 않았으며 자신들의 신원도 탄로나지 않아서 열흘 구류만 살고 석방이 됐다. 레닌은 1900년 7월 29일에 마침내 국경을 벗어났다. 그러나 러시아의 마르크시스트 망명객들의 혁명 운동이 분열되어 있음을 자신보다 먼저 출국한 포트레소프를 통해 알게 됐다. '경제주의자'들,

그리고 플레하노프에 반대하고 베른슈타인을 지지하는 세력들은 '해외 사회민주당원 동맹'을 1900년 4월에 결성했으며, 이에 맞서 플레하노프와 그의 지지자들은 '해외 혁명 사회민주주의 동맹'을 결성한 것이다.

3. 레닌과 플레하노프가 손을 잡다

오만한 플레하노프에 레닌이 실망하다. 레닌은 1900년 8월에 제네바로 가서 플레하노프를 만났다. 플레하노프에 대한 레닌의 존경심은 상상 밖으로 깊었다. "내 평생에 어떤 다른 사람을 그와 같이 진지한 존경과 숭배로써 대해본 일은 결코 없었다. 내가 그 앞에 섰을 때 가졌던 스스로에 대한 부끄러움을 어떤 다른 사람 앞에서도 느껴본 일은 결코 없었다. 그 앞에서 나는 무참할 정도로 위축되곤 했다"[5]고 뒷날 그는 회고한다. 우리가 이미 앞장들에서 보았듯이, 플레하노프는 그럴 만한 인물이었다. 당시의 그의 지위에 대해 무어헤드Alan Moorehead는 이렇게 썼다: "〔소련의〕 백과 사전에서는 이제 몇 줄 정도의 대접을 받고 있을 뿐인 플레하노프는 러시아 마르크시스트 운동의 창건자일 뿐만 아니라 그 운동을 20년 이상 지배한 사람이었다. 그 시기의 대부분 동안에는 레닌도, 트로츠키도, 그리고 어느 다른 사람도 그의 지적 우위에 도전하겠다는 꿈을 꾸지 못했다. 그들은 그의 발 밑에 앉아서 그에게 경의를 표하고 그로부터 배우고자 하는 데 열의를 보였다. 그들이 배양한 사상이란 모두 그의 사상에 바탕을 둔 것이었다."[6]

레닌은 플레하노프를 처음 만났을 때 두 사람 사이의 대화가 쉽게 풀려나갈 것으로 기대했다. 그러나 그의 기대는 어긋났다. 레닌의 회고에 따르면, 플레하노프는 레닌을 못마땅하다는 듯이 대했으며 이로써 냉랭하고 불편한 분위기를 자아냈다. 플레하노프는 문필가로서의 레닌의 재능을 깔보듯 말하면서 오만하고 초연한 자세로 일관한 것이다. 플레하노프의 이러한 반응은 그에 대한 말할 수 없는 존경과 애정을 지녔던 레닌에게는 충격이 아닐 수 없었다. 레닌에게 이제 플레하노프는 "동지들을 장기의 말을 다루는 듯한 태도를 취하며 개인적 허영과 자만의 작은 동기에 의해 고무되고 있는 나쁜 사람, 하나의 불성실한 사람"으로 비쳤다. 레닌은 '한없는 분노'를 느꼈다. 그래서 자신이 구상하는 기관지『이스크라(불꽃)』를 꺼버리려고 생각하기까지 했다.[7] 레닌의 실망이 근거 없는 것이 아니었다. 플레하노프는, 트로츠키의 유명한 표현에 의하면, "쌀쌀한 감정을 주는 데 도사"였으며, 남을 무시하는 말을 구사하는 데 전문가였다. 이러한 그가 노동자 해방 그룹의 세 명과 트로이카를 동격에 놓을 것을 제의한 레닌을 냉정하게 대한 것은 조금도 이상한 일이 아니었다. 그런데 플레하노프가 레닌을 이처럼 냉대한 까닭은 다른 측면에서도 찾을 수 있다. 이때 이미 플레하노프는 레닌을 러시아 사회민주주의 운동에서 가장 강력한 경쟁자라고 느꼈기에 견제하려는 속셈으로 그렇게 대접했던 것이다.[8]

그렇다고 해도 플레하노프의 오만과 냉정이 레닌과의 갈등의 일차적 원인은 아니었다. 기본적인 노선의 차이가 두 사람 사이에 놓여 있었던 것이다. 당시 플레하노프는 "나는 자코뱅주의로 기울어가기 시작하고 있다"라는 자신의 술회에 나타나 있듯이 그 정신에서 정확히 과격주의자였다. 수정주의 및 경제주의와의 지구적이며 쓰디쓴 투쟁의 결과로 그는 흑백 논리적이며 비타협적인 성격을 굳혔던 것이다. 곧, 자신의 견해, 그리고 자신을 지지하는 동지들의 견해는 성경 말씀이며 이것에 반대하는 다른 견해들은 이단인 만큼, 어떠한 합리화를 시도하든지 진리와 이단의 타협은 있을 수 없다고 확신하고 있었다. 이단은 정통적인 사회민주주의 운동으로부터 파문되고 추방돼야 할 존재로 비쳐질 뿐이었다. 따라서 그는 수정주의에 대해 사형을 선고했었고, 경제주의와의 파경을 결코 복구시킬 수 없는 것으로 여겼었던 것이다. 그러한 플레하노프에게 우리가 앞에서 살핀 레닌의 초안은 기회주의적인 것으로 여겨질 수밖에 없었다.

같은 맥락에서, 앞으로 창간될 기관지의 성격과 방향에 관한 레닌과 플레하노프 사이의 대화 역시 서로 만족스럽지 못했다. 레닌은 그 신문이 마르크스의 혁명적·정통적 견해를 확고부동하게 옹호하는 선봉장이 돼야 하며, 이 신문을 통해 자신과 플레하노프가 자유주의자와 경제주의자 및 수정주의자, 그리고 인민주의자를 무자비하게 비판해야 한다고 주장했다. 이와 동시에 이 신문은 모든 사람의 신문이 되어서 모든 사람을 가르치고 계몽하는 신문이 돼야 한다고 설명하면서 비록 자신들의 입장에 반대되는 견해일지라도 기고의 형식으로 받아들이고 이에 대해 편집인들이 반박하는 글을 똑같이 실어주어야 한다고 주장했다. 그러나 플레하노프는 이 점에 반대했다. 반대파들의 의견을 게재할 수 없다는 것이었다. 두 사람 사이의 또 하나의 갈등의 요인은 바로 계획중인 신문의 첫 호에 실릴 창간사에 대한 문제였다. 레닌이 초안한 창간사에 대해 플레하노프는 그것이 역사적 문서가 되기에는 너무 상식적이며 깊이가 없고 만연체라고 비판했다. 레닌을 처음 만났을 때부터 플레하노프는 레닌의 혁명 운동의 일급 조직가로서의 자질은 인정했으나 저술가와 사상가로서의 자질은 의심했던 것인데 레닌의 창간사 초안을 읽어보고는 자신의 의심을 더욱 굳히고 말았다.

레닌과 플레하노프 사이에 타협이 성립되다. 플레하노프의 요지부동한 자세가 선택을 강요하자 레닌은 결국 '정통'의 편에 섰다. 이에 따라『이스크라(불꽃)』는 꺼지지 않게 됐고, 두 사람은 쉽게 합의에 도달할 수 있었다. 트로이카의 3인과 노동자 해방 그룹의 3인으로『이스크라』의 편집 · 논설 진용을 구성하되, 의견이 3 대 3으로 갈릴 때는 플레하노프가 결정권을 갖기로 했다. 제2의 기관지로서 이론 · 철학지인『자리아 Zaria(여명)』를 창간하되 편집권은 거의 전적으로 플레하노프에게 귀속됐다. 오로지 조직의 문제에서만 플레하노프의 우위가 받아들여진 것이 아니었다. 정책의 영역에서도 레닌은 굴복했다.『이스크라』의 운영 방침에 관한 최종 결정서는 레닌의 초안에 담겨져 있던 다양성의 인정에 관한 문구들을 완전히 빠뜨렸을 뿐만 아니라 정반대로 "당의 단결을 수립하고 강화하기 위해서 의견의 차이점들을 제거할 수 있도록 무엇보다 이념의 통일을 기하는 것이 필요하다"고 선언했다. 여기서 한걸음 더 나아가 그 결정서는 경제주의자와『노동자의 대의』및 '합법적 마르크시스트들,' 그리고 스트루베가 사회민주주의의 적이라고 지적했다. "우리가 통합하기에 앞서, 그리고 우리가 통합할 수 있기 위해서, 우리는 먼저 다양한 그룹들 사이의 구획선을 명백히 긋지 않으면 안 된다"는 것이 플레하노프의 지론이었다.

조직의 문제와 정책의 차원에서 승리를 거둔 대신, 『이스크라』의 발행 장소에 대해서는 플레하노프가 레닌에게 양보했다. 레닌은 신문이 스위스가 아니라 독일에서 발행돼야 하며 그 신문의 결정 사항에 대해 플레하노프는 우편으로 투표해야 한다고 주장해 신문의 발간과 배부를 위한 모든 기구들을 자신의 지배 아래 두려고 한 것인데, 플레하노프는 레닌이 제시한 독일의 뮌헨에 동의한 것이다. 레닌은 이어 유형에서 풀려나온 아내 크루프스카야를 그 신문의 공식 서기로 임명하는 데 성공했다. 그렇게 함으로써 그는 해외 망명가들 사이의 접촉을 자신의 지배 아래 둘 수 있었다. 이러한 타협으로써 두 사람 사이의 긴장은 줄어들었고 동지적인 관계가 되살아났다.

『이스크라』가 창간되다. 1900년 12월 21일에 마침내 독일 뮌헨에서 주간지 신문이 나왔다. 이름은 불꽃이란 뜻의 『이스크라 *Iskra*』였다. 데카프리스트 시인인 블라디미르 오도에프스키 공이 푸슈킨에게 보낸 답례의 시 가운데 한 구절인 "불꽃 속에서 화염이 활활 타오를 것이다"라는 예언적인 구호에서 레닌이 따온 것이다. 플레하노프와 그의 동지들, 그리고 레닌의 동지들에게 『이스크라』는 하나의 혁명적 신문일 뿐이었다. 러시아에서는 어떠한 형태의 반정부적 신문과 잡지도 금지되고 있음을 염두에 둔다면, 그것만으로도 결코 작은 일은 아니었다.

그러나 레닌에게 『이스크라』는 그 이상의 것이었다. 『이스크라』는 모든 형태의 기회주의와 수정주의 및 반마르크스주의에 대항하는 십자군이 되지 않으면 안 됐다. 『이스크라』는 모든 반차리즘적 조류를 고무시킬 뿐만 아니라 그 조류들을 하나하나 비판하고 결점을 찾아내어 대중에게 그릇된 영향을 미치지 못하도록 하지 않으면 안 됐다. 『이스크라』는 러시아에 흩어져 있으며 좁은 시야밖에 갖고 있지 못하고 때로는 단명으로 끝나는 지역적인 동아리들을 하나의 전러시아 사회민주노동당으로 통합시키는 역할을 하지 않으면 안 됐다. 『이스크라』를 러시아 국내로 밀반입할 비밀 요원들은 잘 훈련된 음모가들이어야 하며, 러시아의 구석

구석에 침투해서 뉴스를 수집하고 정보를 염탐해내며 지령을 잘 전달하고 모든 공장과 지역에서 가장 뛰어난 사람을 뽑아내어 당원으로 끌어들이지 않으면 안 됐다. 그 비밀 요원들은 또한 노동자들과 모든 혁명 운동의 참가자들에게 영향력을 행사할 수 있는 능력을 가져야 하며 파업 노동자들에게 사회주의 의식을 심어줘야 하고 프롤레타리아에게 그들의 시야를 국지적인 수준에서 전국적이며 국제적인 수준으로 넓히도록 가르쳐야 했다. 『이스크라』는 말하자면 '집단적인 선동자요 집단적인 조직자'가 돼야 하며, '개개의 계급 투쟁과 대중의 분노의 불꽃을 전체적인 큰 불로 확대시켜주는 거대한 한 쌍의 풀무'여야 했다. 그리고 『이스크라』의 논설진과 기고자들 및 요원들은 한 덩어리가 되어 미래의 프롤레타리아 혁명을 이끌어나갈 참모 본부가 돼야만 했다. 『이스크라』에 대한 레닌의 기대는 이처럼 엄청난 것이었다.

레닌의 '탄생.' 이 무렵부터 레닌은 플레하노프에 대해 자신감을 회복했다. 플레하노프와 헤어지지는 않지만, 플레하노프를 러시아 혁명 운동의 지도자로 떠받들어야 한다는 생각을 더 이상 가질 필요가 없다고 느끼고 그의 지도 없이도 혁명 운동을 자신이 주도할 수 있다는 자신감을 갖기 시작한 것이다. 그리하여 레닌은 그때까지 써왔던 여러 가지 필명이나 익명을 모두 버리고 레닌이라는 익명 하나만 쓰기로 결정했다. 레닌이란 이름이 '탄생'한 것이다.

레닌이란 필명은 그가 유형지 동시베리아에 흐르는 큰 강인 레나 강을 염두에 두고 만들었을 것이다. 말하자면 그는 '레나 강으로부터 온 사람'으로 자처한 셈이다.[9] 그리고 그는 그 이름으로써 러시아 혁명 운동에서 유일한 지도자로서의 이름을 굳히려고 했으며, 특히 그의 이름을 정치와 경제 및 조직에 관한 탁월한 이론가로 혁명 운동가들 속에 확고히 심어주려고 했다. 한 편의 논설이나 논문을 쓸 때도 그는 반드시 자신이 전에 쓴 논설이나 논문과 연관시켜 설명하고 자신의 견해를 끊임없이 옹호했다. 이로써 그의 주장들과 이론들을 하나의 깨어지지 않는 연쇄로 만들어나가려고 노력했다. 그 결과 레닌이라는 이름은 지하 운동가들에게 입에서 입으로 전해져나갔으며, 러시아에서 망명온 혁명가들은 으레 플레하노프뿐만 아니라 레닌도 만나려 했다.

자신의 시도가 어느 정도 성공을 거두자 레닌은 그 다음 단계로 자신의 이름을 선배 혁명가들 위에 서 있는 단독적 지도자로 부각시키려는 여러 가지 상징 조작을 시도했다. 예컨대 그는 동지들에게 주는 편지에서 "아무개 아무개에게 레닌은 쓰노라"라든가 "레닌은 말하기를" 하는 식으로 썼다. 또 자신의 나이가 서른 살에 지나지 않고 자신보다 나이가 훨씬 많은 혁명가들이 있었는데도 그는 자신을 노인이란 뜻인 스타리크 Starik라고 불렀다. 편지의 서두에서 "노인은 말하기를"이란 표현을 썼고 노인이란 서명으로 그 편지를 마치곤 했다. 가부장적 전통이 배어 있는 러시아의 풍토 속에서 스타리크라는 말은 권위와 존경 및 애정이 깃들인 숭배를 표시하는 것이었다. 스탈린은 뒷날 자신도 레닌처럼 스타리크라고 불려지기를 희망했으나 끝내 뜻을 이루지 못했다.[10]

다시 벌어지는 레닌과 플레하노프의 사이. 이상에서 보았듯이, 『이스크라』의 창간을 앞뒤로, 레닌은 정말 혼신의 힘을 다해 일했다. 사무 처리에 밝고 효율적으로 열심히 일하는 레닌에 대한 플레하노프의 신뢰는 자연히 커졌다. 한편 플레하노프에 대한 레닌의 존경심 역시 회복됐다. 그러나 곧 전개되는 스트루베와의 논쟁이 말해주듯, 수정주의자 또는 경제주의자에 대한 레닌의 반감은 플레하노프의 그것보다 훨씬 더 커졌다. 그는 스트루베를 '가롯 유다'라고 매도하면서, "사회주의자의 탈을 쓰고 있으나 야비한 소매 상인의 근성을 갖고 있는 자유주의자와의 타협은 있을 수 없다"고 비난했다. 사회주의자가 자유주의자를 이용할 수 있을지언정 자유주의자가 사회주의자를 이용할 수는 없다는 것이 그의 입장이었다.

여기서부터 플레하노프와 레닌의 견해 차이는 다시 드러나기 시작했다. 스트루베와 같은 자유주의자를 혁명에 대한 가롯 유다로 단정하는 점에 대해서는 플레하노프도 이의가 없었다. 플레하노프는 스트루베가 자기 스스로를 사회민주주의자로 부르는 사실에 대해 분노를 나타내기도 했다. 그러나 플레하노프는 그러한 '자유주의적 가롯 유다'들이 사회민주주의자로서 자처하지 않고 자유주의자라고 밝힌 다음 반차리즘 운동에 뛰어든다면 그들과도 관계를 유지할 수 있다는 입장을 취했다. 곧, 사회민주주의자와 자유주의자 사이의 명백한 선만 그어진다면, 양자의 제휴는 가능할 수 있다고 본 것이다. 이에 비해, 레닌은 선의 획정만으로 만족할 수 없었다. 절연, 그것만이 레닌의 회답이었다.

이러한 차이에도 불구하고 플레하노프와 레닌의 협력은 지속됐으며 『이스크라』의 발간도 계속될 수 있었고 그 지위도 확고해졌다. 『이스크라』는 노동자 해방 그룹의 기관지가 거뒀던 것 이상의 성공을 과시할 수 있었다. 이제 『이스크라』는 이름과 실제 모두에서 러시아 사회민주주의 운동의 중심이 됐다. 『이스크라』 세력이 러시아 혁명 단체의 하나인 '사회민주주의자들'과 제휴하여 1901년 10월에 '해외 혁명 사회민주주의 동맹'을 결성할 수 있었던 것도 이 신문의 지위에 크게 힘입은 것이었다.

4. 레닌이 볼셰비즘의 이론적 기초를 만들다

「우리 운동의 긴급한 과제」. 『이스크라』의 창간호에 레닌은 「우리 운동의 긴급한 과제」라는 논문을 발표했다.[11] 이 논문의 핵심적 내용은 다음의 두 가지로 요약될 수 있다. 첫째, 노동 운동은 그것이 '사회주의 전위대'를 자임하는 혁명가들의 지도 없이 노동자들에게만 맡겨지는 경우 소(小)부르주아적이 되고 불가피하게 부르주아적이 된다. 둘째, '사회주의 전위대'는 자신의 여가뿐 아니라 생활 전체를 혁명에 바칠 사람으로 구성되지 않으면 안 된다.

몇 해 전만 해도 레닌은 농민은 '소부르주아적'이며 또한 농민사회주의적인 나로드니크 운동은 그것이 프롤레타리아트에 기반을 두고 있지 않기 때문에 불가피하게 부르주아적이라는 점을 입증시키는 데 몰두했다. 그때만 해도 그는 프롤레타리아트를 '사회주의를 위해 독립된 투사로서 단독으로 행동할 수 있는 계급'으로 여겼던 것이다. 그러나 이제 그는 프롤레타리아도 직업적 혁명가들로 구성된 사회주의 전위대의 지도와 가르침을 받아들이지 않는다면 불가피하게 부르주아적이 될 것이라고 주장하고 나선 것이다. 그의 이러한 이론들은 이미 러시아 인민에 대한 소수 프롤레타리아의 독재, 그리고 프롤레타리아에 대한 당의 독재라는 뜻을 내포하고 있었으며,[12] 그가 지적(知的) 발전에서 중대한 시점에 이르렀음을 보여주는 것이었다. 파이프스가 지적했듯이, 레닌은 이러한 이론들로써 뒷날 그 스스로가 완성할 볼셰비즘Bolshevism의 이론적 뼈대를 세웠던 것이다.[13]

레닌이 트카초프로부터 배우다. 여기서 주목해야 할 점은 레닌의 이러한 이론들은 "노동 계급의 해방은 노동 계급 자신의 과업"이라는 마르크스와 엥겔스의 가르침과는 판이하다는 사실이다. 그렇다고 해서 레닌의 그 이론들이 러시아에서 새로운 이론들은 아니었다. 우리가 제5장에서 이미 지적했듯이, 레닌에 약 25년 앞서 트카초프는 "현재에서나 미래에서나 인민은 그들의 힘만으로는 사회 혁명을 탄생시킬 수 없다"고 전제하고 "오직 우리 혁명가들만이 이것을 성취시킬 수 있다"고 썼었다. 트카초프는 "사회 이념은 인민들에게는 거리가 먼 것이며, 그것은 혁명적 소수의 사회철학에 속한다"고 보았던 것이다. 이렇게 볼 때, 「우리 운동의 긴급한 과제」에 나타난 레닌의 이론들은 트카초프의 이론들을 닮았다고 하겠다.

실제로 트카초프에 대한 레닌의 심취는 대단했다. 그때 제네바에 머무르면서 러시아 망명가들의 혁명적 저술들을 모으고 이것들을 도서관에 비치하는 일에 남다른 정력을 기울였던 본치 브루이에비치 Vladimir Dmitriyevic Bohnch-Bruyevich의 회고에 따르면, 레닌은 제네바에 도착한 뒤 그의 도서관에 와서 저녁마다 혁명적 저술들을 놓고 공부했는데 특히 트카초프를 깊이 파고들어갔다. 이 점에 대해 본치 브루이에비치는 이렇게 회고했다:

블라디미르 일리치 레닌은 현대의 무산자 계급 투쟁을 위해 전투적이며 편리한 것이라면 무엇이든지 과거로부터 빌려가면서 현재를 과거와 연결시키는 방법을 알고 있었다. 처음부터 블라디미르 일리치는 우리 도서관에 진지한 주의를 기울였으며 그곳에서 저녁에 연구하기 시작했다. 〔……〕 우리는 그가 원할 때는 언제나 도서관에 들어와서 연구할 수 있도록 특별히 그에게 따로 열쇠를 주었다. 우리는 고문서 보관소가 있는 지역에 큰 책상을 세워놓고 그가 우리의 서가에서 요청한 모든 책들을 사용할 수 있도록 그 책상 위에 놓았다. 〔……〕 그는 특히 러시아의 옛 혁명적 문헌 전부에 관심을 갖고 있었다. 〔……〕 우리는 뛰어난 저술가, 예컨대 트카초프의 저술과 그가 출간한 『경종』을 받을 때마다 이 귀한 책들을 그에게 알려주기 위해 저녁에 도서관에 들르는 일이 자주 있었다.[14]

본치 브루이에비치는 레닌이 트카초프의 저술에 큰 관심을 갖고 있음을 알려주는 도서관에서의 레닌의 활동들을 계속해서 다음과 같이 묘사했다:

블라디미르 일리치는 트카초프에게 특별한 주의를 기울이면서 이 오래된 혁명적 문헌의 전부를 통독하고 매우 조심스럽게 분석했는데, 이 저술가는 어느 다른 사람들보다 우리의 견해에 가깝다는 것을 특별히 지적했다. 우리는 트카초프가 합법적 출판물에 쓴 것이라면 어느 것이나 모으는 것을 대단히 많이 원했다. 그래서 우리는 쿠클린 G. A. Kuklin에게 트카초프가 쓴 모든 것을 찾아내기 위해 1870년대의 모든 여러 가지 정기 간행물들을 조사해보도록 지시를 내렸다. 그리고 쿠클린은 그렇게 했다.[15]

이처럼 트카초프에 대한 깊은 연구를 통해 레닌은 트카초프의 혁명 이론을 흡수했으며,[16] 또한, 월프 Eric R. Wolf가 지적했듯이, "혁명에서 프롤레타리아트의 역할에 대한 마르크시스트의 생각과 음모가의 조직된 집단이라는 러시아적 개념의 융합"[17]을 이룩했던 것이다.

『무엇을 해야 하나?』. 『이스크라』의 제4호에 레닌은 「시작해야 할 지점」이란 좀더 긴 논문을 발표했는데, 여기서 그는 「우리 운동의 긴급한 과제」에서의 주제를 다시 취급했다. 이 논문을 약 1년 동안 다시 손질하고 늘여서 1902년 3월에 출판한 것이 바로 그 유명한 『무엇을 해야 하나? *What Is To Be Done?*』[18]이다.

이 작은 책은 뒷날 레닌주의라고 불리는 정치와 당 조직에 관한 이론의 골격을 이미 제시했다는 점에서 중요하다.[19] 그 점에 못지않게 이 작은 책이 지닌 중요성은 그 책이 하나의 레닌주의 세력을 만들어내는 결정적인 계기를 마련해주었다는 점일 것이다. 레닌처럼 분명한 문구로 프롤레타리아 독재와 당 독재 이론을 전개하지는 못했으나 그와 비슷한 생각을 품고 있던 이른바 강경파들에게 레닌의 이론은 하나의 복음이었다. 또한 온건파인 '경제주의자' 들 가운데서도 자신의 과오를 '회개하고' 레닌의 이론에 동조하는 이른바 '회개하는 온건파'가 나타났다. 이 두 그룹이 장차 레닌이 지도하는 볼셰비키 세력을 형성하게 된다. 그리고 '회개하는 온건파' 그룹은 레닌이 생존했던 때 그의 가장 가까운 지지 세력이 되지만, 스탈린 집권기에는 거의 전적으로 거세된다.

『무엇을 해야 하나?』는, 레닌의 주장으로는, 정통 마르크시즘의 저작이다. 그러나 그것은 서구의 노동 운동과 사회주의 운동의 경험을 후진 사회이며 자유가 결여된 러시아의 특수 상황에 조화시키고 적응시키려는 시도였다. 따라서 이 책에서 레닌은 마르크스를 무수히 인용하고 있지만 그 인용은 레닌이 자기 이론에 마르크스의 옷을 입히기 위해서였지 마르크스의 이론에 충실해서가 아니었다. 바꿔 말하면, 레닌은 스스로가 항상 마르크스와 상의하고 있다고 주장했지만 현실적 혁명가인 그가 학문적인 해석학 또는 훈고학에 머무를 수는 없었다.

그의 요구를 충족시킬 수 있는 구절을 인용했기 때문에 그의 인용은 엉뚱한 데가 적지 않았다. 그가 인용한 구절과 반대되는 구절도 마르크스의 저작에는 많았다. 또 그가 필요로 하는 구절이 마르크스나 엥겔스의 저작에서 발견되지 않을 때는 그들에게 보내진 편지 속에서 찾아내어 인용하기까지 했다. 예컨대 『무엇을 해야 하나?』의 속표지에 그는 "당 투쟁은 당에 힘과 생명을 준다. 당은 자신을 숙청함에 의해 더욱더 강해진다"라는 구절을 마치 마르크스와 엥겔스의 구절인 것처럼 인쇄해 넣었는데 이것은 마르크스 및 엥겔스와 때로는 협조했고 때로는 적대적이었던 라살 Ferdinand Lassalle이 마르크스와 엥겔스에게 쓴 편지에 있는 구절이다.

마르크스와 엥겔스는 생각도 해보지 않았던 이 구절을 레닌은 러시아 사회민주당의 '단결' 또는 '통일'을 증진시키기 위한 행동 강령으로 채택했다. 여기서 벌써 그가 말하는 '단결' 또는 '통일'의 의미는 다른 사람이 말하는 그것과 다르다는 것이 드러난다. 그가 '단결' 또는 '통일'이라 할 때 그것은 마르크시스트 운동의 모든 자율적인 지역 동아리들을 하나의 중앙 통제적이며 이데올로기적으로 동질적인 전러시아 정당으로 통합시키는 것을 의미했다. 중앙 통제와 이데올로기적 동질성, 그것이 '단결' 또는 '통일'이었다. 그것을 확보하기 위해 그는 중앙 집권적인 조직 원리를 받아들이지 않는 사람들을 모두 배제시키고 모든 신문들을 하나의 전국적 기관으로 합병시키며, 유태인 사회주의 동맹이 자율권을 포기하지 않는 한 당에서 쫓아내고 수정주의자들과 경제주의자들을 추방하며, 자신과 플레하노프 및 『이스크라』 편집인들이 곧 열릴 2차 당 대회를 위해 준비중인 '정통' 마르크시즘적 프로그램을 아무 이의 없이 받아들이지 않는 사람을 모두 추방할 준비가 되어 있었다.

당 대회에 참여할 사람들 가운데는 당 조직의 원리에 대한 장기적이며 충분하고 자유로운 토론이 있어야 한다고 생각하는 사람들이 꽤 있었다. 그러나 레닌에게, 그리고 플레하노프에게도 이 문제는 이미 '마르크스와 엥겔스의 가르침에 의해,' 그리고 베른슈타인과 논쟁을 벌였던 카우츠키와 플레하노프에 의해 이미 끝난 문제였던 것이다. 카우츠키도 프롤레타리아 계급 혼자의 힘만으로는 절대로 사회주의에 이를 수 없으며 사회주의는 반드시 직업적 혁명가들이 프롤레타리아 계급에게 마련해줘야 한다고 주장했었다.

레닌의 독재주의적 방식이 확실해지다. 러시아에서 베른슈타인파와 경제주의파 및 수정주의파는 이미 그 세력이 퇴락하고 있었다. 그들은 논쟁에서 패배한 것이 아니라 러시아에 몰아치는 경제 위기에 의해 패배한 것이었다. 경제 위기가 러시아를 뒤덮으면서 노동자들은 경제적 요구의 선에서 벗어나 전제 정치에 반대하는 정치적 시위를 벌이기 시작했고 학생들은 유혈 시위에 나서는 한편 정부 관리들의 암살을 생각하기 시작했다. 영주의 장원을 태우는 화염이 러시아의 대지를 밝히기 시작했고, 자유주의적 지식인들과 부르주아지는 연회석에서 혁명 운동에 관한 대화를 주고받으며 혁명을 위한 축배를 들기 시작했다. 이러한 상황에서 경제주의파들이 취할 수 있는 유일한 행동은 그들로서는 아직 미해결로 남아 있다고 생각되는 당 조직 원리에 대한 문제를 다시 당 대회에 제기하는 것이었다. 그러나 레닌은 그들에게 무조건 항복이냐 당으로부터의 추방의 감수냐의 양자택일을 강요했다. 확실히 레닌은 독재주의 방식에 기울어져 있었다. 그는 러시아와 같은 전제주의 사회에서는, 더욱이 혁명적인 정당에서는, 민주주의는 불가능하다고 본 것이다. 이 점에 대해 그는 이렇게 말했다:

민주주의에는 우선 공개 토론이 있어야 하고 모든 직능을 선거제로 해야 한다. 독일 사회당은 그 당 대회가 공개적이니까 민주주의로 나갈 여지가 있지만 비밀 공작이 필요하고 그 혁명 활동 각 분야에서 만사에 비밀만 지켜야 하는 단체가 어떻게 민주주의 방식으로 나갈 수 있겠느냐는 것이다. 누가 훌륭한 노동자인지를 그 정체조차 일반 대중이 모르게 돼 있는 판국에 민주적 선거가 어떻게 가능하겠느냐는 것이다. 멀리 서구로 망명하여 실정을 모르고 일반론만 가지고 호언장담하는 자들만이 우리를 평하여 '반민주적' 이니 어쩌니 떠들고 있을 따름이다. 전제 암흑과 헌병이 판을 치는 사회에서 당 조직의 광범한 민주화란 결국 백해무익한 장난감에 지나지 않음을 우리는 조금만 생각해도 잘 알 수 있을 것이다. 〔……〕 장난감식의 민주주의를 생각할 필요는 없고 다만 책임 관념이 세면 된다. 왜냐하면 진정한 혁명가 단체는 못마땅한 당원을 서슴지 않고 떨쳐버린다는 것을 그들은 경험으로부터 잘 알고 있기 때문이다.[20]

『무엇을 해야 하나?』에서 레닌은 당원들이 각자의 시야를 넓혀야 한다고 주장했다. 마르크시즘을 선도자로 하여 당은 스스로를 프롤레타리아의 머리 위에 놓을 수 있으며, 프롤레타리아는 스스로를 전국민의 머리 위에 놓을 수 있고 더 나아가 국제 혁명적 프롤레타리아트의 전위대가 될 수 있다고 그는 썼다. 그는 이어 "역사는 어느 다른 나라의 프롤레타리아트가 직면하고 있는 모든 즉각적인 과업보다 더욱 혁명적인 즉각적인 과업을 우리에게 대결시키고 있다"고 전제하고 "이 과업의 완성, 곧 유럽뿐만 아니라 아시아 반동 세력의 가장 강력한 보루의 파괴는 러시아 프롤레타리아트를 국제 혁명적 프롤레타리아트의 전위에 세워놓는다"고 선언했다. 월프가 지적했듯이, 이 구절에는 1917년의 볼셰비키 혁명뿐만 아니라 국제 공산주의 운동 기구인 코민테른Communist International의 창립을 고무하는 대담한 개념의 싹이 있었다. 이처럼 농민사회주의와 경제주의 및 수정주의를 모두 '부르주아적'이라고 선언한 레닌은 그의 주된 관심을 당시에 막 발생하고 있던 노동조합 운동에 돌렸다. 이 운동에 대해서도 그는 좋게 말하지 않았다. 프롤레타리아트가 마르크시스트 전위대의 지도의 혜택 없이 그 자체의 계획대로 나간다면 틀림없이 '부르주아적'이 된다고 주장한 것이다. 그는 이렇게 쓰고 있다:

> 노동 계급만으로는 또 그 자신의 노력만으로는 오직 노동조합 의식만을 발전시킬 수 있을 뿐이다. 현대 사회주의자의 의식은 외부로부터만 그들에게 주어질 수 있으며, 그 의식은 심오한 과학적 지식의 바탕 위에서만 일어날 수 있다. 과학의 소유자는 프롤레타리아트가 아니라 부르주아 지식인이다. 현대 사회주의는 이 계급의 구성원들의 머리로부터 생겨난 것이다. 순수하고 단순한 노동조합주의는 부르주아지에 대한 노동자의 이데올로기적 예속을 의미한다. 〔……〕 우리의 과업은 혁명적 사회민주주의의 날개 아래 노동 운동을 옮겨놓는 것이다. 노동자란 어떤 계급의 영향을 받든간에 모든 종류의 폭정·억압·폭력·남용에 대응하도록 훈련되지 않는다면, 노동 계급 의식은 진정으로 정치적 의식이 될 수 없다. 〔……〕 정치 지식을 노동자들에게 심어주기 위해서 사회민주당원들은 모든 계급의 사람들 사이로 가지 않으면 안 되며, 그들 군대의 부대들을 모든 방향으로 파견하지 않으면 안 된다. 이상적인 사회민주당원은 노동조합의 서기가 돼서는 안 되고 인민의 보호자가 돼야 한다.[21]

노동자의 두 갈래 길. 당시의 러시아 노동자들이 택할 수 있는 길로는 크게 두 가지를 생각할 수 있을 것이다. 그 첫째는, 노동자들이 그들의 일차적 목표를 즉각적인 생활 조건, 예컨대 임금, 작업 시간, 주택, 공장의 위생 시설, 사회 보장의 개선에 두는 길이다. 이 길을 택하는 경우 노동자들의 일차적인 정치적 목표는 집회의 권리, 정당과 노동조합 결성의 권리, 그리고 노동 입법권을 확보하는 데 한정될 것이다. 그 둘째는, 이 모든 것들을 차리즘에 대한 총체적 혁명 투쟁에 종속시키는 길이다.

만일 노동자들이 첫번째 길을 택하는 경우, 그것은 점진적인 노동 운동의 합법화, 곧 자율적이며 자치적인 노동조합의 느리면서도 조심스러운 성장으로 연결될 것이다. 그리고 그것은 다시 이러한 노동조합의 바탕 위에서 형성되고 조직된 노동자들에 의해 아래로부터 통제되는 사회 노동당의 발전으로 이어질 것이다. 이러한 경우 차리즘을 타도하기 위한 투쟁에 전력을 기울이는 직업적 혁명가인 인텔리겐치아는 그들이 지휘할 노동군(勞動軍)을 갖지 못하고 '사회적 공백 속에서 음모를 꾸미는' 격이 되어버린다. 그렇다고 해서 그들이 진로를 바꿔 단순한 고문이나 전문가로서 노동 운동에 봉사한다 해도 그들의 이데올로기적 견해는 이것을 받아들이도록 그들이 노동 운동을 설득시킬 수 있는 한도까지만 수락되어질 것이다. 그러나 두번째 길, 곧 레닌의 길을 밟는 경우 파업과 노동조합 운동은 차리즘에 대한 투쟁에 종속되게 된다. 막 태어난 노동 운동은 오랫동안 불법화될 것이며, 그 조직들은 '사회주의적 인텔리겐치아 음모가들'이 만들어낸 지 얼마 안 되는 당의 통제 아래 놓여질 것이다. 그리고 이 '사회주의적 인텔리겐치아 음모가들'이 노동 운동의 방향과 목표 및 운명을 결정할 것이다.

첫번째 길은 반항의 정신은 결여되어 있으나 민주적으로 조직된 서구의 정당이나 노동조합에 가까운 형태로 이어지는 길이다. 그러나 두번째 길은 소수의 자기 선발된 혁명적 지식인들이 엄격한 중앙 집권의 원리 아래 지하에서 이끌어나가는 음모와 반란으로 연결된다. 이 두 길 가운데 어느 길을 택하느냐의 문제는 바로 경제주의파와 마르크시스트, 그 다음엔 멘셰비키와 볼셰비키, 그 다음엔 '노동자 반대파'와 레닌, 그리고 그 다음엔 톰스키 Mikhail Tomsky와 스탈린 사이의 주요 논쟁점이 된다.

레닌은 자신이 선택한 길이 옳다는 확신을 갖고 있었다. 서구는 '민주적이며 근대적이고 진보적'이기 때문에 그곳에서의 사회주의 노동 운동은 합법적인 길을 밟는 것이 옳겠으나 러시아는 '아시아적이며 야만적이고 후진적'이기 때문에, 바꿔 말하여 러시아는 정치적으로 아직도 '1789년' 또는 '1848년'의 전야(前夜)에 있기 때문에 이곳에서의 사회주의 운동은 그가 제시하는 길을 밟지 않으면 안 된다고 주장했다. 레닌은 또한 서구 특히 독일은 사회주의 혁명을 향해 치닫고 있다고 보았다. 그러면 이 혁명을 어떻게 촉발시킬 것인가? 레닌은 1848년에 유럽의 많은 나라들에서 일어난 혁명들을 좌절시킨 것은 제정 러시아의 간섭 때문이라 보고, 따라서 서구에서 이미 때늦은 혁명을 지금이라도 촉발시키기 위해서는 제정 러시아의 간섭의 위협을 당장에 없애버려야 한다고 주장했다. 바꿔 말해, 차리즘의 타도는 유럽 전체를 통해 사회주의 혁명의 봉기를 독려할 것이며, 후진 러시아조차 그것에 따라 사회주의 혁명 속으로 이끌려갈 것이라는 것이다.

러시아 혁명의 가능성에 대해 그는 낙관적이었다. 시야가 좁고 완고한 차리와 그의 보좌관들은 '현시대의 요구'에 조금씩밖에는 양보할 줄 몰랐다. 그 양보도 너무 늦고 너무 느린 것이어서 효과가 없었다. 황실은 그나마 그 양보를 다시 취소하곤 했다. 또한 빠르게 변화하는 근대적 공업의 요구와 천천히 변화하는 고대적인 토지 구조 사이의 갈등이 날카롭게 나타나고 있었다. 또한 부르주아 혁명이 오랫동안 늦어짐으로써 결과적으로 엄청난 양의 혁명적 에너지가 쌓이고 있었고 여기에 근대적 후기 부르주아적 사회주의 운동에 의해 생겨난 혁명적 에너지가 가중됐다. 노동자 계급의 단순하면서도 열광적인 투쟁 의식이 점차 고양되고 있었다. 이런 여러 여건들로 말미암아 러시아 혁명의 가능성은 크다고 레닌은 판단했다.

조직에서의 기회주의. 『무엇을 해야 하나?』에서 레닌은 엄격하게 중앙 집권화되고 계서(階序)적인 구조의 새로운 정당을 제안했다. 중앙이 명령을 내리면 지방 조직은 그 명령을 수행할 뿐이며, 그 명령을 어떻게 가장 잘 집행할 수 있는가에 관해 토론한다는 의미에서만 '토론'이 허용된다. 중앙은 지방 조직의 요원을 뽑아올릴 수 있으며, 지방 조직의 간부 인사에 대한 동의권과 거부권을 갖는 동시에 당의 강령과 행동의 순수성을 지키지 않으면 안 된다. 요약하건대, 당은 '프롤레타리아적 기율'을 갖지 않으면 안 된다고 레닌은 주장했다. 그런데, 레닌에 의하면, 공장은 노동자들로 하여금 그러한 기율에 익숙하도록 만들었기 때문에 노동자들은 이를 쉽게 받아들이지만 '천성이 부주의하고 게으르며' 자기 의존적이고 개인주의적인 인텔리겐치아에게 이 기율은 낯설고 귀찮은 존재라는 것이다. 여기서 레닌은 '프롤레타리아적 기율'을 받아들이기를 꺼리는 인텔리겐치아들을 맹렬히 공격하면서 이들의 반대는 바로 '소부르주아적'이며 '조직의 문제에서 기회주의'를 구성한다고 비판했다.

표면적으로 볼 때, 『무엇을 해야 하나?』는 인텔리겐치아에 대한 레닌의 공격으로 가득 차 있다. 그러나 그 공격에도 불구하고 레닌은 이 작은 책에서 어떤 다른 사회주의자가 제안한 것 이상으로 인텔리겐치아에게 더 큰 주도적 임무를 부과하고 있다. 비록 이제 막 대중들이 혁명의 대의를 위해 지하 운동에 뛰어들기 시작하는 것은 사실이지만, 그리고 인텔리겐치아는 취약점이 있지만, 그래도 혁명 정당은 인텔리겐치아 출신의 직업적 혁명가들로 상층 지도부를 형성해야 하며 대중과 기초 조직들은 이들의 지시와 통제를 받아야 한다고 레닌은 주장했다. 이 점에 관해 그는 다음과 같이 쓰고 있다:

나는 단언한다. 1) 어떠한 운동도 계속성을 유지할 안정된 지도자의 조직 없이 영속적일 수 없다. 2) 더욱 광범위하게 대중이 투쟁 속으로 뛰어들고 운동의 바탕을 형성하면 할수록, 더욱더 그러한 조직이 필요하며 더욱더 그 조직은 안정되지 않으면 안 된다. 3) 그 조직은 직업으로서 혁명에 참여하고 있는 사람들로 주로 구성되지 않으면 안 된다. 4) 전제적 정부를 갖고 있는 나라에서 우리가 이 조직의 구성원 자격을 직업으로서 혁명에 참여하고 있는 사람들에게 제한하면 할수록 그 조직을 잡아내기는 더욱 어려울 것이며, 5) 그 운동에 참여할 수 있고 그 운동에서 활동적인 일을 수행할 수 있는 노동 계급 또는 사회의 다른 계급의 남녀의 서클은

더 광범해질 것이다.[22]

　물론 레닌은 노동자가 이 상층 지도부에 충원되는 것을 반대하지는 않았다. 오히려 그 반대였다. 그러나 상층 지도부에 충원되는 노동자는 '예외적인 노동자'로서 직업적 혁명가들에 의해 신중하게 선발되고 상층 지도부에 들어올 만한 시험과 훈련을 거친 사람이어야만 한다. 이들은 일반 교양의 부족으로 '충분한 사회민주적 의식과 마르크시스트적 이론적 지식을 발전시킬 능력이 결여'되어 있다. 그들은 그 대신 그들의 출신 계급이며 또한 장차 그들이 이끌어나갈 계급인 노동 계급의 심리에는 정통하다. 그러나 그들도 탈계급화(脱階級化)돼야 한다. 풀어 말해, 혁명을 그들의 직업으로 삼기 위해 더 이상 노동자이어서는 안 된다. 그리고 혁명 운동에서는 그가 혁명을 직업으로 택하기 이전에 노동자였느냐 인텔리겐치아였느냐가 구별돼서는 안 된다.

　이 점에 대해 레닌은 "혁명가의 조직은 일차적으로, 그리고 무엇보다 혁명을 직업으로 택한 사람들로 구성되지 않으면 안 된다. 〔……〕 그리고 이것이 그러한 조직의 구성원들의 공통적 특징이기 때문에, 노동자와 지식인 사이의 일체의 구별은 없어지지 않으면 안 된다"고 강조한 것이다. 이러한 조직으로만 경찰의 검색에 발각되지 않을 뿐 아니라 이론적 약점, 원칙의 결여, 기회주의, 혁명적 철학의 희석을 방지할 수 있다고 레닌은 주장했다. 마르크스의 사상을 완전히 이론적으로 체득하고 어려운 음모의 기술을 완전히 터득한 자만이 그가 제시하는 당 상층 지도부의 요원에 합당하다고 레닌은 본 것이다. 마치 고대 그리스의 물리학자 아르키메데스Archimedes가 "나에게 지렛대와 지렛점을 달라. 그러면 나는 지구를 들어올릴 것이다"라고 말한 것처럼 그는 이렇게 외쳤다. "우리에게 혁명가들의 조직을 달라. 그러면 우리는 러시아를 거꾸로 뒤집어 놓을 것이다."

　『무엇을 해야 하나?』의 효과. 『이스크라』를 통한 『무엇을 해야 하나?』에서 전개된 이론의 발표는 몇 가지 즉각적인 효과를 가져왔다. 첫째, 그것은 다른 사회주의적 간행물에 대한 『이스크라』의 지위를 크게 향상시켰다. 둘째, 혁명 이론가로서의 레닌의 명성을 확고히했다. 그의 이론은 인민의 의지당과 과거의 그 밖의 테러리스트들이 쌓아올린 전통의 바탕 위에 선, 진정으로 러시아적인 이론으로 평가됐다. 그의 이론은 구세대의 폭력주의적·음모적 운동에 의해 전개됐던 전통적 러시아의 혁명 구조에 마르크시즘적 정당화를 부여한 것이었다. 되풀이되는 느낌이 있으나, 『무엇을 해야 하나?』의 의미를 울람Adam Ulam은 다음과 같이 정리했다: "『무엇을 해야 하나?』는 볼셰비즘의 기초이다. 그것은 볼셰비즘의 담론(談論)이며 공산주의에 매우 핵심적인 당 개념의 공식이다. 그것은 볼셰비즘의 스타일이다. 곧 마르크스와 엥겔스의 원래의 저작을 〔……〕 위대한 문학 작품처럼 빛나게 만들어준 힘들면서도 반복적이고 현학적인 담론이다."[23]

제10장

트로츠키가 인민주의자를 거쳐 마르크시스트가 되다

레닌이 『이스크라』를 통해 러시아 혁명의 이론을 형성하고 전파하기 시작하던 시기에 그는 그 개인과 혁명 운동 모두에 매우 중요한 동지를 만나게 된다. 그 동지가 바로 러시아 혁명사에 지울 수 없는 이름을 남긴 타고난 혁명가 트로츠키였다.

트로츠키의 역사적 위상이 그러하기에 그에 대한 연구는 활발히 이뤄졌다. 그것들 가운데 가장 대표적인 것은 폴란드 출신의 공산주의자요 트로츠키 지지자였으며 기자였던 아이자크 도이처 Isaac Deutscher의 트로츠키 전기 3부작이다. 그는 1967년에 죽기에 앞서 옥스퍼드 대학교 출판부를 통해 다음의 세 책을 상재했다. 1954년에 출판된 제1권이 『무장한 예언자: 1879년부터 1921년까지의 트로츠키 *The Prophet Armed: Trotsky, 1879~1921*』로, 출생으로부터 볼셰비키 혁명을 거쳐 권력의 수뇌부에 속했던 때까지 42년에 걸친 트로츠키의 생애를 설명했다. 1959년에 출판된 제2권이 『무장 해제된 예언자: 1921년부터 1929년까지의 트로츠키 *The Prophet Unarmed: Trotsky, 1921~1929*』로, 권력 투쟁에서 패배하기 시작하던 시기로부터 마침내 망명길에 오르기 직전까지 8년에 걸친 트로츠키의 스탈린에 대한 투쟁의 시기를 설명했다. 1963년에 출판된 제3권이 『추방된 예언자: 1930년부터 1940년까지의 트로츠키 *The Prophet Outcast: Trotsky, 1930~1940*』로, 암살로 끝난 트로츠키의 망명 생활 10년을 설명했다. 이 3부작에 이어, 우리가 제7장에서 이미 설명했던 월프는 『혁명을 이룩한 세 사람』이라는 방대한 책을 1964년에 출간했는데 이 책을 통해 트로츠키에 대해 상세히 설명했으며, 미국의 저명한 문화평론가 어빙 하우Irving Howe가 『레온 트로츠키』를 1979년에 출판했다. 한편 트로츠키 스스로 『나의 생애』를 출판했으며 『러시아 혁명사』 3부작을 출판함으로써 자신의 성장 및 사상 형성 과정과 러시아 혁명에 대한 관찰 및 분석을 상세히 밝혔다. 이러한 저술들에 바탕을 두고 이 장에서는 트로츠키가 러시아 혁명의 무대에 등장하는 과정을 살피기로 한다.[1]

1. 트로츠키의 유년 시절

우크라이나의 유태인. 18세기말경 러시아의 동진 정책과 남진 정책은 상당한 실효를 거두어 투르크족을 패퇴시키고 폴란드를 분할하여 동(東)폴란드를 차지했으며 코사크족의 정착지를 깨뜨릴 수 있었다. 이에 따라 러시아의 세력은 우크라이나를 거쳐 흑해 연변으로까지 확대됐다. 이로써 변경(邊境)이란 뜻을 가진 우크라이나는 이제 더 이상 러시아의 변경이 아닌 셈이 됐다. 러시아가 새로 병탄한 동폴란드와 리투아니아는 원래 세계에서 유태인이 가장 많이, 그리고 조밀하게 모여 사는 지역이었다. 이들은 대체로 여인숙이나 조그만 가게를 경영하거나 또는 장인(匠人) 노릇을 하며 생계를 유지하는 무척 가난한 사람들이었다.

그러나 러시아에 병합되어 차리의 신민이 되면서 그들의 운명은 달라졌다. 1804년의 한 칙령으로 알렉산드르 1세는 유태인들의 술장사를 금지시키고 그 대신에 우크라이나 지역의 헬손Kherson과 에카테리노슬라브Ekaterinoslav 두 성(省) ── 이 지역은 당시 '새 러시아'로 불렸다 ── 에 땅을 나눠주고 농사를 짓게 했다. 이 조처는 거의 사람이 살지 않던 이 광대한 지역을 유태인들의 노동력을 통해 개간하려는 의도에서 나온 것이었다. 그 의도야·어떻든 그 조처는 고대 세계의 붕괴 이후 농업으로부터 서서히 밀려나온 유태인들을 다시 농토로 밀어넣는 결과를 가져왔다. 알렉산드르 1세의 동생인 니콜라이 1세 역시 형의 정책을 계속 밀고 나갔을 뿐만 아니라, 새 경작지를 개척해나가고 초원의 한가운데에 정착하는 유태인들에게는 25년에 걸친 병역의 의무로부터 면제시켜주었다. 이 정책은 1866년에 알렉산드르 2세에 의해 종결됐다. 그뿐 아니라 1872년에는 유태인들로부터 많은 땅을 빼앗았다. 유태인들도 참가한 가운데 1881년에 일어났던 알렉산드르 2세의 암살 이후 유태인에 대한 박해 조처는 더 심해져 유태인들이 땅을 사거나 임대차하는 모든 행위를 금지시켰다.

트로츠키의 부모. 헬손 성 유태인들의 한 농가에서 데이비드 레온티에비치 브론슈타인 David Leontievich Bronstein이라는 건장하고 열심히 일하는 한 농민이 처자를 거느리고 농사를 짓고 있었다. 그는 원래 폴타바 Poltava 성의 한 작은 유태인 마을에서 태어났는데 어린 소년이었을 때 부모와 함께 헬손 성의 초원 지대로 옮겨왔던 것이다. 그는 서투른 러시아어와 우크라이나어에 더 많이 의존하는 편이었다. 그는 문맹이어서 글을 읽지 못했고 나중에 아주 유명해진 자기 아들이 쓴 책들의 제목만이라도 써보려고 했으나 실패하곤 했다. 그러나 그는 훌륭한 농민이며 생활인이었다. 가축·일꾼·농기구·곡물, 그리고 시장에 대해 아주 밝았다. 게다가 부지런했다. 그래서 그의 생활은 점점 넉넉해졌다. 초원에서의 생활은 그를 차차 러시아화해나갔고 또한 전원화해나갔다. 이러한 변화와 함께 그의 생활이 넉넉해지면서 그는 유태교도로서의 신앙심을 잃어가게 됐다. 처음엔 주위의 유태교도들과 친척들의 압력 때문에 교회에 나가는 것까지 중단하지는 못했으나 아이들이 크면서 하느님의 존재를 부인하는 말을 꺼리지 않았다. 그의 아내 안나는 그보다는 더 많은 교육을 받았다. 오데사가 아니면 어느 남부의 한 작은 도시에서 성장해서 러시아어로 된 소설을 읽을 정도의 교육은 받았던 것으로, 당시 러시아의 유태인 여성으로서 러시아어의 소설을 읽을 정도라면 대단한 수준이었다.[2] 그녀의 신앙심은 남편의 그것보다 깊었으며 어려운 일이 있을 때엔 기도를 올리곤 했는데 차차 종교적 의식을 무시하게 됐다.

브론슈타인 집안은 1879년 봄에 같은 성(省)안의 야노브카 Yanovka 마을로 옮겨갔다. 이때 브론슈타인 부부는 이미 어린이 때 죽은 두 자식들 말고 1남 1녀를 거느리고 있었고 부인은 임신중이었다. 그 아이는 그해

10월 26일에 태어났다. 사내아이였다. 부모는 그 아이에게 러시아어로 사자를 뜻하는 레브Lev 또는 리요바Lyova라는 이름을 붙여주었다. 이 이름은 뒷날 독일어로 레오Leo, 그리고 영어와 프랑스어 및 스페인어로 레온Leon이라고 번역되었으며, 그의 필명은 트로츠키라고 붙여졌다. 레온 트로츠키가 바로 그 사람이다.

데이비드 브론슈타인의 아들로서 그의 법적인 성명은 레브 데이비도비치 브론슈타인Lev Davidovich Bronstein이다. 그러나 그는 러시아 혁명 이후 법적으로도 자신의 성명을 레브 데이비도비치 트로츠키로 고쳐 썼다. 그러나 그의 숭배자들과 아내는 그를 L. D.라는 머릿글자로 불렀고 자신도 그것을 자신의 서명으로 삼았다. 그의 서른여덟번째 생일에 그가 주역을 담당한 볼셰비키 혁명이 성공한다. 그의 생일과 러시아 사회주의 혁명의 생일은 일치하게 된 것이다. 그가 이 우연한 일치를 깨달은 것은 혁명 세 돌 때였다.

그가 태어난 1879년에 그의 운명에 중대한 영향을 미치게 될 두 개의 사건이 일어났다. 그가 태어나기 2개월 전 인민의 의지당은 차리에 대해 사형을 선고했다. 그리고 그의 출생으로부터 2개월 뒤 뒷날 스탈린이라고 불릴 요시프 비사리오노비치 주가슈빌리Iosif Vissarionovich Djuga-shvili가 태어났다. 첫번째 사건은 결국 알렉산드르 2세의 암살을 가져왔고 이것은 또한 80년대의 '검은 반동'을 불러왔다. 그 반동 정책의 하나로서 유태인들은 토지를 더 이상 소유하거나 임대차하는 것이 금지됐으며, 유태인의 공립 학교에의 입학은 전체 학생 수의 10%로 제한됐다. 그리고 두번째 사건, 곧 스탈린의 출생은 트로츠키에게 그의 만년에 있어서 최대의 적의 출생을 의미하는 것이었다.

야노브카 마을은 초원 지대에 외따로 떨어진 조그만 마을이었다. 가장 가까운 우체국이 15마일 떨어진 곳에 있었고 가장 가까운 철도역은 22마일 떨어진 곳에 있었으며 의사를 찾아간다는 것은 하룻밤의 여행을 의미했다. 신문은 이 마을에 결코 들어와본 일이 없으며 편지도 아주 드물었다. 말에 실려오는 전보는 재난만을 전해오는 것뿐이었다. 이처럼 폐쇄된 마을에 외부로부터의 침투가 있다면 그것은 밀의 구입과 징세나 징병 따위였을 뿐이었다. 야노브카 주민에게 러시아의 외계는 캐나다와 아르헨티나라고 하는 두 개의 '악마 지역'이 있을 뿐이었다. 당시 이 두 나라는 국제 시장에 밀을 마구 싸게 팔았기 때문에 러시아의 농민들은 큰 타격을 받고 있었는데 야노브카의 주민들처럼 부지런하고 영악한 농민들은 겨우 살아나갔지만, 나머지 농민들은 거의 파멸에 이르렀었다. 이처럼 고립되고 폐쇄된 시골에서 뒷날 국제주의의 상징이 될 인물이 나오리라고 누가 상상이나 했겠는가?

브론슈타인 집안의 사람들은 일과 돈밖에 모르는 사람들처럼 살아갔다. 브론슈타인은 절약에 절약을 거듭했고 냉혹하리만큼 끊임없이 일했다. 아내도 마찬가지였다. 집을 한칸 한칸 늘려갔고, 돈을 한푼 한푼 모아나갔으며, 가축을 한마리 한마리 늘려갔고, 땅을 한에이커 한에이커 넓혀갔다. 그래서 1882년과 1887년에 차리가 유태인들이 새로운 땅을 사들이거나 임대차하는 것을 금하는 칙령을 내렸을 때, 그는 이미 250에이커에 이르는 땅을 소유하고 있었다. 말과 소와 닭도 넉넉히 갖고 있었으며 농기구 가게도 차렸다. 게다가 그 자신의 곡물 전부와 야노브카 농민의 곡물의 10%를 빻을 수 있는 10마력짜리 엔진을 갖춘 제분소도 갖고 있었다. 특히 이 제분소는 그를 야노브카 마을의 유지로 만들어주었다. 이러한 재산 상태 때문에 러시아 혁명 이후 그는 타도의 대상인 부농(富農)에 속하게 됐다. 그래서, 트로츠키의 자서전에 의하면, 70세의 브론슈타인은 "그가 부유하다는 이유로 적군에게 위협을 받았고, 그가 나의 아버지라는 이유로 백군에게 박해를 받았다."

앞서도 얘기했지만, 브론슈타인 집안은 거칠고 금욕적이면서 단순한 생활을 했다. 그들은 굶주림을 몰랐다. 그러나 사치와 여가도 몰랐다. 레브는 그가 존경해 마지않던 도시의 사촌형이 이 시골집을 찾아왔을 때 해어진 구두를 신은 채 처음 인사를 나누던 어린이 당시의 고통을 늘 기억하고 있었다. 그의 집은 진흙으로 지은 집이었으며, 진흙 벽에는 깊은 구멍이 나 있었고 그 속에서 살무사가 살고 있었다. 갈대로 엮은 지붕에는 참새들이 살고 있었다. 비가 오면 방안으로 흘러내려서 그릇들을 늘어놓지 않으면 안 됐다. 작고 낮은 지붕을 가진 다섯 개의 방들 가운데 침실을 포함한 두 방만이 나무 바닥을 갖고 있었다. 집안에는 벼룩이 들 끓었다고 레브는 늘 회고하곤 했다. 레브가 성장해서 그 집을 아주 떠난 뒤에야 브론슈타인은 비로소 양철 지붕의 벽돌집을 지었다. 이 벽돌집은 1917년 러시아 혁명 이후 학교로 쓰여졌는데, 이 학교가 야노브카의 첫 번째 학교였다.

트로츠키가 글을 배우다. 브론슈타인 내외는 언제나 일에 바빴기 때문에, 일을 할 수 없는 한겨울을 빼놓고는 자식들을 거의 돌보지 못했다. 따라서 레브는 긴 여름날들을 맏형 사샤Shasha와 맏누이 리자 및 여동생 올리야Olga: Olya, 그리고 가끔 찾아오는 숙모와 지내지 않으면 안 됐다. 집안의 일꾼들도 그의 말동무가 되어주었다. 이들이 그의 친구요 교사였다. 사샤와 리자는 그에게 글자를 처음 가르쳤다. 그가 이런 식으로 글을 깨우쳐나가자 아버지는 그에게 장부를 쓰게 했다. 아버지는 그의 장남이 어떤 형태의 교육을 받기를 희망했다. 그러나 사샤가 공부에 흥미도 없고 적성에도 맞지 않는다고 생각되자, 그의 기대를 레브에게 걸었다.

레브의 어린 시절에 즐거움이라든가 가정의 따스함이라든가 문학적인 분위기라든가 또는 스포츠라든가 하는 것은 거의 없었다. 이것은 레닌의 어린 시절과 대조된다. 레브는 스케이트를 타거나 헤엄치는 것을 배우지 못했고 몸을 단련시키는 어떠한 기술도 배우지 못했다. 그는 원래 보기 좋은 체격을 갖고 태어났지만, 그가 그 체격을 잘 발전시킨 것은 훨씬 뒷날이었다. 그가 읽는 것을 배우게 된 때까지, 그의 세계의 중심은 아버지가 경영하는 농기구 가게였다. 이 가게의 직공 이반 바실레비치 그레빈 Ivan Vasilevich Grebin은 그에게 기계가 돌아가는 원칙 같은 것을 가르쳐 주었고 또 자전거 따위를 만들어주기도 했다. 이반이 일에 바쁠 때는 주로 올리야와 숨바꼭질을 하며 놀았다. 그러나 도이처가 지적했듯이, 그의 주변 환경에 비춰볼 때, "그는 편안한 어린 시절을 보낸 셈이었다."[3] 하우도 트로츠키의 어린 시절에 대해 "러시아 유태인 가운데 이것은 드문 환경이었다"[4]라고 쓰고 있다.

그러면서 레브는 곧 글읽기와 쓰기를 배웠는데, 여기에 흥미를 느끼게 되면서 그는 놀라운 자질을 발휘하기 시작했다. 그는 우선 낡은 잡지의 그림들을 베끼기 시작했다. 그러다가 어느 날 그가 들판에서 들었던 그러나 청교도적인 이 집에선 결코 허용되지 않았던 음란한 말들을 썼다. 리자가 이것을 발견했을 때 그는 부끄러움에 눈물을 펑펑 쏟았다고 한다. 그는 또 시를 쓰기 시작했다. 그래서 그의 아버지는 동네 사람들을 불러놓고 그가 쓴 시를 읽게 하곤 했으며 아들을 시인으로 여겼다. 그는 또 시인들과 극작가들의 책에서 마음에 드는 구절들을 마구 베끼고 외우기도 했다. 정말 펜은 그에게 마력을 갖다 주는 듯했다. 그가 나중에 지하 운동에 뛰어들고 혁명적 잡지들에 기고할 때 펜이란 필명을 사용한 것은 결코 우연이 아니었다. 그는 차차 책의 마력에 빠져들기 시작했다. 그것은 마치 사람을 싣고 하늘을 날아다니는 아라비아의 카펫과 같이 단조롭기만 한 야노브카에서 그를 번쩍 끌어올려 광막한 러시아의 대지를 바라보게 했다. 책 속에서 그는 러시아의 과거와 장대함을 발견했으며, 더 문명된 또는 개화된 외계가 있음을 발견했다.

트로츠키가 책의 세계를 발견하다. 학교에 들어가서 그는 자기 학년의 수준보다 월등히 높은 수준의 역사책을 읽었다. 그리곤 교사들을 시험하기 위해 답을 알고 있으면서도 몇 가지 질문들을 던지기도 했다. 책의 마력에 빠지면서 그는 자연히 두 개의 세계를 느끼기 시작했다. 그 하나는 현실의 세계, 곧 시골과 농촌의 세계로서 그가 늘 보고 자라는 세계였다. 그는 일꾼들이 마른풀을 쌓아놓는 외양간이나 광의 천장 위에 올라가서 성교하는 것을 보기도 했고, 그들이 섬긴 향신들을 조롱하는 우스운 얘기를 하는 것을 듣기도 했으며, 자기 앞에서 아버지를 욕하는 얘기를 듣기도 했다. 그는 또한 부엌과 농기구 가게와 헛간과 들판에서 많은 시간을 보내면서 일꾼들을 알게 됐고 그들이 얼마나 비참하고 어려운 삶을 살아가는가를 알게 됐다. 그래서 자기 아버지와 그들 사이에 말다툼이 벌어지는 경우 그들의 편을 들기도 했다.

또 하나의 세계인 책 속의 세계에서 그는 이러한 현실 세계와는 판이한 세계를 발견할 수 있었다. 책 속의 세계에서 사람들은 점잖고 세련되고 고상했다. 그들은 점잖고 섬세하며 때로는 시적인 말투로 사랑을 나누는 것이었다. 이 두 개의 세계를 면밀히 관찰하게 되면서, 그리고 더 많은 책을 읽게 되면서 그는 두 개의 세계로부터 합일된 하나의 진정한 인간 세계를 보게 됐다. 인간과 사회에 대한 그의 이해가 보다 넓어진 것이다. 그는 차차 저술가라는 직업에 이끌리게 됐다. 그는 뒷날 그의 자서전에서 이렇게 썼다: "나의 청년기에 자연과 인간은 책과 이념보다 낮은 지위를 차지하고 있었다. 〔……〕 '지은이'라는 바로 그 단어는 나에게 마치 그것이 어떤 손에 닿을 수 없는 높은 곳으로부터 들려오는 소리 같았다. 〔……〕 나의 눈에 저술가들, 저널리스트들, 그리고 예술가들은 어떤 다른 사람들보다 더욱 매력적인 세계, 곧 선택된 사람들에게만 열려 있는 세계를 향해 서 있는 것이었다."[5] 그는 그 자서전의 서문에서 또한 다음과 같이 썼다: "새로운 생각들을 발견할 수 있는 잘 씌어진 책과 한 사람의 생각을 다른 사람에게 소통시킬 수 있는 좋은 펜은 나에게는 언제나 그리고 오늘날에도 가장 가치 있는 문화의 산물이다. 연구에 대한 욕망이 나를 떠나본 적은 결코 없으며, 내 생애의 여러 번 나는 혁명이 나의 체계적 연구를 방해한다고 느꼈다."[6] 그가 1940년에 스탈린이 보낸 암살자에 의해 살해될 때에도 그는 펜을 쥐고 있었다.

일곱 살에 레브는 처음으로 학교에 들어갔다. 학교는 야노브카에서 2.5마일 떨어진 그로모클리 Gromokley에 있었는데, 이곳엔 그의 숙부 아브람 Abram과 숙모 라첼 Rachel이 살고 있었다. 그는 이 집에 머물면서 이웃의 유태인 학교에 다녔다. 이 학교는 주로 러시아어와 산술 및 히브리 원어로 된 성경을 가르쳤다. 그러나 교사는 레브가 전혀 알아들을 수 없는 이디시 Yiddish어, 곧 독일어에 슬라브말과 히브리말을 섞고 히브리 문자로 쓰며 유럽과 미국의 유태 사람들 사이에 사용되는 언어로 가르쳤기 때문에 레브는 큰 고통을 겪었다. 이곳에서 그는 유태인들은 뭔가 이해할 수 없는 힘에 의해 열등한 지위를 차지하고 있는 사람들임을 느끼기 시작했다. 그 마을은 협곡에 의해 두 갈래로 나뉘었는데 한쪽에는 기와 지붕의 잘사는 독일인 농가들이 있었고, 다른 한쪽에는 초가 지붕의 유태인 농가들이 있었다. 그는 유태인 마을의 비참한 생활상에 눈을 뜨기 시작했으며, 학교 교육이 주는 것 이상의 깊은 인상을 받았다.

　그가 여덟 살이 됐을 때, 그의 사촌형 모이지 필리포비치 슈펜처 Moisey Filippovich Shpentser가 야노브카를 찾아왔다. 큰 도시인 오데사 출신의 그는 그곳에서 고등학교를 나와서 대학에 다니다가 조그만 정치적 사건에 휘말려 퇴교당한 사람이었다. 그뒤 그는 일종의 자유 기고가로서 생계를 유지하고 있었다. 어린아이들을 위한 책도 쓰고 역사 교재를 만들기도 했으며 그리스의 고전들을 번역하고 해설하기도 했다. 그는 또 조그만 출판사를 열기도 했는데 이 출판사는 장사가 잘되는 편이었다. 그가 이 시골 구석으로 온 것은 맑은 공기를 마시고 신선한 우유를 마시면서 결핵을 치료하기 위해서였다. 그는 물론 브론슈타인 집안으로부터 존경에서 우러나온 ‘칙사 대접’을 받았다. 이 젊은 지식인은 그의 대화의 상대 또는 교육의 상대로 바로 레브를 잡았다. 레브에게 읽는 것을 가르치고 레브의 끊임없는 질문에 대답해주었으며 문법적으로 정확히 얘기하는 방법도 가르쳤다. 종합하건대 그와의 만남은 레브에게 공부에 대한 강한 열망을 심어주었다. 그 다음해인 1888년에 이 젊은 지식인은 유태인 여학교 교장과 결혼하여 이곳을 떠났다. 그는 물론 레브를 그곳으로 데리고 갔다. 여기서 레브의 새 세계가 열렸다.

2. 트로츠키의 오데사 시절

세계주의적 분위기의 오데사. 시끄럽고 다채로우며 많은 언어들이 뒤섞여 쓰이는 흑해 연변의 오데사는 1794년에 이곳으로 망명해온 프랑스 사람들에 의해 자유항으로 세워진 도시이다. 이곳에서 우크라이나인 · 대러시아인 · 유태인 · 이탈리아인 · 독일인 · 프랑스인 · 영국인 · 아르메니아인 · 페르시아인 · 시리아인 · 터키인 · 타타르인 들이 ‘나도 살고 너도 산다’ 는 원칙 아래 교역하고 있었다. 이러한 분위기는 레브가 국제주의 또는 세계주의를 포용하기에 충분한 것이었다. 이들 가운데 유태인이 가장 큰 집단으로서 오데사 전체 인구의 30%를 차지했다. 그러나 레브가 오데사에 오기 1년 전 알렉산드르 3세의 칙령으로 유태인 학생은 공립 학교에 입학하는 경우 전체 학생 수의 10% 안에서만 입학이 허용됐다. 레브도 이 조항의 희생자가 됐다. 따라서 슈펜처는 레브를 독일인 학교에 입학시키고자 했다. 그러나 입학 시험에서 그는 좋은 성적을 내지 못했다. 5점 만점에 그는 산수에서 4점, 러시아어에서 3점을 받았다. 이 점수로는 유태인 지원자들 가운데 상층 10%에 들 수 없었고 따라서 불합격이 됐다. 그러나 슈펜처는 그를 예비 학교에 보냈다. 여기서 1년 동안 열심히 공부한 결과 그는 다음해에 그 독일계 학교에 무난히 입학할 수 있었다. 여기서 수학 시험엔 늘 1등을 하여 그는 장차 수학 교사가 될까 하는 생각을 갖기도 했다. 러시아어와 작문 과목에서도 줄곧 1등을 차지했다. 교사는 그의 작문에 항상 5^+의 점수를 주었고 교실에서 읽어주곤 했다.

레브, 곧 트로츠키의 혁명아로서의 성장과 활동을 유태인의 반항적 성격으로 풀이하려는 사람이 없는 것은 아니다. 유태인들은 늘 인종적 박해를 받고 자랐기 때문에 피해 의식과 열등 의식을 지녔고 이것에 대한 반발로 반항적 성격이 형성됐다는 설명이다. 이러한 설명이 레브에겐 얼마나 적합한 것일까? 레브가 유태인이기 때문에 입은 피해가 있다면 그것은 유태인에 대한 제한 때문에 1년 동안 예비 학교를 다녀야 했던 것밖에 없다. 야노브카에서 그의 아버지는 이웃 사람들에게 존경을 받았으며 따라서 레브는 차별 대우를 모르고 자랐다. 오데사에서 독일계 학교에 다닐 때 알렉산드르 3세의 등극과 더불어 소수 민족의 러시아화가 강행되기는 했다. 예컨대 독일인 학교의 학생들은 마지막 학년을 러시아의 국가 기관에서 보내지 않으면 안 됐으며, 레브가 그 학교에 재학했던 7년 동안 독일인 교사와 독일인 목사 및 독일인 교장이 쫓겨난 일이 잦았다. 그리고 러시아 정교의 신부들이 종교 강의 시간에 독일인과 독일 교회에 대한 비난을 퍼붓기도 했다. 그러나 이것은 독일인에 대한 박해였지 유태인에 대한 박해는 아니었다.

레브는 자신이 우크라이나인이라는 의식도 갖지 않았다. 그래서 우크라이나의 언어와 문화를 보존하고 우크라이나를 하나의 자치 국가로 만들려는 우크라이나 지식인들과 농민들을 탄압한 대러시아인 행정관들을 지지하고 대러시아 문화의 우월성을 인정했다. 그의 자서전은 이 문제에 대한 레브의 태도를 명백히 보여준다. 여기서 그는 자신은 평생토록 우크라이나어를 하나의 독립된 언어가 아니라 농민의 사투리에 지나지 않는 것으로 생각한다고 쓰고 있다. 우크라이나에 대한 그의 이러한 태도가 볼셰비키 혁명이 성공한 때로부터 2년 뒤인 1919년에 우크라이나에서 독립 운동이 일어났을 때 볼셰비키 정권의 국방부 장관으로 적군(赤軍)을 장악한 그로 하여금 무자비하게 분쇄하게 만든 기본 요인이었음이 확실하다. 열등 의식을 심어주기보다는 그의 학교 생활은 오히려 그에게 자신감과 높은 자부심을 심어주었다. 그는 모든 과목에서 최고점인 5 내지 5$^+$를 받는 수석 우등생이었기 때문이다.

유태인 볼셰비즘? 유태인 이야기가 나왔으니 말이지, 러시아 혁명 운동에서 유태인이 차지한 역할은 정말 컸다. 그러나 그 역할은 주로 러시아 군주주의자들과 나치 저술가들에 의해 과장됐고 곡해되기도 했다. 볼셰비즘에 대한 믿음을 약화시키기 위해 그들은 '유태인 볼셰비즘'이란 말을 만들어냈고, 이것을 뒷받침하기 위해 유태인 출신의 러시아 혁명가들, 예컨대 마르토프, 악설로드, 지노비에프Gregory Zinoviev, 카메네프 Leo Borisovich Kamenev, 특히 누구보다도 트로츠키의 역할을 과장해서 퍼뜨렸던 것이다. 실제로 유태인 지식인들은 볼셰비키보다는 멘셰비키에 가담하고 있었으며, 트로츠키나 카메네프 같은 레닌의 동지들은 차라리 '비유태적 유태인'이라고 부르는 것이 더 정확하다. 이들은 유태교를 신봉하지도 않았고 이미 러시아화됐으며 유태인의 영향 밖에서 사고하고 있었던 것이다. 유태인 대중들은 멘셰비키나 볼셰비키에 거의 속하지 않았다. 그들은 정치 운동에 가담하는 한 '유태인 노동자 총동맹'이나 시오니스트 운동에 뛰어들어 있었다. 1917년에 볼셰비키 혁명이 성공했을 당시 레닌의 동지들 가운데 유태인 대중의 언어를 이해할 수 있거나 또는 이디시어로 신문을 시작할 수 있는 유태인은 한 명도 없었다.

러시아 노동 운동에서 유태인의 역할을 이해하기 위해 우리는 러시아에서 유태인의 위치에 관한 몇 가지 사실들에 유의하지 않으면 안 된다. 폴란드와 리투아니아의 분할 이후 러시아만큼 많은 유태인을 갖고 있던 나라는 세계 어느 곳에도 없었다. 10세기에 그들의 수는 점차 늘어 1만 명 미만에서 무려 5만 명으로 불어났다. 그러나 그들의 생활에 대한 여러 가지 제한 조처들은 그들의 생활을 점점 어렵게 만들었다. 그러면서도 유태인들은 자신들이 문화적으로는 폴란드인이나 리투아니아인 또는 라트비아인보다 우월하다는 생각을 지니며 살았다. 그러한 경향 때문에 유태인들은 오히려 자기들보다 문화적으로 우월하다고 인정한 대러시아 족의 문화를 받아들였고, 이 때문에 그들은 다른 소수 민족들의 러시아 제국으로부터의 독립 운동을 반대했다. 유태인들은 대부분 도시의 빈민 가에 모여 살고 있었다. 바꿔 말해, 러시아의 대부분의 주민들보다 훨씬 더 도시적이었다. 그런 까닭인지 유태인들은 다른 민족들과 비교할 때 훨씬 많은 비율로 이념과 관련된 직업 또는 정치와 관련되는 직업에 종사했다.

사실 입헌민주주의자에서 사회혁명당원에 이르기까지 유태인 지식인이 그 지도층에 참여하지 않은 정치 운동은 없었다. 자유주의 운동이건 과격한 운동이건 또는 혁명 운동이건 모든 정치 운동의 지도층에는 반드시 유태인 지식인이 있었다. 유태인들은 또한 세계주의와 국제주의를 증진시키는 경향을 보였다. 그것은 아마도 세계 각처를 방황하던 민족의 과거, 그리고 전세계에 흩어져 사는 동족간의 연대감 따위에 영향을 받은 것이리라. 역설적으로 들리겠지만 시오니즘도 일종의 특수한 국제적 민족주의다. 다른 한편으로 직업을 중심으로 살펴본다면, 전체 유태인의 약 50%가 조그마한 규모의 장사와 무역에 종사하고 있었다면, 약 30%는 장인 내지는 직공이었다. 거의 완전한 프롤레타리아였던 장인들과 직공들이 서구의 사회주의 사상에 영향을 받아 노동조합 운동을 시작하는 그룹이 된 것이다. 제정 러시아의 혁명 운동이 모두 거의 완전히 지식인들로 구성되어 있을 때, 폴란드와 리투아니아의 유태인 노동자 총동맹은 지도층부터 하층까지 모두 노동자로 구성되어 있었다. 『이스크라』의 지도층에는 노동자라고는 한 명도 없었을 그 당시에 총동맹의 13명의 창설자 가운데 8명이 노동자였다.

유태인과 러시아 마르크시즘. 러시아화한 유태인 지식인인 도이치와 악

설로드는 플레하노프 및 자수리치와 함께 '러시아 마르크시즘'을 세운
사람들이다. 마르토프도 총동맹의 맹원이었다가 레닌과 함께 상트 페테
르부르크 동맹을 창설하기 위해 총동맹을 탈퇴했다. 마르토프와 악설로
드는『이스크라』의 여섯 명의 편집인들 가운데 두 사람이었고,『이스크
라』편집인들이 멘셰비키와 볼셰비키로 갈렸을 때 멘셰비즘의 이론가가
됐다. 농민사회주의를 표방한 사회혁명당의 지도층에도 유태인은 다른
민족들보다 훨씬 높은 비율로 진출하고 있었다. 게르시니 Gershni, 미하
일 고츠와 아브람 고츠 Mikhail and Abram Gotz, 푼다민스키 Fundaminsky,
루바노비치 Rubanovich, 비슈니아크 Vishniak, 아제프 Azev, 미노 Minor,
지틀로프스키 Zhitlovsky, 나탄손 Natanson, 스타인베르크 Steinberg 등이
그 대표적인 사람들이다. 이처럼 정치적·사회적 운동에 뛰어든 유태인
들밖에는 물론 보수적인 유태인들도 있었다. 이들은 유태 교회의 율법
박사들, 정통주의적인 종교적 히브리인들, 무역에 종사하는 유태인들,
정부의 혜택에 의존해 특권을 누리는 일부층, 그리고 유태인 농민의
2~3% 정도의 부농들이 그러했다. 이들은 대개 유태인들이 모여 사는
주거지의 밖에서 살았으며 정치 운동과 사회 운동에 뛰어든 같은 형제들
의 활동을 의심하고 있었다.

슈펜처 집안에서의 수준 높은 생활. 교양 높은 슈펜처 집안에서의 생활은
고립되고 폐쇄적인 시골에서 성장한 레브를 거의 완전한 문화인으로 만
들어주었다. 깨끗한 몸차림, 격식에 맞는 예법, 교양 있는 대화, 우크라
이나 사투리가 가셔진 말끔한 러시아어의 구사 — 이런 것들은 모두 슈
펜처 집안에서 살면서 습득한 것이었다. 푸슈킨과 레르몬토프 및 네크라
소프와 같은 러시아의 뛰어난 시인들의 시, 그리고 괴테의『파우스트』,
영국의 소설가 찰스 디킨스 Charles Dickens의『올리버 트위스트』, 톨스토
이의『암흑의 권력』따위에 트로츠키가 처음 접한 것도 바로 이 집에서
였다.[7] 트로츠키는 뒷날 형무소에서 형무소로, 전선에서 전선으로 옮겨
다니는 생활 속에서도 늘 깨끗한 차림을 유지하고 대중 앞에서도 교양
높은 연설을 하려고 노력하곤 한다.

　항구 도시로서의 오데사는 아마 감수성이 예민한 청소년들의 생활에

다양성을 줄 수도 있었을 것이다. 그러나 그는 헤엄칠 줄도, 보트를 탈 줄도, 또는 술집에 드나들 줄도 몰랐다. 스포츠나 몸을 갖고 겨루는 경기 따위에도 관심을 기울이지 않았다. 그가 오데사에서 즐긴 것이 있다면 연극 구경이나 오페라 구경이었는데 특히 이탈리아 오페라를 좋아했다. 슈펜처 집안의 출판사는 번창을 거듭하여 남부 러시아에서 가장 큰 출판사가 됐다. 레브는 출판사에 큰 관심을 갖고 많은 시간을 여기서 보냈다. 타자·편집·인쇄·교정·제책 등 출판에 관한 지식과 기술의 거의 전부를 여기서 배웠다. 사실 그는 평생토록 출판을 사랑했다. 러시아 혁명 이후 발생한 내란 때도 그는 교육부 대신으로서 열차에 인쇄기를 싣고 다니면서 군대 신문과 선언문 등을 찍어냈다. 멕시코 망명 시절에도 그는 여러 명의 비서들이 있었는데도 자신이 쓴 논문과 팸플릿 및 책의 교정을 자신이 직접 보았다.

학교 당국과의 충돌. 슈펜처 집안에서의 교양 있는 생활과 출판사에서 맛보는 즐거움에 비해 학교 생활은 형식주의와 금기로 가득 찬 일상적인 것이었다. 교과서는 재미도 생기도 없었다. 교사들의 가르침도 어떤 영감을 불어넣어주지 못했다. 어떤 교사에게도 그는 애착을 느끼지 못했다. 또 졸업한 뒤에도 계속되는 우정을 나눌 단 한 명의 친구도 발견할 수 없었다. 그러나 그는 모범생이며 우등생이었다. 학교에 결코 지각하는 일이 없었고 숙제는 정성들여 다 했다. 교사의 가르침을 주의 깊게 듣고 빨리 배웠으며 그에게 주어진 질문에 정확히 대답했다.

이러한 모범생도 그러나 곧 학교 당국과 충돌하게 됐다. 그 충돌은 우연한 일에 레브 자신의 막 싹트기 시작한 정의감이 결부되어 일어났다. 그가 2학년 때 한 프랑스어 교사가 독일 학생들을 모두 미워하고 특히 멍청한 한 학생을 몹시 구박하고 나쁜 점수를 준 일이 일어났다. 교사의 행위가 부당하다고 느낀 학생들은 교사에 대한 반발의 표시로 미리 짜고 그가 교실에서 나갈 때 일제히 입을 다문 채 소리를 질러댔다. 소리를 지른 사람을 찾아내지 못하게 하기 위해서였다. 그러나 학생들에 대한 신문 결과 레브가 주모자로 지목됐고 그 죄로 1년의 정학 처분을 받았다. 한 해를 그는 고향집에서 보냈다. 아버지는 레브가 다음해에 제 학년에 진급할 수 있도록 가정 교사를 붙여주었다. 레브에 대한 아버지의 기대는 컸다. 그에게 공학을 공부시켜 앞으로 제당 공장과 양조장을 세워 그 경영을 거들게 하고 싶었던 것이다. 그러나 레브는 물론 아버지의 기대와는 다른 방향으로 나가게 된다. 정학이 풀려서 다시 학교에 다니게 된 뒤에도 레브는 새 러시아어 교사와 충돌했다. 그 교사는 학생들이 써낸 작문을 읽지도 않았고 채점도 하지 않았는데, 이것이 레브에겐 부당한 것으로 보인 것이다. 이 두 개의 사건, 곧 프랑스어 교사와의 충돌과 러시아어 교사와의 충돌은 레브에게 정의감이 성장하고 있다는 것을 보여주었다. 특히 그의 정의감은 슈펜처 집안의 가풍에 의해, 그리고 러시아 문학 작품의 섭렵에 의해 크게 자극받았다.

그는 차차 그가 책을 통해서 배운 서구와 미국의 세계와 러시아의 세계를 비교하게 됐고 러시아의 현실에 부끄러움을 느끼게 됐다. 서구와 미국에는 문화, 민주주의, 언론의 자유, 출판의 자유, 의회주의가 있음을 알게 됐고 이것들을 이상화해나갔다. 그는 점점 서구주의자 또는 합리주의자가 된 것이다. 그리고 합리주의자가 되어가면서 그는 자연히 이성(理性)과 일관성(一貫性)에 최고의 가치를 두게 됐다. 그의 모든 저술에 일관되게 흐르는 것은 바로 이성에 대한 그의 숭배라고 할 수 있다. 그가 그의 혁명적인 입장에 도달하게 된 것은 합리주의라는 추상적인 지적 통로를 통해서였다. 그에게 중간적인 입장이나 비일관성 또는 흔들림 따위는 비웃음의 대상이었다.

이 점에서 그는 레닌과 대조적이었다. 레닌의 궁극적 목적은 권력의 장악에 있었고 따라서 이 목표를 위해 그는 융통성 있는 전략가가 됐다. 그러나 트로츠키는 일찍이 영구혁명론이라는 하나의 원칙을 제시한 뒤엔 이것에 끝내 매달렸다. 다른 사람이라면 그의 진로의 다음 단계에 집중한 나머지 먼 목표에 대한 비전을 잃을 것이지만, 트로츠키는 차라리 그 반대라고 하는 것이 정확할 것이다. "미래에 대한 넓은 정치적 견해 없이 나는 정치 활동이나 지적 생활이란 것을 생각할 수 없다"고 그는 뒷날에 썼다. 그에게 사회주의 그 자체가 '생활을 합리화하려는 노력, 곧 생활을 이성의 명령에 따라 변형시키려는 노력'으로 여겨졌다. 그는 만 16세가 된 1896년초에 오데사 학교의 모든 과정을 마쳤다. 그러나 오데사에는 고급반이 없어서 고향에 훨씬 더 가까운 니콜라에프Nikolaev 고등학교로 전학했다. 이때는 러시아의 마지막 차리가 되는 니콜라이 2세가 등극한 때로부터 1년 반 정도가 지난 때였다.

3. 트로츠키가 인민주의자가 되다

혁명가들과 접하다. 1896년에 레브가 니콜라에프로 옮긴 것은 그의 인생에서 중대한 전환점이 된다. 우선 1896년이란 해의 중요성이다. 이 해에 러시아에서는 방직 노동자들의 대규모 파업이 일어났고 이 파업은 인텔리겐치아들에게 노동 운동이 막 싹트고 있다는 것을 깨닫게 했으며 이론적인 인민주의로부터 '합법적 마르크시즘'으로 넘어가게 했다. 레브도 이러한 사회적 분위기에 깊은 영향을 받았다. 다음은 니콜라에프의 특수성이다. 이 읍은 오데사보다 작고 폐쇄적인 항구 도시였으나, 시베리아에서의 유형을 마친 인민의 의지당원들이 살도록 허용된 지역이었다. 따라서 과격한 조직은 아직 없었지만, 과격한 얘기는 오데사에서보다 훨씬 흔히 행해지는 곳이었다. 경찰이 득실거리는 러시아에서도 아마 경찰이 많은 쪽에 속하는 오데사는 정치적으로 지극히 뒤떨어져 있는 곳이었으나, 이 니콜라에프에는 인민주의자들과 마르크시스트들이 득실거리고 있었다. 레브의 하숙집 여주인부터 사회주의자였던 것이다. 이러한 분위기에서 그는 곧 혁명가들과 어울린다. 사실 이곳으로 옮겨 올 때까지는 그는 보수주의자로 자처하고 있었고 '사회주의 공론가들'을 멸시하고 있었다. 그러던 그가 이제는 인민주의자들과 어울리게 된 것이다.[8]

이들과 어울리게 되면서 모범생으로서의 그의 행태에는 변화가 일어났다. 숙제도 게을리하고 아침에도 늦게 일어났다. 학교가 지정한 책보다는 이들과의 토론이 유익하다고 느껴지는 책들에 더 많은 관심을 쏟았다. 이때 그가 붙든 책들이 밀Mill의 『논리학』, 리페르트Lippert의 『문화의 진화』, 미네 Mignet의 『프랑스 혁명』 등이었다. 그러나 이들 책을 완독하지 못하고 집어던졌다. 니콜라에프에서 각종의 혁명가들이 주로 모이는 곳은 프란츠 슈비고프스트키 Franz Shvigovstky의 정원이었다. 그는 체코 사람으로서 독학한 인민주의자였으며 여러 가지 금서들을 포함해 갖가지 불온 문서들을 많이 갖고 있었다. 이 사람에게서 레브는 독일어로 씌어진 마르크시즘의 고전을 구해 읽었으며 그의 영향을 받아 마르크시즘에 반대하는 인민주의자로 자처했다. 물론 새 친구들도 놀랄 정도로 빠르게 자기가 좌경화됐다고 말하고 있지만 말이다. 그는 마르크스주의가 "하나의 완전한 체계를 이루고 있는 것 같아서" 오히려 마르크스주의에 반발했다고 말하곤 했다. 어떻든 어느 날 위탁 상인과 거래차 이곳을 찾아온 그의 아버지는 레브의 생활과 '불온한 행동'을 몹시 꾸짖었다. 앞서 지적했듯이, 아버지는 레브가 엔지니어가 되길 바랐었다. 그러나 레브는 이것을 거절했다. 그는 가정 교사 노릇으로 자활의 길을 마련하면서 급진파 친구들과 공동 생활을 할 계획을 세웠다.[9]

슈비고프스트키의 집에 드나드는 급진파들은 한 사람을 제외하곤 모두 인민주의자들이었다. 그 예외가 바로 니콜라에프에서 마르크시즘의 지도자로 알려진 알렉산드라 르보브나 소콜로프스카야 Alexandra Lvovna Sokolovskaya라는 젊은 여자였다. 레브보다 여섯 살 위였다. 그녀는 어려서부터 가난하게 자라나 소녀 때 벌써 트레포프 장군 살해 미수범인 자수리치의 공판에 큰 자극을 받았다. 뒷날 오데사에서 산파학을 공부한 다음에 제네바 대학교에 다니며 플레하노프 및 레닌과 함께 노동자 해방 그룹에서 일하던 학생들과 알게 되어 인민주의파의 테러리즘에서 돌아서서 마르크스주의를 신봉하게 되었다. "눈알은 유순하고 〔……〕 마음은 철석 같은 여자였다."[10]

이 당시 레브는 벌써 뛰어난 토론가로서의 지위를 굳히고 있었다. 그래서 역시 슈비고프스트키의 집에 드나드는 인민주의자인 알렉산드라의 두 남동생들은 "저렇게 총명하고 저렇게 논리적이라니! 논쟁에서 아무도 그를 당해내지 못할 거야"라고 하면서, 누이에게 그와 토론해볼 것을 제의했다. 토론에 대비해서 레브는 인민주의자들의 잡지들과 책들을 읽으면서 러시아의 '비자본주의적 운명'에 관한 단편들과 마르크시즘에 관한 비판문들을 별 체계 없이 뽑아냈다. 그리고는 잘 씌어진 문장들과 금언들을 외었다. 이 점이 레닌의 태도와 다른 점이다. 레닌은 언제나 통계나 문헌들을 철저히 뒤져보고 그 내용을 전부 파악한 다음에야 한마디 말이라도 했다. 그러나 레브는 즉흥적으로 어떤 생각이나 이념을 받아들이고 이것을 천부적인 웅변술로 표현하는 쪽이었다. 그는 명상과 연구로부터 배웠다기보다는 오히려 사람들과의 접촉에서 많은 것을 배웠다. 그에게 어려운 점은 자신의 지식을 깊이하는 것과 자신의 견해를 고치는 것이었다. 레브의 지식이 얼마나 비체계적이었느냐 하는 것은 알렉산드라와의 논전에서 드러났다. 정말 그녀는 마르크시즘을 완전히 분쇄할 수 있다는 자신에 가득 찬 이 젊은이의 무지에 깜짝 놀랐다. 레브의 말이 유창하고 그럴듯했지만, 마르크시즘이나 인민주의에 대한 그의 이해라는 것은 아주 표피적이었기 때문이다.

두 사람의 논전은 그뒤에도 계속되곤 했다. "그러고서도 마르크스주의자라는 거요? 당신처럼 활기찬 젊은 여자가 그런 시시한 편협되고 비실천적인 주의를 믿다니 참 알고도 모를 노릇이야." 이렇게 레브가 우선 말문을 열었다고 알렉산드라는 뒷날 회고했다. 그러면 그녀는 "조리가 그렇게 밝다는 사람이 그 따위 막연한 이상주의적 감정에 만족하다니 참 알고도 모를 노릇인걸!"[11]이라고 응수했다고 한다.

공동 생활체에 들어가다. 레브의 이러한 생활에 아버지는 격노했다. 타일러도 말을 듣지 않자 아버지는 하숙비를 끊어버렸다. 그러자 그는 다른 여섯 명의 학생들과 함께 슈비고프스트키 정원 안에 마련된 인민주의자들의 공동 생활체에 들어갔다. 그는 고등학교 졸업장이 있었으므로 가정 교사를 해서 약간의 생활비를 벌 수 있었다. 공동 생활을 시작하면서 그는 혁명가로서의 행동에 들어갈 것을 제의했다. 당시 그 지방의 도서관 협회가 도서관 회원권을 연간 5루블에서 6루블로 올리자, 이들은 새 가입자들과 함께 도서관 협회에 뛰어들었고 연례 총회에서 이사진을 장악해 다시 5루블로 내리게 하는 데 성공했다. 그리고 이사진에 정원사 슈비고프스트키와 시베리아에서 돌아온 소설과 오시포비치 Osipovich 등을 참여시킬 수 있었다. 그렇게 한 뒤, 전엔 인민주의자를 두둔하던 잡지가 '합법적 마르크시스트'를 편집진에 참여시켜 러시아 최초의 정식 마르크스주의 잡지가 되자, 그는 니콜라에프의 도서관들이 이 잡지의 구독을 중지하라는 청원서를 써붙이고 다녔다.

레브는 또한 그의 '공동 생활자'들과 함께 '보편적 지식 협회'를 조직해 니콜라에프 읍민들에게 자기들의 지식을 전파하기 시작했다. 그는 사회학 강좌를 담당했다. 그러나 둘째 시간을 끝냈을 때는 그의 사회학 지식은 거의 다 떨어져버렸다. 그들은 또한 '인민들에게 유용한 책을 보급하기 위한' 단체를 조직했다. 여기저기서 자금을 끌어모으고 자기들의 몇 푼 안 되는 수입도 털어넣어 주로 보급판의 책들을 사들였다. 그러나 이 책을 나눠줄 '인민'을 어디서 찾는단 말인가? 마르크시즘은 대부분이 글을 읽을 줄 알며 지식에 굶주려 있는 니콜라에프의 노동자들을 '인민'으로 제시할 것이다. 그러나 인민주의자를 자처하는 그들에게, 또 인민주의에 대한 표피적인 이해밖에는 없는 그들에게 '인민'은 농민을 의미했다. 그런데 이 해에 러시아의 큰 도시들에서 방직 노동자들의 대규모 파업이 일어났으며, 방학 때 이 도시들에서 돌아온 대학생들이 이 파업의 소식을 전해주었다. 신문엔 한 줄도 나지 않았던 이러한 소식에 접하면서 레브는 차차 도시의 노동자들에게 관심을 돌리기 시작했다. 사실 당시 러시아의 산업 발전은 북부 지방에서 우크라이나 지방으로 옮아내려가고 있었다. 니콜라에프에도 이제는 큰 공장이 두 개 생겨 그 취업 인구가 8,000명에 이르고 있었다. 레브는 곧 이들의 조직에 나서게 된다. 슈비고프스트키는 공동 생활체의 활동에 더 많은 시간을 쓰기 위해 정원 노동자 한 사람과 도제 한 사람을 고용했다. 그와 6명의 공동 생활자들은 도제가 혁명 활동에 관해 여러 가지 질문들, 예컨대 전략·전술·폭력·테러·음모·혁명 등에 대해 끊임없는 질문을 던지는 것이 무척 기뻤다. 정원의 도제가 아니라 혁명의 도제를 만났다고 생각한 것이었다. 그러나 그는 경찰이 이들 사이에 침투시킨 밀정이었다.

레브는 잠시 야노브카를 방문했다. 그리고 오데사 대학교 근처에서 장사를 하는 숙부의 초대를 받아 그곳으로 갔다. '회개하는 자유주의자'인

숙부는 과격주의는 소아병적인 무질서일 뿐이라고 얘기하고 레브가 원한다면 오데사 대학교에서 공학이나 수학을 전공하도록 뒤를 보아주겠다고 넌지시 말했다. 그러나 레브는 그가 구하고자 하는 것을 오데사에서 찾을 수 없었다. 그래서 그해(1896)말에 다시 니콜라에프의 공동 생활로 돌아왔다. 슈비고프스트키는 자신의 정원에서 신년 연회를 열고 알렉산드라를 초청하려고 집으로 찾아갔다. "축하합니다. 레브 데이비도비치가 오데사에서 돌아왔으며 또 마르크시스트가 됐다는 사실을 알고 있습니까?" 그는 이렇게 인사말을 던졌다. 그녀는 믿어지지가 않았다. 그러나 두 동생이 레브가 확실히 마르크시스트로 개종했더라고 말해주었다. 연회에서 레브는 저녁 내내 그녀를 다정하게 대했다. 그러나 만찬 자리에서 그는 일어나 건배를 제의하면서 "마르크시스트들이 모두 망하고 모든 인생 관계를 멋없이 딱딱하게 하려는 자들이 당하길 빌며 한잔!"이라고 농담조로 얘기했다. 그러자 알렉산드라는 "농담에도 분수가 있어야 해요!" 하면서 자리를 박차고 나가버렸다. 슈비고프스트키가 뛰어나가 이를 말렸으나 그녀는 "나는 내가 살아 있는 한 레브를 두번 다시 만나고 싶지 않다고 그에게 말해주세요"[12]라는 말을 남기고 가버렸다.

4. 트로츠키가 마르크시스트가 되다

남러시아 노동자 동맹. 1897년 봄에 이제는 모두 열일곱 살이 된 레브 브론슈타인과 그레고리 소콜로프스키는 함께 니콜라에프의 한 거리를 거닐고 있었다. 그때 지나가던 사람들로부터 그들은 피터 앤 폴 형무소에서 베트로바 Vetrova라는 여학생이 분신 자살했다는 소식을 듣게 됐다. 이 소식은 이들을 크게 자극시켰다. 이 지역의 노동자들을 결집시킬 하나의 투쟁 조직을 갖지 않으면 안 되겠다는 생각을 갖게 만든 것이다. 이에 따라 이들은 러시아 정교에 반대하는 한 성경 교파의 교인들을 접촉하게 됐다. 전공(電工) 무힌 Ivan Andreevich Mukhin을 비롯한 이 교인들은 대개 숙련 노동자들이어서 비교적 많은 월급을 받았기에 생활 조건에 대해 특별한 불만은 갖고 있지 않았다. 그러나 그들은 지식과 정의를 갈구하고 있었다.

이 교인 노동자들과 니콜라에프의 과격한 지식인들, 곧 마르크시스트인 알렉산드라, 그의 동생 일리야 및 마리아, 의학도 지브Ziv, 그리고 슈비코프스트키의 정원에 드나드는 젊은이들이 주축이 되어 조직한 단체가 바로 '남(南)러시아 노동자 동맹'이었다. 이 이름은 레브가 붙였다. 레브는 이 단체의 성장을 위해 혼신의 노력을 기울였다. 오데사와 키예프 등을 찾아다니며 해외에서 러시아로 밀반입된 마르크시스트 문헌들을 얻어왔으며 지하 신문 전문가와 만나 아이디어를 얻기도 했다. 오데사를 찾아갈 때는 시간과 돈을 절약하려고 밤에 배를 타 갑판 위에서 자고 낮에 일을 본 다음 그날 밤에 다시 배를 타고 돌아오곤 했다. 뒷날 트로츠키의 성공에 샘을 내고 따라서 트로츠키의 인격에 대해 혹평을 가한 지브의 회고록도 "새 조직의 성공의 큰 몫은 지칠 줄 모르는 에너지, 모든 종류의 계획과 궁리에 있어서의 기술, 피로에 대한 저항이 그 끝을 모르는 레브 브론슈타인에게 의심의 여지없이 돌아간다"고 시인하고 있다. 새 단체의 조직을 기념하기 위해 브론슈타인, 알렉산드라, 일리야, 지브는 함께 역사의 증거를 위해 그리고 '경찰을 위해' 사진을 찍었다. 그리고 그들은 각각 각자가 보관할 사진에 자기의 서명과 기념문을 써주었다. 이때 지브는 의과대학의 마지막 학년을 마치기 위해 카잔으로 곧 떠나게 되어 있었다. 그래서 레브는 좀 조롱하는 투로 이렇게 써주었다: "일함이 없는 신념은 죽음이다."

남러시아 노동자 동맹은 우선 동맹원들의 교양 수준을 높이기 위해 주로 숲속에서 비밀 집회를 열고 레브가 오데사에서 얻어온 『공산당 선언』을 읽히기도 했으며 「프롤레타리아의 행진」 같은 노래도 만들어 부르게 했다. 이와 동시에 레브의 주도 아래 무힌의 집에서 한천판의 전단을 대량으로 만들어냈다. 남러시아 노동자 동맹이 투쟁의 대의명분으로 내세운 것은 인간 존엄성의 수호였다. 차리의 전제 체제 아래서 인간의 존엄성은 박탈되고 있다고 선언하고 나선 것이다. 전단의 효과는 대단했다. 동맹은 노동자를 찾아다닐 필요가 없었다. 전단을 본 노동자들이 동맹을 찾아나서기 시작한 것이다. 노동자들은 동맹에 찾아와 정보를 제공하고 가입을 호소하기도 했으며 동맹의 활동을 돕기도 했다. 이렇게 해서 남러시아 노동자 동맹은 출발과 더불어 약 200명의 맹원을 갖게 됐다. 경찰도 사태를 더 이상 은밀하게만 바라보고 있을 수 없었다. 경찰서장 자신이 공장을 일일이 찾아다니며 전단에서 지적된 문제점들을 시정하려고 나섰다. 이렇게 함으로써 그는 남러시아 노동자 동맹을 그 바탕부터 붕괴시킬 수 있다고 믿었던 것이다. 그러나 이것은 오히려 동맹의 위신을 높여주었을 뿐이다.

『우리의 대의』출간. 전단의 성공에 힘입어 남러시아 노동자 동맹은『우리의 대의』라는 한천판 신문을 발간하기 시작했다. 물론 레브가 그 신문의 편집인이 됐다. 이 신문은 상당한 성공을 거두어 니콜라에프 밖의 도시들, 예컨대 오데사에서도 화제가 됐다.

남러시아 노동자 동맹에 대한 경찰의 감시는 점차 철저해졌다. 이 동맹에 잠입한 밀정들의 수도 몇 배로 늘어났다. 이 동맹원들이 부를「위대한 예언자 마르크스」라는 노래를 작사 · 작곡했던 빨강 머리털의 목수 네스테렝코Nesterenko도 밀정으로 변신했다. 1897년말의 어느 겨울밤에 레브는 한 묘지에서 그를 만나 선언문을 넘겨주었는데 이때 네스테렝코는 경찰을 이 자리에 불러놓고 있었다. 그러나 경찰은 동맹원들의 검거를 주저했다. 스무 살도 안 된 소년 소녀들과 몇몇의 종교적 '이단자'들이 그런대로 위력을 떨치는 조직체의 지도자라고 믿고 싶지 않았기 때문이다.

1898년 1월에 남러시아 노동자 동맹은 창립 1주년을 맞았으며 기관지인『우리의 대의』제3호가 나왔다. 그 사이 경찰은 철저한 수사망을 통해 일제 검거에 필요한 상세한 정보를 수집해놓고 가장 적절한 체포의 시기를 기다리고 있었다. 이것을 전혀 눈치채지 못한 채 레브는 슈비코프스트키를 만나러 읍외로 나갔다. 그러자 사태의 위급성을 알아챈 마리아 소콜로프스카야가 이들의 밀회 장소로 급히 달려갔다. 그러나 그녀의 뒤를 형사가 따르고 있었다. 따라서 이 세 사람은 함께 체포되고 말았다. 이때 알렉산드라는 예카테리노슬라브Yekaterinoslav에 있었다. 그러나 그녀는 자신이 동지들을 저버리지 않았다는 것을 노동자들에게 보여주기 위해, 그리고 그녀를 포함해서 잡고자 하는 사람들을 모두 잡았을 때 재판이 빨리 진행될 것이라는 판단에서 경찰에 자진 출두했다. 뒷날 이들은 계속적인 투쟁을 위해서는 그러한 이상주의적인 행위보다는 더 실제적인 처신을 하는 것이 적절하다는 데 동의하게 된다.

카잔 대학교 의학부를 졸업하고 돌아온 지브도 곧 체포됐다. 그리고 남러시아 노동자 동맹과 접촉했던 거의 모든 노동자들이 그들 사이에 잠입했던 밀정들에 의해 하나씩 체포됐다. 그 결과 그렇게 많은 사람들을 수용해본 일도 없으며 정치범을 다뤄본 전통도 없던 니콜라에프 형무소는 약 200명의 피의자들로 꽉차게 됐다.

5. 트로츠키의 유형 생활과 탈출

형무소에서의 생활. 니콜라에프 형무소에서 3주를 보낸 뒤 레브 브론슈타인은 곧 헬손 형무소로 옮겨지며 여기서 열아홉번째의 생일을 맞는다. 그러나 이 두 곳에서의 형무소 생활은 그가 그뒤 6개국의 20개 형무소에서 그의 반생을 보내는 '수인으로서의 인생'의 시작을 의미하는 것이었다. 그리고 이 첫 경험은 오히려 그의 투지를 길러주었고 형무소 생활에 익숙하게 만들어주었다. 그에게 형무소는 생각하게 하는 장소였고 공부하게 하는 '대학'이었다. 반면에 부모는 큰 슬픔에 잠겼다. 그러나 그에게 투옥은 결코 불명예가 아니었으며 오히려 자신을 자신이 존경해 마지않던 위대한 이름들과 연결시켜주는 명예의 배지였던 것이다. 니콜라이 1세 때부터 수형자들과 망명자들의 명단은 러시아의 위대한 인물들의 인명록 같은 것이었다. 레브는 외부와는 완전히 차단됐다. 따라서 누가 체포됐는지도 알지 못한 채, 30명 정도 수용할 수 있는 형무소 안의 크고 추운 한 응접실에 야비치 Yavich라는 젊은 유태인 제책쟁이와 함께 갇혀 있었다. 그들은 볏짚으로 만든 요 위에서 잤는데 아침 여섯시가 되면 이 요마저 치우는 바람에 맨 마루 위에 앉아 있지 않으면 안 됐다.

니콜라에프 형무소에서 그는 헬손 형무소로 옮겨갔다. 그러나 외부와의 단절은 여전했다. 차입도 전혀 없었다. 비누 한 쪽도 얻어쓸 수 없었으며 목욕할 기회도 세탁할 기회도 전혀 없었다. 속옷 한 가지도 갈아입질 못했다. 자연히 그의 몸에는 이 따위들이 잔뜩 끼여 고생을 겪지 않으면 안 됐다. 식사량도 굶어죽음을 겨우 면할 정도였다. 점심은 아예 없었고 아침엔 빵 한 덩어리, 저녁엔 빵 한 덩어리에 고기 한 점이었다. 그러나 이것보다 그를 더욱 괴롭히는 것은 책은커녕 자신의 생각을 정리할 연필 한 자루 종이 한 장도 없다는 점이었다. 그렇다고 해서 사색을 포기한 것은 아니었다. 굶주림을 잊기 위해 실내를 거닐면서 인민주의 대 마르크시즘의 문제에 대해 깊은 명상에 잠겼으며, 시를 지어 외우기도 했다. 그가 체포되기 전 몇 달 동안 인민주의로부터 마르크시즘으로 전향하고 있었음은 앞에서 지적했거니와, 이 전향이 완전히 이뤄진 것은 바로 이 헬손 형무소에서의 사색을 통해서였다. 이런 식의 옥중 생활이 석 달이 지난 어느 날, 간수가 깨끗한 베개, 따뜻한 담요, 비누, 차봉지 묶음, 설탕, 과자 등을 갖고 들어왔다. 부모의 구원의 손길이 닿은 것이었다. 아버지는 엔지니어가 되라는 자기 말을 따르지 않은 아들을 몹시 미워했지만 아들이 곤경에 빠질 때마다 서슴지 않고 원조에 나서곤 했다. 그러나 그들 부모와 자식 사이엔 우리가 레닌과 그의 어머니 사이에서 발견했던 어떤 지적 이해나 교류는 전혀 없었다.

레브는 곧 오데사의 형무소로 옮겨졌다. 이 형무소는 소위 모범 형무소로 모두 쇠와 돌로 지어져 있었다. 정치범을 다른 범죄자들과 분리시켜 특별히 취급하고 있었기 때문에 그는 형무소 도서관과 형무소 밖의 도서관으로부터 책을 빌려볼 수 있었고 종이와 연필도 얻어쓸 수 있었고, 자신의 사색을 기록으로 남길 수도 있었다. 그는 다른 정치범들과 함께 감방에 갇혀 있었는데, 암호로 외부와 또는 다른 감방의 정치범들과 교신하는 방법도 습득했다. 때로는 깨알같은 글씨로 자기의 생각을 정리한 글을 써서 형무소 공동 변소의 재떨이에 놓아 다른 감방의 정치범이 찾아 읽게 하는 방법을 쓰기도 했다. 그는 이러한 교신 방법으로 소콜로프스키 형제들과 지브 및 슈비고프스트키를 찾아냈다. 그들 각자에게 그는 자신이 마르크시즘으로 전향했음을 알렸다. 모두들 찬성을 표시했으나 슈비고프스트키는 냉담하게 대했고 격분하기까지 했다.

형무소 도서관은 그것이 형무소 도서관이라는 특성 때문에 신학에 관한 책들로 꽉차 있었다. 이 책들을 그는 거의 다 읽어치웠다. 특히 카톨릭 교리, 개신교의 교리, 다윈이즘, 톨스토이의 이설(異說)을 반박하는 러시아 정교의 주장들을 꼼꼼히 읽었으며, 성자들의 생활과 악마와 그 제자들의 길을 동시에 배웠다. 그러자 그의 누이 올가와 슈펜처가 그에게 러시아어 · 독일어 · 프랑스어 · 영어 · 이탈리아어 등 5개 국어로 된 신약을 갖다 주었는데 이 책을 통해 그는 이 외국어들을 배울 수 있었다. 그들은 또한 라브리올라Antonio Labriola의 『역사적 유물론에 관해』, 다윈의 『종의 기원』과 『자서전』 등을 넣어주었다. 그는 특히 다윈에게 깊은 감명을 받았는데 이 점에 대해 뒷날 이스트맨에게 다음과 같이 썼다: "다윈은 우주라는 사원의 입구에 서 있는 힘센 문지기처럼 나에게 서 있었다. 나는 그의 상세하고 정확하며 성실한, 그리고 동시에 힘있는 사상에 취해버렸다. 나는 그가 신에 대한 믿음을 간직하고 있었다는 것을 읽었을 때 더욱 놀랐다. 나는 자연적이며 성적(性的)인 선택에 의한 종(種)의 기원이 이론과 신에 대한 믿음이 어떻게 하나의, 그리고 동일한 머릿속에 함께 있을 수 있는지 이해하는 것을 절대적으로 거부했다."[13]

그는 또한 역사적 유물론을 숙달하려고 결심했다. 그리고 그의 관심을 끌기 시작한 '하나의 불분명한 현상,' 곧 프리 메이슨 운동의 사회적 의미에 대한 독자적 연구에 의해 그가 얼마만큼 역사적 유물론을 숙달했는가를 시험해보고자 했다. 그는 수천 쪽의 두꺼운 공책에 이 운동의 역사에 관해 상세하게 노트했으며 거기에 자신의 논평을 붙이기도 했다. 어느 부분에 대한 노트가 끝났다고 생각된 경우, 그는 그것을 얇은 종이에 베껴서 다른 감방의 정치범들에게 보내기도 했다. 뒷날 그가 시베리아로 유형을 갈 때에도 그 두꺼운 공책을 가져갔으며 스위스로 망명을 갔을 때에는 알렉산드라에게 이 공책을 그곳으로 보내게 했는데 거기서 분실되고 말았다. 그 분실을 그는 두고두고 아까워했다.

알렉산드라와의 결혼. 1898년 한 해, 그리고 1899년의 대부분을 그는 오데사 형무소에서 행정 처분을 기다리며 보냈다. 1899년 11월에 그에게 동시베리아에서의 4년 유형이 통고됐다. 알렉산드라와 그녀의 두 동생에게도 역시 4년 유형이 통고됐다. 지브는 3년 유형이, 그리고 다른 사람들에게는 그보다 가벼운 유형이 통고됐다. 연인이 있는 사람들은 결혼을 서둘렀으며 연인이 없는 사람들은 엉터리라도 약혼을 한 것으로 꾸미기도 했다. 약혼녀와 아내는 유형지로의 특별 방문이 허용됐기 때문이다. 레브도 역시 유형길에 오르는 알렉산드라에게 결혼을 제의했다. 그러나 레브는 한 달 전에야 겨우 스무 살이 됐으며 당시엔 이 나이로 결혼하려면 아버지의 동의가 필요했다. 아버지는 아버지에게 복종하지 않는 아들이 국사범인 여자에게 결혼하는 것을 허용하고 싶지 않았다. 아들이 저렇게 된 것도 그녀 때문이라고 생각했으며, 그녀의 나이가 너무 많다고 생각했다. 그녀를 만났던 이스트맨에 의하면 그녀는 레브보다 여섯 살 위이며, 지브의 회고록에 의하면 최소한 열 살 위였다. 아들은 자신의 인격이 무시됐다고 격노했다. 시베리아로의 유형을 통고받은 이들은 오데사 형무소로부터 모스크바에 있는 부티르키Butyrki 형무소로 옮겨졌다. 이 형무소는 일종의 이송 형무소로서 시베리아 유형자들은 으레 이곳을 거치게 마련이었다. 유형자들의 수가 일정한 수준에 이르면 한꺼번에 시베리아로 이송시키곤 했다.

이 형무소에서 레브는 레닌의 이름을 처음 듣게 됐다. 다른 유형수들이 블라디미르 일린 Vladimir Ilyin이라는 익명으로 합법적으로 출간된 레닌의 『러시아에서의 자본주의의 발달』을 읽고 있었던 것이다. 그들은 또한 마르크시즘에 대한 베른슈타인의 수정주의적 비판을 읽고 이것을 토론한 끝에 수정주의에 대한 마르크시즘의 정통성을 수호하기로 결정하기도 했다. 레브는 여기 있는 동안 니콜라에프의 노동 운동에 관해 작은 책을 써서 형무소 밖으로 반출시켜 제네바에서 출판시키는 데 성공했다. 그리고 마르크시즘을 선전하는 소설을 쓰기 시작했는데 이 책은 끝내 햇빛을 보지 못하고 말았다.

일주일에 두 번 수인들은 아내나 약혼녀의 방문을 받거나, 책과 짐꾸러미를 받았으며 감시를 심하게 하지 않는 단 한 명의 감시원이 지키는 가운데 면회 온 사람들과 자유롭게 얘기할 수 있었다. 레브는 알렉산드라를 그의 약혼녀로 신고했으며 따라서 알렉산드라는 같은 처지의 유형수였지만 마치 바깥 세상에서 오는 여느 여자처럼 면회를 오곤 했다. 지브의 회고록에 따르면, "이 면회 동안 그는 그의 약혼녀에게뿐만 아니라 남편과 형제들을 만나러 온 다른 여자들에게도 감동적인 부드러움을 과시했으며, 그의 기사도적인 몸 움직임으로 모든 사람을 매료시켰다"고 한다. 아버지가 멀리 있음을 기화로, 레브는 부티르키 형무소 관리들을 설득해서 알렉산드라와 결혼식을 올리는 데 성공했다. 그의 『자서전』은 그녀와의 결혼에 대해 다음과 같이 짧게 쓰고 있다: "그곳, 곧 동북 시베리아의 우스트 쿠트 Ust-Kut 마을에서 나는 니콜라에프 출신으로 내 가까운 동료의 한 사람인 여죄수와 새 출발을 하게 됐다. 알레산드라 르보브나는 남러시아 노동자 동맹에서 가장 중요한 위치의 하나를 차지하고 있었다. 사회주의에 대한 그녀의 철저한 충성심, 그리고 그녀의 개인적 야심의 완전한 결여는 그녀에게 의심할 여지 없는 도덕적 권위를 부여하고 있었다. 우리가 하고 있는 사업은 우리를 모두 가깝게 묶어주고 있었다. 그래서 떨어지게 되는 것을 피하기 위해 우리는 모스크바에 있는 이송 형무소에서 결혼했던 것이다."[14] 이 회고에서 우리는 그들의 결혼이 정략 결혼이었다는 인상을 짙게 받는다. 그러나 알렉산드라의 고백과 지브의 회고록에 따르면 두 사람은 뜨거운 사랑을 나눴던 것이 확실하다. 시베리아에서 그녀는 레브의 두 딸을 낳는다.

시베리아 유형 생활. 남러시아 노동자 동맹 사건에 관련된 수인들은 1900년 5월에 유형지인 동시베리아로 떠나기 시작했다. 지브의 회고록에 따르면 "이르쿠츠크로 가는 열차에서 레브는 아무것에도 관심을 두는 것 같지 않았다. 그는 전적으로 알렉산드라에게 열중하고 있었다." 몽골 변경의 이르쿠츠크 형무소에 잠시 머무른 뒤 레브와 알렉산드라는 그들의 동지들과 떨어져 죄수선을 타고 레나 강을 내려가 그들의 유형지인 우스트 쿠트에 도착했다.

우스트 쿠트는 숲과 강 사이에 약 1백 채의 오막살이집들이 자리잡은 외롭고 악충이 들끓는 마을이었다. 밤에는 진딧물들이 소리를 내며 집을 채웠고, 여름에는 모기떼들이 덤벼들었다. 그러나 풍경은 아름다웠다. 레브 브론슈타인 내외는 숲과 강 사이에서 살았다. 그러나 아내와 책과 저술과 미래에 대한 계획에 몰두한 레브는 산하의 아름다움에 전혀 매력을 느끼지 못했다. 논리와 일관성에 대한 정열을 갖고 그의 삶의 개인적인 문제들, 곧 사랑·죽음·우정·낙관주의·비관주의의 문제들에 대한 그의 견해를 마르크시스트의 세계관이라는 입장에서 고쳐나가기 시작했다. 알렉산드라는 그녀의 삶을 그의 삶에 종속시켰으며, 그녀가 그토록 그에게 권했던 마르크시즘의 보편적 적용 속으로의 그의 탐색을 큰 기쁨으로 바라보았다. 이들 사이에 지나 Zina와 니나 Nina라는 두 딸이 태어났다. 지나와 니나는 모두 그의 아버지와 연결됐던 모든 사람이 그러했듯이 뒷날 스탈린에 의해 비극적 최후를 맞는다.

브론슈타인 내외에 대한 정부의 급여는 한 달에 19루블로 올랐다. 이돈이면 집 값, 식료품 값, 세탁비, 음식비로는 충분했다. 그러나 책은 별개의 문제였다. 그래서 수입을 늘리고자 레브는 글자를 모르지만 돈은 많은 이르쿠츠크의 한 상인의 서기로 취직했다. 그러나 일에 관심이 있을 리가 없었다. 청구서를 한 번 잘못 쓴 탓에 그는 그 직업마저 잃고 말았다. 그 다음에 그는 시베리아의 한 성도(省都)에서 인민주의자 망명객들이 시작했던 합법적 평론지인 『동방 평론』의 지방 통신원이 됐다. 이 직업에 그는 재미와 보람을 느꼈다. 특히 그는 오늘날 고정란이라고 불리는 칼럼과 비슷한 논평란을 담당했는데 반응이 퍽 좋았다. 그의 고료도 곱절로 뛰었으며 그의 필명으로 해독제의 뜻을 가진 안티드 오토는 상당한 평판을 얻었다.

그는 칼럼니스트로서의 성공에 자신감을 얻었으며 그뒤에도 생계 유지의 한 수단으로 여러 번 기고했다. 자신의 글이 다른 글들에 의해 심어진 독을 제거한다는 그의 자만을 반영하는 필명인 안티드 오토라는 필명으로 자유민주주의적 신문 『키예프 사상』에 처음엔 비엔나로부터, 1912년의 '작은 전쟁' 동안엔 발칸 지역으로부터, 1914년의 '큰 전쟁' 동안엔 프랑스로부터 기고했던 것이다. 소비에트 정부가 안티드 오토라는 필명으로 발표됐던 평론들을 모두 포함시켜 그의 전집을 출판했을 때, 그는 상당한 기쁨을 표시하면서 다음과 같이 말했다: "물론 나는 내가 말하고 싶었던 것을 모두 쓸 수는 없었다. 그러나 나는 내가 말하고 싶지 않았던 것을 결코 써본 일이 없었다."

브론슈타인 내외는 베르홀렌스크Verkholensk로 옮겨도 좋다는 허락을 받았다. 그곳에도 망명객들이 살고 있었다. 망명객들 가운데엔 수정주의자도 있었고 '합법적 마르크시스트'도 있었으며 무정부주의자도 있었다. 그는 이들과의 논쟁을 즐겼으며 대체로 그들을 설득시켰다는 만족감을 맛보곤 했다. 레브가 무정부주의자를 처음 만난 것은 바로 이곳에서였다. 그 무정부주의자는 산적 행위를 미화하는 일종의 로맨티시스트로서, 한 지방의 경찰서장을 개인적으로 미워해서가 아니라 국가의 폭정에 일격을 가한다는 뜻에서 상처를 입힌 사람이었다.

이곳으로 옮긴 뒤 얼마 지나지 않아 두 편의 긴 한천판 논문이 이곳에 흘러들어왔다. 다른 지역에서 유형 생활을 하는 마하이스키Makhaisky의 글이었다. 첫 논문은 독일 사회민주당의 정치적 기회주의에 대한 날카로운 비판이었다. 당시 이곳의 망명객들은 베른슈타인이 자신의 저서를 통해 옹호한 수정주의 노선을 비판하던 때여서 마하이스키의 글은 상당한 반향을 불러일으켰다. 그러자 두번째 논문이 흘러들어왔다. 이것은 마르크시즘 그 자체를 비판했으며 사회주의 운동은 결국 지식인들, 예컨대, 관리인·기술자·관료·정치인·전문 직업인이 프롤레타리아트를 착취하는 새로운 특권 계급으로 자본가 계급을 대치할 것이라고 분석하고 있었다. 몇 달 동안 유형자들은 마하이스키에 대해서만 토론했다. 레브에게 이 두번째 논문은 마하이스키의 얼굴로부터 '가면을 잡아떼기에' 충분한 것이었다.

러시아로부터 여러 가지 소식들이 들려왔다. 톨스토이가 파문됐다는 소식, 교육부 대신 보골레포프가 한 학생에 의해, 그리고 내무부 대신 시피아긴이 다른 학생에 의해 각각 암살됐다는 소식이 전해졌다. 분명히 정치적 가마솥은 끓기 시작한 것이다. 모든 유형자들도 마치 경종의 큰 울림을 듣기나 한 것처럼 크게 각성했다. 그들은 혁명의 전술로서 폭력이라는 복잡한 쟁점을 놓고 열띤 논쟁을 벌였다. 레브는 이때 폭력에 반대하는 입장이었다. 이 무렵에 사회민주당 조직들이 시베리아 횡단 철도 연변을 따라 철도인들 사이에 생겨나기 시작했다. 레브는 그들을 위해 전단과 선언문을 써줬다.

이때 레닌의 작은 책 『무엇을 해야 하나?』와 『이스크라』가 이곳으로 밀반입됐다. 레브에게 그것들은 하나의 소환장이었다. 러시아에 혁명의 기운이 무르익고 있다는 것을 감지한 유형자들 사이에는 유형지로부터 탈출해서 혁명의 대열에 참여해야 한다는 절박감이 하나의 전염병처럼 퍼져나갔다. 탈출의 모험을 감행하려는 유형자의 수가 너무 많았기 때문에 그들은 제비를 뽑아 차례를 정하지 않으면 안 됐다. 레브도 그의 아내와 이 문제를 상의했다. 이때 알렉산드라는 둘째딸을 해산한 지 넉 달밖에 안 됐다. 그러나 그녀는 조금의 머뭇거림도 없이 "당신은 떠나지 않으면 안 돼요"라고 권했다.

유형지를 탈출하다. 레브의 차례가 왔다. 다른 탈출자와 함께 그는 농부의 수레 바닥에 쌓인 건초 더미에 몸을 숨기고 베르홀렌스크를 떠났다. 감시원이 평소처럼 그의 집을 찾아왔지만 알렉산드라는 나흘 동안 그의 침대 속에 사람 모양의 허수아비를 누인 채 담요를 덮어놓고는 "너무 아파 조금도 건드려서는 안 된다"고 엄살을 떨며 감시원을 속였다. 인적도 남지 않는 허허벌판에서 나흘이란 탈출하기에 충분한 시간이었다. 그는 혁명가들에 동조적인 농부들의 안내 속에 마침내 시베리아를 벗어났다. 그리고는 풀먹인 와이셔츠에 칼라를 바짝 세워 넥타이를 매고 유럽식의 양복을 입은 다음 러시아어로 출판된 호머 Homer의 『일리아드 *Iliad*』를 들고 기차에 올랐다.

사마라에 도착한 레브는 클레어 Claire(또는 Kler)라는 이름을 사용하는 사람에게 자신의 탈출을 보고했다. 클레어는 사마라 시절 레닌의 좋은 옛 친구인 기사(技師) 크르지자노프스키로서 『이스크라』의 러시아 국내 책임자였다. 레브는 사마라의 모든 혁명가들에게 뛰어난 인상을 주었다. 클레어가 레닌의 아내 크루프스카야에게 보낸 편지를 보면 이들이 레브에게 얼마나 깊이 반했는가를 알 수 있다. 레브가 『이스크라』의 열렬한 지지자이며 탁월한 재능을 가진 청년이라고 선언한 클레어는 "그는 진짜 젊은 독수리"[15]라고 결론지었다. 클레어의 보고서에 깊은 인상을 받은 레닌은 그를 『이스크라』에 끌어들이기로 결심한다. 클레어의 주선에 따라 레브는 무사히 러시아를 떠날 수 있었다.

제11장
레닌이 플레하노프와 멀어지면서
트로츠키와 손을 잡다

『무엇을 해야 하나?』의 출간은 이 책에 담긴 투쟁 노선을 둘러싸고 레닌과 플레하노프 사이를 점점 멀게 만든다. 그러나 레닌은 새로운 동지를 만날 수 있었다. 그가 바로 아홉 살 아래의 트로츠키였다. 이처럼 러시아 마르크시스트들 사이에 노선 투쟁이 심각해지는 가운데 그들은 러시아 사회민주당 제2차 대회를 준비하게 된다. 이 장은 대체로 1901년부터 1903년까지의 시기에 일어난 러시아 혁명가들의 운동 양상을 마르크시스트들에 초점을 맞춰 살피기로 한다.

1. 『이스크라』 지도층에 금이 가다

지도층의 세대 교체.[1] 『이스크라』와 그 편집진의 명성이 높아져가고 또 『이스크라』에 대한 열망이 커짐과 동시에 그 요원들의 망이 확대되면서 편집진 사이에 기질과 견해의 차이로 말미암은 갈등이 점차 표면에 드러나기 시작했다. 그러나 고통스러운 침묵과 망명의 진공 속에는 그들이 그들의 견해 차이를 제시할 대상, 곧 어떤 최고의 힘이나 민주적인 전체 회원 총회 기관 같은 것이 없었다. 포트레소프의 표현을 빌리면, "우리는 이 논쟁들의 바탕에 깔려 있는 총체적인 의미는 파악하지 못한 채 특수하고 개별적이며 부분적인 문제들을 놓고 싸웠다." 그렇기 때문에 그들의 충돌은 균형 감각을 잃은 것이 많았다. 러시아 지식인들의 통폐의 하나이지만 그들은 개별적인 차이를 원칙의 문제로 확대시키는 경향이 컸다.

나이의 차이, 또는 노쇠 역시 지도층의 균열을 촉진시켰다. 레닌의 『무엇을 해야 하나?』가 씌어졌을 때 플레하노프의 나이는 45세였고 악설로드는 51세였으며 자수리치는 50세였다. 이 세 사람의 이름들은 러시아 혁명 운동에서 '매력 있는 이름들'이었다. 그러나 그들은 벌써 20년 동안 해외에 나와 있었다. 반면에 레닌은 31세, 포트레소프는 32세, 마르토프는 28세였다. 그런데도 러시아에서 이 세 사람은 벌써 '노장파'로 취급되고 있었다. 이들에 비해 경제주의자들은 '소장파'로 불렸다. 그러나 시베리아 유형지로부터 '소장파'보다 더 젊은 22세의 한 청년이 『이스크라』에 원고를 보내기 시작했다. 트로츠키가 바로 그 사람으로, 그가 『이스크라』에 등장했다는 것은 새로운 세대의 출현을 뜻하는 것이었다.

이 같은 혁명 지도층의 세대 교체 속에서 플레하노프와 젊은 층의 대립은 점차 날카로워졌다. 플레하노프는 젊은 층에게 역정을 내고 짜증부리는 일이 잦았다. 한편 악설로드는 오랫동안의 망명 생활과 이에 따른 가난으로 건강이 몹시 나쁜 상태였다. 크루프스카야의 회고에 따르면, "악설로드는 그의 작업 능력의 4분의 3을 잃었으며 〔……〕 밤에 한숨도 자지 못하고 〔……〕 시작한 논문을 끝내지 못한 채 몇 달을 극도로 긴장된 채 보냈다." 다음 10년 동안 플레하노프가 볼셰비즘과 멘셰비즘 사이를 오갈 때, 병중의 악설로드는 멘셰비즘으로 알려진 기본적 정치 이론과 조직 이론을 수립해나간다.

플레하노프가 철학자요 악설로드가 정치 사상가라면, 이들과 더불어 3인 체제를 형성했던 베라 자수리치는 가장 꽃답고 사랑스런 사람이었다. 우리가 제5장에서 이미 보았듯, 16세에 처음 투옥됐고 27세이던 1878년에 제네바에 망명한 이후 그녀는 오랫동안 플레하노프와 악설로드의 제자로서 충실하게 살아왔지만 언제나 외로웠다. 플레하노프와 악설로드는 가족이 있었으나 그녀는 혼자였고 늘 고국의 산하를 그리워하고 있었다. 그녀가 기거하는 방은 담배 냄새가 배어 있었고 전혀 정돈이 되어 있지 않았으며 가난이 구석구석 젖어 있는 조그마한 방랑자의 그것이었다.

크루프스카야의 회고에 따르면, 몇몇 영국 여자들이 석유 난로에 고기를 요리하고 있는 그녀와 얘기하는 도중 얼마나 오랫동안 그것을 요리하느냐고 묻자 그녀는 "배고플 때는 10분, 그렇지 않으면 세 시간"이라고 대답했다고 한다.

그녀는 여러 차례 자신의 외로움을 크루프스카야에게 털어놓곤 했다. "나에게 가까운 사람이라곤 아무도 없지. 물론 당신이 나를 사랑한다는 것을 알지만 말야"라고 말하곤 했다. 정말 크루프스카야는 그녀를 사랑했으며, 레닌도 역시 마찬가지였다. "베라를 만날 때까지 기다려보구려. 거기엔 수정처럼 맑은 사람이 있을 거요." 이렇게 레닌은 크루프스카야에게 썼었다. 그러나 몇 해가 지난 뒤 레닌은 그 자신이 다수를 차지하기 위해 『이스크라』의 편집진에서 악셀로드와 함께 그녀를 추방할 것을 제의한다.

견해 차이가 깊어지기 시작하다.[2] 이렇게 마르크시스트 혁명 운동의 지도층에 금이 가면서 플레하노프와 레닌 사이에서도 점차 의견 차이가 깊어가기 시작했다. 그 중요한 계기는 우리가 앞장에서 살펴본 『무엇을 해야 하나?』의 출간이었다. 얼핏 보기에, 이 작은 책의 핵심적 내용은 플레하노프의 평소의 지론과 일치한다고 할 수 있다. 여기서 레닌은 러시아 사회민주주의 운동사에서의 '제3의 시기,' 곧 수정주의와 경제주의의 출현과 더불어 시작됐다고 그가 주장하는 '혼란과 해체 및 동요의 시기'를 '청산' 해야 한다고 강조하고 있는데, 그 점은 플레하노프가 몇 해 전부터 역설해왔던 것이다. 그뿐 아니다. 이 작은 책을 통해 레닌은 플레하노프와 노동자 해방 그룹을 충실히 변호했다. 그러나 조직 원리의 문제를 둘러싸고 중요한 견해 차이가 담겨져 있었다.

마르크시즘을 받아들인 직후부터, 플레하노프는 인텔리겐치아가 사회주의 운동에서 가장 긴요한 역할을 수행해야 한다고 주장해왔다. 프롤레타리아트*는 독자적으로 사회주의 의식을 획득할 능력이 결여되어 있으

---

* '프롤레타리아트'는 '프롤레타리아' 계급이란 뜻이다. '노동자 계급' 또는 '무산자 계급'으로 번역된다. '프롤레타리아'는 '노동자' 또는 '무산자'로 번역된다. '부르주아지'는 '부르주아' 계급이란 뜻이다. '자본가 계급' '자본 계급' '유산자 계급'으로 번

므로 인텔리겐치아가 그들에게 계급 의식과 혁명 의식을 불어넣어주어
야 한다는 것이었다. 비록 노동 조건의 악화로 노동자들이 자본주의에
대해 저항적인 태도를 갖게 된다고 해도, 인텔리겐치아는 그들을 '잠재
적 사회주의자'로부터 '의식적 사회주의자'로 전환시키기 위해 교사의
역할을 수행해야 한다고 그는 주장했다. 플레하노프가 수정주의와 경제
주의를 비판한 출발점이 바로 여기에 있었다. 그들은 노동 운동 또는 혁
명 운동에서 인텔리겐치아가 수행해야 할 역할을 강조하지 못했다는 것
이다.

이러한 플레하노프의 견해들에 대해 레닌은 전적으로 찬성했다. 그러
나 레닌은 그 선에서, 곧 인텔리겐치아의 역할을 역설하는 선에서 멈추
지 않았다. 그는 노동자 자신의 책임을 강조하고 나선 것이다. 레닌에 따
르면, 노동자는 노조 의식의 수준을 결코 뛰어넘지 못할 것이며, 그러한
의식 수준에 머물러 있는 한, 비록 노동자가 정치적 투쟁을 전개한다고
해도 그것은 자본주의에 대해 아무런 위협이 되지 않는다. 간단히 말해,
레닌은 노조주의적 심리 상태를 '자본주의와의 적응의 징후'라고 본 것
이다. 이러한 논거에서 그는 프롤레타리아트를 기본적으로 '기회주의
자'로 파악했으며, 그들의 '기회주의적 성향'이 사회주의 정당을 부패시
킬 수 있다고 주장했다.

여기에서 레닌의 독창적인 당 조직 이론이 펼쳐진다. 거듭 말하지만,
그는 노동 계급의 기회주의적 따라서 부르주아적인 경향이 사회주의 정
당을 부패시키지 못하도록 그들을 배제한 채 정통 사회주의자들만으로
혁명적인 정당을 만들어야 한다고 역설한 것이다. 정통 사회주의 인텔리
겐치아는 '노동 계급 정당의 가장 선진적이고 확고한 부분'으로 머물러
있을 것이 아니라, 그들만으로 '작고 고도로 음모적이며 강력하게 규율
된' 혁명 정당을 구성해야 한다는 것이었다. 물론 그들은 정통 사회주의
를 받아들이는 것만으로 자족해서는 안 되며, 24시간 내내 혁명에 몸 바
치는 '직업적 혁명가'여야 한다고 레닌은 덧붙였다. 따라서 그는 정통

___

역된다. '부르주아'는 원래는 '도시의 사람'이란 뜻이나 흔히 '유산자'로 번역된다.

사회주의에 대해 의심의 여지없는 신앙을 지녔고 높은 수준의 이론적 이해력을 보유한 사람만을 당에 받아들여야 한다고 결론지었다. 그렇다고 해서 레닌이 프롤레타리아트 대중에 대해 무관심했던 것은 결코 아니다. 그는 혁명의 성공을 위해 프롤레타리아트 대중은 필수불가결의 존재라고 보았다. 그러므로 그는 첫째 노동 계급의 의식 수준을 끊임없이 높이고 그 가운데 가장 유능한 노동자들을 직업적 혁명가들의 대열로 끌어들이며, 둘째 당 밖에 머물러 있는 프롤레타리아트 대중에게 지도적 영향을 지속적으로 행사해야 한다고 주장했다. 레닌의 이러한 당 조직 이론은 마르크스의 이론에도 없는 것이었으며, 유럽의 마르크시스트 정당의 관행과도 거리가 먼 것이었다.

『무엇을 해야 하나?』는 이처럼 플레하노프의 이론과는 구별되는 레닌 특유의 이론을 담고 있었다. 그리고 그 차이는 머지않아 두 사람 사이에 이론적 대결을 불러일으키게 된다. 그러나 출간 직후에는 그것보다 더 큰 문제가 두 사람 사이에 놓여 있었으며, 그것이 두 사람 사이의 증오를 재개시키는 계기가 된다. 그것은 바로 제2차 당 대회의 소집에 대비해 당의 강령을 만드는 일이었다. 당 강령을 플레하노프가 초안했는데, 이것은 레닌의 맹렬한 반대에 부딪혔으며, 이로 말미암아 『이스크라(불꽃)』는 다시 꺼지게 될 위기를 만나게 된다. 이 문제는 이 장의 마지막 부분에서 살피기로 하겠다.

2. 트로츠키가 레닌을 찾아오다

트로츠키가 런던에 도착하다.[3] 트로츠키가 1902년 8월에 유형지를 탈출해 사마라를 거쳐 해외로 망명하는 데 성공했을 때 그는 두 개의 새로운 이름을 얻었다. 첫째가 트로츠키였다. 가짜 신분증에, 자신이 오데사 형무소에 수감됐던 때 간수장이던 사람의 이름인 트로츠키를 써넣었기 때문에 얻어진 이름이었다. 둘째가 페로Pero였다. 러시아어의 페로는 영어의 펜에 해당한다. 사마라에서 활동하는 레닌의 오랜 동지 크르지자노프스키가 트로츠키의 탁월한 문필 능력에 탄복해 붙여준 이름이었다.

트로츠키의 첫번째 기착지는 비엔나였다. 그는 돈이 다 떨어졌음을 깨닫고 오스트리아 사회민주당 당수 빅토르 아들러 Victor Adler 박사가 발간하는 신문사를 아무런 선약도 없이 찾아갔다. 편집국장은 "오늘은 일요일이라 박사님도 쉬시기 때문에 만날 수 없다"며 냉대했다. 트로츠키는 급한 일이라고 졸라 겨우 아들러의 주소를 알아내 찾아갔다. 트로츠키가 자신을 러시아 사람이라고 소개하자 아들러는 "그런 줄 짐작했소. 러시아에서 정말 혁명이 일어나면 밤중에라도 조금도 서슴지 말고 찾아와도 좋소"라고 말하며 트로츠키에게 여비와 숙박비를 주었다. 이 돈으로 트로츠키는 악설로드가 사는 취리히까지 올 수 있었다. 그러나 돈은 또 떨어졌다. 그래서 악설로드 집까지 마차를 타고 가서 잠든 사람을 깨워 마차 값을 치르게 했다. 여기서 주목되는 것은 트로츠키의 돈 쓰는 버릇이다. 무산 계급의 투사를 자처했으나 역설적이게도 귀공자적인 트로츠키는 돈을 헤프게 쓰는 버릇이 있었던 것이다. 그래서 그는 뒷날 자신의 돈을 언제나 남에게 맡겨둔 뒤 거기서 빼내 썼다.

악설로드는 트로츠키를 런던으로 서둘러 보냈다. 1902년 10월의 어느날 트로츠키는 런던에 도착했다. 그 길로 곧장 토텐햄 거리의 레닌 숙소를 찾아갔다. 이 무렵 레닌과 크루프스카야는 리히터라는 독일인 부부로 가장하고 이 집에 살고 있었다. 러시아 경찰을 피해 1902년 5월에 뮌헨으로부터 이곳으로 『이스크라』의 본부를 옮겼기 때문이었다. 트로츠키가 레닌 부부를 처음 만난 장면을 윌슨은 이렇게 쓰고 있다:

앞서 들은 지령대로 트로츠키는 세 번 크게 문을 두드렸다. 크루프스카야가 내려와 그를 안으로 안내했다. "페로가 왔어요!" 아내가 손님 이름을 알렸다. 레닌은 아직 자리에 누워 있다가 정중하게 그를 맞았으나 퍽놀랐다. 크루프스카야는 마차꾼에게 돈을 치른 후 돌려보내고 나서 커피를 끓이러 갔다. 돌아와 보니 "블라디미르는 여전히 침대 위에 앉은 채 트로츠키와 열심히 무슨 추상적인 문제를 주고받고 있었다." 트로츠키는 그래도 남부 러시아의 운동에 관해서 자기가 아는 바를 모조리 레닌에게 전하고 난 터였다. 크르지자노프스키의 명령으로 그는 앞서 잠시 남부 러시아를 여행해본 일이 있었다. 대체로 연락이 좋지 못하다는 얘기, 하르코프 지방의 『이스크라』 비밀 주소가 틀리더라는 얘기, 『남부 노동자』 논설원들이 『이스크라』와의 합병을 반대하고 있는데 그 이유는 표면상은 자유주의자 공격 문제 따위에서 두 신문의 입장이 다른 때문이라는 것인데 트로츠키가 보기에 진짜 이유는 지역적 자주성을 빼앗기지 않으려는 지벌심(地閥心) 같다는 얘기, 그러나 그들과 협동할 수 있을 줄로 안다는 얘기, 그리고 오스트리아 국경을 넘을 때 어느 대학생이 안내를 맡았는데 그 학생은 『이스크라』 일파엔 적의를 갖고 있더라는 얘기를 트로츠키는 레닌에게 전했다. 레닌은 이 청년한테 매우 호감을 느꼈다. 청년이 『남부 노동자』지의 실정을 파악, 설명하는 투가 그의 마음에 들었다.

레닌은 그를 데리고 런던을 산책하면서 그와 함께 혁명의 장래에 대해 의견을 나눴다. 이때 받은 인상을 트로츠키는 뒷날 다음과 같이 썼다:

　다리에서 레닌은 웨스트민스터 사원과 그 밖에 유명한 건물 몇 채를 손으로 가리켰다. 그때 한 말을 그대로 기억은 못 하지만 그가 내게 전한 말은 "이것이 유명한 저들의 웨스트민스터 사원"이라는 것이었다. '저들' 이란 영국인을 가리킨 게 아니라 지배 계급을 가리킨 말이다. 조금도 유별나게 힘주어 하는 말이 아니고 극히 자연스러운 어조로 우러나오는 진정이었는데, 레닌은 갖가지 문화재 이야기를 할 때마다, 새로운 갖가지 업적이나 영국 박물관의 그 많은 책 이야기를 할 때마다, 유럽의 여러 대신문의 보도를 논할 때마다, 혹은 여러 해 뒤에 독일군 포병대 혹은 프랑스의 항공술 얘기를 할 때마다 늘 그 말을 빼지 않았다. 저들은 이걸 안다, 혹은 저들은 그런 걸 갖고 있다, 저들이 이걸 만들었다, 그런 일을 해놓았다 ─ 저들이란 적을 가리키는 게 아니고 무엇인가. 눈에 보이지 않는 지배 계급의 그림자가 인류 문화 전체를 뒤덮고 있다고만 그는 생각하는 것이다. 그리고 이 그림자는 그의 눈에는 햇빛처럼 뚜렷한 현실로 보이는 것이었다.[4]

레닌과 트로츠키의 생활 스타일.[5] 여기서 잠시 레닌의 생활 스타일과 트로츠키의 생활 스타일을 비교하기로 한다. 레닌은 무산 계급의 투사답게 무산자와 거의 똑같은 생활을 했다. 어려서부터 옷이나 외양에 관심이 없던 레닌은 질박한 생활이 크게 불편하지 않았다. 뮌헨에서 살 때도 조그만 방 하나에 만족했으며 양철 물잔에 차를 따라 마시고는 그 잔을 닦아 수도꼭지 옆의 못에 걸어둘 정도로 검소했다. 런던에서 살 때는 방이 두 개였다. 그러나 그 두 방이 『이스크라』 본부여서 손님들이 찾아와 방바닥에 누워 밤을 묵고 가는 경우가 잦았다. 크루프스카야의 생활 스타일도 똑같았다. 같은 옷을 몇 년째 그대로 입었으며 화장할 줄을 몰랐다. 두 사람은 세속적 욕망을 완전히 끊고 살았으며 기성 사회 제도의 덕을 볼 생각을 조금도 하지 않았다.

레닌에 비해 트로츠키는 남의 눈에 띄기를 좋아했다. 한 동료 혁명가가 평했듯이, 트로츠키는 마르크시스트 망명 혁명가로서는 지나칠 정도로 옷차림이 훌륭하고 멋을 내고 건방졌다. "레닌은 역사에 자신을 비춰 보는 일이 전혀 없고 후대 사람들이 자기를 어떻게 평할까 하는 생각도 전혀 하지 않고 그저 자기 일만 했는데 트로츠키는 늘 자기 자신을 바라보았다"고 그는 말했다. 그렇다고 해서 트로츠키가 레닌을 덜 존경하지는 않았다. 레닌을 언제나 '보기 드문 훌륭한 인물'이며 '인간을 초월한 존재'로 떠받들었다. 레닌의 특징을 잘 가려내 정확히 평했고 깊은 존경에서 우러나온 진실하고 애정에 넘친 글로 레닌을 묘사했다. 윌슨은 트로츠키의 레닌에 대한 존경은 플라톤의 소크라테스에 대한 존경을 연상시킨다고까지 썼다.

트로츠키의 런던에서의 활동. 런던에서 청년 트로츠키는 그 자신의 표현을 빌리면 "『이스크라』와의 사랑에 빠졌다." 『이스크라』의 편집 진용·견해·공식 등을 모두 사랑했다. 다가오는 당 대회를 염두에 두고 그들이 발간한 당 프로그램안에 대한 트로츠키의 의견을 레닌이 묻자, 그는 전적으로 지지하고 나섰다. 그가 어떻게 정통 마르크시즘의 거장들 사이에 의견 차이가 있으며 그 초안이 신랄하고 질질 끈 논쟁과 협상의 산물이라고 생각할 수 있었겠는가?

트로츠키에게 런던에 있는 망명자들을 상대로 강연할 기회가 주어졌다. 그는 형무소와 유형지에서의 연구를 바탕으로 러시아의 주관주의 학파의 비판으로부터 역사적 유물론을 옹호하기로 결심했다. 이러한 입장에서 그는 「역사적 유물론이란 무엇이며, 사회 혁명가들은 그것을 어떻게 이해하는가」라는 제목으로 강연을 했다. 그러자 러시아 인민주의자 계열 망명자들의 교부인 니콜라이 차이코프스키 Nicolai Chaikovsky와 무정부주의 지도자 체르케소프 Cherkesov가 트로츠키를 반박하고 나섰다. 그러나 청중들에겐 트로츠키의 반박이 더 설득력 있게 들렸다. 레닌은 그 강연 내용을 논문으로 써서 당의 이론지인 『여명』에 싣자고 제의했다. 그러나 트로츠키의 자서전에 따르면 그는 "엄격히 이론적인 논문을 갖고 플레하노프와 다른 사람들 앞에 나타날 용기를 갖고 있지 못했다." 그 대신 그는 짧은 논설을 써서 『이스크라』에 발표했다. 다음에 그는 내용의 강연을 반복하기 위해 브뤼셀, 리제 Liege, 파리로 보내졌다. 여기서도 그는 이론가와 연설가로서의 뛰어난 자질을 발휘할 수 있었다.

트로츠키가 나탈리아를 만나다. 트로츠키의 유럽 순회 강연 가운데 가장 중요한 대목은 나탈리아 이바노브나 세도바 Natalia Ivanovna Sedova와의 만남이다.[6] 나탈리아는 러시아의 '회개하는 특권 계급' 출신의 교양 높은 여성으로서 러시아 혁명 운동의 대열에 일찍부터 뛰어들었다. 이미 여고생 때 금서를 읽는 한 독서회를 이끌어나갔고, 모스크바 대학교, 그리고 그 다음 제네바 대학교 재학중에는 혁명적 학생 서클에 가담했었다. 그리고 그녀의 '대학원 수업'으로 그녀는 망명과 혁명 운동을 선택했던 것이다. 그녀가 혁명 운동에 뛰어들었다고 해서 개인적 야심을 가졌던 것은 아니다. 자기 희생적이며 금욕적이었던 그녀는 종속적 직업 혁명가라는 무명의 역할을 아무 불만 없이 수행하였다. 그녀에게 이기심이 있었다면, 그것은 그녀가 사랑할 수 있고 배울 수 있으며 또 혁명 운동을 함께할 수 있는 남성 동지를 만나는 것이었다. 과연 그녀의 꿈은 실현됐다. 그녀가 파리에 머물며 그곳을 찾아오는 혁명가들을 접대하는 역할을 수행하고 있던 어느 날 트로츠키가 순회 강연차 이곳에 온 것이다.

그녀는 그녀가 살고 있는 값싼 여인숙에 트로츠키가 기거할 방을 하나 잡아주었다. 무엇보다 그녀는 트로츠키의 젊음에 깜짝 놀랐다. 이 당당하고 정평 있는 이론가가 스물두 살에 불과하다니 그녀는 놀라지 않을 수 없었던 것이다. 파리에서 성공적인 강연이 끝난 뒤 그녀는 트로츠키를 이끌고 파리 관광에 나섰다. 그러나 트로츠키는 파리의 장려함에 아무런 감흥을 받는 것 같지 않았다. 정치와 마르크시즘에 관한 것밖에는 어떤 무엇에 대해서도 관심을 두려고 하지 않는 태도였다. "파리는 오데사를 닮았군. 그러나 오데사가 더 나은걸." 트로츠키는 이렇게 말했다고 그녀는 일기에 썼다.

트로츠키에 대한 나탈리아의 사랑은 대단했다. 그녀의 사랑은 그저 주는 것일 뿐 요구하는 것이 전혀 없는 그런 것이었다. 존경심과 동지애까지 합쳐진 그녀의 이러한 깊은 사랑은 트로츠키의 역경중에 그를 지탱시켜준 한 요소임에 틀림없다. 그녀는 이때부터 줄곧 트로츠키를 따라다녔다. 크렘린에서의 영광을 함께 맛보기도 했으며, 그의 망명길을 따라 소아시아, 프린키포, 프랑스, 노르웨이, 그리고 멕시코로 달아나지 않으면 안 됐다. 트로츠키가 멕시코의 한 병원에서 숨을 거둘 때 나탈리아는 그 곁에 있었다. 그들 사이엔 두 아들이 있었는데, 트로츠키와 알렉산드라 사이의 두 딸이 그러했듯이 이들도 트로츠키에 대한 스탈린의 복수의 하나로 비참한 최후를 맞았다. 시베리아 유형지에서 헤어진 알렉산드라는 트로츠키의 법적 부인으로서의 지위를 그대로 유지하고 있었다. 그러나 나탈리아는 그저 '트로츠키 부인'으로 불렀다. 트로츠키가 죽은 뒤 트로츠키의 유고들을 정리해 출판한 것도 그녀였으며 트로츠키 추종자들의 존경의 상징이었던 것도 그녀였다.

트로츠키가 『이스크라』에 참여하다. 레닌은 트로츠키를 『이스크라』의 편집진에 참여시키기로 결심했다. 이 점에 대해 레닌은 1903년 3월 3일에 다음과 같이 쓰고 있다:

나는 편집위원회의 전위원들에게 페로를 편집위원으로 뽑아올릴 것을 제의했다. 우리는, 현재 편집위원 수가 6명이라는 짝수로 되어 있는 점을 고려할 때, 투표의 편의로서, 그리고 우리의 힘의 증강으로서 일곱번째 위원을 아주 무척 필요로 한다. 페로는 몇 개월째 매호에 기고해왔고 가장 정력적으로 일하고 있으며, 아주 성공적인 강연을 해오고 있다. 〔……〕 의심할 여지 없이 드문 재능의 이 사람은 훨씬 더 나아갈 것이다. 〔……〕 있을 수 있는 이의로 1) 그가 연소하다는 점, 2) 그가 짧은 시일 안에 아마 러시아로 떠날 것이라는 점, 3) 칼럼 스타일의 흔적을 보이는 그의 문장이 지나치게 화려하다는 점.[7]

레닌은 이 세 가지 반대점들에 대한 답변도 준비하고 있었다. 그가 연소하다는 점? 시간은 그것을 고쳐줄 것이며 이미 그는 '당원, 한 파의 일원'이다. 그가 러시아로 떠날지 모른다는 점? 편집진과의 조직적 연결을 러시아 안에 확보한다는 것은 『이스크라』를 위해 보탬이 될 것이다. 문체에 흠이 있다는 점? 트로츠키는 그 흠을 극복할 것이며 그때까지는 그도 우리의 수정을 받아들일 것이다. 정말 우리가 트로츠키를 당장 받아들이지 않는다면 그는 우리로부터 사라져버릴 것이라고 레닌은 주장했다.

마르토프는 아무런 이의를 제기하지 않았다. "트로츠키는 부정할 수 없는 재능을 보여주었고 생각이 꽤 우리 편이다. 그의 탁월한 웅변 덕분에 상당한 영향력을 발휘하고 있다"고 마르토프는 논평했다. 악셀로드도 트로츠키를 좋아해서 그와 이야기하는 데 여러 시간을 보냈고 또 여러 가지 계몽적인 얘기를 해줬다. 자수리치도 이 자신만만하고 유망한 청년을 호의적으로 대했다. 포트레소프는 물론 레닌과 마르토프에 동조했다. 그러나 플레하노프는 예상대로 반대했다. 그는 트로츠키가 편집진에 가담하게 됨으로써 빚어질 자신의 영향력 감소를 꺼려했던 것이다. 따라서 그는 편집진의 재조직은 다음 당 대회까지 미루자고 제의했다.

편집진에 새 사람을 끌어넣는 문제는 전원 일치의 투표에 의해서만 결정될 수 있는 것이어서 결국 트로츠키를 끌어들이자는 레닌의 제의는 부결된 셈이었다. 체면을 살리기 위해 레닌은 트로츠키를 투표권 없이 편집진에 초청할 것을 제의했다. 그러나 플레하노프는 여전히 반대했다.

그러자 플레하노프의 충실한 추종자인 자수리치가 "당신이 뭐라고 말해도 나는 그를 다음 회의에 데려오겠다"고 선언했다. 실제로 자수리치는 자신의 초청을 둘러싼 편집진의 분위기를 전혀 의식하지 못하고 있는 트로츠키를 회의에 데리고 나왔다. 플레하노프는 그를 냉담하게 대했다. 트로츠키는 뒷날 자신은 자기와 악수하면서 플레하노프가 보여준 '잘 꾸며진 냉담함'을 평생토록 잊을 수 없었다고 회고했다.[8] 어떻든 이로써 울람이 "연극적인 혁명적 인물"[9]이라고 부른 트로츠키가 『이스크라』에 참여하게 됐다.

3. 『이스크라』의 성장과 이에 맞선 『노동자의 대의』

『이스크라』의 영향력이 커지다. 레닌과 플레하노프의 불화 속에서도 『이스크라』는 발전을 거듭했다. 처음에는 한 달에 한 번 나왔으나 곧 2주일에 한 번 나오게 됐고, 러시아 국내로의 밀반입 통로는 더욱 넓어졌다. 이러한 성공은 게르첸의 『종』 이후 최초의 것이었으며, 그것을 뛰어넘는 수준이었다. 자연히 영향력도 커졌다. 그것은 정치 문제와 조직 문제에서 하나의 단단한 전선을 제시하는 것이었으며 자유주의자들·수정주의자들·경제주의자들·무정부주의자들, 되살아나고 있는 인민주의자들, 그리고 그 밖의 모든 경쟁적 그룹들을 이론적으로 몰아넣고 있는 것처럼 보였다. 플레하노프도 『이스크라』의 성공에 큰 만족을 표시하면서 악셀로드에게 이렇게 썼다: "레닌이 좋은 친구라는 것을 나는 결코 의심하지 않는다. 〔편집진의 모임이 열렸던〕 뮌헨을 여행하고 온 뒤 더욱 그러해졌다. 순전히 행정적인 일이 그가 많이 읽고 많이 쓰는 것을 막고 있다는 사실이 너무 나쁠 뿐이다. 그러나 『이스크라』의 제2호는 그럼에도 불구하고 대단히 좋다. 나는 크게 만족해서 그것을 읽고 있는 중이다."[10]

플레하노프는 마르크시스트 교리의 주요한 일반화를 해설했으며 그 교리를 특히 문화 분야에 적용했다. 레닌은 농업 문제를 주로 썼고 모든 파업과 소요를 찬양 고무했으며, 특히 경제주의자들과 사회혁명당원들에 대한 공격의 칼날을 날카롭게 했다. 가장 생산적이며 사색적인 마르토프는 당시에 발생하던 광범위한 문제들의 해설과 평가에 주력했다. 포트레소프는 병을 앓고 있었고 자신의 견해가 레닌이나 마르토프의 견해와 큰 차이가 없었으므로 별로 많이 쓰지 않는 편이었다. 나이 먹어가면서 그는 새로운 폭풍의 분위기 속에서 시대착오적 사고의 경향을 보여주었다. 풀어 말해, 이념에서는 마르크시스트적이지만 18세기 계몽주의자들의 기질을 보이곤 했다.

악설로드는 많이 쓰는 편이 아니었다. 그러나 그의 근본적인 정치적 논설들은 그들 운동의 내구적인 연대성의 질을 갖고 있는 것이었다. 자수리치는 여성으로서 다른 편집위원들이 결여한 점을 보여주었다. 감정적인 표현, 생생한 심리적 직관력, 사람들과 계획들을 정치적 입장의 단순한 구현으로서가 아니라 인간주의적이고 정감적인 입장에서 볼 수 있는 능력을 그녀는 보여주었다. 그녀는 그 이상의 능력도 가졌다. 플레하노프와 레닌을 헤어지지 못하도록 묶어놓으며 그 견해 차이를 부분적으로나마 조정해주는 능력이었다. 울람이 지적했듯이, 그녀의 이러한 능력이 『이스크라』, 곧 『불꽃』이 꺼지지 않도록 하고 있었다.[11] 그리고 이로써 해외의 러시아 망명자들과 국내의 혁명 운동가들에게 『이스크라』의 편집진을 밀접히 연결된 선수들의 팀으로 보이게 했던 것이다. 레닌은 악설로드가 담당했던 조직 부문, 곧 조직 이론의 개발과 조직 활동을 떠맡았다. 악설로드는 기꺼이 양보했다. 그는 조직의 실제적 활동 면에서 레닌이 자기보다 나은 재능과 관심과 정력을 가졌다고 확신한 것이다.

정말 레닌이야말로 러시아 마르크시스트 운동이 낳은 조직 이론과 조직 실무에 정통한 하나뿐인 인물이라고 해도 과장은 아닐 것이다. 그는 조직 실무의 미세한 부문까지 깊은 관심을 보였다. 그는 이곳저곳에 『이스크라』의 대표자를 보냈고, 각지의 본부와의 교신 담당 서기는 반드시 그가 선택하고 믿는 사람이어야 했으며 모든 편지를 일일이 자신이 읽었으며 거의 꼭 자신이 또는 아내 크루프스카야를 통해 답장을 쓰곤 했다. 그는 시베리아에서 풀려나왔거나 탈출한 유형자들을 잠시라도 런던에 초청해서 접대하고 그들에게 혁명 활동의 '내부 정보'를 들려주었으며 그들을 자기에 견고하게 연결시켜놓았다. 그는 지역 수준에서 일하고 있는 유망한 남녀를 발탁해서 전국적 수준에서 일하게 했으며, 경쟁적 그룹들의 견해가 지배적인 지역에는 『이스크라』의 이름으로 그의 요원을 상주시켰으며, 지역주의 또는 지역적 자치를 크게 약화시켜 『이스크라』의 중앙 집권적인 지배 아래 전러시아적 혁명 조직을 내세우기 위한 바탕을 닦아나갔다.

　『노동자의 대의』가 당 대회 소집을 요구하다. 이데올로기적 지도권을 놓고 볼 때 『이스크라』의 가장 주요한 경쟁자는 경제주의자들의 기관지인 『노동자의 대의』였다. 이 『노동자의 대의』는 『이스크라』보다 먼저 역시 해외에서 출간됐으며, 1902년말 현재 해외 망명객들과 러시아 내부에 『이스크라』보다 더 많은 지지자들을 갖고 있었다. 그러나 그것은 플레하노프와 같은 위신 높은 거장을 갖지 못했으며 레닌이 가진 것과 같은 강력한 권력을 갖고 있지 않았다. 그러면서도 『노동자의 대의』는 러시아 혁명 운동 세력의 통합을 위한 운동을 자신이 먼저 시작함으로써 점점 커지는 『이스크라』의 영향력을 줄여보려고 했다. 따라서 취리히에서 통합 대회를 소집하고 『이스크라』에도 초청장을 보냈다.

　『이스크라』는 『노동자의 대의』의 이러한 움직임이 『이스크라』의 세력을 약화시키려는 것임을 쉽게 알아챘다. 그러나 통합 운동에 대한 열망은 모든 러시아 혁명 운동가들과 그 지지자들 사이에 컸기 때문에 『이스크라』가 그 초청을 거절할 수는 없었다. 그래서 편집위원 전원이 취리히 회의에 참석하되 받아들이기 어려운 조건들을 제시하기로 했다. 『이스크라』 사람들의 작전은 주효했다. 결국 『이스크라』 사람들이 만든 통합의 불가능성을 기록한 결의안이 채택됐다. 플레하노프도 이 승리에 무척 흐뭇해했다.

　『노동자의 대의』 다음으로 통합 당 대회를 소집하려고 나선 것은 '유태인 사회주의 동맹'이었다. 이 단체는 통합 당 대회를 러시아의 비알리스토크Bialystok에서 비밀리에 열 것을 제의했다. 『이스크라』 사람들은 단을 이곳에 보내 당 대회가 시기상조의 것이며 부적절하게 준비됐고 불

충분하게 대표됐다는 점을 들어 이 당 대회는 장차의 당 대회를 준비하기 위한 '임시 회의'임을 선언하게 했다.

『이스크라』의 사무실이 이전하다. 그 동안 레닌은 러시아의 지방 조직들과 정례적인 연결을 이룩하려고 끊임없는 노력을 기울였다. 그의 편지를 통해, 그리고 일시적으로 방문하는 『이스크라』 요원들이나 또는 각 지방에 주재하는 『이스크라』 요원들을 통해 그가 늘 역설한 것은 정기적이며 상세한 보고서를 보내달라는 것이었다. 이러한 교신에서 그들은 물론 암호를 썼다. '『이스크라』를 발송한다'는 말 대신에 '맥주 둘'이란 표현을 썼고, '비합법적 책자'라는 말 대신에 '따뜻한 털'이란 표현을 썼으며, '여권'이란 말 대신에 '손수건'이란 표현을 썼다. 장소를 가리킬 때는 그 장소의 머릿글자와 같은 글자로 시작되는 크리스천 이름을 썼다. 예컨대 오데사 대신에 오시프Ossip, 폴타바 대신에 페티야Petya, 트베르 대신에 테렌티Terenty란 이름을 썼다. 그리고 자주 쓰이는 사람 이름은 주로 동물 이름을 딴 별명으로 통용했다. 예컨대 크르지자노프스키에겐 달팽이란 별명을, 레닌의 누이동생에겐 어린 곰이란 별명을, 크라신 Leonid Krassin에게는 말이란 별명을 붙여주었다.

『이스크라』는 대개 스톡홀름, 마르세유, 알렉산드리아, 갈리시아를 통해 러시아 국내로 밀송됐다. 그러나 크루프스카야에 의하면 발송량의 10% 미만이 목적지에 당도했다. 그렇지만 지형이나 또는 신문 한 장이라도 닿기만 하면 현지에선 쉽게 복사판을 만들어 돌리곤 했다. 러시아와의 교신은 레닌의 신경을 지치게 했다. 답장이 올 때까지 몇 주 또는 몇 달을 초조하게 기다려야만 했다. 어느 때는 거의 잠을 자지 못하기조차 했다. 그렇게 기다리던 답장이 그가 원하는 정보를 담지 못하고 있을 때 그는 마구 화를 내곤 했다. "그 잠 못 이루던 밤들은 나의 기억 속에 아로새겨져 있다"라고 크루프스카야는 뒷날 쓰고 있다.

1903년 4월에 『이스크라』의 편집위원회는 공식적으로 제네바로 옮겼다. 레닌은 『이스크라』 본부가 플레하노프가 살고 있는 제네바로 옮겨지는 경우 플레하노프가 유리한 입장을 취하게 될 것이라고 판단했기 때문에 제네바 이전안에 반대했다. 그러나 1903년초의 투표에서 이전안은 5

대 1로 통과됐다. 그만이 반대표를 던진 것이다.

4. 2차 당 대회 준비 과정에서 레닌과 플레하노프가 다투다

플레하노프의 초안. 사실 레닌과 플레하노프 사이의 균열은 1902년 1월부터 깊어지고 있었다.[12] 그런데 다가오는 당 대회가 채택할 프로그램의 초안을 놓고 두 사람의 틈은 더욱 벌어졌다. 레닌을 빼놓은 모든 사람들에게, 플레하노프가 막 태어난 정당의 프로그램을 써야 한다는 것은 자명한 것으로 언제나 받아들여지고 있었다. 1883년에 노동자 해방 그룹을 창건한 이후 20년 동안 플레하노프는 러시아의 모든 마르크시스트 혁명가들로부터 그들 운동의 창건자요 뛰어난 지도자이며 사상가요 교사로서 존경을 받아왔다. 그의 저작들은 프랑스어와 독일어로 해외에서 번역돼 광범위하게 읽혔으며 또 인정을 받아왔다. 그는 철학 · 미학 · 문학 · 역사 · 사회학 · 경제학, 그리고 마르크시즘이란 이름 아래 들어갈 수 있는 모든 주제들에 대해 밝았다. 1901년 한 해 동안 6개월 이상을 그는 당의 영원한 이론적 바탕이 될 당 프로그램을 만들어내는 데 고심해왔다. 그것을 완성하자 그는 『이스크라』 편집위원회의 공식 승인을 요청했다. 그는 『이스크라』의 이름으로 당 대회에 제출할 생각이었다. 자신의 안에 대한 그의 자부심은 매우 컸다. 어떤 수정도 허용할 수 없다는 비타협적 태도를 처음부터 과시했다.

레닌의 초안. 레닌은 플레하노프가 작성한 당 프로그램 초안을 읽고 또 읽었다. 밑줄을 긋기도 하고, 2중 3중의 의문 부호를 달기도 했으며 문체에 대해 몇 가지 자기 나름의 논평을 써넣기도 했다. 어느 문장이나 어느 구절도 그의 비판을 피하지를 못했다. 우아하고 완벽하며 고도로 이론적인 플레하노프의 초안은 완전히 해체가 되어 날카롭고 세밀한 레닌의 비판과 대안 속에 묻혀버리고 말았다. 레닌이 제시한 수정 가운데 어느 부분은 학문적인 논쟁을 보여주고 있다. 레닌은 마치 머리카락이라도 쪼개는 자세로 플레하노프의 용어를 따지고 나온 것이다. 반면에 어느 부분은 두 사람의 기질상의 차이, 러시아의 특수 문제에 대한 접근 방법의 차이, 사회주의 운동에 대한 태도의 차이를 보여주고 있다. 플레하노프가 유럽 정향적인 데 비해 레닌은 러시아 정향적이었다. 플레하노프의 초안은 무엇보다도 마르크시즘의 이론적인 일반화를 러시아에 가르쳐주는 데 있었으며 열두 개의 항목 가운데 열번째 항목만이 러시아의 특수 상황을 다루고 있었다. 인민주의자 시대의 플레하노프는 정력적이며 실제적 선동가요 조직가로서의 관심과 재능을 보였었다. 그러나 해외에 오래 머물면서 혁명의 현장으로부터 떨어져 있게 된 결과, 그는 학자이면서 동시에 철학가가 돼버렸다. 그는 역사 발전의 법칙과 변증법 등의 학문적 이론 연구에 몰두했고, 조직 문제를 이론적 작업보다 열등한 것이라고 여기게 됐다. 따라서 그의 초안은 추상적인 성격의 것이었다. 레닌의 표현으로 "그것은 원칙의 선언일 뿐 투쟁하는 정당의 실제적 강령이 아니었다."

그에 비해 레닌은 진정한 마르크시스트 정치가로서 실제적 조직가요 선동가였다. 그는 학자나 철학자가 되고자 하는 것이 아니라 혁명의 성취를 통해 권력을 장악하고자 한 것이다. 따라서 레닌에게는 마르크시즘의 이론적 일반화가 아니라 러시아 혁명을 성취시키기 위해 마르크시즘을 어떻게 해석하고 원용하느냐가 더 큰 관심의 대상이었다. 레닌은 플레하노프의 초안을 비판하는 데 그치지 않고, 플레하노프의 초안에 대항하는 자기 자신의 초안을 만들어냈다. 지적 미학의 견지에서 볼 때, 레닌의 초안은 거칠고 우아하지 못했다. 그러나 그것은 러시아라는 단어로 시작하고 있으며 실제적인 문제를 집중적으로 다루고 있었다. 자본주의에 대한 통상적인 마르크시스트의 서술과 분석을 그대로 받아들이면서 오직 그것을 러시아의 특수성에 어떻게 연관시키느냐 하는 문제에 신경을 크게 쓰고 있었다.

두 초안의 차이. 두 사람의 초안은 각각 두 사람의 기질적인 차이를 드러내기도 했다. 플레하노프의 초안이 논리적이며 우아한 것이었다면 레닌의 초안은 정열적인 것이었다. 레닌의 초안에는 파토스, 곧 열정이 넘쳐흘렀다. 플레하노프가 프롤레타리아트의 '불만' 이라고 쓴 부분에 대해 레닌은 프롤레타리아트의 '분노'라고 썼으며, 플레하노프가 '노동'이라고 쓰고 있음에 비해, 레닌은 '노동자'라고 쓰고 있었다. 플레하노프가 프롤레타리아트의 "운명이 악화되고 있다"라고 쓴 부분에 대해, 레닌은 "실업이나 빈곤이라고 직접적으로 표현하는 것이 낫지 않겠는가"라고 논평했다. 이러한 차이는 독특한 것이었다. 분석적인 논리로의 경사(傾斜)는 마르크시즘의 교사인 플레하노프를 특징짓고 있었고, 파토스로의 경사는 장차 선동가가 되고 실제적인 정치가가 될 레닌을 특징짓고 있었다.

문체의 문제에서뿐만 아니라, 내용의 본질 문제에서도 견해 차이가 있었다. 그 가운데 가장 심각한 쟁점은 농촌 문제였다. 레닌은 토지의 국유화, 곧 국가와 교회 및 지주가 소유한 토지뿐만 아니라 그 밖의 모든 토지의 국유화를 주장한 것이다. 물론 플레하노프와 그의 지지자들은 그의 주장에 반대하지 않았다. 다만 어느 시기에 그것이 이뤄져야 하는가가 문제였다. 레닌은 부르주아 혁명의 성취와 더불어 그것이 실현되어야 한다고 보고, 따라서 현재의 반차리즘 투쟁이 추구하는 목표의 하나로 설정돼야 한다고 주장했다. 레닌은 그러한 구호가 농민의 혁명적 정열을 살아 있게 할 것이며 그것은 부르주아 혁명을 성취하는 목표에 농민의 힘을 동원하는 원천이 될 것으로 기대한 것이다. 그러나 플레하노프는 토지의 국유화는 생산의 모든 수단의 국유화가 추진되는 사회주의 혁명의 시대에 이뤄져야 한다고 반박했다.

마지막으로 레닌은 플레하노프 초안에 대한 그의 비평과 대안에서 그가 좋아하는 다음 두 개의 주제를 내세웠다. 첫째가 노동자들의 불만은 자본주의의 성장과 함께 성장할 것이지만, 노동자들의 사회주의적 의식은 성장하지 않기 때문에 "우리들에 의해 가져다 주어지지 않으면 안 된다"는 것이었다. 그리고 둘째가 사회민주주의는 "프롤레타리아트의 투쟁을 이끌어나갈 혁명가들의 조직을 창출해내는 것을 목적으로 한다"는 것이었다. 뒷날 스탈린이스트 역사학자들은 플레하노프가 그의 초안에서 '프롤레타리아트의 독재'를 생략시켰다고 기술하고 있다. 그러나 이것은 사실이 아니다.

　'이론적 정통성'의 입장에서 볼 때, 플레하노프나 레닌이 상대방이 작성한 프로그램 초안을 수락할 수 없는 이유는 없었다. 그러나 그들은 일련의 초안들을 계속해서 만들어냈으며 상대방의 초안에 무자비한 비판을 가했다. 두 사람의 대립 의식은 너무나 강했기 때문에, 『이스크라』편집·논설진의 다른 위원들은 중재위원회를 만들어 조정을 꾀하지 않으면 안 됐다. 이 중재에 대해 그러나 플레하노프는 냉담하게 대했다. 그는 자신의 안과 레닌의 안 사이에는 하늘과 땅의 차이가 있다고 주장하면서, 자신의 초안이 그대로 받아들여지지 않는다면 자신은 독자적인 길을 걸을 수밖에 없다고 최후 통첩을 발표한 것이다.[13] 확실히 분열의 위험이 있었다. 이에 레닌을 빼놓은 나머지 위원 전원은 플레하노프의 초안에 찬성 투표를 했다. 마침내 레닌도 이에 승복했다.

　『이스크라』의 이름으로 작성된 당 프로그램 초안을 당 대회에 보고할 사람은 물론 플레하노프였다. 그리고 그것은 1917년 10월 혁명 이후까지도 공식적으로 인정된 볼셰비키 당 프로그램으로 남는다. 오직 한 가지 점에서만 레닌은 플레하노프의 초안을 수정하는 데 성공했다. 레닌은 토지와 농민의 문제에 대해 러시아의 특수성을 고려한 특별 강령을 당 프로그램에 추가할 것을 제의했는데 이것이 받아들여진 것이다. 이 추가 조항은 그뒤 여러 차례 바뀌었는데, 그것은 언제나 레닌의 제의에 따른 것이었다. 러시아 마르크시스트들 가운데 그만이 농민 문제에 대해 깊은 관심을 갖고 있었으며 끊임없이 생각하고 있었다. 그리고 이것은 1917년 러시아 혁명 당시 그의 힘의 원천이 된다.

　레닌의 작업 방식. 노선의 차이가 표면화됐다고 해도 레닌은 다시 한번 플레하노프와의 화해를 이룩하는 것이 중요하다고 판단했다. 혁명적 마르크시즘의 제일가는 교사이며 지도자인 플레하노프의 동의와 지지 없이 당 대회에서 수정주의자와 경제주의자 및 그 밖의 반대파의 얼굴을 맞대기란 불가능하게 느껴졌기 때문이다. 따라서 레닌은 '사회주의 인터내셔널' 대회에 참석하기 위해 브뤼셀로 가고 있는 플레하노프에게 런던을 경유해서 자기와 이야기할 것을 역설했다. 레닌은 이렇게 썼다:

당신의 보고는 여기의 우리에게 아주 유용할 것입니다. 그러나 당신이 이곳에 와야 할 주요 이유는 토론을 요구하는 몇 가지 일들이 있기 때문입니다. 당을 단합시키기 위해서 취해져야 할 조처들, 당 대회에 내놓을 의제, 우리들에 의해 행해져야 할 보고는 어떤 것인가에 대한 문제 등등이 그것들입니다. 〔……〕당신도 알겠지만, 우리가 〔비공식적으로〕『노동자의 대의』사람들에게 더 우호적으로 나가기 시작하는 것이 좋을 것 같다는 생각입니다. 〔……〕굳은 악수와 함께, 당신의 레닌.[14]

레닌이 여러 가지 문제들에 대해 플레하노프의 의견을 묻고 있었지만 그 스스로는 이 모든 문제들에 대한 자신의 해답을 이미 갖고 있었으며 러시아에 있는 그의 『이스크라』요원들에게 명백한 훈령을 주고 있었다. 이 편지를 플레하노프에게 보내기에 앞서 레닌은 하르코프 Kharkov에 있는 레빈 E. Y. Levin에게 다음과 같은 훈령을 보냈었던 것이다. 곧, 유태인 동맹에 대한 당의 태도가 무엇보다 제일 먼저 결정되어야 한다는 것과 만일 유태인 동맹이 당내 자치권을 계속 고집한다면 당 대회로부터 추방되어야 한다는 것 등이 우선 강조됐다. 그리고 두번째로 다뤄져야 할 문제는 원칙의 기본 문제에 관해 비정통적인 것과 정통적인 것을 구별해내는 것이라고 그는 지적했다. 그 다음 세번째로 다뤄져야 할 문제는 당 중앙 기관의 문제인데 레닌은 『이스크라』가 당의 중앙 기관이어야 한다고 주장했다. 『이스크라』는 당에 대한 '이데올로기적 지도권'을 가져야 하며 계속해서 해외에서 출판돼야 하고 당 중앙위원회와 함께 실제적 투쟁을 수행하지 않으면 안 된다고 그는 주장했다. "가능한 한 중앙 집권화를! 지방위원회의 자치권은 지방 문제에 국한하되 그것도 중앙위원회가 거부권을 갖는다는 조건 아래서! 지방의 조직은 오직 중앙위원회에 의한 동의와 합의에 의해서만!"이라고 그는 강조했다.

이 편지는 그가 제의한 열한 개의 제의 토의 순서가 바뀔 수도 있음을 시인하고 있다. 그러나 당 중앙 기관의 문제는 될 수 있는 대로 빨리 논의되고 어떤 결정에 도달돼야 한다는 것을 강조했다. 이 문제에 대해 반대하는 자들과는 '헤어져도 좋다' 또는 '분리되어도 좋다'고 그는 주장했다. 실제로 곧 열리는 제2차 당 대회에서 러시아 사회민주당은 볼셰비키와 멘셰비키로 '헤어지고' '분리된다.' 따라서 레닌이 '헤어진다' '분리된다' '제 갈 길을 간다'는 뜻을 가진 '라조이티스razoitis'라는 단어를 썼을 때 그가 과연 통합 대회에서의 '분리'를 예견했었는지는 의문이다. 그러나 그 용어를 썼을 때의 레닌은 확실히 그런 심정에 젖어 있었다. 레닌뿐 아니라 플레하노프도 비슷한 결심을 하고 있었다. 특히 유태인 동맹에 대해 그러했다. 만일 유태인 동맹이 전국적인 문제에 관한 자신의 견해에 동의하지 않고 또 『노동자의 대의』 그룹이 자신의 프로그램에 반대한다면 그들과 헤어져도 좋다는 생각을 갖고 있었다.

레닌의 편지는 또한 레닌의 작업 방식, 그리고 그가 그의 정적과의 전투를 어떻게 준비하는가를 잘 보여준다. 대부분의 사람들은 대개 막연한 흥분감을 안고 회의장에 나타나게 마련이다. 회의장에 가서 여러 사람들과 의견을 교환하고 깊은 토론 속에 들어가면 여러 가지 좋은 구상이 여기저기서 쏟아져나와 그것을 바탕으로 결국 가장 합리적인 결론에 도달할 수 있다고 생각하고 회의장에 임하는 것이다. 그러나 레닌은 그렇지 않았다. 그는 집단적 토론, 그리고 자연발생적이거나 즉흥적인 합의의 가치를 전혀 믿지 않았다. 그는 대결이 있다고 생각되는 모임을 앞두고는 모든 경우에 대비해 철저한 전략을 짜는 사람이었다. 그래서 이 편지에서도 그는 레빈에게 이렇게 쓰고 있다: "모든 지방위원회와 그룹으로부터 그것이 조직위원회를 인정하는가 여부에 대한 공식적이며 서면으로 쓴 답을 반드시 얻어내라."

통합 당 대회를 앞두고 레닌이 신경을 가장 많이 쓴 대상은 상트 페테르부르크와 유태인 동맹 및 지방위원회였다. 상트 페테르부르크는 반(反)『이스크라』 경향이 다수를 차지하고 있는 지역이었기 때문이고, 유태인 동맹은 당내 자치권을 가장 많이 누리고 있어 『이스크라』 세력이 이번에는 반드시 그들의 자치권에 종지부를 찍으려 했기 때문이며, 지방위원회는 통합 당 대회에 파견할 대의원 대부분을 선출하는 기구였기 때문이다. 레닌은 이 조직에 침투한 자신의 또는 『이스크라』 요원들에게 그 점들을 주지시키고 '뱀처럼 현명하게 그리고 비둘기처럼 부드럽게'

공작할 것을 지시한 것이다. 이처럼 조직 문제에 대해서만 신경을 쓴 것이 아니라 예상되는 토론의 준비에도 만전을 기하려고 했다. 그가 당 대회에 제안하고 싶은 문서와 결의안, 그가 행하고 싶은 보고나 연설, 예상되는 반박에 대한 모든 문제까지도 그는 철저히 준비해놓았다.

제12장

러시아 사회민주당 2차 대회가
볼셰비키와 멘셰비키로 분열되다

1903년 7월과 8월 사이에 마침내 러시아 사회민주당 제2차 대회가 열렸다. 이 대회는 여러 갈래로 나뉜 러시아의 모든 마르크시스트들을 러시아 사회민주당의 간판 아래 통합시키려는 의도에서 열렸다. 그러나 역설적이게도 통합을 지향한 이 대회에서 당은 볼셰비키와 멘셰비키로 분열된다. 그리고 그 분열의 중심에 레닌이 서 있게 된다. 이 장은 이 대회만을 다루기로 한다.

자료에 대해 간단히 설명하겠다. 울람 교수에 따르면, 이 대회에 관한 분석으로는 우리가 이제까지 자주 의지한 월프의 『혁명을 이룩한 세 사람』가운데 230쪽으로부터 248쪽까지가 가장 뛰어나며 이 이상의 서술이 어렵다고 한다.[1] 기본적으로 이 부분을 활용하면서 다른 자료들도 참고하기로 하겠다.

1. 통합 당 대회가 열리다

밀정이 레닌 측근에 침투하다. 1903년 여름 마침내 제2차 당 대회가 벨기에의 수도 브뤼셀에서 열리게 됐다. 60명 가까운 혁명가들이 러시아의 지하로부터 또는 해외 망명지로부터 벨기에 경찰의 눈을 피하면서 브뤼셀에 모여들었다. 대의원 가운데 네 명은 노동자 출신이었으며 나머지는 전형적인 인텔리겐치아였다. 브뤼셀의 지리나 분위기에 익숙지 않은 대의원들은 콜트조프Koltzov의 집으로 찾아와 보고하도록 되어 있었다. 그러면 비밀 회의장에 안내되곤 했다.

그러나 대회가 진행되고 있을 무렵엔 브뤼셀 전체가 어떤 이상스런 러시아 사람들이 벨기에의 대외 관계에 결코 이로울 것 같지 않은 일을 위해 비밀스런 모임을 갖고 있다는 것을 눈치채고 있었다. 사실 이 대회에는 제정 러시아의 비밀 경찰이 이미 침투해 있었으니 그가 바로 레닌의 심복들 가운데 하나였던 의사 지토미르스키Zhitomirsky였다. 이 사람은 1902년 이래 레닌의 뒤를 밟는 임무를 띤 밀정으로서 레닌은 이 사실을 까맣게 모르고 그를 언제나 요직에 임명하고 있었다. 뒷날 볼셰비키가 사용한 자금이 불법적으로 획득한 자금이었다 하여 당내에서 논란이 벌어졌을 때 레닌은 조사를 철저히 수행할 뿐만 아니라 그런 얘기가 경찰에 들어가지 않도록 하는 조사위원회를 구성했는데 그 위원회에 레닌은 '믿을 수 있는 사람'으로 이 사람을 집어넣었다. 또 레닌이 비밀리에 갖고 있던 몇 개의 위원회들 가운데 가장 비밀적인 위원회는 레닌과 보그다노프와 크라신으로 구성돼 있었는데 레닌이 나머지 두 사람을 추방하고 대신 집어넣은 사람이 바로 이 사람이었다.

『이스크라』가 다수를 차지하다. 이런 문제에 대해서는 아주 정확한 사람인 레닌의 기술(記述)에 따르면 이 당 대회에는 표결권이 있는 43명의 대의원들이 참가했다. 이들 가운데 몇 사람은 다른 대의원의 위임장을 받았기 때문에 두 표를 갖고 있었으며 따라서 표수는 51표에 이르렀다. 그 밖에 14명의 대의원들이 참가했는데, 이들은 발표권은 있었으나 투표권은 없었다. 『이스크라』의 악셀로드와 자수리치 및 포트레소프, 유태인 동맹의 아르카디 크레머 Arkadi Kremer, 조지아 사회민주당의 창건자이며 뒷날 조지아의 단명했던 민주공화국의 대통령이 되는 노아크 조르다니아 Noak Zhordania, 폴란드 사회민주당의 하네키 Jacob Hanecki와 바르스키 Adolf Yurii Warski 등이 바로 이 그룹에 속했다. 51표 가운데 레닌의 남동생인 드미트리 울리야노프, 사마라와 시베리아 유형 시절의 옛 친구들, 그가 개인적으로 러시아에 보냈던 몇 명의 『이스크라』 요원들이 포함되어 있었다. 한편 『이스크라』의 주요 경쟁자인 『노동자의 대의』는 당 대회에서 세 표밖에 갖고 있지 못했다. 그러나 그 그룹은 해외 망명자들의 상당한 부분으로부터 지지를 받고 있었으며 상트 페테르부르크에서는 결정적인 다수표를 갖고 있었다. 러시아에서 수적으로 가장 크고 가장 잘 조직된 노동자 단체인 강력한 유태인 동맹도 겨우 다섯 표밖에는 갖고 있지 못했다. 나머지 대의원 가운데 여섯 명은 별로 알려지지 않고 개성 없는 사람들로서 어느 때는 이쪽 그룹에 투표하고 어느 때는 저쪽 그룹에 투표하곤 했다.

당 대회의 개막. 당 대회는 마침내 1903년 7월 30일에 큰 밀가루 창고에서 열렸다. 축제의 기분을 내기 위해서 붉은 천으로 내부를 장식했으나, "낡은 이 건물 안에는 쥐새끼들이 뛰돌아다니고 밖에는 러시아 형사들과 벨기에 형사들이 둘러싸고 있었다."[2] 이 당 대회를 위해 스무 해를 기다려온 플레하노프가 감동적인 개회 연설을 했다. 소리를 죽여 인터내셔널의 노래를 부르는 대의원들의 눈에는 눈물이 고여 있었다. 1898년에 민스크에서 열렸다가 경찰에 적발되는 바람에 유산되고 만 창당 대회에 대한 존경의 뜻에서 그들은 이번 당 대회를 제2차 당 대회라고 불렀다. 그러나 실질적인 의미에서는 이번 당 대회가 제1차 당 대회였다. 또한 그것은 각종의 지역위원회들, 경쟁적 파당들, 서로 싸우는 기관지들, 그리고 국내 조직과 해외 망명 그룹들을 하나의 '전러시아 사회민주노동당 All Russian Social Democratic Labor Party'으로 통합시키는 통합 당 대회였다. 이 당은 보통 '러시아 사회민주당'으로 불린다.

그러나 감격과 흥분도 잠깐으로 당 대회는 곧 대표들의 자격 문제를 놓고 싸움에 들어갔다. 물론 레닌의 표현대로 "당 대회의 구성 문제는 조직위원회에 의해 사전에 해결됐다." 그러나 다만 형식의 문제로서 당 대회는 대의원의 자격을 인정할 위원회를 세우지 않으면 안 됐다. 그래서 위원회가 막상 구성되자 여기엔 유태인 동맹의 한 맹원이 끼게 되었는데 그는 레닌의 표현을 빌리면 "다른 위원을 지치게 하는 전략을 적용하여 새벽 세시까지 붙들고 있고 그러고도 모든 문제에 대해 '특별 의결'이란 걸 붙이고 있었다." 그는 또한 당 대회가 『이스크라』가 지배하는 조직위원회에 의해 "포장이 되어버렸다"고 불평했다. 물론 그의 항의는 모두 묵살됐다.

그리고 나서 폭풍이 있기에 앞서 한차례 바람이 일 듯 레닌과 마르토 프가 충돌했다. 그것은 겉으로 보기에는 작은 문제였으며 대회장에서 일어난 것이 아니라 『이스크라』 대의원단의 사사롭고 비밀스런 회합에서 일어난 것이었다. 여기서 그들은 당 대회의 상임위원회를 만드는 문제에 대해 얘기하고 있었다. 총회의 시간을 잡아먹지 않도록 사전에 합의를 보는 그런 기구를 만들자고 얘기하게 된 것이다. 그러자 마르토프는 유태인 동맹의 대표 한 사람과 『노동자의 대의』의 대표 한 사람을 포함하는 9인 상임위원회안을 제의했다. 그러나 레닌은 『이스크라』파의 3인만으로 구성되는 상임위원회안을 제의하고 이 상임위원회가 "굳건한 자세로써 만일 필요하다면 철권으로써 당 대회를 끌고 나가야 한다"고 주장했다. 레닌의 강압적 제의는 당 대회의 동의를 얻어냈다. 그래서 상임위원회는 플레하노프를 의장으로 하고, 레닌과 크라시코프를 각각 부의장으로 하는 세 사람으로 구성됐다. 이들은 물론 모두 『이스크라』 출신이다.

2. 『이스크라』 사람들이 단결하다

유태인 동맹의 탈퇴. 레닌이 예견하고 따라서 준비했던 바와 같이 첫번째의 본격적인 토론은 유태인 동맹의 당에 대한 관계의 문제를 놓고 벌어졌다. 유태인 동맹은 러시아의 지배를 받는 폴란드와 리투아니아 및 백러시아의 유태인 지역이 각성하면서 생겨난 단체였다. 유태인 동맹이 생긴 그해에 역시 세계에서 유태인이 가장 많이 모여 살던 이 지역들에서 유태인 동맹과는 경향을 달리하며 동시에 경쟁자가 되는 유태인 민족주의 운동, 곧 시온주의 운동이 탄생했다는 것은 유태인의 각성을 상징하고 있는 것이었다.

처음 몇 해 동안 유태인 동맹은 유태인 문제의 해결 속에 러시아의 노동자들을 끌어들이는 데만 온 신경을 썼다. 상트 페테르부르크에서 레닌과 제휴하기에 앞서 잠시 유태인 동맹에 가입했던 마르토프의 표현을 빌리면 유태인 동맹은 "러시아어를 이해하지 못하는 유태인 대중과 접촉하는 것을 잊고 있었다." 그러나 유태인 동맹은 유태인 노동자들이 조직과 의식에서 러시아 노동자들을 훨씬 앞서고 있음을 곧 깨닫게 됐다. 동시에 시온주의 운동과의 싸움은 그들로 하여금 이디시어를 그들의 언어로 채택하도록 했을 뿐만 아니라, "민족 의식과 계급 의식의 성장은 함께 이뤄지지 않으면 안 된다"는 것을 인식하도록 만들었다. 따라서 그들은 유태인 문제의 취급에서 계속적인 자치권을 반드시 관철시키며, 그들이 러시아 안의 모든 유태인 사회주의자들을 대표하고 있다는 것을 관철시켜야 하겠다는 결의를 갖고 이 당 대회에 나온 것이다. 유태인 동맹의 이러한 요구와 주장은 당의 조직에 관한 이론과 민족 자치에 관한 이론에 연결되는 것이었다.

그들의 주장을 받아들인다는 것은, 러시아의 모든 소수 민족들이 각성해서 역시 유태인 동맹과 비슷한 자치권을 요구하는 경우 그 요구가 받아들여져야 한다는 것을 의미한다. 이렇게 되는 경우, 러시아 사회민주당은 필연적으로 중앙 집권적인 당이 아니라 연방적인 당이 될 것이다. 그리고 연방적인 러시아 사회민주당이 정권을 장악하는 경우 그 국가는 중앙 집권적인 국가가 아니라 연방적인 국가가 될 것이다. 레닌은 이것을 맹렬히 반대했다. 마르토프, 트로츠키, 악설로드, 러시아에 동화된 유태인들, 그리고 다소간 러시아화한 남부 러시아의 유태인들도 모두 유태인 동맹에 반대하여 레닌과 플레하노프를 지지했다. 이들도 모두 '중앙 집권적인 당'의 원리를 지지했으며 또 초국가적 국제주의라는 이름 속에서 민족주의에 대한 사회주의자로서의 불신감을 갖고 있었다. 또 당 대회에 참석한 대부분의 대의원들은 무의식중에도 '대(大)러시아 민족주의'를 갖고 있었다. 결국 유태인 동맹의 자치권 요구는 거절됐으며, 이것은 "유태인 동맹 대표들의 퇴장의 길을 닦아주었다."[3] 뒤에서 보게 되듯, 이들의 퇴장은 러시아 사회민주당의 앞날에 예기하지 못한 결과를 가져온다.

아키모프와의 논쟁. 당 대회는 러시아 마르크시즘의 공인된 창건자인 플레하노프의 사회에 의해 진행됐다. 그리고 그가 당 프로그램에 관해 당 대회에 보고했다. 그 모습을 트로츠키는 1929년에 다음과 같이 회고했다: "프로그램에 대한 명백하고 과학적으로 정확한 윤곽을 그 마음속에 지니고 자기 자신과 자기 자신의 지식 및 자기 자신의 우월성을 확신한 채 즐거우면서도 비꼬는 듯한 눈빛을 발하면서, 약간 연극조이지만 생동하고 표정이 풍부한 제스처를 써가면서 플레하노프는 기지와 박학의 살아 있는 불꽃으로서 모든 참석자들을 비춰주었다."4)

확실히 그의 연설은 열광적인 박수를 받았다. 그리고 개회에 이어 계속된 모든 회의의 의장으로서 뜨거운 박수 속에 선출됐다. 개회사에서 그는 이번의 당 대회가 러시아 사회민주당의 역사에서 하나의 새 기원이 될 것이라고 말했다. 물론 그가 이렇게 말했을 때, 그는 이 당 대회가 당 내의 모든 세력을 통합시키고 그럼으로써 당의 힘을 앙양시킬 것이라는 확신 속에서 한 것이었다. 그러나 이 통합 당 대회에서 러시아 사회민주당은 분열되고 마는데, 그런 뜻에서 확실히 그 당 대회는 '하나의 새 기원'이 됐다고 할 것이다. 맥닐 Robert H. McNeal의 표현을 빌리면, 이로써 "이 당 대회는 러시아의 마르크시스트들을 거의 동시에 단결시키고 분열시킨 것으로 이름나 있다."5)

당 대회의 구성과 플레하노프의 위신에 비추어 그의 프로그램안의 채택은 이미 내려진 결론이었다. 그러나 경제주의자 아키모프와 마르티노프가 이끄는 몇몇 대의원들은 끈질기게 반대하고 나섰다. 문장 하나하나 아니 문구 하나하나를 따지고 나섰으며, 이로써 토론은 대회의 20차 회의 전체에 걸쳐 진행됐다. 아키모프는 22개의 수정안을 제출하면서 당 프로그램이 프롤레타리아트에 대한 당의 감독이라는 정신으로 일관되어 있다고 비판했다. 그는 이렇게 주장했다: "당과 프롤레타리아트의 개념이 서로 대립되는 것으로 되어 있다. 즉 당은 능동적인 존재, 원인이 되는 존재, 집단적 존재임에 비해 프롤레타리아트는 당이 운영하는 대상으로서의 수동적 매개체로 간주되어 있다. 당의 이름은 전체를 통해 주어로서 또는 주격으로 사용되고 있음에 반해 프롤레타리아트의 이름은 목적어로서 또는 목적격으로 사용되고 있다."6)

아키모프의 이러한 비판을 많은 대의원들은 하나의 '문법적 비판'이라 비웃었다. 그러나 아키모프는 확실히 문제의 핵심을 찔렀다. 과연 뒷날 레닌이 세운 소련의 정치 체제 아래서 당이 주인이고 대중은 당의 지배를 받는 한낱 객체가 되고 만 것이다. 아키모프의 공격의 초점은 다음의 의문들 속에 집중되어 있었다:

사회 혁명을 위한 핵심적 조건은 프롤레타리아트의 독재, 곧 착취자들의 모든 저항 노력을 완전히 분쇄할 수 있는 힘을 프롤레타리아트가 장악하는 것이다. 당 프로그램 초안은 민주 공화국을 약속하고 있다. 그런데이 민주 공화국과 독재와는 어떻게 조화될 수 있는가? 또 프로그램 초안은 자유롭고 평등하며 직접적이고 비밀이 보장되며 보편적인 선거에 의한제헌 의회의 창설을 약속하고 있고, 언론·출판·정당·결사·양심·직업의 자유를 보장하고 있으며, 지위·성·인종·종교·민족에 관계없이모든 시민의 평등을 약속하고 있다. 이런 것들과 독재는 어떻게 조화될 수있는가? 독재 때문에 고통을 겪고 있는 사람들의 대변자인 우리가 독재를옹호할 수 있단 말인가?[7]

이에 대해 트로츠키는 『공산당 선언』의 구절을 따 다음과 같이 반박했다: "노동 계급의 지배는 노동 계급의 대다수가 그것을 갈망함에 있어서단합될 때까지는 생각할 수 없다. 그렇게 되면 그들은 압도적인 다수가될 것이다. 이것은 작은 음모가 집단이나 소수당의 독재가 되는 것이 아니라 반혁명을 방지하고 광대한 다수의 이익을 옹호하는 광대한 다수의독재가 되는 것이다. 간단히 말해 그것은 진정한 민주주의의 승리를 대변하는 것이다."[8]

뒷날 스탈린이스트 역사학자들은 이 연설이 '독재 원칙의 부정'이었다는 구실로 트로츠키를 공격하게 된다. 그리고 트로츠키 스스로도 1917년에 실제로 이 주장을 버린다.

플레하노프의 답변. 플레하노프는 아키모프와 마르티노프 및 이들의 지지자들이 두 개의 명백한 일들을 혼동하고 있다고 답변했다. 그 하나는 차리즘을 전복하고 민주 공화국을 세우는 즉각적인 프로그램이며, 다른 하나는 사회주의를 위한 장기적 투쟁인데 이것은 민주 공화국이 수립되고 나서야 비로소 시작될 수 있는 것이라고 그는 주장했다. 그는 다음과 같이 말했다:

> 물론 우리는 보통 참정권을 요구의 앞자리에 내세운다. 그러나 혁명가로서 우리는 우리가 그것을 맹목적 숭배의 대상으로 전환시키는 것을 바라지 않는다고 공개적으로 말하지 않으면 안 된다. 승리를 얻은 노동 계급이 자신의 반대자인 자본 계급으로부터 당분간 참정권을 박탈하는 상황을 상상하기란 어렵지 않다. 혁명의 건강이야말로 최고의 법이다. 만일 혁명의 안전이 민주주의의 원칙 가운데 이 원칙이나 저 원칙의 잠정적 제약을 요구한다면, 주저하는 것이 범죄가 될 것이다. 어떤 대의원은 민주주의를 위해 임기 2년의 의회제를 당 프로그램에 포함시키도록 요구하고 있다. 더 민주주의적이기 위해서는 1년제가 어떻겠는가?
>
> 그러나 동지들! 의회의 임기는 우리 혁명가에게는 이차적 문제임을 알아야 한다. 만일 혁명적 열광의 순간에 인민이 아주 유리한 의회를 선출했다면 자연히 우리는 그것이 장기(長期) 의회가 되도록 만들어야 할 것이다. 그러나 만일 선거의 결과가 노동 계급에 대해 나쁘게 나타났다면 우리는 2년 끝에가 아니라 가능하다면 주마다 그 의회를 해산하도록 해야 할 것이다.[9]

이 논쟁에서 레닌은 아무 말도 하지 않았다. 그러나 그는 플레하노프의 반론에 완전히 동의하고 있었다. 실제로 15년 뒤, 곧 러시아 혁명 직후 자유·평등·직접·보통 선거에 의해 선출된 제헌 의회를 해산하면서 레닌은 바로 플레하노프의 이 말을 그대로 인용한다.

프롤레타리아트의 독재. 당 대회는 플레하노프와 레닌을 가깝게 만들어 놓았다. 플레하노프가 공개 회의를 지배하고 레닌은 막후 회의를 지배했다. 플레하노프가 논쟁을 이끌어나간 대신 레닌은 득표에 주력했다. 이러한 노력으로 당 프로그램 초안은 마침내 채택됐다. 기권한 아키모프를 빼놓고는 전원이 찬성 투표를 한 것이다.

이 당 프로그램은 두 개의 연속적인 혁명, 곧 차리즘의 전복을 의미하는 부르주아 민주주의 혁명과 자본주의의 전복을 의미하는 프롤레타리아 사회주의 혁명을 규정하고 있었다. 그러면 이 두 개의 혁명 사이의 관계는 무엇인가? 부르주아지가 프롤레타리아트의 지원을 받아 먼저 혁명을 일으켜야 하는가 또는 프롤레타리아트가 부르주아 혁명을 일으킨 다음 권력을 일단 부르주아지에게 넘겨주고 다시 혁명을 일으켜 자신들이 권력을 장악해야 한다는 것을 의미하는가? 또는 직업적 혁명가들이 프롤레타리아트의 이름으로 권력을 장악하고 두 개의 혁명이 완료될 때까지 보관하고 있어야 한다는 것을 의미하는가? 또는 한 혁명에서 다른 혁명으로 흘러들어가는 것인가 아니면 두 혁명 사이에 수년 또는 수십 년의 간격이 있어야 하는 것인가? 이런 물음들에 대한 해답이 분명히 제시되고 있지 않았다. 그보다도 더 중요한 물음은 프랑스 사회주의자 페기 Charles Péguy가 1900년에 이미 제기했던, "프롤레타리아트의 독재를 행사할 사람이 실제로 누구인가"의 물음이 바로 그것이었다. 그러나 이 당 대회에서 아무도 이 물음을 다시 제기하는 이가 없었다.

이 큰 논쟁에서 레닌이 거의 아무런 역할을 수행하지 않았다는 것은 퍽 흥미있는 일이다. 그는 그저 농촌 문제에 관한 자신의 작은 책『농촌의 가난한 사람들에게』를 간단히 설명하고 자신의 주장을 옹호하는 것으로 그쳤다. 이 작은 책은 아주 쉬운 말로 씌어진 것으로 농업에 대한 사회주의자의 즉각적이며 장기적 프로그램뿐만 아니라 사회주의의 사회적·정치적·경제적 목적을 설명하고 있었다. 레닌은 이 작은 책을 1902년에 통합 당 대회를 준비하는 바쁜 틈에 시간을 내어 집필한 것이었다. 레닌이 자신의 작은 책에 대한 설명밖에 당 프로그램에 관한 논쟁에 참가한 것은 꼭 한 번이었다. 당 프로그램에는 "자본주의에 내재하는 모순이 계속해서 커나가면 그것과 함께 프롤레타리아트의 불만과 연대 및 수효 역시 늘어날 것"이라는 문장이 있었다. 프로그램위원회는 '불만과 연대 및 수효'란 단어 다음에 '그리고 의식'을 첨가하자고 제의했다. 이 점에 대해 레닌은 다음과 같이 말했다: "이 수정 제의는 더 나쁘게 만드는 것이다. 그 제의는 의식의 발전이 자연발생적인 일이라는 생각을 갖게 해준다. 사회민주당의 영향이 없이는 노동자의 의식적 활동이란 없다."[10]

레닌의 이 발언 부분이 레닌이즘의 중핵을 이루는 것이다. 여기서부터 노동 계급에 대한 태도, 노동 계급이 노동 계급 자신을 위해 사고할 수 있는 능력에 대한 태도, 노동 계급이 경험으로부터 배울 수 있는 능력에 대한 태도, 노동 계급이 자치할 수 있는 능력과 잠재력에 대한 태도, 사회주의 이론가와 직업적 혁명가 정당으로부터 명령과 통제를 받음이 없이 일어날 수 있는 '자연발생적' 운동에 대한 태도 등이 형성됐다. 그리고 그것으로부터 노동조합에 대한, 파업자들이 즉흥적으로 만들어낸 소비에트에 대한, 그리고 1905년과 1917년의 두 혁명에 대한 태도가 형성됐다.

3. 『이스크라』 사람들이 분열되다

레닌과 마르토프의 분열. 벨기에 경찰의 출국 명령에 따라서 대의원들은 모두 런던으로 떠났다. 그리고 런던의 한 '사회주의자 교회'에서 그들의 당 대회는 8월 11일부터 8월 23일까지 계속됐다. 런던에서 속개된 당 대회에서 당 헌장에 대한 토론이 벌어졌다. 그런데 이 과정에서 『이스크라』 사람들은 분열됐다. 레닌과 마르토프가 서로 대립되는 초안을 준비한 것이다. 레닌은 헌장 1조가 당원을 "당의 프로그램을 인정하고 그것을 물질적인 수단에 의해, 그리고 당 조직들의 어느 하나에 참가하는 것에 의해 지지하는 사람"으로 정의할 것을 제의했다. 그런데 마르토프는 '당 조직들의 어느 하나에 참가하는 것에 의해'라는 부분을 '당 조직들의 어느 하나의 지시 아래 정기적인 인적(人的) 지원에 의해'라고 고칠 것을 제의한 것이다. 대의원들은 어리둥절해졌다. 레닌의 제의나 마르토프의 제의나 근본적으로는 같은 것으로 보였다. 이제는 레닌에게 아주 가까워진 플레하노프조차 두 사람 사이의 차이점이 크다고 강조하는 레닌의 주장을 이해하기 어려웠다. 이에 레닌은 여러 차례 자신의 공식을 설명했다. "마르토프의 공식이 당원의 개념을 확대하려고 하는 것임에 반해, 나의 공식은 당원의 개념을 제한하려는 것"이라고 그는 설명했다. 그는 실제로 일하는 당원을 강조한 것이다.

마르토프는 자신도 중앙 집권적인 당을 지지하지만 '사고하는 권리를 포기한' 사람들로 구성된 당을 지지하지는 않는다고 반박했다. 그는 직업적 혁명가들만의 당이 아니라 당 프로그램을 믿으며 그것의 지시 아래 기꺼이 일할 모든 노동자와 지식인에게 개방된 광범위한 당을 바란 것이다. 이 점에 대해 그는 이렇게 결론지었다: "우리들의 눈에 노동당은 직업적 혁명가들의 조직으로 제한돼서는 안 된다. 그것은 그들에다가 프롤레타리아트의 활동적이며 주도적인 요소들을 모두 결합시켜서 구성해야 한다. 〔이러한〕 우리의 공식만이 직업적 혁명가들의 조직과 대중 사이에 일련의 조직들이 존재한다는 우리의 노력을 나타내는 것이다."[11]

악설로드가, 그리고 레닌에게는 놀랍게도 트로츠키가 마르토프의 주장에 동조했다. 그러나 플레하노프는 레닌의 편을 들었다. 투표 결과는 마르토프안이 28표를 얻고 레닌안이 22표를 얻은 것으로 나타났다. 이로써, "레닌은 그의 정치 경력에서 최초의 중요한 패배를 맛보았다."[12]

볼세비키와 멘세비키로의 분열. 레닌은 『이스크라』진을 쪼개는 한이 있더라도 자기 자신만의 강경파를 형성해야 하겠다고 결심했다. 그는 우선 그때까지는 '레닌의 곤봉'으로 알려졌던 그의 젊은 사도인 트로츠키를 자기 편으로 끌어들이려고 시도했다. 그러나 실패했다. 이와 동시에 레닌은 대의원들을 거의 차례차례 만나다시피 하면서 설득 작전을 펴나갔다. 그때, 앞에서 지적했듯이, 당내 자치권 문제를 놓고 당 지도부에 굴복했던 유태인 동맹이 갑자기 통합 당 대회로부터의 탈퇴를 선언했다. 이들은 마르토프를 지지하고 있었으며 이로써 마르토프는 다섯 표를 잃었다. 이 이익을 취하면서 레닌은 그의 다른 반대 세력을 추방하기 위해 잘 계산된 동의안을 냈다. 『노동자의 대의』를 해체시키고 『이스크라』와 그것의 해외 조직을 유일한 해외 망명 조직으로 인정할 것을 요구하는 동의안을 낸 것이다. 충실한 『이스크라』파인 마르토프는 이 함정에 빠져서 그 동의안을 지지했다. 이에 따라 마르토프를 지지했던 두 명의 대의원이 다시 대회에서 퇴장했다. 이런 식으로 해서 레닌 세력은 최소한 두 표를 더 확보한 다수파가 됐다. 일단 다수파가 되자 레닌은 자신의 그룹을 계속해서 다수파, 곧 볼쉰스트보 Bolshinstvo(Majority) 또는 볼셰비키 Bolsheviki(Majorityites)라고 불렀다. 그리고 반대 그룹을 소수파, 곧 멘셰비키 Mensheviki(Minorityites)라고 불렀다.* 이러한 명명(命名)은 상당한 심리적 효과를 가져왔다.

그가 일단 다수를 장악하자 그 기회를 놓치지 않고 주요 안건들을 마구 통과시켰다. 그 가장 주요한 것이 당 중앙위원회에 대한 『이스크라』의 우위이다. 그는 경찰의 검거로 당 중앙위원회가 제 기능을 수행하지 못하게 됐던 경험이 되풀이되어서는 안 된다고 생각한 것이다. 이에 레닌은 당 헌장에 『이스크라』를 중앙위원회를 지배하는 중앙 기관이라고 못박아버렸다. 풀어 말해, 자신이 지배할 『이스크라』의 편집위원회가 중앙위원회를 지배한다는 것이다. 이에 대해 트로츠키는 반론을 제기했다. 다음은 이 문제에 대한 레닌과의 논쟁을 트로츠키가 회고한 것이다:

"중앙 기관이 중앙위원에 복종해야 한다"라고 내가 말하자, "그렇겐 안 될 거야" 하고 레닌이 대답했다. "그것은 상대적 힘에 반대되는 것이야. 어떻게 그들이 러시아로부터 우리를 지시할 수 있단 말인가? 그것은 그렇게 할 수 없어. 〔……〕 우리는 안정된 중앙이며 여기서 지시할 거야." "그러나 그것은 중앙 기관에 의한 완전한 독재를 의미하는 것이 아닐까" 하고 나는 물었다. "그것이 뭐가 나쁜가?" 레닌은 대답했다. "현재의 상황에서 그렇게 할 수밖에 없어."[13]

이것이야말로 레닌의 전형적인 면을 보여준 것이다. 그는 여러 가지 조직 원리를 제시해왔지만 자신의 이론조차도 특수한 권력 상황의 실용주의적 현실에 언제나 예속시켰다. 그리고 그는 자신의 견해는 당을 위

---

* '볼셰비크'는 단수이며 '볼셰비키'는 복수이다. 마찬가지로 '멘셰비크'는 단수이며 '멘셰비키'는 복수이다. 그런데 차차 '볼셰비키' 파는 강경파로, '멘셰비키' 파는 온건파로 풀이되게 된다.

해 좋은 것이며 따라서 어떤 희생을 치르고서라도 지배해야 한다는 확신을 갖고 있었다. 만일 그가 중앙위원회에 대해 자신이 서지 않는 경우, 그는 중앙 기관에 권력을 주었다. 그리고 만일 중앙 기관에 대한 지배권을 잃는 경우, 중앙위원회에 권력을 주었다. 만일, 몇 해 안에 실제로 그렇게 되듯, 양자에 대한 지배권을 모두 상실하는 경우, 그는 양자를 거역하고 자신의 추종자만으로 새로운 위원회를 구성했는데 이 경우에도 그는 그 위원회에 볼셰비키라는 이름을 붙였다. 『이스크라』를 당 중앙위원회의 위에 올려놓은 다음 레닌은 다수를 확보하고 있는 고지를 이용하여 『이스크라』의 기존 편집위원회를 해산시키고 플레하노프와 자신 및 마르토프로 구성되는 3인 편집위원회를 구성할 것을 제의했다. 이 3인 위원회는 다른 위원을 받아들일 권한을 갖는다. 그의 제의는 노련한 정치 이론가이며 조직가인 악설로드와 이 운동의 여주인공 격인 베라 자수리치의 제거를 의미했다. 이 점에 대해 대의원들의 반발이 거세었다. 악설로드와 자수리치도 큰 심리적 충격을 받았다. 이 점에 대해 크루프스카야는 다음과 같이 썼다:

악설로드는 특히 『이스크라』가 스위스에서 발간되지 않는다는 사실에 의해, 그리고 러시아와의 커뮤니케이션의 흐름이 자신을 통하지 않는다는 점에 고통을 겪었다. 그것이 그가 3인 편집 체제의 문제에 대해 2차 당 대회에서 그처럼 성난 태도를 취한 이유다. 『이스크라』가 조직의 중앙이 되는 판에 자신은 그 편집진에서 제거됐다는 사실! 그리고 그 어느 때보다도 러시아의 숨결이 느껴질 수 있는 시점에서 그렇게 되다니. 한편, 베라 자수리치에게 『이스크라』를 떠난다는 것은 다시 한번 러시아로부터 고립되는 것이며 다시 한번 사람을 그 밑바닥까지 끌어내리는 망명 생활의 사해(死海)로 가라앉기 시작한다는 것을 의미했다. 이것이 『이스크라』 편집진의 문제가 제2차 당 대회에 제기됐을 때 그녀가 반발했던 이유다. 그녀에게 그것은 자애(自愛)의 문제가 아니라 생과 사의 문제였다.[14]

당 대회장의 분위기는 이 문제로 떠들썩해졌다. '전제자' '독재자'

‘계엄령’ ‘쿠데타’ 등의 비난이 쏟아져나왔다. 마르토프는 그가 그처럼 사랑하고 존경하는 악설로드와 자수리치가 편집진에서 제거된다면 자신은 결코 3인 편집위원회에 가담하지 않겠다고 위협도 해보고 탄원도 했다. 그러나 기존의 편집위원회를 재선출하자는 동의안은 부결됐다. 그러자 격노한 소수파는 어떤 문제에 대해서도 투표할 것을 거부했다. 그러나 결국 플레하노프와 레닌 및 마르토프가 마르토프의 거부에도 불구하고 중앙 기관의 편집위원으로 선출됐다. 노스코프Noskov와 크르지자노프스키 및 렝그니크 등 레닌의 추종자 세 사람은 중앙위원으로 선출됐다. 당 위원회의 의장에는 플레하노프가 선출됐다. 그러나 러시아 마르크시즘의 아버지로 존경받아온 플레하노프는 재석 44명 가운데 22표를 받았을 뿐이다. 나머지 가운데 20명은 투표를 거부했고 2명은 백지를 넣은 것이다.

당 대회가 끝나기도 전에 레닌으로부터 떨어져나가는 현상이 눈에 두드러지게 나타났다. 조지아의 대의원으로 강경파에 속했던 토푸리드제Topuridze는 온건파로 돌아서서 멘셰비키에 가담했다. 그리고 당 대회가 끝난 때로부터 6개월 이내에 플레하노프도 레닌에 반대하는 입장으로 돌아서게 된다. 그리고 1년 이내에 그가 뽑은 중앙위원회도 당 위원회도 그에게 등을 돌린다. 이로써 레닌은 소수파가 됐다. 그러나 그는 계속해서 자신의 입장을 볼셰비키의 입장으로 풀이했다. 1903년 8월 23일 토요일 오후 5시에 주요 기관들에 대한 당의 인선이 악몽 같은 논전을 거쳐 겨우 끝났다. 그뒤엔 대의원들도 지쳐서 서로 모순되는 결의안을 채택하기도 했다. 이런 식으로 통합 당 대회는 같은 날 밤 끝났다. 러시아 사회민주주의 운동의 통합 세력을 만들기 위해 러시아 혁명가들이 20여 년 동안 고대해왔고 또 2년 반 동안 기획해왔던 통합 당 대회는 이렇게 가망 없이 분열된 상태에서 끝나고 말았다.

4. 레닌이 『이스크라』를 떠나다

레닌과 마르토프의 우정. 통합 당 대회를 계기로 당은 오히려 볼셰비키
와 멘셰비키로 양분됐다. 볼셰비키 역사학자들은 레닌이 당의 분열에 대
한 모든 결과를 예견하고도 당 분열의 불가피성을 깊이 깨닫고 있었기
때문에 통합 당 대회에서 과단성 있게 대처했다고 뒷날 설명했다. 그러
나 사실은 그렇지 않았다. 레닌은 당 대회가 완전히 분열되리라고는 생
각하지 못했으며, 특히 마르토프와 결별하게 되리라고는 예상하지 못했
던 것이다. 따라서 레닌의 노력은 우선 마르토프와의 갈등을 극소화시키
는 데에 집중됐다. 통합 당 대회 이후 수년 간 레닌의 저작은 분열의 불
필요성을 강조하는 데 바쳐졌다. 당 대회가 끝나자마자 레닌은 다음과
같은 내용의 편지를 포트레소프에게 보냈는데 레닌은 그것이 결국엔 마
르토프와 악설로드가 읽게 되기를 기대한 것이 틀림없다.

> 그리고 나는 자신에게 묻는다. 왜 우리는 우리의 여생 동안 적으로서
> 떨어져야만 하는가? 나는 내가 자주 놀랄 만한 격앙과 분노를 갖고 행동
> 했음을 인정한다. 나는 이 나의 잘못을 무엇이 되었든간에 어떠한 동지에
> 게나 인정할 준비가 되어 있다. 〔……〕 그러나 내가 어떠한 분노 없이 결
> 과를 고려할 때 나는 당에 해롭거나 또는 소수파에게 해롭거나 모욕적인
> 결과를 결코 찾아볼 수가 없다.[15]

물론 이 편지는 당을 움직여나갈 책임을 지고 있으며 따라서 모든 쓸
모 있는 힘들을 다시 한번 동원해야 할 승자의 계산된 아량으로 풀이될
수도 있을 것이다. 그러나 이것은 서로 용납이 될 수 없는 분열 의식과는
꽤 구별되는 것이다. 한때 레닌은 정말 마르토프와 아주 헤어질 생각까
지 했었다. 그가 당 대회가 끝난 한 달 뒤 중앙위원인 크르지자노프스키
에게 보낸 편지는 이렇게 끝맺고 있다: "마르토프에게 최후까지 이성에
호소하는 편지를 쓰시오. 〔……〕 마르토프파와의 분명한 전쟁을 위해 공

식적으로 행동하고 준비하시오. 〔……〕 우정은 끝이 났습니다. 모든 온
건파들을 타도하라!"[16]

그러나 레닌은 끝내 이 편지를 부치지 않았다. 그에게 가장 가까웠던
동지와의 결별을 결정하기가 쉬운 것은 아니었다. 마르토프는 레닌보다
세 살 아래였다. 그들 사이에는 레닌이 그뒤엔 어떤 사람과도 결코 맺어
보지 못한 가까운 정치적 동반자 정신과 친근성이 있었다. 레닌이 트로
츠키와 맺었던 그것도 여기에는 미치지 못했다. 레닌은 마르토프를 천부
적인 재능이 있는 동생으로 여겼다. 그들은 함께 상트 페테르부르크 투
쟁 동맹을 결성했었으며 함께 형무소에 갔었고 함께 『이스크라』를 계획
했었다. 그들은 『이스크라』를 대표해 지하 운동을 함께했으며, 해외에서
함께 편집했으며, 플레하노프의 위신과 오만한 태도에 함께 저항했었다.

마르토프는 미혼으로서, 그 기질이 떼지어 살기를 좋아하고 보헤미안
적이었으며 격정적인 대화를 몹시 좋아했다. 레닌처럼 그는 전적으로 혁
명 운동에 그의 모든 것을 바치고 있었으며 남들이 별로 알아주지 않는
일도 스스로 떠맡아 양심적으로 수행해내곤 했다. 그는 끊임없이 읽고
대화하고 사색했으며, 모든 뉴스와 모든 최신의 사조들에 뒤떨어지지 않
고 있었다. 그는 자신이 읽은 것 또는 레닌이나 악설로드로부터 받은 약
간의 암시를 잘 되새기고 이것을 또한 현실에 적용해봄으로써 완전히 자
기 것으로 만드는 탁월한 재능을 갖고 있었다. 굽은 어깨의 그는 마르고
금욕적인 얼굴을 갖고 있었으며, 흐트러진 곱슬머리에 날카로운 수염을
하고 있었다. 안개 낀 듯한 안경 속의 그의 눈은 마치 꿈꾸는 사람이나
환상적인 사람의 그것과 같았다. 그의 이러한 외관은 레닌의 외관과는
아주 대조적인 것이었다. 차돌 같고 대머리이며 광대뼈가 튀어나왔고 반
짝이는 작은 타타르의 눈을 가진 레닌의 용모는 실용주의자적인 특성을
갖고 있었다. 이러한 두 사람의 결합은 그야말로 상호 보완적이어서 레
닌-마르토프 팀을 가장 아름다운 팀으로 만들어주었다.

그러나 그들이 통합 당 대회를 계기로 분열되기 이전에도 무한한 고립
속의 망명자 생활에서 그들은 서로의 신경을 자극한 일은 가끔 있었다.
예컨대 마르토프는 레닌이 레닌 자신의 사람들에 대해서는 언제나 옹호

를 해주고 심지어 그들의 잘못도 감싸주면서 자신의 사람이 아닌 경우엔 용서 없는 태도를 보여주는 점을 못마땅하게 생각하고 비판했다. 그런가 하면 레닌은 끊임없이 얘기하기를 좋아하고 새로운 이론들이라면 꼭 들으려고 하는 마르토프의 버릇을 못마땅해했다. 어떻든 레닌과 마르토프의 우정은 즉각적인 파탄에 이르지는 않았다. "레닌이 마르토프와 헤어지기란 극도로 어려운 것이었다"고 크루프스카야는 썼다. 다음은 크루프스카야의 회고이다:

그뒤에도 레닌은 멘셰비키와 싸웠다. 그러나 마르토프가 약간 정도라도 올바른 노선을 걷는 경우엔 마르토프에 대한 레닌의 옛 태도는 부활됐다. 1910년에 파리에서 있었던 일을 보기로 들 수 있을 것이다. 이때 마르토프와 레닌은 『사회민주주의자』의 논설진에서 함께 일하고 있었다. 사무실에서 집으로 돌아와 레닌은 즐거운 어조로 마르토프가 올바른 노선을 걷고 있다고 말하곤 했다. 〔……〕 뒷날 러시아에 돌아와서 1917년 7월 당시에 마르토프가 취한 입장에 레닌은 얼마나 기꺼워했는지. 그것은 마르토프의 입장이 꼭 볼셰비키에 대해 이익을 주는 것이었다고 해서가 아니라, 마르토프가 가치 있게 행동하고 있었기 때문에, 혁명가로서의 의무대로 행동하고 있었기 때문이었다. 레닌이 중병에 걸려 있을 때, 그는 나에게 "마르토프도 죽어가고 있다더군" 하면서 좀 슬프게 말했다.[17]

물론 레닌이 중병에 걸려 있을 때 마르토프는 해외에 있었다. 사회주의 혁명이 성공해 러시아에 소비에트 정권이 세워진 뒤 테러가 점차 심해지고 독재 정치의 기미가 뚜렷해지자 마르토프는 해외로의 출국 신청을 냈으며, 레닌의 개인적 명령에 따라 그에게는 여권이 발급됐다.

레닌에 대한 트로츠키의 비판. 통합 당 대회에서 볼셰비키와 멘셰비키로의 분열에 따라 당 지도층에는 새로운 제휴가 형성됐다. 마르토프는 아직 독자적인 지도자가 될 만큼 충분한 지위로 성장하지 못했기 때문에 그때로부터 몇 년 동안 악셀로드와 마르티노프의 휘하에 들어갔다. 플레하노프는 평생 동안의 동지들과 떨어져서, 불편해하면서도 레닌과 새로운 제휴를 맺게 됐다. 레닌과 매우 가까웠던 트로츠키는 이번엔 악설로드와 마르티노프 진영에 속한 채, 「시베리아 대표단의 보고」와 「우리의 정치적 과업」이란 두 편의 논문을 통해 레닌을 맹렬히 공격했다. 뒤의 논문은 '친애하는 나의 스승 파벨 보리소비치 악설로드'에게 헌정됐다.

이 논문들에서 트로츠키는 레닌을 로베스피에르에 비유하면서, 레닌은 사회주의를 말하고 있지만 실제에서는 대중 위에 유사 자코뱅적 독재를 수립하려는 독재주의적 부르주아 혁명가라고 비판했다. 트로츠키는 더 나아가 레닌이 당 위에 '공안위원회'를 세우려고 하고 있으며, 그가 통제할 수 없는 사람들을 제거하기 위해 길로틴을 사용하고 있고, "나는 중앙위원회에 의해 확인됐다. 그러므로 나는 존재한다"는 데카르트적 원칙 위에 지방 조직을 형성해나가고 있다고 비판했다. 트로츠키의 당 조직관은 뒤에 우리가 앞으로 살펴볼 로자 룩셈부르크의 그것에 유사한 것이었다. 풀어 말해, "당은 그 정상의 간부진에서가 아니라 그 자신의 기반, 곧 활동적이며 자기 의존적 프롤레타리아트 속에서 자신의 안정에 대한 보장을 추구하지 않으면 안 된다"[18]는 룩셈부르크의 이론에 가까웠다.

1917년의 혁명 과정에서 트로츠키와 레닌은 그들 사이에 있었던 모든 정치적 및 조직상의 견해 차이에 대해 서로를 '특사'한다. 그리고 트로츠키는 자진해서 다시 한번 '제자'의 역할을 담당한다. 이와 동시에 그는 레닌에 대한 그의 이러한 논쟁들이 잊혀지도록 최선을 다한다.

레닌에 대한 반격. 1903년 10월에 레닌의 반대파들은 제네바에서 '재외 혁명 사회민주주의자 동맹'을 결성했는데, 레닌은 이 기관에서 통합 당대회에 관해 보고할 의무를 갖고 있었다. 레닌은 자신의 주장이 이곳에서는 받아들여지지 않을 것임을 알고 있었다. 그래서 자신의 보고를 청취할 이 동맹의 회의의 개최를 막아보려 했으나 실패했다. 이 때문에 우울한 생각들에 잠겨 바라지 않는 회의장에 자전거를 타고 달려가던 그는 전차 뒷면과 충돌하여 심한 부상을 입었다. 만일 그가 여기서 아주 죽어 버렸다면 그의 당과 나아가 러시아의 운명은 어떻게 됐을까?

그는 붕대를 친친 감고 핏기 없는 얼굴로 회의장에 나타났다. 이것 때문에 그의 반대파들이 그에 대한 공격을 늦추지는 않았다. 역사적으로 발전해온 지도권(리더십)에 의존하지 않고 자기 혼자서 당을 운영할 수 있다고 생각하는 레닌이라는 사람이 도대체 누구냐? 반대파들은 맹렬히 공격했다. 레닌은 자신의 추종자들을 퇴장시킴으로써 회의를 깨뜨리려고 세 차례나 시도했다. 그러나 뜻대로 되지 않았다. 오히려 멘셰비키의 입장을 지지하는 결의안을 채택하고, 중앙위원회의 독립성을 보장하는 당 헌장을 채택했다. 그러자 레닌은 자신의 추종자인 당 중앙위원 렝그니크를 시켜 즉석에서 이 동맹의 해체를 선언하게 했다. 그러나 이 선언 역시 받아들여지지 않았다.

바로 그날 밤 볼셰비키의 전략 회의에서 플레하노프는 "나는 나의 동지들을 해임할 수 없다"고 선언했다. 그 말로써 악설로드와 자수리치를 『이스크라』 편집·논설진에서 제거해야 한다는 레닌의 주장을 거부한 것이다. "분열보다는 머리에 탄환이 들어 있는 것이 낫겠다. 전제주의도 타협하지 않으면 안 될 때가 있는 법이다"라고 그는 호소했다.

당 대회는 레닌의 동의에 따라 플레하노프와 레닌 및 마르토프 3인을 『이스크라』의 편집·논설위원으로 임명했었으며, 이 세 사람에게 다른 위원들을 선발할 권한을 주었었다. 그런데 마르토프는 악설로드와 자수리치 및 포트레소프의 선발에 플레하노프와 레닌이 동의할 때까지 편집·논설 회의에 참석할 수 없다고 버텨왔으며, 따라서 새 위원의 선발은 지연되고 있었다. 그 사이『이스크라』는 따라서 플레하노프와 레닌에 의해 운영되어왔는데, 플레하노프가 '동족 상잔'을 중지하고 옛 위원들을 다시 받아들일 것을 주장하고 나온 것이다. 여기서 레닌은 '플레하노프에게 자유로운 손을 주기 위해' 자신이 '물러갈 것'을 결정했다. 레닌이 자신이 차지한 지위를 자발적으로 포기한 것은 그의 생애 전체를 통해 이것이 유일한 것이 된다. 그가 퇴진하고 처음 나온『이스크라』는 제53호다. 따라서 레닌은 이 53호부터『이스크라』는 옛 정신이 사라진 '새 『이스크라』'가 됐다고 주장했다.

5. 궁지에 몰린 레닌이 볼셰비키 위원회 국을 만들다

플레하노프의 레닌 공격. '새『이스크라』'의 포문은 레닌에게 집중적으로 조준됐다. 마르토프는 당에 있어서 '포위의 상태'에 대해, 트로츠키는 '희화적 자코뱅주의'에 대해, 자수리치는 '동의하지 않는 사람들을 제거하려는 사람들의 조급함으로부터 당을 수호할 필요성에 대해' 각각 논설을 썼다. 그리고 플레하노프는 레닌의『무엇을 해야 하나?』를 비꼰「무엇을 해서는 안 되는가」「중앙 집권주의냐 보나파르티즘이냐」「노동 계급과 사회민주주의 지식인」「왕을 구하는 개구리들에게 제정신을 들게 하는 새로운 시도」등에서 레닌의 기본 명제들을 공격했다.

그러나 주요한 이론적 공격은 그 기질이 완전히 대립적이며 또한 정치적 개념에서도 대립적인 악설로드와 룩셈부르크에 의해 제기됐다. 악설로드는 두 편의 논문에서 인간의 문제가 아니라 원칙의 문제에 대한 논쟁을 심화시켰다. 따라서 이 글들에선 레닌의 이름은 나오지조차 않고 있다. 그는 러시아 사회민주노동당은 아직도 노동자로서 구성되지 않고 노동 계급의 '원칙상의 추종자'인 지식인들로 구성되어 있다고 경고했다. 러시아는 프롤레타리아 혁명이 아니라 부르주아 혁명에 직면해 있으며 따라서 이들 지식인들이 대중의 주도권(이니셔티브)과 자기 활동을 발전시키려고 노력하지 않는 한, 혁명적 지식인들이 다음에 닥쳐올 혁명에서 노동자들을 과거의 혁명에서처럼 그저 단순한 물리력, 곧 대포밥으로 끌어들일 위험이 있다고 주장했다. 여기에 전통적인 러시아의 음모적 조직 형태의 위험이 놓여 있으니, 그것은 바로 과도한 중앙 집권주의, 계서적 구조, 이데올로기적 후견성, 대중의 자기 활동의 억제, 자주적 판단과 이니셔티브의 저지 등이 그런 것들이다라고 주장했다.

로자 룩셈부르크의 두 논문은 악설로드가 남겨놓은 바로 그 자리에서 출발했다. 정치적으로 그리고 기질적으로 그녀는 악설로드와 그리고 모든 멘셰비크들로부터 정반대되는 극에 서 있었다. 혁명의 살아 있는 불꽃으로서 그녀의 연약한 신체와 굳건한 정신은 독일과 폴란드 및 러시아 세 사회주의 정당에서 하나의 힘이었고 국제 사회주의 운동의 지도부의 일익을 담당하고 있었다. 그녀는 문자 그대로 독창적인 사상가로서, 경제와 정치의 새로운 문제를 푸는 데 마르크스의 방법을 사용하곤 했었다. 그녀는 이때 벌써 독일 사회주의 안에서 관료주의와 과도한 중앙 집권주의에 대한 투쟁을 시작하고 있었는데 그 투쟁은 그녀를 혁명적 정책에 대한 뛰어난 옹호자, 그리고 노동 운동 안에서 뛰어난 민주주의의 옹호자로 만들었다.

그녀가 레닌에 반대하는 논전에 뛰어들었다는 것은 레닌에겐 몹시 당황스런 일이었다. 왜냐하면 그녀의 기질과 러시아 혁명에 대한 그녀의 정치적 견해는 악설로드의 그것들로부터는 멀고 오히려 레닌 자신의 그것들에 가까운 것이었기 때문이다. 따라서 그녀는 멘셰비즘을 '정치에 있어서의 기회주의'와 연결된 '조직 문제에서의 기회주의'로 몰아붙이려는 레닌의 욕망에 방해물이 됐다. 더구나 그녀는 악설로드보다 더 센타자(打者)였으며, 대중의 창조적 이니셔티브에 대한 그녀의 믿음은 악설로드나 어떤 다른 마르크시스트 지도자들의 그것보다 훨씬 더 깊은 것이었다.

레닌의 반격. 레닌이 가장 존경하는 인물이며 당대의 사회주의 운동에서 살아 있는 양대 거물인 카우츠키와 베벨 August Bebel이 레닌에 반대하는 입장을 표명했을 때도, 레닌은 자신의 견해의 정당성을 의심할 수 없었다. 레닌은 다른 문제에 대한 카우츠키와 베벨의 권위를 의심하지 않았다. 그러나 "그들은 러시아의 문제를 이해하지 못한다"고 생각했다. 이처럼 그의 동지들 모두를 상대로 홀로 서 있을 수 있는 능력, 그리고 그가 근본적이라고 생각하는 어떤 구상에 대해 자신이 틀렸다고 생각할 수 있는 능력의 결여는 1914년과 1917년에서 그의 힘의 두 가지 원천이었다. 그의 반대파에게, 그는 '그 자신의 것과 상이한 의견을 소화시킬 수 있는 능력이 결여된 사람'으로 보였으며, 따라서 모든 의견 차이는 작고 큰 내부 전쟁의 개전 이유가 되는 경향이 있는 것으로 보였다. 마치 로자 룩셈부르크가 대중의 창조적인 힘에 큰 신뢰를 두었듯이, 레닌은 중앙 집권적이며 군사적인 형태의 조직에 큰 신뢰를 두었다. 그의 이러

한 조직에 관한 이론은 대체로 러시아의 혁명적 중앙 집권주의와 비밀
결사의 전통 속에서 나온 것이었다. 그는 이렇게 쓰고 있다:

> 혁명가들이 1870년대에 가졌던 훌륭한 조직은 우리 모두에게 하나의
> 모델이 되어야 한다. 〔……〕 그것을 특수하게 인민주의자적인 것으로 여
> 기는 것은 역사적으로, 그리고 논리적으로 우스꽝스럽다. 왜냐하면 어떤
> 한 혁명적 경향도 만일 그것이 투쟁에 대해 심각히 생각한다면, 그러한 조
> 직 없이는 있을 수 없기 때문이다. 〔……〕 프롤레타리아트의 자연발생적
> 인 투쟁은 그것이 혁명가의 강력한 조직에 의해 영도되지 않는 한 진정한
> 계급 투쟁이 될 수 없다.[19]

이러한 입장에 서 있었기에 그는 자신이 민주주의 원칙에 대항해 관료
주의적 원칙을 지지하고 있다고 비난하는 멘셰비키에 대해 흔들림 없이
버틸 수 있었다. 만일 관료주의가 중앙 집권주의를 의미하는 것이며 민
주주의가 자치주의를 의미하는 것이라면, 혁명적 사회민주주의는 후자
에 대항하여 전자를 지지하는 것이라고 그는 주장했다. 또한 멘셰비키의
견해에 어떤 원리가 있다면, 그것은 "무정부주의의 원리"[20]라고 그는 반
박했다.

따라서 비록 그가 홀로 서 있지만 그는 어느 누구보다도 러시아의 직
업 혁명가들 가운데 가장 중요한 추종자들을 획득할 기회를 더 많이 갖
고 있었다. 왜냐하면 레닌의 견해는, 지하당의 운명이 달려 있는 직업 혁
명가들에게는 자연적인 것으로 보일 수밖에 없는 러시아의 음모가적 전
통과 일치하는 것이었기 때문이다. 이러한 거의 무의식적인 러시아주의
는 레닌의 힘의 다른 원천이었다. 그리고 이 점은 그의 정적들도 느끼는
것이었다. 레닌이 권력을 장악한 뒤 외국으로 망명한 포트레소프는 망명
10년 뒤 레닌에 대해 이렇게 썼다:

> 플레하노프도 마르토프도 또 어느 누구도 레닌이 다른 사람들에게 행
> 사하는 직접적으로 최면적인 힘 ── 그것을 나는 사람들을 지배하는 레닌

의 힘이라고 부르겠다 ― 의 비밀을 갖고 있지 못했다. 플레하노프는 존경을 받았고 마르토프는 사랑을 받았다. 그러나 레닌만은 마치 그가 유일한 다툼의 여지없는 지도자인 것처럼 의심의 여지없게 추종을 받았다. 왜냐하면 레닌만이 혁명 운동과 혁명의 대의에 대한 열광적인 신앙을 그 자신에 대해 그에 못지않은 신앙과 결합시킨 강철 같은 의지의 인간이며, 불굴의 의지의 인간이었기 때문이다. 레닌은 당이 그 자신이며 그 자신이 한 사람에게 집중된 운동의 의지라고 항상 느끼고 있었으며, 그는 그에 따라 행동했던 것이다.[21]

레닌의 제의. 『이스크라』에 대한 통제권, 그리고 옛 동료들과의 협력이 모두 박탈된 상태에서 레닌은 자신의 입장을 새로이 옹호하고 새로운 방식의 전쟁을 즉흥적으로 만들어냄에 있어서 놀라운 힘을 보여주었다. 『이스크라』에 대한 '공개 서한' 들, 자신의 추종자들에 대한 친서들, 상세하게 씌어진 팸플릿, 전단, 강연, 사적인 토론과 공적인 논전 등이 그로부터 끊임없는 격류에서처럼 흘러나왔다. 레닌 『전집』의 한 권은 당 대회와 그 분열에 대한 그의 저술들로 꽉차 있다. 팸플릿으로 출간된 『일보 전진, 이보 후퇴』는 250쪽 정도의 분량인데 그 가운데 75쪽은 통합 당 대회에서 채택된 당 헌장 제1조의 한 가지 문제에 바쳐진 것이다. 차리즘 · 절대주의 · 자본주의 · 민주주의 · 사회주의 등은 잊혀졌거나 먼 배경 속으로 제쳐두었다.

그때 레닌에게 가장 괴로웠던 일은 『이스크라』에 맞서 계속해서 싸울 수 있는 기관을 갖고 있지 못하다는 점이었다. 『이스크라』에 대한 통제권을 잃은 그는 그의 모든 힘을 러시아 내부의 중앙위원회로 옮겼다. 몇 달 전만 해도 그는 『이스크라』만이, 그것이 해외에서 출판된다는 이유에서, 굳건한 이데올로기적 리더십을 제공해주고 있다고 주장했었다. 그러나 이제 『이스크라』를 떠난 그로서는 더 이상 『이스크라』의 지도권을 인정할 수 없었다. 따라서 그는 자기의 새 세력 기반으로 러시아 내부의 중앙위원회에 자신과 자신의 몇몇 추종자들을 선발해줄 것을 요구했으며, 중앙위원회는 이 요구를 받아들였다.

그러나 경험은 그에게 그처럼 멀리 떨어져 있던 기관을 통제하기란 무척 어렵다는 점과 또한 있을 수 있는 체포는 조만간 그 기관의 구성을 변화시키거나 약화 또는 파괴할 것이라는 점을 가르쳐주었다. 그래서, 당황하고 있는 러시아 내부의 중앙위원들과 지방 조직들이 최근의 통합 당 대회에서 무엇이 일어났었는지 알아내려고 하고 있는 동안 레닌은 중앙위원회에 다음과 같은 놀라운 제의를 했다:

> 만일 우리가 투쟁을 위한 기회와 올바른 구호를 놓친다면, 완전한 패배는 불가피하다. 유일한 구원은 당 대회이다. 그것의 구호는 조직 파괴자들과의 전쟁이다. 오직 이 구호만이 마르토프파의 정수를 빼낼 수 있으며, 광범위한 대중을 매혹시킬 수 있고, 상황을 구할 수 있다. 〔……〕 모든 우리의 힘을 위원회들과 지방 조직들로 옮겨라. 〔……〕 나는 반복한다. 완전 패배냐 또는 당 대회의 즉각적인 준비냐. 당 대회는 우선 비밀리에 준비되지 않으면 안 된다. 많아야 한 달 정도 잡는 것으로 충분하다.[22]

이 편지는 통합 당 대회가 폐회된 때로부터 겨우 4개월 미만에 씌어진 것이다.

레닌의 좌절. 그러나 레닌의 호소는 크게 먹혀들지 않았다. 러시아 내부의 당원들은 무엇보다 당의 단결을 강력히 희망하고 있었으며, 그들이 그렇게 오랫동안 추종해온 지도자로부터 떨어져나가게 된다는 점에 대해 고독감을 느끼게 됐으며, 당 지도층의 논전에 대해 짜증을 내고 있었다. 당에 대해 그나마 자금을 주기를 망설이기 시작했다. 칼미코바 부인에 의해 모금되어 당에 헌금됐던 '물통'도 고갈됐다. 오늘날에도 당의 역사가들이 별로 설명해오지 않은 이상한 자금원인 '캘리포니아 금광'도 더 이상 헌금하지 않았다. 또 백만장자인 공장 경영자 사바 모로조프 Savva Morozov도 그 사이 매달 미화 약 1,000달러에 해당하는 2,000루블씩을 비밀리에 헌금해왔었다. 그가 경영하는 공장들의 하나를 책임지게 하기 위해 고용한 기사 크라신을 통해 헌금해왔던 것이다. 그런데 레닌의 가까운 추종자였던 이 크라신이 당의 단결을 옹호하는 '화해 조정파'

가 되어서 레닌은 자금원을 잃었다. 자신들을 사회민주주의자라고 생각해온 많은 지식인들은 당의 반목에 싫증을 내고 의기가 꺾여 당시 급격히 성장하고 있던 사회혁명당으로 충성심을 옮겼다. 노동자들 역시 상심해서, 또는 '반지식인' 적이 되어서 '분열'만을 거듭하는 이 운동을 무시하기로 결심하고 다른 조직과 지도력을 추구하게 됐다.

이러한 상황에서 중앙위원회를 소집해서 최후까지 싸우자는 레닌의 호소는 귀머거리에 대한 호소와도 같았다. 그의 호소대로 중앙위원회가 열리면 그것은 결국 분열을 완전히 굳히는 것이 될 것이라고 생각했으며, 분열의 고착이야말로 그들에겐 악몽과도 같았다. 그뿐 아니라, 그가 신뢰했던 중앙위원회는 오히려 그를 견책하는 투표를 했다. 그리고 레닌이 그렇게 믿었던 크라신의 주도 아래 중앙위원회는 멘셰비키와의 화해를 위한 교섭을 개시했다.

다수파 위원회 국의 창설. 훌륭한 작업 기계이며 투쟁 기계와도 같던 레닌도 이젠 마지막에 도달한 것처럼 보였다. "전단 문제 가지고 나를 괴롭히지 마시오. 나는 기계가 아니며 현재와 같은 불명예스런 상황 속에서 일할 수 없다"고 그는 말했다. 그리곤 모든 위원회들로부터 사임했다.

그와 크루프스카야는 배낭을 둘러메고 스위스의 산속으로 걸어들어갔다. 그들은 "야생의 길들을 선택했으며, 인간 만사로부터 떨어져나간 것이었다." 그들은 온종일 걸어다녔으며, 밤엔 이 생각 저 생각에 지쳐 잠들곤 했다. 그들은 시골의 빵과 달걀과 치즈와 포도주와 샘물을 먹고 지냈다. 만일 여관에 드는 경우엔 하인들의 식탁에서 값싸게 그러나 맛있게 잘 먹었다. 그들은 뭘 하나 번역해보려고 두꺼운 프랑스어 책과 사전을 들고 갔었는데, 이 여행의 전체 기간 동안 한 쪽도 열어보지 않았다. "이런 식으로 한 달을 보내고 난 뒤, 블라디미르 일리치의 신경은 다시 정상이 됐다"고 크루프스카야는 썼다. 다시 맑은 정신이 되어 그는 투쟁으로 돌아오게 된 것이다.

그런데 바로 이 중대한 시점에 새로운 세력들이 레닌을 지지하고 나섰다. 유능하며 독립적인 철학자 알렉산드르 보그다노프 Alexandr Bogdanov, 비평가이며 작가로서 장차 소련 정부의 교육부 장관이 될 아나톨리 루나차르스키 Anatoly Lunacharsky, 바자로프 Bazarov, 미하일 올민스키 Mikhail Olminski, 바트슬라브 보로프스키 Vatslav Vorovsky 등이 바로 그들인데, 이들이 레닌을 지지하고 나선 것은 레닌에겐 그야말로 뜻밖의 일이었다. 레닌으로서는 위기에 큰 도움을 얻게 된 것이다.

경제주의자들과의 투쟁의 시초 때 그랬던 것처럼, 레닌은 그의 추종자들과 지지자들을 모두 불렀다. 그러나 실제로 활동하는 러시아 망명가들 가운데 겨우 22명의 남녀만이 레닌이 기초한 투쟁 강령에 서명했을 뿐이었다. 이 투쟁 강령에서 이들은 『이스크라』가 당의 '다수파'의 의지를 더 이상 대표하지 못하고 있다고 비판했다. 당 대회에서 결정된 '다수파,' 곧 볼셰비키의 의견이 전혀 반영되지 않았다는 것이다. 이 강령은 또 '화해 조정파'들을 맹렬히 공격했다. 그들은 '소수파,' 곧 멘셰비키와 야합하려고 했을 뿐만 아니라 실제로 멘셰비키보다도 더 나쁜 사람들이라는 것이다. 따라서 새로운 당 대회가 열려야 한다고 이들은 주장하면서 새로운 당 대회를 요구하는 결의안을 채택해주도록 각 지방 조직들에게 직접 호소했다.

이때 레닌은 현존의 모든 당 기관들에 맞서는 '볼셰비키 위원회 국(局)'을 세울 생각을 굳히고 있었다. 물론 이 국은 당시 당 규정에는 어긋나는 것이었지만 말이다. 따라서 이 투쟁 강령에서 그들은 각 지역 위원회에게 이 국을 창설하기 위한 대회에 대의원을 뽑아 보내라고 요구했다. 우리는 여기서 이 투쟁 강령에 서명한 사람들의 이름을 기억해둘 필요가 있을 것이다. 왜냐하면 그들이 장차의 볼셰비키 당의 참모 본부를 형성할 것이기 때문이다. 우선 레닌과 그의 아내 및 그의 여동생, 장차 소련 정부의 외교관이 되는 보로프스키, 레닌을 위해 출판사를 연 본치 브루이에비치, 장차 소련 법무부의 고위 간부가 되는 크라시코프 Krasikov, 렝그니크, 크누니얀츠 Knuniyants와 그의 아내 에센 Essen, 1905년의 혁명 때 피살되는 바우만 Baumann, 크루프스카야를 대신해 당 서기가 되는 스타소바, 구세프 Gusev, 장차 소련 정부의 외무부 장관이 되는 맥심 리트비노프 Maxim Litvinov, 새 국의 가장 젊은 사람으로 뒷날 소련 정부에서 레닌 다음으로 총리가 될 알렉세이 류코프Aleksei Rykov 등이 바로 서명자들이다.

이 해 크리스마스까지는, 이 비합법적 기관을 움직여나가면서, 레닌은 기관지『브페레드 *Vpered* (전진)』를 창간하는 데 성공한다. 그는 이 기관지를 통해 당의 주도권을 다시 장악하려고 시도한 것이다. 1904년 크리스마스 이브에 레닌은 다시 한번 즐거움에 싸여 에센에게 이렇게 썼다:

우리들의 신문『브페레드』의 출간에 대한 공고가 어제 났다. 모든 볼셰비크들은 기뻐하고 있다. 드디어 우리는 그 저주스런 불화와 헤어져서, 일하고 싶어하고 추문을 만들어내고 싶어하지 않는 사람들과 단합해서 일하고 있다. 좋은 일단의 기고가들이 함께 모였다. 새로운 세력이다. 우리를 배반한 중앙위원회는 모든 신뢰를 잃었다. 〔……〕 볼셰비크 위원회들은 함께 참가하고 있다. 그들은 이미 국을 선출했으며 이제 그 기관은 완전히 그들을 단합시킬 것이다. 만세! 상심하지 말아라. 우리는 이제 모든 것을 재생시킬 것이다. 〔……〕 모두들 기뻐하라. 기억하라. 당신과 나는 아직 늙지 않았다. 모든 것은 아직도 우리 앞에 있다.[23]

전체적으로 보아, 되풀이되는 느낌이 있으나, 멘셰비키는 일차적으로 '이론의 인간들men of theory' 이었다. 그들은 혁명의 길을 분석하는 데 그들의 정력을 바쳤으며 이 길이 의식적인 행동에 의해 변경되거나 촉진될 수 있다는 믿음을 갖고 있지 않았다. 이에 비해, 볼셰비키는 일차적으로 '행동의 인간들men of action' 이었다. 그래서, 볼셰비즘의 대변인이요 동시에 창건자인 레닌에 잘 나타나 있듯, 그들은 이론보다 혁명적 실천에 보다 큰 관심이 있었다. 마르크스는 자신의「포이어바흐에 관한 테제」에서 철학자는 세계를 해석하고 있어서는 안 되고 그 변화를 추구해야 한다고 말했다. 레닌은 이 구절을 인용하면서 멘셰비키는 세계를 해석하고 있는 철학자들이며 볼셰비키는 마르크스의 가르침에 충실해서 세계의 변혁을 추구하는 사람들이라고 말했는데, 그것은 정확한 비교였다.[24]

　세계의 변화를 위한 수단으로 레닌이 붙잡은 것이 중앙 집권적 조직이었다. 이 점에 대해 레닌이즘 연구의 세계적 권위자인 마이어 Alfred G. Meyer 교수는 다음과 같이 썼다: "레닌은 드문 형(形)의 혁명가였다. 곧 관료주의적 마음을 가진 혁명가였는데, 그에게 인간사(人間事)에서 높은 정도의 조직은 진보와 질서 및 합리성을 의미하는 것이었다."[25]

제13장

1905년의 '피를 흘린 일요일'로 가는 길

차리즘 체제를 타도하려는 혁명가들의 투쟁이 더욱더 조직화되고 뜨거워짐에 따라 차리즘 체제 쪽에서도 강경책과 온건책을 번갈아 쓰는 가운데 활로를 찾으려 한다. 그러나 그 정책들은 어디까지나 미봉책이었고 근본적인 해결책이 아니었다. 이처럼 국내적 위기가 높아가는 상태에서 러시아는 1905년에 일본과의 전쟁에서 패배함으로써 국위를 크게 잃게 됐다. 이 모든 것이 겹쳐져 1905년 1월에 '피를 흘린 일요일'이란 역사적 대사건이 일어난다. 이 장은 '피를 흘린 일요일'이 일어나기까지 러시아에서 일어난 여러 갈래의 혁명 운동과 황실의 대응을 함께 살피기로 한다.

1. 러시아의 공업 성장과 세 갈래의 반정부 운동

놀라운 러시아의 공업 성장. 1900년대에, 곧 20세기에 들어오면서 러시아의 산업은 놀라울 정도로 성장하기 시작했다. 1928년에 소련 정부의 입장을 대변해 출간된 『러시아 혁명사 해설』은 그때의 상황을 이렇게 묘사하고 있다:

1800년대말 러시아의 철로는 827,229베르스타*였는데 1900년초에는

---

* 베르스타는 러시아 사람들의 거리 단위이다. 1베르스타는 대개 1킬로미터에 해당한다.

41,714베르스타가 됐다. 〔……〕 1890년과 1899년 사이에 선철의 생산은 영국에서는 18%, 미국에서는 50%, 독일에서는 72%, 프랑스에서는 31%, 벨기에에서는 32%, 그리고 러시아에서는 108%가 증가됐다. 〔……〕 같은 기간에 〔……〕 선철과 강철 생산에서의 증가는 다음과 같다: 영국 80%, 미국 63%, 독일 73%, 프랑스 67%, 벨기에 48%, 그리고 러시아가 116%였다. 같은 기간에 석탄 생산에서의 변화는 다음과 같다: 영국에서는 22%, 미국에서는 61%, 독일에서는 52%, 프랑스에서는 26%, 〔……〕 러시아에서는 131%의 증가였다. 석유 생산에서 러시아는 미국이라는 유일한 경쟁자를 갖고 있었을 뿐이다. 〔……〕 20세기초에 러시아의 면공업은 영국의 면공업과 미국의 면공업에만 다음갈 뿐이었다.[1]

그리고 1934년에 모스크바에서 여러 나라 말로 출판된 포포프Popov의 『공산당의 역사』는 "1890년부터 1900년까지의 기간에 선철의 산출은 220%, 철광석의 산출은 272%, 석유의 생산은 179%가 증가했다"[2]고 썼다. 파이프스 교수의 자료들도 이 시기에 러시아가 이룩한 공업 발전을 보여준다. 1890년과 1900년 사이에, 선철 생산의 성장률은 216%에, 석유 생산의 성장률은 449%에, 그리고 철도의 성장률은 71%에 이르렀으며, 1900년 현재 러시아는 석유 생산에서 세계 1위였다. 종합적으로 비교해, 그 10년 동안 러시아의 공업 생산성은 126%나 증가했는데, 이것은 독일의 공업 생산성에 비해 2배였고 미국의 공업 생산성에 비해 3배였다. 러시아 공업 생산의 가치만 놓고 보면, 그 10년 동안에 약 2.1배로 뛰었다.[3]

이 숫자들은 처음 볼 때는 과장이거나 잘못인 것처럼 느껴질 것이다. 왜냐하면 1880년대말과 1900년 사이에 그 성장의 격차가 너무 크기 때문이다. 그러나 그 숫자들은 과장도 잘못도 아니다. 1880년대말과 1900년 사이에 이렇게 놀랄 정도의 큰 차이가 나는 것은 1900년이란 해가 엄청난 발전의 해였기 때문이었다. 확실히 20세기에 들어오면서 러시아는 여전히 후진 사회이긴 했으나, 더 이상 정체된 사회는 아니었다. 그리고 이러한 러시아 사회의 팽창이 1905년의 혁명과 1917년의 혁명을 가능하게 만든다.

노동 계급의 성장. 확실히 20세기에 들어와, 월프의 재치 있는 표현으로, 러시아의 광대한 '농민들의 바다' 가운데 '중공업의 섬' 들이 여기저기서 솟아나기 시작했다. 고대 '아시아적' 관료 행정과 시장의 중심지들은 이제 근대적인 유럽식 공업 도시들로 바뀌어졌다. 새로운 도시들이 초원 지대나 우랄 산맥 지역에 생겨났는데, 원래 이런 곳에는 전에는 읍 같은 것도 없었다. 이처럼 공업이 성장하면서 노동 계급이 전례 없는 속도로 자랐다. 이에 따라 새로운 노동자들이 대거 흘러들어오게 됐고 생활의 영역은 좁아지게 됐다. 인구는 넘쳐흐르고 빈민가는 늘어났다. 사람들은 공장에서 세워준 판잣집 같은 데서 잠을 잤고, 공장의 식당에서 밥을 먹었으며, 공동의 취사장을 사용했다. 서로 잘 알지도 못하는 몇 가구들이 남녀노소의 구별 없이 한 방에서 섞여 살았다. 그들의 대부분은 어제의 농부들로서 그들의 상당수는 아직도 가족의 일부를 농촌에 남겨두고 있었고 또 그나마 공장에서 해고되면 잠시 농촌으로 돌아갈 수밖에 없는 사람들이었다. 러시아의 농촌에서만 흘러들어온 것이 아니다. 러시아가 근대 공업의 물결 속에 뒤늦게 들어감에 따라 외국의 기술자들과 관리인들 및 투자가들이 러시아에 들어왔다. 공장이 통째로 독일이나 미국으로부터 들어오기도 했다.[4]

이러한 현상은 재무부 대신 위테의 외국 차관 도입 정책의 산물이기도 했다. 국내의 재산가들이 공업에 투자하는 것을 꺼리고 가장 안전한 방식을 택해 국가의 공채나 토지에 투자하자, 그는 국내의 강력한 반대에도 불구하고 1897년에 금본위 제도를 실시함으로써 외국의 투자가들로 하여금 안심하고 러시아에 투자하게 만들었던 것이다. 그리하여 특히 프랑스, 그리고 영국과 독일 및 벨기에의 자본가들이 러시아의 국가 채권을 사들이거나 기업에 투자했다. 그 액수는 매우 커져서 위테의 정책에 반대하는 세력은 그가 러시아를 유럽의 경제 식민지로 만들어놓았다고 비판하기도 했다.[5]

이에 따라 러시아는 이제 유럽에서 비록 가장 큰 공업 계급은 아니더라도 가장 고도로 집중된 공업 노동 계급을 갖게 됐다. 20세기에 들어선 시기에 독일에서는 전체 공장의 14%만이 500명 이상 규모의 노동자를 갖고 있었으나, 러시아에서는 500명 이상의 노동자를 갖고 있는 공장이 전체 공장의 34%에 이르렀다. 또 독일 전체 노동자의 8%만이 1,000명 이상의 노동자를 고용하고 있는 공장에서 일하고 있음에 반해, 러시아 공업 노동자의 24%가 그런 규모의 공장에서 일하고 있었다. 이러한 거대한 기업들은 새로운 노동 계급을 밀접한 결사체로 만들어주었다. 여기서 조직에 대한 채워지지 않는 굶주림이 노동 계급 사이에 만연됐는데 이것을 국가가 감독하거나 견제하려고 했으나 헛수고일 뿐이었다.

3개의 반정부적 노력이 동시에 시작되다. 러시아에 대단히 커다란 사회적 변화가 일어나던 상황에서 1901년부터 1903년까지의 같은 시기에 세 개의 시도가 막 시작된 러시아의 공공 생활로 어떤 조직을 주입시키기 위해 동시에 진행됐다. 첫째, 마침내 마르크시스트들에 의해 전(全) 러시아 사회민주당이 결성됐다. 그리고 레닌으로 대표되는 볼셰비키 세력은 그 당 안에서도 강경 노선을 제시하면서 더욱더 전투적인 투쟁을 개시할 것임을 선언했다. 둘째, 농민들을 위한 사회혁명당이 결성됐다. 1870년대와 1880년대의 인민주의를 확대시키고 발전시켜오면서 자본주의의 발달을 반대해온 세력이 마침내 사회혁명당을 조직한 것이었다. 셋째, 자유주의자들과 민주적 지식인들을 조직하기 위해 입헌민주당이 결성됐다.

사회혁명당의 노선. 위의 세 가지 시도들 가운데 첫째 시도에 대해서는 우리가 이미 자세히 살폈기에 되풀이하지 않기로 하고 우선 둘째 시도, 곧 사회혁명당에 대해 살피기로 한다. 사회혁명당의 기원은 1860년대에 시작된 '인민으로'의 운동이었다. 이 운동에 참여했던 인민주의자들 가운데 테러리즘을 옹호한 세력이 1879년에 인민의 의지당을 만들었던 것인데, 이들은 1901년말과 1902년초 사이에, 그러니까 레닌이 『이스크라』를 창간한 때로부터 1년이 지난 시점에, 인민의 의지당의 전통을 딛고서서 빅토르 체르노프 Viktor Chernov를 지도자로 삼아 사회혁명당을 창당했던 것이다. 이 당은 비록 그 지도부가 부르주아 지식인에 의해 구성됐다고는 해도 대다수 농민에 기반을 두고 있었고 '인민으로'의 운동의 정당한 후계자로 여겨졌기 때문에, 공평히 말해, 러시아 사회민주당보다 더 큰 대중의 지지를 받고 있었다. 이 당은 인민의 의지당 때와 마찬가지로 차리즘 체제를 타도하기 위한 무기로 개별적 고관들에 대한 폭력의 행사를 공인했으며 이 목적을 위해 투쟁단을 산하 기관으로 두었다.[6]

입헌민주당의 노선. 이어 입헌민주주의자들의 태도를 보기로 하자. 이들의 생각이 잘 나타난 책으로 보리스 치체린 Boris Chicherin이 익명으로 1899년에 출판한 『20세기 전야의 러시아』를 지적할 수 있다. 이 작은 책에서 그는 차리가 전제 체제를 포기하고 선거를 통해 의회를 구성한 다음 이 의회로 하여금 헌법을 제정하게 하고 책임 정부 제도를 수립하게 할 것을 권고했다.[7] 이러한 생각을 가진 젬스트보 자유주의자들의 모임은 모스크바 젬스트보 의장인 드미트리 시포프 Dmitri Shipov에 의해 1894년에 마련됐다. 그러나 이때만 해도 이들의 논의는 '가내 공업의 부흥'과 '소방' 및 '화재 보험제' 등에 국한됐다. 그런데도 이 정도의 논의조차 경찰의 탄압 대상이 되고 또 1901년에 황실이 젬스트보 의회 자체를 탄압하기 시작하자, 이들도 『해방』이라는 신문을 발행함과 동시에 1903년에 정당이라기보다는 하나의 결사체인 '해방 동맹'을 결성했다. 이들의 운동은 1904년 11월에 시포프에 의해 소집되고 그가 의장이 된 젬스트보 전체 회의에서 젬스트보 프로그램이 채택됐을 때 상당한 성과를 거두는 듯했다. 이 프로그램은 양심 · 종교 · 언론 · 집회의 자유, 법 앞에서 만인의 평등, 자의적(恣意的) 체포와 처벌의 금지, 지방 자치 제도의 확대를 요구하는 한편 자유로운 총선거에 의한 의회를 구성해 러시아가 '새로운 길'을 밟을 것을 제의했다.[8]

그런데 이 입헌주의 운동은 좌우파 모두가 반대했다. 전제정을 옹호한 우파의 이론가들, 예컨대 니콜라이 2세의 가정 교사였던 포베도노스초프 같은 사람은 유럽적인 의회제가 러시아에는 맞지 않는 "우리 시대의 가장 큰 잘못"이라고 조롱하고, 의회제는 영국과 프랑스처럼 작은 나라에서는 가능하나 영토는 너무 광대하고 사회는 너무 원시적이고 인민은 차리즘밖에 모를 정도로 너무 무식한 러시아에는 적합하지 않다고 주장했다. 한편 차리즘의 전복을 목적으로 하는 좌파는 의회제와 입헌 정치란 자본주의 경제 제도를 유지하려는 "몰락해가는 부르주아 민주주의자들의 고안"[9]이라고 거부했다.

차리즘 체제가 녹아가는 징조들. 이 모든 것들은, 다시 월프의 표현을 빌린다면, 급격히 상승하고 있는 홍수 속에서의 많은 소용돌이였으며, 러시아의 총체적인 그리고 오랫동안 얼어붙었던 정치 구조가 녹아간다는 징조였다. 그러나 이 새로운 조직들의 그 어느 것도 그들 스스로가 설정한 과업, 곧 급격히 상승하고 있는 홍수의 길을 터주는 과업을 수행할 수 없음을 드러냈다. 지방에선 농민들이 금지령을 어기고 건초들을 베기 시작했으며, 숲에서 목재들을 벌목하기 시작했다. 이들에 저항하는 소유자들은 길에서 살해되기도 했으며, 이상한 불들이 그들의 작물과 장원을 불태워버렸고 그들은 불길한 두려움 속에서 장원을 버리고 달아나기도 했다. 1906년에 노동조합 결성이 합법화될 때까지는 조직된 노동 운동이 아직 없었던 도시에서는 파업이 자주 일어났으며 또 그 성격은 아주 끈질긴 것이었다. 지식인들에 의해서만 벌어지던 시위도 이제는 노동자들의 것이 됐다. 노동자들은 광장으로 몰려들어 연사들을 보호했으며, 경찰에 돌을 던지거나 악담을 퍼부었다. 군대가 지나간 다음엔 다시 모여들었으며, 경찰이 집회자들에게 발포하면 흩어졌다가 다음날 열 배로 확대된 채 다시 모여들어 죽은 사람에 대한 경의를 표하고 장례를 치러주었다. 법률가·의사·농학자·교사·젬스트보 의회의 진보적 지주, 그리고 관리들 사이에는 갑자기 말이 많아졌으며, 용기도 나타났고 조직도 생겨났다.

오랫동안 침묵을 지켰던 대학가에서도 1899년의 집단 시위를 계기로 학생들의 시위와 동맹 휴학이 벌이지기 시작했고 연설들이 시작됐다. 우리가 이미 제9장에서 보았듯이, 1870년대와 마찬가지로, 다시 한번 학생들은 폭력 수단에 의존하기 시작했다. 칼포비치는 1901년에 교육부 대신 보골레포프를, 발마셰프 Balmashev는 1902년에 내무부 대신 시피아긴 Dmitri S. Sipiagin을, 에고르 사조노프 Egor Sazonov는 1904년에 폭탄으로 내무부 대신 플레베를, 칼리아에프는 1905년에 모스크바 군관구의 사령관이자 니콜라이 2세의 6촌으로 니콜라이 2세의 매부이기도 한 세르게이 대공을 각각 죽였다. 그들은 모두 대학생들이었다.

사회 상층부에서조차 자기 의혹과 이견이 나타나기 시작했다. 톨스토이는 러시아 사회와 특히 차리즘의 방파제인 러시아 정교를 비판했다. 예컨대 1899년에 출판된 『부활』을 통해 지배층, 특히 교회 상층부의 부패와 사회악을 폭로했다. 당황한 교회는 "이 책이 반기독교적이며 반교회적인 허위 사실들을 유포했다"는 이유로 1901년에 그를 파문했다. 트루베츠코이 집안의 두 공자들과 돌고루키Dolgoruki 집안의 두 공자들도 『이스크라』의 기고자가 됐으며 입헌민주당의 발기인 모임에 참여했다. 모로조프와 같은 백만장자 기업가는 지하 운동에 정기적으로 헌금을 했다. 1904년초부터 그가 죽은 1905년까지 그의 헌금액은 1개월에 2,000루블, 미화로 약 1,000달러였다. 그는 1905년에 자살하기 이틀 전 큰 금액의 돈을 크라신에게 주고 사회민주당에 헌금해달라고 유언했다. 그리고 모로조프의 유산 상속인의 한 사람인 학생 니콜라이 슈미트Nicolai Schmit도 이 운동에 직접 뛰어들었다. 그는 고문으로 죽었는지 자살한 것인지 확실하지 않다지만 형무소에서 죽으면서 자신의 모든 재산을 사회혁명당에 넘겨준다고 유언했다. 크라신의 회고에 따르면, 당시 적지 않은 수의 은행 고위 간부들과 정부의 고위 관리들도 사회민주당에 매달 정기적으로 헌금하고 있었다. 그리고, 다시 한번, 16세기 중엽에서처럼 뛰어난 작가들은 혁명 운동의 큰 뜻을 위해 붓을 들었다.

2. 내무부 대신 플레베의 강압 통치와 경찰사회주의

니콜라이 2세에게 주어진 두 개의 길. 확실히 러시아에는 혁명의 불씨가 점화와 연소와 확대를 기다리는 것 같은 사회적 분위기가 무르익어 있었다. 설령 그렇다고 해도, 니콜라이 2세에게는 두 개의 길이 열려 있었다. 첫째는 양보하는 길이다. 반대 세력이 여전히 교육받은 소수 계층에 국한됐고 그들 사이의 연결망은 약했던 만큼 이들에게 양보의 조처를 취함으로써 그 연결을 더욱 약화시키고 그들 가운데 상당히 많은 부분을 극단적인 혁명가들로부터 분리시킬 수 있었을 것이다. 둘째는 탄압을 강화하는 길이다. 그렇게 하면 그 연결은 강화될 것이며 이들 내부의 온건 분자들을 더 강경한 투쟁가들로 바꿔놓을 것이다. 그 선택지 가운데 니콜라이 2세는 뒤의 것을 골랐다. 그는 자신이 대관식 때 차리즘 절대주의를 굳건히 지키겠다던 서약에 충실해야 한다고 믿고 있었고, 또 대항 세력의 주축인 인텔리겐치아는 국가를 경영할 능력이 없다고 믿고 있었기 때문이었다.[10]

플레베의 배경. 니콜라이 2세의 더욱 강화된 억압 통치는 1902년 4월에 암살된 내무부 대신 시피아긴의 후임으로 무지막지한 경찰국장으로 정평이 난 플레베를 승진시킴과 동시에 시작됐다. 플레베는 독일계 러시아 사람으로 바르샤바에서 성장했으며 거기서 법대를 마친 뒤 검사가 됐다. 그는 알렉산드르 2세가 암살된 1881년에 내무부 안에 신설된 경찰국의 국장으로 승진함으로써 차리즘 체제 아래서 출세 길에 들어섰다. 이때부터 그는 '타고난 못된 경찰관'으로서의 능력을 여러 방면으로 보여주었다. 그는 우선 경찰의 기능을 넓게 해석했다. 단순히 불순 세력을 제거하고 치안을 확립하는 데 한정시키지 않고 차리즘 체제를 보호하는 데 필요하다고 판단되는 모든 조처들을 취하는 선으로까지 확대시킨 것이다. 예컨대, 인민 혁명에 반대하고 차리즘을 옹호하는 사람이라도 그가 정부의 시책을 비판한다면 그는 폭탄을 든 테러리스트와 아무런 다름이 없다고까지 생각한 것이다. 변화가 필요하다면 그 변화는 차리로부터 시도되는 것이지 백성이 왈가왈부할 것이 아니라고 말하기도 했다. 이러한 사람이었기에 그는 침투와 선동 및 이중 첩자의 활용 등 갖가지 방법들을 모두 동원해 혁명 세력을 분쇄하는 데 빛나는 성과를 거뒀다. 이러한 그가 내무부 대신으로 승진한 데다가 차리가 사실상 무제한의 힘을 그에게 주었기에, 그는 무소불위의 힘으로써 차리즘의 기본 원칙에 도전하는 모든 세력에 대해 무자비하게 대처했다. 역사학자들이 플레베가 내무부 대신으로 봉직했던 2년의 시기를 '경찰 국가'의 시대를 넘어선 '준(準)전체주의 국가'의 시대로 보는 까닭이 거기에 있다. 이로써 차리즘 경찰력과 반차리즘 세력 사이에 '전쟁'이 벌어지기에 이르렀다.[11]

이 '전쟁'에서 플레베는 차리즘의 적을 다음과 같이 나눴다. 재미있는 것은 플레베에게는 젬스트보 의회의 자유주의자들과 입헌민주당원들이 가장 위험해 보였고, 사회혁명당원들이 그 다음이었으며, 사회민주당원들이 그 마지막이었다는 점이다.[12] 그에게 지방 자치를 역설하는 젬스트보 의원들이야말로 가장 큰 '도깨비'들이었다. 일종의 입헌주의를 요구하는 그들의 정부 비판이나 청원은 마치 프랑스 혁명 전야에 나타났던 자유주의자들의 청원 운동처럼 비쳤던 것이다. 또 이 젬스트보가 장차 혁명의 새로운 산실이 되는 것이 아닌가 하는 두려움을 품고 있었다. 젬스트보의 자유주의자들 다음으로 플레베에게 위험스런 존재로 부각된 그룹은 기업가들과 금융가들이었다. 이들은 정부에 대해 보조금, 새로운 관세 및 조세 구조, 국가 예산의 제한 등을 요구하고 있었으며 특히 러시아의 봉건 관료적 국가 체제가 근대 자본주의의 국가 체제로 바뀌어야 한다고 주장하고 있었다. 이들의 주장에 대해 호의적인 태도를 취하고 있는 사람이 바로 재무부 대신 위테였는데, 플레베는 위테의 이러한 태도를 몹시 못마땅하게 여겼고 위테는 플레베를 우습게 여겨서 손발이 맞지 않았다.

플레베가 두번째로 위험스런 존재로 여긴 대상은 사회혁명당이었다. 그런데 그가 사회혁명당을 이처럼 위험하게 본 것은 사회혁명당의 사회주의나 또는 그 당이 시골에서 세워나가고 있던 농민위원회 때문이 아니었다. 사회주의는 플레베에겐 결코 염려의 대상이 아니었다. 당시 러시아의 대부분의 보수 세력들이 그러했듯이, 플레베는 농촌사회주의를 농민 공동체 형성 운동 정도로밖에는 보지 않았으며, 또 그것이 차리의 절대주의적 독재 체제와 결코 양립할 수 없는 것은 아니라고 보았다. 도시 사회주의에 대해서도 비슷한 생각이었다. 러시아에서 도시사회주의는 멀고도 불가능한 이상주의적인 꿈에 지나지 않으며 차리의 전제 체제에 큰 위협이 되리라고는 생각하지 않았던 것이다. 그러면서도 플레베가 사회혁명당을 그처럼 위험하게 여긴 까닭은 사회혁명당이 투쟁의 방법으로 폭력을 채택했기 때문이다.

경찰노동조합주의. 이러한 상황에서 그가 선택한 것이 바로 '경찰노동

조합주의' 또는 '경찰사회주의'였다. 그런데 이 구상은 보수주의적인 상트 페테르부르크 총독 겸 경찰국장 트레포프 장군에게서 나온 것이다. 1898년에 그는 플레베에게 다음과 같은 건의문을 제출했었다: "선동자들을 무장 해제시키기 위해서 노동자들에게 그들의 어려움을 법적으로 해결하는 길을 열어주고 그 방향을 제시할 필요가 있다. 왜냐하면 보통의 노동자는 덜 극적이고 꽤 합법적인 길을 택할 것임에 비해 군중 가운데 가장 젊은 층과 대담한 층은 선동자들을 따라갈 것이라는 점을 우리는 유념하지 않으면 안 되기 때문이다. 그렇게 해서 분열되면 군중은 그 힘을 잃을 것이다."[13]

이 건의안은 확실히 플레베의 관심을 자극시켰다. 도대체 새로운 산업주의에 의해 당황해하고 있으며, 기업가들의 착취 때문에 분노해하고 있고, 인텔리겐치아 출신의 혁명적 선동가들에 의해 방황하는 이 동요하고 있는 노동자들이란 무엇인가. 왜 국가는 그들을 잘 보살피고 감독해서 과격 분자들을 제거해버릴 뿐만 아니라, 탐욕스럽고 충성심이 의심스런 자본가들과 그리고 노동자들 사이의 자비롭고 공정한 중재자로 행동함으로써 그들을 보호하고 따라서 그들을 가부장적인 국가와 차리에게 더욱 밀접히 묶어줄 수가 없단 말인가. 정부에 대한 노동자들의 반항을 공장 주인들에 대한 반항으로 바꿔놓는 것이야말로 정치가의 교묘한 솜씨가 아니겠는가. 플레베는 이렇게 생각하면서, 가장 믿을 만한 사람이나 기관에 의해 노동자를 조직하는 것이 사태 수습의 올바른 길이라고 결론지었다.[14]

주바토프와 주바토피즘. 여기에서 이른바 '경찰사회주의'가 탄생했다. 그리고 이 '경찰사회주의'를 이끌고 나갈 사람으로 세르게이 바실리에비치 주바토프Sergei Vasilievich Zubatov가 지목됐다. 돌이켜보건대, '경찰사회주의'를 면밀히 설계하고 또 어느 시기까지 용의주도하게 끌고 간 공로는 확실히 플레베나 트레포프가 아니라 주바토프에게 돌아가는 것이 옳을 것이다. 앞에서 살펴본 트레포프의 플레베에 대한 건의문도 주바토프로부터 나왔다. '경찰사회주의'를 주바토피즘이라고 부르는 것도 그 때문이다.

그러면 문제의 주바토프는 어떤 사람인가.[15] 주바토프는 1863년 또는 1864년에 그가 그의 생애의 거의 대부분을 보내게 될 모스크바에서 태어났다. 그의 아버지는 모스크바의 도심지인 트베르스코이 거리에서 아파트 관리인으로 일하고 있었는데 생활이 궁하지는 않았던 것으로 보인다. 주바토프가 모스크바의 고등학교에 다닌 시기는 인민의 의지당의 테러리즘이 성행하던 때였다. 인민의 의지당원들이 알렉산드르 2세를 암살한 것도 그가 고등학교에 들어간 그 다음해였다. 이러한 사회적 분위기는 그에게 직접적 영향을 주어서 그는 알렉산드르 2세의 암살 뒤 교내에 은밀히 조직된 한 독서회에 가입했다. 그 독서회는 허무주의자 피사레프의 저술을 연구하는 단체였는데, 주바토프도 여기에 들어가 활약하게 된 것이다. 그는 화술이 뛰어나고 선동과 선전에 능해서 단연 두각을 나타냈으며, 이 자질이 알려져 학교 밖의 다른 혁명 동아리와도 접촉하게 됐다. 그런데 불분명한 이유로 그는 학교를 그만두고 우체국 직원으로 들어갔다. 이것도 곧 집어치우고 알렉산드라 미히나 Aleksandra Nikolaena Mikhina라는 여자가 경영하는 서점의 지배인이 됐다. 이 서점은 모스크바의 중심지에 자리잡은 서점으로 주로 반정부적인 책들을 싼값에 팔고 있었다. 주바토프는 뒷날 그 여자와 결혼한다. 그리고 이 서점을 통해 인민의 의지당의 당원들 및 반체제적 지식인들과 가까워지게 되며 그들의 신임을 얻게 된다.

그때로부터 몇 년쯤 뒤, 그의 회고에 따르면, 알렉산드르 3세 치세이던 1886년 6월부터 그는 모스크바 비밀 경찰의 첩자가 됐다. 그러나 머지않아 그가 비밀 경찰의 첩자라는 소문이 나버리자 아예 정식으로 비밀 경찰국, 곧 오크라나에 들어가고 말았다. 그때가 1888년이었는데, 이때부터 그는 눈부신 실적을 쌓아올렸다. 우선 그는 반정부적으로 여겨지는 모든 사람들의 사진철을 만들고 은밀한 배후 조사를 정기적으로 하게 했다. 반체제적 동아리의 한 사람을 체포하면 곧 풀어주고 곧 뒤를 밟아 그가 접촉하는 다른 모든 사람들을 몽땅 잡아내는 방법을 쓰기도 했다. 그의 가장 큰 성취는 사회민주주의자들이 1898년 3월에 민스크에서 창당 대회를 열려는 것을 알아내고 대회장을 기습해 발기인들을 체포하고 창당 그 자체를 막아낸 일이라고 할 수 있다. 이처럼 활약과 공로가 컸던 만큼 승진도 빨랐다. 그래서 몇 단계를 껑충 뛰어넘어 모스크바 비밀 경찰의 총책이 됐는데, 모스크바 성(省) 전체의 경찰계에서 그의 상사라고는 오직 모스크바 성 총독 겸 경찰국장인 세르게이 대공, 그리고 중앙 정부에는 그때의 직위로 따져 수도의 경찰국장인 트레포프 및 내무부 경찰국장 플레베만이 있었다.

'경찰사회주의' 또는 '경찰노조주의'에 대한 주바토프의 야심은 컸다. 1901년 5월에 그는 우선 모스크바에 기계공업 노동자 상조회를 세웠다. 비밀 경찰로서의 경험을 살려 그는 되도록 이 상조회를 은밀하게 운영하려 했다. 그러나 그보다는 덜 섬세한 트레포프와 플레베는 이 상조회가 정부의 손아귀에서 벗어나지 못하도록 여러 가지 안전 장치를 마련해놓으려고 했다. 그래서 이 상조회의 세부 규칙과 예산 및 결산은 반드시 트레포프의 동의를 얻도록 했으며 상조회의 모임 때마다 정복을 입은 경찰이 입회하게 했다. 그러나 노동자들은 이런 관행들을 별로 기분 나쁘게 생각하지 않았으며 또 이 상조회가 '경찰노조주의'의 일환으로 운영되고 있다는 의심도 하지 않았다. 러시아의 신민들은 권력에 대해 복종적인 것이 특징이라고 할 수 있겠는데, 노동자들도 그 예외는 아니었던 것이다. 오히려 노동자들은 정부가 자기들을 보호해준다는 생각을 갖게 됐고, 이것은 많은 노동자들을 이 낯선 조직체 안으로 끌어들이는 하나의 유인자의 역할을 했다. 그래서 이 상조회가 탄생한 지 한 해도 못 되어, 그것은 '해방자 차리' 알렉산드르 2세의 묘 앞에 참배시키고자 세르게이 대공이 이끄는 행렬에 약 5만 명의 노동자들을 동원시킬 수 있었다. 이 무렵인 1902년 8월에 주바토프는 오크라나의 전국 책임자로 승진했으며 곧 오크라나의 지부를 더 확대했다.[16]

지식인들은 이 상조회에의 입회가 금지됐으며 노동자들 가운데서도 어느 정도 의식 수준이 높은 사람은 체포돼 조용히 이 조직에서 제거됐다. 사태가 이렇게 돌아가자 사회민주당원들 가운데 순수파들은 이 상조회의 성격을 폭로할 것을 주장하고 이 조직에서 활동하지 말자고 주장했다. 노동자들이 이 '괴물'의 정체를 알고 나면, 대부분은 여기서 손을 뗄

것이라고 생각한 것이다. 그러나 레닌의 생각은 달랐다. 레닌은 "장기적
으로 노동 계급 운동의 합법화는 우리들의 이익이 될 뿐 주바토프 무리
의 이익이 되지는 않을 것"이라고 보았다. 왜냐하면 비록 경찰과 헌병
및 스파이의 노동 조직일지라도 그 속에 참여하게 되면 노동자들의 정치
의식은 발전할 것이라고 생각했던 것이다. 이러한 판단은 레닌에게만 국
한된 것은 아니었다. 대부분의 사회민주당원들 역시 그렇게 생각하고 있
었다. 그래서 2차 당 대회의 마지막 회의에서 그들은 가능한 곳에서는
어디서나 비록 '경찰 노동조합'에 따른 노동조합에라도 가입해서 노동
자들을 깨우치고 노동자들의 권익을 옹호할 것을 다짐하는 결의안을 만
장일치로 통과시켰던 것이다.

어떻든 모스크바 상조회는 주바토프의 격려에 따라 경제 문제와 문화
문제를 토론하기 시작했다. 이에 따라 노동자들이 우선 택한 논제는 한
프랑스인 공장주에 대한 문제였다. 이 '외국인 착취자'를 상대로 어떻게
싸워야 할 것인가가 논제가 된 것이다. 그러나 그 프랑스인이 곧바로 러
시아 주재 프랑스 대사에게 호소하고 다시 프랑스 대사가 플레베 내무부
대신에게 항의하자 이 문제는 토론의 대상에서 제외됐다. 프랑스 대사는
이 노동조합이 '경찰노조주의'의 일환으로 운영되고 있었음을 간파하고
있었기 때문에 그 책임자인 플레베에게 항의했던 것이다. 이렇게 되자
주바토프는 노동자들 스스로가 모스크바 전지역의 공장에서 노동자들이
받아야 할 임금과 근로 조건에 대한 구상을 정말 객관적으로 만들어보라
고 지시했다. 그뿐 아니라 한걸음 더 나아가 주바토프는 기업주의 모임
을 만들어 그들을 야단치기도 했으며 기업주들의 양보를 요구하기도 했
다. 주바토프는 노조가 그의 틀 안에서 어느 정도 굴러가면 계급 투쟁은
퍽 완화될 것으로 기대했던 것이다.[17]

주바토프주의의 파탄. 주바토프의 이러한 노력은 확실히 노조 운동을 촉
진시키는 주요한 요인이 됐다. 공장과 공장에 그리고 읍과 읍에 노조가
마구 생겨났다. 마침내 새로운 공업 지대인 남부 러시아에는 경찰이 세
워준 노동조합들이 벌집처럼 생겨났다. 주바토프는 이처럼 '경찰 노동조
합' 운동을 촉진시켜나가는 한편 혁명 단체들 속에 직업적인 선동가들을

침투시켜 혁명 단체들 안의 과격 분자들로 하여금 테러 행위에 나서게끔 자극시켰다. 이렇게 함으로써 빨리 과격 분자들을 노출시키고 노출된 과격 분자들을 제거시킨다고 믿었던 것이다. 이러한 주바토프의 전략에 발맞춰 효과적으로 움직여준 요원들 가운데 대표적인 사람이 아제프Yevno Azev와 의사 샤에비치Shaevich 및 바실리에프Vasiliev 소령, 그리고 게오르기 가퐁Georgi Gapon 신부였다. 아제프는 가난한 유태인 양복 직공의 아들로 학원의 첩자로 일하기 시작했으며 사회혁명당에 침투해 사회혁명당 투쟁단 창건자들 가운데 한 사람이 됐다. 그는 비밀 경찰과 사회혁명당 두 쪽에 모두 충성을 바친 기묘한 인생을 살았던 사람이었다. 사회혁명당 당수 안드레이 아르구노프Andrei Argunov는 아제프를 자신의 계승자로 생각하고 있었고 주바토프는 아제프야말로 자신에게 가장 충실한 부하라고 믿고 있었는데, 그는 이 정도로 이중 첩자의 역할을 능숙히 해냈던 것이다. 한편 샤에비치는 오데사에서 활약하기 시작했다. 그리고 바실리에프는 2명의 유태인 여자 요원들의 도움을 받아 키에프에 유태인 독립노동당을 창건하기도 했다. 가퐁 신부는 스스로가 상트 페테르부르크 지역의 노동 계급 운동의 지도자가 되겠다고 요청했다. 이런 식으로 '경찰사회주의'는 러시아 전역에서 인기를 끌었다.

그러나 이처럼 노동조합 운동이 비록 경찰의 지도와 감독 아래 있었다고 하지만 마구 번져나가자, 그것은 자연히 경찰의 통제 밖으로 빠져나가기 시작했다. 그래서 1903년 봄부터 크고 작은 노동자 파업들이 일어나기 시작했으며 이 과정에서 노조들은 서로 통합해 큰 덩어리로 바뀌어 갔다. 그러자 경찰은 점점 통제하기 어려워지게 됐다. 1903년 7월에 마침내 오데사에서 큰 노동자 파업이 벌어졌다. 슈나이더만Jeremiah Schneiderman이 지적했듯이, 그것은 러시아가 경험한 최초의 노동 계급 총파업이었다.[18] 그러나 샤에비치는 손을 쓸 수 없었다. 파업에 참가하는 지역은 점점 넓어져 마침내 남부 러시아 전체를 휩쓸고 코카서스에까지 번져갔다. 주바토프의 실험은 실패로 돌아간 것이다.

이에 따라 주바토프와 바실리에프 및 샤에비치는 모두 그 자리에서 자신들의 출생지로 쫓겨났다. 주바토프가 해임되는 장면을 여기에 옮겨보기로 하자. 그러니까 1903년 8월 19일 오후의 일이었다. 그는 플레베 내무부 대신에 의해 아프테카르Aptekar 섬에 있는 내무부 대신의 별장으로 소환됐다. 그 자리에는 내무부 부대신 폰 왈von Wahl 중장이 나와 있었다. 플레베가 먼저 차갑게 입을 열었다. "나는 내가 신임하지 않는 사람과는 단독으로 만나는 일이 없어." 이 말로써 플레베는 자신이 이미 주바토프를 신임하지 않는다는 뜻을 밝히고 주바토프의 해임을 통고한 것이다. 주바토프는 문을 쾅 소리가 나게 밀어젖히고 별장을 나갔다. 그뒤 1905년에 그는 잠시 복직됐으나 다시 쫓겨났는데 차리에 대한 충성심에는 아무런 변화가 없었다. 그는 늘 자신은 충실한 왕당파로서 군주제와 함께 자신도 사라질 준비가 되어 있다고 되뇌곤 했다. 1917년에 니콜라이 2세가 퇴위했다는 소식을 듣자 그는 자신의 서재에 들어가 권총 자살함으로써 자신의 신념에 충실했다.[19]

플레베의 실패. 러시아의 변경 지대는 중앙 러시아보다 경제적으로 훨씬 더 발전된 지역이었다. 그런데 이 지역 또한 혁명적 열기에 휩싸이고 있었다. 1890년대의 급속한 산업화, 그리고 소수 민족에 대한 러시아화 정책은 이 지역의 소수 민족들을 크게 자극시켰던 것이다. 그러나 이 지역 소수 민족들의 정치 운동을 통제하거나 또는 은밀히 조사할 능력을 러시아 정부는 갖고 있지 못했다. 노동 운동은 독립을 위한 총체적 민족 투쟁 속으로 스스로를 흡수시켜갔다. 노동 계급이 강력하고 아주 잘 조직된 곳에서 민족 운동은 노동 운동 또는 사회주의 운동의 성격을 갖기도 했다. 예컨대 러시아가 지배하는 폴란드에서 유태인 동맹은 유태 민족 문제에 특별한 관심을 갖는 노동 운동의 중심체가 됐다.

이처럼 변경 지대에서 민족주의적 혁명 운동이 벌어지자 플레베는 효과적인 통제를 위해 또 다른 형태의 '경찰사회주의'를 생각해냈다. 그것은 각 소수 민족들끼리 싸우게 만드는 방식이었다. 구체적으로, 대중들이 지주와 자본가에 갖는 적개심과 증오심을 유태인 기업가와 고리 대금업자에게로 향하게 하는 방식을 썼다. 그뿐 아니라 유태인을 학살할 것을 은근히 선동하는 전단을 뿌리기도 했다. 이것은 주바토피즘보다 훨씬 성공적이었다. 그리고 이 실험으로 플레베가 자리를 내놓게 되는 일도 없었다. 그러나 이 실험도 결국은 바람직하지 못한 결과를 가져왔다. 1905년과 1906년에 노동자들로 하여금 무기를 요구하고 무기를 들게 하는 명분을 주었던 것이다.[20]

3. 러일 전쟁에서의 패배와 혁명가들의 대응

러일 전쟁에서 패배하다. 러시아 전역에 걸쳐 혁명의 기운이 점차 무르익어가자 플레베 내무부 대신은 이 기운을 억제시키기 위한 계획의 하나로 승리가 확실한 지역에서 소규모 전쟁을 일으켜보고자 했다. 일단 전쟁이 일어나면 외적에 대한 국민들의 적개심이 불타오를 것이고 이 러시아 애국주의는 혁명적 열기를 깨뜨려버릴 것이라고 그는 생각했던 것이다. 그런데 마침 일본과의 전쟁이 일어났다. 1904년 2월 8일 밤과 9일 새벽 사이에 일본 잠수함은 선전 포고 없이 중국 동북부에 위치한 여순항 Port Arthur의 러시아 함정을 공격한 것이다. 조선에 대한 지배, 그리고 더 나아가 만주와 중국에 대한 지배의 문제를 놓고 대립해 있던 러시아와 일본의 전쟁은 이렇게 시작되고 말았다.

전쟁이 일어나자 플레베가 계산했던 대로 러시아 내부의 혁명적 열기는 꽤 가라앉았으며 애국적 정열이 그것을 대치했다. 그러나 그것은 오래가지 못했다. 그 주요한 까닭은 러시아 육군이 잘 싸우지 못했기 때문이다. 전쟁의 주요 무대인 동북 아시아는 러시아의 전력이 총동원되기에는 너무나 멀었던 것이다. 재무부 대신 위테가 1891년에 건설하기 시작한 시베리아 횡단 열차는 단선에 불과했다. 그리고 바이칼 호수는 여름이면 페리로 겨울이면 썰매로 건너지 않으면 안 될 정도로 넓었다. 바꿔 말해, 유럽 러시아가 중심적인 러시아 제국의 엄청난 국력이 동북 아시아에 효과적으로 이동될 길이 너무 좁았던 것이다. 그래서 전쟁부 대신 알렉세이 쿠로파트킨 Aleksei Kuropatkin 장군은 러시아의 힘이 동북 아시아에 충분히 전달될 수 있는 시기까지 시베리아의 내륙 지방으로 일단 후퇴할 것을 주장했다. 그러나 황실에 가까운 장군들은 그의 주장에 반

392

대했으며 또 궁정 회의에서 그의 주장이 채택되지 않도록 작용했다. 8개월 동안 여순항 요새는 용케 버텨냈다. 그러나 마침내 굶주림이 닥쳐오면서 기율도 흐트러져서 1904년 12월 20일에, 신력으로는 1905년 1월 2일에, 손을 들고 말았다.[21]

승전한 일본군은 만주로 진격했고 1905년 2월에 러시아군은 만주의 중심 도시인 심양에서 최후의 결전을 벌였다. 쿠로파트킨 장군은 러시아 사람들이 묵텐 Mukden 이라고 부른 이 도시를 사수하겠다고 맹세했었다. 그러나 러시아 육군 330,000명과 일본 육군 270,000명이 맞붙어 싸운 이 격렬한 전쟁에서 러시아는 89,000명을 잃은 뒤 심양에서 후퇴했다. 1905년 5월 14일에는 러시아 해군과 일본 해군 사이에 대한해협에서 결전이 벌어졌다. 이 해전에서도 러시아는 참패했고, 해전을 총지휘했던 지노비 로제스트벤스키 Zinovy Rozhestvensky 제독이 포로로 붙잡히기에 이르렀다.[22]

작은 섬나라라고 내려보았던 일본에게, 더구나 황실이 '유럽 사람 행세하는 원숭이들'이라고 조롱했던 일본 사람들에게 패배했다는 사실은 황실의 위신을 여지없이 떨어뜨렸다. 황실에 대한 국민들의 불만과 저주도 그만큼 높아갔다. 그리고 이러한 불만과 저주는 다시 반체제적 혁명 운동을 연소시키는 에너지로 바뀌었다. 이처럼 혁명의 위협이 엄청나게 커지자 니콜라이 2세는 1903년 이후 재무부 대신 자리에서 물러나 명목상의 각료회의 의장 이름만 지니고 있던 위테를 미국으로 보내 일본과의 '창피스런' 조약을 주선시키도록 했다. 미국 루스벨트 Theodore Roosevelt 대통령의 주선으로 러시아는 일본과 미국 뉴 햄프셔 New Hampshire 주 포츠머스 Portsmouth에서 1905년 8월에, 신력으로는 9월 5일에 조약을 맺고 전쟁을 끝냈다. 황실은 자기 국민과의 '전쟁'을 위해 외국과의 전쟁을 중단한 것이었다.

위테의 공로. 이 조약을 통해 러시아는 사할린 섬의 남부를 일본에 할양했으며 일본이 여순을 포함해 요동 반도를 획득하는 것에 동의했고 조선에 대한 일본의 패권을 인정했다. 따지고 보면 그 어느 것도 러시아 것이 아니었다. 게다가 전쟁 배상금도 없었다. 파이프스 교수가 평했듯이,

전쟁에 대한 러시아의 책임과 패전으로 말미암은 러시아의 수모에 비할 때 러시아의 지불은 작았다.

이것은 위테의 외교적 공로였다. 그는 우선 미국 사람들의 일본에 대한 경계심을 적절히 활용했다. 그리고 미국이 여론 정치의 국가임을 충분히 깨닫고 미국 사람들의, 특히 미국 신문들의 호감을 사려고 무척 노력했다. 그래서 철도원들과도 악수하고 '러시아의 총리'와 사진을 찍기를 바라는 평범한 부녀자들을 위해 포즈를 취해주기도 했다.[23]

패전에 대한 레닌의 반응. 1904년 한 해 동안 수백만 명의 러시아 노동자들과 농민들은 전쟁터로 끌려나갔고 상당수가 거기서 죽었다. 그러나 이 동안에도 레닌과 그의 반대파들 사이의 논전은 그대로 계속되어 전쟁에 대해 별로 관심을 둘 여유가 없었다. 믿어지지 않는 일이지만, 1904년 한 해 동안 레닌의 모든 저술들 가운데 러일 전쟁에 대한 언급은 꼭 세 번이 있을 뿐이다. 그 나머지는 모두 당내 투쟁에 관한 것이었다. 당 중앙위원회와 당 위원회 및 『이스크라』 편집진과의 전쟁이 레닌에게는 러일 전쟁보다 더 중요했던 것이다. 그의 반대파의 저술들도 그것과 비슷한 경향을 보여주었다. 전쟁에 대한 이들의 언급은 그저 지나가는 말 정도였을 뿐 그것을 본격적으로 다루지는 않았다.

그 정도의 언급이었지만 그들 사이에 일본과의 전쟁 문제를 놓고 견해의 차이가 있었던 것은 물론이다. 트로츠키와 마르토프는 전쟁을 악으로 여겼으며, 따라서 즉각적인 평화를 요구했다. 그러나 레닌은 일본과의 전쟁은 결과적으로 차리즘의 취약성을 드러내는 것이므로 긍정적으로 평가될 수 있다고 주장했다. 그는 일본이 승리할 것을 기대했으며, 러시아의 패전은 러시아 정부와 싸우고 있는 러시아 내부의 진보적 세력에게 하나의 도움이 될 것이라고 생각했다. 그래서 1905년 1월에 일본이 드디어 여순항을 함락시켰을 때 그는 「여순항의 함락」이란 글까지 썼다. 여기서 그는 '진보적 일본'이 러시아 절대주의뿐만 아니라 '후진적이며 반동적인 유럽'을 패배시켰다고 주장했다. 그의 주장은 되새겨볼 가치가 있다. 왜냐하면 그 속에는 뒷날 1차 세계 대전 때 그가 전개하는 '혁명적 패배주의'의 싹이 들어 있기 때문이다. 또 그의 주장은 뒷날 그의 '충실

한 제자' 스탈린에 의해 사실상 부인되기 때문이다. 「여순항의 함락」에서 레닌은 다음과 같이 썼다:

프롤레타리아트는 기뻐할 모든 이유를 갖고 있다. [……] 일본의 군사적 목표는 대체로 달성됐다. 진보적이며 선진의 아시아는 후진적이며 반동적인 유럽에게 치유될 수 없는 일격을 가했다. 10년 전 러시아를 우두머리로 하는 이 반동적 유럽은 일본에 의한 중국의 분쇄에 의해 불안해졌다. 그래서 유럽은 연합하여 일본으로부터 그의 승리의 최고의 열매를 빼앗아버렸다. [그럼으로써] 유럽은 여러 세기 동안 정당화된 아시아 인민의 착취에 대한 우선적이며 일차적인 권리를 지켰던 것이다. 일본에 의한 여순항의 재정복은 반동적 유럽 전체에 대한 일격이다.

진보적 국가의 후진적 국가와의 전쟁은 과거에도 아주 자주 그랬듯이 이번에도 큰 혁명적 역할을 했다. [……] 프롤레타리아트는 모든 부르주아지, 그리고 부르주아적 질서의 모든 표현에 반대한다. 그러나 이 반대는 역사적으로 진보적인 부르주아지의 대표들과 반동적인 부르주아지의 대표들 사이를 구별해야 하는 의무로부터 스스로를 풀어주는 것은 아니다. 그러므로 가장 일관되어 있으며 결의가 굳건한 혁명적인 국제 사회민주주의 대표들인 프랑스의 쥘 게드와 영국의 힌드맨Hyndman이 러시아 절대주의에 일격을 가하고 있는 일본에 그들의 동정을 아무런 회피 없이 표현하고 있는 것은 전적으로 이해된다.

러시아 인민이 아니라 러시아 절대주의가 창피스런 패배를 겪은 것이다. 러시아 인민은 절대주의의 패배에 의해 승리하고 있는 것이다. 여순항의 항복은 차리즘의 항복에의 서론이다. 전쟁은 끝나려면 멀었다. 그러나 그것의 계속 속에서의 걸음 하나하나는 러시아 인민의 측량할 수 없는 열정과 분노를 강화시키며 우리를 위대한 새 전쟁, 절대주의에 대한 인민의 전쟁, 자유를 위한 프롤레타리아트의 전쟁의 순간으로 더 가깝게 끌어가고 있는 것이다.[24]

그런데 1945년 8월에 제2차 세계 대전에서 일본이 패망했을 때, 스탈린은 레닌과는 완전히 대조되는 표현을 썼다. 1945년 9월 2일에 일본의 무조건 항복에 관해 행한 그의 「승리의 연설」에서 스탈린은 이렇게 주장했다: "1904년의 러일 전쟁에서 러시아 군대가 패배했던 것은 우리 인민의 가슴속에 중대한 기억을 남겼다. 그것은 우리 조국에 대한 검은 오점이었다. 우리 인민은 일본이 패배해서 그 오점이 지워질 날을 기다려왔다. 그리고 이제 이날은 온 것이다."[25] 레닌과 스탈린의 저작들 가운데 아마도 이 여순항의 함락 문제에 대한 평가만큼 이렇게 대조적인 것도 없을 것이다.

한편 일본 정부는 러시아의 진보 세력과 공통의 이해 관계를 발견할 수 있다고 판단했다. 따라서 파벌이나 이념을 가리지 않고 자금과 무기를 제공했다. 이때 일본 정부의 자금을 받아들인 것은 폴란드 사회당의 당수 필수드스키 Josef Pilsudski와 조지아 연방사회주의자들 및 핀란드 행동당 등이었다. 특히 필수드스키는 자금 확보를 위해 일본으로 여행하기까지 했다. 그러나 룩셈부르크의 폴란드 사회민주당과 멘셰비키 및 볼셰비키, 그리고 입헌민주당은 모두 이 자금을 거절했다. 레닌으로부터 밀류코프에 이르기까지 그러한 자금을 받아들이는 것을 부끄럽게 여기는 것은 러시아 지식인들의 특징이었다. 그리고 레닌이 그 자금을 받아들이기를 거부했다는 것은 레닌의 '혁명적 패배주의'가 그를 일본의 첩자로 개종시켰다는 일부의 비판이 근거 없는 중상모략이었음을 입증하는 것이었다.

한편 사회민주당은 당내 파벌 싸움에 너무 바빴기 때문에 패전에 대한 책임 규명에 앞장서지 못했다. 반면에 자유민주주의자들과 입헌민주주의자들이 정부의 책임 규명에 앞장섰다. 예컨대 트루베츠코이 공은 『프라보 *Pravo* (권리)』라는 법학 논문집에서 이렇게 따지고 있었다: "그것은 누구의 잘못인가? 그것은 러시아 사회의 잘못인가? 러시아 사회는 당국자들의 명령에 의해 잠자고 있었다. 여러 해 동안 러시아 사회가 깨어나는 것을 막는 온갖 조처가 취해져왔다. 누가 일어나 자신의 두 발로 서서 사람으로서의 말을 하려고 하면 그것은 질서와 안정을 뒤흔드는 것으로 여겨졌다. '입 닥쳐! 거기 가만히 앉아 있어!'라는 위협적인 으르렁거림만을 불러올 뿐이었다. 그리곤 힘센 손이 들었던 머리를 아래로 밀어낼 뿐이었다. 최근에 러시아는 경찰서의 잠자는 곳처럼 되어가고 있다."[26]

플레베가 폭사하다. 일본과의 전쟁이 한창 진행되던 1904년 7월 15일에 플레베 내무부 대신이 암살됐다. 폭탄을 던진 사람은 열렬한 사회혁명당 원인 대학생 사조노프였다. 사조노프는 정말 일종의 순교자였으며 젤리 아보프와 페로프스카야의 뒤를 밟았다고 할 수 있다. 그러나 이 암살 계획은 사실 사회혁명당에 침투해 있는 플레베의 부하인 아제프에 의해 짜여진 것이었다. 앞에서 이미 지적했듯이, 아제프는 사회혁명당 당원이면서 경찰 비밀 정보원인 이중 첩자였다.[27] 그는 플레베를 암살하려는 사회혁명당의 계획들을 여러 차례 플레베에게 알려주었고 마침내는 사회혁명당 안의 투쟁단 창설자이며 단장인 그리고리 게르수니 Grigori Gershuni가 체포되는 데 결정적인 역할을 수행했다. 게르수니는 체포되면서 아제프를 자신의 후계자로 지목했다. 1903년과 1904년에 사회혁명당은 여러 차례 플레베의 암살을 시도했다. 그러나 번번이 실패했다. 이 때부터 사회혁명당은 아제프를 의심하기 시작했다. 투쟁단원들은 아제프에게 플레베를 죽여 아제프에 대한 의심을 풀지 못하면 아제프를 죽이겠다고 위협했다. 이 위협 앞에서 아제프는 투쟁단의 암살 계획에 은밀하게, 그러나 적극적으로 협력하지 않을 수 없었고, 마침내 사조노프는 마차를 타고 가던 플레베를 마차와 함께 폭탄 속에 산산조각이 나게 하는 데 성공했다. 플레베 암살의 성공은 혁명가들 사이에서 아제프의 위신을 크게 높였으며 따라서 아제프는 이중 역할을 계속할 수 있었다. 그러나 1908년 12월에 내무부 경찰국은 그가 이중 첩자임을 알아냈다. 아제프는 곧바로 독일로 도망쳤으며 거기서 사업가로 변신했다. 그는 1918년에 죽는다. 그 과정이야 어떻든 플레베의 암살은 이미 동요하고 있던 관료 기구를 더 큰 혼란 속에 빠뜨리는 효과를 가져왔다.

젬스트보 전국 대회가 열리다. 플레베와 같이 강력했던 내무부 대신이 죽자 니콜라이 2세는 이번에는 온건파에 속하는 '계명' 인사인 스비아토폴리크 미르스키 Pyotr Svyatopolik Mirsky 공을 후임으로 앉혔다. 그는 플레베와는 정반대로 고결한 인격과 자유주의적 성향의 인물이었다. 그는 이미 여러 성들에서 지사나 총독을 지낸 경력이 있으며 내무부 부대신을 지내면서 행정 경력을 쌓았는데 신뢰를 중시했다. 따라서 니콜라이 2세는 이러한 온건 내무부 대신이면 자유주의자들 및 입헌민주주의자들과 조화를 이룰 수 있을 것이며 또 그의 신민들과도 어떤 타협에 이를 수 있을 것이라고 계산했다. 그러나 그의 기대는 곧 거품처럼 무너지고 말았다. 플레베의 암살로 분위기가 달라지면서, 월프가 재치 있게 표현했듯, 러시아의 각 혁명 세력들은 마치 새벽 숲속의 새들처럼 입을 열고 떠들어대기 시작한 것이다.

우선 젬스트보 의회는 국민의 고통을 호소하는 선언문을 채택하고 젬스트보 의원들의 전국 대회를 개최하기 위한 계획을 발표했다. 이 계획을 추진하던 대표자들은 1904년 9월 17일에 파리에서 비밀 회의를 열어 구체적 방법들에 합의했다. 이에 따라 1904년 11월 6일부터 9일까지 젬스트보 전국 대회가 상트 페테르부르크에서 열렸다. 이 대회는 입법과 국가 예산 편성 등에 있어서 '인민 대표들의 적절한 참여'를 요구했다.[28] 법률가 · 의사 · 건축가 · 저술가 · 저널리스트 · 엔지니어 · 경제학자 · 과학자 · 교수 들은 모두 공공의 연회를 수없이 열고 연설하며 결의하고 항의했다. 그리고 헤아릴 수 없을 만큼 많은 변화를 요구하고 제시하기도 했다. 그들의 착실한 직업적 대회들은 정치 집회로 바뀌었으며 그들의 직업적 단체들은 일종의 조합으로 바뀌었다. 이 지식인들의 조합이 당시엔 아직 채 조직되지 않았던 노동자들에게 준 인상은 아주 강력한 것이어서 오늘날까지 러시아의 노동 조직들은 '직업적 조합'이라고 불리는데 줄여서 프로프소유지 profsoyuzy라고 부른다.

멘셰비키와 볼셰비키의 대응. 사회민주당원들은 깊은 관심을 갖고 이 자유주의적 그룹들의 반대 활동을 주시했다. 그러나 그들의 반대 활동에 대해 멘셰비키와 볼셰비키는 서로 다른 태도를 취하게 됐다. 멘셰비키는 이들에 대해 호의적이었다. 이제 올 혁명은 부르주아 민주 혁명이므로, 자유주의자들이 그 혁명을 이끌어나가고 정부를 형성하는 것은 역사의 운동 법칙이라고 멘셰비키는 주장했다:

그러니 그들에게 용기를 주고 대중의 지지를 확보해주자. 그들의 젬스트보 의회, 연회장, 정치적 시위 앞에 노동자들을 불러모아주자. 그리고 그들의 승리를 도와주는 대가로 우리는 그들로부터 우리 스스로의 계급을 위한 약속을 빼내자. 진정으로 민주적인 정권, 보통 선거권, 언론의 자유, 집회와 결사의 자유, 그리고 사회 입법이 그것이다. 차리즘이 타도되고 나면 이제 자유주의자들과 우리의 투쟁이 시작된다. 그 동안에는 우리는 그들의 집회를 무질서하게 만들어놓지도 말며, 그들이 무서워서 도망칠 요구 조건도 내걸지 말며, 차리즘에 대한 반대 세력도 분열시키지 말자. "가죽을 나누기에 앞서 우선 곰을 잡아라."[29]

이상이 멘셰비키가 제시한 논리의 핵심이었다. 그러나 레닌의 견해는 달랐다. '모든 반대 세력의 동맹' 그리고 '부르주아 민주 혁명'이라는 멘셰비키의 구호에 레닌은 반대하지 않았다. 그러나 레닌은 부르주아지가 너무 약하고 겁이 많아서 자신의 역사적 과업을 수행하지 못하고 차리즘과 타협할 준비가 되어 있다고 본 것이다. 그는 또 부르주아지는 너무 잔꾀가 많고 권모술수를 잘 써서 대중에 대한 어떠한 약속도 지키지 못하리라고 생각한 것이다. "약속이란 것은 빵 껍질처럼 깨뜨려지게 마련"이라는 영어 속담을 그는 인용하기까지 했다. 이어 그는 다음과 같이 주장했다:

이 '겁 많은 영웅들'에게 용기를 주는 방법은 당신들 스스로가 무자비한 투쟁의 모범을 보이는 것뿐이다. 만일 그것이 그들을 겁나게 하는 것이라면 그것은 더욱 좋은 일이다. 우리는 우리가 그들을 믿을 수 없다는 것을 깨달을 것이며 그들 없이 앞으로 나가야 한다는 것을 깨달을 것이다. 당신들은 그들에게 용기를 주기 위해 시위를 벌일 대중을 연회장과 젬스트보 의회 앞으로 불러내라. 그러나 나는 시위할 군중들을 정부 건물, 궁정, 형무소, 경찰서 앞으로 불러낼 것이다.[30]

그러나 대중은 볼셰비키에게나 멘셰비키에게나 그 어느 쪽에도 귀를 기울이지 않았다. 러시아 내부에서 레닌을 지지해온 일부의 지방위원회조차 레닌의 지시를 무시하고 자유주의적 모임들과 입헌민주주의자들의 모임에 참가했다. 그러나 수도의 노동자들의 대부분은 볼셰비키에게도 멘셰비키에게도 또는 자유주의자들의 어느 쪽에도 따르지 않았다. 그들은 경찰이 이끄는 조직들 속으로 몰려들었다.

조직 문제에 대해 멘셰비키에 가담했던 트로츠키는 이제는 그들과 견해를 달리했다. 부르주아지는 결코 그들의 투쟁을 연회장으로부터 진정한 혁명 투쟁이 벌어질 거리로 끌어내지 못한다고 그는 보았다. 경찰과 차리가 한 번 '안 돼' 하고 소리지르면, 그들의 말의 홍수는 제때 정지될 것이라고 본 것이다. 그러면 어떻게 해야 하는가? 그는 1904년에 집필한 한 작은 책에서 "정치적 총파업, 전체 인구의 정치적 시위로 바뀌어져야 할 프롤레타리아트의 정치적 파업이 있어야 한다"고 주장했다. 러시아의 마르크시스트들이 부르주아 혁명론에 매달려 있을 때, 트로츠키는 벌써 이것을 걷어치웠던 것이다.[31]

제14장

마침내 '피를 흘린 일요일' :
1905년 1월의 러시아 혁명

우리는 앞장에서 1904년 11월 6일부터 9일까지 상트 페테르부르크에서 젬스트보 전국 대회가 열린 사실을 지적했다. 이 대회는 역사적 의미에서 1789년에 프랑스 혁명 직전에 파리에서 열렸던 귀족과 성직자 및 평민의 3부 회의에 비견될 만하다.[1] 이 3부 회의에 참석했던 평민, 곧 부르주아 계급에 의해 국민 의회가 성립됐고 이로써 프랑스 혁명의 기초가 마련됐던 것이다. 그런데 국민 의회가 성립되면서 평민들이 곧바로 바스티유 감옥으로 밀려가 파옥함으로써 프랑스 혁명이 시작됐듯, 러시아에서는 젬스트보 전국 대회가 성립된 때로부터 2개월 지난 어느 일요일에 노동자들이 니콜라이 2세의 겨울 궁전으로 행진해가자 군대가 수백 명을 사상시킨 참사가 일어남으로써 러시아 혁명이 시작됐다. 흔히 '피를 흘린 일요일' 또는 '초혈(初血)'이라고 불리는 이 사건이 러시아 혁명의 바스티유였던 것이다. 이 장은 이 역사적 사건을 설명하기로 한다.

1. 가퐁 신부와 교회사회주의

가퐁 신부의 배경. 월프가 지적했듯, 역사란 정말 알 수 없는 것이다. 1905년의 혁명은 마르크시스트들에 의해 시작된 것도, 사회혁명당에 의해 시작된 것도 아니라 바로 경찰사회주의의 하나였던 교회사회주의에 의해, 그것도 러시아 정교 교회의 한 신부에 의해 시작됐으니 말이다.[2]

1905년의 혁명에 관련된 사람들 가운데 가장 흥미있는 사람은 아마도 가퐁 신부일 것이다. 그는 자신이 이끌었던 '피를 흘린 일요일' 직후 해외로 망명해 자신을 옹호하는 책인 『나의 삶에 대한 얘기』[3]를 출판했다. 이때는 그가 러시아 망명자들에게 자신이 차리 비밀 경찰의 앞잡이가 아니라 진짜 혁명가라고 주장할 때여서 이 책에는 과장과 허위 진술이 많은 것으로 평가된다.[4] 그러므로 이 책을 조심스럽게 다루면서 다른 객관적인 자료들을 참고해 그의 배경을 설명하기로 한다.

우크라이나 농부의 아들인 그는 혁명 당시 32세에 불과했다. 그는 지성적이며 진지하고 명상적이며 정력적인 사람이었다. 뛰어난 미남자였던 그는 웅변에 능했으며 카리스마를 보여주는 등, 지도자로서의 소양을 충분히 갖고 있었다. 학생 시절에 읽은 톨스토이의 영향을 받은 교사가 그에게 은밀히 건네준 톨스토이의 한 저서를 읽고 크게 감명을 받아 그 자신도 톨스토이의 영향 아래 놓이게 됐다. 그는 주바토프의 '경찰사회주의'에서도 상당한 영향을 받았다. 그러나 그는 쉽게 움직이지 않았다. 상트 페테르부르크의 노동자들은 모스크바의 노동자들보다 훨씬 앞섰으므로 '경찰사회주의'를 의심할 것이라고 주장하고, 따라서 상트 페테르부르크의 노동자들은 경찰의 통제보다는 '정신적 감독' 아래 놓여지는 것이 더 바람직하다고 주장했다. 그는 형무소의 신부로 있었을 때 죄수들을 아주 잘 다뤄서 상사로부터 사람 다루는 능력에 대해 인정을 받았었다. 여기에 자신을 얻은 그는 1904년 2월에 정부 당국에 자신을 지도자 겸 정신적 고문으로 하는 '러시아 공장 노동자들의 조합' 안을 내놓았다. 이 조합의 목표는 한가한 시간을 냉정하고 합리적으로 보내기, 도박 없애기, 술주정뱅이 없애기, 종교적·애국적 사상의 주입, 노동자의 의무와 권리에 대한 신중한 견해의 개발, 노동 조건과 노동자 생활에서 합법적 개선을 위한 조직된 자기 활동 등을 포함하고 있었다.

그의 후원자인 당시 상트 페테르부르크 총독 홀론 I. A. Fullon은 직업적 헌병 출신이지만 온화하고 교양 높은 신사로 경찰 국가적 방식들을 싫어했다. 어떤 사람들은 그를 여학교 교장에 더 어울릴 사람이라고까지 비유했다. 이러한 성품의 그인지라 가퐁의 이 안에 대해서도 호의적이었

다. 따라서 플레베 내무부 대신은 자신이 암살되기 5개월 전쯤의 시점에
서 이 안을 인가해주었다.

처음엔 노동자들의 반응이 시원찮았다. 그러자 가퐁은 자신의 상사들
로부터 여러 가지 자문을 받고 다시 행동에 나섰다. 이번엔 노동자들이
홍수처럼 밀려들었다. 그들의 자문보다 더 효과적인 것은 전시의 생활비
상승이었다. 그래서 1904년이 지나기 전에 그의 조합은 상트 페테르부르
크의 기계 공업에 종사하는 모든 노동자들을 실제로 모두 끌어들이고 있
었다. 구체적으로 말해, 약 11,000명의 조합원들과 약 8,000명의 후보 조
합원들을 이끌기에 이르렀다. 지식인들은 없었다. 그러나 양적으로만 따
져볼 때 상트 페테르부르크의 사회민주주의 단체보다 훨씬 더 컸다. 이
렇게 볼 때, 가퐁의 '교회노조주의'는 주바토프의 '경찰노조주의'보다
훨씬 더 성공적이었다. 더구나 그는 정권에 대한 노동자들의 증오를 고
용주들에게로 돌리게 하려고 노력했으며, 노동자들로 하여금 「하느님이
여, 차리를 구해주소서」라는 노래를 부르게 했다.

경찰의 반응. 경찰은 자신이 인가한 일이기는 하지만 노동자들의 조합
이 너무 커지는 것을 보고 경계하지 않을 수 없었다. 특히 가퐁의 점차
독자성을 보이는 경향은 경찰을 불안하게 만들었다. 가퐁은 경찰과 협의
하지 않고 모스크바와 키예프에 지부를 세웠던 것이다.

이 시점에서 가퐁을 경찰의 첩자로 볼 근거는 없었다. 그는 언제나 노
동자들의 입장을 지지했으며 노동자들의 호소를 충실히 당국에 전했을
뿐만 아니라 노동자들의 요구가 실현되도록 애썼기 때문이다. 또 그는
자신과 경찰의 연결을 감추지 않았다. 훌론 총독을 공개적으로 초청해
노동자들의 집회에 나오게 하기도 했다. 파이프스 교수가 객관적으로 평
했듯이, 경찰이 가퐁을 이용하는 것인지 가퐁이 경찰을 이용하는 것인지
분간하기가 어려웠다. 어떻든 그는 1904년말 현재 러시아에서 가장 뛰어
난 노동 지도자로 자리를 굳혔다.[5]

정치 세력과의 접촉. 이 시점에서 가퐁 신부는 정계의 지도자들과 접촉
하기 시작했다. 그는 우선 사회민주주의자들 및 사회혁명당원들과 만나
려고 했지만 거부당했다. 그러나 자유주의자들 및 입헌민주주의자들로

부터는 환영을 받았다. 그들은 노동자들의 어려움을 청원의 형태로 정부에 호소할 것을 권고했다. 그러나 그는 그렇게 해야 아무런 효과가 없으리라고 판단했다. 노동자들의 대규모 파업으로 뒷받침되지 않는다면 정부가 왜 귀를 기울이겠느냐고 생각했던 것이다. 다른 한편으로, 그는 젬스트보 지도자들과 제휴하기로 결정했다. 그래서 그는 젬스트보 전국 대회의 결의문들과 그리고 젬스트보 지도자들이 참가한 '해방 동맹'의 갖가지 간행물들을 자신의 조합원들에게 나눠주었다.[6]

푸틸로프 공장의 파업. 1904년 12월의 어느 날이다. 상트 페테르부르크에서 가장 오래되고 가장 큰 중공업 공장인 푸틸로프 Putilov 기관차 공장의 노동자 네 사람이 가퐁 신부의 지도 아래 몇 가지 온건한 요구안을 작성해서 기업주에게 제출했다. 그러나 기업주는 이들을 모두 해고해버렸다. 노동자들은 격분해 동조 파업을 일으켰다. 1905년 1월 7일에 약 82,000명이 출근하지 않았으며 다음날에는 그 숫자가 약 120,000명에 이르렀다. 그들은 가퐁 신부에게 자기들을 "존경하는 아버지 차리"에게 데려가달라고 부탁했다. 그의 발 앞에 무릎을 꿇고 자신들의 온건한 요구를 겸손하게 말해보겠다는 것이 그들의 생각의 전부였다.

가퐁 신부가 그들에게 영향을 주었듯이 그들의 집단 정신도 가퐁 신부에게 영향을 주었다. 처음엔 그도 '러시아 인민의 아버지'에게로 직접 간다는 대담한 생각에 주저했다. 그러나 그는 그것을 허락했으며 자신도 움직여졌다. 그는 그의 상사, 그리고 내무부와 경찰국의 관리들을 피하기 시작했다. 그의 추종자들처럼 그도 이젠 상사들을 뛰어넘어 직접 차리 니콜라이 2세와 대면하려 했던 것이다. 1905년 1월 8일, 신력으로 1월 21일에 니콜라이 2세의 겨울 궁전으로 행진하기로 예정된 날의 전야에 그는 다음과 같은 비밀 편지를 차리에게 썼다:

폐하!

대신들을 믿지 마십시오. 그들은 진상에 관해 폐하를 속이고 있습니다. 신민들은 폐하를 믿고 있습니다. 그들은 자신들의 요구를 당신 앞에 펼쳐놓기 위해 내일 오후 2시 겨울 궁전에 모이기로 결정했습니다. 만일 당신이 그들 앞에 서지 않는다면, 그들은 당신과 그들을 결합시키고 있는 정신적 연결을 끊어버릴 것입니다. 아무것도 두려워 마십시오. 내일 신민들 앞에 서서 우리들의 가장 겸손한 청원을 받아주십시오.

노동자들의 대표인 저와 저의 동지들은 당신의 불가침성을 보장합니다.

(서명) 가퐁[7]

이 무렵 경찰은 가퐁을 신뢰하는 쪽으로보다는 의심하는 쪽으로 기울었다. 경찰의 보호를 이용해 자신의 혁명적 목적을 달성하려는 광신적 사회주의자라는 의심을 짙게 갖게 된 것이다. 거기에 더해 가퐁이 이끄는 노동자들의 행진을 사회주의자들이 이용하려고 하지 않을까 걱정하게 됐다. 그래서 1월 8일에 훌론 총독은 노동자들에게 행진에 참여하지 말라고 권고하고 만일 이 권고에 따르지 않는다면 힘을 써서 해산시키겠다고 경고했다. 동시에 가퐁에 대한 체포령을 내렸다. 내무부 대신 미르스키도 이 안을 받아들였다. 이처럼 충돌이 불가피해 보이자 막심 고리키 Maxim Gorky와 같은 저명한 작가를 중심으로 하는 몇몇 사회 지도자들이 내무부 관리들을 설득하고자 했으나 실패했다. 이때 만 37세이던 고리키는 자신이 겪었던 최하층의 비참한 생활을 통해 노동자들의 생활상을 충분히 이해하고 거기에 기초해 『하층민』과 『어머니』 등의 소설을 썼는데, '사회주의 리얼리즘'의 시발로 평가되는 이 작품들은 러시아 민중의 커다란 공명을 불러일으켰던 것이다.

2. 겨울 궁전으로 행진한 노동자들에게 발포하다

「**하느님이여! 차리를 구해주소서**」. 정부 당국이 무력 진압을 결심하고 있는데도, 다음날, 곧 1월 9일 아침에 일반적인 추계에 따르면 200,000명 이상의 남자·여자·어린이·노동자, 그리고 그들의 가족들이 겨울 궁전으로의 행진에 참여하려고 미리 지정된 여섯 군데의 집결점들로 모여들었다. 그들은 가퐁 신부의 보장에 따라 무장을 하지 않았다. 무기를 들

고 있던 소수의 테러리스트들, 강경파, 경찰 첩자들은 가퐁 신부의 호위
자들에 의해 수색을 받고 무기를 빼앗겼다. 그들의 의도는 평화적이었
다. 그날은 일요일이었다. 그래서 많은 사람들은 차리의 우상과 초상을
들고 있었다. 행진 때 통치자의 상을 들고 다니는 것은 오늘날에도 성행
하는 러시아 사람들의 관습이다. 그들은 「하느님이여! 차리를 구해주소
서」라는 노래를 부르며 행진했다. 러시아의 국민 대중이 모두 함께 부를
줄 아는 유일한 노래는 이것뿐이었다. 이러한 종교적 분위기 때문에 길
거리의 행인들은 모자를 벗고 성호를 그었고 어떤 사람들은 행진에 끼여
들기도 했다. 주변의 교회들은 종을 울렸으며, 경찰관들은 그들의 행진
을 돕기 위해 마차와 차량을 정지시키는 등 길을 정리해주었다.
　행진 대열의 선두에 선 가퐁 신부의 마음은 착잡했다. 그는 마음속으
로 이렇게 기도하고 있었다:

　폐하. 저희 상트 페테르부르크의 노동자들과 주민들, 저희들의 처자식
들과 저희들의 무력한 늙은 부모님들은 진리와 보호를 구하기 위해 폐하
께 갑니다. 저희들은 거지가 됐으며 억눌려 살아왔으며 숨이 넘어가고 있
나이다. 견딜 수 없는 고통의 계속보다는 죽음이 차라리 더 나을 큰 순간
이 저희들에겐 당도했나이다. 저희들은 일터를 떠났으며 저희들의 주인들
에게 그들이 저희들의 요구에 응하지 않는 한 일을 시작하지 않겠다는 것
을 선언했나이다. 저희가 요구하는 것은 지극히 작은 것이나이다. 일하는
시간을 하루에 여덟 시간으로 줄여달라는 것, 하루의 임금으로 최소한 1
루블을 달라는 것, 규정 시간 밖에도 일하는 것을 없애달라는 것이 고작이
나이다.
　관리들은 이 나라를 완전한 파멸 속으로 몰아넣었으며 가증스런 전쟁
속으로 몰아넣었나이다. 그들이 세금이란 이름으로 저희들로부터 엄청난
경비를 거두어가지만 저희 노동자들은 아무 소리도 못 하고 있나이다.
　그런 일들이 폐하, 저희들 앞에 있사오며, 그런 일들이 저희를 폐하의
구원의 벽 앞에 오게 했나이다. 저희들은 여기에서 최후의 구원을 구하고
있나이다. 폐하의 신민들에 대한 도움을 거부하지 말아주십시오. 그들의

운명을 그들 손에 놓아주십시오. 그들로부터 관리들의 견딜 수 없는 억압을 치워주십시오. 폐하와 폐하의 신민 사이의 벽을 깨뜨리고 그들로 하여금 폐하와 함께 이 나라를 다스리게 해주십시오. 〔……〕 젬스키 소보르 의회의 소집을 즉각적으로 명령해주십시오. 제헌 의회의 선거가 보통·평등·비밀 투표의 조건 아래 실시될 것을 명령하십시오. 이것이 저희들의 고통스런 상처에 대한 일차적이며 하나뿐인 약입니다.

이러한 요구들에 응해 명령해주십시오. 또 그러한 요구들에 응하겠다고 서약해주십시오. 그러면 폐하는 러시아를 행복하게 그리고 유명하게 만들어주시는 것이 될 것이며 폐하의 이름을 우리들의 가슴과 우리들 후손의 가슴속에 영원히 새겨놓는 것이 될 것입니다. 만일 폐하께서 명령하시지 않으시고 우리의 기도에 대답해주시지 않는다면, 저희들은 폐하의 궁전 앞의 이 광장에서 죽을 것입니다.[8]

이것은 가퐁 신부의 생각만은 결코 아니었다. 그를 따르고 있는 모든 사람들의 외침이었다. 그러나 차리는 이들의 소박한 호소를 들어주지 않았다. 그는 사태를 정확히 파악하고 있지 못했다. 노동자들을 선동하고 있는 한 사회주의적 '불온 신부'가 문제를 일으키고 있는데 적절히 대처될 것이라고만 듣고 있었다. 그래서 그는 가족들이 있는 황실의 휴양지인 차르스코에 셀로Tsarskoe Selo로 떠나버렸다.

첫번째 발포. 마침내 시위자들은 다섯 대열로 나뉘어 겨울 궁전 앞의 큰 광장으로 행진해 들어오기 시작했다. 거기서 비로소 그들은 자신들을 기다리고 있는 것이 차리가 아니라 무장한 군대와 경찰, 그리고 바리케이드임을 알아차렸다. 더 이상의 행진을 정지하라는 명령이 내려졌다. 공포도 발사됐다. 그러나 노동자들과 그들의 가족들은 자신들의 행동에 대해 자신감을 가졌으며 의기 또한 높았다. 아무도 정지 명령에 귀를 기울이지 않았다. 그대로 앞으로만 나갈 뿐이었다. 그러자 이들을 상대로 군대와 경찰은 발포를 개시했다. 여기에 배치된 군대와 경찰은 이러한 경우에 군중을 어떻게 다룬다는 훈련을 전혀 받지 않았기에 무조건 발사부터 했던 것이다. 최악의 대결은 가퐁이 시위자들을 이끌던, 수도의 남서쪽 방향의 나르바 Narva 대문에서 일어났다. 군대의 발사로 약 40명이 죽어 쓰러진 것이다. 가퐁도 쓰러졌다가 일어서서 "더 이상 하느님도 없고 차리도 없다"고 울부짖었다. 곧이어 여기저기서 학살이 뒤따랐으며 비로소 대열은 흩어졌다.[9]

이 사건으로 몇 사람이 죽었거나 부상당했는지에 관한 정확한 기록은 없다. 죽은 사람들의 시체는 그들의 가족들에 의해 치워졌고 부상당한 사람들 역시 그들의 가족들이 비밀리에 치료했기 때문이다. 언론에서는 4,600여 명이 죽거나 다쳤다고 주장했다. 그러나 노동자 쪽에서는 500여 명이 죽고 3,000여 명이 부상당한 것으로 집계했다. 이에 비해 변호사회의 조사위원회는 150여 명이 죽고 200여 명이 부상한 것으로 집계했다. 정부에서는 130명이 죽고 299명이 다쳤다고 발표했다. 아마 노동자측의 집계가 사실에 보다 더 가까울 것이다. 어떻든 '피를 흘린 일요일'이라고 명명되기에 충분한 붉은 피가 흰 눈 위에 뿌려졌다.

가퐁 신부는 도망쳤다. 사회혁명당원들의 도움을 받아 그는 해외로 망명한 것이다. 그곳에서 그는 니콜라이 2세에게 다음과 같은 짤막한 편지를 보냈다. 여기서 그는 차리에 대한 일체의 존칭을 버리고 있다: "노동자들과 그들 처자식들의 순결한 피는 오! 영혼의 파괴자인 그대와 러시아 인민들 사이에 영원히 놓여 있을 것이다. 그대와 그들 사이의 도덕적 연결은 결코 더 이상 존재하지 않을 것이다. [……] 흘려져야 할 모든 피가, 교수자(絞首者)여 그대와 그대의 가족들에게 흘러 떨어질지어다."[10]

두번째 발포. 그런데 차리에 대한 민중들의 분노를 결정적으로 폭발시킨 것은 노동자들에 대한 발포가 아니라 그뒤에 일어난 사건이었다. 황궁 수비대장 바실치코프 공은 시위대가 주(主)바리케이드를 깨뜨리고 궁전으로 들어올 경우에 대비해 약 20,000명의 병력을 궁전에 주둔시키고 있었는데 이 예비 병력은 시위대가 다 흩어진 다음에도 그대로 포진하고 있었던 것이다. 그런데도 그날 오후 노동자들에 대한 발포 사건을 듣고 격노한 학생들과 사태의 추이에 궁금해하던 구경꾼들, 그리고 귀가하던 노동자들이 겨울 궁전 앞으로 모여들었다. 그러자 바실치코프는 두려움을 느끼고 일단 해산령을 내렸다. 일부는 흩어졌으나 대부분은 그들에게 야유를 퍼부었다. 바실치코프는 발포로써 이에 대답했다. 이 사건으로 더 많은 사상자가 생겼으며 마침내 민중의 큰 동요를 가져오게 됐다.[11]

이제 러시아의 대중은 차리와 자신들 사이에 존재한다고 믿었던 동화 같은 관계에 대한 환상에서 벗어났다. 파이프스의 표현으로, 이 사건은 대중이 지녔던 '선량한 차리'의 믿음을 수선이 불가능할 정도로 깨뜨렸다.[12] 또는 월프가 적절히 표현했듯이, 그들의 머리는 그날 하루에 중세기에서 벗어나 근대로 뛰어나온 것이었다. 자비로운 아버지 차리에 대한 그들의 사랑과 존경에서 그들은 그들의 고통을 직접 호소하고자 그 앞에 무릎을 꿇으러 왔던 것이다. 그러나 '자비로운 아버지 차리'의 반응은 발포였다. 이제 그 발포는 차리에 대한 사랑과 존경의 모든 찌꺼기를 없애버린 것이다.[13] 정말 차리는 무능했다. 사태의 중요성을 제대로 인식하지 못하고 있었으니 말이다. 그날 일기에 그는 이렇게만 썼을 뿐이다: "슬픈 날이다. 노동자들이 겨울 궁전으로 들어오려 했을 때 상트 페테르부르크에서는 중대한 무질서 사태가 발생했다. 시(市)의 여러 곳에서 군대는 발포하지 않을 수 없었다. 많은 사람들이 죽거나 부상했다. 주여, 얼마나 슬프고 고통스러운 일입니까."[14]

3. 유혈 사태에 대한 항의

미르스키의 해임. 니콜라이 2세의 실책은 거기서 끝나지 않았다. 그는 1월 18일자로 미르스키를 내무부 대신으로부터 해임한 것이다. 이것은 확실히 문책 인사였다. 그러했기에 미르스키에게 어떤 영예직도 어떤 메달도 주어지지 않았던 것이다. 심지어 수고했다는 말조차 없었다. 약 1세기 전에 대신직이 마련된 이후 차리로부터 이렇게 냉대를 받으며 해임된 경우는 이번이 처음이었다. 그러나 미르스키는 오히려 기뻤다. 그의 두 전임자, 곧 시피아긴과 플레베는 모두 암살됐다. 그래서 그는 내무부 대신직을 제의받았을 때 사양했던 것인데, 이제 건강히 은퇴할 수 있게 된 것만으로도 다행스럽게 여겼다.

미르스키의 후임은 알렉산드르 불리긴Alexandr Bulygin이었다. 그는
아무런 특색 없는 관리였다. 그는 몇 차례 사양했으나 마침내 받아들였
다. 실권은 홀론으로부터 수도의 총독직을 넘겨받은 트레포프의 손으로
넘어갔다. 기세 당당한 군인 트레포프는 니콜라이 2세의 신뢰를 충분히
받고 있었다. 니콜라이 2세는 트레포프의 솔직한 성격, 그리고 개인적
야심이 전혀 없는 점을 높이 샀던 것이다. 트레포프는 자신에 대한 니콜
라이 2세의 신뢰를 적절히 활용하게 된다. 그는 니콜라이 2세를 잘 설득
해서 그가 좀처럼 하지 않으려는 양보를 하게 만든다.[15]

뒤따르는 항의와 시위. 공평히 말해, 1904년 한 해만 해도 러시아의 대중
은 비교적 조용했다. 정부에 대한 혁명적 압력은 거의 전부 사회적 엘리
트, 곧 대학생들과 인텔리겐치아 및 젬스트보 의원들 겸 향신들로부터
나왔다. 그리고 그들의 지배적 흐름은 부르주아적인 것이었으며 입헌민
주주의적인 것이었다. 사회주의자들의 역할은 부차적이었다. 그리고 대
부분의 국민은 뒤켠에 선 채 상층부에서의 갈등을 바라보고 있었다. 스
트루베가 1905년 1월 2일에 썼듯이, "러시아에서 혁명적인 국민은 아직
있지 않다."

그런데 '피를 흘린 일요일'은 상황을 완전히 극적으로 바꾸어놓았다.
유혈 참사에 대한 항의와 시위가 곧 뒤따랐던 것이다. 우선 젬스트보 의
원들은 물론이고 사적인 단체들은 날카로운 용어들로써 정부의 잔인한
행위를 규탄했다. 노동자들은 파업으로써 대답했다. 1905년 1월 한 달만
놓고 따질 때, 400,000명 이상이 파업에 참가했다. 그것은 그때까지의 러
시아 역사에서 가장 큰 파업이었다. 대학생들은 동맹 휴학에 들어갔으
며, 어떤 지역들에서는 중등 학교에서까지 학생들의 항의 사태가 일어났
다. 학원의 분위기는 계속 '불온'해져 정부는 1905년 3월 18일에 모든
대학들과 전문 학교들에 남은 학년 동안 휴교하도록 지시했다. 이 조처
는 학생들을 더욱 과격하게 만들었다.

국경 지역들에서는 소요가 잦게 일어났다. 1월 13일에 라트비아의 수
도 리가에서 노동자들의 파업이 일어났으며 러시아 군대의 발포로 70명
이 죽었다. 그 다음날 바르샤바에서 파업이 일어났으며 93명이 목숨을

잃었다. 그랬는데도 바르샤바에서는 노동자들의 날인 메이 데이, 곧 5월 1일에 다시 파업이 벌어져 31명이 목숨을 잃었다. 최악의 학살은 6월 중순에 오데사에서 일어났다. 포템킨Potemkin 호에서 반란을 일으킨 수병들이 파업을 일으킨 노동자들에 합세하자 무자비하게 발포해서 약 2,000명이 죽고 약 3,000명이 중상을 당한 것으로 알려졌다. 많은 지역들에서 범죄자들은 이러한 무질서 상태를 절도와 약탈에 활용했다. 예컨대 바르샤바에서 유태인 악한들은 자신들을 무정부주의적 공산주의자들이라고 위장한 뒤 부유층의 주거 지역들을 습격해서 돈을 빼앗거나 탐나는 물건들을 강탈했다.

포템킨 선상의 반란.[16] 반정부적 분위기는 군인들에게로 전파됐다. 여순에서 러시아가 일본에 패배한 사실, 그리고 '피를 흘린 일요일'은 노동자 출신이 많은 흑해 함대의 수병들을 동요시켰다. 그러한 가운데 마침내 전함 포템킨 선상에서 반란이 일어났다.

1905년 6월 14일 아침에 이 함정이 공해상에 있던 때 수병들은 자신들이 먹을 고기가 썩었음을 알았다. 그들은 모두 식사를 거부했다. 그러자 인간미라고는 전혀 느낄 수 없는 함정의 최고 지휘관 골리코프Golykov 대령은 그들 가운데 30명 정도를 끌어낸 뒤 총살 명령을 내렸다. 여기서부터 반란이 시작됐다. 수병들은 골리코프를 비롯한 장교들을 죽이거나 체포한 뒤 오데사로 항진했다. 이때 오데사에서는 노동자들이 총파업을 벌이고 있었다. 그들은 노동자 대열에 합세해서 전제정 타도를 외치며 시가 행진을 했다. 소련 시대에 나온 소련 학자들의 책들은, 예컨대 시로프 교수의 『러시아의 역사』는, 이때 시위 대원들이 붉은 깃발을 흔들었다고 썼다.

정부는 곧 진압 함대를 보냈다. 그러나 포템킨 호는 겁내지 않고 진압 군함들 사이를 헤치고 지나갔다. 진압 군함들의 수병들은 사격을 거부하고 그냥 지나가게 해주었다. 심지어 만세를 불러주는 수병들도 있었다. 그뿐 아니었다. 진압 군함들 가운데 하나에서도 수병들의 반란이 일어나 포템킨을 뒤따랐다. 상황이 이렇게 전개되자 진압 함대는 흑해의 세바스토폴로 돌아갔다. 진압 함대의 지휘부는 반란이 확산될 것을 걱정했던 것이다.

포템킨 호는 루마니아의 콘스탄치아 항구로 들어가고자 했다. 그러나 루마니아 정부는 입항을 금지했다. 승무원들은 호소문을 발표하고 자신들은 전제주의에 대항해 궐기했으며 헌법 제정 회의의 소집을 요구한다고 밝혔다. 그래도 루마니아 정부가 움직이지 않자 포템킨 호는 이웃 페오도시아 항구로 갔다. 거기서도 입항이 거부됐다. 포템킨 호는 할 수 없이 콘스탄치아로 돌아가 루마니아 당국에 항복했다. 수병들 가운데 일부는 러시아로 송환돼 가혹한 처벌을 받았고, 나머지는 루마니아에 남았다가 1917년에 제정이 무너진 뒤 비로소 자유의 몸으로 귀국할 수 있었다.

4. 황실의 대응

무정부 상태의 러시아. 파이프스 교수의 지적대로, 이 시점에서 "러시아는 나락의 끝에 서 있었다."[17] 그 동안 경외와 공포의 뚜껑 아래 봉쇄돼 있던 모든 종류의 분노와 선망 및 유감 등이 이제는 그 뚜껑이 벗겨짐에 따라 밖으로 쏟아져나오면서 나라 전체를 들끓게 하고 있는 것 같았다. 국민이 정부에 대한 존경을 잃은 마당에 사회 전체를 하나로 묶어줄 것이라고는 아무것도 없었다. 국민으로서의 의무감도 없었고 애국심도 없었다. 제국을 하나로 묶어주었던 끈들이 얼마나 가는 것이었으며 반면에 제국을 분열시키려는 정열은 얼마나 거센 것이었나를 이제 많은 사람들은 직시하게 됐다.

상황을 이해하지 못한 니콜라이 2세.[18] 내란 상태나 다름없는 이 큰 혼란 속에서도 니콜라이 2세는 상황을 거의 이해하지 못했다. 그는 사람들이 어째서 운명이 각자에게 맡겨준 운수에 만족하지 않는 것인지 알 수 없었다. 자기만 해도 별로 즐겁지 않고 오히려 어려우며 짜증나는 책임을 수행하도록 자기에게 명령한 자신의 운명에 순종하고 있지 않은가. 그러한 맥락에서 그는 미르스키 내무부 대신에게 이렇게 말하곤 했다: "나는 나의 즐거움을 위해 전제주의를 지키는 것이 아니다. 나는 전제주의를 지키는 것이 러시아를 위해 필요하다고 확신하기 때문에 그 정신으로 그렇게 하고 있을 뿐이다. 나의 개인적 이익만을 생각한다면 나는 기꺼이 전제주의를 벗어던지고 싶다." 이러한 사고 방식을 지닌 그로서는, 어째서 백성들은 자신들에게 그렇게 살도록 명령한 운명에 순응하지 않는 것인지 묻지 않을 수 없었다. 그러하니 니콜라이 2세로부터는 어떤 합리적 해결책도 나올 수 없었다.

정부 안에서의 토론.[19] 니콜라이 2세는 무력으로써 소요를 평정시키고자 했다. 그러나 경찰은 이 일을 감당하기에는 너무 부적절했다. 그렇다면 군대가 이 일을 감당해야 하는데, 군대의 대부분은 일본과의 전쟁에 온 신경을 쓰고 있었다. 따라서 위테의 회고록에 따르면, 이 무렵 정부가 쓸 수 있는 병력은 거의 없다시피 했다. 이러한 상황에서, 정부가 쓸 수 있는 방책이란 정치적 양보밖에는 없었다. 그 점에 대해서는 정부 안에서도 의견이 일치했다. 다만 어느 선까지 양보해야 하는가에 대해서만 토론이 있을 뿐이었다. 니콜라이 2세와 그의 참모들은 상황이 이런 식으로 계속될 수 없다는 위기 의식과 그러나 정부가 추구할 변화가 상황을 더 나쁘게 만들 수 있다는 두려움 사이에서 고뇌했다.

궁정의 토론에서 자주 거론된 주제는 선출되는 의회를 수립할 것이냐의 여부였다. 이 토론은 미르스키가 내무부 대신으로 있던 때부터 줄곧 계속됐다. 대신들의 대부분은 선출되는 의회를 수립하자는 쪽으로 기울었다. 그러나 철저한 전제주의 옹호자 포베도노스초프는 말할 것도 없고 세르게이 대공과 위테도 반대했다. 그러자 니콜라이 2세는 "나는 어떤 여건에서도 대의체 정부에 동의하지 않겠다. 왜냐하면 대의체 정부는 하느님이 나에게 잘 돌봐주라고 신탁한 인민들에게 해롭다고 생각되기 때문이다"라고 선언했다. 그런데 니콜라이 2세의 결심을 어느 정도 약화시킨 사건이 일어났다. 1905년 2월 4일에 세르게이 대공이 암살된 것이다.

니콜라이 2세는 곧 농업 및 국가 재산 담당 대신 알렉세이 에르몰로프 Aleksei Ermolov의 건의를 받아들였다. 경험이 많고 현명한 이 대신은 러시아가 혁명의 문턱에 와 있다고 분석한 뒤 혁명을 회피하기 위해 '선출되는 의회'를 구성할 것을 제의한 것이다. 그는 니콜라이 2세에게 현재

많은 반대와 항의의 목소리들이 들려오고 있으나 여전히 백성을 믿어도 좋다고 말하고, 계급과 종교 및 민족의 구별 없이 러시아 전체 국민들이 선출하는 대표자들로써 의회를 구성하게 하고 그 의회를 차리의 자문 기구로 활용한다면 차리는 국민과 직접적인 접촉을 수립할 수 있게 된다고 말했다. 그는 또 우선 내각을 구성하라고 건의했다. 이때까지 정부에는 총리가 이끄는 내각이 없었다. 다만 몇 명의 개별적인 대신들이 있을 뿐이었다. 차리는 대신들로부터 개별적으로 보고를 받았고 대신들도 차리로부터 개별적으로 지시를 받았다. 에르몰로프는 여기서 벗어나 총리가 이끄는 내각을 구성해서 정부의 단결을 꾀하고 정책의 연관성과 효율성을 높이라고 제의했다. 그는 이어 정부가 이러한 길을 걷지 않으면 러시아는 푸가초프의 농민 반란 이후에 겪지 않았던 큰 규모의 농민 봉기를 겪게 되리라고 경고했다.

니콜라이 2세는 감명을 받았다. 그는 내무부 대신 불리긴을 불러 자신은 대의체를 고려할 뜻이 있음을 밝히고 거기에 맞게 문서를 만들라고 지시했다. 그 결과 2월 18일에 니콜라이 2세는 세 개의 문서에 서명할 수 있었다. 첫째가 질서 회복에 국민이 협조해줄 것을 요구하는 문서였다. 둘째가 국가의 이익과 국민의 복지 향상에 관한 문제들에 대해 정부에 건의해줄 것을 부탁하는 문서였다. 셋째가 선출되는 의회의 구성에 관해 차리가 결정을 내렸음을 알리는 문서였다.

'조합들의 조합'이 구성되다.[20] 정부의 전문가들이 칙령에 근거해 선출되는 자문 의회, 곧 두마를 구성하기 위한 안을 만드는 동안 전국에서는 수백 개의 집회가 열려 정부와 차리에 내놓을 건의안 또는 청원서를 만들고 있었다. 니콜라이 2세의 '초청'에 대한 국민의 반응은 그처럼 뜨거웠던 것이다.

우선 자유주의자들은 지난해보다 더 공개적이며 공식적으로 집회를 열었다. 그리고는 헌법의 제정과 입법 기능을 지닌 의회의 수립을 요구했다. 젬스트보는 1905년 4월에 제2차 전국 대회를 열었다. 그 대회는 헌법 제정 회의나 다름이 없었다. 지난해처럼 전문직 종사자들은 자신들의 단체들의 대회를 열고 입헌민주주의에 입각한 많은 제의들을 내놓았다.

관리들은 차리의 칙령이 농민들에게 미칠 영향을 두려워해 칙령의 문서가 농민들 손에 들어가는 것을 될 수 있는 대로 피하려고 했다. 그러나 자유주의자들은 수천 장의 사본을 만들어 지방의 젬스트보 의원들을 통해 뿌렸기 때문에 관리들의 잔꾀는 망가져버렸다. 그러한 결과 1905년 봄까지 약 60,000건의 농민 청원이 수도로 밀려들었다. 이 과정에서 농민과 농촌은 정치에 크게 눈을 뜨게 됐다.

무엇보다 중요했던 것은 1905년 5월 8일에 '유니언들의 유니언,' 곧 '조합들의 조합'이 결성됐다는 사실이다. 14개의 전문직 조합들이 연합해 만든 이 단체는 그 무렵 러시아의 자유주의적 단체들 가운데 가장 과격했다. 젬스트보 전국 대회보다도 좌로 기울어져 있었고 해방 동맹보다도 좌로 기울어져 있었다. 이 단체의 위원장에는 파벨 밀류코프Pavel Miliukov가 선출됐다. 저명한 역사학자인 그는 이름만 자유주의자였지 실제로는 그 이상이었다. 그는 차리즘을 타도하기 위해서는 총파업을 비롯해 어떠한 수단도 동원할 준비가 되어 있었다. 그뒤 5개월 동안 이 조합들의 조합은 1905년의 러시아 혁명이 나갈 길을 닦는다.

사회혁명당의 제의.[21] 이렇게 러시아 사회 전체가 니콜라이 2세의 '초청'에 응해 많은 건의들을 내놓던 때, 그 동안 테러리즘을 주된 무기로 싸워온 사회혁명당은 제1차 당 대회를 열었다. 그리고는 그들도 자유민주주의와 입헌민주주의를 당 강령으로 채택했다. 동시에 농촌 개혁과 토지 재분배 및 사유 재산권의 보장 등을 요구했다. 그렇다고 해서 그들이 테러리즘을 포기했던 것은 아니다.

니콜라이 2세가 마침내 대표자들을 만나다. 이렇게 국내가 매우 소란스러워지고 차리의 위신이 크게 실추된 시점이던 1905년 5월 14일에, 앞장에서 보았듯이, 러시아 해군이 대한해협에서 일본 해군에 패전하자 니콜라이 2세의 입지는 더욱 좁아졌다. 심지어 황실이나 고관들 가운데 반역자들이 있어서 패전했다는 소문이 나돌아 니콜라이 2세를 더욱 괴롭혔다. 자연히 젬스트보 의원들을 중심으로 한 자유주의자들과 입헌민주주의자들의 발언권이 커졌다. 젬스트보의 지도자들은 5월 24일과 25일에 모임을 갖고 비밀·평등·보통·직접 투표에 입각한 전국적 대의체의 소집을 요구하는 결의안을 통과시켰다. 그들은 대표단을 뽑아 니콜라이 2세에 면담을 요청했다.

모스크바 대학교 총장 세르게이 트루베츠코이 Sergei Trubetskoi 공의 권고에 따라 니콜라이 2세는 6월 6일에 대표단을 접견했다. 이 자리에서 대표단은 민주주의의 원칙에 바탕을 둔 대의체의 필요성을 역설했다. 그들은 그것이 입법 기관이 돼야 할 것인지 자문 기관이 돼야 할 것인지에 대해서는 말하지 않았다. 이에 대해 니콜라이 2세는 국민의 대표들을 소집할 결심이 섰다고 말했다. 파이프스가 지적했듯이, 이 만남은 역사적 사건이었다. 차리가 헌법 문제를 놓고 자유민주적 반대자들과 토론한 것은 러시아 역사에서 이것이 처음이었던 것이다.[22]

5. 가퐁 신부의 활약과 최후[23]

가퐁 신부의 공개 서한. 러시아 국내가 이렇게 들끓던 상황 속에서 가퐁 신부가 마침내 망명지 제네바에 도착했다. 그리고 그는 자신의 위신을 활용하여 모든 혁명 세력들을 통합시키려고 했다. 그래서 그는 다음과 같은 내용의 '공개 서한'을 발표했다: "일차적으로 혁명가로서, 그리고 행동인으로서 나는 모든 사회주의 정당들이 즉각적인 합의에 도달하고 차리즘에 반대하는 무장 봉기를 시작하도록 모든 사회주의 정당들의 회의를 소집합니다. 〔……〕 폭탄과 다이너마이트, 개인과 대중에 의한 테러, 이 모든 것들이 인민 봉기에 이바지할 것입니다. 일차적 목표는 전제 체제의 타도입니다. 임시 혁명 정부는 정치적·종교적 자유를 위해 싸워 온 모든 투사들에게 특사를 즉각적으로 선언할 것이며 인민을 즉각적으로 무장시킬 것이며, 보통·평등·비밀·직접 선거의 바탕 위에서 제헌 의회를 즉각적으로 소집할 것입니다. 어떠한 지연(遲延)이나 논쟁도 당신들이 지켜주겠다고 하는 인민들의 이익에 배반하는 범죄입니다."

어느 날 한 여자 사회혁명당원이 레닌에게 찾아와 가퐁 신부가 레닌을 만나고 싶어한다는 말을 전했다. 가퐁 신부는 이에 앞서 플레하노프에게도 같은 말을 전했었다. 플레하노프가 "신부로부터 좋은 것이 올 수 없다"고 말하면서 냉담한 반응을 보였었음에 비해, 레닌은 가퐁 신부의 면담 제의를 기꺼이 받아들여 약속에 따라 '중립 지역'인 카페로 밤늦게 나갔다. 레닌에게 가퐁 신부는 살아 있는 혁명의 한 부분이었다. 러시아의 노동자들로부터 오는 수천 통의 편지보다도 그와의 대화가 정세 판단에 더 큰 도움이 되리라고 생각한 것이다.

가퐁 신부를 만나고 나서 레닌은 가퐁의 성실성을 확신하게 됐다. 그리고 혁명가로서 유망한 자질을 갖고 있다고 확신했다. 그래서 레닌은 가퐁 신부에게 세계적인 혁명아로 각광을 받게 됐다고 자만심을 갖지 말고 공부하라고 일러주었다. 이 점에 대해 레닌은 아내 크루프스카야에게 이렇게 말했다: "작은 신부여, 아첨에 귀를 기울이지 말고 공부하라. 이렇게 그에게 말했지. 그리고 탁자 밑을 가리키면서 저기가 당신 스스로를 발견할 자리라고 말했지."

이런 따위의 짓이야말로 레닌에게는 전형적인 것이었다. 그 짧은 말 속에는 아첨을 싫어하는 그의 자세, 유능하다고 보이는 사람을 훈련시키고 활용하고 싶어하는 그의 열의가 역력히 나타나 있는 것이다. 가퐁 신부는 레닌의 추천에 따라 플레하노프의 저작들을 열심히 읽었다. 레닌은 자신과는 견해가 다르지만 그러나 빠뜨릴 수 없는 플레하노프의 저작들을 읽도록 추천해주었다. 가퐁 신부는 변증법적 유물론을 비롯해 모든 혁명 이론들에 파고들어보려 했다. 그러나 그 이론들은, 그를 휘어잡았으며 그를 봉기의 진영 속에 뛰어들게 했던 힘과는 완전히 거리가 먼 것이었다. 이에 따라 그는 더 많은 시간을 기마와 사격에 보냈다. 저명한 신사 숙녀들은 그를 명사 취급을 했으며, 유명한 세계의 신문들은 그에게 특파원을 보내 회견을 갖게 했고 그로부터 글을 사들였다. 또 러시아 혁명을 위해 무기를 사들이라는 자금이 그에게 쏟아져 들어왔다.

1905년 4월 2일에 18개 사회주의 정당들의 대표들이 가퐁 신부의 '공개 서한'에 응해 한자리에 모였다. 그 정당들의 명단은 우리에게 당시 혁명 운동의 상태에 대해 어떤 개념을 줄 것이다. 그 정당들의 명단은 다음과 같다: 1) 사회혁명당, 2) 볼셰비키 사회민주당, 3) 멘셰비키 사회민주당, 4) 폴란드 사회당, 5) 폴란드 리투아니아 사회민주당, 6) 프롤레타리아트계 폴란드 사회당, 7) 유태인 사회주의자 동맹, 8) 아르메니아 사회민주당, 9) 아르메니아 혁명연방주의당, 10) 백러시아 사회당, 11) 라트비아 사회민주연합, 12) 라트비아 사회민주노동당, 13) 핀란드 노동당, 14) 핀란드 저항당, 15) 조지아 사회주의연방혁명당, 16) 우크라이나 사회당, 17) 우크라이나 혁명당, 18) 리투아니아 사회민주당.

가퐁 신부는 자신이 이 정당 회합의 지도자라는 역할 인식을 갖고 이 회합에 임했다. 월프가 정확히 지적했듯이, 그는 이 모든 실개천들을 차리를 압도해버릴 수 있는 하나의 강력한 격류로 합류시킬 수 있는 회로가 되고자 했던 것이다. 그러나 이 회합은 용두사미 격으로 끝나고 말았다. 사회민주당 대표들은 '폭탄과 다이너마이트' 따위의 용어를 쓰는 그의 진의에 대해 의심을 품게 됐다. 라트비아 사회민주노동당은, 라트비아 사회민주연합이란 라트비아에 존재하지도 않으며 따라서 그 단체의 대표들은 이 회합에서 제외돼야 한다고 주장하면서 자신들의 주장이 관철되지 않으면 자신들이 퇴장해버리겠다고 경고했다. 오랜 논쟁 끝에 그들의 경고가 받아들여지지 않자, 그들은 퇴장했는데, 이 퇴장에 유태인 사회주의자 동맹과 볼셰비키 및 아르메니아 사회민주당이 가세했다. 회합은 시작도 되기 전에 깨진 것이다.

가퐁 신부의 역할은 차차 줄어들었다. 그러자 그는 총포와 화약 따위의 밀수입에 손을 댔으며 이를 위해 영국 배 존 그라프톤John Grafton 호를 대절했다. 가퐁은 또한 레닌에게 도움을 청해 레닌의 주선으로 리트비노프 또는 크라신을 통해 상트 페테르부르크의 주소와 국내 여권을 얻어냈다. 그러나 국경 근처의 섬에 정박할 예정이던 이 배가 그만 좌초해서 핀란드 해안에서 난파하고 말았으며 총포와 화약도 터져버리고 말았다. 이로써 한때의 대중 지도자가 이젠 고립되고 지하에 숨어살아야 하며 쫓겨다녀야 하는 범죄자의 존재가 된 것이다.

자신의 신세가 이렇게 전락해버렸다고 깨닫자 그는 러시아에 다시 들어와 그는 결국 경찰과의 연계를 다시 이룩했다. 1906년 4월에 그는 오제르키Ozerky의 한 작은 시골집 서까래에 목이 걸린 시체로 발견됐다.

그를 아직도 존경하는 대중들은 경찰이 그를 살해했다고 믿었다. 그러나 몇 해 뒤 그는 사회혁명당의 핀쿠스 루텐베르크Pincus Rutenberg의 지시에 따라 처형된 것으로 밝혀졌다. 루텐베르크는 가퐁 신부와 함께 '피를 흘린 일요일'의 행진에 참여했었고 가퐁이 외국으로 탈출하도록 도와준 사람이었다. 그런데 러시아로 되돌아온 가퐁이 그에게 경찰의 첩자가 되도록 권고하자 그의 처형을 결심한 것이었다. 루텐베르크는 1917년의 2월 혁명 직후 케렌스키의 임시 정부에서 공직 생활을 했으며, 볼셰비키의 10월 쿠데타 뒤에는 투옥됐다가 해외로 망명했다. 그뒤 팔레스타인에 있는 영국 전기 회사의 사원으로 일했고 시온주의 운동의 지도자의 한 사람이 됐다.

제15장

망명자들의 귀국과 투쟁 노선을 둘러싼 논쟁

'피를 흘린 일요일'이 러시아의 국내 상황을 혁명 상황으로 바꾸어놓
자 해외의 망명가들은 흥분하지 않을 수 없었다. 볼셰비키건 멘셰비키
건, 또는 비마르크시스트 혁명가이건 거의 모두 귀국해서 이 혁명에 참
가하거나 혁명을 이끌어가고자 했다. 트로츠키가 대표적인 경우였다. 그
러나 레닌과 같이 귀국이 늦어진 혁명가들이 있었는가 하면 플레하노프
와 같이 귀국하지 않은 혁명가들도 있었고 악설로드와 같이 귀국하지 못
한 혁명가들도 있었다. 그렇다고 해도 그들 역시 혁명의 방향에 대해서
는 토론을 계속했다. 따라서 국내에서건 국외에서건 혁명가들 사이에서
는 자연히 노선을 둘러싼 이론 투쟁이 더욱 심각하게 벌어졌다. 이 장은
그러한 모습들을 그려보기로 한다.

1. '피를 흘린 일요일' 이후의 레닌[1]

레닌이 시가전 연구에 몰두하다. '피를 흘린 일요일' 다음날 아침 레닌과
그의 아내 크루프스카야는 제네바의 한 도서관으로 가고 있었다. 도중에
그들은 그들을 만나러 헐레벌떡 뛰어오는 루나차르스키 내외를 만났다.
루나차르스키 부인은 너무 감격해서 아무 말도 하지 못하고 그저 자신의
토시만 흔들고 있었다. 네 사람은 레페신스키 Panteleimon N. Lepéshinski
의 식당으로 발걸음을 옮겼는데, 이곳에서 그들은 역시 그 소식에 접하

고 몰려든 볼셰비크들을 만났다. 이들은 모두 너무 흥분해서 서로 바라보기만 할 뿐 거의 아무 말도 않고 있었다. 굳어진 얼굴들로 그들은 「혁명 장송 행진곡」을 불렀다. 그들은 모두 혁명이 시작됐다는 생각에 압도되어 있었다. 그때로부터 그들은 꿈같은 상태에서 살았다. 차리즘이 타도되고 차리즘을 뒷받침하는 그 거대한 관료 지배 기구가 무너져서 그들의 압제 아래 피눈물 속에 살던 러시아의 무수한 인민들이 자유의 기쁨 속에 사는 행복한 세계를 그리며 지냈다. 그들의 마음은 이미 고국과 고향에 가 있었다. 얼마나 오랫동안 고국과 고향을 떠나 이국 땅에서 지내왔던가.

레닌 역시 어느 정도 흥분을 감추지 못했다. "노동자들이 무장 투쟁으로 넘어가기란 대단히 어려웠었다. 그러나 이제 정부는 노동자들로 하여금 그렇게 하도록 만들고 있다. 첫 단계, 가장 어려운 단계가 취해지고 있다"[2]라고 그는 보았다. 그러면서도 레닌은 그를 특징짓는 인내심을 그대로 견지한 채, 계속해서 도서관을 다니며 연구에 몰두했다. 이때 그의 관심은 내란과 혁명의 방법론, 그리고 군사학에 있었다. 그는 우선 내란과 혁명 및 군사 문제에 대해 마르크스와 엥겔스가 썼거나 언급한 부분들을 샅샅이 읽고 또 읽었다. 러시아에서 새로운 상황이 발생할 때마다 그는 마르크스, 그리고 엥겔스와 '협의' 했다.

그리고는 자신과 같은 연배이면서 프로이센의 장군이자 군사 이론가로 현대 군사학의 창시자라고 할 수 있는 클라우제비츠 Karl von Clausewitz의 『전쟁론』을 깊이 파고들었다.[3] 이러한 관심과 노력의 한 표현이 『시가전: 파리 코뮌의 한 장군의 권고』라는 책의 번역이었다. 이 책은 클뤼제레 Cluseret 장군이 쓴 것인데, 책의 내용도 흥미있었지만 그 저자도 흥미있는 사람이었다. 그는 1848년 6월에 파리 노동자들의 반란을 진압한 군인으로 처음 이름을 냈다. 그뒤 이탈리아로 가서 가리발디 Giuseppe Garibaldi 장군* 휘하에서 일했고, 미국에서 남북 전쟁이 일어

---

* 19세기 이탈리아의 애국자. 흔히 이탈리아 통일의 3걸 가운데 한 사람으로 꼽힌다. 1833년 이래 이탈리아 통일 전쟁에서 활약했다. '붉은 셔츠 부대' 를 조직해서 시실리 섬을 해방했다.

나자 북군에 가담해 싸웠는데 여기서 그는 장군의 칭호를 얻었다. 프랑스로 돌아와 처음엔 무정부주의 운동에 뛰어들었다가 다음엔 사회주의 운동에 참가했으며 사회당원으로 국회의원에 선출되기도 했다. 마침내 그는 1871년 3월에서 5월까지 파리를 지배한 혁명적 노동자들의 정부인 파리 코뮌이 부르주아 정부의 공격을 받았을 때 코뮌의 군사 지도자로 그 방어에 임했었다. 따라서 그의 책은 시가전에 관한 귀중한 경험과 통찰력에서 우러나온 것으로 혁명 운동가들에게 큰 교훈을 줄 수 있는 것이었다.

레닌이 농민에 대한 입장을 바꾸다. 레닌의 또 하나의 관심은 러시아 농민에게 있었다. 그는 러시아 농민에 대한 이해에 도움이 되는 것이라면, 그것이 아무리 미세한 것이라도 붙잡고 늘어졌던 것이다. 이러한 레닌에게 제네바에 망명해온 — 다시 러시아로 돌아가 살해되기 이전의 — 가퐁 신부는 좋은 관찰 대상이었다. 가퐁은 농민 출신이었으며 따라서 농민의 심리 상태를 꽤 많이 지니고 있었다. 그래서 레닌은 가퐁을 아주 주의 깊게 관찰했다. 가퐁에 대한 관찰을 통한 레닌의 러시아 농민의 분석은 성공적이었다. 레닌은 러시아 농민이 구체적인 혁명 세력이 될 수 있다는 확신을 얻었던 것이다.

원래 레닌은 러시아 농민은 그 성격이 기본적으로 보수적이라고 생각했었다. 그래서 처음에는 극도로 온건한 구호를 표방하고 이들에 접근해 나가야 한다고 생각했으며, 이런 맥락에서 "농민에게 오트레즈키 Otrezki를 돌려주라"는 레닌의 구호가 나왔던 것이다. 농민이 경작하던 땅을 농민의 해방 기간에 지주가 그대로 차지하고 있었는데 이 땅을 오트레즈키라고 불렀다. 레닌은 이 땅이 농민들에게 되돌려져야 한다고 주장했으며 1903년의 제2차 당 대회에서 당의 강령에 포함시킬 수 있었다. 어느 날 가퐁 신부가 자신의 '선언'을 들고 레닌을 찾아왔다. 그 선언문 가운데 농민에 대한 것은 "우리는 차리를 필요로 하지 않는다. 지방에는 주인이라고는 하느님만 있게 하라. 그리고 모든 인간은 하느님의 소작인일 것이다"[4]라는 구절이 들어 있었다.

이것을 보고 레닌은 가퐁 신부가 당황해할 정도로 웃어젖혔다. 그러나 레닌은 이 선언이 러시아 농민의 가장 전형적인 외침이란 점을 인정했다. 사실 이 선언은 대단히 혁명적인 것이었다. 과거 농민들이 반란이나 소요를 일으킬 때 그들은 "땅은 하느님의 것이며 차리의 것이다"라고 외쳤었다. 그리하여 지주들을 제외시켰던 것이다. 그런데 이제 차리마저 제외시켰다는 것은 상당히 혁명적인 요구라고 하지 않을 수 없었다.

레닌이 이처럼 농민 문제를 골똘히 생각하고 있을 때, 그는 마투셍코 Matushenko를 만나게 됐다. 마투셍코는 농민 출신의 선원으로 전함 포템킨에 반란이 일어났을 때 탈출한 사람이다. 마투셍코는 가퐁 신부와 열띤 토론을 벌이고 있었다. 그런데 레닌은 그들이 서로 논쟁하고 있는 것이 아니라 러시아 사회민주당 강령의 농민·농촌 문제에 관한 단견에 대한 규탄에 함께 열을 올리고 있음을 알아차렸다. 그들은 레닌이 무척 자랑스럽게 생각했던 농민 문제에 대한 구호, 곧 오트레즈키를 농민에게 되돌려주라는 구호를 비판하고 있었다. "결코 안 돼. 몇 조각의 땅이 아니라 모든 땅이 농민에게 돌아가야 해." 그들은 이렇게 주장하고 있었던 것이다.

레닌은 농민 문제에 대한 자신의 강령이 시대에 뒤떨어졌으며 현실에 적절하지 못하다는 것을 인정했다. 그래서 모든 토지의 국유화, 그리고 국가에 의한 토지의 임대와 분배를 당의 강령으로 채택하기로 결심했다. 그해 여름에 그는 해외의 당 대회를 소집했는데 여기엔 볼셰비키만이 참석했다. 따라서 그의 주장이 당 강령에 채택되는 데 아무런 저항이나 곤란을 받지 않았다. 그러나 1년 뒤에 열린 볼셰비키와 멘셰비키의 통합 당 대회에서는 그의 주장이 관철되지 않았다.

레닌이 조직 이론을 고치다. 레닌이 농민 문제에 대한 자신의 입장을 변경했듯, 다른 조직 이론에 대한 지신의 입장 역시 이 시기에 변경했다. 그것은 중앙 집권주의에 관한 부분이었다.

레닌의 단호하고 정돈된 마음 상태는 언제나 맥이 빠져 있고 질서 없는 러시아 지식인의 생활과 사고의 자세를 못마땅히 여겨왔으며, 따라서 중앙 집권주의와 위로부터의 지시에 끌려 있었다. 그는 당의 정상급 지도자들은 가장 헌신적이며 마르크스 과학에 가장 숙달되어 있으며 쟁점을 잘 결정할 줄 알아야 하며 아랫사람을 잘 고를 줄 아는 사람이어야 한다고 생각하고 있었다. 그는 또한 여전히 당 중앙위원회는 지방위원회를 선출하고 추가할 힘을 갖고 있어야 하며 지방의 모든 결정들을 확인하거나 거부할 권한을 갖고 있어야 한다고 생각하고 있었다. 그러나 러시아에서 대중 봉기는 레닌으로 하여금 중앙 집권주의에만 쏠려 있던 자신의 당 조직 이론을 되돌이켜 생각하게 했다. 당내 민주주의의 원칙, 선거의 원칙, 지방 당 조직의 자치권 문제, 반대할 수 있는 권한의 문제, 소수 의견의 보호 문제 등을 심각히 생각해준 것이다.

레닌은 자신의 엄격한 조직이 보다 이완돼서 과거처럼 엄밀한 조사 없이도 수천 명의 새 당원들을 받아들일 수 있어야 한다고 느꼈다. 간단히 말해, 중앙 집권주의에 대한 그의 일면적인 강조는 이제 양면적인 용어, '민주적 중앙 집권주의'로 다시 정립돼야 한다고 생각한 것이다. 민주주의와 중앙 집권주의가 각각 얼마만큼의 몫을 차지할 것인지는 시기에 따라 달라질 것이라고 그는 생각했다. 민주주의가 중앙 집권주의 속으로 삼켜져버릴 때도 다시 있을 것이다. 그러나 지금은 민주주의의 원칙을 얼마간 받아들이지 않을 수 없는 시점이라고 생각했다. 그래서 레닌은 자신의 가르침에 따라 엄격하고 권위주의적인 당 조직 원리를 따라온 자신의 추종자들을 설득시키지 않으면 안 됐다.

따라서 그는 다시 한번 당 대회에 의존하기로 했다. 그리하여 자파의 당 대회를 소집해 자신의 의사를 관철시키고 이것을 당 전체 의사로 제시하는 방법을 택하기로 한 것이다. 그의 이러한 뜻에 따라 볼셰비키와 화해파 및 중도파들만이 참석한 가운데 1905년 4월 25일부터 5월 10일까지 런던에서 당 대회가 열렸다.[5] 그리고 멘셰비키는 같은 시기에 제네바에서 당 대회를 열었다. 레닌이 자신의 중앙 집권주의, 직업적 혁명주의, 그리고 '강경성'에 입각해 가르친 레닌주의자들은 그가 귀가 따갑도록 들려주었던 공식을 기계적 암기에 의해 배웠었다. 그들의 대부분은 그 공식의 매우 권위주의적인 엄격성에 이끌렸던 것이다. 그렇기 때문에 앞에서도 지적했지만, 이들은 레닌이 당 대회에 제시한 대폭적인 변화를 위한 제안들을 쉽게 받아들일 수가 없었다. 그들은 '볼셰비즘의 전통'과

'진정한 레닌이즘'의 명분 속에서 레닌의 제의에 저항하고 나섰다. 이에 따라 레닌의 투쟁이 다시 시작되지 않으면 안 됐던 것이다.

레닌이 제안한 당 조직 개정안은 대체로 다음과 같은 내용을 포함하고 있었다. 첫째, 지방당부의 중앙위원회로부터의 자치를 보장한다는 것이었다. 둘째, 당 조직에서 선출의 원칙을 도입한다는 것이었다. 셋째, 소수자의 의견을 보호한다는 것이었다. 넷째, 중앙 당이 중앙위원회에 반대하거나 비판할 권리를 인정한다는 것이었다. 다섯째, 중앙위원회에 반대하는 문헌을 발표할 수 있는 권리를 인정하며, 만일 지방 당 조직의 6분의 1이 요청하는 경우 이것을 당내에 배포할 수 있는 권리도 인정한다는 것이었다. 이 내용들은 레닌이 통합 당 대회에서 그렇게도 반대했던 것들이었다. 자신의 당 조직 개정안에 반대하는 추종자들을 설득하기 위해 레닌은 다음과 같이 역설했다:

당이 당 위원회를 위해 존재하는 것이 아니라 당 위원회가 당을 위해 존재하는 것이다. 〔……〕 헌법을 갖고 있는 모든 나라에서 시민들은 이 관리나 저 관리 또는 공적 기구에 대한 신뢰의 결여를 표현할 권리를 갖고 있다. 이 권리는 그들로부터 빼앗겨질 수 없는 것이다. 〔……〕 당 위원회와 지방위원회 사이의 분쟁을 다룸에 있어서 누가 판정자가 될 것인가. 자유로운 정치적 상황에서 우리 당은 선거의 원칙 위에 완전히 세워질 수 있고 또 세워질 것이다. 〔……〕 절대주의 아래에서조차 현재보다 더 많이 선거제를 적용하는 것이 가능했을 것이다.[6]

그의 역설에 따라 그의 주장은 받아들여졌다. 그러나 그가 이 '프롤레타리아트 당' 대회에 공장에서 일한 경력이 있는 대의원은 1명뿐이라는 사실을 지적하면서, 따라서 각 지방 당 위원회에 노동자가 다수를 차지하도록 당 규약을 고쳐야 한다고 제의했을 때, 그 제의에 대한 반대는 절정에 이르렀다. 그는 위원회가 2명의 지식인 대 8명의 노동자꼴로 구성돼야 한다고 구성비(構成比)를 구체적으로 제시하기까지 했다. 이 제안은 실현될 수 없는 것이며 볼셰비키 조직에서 혁명적 청결성을 희석시키는 것이라는 이유로 부결됐다.

이 당 대회에서 논의된 또 하나의 주제는 무장 봉기를 위한 기술적인 준비의 문제였다. 이 문제에 대해서는 루나차르스키가 보고를 했는데, 그 보고의 골자는 대체로 레닌의 견해를 반영하는 것이었다. 이 점에 대해 루나차르스키는 "레닌은 나의 보고서를 위한 모든 핵심적 테제들을 마련해주었다. 더구나 그는 내가 나의 연설 전문을 써야 하며 그것을 사전에 그가 읽을 수 있도록 그에게 주어야 한다고 주장했다"[7]라고 썼다. 어떻든 이 무장 봉기를 위한 기술적 준비 문제에 대해서는 레닌과 그의 추종자들 사이에 큰 마찰이 없이 당 대회에서 통과가 된 셈이었다.

그러면 왜 레닌은 그 보고서를 자신이 직접 읽지 않았는가? 레닌은, 자신의 후계자들과는 달리, 1인의 개인적 독재 정치라는 외양을 몹시 피하고 싶어했다. 레닌은 언제나 당이 집단 지도 체제에 의해 영도되고 있다는 외양을 유지하려고 노력했다. 또 외양뿐만 아니라 가능한 한 실제로도 집단 지도 체제를 유지하려고 노력했다. 그래서 레닌은 자신과의 논쟁에서 자신을 반대했거나 또는 패배한 사람으로 하여금 바로 그 논쟁의 주제였던 문제에 대해 보고하게 만드는 일도 있었다.

2. 트로츠키가 파르부스와 제휴하다

트로츠키가 뮌헨으로 가다. 다시 '피를 흘린 일요일'의 소식에 접한 제네바의 러시아 망명자들에 돌아가자. '밤 올빼미' 마르토프는 레닌보다 먼저 혁명의 소식을 들었다. 그는 다음날 아침 신문을 기다리면서 동지들과 글자 그대로 밤을 새우며 토론했다. 강연장으로부터 밤기차를 타고 돌아온 트로츠키는 그 소식을 새벽에 『이스크라』 사무실에서 들었다. 그때의 상황을 트로츠키는 뒷날 이렇게 회고했다: "마르토프는 완전히 흥분해 있었다. [……] '우리는 새로운 전보들을 읽으면서 카페에서 온 밤을 보냈다네. 자네는 아무것도 읽지 않았는가? 여기에 그것들이 있어. 여기에.' 그러면서 그는 전보를 내 손에 밀어넣어주었다. 나는 '피를 흘린 일요일'에 관해 전보로 된 보고서의 첫번째의 열 줄을 달음박질하듯 읽어내렸다. 〔……〕 불타는 것 같은 감정이 나를 압도해버렸다." 이어 그는 이러한 감정 속에서 어떻게 행동했는가에 대해 다음과 같이 썼다: "나는 더 이상 해외에 머무를 수가 없었다. 볼셰비키와 나의 연결은 당 대회와 함께 이미 끊어졌다. 나는 멘셰비키와도 헤어졌다. 이제 나는 내 스스로 모험하지 않으면 안 됐다."[8] 스물두 살의 젊은이로 주위의 어느 누구보다도 젊고 정열적이며 모험적인 그는 곧바로 러시아로 돌아갔다. 트로츠키는 그 역사적 사건 이후 러시아로 돌아간 최초의 망명자라고 할 수 있다.

일반적으로 말해, 망명자들이 러시아로 돌아가기로 결심하고 이것을 결행하는 데 소요된 시간은 그들의 나이, 그들이 망명지에 체류한 횟수, 그리고 그들의 기질에 비례했다. 레닌과 마르토프는 그해 10월 러시아 본국에서 특사령이 내린 뒤인 연말에야 러시아로 돌아갔다. 로자 룩셈부르크는 그 정열에서 트로츠키에 결코 못지않았으나 독일 사회민주당 일에 너무 많이 개입해 있었기 때문에 곧바로 떠나지 못했다. 그녀는 12월이 되어서야 겨우 고향인 러시아령 폴란드로 돌아갈 수 있었다. 악설로드는 아내가 죽었기 때문에 떠나지 못하고 있었다. 그러다가 그가 러시아로 돌아가기 위해 핀란드까지 갔을 때는 러시아에는 혁명의 열기가 가라앉고 반동 정치가 시작될 때여서 일단 귀국했던 망명가들이 다시 도망쳐나오고 있었다. 플레하노프는 돌아갈 생각을 전혀 않고 있었다.

트로츠키가 러시아로 돌아가려는 바로 그 전날 밤 그의 연인 나탈리아는 트로츠키를 만나기 위해 러시아에서 제네바로 돌아왔다. 그러나 트로츠키가 러시아로 돌아간다는 것을 알고 우선 함께 뮌헨으로 갔다. 그리고는 트로츠키가 상트 페테르부르크에서 비밀리에 활동할 수 있도록 모든 것을 준비하기 위해 러시아로 되돌아갔다. 이 같은 왕복 여행은 트로츠키에 대한 그녀의 평생 동안의 헌신의 한 전형적인 보기에 지나지 않는 것이었다.[9]

뮌헨에서 파르부스와 토론하다. 그녀를 먼저 러시아로 보내놓고 트로츠키는 1915년 1월 18일부터 뮌헨에 머무르면서 파르부스Parvus와 러시아 혁명에 대해 오랫동안 이야기를 나누었다. 여기서 그들은 의견이 일치됐고 의기가 투합됐다. 트로츠키는 이렇게 회고했다: "파르부스는 〔'피를 흘린 일요일'을〕 다룬 나의 원고를 읽고 크게 흥분했다. 그 사건은 이 분석을 충분히 확인해주고 있네. 이제는 아무도 총파업이 투쟁의 가장 중요한 수단이라는 것을 부정할 수 없을 걸세. 〔'피를 흘린 일요일'은〕 비록 그것이 신부의 옷자락 속에 위장된 것이라고 해도 최초의 정치 파업이었네. 이제 더 필요한 것은 러시아에서의 혁명이 민주적 노동자의 정부를 권력에 앉혀놓는 것뿐일세."[10]

이때로부터 시작돼 1907년까지 계속되는 두 사람의 제휴는 훌륭한 결실을 가져오게 된다. 본명이 알렉산드르 겔판드Alexandr I. Gelfand(또는 Helphand)인 파르부스는 트로츠키보다 10년 연상으로 마르크시스트 작가요 정치 이론가로 엄청난 명성을 누리고 있었다. 이런 거물이 트로츠키의 정치적 견해에 공명하여 그와 제휴하기에 이르렀다는 사실은 젊은 트로츠키의 자신감을 강화시켜주었다.

"러시아에서의 혁명이 노동자의 정부를 권좌에 올려놓을 수 있다"는 파르부스의 견해가 러시아 혁명가들 모두에게 받아들여지고 있었던 것은 아니었다. 러시아 혁명이 어떻게 전개돼 나아가야 하며 그 과정에서 주역을 담당해야 할 계급은 어떤 계급이며 또 각 단계에서 혁명의 본질은 어떠해야 하는가에 대해 러시아 혁명가들은 의견의 일치를 보지 못하고 있었다. 따라서 이러한 문제들을 놓고 혁명가들 사이의 논쟁은 끊임없이 계속됐는데, 이 논쟁을 월프는 다음과 같이 세 갈래로 나눠보고 있다.[11]

멘셰비키의 견해. 멘셰비키의 견해는 다음과 같이 정리될 수 있을 것이다. 다가올 혁명은 부르주아 민주주의 혁명이다. 이 혁명은 봉건주의를 폐지하고 자본주의의 자유로운 성장을 위한 기반을 닦으며, 민주 공화국을 세우고, 부르주아지를 권좌에 올려놓는다. 민주 공화국 아래 공개적인 정치 활동, 사회주의 이념을 전파할 수 있는 자유, 노동 계급을 정치적·경제적으로 조직할 수 있는 자유, 그리고 그 안에서 제2의 혁명, 곧 사회주의 혁명을 준비하기에 필요한 문화·경험·자아 의식·힘을 발전시킬 수 있는 자유 등이 보장돼야 한다.

그 혁명은 프롤레타리아트가 전체 인구의 대다수를 차지할 때만 민주적일 수 있다. 그러나 이 후진적인 나라에서 현재와 같은 상황 아래 있는 프롤레타리아트는 권력을 장악할 꿈을 꿀 수 없으며 또 사회민주당도 부르주아지의 임시 정부에 들어갈 생각을 해서는 안 된다. 사회민주당은 그렇게 후진적인 나라에서는 그 자신의 프로그램의 실시를 보장받을 수 없기 때문에 결국 자신의 프로그램을 더럽힐 뿐이며 부르주아 정부의 행동에 대해 책임을 질 뿐인 것이다. 혁명적이 된다는 것은 현재로서는 차리즘과 싸우고, 권력을 위해 차리즘과 투쟁하는 부르주아지를 지지하고, 또 부르주아지를 고무해주고 밀어주며 그 대가로 노동 계급을 위한 최대한의 자유를 약속받는 것을 의미한다.

파르부스와 트로츠키의 영구혁명론. 파르부스와 트로츠키의 견해는 다음과 같이 요약될 수 있을 것인데, 여기서 벌써 '영구혁명론'이 전개되고 있다. 혁명가들의 일차적 과업은 물론 부르주아 민주주의적 과업이다. 풀어 말해, 부르주아 혁명에 의해 서구에서 성취됐던 것과 같은 과업이다. 그러나 러시아 혁명은 '너무 늦게' 일어나고 있기 때문에 부르주아지의 혁명이 되기가 어렵다. 또한 프롤레타리아트가 독립된 세력으로서 이미 역사의 무대 위에 나타나고 있다. 따라서 두 개의 혁명, 곧 부르주아 민주주의 혁명과 프롤레타리아 사회주의 혁명은 하나의 혁명으로 '결합'되거나 압축되는 경향이 있다. 더구나 러시아의 중산 계급은 취약하고 겁이 많다. 그렇기 때문에 러시아의 프롤레타리아트는 서구 사회주의 형제들의 이론적 성취와 경험으로 장비하고 또 동시적으로 발전하고 있는 농민 반란의 지원을 받아 러시아의 부르주아지가 할 수 없었던 과업을 수행하지 않으면 안 된다.

"러시아에서는 오직 노동자만이 혁명적 반란을 성취할 수 있다. 〔……〕 혁명적 임시 정부는 노동자 민주주의의 정부이어야 한다"(이것은 트로츠키의 팸플릿에 대한 파르부스의 소개의 글이다). 따라서 프롤레타리아트에 의해 이뤄진 '부르주아 혁명'은 프롤레타리아 혁명으로 넘쳐흘러 들어가게 된다. 풀어 말해, 트로츠키에 따르면, "혁명이 일단 성공하면 정치 권력은 그 투쟁에서 주도적 역할을 수행했던 계급, 곧 노동 계급의 손으로 넘어간다." 그러면 그 다음은? 노동 계급이 권력을 장악한 다음에는 어떻게 해야 하는가?

그들은 그들이 대변하겠다고 공언한 바로 그 계급, 곧 노동 계급의 대표로서 행동하지 않으면 안 된다. 그들은 비록 단편적일지라도 노동 계급 정부로서의 정책을 채택하지 않으면 안 된다. 그들의 최소한의 민주적 요구와 그들의 최종적인 사회주의적 프로그램 사이의 선은 무너져버리는 것이다. 만일 그들이 노동 계급에 대한 가장 수수한 수준의 조처를 시작했다고 생각해보자. 예컨대, 1일 8시간 노동제를 실시하거나 또는 피고용자의 생계를 고용주가 보장해주도록 의무화하는 조처를 실시한다고 생각해보자. 그러면 고용주들은 이것에 저항해서 그들의 공장 문을 닫아버리지 않겠는가? 그 경우 정부는 그 공장을 떠맡지 않아도 될 것인가? 그리고 그것은 사회주의를 향한 큰 걸음이 아니겠는가? 간단히 말해, 트로츠키의 표현을 빌리면, "프롤레타리아트의 정치적 우위성은 그의 경제적 예속과 양립하지 않는다." 비슷한 논법으로 농촌 지역에서 권력의 자리에 있는 프롤레타리아트는 곧 농업의 집단화를 수행하지 않으면 안 되게끔 강요된다. 이러한 조처들에 대해 격노한 부르주아지로부터, 그리고 사유 재산에 관심이 있는 농민 대중으로부터 저항이 있을 것이며 아마도 외국의 간섭까지 있을지도 모른다.

그러나 러시아 혁명은 사회주의 혁명의 분위기가 이미 성숙했거나 또는 과열한 서구로 번져나갈 것이라고 기대해볼 수 있다. 따라서 러시아의 프롤레타리아트는 일단 권력을 장악하면 러시아에서의 봉기를 국내외의 혁명으로 변형시키고, 또 부르주아지와 프롤레타리아트의 혁명을 프롤레타리아트에 의해 지배되는 단일적이고 계속적인 과정으로 결합시켜야 하며, 그 혁명을 '영구히' 수행해나가지 않으면 안 된다. 트로츠키는 나중에 그의 저서 『러시아 혁명의 역사』에서 자신의 이론을 "결합된 발전의 법칙 law of combined development"[12]이라고 불렀다. 그리고 이것이 그와 파르부스의 '영구혁명론'의 핵심인 것이다.

레닌의 견해. 레닌의 견해는 이 두 개의 극 사이에서 움직이고 있었다.

공식에서는 레닌의 주장은 멘셰비키의 주장에 가까웠다. 그러나 정신에서는 그는 트로츠키의 이론에 가까웠다. 멘셰비키와 마찬가지로, 레닌은 한 나라의 경제적 수준이 사회주의 혁명을 위해 성숙된 것인지 아닌지를 결정짓는다고 주장했다. 멘셰비키와 마찬가지로, 그는 경제적으로 정치적으로 문화적으로 러시아는 부르주아 민주주의 혁명의 여건만이 성숙되어 있을 뿐이라고 단언했다. 그러나 트로츠키 및 파르부스와 마찬가지로, 레닌 역시 러시아의 부르주아지는 너무 약하고 겁이 많아서 부르주아 민주주의 혁명을 수행할 것으로 믿기 어려우며 따라서 그 혁명의 주도적 역할이 프롤레타리아트에게 떨어질 것이라고 주장했다. 트로츠키와 마찬가지로, 레닌은 사회민주당이 정치 권력의 한몫을 차지하기 위해 노력해야 하며, 투쟁 과정에서 발생할 임시 혁명 정부에 참가해야 하며, 그 정부의 정책을 결정하기 위해 노력해야 한다고 주장했다.[13]

그러나 그 혁명은 어떻게 해야 민주적인 혁명으로 지속될 수 있겠는가. 이 당시에 레닌은 민주주의의 확신자였으며 따라서 정치적 자유의 문제는 그의 큰 관심사였다. 이 점은 그가 1917년에 정권을 장악할 때까지 변함이 없었다. 예컨대 1914년에 그는 "정치적 자유와 민주주의 문제가 그에게 아무런 영향을 미치지 않는다고 말한다면 그는 사회주의자가 아니다"라고 썼다. 당시의 그의 저술들은 민주주의에 대한 진지한 공언으로 꽉차 있으며, 그 진지성에 대해서는 의심할 여지가 없다. 1917년에서조차 그는 러시아에서 소수의 독재는 '일시적'이라는 태도를 취했다.

"그러나 혁명은 어떻게 민주적인 것으로 유지될 수 있단 말인가?" 레닌은 1905년에 이렇게 물었다. 만일 사회민주당이 권력의 한몫을 차지하기 위해 직접적으로 노력하지 않으면 안 되고, 투쟁의 과정에서 발생할 수 있는 임시 혁명 정부에 들어가기 위해 노력하지 않으면 안 된다면, 프롤레타리아트 그 자체가 소수에 불과한 나라에서 그 정부가 프롤레타리아트 소수 독재로 타락하는 것을 어떻게 방지할 수 있는가? 이 점에서 그는 트로츠키, 그리고 파르부스와 견해를 달리했다. 그는 '노동자 정부' '사회주의 정부' '사회주의자 정부'라는 트로츠키-파르부스 공식을 철저히 부인했다. 레닌은 러시아 인민 대중에 의한 민주 정부를 지지하

고 있었던 것이다. 이것을 보장하기 위해 그는 노동자 정부가 아니라 2
개 정당 또는 그 이상의 정당에 의해 구성된 계급 또는 다계급 정부를 제
시했다. '프롤레타리아트와 농민의 민주적 독재' 라는 공식이 그것이다.

　이것은 [사회민주당을 통한] 프롤레타리아트, [농민 정당 또는 사회혁명
당을 통한] 농민, 그리고 [입헌민주당과 같은 부르주아 민주당을 통한] 민
주적 부르주아의 연합 정부여야 한다고 레닌은 주장했다. 그는 농민을
'소(小)부르주아 계급' 이라고 규정하고, 부르주아 계급 가운데 가장 혁
명적인 부분이라고 보았다. 만일 연합 정부가 이들과 함께 형성된다면
'도시의 민주적 소(小)부르주아지' 의 제휴가 있건 없건간에 그 같은 정
부는 차리의 지지자들에 반대하는 일시적인 독재 정부가 될 것인데, 그
것은 다만 역사상의 모든 혁명 정부가 그러했다는 의미에서만 그러하다.
그것은 '민주적 독재 정부' 일 것이다. 왜냐하면 그 정부는 인민의 압도
적 다수의 의사를 대표할 것이기 때문이며, 또 내란의 위기가 극복되고
그리고 새로운 헌법을 기초해서 새로운 입헌 정부를 만들어낼 제헌 의회
에게 임시 정부가 길을 비켜주자마자 즉시 진정한 민주주의를 낳을 것이
기 때문이다. 이상과 같이 레닌은 보았던 것이다. 그래서 "임시 혁명 정
부는 사회민주주의적 다수로 구성되는 사회민주적 정부일 것"이라는 파
르부스의 주장에 대해 다음과 같이 날카롭게 비판했다:

　　그렇게 될 수 없다. 혁명적 독재는 그것이 인민의 거대한 다수에 의존
　하고 있을 때만 존속할 수 있기 때문이다. [……] 프롤레타리아트는 소수
　를 형성하고 있다. 그것은 반(半)프롤레타리아들, 반(半)재산 소유자들의
　무리와 연합했을 때 강력한 압도적인 다수를 이끌어나갈 수 있을 뿐이다.
　[……] 그와 같은 구성은 혁명 정부의 구성에 자연히 반영될 것이다.
　[……] 이 점에서 어떠한 환상을 갖는 것도 극도로 유해하다. [……] 어
　떤 다른 길에 의해 사회주의를 성취하려고 시도하는 사람은 누구나 경
　제ㆍ정치 양면에서 가장 우스꽝스럽고 반동적인 결론에 불가피하게 도달
　할 것이다.[14]

그해말 레닌은 이와 거의 비슷한 말로 트로츠키와 파르부스에 대한 공격으로 되돌아왔다. 그는 그들의 견해를 다음과 같이 비판했다:

극대의 프로그램, 곧 사회주의 혁명을 위한 권력의 획득이 즉각적으로 이뤄질 수 있다는 것은 우스꽝스럽고 반(牛)무정부주의적 견해이다. 객관적인 조건인 러시아의 경제적 발전의 현재의 정도, 그리고 객관적 조건과 분리할 수 없을 만큼 연결되어 있는 주관적 조건인 광범위한 프롤레타리아트 대중의 계급 의식과 조직의 정도는 노동 계급의 즉각적이며 완전한 해방을 불가능하게 하고 있다. 가장 무지한 사람들만이 현재의 민주적 혁명의 부르주아적 성격을 무시할 수 있다. 가장 순진한 낙관론자들만이 노동자 대중이 사회주의의 목적과 그것을 성취하는 방법에 대해 거의 들어오지 못했다는 점을 잊을 수 있을 것이다. 그리고 우리는 모든 노동자의 해방은 노동자들 스스로에 의해 이뤄질 수 있다는 것을 확신하고 있다. 대중이 전체 부르주아지에 대한 공개적인 계급 투쟁에 의해 계급 의식적이 되고 조직되고 훈련되고 교육되지 않는 한 사회주의 혁명은 문제의 밖이다. 우리가 사회주의 혁명을 지연시키고 있다는 무정부주의자들의 이론(異論)에 대한 대답으로 우리는 이렇게 말할 것이다. 우리는 그것으로 지연시키고 있는 것이 아니라, 유일한 옳은 길, 곧 민주 공화국의 길을 따라 가능한 유일한 수단을 사용해 그 방향으로 첫걸음을 밟고 있는 것이다. 정치적 민주주의의 길 이외의 어떤 다른 길에 의해 사회주의에 접근하고자 바라는 사람은 누구나 정치·경제 양면으로 우스꽝스럽고 반동적인 결론에 불가피하게 도달할 것이다.[15]

레닌과 트로츠키의 비교. "정치적 민주주의의 길 이외의 어떤 다른 길에 의해 사회주의에 접근하고자 바라는 사람은 누구나 정치·경제 양면으로 우스꽝스럽고 반동적인 결론에 불가피하게 도달할 것이다." 이것이야말로 운명적이며 예언적인 경고였다. 레닌의 이 예언적 경고는 1년 전 트로츠키가 레닌에게 던졌던 예언적 경고를 상기시킨다. 정말 이 두 개의 경고는 서로 사이에 조직적 연결을 가지고 있다. 왜냐하면 트로츠키의 경고는 당 내부에서 소수자 독재의 위험성에 대한 예견이었음에 비해, 레닌의 경고는 국가 내부에서 소수자 독재의 위험성에 대한 예견이었던 것이다.

이 두 개의 예언 사이의 조직적 연결을 인식하기 위해 월프는 다음의 질문을 던졌다. 곧 "당이 국가와 동의어가 된다면 어떨까." 그러한 국가를 통치하는 그러한 당 아래서 두 개의 위험은 서로를 강화시켜 하나가 되는 것이 아닌가? 이 점을 더욱 뚜렷이하기 위해 그는 트로츠키의 경고와 레닌의 경고를 다음과 같이 연결했다.[16]

트로츠키의 경고 — 당의 조직은 당 그 자체의 자리를 차지할 것이며, 중앙위원회는 조직의 자리를 차지할 것이고, 마침내 독재자는 중앙위원회의 자리를 차지할 것이다.

월프의 연결 — 당은 정부의 자리를 차지한다.

레닌의 경고 — 정치적 민주주의의 길 이외의 어떤 다른 길에 의해 사회주의에 접근하고자 바라는 사람은 누구나 정치·경제 양면으로 우스꽝스럽고 반동적인 결론에 불가피하게 도달할 것이다.

따라서 1904년과 1905년에 이 두 사람은 당과 국가에서 소수자 독재의 위험성에 대해 서로를 비난하고 있었다. 그러나 1917년에 러시아 혁명의 과정에서 이들은 서로 상대방에 대한 경고를 철회하고 합심한다. 트로츠키는 레닌의 '소수 지배의 당 기구' 개념을 받아들였고, 레닌은 트로츠키의 "사회주의 혁명을 위한 권력의 장악이 즉각적으로 성취될 수 있다는 우스꽝스럽고 반(半)무정부주의적 견해," 트로츠키의 '소수 프롤레타리아 독재'의 개념, 보다 정확히는 단일 정당 독재를 받아들였던 것이다. 이러한 융합은 아마도 가장 자연스러운 것인지도 모른다. 왜냐하면 당에서의 소수 독재와 국가에서의 소수 독재 사이에는 의심할 여지 없는 구조적·심리적 연결이 있기 때문이다. 그 두 가지는 똑같은 가정 위에 바탕을 두고 있다. 곧 전문적 지식[마르크시즘]으로 무장되고 평생의 경험과 헌신으로 보증된 자기 선출적 엘리트 또는 전위대는 귀찮고 모험스런 민주주의적 과정을 무시해도 좋다는 그런 가정이다.

임시 혁명 정부의 성격. 이처럼 1905년부터 1917년까지 당 조직에 관한 두 개의 개념들, 곧 레닌의 개념과 트로츠키 및 멘셰비키의 개념이 있었던 반면에 다가올 혁명의 본질에 대해서는, 다시 월프의 설명을 빌리건대, 세 개의 개념이 있었다.[17] 멘셰비키의 개념, 트로츠키-파르부스의 개념, 그리고 그 사이에서 움직이는 레닌의 개념이 그것이다. 그런데 멘셰비키의 개념과 트로츠키-파르부스의 개념에는 논리적 일관성이 있었으나, 레닌에게는 그것이 결여되어 있었다. 왜 레닌에게는 논리적 일관성이 결여되어 있었던가? 그 이유는 간단하다. 그는 오랫동안 자신에 배어 있는 마르크시스트적인 공식과 권력 중심적이고 자신에 차 있으며 혁명적인 의지 사이에서 갈등을 겪고 있었던 것이다. 전자는 그로 하여금 멘셰비키에 가깝게 만들었으며, 후자는 그로 하여금 트로츠키에 가깝게 만들었던 것이다.

그러나 레닌의 공식에서 논리적 완전성이 결여된 또 하나의 이유가 있었다. 그것은 그가 문제를 제기만 해놓고 대답을 제시하지 않았기 때문이다. 그의 전체적 개념은 그 성격에서 잠정적인 것이었다. 그가 말하고 있는 '프롤레타리아트와 농민의 민주적 독재'는 혁명 후기 정부에 대한 공식이 아니라 '임시 혁명 정부'를 위한 공식이었다. 그리고 '임시 혁명 정부'의 사명은 혁명을 수행하고 제헌 의회를 소집하는 것이며, 제헌 의회로 하여금 헌법과 정부 형태에 대해 결정하게 만드는 것이었다. 그것이 일단 이뤄지면, 임시 혁명 독재는 새로운 입헌 정부에게 그 권력을 이양한다는 것이다. 멘셰비키는 마르크시스트 정당이 부르주아지와의 연합 정부에 들어가야 한다는 레닌의 제의는 정통 마르크시즘에 대한 배반이라고 그를 비난했다. 이에 대해 그는 "나는 새로운 부르주아 민주 공화국의 영구한 정부에 대해 말하고 있는 것이 아니라, 혁명 그 자체의 기간의 임시 혁명 정부에 대해 말하고 있는 것"이라고 대답하면서, 다음과 같이 말했다:

제헌 의회는 어떤 사람에 의해 소집되지 않으면 안 된다. 어떤 사람은 선거의 자유와 공정성을 보장하지 않으면 안 된다. 어떤 사람은 그러한 의회에 충분한 권력과 힘을 투자하지 않으면 안 된다. 봉기의 기관인 혁명 정부만이 진정으로 이것을 바랄 수 있고 이것을 달성하기 위해 모든 것을 할 수 있다. 그러나 임시 정부의 중요성에 대한 평가는 만일 민주 혁명의 계급 본질을 파악하지 못할 때, 불완전하고 잘못된 것일 것이다. 〔……〕 러시아에서 이 민주 혁명은 부르주아의 지배를 약화시키는 것이 아니라 강화시킬 것이다.[18]

마지막 문장은 다음의 것을 꽤 확실히 약속하고 있는 것처럼 보일 것이다. 풀어 말해, 일단 제헌 의회가 그 일을 다하고 새로운 부르주아 민주 헌법이 채택되면, 사회민주당은 물러나와 다음에 이루어질 혁명인 사회주의 혁명의 준비를 위해 투쟁하는 야당의 입장으로 돌아갈 것을 약속하고 있는 것처럼 보일 것이다.

그러나 다른 모든 문제들에 대해서는 일반적으로 꽤 정확했던 레닌도 이 점에 대해서만큼은 불분명해졌다. 그의 전망은 이 쪽에서 저 쪽으로 또 이 논문에서 저 논문으로 옮겨가면서 바뀌어졌으며, 그의 교리와 그의 의지 사이에서 왔다갔다하고 있었다. 그것은 더 이상 공식이 아니었으며 '아마도'를 경쟁하는 대립적 가설들의 연속이었던 것이다. 아마도, 그가 그렇게 단정적으로 말했듯이, '부르주아의 지배'는 강화될 것이며, 따라서 야당의 입장으로 돌아가는 것 이외에는 아무런 할 일이 없을 것이다. 또는 아마도 '임시 혁명 정부'는 그러한 기적들을 성취해서 — 혁명은 역사의 기관차가 아닌가 — 그 앞에는 다른 길이 열려 있을지도 모른다. 아마도 권력의 자리로부터 그것은 시골을 그처럼 변형시키고 프롤레타리아트의 조직과 의식을 그처럼 촉진시키고 서구에서 그러한 혁명적 에너지를 방출시켜서 러시아에서의 혁명은 혁명 시대의 출발점이 될지도 모른다. 여기서 그의 논리는 트로츠키의 논리에 가까운 것이 됐다. 1905년 9월 14일에 쓴 한 글에서 레닌은 트로츠키와 파르부스의 글들로부터 구별될 수 없는 다음과 같은 주장을 펴고 있다: "민주 혁명으로부터 우리는 우리 힘의 수준에 따라 계급 의식과 조직된 프롤레타리아트의 힘을 즉각 사회주의 혁명으로 넘길 것이다. 우리는 영구 혁명을 지지한다. 우리는 그것을 중도에서 중단하지 않을 것이다."[19]

뒷날 소련의 국영 마르크스-엥겔스-레닌 연구소에서 간행한 이 구절에 대한 번역에는 '영구 혁명'이란 말이 '계속 혁명'이란 말로 대치됐다. 이것은 트로츠키-파르부스의 '영구 혁명'[20]이란 용어와 레닌의 용어가 같다는 것을 피하기 위한 노력이었음에 틀림없었다.

3. 혁명의 장사꾼 파르부스의 기복이 많았던 생애

좌파 혁명가로 출발하다. 여기서 잠시 파르부스라는 사람에 대해 알아보도록 하자.[21] 파르부스의 본명은 겔판드로서, 레닌보다 1년 먼저 태어난 러시아 유태인 출신의 독일 사람이었다. 그는 사해동포주의적 국제주의자로서 그의 관심을 끌어 그가 간 곳이 그의 고향이었다. 그는 1900년대 초에 러시아로부터 망명하여 처음엔 러시아 망명가들의 집결지에서 생활했다가 독일 사회민주당에 들어갔다. 여기서 파르부스라는 필명을 쓰기 시작했다. 독일 사회민주당에서 그는 로자 룩셈부르크에 가세하여 싸웠으며 좌파 혁명적 입장을 견지했다. 그의 가장 중요한 저술은 『세계 시장과 농업의 위기, 총파업, 러시아와 혁명, 식민 정책, 사회주의와 은행』이었다. 그는 경제학과 국제 문제에 대한 그의 지식을 '실제적인 설명'으로 전환시키는 것을 늘 꿈꾸고 있었으며, '3개의 언어로 발행되는 혁명적 마르크시즘의 대신문'을 발간하고 싶어했다. 1904년에 그는 독일에서 러시아의 반차리즘적 평민주의 작가 고리키의 『하층민』을 공연했는데, 혁명 운동을 위한다는 이 흥행에서 그는 무려 60,000마르크를 벌었다. 그러나 한푼도 혁명 운동에 내놓지 않았다. 그래서 베벨과 카우츠키가 이 추문을 무마시키지 않으면 안 됐다.

러시아에서 혁명적 신문을 발행하다. 1905년의 '피를 흘린 일요일'은 러시아에 대한 파르부스의 관심을 다시 불러일으켰으며 트로츠키를 따라 러시아로 갔다. 거기서 그는 트로츠키와 함께 『나찰로』라는 멘셰비키의 합법적 신문을 편집했는데, 자신들의 견해에 맞게 멘셰비키의 견해를 곡해시켰다. 그러다가 파르부스는 『러스카야 가제타(러시아의 신문)』라는 작은 신문을 인수받아 100,000부에 가까운 신문으로 키웠다. 1코페크에 불과한 싼 구독료, 파르부스의 장사 기술과 저널리스트적인 재주, 트로츠키와 파르부스의 과격성, 상승하는 트로츠키의 개인적 위신, 이런 모든 것들이 그 신문을 인기 있는 것으로 만들었다. 1906년에 파르부스는 트로츠키처럼 시베리아로 추방됐으나 곧 서구로 탈출했다. 그리고 1910년부터 1914년까지 독일 사회당 신문의 특파원 자격으로 발칸에 머물렀다. 여기서 그는 '청년 터키' 운동에 관심을 갖고 그들의 기관지에 글을 쓰기도 했다.

전쟁을 이용해 돈을 벌다. 그 얽혀진 음모의 세계에서 파르부스의 지식은 그를 외교관·정치인·기업인·정부 관리 들의 고문이 되게 했으며, 이 자리들을 이용하여 그는 엄청난 돈을 벌었다. 그 돈으로 1912년의 '소(小)발칸 전쟁'에서 전쟁 물자 장사를 벌였으며, 1914년의 1차 세계대전에서는 그 장사가 더욱 번창하여 큰 부자가 됐다. 1915년에 그는 콘스탄티노플에서 스톡홀름으로 갔는데, 거기서 그는 석탄과 철, 그리고 전쟁중의 독일이 필요로 하는 물자들에 손을 대어 다시 큰돈을 모았다. 그리고 나서 그는 레닌과 트로츠키, 그리고 로자 룩셈부르크와의 제휴를 재개하려고 했다. 그러나 이 세 사람은 이 제의를 거부했다.

그가 창립한 독일어 신문『디 글로케 *Die Glocke* (종)』는 기회주의와 개혁주의에 대한 비판과 독일 군부에 대한 혁명적 지지를 결합시켰다. 이것을 그는 "독일 군대는 차리즘을 분쇄함으로써 러시아에서 혁명을 촉발시킬 것이며 러시아 혁명은 독일에서의 혁명을 가능하게 하고 민주주의적이며 사회주의적인 독일 공화국의 탄생을 가져올 것"이라는 논리로써 합리화했다. 이로써 그는 좌파에서 우파로 완전히 전환한 셈이었다. 1917년에 레닌은 독일 군부의 지원으로 러시아로 돌아왔다. 이때 레닌에게는 독일 군부의 첩자라는 비난이 뒤따랐으며, 파르부스가 독일군 부대와 레닌 사이의 중개인이었다는 소문도 나돌았다.

레닌이 집권한 뒤 그는 독일의 집권당인 독일 사회민주당과 소련공산당 사이의 동맹을 위한 중개인으로 나섰다. 그러나 이 흥정은 이뤄지지 않았다. 그러자 그는 자신의 경력에 대해 법정에 설 용의가 있으며 또 자기에게 어떤 임무가 부과되면 충실히 수행하겠다고 말하면서 러시아 귀국을 허용해줄 것을 요청했다. 그러나 이 청원은 수락되지 않았다. 하지만 그의 아들의 청원은 받아들여졌다. 그뒤 그는 자신의 본래 사업에 매달렸다. 다른 한편으로, 그는 독일 사회민주당 당수로 1919년에 바이마르 공화국의 대통령이 된 에베르트Friedrich Ebert의 정치적 자문에 때때로 응하면서 독일 사회민주당 기관지에 많은 헌금을 하기도 했다. 1924년에 레닌이 죽은 해에 그도 죽었다. 그들의 병명은 똑같이 뇌출혈이었다.

그의 생애를 이렇게 되돌이켜볼 때, 그의 전기 작가들이 그를 "혁명의 장사꾼"[22]이라고 불렀던 것은 자연스런 일이었다. 그는 정직성이 결여된 기회주의적 재주꾼으로, 프롤레타리아 혁명에 관심이 컸던 것은 사실이고 일정한 부분에 이바지했던 것도 사실이나 전반적으로는 결국 신뢰할 수 없는 동지로 끝났던 것이다.

4. 트로츠키가 마침내 귀국하다[23]

크라신이 트로츠키를 돕다. 우리의 관심을 이제 다시 트로츠키에게로 돌리기로 한다. 1905년 2월에 그는 러시아 국경을 넘어 그가 가장 잘 알고 있는 지역인 우크라이나로 들어갔다. 그리고 곧 우크라이나의 수도인 키예프로 가서 활동 거점을 마련했다. 그는 때로는 '예비역 사병'으로 또는 그에게 동정적인 의사의 비호 아래 '안과의 환자'로 위장하면서 논설을 쓰고 전단을 만들었으며 파업자들이나 혁명가들을 찾아내 연계를 이룩하기도 했다.

그들 가운데 한 사람이 볼셰비키 중앙위원회의 크라신이었다. 엔지니어 출신의 그는 조직의 천재로서, 코카서스에 비밀 인쇄소를 차려 활동을 하는 한편 돈 많은 자유주의자들로부터는 자금을 끌어들이기도 하고 아주 우아하고 도저히 그런 일이 있을 것 같지 않은 집에서 그 지구의 당위원회 비밀 회의를 소집하기도 했다. 그런가 하면 공산당과 반(反)차리즘적 문헌들을 러시아에 밀반입하고 나중엔 무기를 밀반입하는 조직을 만들어냈고 자기 실험실에서 폭탄 제조를 연구하기도 했다. 그의 꿈의 하나는 가두 전투 때 진짜 무기가 될 수 있는 폭발력을 가진 '호도 크기'의 소형 폭탄을 완성하는 것이었다. 그의 또 하나의 꿈은 멘셰비키와 볼셰비키, 그리고 트로츠키와 같은 무소속 혁명가들을 하나의 조직으로 다시 통합시키는 것이었다. 레닌은 크라신의 이러한 태도를 화해주의라고 비난했지만 트로츠키는 이 지치지 않고 효율적이며 군소리 없는 조직가를 매우 높이 평가했다. 자신의 자서전에서 "크라신에게는 굳고 단호하며 행정적인 능력이 있다"[24]고 칭찬하기도 했다. 이런 능력과 꿈의 소유자인 크라신이 트로츠키를 돕게 됐다. 그는 자신의 비밀 인쇄소에서 트로츠키의 전단을 인쇄했으며 트로츠키가 상트 페테르부르크로 무사히 잠입할 수 있도록 도왔고, 트로츠키의 '영구혁명론'의 상당 부분을 흡수해서 볼셰비키의 테제 속에 포함시키도록 노력했다. 이것은 트로츠키에게는 큰 격려요 보탬이었다.

레닌과 트로츠키의 새로운 관계. 레닌의 추종자들은 당연히 크게 분개했다. 그리고 레닌에게 크라신에 대한 불만을 털어놓았다. 그러나 레닌은 이미 러시아 내부의 새로운 소리를 알고 있었다. 그래서 그의 논문들에서 레닌은 '영구혁명론'을 지지하고 파르부스의 논문들을 공개적으로 격찬했다. 그의 주장에 이의를 제기할 때도 반드시 최대의 경의를 함께 표하는 것을 잊지 않았다. 다음의 표현이 그 한 보기이다: "우리는 상대방을 괴롭히고 싶어서 이 작은 과오를 강조하는 것이 아니다. 많은 것이 주어진 사람에겐 또한 많은 것이 요구되기 때문인 것이다."[25]

레닌이 트로츠키를 완전히 용서하는 데는 앞으로 보다 많은 시간이 걸린다. 레닌은 1903년의 통합 당 대회에서 저질러졌던 트로츠키의 '배신'을, 특히 레닌의 조직 원리에 대한 트로츠키의 매섭고 가혹했던 비판을 쉽게 잊을 수 없었던 것이다. 그러나 레닌은 자신의 유감 때문에 한 유능한 전우를 인정하지 못하는 정도의 옹졸한 인물은 아니었다. 투덜대는 한 볼셰비크에게 1905년 9월 14일에 그는 이렇게 쓰고 있다: "그들이 트로츠키의 전단을 인쇄하고 있다지요. 맙소사. 그러나 그 전단의 내용이 참을 만한 것이고 노선에 맞춰 교정된 것이라면 잘못된 점은 없소. 나는 상트 페테르부르크 위원회가 그의 글들을 편집해서 출판하라고 권고하 겠소. 그리고 당신에게 그 편집과 출판의 책임을 맡기라고 하겠소."[26]

트로츠키가 크게 활약하다. 정말 1905년에는 제자가 스승으로부터 배우 게 되기보다는 스승이 제자로부터 배우게 되는 것이 더 많았다. 우리가 아래에서 보게 되듯, 1905년은 확실히 트로츠키의 해가 되기 때문이다. 상트 페테르부르크에서 트로츠키는 표트르 페트로비치라는 가명을 썼으 며 지주로 행세했다. 그리고 이런 신분으로 국내 여권을 갖고 있었다. 막 상 활동을 개시하면서 트로츠키는 상트 페테르부르크의 혁명 운동이 2급 의 지도자들, 그리고 이름없는 추종자들에 의해 수행되고 있음을 알았 다. 러시아 사회민주당의 두 파벌, 곧 볼셰비키파와 멘셰비키파의 지도 자들은 모두 해외에 있었기 때문이었다. 이러한 공백을 이용해 트로츠키 는 혁명가로서의 천부적인 자질을 유감없이 발휘할 수 있었다. 그는 두 뇌가 명석할 뿐 아니라, 머리의 회전 속도가 빨랐으며 뛰어난 웅변가였 고, 또한 짧으면서도 그 속에 불꽃을 안고 있는 핵심을 찌르는 전단을 잘 만들어내는 선전의 대가였다. 특히 그는 볼셰비키파나 멘셰비키파 어느 한 파에 매인 몸이 아니었기 때문에 행동이 자유로웠다. 크라신을 통해 볼셰비키파와 일하면서 트로츠키는 동시에 상트 페테르부르크 멘셰비키 파의 지도자가 됐다. 그래서 상트 페테르부르크의 멘셰비키는 멘셰비키 의 지도자들인 악설로드와 마르토프 및 마르티노프의 견해와 반대되는 트로츠키 노선을 따르게 됐으며, 이 점에서 레닌의 높은 평가를 받았던 것이다.

트로츠키는 상트 페테르부르크의 노동자 대표들과 직접적인 접촉을 성사시키는 데 성공했다. 특히 1905년 5월에 한 방직 공장에서 노동자들 이 자신들의 대표들을 뽑아 소비에트를 구성했을 때 거기와도 연결을 이 룩하는 데 성공했다. 러시아어의 소비에트 Soviet는 영어의 카운슬 Council, 곧 협의체에 해당한다. 이 소비에트가 러시아 역사상 최초의 소 비에트였다. 이 소비에트는 순전히 노동자들의 복지 향상 문제만 다뤘을 뿐 정치 문제는 전혀 다루지 않았다. 그런데 트로츠키가 자주 접촉하는 모임들에도 경찰의 첩자가 침투했다. 그들 가운데 한 사람이 도브로스포크 Dobrosvok로, 그는 '금테 안경의 니콜라이'라는 별명을 갖고 있었다. 이 첩자들의 공작에 따라 트로츠키와 함께 일하는 노동계 지도자들이 한 명씩 한명씩 체포됐다. 트로츠키의 연인 나탈리아도 숲속에서 열린 메이 데이의 비밀 집회에서 체포됐다. 트로츠키는 핀란드에 가까운 한여름 휴양지로 피신했는데 이곳은 비교적 평화롭고 안전한 지역이었다. 이곳에서 그는 몇 개월의 평화롭고 외로운 은둔자의 생활을 보냈다. 지난 일들을 되돌이켜보고 앞으로의 길을 모색하면서 그가 이 은둔 생활을 팽개치고 상트 페테르부르크로 다시 돌아온 것은 그해 9월과 10월에 그곳에서 파업이 일어났을 때가 된다.

레닌이 귀국을 결심하다. 1905년 4월말부터 5월초까지 런던에서 열린 볼셰비키 당 대회에서 레닌은 해외로부터의 통제를 상당히 완화시킨다는 데 동의하지 않을 수 없었다. 새로운 중앙위원회가 구성됐는데 레닌, 크라신, 보그다노프, 류코프, 포스탈로프스키 D. S. Postalovsky가 정위원으로 선출됐고 에센, 루미안체프, 구세프가 후보 위원으로 선출됐다. 이들 가운데 레닌만이 '해외 대표'로, 그리고 당의 공식 기관지인 『프롤레타리』의 편집인으로 제네바에 남았다. 이어 크루프스카야가 해외 센터의 서기로, 엘레나 스타소바 Elena Stasova가 러시아 센터의 서기로 각각 선출됐다. 만일 우리가 볼셰비키의 공식 전기 작가인 케르젠체프 Kerzhentsev에 따른다면, "잠자는 듯한 소부르주아적인 제네바에 있는 레닌의 작은 아파트는 러시아 혁명의 본부였다. 〔……〕 매일 레닌은 혁명의 군사 작전 지도를 보았으며 각개의 투쟁 부대에게 지시를 내렸다."[27]

그러나 러시아 안에서의 사태는 매우 빨리 움직여가고 있었다. 스위스의 신문 보도나 다른 서구 신문 보도에 바탕을 둔 레닌의 지식은 매우 빈약하고 부정확했다. 물론 레닌은 러시아에서 부쳐오는 편지들, 그리고 밀반출되고 있는 『프롤레타리』에 대한 회신들을 받아보고 있었다. 그러나 이런 것들을 모두 종합해서 얻은 판단을 기초로 제네바에서 러시아로 지시를 내리기란 어려운 일이었다. 어떤 때는 바쁘고 자신감에 넘치는 러시아 안의 중앙위원회로부터 아무런 보고를 받지 못하기도 했다. 본국에서 일어나고 있는 일들에 대해 그는 아무런 영향을 주지 못하는 형편이었다.

레닌은 "매우 격해졌다"고 크루프스카야는 썼다. 그래서 레닌은 당 중앙위원들이 모두 다시 해외로 나와 자신과 함께 중앙위원회를 열 것을 요구했다. 그 무렵인 그해 가을에 상트 페테르부르크에서 다시 파업이 일어났으며 이를 계기로 트로츠키는 은신처 핀란드로부터 상트 페테르부르크로 돌아갔다. 레닌은 이제 러시아로 돌아가야겠다고 생각했다. 이렇게 생각하면서 레닌은 우정 어리면서 상대방을 추켜세우는 편지를 플레하노프에게 보냈다. 플레하노프가 러시아 혁명 운동에 얼마나 긴요한 존재였는가, 볼셰비키가 플레하노프를 얼마나 존경하고 있는가, 그와 플레하노프 사이의 지난날의 모든 견해 차이가 현재 진전되고 있는 대사변 앞에서는 얼마나 작은 것인가를 인정했다. 그리고 플레하노프도 러시아로 돌아가서, 볼셰비키가 세우고 있었던 새로운 '합법적' 신문의 편집진의 일원이 될 것을 권고했다. 이 편지에 대해 플레하노프는 아무 대답도 하지 않았다.

제16장

10월의 총파업과 소비에트의 출현

러시아의 국내 상황은 1905년 9월에 들어서면서 더욱 심각하게 혼란스러워졌다. 정부는 권위를 전혀 다시 세우지 못했을 뿐만 아니라 사회 전체는 정신병에 사로잡혀 있는 것처럼 뒤흔들렸다. 이 무렵 러일 전쟁을 마무리짓는 포츠머스 조약에 조인하고 돌아온 위테는 러시아 전체가 동맹 파업하고 있는 것처럼 느꼈다.[1] 그런데 10월에 들어서자 러시아는 역사적으로 처음 겪어보는 전국적 규모의 노동자 총파업에 직면하게 됐다. 그리고 이 총파업은 마침내 전국적 수준에서 노동자들의 소비에트, 곧 협의체를 만들어냈다. 이제 국가의 권력은 노동자들의 소비에트에 장악된 것 같았다. 이 장은 주로 파이프스의 『러시아 혁명』 가운데 제1장에 근거해 이 과정을 살펴보고, 이 과정에서 레닌과 트로츠키 및 플레하노프를 비롯한 러시아 마르크시스트 혁명가들이 보여준 논리와 행동을 설명하기로 한다.

1. 공장에서 파업이 확대되다

대학생들과 노동자들의 연결이 성립되다.[2] 1905년 8월 하순에 새 학년도의 시작이 가까워지자 정부는 정부의 실세인 트레포프 총독의 강력한 건의에 따라 대학에 대해 양보적 조처를 취하기로 결정했다. 점점 과격해지는 대학생들을 무마하겠다는 계산에서 8월 27일에 새로운 규정을 발표했는데, 거기에는 경찰이 대학 구내에 들어설 수 없다는 것, 학내 질서 유지와 학생들의 기율은 대학 교수들에게 맡긴다는 것, 그리고 대학 총장의 선출권을 교수들에게 돌려준다는 것 등이 포함됐다.

이 규정의 발표를 보고 그 동안 동맹 휴학을 실천해온 모든 대학들에서 학생들은 동맹 휴학을 그만둘 것인가의 여부를 놓고 토론했다. 결론은 압도적으로 개강을 찬성했다. 상트 페테르부르크 대학교의 경우, 7 대 1의 표결로 개강을 지지했다. 9월에 열린 23개 대학교 및 전문대학의 전국 대회는 그러한 분위기를 반영해 동맹 휴학 제의를 부결시켰다. 그러나 젊은이들로서 그들은 "대학생들이 사회 의식이 없는 이기적인 행동을 한다"는 비난을 받고 싶지가 않았다. 그래서 개강을 지지하되 대학의 시설을 학생 아닌 사람들이 정치적 목적을 위해 써도 좋다는 제의를 통과시켰다.

이것은 몇 달 전에 『이스크라』의 한 논설이 제시한 전술과 맥이 통하는 것이었다. 이 논설은 대학생들에게 동맹 휴학을 그만두고 대학으로 돌아가되 돌아가서 공부를 할 것이 아니라 혁명을 하라고 제의했던 것이다. "대학들과 고등 교육 기관들을 대중 집회와 정치 집회의 장소로 변화시켜라. 대학들과 학문 기관들을 혁명적 인민들의 재산으로 변화시키는 것, 이것이야말로 학생들이 대학으로 돌아가 할 일이다"라고 그 논설은 강조했다. 이렇게 볼 때, 정부의 새 규정은 이 전술에 이용당하기에 아주 알맞게 되어 있었다.

실제로 전투적 학생들은 노동자들과 학생이 아닌 사람들을 대학 구내에서 열리는 정치적 집회들로 불러들였다. 이제 대학은 정치적 클럽들로 바뀌었다. 전투적 학생들의 이러한 운동에 동조하지 않는 교수들과 학생들은 협박이나 조롱의 대상이 됐다. 노동자들, 그리고 학생이 아닌 반정부적 사람들은 처음엔 전투적 학생들의 초청에 주저했다. 그러나 전투적 학생들이 진심으로써 그들을 끌어들이자 그들은 점점 뜨겁게 호응했다. 대학 구내에 들어와 그들은 처음엔 학생들의 연설을 듣기만 했다. 그러나 그들은 말하기 시작했다. 처음엔 상트 페테르부르크에서만 보이던 이런 일들이 이제는 모스크바에서도 일어났다. 대학생들과 노동자들의 연계가 확실히 성립된 것이다. 이로써 정부의 계산은 완전히 파탄났다. 트레포프의 건의를 처음부터 못마땅하게 여겼던 위테가 정확히 평가했듯, 8월 27일의 새 규정은 차리즘에게는 재앙이었다. 그의 표현으로, "그것은 지하에서 성숙했던 혁명을 지상의 노천으로 솟아나게 만든 첫번째 지하의 파괴였다."[3]

조합들의 조합이 총파업을 구상하다. 8월 27일의 새 규정이 발표되던 시점에 조합들의 조합은 총파업을 구상했다. 산하의 조합인 '철도 피고용자들 및 노동자들의 조합'과 '엔지니어들의 조합'이 조합들의 조합의 중앙 사무처에 제의해왔기 때문이었다. 그러나 대학가의 움직임을 본 뒤 결정하기로 미뤄놓았던 것인데, 대학가가 빠르게 정치화되는 것을 보고 동조할 준비를 갖추고 있었다.[4]

모스크바 식자공들로부터 파업이 시작되다.[5] 이러한 분위기에서, 1905년 9월 17일에 모스크바의 식자공들은 1,000자당 몇 코페크를 더 줄 것을 요구하며 파업을 일으켰다. 처음엔 평화적이었다. 그런데 대학생들이 개입하면서 색깔이 달라졌다. 파업자들은 대학생들과 더불어 곧 경찰과 충돌했다. 이렇게 되자 다른 노동자들이 동참했다. 10월 3일에 이르러서는 상트 페테르부르크의 인쇄공들이 동조 파업에 들어갔다. 그들을 연결시켜주고 조직화시켜주는 데는 역시 대학생들이 앞장섰다. 앞에서 보았듯이, 8월 27일의 새 규정에 따라 러시아에서는 유일하게 대학만이 경찰의 개입이 없는 상태에서 정치적 집회를 가질 수 있기 때문이었다.

이것을 보고 모스크바 대학교 총장 트루베츠코이 공은 9월 22일에 더 이상 학교 시설이 학생들이 아닌 사람들에 의해 정치적 목적에서 쓰이지 못하게 했다. 그러나 그는 일주일 뒤 갑자기 죽었다. 그래서 그의 조처는 더 이상 효력이 없었다. 다른 한편으로 상트 페테르부르크 대학교와 상트 페테르부르크 공과대학은 8월 27일의 새 규정을 준수했다. 그렇게 함으로써 이 두 대학은 곧 다가오는 역사적 총파업이 일어나게 하는 데 핵심적 역할을 수행하게 된다.

모스크바에서 철도원들이 파업에 참여하다.[6] 그때 러시아에서 가장 큰 노조는 '철도 피고용자들 및 노동자들의 조합'이었다. 조합원의 수는 무려

700,000명에 이르렀다. 9월말에 당국은 그들의 연금권에 관해 토론하기 위해 그들의 대표자들과 회의를 열었다. 그런데 10월 4일과 5일에 이 회의에 참석한 노동자들이 체포됐다는 거짓 소문이 나돌았다. 그러자 조합은 이 기회를 빌려 파업을 개시했다. 10월 6일에 파업이 시작되면서 모스크바는 곧바로 고립됐다. 10월 8일에 조합들의 조합은 산하의 모든 조합들에게 철도원들의 파업에 동조하고 파업위원회들을 구성하라고 지시했다. 이 모든 경우에, 조합들의 조합은 산하의 노조들이 정치적 요구들을 내걸도록 했다. 보통·직접·비밀·평등 선거의 원칙 아래 제헌 의회를 선출하라는 요구가 그 요구들의 중심에 들어 있었다. 그 지시에 따라 파업은 이웃 도시들로, 그리고 또 그 이웃 도시들로 확산됐으며, 제철 공장과 면방직 공장 및 금속 공장이 모두 문을 닫았다. 이제 몇십 년 이래 처음으로 러시아의 지평선에서는 공장의 연기가 사라져버린 것이다. 이 과정에서 사기가 완전히 꺾인 병사들은 집으로 돌아갈 열차를 기다리고 있었다. 그들의 대부분은 총을 갖고 있었으며 그들의 고뇌는 곧 병사들의 반란으로 나타난다.

2. 위테가 대안을 마련하다

위테가 두 안을 제의하다.[7] 노동자들의 파업이 점차 힘을 얻어감과 아울러 어떤 혁명적 계기를 만들어가는 것을 보면서, 위테는 1905년 10월 6일에 니콜라이 2세에게 면담을 신청했다. 이 무렵 니콜라이 2세는 페테르호프 궁전에 머물고 있었다. 이 궁전은 수도의 남서쪽에서 70리쯤 떨어진 곳으로 핀란드 만의 남쪽 연안에 자리잡은 곳에 표트르 대제가 지었던 화려한 여름 궁전이었다. 니콜라이 2세는 사흘 뒤에 위테를 만나주었다. 위테는 그 이전에는 니콜라이 2세가 듣고 싶어하는 것만 말했었다. 그러나 위테는 이제 대담할 정도로 솔직해졌다. 그는 니콜라이 2세에게는 다음과 같은 두 개의 선택지가 있다고 말했다. 하나는 군사 독재 정부를 세우는 선택이며, 다른 하나는 주요한 정치적 양보를 하는 선택이었다.

니콜라이 2세는 아무 대답도 하지 않고 다음날 다시 페테르호프로 오라고 했다. 그는 아마도 황후와 상의하려고 했던 것 같다. 10월 10일에 위테가 다시 갔을 때 니콜라이 2세는 황후와 함께 위테를 만나주었다. 위테는 자신의 제안을 다시 설명했다. 황후는 한마디도 말하지 않고 듣기만 했다. 그때 황실의 측근 인사이던 니콜라이 드 바실리Nicolai de Basily의 회고에 따르면, 니콜라이 2세는 일차적으로 제1안에 관해 생각하면서 군사 독재 정부를 세울 경우 수반이 돼야 할 자신의 숙부이며 러시아군 총사령관인 니콜라이 대공의 의사를 떠보았으나 니콜라이 대공의 태도는 완강했다. 차리가 자신에게 그 임무를 명령하는 경우 자살하겠다며 거절했고, 따라서 다른 선택이 없게 된 니콜라이 2세는 제2안을 받아들였다고 그는 회고했다.[8]

위테 제안의 근거.[9] 위테는 곧 자신의 제2안에 입각해 구체적으로 비망록을 만들어 니콜라이 2세에게 제출했다. 그것은 한마디로 부르주아 민주주의의 원칙 아래 헌법을 도입하자는 내용이었다. 보다 구체적으로 말해, 보통·평등·직접·비밀 선거를 통해 두마, 곧 입법권을 갖는 의회를 구성하고, 이 의회가 대신들을 선출하고 대신들은 의회에 대해 책임을 지거나 적어도 의회의 신뢰를 받아야 한다고 그는 주장했다. 헌법을 만들고 입법권을 갖는 의회를 설치한다고 해서 그것이 차리의 권위를 약화시키지는 않을 것이며 오히려 높일 것이라는 말로 그는 니콜라이 2세를 안심시켰다. 이어 그는 사회적 불안을 진정시키기 위해 연설과 언론 및 집회의 자유를 보장할 뿐만 아니라 노동자들과 농민들 및 소수 민족들의 생활 조건을 향상시킬 것을 제의했다.

위테의 비망록에 담긴 제의들은 해방 동맹의 제의들과 거의 같다. 특히 해방 동맹의 이론적 대변인인 스트루베의 논설들과 거의 같다. 스트루베는 해방 동맹의 기관지인 『해방』에 쓴 논설들을 통해 "자유라는 구호는 정부 활동의 구호가 되지 않으면 안 된다. 국가를 구제할 수 있는 길은 그 길밖에 없다"고 주장했다. 그는 이어 나라 전체가 위험스럽게 과격화됐으며, 대중은 정부에 대한 자신을 잃고 나라의 기초들을 파괴할 자세를 취하고 있다고 주장했다. 이 위기를 그는 좀더 구체적으로 다음

과 같이 묘사했다: "러시아에서의 반란은 모든 것을 휩쓸어갈 것이며 모든 것을 잿더미로 만들 것이다. 이 전례 없는 심판으로부터 어떤 러시아가 출현할 것인지는 인간의 상상을 뛰어넘는다. 러시아에서의 반란의 공포는 역사에 알려진 것 모두를 뛰어넘는다. 외국의 간섭이 뒤따라 나라 전체를 찢어놓을 수 있다. 또 이론적 사회주의의 이상들을 현실 세계로 실현시키겠다는 시도는 그 어떤 것이든 가족, 종교적 신념의 표현, 재산, 법률의 모든 기초들을 파괴할 것이다."

스트루베가 예견하는 이러한 파국을 예방하기 위해, 위테는 자유주의자들의 요구들을 만족시켜줌으로써 그들을 혁명가들로부터 분리시키고자 한 것이다. 자유주의자들의 요구들을 만족시켜주면 반대 세력의 통일 전선은 와해돼, 자유주의자들은 평정될 것이고 과격주의자들은 고립될 것이라고 위테는 계산했다.

위테의 제안들이 거부되다.[10) 위테의 제안들은 확실히 혁명적인 프로그램이었다. 여기서 지적돼야 할 것은 그의 제안들은 절망 속에서 나왔다는 사실이다. 비록 그가 군부 독재 정부의 수립을 제1안으로 내놓았었지만, 그리고 그뒤에도 그 안을 내놓는 일이 있게 되지만, 그것은 형식적이었다. 그는 그때 정부가 질서를 회복시키기에 충분한 무력을 확보하지 못한 현실을 직시하고 있었던 것이다. 예컨대, 수도 경비대의 전체 병력이 2,000명 규모에 지나지 않았던 것이다.

위테의 제안들은 궁정에서, 그리고 고위 관리들 사이에서 깊이 있게 토론됐다. 그러나 대체로 주저하는 분위기였다. 니콜라이 2세의 심리 상태도 마찬가지였다. 그래서 니콜라이 2세는 위테의 제안들을 사실상 거부하고 다만 니콜라이 2세에게 오랫동안 건의돼왔던 행정적 조처, 곧 공식적인 내각을 출범시키는 안을 받아들였다. 그리하여 니콜라이 2세는 10월 13일에 그 동안 명예직으로서의 '각료 회의 의장' 직함을 지니고 있던 위테를 총리 대신으로 임명하고 모든 대신들의 활동을 조정하고 통일시키라고 지시했다. 위테는 자신의 제안들이 받아들여지지 않는다면 총리 대신으로 봉직할 수 없다고 답변했다. 그러나 10월 14일에 니콜라이 2세는 위테에게 차리의 이름으로 발표될 선언의 초안을 들고 10월 15

일에 페테르호프로 다시 방문하라고 지시했다.

3. 상트 페테르부르크에서 소비에트가 성립되다

파업을 누가 주도했나?[11] 위테가 니콜라이 2세를 처음 방문했던 직후의 한 주, 곧 10월 10일부터 17일까지의 7일은 러시아의 역사에서 중요했던 시기로, 이 시기에 진행됐던 일들을 정확히 분석하기란 매우 어렵다. 왜냐하면 그때 벌어졌던 일들은 너무 복잡한데, 그 일들을 둘러싼 반정부 세력들의 주장들이 서로 엇갈리기 때문이다.

우선 정보에 밝은 경찰 당국의 눈에는, 이 시기에 노동자들에게 가장 큰 영향을 미친 것은 조합들의 조합이었다. 조합들의 조합이 총파업을 조종했고 상트 페테르부르크에서 소비에트가 성립되도록 조종했다는 뜻이다. 상트 페테르부르크 총독 트레포프 역시 같은 생각이었다. 그는 조합들의 조합이 상트 페테르부르크 소비에트를 만들어낸 장본인일 뿐만 아니라 그것의 중앙 조직이라고까지 보았다. 상트 페테르부르크 비밀 경찰의 우두머리인 알렉산드르 게라시모프Alexandr Gerasimov 역시 같은 의견이었다. 그는 상부에 보낸 보고서에서 "앞에서 말한 파업에서 일차적 창안자의 역할을 수행했고 일차적으로 조직적 임무를 수행한 것은 조합들의 조합이다"라고 썼다. 니콜라이 2세도 뒷날 자신의 어머니에게 "저 유명한 조합들의 조합이 이 모든 무질서를 이끌어왔다"고 썼다. 조합들의 조합의 지도자인 밀류코프도 뒷날 자신의 회고록에서 똑같은 얘기를 썼다. 그러나 그는 해방 동맹의 공로가 먼저 인정돼야 한다고 강조했다. 밀류코프에 따르면, 노동자들로 하여금 소비에트를 만들게 한 노동자들의 첫번째 모임은 해방 동맹의 맹원들의 집에서 열렸고 소비에트를 소집하자는 첫번째 호소는 해방 동맹의 기관지들에 발표됐다.

그런데 멘셰비키는 밀류코프의 이 주장을 정면으로 부인했다. 소비에트를 출범시킨 것은 바로 자기들이었다는 것이다. 이 주장을 뒷받침할 만한 자료가 있다. 10월 10일에 대부분이 대학생들인 멘셰비키는 상트 페테르부르크의 노동자들에게 노동자들의 파업을 지휘할 수 있는 노동자들의 위원회를 선출하라고 호소했던 것이다. 그러나 노동자들이 비록 소비에트라는 이름을 쓰지는 않았으나 독자적으로 자신들의 대표를 뽑은 경우들이 있었음도 사실이다. 종합적으로 보아, 조합들의 조합이 소비에트를 시작했고 멘셰비키에 속한 젊은이들이 노동자들에게 소비에트를 지지하라고 호소했다고 하겠다.

공기관의 근로자들도 파업에 참여하다.[12] 10월 10일에 상트 페테르부르크에서는 통신 계통의 노동자들과 사기업의 근로자들 및 공공 기관의 근로자들도 파업에 동참했다. 11일 저녁에는 대부분이 노동자들, 그리고 학생이 아닌 사람들로 구성된 약 30,000명이 대학의 강당들과 강의실들을 채웠다. 그들은 철도원들의 파업에 동참하기로 가결했다. 10월 13일부터 러시아의 거의 모든 철도가, 구체적으로 말해, 26,000마일의 철도가 정지됐으며 전보의 선 역시 죽어버렸다. 더 많은 공장 노동자들과 사무직 근로자들 역시 파업에 동참했다. 법정·실험실·병원·대학교·사업 사무실·관청 사무실에서 근무하는 지식인들과 전문 직업인들도 출근을 거부했다.

대부분의 사용자들도 이 운동을 우정 어린 눈으로 바라보았다. 어떤 고용주들은 자기에 고용된 파업자들에게 봉급의 전액 또는 그 절반을 주었다. 파업이 끝난 뒤에도, 어느 기업가들은 소비에트의 회의에 계속 참가하기 위해 공장을 쉬는 대표들에게 쉰 시간만큼의 급료를 지불해주었다. 넉넉한 자본가들은 1905년 10월 27일에 창간된 합법적 볼셰비키 일간 신문 『노바야 지즌 *Novaya Zhizn*(새로운 삶)』에, 그리고 멘셰비키 기관지와 사회혁명당 기관지에 상당 액수의 돈을 기부했다.

상트 페테르부르크 소비에트가 출범하다.[13] 1905년 10월 13일은 러시아의 역사에서, 아니 세계의 역사에서 하나의 새 기록이 세워진 날이었다. 상트 페테르부르크 소비에트가 상트 페테르부르크 공과대학에서 제1차 대회, 곧 창립 대회를 열었던 것이다. 약 40명의 인텔리겐치아들, 그리고 노동자들의 대표들이 참석한 이 창립 대회는 제헌 의회의 소집과 1일 8시간 노동제의 채택을 강요하기 위해 파업을 계속할 것을 노동자들에게 요구하는 호소문을 발표했다. 다음날 열린 제2차 회의는 멘셰비키에 가깝지만 당원은 아닌 변호사로서 흐루스탈레프Khrustalev라는 가명으로 더 잘 알려진 게오르기 노사르를 '영구 의장'으로 선출했다. 이 무렵의 수도는 완전히 정체 상태에 빠졌다.

소비에트 2차 대회가 열린 10월 14일에 트레포프는 더 이상 무질서가 지속되는 경우 화기(火器)를 쓰겠다고 위협했다. 그는 상트 페테르부르크 대학교 주변에 군대를 주둔시켰으며 10월 15일부터 교내에서 어떤 집회도 열리지 않게끔 조처했다. 며칠 뒤 그는 그 학년도의 끝까지 휴교하도록 조처했다. 이러한 분위기에서 우익 세력들은 유태인들과 대학생들, 그리고 인텔리겐치아처럼 보이는 사람이면 누구나 구타하기 시작했다. 이 무렵 왕당파들과 과격한 우익 계열의 군중은 안경을 낀 사람을 오츠카스티에Ochkastye라고 부르면서 그들을 구타했다. 그래서 안경을 쓰고 다니는 것은 위험스러웠다. 이 일은 1917년의 혁명의 시기에 되풀이된다. 그런데도 거의 같은 시기에 법원의 서기들과 은행의 서기들 및 상점의 서기들이 파업에 동참했고, 이어 변호사들과 의사들 및 공무원들이 파업을 선언했으며 우체국 직원들과 국립 은행 직원들 및 재무부 관리들이 파업에 가담했다. 마린스키 극장의 발레단이 파업을 선언했고, 집안의 하인들과 소제부들, 택시 운전사들, 소매상의 점원들이 뒤따랐다.

10월 15일에 열린 소비에트 3차 대회에는 96개의 공장들로부터 226명의 대표자들이 참석했다. 그들 가운데 다수는 사회주의자들이었다. 그러나 그러한 사실들보다 중요한 것은 그들 가운데 31명으로 집행위원회를 구성함으로써 조직에서 한 단계 올라섰다는 사실이다. 이 집행위원회를 러시아말로 이스폴니텐이 코미테트Ispolnitenyi Komitet라고 불렀으며 줄여서 이스폴콤Ispolkom이라고 불렀다. 집행위원 31명을 나눠보면, 14명은 상트 페테르부르크 시의 각 구(區)로부터 뽑았고, 8명은 노조로부터 뽑았으며, 9명은 사회주의 정당들로부터 뽑았다. 사회주의 정당들로부터 뽑힌 9명을 다시 나누면, 3명은 멘셰비키에, 3명은 볼셰비키에, 3명은 사회혁명당에 각각 속했다. 이 사회주의 인텔리겐치아들은 소비에트에 의해 직접 선출되지 않았고 각 정당들에 의해 선출됐다. 그들은 협의적 투표권만 갖고 있었다. 그러나 경험과 조직의 기술이 풍부했기에 자연히 이스폴콤에서 주도적인 역할을 수행했다. 이 과격한 인텔리겐치아의 점점 커지는 영향은 소비에트의 이름으로 10월 15일에 노동자들을 상대로 발표된 호소문에 잘 나타났다. "우리와 함께하지 않는 사람은 우리에게 반대하는 사람이며, 그들에게 소비에트는 극단적인 방법, 곧 힘을 적용하기로 결정했다"는 이 호소문은 파업자들에게 파업 지시를 무시한 상점들을 강제로 문닫게 하고 정부의 신문이 배달되는 것을 막으라고 명령한 것이다. 이날부터 밤은 완전히 어두워져버렸다.

10월 17일에 소비에트는 '노동자 대표들의 소비에트'라는 공식 명칭을 채택했으며 이스폴콤의 구성원을 50명으로 늘리기로 결정했다. 이 50명 가운데 사회주의 정당들에게는 모두 21명을 주기로 결정했다. 멘셰비키 3명, 볼셰비키 3명, 사회혁명당 3명이 그것이었다. 이날 소비에트는 소비에트의 공식 기관지로 『이즈베스치아 *Izvestia* (뉴스)』라는 신문을 발행하기로 결정했다.

소비에트는 약 50개 성도(省都)들에서도 출범했으며 심지어 농촌 지역들과 몇몇 군부대들에서도 출범했다. 그러나 상트 페테르부르크 소비에트가 처음부터 다툼의 여지없는 우위를 차지했다. 우리가 앞서 설명했듯, 소비에트란 단어는 협의체란 뜻을 갖고 있다. 그러나 노동자 대표들의 협의체가 차리의 정부에 맞먹는 또 하나의 정부와 같은 구실을 하게 되면서 소비에트란 말은 특별한 의미와 감정적인 어조를 갖게 됐다. 이 점은 러시아에는 노동조합의 깊은 전통이 없었던 사실을 상기하면 보다 쉽게 이해될 수 있을 것이다. 파업이 거의 자연발생적으로, 곧 기존의 노동조합의 조직망에 의존함이 없이, 상트 페테르부르크로부터 각 지역으로 파급되어나가면서, 상트 페테르부르크의 노동자 대표들의 소비에트는 이 전국적 정치적 파업 운동의 지도부가 된 것이다. 이것은 또한 중앙집권적인 러시아의 정치 문화에 일치하는 것이기도 했다. 게다가 전국에서 반정부적인 분위기가 높아지고 차리 정부의 기능이 마비되어가자 상트 페테르부르크 소비에트에 대한 대중의 기대는 훨씬 커졌다. 그것은 전국의 웬만큼 큰 공장들 및 각종 작업장들과 연계를 이룩하고 있었으

며, 대부분의 도시들 및 읍들과 연결되어 있었다. 그것은 총파업위원회
이면서 일반 행정 기구였고 전국적 반란의 조직자이면서 동시에 노동자
들, 그리고 더 나아가 러시아 인민들의 의회였으며 하나의 대항적 정부
였다.[14]

확실히 어느 나라의 역사에서도 이 파업처럼 총파업이던 파업은 찾아
볼 수 없다. 월프의 표현으로는, "이 전국적 총파업은 노동의 역사에서
전례가 없는 것이었다."[15] 정부는 완전히 마비 상태에 들어갔다. 대신들
은 똑딱배를 얻어 탄 뒤에야 겨우 페테르호프에서 니콜라이 2세를 만나
볼 수 있었다. 인구가 산재해 있는 시골 지역에서는 농민들이 영주의 집
을 불사르고 곡식을 빼앗고 토지를 점거함으로써 파업에 가담하기 시작
했다. 병사들은 복원 속도가 느리고 복무 조건이 나쁘다는 이유로 반란
을 일으키며 파업에 참여했다.[16] 확실히 "사회 전체가 공업 노동자들의
선도(先導)에 뒤를 따른 것이다."[17]

4. 볼셰비키와 멘셰비키가 논쟁을 벌이다[18]

총파업 때 레닌은 현장에 없었다. 10월의 총파업이 진행되던 그때에 레닌
은 러시아에 들어오지를 못했다. 위조 여권을 갖고 레닌을 스톡홀름에서
만나야 할 요원이 나타나지 않았던 것이다. 또 폭풍이 몰아쳐서 그가 핀
란드로 항해하려고 했던 계획도 지연됐다. 이 운명의 2주 동안 그는 별
수없이 '강요된 게으름' 속에서 짜증도 내고 초조해하면서 시간을 보내
지 않을 수 없었다. 우체국과 전신국마저 파업중이어서, 그는 그의 추종
자들로부터 아무런 소식도 전해받지 못했으며 그들에게 아무런 연락을
취하지도 못했다. 피셔가 적절히 지적했듯이, "혁명은 레닌의 첫사랑이
며 마지막 사랑이었다."[19] 그것은 조금도 과장이 아니었다. "혁명은 역사
의 기관차이다"라는 마르크스의 말을 인용하길 좋아했으며, 거기에 "혁
명은 압박받는 자와 착취받는 자의 축제일이다"라고 덧붙이기까지 했다.
그는 정말 끊임없이 혁명에 대해 생각하고 있었던 것이다. 이러한 그가

454

파업의 물결이 러시아 전역을 덮고 있을 때, 러시아 밖에서 아무 일도 하지 못하고 있다는 것은 무척 괴로운 일이 아닐 수 없었다.

레닌이 혁명의 현장에 없었지만, 그것에 관계없이 상트 페테르부르크의 총파업은 성공적으로 진행됐다. 철도 노동자들에 의해 시작된 총파업은 모든 노동자들에게 파급됐으며,[20] 그들 스스로 노동자들의 협의 기구인 소비에트를 구성했고, 그들 자신들 가운데서 소비에트의 지도층을 차차 형성해나갔다. 또 중대한 문제들이 레닌과는 아무런 양해 없이 처리되어갔다. 그 어느 무엇보다도 레닌에게 마음 아팠던 것은 현장의 그의 동지들이 실수를 저지르고 있다는 점, 그리고 그 동지들은 자신들이 레닌의 가르침에 따라 그렇게 한다고 믿고 있다는 점이었다. 이러한 실수는 그의 파벌, 곧 볼셰비키가 러시아 역사의 가장 중요한 시기에 지도권을 차지할 기회를 빼앗아버린다.

이 10월의 총파업, 소비에트의 탄생과 활동, 그리고 이 역사적 사건들에 대한 볼셰비키의 관계 등에 대해 볼셰비키의 공식 당사(黨史)는 뒷날 상당히 왜곡하여 기록한다. 당사는 볼셰비키가 소비에트의 형성에 주도적인 역할을 했으며 또 이 일을 이끌어나갔다고 주장한 것이다. 소련 시대에 출판된 소련의 권위 있는 한 역사학자도 "1905년 10월 7일에 볼셰비키의 주도 아래 모스크바 철도 종사자들이 총파업을 일으켰다"[21]고 썼다. 또는 '레닌의 부재(不在)'를 틈타 멘셰비키가 소비에트의 지도권을 가로챈 듯 주장했던 것이다. 예컨대, 1939년에 스탈린의 이름으로 출판된 당사는 "우리가 알고 있듯이, 레닌은 아직 상트 페테르부르크에 도착하지 않았다. 그는 여전히 해외에 있었던 것이다. 멘셰비키는 상트 페테르부르크 소비에트로 진출해서 지도권을 장악하기 위해 레닌의 부재를 이용했다"[22]라고 썼다.

이것은 확실히 사실의 왜곡이다. 이것은 소비에트가 신뢰하기 어렵고 통제하기 어려운 존재라는 이유로 볼셰비키가 소비에트를 반대한 반면에 소비에트의 형성에 최초의 자극을 준 것은 멘셰비키였다는 사실을 감추고 있는 것이다. 그런데도 볼셰비키는 그때로부터 20년 뒤 상트 페테르부르크 소비에트를 자신들이 시작했다는 신화를 만들어낸 것이다. 그

리고 그 신화는 소련이 존속했던 동안 소련의 문헌 속에는 살아 있었던 것이다.[23]

악설로드의 전략 이론. 그러면 노동자 대표자들의 협의체와 같은 조직의 형성에 왜 멘셰비키는 찬성하고 왜 볼셰비키는 반대했는지를 이해하기 위해서 우리는 그해 봄에 열렸던 각파의 당 대회 이후 진행된 두 파 사이의 논쟁을 살펴보지 않으면 안 된다. 1905년 봄 이후부터 멘셰비키는 점점 성장하고 있는 혁명에 대비한 새로운 길을 악설로드의 지도력 아래 모색하고 있었다.[24] 그것은 첫째 러시아의 모든 노동자들이 참여하는 '광범위한 비(非)당파적 노동자의 조직'을 형성하는 것이었고, 둘째는 모든 인민이 그 투쟁의 과정에서 '지방의, 그리고 도시의 혁명적 자치 정부'를 세우는 것이었다.

악설로드는 러시아의 사회민주당은 서구의 사회민주당 또는 노동당과는 그 성격이 다르다고 느꼈다.[25] 러시아의 사회민주당은 서구식의 노동당이 아니라 아직 조직되지 않은 노동 계급을 위해 싸울 지식인들의 음모적 단체라고 생각한 것이다. 현재의 투쟁 과정에서 획득한 새로운 자유는 노동자들이 자신들의 노동조합과 자신들의 정당에서 나와 함께 뭉쳐 일할 기회를 주어야 하며 그들 자신의 지도 체제를 선택하고 그들 자신의 프로그램을 기초하고 하나의 계급으로서 그들 자신의 존재와 이해 관계를 깨달을 기회를 주어야 한다고 그는 생각했다. 이렇게 생겨난 진정한 노동자의 당이 직업적 혁명가들로 구성된 폭 좁고 음모적인 간부들을 대체하고 흡수해야 한다고 보았다.

악설로드는 이처럼 '광범위한 노동자의 조직'을 표방함과 더불어, 인민 전체의 '광범위한 민주적 조직'의 창출을 선동하고 나섰다. 이 조직이 지방 자치와 지방 정부의 권력을 장악해서 지방의 관료 기구들을 대체시키고 이것들에 도전해야 하며 적절한 시기에 가서는 제헌 의회를 소집하거나 또는 제헌 의회 노릇을 할 전(全)러시아 대회에 대의원을 보내야 한다고 주장한 것이다. 이러한 조직은 마치 프랑스 혁명 당시의 '자코뱅 클럽'과 '코뮌' 또는 미국 독립 전쟁 당시의 '연락위원회'와 '대륙 회의'와 비슷한 것이라고 그는 보았다. 자기 표현의 기관을 갖지 못한

'인민들'에게 이러한 '농촌과 도시의 혁명적 자치 정부'는 인민의 의지를 조직하고 표현하는 수단이 된다고 그는 주장했다.

레닌의 반론. 악설로드가 이러한 생각들을 『이스크라』에 발표하자 레닌은 즉각적인 반론을 전개했다.[26] 악설로드의 공식은 레닌에게는 당을 대치시키는 것이며 당의 권리와 의무를 포기시키는 것으로 보였다. 레닌에게 악설로드의 공식은 유토피아적인 난센스와 노골적인 배반의 혼합이었다. '지방의 혁명적 자치 정부'가 단계적으로 전국 대회로 성장해나간다는 악설로드의 개념에 대해서도 그는 반대했다. 레닌은 중앙에서 지도하고 이끄는 봉기가 전국적 혁명 임시 정부를 만들어내야 한다고 맞선 것이다. 또 이 정부도 조직되지 않은 대중과 지방의 코뮌들의 대표로 구성될 것이 아니라 이미 조직되어 있는 혁명 정당들의 대표들에 의해 구성돼야 한다고 주장했다. 레닌은 또한 이 중앙 집권적인 지도체의 무장된 방패 아래 제헌 의회가 소집되고 미래의 지방 정부가 창출돼야 한다고 주장했다. 따라서 레닌의 개념은 중앙화된 혁명이었다. 수도를 포함한 주요 도시들에서 권력을 장악하고 위로부터 새로운 지방 정부를 만들어나간다는 것이었다.

이에 비해 악설로드의 개념은 아래로부터 시작해서 전국적인 대의 기관으로 올라가는 상향 운동의 개념이었다. 레닌에게 이미 존재하고 있는 당은 지도자이며 혁명을 지시해나가는 힘이며 통치의 중핵이었다. 이에 비해 악설로드에게 당은 노동 계급과 러시아 인민 전체들보다 더 진정으로 대표하는 폭넓은 조직체에 봉사하려는 지원자들의 단체였던 것이다. 악설로드의 "광범위한 비당파적인 민주적 조직"이란 구절에서 레닌은 사회민주당을 민주적 부르주아지에게 예속시켜야 한다는 '사설(邪說)'의 냄새를 맡았다. 그리고 악설로드의 '광범위한 노동자 대회' 또는 '노동당'은 무의미하며 위험하다고 생각했다. 전제 정치가 타도된 뒤가 아니면 광범위한 노동자 조직은 형성될 수 없기 때문에 무의미하며 비당파적·다(多)당파적 또는 초당파적 노동 조직을 옹호하는 것은 사회민주당이 이미 노동 계급을 위한 진정한 프로그램을 만들어냈다는 사실 자체를 의문시하는 것이기 때문에 위험한 것이라고 주장한 것이다. 만일 당이

광범위한 조직을 세운다면 그것은 당의 활동을 위한 보다 넓은 바탕으로
서 존재해야 하며 당원을 충원하는 바탕으로서, 그리고 당원의 예비 학
교로서 존재해야 한다고 주장했다. 그리고 만일 광범위한 조직들이 당의
주도 없이 솟아나온다면 그 조직들에 침투하고 그 조직들을 통제하고 당
의 프로그램과 지도권을 그 단체들로 하여금 받아들이게 하는 것은 당의
의무라고 주장했다. 만일 당이 광범위한 조직들의 통제권을 획득할 수
없는 경우엔 당은 프롤레타리아트의 진정한 이익과 진정한 프로그램에
해가 되는 이 조직들을 파괴해야 한다고 주장했다.

  악설로드와 레닌의 비교. 이 이론적 논쟁 속에서 악설로드나 레닌 그 어
느 쪽도 상트 페테르부르크의 '총파업위원회'나 '노동자 대표들의 소비
에트'의 신속한 출현을 예견하지 못했다. 그들은 눈을 한껏 크게 뜨고
과거의 도움을 받아 미래를 보려고 하고 있었다. 그러나 레닌과 악설로
드는 각각 서로 다른 과거를 생각하고 있었다. 악설로드는 그의 눈을 서
구, 곧 영국과 독일 및 프랑스의 과거에 고정시키고 있었다. 그는 러시아
도 이 나라들에서처럼 성공적인 부르주아 혁명을 이룩한 뒤 민주주의적
자본주의 단계를 거칠 것이며 러시아의 지방위원회들과 노동 운동이 종
국엔 자치 정부의 전통으로 발전돼나갈 것이라고 생각했다. 자치 정부의
전통은 러시아의 공적 생활에선 결여된 것인데도 그는 그렇게 믿었던 것
이다.

  그러나 레닌의 '과거'는 러시아적 전통이었다. 그렇게 오랫동안 중앙
집권화되어 있었으며 모든 자극이 위로부터 내려오는 러시아의 역사적
인 혁명적 음모라는 관점에서 보고 있었던 것이다. 그의 견해는 예컨대
궁정 쿠데타로부터 인민의 의지당의 음모에 이르기까지 러시아에서의
모든 개혁 운동의 전통과 일치하는 것이었다. 그의 모든 희망은 중앙화
된 봉기의 신속한 승리, 그리고 노동 계급과 농민의 위로부터의 조직과
교육에 집중되어 있었다. 악설로드의 서구파적인 견해는 러시아에는 결
여된 자치 정부의 전통에서의 장기간의 발전을 요구하는 것이었다. 따라
서 러시아의 전통에 바탕을 둔 레닌의 이론이 보다 설득력 있는 것이었
으며, 여기에 레닌 이론의 장점이 있었다. 그처럼 결정적인 중대한 시기

에 레닌의 간단한 구호들과 제안들이 후진적이지만 각성하고 있는 그렇게 많은 노동자들, 그리고 러시아 지식인들에게 먹혀들어갔던 것은 레닌이 러시아 전통 위에 서 있었기 때문이었다.

멘셰비키와 볼셰비키의 지도적 인물들의 출신을 따져보면 두 파의 견해 차이를 보다 쉽게 이해할 수 있을 것이다. 레닌, 류코프, 보그다노프, 크라신, 포스탈로프스키 등 볼셰비키의 중심 인물인 이들은 모두 대(大)러시아인들이었다. 그러나 멘셰비키의 지도층은 대개가 서구적 사상을 지닌 러시아 유태인들이었다. 악설로드, 마르티노프, 마르토프, 단 등이 바로 그러했다. 멘셰비키의 정상급 지도층 가운데 대러시아인이란 플레하노프와 포트레소프뿐이었다. 플레하노프가 몇 해 동안 볼셰비즘과 멘셰비즘 사이를 오락가락했으며 또 포트레소프가 언제나 사회민주주의와 러시아 자유주의 사이의 동맹을 추구했던 것은 이 때문이었는지 모른다. 반면에 트로츠키와 파르부스 및 로자 룩셈부르크는 ─ 이들 셋이 모두 유태인 출신이며, 파르부스와 로자 룩셈부르크는 서구에서 활동한 경험이 있음에 유의하라 ─ 레닌의 조직적 중앙주의에 대한 비판과 레닌의 조직적 러시아 혁명주의에 대한 매료 사이를 오가면서 혁명적 기질을 서구적 외양으로 결합시키려고 했다. 이러한 개인적 배경에 비춰볼 때, 월프가 지적한 것처럼, '유태인 볼셰비즘'이라는 나치스의 신화는 얼마나 허구적인 것일까. 정말이지 볼셰비즘의 장점과 단점은 모두 러시아의 민족적 전통의 깊은 뿌리로부터 나온 것이며 국제적 또는 서구적 수식과 이론적 윤색에도 불구하고 볼셰비즘은 기본적으로 러시아 혁명 전통의 민족적 특성을 표현하는 것이었다.[27]

트로츠키가 소비에트에서 활약하다. "러시아의 운명을 권력 당국의 손으로부터 파업을 벌이고 있는 노동자들의 손으로 내려놓은"[28] 1905년 10월의 총파업은, 우리가 앞에서 보았듯, 상트 페테르부르크 노동자 대표들의 소비에트를 만들어냈다. 그런데 그 핵심은 상트 페테르부르크 멘셰비키에 의해 형성됐으며, 그 외양은 악설로드가 추구했던 '아래로부터의 선도(先導)'라는 그 구상과 조화를 이루고 있는 것이었으나, 소비에트는 결코 어떤 특정한 혁명가의 이론적 공식에 의해 만들어진 것은 아니었

다. 또 그것은 어떠한 이론적 주술에 의해 배척되어지거나 환영되어질
수 있는 것도 아니었다.

　중요한 새로운 현상에 직면할 때마다 그를 특징지어주는 유연성과 현
실주의를 갖고 레닌은 총파업, 그리고 총파업이 가져온 소비에트가 러시
아 역사에서 새로운 것이며 거대한 것임을 재빨리 깨달을 수 있었다. 그
러나 그는 스톡홀름에 그대로 주저앉을 수밖에 없었다. 그리고 이 사이
에 광범위한 대중 조직은 당에 의해 통제될 수 없다던 그의 가르침에 따
라 그의 추종자들은 이 상트 페테르부르크 소비에트에 반대하고 있었던
것이다. 그것은 당연한 귀결이었는지도 모른다. 소비에트가 탄생한 10월
17일 바로 그날의『프롤레타리』에 '광범위한 비당파적 노동 조직'과 '지
방의 혁명적 자치 정부'에 대한 레닌의 마지막 공격 논문이 게재됐으니
말이다. 반면에 악설로드, 단, 마르토프, 마르티노프는 모두 지방의 멘셰
비키로 하여금 소비에트를 환영하도록 하는 내용의 글을 썼던 것이다.

　한편 핀란드에서 은신하고 있던 20대의 트로츠키는 10월의 총파업과
더불어 출생지 야노브카에서 따온 이름인 야노브스키라는 가명으로 서
둘러 귀국했다. 그는 뒷날 이 사건에 대해 이렇게 회고했다:

　　"1905년의 러시아 혁명 가운데 가장 중요한 부분은 물론 우리에게 땅을
　　달라는 농민들의 구호 속에 있었다"고 뒷날 위테〔총리〕는 썼다. 이 말에
　　우리는 동의할 수 있다. 그러나 위테는 계속해서 이렇게 말했다: "나는 노
　　동자들의 소비에트에 많은 중요성을 주지 않았다. 그것은 아무런 중요성
　　도 갖고 있지 않았다." 이것은 관리들 가운데 가장 탁월한 사람조차 지배
　　계급에 대해 마지막 경고였던 사건의 중요성을 이해하지 못했다는 것을
　　입증할 뿐이다.[29]

　그러나 트로츠키는 이 사건의 중요성을 깨달았으며, 그렇기에 총파업
을 지도해나갈 노동자 대표들의 소비에트에 대한 구체안까지 마련하여
돌아왔던 것이다. 그것은 간단했다. 1,000명의 노동자에 대해 1명의 대
의원으로 구성한다는 내용이었다. 그러나 그가 상트 페테르부르크의 핀

란드 역에서 기차를 내렸을 때, 그는 멘셰비키가 여러 공장들과 노동조합들에서 100명의 노동자에 대해 1명꼴로 대의원들을 선출해서 소비에트를 구성하고 있음을 알았다.

확실히 소비에트는 멘셰비키의 주도 아래 놓이게 됐다. 처음부터 그리고 그 이후 언제나 멘셰비키는 대의원들의 대다수의 지지를 받았으며 소비에트에 대한 엄청난 영향력을 갖고 있었다. 그렇기에 그들은 자파의 즈보로브스키 Zborovski를 소비에트의 초대 의장으로 선출하는 데 성공했었다. 그러나 며칠 뒤 '광범위한 비당파주의'의 공식에 따라 멘셰비키는 그로 하여금 의장직에서 물러나게 하고, 우리가 앞에서 보았듯, 비당원인 노사르를 의장에 선출했다. 부의장에는 사회혁명당을 대표해서 니콜라이 아브크센테프 Nicolai Avksentev가, 그리고 멘셰비키를 대표해서 트로츠키가 각각 선출됐다. 트로츠키의 선출은 뛰어난 웅변력, 계획을 짜서 내놓고 결의안을 작성하는 데서의 신속함, 격동시키는 선언문의 기초자로서의 뛰어난 능력에 기인했다. 그러나 소비에트에 대한 즉각적이며 단순한 지지, 그리고 그의 상대적으로 양파적(兩派的)인 지위가 그를 크게 도와준 것이 사실이다.

5. 1905년의 혁명과 플레하노프

플레하노프의 사생활. 이 중대한 시기에 '러시아 마르크시즘의 아버지' 플레하노프는 어떻게 생활하고 있었나? 플레하노프에 관한 결정적 저서인 바론의 『플레하노프』[30]에 의지해, 우선 플레하노프의 사생활에 관심을 돌려보기로 한다. 매우 고통스럽던 망명 생활은 아내 로살리아 마르코프나가 의사 면허를 받은 뒤 적어도 물질적으로는 퍽 안정됐다. 남편에 대해 지극히 헌신적인 아내이며 동시에 충실한 사회주의자인 그녀는 특히 남편의 건강 유지에 큰 힘을 기울였다. 그는 1880년대 중반부터 결핵으로 시달리고 있었으며 협심증마저 겹쳐 있었다. 그녀는 남편에게 적절한 휴양을 권고했으며, 1908년에는 이탈리아의 산 레모 Sam Remo에 요양소를 확보하여 그때부터 제네바의 추운 겨울을 피해 지낼 수 있었다. 그녀의 이러한 헌신적인 보호가 그의 생명을 연장시켜주었음은 물론이다.

자신의 불확실한 건강에도 불구하고, 플레하노프는 활력을 유지하고 있었다. 그는 인간에게 주어진 짧은 생애를 가장 생산적인 것으로 만들기 위해 열심히 일하며 살았다. "우리가 죽을 때 우리는 쉬게 된다"는 아버지의 가르침을 그는 충실히 따르고 있었다. 아침에 일찍 일어나 여덟시면 책상에 앉았으며, 식사와 간단한 휴식 및 산보를 빼놓고는 저녁 여섯시까지 서재를 떠나지 않았다. 때로는 여섯시 이후에도 네 시간 정도 작업을 계속했다. 그러나 여섯시 이후의 시간은 대체로 방문객과의 면담이나 정치적 회의 및 토론을 위해 쓰여졌다. 그의 하루하루는 무척 규칙적이어서, 그의 작업 시간에 찾아오는 사람은 되돌려 보내졌다. 그는 집안 사람들에게 "만일 하느님이 문에 와 있다고 해도 여섯시에 다시 오라고 말하라"고 할 정도로 자신의 정해진 일과에 충실했다. 자연을 사랑한 그는 매일 긴 산책에 나서곤 했다. 그러나 시골이건 도시이건 그는 언제나 책과 공책에 연필을 갖고 다녔다.

1895년 이전에는 서재를 가질 엄두도 내지 못했다. 그러나 집안 형편이 개선되면서 그는 자신의 수많은 장서들을 잘 보관하기에 충분하면서도 편리한 서재를 장만할 수 있었다. 이 서재는 소련 시절에 그 안의 가구들과 더불어 원형 그대로 상트 페테르부르크에 돔 플레하노바의 형태로 복구됐으며 오늘날까지 그대로 유지되고 있다. 여기에는 플레하노프의 서류들과 약 8,000권의 장서들이 보존되어 있다. 서재의 벽에는 그의 영웅들인 마르크스, 엥겔스, 벨린스키, 체르니세프스키, 괴테, 볼테르 등의 초상화들이 걸려 있었다. 이 서재에서 그는 수많은 글을 써나갔는데, 어떠한 글이든 마치 학위 논문을 쓰는 것과 같은 자세로 써나갔다. 그러한 완전주의에도 불구하고 그는 참으로 방대한 양의 글을 발표했다.

그의 노력은 충분히 보상받았다. 그의 명성은 대단히 높았다. 그는 국제 사회주의 운동계의 거목으로 성장했으며, 이에 따라 러시아 사회민주당 제2차 대회의 의장으로, 그리고 당의 최고 기관인 당 협의회 의장으로 선출될 수 있었다. 레닌은 그와 결별한 이후에도 그를 거인이라고 격찬했으며, 진보적 러시아인들은 그를 '살아 있는 기념비'라고 불렀고, 많은 러시아 여행자들은 유럽으로 나오는 경우 그를 만나보고 싶어했다. 1901년에, 그의 카잔 스퀘어 시위 참여 25주년은 유럽의 여러 도시들에서 러시아 망명객들에 의해 기념됐다. 그러나 그에 대한 비판과 의심이 뒤따르지 않았던 것도 아니다. 그의 귀족적인 풍모와 옷차림, 제네바의 그의 안락한 아파트, 이탈리아 리비에라Riviera의 겨울 별장, 하녀의 고용, 유럽 명문 학교에서의 두 딸의 교육 등은 젊은 혁명가들로 하여금, 특히 보헤미아적인 생활을 영위하는 젊은 과격파들로 하여금 그가 혁명에 대한 신앙을 버리고 부르주아 세계에 탐닉해 산다는 의심을 갖게 했다.

전술의 제시와 그에 대한 비판. 그러나 플레하노프는 혁명에 대한 신앙을 결코 버리지 않았다. 그는 챠리즘의 위기가 성숙해가고 있음을 간파하고 있었다. 신력으로 1905년 1월 2일에 러시아가 여순항에서 일본에게 패배했다는 소식에 접하자 그는 혁명이 임박했음을 직감하고 이렇게 외쳤다: "세바스토폴의 패배가 니콜라이 1세 체제의 뿌리를 잡아뺀 것이라면, 여순항의 패배는 니콜라이 2세 정권의 기초의 분쇄를 기약하는 것이다." 그의 이러한 국제주의적 입장은 그가 곧 발표한 「애국주의와 사회주의」에도 잘 나타났다. 그는 부르주아적 조국에서 프롤레타리아트는 애국자가 될 수 없다고 전제하고 차리즘의 군사적 패배는 러시아 혁명의 촉진제가 될 것이라고 강조한 것이다.

그의 기대는 어긋나지 않았다. 패전의 충격 속에 잠긴 차리즘에 대한 타격이 상트 페테르부르크의 노동자들에 의해 가해졌다. 우리가 이미 보았듯, '피를 흘린 일요일,' 그리고 그것에 따른 10월의 총파업이 그것이었다. 그러나 반대 세력들 사이의 이해 관계는 너무나 다양했으며, 따라서 하나의 결집된 힘으로써 차리즘에 대해 효과적으로 대처하지 못하고 있었다. 이제 전술이 절실히 요구되는 시점이 된 것이다. 그리고 어느 정당보다도 러시아 사회민주당에게, 또 어느 누구보다도 플레하노프에게 전술 제시의 가장 큰 과제가 부여된 셈이었다.

그런데도 러시아 사회민주당은 분열이 격화돼, 볼셰비키와 멘셰비키는 별개의 당 대회를 소집하기에 이르렀다. 이에 플레하노프는 당의 단결을 호소하면서 1905년 중엽에 『이스크라』의 편집위원과 당 협의회 의장직에서 물러나기도 했다. 1906년에 스톡홀름에서 통합 당 대회가 열리기는 했으나, 그것은 진정한 통합이 아니었다. 이 대회에서 플레하노프는 공개적으로 처음 멘셰비키와 제휴하고, 멘셰비키가 진정한 마르크시스트들이며 볼셰비키는 블랑키스트들에 지나지 않는다고 주장한다.

플레하노프는 기본적으로 자신이 오랫동안 제시해온 혁명 노선에 바탕을 둔 전술을 제시했다. 혁명의 초기에, 그는 현재 진행중인 봉기는 부르주아 혁명으로 발전할 수 있는 것이며, 따라서 부르주아 계층이 주도적 역할을 수행해야 한다고 주장했다. 그러나 프롤레타리아트 역시 결정적인 타격을 가해야 한다고 보았다. 각자가 차리즘에 대한 자신의 역할을 수행한다면 차리즘은 붕괴될 것이며 민주적 정권이 수립될 것인데, 여기서 부르주아는 통치의 역할을 수행하고 프롤레타리아트는 부르주아 정부가 허용하는 시민적 자유 속에서 자신의 경제적 해방을 위한 투쟁을 전개할 수 있을 것으로 전망했다. 그리고 전술적 지침으로 그는 마르크스의 다음과 같은 유명한 구호를 제시했다: "부르주아가 절대 체제에 맞선 투쟁에서 혁명적인 한, 프롤레타리아는 부르주아와 어깨를 함께하라. 그러나 프롤레타리아트의 이익과 부르주아지의 이익이 상충한다는 인식을 프롤레타리아트에게 심어주는 것을 결코 중단하지 말라." 그러나 그의 기대와는 달리, 다음 장에서 보듯이, 부르주아지는 의미 있는 투쟁을 전개하지 않는다. 부르주아지와 그 주변 세력은 혁명에 관한 토론에만 몰두할 뿐이지 행동을 위한 조직 사업에는 거의 아무런 관심을 보이지 않는다. 이로써 그의 전술에 대한 비판이 일어난다.

제17장

10월 선언의 발표와 반동 정치의 재개

소련 시대에 출판된 소련 사학자에 따르면, 10월 총파업에 가담한 총 인원은 20,000,000명을 넘어섰다. 확실히 엄청나게 큰 규모로, "전러시아가 동맹 파업의 물결에 휩쓸렸다"[1]는 표현이 조금도 과장이 아님을 실감하게 된다. 니콜라이 2세는 굴복하지 않을 수 없었다. 그리하여 총리 대신 위테의 제의를 받아들여 10월 선언을 발표한다. 이것은 입헌 군주제로의 전환을 약속하는 것으로, 자유주의자들 또는 입헌주의자들로부터 환영을 받았다. 그러나 사회주의자들은 투쟁을 계속했다. 이로써 반대 세력은 분열됐으며, 이것을 활용해 차리즘은 소비에트 세력에 대해 힘으로 탄압했다. 이 장은 이 과정을 설명하기로 한다.

1. 니콜라이 2세가 10월 선언을 발표하다

오볼렌스키가 기초하다.[2] 1905년 10월 14일 저녁에 위테는 다음날 아침에 차리의 이름으로 발표될 선언의 초안을 갖고 페테르호프로 니콜라이 2세를 방문하라는 전보를 받았다. 위테는 그때 자신의 건강이 좋지 않아 안을 스스로 기초할 수가 없어서 마침 자신의 집에 머물던 원로원 의원 알렉시스 오볼렌스키Alexis Obolensky에게 초안 작성의 일을 맡겼다고 회고했다. 다음날 아침 위테는 오볼렌스키와 함께 배를 타고 페테르호프로 갔다. 철도는 파업하고 있어서 배를 이용했던 것이다.

초안을 만들면서 오볼렌스키는 1905년 9월 12일부터 15일까지 모스크바에서 열렸던 젬스트보 회의가 채택한 결의안을 참고했다. 이 결의안에는 다음 세 가지 요구 사항들이 들어 있었다. 개인의 권리들, 언론과 출판의 자유, 집회와 결사의 자유를 보장해야 한다는 것, 보통·평등·직접·비밀의 원칙에 따라 두마를 선출해야 한다는 것, 그리고 그렇게 선출된 두마에게 입법권을 주고 동시에 국가 예산과 행정에 관한 통제권을 주어야 한다는 것 등이었다. 오볼렌스키는 이 결의안의 내용을 거의 그대로 빌려 썼을 뿐만 아니라 형식까지 빌렸다. 그 결과 10월 선언의 중요한 부분은 젬스트보의 요구들을 베낀 것이나 마찬가지가 됐다.

니콜라이 2세는 10월 15일의 대부분을 위테, 그리고 고위 측근들과 함께 보내며 그 초안을 토론하고 검토했다. 니콜라이 2세는 특히 자신이 깊이 신뢰하는 트레포프 총독과 상의했다. 이 과정에서 니콜라이 2세가 여전히 군사력 동원에 대한 미련을 떨쳐버리지 않았음이 엿보인다. 그는 트레포프에게 유혈 없이 수도의 질서를 유지하는 데 며칠이 걸릴 것인가, 그리고 많은 희생자들을 내지 않으면서 권위를 다시 확립하는 것이 가능한가를 물었던 것이다. 다음날에 트레포프는 위테의 초안에 대체로 동의했다. 그러면서 그는 니콜라이 2세가 군사력 동원과 관련해 물었던 것에 대해서는 현재에서나 미래에서나 그러한 보장을 줄 수 없다고 대답했다. 이미 시작된 반란은 유혈을 과연 피할 수 있는지 의문이 가게 할 정도의 수준에 도달했으며 이제 남은 모든 것은 하느님의 자비에 대한 믿음이라고 덧붙였다.

10월 17일에 위테는 선언의 논리를 요약한 문서를 니콜라이 2세에게 제출하고 이 문서를 선언과 함께 발표하도록 건의했다. 간결하고 엄숙한 단어들로 씌어진 선언만 발표하면 개혁의 논리가 대중에게 전달되지 않아 대중을 무마하기 어렵다고 판단했기 때문이었다. 이 논리 문서에서 위테는 오늘날 러시아를 고통에 빠뜨린 소요가 나라의 정치 체제에 내포된 어떤 특정한 결함들 때문에 발생한 것도 아니고 혁명가들이 지나치게 많아 발생한 것도 아니라고 설명했다. 그 원인은 보다 깊은 데 있다고 위테는 지적했다. 구체적으로 그는 "러시아의 생각하는 사회의 지적 노력들과 러시아 사회 생활의 외부적 형태들 사이의 균형이 깨어진 데서 찾아야 한다"고 지적했다. 그러므로 질서의 회복은 근본적인 변화를 요구한다고 그는 결론지었다. 이 문서를 읽은 뒤 니콜라이 2세는 여백에 "지침으로 삼을 것"이라고 써넣었다.

10월 선언의 구체적 내용. 그날 저녁 성호를 그은 뒤 니콜라이 2세는 선언에 서명했다. 그 선언의 핵심적 부분은 1905년 9월의 젬스트보 회의의 결의안이 3부로 되어 있듯 똑같이 3개항으로 되어 있다. 그 부분은 다음과 같다:

첫째, 개인의 진정한 불가침성, 양심의 자유, 언론의 자유, 집회의 자유, 결사의 자유 등의 원칙에 바탕을 둔 시민적 자유의 침범할 수 없는 기초들을 인민에게 부여한다.

둘째, 이제까지 투표권이 전적으로 박탈돼온 계급의 인민들에게 보통·평등·직접·비밀 투표의 원칙 아래 투표권을 부여하는 새 입법을 하며, 이 입법 아래 두마를 지체 없이 선출해 소집한다.

셋째, 두마의 동의 없이는 어떤 법도 발효하지 못한다는 원칙, 인민의 대표들은 차리가 임명한 당국자들의 행동들의 합법성을 감독하는 데 참가할 효과적인 기회를 갖는다는 원칙 등은 불가침의 것으로 한다.[3]

니콜라이 2세는 이날 저녁 일기에 이렇게 썼다: "이렇게 하루를 보내자 머리는 무거워졌으며 생각들은 복잡해졌다. 하느님이 우리를 도와주시고 러시아를 평화롭게 만들어주시기를 기도한다."

10월 선언은 위테가 마련한 논리 문서와 함께 많은 교회들에서 낭독됐다. 이때의 심정을 니콜라이 2세는 자신의 어머니에게 다음과 같이 썼다:

어머님은 물론 그 1월의 나날들 — '피를 흘린 일요일' 이후의 나날들을 기억하고 계시겠지요. 우리는 그때 모두 차르스코에 셀로에 있었지요. 그 나날들은 비참했습니다. 그렇지 않았어요? 그러나 지금 일어나고 있는 것들에 비교하면 그때는 아무것도 아닙니다. 〔……〕 그것은 저를 괴롭힙니다. 〔……〕 대신들은 신속한 결정을 내려서 조처를 취하지는 못하고 놀란 암탉의 무리처럼 회의에 모여들고 있을 뿐이며 일치된 내각의 행동을 보여주지 못하고 있습니다. 〔……〕 사람들은 여름철 천둥 치기 전과 똑같은 느낌을 가지고 있습니다. 〔……〕 오직 두 길이 열려 있습니다. 하나는 정력적인 병사들을 찾아내서 순전한 힘에 의해 반란을 분쇄하는 것입니다. 〔……〕 그것은 피의 강을 뜻하는 것이며 종국엔 우리가 출발했던 그곳에 우리가 있게 된다는 것을 의미합니다. 〔……〕 빠져나갈 다른 길은 인민들에게 민권과 언론 및 출판의 자유를 주고 또한 두마에 의해 확인된 모든 법률 — 그것은 헌법이 되겠지요 — 을 갖게 하는 것입니다. 〔……〕 우리는 그것을 이틀 동안 토론했으며 종국엔 하느님의 도움을 빌면서 저는 서명한 것입니다. 〔……〕 성호를 그으며 사람들이 바라는 것을 주는 길밖에는 다른 길이 없습니다. 〔……〕 우리는 행정 기구가 분명히 파괴되어 있는 상태에서 혁명의 소용돌이 속에 처해 있는 것이며, 여기에 주된 위험이 놓여 있는 것입니다.[4]

10월 선언의 중요한 두 측면. 10월 선언이 발표되자 제국의 거의 모든 도시들에서 소란스런 환영의 시위들이 벌어졌다. 어느 누구도 그러한 양보를 기대하지 못했던 것이다. 모스크바에서는 약 50,000명의 군중이 볼쇼이 극장 앞에 모였으며, 다른 도시들에서도 각각 수천 명의 군중이 자발적으로 모여 노래하고 환호했다. 10월 19일에 상트 페테르부르크 소비에트는 총파업을 중단하기로 결의했으며, 모스크바와 다른 도시들에서도 총파업은 중단됐다.

그러나 10월 선언에는 중요한 두 개의 측면이 있었다. 파이프스에 따르면, 이 두 측면이 10월 선언 이후의 러시아의 정치사, 곧 제정의 마지막 11년 4개월을 이해하는 데 중요하다.[5] 첫째, 이 선언은 니콜라이 2세에게 강요된 것이었다. 따라서 그는 그것을 존중해야 한다는 도덕적 의무감을 전혀 갖지 않았다. 둘째, 이 선언은 헌법이란 단어를 전혀 쓰지 않았다. 따라서 니콜라이 2세는 자신이 여전히 전제주의를 수호하겠다는 대관식에서의 서약을 지키고 있다는 자기 기만에 빠지게 됐다. 이 자기

기만이 그 이후 차리와 두마 사이의 관계에서 끝없는 갈등과 충돌을 불러일으키는 것이다. 그런데 이 두 개의 측면이 10월 선언이 발표된 뒤의 초기에는 "이제 새 시대의 새벽이 밝아왔다"고 확신하게 된 자유주의자들이나 자유주의적 보수주의자들에게는 보이지 않았던 것이다. 고위 경찰 간부들조차 앞으로는 자신들이 할 일이 없어졌다고 말할 정도였다.

2. 차리즘 체제가 10월 선언에서 후퇴하다

위테가 총리직을 받아들이다. 위테는 자신이 명목상으로만이 아니라 실질적으로 총리 대신의 기능을 수행하고 내각을 구성할 수 있어야 한다는 조건이 받아들여지자 총리 대신직을 받아들였다. 그러한 발상을 제일 먼저 니콜라이 2세에게 제의했던 에르몰로프 대신과 똑같이 위테 역시 하나의 결집되고 기율이 선 내각의 존재가 앞으로 곧 선출될 의회와의 대결에서 필수불가결의 전제 조건이라고 확신했던 것이다.

위테는 내각에 유능한 관리들이 포함되는 것이 바람직하지만 적어도 사회적으로 존경받는 인사들이 함께 포함될 때 그 내각은 좀더 큰 영향력을 지닌다고 생각했다. 그래서 그는 젬스트보의 지도자인 시포프, 저명한 기업인인 알렉산드르 구츠코프Alexandr Guchkov, 최근에 별세한 모스크바 대학교 총장 세르게이 트루베츠코이의 형제이며 철학 교수인 에브게니 트루베츠코이Evgeni Trubetskoi 등을 비롯한 사회적 명망가들과 만났다. 그들은 대체로 자유주의적 보수주의자들로, 반대파들이나 관료들과도 사이가 괜찮았다. 총리 대신이 이처럼 차리를 제쳐놓고 대신들을 고르는 일은 제정 러시아의 역사에서 처음이었다.

일주일 동안 계속된 교섭은 성사되지 않았다. 그들은 위테가 내무부 대신으로 내정한 표트르 두르노포Pyotr Durnovo와 함께 일할 수 없다는 이유를 내세웠다. 두르노포는 오랫동안 경찰 분야에서 경력을 쌓아왔기에 이 시점에서 불신을 받게 됐던 것이다. 게다가 그는 자신의 정부(情婦)가 개입된 추문에 연루된 일이 있었다. 그러나 위테는 현재의 상황에서 두르노포가 꼭 필요하다고 여겼다. 나라 전체가 사실상의 내란 상태에 빠진 마당에 질서 회복에 연관된 공안 행정 경험의, 특히 정보 행정 경험의 소유자가 내무부 대신으로 내각에 참여해야 한다는 판단이었다. 그러나 위테가 바라는 사회적 명망가들은 두르노포와는 함께 일할 수 없다는 조건을 조금도 양보하지 않았다. 따지고 보면, 위테가 느꼈듯이, 그들은 처음부터 위테 내각에 참여할 뜻이 없었고 그래서 두르노포를 구실 삼았던 것이다. 그들은 우선 위테 내각이 반대 세력들을 결코 무마하지 못할 것이며 그렇게 되면 거기에 참여한 자신들의 명성만 떨어질 것이라고 계산했다. 그들은 또 신변의 안전에 대해서도 자신을 갖지 못했다. 위테가 개탄했듯이, 그들은 대체로 테러리스트들의 폭탄 세례를 두려워하면서 "위험한 곳으로부터 될 수 있는 대로 멀리 떨어져 있자"[6]라고 생각했던 것이다.

그렇기 때문에 위테의 조각은 저명한 사회적 명망가들이 배제된 채 끝나게 됐다. 그러나 그는 이 내각을 중심으로 새롭게 국정을 이끌고자 했다. 지방의 총독들과 지사들, 그리고 군사령관들로 하여금 자신에게 매일같이 보고서를 제출하도록 지시했으며, 내각에 신문국을 신설해 자신에게 유리한 기사들이 보도되도록 조처했다. 니콜라이 2세와 황실의 측근들은 위테의 이러한 일들을 싫어했다. 그들은 위테가 위기를 이용해 자신의 개인적 힘을 키우려 한다고 의심하기조차 했다. 니콜라이 2세가 위테를 얼마나 믿지 않았던가는 그가 어머니에게 보낸 편지에서 위테를 "외국의 유태인들이나 신용하는 변덕쟁이"[7]라고 표현한 데서 부분적으로 엿보인다.

10월 선언을 싫어한 차리와 총리. 위테는 곧 10월 선언의 집행에 들어갔다. 그러나 "나는 10월 선언을 생각만 해도 짜증이 난다"고 말할 정도로 10월 선언을 싫어한 니콜라이 2세처럼, 위테 역시 "나는 머릿속에서는 헌법을 생각하지만 가슴속에서는 그것에 침을 뱉는다"[8]고 공언할 정도로 10월 선언을 싫어했다. 위테가 10월 선언의 건의자였고 기초자였음에 틀림없지만 그는 그것만이 제정을 심각한 위기로부터 구할 것이라고 계산했을 뿐이었다. 그렇기 때문에 그들은 10월 선언으로부터 후퇴할 기회를 엿보기 시작했다. 그리고 그 기회를 반대 세력들의 반응에서 찾고자 했다.

각 정당의 반응. 우선 입헌주의자들의 반응을 보자. 그때 입헌주의자들은 러시아말로 카데츠Kadets라고 불렸다. 영어의 콘스티투셔널 데모크라츠Constitutional Democrats에 상응하는 러시아어의 머릿글자 카Kah와 데Deh를 따고 그것을 복수로 표시한 말이 카데츠였다. 이들은 '인민의 자유를 위한 정당'을 1905년 10월 하순에 창당했는데, 이 당을 흔히 입헌민주당이라고 불렀다. 이 당은 두 파로 나뉘었다. 10월 선언을 지지하는 자유주의적 보수주의자들로 구성된 10월파, 그리고 10월 선언을 지지하면서도 좌경한 과격주의자들로 구성된 밀류코프파가 그것이었다.

사회혁명당 역시 두 파로 나뉘었다. 10월 선언을 받아들이는 가운데 그 틀 안에서 개혁을 추구하려는 온건파, 곧 '인민주의적 사회주의자들,' 그리고 그 이상의 사회 혁명을 추진하고자 하는 좌파가 그것이었다. 좌파는 토지의 전면 국유화와 재분배를 요구했다.

그러면 사회민주당은 어떤 입장이었나? 멘셰비키든 볼셰비키든 사회민주당원들은 모두 10월 선언을 받아들이기를 거부했다. 그들은 10월 선언은 혁명을 좌절시키기 위한 고식책이라고 비판하고 두마의 선출을 위해 실시될 선거를 거부하기로 하는 한편 더 큰 사회 혁명을 요구했다. 소비에트도 비판적이었다. 그들은 토지의 분배, 1일 8시간 노동제, 검열제의 폐지, 언론과 집회의 자유의 보장 등을 요구했다.

3. 트로츠키가 두각을 나타내다

레닌과 대조된 트로츠키. 이렇게 반대 세력들이 분열된 상황에서, 위테는 언론·출판·집회·결사 등의 몇몇 분야에서 부분적으로 자유를 주기 시작했다. 이에 따라 11월말까지는 '자유의 날들'이라고 불렸다. 그러나 다른 한편으로 그 자유들이 제대로 실현되지 않아 '교착의 날들'이라고 불릴 수 있었던 이 시기에 상트 페테르부르크 소비에트 부의장 트로츠키가 두각을 나타내게 됐다.

10월 선언 이후 파업은 곧 멈추어졌으나 파업위원회는 그 기능을 중지하지 않고 있었다. 또 헌법과 모든 종류의 자유는 약속됐으나, 전제 정치, 경찰, 감옥, 검열은 그 기능을 계속하고 있었다. 이 상반되는 상황을 트로츠키는 위테의 역할과 그리고 경찰을 장악한 두르노포 및 트레포프의 역할을 대조해가면서 『이즈베스치아』에 다음과 같이 썼다:

> 헌법은 주어졌다. 집회의 자유는 주어졌다. 그러나 집회들은 군대에 의해 포위되어 있다. 언론의 자유는 주어졌다. 그러나 검열은 전과 마찬가지로 존재하고 있다. 지식의 자유는 주어졌다. 그러나 대학교는 군대에 의해 점령되어 있다. 인간의 불가침성은 주어졌다. 그러나 감옥은 투옥된 사람들로 넘쳐흐르고 있다. 위테가 우리에게 주어졌다. 그러나 트레포프가 우리에게 남아 있다. 헌법이 주어졌다. 그러나 전제제는 남아 있다. 모든 것이 주어졌으며 동시에 아무것도 주어지지 않았다. 〔……〕 프롤레타리아트는 경찰 불한당 트레포프도 바라지 않으며 자유주의적 중개상 위테도 원하지 않는다. 프롤레타리아트는 늑대의 입도 바라지 않으며 여우의 꼬리도 바라지 않는다. 프롤레타리아트는 헌법으로 보장된 채찍을 바라지 않는 것이다.[9]

이처럼 문제의 본질을 정확하면서도 재빠르게 파악하면서 차리즘을 격정적으로 공격하는 26세의 트로츠키는 모든 혁명가들의 관심의 초점이 됐다. 정말 그는 레닌과는 너무나 대조됐다. 피셔는 다음과 같이 재치 있게 쓰고 있다:

> 이 시기에 트로츠키는 일차적으로 대중 매력형의 인간이었으며, 레닌은 일차적으로 조직형의 인간이었다. 트로츠키는 무대를 필요로 했으며, 레닌은 〔일을 할 수 있는〕 직위를 필요로 했다. 트로츠키는 추종자를 바랐으며, 레닌은 열심히 일하며 복종적인 집행부를 원했다. 당은 트로츠키에게는 거의 아무것도 의미하지 않았다. 그는 무리 밖에서 뛰는 외로운 늑대의 역할을 좋아했다. 그 자신을 어느 한 단체에 복종시키지도 않고, 또한 혀와 펜의 힘에 의한 것이 아니고는 어느 한 단체를 자신에게 복종시키고

싫어하지도 않았다. 반면에 레닌은 그 밖의 사회주의 정당들에 대한 자신의 당의 지배권을 열렬히 추구했다.[10]

트로츠키가 대중을 웅변으로 움직이다. 확실히 1905년의 혁명적 상황은 트로츠키에게 적합했다. 정말 이 시기에 가장 존경할 만한 문서들을 그 순간순간에 재빨리 써내고 가장 감동적인 연설을 해서 대중을 움직인 혁명가는 다름아닌 트로츠키였다. 만화경 같은 변화에 직면하여 소비에트를 이끌어온 그 신속한 판단들의 대부분은 그에 의해 내려진 것이었다. 그래서 이 바닷제비, 곧 '나타나기만 하면 재수 없는 사람'이라는 뜻의 그가 소비에트의 탁월한 지도적 인물이 된 것이 확실해짐에 따라 그에 대한 볼셰비키의 태도는 바뀌어갔다.

멘셰비키의 일간지 『나찰로』의 제1호가 발간됐을 때, 볼셰비키 기관지 『노바야 지즌』은 "우리는 투쟁의 동지를 환영한다. 『나찰로』 제1호는 트로츠키 동지에 의해 씌어진 10월 파업에 대한 뛰어난 서술로 이름 높다"고 썼다. 그리고 루나차르스키는 그의 회고록에서 "어떤 사람이 '후르스탈레프의 별은 지고 있다. 오늘날 소비에트의 강자(强者)는 트로츠키이다'라고 말했을 때, 레닌은 '트로츠키는 그의 지칠 줄 모르며 뚜렷한 활동에 의해 그것을 얻은 것'이라고 답변했다"고 썼다. 레닌은 앞에서 인용한 트로츠키의 『이즈베스치아』 논설을 놀라운 명확성을 가진 분석이었다고 칭찬했다.

그러나 총파업은 무한정으로 계속될 수가 없었다. 기껏해야 그것은 정부를 마비시킬 수 있을 뿐이었다. 그것이 무장 봉기로 발전되지 않는 한, 총파업은 정부를 전복시킬 수는 없었다. 반면 물가는 오르고 식품은 점점 귀해지며 임금 지불은 정지됐기 때문에 파업에 가담한 사람들도 고통을 겪게 마련이었다. 그리고 사람이 언제나 정열만으로 살 수 있는 것도 아니었다.

우리가 이미 보았듯이, 10월 선언은 온건층에 속하는 상당수의 국민들을 파업에 참여한 노동자들로부터 떨어뜨려내도록 계산된 것이었다. 이런 뜻에서 10월 선언은 그 목표를 달성했다. 노동자들도 자신들의 투쟁

의 대가로 자유를 획득했다는 즐거운 환상을 갖게 됐다. 트로츠키를 포
함한 소비에트 지도자들이 '헌법에 싸여 있는 채찍'을 깨닫도록 설득했
으나 효과가 거의 없었다. 10월 선언의 발표를 환영하는 수만 명의 군중
들이 소비에트 집회가 열렸던 건물 앞에 모여들었을 때 트로츠키가 발코
니에 올라가서 10월 선언의 기만성에 대해 극적인 제스처를 써가면서 이
에 속지 말도록 연설을 하고 그들이 보는 앞에서 10월 선언문을 찢어버
렸을 때 군중은 크게 격앙되어 그에게 찬사를 보내기는 했다. 그러나 파
업에 대한 열의는 식어가고 있었다.

레닌이 트로츠키의 활약에서 배우다. 우리는 앞장에서 레닌이 귀국을 결
심했음을 보았다. 그는 10월 선언 직후에 크루프스카야와 함께 상트 페
테르부르크로 돌아왔으며, "수도 최고의 명사가 된 투지만만한 트로츠키
가 멋없는 차리와 잠시 권세를 다툴 만한 지위에 올라서 있음"[11]을 볼 수
있었다. 레닌은 자신의 옛 제자가 성장해서 이제는 자기가 그의 가르침
을 받아야 할 뿐만 아니라 자기를 가르치게 됐다는 것을 기꺼이 인정했
다. 월프가 재치 있게 표현했듯이, 정말 1905년에는 제자가 스승으로부
터 배우게 되기보다는 스승이 제자로부터 배우게 되는 것이 더 많았다.
레닌은 그러나 12월의 총파업 때 다른 볼셰비키 지도자들과 함께 핀란드
탬머포르즈Tammerfors로 가서 볼셰비키 회의를 주재한다.

4. 소비에트가 정부에 도전하다

소비에트가 전략을 바꾸다.[12] 파업을 중지하는 대신 소비에트는 10월 선
언에서 약속된 자유들의 획득으로 그 투쟁의 목표를 바꾸었다. 그들의
첫번째 목표는 특사였다. 이를 위해 소비에트는 위원회를 조직하고 그
위원회의 주도 아래 노동자들의 시위 행렬을 조직했다. 그래서 진홍색의
깃발을 내걸고 무장하지 않은 한 무리의 시위대가 형무소에 갇힌 정치범
들의 특사를 요구하면서 전시가를 돌았다. 그리고는 형무소로 향했다.
그러나 트레포프는 경찰들을 완전히 무장시켜 시내의 모든 형무소들 앞

에 배치시켰다. 반면에 위테 총리는 니콜라이 2세에게 특사령을 내림으로써 노동자들과의 제2의 유혈 충돌을 방지해야 한다는 것을 역설했다. 니콜라이 2세는 결국 위테의 판단을 따랐다. 그래서 대결 한걸음 직전에 차리의 특사령이 시위 대열 앞에 발표됐다. 트레포프와 시위 대열 사이의 불균형적인 힘의 대결은 일단 미루어진 것이다.

소비에트의 다음 목표는 출판의 자유였다. 그리고 이것을 획득하기 위해 인쇄공들을 앞세워 다시 행동에 들어갔다. 우선 그들은 정부의 검열을 완전히 무시해버렸다. 그리고 자신들 스스로가 일종의 역(逆) 검열 기준을 세워 소비에트를 공격하는 따위의 문서 또는 폴란드인, 아르메니아인, 유태인 들의 학살을 권장하는 따위의 문서 등의 인쇄를 거부했다. 그들의 인쇄 거부는 여기서 멈추지 않았다. 그들은 자유주의적인 젬스트보 의회의 정치 선언문의 인쇄마저 거부하기로 결정한 것이다. 그 이유는 젬스트보 의원들의 대다수가 10월 선언을 환영했으며 더 이상의 무질서에 반대하는 선언서를 채택했기 때문이었다.

이러한 행동과 조처를 구상하고 추진해온 주동자는 트로츠키였다. 그는 이렇게 말했다: "반동적인 그리고 자유주의적인 허위 선전을 인쇄하기를 거부한 경우 그들은 출판의 자유를 침해한 것이 아니다." 여기서 우리는 뒷날 소비에트 독재 체제 아래서 나타나게 될 검열제의 싹을 본다. 소비에트 체제는 반동적 또는 자유주의적 허위 선전이라는 애매모호한 이유로 언론과 출판을 철저히 통제했기 때문이다. 트로츠키의 저술들도 뒷날 이 이유로 소련에서 금서가 된다.

인쇄공들의 동맹이 그 다음에 투쟁 목표로 세운 것은, 정부의 검열 당국에 사본을 제출한 신문은 어떤 경우에도 더 이상 인쇄하지 않겠다는 것이었다. 신문사 사장들이 이 선언을 환영하고 나섰다. 그들은 인쇄공들의 인쇄 거부를 빙자해서 검열을 회피할 수 있다고 생각했기 때문이다. 보수계 신문을 포함한 모든 신문들이 이 신문은 정부 검열 당국에 그 사본을 제출한 일이 없다는 것을 1면에 실었다. 그리고 당국의 비위를 건드릴 수 있는 문제에 대해서는 모든 신문이 똑같은 표현으로 활자화하며 그것 때문에 만일 어느 한 신문이 정간 조처를 받으면 나머지 신문들도 모두 자진 정간한다는 데 동의했다. 정부는 이것을 앉아서 보고 있을 수밖에 없었다. 소비에트는 직접적인 행동으로 10월 선언에서 약속된 언론과 출판의 자유를 확보하는 데 성공한 것이다. 그때로부터 약 6주 동안 러시아의 신문들은 그 역사에서 가장 큰 자유를 맛볼 수 있었다. 그리고 그 자유는 1917년의 2월 혁명과 10월 혁명 사이의 8개월 동안을 빼놓으면 러시아에서 마지막 언론과 출판의 자유였다.

소비에트의 다음 목표는 8시간 노동제였다. 그런데 이 목표를 위한 투쟁의 개시는 소비에트 지도층에 의해 취해진 것이 아니라 노동자들에 의해 취해진 것이다. 지도층은 오히려 퍽 망설였다. 그러나 10월의 파업 때와는 달리 8시간 노동제에 대해 고용주들은 협조적이지 않았다. 고용주들에게 8시간 노동제의 요구란 자유가 아니라 방종이었던 것으로, 노동자들이 이제 자유의 선을 넘어 방종의 쪽으로 가는 것으로 비쳤던 것이다. 이제 고용주들은 자신들이 국가 또는 국가 기관과 같은 입장에 있다고 느끼기 시작했다. 위테야말로 바로 공업화의 추진자가 아니었는가. 소비에트가 지정한 날인 10월 31일에 노동자들은 일제히 8시간의 노동이 끝난 그 시간에 일손을 멈추고 공장에서 나왔다. 그들은 출근 시간인 오전 6시 45분에 공장에 나와서 30분 동안의 점심 시간을 가진 뒤 오후 3시 15분에 공장에서 나왔다. 프랑스 혁명의 노래 「라 마르세예즈」를 부르면서, 그리고 머뭇거리는 동료들을 이끌어내면서 공장에서 나온 것이다.

노동자들의 투쟁이 한계에 직면하다.[13] 노동자들에 맞서 고용주들도 조합을 만들기 시작했다. 주로 큰 기업들과 국가 기관들이 이것을 이끌었다. 그리고 그들은 8시간 노동제를 고집하는 노동자들을 해고하겠다는 게시문을 써붙였다. 이제 차리에 대항하는 모든 인민들의 단결은 종지부를 찍었으며, 고용주들과 노동자들의 대결이 시작된 것이다. 그러나 이 대결은 새로운 국면이 전개됨에 따라 일단 뒤로 미루어졌다. 그것은 차리 정부의 폴란드에 대한 포위 상태령의 공포, 그리고 수도를 수비하는 데 가장 중요한 항구이며 요새인 크론슈타트의 해군 사병들과 선원들의 반란이었다. 크론슈타트의 반란은 곧 진압됐으며 주동자들은 모두 현지의 긴급 군법회의에 회부됐다. 그러자 소비에트는 '인민의 감옥소'인 폴란드에서 사는 민족들과의 단결 의식을 표시하고 또 반란 병사들과 반란 시민들에 대한 공감을 표시하기 위해 총파업을 일으키기로 결의하고 11월 2일을 총파업의 날로 지정했다. 노동자들의 호응은 즉각적이었으며 놀라울 정도의 행동 통일을 보여주었다. 그러나 고용주들은 적대감을 노골적으로 표시했다. 따라서 정부는 공포감을 덜 느꼈다. 정부에게는 다행히도 경제의 마비가 전보다 덜했다.

이에 따라 소비에트 집행위원회는 11월 4일에 9 대 6의 표결로 파업의 중지를 결의했다. 그러나 소비에트 전체 회의는 이 중지안을 부결시켰다. 그렇지만 파업은 퇴조해가고 있음이 명백해졌으며 따라서 전체 회의도 11월 7일을 기해 파업을 중지하기로 결의했다. 파업은 실제로 그 날짜로 중지됐다. 그러나 소비에트도 적지 않은 것을 얻어냈다. 크론슈타트 반란자들은 현지의 긴급 군법회의로부터 정규 군법회의로 이송됐으며 폴란드에 대한 포위 상태령은 취소됐다. 레닌이 적절히 표현했듯이, 차리즘은 더 이상 혁명을 억압할 수 없었다. 그러나 양자는 대결의 날을 위해 준비를 계속하고 있었다.

노동자들은 다시 공장으로 돌아왔다. 그러나 그들은 미해결로 남은 8시간 노동제의 문제에 다시 부딪혔다. 그렇지만 이번에는 노동자들이 즉각적인 행동에 들어가기가 어려웠다. 우선 봉급을 받지 못한 채 다시 파업에 들어갈 수 있을 만큼 넉넉하지 못했다. 그들은 늘 기아 임금에 시달렸기에 그들의 가족들은 봉급 없는 파업을 두려워하고 있었다. 게다가 노동자들은 다른 계층으로부터 점차 고립되어가고 있었다. 특히 중산층은 노동자들에 대한 동조감을 거의 잃고 있었다. 그러나 노동자들은 자신들의 행동이 병사들에게 좋은 인상을 남겨주었으며 이들과의 제휴가 가능하다고 느끼게 됐다. 노동자들은 자신들이 무력에 의존하게 되는 경우 현재의 교착 상태는 깨어질 수 있다고까지 믿게 된 것이다.

정부가 폭력배를 동원하다.[14] 이 같은 불확실성 속에서 황실 세력이 게을리 지내지는 않았다. 차리가 헌법을 약속한 바로 그날, 그들은 차리즘을 수호하기 위해 단결하기 시작했다. 그리고 차리즘 수호의 가장 효과적인 대처 방안으로 초법적인 군대를 조직했다. 그 군대는 민중의 반란을 진압하는 것을 목적으로 하는 일종의 특공대 같은 것이었으며, 1920년대에 독일과 이탈리아에서 나타나는 정치 폭력 군대, 곧 '검은 셔츠대'와 '갈색 셔츠대' 및 '폭풍 군대' 따위의 전신이 된다. 윌프의 재치 있는 표현으로는, 신성(神聖) 러시아의 깃발 아래 가장 신성하지 못한 패거리들이 집결됐다. 그들은 주로 전과자·불량배·깡패·파산자·불평 불만자 들이었다. 전과자들은 경찰의 위협에 의해, 파산한 상인들은 자신들의 파산이 노동자들의 파업과 8시간 노동제 때문이었다는 선동에 의해, 불량배나 깡패들은 주먹을 휘두르고 남의 재산을 빼앗을 수 있다는 유혹에 의해 여기에 참여한 것이다.

실제로 이 군대는 경찰의 비호를 받았다. 이들은 약탈과 강간은 물론 살인과 행패의 특권이 주어졌으며, 이들을 격동시키기 위한 수단으로 술이 거의 무진장하게 공급됐다. 또 이들에게는 일종의 민족주의적이고 종교적인 교조가 심어졌다. 예컨대, 러시아가 일본에 패배한 것은 러시아의 사회주의자들이 일본에 매수됐기 때문이며 일본은 유태인에 의해 매수된 것이라는 가르침을 받았다. 거기서 한걸음 더 나아가 이들은 그 같은 내용의 전단을 만들어 러시아 대중들 사이에 뿌리고 다녔다. "만일 차리가 유태인과 폴란드인에게서만 벗어날 수 있다면 러시아의 모든 토지를 농민들에게 나누어줄 것이다"라든가 "러시아의 인민들에게 처음 기독교를 도입해준 성 블라디미르는 조국이 폴란드인과 유태인에 의해 더럽혀졌기 때문에 울고 있다"는 따위의 전단을 뿌린 것이다. 이 전단은 이런 문구도 담고 있었다: "이 전단을 받은 사람은 엿새 안에 세 통의 사본을 만들어 이웃 마을에 보내라. 이 명령을 따르지 않는 사람은 중대한 병과 가난에 빠질 것이다. 그러나 세 통 이상 보내는 사람은 불치의 질병으로부터 치유될 것이다."[15]

이들은 '러시아 인민의 동맹'과 '러시아 국토의 동맹' 및 '러시아 정교위원회' 등의 조직들로 나누어져 있었다. 이들 가운데 러시아 정교위원회는 일종의 종교적 파시스트 조직으로 정신적 지도자는 에블로기 Evlogi 신부였다. 그는 뒷날 파리에 있는 러시아 정교 교회의 신부가 되며, 스탈린이 권력의 자리에 오른 뒤 스탈린을 위한 미사를 집전하곤 한다. 결론적으로, 이 시기의 이러한 움직임을 소련 당국이 만든 『소련의 역사』는 다음과 같이 쓰고 있다: "경찰이 고취시킨 반(反)유태인적 집단학살, 혁명가들에 대한 암살, 그리고 다른 행동들이 시작됐다. 〔……〕 깡패 집단이 반동 분자들의 보호 아래 형성됐다. 그들은 가장 후진적인 도시들의 범죄인들과 부랑자들을 끌어들인 것이다. 이 깡패들의 도움으로 반동 분자들은 '차리와 인민이 한 몸'임을 입증시키려고 했다."[16]

노동자들이 자위 조처를 취하다. 노동자들은 곧 이와 맞서 싸울 무장단을 조직했다. 필요한 자금은 여기저기서 모금됐는데 많은 고용주들도 헌금했다. 그들은 또 사냥 용구점을 습격해 장총과 권총 등을 빼앗았으며, 혼자 있는 경찰을 보면 그로부터 총을 빼앗았다.

10월 29일에, 노동자들을 학살할 것이라는 풍문이 나돌았다. 그러자 무장을 해야 한다는 절박감이 상트 페테르부르크의 모든 노동자들을 사로잡았다. 공장에서 그들은 단도로부터 시작해 창과 쇠몽둥이 및 쇠채찍 등을 만들어냈다. 정부 보고에 따르면, 이때로부터 몇 주 사이에 약 6,000명의 상트 페테르부르크 노동자들이 여러 가지 잡다한 무기들로 무장했으며, 그들 가운데 약 300명이 좀더 나은 무기로 무장을 해서 하나의 전투단을 형성하고 노동자들의 집회들과 노동자들의 숙소들을 순찰했다. 모스크바의 노동자들도 자체 무장에 들어갔다. 12월까지 수백 명의 노동자들이 무장을 끝냈는데, 이들은 앞으로 두려우면서 영웅적인 역할을 하게 된다.

정부가 소비에트 간부들을 체포하다. 11월 26일에 정부는 이제 공세를 취할 단계라고 느끼고 상트 페테르부르크 소비에트의 의장인 후르스탈레프를 체포했다. 그러자 소비에트는 트로츠키와 브베덴스키 Vvedenski 및 즐리드네프 Zlydnev 세 사람으로 임시 상임위원회를 구성하고 무장 봉기를 위한 준비를 계속할 것을 결의했다. 파르부스는 재정 선언서를 기초했는데 이것은 소비에트와 농민 동맹 및 사회주의 정당들의 연명으로 발표됐다. 이 선언서는 러시아 국민들에게 정부에 내야 할 것을 한푼도 내지 말 것, 모든 봉급을 금으로 달라고 요구할 것, 은행에서 모든 예금을 금으로 지불해달라고 요구하면서 인출할 것 등을 실천하도록 요구했다.

이 선언서는 동시에 정부가 전체 인민에 대해 공개적 전쟁을 수행하는 한 정부의 외채를 한푼도 인정할 수 없다고 외국에 경고했다.[17]

8개의 신문들이 이 재정 선언서를 활자화했고, 정부에 의해 정간됐다. 그러나 다음날 100개의 신문들이 재정 선언서를 활자화했다. 사람들은 은행으로 몰려들어 예금액을 지불해달라고 아우성쳤다. 해외에서는 러시아 정부에 대한 차관 공여가 크게 떨어졌다. 정부는 12월 3일에 소비에트 집행위원회 전체를 체포함으로써 이에 맞섰다. 체포 직전, 소비에트 집행위원회는 트로츠키의 사회 아래 새로운 총파업을 결의했다.

1905년 한 해에 러시아에서 파업에 참가한 노동자의 수는 정부의 추산으로는 약 2,800,000명에 이르렀다. 이 수는 러시아의 전체 공장 노동자가 한 번 이상 파업에 참여했음을 의미하는 것으로, 1905년에 전세계를 통해 파업 노동자의 수가 가장 많았던 나라는 분명히 러시아였다. 그러나 이제 노동자들은 지쳐 있었다. 게다가 노동자들의 지도층은 이번의 파업은 결국 무장 봉기로 끝나든가 아니면 아예 수행되어서는 안 된다는 점을 잘 알고 있었다. 그들은 자신들의 무기가 너무나 빈약하며 이번에는 무력으로 맞설 정부의 공격에 대한 준비가 부족하다는 것을 깊이 깨닫고 있었다.

모스크바 노동자들의 총파업이 탄압되다.[18] 상트 페테르부르크보다 좀 후진적인 모스크바의 노동자들은 파업에 호응했다. 그리고 철도원들도 파업에 참여했다. 그러나, 중요하게, 이번에는 상트 페테르부르크로부터 모스크바 사이의 철도가 끊어지지 않았다. 전러시아 총파업의 한 부분으로 계획된 모스크바 총파업은 평화롭게 시작됐다. 모스크바 소비에트의 지도부는 좀 주저했었지만 노동자들의 움직임에 이끌려 파업을 결정한 것이었다. 그러나 총파업이 시작된 바로 그날 볼셰비키의 연합 소비에트 사무실에 묵고 있던 지도자들은 체포되고 말았다. 따라서 총파업은 2급 지도자들에 의해 이끌어졌다. 이때 전국적인 볼셰비키 지도자들은 핀란드의 탬머포르즈에서 레닌의 주재로 회의를 소집하고 있었다.

어떻든 총파업을 시작한 모스크바의 지도자들은 처음 며칠 동안 모스크바에 주둔하는 병사들을 끌어들이려는 시도를 몇 차례 벌였다. 그때 모스크바 수비대의 병사들 사이에는 정부에 대한 불만이 감돌고 또 병사들은 물론 장교들 가운데서도 노동자들의 집회에 나타나 노동자들에 대한 자신들의 지지를 표명하는 경우도 있었기 때문이었다. 아닌게아니라 한 연대가 「라 마르세예즈」를 부르며 병영을 막 떠났다. 그러나 곧 그 연대는 포위돼 병영으로 되돌아갔으며 무장을 해제당했다. 그들에게는 보드카가 주어졌으며, 여러 가지 약속과 양보가 주어졌다. 그러던 가운데 군대에 대한 총격이 있었다. 이것은 아마도 군인들을 격동시키기 위해 군부대 안의 어떤 선동적인 그룹이 의도적으로 발사한 것으로 보인다. 군인들은 노동자들과 맞서 싸우게 됐다. 그러자 노동자들은 바리케이드를 쌓기 시작했다. 그러나 그 바리케이드의 뒤에는 거의 무장이 되지 않은 노동자들이 있었을 뿐이었다. 약 100,000명의 정규군에 맞선 이들에게 무기라고는 권총 2백 자루와 사냥총 수백 자루뿐이었다. 바리케이드라야 별것 아니어서 기병대의 진격을 막아내는 정도에 지나지 않았다. 그러나 모스크바 시민들의 대다수가 이들을 도왔다. 음식을 날라주고 정보를 제공해주었으며 환자를 치료해주었다. 바리케이드를 쌓는 일도 도왔는데, 이들 가운데는 이름 있는 시민들도 꽤 있었다.

당시 모스크바 수비대장은 두바소프 Dubassov 제독이었다. 그는 두르노프와 트레포프의 추종자로 다른 지역의 소탕 원정으로부터 이 모스크바에 전출된 지 얼마 되지 않았다. 그는 자신의 군대를 노동자들과의 전투에 투입하기를 두려워했다. 그들의 3분의 2는 믿을 만한 존재가 되지 못했기에 병영에 감금시켜놓다시피 했다. 이러한 조건 아래 그 나머지로써 노동자들의 총파업을 분쇄하기란 어렵다고 느꼈다. 그래서 그는 두 차례나 상트 페테르부르크에 원군을 요청했다. 정부는 상트 페테르부르크와 모스크바 사이의 철도를 수비하는 정예 부대인 세메네프스키 Semenevsky 수비 연대와 또 하나의 정예 부대인 발틱 지역 수비 연대를 보냈다.

이 지원군의 도착을 보고서야 그는 노동자들에 대한 공세를 결정했다. 12월 14일에 드디어 그는 노동자들에 대한 발포를 명령했고 노동자들을 노동자들이 많이 모여 사는 프레스니야 Presnya 지구로 몰아넣었다. 그 다음 사흘 동안 그는 이 지역에 대해 무차별 포격을 가했다. 공장은 파괴되고 집들은 불 속에 싸였으며 남녀노소 할 것 없이 모두가 죽었다. 얼마나 많은 사람들이 사상했는지는 분명하지 않다. 그러나 약 1,000명이 사상된 것으로 알려졌는데 이 가운데는 약 100명의 군경과 86명의 어린이가 포함됐다.

12월 18일에 소탕 특별 부대가 그 사이의 경과를 검토하기 위해 프레스니야 지구를 돌아보았다. 그리고 무장한 노동자 전사들의 대부분은 탈주했다는 것을 알아냈다. 화가 난 이들은 비전투 시민들에게 복수의 총탄을 퍼부었다. 차리에게 청원하는 신민들에게 발포하는 것으로 시작된 1905년은 이처럼 신민들에 대한 또 한차례의 발포로 끝났다. 이제 어느 신민도 10월 선언의 진실성을 믿지 않게 됐으며 위테 총리를 불신하게 됐다. 이 시기의 상황에 대해『소련의 역사』는 다음과 같이 썼다:

12월 9일에 군대는 파업자들에게 여러 차례의 공격을 가했다. 다음날 바리케이드가 모스크바 시의 상당한 부분에 세워졌으며, 인민들은 소탕 군대에 대항하여 영웅적인 투쟁을 수행했다. 〔……〕 수천 명의 무장 노동자들이 수천 명의 모스크바 시민들의 지원을 받으며 자신들의 지역을 방어했다. 세메네프스키 수비 연대가 급작스레 상트 페테르부르크로 호출됐다. 이 연대의 도움을 받음으로써 소탕 군대는 겨우 반란의 마지막 중심인 영웅적 프레스니야를 약화시킬 수 있었다. 이 프레스니야 지구는 러시아 프롤레타리아트의 해방 투쟁의 역사에서 크라스나야 프레스니야, 곧 붉은 프레스니야로 알려져 있다.[19]

5. 트로츠키의 '왕복 여행'

당당했던 트로츠키의 법정 태도.[20] 소비에트 집행위원회에 대한 습격은 300명의 체포를 가져왔다. 그들 가운데 가장 탁월한 인물은 물론 소비에트의 마지막 의장 트로츠키였다. 체포된 사람들 가운데 볼셰비키가 한

명도 없었다는 것은 볼셰비키의 큰 약점이라고 할 수 있을 것이다. 이들을 체포한 직후 법무부 대신은 노동자들의 거센 반발이 일어날 것으로 예상하고 이것을 둔화시키기 위해 체포된 사람들은 재판에 회부될 것이 아니라 순전한 예비 검속으로 체포됐을 뿐이라고 설명했다. 그러다가 상트 페테르부르크의 파업이 실패하고 모스크바의 무장 노동자들이 진압됐다고 판단되자, 정부는 그들의 처형을 서둘렀다. 그러나, 우리가 다음 장에서 보게 되듯, 1906년 4월에 러시아 최초의 민선 의회인 두마가 소집되면서 이들에 대한 특사 요구가 제기되며, 결국 정식 재판이 열릴 때까지 이들은 처형과 자유 사이를 오락가락하게 된다.

이들을 재판하기 위한 특별 고등법원이 1906년 6월에 중세식으로 세워졌다. 관례에 따라 각 등족(等族)의 대표들도 참석했으며 각계 각층의 대표 약 200명이 증인으로 나왔다. 그런데 증인들 가운데는 피고인들을 비난하는 것이 아니라 오히려 위테 총리를 비난하고 정부를 비판하면서 프롤레타리아트가 들고일어나 이 피고인들을 석방시키고 검찰관들을 재판해야 한다고 주장하는 증인들도 나타났다. 증인들에게는 법정에서의 발언에 관한 한 모든 것이 허용됐던 것이다. 트로츠키의 법정 태도는 참으로 당당했다. 그는 사회민주당의 견해를 옹호하고 차리즘을 통렬히 비판하는 소신을 감추지 않고 뛰어난 웅변으로 설파했다. 이 점에 대해 윌슨은 "공판 때 트로츠키는 〔독일 사회주의자〕 라살처럼 멋있게 일장 연설을 해 피고인이라기보다 원고 행세를 했다"[21]고 썼다. 그의 법정 진술의 핵심 부분은 다음과 같다:

파업은 수십만 명의 노동자들을 공장 밖으로 내몰았으며 그들을 정치 생활에 눈뜨게 했다. 누가 이들 군중의 지도력을 수행할 수 있었을 것인가? 경찰? 헌병? 또는 비밀 경찰? 〔……〕 바로 노동자 대표들의 소비에트만 그것을 할 수 있었다. 〔……〕 그와 같은 상황에서 소비에트는 혁명적 대중의 자치 기관, 국가 권력의 기관 이상도 이하도 아니었다. 〔……〕 국가 검찰관이 대표하고 있는 역사적인 힘은 소수의 다수에 대한 조직적인 침해일 뿐이다. 그러나 새로운 힘은 대다수의 조직된 의사를 대표하는

것이다. 〔……〕 이 차이가 소비에트에게 혁명적 생존권을 부여하는 것이다. 〔……〕

그렇다. 재판관들, 그리고 각 등족의 대표들! 우리는 10월 파업의 압력 아래 인민들에게 약속됐던 언론·출판·집회의 자유, 그리고 개인의 불가침권을 사실상 실현했다. 〔……〕 우리의 의견으로는, 어떤 상황 아래서, 봉기는 승리로 이끌어질 수 있을 것인가? 만일 군대가 우리에게 동조한다면! 그래서 무엇보다 군대의 지지가 획득되어지지 않으면 안 됐던 것이다. 〔……〕 그것을 위해 무엇이 필요했던가? 아마도 기관총과 총이었을까? 물론 만일 대중이 기관총과 총을 가졌다면 그들은 엄청난 힘을 갖게될 것이다. 그러나 대중은 많은 무기를 갖지 못했으며 오늘날까지도 갖고 있지 못하다. 〔……〕 그러나 대중의 중요한 무기는 그 무기들에 있는 것이 아니다. 절대로 아니다. 다른 사람들을 죽일 수 있는 대중의 능력에 있는 것이 아니라 대의를 위해 자신이 죽을 용의에 있는 것이다. 재판관 여러분! 인민 봉기의 성공을 보장하는 것은 최종적으로 바로 그것이다. 인민들이 진정으로 피 흘려 싸우고 투쟁을 최후까지 이끌어나갈 준비가 되어 있다고 군인들이 확신하게 될 때, 그들은 모든 혁명가들처럼 깊은 공감을 경험할 것이며 또 경험하지 않으면 안 되는 것이다. 〔……〕

검찰관들은 재판관 당신들에게 노동자 대표들의 소비에트가 노동자들이 현존하는 정부 형태와 맞서 직접적인 투쟁을 하도록 노동자들을 무장시켰다는 것을 인정하라고 요구하고 있다. 만일 당신들이 나에게 그것이 사실이었냐고 묻는다면 나는 그렇다, 사실이다라고 단호하게 대답하겠다.[22]

그가 이 연설을 마쳤을 때 그의 변호인들은 떼지어와서 그를 축하했다. 그의 어머니는 흐느껴 울었다. 그녀는 아들의 명연설에 큰 자부심을 가졌으며 아들이 곧 석방될 것이라고 확신했다. 그러나 그와 그의 14명의 동료들은 시베리아로의 종신 유형을 선고받았다. 다른 두 명은 단기형을 선고받았으며, 300명 가운데 284명은 석방됐다.

트로츠키의 옥중 생활.[23] 시베리아로 유배될 때까지 14개월 동안 그는 체포될 아무런 위험 없이 형무소 감방에서 독서에 몰두하며 시간을 보냈다. 그의 연인 나탈리아의 면회는 1주 2회로 한정됐으나 책의 공급은 무한정 허용됐다. 그는 특히 프랑스 소설을 많이 읽었다. 프랑스 소설에 대한 그의 사랑은 여기서 형성된 것이다. 그는 그뒤 소련의 내전 시기에 군용 열차 속에서, 그리고 소아시아와 프랑스 및 멕시코에서의 망명 생활 중에도 휴식과 즐거움을 위해 프랑스 소설을 읽었다. 그가 마지막 쓴 글은, 『어디에도 없는 것으로부터의 사람들』이란 처녀작을 출판해 그에게 보내준 그때로서는 무명 작가인 폴란드계 청년 장 말라케즈Jean Malaquais에게 보낸 편지였다.

감방에서 트로츠키는 마르크스의 『자본론』 제3권을 탐독하고 마르크스의 지대론(地代論)에 관한 논문을 썼다. 그는 또 소비에트의 역할, 그리고 다음의 러시아 혁명을 이끌 추진 세력에 대한 논문을 쓰기도 했다. 이 논문들은 자신의 영구혁명론의 정당성에 대한 자신의 확신을 옹호하고 심화시키고 강화하기 위해 씌어진 것들이었다. 형무소에서 잃어버린 지대에 관한 논문을 제외한 나머지 논문들은 그가 1909년에 비엔나에서 독일어로 출판하는 『1905년의 해』의 중요한 부분을 이룬다. 1905년의 역사적 사건들에 대한 가장 뛰어난 기록이며 평가인 이 책은 1922년에 소련 정부에 의해 재판이 나오며 여러 외국어로 번역된다. 그러나 레닌이 죽고 트로츠키가 권력 투쟁에서 쫓겨난 뒤 이 책은 금서가 된다.

트로츠키의 유형지는 북극에 가까운 오브도르스크Obdorsk로 결정됐다. 그러나 이곳에서 약 1,000마일 떨어진 지점에서 그는 용의주도한 준비에 따라 핀란드로 탈출할 수 있었다. 여기서 그는 『그곳 그리고 되돌아와서』라는 책을 썼다. 영어로는 『나의 왕복 여행』으로 알려진 이 책의 출간으로 번 돈으로 그는 스톡홀름에 갔다. 그리고 1907년 10월에 나탈리아 및 그녀의 아이와 비엔나에서 합류했다. 그는 1917년에 러시아 혁명이 일어날 때까지 러시아로 돌아가지 않는다.[24]

제18장

입헌주의의 실험과 혁명가들의 전략

월프가 적절히 비유했듯이, 어떻게 보면 1905년에 일어났던 일련의 반체제 운동들은 한때의 폭풍이었다. 폭풍이 몰아쳐서 파고가 높아졌을 때는 다양한 계급들과 그룹들과 파벌들과 기질들이 모두 한 덩어리가 되어 차리즘 체제와 맞서 싸웠다. 그러나 10월 선언의 발표와 더불어 폭풍은 일단 멈춰졌다. 이처럼 폭풍이 멈춰지자 넓은 의미에서의 혁명가들 가운데는 혁명적 열정이 식어든 사람들이 나타나기 시작했다. 그들은 요새는 폭풍에 쉽게 무너지지 않는 법임을 인정하고 좌절하게 됐던 것이다.

실제로 차리 정부는 자체의 힘을 굳혀갔다. 상황이 정부에게 퍽 유리하게 전개됐기 때문이었다. 우선 러일 전쟁의 종결은 정부에게 자신의 국민과의 전쟁에 더 많은 시간을 보낼 수 있도록 해방시켜주었고, 10월 선언의 발표와 그것에 따른 의회의 구성 등은 자유주의자들과 온건파들을 혁명적 사회주의자들로부터 분리시키는 데 크게 이바지했다. 또 상트페테르부르크 소비에트 집행위원회 위원들의 검거와 모스크바 노동자 봉기의 분쇄는 관리들에게 새로운 자신감을 심어주었으며, 특히 위테 총리로 대표되는 온건한 입헌 군주제적 세력보다는 무력에 의존해야 한다는 세력의 입장을 강화시켜주었다. 이 장은 제1대 두마의 개원과 해산에 이르기까지의 시기에 차리즘 체제와 반체제 혁명가들 사이의 결코 끝나지 않는 대결을 살피기로 한다.

1. 헌법을 둘러싸고 논쟁이 벌어지다

'헌법'으로부터 '기본법'으로 바뀌다.[1] 10월 선언은 러시아 국가와 러시아 사회가 자신들을 갈라놓은 긴장을 그 안에서 줄일 수 있는 하나의 틀을 마련해주었다. 10월 선언은 이 목표를 달성하는 데 실패했다. 헌정은 정부와 반대자 모두가 경기의 법칙을 받아들일 때만 제대로 기능할 수 있다. 그러나, 파이프스 교수가 정확히 지적했듯이, 군주도 인텔리겐치아도 그렇게 할 준비가 되어 있지 않았다. 군주도 인텔리겐치아도 새 질서를 장애물, 곧 나라의 진정한 체제로부터의 일탈이라고 보았다. 군주에게는 새 질서가 전제주의로부터의 일탈이었고 인텔리겐치아에게는 새 질서가 민주 공화국으로부터의 일탈이었던 것이다. 그 결과, 다시 파이프스의 표현을 빌리건대, 10월 선언 이후 러시아가 경험하게 되는 입헌주의의 막간극은 성취가 전혀 없지는 않았지만 대체로 낭비였으며, 다시는 주어지지 않을 기회의 일실이었다.

우선 군주의 입장을 살펴보면, 우리가 앞장에서 이미 지적했듯이, 니콜라이 2세는 10월 선언을 실천할 의지가 전혀 없었다. 10월 선언에 서명할 때 니콜라이 2세는 그것이 헌법을 의미한다는 것을 비로소 느꼈다. 그러나 그도 그의 보좌관들도 헌법의 도입은 전제정에 마침표를 찍는 행위라는 사실을 인정할 준비가 지적으로나 심리적으로 되어 있지 않았다. 10월 선언이 앞으로 어떤 법도 국민이 선출한 의회의 동의 없이는 발효할 수 없다고 다짐했지만, 황실은 이 다짐이 헌법적 장전을 수반하리라는 점을 깨닫지 못한 것 같았다. 위테의 회고록에 따르면, 10월 선언의 발표로부터 2개월이 지나서야 그러한 문서가 필요하다는 말이 트레포프 총독의 입에서 나왔던 것이다. 그래서 1906년 4월에 그러한 문서가 마침내 발표됐을 때, 기초자들은 그 문서를 헌법이라고 부르기를 피하고 표트르 대제 이래 전통적으로 써온 용어인 기본법이라고 불렀다.

니콜라이 2세의 태도가 애매모호했다.[2] 니콜라이 2세는 10월 선언이건 기본법이건 그 어느 것도 자신의 전제적 특권들에 영향을 미친다고 생각하지 않았다. 그의 마음으로는 두마가 협의 기구이지 입법 기구가 아니었다. 그래서 그는 "나는 두마의 지시를 받기 위해서가 아니라 두마의 자문을 받기 위해 두마를 만들었다"고 말하곤 했다. 거기서 한걸음 더 나아가 니콜라이 2세는 자신이 자신의 뜻에 따라 두마와 기본법을 러시아에 '부여'한 만큼 자신은 거기에 매일 필요가 없다고 생각했다. 그것을 수호하겠다는 서약을 한 일이 없으므로 자신은 자신의 뜻에 따라 그것을 취소할 수 있다는 논리였다.

왕당파들은 물론 똑같은 생각이었다. 그들은 10월 선언이 교활한 위테가 유태인 후원자들과 공모해 차리를 상대로 벌인 사기였다고 주장했다. 왕당파들에게는 10월 선언이건 기본법이건 불가침의 것이 아니었다. 차리가 그것을 주었으니 차리는 그것을 회수할 수 있다는 논리였다. 이때 왕당파에 속한 사람들은 지주들, 특히 서부 성(省)들의 지주들, 우익 언론인들, 정교의 사제들, 그리고 중류 계급의 사람들 등이었다. 그들의 사상이랄까 신조는 간단했다. 전제주의, 그리고 러시아 사람을 위한 러시아였다. 이것은 점차 열렬한 반(反)유태주의로 단순화됐다. 러시아가 겪고 있는 모든 고통의 원천에는 유태인이 있다는 생각이었다. 그들은 유태인들이 기독교의 적이며 세계 지배를 꿈꾸는 인종이라고 확신했다. 그래서 그들은 이러한 유태인들을 박멸해야 한다고 주장하면서 그렇게 하려면 러시아는 로마노프 왕조를 그대로 유지해야 하고 전제주의의 이상에 충실해야 한다고 니콜라이 2세와 황후를 부추기고자 했다.

다른 한편으로, 보다 더 자유주의적 관리들은 대의적 기구에 제한된 권력을 양보해주는 것을 싫어하지는 않았다. 한 고관에 의하면, 대의 제도는 러시아를 통치하는 데 따르는 책임을 나누게 될 것이며 그러한 장점 때문에 받아들일 만하다는 생각이 관리들 사이에서 "풀처럼 자라고 있었다." 그러한 발상은 독일 황제 빌헬름 2세 Wilhelm Ⅱ가 니콜라이 2세에게 보낸 편지에서도 엿보인다. 그는 "두마를 선출한다는 폐하의 의사 표시는 유럽에 아주 좋은 인상을 주었다"고 말하고, 선출된 의회는 차리에 대한 비판과 불만을 분산시키게 될 것이라고 보았다. 그러나 그러한 발상이 발상대로의 효과를 얻으려면 의회가 자신의 역할을 의전적 기능에 한정시켜야 할 것인데, 의회의 의도는 달랐다. 두마는 우리가 곧 보게 되듯, 선출된 의회로서의 원래의 기능을 충실히 수행하고자 했다. 이러한 격차, 곧 헌정의 현실과 아무것도 바뀐 것이 없다는 황실이나 왕당파의 고집 사이의 명백한 갈등은 여러 가지 당황스럽기도 하고 복잡한 문제들을 만들어낸다.

기본법이 만들어지다.[3] 정부는 기본법을 만들어낼 전문가들에게 서로 모순되는 주문을 했다. 10월 선언을 이행하면서 군주의 전통적 특권들 가운데 대부분을 유지할 수 있는 문서를 만들라는 주문이 그것이었다. 작업은 1905년 12월과 1906년 4월 사이에 진행됐다. 여기에는 미르스키 공이 내무부 대신으로 있던 때 내무부 관리였던 알렉산드르 불리긴이 1904년에 한 번 만들었던 이른바 불리긴 두마안이 크게 참고됐다. 마침내 서너 개의 초안들이 마련됐다. 내각은 여러 차례 검토했으며 때로는 니콜라이 2세가 회의를 주재했다. 마침내 내려진 결론은 투표권의 제한과 차리 권력의 유지라는 점에서 보수주의적이었다.

선거법과 관련해, 초안자이며 내무부 관리인 세르게이 크리자노프스키 Sergei Kryzhanovsky의 주도 아래 관리들과 공공 대표들 사이에 여러 차례 열렸던 회의를 거쳐 내려진 결론은 불평등 간접 투표였다. 일차적 목표는 과격파의 진출을 될 수 있는 대로 줄이는 데 두었다. 크게 보아 네 개의 선거 영역을 설정했다. 귀족 영역, 주로 상인들인 도시민 영역, 농민 영역, 노동자 영역 등이 그것들이었다. 선거 영역마다 투표권이 달라서, 예컨대, 귀족의 1표는 도시민의 3표에, 농민의 15표에, 노동자의 45표에 해당됐다. 또 유권자는 선거인을 뽑고 선거인이 또 그 윗급의 선거인을 뽑거나 의원을 뽑도록 정해졌다. 이것은 될 수 있는 대로 도시 유권자들의 영향력을 줄이려는 데 목표를 두었다. 이 선거법이 보통·평등·직접·비밀의 원칙에 어긋나는 것임은 물론이었다.

의회의 구성과 관련해, 양원제가 채택됐다. 앞에서 설명한 방식으로 선출되는 의회는 '국가 두마'라고 불리며 하원이 된다. 다른 한편으로 '국가 소비에트'라고 불리는 상원을 둔다. 상원은 공공 기관들, 예컨대, 교회·대학·젬스트보·귀족 의회 등이 자체 내부에서 선출한 대표들과 정부가 임명한 의원들로 구성된다. 상원의 목적은 하원에 제동을 거는 데 두었다. 상원에 관해서는 10월 선언에 언급이 없었으므로, 자유주의 자들은 그것을 10월 선언의 부분적 파괴라고 보았다.

모든 법률은 차리의 동의를 받아야 할 뿐만 아니라 양원의 동의를 받아야 했다. 차리와 상원은 각각 하원이 통과시킨 법률을 거부할 수 있고, 정부는 국가의 채무와 황실의 예산 및 '특별한 지불'에 대해서는 의회의 예산 심의를 받지 않아도 됐다. 하원의 권한은 그만큼 제약됐던 셈이다. 그러나 의원은 대신을 상대로 질문할 권리를 가졌으며 의원이 정부의 행위가 합법적인가를 묻고자 할 때는 해당 대신과 대신들은 하원에 직접 나와 답변해야 했다. 그러나 의원은 일반적 정책 수행에 관해 대신을 심문할 권한을 갖지 못했다. 그렇다고 해도 이 질문권은 차리와 관리들을 제한하는 데 중요한 기능을 수행하게 된다. 특히 회기중 의사당 안에서의 발언의 자유와 그 발언에 대한 면책 특권은 의원들의 대중 의사 대변에 크게 이바지하며 두마에 대한 민중의 관심을 높이게 된다.

그런데 이 모든 것들보다 중요한 것은 차리가 여전히 '최고의 전제자'로 남아 있게 규정이 만들어졌다는 사실이다. 표트르 대제 때 내려졌던 "차리는 무제한적이며 전제적이다"라는 정의에서 무제한적이란 용어는 빠졌다. 그러나 러시아말로 '전제적'이라고 할 때 그것은 이미 무제한적이란 뜻을 지녔다. 이러했기에 기본법은 대신 임면권을 여전히 차리에게 주었으며, 그리하여 서구식의 의원 내각제를 바랐던 자유주의자들을 실망시키기에 충분했다. 선출되는 의회에 대한 차리의 우위는 그것으로 끝나지 않았다. 두마의 임기는 5년으로 규정됐지만 차리는 언제든지 해산할 수 있었다. 또 두마가 회기중이 아닐 때면 차리는 긴급 조치법을 발효시킬 수 있었다. 이것은 두마의 입법권을 조롱거리로 만들고 헌법에 대한 존경을 약화시키기에 충분했다. 이렇게 볼 때, 1906년의 기본법은 독일의 세계적 사회과학자들 가운데 한 사람인 막스 베버 Max Weber가 말한 '의사(擬似) 헌법'에 해당됐다고 하겠다. 확실히 "이러한 헌법 구조는 영국의 튜더 왕조 시대나 프랑스의 부르봉 왕조 시대에는 효과적으로 기능했을 것이지만, 아무리 낙후한 러시아에서일지라도 20세기의 시점

에선 인간의 필요를 충족시키기 위한 기구로서는 낡은 것이었다."⁴⁾ 10월
선언은 결국 "혁명적 대중에 대한 새로운 공격을 위해 시간을 벌려는 욕
망 이외에는 아무것도 아니었다."⁵⁾

2. 러시아 역사에서 처음으로 민선 의회가 열리다

두마 선거가 실시되다.⁶⁾ 기본법은 1906년 4월 26일에 발표됐으며, 동시
에 선거가 실시됐다. 처음엔 멘셰비키와 볼셰비키 모두 선거를 거부하기
로 결정했다. 그러나 멘셰비키는 곧 자신들의 결정이 잘못됐음을 깨달아
참여로 돌아섰다. 이에 대해 볼셰비키는 배반이라고 규탄했다. 사회혁명
당도 같은 입장이었다. 그들은 대중을 상대로 투표에 참여하지 말도록
호소했다. 이들과는 정반대의 입장인 극우 폭력 단체들도 투표 거부 운
동을 벌였다. 물론 그들 사이에는 동기에서 차이가 컸다. 극우 세력은 대
중에 대한 차리의 양보를 반대했던 것이고, 극좌 세력은 자신들이 차리
를 타도하고 자신들의 제헌 의회를 구성할 수 있다는 희망을 지녔기 때
문에 반대했던 것이다.

극좌파와 극우파의 호소에도 불구하고 유권자의 대부분이 투표에 참
여했다. 사회민주당원들과 사회혁명당원들이 빠진 선거에서, 대중의 투
표는 자연히 입헌민주당원들, 무소속의 자유주의자들이나 과격주의자
들, 비당원 노동자들, 당시 지시를 어기고 입후보한 사회민주당원들, 그
리고 농촌에서는 토지의 재분배를 요구하겠다고 약속한 농촌의 지식인
들에게 돌아갔다. 가장 큰 승리를 거둔 것은 입헌민주당이었다. 플레하
노프는 입헌민주당의 정식 명칭이 '인민의 자유를 위한 정당'임에 착안
해 "인민의 자유를 위한 정당이 아니라 인민의 반(半)자유를 위한 정당
으로 불려야 한다"고 비난했었다. 그런데 이 당이 특히 상트 페테르부르
크와 모스크바의 모든 선거구에서 승리했으며 478석 가운데 무려 179석
을 차지해 원내 제1당이 된 것이다. 그렇다고 해도 이 당의 의석은 전체
의석의 37.4%로 과반수는 아니었다. 따라서 연합 세력이 필요했다. 이

넘적 성향으로는 보수주의적 자유주의자들을 비롯해 우익 의원들을 선택할 만했다. 그러나 당수 밀류코프는 농민과 노동자의 지지를 확보하는 것이 중요하다고 판단해, 좌익 계열의 농촌사회주의자들 및 트루도비키Trudoviki와 손을 잡았다. 러시아말로 트루도trudo는 노동이라는 뜻이다. 농촌의 노동 지도자들이 하나의 정당을 만든 것이 아니라 자신들을 노동파라는 뜻에서 트루도비키라고 불렀는데 이들은 무려 94석을 차지했다. 마치 밀류코프의 영도 아래 입헌민주당원들이 사회민주당원들이 출마하지 않은 도시들을 휩쓸었듯이, 알렉산드르 케렌스키Alexandr Kerensky의 영도 아래 트루도비키는 사회혁명당원들이 출마하지 않은 농촌들을 휩쓸었던 것이다.

입헌민주당은 승리에 취했다. 그들은 이제 제2의, 그리고 결정적인 혁명의 전야에 서 있다고 믿기까지 했다. 그래서 그들은 공세를 취해, 차리가 제헌 의회의 소집에 동의한다면 자신들은 내각에 참여할 뜻이 있다고 밝혔다. 이 요구는 차리로서는 받아들일 수 없는 것이었다. 따라서 제1대 두마는 처음부터 팽팽한 대결이 예상됐다.

위테를 해임하다.[7] 이 무렵인 1906년 4월 16일에 니콜라이 2세는 위테를 총리 대신직으로부터 해임하고 맹목적으로 충성을 바치는 관료 출신의 이반 고레미킨Ivan Goremykin을 그 자리에 임명했다. 위테는 상원의원으로 임명됐다. 그는 1915년에 죽을 때까지 이 자리를 유지하면서 회고록을 쓴다. 그러면 그는 왜 이처럼 중대한 시점에, 그것도 총리 대신에 임명된 때로부터 6개월 만에 해임됐던가? 그 배경을 아래에서 살피기로 한다.

러시아의 위대한 공업화 추진자이며 재정가로서, 그리고 입헌 군주론자로서 위테 총리만이 외국 금융계의 신임을 받고 있었다. 위테는 이 점을 활용해 외국의 차관을 얻어 황실의 재정을 튼튼히하고 이것을 바탕으로 차리를 두마로부터 보다 더 독립적인 존재로 만들고자 했다. 이에 대해 프랑스의 은행가들은 프랑스 여론의 지지를 확보하기 위한 수단으로 입헌 정부의 수립을 요구했다. 위테는 이들의 요구에 기울어졌다. 그는 입헌 정부가 수립되면 자신은 차리에게 필수불가결의 존재가 될 것이라고 믿었기 때문이었다. 그러나 이 믿음은 잘못된 것이었다. 그는 정부 내의 일종의 '멘셰비크(소수파)'로서, 권모술수가 난무하는 궁정 정치에서 승리하기에는 너무나 '서구적'이었고 러시아의 역사적 특수성으로부터 너무 거리가 멀었던 것이다.

어떻든 1906년 1월에 프랑스의 한 은행가 노츨랭 M. Noetzlin이 가짜 여권을 갖고 비밀리에 상트 페테르부르크에 잠입했다. 22억 5천만 금(金) 프랑의 차관에 대한 조건을 협의하기 위해서였다. 우리가 앞의 장에서 보았듯이, 상트 페테르부르크 소비에트는 검거되기에 앞서 발표한 재정 선언서에서 자신들이 집권하는 경우 차리 정부에 대한 외채를 갚지 않겠다고 외국에 경고했었다. 이것을 파리 은행이 모를 리가 없었지만, 그런데도 보다 큰 이익을 위해 모험하고자 했으니, 1906년 1월 16일부터 지브랄탈 해협에 있는 스페인 항구 알제시라스 Algeciras에서 열린 국제 회의에서 러시아의 지지를 획득하려고 투자하고 있었던 것이다. 그때 프랑스는 독일이 표면적으로는 그 독립을 지원하는 모로코에 군사적인 개입을 시도하면서 이것을 이 회의에서 공인받고자 했던 것으로, 차관의 대가로 위테는 이 회의에서 프랑스의 입장을 지지하도록 러시아 대표단에게 훈령했다.

프랑스와의 제휴에 따라 막대한 액수의 차관이 황실에 쏟아져 들어왔다. 그러자 차리는 이제 위테 총리가 없어도 통치할 수 있다고 생각하게 됐으며, 또 두마를 무시해도 좋다고 생각하게 됐다. 그러나 그 차관은 로마노프 왕조에게 운명적인 것이 된다. 그 차관으로써 폴란드의 분할 이후 이룩됐던 러시아와 독일 및 오스트리아의 동맹은 깨어지고 독일 및 오스트리아의 적국인 프랑스와 러시아의 동맹이 이룩된 것이다. 이제 프랑스의 돈으로 러시아 군대의 총검이 만들어지기 시작했고, 이렇게 1차 세계 대전으로의 서곡은 준비되기 시작했으며, 이 1차 세계 대전의 패전은 로마노프 왕조를 무너뜨리는 결정적인 계기를 마련한다.

두마가 개원하다.[8] 러시아 역사에서 처음으로 1906년 4월 27일에 민선 의회, 곧 국가 두마가 개원했다. 니콜라이 2세는 겨울 궁전에서 열린 선서식에서 의원들을 만났다. 선서식을 두마 의사당에서가 아니라 차리의 궁전에서 열게 했다는 것 자체가 두마에 대한 니콜라이 2세의 기본 자세를 말해주는 것이었다. 그래도 그는 선서식 연설에서 자신은 새 질서를 존중할 것임을 다짐했다. 그러나 두마는 결코 만만하지 않았다. 입헌민주당의 동의가 받아들여져 혁명적 도전으로 가득 찬 결의안을 통과시킨 것이다. 거기에는 상원의 폐지, 대신 임면권의 하원 귀속, 토지 재산의 부분적 강제 수용 및 재분배, 테러리스트들을 포함한 정치범들의 특사 등이 포함됐다. 두마의 대표단은 이 결의안을 들고 차리를 만나고자 했다. 그러나 차리는 만남 자체를 거부했다. 두마는 내각 불신임안의 통과로 맞섰지만, 그것은 법적 효력이 없었다.

앞에서 설명했듯이, 의원들은 회기중엔 의사당에서 마음대로 발언할 수 있었다. 따라서 의원들은 정부에 대한 분노를 마구 터뜨렸으며, 의사당은 정부를 성토하는 웅변장이 됐다. 따라서 두마는 곧 "국민적 분노의 두마"[9]라는 별명을 얻었다. 두마의 분위기는 빠르게 전국적으로 전파됐다. 도시에서는 물론 농촌에서도 정부 비판은 유행이 됐다.

두마를 해산하다.[10] 정부는 불안해했다. 원래 두마 선거가 실시되던 때 정부의 고관들은 니콜라이 2세에게 선거법상 친정부 세력이 많이 당선될 것으로 예상되는 만큼 크게 걱정하지 않아도 된다며 안심시켰었다. 물론 그렇게 낙관하지 않았던 관리들도 없지 않았다. 정보 경찰 출신으로 내무부 대신을 지냈으며 정부 안에서 몇 안 되는 날카로운 정세 분석가이던 두르노포는 과격파들이 많이 진출할 것이라고 경고했었다. 그런데 현실은 경고론자들이 더 정확했던 것으로 나타났으며, 그리하여 두마는 혁명의 합법적 배양소처럼 돼가고 있었다. 그들은 특히 토지의 재분배를 요구하는 목소리를 높였다.

이 시점에서 니콜라이 2세는 두마의 해산을 결심했다. 이 소식에 접하자마자 두마 의원들은 의사당 안에서의 연좌 시위를 계획했다. 여기에 맞서 황실은 의사당을 군대로 포위했다. 기가 죽은 두마 의원들이 계획을 포기하자 정부는 개원된 지 73일밖에 지나지 않은 1906년 7월 8일에 두마를 해산했다. 이 조처는 기본법의 정신에는 어긋났으나 합법적이기는 했다. 두마의 해산과 동시에 니콜라이 2세는 2대 총리 대신 고레미킨을 재임 84일 만에 해임했다.

그러자 반대 세력들은 차리가 10월 선언 이전으로 돌아가려 한다고 잘못 생각하게 됐고, 또 이것을 계기로 마치 1789년의 프랑스 혁명에서처럼 왕당파의 득세와 반동 정치 같은 것이 일어날 것을 겁내 많은 입헌민주당원들과 사회주의자들이 상트 페테르부르크로부터 멀지 않은 핀란드의 비보르그Vyborg로 달아났다. 러시아 경찰이 이곳의 자치권을 존중해 도망자에 대한 월경 수색과 검거를 자제하는 관행을 이용했던 것이다. 여기서 그들은 국민들에게 차리가 의회를 다시 소집할 때까지는 조세와 징집을 거부하라는 선언문을 발표했다. 당시 멘셰비키 중앙위원회가 이끌던 사회민주당도 이 노선을 따랐다. 그리고 두마를 옹호하기 위한 총파업을 호소했다. 예상했던 대로 노동자들은 지치고 머리가 헛갈려서 — 왜냐하면 볼셰비키는 두마가 민중을 속이는 기만극이라고 선전했었기 때문에 — 수동적인 자세를 취했다. 그러나 농민들은 두마를 옹호하고 나섰다. 그들은 토지 개혁안을 들고 나온 카데츠와 트루도비키에 큰 기대를 걸고 있었던 것이다. 그래서 그들은 1906년 7월에 여러 성(省)들에서 반란을 일으켰으며 스비보르그와 크론슈타트에서 반란이 일어나는 계기를 마련해주었다.

그러나 정부는 강경하게 대처했다. 수뇌급 주모자들을 처형하고 진압군대를 보내 농민 반란들을 진압했다. 그러면서 예상과는 달리 제2대 두마의 선거를 발표했다. 차리는 두마가 자신의 정책을 통제하거나 내각을 구성하려 하는 것을 허용할 의사는 없었지만, 의회를 운영하겠다는 차리의 '엄숙한' 10월 선언을 취소하고 싶지는 않았던 것이다.

라스푸틴의 등장.[11] 이 무렵 황실에는 한 '괴수도사'가 등장했다. 그레고리 라스푸틴Gregory Rasputin이 바로 그였다. 그러면 세상에 알려진 것과는 달리 수도사가 전혀 아니라 서부 시베리아의 한 농민으로 불법화된 한 사교 집단에 속했던 그가 어떻게 황실 안에 자리를 잡을 수 있었던가?

대답의 실마리는 황태자 알렉시우스Alexius에게서 찾게 된다. 공주만 넷을 낳은 황후 알렉산드라의 가장 큰 관심은 제국을 계승할 황태자의 잉태였다. 이 목적을 위해 황후는 병적으로 신비주의에 매달려 늘 요술사들·사기꾼들·돌팔이 의사들·주술가들의 손에서 놀아나게 됐다. 그들의 기도와 이적에 의해 자신이 황태자를 임신하게 될 것이라고 확신했기 때문이었다. 드디어 황후는 1904년에 페테르호프 궁전에서 황태자를 출산했다. 그러자 주술가들과 미신에 대한 황후의 믿음은 더욱더 굳건해졌다.

그런데 황태자는 불행히도 혈우병을 앓고 있었다. 조그만 상처에도 피가 쉽게 나고 잘 멎지 않는 이 병은 여자를 통해 유전되지만 남자에게만 나타나는 유전병이었다. 유럽의 여러 왕실들의 많은 남자들이 이 병으로 신음했고 죽었다. 그녀는 아들의 혈우병에 대한 자책감에 몸부림쳤다. 동시에 하나밖에 없는 아들이 혈우병으로 죽는 것을 막기 위해 자신과 남편과 아들을 점차 주술가들의 영향 아래로 끌고 들어갔다. 여기서 결국 그녀는 니콜라이 대공의 소개로 라스푸틴을 궁정에 불러들이게 됐다. 황태자가 출혈할 때마다 라스푸틴이 기도하면 낫는다고 믿었기 때문이다. 혈우병은 아직도 완쾌되지 않는 병이다. 오늘날의 의학도 출혈이 있는 경우 지혈을 시켜놓고 수혈을 통해 악화를 막을 수 있을 뿐이며, 당시의 의학은 이 정도도 해결하지 못한 것 같다. 그런데 이상하게도 라스푸틴이 기도하면 일단 황태자의 출혈은 멎었던 모양이다. 의학적으로는 설명될 수 없는 일로, 일설에는 라스푸틴이 아편을 써서 유혈을 멈추게 한 것이 아니냐고 하지만 아편으로 지혈시킬 수 없다고 의학자들은 설명한다. 다른 설명은 라스푸틴의 최면술을 지적한다. 어떻든 황후의 신임을 얻게 된 라스푸틴은 차차 '농민의 목소리'로도 행세하기에 이르렀다. 농민들은 차리와 황실을 진정으로 사랑한다는 선입견에 사로잡혔던 황후는, 그리고 서서히 차리도 라스푸틴이 러시아의 '전형적 인민'이며 그를 통해 러시아 백성들의 순수한 요구를 들을 수 있다고 잘못 생각하게 된 것이다. 그렇기에 라스푸틴이 호가호위하고 다니고 술판이나 벌이며 음란한 짓을 저지른다는 보고를 계속해서 받고도 황후는 물론 차리도 그것들을 모략이라며 일축했다. 그뿐만 아니라 라스푸틴에게 정치적 영향력을 행사할 수 있는 틈을 만들어주게 된다.

3. 멘셰비키와 볼셰비키가 잠시 손을 잡다

멘셰비즘이 위기에 빠지다.[12] 10월 선언의 발표 속에서 노동자들의 총파업이 계속되던 1905년의 가을과 겨울 동안, 볼셰비키와 멘셰비키는 그 입장을 거의 구분하지 못할 정도로 가까워졌다. 레닌은 비당적(非黨的)인 소비에트, 광범위하고 통제되지 않는 대중 조직, 지방 조직의 자율성과 선도권(先導權), 민주주의적 과정 등 핵심적 쟁점들에 대한 자신의 종전의 반대를 버림으로써 멘셰비키의 입장에 가까워졌다. 한편 멘셰비키는 음모와 계획된 봉기에 대한 그들의 혐오, 원하지 않는 세력에게 권력이 돌아갈 가능성에 대해 그들이 가진 염려, 부르주아지가 지배 계급이 되기 전에는 이 계급과의 충돌을 피하고 싶다는 열망 등등을 잊어버렸다. 일반 대중들이 막을 수 없는 기세로써 돌진하고 있음에 반해, 멘셰비키는 그 물결에 휩쓸려가고 있었으며 볼셰비키만큼이나 서구적 투쟁 방식보다 오히려 러시아적 투쟁 방식에 이끌리고 있었던 것이다.

그러나 이러한 멘셰비키의 자세에 대한 경고가 1906년초에 악설로드에 의해 제기됐다. 1905년이라는 '위대한 한 해' 동안 해외에 머물러 있었으며 따라서 그해가 준 감염으로부터 면제됐던 악설로드는 멘셰비키가 결국은 레닌의 견해와 전술적 방법을 무의식적으로 받아들였다고 지적한 것이었다. 확실히 1905년은 '멘셰비즘의 위기의 해'였다. 가장 과격하고 극단적인 프로그램을 밀고 나갔던 것은 바로 멘셰비키가 지배했던 상트 페테르부르크 소비에트였다. 또 '노동 계급의 즉각적인 권력 장악과 프롤레타리아트 사회주의 독재'라는 전적으로 비(非)멘셰비키적 구상을 제기했던 것은 파르부스와 트로츠키가 편집을 주도했던 멘셰비키의 기관지 『나찰로』였다. 간단히 말해, 1905년 한 해 동안에 반체제 혁명 세력이 주도해나간 것은 평소의 멘셰비키가 도저히 선택할 수 없는, 그리고 레닌이 찬양하던 노선이었다. 이에 따라 멘셰비키 내부에는 자아비판이 끊이지 않고 제기됐다. 그리고 1905년의 혁명에 대해서도 냉철히 분석하게 됐다. 그 분석은 그 혁명은 결국 노동 계급의 과격성 때문에 실패했다는 결론에 도달했다. 노동 계급이, 총파업과 모스크바 봉기에서 나타난 바와 같이 자신들의 독자적 전술을 갖고, 또는 상트 페테르부르크 소비에트의 8시간 노동령에서 나타난 바와 같이 자신들 계급 의지의 자아적 명령에 따라, 또한 반대 세력 전체의 요구와는 반대되는 자신들의 특별 요구에 따라, 너무 멀리 나감으로써 1905년의 혁명은 실패했다는 뜻이었다. 그래서 이 일련의 사태 진전이, 멘셰비키의 공식에 따르면, 권력을 장악하도록 고취되고 격려되고 필요한 경우 강요돼야 할 부르주아지를 겁내게 해서 부르주아지를 프롤레타리아트로부터 멀어지게 했다고 그들은 결론지었다.

멘셰비키는 자신들이 1905년에 '이데올로기적인 죄'를 저질렀다는 깊은 반성을 하게 됐다. 그리고 이 깊은 자책감으로부터 그들은, 부르주아지가 차리의 안전이 보장되지 않고는 집권할 의욕이 없음을 점차 명백히 하고 있었는데도, 노동자 계급이 부르주아지에게 권력을 넘겨야 한다는 주장을 강하게 제기하기에 이르렀다. 우리가 뒤에서 살펴보겠지만, 1917년의 혁명기에도 멘셰비키는 러시아에서 권력을 장악할 수 있는 가장 유력한 세력이었는데도 러시아 혁명의 현단계는 부르주아 혁명 단계임을 강조하면서 집권을 거부한다. 그런데 멘셰비키가 그러한 교조주의적인 입장을 택하는 중요한 원인은 바로 이 자책감에 있었던 것이다. 악설로드뿐만 아니라 마르토프도 프롤레타리아가 부르주아지로부터 고립되어 싸우고 있으며 또 멘셰비키 이론에 따르면 프롤레타리아트의 동맹자일뿐만 아니라 권력을 장악해야 할 계급인 부르주아지를 겁내게 하거나 격분시키는 현실에 큰 괴로움을 느꼈다.

트로츠키가 기운을 잃어가다. 그러나 트로츠키의 해석은 달랐다. 그는 혁명의 시기에 볼셰비키와 멘셰비키가 통합하는 것을 보고 평시에 나타났던 그들 사이의 견해 차이란 별것이 아니라고 결론지은 것이다. 행동의 기회가 주어지면, 그들의 공통된 프로그램, 사회주의에 대한 그들의 공통된 충성심이 그들의 현학적이며 교조주의적인 논쟁들을 일소해버린다고 믿게 됐던 것이다. 그래서 그는 1907년부터 1917년까지의 10년 동안 두 파의 갈등과 대립을 맹렬히 공격하고 자신이 두 파의 통합의 기수가 되고자 노력한다. 그러나 이 시점에서는 점차 기운을 잃어가고 있었다. 그 이유에 대해 도이처는 이렇게 설명했다:

> 트로츠키의 힘은 혁명이 그 계기를 잡아서 전진해나갈 때 드러난다고 스탈린은 말했다. 그러나 트로츠키의 약함은 혁명이 패배해서 후퇴하지 않으면 안 될 때 전면에 나온다〔고 스탈린은 또한 말했다〕. 이 말에는 진리가 꽤 있다. 트로츠키의 정신적·도덕적 구조는 실제적 봉기의 긴장과 압력으로부터 가장 강력한 충동을 받고 또한 실제적 봉기의 긴장과 압력 가운데서 자신의 자질을 가장 잘 동원하는 그런 것이었다. 다른 사람들을 왜소화시키는 대규모의 무대 위에서 그는 거인의 크기를 나타낸다. 전투의 노호와 소음 가운데서 그의 목소리는 완전한 힘을 얻었다. 그리고 반란의 무리들에 직면했을 때, 그들의 절망과 희망을 그들로부터 흡수하고 그것들을 그 자신의 열망과 신념으로 뽑아내면서, 그의 성격은 사람들을 지배하며 어느 한도 안에서는 사태를 지배한다. 그러나 혁명이 기울어가면 그의 힘은 줄어든다.[13]

레닌도 처음에는 볼셰비키와 멘셰비키의 단절로부터 트로츠키와 마찬가지의 결론을 끌어냈다. 레닌 역시 멘셰비키가 총파업, 무장 봉기, 프롤레타리아의 독재 등에 대한 트로츠키와 파르부스의 명제를 받아들인 점에 대해 크게 움직여졌던 것이다.

멘셰비키와 볼셰비키가 통합으로 가다.[14] 볼셰비키와 멘셰비키의 지도자들이 무엇을 생각하든, 하층부의 통합에 대한 요구는 너무나 컸기 때문에 어느 쪽도 감히 그것에 반대할 수 없었다. 또 1905년의 혁명 이전에 벌어졌던 그들 사이의 논쟁에 대해 전혀 알지 못하는 새 사람들이 소비에트에 밀려들어온 것도 통합의 분위기 조성을 도왔다. 러시아 전역에 걸쳐 혁명적 조직들은 지도자를 기다림이 없이 합쳐져나갔으며 그 조직의 둘레에는 새로이 각성한 노동자들이 모여들었고 그들은 너나할것없이 지도층에게 싸움을 중단하라고 요구한 것이다.

앞에서 지적했듯이, 멘셰비키는 최근 자신들이 취했던 전술에 대해 자아 비판을 했었다. 그러나 그들은 그들의 신조와 교조주의적 공식에 따라 대중의 뜻에 대해 보다 더 호응적이었으며 따라서 다음 10년 동안 통합의 기수가 된다. 그들은 그들의 이념적 입장을 포기하지 않았지만, 볼셰비키와는 달리 그들 자신의 파벌 조직이 해체되는 것을 허용하기까지 했다. 그러나 레닌은 결코 그렇지 않았다. 그는 현재의 단결이 깨어질 때에 대비해서 오히려 자파의 조직을 잘 정비해나갔다. 그러나 그 역시 단합을 요구하는 강력한 힘을 느끼고 있었다. 그래서 당분간 그도 그 스스로가 가장 싫어하는 정치적 존재인 '화해파' 가 됐던 것이다.

1905년말에는 볼셰비키와 멘셰비키의 하부 조직들의 자발적인 통합이 전국에 걸쳐 이미 끝나버렸다. 따라서 두 파의 상층부는 통합 당 대회를 마련하기 위해 각각 똑같은 수의 대표를 보내 잠정적인 집행위원회를 수립했다. 정부가 그들의 기관지인 『나찰로』와 『노바야 지즌』을 각각 폐쇄시키자, 그들은 공동 편집위원회를 구성해서 공동의 단일 신문을 발행했다. 이처럼 두 파의 통합의 가능성이 외견상 뚜렷해지자, 소수 민족 그룹의 사회주의 정당들도 참여를 희망해왔다. 유태인 사회주의 동맹, 폴란드 리투아니아 사회민주당, 라트비아 사회민주당, 아르메니아 사회민주당, 우크라이나 사회민주당이 바로 그들이었다. 소수 민족들 가운데 조지아인들은 이미 볼셰비키나 멘셰비키 어느 한쪽에 속해 있었는데, 그들의 압도적인 대다수는 멘셰비키에, 그리고 스탈린이 곧 그 지도자가 될 소수는 볼셰비키에 속해 있었다. 두 파의 어느 한쪽에도 속하지 않은 다른 조지아인들의 정당들은 사회주의적이라기보다는 민족주의적이었는데 통합 당에의 참여를 제의하지 않았다. 소수 민족들의 우당 대표들은 1906년 4월에 스톡홀름에서 열린 통합 당 대회에 투표권 없는 참관자로서의 참가가 허용됐다. 이제 1903년의 통합 당 대회에서는 실패했던 전 러시아 사회민주당의 결성이 눈앞에 보이는 듯했다.

4. 두마를 둘러싼 사회주의 혁명가들의
전략 논쟁 속에 레닌이 우왕좌왕하다

두마에 대한 논쟁.[15] 1906년 4월 10일부터 27일까지 스톡홀름에서 열린 러시아 사회민주당 제4차 대회에서 멘셰비키는 62명의 대의원을, 그리고 볼셰비키는 46명의 대의원을 각각 확보하고 있었다. 볼셰비키가 소수파가 된 주요한 원인은 크게 보아 두 가지였다. 첫째는 상트 페테르부르크 소비에트에서 그들이 수행했던 불명예스러운 역할 때문에 노동 계급의 중심지인 상트 페테르부르크에서 지지를 얻지 못했던 점이다. 둘째는 두마 선거에의 참여를 반대했기 때문인데, 이 점에 대해 자세히 살피기로 한다.

스톡홀름 당 대회가 진행중인 동안, 트랜스코카시아 지방의 선거는 아직 치러지지 않고 있었다. 그래서 멘셰비키 대의원들은 당의 선거 거부를 번복하고 그 지역에라도 후보자를 내보낼 것을 제의했다. 이에 대해 볼셰비키파는 그것이 혁명적 입장에 대한 배반이라는 종래의 입장을 그대로 고수했다. 그러나 레닌은 공식으로 자파의 입장에서 이탈해 멘셰비키의 동의안을 지지했다. 이것이 볼셰비키에게 준 충격은 대단한 것이었다. 어떻든 선거 참여안은 통과됐고, 트랜스코카시아 지구의 사회민주당 지부에 후보들을 내도록 지시를 내렸다. 선거 결과는 사회민주당의 전승으로 끝났다. 그리고 그들은 전부 멘셰비키였다.

이때로부터 약 4년 동안 두마의 문제는 사회민주당원들의 가장 중요한 논쟁의 대상이 됐다. 그리고 이 과정에서 레닌은 두 파 모두로부터 반대를 받게 됐다. 우선 볼셰비키의 입장을 살펴보자. 볼셰비키는 그들이 차리의 양보를 무시하고 반란을 일으켜 제헌 의회를 소집하도록 대중에게 호소하던 그 화려한 순간을 잊지 못하고 있었다. 트로츠키의 표현을 빌리면, 천둥이 치면 번개가 있듯 그들이 천둥 같은 큰 소리를 지르고 있으면 번개가 다시 번쩍일 것을 믿고 있었던 것이다. 그러나 날카로운 현실 감각의 소유자인 레닌은 폭풍 노도의 시대는 지났으며 이 점이 의회 참여라는 비(非)마르크시스트적인 길을 정당화할 수 있다고 생각했던 것인데, 이 견해가 볼셰비키의 반발을 사게 됐다.

그러나 레닌은 두마에 너무 높은 가치를 부여하는 멘셰비키의 입장에도 동조할 수 없었다. 레닌은 두마를 '혁명의 선봉장' 정도로 보았기 때문이다. 의원들은 불체포 특권을 가졌으며 전국적 관심을 끌 수 있는 힘을 지녔으니까 의회에서 차리의 '의회 연극'을 규탄하고 또 의회 연설을 통해 대중들을 파업과 시위로 유도할 수 있다고 보았다는 뜻이다. 그러나, 레닌의 견해로는, 멘셰비키가 '의회 연극'에 너무나 큰 의미를 부여하고 있었다. 아닌게아니라, 멘셰비키는 노동 계급의 이익에 적합한 입법 조처를 추구하려 했고, 입헌민주당을 포함해 차리즘에 대항하는 모든 반대 세력들과 제휴해서 하나의 블록을 형성하려 했다. 그들은 두마가 진정한 입법권을 가질 수 있도록 싸우려 했으며, 내각이 차리로부터가 아니라 의회로부터 지시를 받아 일하는 일종의 의원 내각제를 추진하려 했다. 한마디로 말해, 멘셰비키는 서구식의 의회를 두마에 구현하려고 했던 것이다. 그러면서도 마치 프랑스 의회가 프랑스 혁명의 발화점이자 중심점이 됐던 것처럼 두마가 러시아 혁명의 발화점이자 중심점이 될 것을 기대했다. 또 그들은 두마가 사회민주당이 음모적 혁명 정당으로부터 벗어나고 지하당이라는 막다른 골목으로부터 벗어나는 계기가 될 수 있으리라고 기대했다. 대중에 의해 공개적으로, 그리고 민주적으로 선출된 사회민주당의 의원들은 자임적(自任的)인 직업적 혁명가들을 대치하여 민주적으로 선출된 사회주의 지도자들이 될 수 있을 것으로 생각했던 것이다.

레닌은 볼셰비키의 견해들이 너무 어리석고 자기 패배적임에 비해 멘셰비키의 견해는 기회주의적인 것이라고 생각했다. 볼셰비키의 두마 배척은 두마에 관심을 가진 대중들로부터 당을 고립시킬 것이며 '의회 연극'을 폭로시킬 유용한 무기를 스스로가 내버리는 격이 된다고 생각했다. 반면에 멘셰비즘은 대중들로 하여금 별것 아닌 의회에 대해 환상을 갖게 함으로써 그릇된 길을 걷게 만드는 잘못을 저지르고 있다고 믿었던 것이다. 그러나 1905년 12월에 핀란드의 탬머포르즈에서 볼셰비키 회의가 열렸을 때, 그는 두마 선거의 거부를 주장하는 자파의 지도자들에게 양보를 했다. 거기에는 그럴 만한 까닭이 있었다. 그 당시 두마는 레닌에게는 부차적인 문제에 지나지 않았다. 그리고 그의 추종자들의 대부분은 대중들이 손에 무기를 들고 차리를 타도하기 위한 봉기를 계획하는 지역들로부터 나온 까닭에 전국적인 대중 봉기의 가능성을 이구동성으로 주장했고, 또 회의가 진행중인 동안 모스크바에서는 실제로 대중 무장 봉기가 발생했다. 이러한 상황에서 대중의 분위기를 표현한다고 주장하는 대의원들이 만장일치로 선거 거부안에 동의하자 레닌은 따랐던 것이다. 그러나 스톡홀름 통합 당 대회장에 도착하고 나서 레닌은 자신의 양보가 잘못되었음을 깨닫게 됐다. 우선 그는 '검은 백인단' 역시 선거를 거부하고 있음을 몹시 못마땅하지만 유의하지 않으면 안 됐다. 또 그와 자신의 볼셰비키파의 모든 노력에도 불구하고 대중들은 선거에 깊은 관심을 갖고 있음을 인정하지 않을 수 없었던 것이다. 그리고 사회민주당원들이 이 때문에 고립되어 있는 데 반해 카데츠와 트루도비키는 반사적인 이익을 보고 있다는 점을 깨달았던 것이다.

레닌을 가장 당황시킨 것은 그의 판단과는 다른 농민들의 투표 행태였다. 정부도 그렇게 생각했지만 레닌은 기본적으로 소(小)부르주아적인 농민들이 보수적인 농촌 지도자들을 자신들의 대의사로 선출하리라고 생각했던 것인데, 마음씨가 단순한 농민들은 토지 문제에 대해 가장 과격한 해결 방안을 약속하는 후보자들에게 투표했던 것이다. 앞에서 지적했듯이, 사회혁명당원들도 선거를 거부하는 전술상의 과오를 저질렀기 때문에 결국 농민들은 무소속의 농촌 과격 후보나 또는 지방의 젬스트보 지식인들 가운데 과격 후보에게 투표했으며 94명에 이르는 이들은 곧 트루도비키를 형성함으로써 두마에서 강력한 세력을 이루게 됐다. 이들의 사상 경향은 사회혁명당에 가까운 것으로 그것은 두마에서 행한 한 트루도비크의 다음과 같은 처녀 연설에 잘 나타났다: "우리는 '재산은 신성하며 불가침'이라고 들었다. 내 의견으로는 재산은 불가침의 것이 아니다. 만일 인민이 그렇게 하고자 바란다면 불가침일 수 있는 것은 아무것도 없다. 귀족 여러분, 여러분이 우리의 토지를 훔친 것이다. 나를 이곳에 보낸 농민들은 '토지는 우리의 것이다. 우리는 여기에 그것을 사러 온 것이 아니라 가지러 왔다' 고 말하고 있다."[16]

농민이 '프롤레타리아트와 농민의 민주적 독재' 라는 그의 공식의 동맹자가 되도록 갈구해왔으며 또 농민들의 혁명적 운동이 도처에서 전개되기를 바라왔던 레닌에게 이것은 정말 황금의 기회였다. 이 트루도비키는 노동당은 사회혁명당처럼 노동자들에게 호소하는 것이 아니었으며 따라서 사회민주당의 경쟁 상대도 아니었다. 이것이야말로 그가 바라 마지않던 진정한 농민 정당이었던 것이다. 그런데 이런 세력을 입헌민주당 따위와 두마에 함께 내버려두게 됐다니, 레닌으로서는 안타까울 뿐이었다. 그는 점차 탬머포르즈 회의의 결의가 잘못된 것이었으며, 여기서 양보한 자신의 결정 역시 잘못된 것이었음을 깊이 깨닫게 됐던 것이다. 그래서 그때로부터 4개월 뒤 스톡홀름 당 대회가 열렸을 때 그는 자파와의 결별을 무릅쓰고 두마 문제에 관한 한 멘셰비키의 입장을 지지했던 것이다.

그때로부터 특히 6개월은 레닌에게는 견디기 어려운 세월이었다. 그때의 그의 상황을 한 볼셰비키는 이렇게 썼다: "1905년 12월 이후에는 신경질적이 돼 이젠 레닌이 할 일이라고는 아무것도 없으며 오직 자살할 일만 남았다고 생각하는 사람들이 많이 생겼다. 그러나 그는 자살하지 않았다. 정말 첫번째 시도는 실패했다. 제2, 제3의 시도는 성공을 가져올 수 있지 않겠는가?"[17] 확실히 이 기간만큼 그가 우유부단하고 일관성이 없는 자세를 보여준 때도 그의 일생 중에 드물었을 것이다. 한편으로 그는 볼셰비키의 위신을 그대로 유지하고 볼셰비키의 단결을 흐트러트리지 않으려는 노력을 아끼지 않았다. 반면에 그는 자신의 견해를 따르도록 볼셰비키 추종자들에게 끊임없이 압력을 가하기도 했다. 볼셰비키의 입장을 옹호하면서 레닌은 반면에 멘셰비키의 '의회기회주의'를 통렬히 비난했다. 그러나 그의 속마음은 복잡했다. 그는 지금 단계에도 대중의 무장 봉기의 가능성이 남아 있으면, 두마는 부차적이며 자파와의 싸움을 삼가야 한다고 생각했다. 그러나 만일 그 가능성이 완전히 사라진 것이 확실하면 그는 자파와의 싸움도 불사하겠다는 생각도 품고 있었다. 이런 그의 고민을 해소시켜준 것이 다름아닌 제1대 두마 해산이었다.

레닌이 입헌민주당을 오판했다.[18] 레닌은 전혀 다른 결과를 예견했었다. 그는 차리가 입헌민주당에게 내각을 형성해줄 것을 요청하고 입헌민주당은 그것을 받아들여 차리즘과 제휴하리라고 생각했던 것이다. 그리고 그는 이것은 대중을 속이기 위한 양자의 정략 결혼일 것이라고 보았었던 것이다. 그러나 레닌의 이 판단은 그릇된 것이었다. 입헌민주당이 차리즘과 타협할 용의가 없지는 않았지만, 그러나 입헌민주당은 의원 내각 책임제, 군주권의 제한, 예산·세금·입법에 대한 의회의 통제권, 경찰 폭력에 의존하는 자의적(恣意的) 통치의 종결이라는 원칙에서 한 발도 물러서지 않았다. 멘셰비키가 입헌민주당의 투쟁 정신을 과대평가했다면, 레닌은 이들을 과소평가했던 것이다. 이제 모든 기록들이 완전히 공개된 오늘날의 관점에서 볼 때, 밀류코프와 그의 추종자들은 제한 군주제의 틀 안에서 군주의 충실한 야당이 되고자 했던 것이 확실하다. 한편으로 그들은 인민과 혁명과 사회주의를 두려워했다. 반면에 그들은 절대주의와 차리의 비공식적 보좌관들에 의한 자의적 정부를 반대한 것이다. 간단히 말해, 월프가 적절히 비유했듯이, 그들은 온건한 입헌주의는 러시아 국가라는 배가 서구의 길이라는 안전한 항구로 항해해나감에 있어 지나가야 할 절대주의와 무정부주의의 두 바위 사이의 좁은 해협이라고 믿었던 것이다.

레닌이 입헌민주당을 그릇 평가했듯이 차리즘에 대해서도 잘못 평가하고 있었다. 차리는 기본적으로 의원 내각 책임제에 반대하고 있었으며, 그의 이 자세는 타협의 대상이 될 수 없었다. 페도토프 G. P. Fedotov가 적절히 명명했듯이, 니콜라이 2세는 '최후의 나로드니크의 한 사람'이라고 불릴 수 있을 정도로 농민에 대한 신앙심이 강했다. 그는 농민은 기독교적이며 신성한 러시아의 모든 미덕을 지닌 일종의 저장소라고 믿었으며, 이 농민이야말로 황실의 옹호자이면서 러시아의 힘의 원천이라고 보고 있었다. 이러한 믿음은 농민 반란에도 불구하고 결코 흔들리지 않았다. 그러한 농민관을 가진 차리에게 서구의 부르주아 세계란 결코 받아들여질 수 없는 것이었다.

이러한 배경에서, 레닌은 제2대 두마의 선거에 호응하는 쪽으로 이미 마음이 정해졌다. 그러나 그의 추종자들은 쉽게 그의 주장을 따르려 하지 않았다. 여기서 그는 양면 전쟁의 길에 들어가게 됐다. 그 첫째는 바로 자기 추종자들과의 투쟁으로, 그는 그들을 설득해 선거에 참여시키려 한 것이다. 그 둘째는 우익 정당들에 대항해 싸우기 위해 입헌민주당과 함께 선거전에서 제휴할 것을 제안한 멘셰비키가 장악하고 있는 당 중앙위원회와의 대결이었다. 그래서 스톡홀름 당 대회가 끝난 뒤 레닌은 상트 페테르부르크로 잠입해 현지에서 당원들을 자파로 끌어들이려고 온갖 노력을 기울였다. 그 결과 그는 상트 페테르부르크 시를 장악하는 데는 성공했다. 그러나 상트 페테르부르크 성을 장악하지는 못했다.

상트 페테르부르크 시당(市黨) 대회에서 레닌은 선거에 대비한 좌파 연합안을 제안했다. 입헌민주당과 싸우기 위한 사회민주당·사회혁명당·트루도비키의 연합을 제의한 것이다. 그러자 멘셰비키가 장악한 당 중앙위원회의 지시에 따라 31명의 멘셰비키는 시당 대회에서 퇴장하고, 성당(省黨) 대회를 열어 '절대주의와 모든 극우 정당들에 대항하는 모든 좌파 정당들과 입헌민주당의 연합안'을 통과시켰다. 1905년말과 1906년 초만 해도 통합에 대해 기대해볼 만했던 두 파는 이제 분열로 치달리고 있었다.

레닌이 당 심판대에 서다.[19] 레닌은 이제야 '통합에의 이별'의 시간이 닥쳐왔다고 생각했다. 상트 페테르부르크 시당에서의 분열은 당 전체에서의 새로운 분열의 시작이라고 생각한 것이다. 동시에 그는 멘셰비키에 대해 공세를 취했다. 이것은 그의 특성의 하나이기도 했다. 그는 전투가 시작된다고 느낄 때는 언제나 공격의 포문을 먼저 열었던 것이다. 그는 우선 소책자를 발행해서 '분당자들'을 비난했다. "분당자들은 노동자들의 표를 팔아먹을 목적에서 입헌민주당과 협상하고 있으며 노동자들을 무시하고 카데츠의 도움을 받아 자기 사람들을 두마에 넣기 위해 협상하고 있다"고 비난한 것이다. 이것은 멘셰비키에 대한 비난이었을 뿐만 아니라 레닌 자신의 조직 이론에 따르면 그 스스로가 복종해야 할 당 중앙위원회에 대한 비난이었다. 그러나 당이 아직 분열할 단계에 이르렀던 것은 아니었으며 따라서 당 중앙위원회에 대한 그의 직접적인 도전은 즉시 당기위원회의 심의 대상이 됐다. 당원의 허용될 수 없는 행위를 재판할 임무를 맡은 이 당기위원회는 민주적 원칙에 따라 레닌과 당 중앙위원회에게 각각 세 명씩의 심판 위원을 지명하도록 했다. 그리고 중립적인 라트비아 사회민주당과 폴란드 사회민주당 및 유태인 사회주의 동맹에게 각각 한 명씩의 심판 위원을 지명하도록 했다. 이러한 당 심판에서의 민주주의적 원칙은 레닌이 당의 주도권을 장악한 때는 결코 허용한 일이 없었던 원칙이었다.

우리는 여기서 레닌에 대한 당 재판이 어떻게 진행됐었는지 상세히 검토할 필요는 없다. 왜냐하면 이 재판은 곧 새로운 당 위원회가 열려 멘셰비키의 다수가 깨지고 레닌이 다시 당권을 장악함에 따라 중단되고 말았기 때문이다.

제19장

'러시아 역사에서 가장 정치가다운' 스톨리핀이 개혁과 억압의 양면 정책을 추진해 혁명가들을 긴장시키다

1906년 7월에 제1대 두마를 해산하면서 니콜라이 2세는 3대 총리 대신에 표트르 스톨리핀Pyotr Stolypin 내무부 대신을 승진시켰다. 파이프스 교수가 '제정 러시아에서 거의 틀림없이 가장 뛰어난 정치가'라고 부른 스톨리핀은 한편으로는 내정의 개혁을 강력히 추진하면서 다른 한편으로는 혁명 세력에 대해 매우 무자비하게 대처했다. 그의 이러한 양면 정책은 차리즘 체제를 안정시키고 혁명 세력을 좌절시키는 것 같았다. 그래서 레닌 같은 강력한 의지의 혁명가조차 스톨리핀이 취하는 정책의 효과가 뿌리를 내리면 러시아에서 혁명의 가능성은 아예 사라지는 것이 아닌가 초조해졌다. 그러나 니콜라이 2세와 황후는 스톨리핀이 라스푸틴을 미워하고 쫓아내려고 한다는 이유로 스톨리핀의 진가를 제대로 이해하지 못했으며 심지어 멀리하고 싶어했다. 대체로 그 시점에서 스톨리핀은 암살되고 말며, 그가 남긴 공백을 라스푸틴 세력이 메워나가게 된다. 이 장은 스톨리핀이 총리 대신직을 수행했던 1906년부터 1911년까지의 시기를 살피기로 한다.

1. 새로운 발상의 스톨리핀이 총리로 등용되다

'유럽의 가장 주목할 만한 인물' 스톨리핀. 그러면 스톨리핀은 어떤 사람이었나? 우선 소련 시대 역사학자의 평으로는, 스톨리핀은 10월 선언으

508

로 숨을 돌린 니콜라이 2세가 새롭게 시작한 "암담한 반동의 시기에
〔……〕 반동 정책을 선도한 장본인으로, 그의 명령에 따라 인민들을 위
협하기 위해 도시의 광장과 철도역에는 교수대가 설치됐다." 스톨리핀이
개혁을 추진했다고는 하지만, 그 역사학자의 평으로는, "농민 대중은 스
톨리핀의 개혁을 반대했다. 개혁은 농민들을 파멸시켰기 때문이었다."[1]

다른 한편으로 미국의 한 역사학자는 이렇게 묘사했다: "그는 체구가
대단히 컸다. 러시아 표준 크기의 곰을 연상하면 된다고 그의 한 친구는
그에 대한 회상에서 썼다. 그의 용기와 그의 의지 역시 그의 체구에 걸맞
는 것이었다. 그러나 지적으로 그는 뛰어나지 못했으며 사물을 지나치게
단순화시켜 보는 경향이 있었다. 이 점은 물론 그의 단점이면서 동시에
장점이기도 했다."[2]

이러한 평가들을 염두에 두면서, 파이프스 교수의 훨씬 더 자세하고
호의적인 설명[3]에 의지해 스톨리핀에 대해 살피기로 한다. 스톨리핀은
정치가로서의 경륜과 정치꾼으로서의 기술을 겸비했다. 제정 러시아 역
사에서 스톨리핀에 필적할 만한 정치가로는 알렉산드르 1세 때의 스페란
스키, 그리고 스톨리핀과 같은 시대의 위테 정도를 꼽을 수 있겠는데, 이
두 사람이 모두 뛰어난 자질들을 지녔음이 사실이나 스톨리핀처럼 정치
가로서의 경륜과 정치꾼으로서의 기술을 겸비하지는 못했다. 스톨리핀
은 결코 독창적으로 생각하는 사람은 아니었다. 그가 취하는 조처들은
이미 다른 사람들도 구상했던 것들이었다. 그러나 그는 자신의 성격과
인품으로써 러시아 사람들과 외국 사람들 모두에게 깊은 인상을 심어주
었다. 그때 러시아 주재 영국 대사였던 니콜슨Arthur Nicolson 경은 그를
'유럽에서 가장 주목할 만한 인물'이라고 불렀다.

스톨리핀의 '자유주의적 관료제.' 스톨리핀의 이념적 정향은 '자유주의적
관료제'였다. 이 말은 무슨 뜻인가? 첫째, 그는 무릇 국가는 권위를 확고
하게 세우고 유지해야 하는데 그 점은 특히 러시아에서 강조돼야 한다고
믿었다. 그는 권위의 실체를 관료제 또는 관료 기구에서 찾았다. 따라서
그는 러시아는 깨끗하고 유능한 관료 기구를 확립하는 것이 중요하다고
생각했다. 둘째, 그런데 그는 이 권위는 대중의 지지 없이는 결코 행사될

수 없다고 믿었다. 그의 판단으로, 대귀족-대지주 계급은 러시아에서 사라지고 있는 계급이었다. 따라서 군주제는 더 이상 이 계급에 의존해서는 안 되며 독립적인 요먼리yeomanry, 곧 소지주-자작농에 의존해야 하며, 정부는, 그리고 총리 대신으로서 자신은 일차적으로 이 계급을 만들어내야 한다고 생각했다.

이 점에서 스톨리핀의 '자유주의적 관료제'는 의회제와 공존할 수 있었다. 그는 의회가 필수불가결의 존재임을 인정했다. 우리가 곧 보게 되듯, 그는 두마 의원들을 대등자(對等者)들과 협력자들로 인정한 유일한 러시아 총리 대신이었다. 그러나 그는 의회가 국가를 운영할 수 있다고는 생각하지 않았다. 독일의 비스마르크 총리처럼 그는 의회를 보조 기관으로 파악했던 것이다. 비스마르크는 "나는 결코 절대주의 정부를 좋아하지 않는다. 나는 의회의 지배를 유해하고 불가능한 것으로 여기는 만큼이나 의회의 협력을, 만일 그것이 적절히 실천된다면, 필요하고 유용한 것으로 여긴다"는 그의 유명한 1884년도 제국 의회 연설에 잘 나타났듯이 의회를 국가 운영의 중심 기관으로 보지 않고 보조 기관으로 이해했던 것인데, 스톨리핀은 비스마르크를 존경하고 모방하고자 했던 것이다. 그러나 그는 '자유주의적 관료제' 사상에 입각한 러시아의 국정 운영에 실패하고 마는데, 이것은 러시아에서 계급 분열과 갈등이 얼마나 해소 불가능의 것이었나를 증명해주고 러시아가 폭력적 붕괴를 회피할 가능성이 얼마나 없는 것이었나를 말해주었다.

스톨리핀의 경력. 스톨리핀은 알렉산드르 2세 치세이던 1862년에 16세기 이래 차리를 섬겨온 대귀족-대지주 집안의 독일에서 출생했다. 가풍의 영향으로 그는 러시아 제국과 차리에 대한 깊은 충성심을 지닌 채 성장했다. 스트루베가 그를 가리켜 "제국의 주권자에게 본능적으로 충직한, 중세기적 의미에서의 종복"이라고 묘사한 것은 결코 과장이거나 왜곡이 아니었다.

스톨리핀의 아버지는 크림 전쟁에서 용명을 떨친 포병 장군이었으며, 어머니는 알렉산드르 2세 때 외무부 대신을 지낸 알렉산드르 고르차코프 Alexandr Gorchakov의 친척이었다. 스톨리핀은 어려서 병을 앓아 신체의 한 부분을 제대로 쓰지를 못했다. 그렇지 않았다면 그는 아마 아버지의 뒤를 밟아 군인의 길을 걸었을 것이다. 그 대신에 그는 상트 페테르부르크 대학교 물리-수학부를 1885년에 최고 우등으로 졸업했고 이어 농업에 관한 논문으로 박사학위를 받았다. 그는 세 개의 외국어를 유창하게 구사할 정도로 높은 수준의 어학 훈련을 받았으며 여러 방면에서 폭넓은 세련된 교양을 쌓았다. 스스로 자신을 관리로보다는 지식인으로 여겼으며, 상트 페테르부르크 공무원 사회도 그를 바깥 사람 취급을 했다. 이것은 그가 내무부 대신으로, 총리 대신으로 올랐을 때도 마찬가지였다.

농민과 농촌에 대해 새로운 견해를 갖게 되다. 대학을 졸업한 뒤 스톨리핀은 내무부에 들어갔다. 이어 1889년에 그는 코브노 Kovno 성으로 발령됐다. 이 성은 지난날 폴란드-리투아니아 왕국에 속했던 곳으로, 사회적 명사인 그의 아내는 이곳에 토지와 재산을 갖고 있었다. 이 성에서 그는 1902년까지, 13년을 '귀족의 최고 행정관'으로 일하면서 틈틈이 아내의 영지를 돌보았고 농업 연구를 계속했다.

스톨리핀이 코브노 성에서 보낸 세월은 그의 사고에 결정적인 영향을 미치게 된다. 그 까닭은 다음과 같다. 코브노 성을 포함한 러시아의 서부 지역에서는 농촌 공동체적 토지 소유제가 없었으며, 농민들은 각 가구마다 자신의 재산으로서의 토지를 갖고 있었고, 그리하여 이곳 농민들의 생활은 러시아의 다른 지역들에 사는 농민들의 생활보다 훨씬 나았다. 이 현실을 직시하면서 스톨리핀은 러시아의 전통적인 농촌 공동체를 농촌 발전의 장애물로 보는 사람들의 견해에 동의할 수 있었다. 그리고 그는 농촌의 안정과 번영을 국가적 안정의 전제 조건으로 보았기 때문에 그는 러시아에서 법과 질서를 제대로 유지하려면 농촌 공동체를 단계적으로 없애야 한다고 결론지었다.

그러면 농촌 공동체는 구체적으로 농민의 경제적 조건의 향상을 어떻게 가로막았던가? 첫째, 토지를 정기적으로 재분배함에 따라 농민으로 하여금 토지를 개량할 의욕을 갖게 하지 않았다. 토지는 그의 재산이 아니었기 때문이다. 둘째, 최소한의 토지를 갖게 해줌으로써 최저의 생존은 보장해주게 되니 농민으로 하여금 더 열심히 일하게 할 자극을 주지 않았다. 셋째, 기업적 농민으로 하여금 고리대금업에 종사하게 만들었다. 이러한 관찰로부터 스톨리핀은 독립적이며 토지를 소유한 농민 계급이 크게 성장해 현재 몰락해가는 지주-귀족 계급을 대체시켜야 하며, 그 계급이 농민들에게 하나의 모델이 돼야 한다고 결론내렸다.

가장 젊은 총독. 스톨리핀의 시책은 큰 성과를 거뒀으며 중앙 정부의 주목을 받았다. 1902년에 내무부는 그를 그로드노Grodno 성의 총독으로 임명했다. 이때 그의 나이는 40세로, 제정 러시아의 역사에서 가장 젊은 총독이었다. 1년도 채 안 돼 그는 사라토프 성의 총독으로 전임됐다. 사라토프 성은 러시아에서 가장 문제가 많은 성으로, 사회혁명당의 강력한 영향 아래 농민 소요가 잦은 곳이었다. 이때의 내무부 대신 플레베는 자유주의적 성향을 지녔다고 대중이 믿는 그를 임명함으로써 그곳의 여론을 무마하려 했던 것이다. 사라토프 성 총독으로서의 경험은 농촌 공동체에 대한 그의 불신과 혐오를 강화시켰다. 그러나 다른 한편으로 그는 농촌 공동체가 농민에 대해 강력한 장악력을 지니고 있음을 깨달았다. 농촌 공동체가 농민들을 평준화시키는 효과를 지닌 것을 농민들은 좋아했기 때문이었다. 그러나 스톨리핀이 보기에 그 평준화는 하향 평준화였다. 그는 농민들의 에너지를 상향 평준화시켜야겠다고 판단했다. 그렇게 하기 위해 그는 정부로 하여금 황실과 국가의 토지를 독립적인 농민들에게 나누어주게 함으로써 사유 토지를 가진 농민층이 큰 규모로 형성되도록 돕는 것이 바람직하다는 생각을 갖게 됐다.

'피를 흘린 일요일'의 해인 1905년에 사라토프 역시 소요와 동요가 심했다. 스톨리핀은 이 문제를 정면으로 다뤘다. 다른 많은 총독들이나 지사들이 사무실에 처박히거나 헌병들과 병사들에게 떠맡겼음에 비해 그는 현장으로 달려가 반란 농민들과 대화하거나 과격한 선동가들과 토론했다. 간단히 말해, 그는 지도자로서의 지혜와 용기를 보여주었던 것이다. 이 과정에서 그는 여러 차례 암살의 위기에 직면했다. 어느 경우에는 부상을 당하기도 했다. 그런데도 그는 자신의 정책을 일관되게 밀고 나갔다. 그의 그러한 선취적인 자세는 효과를 보았다. 사라토프의 농민 소요는 강제력을 가장 적게 쓴 상태에서 진정됐던 것이다. 이것을 보고 우익 쪽에서는 그를 '유화적인 사람'이라고 불렀고, 이러한 평판은 출세에 도움이 되지 않았다.

내무부 대신과 총리 대신으로 승진하다. 그러나 수도는 스톨리핀에 주목하고 있었다. 증명된 그의 행정 능력, 그의 용기, 그리고 차리에 대한 그의 헌신을 종합해볼 때 그야말로 내무부 대신에 가장 이상적인 인물이라고 본 것이다. 그리하여 위테의 후임인 고레미킨 총리 대신은 그에게 내무부 대신을 제의했다. 주저하다가 그는 제의를 받아들여 수도로 옮겼다. 내무부 대신의 재임 기간은 아주 짧았다. 1906년 7월 8일에 니콜라이 2세는 제1대 두마를 해산하면서 고레미킨 역시 해임함과 아울러 내무부 대신에 취임한 지 2개월 12일에 지나지 않는 스톨리핀을 후임에 임명했던 것이다. 내무부 대신 겸직이었다.

총리 대신직을 맡은 뒤 스톨리핀은 10월 선언이 러시아 역사에서 하나의 분수령을 이뤘다는 인식 위에서 움직였다. 그가 스트루베에게 고백한 그대로, "이제는 러시아가 절대주의를 회복할 가능성은 전혀 없다"고 판단했던 것이다. 그의 이러한 자세는 곧바로 황실과 황실의 지지자들의 입장과 충돌했다. 또한 자신이 직접 거느리는 내무부 관리들의 입장과도 충돌했다. 그들은 모두 전통적인 억압책을 선호했던 것이다. 스톨리핀은 내키지는 않았으나 일단 억압책에 동의했다. 그러나 그는 개혁을 동반하지 않는 억압책은 아무 효과가 없다는 소신을 포기하지 않았다.

2. 긴급 조치로 일관한 스톨리핀의 억압 정책[4]

반체제와 체제 모두 폭력을 쓰다. 총리 대신 겸 내무부 대신 스톨리핀에게 당면한 가장 시급한 과제는 공공 질서의 회복이었다. 이 목표를 위해 그는 다음에서 보듯 매우 거친 조치들을 취하며 이것으로 말미암아 그는 인텔리겐치아 사이에서 악평을 받는다.

애기는 그에 대한 거의 성공할 뻔한 암살 시도로부터 출발한다. 그는 내무부 대신이 된 뒤에도, 그리고 총리 대신으로 승진한 뒤에도 성의 총독 때 그렇게 했듯이 일요일에 청원자들을 관저로 받아들였다. 경찰이 그 관행은 위험하다고 경고해도 듣지 않았다. 1906년 8월 12일에, 그러니까 총리에 취임한 지 한 달 남짓 지난 시점에 세 사람의 맥시멀리스트 Maximalist들이 헌병들로 위장한 채 찾아왔다. 그때 사회혁명당 좌파로 자신들의 최대한의 요구들을 제시하고는 전혀 타협하지 않는 혁명가들을 최대주의자들, 곧 맥시멀리스트들이라고 불렀던 것이다. 뭔가 이상하게 생각한 경호 경찰관들이 그들을 체포하려고 하자 그들은 폭발물들로 가득 찬 가방들을 건물 안으로 집어던졌다. 그 결과 글자 그대로 참사가 벌어졌다. 27명의 청원자들과 경비원들은 물론 테러리스트들도 신원을 알아볼 수 없을 정도로 폭사했으며 32명이 부상당했다. 스톨리핀은 기적적으로 아무런 해를 입지 않았다. 그러나 그의 두 자식은 부상을 당했다. 그런데도 그는 자신의 특성인 침착성을 유지하면서 시체들을 치우라고 지시했다.

스톨리핀에 대한 암살 시도는 그때 일상화된 테러리즘의 가장 선정적인 한 보기에 지나지 않았다. 관리에 대한 암살은 곳곳에서 벌어지고 있었다. 흑해 함대 사령관과 바르샤바 총독 및 사라토프 총독 등 고위 관리들이 모두 테러리스트들의 폭탄으로 처참하게 목숨을 잃었다. 러시아 전체를 놓고 보면, 경찰관이 암살되지 않는 날은 하루도 없었다. 상황을 더욱 나쁘게 만든 것은 왕당파들 역시 폭력에 의존했다는 사실이다. 1906년 7월 18일에 그들은 두마의 유태인 의원 미하일 게르첸슈타인 Mikhail Gertsenshtein을 폭사시켰다. 그가 토지의 강제 수용을 요구하는 토지 개혁안을 두마에 제출한 데 대한 보복이었다. 1907년 3월에는 카잔체프 Kazantsev라는 우익 정치인에 영향받은 한 노동자가 두마의 또 한 사람의 유태인 의원인 그레고리 이올로스 Gregory Iollos를 죽였다. 이 노동자는 카잔체프가 자신으로 하여금 이올로스가 경찰 첩자로 잘못 믿게 했음을 깨닫자 카잔체프를 숲속으로 유인한 뒤 죽였다.

거대한 폭발물을 안고 사는 사회와 다름없는 이러한 위험스런 상황에서 스톨리핀은 두마가 선출되어 있지 않거나 폐회중일 때는 정부가 긴급 조치령을 발동시킬 수 있다는 기본법에 근거해 긴급 조치령을 자주 발동

514

했다. 그리하여 제1대 두마가 해산된 날로부터 제2대 두마가 소집된 때까지 약 6개월 동안 러시아는 사실상 긴급 조치령에 의해 통치됐다. 법치주의를 존중하는 그로서는 긴급 조치령에 자주 의존하는 것이 유감스러웠지만 다른 방법이 없었다. 그의 표현으로, 그것은 "개탄하지 않을 수 없는 필요"였다. 그는 국가의 이익이 최우선이라는 명분 아래 긴급 조치령의 통치를 합리화했다.

현장 군법 회의와 즉결 처분. 돌이켜보면, 1905년 이래 러시아의 상당히 많은 지역들이 계엄령 아래 놓여왔는데도, 스톨리핀이 총리 대신에 취임한 때로부터 한 달 지난 1906년 8월부터 러시아의 87개 성들 가운데 82개 성이 '강화된 보위 조치' 아래 놓여졌다. 그런데 상황은 날이 갈수록 악화돼 그것들만으로도 충분하지 않게 되자, 황실은 그에게 현장 군법 회의와 즉결 처분을 실시하도록 압력을 가했다. 그리하여 1906년 8월 19일에, 그러니까 그에 대한 암살 시도가 참사를 빚어낸 때로부터 일주일 뒤, 그는 기본법에 의거해 긴급 조치령을 선포하면서 민간인들에 대한 현장에서의 즉결 처분을 개시했다.

이 긴급 조치령에 따르면, 계엄 지구와 특별 보위 지구에서 총독과 지사와 군 사령관은 '죄를 지었음이 명백해서 더 이상의 수사가 필요없는 사람'을 군법 회의에 넘길 수 있다. 군법 회의의 재판부는 지역 군 사령관이 임명한 5명의 장교들로 구성된다. 재판은 비공개 속에 진행되며 피고인은 변호사의 도움을 받을 수 없고 다만 증인을 부를 수 있다. 현장 군법 회의는 범죄의 발생으로부터 24시간 안에 열리며 48시간 안에 판결해야 한다. 재판은 1심으로 끝나며 판결은 24시간 안에 집행돼야 한다. 이것에 대해 크랭크쇼는 러시아 혁명에 관한 자신의 저서에서 "테러리스트의 테러에 의해 피살된 사람이 장례식을 마치고 땅에 묻히기에 앞서 테러리스트에 대한 재판과 처형, 그리고 묘지에의 매장이 끝나도록 조처했다"[5)]고 표현했다.

악명 높은 이 긴급 조치령은 1907년 4월에 제2대 두마가 개원하면서 실효됐다. 그때까지 약 8개월 동안 약 1,000명이 이 긴급 조치령에 따라 처형됐다. 그뒤에는 테러리스트들과 폭력에 의존하는 정치범들은 모두 정규 법원에서 재판을 받았는데, 파이프스의 자료에 따르면, 1908년과 1909년에 법원은 그러한 혐의 아래 16,440명이나 재판했으며 그들 가운데 3,682명을 처형했고, 4,517명을 중노동으로 보냈다.

톨스토이의 비판. 스톨리핀의 억압 조처들은 혁명가들의 폭력 행사에 대해 관용을 보여온 각계 지도자들의 격노를 불러일으켰다. 입헌민주당은 스톨리핀이 취한 준사법적 조처들을 맹렬히 비난했다. 이 당의 대변인 표도르 로디체프Fedor Rodichev는 현장 군법 회의가 설치한 교수대를 '스톨리핀의 넥타이'라고 불렀다. 가장 큰 관심을 불러일으켰던 비판은 1908년 7월에 발표된 톨스토이의 「나는 침묵하고 있을 수 없다」였다. 이 항의문에서 그는 정부의 폭력은 냉혈 속에서 함부로 저질러지는 것이기 때문에 테러리스트의 범죄보다 몇백 배나 나쁘다고 주장하면서, 대안으로 토지 사유제를 폐지시킴으로써 혁명적 테러리즘을 종식시키라고 제의했다. 이 문제는 결국 스톨리핀 내각과 협력해온 10월당을 분열시키기에 이르렀다. 이 당의 지도자들 가운데 한 사람인 구츠코프가 스톨리핀의 현장 군법 회의를 '잔인한 필요'로 옹호하자 다른 지도자 시포프와 그의 지지자들이 탈당한 것이다.[6]

스톨리핀이 '집안 청소'를 강조하다. 스톨리핀이 혁명 세력에 대해서만 가혹했던 것은 아니다. 그는 황실과 정부에 붙어 있는 부패 분자와 깡패에 가까운 세력도 무자비하게 제거해나갔다. "러시아는 그 집안을 청소해서 깨끗이 해놓지 않으면 안 돼"──이것이 그의 구호였다. 황실의 위신을 계속해서 실추시키는 라스푸틴을 무자비하게 공격한 것도 그였는데, 이 때문에 그는 황후의 저주를 받기도 했다. 스톨리핀은 백성들의 원성의 대상인 헌병대에 대해서도 엄격했다. 니콜라이 1세 이후 헌병대는 정치적 수사권을 지녔기에 많은 정보원들을 반정부 세력 내부에 침투시켜 그들의 음모를 미리 파탄내는 데 앞장섰다. 그러나 권력을 남용하면서 수많은 무고한 백성들을 괴롭힌 것도 사실이었고 국고를 축낸 것도 사실이었다. 이 폐단은 어떤 권력자도 시정하기 어려웠지만, 스톨리핀은 강하게 밀어붙여 헌병대를 더 이상 독자적 기구로 존속하지 못하게 하고 내무부 경찰국에 편입시켰다.

2대 두마를 해산하다. 그처럼 강경한 스톨리핀은 그답게 제2대 두마도 해산해버렸다. 1907년 2월에 선출된 2대 두마에는 1대 두마를 거부했던 좌파 정당들도 참여해 크게 진출한 뒤 사사건건 정부를 비판하거나 저주하자 이들을 견제하기 위해 그는 16명의 사회민주당 의원들이 혁명과 내란을 일으키려 시도했다는 혐의로 구속할 뜻을 두마에 통고했다. 이 혐의는 물론 거의 조작에 가까웠고, 특히 멘셰비키에게 혐의를 돌렸다는 점에서 우스꽝스러운 것이었다. 물론 두마는 구속 동의를 거부했다. 여기에 맞서 그는 1907년 6월 16일에 2대 두마를 해산함과 동시에 황실과 지주에게 대단히 유리하도록 선거법을 고쳐 정령(政令)으로 발표했다. 이 개정 선거법은 농민과 노동자의 투표를 각각 절반과 3분의 1로 줄여버렸으며 폴란드를 비롯한 변경 지대 소수 민족들의 투표를 크게 줄여버렸다. 이 일련의 조처를 '1907년 6월 16일의 쿠데타'라고 부르는 까닭이 여기에 있다. 지난날 소련 당국의 『소련의 역사』도 "실제로 일어난 것은 쿠데타였다"[7]라고 썼는데, 그러나 레닌도 이 수법을 배워 집권한 직후인 1918년에 한 명의 노동자의 투표권을 다섯 명의 농민의 투표권과 맞먹게 한다.

3대 두마의 성격. 이 선거법 아래 1907년 11월에 개원한 제3대 두마는 따라서 거의 전적으로 지주와 향신 출신에 의해 지배됐다. 예컨대 제1대 두마에서 25%, 제2대 두마에서 28%를 차지했던 향신은 제3대 두마에서 44%를 차지하게 됐다. 반면에 제1대 두마에서 39%, 제2대 두마에서 36%를 차지했던 농민은 제3대 두마에서 19%로 떨어졌다. 국가 관리, 사제, 대러시아 민족주의자 등 극우 의원의 수는 2대의 10명에서 3대의 50명으로 늘어난 반면, 카데츠는 거의 절반으로 떨어졌으며 좌파 세력은 거의 사라졌다. 그 결과 3대 두마에서 가장 강력한 정치 세력으로 등장한 것은 10월 선언을 지지하는 '10월 17일의 동맹'이었다.

사태가 이렇게 진전되자 두마 거부론이 다시 강력히 대두됐다. 사회혁명당도 두마 거부로 돌아섰으며, 볼셰비키도 레닌을 거역하고 두마 거부를 주장했다. 이것은 '희극적인 두마'이며 이제 헌법은 한낱 사기라는 것이 드러났다고 비난한 것이다. "이 따위 비민주주의적 선거, 이 따위 사기극에 어떻게 대중에게 참가하라고 속일 수 있단 말인가?" 그들은 이렇게 주장했다. 그러나 레닌의 생각은 달랐다. 그는 "만일 필요하다면 돼지우리 속에서라도 혁명을 위해 싸워야 한다"고 생각했다. 그뿐 아니라 그는 스톨리핀이 평범한 반동적 정치인이 아니라 체제의 존속을 위해 상당히 머리를 쓰는 정치인이라는 것을 인식하고 효과적으로 대처해야 한다고 판단한 것이다. 레닌은 정말 스톨리핀 그 개인과 그의 정치 수법을 면밀히 연구했으며, 그 결과 비록 적이기는 하지만 상당한 평가를 내리게 됐다. 만일 자신이 현존 질서를 수호하고 혁명을 분쇄해야 할 입장에 처해 있다면 자신도 스톨리핀처럼 행동하는 것이 현명한 길이었을 것이라고까지 생각하면서 스톨리핀이야말로 자신의 좋은 적수가 될 인물이라고 평가하기에 이르렀다.[8]

3. 스톨리핀의 개혁 정책

농촌 공동체를 해체시키다. 스톨리핀은, 우리가 보았듯, '신뢰할 수 없는 요소들'의 참정권을 제한하고 공개적인 혁명 활동을 무자비하게 탄압하는 일련의 조치를 취했다. 그러한 상황에서, 내무부 대신 플레베를 암살함으로써 테러리스트들의 사기를 높였고 테러리스트들 사이에서 자신의 위신을 높였던 사회혁명단 투쟁단 단장 아제프가 경찰의 밀정이었던 사실이 1908년에 폭로되면서 테러리즘의 위신은 크게 떨어졌다. 이러한 것들은 확실히 공공 질서의 회복에 도움을 주었다.

이 바탕 위에서 스톨리핀은 러시아의 생활 방식을 근대화하고 농촌을 개혁하며 차리 체제를 안정시키는 적극적이며 대담한 정책을 아울러 밀고 나갔다.[9]

레닌이 볼 때, 스톨리핀은 마치 자신의 저서인 『러시아에서 자본주의의 발달』과 그리고 농촌 문제에 대한 자신의 모든 논문들을 면밀히 연구하는 것 같았다. 말하자면, 그 저술들에서 지적된 병폐들에 과감히 수술의 칼을 대고 있는 것이었다. 스톨리핀은 농업에서 자본주의를 키워나가기 시작했으며 농촌에서 계급 분화를 촉진시켜나가기 시작했고 농촌 공동체인 미르를 깨뜨려나가기 시작했다. 그렇게 함으로써 농민 가운데 유산층을 만들어내고 그 유산층을 현존 질서를 옹호하는 농민 지지층의 핵으로 삼으려 한 것이다. "나는 빈곤한 자와 술 취해 지내는 자에게 내기를 거는 것이 아니라 강건한 자와 힘센 자에게 내기를 건다"는 그의 말은 그의 정책의 방향을 말해주는 것이었다.

1861년의 농노 해방의 문제점은 그것이 사유 재산가의 계급을 만들어준 대신에 농촌 공동 부락체인 미르를 그대로 온존시켜준 데 있었다고 스톨리핀은 생각했다. 그 해방령 아래서 각개의 미르는 그 미르에 속한 모든 농민에게 할당된 토지 전체를 배당받았으며, 그 농민들이 해방의 대가로 갚아야 할 돈에 대해 집단적인 책임을 지고 있었다. 미르는 미르 전체의 땅을 할당받은 다음 미르 안의 경작자들에게 그 가족 수에 따라 다시 땅을 분할해주었는데, 인구의 변동이 있을 때마다 늘 그 분할을 다시 해야 했다. 이렇게 되니까, 농민들은 토지를 개량할 생각이나 토지에 대한 개인 소유 의식을 갖지 않았다. 이 때문에 러시아의 농민들은 서구의 농민들처럼 사회적으로 보수적인 성격을 갖지 못하고 오히려 집산주의적(集産主義的)인 이념에 쉽게 젖어든다고 스톨리핀은 보았다. 그러한 토지 제도는 농민들로 하여금 자신들이 과거에는 농노에 지나지 않았다는 사실을 자꾸 깨우쳐주면서 더 과격한 토지 개혁이 있어야 한다는 생각을 자꾸만 갖게 한다고 스톨리핀은 생각한 것이다.

그래서 그는 러시아에 사유 재산 계급을 만들어내기로 결심했다. 우선 모든 농민들에게 평등한 시민권을 부여했다. 이어 미르에서 탈퇴해 자기가 경작하고 있는 토지의 소유자가 되도록 장려하는 토지법과 농촌 자금 대여법을 실시했다. "집산주의적 원칙에 대한 자연적인 견제는 개인 소유의 원칙이다. 소규모의 소유자가 국가에서 모든 안정된 질서가 의존할 수 있는 핵심이다"라고 그는 말했다. 결론적으로, 그는 러시아의 농민이 장차 그렇게 되리라고 마르크시스트들이 잘못 생각했던 보수적이며 재산 지향적인 계급을 만들어내려고 한 것이다. "이것은 건전한 반동 정치"라고 레닌은 평가했다.

토지 개혁령이 효과를 나타내다. 스톨리핀은 실시 과정에서도 여러 차례의 보완을 거치고 농민에게 정부의 재정적 · 행정적 지원을 베풀면서 토지 개혁령을 밀고 나갔다. 1906년부터 1914년 사이에 무려 1,002만 농가 세대 가운데 600만 농민이 개인의 명의나 가족의 명의로 사유 토지를 갖겠다는 청원서를 제출했다는 사실은 이 토지 개혁안이 적어도 농민의 관심을 사로잡는 데 성공했음을 의미한다. 이 토지 개혁안이 성공했더라면 러시아의 농촌도 안정되고 러시아 혁명도 늦어졌을 것이라는 역사적 가정이 있을 만큼, 이 토지 개혁령은 의미가 크다. 레닌도 1908년에 이렇게 지적했다: "만일 이 안이 장기간 계속된다면, 그것은 우리들로 하여금 어떠한 농촌 개혁안도 포기하도록 만들 것이다. 만일 스톨리핀의 정책이 계속된다면, 러시아의 농촌 구조는 완전히 부르주아적이 될 것이다."[10]

레닌은 확실히 스톨리핀안이 잘 유지될 수 있는 중급 군주제를 향한 첫걸음이며, 앞으로의 문제는 '스톨리핀 개혁과 사회 혁명 사이의 시간 경쟁'이라고까지 보았다. 만일 사회 혁명이 10~20년 동안 연기된다면, 새로운 토지 개혁안은 러시아 농촌을 완전히 변형시켜 그것이 더 이상 혁명적 세력이 되지 않을 것이라고 생각한 것이다. 레닌이 그 경쟁에서 얼마나 아슬아슬하게 이겼는가 하는 것은 1917년의 러시아 혁명 당시 그가 농민들에게 "토지를 장악하라"고 말했을 때 농민들은 이미 러시아 전 농토의 4분의 3을 장악하고 있었다는 사실에 의해서 입증됐다고 하겠다. 위에서 보았듯, 레닌과 스톨리핀은 정반대되는 목적을 갖고 있었으나 가정(假定)에서, 가능성의 분석에서, 전술적인 방법에서 서로를 이해하고 있었다. 이러한 맥락에서, 스톨리핀 총리가 두마에서 "여러분들이 바라는 것은 봉기입니다. 그러나 우리가 바라는 것은 위대한 조국입니다"라고 선언했을 때, 그것은 마치 스톨리핀이 레닌에게 직접 말하고 있는 것처럼 보였다. 과연 스톨리핀 총리가 이끄는 차리즘 체제가 자기 개혁을 완료하고 그 체제의 기반을 튼튼히 만들기에 앞서 새로운 봉기가 일어날 것인가? 레닌도 이러한 전망에 대해서는 퍽 비관적이었던 것 같다. "나는 살아생전에 혁명을 볼 것 같지가 않아." 스톨리핀의 통치 말기에 레닌은 여러 번 이런 얘기를 했다.[11]

스톨리핀이 체제 세력의 배척을 받다. 스톨리핀의 개혁 정책은 농촌 개혁에서 끝나지 않았다. 그는 우선 절대주의의 존속은 더 이상 불가능하다는 판단 아래 의회민주주의를 부분적으로나 단계적으로 실시하는 쪽으로 움직였다. 그래서 두마를 단순히 황실의 도구로 여기는 황실의 인식에서 벗어나 두마 안에 '황제의 친구들의 당' 같은 것을 만들어 그것을 바탕으로 두마를 황실의 정치적 기반으로 만들고자 했다. 토지를 소유하고 전문직을 갖고 있고 교육받은 계급을 두마 안으로 끌어들여 그들의 영향력을 증대시킴으로써 혁명을 약화시키고 국가를 강화시킬 수 있다는 믿음이 그러한 계획의 출발점이었다. 그는 또 중앙 집권화에서 지방 분권화로의 이동을 추진해 우선 러시아의 성이 미국의 주처럼 상당한 수준의 독자성을 누리면서 자치권을 행사하도록 개혁을 추진했다. 이어 유태인의 권리를 본질적으로 제약한 법령들의 개정도 추진했으며, 사회 보장부와 보건부 및 노동부 등을 신설해 초등 교육의 의무적 실시로부터 시작해 노인과 병약자를 위한 국가 보험제의 실시와 전국민 보건 계획 실시 및 노동조합의 완전한 합법화에 이르기까지 여러 방면에 걸쳐 러시아로서는 새로운 정책들을 과감히 추진했다.

스톨리핀의 개혁 정책은 자연히 기득권층의 저항을 불러일으켰다. 우선 그 개혁 정책을 뒷받침해주고 그에게 힘을 실어주어야 할 니콜라이 2세와 황후가 그를 불만스럽게 생각하기 시작했다. 예컨대, 그의 두마에 대한 정책은 차리의 권위를 회복시키는 것이 아니라 실추시키는 것이라고 보면서 그가 자신의 정치적 세력을 확대하려 하는 것으로 의심했다. 유태인에 관한 개혁안만 해도, 내각의 압도적 지지를 받아 니콜라이 2세에게 재가를 청했을 때 그는 거절했다. 이로써 러시아가 시대 착오적 반유태인 법으로부터 벗어날 기회를 놓쳤으며 국내외 유태인들의 반감을 굳혀버렸다. 다른 한편으로, 그의 행정 개혁은 관리들의 불만을 샀고 그의 토지 개혁은 귀족-지주 계급을 소외시켰다. 전반적으로, 그는 "나는 러시아의 주권자인 차리의 첫번째이면서 맨 앞의 충성스런 신민이며 차리의 계획과 명령의 집행자"라고 거듭 공언했건만, 그는 이제 '가장 위험스런 혁명가'로 보이게 된 것이다.

여기에 러시아 정치의 역설이 성립됐다. 파이프스 교수가 적절히 지적했듯이, 스톨리핀의 정책이 성공하면 할수록 그에 대한 황실의 반감은 커졌고 그의 봉사에 대한 요구는 줄어든 것이다.[12]

스톨리핀이 암살되다.[13] 이처럼 자신의 정치적 입지가 좁아진 상태에서 스톨리핀은 1911년 8월 하순에 키예프로 떠났다. 알렉산드르 2세의 기념비 제막식에 참석하기 위해서였다. 그는 지난 몇 해 동안 암살을 예감하며 살았다. 그래서 그는 자신이 암살되면 암살자의 무덤 곁에 묻으라는 유언마저 남겨놓았었다. 이번 여행을 앞두고는 이것이 마지막 길이 될 것 같다는 느낌을 가졌다. 그래서 그는 내무부 관리 출신으로 자신의 비서실장인 크리자노프스키에게 비밀 문서들을 모아놓은 금고를 주면서 만일 자신에게 어떤 일이 생기면 즉시 이 비밀 문서들을 모두 파기하라고 지시했다. 이렇게 그는 암살 이후는 대비하면서도 암살에는 대비하지 않았다. 경호원들과 방탄 조끼를 모두 남겨놓은 채 떠난 것이다.

키예프에 도착했을 때 스톨리핀은 자신이 니콜라이 2세와 황후로부터, 또 고관들로부터 무시당하고 있음을 새삼스레 실감했다. 그는 여러번 무시당하는 수모를 겪어야 했다. 마침내 운명의 시간이 왔다. 1911년 9월 1일 저녁에 그는 키예프 시립 극장으로 갔다. 림스키-코르사코프 Rimski-Korsakov의 「차리 살탄의 얘기」의 공연을 보기 위해서였다. 니콜라이 2세는 딸들과 함께 총독의 특별실에 앉았으며, 그는 그 근처에 앉았다. 저녁 10시쯤 두번째 휴식 시간에 스톨리핀이 오케스트라석의 앞에 서서 두 명의 백작들과 담소하던 때 야회복 차림의 한 젊은이가 접근했다. 이 젊은이는 프로그램 아래 감춰둔 브라우닝 권총을 꺼내 스톨리핀을 향해 두 차례 쏘았다. 한 발은 그의 손을 맞춘 뒤 튀어나가면서 오케스트라 단원을 맞춰 부상을 입혔고, 다른 한 발은 스톨리핀의 가슴을 맞췄으나 가슴의 메달에 의해 빗나가 간에 박혔다. 한 목격자의 증언에 따르면, 스톨리핀은 처음엔 무슨 일이 일어났는지 깨닫지 못한 것 같았다. "스톨리핀은 머리를 내리고는 자신의 흰 웃옷을 바라보았다. 가슴 아래 오른쪽이 피로 적셔지기 시작하고 있었다. 그는 모자와 장갑을 칸막이 위에 놓고 웃옷의 단추를 풀면서 점점 피로 물들어가는 웃옷을 바라본 뒤 마치 모든

것이 끝났다고 말하는 것 같은 움직임을 취했다." 목격자의 증언은 계속
된다. "그리고는 그는 곧 의자에 주저앉더니 부근의 모든 사람들에게 들
리는 깨끗하고 분명한 목소리로 '차리를 위해 죽으니 나는 행복하다'고
말했다. 차리가 특별실로 들어와 앞에 서는 것을 바라보며 그는 손을 들
어 차리에게 물러난다는 표시를 했다. 그러나 차리는 자신의 자리에 선
채 전혀 움직이지 않았다."

스톨리핀은 급히 병원으로 옮겨졌다. 그는 처음엔 빨리 회복되는 것
같았다. 그러나 9월 5일 저녁에 죽었다. 향년 49세였다. 부검 결과 그의
심장과 간은 이미 병들어서 암살되지 않았다 해도 오래 살지 못했을 것
임을 보여주었다. 그 다음날 키예프 중심부의 철도역은 보복을 두려워한
유태인들로 붐볐다. 그러나 당국의 강경한 조치에 따라 유태인에 대한
폭력 행사는 일어나지 않았다.

암살자의 신원과 배경.[14] 암살자는 도망치려 했으나 곧바로 붙잡혔고 얻
어맞았다. 그는 키예프의 부유한 유태인의 아들로 변호사인 24세의 드미
트리 보고로프Dmitri Bogorov였다. 그는 국내에서, 그리고 잦은 해외 여
행에서 사회혁명당 및 무정부주의 단체들과 가까이 지냈다. 자식을 맹목
적으로 사랑하는 부모는 그에게 늘 돈을 넉넉히 주었다. 그러나 도박을
너무 좋아하다 보니 자주 돈이 떨어졌다. 아마도 이 때문에 그는 경찰의
밀정이 됐던 것 같다. 자신의 법정 진술에 따르면, 그는 1907년 중엽부터
1910년말까지 키예프 비밀 경찰의 정보원으로 고용됐으며 그가 제공한
정보로 비밀 경찰은 사회혁명당과 무정부주의 단체의 테러리스트들을
체포할 수 있었다.

혁명가들은 점차 보고로프를 의심하게 됐다. 처음엔 그들은 그가 당의
공금을 횡령하고 있다고 비난했다. 그러나 그들은 마침내 그가 경찰의
밀정이라고 결론지었다. 그들은 1911년 8월 16일에 보고로프에게 최후
통첩을 주었다. 그가 비밀 경찰의 정보원임이 의심의 여지없이 입증된
만큼 그는 동지들에 의해 처형될 것이나, 만일 키예프 비밀 경찰의 우두
머리인 니콜라이 쿨리아브코Nicolai Kuliabko를 9월 5일까지 죽여버린다
면 살려줄 것이라는 내용이었다. 보고로프는 쿨리아브코를 방문했으나

그가 따뜻하게 맞아주자 차마 죽일 수가 없었다. 그래서 그는 곧 키예프를 방문할 니콜라이 2세를 죽이려고 했다. 그러나 그렇게 하는 경우 정부는 보복으로 유태인 학살을 유도할 것이라고 예상해 포기했다. 그 대신에 그는 "러시아에 자리잡은 반동에 대해 일차적으로 책임져야 할 스톨리핀을 암살하기로 결심했다."

관심을 자신으로부터 다른 곳으로 돌리기 위해 보고로프는 한 편의 가상극을 꾸몄다. 한 쌍의 암살자들이 스톨리핀을 암살하고자 키예프로 와서 자신의 아파트에 묵을 것이라고 쿨리아브코에게 거짓말을 했다. 쿨리아브코는 이 말을 믿고 비밀 경찰 요원들로 하여금 보고로프의 아파트를 은밀하게 포위하게 했다. 그 틈을 이용해 보고로프는 키예프에 도착한 스톨리핀의 뒤를 따라다녀, 8월 29일에는 공원에서 접근할 수 있었고, 9월 1일에는 극장 앞에서 사진을 찍는 그에게 접근할 수 있었다. 그러나 총을 쏘기에는 적당하지 않았다. 이때 키예프 비밀 경찰은 보고로프가 제공한 정보에 근거해 스톨리핀에게 경호원들 없이는 공공의 장소에 나타나지 말라고 건의했다. 그러나 그는 이 건의를 무시했다. 그는 마치 순직을 각오한 사람처럼, 더 이상 살 필요가 없다고 결심한 사람처럼 처신했다.

두 차례의 기회를 놓친 보고로프는 다급해졌다. 그는 9월 1일 밤의 행사가 마지막 기회가 될 것이라고 판단했다. 그런데 이 시점에서는 표를 구하기가 이미 어려웠다. 경호가 엄중한 데다가 참관 희망자들이 많았기 때문이었다. 보고로프는 경찰에 도움을 청했다. 만일 자신이 밀고한 테러리스트들이 체포되는 경우 자신이 만족할 만한 알리바이를 제시하지 못하면 자신은 의심받게 될 것이므로 반드시 표를 구해 극장 안으로 들어가 있어야 한다는 논리를 제시했던 것이다. 경찰은 보고로프의 호소가 맞다고 판단해 공연이 시작되기 겨우 한 시간을 남겨놓고 표를 구해주었다.

보고로프는 일주일에 걸쳐 수사를 받은 뒤 9월 9일에 키예프 군법 회의로 넘겨졌다. 재판부는 사형을 선고했으며 그는 9월 10일과 11일의 밤에 교수형으로 처형됐다. 이 무렵에는 보고로프가 비밀 경찰의 밀정이었음이 밝혀져 비밀 경찰이 혹시 그를 빼돌리고 엉뚱한 사형수를 그인 것처럼 위장해 처형할지 모른다는 소문이 나돌았다. 그래서 사법 당국은 증인들이 보는 앞에서 그를 처형해야 했다. 그렇게 했는데도 그가 경찰이 마련해준 표로 극장에 들어갔다는 사실 때문에 그가 정부의 부탁을 받고, 특히 그때 수도의 헌병대장이던 파벨 쿠를로프 Pavel Kurlov 장군의 부탁을 받고 스톨리핀을 암살했다는 소문이 끊이지 않았다. 쿠를로프가 스톨리핀의 정책에 반대해왔다는 사실, 그리고 니콜라이 2세가 키예프를 방문한 기간에 이 지역의 경호 책임자였다는 사실 등이 그러한 소문의 근거가 됐던 것이다. 그러나 파이프스 교수가 모든 자료들을 살핀 뒤 결론을 내렸듯이 그 소문은 어디까지나 소문이었다. 그리고 다시 파이프스의 표현을 빌리건대, 총리를 경찰 당국이 죽인 것 같다는 의심을 받는다는 것 자체가 제정 러시아 말기의 타락한 정치적 분위기를 말하는 것이었다.[15]

슬퍼하지 않는 니콜라이 2세. 스톨리핀은 그 시대의 러시아에서 걸출한 정치가였다. 그는 정치를 당파주의와 이상주의 위로 끌어올렸으며 러시아에 국가적 목표 의식과 희망을 주었다. 그가 죽은 뒤 총리 대신에 올랐던 사람들은 모두 무능한 사람들이거나 존재가 없다시피 한 사람들이었다. 그들은 나라를 위해 충성을 다했다기보다는 니콜라이 2세 개인을 위해 자신들의 봉사를 바쳤다.

이러한 스톨리핀을 니콜라이 2세는 제대로 평가해주지 않았다. 7년 전에 플레베 내무부 대신이 테러리스트의 손에 폭사했던 때 보여주었던 슬픔과 놀라움에 비해 스톨리핀의 피살에 대해 보여준 반응은 너무나 냉정했다. 니콜라이 2세는 자신의 어머니에게 쓴 편지에서 스톨리핀의 죽음을 마치 수많은 한 회의 연회들과 행진들 및 오락들의 연속 가운데 일어났던 하나의 삽화처럼 취급했던 것이다. 황후의 반응도 마찬가지였다. 니콜라이 2세가 황후에게 스톨리핀의 죽음에 대해 알렸을 때 황후는 '침착히' 받아들였다. 황후의 냉담은 스톨리핀의 후임으로 임명된 블라디미르 코코프체프 Vladimir Kokovtsev에게 한 말에서 그대로 드러났다. 그녀는 코코프체프가 스톨리핀을 "너무 높이 존경하고 있고 너무 슬퍼하고 있다"고 질책하고 "스톨리핀은 자신의 자리를 귀하에게 양보하기 위해 죽었으며 이것은 러시아의 선(善)을 위한 일"[16]이라고 말한 것이다.

스톨리핀이 암살당한 뒤 그가 추진한 모든 일은 라스푸틴을 둘러싼 후진적 세력의 손으로 넘어갔다. 그러나 스톨리핀이 워낙 좋은 출발을 했으며 부지런히 일해왔기 때문에, 그의 농촌 개혁 정책은 그가 죽은 뒤에도 꽤 잘 발전되어나갔다. 그런데도 레닌을 위해 새로운 봉기를 적시에 갖다 준 것은 그의 정책의 실패가 아니라, 우리가 앞으로 보게 되듯, 갑자기 닥쳐온 전쟁 때문이었다.

4. 러시아 사회민주당 안에서 파쟁이 격화되다

레닌의 힘의 원천. 1907년 4월과 5월 사이에 런던에서 열렸던 제5차 대회 이후 레닌이 장악한 러시아 사회민주당 중앙위원회는 1907년 7월에 스톨리핀의 선거법 개정안을 검토하고 제3대 두마 선거에 대비하기 위해 전당 대회를 소집했다. 레닌은 이때 중앙위원회를 장악하고 있었지만, 다시 한번 자파에 대한 통솔력을 잃어 15명의 볼셰비키 대의원들 가운데 14명은 두마 선거의 거부를 지지했다. 유일한 찬성자는 레닌 자신이었다. 그들은 레닌을 그들의 대변자의 지위에서 해임하고 보그다노프를 대신 뽑았다. 다시 한번, 1906년에 스톡홀름에서 열렸던 제4차 전당 대회 때처럼, 레닌은 멘셰비키와 보조를 같이했다. 폴란드 사회민주당 대의원들과 유태인 사회주의자 동맹 대의원들도 레닌과 멘셰비키의 입장에 동조해 볼셰비키파를 투표에서 이길 수 있었다. 1908년 한 해 동안 당내 파쟁은 복잡하게 얽혀들어 그 내용을 이해하기가 무척 어렵다. 때로는 대다수가 레닌의 설득에 따라 선거에 참여하기로 결정하는 듯 보였다. 그러나 때로는 새로운 연합이 형성되어 두마에 선출된 18명의 사회민주당원들의 소환을 요구하고 나서거나 때로는 그들에게 두마를 떠나든지 당을 떠나라는 '최후 통첩'을 발하기도 했다. 레닌은 앞의 경우를 '소환주의,' 뒤의 경우를 '최후 통첩주의'라고 불렀다.

이 모든 거부 운동 또는 반(半)거부 운동은 철학자 보그다노프에 의해 주도됐다. 보그다노프는 레닌의 삼두 마차에서 제2인자인 크라신 다음의 제3자로서 이제는 레닌을 볼셰비키파에서 추방해야 한다고 위협하고 있었다. 이때 보그다노프의 편을 든 사람은 루나차르스키, 고리키, 크라신, 바자로프, 두마에서 볼셰비키를 이끌었던 알렉신스키, 역사학자 포크로프스키, 소련 정부가 수립된 뒤 비밀 경찰 두목이 되는 멘진스키, 리아도프, 소련 정부가 수립된 뒤 코민테른의 지도자가 되는 마누일스키 등이었다.

1908년 중엽이 돼서야 레닌은 비로소 모스크바 당 중앙위원회에서 18 대 14로 겨우 우위를 차지하게 된다. 그러나 1909년말까지도 그는 상트페테르부르크 당 중앙위원회에서는 여전히 소수파에 속해 있었다. 그가 이제는 충분히 강력한 세력 기반을 확보했다고 확신하고 나서야 그는 모든 거부주의자들과 소환주의자들 및 최후 통첩주의자들을 자신의 볼셰비키 파벌에서 추방하게 된다. 결국엔 위에 열거한 반대자들 가운데 두 사람을 제외한 전원이 다시 볼셰비키로 돌아왔다. 다만 보그다노프는 그의 독립적인 기질, 그리고 철학적 문제에 대한 깊은 견해 차이로 돌아오지 않았으며, 알렉신스키 역시 볼셰비즘의 맹렬한 비판자로 남아버렸다. 그러나 거부 운동이 최고조에 이르렀던 1907년에 레닌은 외로운 존재여서, 장차 자신과 함께 삼두 마차를 형성할 지노비에프와 카메네프도 이때는 그에게 반대하는 입장이었다.

레닌의 입장에 그렇게 반대하던 동지들이 다시 마치 우리로 돌아오는 양처럼 레닌의 입장으로 되돌아오게 만드는 가장 중요한 요인은 스톨리핀에 대한 레닌의 평가가 정확한 것임을 그들 스스로가 인정하게 된 점이었다. 스톨리핀의 개혁 정치가 실효를 거두며 실시됨에 따라 혁명적 열기는 식어가고 있으며, 이러한 변화된 분위기 속에서는 레닌의 투쟁 방식이 옳다는 것을 차차 인식하게 됐던 것이다. 그러한 인식이 그의 반대자들로 하여금 그의 지도력 아래로 모여들게 했고, 이렇게 모여든 사람들은 전보다 더 열성적으로 그의 지도력을 따르게 됐다. 이 점을 잘 설명해주는 것이 뛰어난 마르크시스트 역사가인 포크로프스키의 다음과

같은 회고이다: "[레닌에게는] 무엇보다 사물의 뿌리를 볼 수 있는 거대한 능력, 마침내는 나에게 일종의 미신적인 느낌을 불러일으켜주는 능력이 있었다. 내가 실제적인 문제에 대해 그와 의견을 달리하는 경우는 자주 있었다. 그러나 그때마다 내가 틀린 것이었다. 이러한 경험이 일곱 차례 정도 되풀이됐을 때, 나는 비록 논리적으로는 다르게 행동해야 한다고 생각하면서도 레닌과 논쟁하기를 그만두고 그에게 복종했던 것이다. 그뒤 나는 그가 사물을 보다 더 잘 이해하고 있으며 나에게는 없는 능력, 곧 땅속으로 10피트 깊숙이 볼 수 있는 능력의 주인이라는 것을 확신했다."[17]

포크로프스키는 독창적인 사상가로 그의 역사책은 연구에서, 그리고 합리적이며 논리적인 해석에서 기념비적인 저서로 꼽힌다. 이러한 사람이 무엇인가 비합리적인 것처럼 보이는 이러한 고백을 했다는 것은 우리가 러시아 지식인들의 심리 상태를 이해함에서뿐만 아니라 추종자들에 대한 레닌의 힘의 원천을 이해함에 큰 도움을 준다.

토지 문제에 대한 논쟁. 두마 문제가 스톡홀름 당 대회와 런던 당 대회의 유일한 쟁점은 아니었다. 그 밖의 가장 중요한 쟁점들 가운데 하나는 토지 문제였다. 원래 토지 문제에 대한 레닌의 입장은 오트레즈키, 곧 '농노 해방 당시 농민의 토지로부터 잘려나온 공유지의 부분들'을 농민들에게 돌려주자는 것으로, 그는 이 주장을 그가 작성한 1903년의 당 프로그램에 반영시켰던 것이다. 그는 이것이야말로 현실적이며 '즉각적인 요구'라고 생각하고 있었다. 그러나 그는 이제 자신의 주장이 얼마나 부적절했으며 농민 사회의 분위기와는 얼마나 맞지 않는 것이었나를 1905년의 혁명을 겪고는 깨달았던 것이다. 이 점에 대해 그는 다음과 같이 쓰고 있다: "우리의 과오는 농민들 사이의 민주주의적인 또는 오히려 부르주아 민주주의적인 운동의 폭과 깊이를 낮게 평가한 데 있었다. 혁명이 그렇게 많이 가르쳐준 이제도 이 과오를 지속시키는 것은 바보스런 일이다."[18]

이처럼 레닌은 자신의 과오를 대담하게 시인했다. 역사로부터 교훈을 얻는다는 점, 그 점에 레닌의 뛰어남이 있었던 것이다. 과오를 인정한 다음 그가 스톡홀름 당 대회에 내놓은 안은 다음의 두 가지였다. 첫째가 스스로 토지를 장악하려고 하는 농민들의 노력을 지지하는 안이었고, 둘째가 더 바람직한 것으로는 혁명 정부가 수립된 다음 모든 농지를 국유화하고 이것을 농민들에게 빌려주든가 분배해주는 안이었다. 이 두 가지 안 가운데 레닌이 기울어진 것은 두번째 안이었다. 혁명이 성공한 다음 세워질 국가의 권력이 강화돼야 한다고 믿던 그가 아래로부터의 무질서한 장악보다 국유화와 국가 통제를 선호한다는 것은 당연한 일이었을 것이다. 그래서 그는 이 두 개의 안을 서로 대립되는 것으로 이해하지 않고, 지주의 권력을 깨뜨리고 차리즘 체제를 분쇄하며 농민의 지지를 확보할 수 있는 총체적 과정의 다양한 측면으로 이해했다. 1917년 중엽 그는 사회혁명당의 토지 계획안을 '훔쳤다'는 비난을 받게 된다. 그러나 그러한 비난을 한 사회혁명당이 '독점적인 저작권'을 주장한 바로 그 토지 계획안은 레닌이 1906년 이후 주장해온 토지 계획안의 두번째 것이었다.

러시아의 마르크시스트들은, 볼셰비키이건 멘셰비키이건간에, 농민을 후진적이며 재산을 사랑하는, 따라서 잠재적으로 소(小)부르주아적인 것으로 보았다. 이 점에서 레닌을 포함한 마르크시스트들은 사회혁명당원들과 달랐다. 그러나 그의 동지들과는 달리 레닌은 농민이 다수를 차지하고 있고 또한 현실 불만적인 러시아에서 농민의 협력 없이 또는 농민에 적대적이어서는 혁명은 결코 성취될 수 없다는 점을 잊지 않고 있었다. 더구나 그의 내면 깊숙이에는 옛 나로드니크 투사들로부터 내려온 농민애적(農民愛的)인 전통이 살아 있었던 것이다.

스톡홀름 당 대회에서 다수를 차지한 멘셰비키는 레닌이 내놓은 토지에 관한 구상에 본능적인 혐오증을 나타냈다. 대신 마슬로프와 플레하노프는 '자치제' 안을 내놓았다. 레닌의 국유화안은 혁명이 성공할 것임을 전제하는 것이었고, 농민의 직접적 장악에 대한 지지는 그것이 그러한 혁명의 성공을 촉진시킬 것이라는 계산 아래 나온 것이었다. 그런데 멘셰비키의 자치제안은 무엇에 바탕을 둔 것인가?

그 안은 한편으로는 지역적 자치제에 대한 그들의 열망을, 그리고 다른 한편으로는 중앙 집권제에 대한 그들의 두려움을 반영하는 것으로, 어떻든 민주적 지방 정부의 출현을 전제하는 것이었다. 그러나 이 민주적 지방 정부가 출현한 기간 동안의 전국적 지방 정부의 지위에 대해서는 침묵을 지키고 있었다. 그리고 그 안은 정당하게 구성된 자치 정부가 토지를 임대해줄 때까지 농민들은 질서를 지키며 기다리고 있어야 한다고 주장하고 있었다. 그러나 이러한 이상주의적인 계획의 배후에는 농민들에 대한 두려움이 깔려 있었다. 그들은 농민들이 무정부적이며 전혀 통제되지 않은 상태로 들고일어날 것임을 두려워하고 있었던 것이다. 그들은 또한 레닌의 안은 당에 의한 권력의 장악이라는 이단적인 강령과 연결되어 있다고 느꼈던 것이다.

그러나 그들이 가장 두려워한 것은 토지의 국유화는 결국 농민을 국가에 다시 새로운 형태로 묶어놓은 것이 아니냐 하는 점이었다. 이 점은 플레하노프에 의해 지적된 것이었는데, 이것이야말로 플레하노프의 뛰어난 관찰력을 말해주는 것이었다. 플레하노프는 토지의 국유화는 토지의 소유라는 무기를 국가의 손에 쥐어주는 것이며 농촌의 인민 대중을 지배적인 권력에 항상 묶어놓는 그 오래된 노예적인 '아시아적' 전통을 계속시키는 장본인이 될 것이라고 보았던 것이다. 그리고 그는 만일 러시아 인민의 대다수를 차지하는 농민이 그렇게 묶인다면 도시의 프롤레타리아인들 자유스러울 수 있겠느냐고 생각한 것이다.[19]

플레하노프의 이러한 경고는, 트로츠키의 비민주주의적 혁명과 소수파 당–정부론이 가져올 결과에 대한 레닌의 경고, 그리고 레닌의 계서적이며 중앙 집권적이고 비민주주의적인 당 구조론에 내재하는 위험성에 대한 트로츠키의 경고에 필적할 만한 것이었다. 그들은 마치 코끼리의 다른 부분들을 더듬고 있는 세 명의 맹인들과도 같았다. 마르크시스트들은 그들의 사회학적 분석 방법이 그들로 하여금 미래를 예측할 수 있게 만들어준다고 주장하고 있다. 만일 이들 세 명의 마르크시스트 예언자들이 함께 합쳐질 수 있고 함께 행동할 수 있었다면, 그들은 정말 예견과 예방의 뛰어난 보기를 형성할 수 있었을 것이다. 레닌의 토지 개혁안에 대한 플레하노프의 반박은 미래를 덮고 있던 커튼을 잠시 동안 열어놓은 격이었다. 그러나 그 커튼은 곧 다시 닫혀졌다. 농업 문제에 관한 토론에서 플레하노프는 레닌의 적수가 될 수 없었기 때문이다.

두 진영은 모두 내적으로 분열됐다. 대부분의 사회민주당원들은 농업과 농민 문제에 대해 아는 것이 거의 없었다. 논쟁은 더욱더 복잡해졌다. 대부분의 볼셰비키 역시 농민 문제에 대해 무식했으며, '재산에 관심을 갖고 있는 소(小)부르주아적'이라는 편견, 그리고 무지한 그들이 봉기할 때의 혼란에 대한 두려움만을 갖고 있었을 뿐이었다. 어떤 대의원들은 토지 소유에 대한 모든 문제는 노동자들에게는 거리가 먼 것이라고 생각하고 있었다. 반면에 어떤 대의원들은 '혁명 이후까지는' 아무것도 이루어질 수 없으며, 혁명이 일어난 뒤에는 광범위한 농민 대중에 의해서가 아니라 소규모의 '농촌 프롤레타리아트' 계급에 의해 소유되고 통제되는 큰 '농업 공장'의 형태로 '즉각적이며 전체적인 토지의 사회주의화'가 이뤄질 것이라고 생각했다. 어떤 대의원들은 투표에서 기권했다. 결국, 비록 어느 정도 희석된 형태이기는 하지만, 레닌의 결의만이 확고한 지지층을 갖고 있는 유일한 것이었다. 그는 다시 한번 러시아에서 인민 혁명에 관건적인 문제에 대한 전문가로서, 그리고 그로부터 출현할 국가의 성격에 대한 전문가로서 등장한 것이다. 결국, 마치 스톨리핀이 차리즘의 진영에서 드문 존재인 것처럼, 레닌은 사회민주당의 진영에서 드문 존재였던 것이다.

조직에 대한 논쟁. 스톡홀름 당 대회에서도 그랬지만 특히 런던 당 대회에서 당을 거의 파국 한걸음 직전까지 몰고 갈 논쟁점으로 제기됐던 것은 1905년의 '자유의 시대' 동안에 솟아났던 인민 조직에 관한 것이었다. 우리가 앞에서 지적했듯이, 멘셰비키는 그 기질과 이념에 의해 노동 조합, 대중 조직, 노동 계급의 광범위한 정당 쪽으로 기울어져 있었다. 반면에 볼셰비키는 음모적인 지하 정당, 무장 단체, 그리고 노동 계급을 위한 좁고 자기 선발적인 전위대 정당 쪽으로 기울어져 있었다. 표면적으로 볼 때, 스톡홀름 당 대회는 자신감으로 충만해 있었다. 왜냐하면 이 당시인 1906년 봄에 당원은 여전히 늘어나는 추세였던 것이다. 그러나 곧 반동 정치가 기세를 올리게 됐으며 이에 따라 갖가지 혁명 운동과 혁명 조직은 다시 억압으로 위축되기 시작했다. 이렇게 되자 멘셰비키는 악설로드의 옛 공식, 곧 모든 현존의 정당들과 대중 조직들을 전체 노동 계급의 연합 정당으로 흡수할 광범위하고 비정당적이며 다정당적인 노동자 대회의 소집안을 들고 나왔다.

물론 레닌은 악설로드의 공식을 거부했다. 악설로드의 공식에서 그는 사회주의적 강령은 희석된다고 보았다. 엘리트 전문가 중심의 고도로 발달된 마르크시즘의 이론 체계로부터 무지하고 후진적인 노동 계급 중심의 혼란되고 '반(半)프롤레타리아적' 개념으로 희석된다고 본 것이다. 악설로드가 제안하는 정당은 대중 조직에 의한 지배를 의미하는 것인데 이 점에 대해서도 레닌은 의견을 달리했다. 그는 전위대 당에 의한 대중 조직의 지배를 지지했던 것이다. 악설로드의 '광범위한 노동 정당'은 전제주의적 정부 아래서는 존재할 수 없다고 보았다. 멘셰비키가 강조하는 '노동 계급의 자치권'이란 것도 그에게는 '민주주의의 미신'으로 비쳤다. 풀어 말해, 마르크시스트 이론의 연구에 생활의 전부를 바쳐야 할 사람들에 의해서만 올바르게 결정될 수 있는 문제를 결정함에 있어서 개별적인 능력에 관계없이 머릿수만 셈한다는 것은 무의미하다는 것이다. 그래서 레닌은 악설로드 방식의 정당을 제안하는 사람들을 혁명 정당을 청산해버리자는 '청산주의자'들이라고 비난했다.

소비에트에 관한 논쟁. 소비에트 문제에 관해서도, 레닌은 그의 옛 개념으로 되돌아갔다. 이 문제에 대해 그는 스톡홀름 당 대회에서 다음과 같이 말했다: "당은 노동 계급에 사회민주당원의 영향을 확대하기 위해 소비에트와 같은 비당적(非黨的) 조직을 이용할 의도를 결코 부인하지 않았다. 동시에 사회민주주의적 조직들은 만일 대중 사이에서 사회민주주의적 사업이 적절히, 그리고 광범위하게 조직된다면 그러한 조직들은 실제로 쓸데없는 것이 될 것이라는 점에 유념하지 않으면 안 되는 것이다."[20]

"실제로 쓸데없는 것이 된다." 이 한마디 말만 가지고도 1905년에 최초의 노동자 대표들의 소비에트가 형성됐을 때 레닌이 "소비에트에 대해 즉각적으로 그 진가를 알아주었다"는 당의 공식 기록은 얼마나 거짓된 것인가를 알 수 있을 것이다. 레닌의 그 말은 당의 영향력과 권력이 커지

기만 하면 소비에트와 같은 조직을 '실제로 쓸데없는 것'으로 만들겠다
는 의도를 내포한 것이었다. 바로 그때 트로츠키는 형무소에서 다음과
같이 쓰고 있었다:

> 소비에트는 실제로 혁명 정부의 태아였다. 소비에트가 생겨나기 이전
> 에 노동자들 사이에는 혁명적 조직들이 없었다. 〔……〕 그러나 프롤레타
> 리아트 내부에는 조직들이 있었으며, 그 조직들의 즉각적인 목표는 대중
> 에게 영향을 미치는 것이었다. 소비에트는 프롤레타리아트의 조직이다.
> 그 목적은 혁명적 권력을 위해 투쟁하는 것이다. 동시에 소비에트는 계급
> 으로서의 프롤레타리아트의 의지의 조직된 표현이다. 〔……〕 소비에트는
> 근대 러시아 역사에서 최초의 민주주의적 권력이며 〔……〕 대중 스스로의
> 조직된 권력이다. 이것이 양원제가 없는, 직업적 관료제가 없는, 그리고
> 투표자들이 그 어느 때라도 그들의 대의원을 소환하고 다른 사람으로 대
> 체시킬 수 있는 권력을 가진 진정한, 잡것이 섞인 것이 없는 민주주의인
> 것이다. 〔……〕 혁명의 최초의 새로운 물결이 나라 전체에 소비에트의 창
> 설을 가져올 것이라는 점에 대해서는 아무런 의문이 없다.[21]

이것은 트로츠키가 쓴 『1905년의 해』란 책으로부터 뽑은 구절이다. 월
프가 정확히 지적했듯이, 이 구절에서 우리는 소비에트를 노동자들의 의
회이면서 프롤레타리아트의 정부로 간주하는 교리의 싹을 보게 된다. 그
런데 1917년 가을에 레닌과 트로츠키는 공동으로 소비에트를 노동자들
의 의회이며 프롤레타리아트의 정부라고 선언하는 것이다.

이처럼 소비에트에 대한 개념은 특이한 역사를 갖고 있다. 그것은 멘
셰비키의 '자치적 지방 혁명 행정 기관'이라는 개념과 악설로드의 '광범
위한 비당적(非黨的), 또는 오히려 다당적(多黨的) 노동 의회'의 틀 속에
서 개념이 처음 생겨났던 것이다. 그 다음에 그것은 트로츠키와 파르부
스의 '영구혁명론'에 의해 성장한 것이다. 그리고 1917년에 그것은 트로
츠키가 예언했듯이, '혁명적 권력을 위해 투쟁하는 프롤레타리아트의 조
직'으로부터 '대중에 대한 대중 스스로의 조직된 권력 〔……〕 그리고 혁

명적 정부의 태아'로 성장한 것이었다. 그리고 그것은 1918년 이후에는, 단일 정당이 모든 대중 조직을 통제하고 궁극적으로는 그 대중 조직을 '실제로 쓸데없는 조직'으로 만들어야 한다는 레닌주의적 공식에 따라 몰락의 길을 걷는 것이었다. 이렇게 볼 때, 소비에트에 대한 멘셰비키의 개념은 1917년 가을에 그들과 레닌에 의해 소비에트에 부과됐던 그 막중한 역할에 가까운 것이었으며, 레닌의 개념은 당의 도구이거나 전달 벨트로 전락한 그 최종적 운명에 가까운 것이었다. 월프가 재치 있게 표현했듯이, 다시 한번 맹인들은 고도로 발달된 천부의 촉감을 갖고 코끼리의 세 부분을 만진 것이며, 각자는 그것을 전체인 것처럼 설명한 것이다.[22]

제20장

레닌이 무장투쟁론을 전개하면서 동시에
강도 행위로 자금을 조달하다[1]

1905년의 폭풍 노도의 시대에 모든 정당들은 집회의 간부들과 민족적 소수자들의 보호를 위해 방어적인 무장을 받아들였다. 그런데 이 무장 문제에 대한 각파의 의견은 달랐다. 멘셰비키는 혁명의 노도가 일어서고 있을 때야 비로소 무장대의 형성을 지지했으며 그 무장대가 형성된 다음에도 순전히 방어적인 기능을 강조했다. 그러나 레닌은 혁명에 가장 핵심적인 것은 바로 인민의 무장이라고 믿었다. "인민의 무장, 그것이야말로 즉각적인 과업이 되고 있다"라고 그는 '피를 흘린 일요일'의 소식에 접하자마자 발표한 논설에서 주장했다. 마르토프 역시 무장을 지지했다. 그러나 그의 무장론은 "인민을 스스로가 무장해야겠다고 하는 불타는 열망으로 무장시켜야 한다"는 것으로서, 이것은 레닌의 빈축을 살 뿐이었다. 플레하노프는 무장론을 반대했다. 1905년 12월의 모스크바 인민 봉기 때 비록 빈약하게나마 일부 투쟁 대원들이 무기를 들었던 것은 잘못이었다고 비판하면서 "그들은 무기를 잡지 않았어야 했다"고 플레하노프는 단호히 말했다. 이 점을 레닌은 비판하고 나섰다. "그 반대로 그들은 무기를 더욱 단호히, 정력적으로 그리고 공격적으로 들었어야 한다. 무장 봉기를 준비하지 않은 자들은 혁명의 지지자들의 대열 밖으로 무자비하게 추방돼야 하며 혁명의 적들과 반역자들 또는 비겁자들의 대열로 되돌려보내져야 한다"고 레닌은 반박했다. 이 장은 우선 레닌의 무장투쟁론을 분석하고, 그 이론에 따라 실제로 그가 어떤 일들을 벌였던가를 살피며 그 일들이 사회민주당 내부에서 어떤 논쟁을 불러일으켰나를 검토하기로 한다.

1. 레닌이 새로운 투쟁 방식을 제시하다

무기의 종류를 구체적으로 지적하다. 무장투쟁론을 내세우면서 레닌은 "차리의 경찰과 군대에 대항해 싸울 용의가 있는 사람"만이 무장 봉기에 필요한 사람이라고 역설했다. 그리고 그는 매우 상세한 실제 처방을 내리기도 했다: "매 중대에 짧고 간단한 폭탄 제조 공식을 주라. 〔……〕 그들은 실제적인 전투 행동과의 직접적인 관련 속에 군사 행동을 시작하지 않으면 안 된다. 어떤 사람들은 즉각 밀정들을 죽이거나 경찰서들을 폭파시켜야 할 것이며, 어떤 다른 사람들은 봉기를 위한 자금을 빼앗기 위해 공격대를 조직해서 은행들을 털어야 할 것이다."

이 마지막 구절은 그와 멘셰비키 사이에 다시는 결코 메워지지 않을 커다란 간격을 만들어놓게 된다. 며칠 뒤 레닌은 무기들을 다음과 같이 열거했다: "소총, 연발 권총, 폭탄, 칼, 쇠뭉치, 몽둥이, 불을 일으킬 수 있도록 기름에 적신 넝마뭉치, 밧줄 또는 밧줄 사다리, 바리케이드를 세우는 데 쓸 삽, 다이너마이트 통, 가시철, 기병대를 막아줄 못……"

이 밖에 레닌은 군호, 가동성(可動性)과 기습의 가치, 장교와 사병의 우호적인 관계, 여성 · 유아 · 노인의 이용법, 고립되어 있는 경찰관을 무장 해제시키거나 지붕을 기어올라가거나 돌멩이, 산(酸), 끓는 물을 군대에 퍼부어줄 비무장 대원들의 의무 등에 대한 이론을 소개했다.

당시 사회주의 혁명가로서 이러한 실제적 방면에 대해 글을 쓴 사람은 레닌을 제외하고는 아무도 없었다. "혁명의 정점(頂點)과 혁명의 대원들은 폭력적이지 않으면 안 된다"[2]고 확신한 레닌만이 그 방면에 관심을 쏟을 수 있었던 것이다. 뒷날 적군(赤軍)을 조직할 트로츠키, 독일에서 스파르타쿠스류(流)의 민중 봉기를 주도할 로자 룩셈부르크는 물론이며 어떠한 멘셰비키도 그러한 방면에 대해 관심을 돌리거나 구체적인 방안을 개발해내지 못했다. 그런데 무기와 시가전에 관한 레닌의 글들은 멘세비키 지도자들로부터는 말할 것도 없고 볼셰비키 지도자들로부터도 반감을 불러일으켰다. 반면에 그 글들은 전투적인 투쟁 분자들을 레닌 쪽으로 끌어들이는 중요한 요인이 됐다. 1906년과 1907년 동안 레닌은 무장투쟁론자들의 대부분을 자신의 영향 아래 둘 수 있었는데, 이들은 무장 투쟁에 의해서 무엇인가 식어가는 것 같은 혁명의 열기를 재연시킬 수 있다고 주장한 것이다.

이들을 바탕으로 레닌은 일종의 '군사-기술' 회의를 열 수 있었다. 이 것은 1906년의 제2차 탬머포르즈 회의에서였다. 1905년 12월의 모스크 바 시민 봉기에 참가했던 당원들의 대표들은 물론, 군대 내부의 동조자 들의 대표들도 이 회의에 참가하고 있었다. 그것은 비밀 회의였다. 그러 나 그 가운데는 정부의 첩자들이 이미 섞여들어와 있었기 때문에 정부는 그 회의가 어떻게 돌아가는지 훤히 알았다.

무장 대원들이 늘어나다. 전투단의 조직 또는 게릴라의 조직은 레닌만의 독점물이나 발명품은 아니었다. 전투단이나 게릴라는 모든 정당들과 정 파들, 그리고 당과는 관련 없는 많은 단체들 가운데서 자연발생적으로 쏟아져나왔다. 그들은 특히 변경 지대에서 상당한 영향력을 행사하고 있 었다. 폴란드에서는 필수드스키가 영도하는 폴란드 사회당과 연계를 맺 고 싸웠는데 많은 수의 경찰관들과 정부 관리들을 죽인 것으로 다른 어 느 게릴라보다 이름이 나 있었다. 발틱 지역에서 그들은 '숲의 형제들' 로 알려진 로빈 후드Robin Hood류의 게릴라와 제휴해서 싸웠는데 정확 한 사격과 저격으로 이름 높았다. 우랄 지역에서 그리고 코카서스의 산 악 지역에서 그들은 이 지역 특유의 산적 또는 게릴라 전투의 오랜 전통 에 힘입어 싸울 수 있었다. 이 모든 변경 지대에서 주민들은 물론 게릴라 를 지원했는데, 민족의 독립이라는 대의명분이 게릴라와 주민을 연결하 는 정신적인 끈이었다.

상트 페테르부르크와 모스크바에서도 무장 대원들의 수는 늘어나기 시작했다. 상트 페테르부르크에서는 총파업이 일어났었고, 모스크바에 서는 무장 봉기가 일어났었다. 바로 이 두 지역에서 무장 대원들의 수가 늘어나기 시작한 것이다. 시가전에 참가하려고 가정과 직장을 떠났던 노동자들, 고용주들의 블랙 리스트에 오른 파업 노동자들, 경찰들이 붙은 노동자단의 우두머리로 지목해 찾고 있는 노동자들, 경찰이 들이닥쳤을 때 마침 집에 없어 잡히지 않았으나 그렇다고 집에 돌아갈 수 없었던 혁명가들, 경찰 초소들을 습격해 무기를 얻어낸 사람들, 총포상을 털어 무기를 빼앗은 사람들, 무기고를 깨고 들어가 무기를 얻어낸 사람들, 부대를 이탈한 병사들, 반란에 참가해서 체포됐다가 탈출한 병사들—이 모든 쫓기는 '범법자'들이 무장 혁명대 속에 속속 몰려들어왔던 것이다.

당시 모든 다른 형태의 공공 활동은 줄어들고 있었다. 따라서 혁명적 무장 혁명대는 레닌의 혁명 운동에 새로운 중요성을 지닌 채 부각됐다. 그런데 문제는 자금으로, 자금이 그 어느 때보다도 더 필요해졌는데 제대로 조달되지 않고 있었다. 당은 대중에 뿌리박지 못했기 때문에 그들의 당비로써 당의 재정을 충당한다는 것은 거의 불가능한 얘기였다. 이제까지 당에 자금을 헌금해온 사람들은 제법 윤택한 자유주의자들과 반정부적 기업가들 및 '응접실 좌익들'이었는데, 이들은 차차 혁명에 대한 의욕을 잃어가고 있었다. 당의 자금 사정이 이렇다는 것을 알고 나자 무장 대원들은 국영 은행이나 사립 은행을 털거나 우편 마차나 열차를 털기 시작했다. "부르주아 계급으로부터 도매로 빼앗지 못할 바에야 소매로라도 빼앗아야 한다"고 생각한 것이다. 이러한 강도 행위는 당내에서는 그저 경비 조달이라고 불렸다. 이러한 자금의 조달 방식은 당의 지도층을 점점 일반 당원들로부터 독립적으로 만들어나갔다.

타락하는 무장 혁명대. 무장 혁명대가 당의 자금 조달을 위해 강도질에 나서면서 차차 불량배들이 끼여들기 시작했다. 이른바 '룸펜 프롤레타리아트' 또는 '빈민 프롤레타리아트'들이 무장 혁명대의 하층으로 충원되기 시작한 것이다. 어떤 원리 원칙을 따르는 것도 아니며 정신적으로 타락한 이들은 일종의 버림받은 계급으로 범죄자와 거의 같은 의미로 쓰이고 있었다. 이들의 대부분이 교회가 축복을 내린 친(親)차리적 폭력 집단인 '검은 백인단'의 주축을 이뤘던 것인데, 이제는 무장 혁명대 쪽으로도 끼여들기 시작한 것이다. 강도질을 해서 돈을 벌 수 있다는 것, 그 이유 하나만으로 그들은 무장 혁명대를 선택한 것이다.

무장 혁명대의 상층도 차차 타락하기 시작했다. 강도질을 해서 빼앗은 돈의 일부를 제 주머니에 넣었던 것이다. 처음엔 생계를 위해, 그리고 차차 축재를 위해 손을 대기 시작한 것이다. 당의 지도층은 무장 혁명대의 타락 현상에 주목하기 시작했다. 로자 룩셈부르크의 다음과 같은 글은 당시의 상황을 잘 말해주었다: "그저 산적에 지나지 않는 사람들이 군법 회의에서 혁명적 노동자들과 함께 있다. 그들은 자신들을 프롤레타리아트의 계급 운동에 연관시키며 〔……〕 같은 감방을 채우고 붉은 깃발의 노래를 부르며 교수대 위에서 죽는다. 산적들의 대부분은 그전의 혁명적 노동자들과 다양한 사회주의 정당원들로 구성되어 있다. 〔……〕 혁명에 그렇게 유해한 이들이 어떻게 프롤레타리아트 혁명의 드라마와 사유 재산에 반대하는 룸펜 프롤레타리아트의 게릴라 투쟁사에서 궐기할 수 있을 것인가?"[3]

레닌 역시 그 위험성을 모르는 것이 아니었다. 그러나 1906년에 열린 스톡홀름 대회가 무장대와 그들의 '자금 조달'을 특정지어 반대한 뒤에도 그는 이렇게 썼다: "빨치산 투쟁은 대중 운동이 봉기를 일으킬 만큼 성숙했고 큰 전투 사이에 장단간(長短間)의 휴식이 생겨났을 때의 불가피한 투쟁 형태다."

그리고 1907년에 그가 '광범위한 혁명의 부활'이 곧 이뤄질 것이라는 전망에서 선거의 거부를 거부했을 때도 그는 여전히 '광범위한 혁명의 부활'과 '주요한 내란의 교전'이 임박했다는 기대에서만 허용될 수 있는 '무장 행동'과 '자금 조달'을 비밀리에 계속 지시했던 것이다.

2. 멘셰비키가 레닌의 '자금 조달' 방식에 반발하다

레닌의 수정안이 통과되다. 레닌 방식의 '자금 조달'에 대해 멘셰비키는 점점 경계하고 개탄하기 시작했다. 무장 혁명대의 강도 행위가 세계 각국의 신문들에 크게 보도되기 시작하면서 당의 위신을 실추시킴과 아울러 투쟁 따위에 싫증을 내는 세론을 당으로부터 더욱 멀리 떠나게 하기 때문이었다. 정부는 이러한 강도 사건을 노동조합을 탄압하는 구실로 이용했으며, 더 나아가 제2대 두마를 해산하기 위해 조작된 음모의 자료로 이용했다. 정부의 이러한 조처들은 모든 합법적 조직 활동조차 위태롭게 하는 것이었다.

그러나 볼셰비키는 이러한 자금 조달 방식에 의해 자파의 활동을 유지해왔으므로 마음속으로는 반대하지 않고 있었다. 그 자금으로 볼셰비키는 각 지역의 신문들을 계속해서 발간할 수 있었고, 통합 당 대회에 나갈 대의원들의 경비를 지급할 수 있었으며, 이에 따라 레닌의 세력은 당내 어느 파벌보다 유리한 입장에 설 수 있었던 것이다. 그리고 당내의 비밀 조직인 볼셰비키 센터, 그리고 더한층 비밀스런 조직인 '군사-기술 센터'는 정규적인 당 위원회보다 더욱 부유해지고 강력해졌던 것이다.

이런 상황에서 1906년 봄에 스톡홀름에서 당 대회가 열렸다. 이 당 대회는 볼셰비키와 멘셰비키가 다시 통합을 이룩해야 한다는 당원들의 압력 속에서 열렸다. 플레하노프도 여전히 당의 단결을 호소했다. 여기서 그가 멘셰비키를 마르크시스트로, 볼셰비키를 블랑키스트로 불러야 한다는 주장을 전개한 것은 유명하다.[4]

당 대회에서 멘셰비키는 레닌의 무장 혁명대의 활동에 대한 금지안을 제의했다. 레닌은 그 안이 제기됐다는 점에 대해 놀라지 않았다. 그러나 볼셰비키의 상당수가 이 안에 동조한다는 점에 대해서는 놀랐다. 그래서 이 멘셰비키안에 대한 대항안을 내놓으려던 계획을 포기하고, 표결이 실시되고 있는 회의장에서 나와버렸다. 표결 결과는 64 대 4, 기권 20으로, 멘셰비키안의 가결이었다. 반대자들과 기권자들은 물론 레닌의 충성스런 추종자들이었다.

그러나 대다수 대의원들은 레닌이 그 멘셰비키안에 대한 수정안을 뒤늦게나마 내놓았을 때 받아들이는 쪽으로 기울어졌다. 그의 수정안은 '검은 백인단'의 테러와 정부의 테러에 대해서는 방어적 행동을 취하는 것이 허용된다는 내용이었다. 레닌은 그 수정안으로 만족해했다. 그 수정안은 그에게 여전히 비밀 조직의 운영을 합법화시키는 기반이 된다고 믿었던 것이다. 아닌게아니라 새로운 중앙위원회가 멘셰비키가 다수를 차지한 가운데 소집되고, 그 중앙위원회가 '검은 백인단'과 정부의 테러에 대항하는 문제를 다룰 '군사-기술국'을 세웠을 때 레닌은 쉽사리 그기관을 장악할 수 있었다. 그 분야야말로 레닌의 전문 분야였기 때문이다. 군사-기술국을 장악한 레닌은 곧 당 대회의 결정, 그리고 당 중앙위원회의 기율에 반해 1906년 11월에 탬머포르즈에서 회의를 소집했다. 이제 당내에는 합법적인 중앙위원회와 비합법적인 볼셰비키 센터, 그리고역시 비합법적인 레닌과 크라신 및 보그다노프 3자의 군사위원회가 존재하게 된 것이다. 그들 가운데 3자의 군사위원회가 어느 다른 기관보다도강력했다. 그 기관만이 자금을 장악하고 있었기 때문이었다. 그 기관은볼셰비키 센터에도 보고를 하지 않았다.

레닌의 군사위원회. 레닌이 이처럼 3자의 군사위원회를 중심으로 혁명활동을 이끌어나가는 이유는 간단했다. 그러한 비밀 활동에 대해서는 아는 사람이 적으면 적을수록 경찰의 밀정이 침투해 들어올 위험성이 적다고 판단한 것이다. 그래서 그는 자신이 신뢰하는 극소수의 사람들만으로그 위원회를 조직하고, 또 그들이 신뢰하는 극소수의 사람들을 그들 자신이 뽑게 해서 그들로 하여금 무기 구입이나 국경 지대에서의 밀반입과밀반출의 업무를 수행하게 했으며, 그들은 그들 나름대로 자신이 지극히신뢰하는 사람들만을 하수인으로 쓰는 등 기밀 유지에 안간힘을 다했다.이런 식으로 레닌은 정상부에서부터 하층부에 이르기까지 철저하게 기밀이 유지되는 기구를 운영하고 있었다. 그 기구는 당내의 당이며 그의파벌 내의 파벌이었던 것이다.

레닌은 자신의 기구에 속한 당원이 강도 행위에 나설 때는 일단 탈당시키는 형식을 취했다. 물론 그것은 형식적인 것이었으며, 그들은 레닌이 장악한 비밀 재정위원회로부터 직접 지시를 받았다. 이러한 비밀 조직을 가졌기에 레닌은 1907년 봄에 제2차 통합 당 대회가 런던에서 열렸을 때 멘셰비키를 누를 수 있었다. 당시 멘셰비키는 노동조합과 대중 조직 및 당의 공식 기관에서 다수를 차지했으므로 런던 대회에서도 쉽게당의 주도권을 장악할 것으로 믿고 있었다. 그러나 레닌은 그들보다 넉넉한 자금을 지녔으며 이 자금으로 런던 당 대회에 참가하도록 적잖은

수의 대의원들을 재정 지원할 수 있었다. 또한 넉넉한 자금으로 변경 지대 정당들의 지지를 살 수 있었다. 그래서 런던 당 대회에서 그는 멘셰비키에 비해 약간 우세를 보일 수 있었다.

레닌이 당 재판소에 서게 되다. 그런데 그때로부터 몇 해 사이에 자금원이 차츰 알려지기 시작했다. 우리가 이미 앞에서 보았듯이, 한 부유한 기업가인 슈미트가 죽으면서 모든 재산을 당에 바쳤다. 이 재산을 레닌이 자신의 파벌을 위해 써버렸는데, 슈미트의 누이동생들이 이 사실을 알고 불평을 털어놓음으로써 레닌의 '공금 유용'이 알려져버린 것이다. 또 티플리스의 유명한 은행털이에서 잃어버린 대량의 100루블짜리 지폐들이 이 지폐들을 외국의 은행에서 바꾸려다 체포된 저명한 볼셰비키 지도자의 주머니에서 나옴으로써 볼셰비키가 그 은행 강도짓을 주도했음이 폭로된 것이다. 또 우랄 지역의 무장 대원들이 은행을 털어 확보한 돈을 레닌의 비밀 조직인 무기위원회에 선불했으나 끝내 무기를 지급받지 못하자 이 사실을 불평함으로써 드러나게 된 것이다. 그리고 결정적으로는 3자 비밀위원회의 나머지 두 사람인 크라신과 보그다노프가 이 일련의 사실들을 폭로하고 나옴으로써 완전히 드러나고 만 것이었다.

1910년경까지는 이 추문들이 너무나 널리 알려져서 사회주의 인터내셔널이 직접 개입하게 됐으며, 이에 따라 레닌은 '더러운 돈' ——이 구절은 국제 공산주의 기구의 창설자의 한 사람으로 레닌의 친구이며 레닌을 존경했던 여성인 클라라 제트킨 Clara Zetkin이 쓴 말이다——의 상당액을 세 명의 저명한 독일 마르크시스트들, 곧 프란츠 메링 Franz Mehring과 칼 카우츠키 및 클라라 제트킨으로 구성된 '명예위원회'에 넘겨주지 않으면 안 됐다. 여기서 그치지 않았다. 1910년에 레닌은 당내의 모든 파벌로 구성된 러시아 사회민주당의 '명예 재판소'에 서지 않으면 안 됐다. 이로써 볼셰비키파와 멘셰비키파의 분열은 불가피해졌다.

『구세주냐 파괴자냐』. 1911년에 마르토프는 마침내 그가 꾸준히 수집해온 레닌의 자금 조달 방식에 대한 자료를 묶어 하나의 작은 책으로 출판했다. 파리에서 출판된 이 소책자의 제목은 『구세주냐 파괴자냐』였다. 여기서 그는 레닌이 그때까지 사용해온 자금 조달 방식, 곧 은행털이 따

542

위에 대해 상세히 폭로했다. 레닌은 아무런 반격도 가하지 않았다. 아니, 아무런 반격도 가하지 못했다고 보는 것이 옳을 것이다. 레닌의 기질로 미루어보건대, 그 소책자의 출판은 마지막 결별을 의미하는 것이었다. 그러나 그는 침착하게 대처했다. 그는 우선 자파만으로 프라하에서 회의를 열고 이것을 당 대회라고 불렀다. 그리고 이 당 대회의 결의로 마르토프와 그의 동료들을 당에서 '제명' 했다. 그들은 당의 기율을 어기고 '당을 해체시키려는 음모를 꾸몄기 때문' 이라는 것이다. 이것이 1912년이었다. 바꿔 말해 1912년에 두 파는 다시 한번 결별한 것이었다. 그런데 이 결별이 볼셰비키에게 치명적 상처를 입히지는 않았다. 이념적 · 정치적 문제가 도덕적인 문제와 얽혀 있었고, 또 여기저기에 흩어져 활동하는 지하 당원들이 진상을 거의 알지 못했기 때문이었다.

『구세주냐 파괴자냐』에서 마르토프는 당의 일반 재정을 위해 쓰여지도록 조달된 자금을 레닌이 어떻게 횡령했는가에 대한 자극적인 비화를 다음과 같이 털어놓았다. 1906년에 백만장자 모로조프 집안의 일원이며 모스크바의 한 공장의 소유자인 슈미트가 체포됐다. 모스크바 시민 봉기 때 무기 구입을 위한 비용을 대준 혐의를 받은 것이다. 그런데 그는 자신의 재산을 당에 유증한 채 감옥에서 죽었다. 이 일은 스톡홀름 당 대회와 런던 당 대회 사이에 일어났는데, 이 시기에 당 기구는 멘셰비키에 의해 장악되어 있었다. 그래서 레닌은 자신이 다수를 장악한 '군사-기술위원회' 에 이 돈이 넘어가도록 조처를 취하려고 했다. 그런데 슈미트의 유산의 '법적인 상속자' 는 그의 미혼의 두 누이동생들이었다. 그래서 레닌은 볼셰비키 법률가 한 사람을 자신의 밀사로 뽑아 언니와 결혼하게 하고 그를 통해 유산을 기증받으려 했으나, 그 밀사는 결혼하고 나더니 그녀의 상속분의 약간만을 레닌에게 전해주는 것이었다. 그러자 레닌은 이번엔 대담하고 비양심적인 인물로 이름난 빅토르 타라투타 Victor Taratuta를 보내 언니를 협박하게 했는데, 이 과정에서 그는 그녀의 여동생의 애인이 됐다. 그러나 그는 '불법자' 여서 그녀와 결혼할 수 없었다. 그래서 그는 그녀와 볼셰비키 투쟁 대원인 이그나티에프 Ignatiev와 가짜 결혼을 성립시키고, 그녀의 언니로부터 자신의 몫을 배당받은 다음 자신에게 넘기게 했다. 실제로 빅토르 타라투타는 그 돈을 넘겨받았다. 그러나 그는 여기서 만족하지 않고 그녀의 언니와 그 남편을 협박하기 시작했다.

이 시점에서 멘셰비키가 진상을 알아버린 것이다. 그리고 앞에서 지적했듯이, 레닌은 그 돈을 국제 사회주의 기구의 명예 법원에 내놓지 않으면 안 됐던 것이다. 그러나 1912년에 프라하 당 대회 이후 레닌은 그 돈을 돌려달라고 명예 법원에 호소했다. 확실히 레닌은 자금이 모자랐기 때문이었다. 그는 은행털이 따위의 자금 조달 방식으로 자파의 운영비를 충당해왔던 것이다. 마르토프와 단이 쓴 『러시아 사회민주주의 역사』에서 단은 이렇게 쓰고 있다: "볼셰비키 센터는 매달 상트 페테르부르크 위원회에 1,000루블을, 그리고 모스크바 위원회에 500루블을 공급해왔다. 그러나 이 기간에 당의 중앙위원회의 평균 월수입은 100루블에 지나지 않았다."

이 기록은 레닌의 볼셰비키 센터가 당의 중앙위원회보다 재정이 넉넉했음을 말해주는 것이었다. 그러면 그 넉넉한 재정은 어떻게 확보된 것인가. 그것은 두말할 것 없이 앞에서 지적한 여러 가지 추한 방식에 의해 확보된 것이었다. 이 점은 크루프스카야가 쓴 『레닌의 회고록』 제2권에서도 확인된다. 여기서 그는 레닌의 자금이 빅토르 타라투타가 그의 연인 엘리자베타 파블로브나 슈미트와 볼셰비키 무장 대원인 이그나티에프 사이의 위장 결혼의 결과로 나왔음을 시인했던 것이다. 레닌이 비교적 넉넉한 자금을 쓰고 있었다는 기록은 우랄 지역의 은행털이에 직접 가담했던 술리모프Sulimov의 회고록에서도 발견된다. 1925년에 모스크바에서 출판된 『혁명적 프롤레타리아』 제7권에서 그는 이렇게 썼다: "1906년과 1907년의 기간에 우리는 볼셰비키 당의 지구위원회에 40,000루블을, 그리고 중앙위원회, 곧 레닌의 비밀 볼셰비키 센터에 60,000루블을 보냈다. 이 자금을 갖고 지구위원회는 3개의 신문, 곧 『러시아의 병사』와 『프롤레타리』 및 타타르어로 된 신문을 발행했다. 그 밖의 돈은 런던 대회에 참석할 대의원들의 여행을 위해, 키예프에 있는 군사 교관들을 위한 학교와 렘베르크에 있는 폭탄 투척 연습 학교 지원을 위해, 그리고 간행물의 밀반입과 도망자들의 월경을 위해 쓰여졌다."[5]

레닌의 저술에서도 그가 무장 혁명대를 통해 자금을 조달받았다는 암
시가 엿보인다. 『게릴라 투쟁론』이라는 그의 이론적 저서에서 그는 다음
과 같이 썼다:

무장 투쟁은 서로 다른 목표를 추구한다. 〔……〕 일차적으로 그것은 개
별적인 인간들, 곧 경찰과 군대의 고관들과 부관들을 죽이는 목표를 추구
하며, 이차적으로 정부와 개인들의 양자로부터 자금을 빼앗는 목표를 추
구하는 것이다. 빼앗은 자금의 일부분은 당으로 가고 일부분은 인민의 무
장과 인민 봉기의 준비를 위해 쓰여지고 일부분은 투쟁을 수행하는 사람
들을 지원하기 위해 쓰여지는 것이다. 큰 징수를 통해 빼앗은 자금은 코카
서스에서는 200,000루블이 넘었고 모스크바에서는 875,000루블 가량 됐는
데, 이것은 일차적으로 혁명 정당으로 갔다. 그것보다 적은 징수는 무엇보
다, 때로는 전적으로, 징수의 비용을 확보하기 위해 이루어졌다.[6]

3. 마지막 통합 당 대회가 런던에서 열리다

대의원들의 얼굴들. 1907년 4월부터 5월까지 열렸던 런던의 당 대회는
통합 당 대회로서는 마지막이었다. 볼셰비키, 멘셰비키, 폴란드 사회민
주당원, 라트비아 사회민주당원, 유태인 동맹원이 모두 참가했다. 시베
리아에서 방금 탈출한 트로츠키도 이 대회에 참석했다. 그는 '비당파적'
인 파를 조직하려고 했으나 3명의 동조자를 얻는 데 그치고 말았다. 이
당 대회에는 당시에는 학생이었으나 장차 코민테른의 서기가 될 앙젤리
카 발라바노프 Angelica Balabanoff, 그리고 작가 고리키가 참가했다. 이들
은 당 대회에는 처음 나와본 사람들로서, 대의원의 자격이 아니라 방문
자의 자격이었다. 이들은 당 대회의 모습을 잘 기록해두었는데, 그들의
눈을 통해 저명한 혁명가들이 한자리에 모인 것으로는 마지막인 이 당
대회의 참석자들을 보기로 한다.
레닌의 주위에는 그의 현재의, 그리고 미래의 추종자들이 둘러앉아 있

었다. 철학자이며 경제학자이고 과학자인 보그다노프가 우선 눈에 띄었는데, 그는 레닌의 삼두 마차의 제2인자였던 크라신을 대체한 사람이었다. 그 다음이 지노비에프와 카메네프였는데, 이 두 사람은 레닌이 보그다노프와 결별한 다음 새로운 삼두 마차를 구성할 사람들이다. 그 다음에 톰스키가 있었는데, 그는 1905년부터 1937년에 스탈린에 의해 숙청될 때까지 볼셰비키의 노조를 이끌어나갈 사람이다.

그들 둘레에 다음과 같은 볼셰비키 지도자들이 앉아 있었다. 장차 외무부 장관이 될 리트비노프, 장차 국방부 장관이 될 보로실로프 Voroshilov, 장차 교육부 장관이 될 부브노프 Bubnov, 장차 무신론자 동맹의 지도자가 될 야로슬라프스키 Yaroslavsky, 역사가 포크로프스키, 제2대 두마의 볼셰비키 대변인이 될 알렉신스키, 레닌 다음으로 총리가 될 류코프, 1917년 10월에 모스크바 봉기를 이끌어나갈 노긴 Nogin, 그리고 빅토르 타라투타가 그들이다.

그 다음으로 멘셰비키의 지도자들이 있었다. 특히 멘셰비즘의 대중적 기반이 가장 강한 지역이며 멘셰비키 두마 의원들을 가장 많이 배출한 트랜스코카시아의 대의원들이 자리잡고 있었다. 그들의 지도자 격으로, 영어로는 조지아 Georgia로 불리고 러시아어로는 그루지야 Gruziya라고 불리는 이곳의 사회민주당 지도자이면서 두마 의원인 체레텔리 Tseretelli, 뒷날 조지아 민주공화국의 대통령이 되는 조르다니아 Zhordania, 뒷날 이 나라의 내무부 장관이 되는 노아 라미시빌리 Noah Ramishvili 등이 그 선두에 앉아 있었다.

스탈린의 등장. 이 조지아 대표단 속에 '우애적 대표'라는 이름의 한 조지아 사람이 있었다. 그는 조지아 전지역을 통틀어도 500명의 지지자를 끌어모을 수가 없었기 때문에 정식 대의원이 될 수 없어서 투표권도 없는 '우애적 대표'라는 궁색한 이름 아래 참가하고 있었던 것이다. 런던 대회에 앞서 열렸던 스톡홀름 대회에도 그는 참석했지만, 이때도 멘셰비키는 그가 대표한다고 주장하는 보브찰로 지구가 실제적인 활동을 전혀 하지 못하는 지구라는 점을 성공적으로 입증했기 때문에 그저 방청객에 지나지 않고 말았다. 이번 런던 대회에서도 그는 토론에 전혀 참여하지 못한 채 회의가 돌아가는 것을 그저 바라보고만 있는 형편이었다. 그래서인지 그는 발라바노프의 주목도, 고리키의 주목도 받지 못했으며 크루프스카야를 포함해 이 당 대회에 참석했던 어떤 사람의 주목도 받지 못했다. 그들의 기록에 그의 이름이 전혀 나타나지 않은 것이다. 그가 바로 스탈린이다.

스탈린 시대의 공식 설명에 따르면, 그는 1900년대 초기부터 레닌의 오른팔 역할을 수행했다고 한다. 그러나 1907년에 열린 이 런던 대회에서 그는 중앙위원회의 후보 위원에조차 선출되지 않았다. 이 대회에서 볼셰비키를 대표해 중앙위원회의 정위원으로 선출된 사람은 레닌, 보그다노프, 크라신, 지노비에프, 류코프 등 5명이었고, 후보 위원으로 선출된 사람은 노긴, 두브로빈스키, 골덴베르크, 로슈코프, 테오도로비치, 샨처, 좀머 라이타이젠, 스미르노프, 타라투타 등 10명이었던 것이다. 그는 그렇다고 해서 볼셰비키 센터를 수립하게 될 17명의 비밀위원회의 위원으로 선정된 것도 아니었다. 그러나, 우리가 뒤에서 살피게 될 몇 가지 이유들로 해서, 그는 차차 충직스런 부하로 레닌의 주목을 받게 되며, 이에 따라 고도의 비밀과 음모적 기술을 요구하는 매우 어렵고 위험한 과업을 수행하게 된다.

런던 대회에는 91명의 볼셰비키와 89명의 멘셰비키가 참석했다. 어느 다른 기록에 의하면 106명의 볼셰비키와 99명의 멘셰비키가 참석했다. 어떻든 이들 볼셰비키와 멘셰비키를 제외한 나머지 대의원들 가운데 가장 큰 덩어리는 유태인 동맹의 55명 대의원이었다. 그들은 라파엘 아브라모비치 Rafael Abramovich, 그리고 본명이 골드만인 리버 M. I. Lieber 등이 이끌었는데, 이 두 지도자는 이 대회에서 중앙위원으로 선출됐다.

런던 대회에는 44명의 폴란드 사회민주당원들이 참가했는데, 이들 가운데 가장 이상적인 인물은 여성 지도자 로자 룩셈부르크였다. 감옥으로부터 갓 나온 그녀는 연약하면서도 역동적인 정열을 보여주었고, 또 시베리아 유형지를 막 탈출해나온 얀 티스즈카 Jan Tyszka와 긴밀한 동지 관계를 유지하고 있었다. 폴란드 사회민주당 내부에서는 그들을 중심으로 하나의 유능한 그룹이 형성됐는데, 그 구성원들은 본명이 아돌프 바르샤프스키 Adolf Warshawski로서 그저 바르스키 Warski라고 불리던 사람과 드지에르진스키 Dzierzynski, 운슐리히트 Unschlicht, 라데크 Radek, 하네키 Hanecki 등이었다. 이들 전부가 1917년에 볼셰비키가 되며, 드지에르진스키가 소련 비밀 경찰의 창설자가 되고, 운슐리히트도 소련 정부의 차관이 된다. 라데크는 뒷날 코민테른과 스탈린 정권을 대변하는 뛰어난 저널리스트가 되지만 끝내는 1930년대의 스탈린 대숙청 때 처형되고 만다. 바르스키는 폴란드 공산당의 지도자가 되는데, 그 역시 1930년대에 러시아에 망명해 있던 이 당의 모든 다른 지도자들과 함께 스탈린의 대숙청 때 목숨을 잃는다. 하네키는 뒷날 레닌이 1차 세계 대전 때 독일 정보 기관의 요원이었다는 비난을 하게 되는 바로 그 사람이다.

코펜하겐에서 런던으로. 원래 당 대회는 덴마크의 코펜하겐에서 열릴 예정이었다. 그래서 약 300명 정도의 대의원들이 이곳으로 몰려왔다. 그 가운데는 러시아식의 옷을 입은 수염 기른 노동자들도 있었고, 양 껍질로 만든 모자를 쓴 코카서스 사람들도 있었으며 10명의 제2대 두마 의원들도 있었다. 그런데 코펜하겐 시 당국은 이들의 집회를 허락하지 않았다. 러시아 차리의 삼촌이 되는 덴마크 군주에 대한 예의를 지키기 위해서였던 것이다. 그래서 당 대회 장소는 자연히 런던으로 바뀌게 됐던 것이다. 그러나 300여 명의 대의원들을 코펜하겐에서 런던으로 옮기는 비용이 큰 문제였다. 여기서 발라바노프와 고리키의 활약이 개시되어, 전자는 독일 사회민주당에서 상당한 액수의 보조금을 받아내는 데 성공했고, 후자는 런던에서의 자금 조달에 성공했다.

당 대회를 장기화시킨 요인들 가운데 하나는 180명의 러시아 대표들이 거의 절반씩 볼셰비키와 멘셰비키로 나누어졌다는 사실이었다. 볼셰비키가 91명, 멘셰비키가 89명이어서, 두 파 사이의 논쟁은 거의 백중세 속에서의 논쟁으로 같은 얘기가 다른 대의원에 의해 되풀이되는 양상을 띠었던 것이다. 또 표결에서 이기기 위해 중도적 입장에 있는 소수의 폴란드 대표들, 유태인 동맹 대표들, 라트비아 대표들에게 호소하려니 자연히 논쟁은 길어진 것이다. 모든 결의안도 그것이 통과되기 위해서는 각파 사이의 거듭되는 협상과 토론을 거치지 않으면 안 됐다. 의장 선출도 마찬가지였다. 레닌이 몇 표 차로 플레하노프를 누르고 선출되기는 했으나, 그 선거는 격렬한 토론을 불러일으켰다.

당 대회가 이처럼 길어지자 자연히 자금이 말라붙어버렸다. 고리키가 다시 자금 조달의 부탁을 받게 되자 그는 자신의 애독자인 런던의 사업가 조세프 펠스Joseph Fels에게 사정을 설명하고 3,000파운드를 빌렸는데, 그 차용 증서에는 당의 지도급 인사들이 모두 서명을 했다. 당은 그 돈을 갚을 생각도 능력도 없었다. 그러나 볼셰비키가 집권하자, 펠스는 자신의 은행 금고에서 그 차용 증서를 꺼내 볼셰비키에게 제시하고 돈을 돌려받는다.

레닌과 고리키의 우정이 시작되다. 고리키는 원래 자신이 그 길을 택한 이탈리아 망명중에 있었다. 그러나 그는 러시아 사람들이 보고 싶었고 러시아말을 듣고 싶었으며 러시아 혁명 운동의 거물들을 만나고 싶었다. 그래서 그는 런던 당 대회로 달려왔던 것이다. 그러나 즐거운, 뭔가 축제에 젖어드는 것 같은 기분은 회의 첫날에 깨어지고 말았다. 첫날부터 대회장은 완전히 논쟁의 혼란 속에 빠져들었기 때문이다. 여기서 그는 레닌을 처음 만났다. 그는 레닌과의 첫 대면을 이렇게 회고했다:

레닌은 나의 손을 진정으로 반갑게 흔들고 그의 날카로운 눈으로 나를 바라보면서 오랜 친구처럼 이렇게 익살맞게 말했다: "당신이 와서 대단히 기쁘구려. 나는 당신이 논전을 좋아한다고 생각합니다. 여기에 이제 모든 사람에게 무료인 멋있고 오래된 논전이 벌어질 거요."

나는 레닌이 그러한 사람이라고 생각하지는 않았다. 무엇인가가 그에게는 결여되어 있었다. 그는 그의 R발음을 목구멍으로 내고 있었으며 손을 겨드랑이 아래쯤에 찔러넣은 채 서 있는 편한 자세를 취하고 있었다. 그는 너무나 평범해 보였으며, 지도자의 인상을 주지 않았다. 〔……〕

그는 내 책 『어머니』의 결점에 대해 곧 말하기 시작했다. 분명히 그는 라디슈니코프가 갖고 있는 원고를 읽었던 것이다. 나는 서둘러 그 책의 집필을 완성하려고 한다고 말했는데 그 이유에 대해 말하지를 못했다. 동의한다는 뜻으로 고개를 끄덕이며 레닌은 스스로 다음과 같이 말했다: "그

렸소. 나도 그것을 빨리 끝냈으면 하오. 그러한 책은 필요합니다. 왜냐하
면 혁명 운동에 참가하고 있는 많은 노동자들은 무의식적으로, 그리고 혼
란된 상태에서 그렇게 하고 있기 때문입니다. 그들이 당신의 『어머니』를
읽는다는 것은 대단히 유용합니다. 바로 이 시기를 위한 책입니다."[7]

이렇게 레닌과 고리키의 우정은 시작됐다. 레닌은 고리키의 문학적 재
능을 높이 평가했고, 고리키는 레닌의 힘과 위대함을 존경했던 것이다.
그리고 그 우정은 두 사람 사이의 허다한 견해차를 극복하는 바탕이 된
다.
마르토프 역시 고리키에게 깊은 인상을 남겼다. 그러나 레닌의 그 밖
의 반대자들은 고리키에게 좋은 인상을 남기지 못했다. 다음은 플레하노
프와 단 및 마르토프 등에 대한 고리키의 인상기의 주요 대목들이다:

단추가 달린 프록코트를 입고 있는 플레하노프는 마치 자신의 사상은
논쟁의 여지없이 명백한 것이며 자신의 모든 말과 자신의 모든 쉼조차 큰
가치가 있다고 확신하는 설교자처럼 말했다. 〔……〕 작은 데오도르 단은
진정한 진리와 자신의 관계가 마치 딸에 대한 아버지의 관계라는 식의 사
람처럼 말하고 있었다. 〔……〕 마르토프, 이 놀라울 정도로 매력적인 사
나이는 청년의 열정을 갖고 얘기했으며 불화와 분열의 비극적 드라마에
의해 가장 깊이 마음의 상처를 받았음이 분명했다. 그의 목소리는 떨렸으
며, 마치 경련을 일으키듯 앞으로 뒤로 왔다갔다했고, 그의 풀을 먹인 셔
츠의 칼라를 풀어놓고 손을 흔들며 얘기했다. 〔……〕 마르토프는 호소하
고 역설하는 인상을 주었지 논쟁하는 인상을 주지 않았다. 때때로 그의 목
소리는 거의 신경질적이었다.

그러나 이제 블라디미르 일리치가 연단에 뛰어올라 후두음으로 "동지
들!" 하고 외쳤다. 그는 나에게는 연설을 잘하지 못하는 것처럼 보였다.
그러나 몇 분 뒤 나와 다른 사람들은 그의 연설에 빠져들고 말았다. 복잡
한 정치 문제들이 그렇게 간단하게 설명되는 것을 들어보기는 나에게는

처음이었다. 웅변적인 구절들을 쓰려는 노력이 보이지는 않았다. 그러나 모든 단어는 분명하게 얘기됐으며 그 의미는 훌륭할 정도로 쉽게 전달됐다. 그의 얘기는 증오의 외침에 의해 중단되기도 했다. 키가 크고 수염이 난 한 사람이 자리에서 벌떡 일어나더니 "조그만 음모들 〔……〕 조그만 음모들을 연출하는구나! 블랑키스트들아!"라고 외쳤다. 이 증오에 찬 외침이 그에게 아무런 뚜렷한 영향을 미치지 않았다. 나는 외부적으로 나타난 이 침착함이 그에게 어떤 재해를 가져다주었는가에 대해서 며칠 뒤에 알았다.[8]

고리키가 그때로부터 20년이 지나서 생생하게 기록해놓은 그날의 토론은 바로 무장 대원들의 강도 행위에 관한 것이었다.

사회혁명당에 대한 지원. 우리는 앞에서 레닌이 강도 행위를 통해 번 돈이 "일차적으로 혁명 정당들에게 갔다"는 것을 시인했음을 지적했다. 구체적으로 어느 정당들에게로 간 것인가를 다음에서 살피기로 한다.

레닌이 시인한 모스크바에서의 은행털이는 사회혁명당 좌파, 곧 맥시멀리스트들의 소행이었고, 코카서스의 은행털이는 연방사회주의자들의 소행이었다. 그러나 레닌의 비밀위원회가 이 두 건에 모두 관여하고 있었다. 이 두 건말고도 레닌의 비밀위원회는 맥시멀리스트들이 행한 1906년의 큰 일들을 도와주었다. 우리가 이 일련의 '사업'들을 분석하기에 앞서 맥시멀리스트와 레닌의 비밀위원회 사이의 특수한 사실상의 동맹 관계에 대해 살펴볼 필요가 있겠다. 사회혁명당은 인민의 의지당에서 발전되어나왔기에 농민과 민주주의에 대한 헌신과 함께 폭력 의존적인 전통을 물려받았던 것이다. 이들은 정부가 모든 반대자에 대해 조직된 폭력을 사용하는 비민주적인 나라에서 폭력은 폭력에 의해 대항돼야 한다고 믿고 있었다. 따라서 암살이나 '징수'는 원칙의 문제라고 보았다.

당 자금의 조달을 위한 은행털이 따위의 방식에 반대한 또 하나의 사회주의자 그룹은 악설로드와 마르토프 그룹이었다. 앞에서 지적했듯이, 그들은 소수 혁명가들의 음모적 방법과 폭력의 사용 따위를 배격하고 있었으며 '유럽적인' 또는 '개화적인' 혁명 방법, 곧 대중의 계급 투쟁에 의한 혁명 방법을 지지하고 있었다. 따라서 그들의 눈에 은행털이나 암살 같은 것은 퇴폐적인 모험주의로 비쳤다. 사회 생활의 수준을 향상시키고자 하는 이상주의적 운동에 비추어 비천하고 자기 패배적인 일이라고 생각한 것이다. 그러한 행동들이 계속된다면 혁명 운동의 주도권은 결국 소수의 음모가들에게 돌아갈 것이며, 광범위한 노동자 대중과 모든 자유주의적 세력 또는 민주주의적 세력은 혁명 운동의 대열에서 떨어져 나갈 것이라고 보았다. 이처럼 '서구적'인 혁명 방법을 강조하는 멘셰비키와 '러시아적'인 요소들에 바탕을 둔 혁명 방법을 강조하는 사회혁명당원들 중간에 레닌이 서 있었다. 그는 소강 상태에서는 전자의 방식에 기울어졌지만, 기본적으로는 후자에 가까웠다. 그가 자신의 논문「빨치산 투쟁」에서 강조한 점은 전제정의 타도를 지향하는 이 혁명 운동은 그 운동이 사용해야 할 수단에 대해 까다로워서는 안 된다는 것이었다.

레닌과 사회혁명당의 제휴. 1905년 가을에 니콜라이 2세가 입헌주의를 약속하는 10월 선언을 발표했다는 사실은 이미 앞에서 지적했다. 이 점들을 염두에 두면서 당시의 혁명 세력이 테러의 문제에 대해 어떤 태도를 보였는가를 살피기로 한다.

폭력을 혁명의 주무기로 채택했던 사회혁명당은 평소에 만일 러시아를 민주주의적 방법으로 변형시킬 수 있는 길이 있다면 자신들은 폭력을 포기하겠노라고 말했었다. 10월 선언의 발표에 접하자 사회혁명당은 그 공약을 지켰다. 그들은 제1대 두마의 선거 발표와 더불어 폭력 불사용을 공개적으로 선언한 것이다. 제1대 두마가 해산되고 나서야 그들은 차리즘 체제에 속았다고 생각하고 다시 폭력의 수단을 채택하게 된다. 그러나 레닌은 10월 선언이 발표된 그때부터 그것이 속임수라는 생각을 가졌다. 차리즘 체제는 자신의 약점을 느끼고 있으며 따라서 하나의 책략으로서 속임수적인 후퇴를 하고 있다고 판단한 것이다. 그래서 그는 직접적인 힘의 사용과 무장단에 의한 강타가 배가돼야 한다고 주장했다. 이로써 레닌은 테러리스트 집단인 사회혁명당원들보다 더욱더 테러리스트가 됐다. 그런데 사회민주당과 사회혁명당 모두가 이 문제를 놓고 분열됐다. 멘셰비키와 사회혁명당 다수파가 헌법과 두마에게 합리적인 시험의 기간을 주어야 하며 정부에게 무제한적인 절대주의로 돌아갈 수 있는 쉬운 구실을 주게 될 행동을 피해야 한다고 주장한 반면에, 레닌은 이 시점에서 오히려 무장 대원들에게 자신의 상세한 지령을 내리고 있었던 것이다. 동시에 사회혁명당의 좌파로서 자신들을 맥시멀리스트라고 부르는 패거리들은 당의 결정을 어기고 테러를 계속하기로 결정했다.

이로써 레닌의 비밀 무장대와 맥시멀리스트의 비밀 무장대는 아주 가까워졌다. 1906년 한 해 전체를 통해 그들은 함께 크라신 실험실에서 폭탄을 제조했으며, 일련의 은행털이와 암살에서 협력을 아끼지 않았다. 크라신이 폭탄 따위 등의 무기를 맥시멀리스트들에게 마련해준 대가로 레닌의 무장대는 맥시멀리스트들의 '수입'으로부터 한몫을 얻어냈다. 이러한 일이 자주 있게 되자 양자는 거의 한 단체처럼 되어버렸다. 이렇게 볼 때, 1917년의 러시아 혁명에서 양자가 단결된 행동을 했던 것, 그리고 러시아 혁명 직후 인류사상 처음으로 수립된 소비에트 정부가 양자의 제휴로써 이루어졌다는 것은 결코 우연이 아니었다.

4. 은행털이 패거리와 카모

비밀 공작에 이상적인 코카서스. 특히 1906년과 1907년에 신문들에 떠들썩했던 은행털이가 맥시멀리스트들에 의해 저질러졌다. 20명의 맥시멀리스트 은행털이단이 1906년 3월에 '상인 상호신용은행'을 습격해 네 명의 경비원들을 무장 해제시키고 875,000루블을 털어갔다. 10월에는 상트페테르부르크의 상호신용은행을 털었으며 국립은행에 들어갈 돈을 가득 실은 트럭을 털기도 했다. 이 은행을 털 때 사용한 폭발물, 그리고 스톨리핀의 관저에 장치한 폭발물은 모두 크라신의 '기술국'에서 만들어졌다. 크라신은 엔지니어로서 여행하기가 편한 입장이었다. 1906년 한 해만도 그는 바쿠와 티플리스에 여러 차례 여행을 했는데, 그것은 코카서스에 은행털이 사업을 활성화시키기 위해서였다.

한편 레닌의 비밀 삼두 체제의 제3인자인 철학자 보그다노프는 우랄 산맥 지역의 공작을 책임 맡았다. 그곳의 게릴라 책임자는 르보프 Lbov 란 대담하고 유능한 사나이였으며, 그가 거두어들이는 수익금은 꽤 큼직하였다. 그러나 이 지역의 조직에 속한 총포 수입자들 가운데 한 사람인 코미사로프 Kommissarov는 경찰의 밀정이었다. 그는 이 조직에서 총포 밀수입을 책임 맡은 몇 안 되는 간부급 당원들 가운데 한 사람이었고 또 크루프스카야의 추천을 받아 들어온 사람이었는데, 사실은 경찰이 레닌의 측근자들에게 심어놓은 밀정이었던 것이다. 그래서 코미사로프의 아내가 총포를 우랄 지역으로 보냈을 때 경찰은 손쉽게 그 총포 반입에 나선 대원들을 모두 체포할 수 있었다.

그러나 코카서스는 비밀 공작을 꾸미기엔 가장 이상적인 곳이었다. 그곳엔 산맥이 여기저기에 가로질러 있었고, 여러 소수 민족들은 차리즘의 탄압에 불만을 품고 있었으며, 일반 사람들도 불평투성이였다. 또한 산적은 물론 밀수입 · 밀수출과 게릴라 전투의 긴 전통이 서려 있는 곳이었다. 그래서 이 지역의 일반 서민들은 물론이고 때로는 관리들도 혁명 운동가들에게 상당한 동정을 보냈다. 레닌이 살아 있던 때인 1923년에 소비에트 정부가 출판한 볼셰비키의 한 지도자 필립 마카라드제 Philip Makaradze의 회고록 『사회주의를 위한 25년의 투쟁』에 의하면, 1,150개의 크고 작은 규모의 테러 행위는 1904년과 1905년에 코카서스에서 일어난 것이었다. 코카서스 지역에 볼셰비키가 많지는 않았다. 그러나 그들은 이러한 따위의 공작과 사업에 최적격인 몇몇 사람들을 확보하고 있었다. 그들은 처음에는 다른 그룹들과 함께 협력해서 일을 했다. 그러나 조그만 몇몇 건들에서 성공을 거두자 입맛이 당겨져 자신들 패거리만의 조직을 이룩했다. 그 조직은 정말 그 방면에 뛰어난 사나이들로만 구성됐는데 얼마 지나지 않아서 그 지역의 비슷한 그룹들 가운데 제일가는 존재가 됐다.

카모의 등장. 크라신은 바쿠와 티플리스에서 그들과 협의했다. 그들의 실제 우두머리는 카모 Semyon A. T. P. Kamo라고 알려진 사람이었는데 삼두 체제를 만나보기 위해 상트 페테르부르크와 핀란드를 1906년과 1907년에 걸쳐 몇 차례 여행했었다. 그는 삼두 체제를 만나보고는 그 세 사람, 곧 레닌, 보그다노프, 크라신을 크게 숭배하게 됐다. 그는 이들의 지혜에 대한 무한정한 존경심으로 머리를 가득 채우고, 다이너마이트와 폭탄과 총으로 가방들을 가득 채운 채 돌아왔던 것이다.

이때 카모의 바로 위 상사가 스탈린이었다. 어떤 이유 때문이었는지는 결코 밝혀지지 않았지만, 스탈린은 레닌을 보기 위해 1907년과 1908년 사이에 두 차례 여행을 했다. 스탈린은 뒷날 자신이 초기부터 레닌과 가까웠다는 증거를 내세우려고 무척 애를 썼는데, 그럼에도 불구하고 그는 이들 여행에 대해서는 거의 전적으로 침묵을 지켰다. 스탈린이 이들 여행에 대해 언급한 것은 꼭 한 번이었다. 에밀 루드비히 Emil Ludwig와의 회견에서 그는 "내가 그를 해외로 방문했을 때마다, 곧 1907년과 1908년 및 1912년에 그를 방문했을 때, 나는 그가 러시아의 실제 노동자로부터 받은 편지들의 더미를 보곤 했다"고 말했다. 아마 스탈린과 레닌은 당대회에 의해 금지된 은행털이 문제를 협의한 것이 아니었던가 추측하는 길밖에 없겠다.

스탈린은 워낙 비밀스럽고 재치 있게 일을 해나갔기 때문에 이 일련의 은행털이 문제에 깊숙이 관여했던 당내 인사들도 스탈린의 역할을 모르는 이가 많았다. 그러나 그들은 최소한 카모의 공로는 모두 알고 있었다. 그들은 카모가 크라신과 레닌의 지휘를 받아 그 엄청난 일들을 해치우는 것으로만 알고 있었다. 그 중간에 스탈린이 있었다는 사실, 그리고 스탈린의 공로가 컸다는 사실을 제일 처음 말한 사람은 친트자드제 Tsintzadse 로서 그는 카모처럼 코카서스 지방 게릴라의 지도자였기 때문에 진상을 알았던 것이다. 그러나 스탈린과 은행털이 패거리 사이에는 카모라는 인물이 있었다.

카모야말로 이 모든 은행털이의 핵심 인물이었다. 사자와 같이 용감하고 여우처럼 교활한 그는 단순하면서 담대한 사나이였다. 그러면서 정감이 넘쳐흐른 그는 행동에서는 무자비하면서 이기심이라고는 전혀 없는 성자와 같은 면이 있었다. 로빈 후드형의 혁명아로서 서구와 미국의 사회주의 운동에서 그와 같은 인물은 거의 생각해내기조차 어렵다. 아마도 가장 가까운 예를 찾는다면 볼셰비키 역사가인 레페신스키가 '중세기의 영웅'이라고 부른 독일 혁명가 막스 호엘즈 Max Hoelz를 지적할 수 있을 것이다.

카모의 본명은 세미온 아르샤코비치 테르 페트로시안이었다. 그는 꽤 잘사는 아르메니아 상인의 아들로 태어났는데, 출생지는 스탈린과 마찬가지로 고리 Gori였다. 카모와 스탈린은 어려서부터 가까운 친구였다. 그러나 스탈린이 연상이고 머리가 더 좋아서 언제나 스탈린이 지도자의 역할을 했다. 카모가 반종교 행위를 했다는 이유로 학교에서 일찍 퇴교당했을 때 스탈린은 그를 개인 지도해주었다. 개인 지도는 여기서 끝나지 않았다. 스탈린은 마침내 카모를 사회주의에 귀의시켰고 볼셰비키파로 이끌어갔다. 카모라는 별명도 스탈린이 지어준 것이었다. 그가 어느 날 "누구에게"라고 발음하자 스탈린은 "야, 너는 카모야, 카모" 하고 놀렸던 것이다. 그것이 그의 별명이 됐고 평생 그 이름으로 알려지게 됐다.

러시아 혁명사상 가장 큰 은행털이. 카모는 믿을 만한 사람이었다.[9] 경호원이 요구되거나 또는 밀정을 떨어없애버려야 할 때, 영웅심과 충성심, 그리고 죽어도 입을 열지 않는 비밀이 요구될 때, 카모는 언제나 믿을 수 있는 동지였다. 그의 첫번째 은행털이는 조지아의 쿠타이스 Kutais에서 벌어졌으며, 그것은 큰 성공으로 15,000루블을 털어냈다. 그러나 그는 하루 지내는 비용으로 다만 미화 25센트에 해당하는 50코페이크만을 요구할 뿐이었다.

몇 차례 은행털이 다음 그는 체포됐으나 티플리스 형무소로부터 대담한 탈출을 성사시켰으며, 거기서 그때 핀란드에 숨어 있는 레닌에게로 갔다. 레닌은 그를 벨기에로 보내서 총포 밀수를 하고 있는 파파샤, 곧 리트비노프를 돕도록 했다. 장차 소비에트 정부에서 외무부 장관이 될 리트비노프는 이때 에콰도르 육군의 장교로 위장하고 덴마크와 독일로부터 무기를 사들이고 있었다. 거기서 그들은 불가리아로 가서 그 무기들이 터키로부터 자유를 얻기 위해 싸우는 마케도니아 혁명가들과 아르메니아 혁명가들을 위한 것이라고 주장하면서 조그만 배를 사서 거기에 싣고 흑해를 건너 코카서스로 항해해 갔다. 그러나 그 배는 암초에 걸려버렸고, 루마니아의 어부들은 그 무기를 훔쳐갔으며, 카모와 그의 세 동료들은 체포되어 콘스탄자로 보내졌다.

루마니아의 형무소에서 석방된 카모는 코카서스로 돌아왔는데 그 중간에 크라신에게 들러 폭탄물을 얻어왔다. 그러나 그 폭탄물들은 성능이나 질이 변변치 못했다. 카모의 아내 메드베디예바 테르 페트로시안 Medve-dyeva Ter Petrossian에 의하면 그 폭탄들은 며칠만 지나면 쓸모 없는 것이 되곤 했다. 그래서 카모는 제대로 준비하지 못한 채 은행털이에 나섰기에 두 번이나 실패했다. 두번째엔 자신이 들고 간 폭탄이 그 앞에서 터져버려 그는 한쪽 눈의 시력을 거의 잃다시피 했다. 그는 성능 좋은 새 폭탄물을 얻어낸 다음 차분히 은행털이 계획을 세웠는데 그건 정말로 성공적이었다. 러시아 혁명의 모든 기간을 통해 가장 유명해진 다음과 같은 은행털이 사건은 바로 카모에 의해 이때 저질러진 것이다.

1907년 6월 26일 아침에 마차 한 대가 두 명의 경찰과 다섯 명의 코사크 사람의 경호를 받으며 예레반 광장을 지나가고 있었다. 이 마차는 250,000루블 이상의 돈을 상트 페테르부르크로부터 티플리스의 국립은행에 전해주기 위한 것이었다. 그런데 이 정보를 카모는 알고 있었다. 혁명가들 사이에 경찰의 밀정들이 들어와 있듯 정부 안에도 혁명가들의 밀정들이 들어가 있어서 그들로부터 카모는 이미 정보를 입수했던 것이다. 카모는 여자 두 명을 포함한 부하 열 명을 광장 곳곳에 배치시켜놓고, 자신은 군 장교복을 입고 그 일대를 '순찰'하면서 다른 일반 사람들은 얼씬거리지 못하게 했다. 그러는 한편 광장의 한구석에는 자신의 마차 한 대를 세워놓았다. 정부의 우편 마차가 광장에 들어서자 그의 부하들 가운데 지정된 요원이 폭탄을 던졌다. 그러자 두 명의 경찰관과 한 명의 코사크 사람이 죽고 그 근방을 지나가던 약 50명의 사람들이 경상을 입었다. 놀란 말들이 마구 뛰어 달리자 폭탄이 또 날아들어 말들을 멈춰버렸다. 그러자 '군 장교' 카모가 소리지르고 뛰어나와서 이미 마차에서 돈을 탈취한 자신의 부하들을 체포했다. 그리고 자신의 마차에 옮겨 싣고 뺑소니친 것이다.

탈취한 돈은 거의 전부가 500루블권이었으며 그 액수가 341,000루블에 이르렀다. 카모는 그 돈을 티플리스의 관상대장의 서재에 감추어두었다. 당시 경찰 보고는 스탈린이 티플리스 관측소에 취직하고 있었다고 썼던 것으로 보아 이 사건에 스탈린이 관여됐었음을 쉽게 추측할 수 있다.

밀정 지토미르스키. 몇 주일 뒤 카모는 다시 한번 육군 장교로 변장을 하고 500루블권으로 가득 찬 모자 상자를 갖고 베를린으로 갔다. 물론 그는 레닌과 연락이 되어 있었으며, 그의 지시대로 움직였다. 그러나 그에 대한 정보는 이미 러시아 경찰에 입수된 상태였다.

어떻게? 베를린에는 레닌이 가장 신임하여 모든 기밀사를 털어놓고 알려준 심복이 있었는데 그가 바로 러시아 경찰의 밀정인 의사 야콥 지토미르스키였다. 그는 레닌을 통해 카모가 '모자 가방'을 들고 베를린으로 갈 것을 알고 있었다. 또 카모가 탈취한 돈들은 이미 몇 통로를 통해 유럽 전체에 흩어져 있는 볼셰비키 간부 요원들에게 전달됐으며 레닌이 1907년 12월에 어느 하루를 지정해 각자 여기저기의 은행에 가서 500루블권을 바꾸게 한 것도 알고 있었다. 그래서 지토미르스키의 수배에 따라, 카모는 베를린에서 체포됐고 장차 지노비에프의 아내가 될 올가 라비치 Olga Ravich는 다른 두 명의 아르메니아 사람과 함께 뮌헨에서 체포됐다. 리트비노프는 거액의 돈과 함께 파리에서 체포됐다. 그런데 당시의 신임 프랑스 법무부 장관 아르스티드 브리앙 Arstide Briand은 그의 범죄가 정치적이라는 이유로 그를 러시아로 추방시키지 않았다. 그런가 하면 세마슈코 N. A. Semashko는 억울한 입장이었다. 뒷날 소련 정부의 보건부 장관이 되는 그는 레닌의 은행털이 방식에 맹렬히 반대했던 사람이었다. 그러나 어느 여자가 훔친 그 돈을 다른 사람에게 보내면서 '세마슈코 씨 방'이라고 썼기 때문에 그도 혐의를 받고 체포된 것이었다. "그것은 나의 생애에서 가장 우스꽝스러운 사건이었다"라고 그는 뒷날 자신의 회고록에서 말했다.

지토미르스키가 공급한 주소지들에 대한 습격은 러시아 경찰에게 뜻밖의 소득을 안겨주었다. 크라신이 지폐를 찍을 종이를 사들여 위조 지폐를 만들어내려 했음을 잡아낸 것이다. 이 위폐를 위한 용지의 일부는 핀란드에 있는 레닌에게도 전해졌는데, 그것은 독일 사회민주당 기관지를 통해서였다. 그들은 자기네가 러시아의 지하 신문들을 전해주고 있다고 생각하고 그렇게 한 것인데 나중에 그것이 위폐를 위한 용지였다는 것을 알고는 펄쩍 뛰었다.

이 일련의 소식들이 국제적으로 크게 알려지자 유럽의 사회민주주의 운동계는 발끈 뒤집혀졌다. 스위스 사회민주당은 결의안을 채택해 스위스가 아껴 마지않는 정치적 망명권이 '일반 범죄자들'에 의해 남용되고 있다고 비난했다. 악설로드는 이때야말로 레닌을 완전히 매장시켜야 할 때라고 역설하는 편지를 플레하노프에게 썼다. 그러나 그들의 분노는 컸음에도 불구하고 멘셰비키는 너무 점잖아서 아주 비밀스런 당 수사 이외에는 아무것도 하지 못했다.

은행털이에 대한 당의 조사. 몇 개의 조사단이 곧바로 구성됐다. 가장 큰 것으로, 뒷날 소련에서 외무부 장관이 되는 치체린 Boris Chicherin을 심판장으로 하는 조사위원회가 중앙위원회에 의해 구성됐다. 베를린에서 진행된 치체린의 조사는, 첫째 카모는 은행가 멘델스존을 털려고 계획하고 있었으며, 둘째 화폐를 찍을 용지는 러시아 루블을 위조하기 위해 크라신에 의해 주문됐다는 점을 지적하기 시작했다. 진상이 더 이상 밝혀지는 것을 막기 위해 레닌은 중앙위원회에 확보된 자신의 다수파를 이용해 조사를 치체린의 조사위원회로부터 더 믿을 만하고 더 다루기 쉬운 소위원회로 넘기게 했다. 카모의 행동 대원들이 문제의 은행털이 이전에 당에서 사임한 것으로 되어 있는 바쿠와 티플리스에서 의심의 손가락은 카모보다 좀더 높은 사람인 스탈린을 지적하기 시작했다. 여기에서는 레닌이 조사를 봉쇄하기가 불가능했다. 왜냐하면 멘셰비키는 완전히 이 일대를 지배했기 때문이다. 이 지역의 조사위원회는 스탈린이 당에서 추방되든가 또는 사임함으로써 추방의 불명예를 입지 않든가 양자 택일해야 한다고 압력을 가하기 시작했다.

레닌이나 은행털이 패거리들이 이렇게 저렇게 사건을 무마해보려고 했지만 소문은 점점 더 퍼져 레닌의 반대파들은 모르는 사람이 없게 됐다. 그들은 그 사이 레닌과 그의 은행털이 패거리들이 저지른 갖가지 부도덕한 행위들에 관한 모든 정보를 입수해놓고 있었다. 따라서 1910년경엔 레닌이 궁지에 몰리게 됐다. 멘셰비키는 물론, 레닌의 짓거리에 불만을 품어온 볼셰비키도 합세해 레닌에게 두 파가 함께 참가하는 당 대회를 열도록 요구했다. 레닌은 이 요구를 받아들이지 않을 수 없었다. 따라서 1910년 1월에 두 파의 합동 대회가 열렸다. 이 회의는 무엇보다 우선 레닌에게 그가 갖고 있는 무려 200,000루블에 이르는 500루블권을 모두 불살라버리도록 명령했고 레닌도 이 명령을 따랐다. 그 다음에 이 당 대회는 당내의 파벌들을 해산시키고 당을 하나의 단합된 조직으로 복구시키며 레닌파의 기관지인 『프롤레타리』를 폐간시키고 두 파의 공동 편집 위원회에 의한 단일 기관지 출간을 결의하는 등, 말하자면 대대적인 숙당 작업을 벌이려고 했다. 그렇다고 레닌이 완전히 굴복한 것은 아니다. 이처럼 궁지에 빠진 상태에서도 그는 이 문제들을 '기술적인 문제'라고 주장하면서, 볼셰비키파 내부의 '거부주의자·소환주의자·청산주의자들'에 대한 공격과 그리고 당을 합법적인 노동조합의 바탕 위에서 합법적으로 이끌고 나가야 하며 지하 조직들을 청산해버려야 한다는 멘셰비키 진영 안의 '청산주의자들'에 대한 새로운 정치적 공세를 펴는 것을 잊지 않았다.

카모의 법정 투쟁. 독일 형무소에 수감된 카모에게 변호사는 크라신의 새 지령을 전해주었다. 아무 말도 하지 말고 미친 척하라는 것이었다. 놀라울 정도의 꿋꿋함을 견지하면서 카모는 그 명령을 잘 이행했다. 여기에 카모의 법정 투쟁에 대한 수바린 Boris Souvarine의 감동적인 기록이 있다:

그는 발을 구르고, 소리소리 지르고, 자신의 옷을 찢고, 음식을 내던지고, 간수를 마구 때렸다. 그는 완전히 벗겨져서 얼음처럼 차디찬 감방에 갇힌 채 엄중한 감시를 받았으며, 무시무시한 시험대에 세워졌다. 그러나 그는 넉 달 동안 꿋꿋하게 버텼으며 음식을 거부했다. 음식을 강제로 먹이려고 하자 이에 맞서다가 이가 부러지기도 했으며 스스로가 머리칼을 잡아뽑기도 했다. 마지막 순간에는 말려줄 것을 기대하면서 그는 목을 매달기도 했으며 날카로운 뼛조각으로 혈관을 찌르고 피가 쏟아지자 의식을 잃기도 했다. 그는 완전히 감각을 잃은 체하고 있었는데, 이것이 진짜인가를 시험하려고 바늘로 그의 손톱 밑을 찌르기도 했고 또 붉게 달아 있는 쇠로 그를 지지기도 했다.[10]

이 모든 고문을 그는 이겨냈다. 마침내 독일 정부는 그를 티플리스로 추방했는데 거기서도 그는 또 새로운 일련의 고문을 겪지 않으면 안 됐다. 그러나 베를린에서 체포된 때로부터 4년 뒤인 1911년 8월에 그는 같은 은행털이 동지였던 친트자드제의 도움을 받아 위기일발의 탈출에 성공했다. 그러나 그는 자신이 그렇게 존경했던 삼두 체제가 깨어진 사실을 알고 가슴이 터지는 듯했다.

레닌은 카모를 다시 한번 '자금 조달'에 내보냈다. 따라서 1912년에 그는 코카서스에서 노상 강도를 하다 붙잡혔으며 사형 선고를 받았다. 그러나 1913년은 로마노프 왕조 창건 300주년 기념의 해였다. 따라서 전국적으로 특사가 내려져, 그도 기적적으로 종신형으로 감형됐다. 그는 1917년에 러시아 혁명과 더불어 석방된다. 그러나 그 백전노장은 우습게도 교통 사고로 죽는다. 티플리스의 산길을 자전거를 타고 가다가 소비에트 관리의 차에 부딪혀 죽고 만 것이다. 오늘날 티플리스에는 이 로빈 후드의 이름을 딴 거리, 병원, 기선, 어린이 공원 등이 있다. 이 20세기의 로빈 후드 볼셰비크의 경력을 알지 않고는 러시아 혁명 운동과 코카서스라는 무대를 이해하지 못할 정도인 것이다.

레닌이 스탈린을 부르다. 한편 스탈린은 티플리스의 은행털이와 관련해 당에서 쫓겨났거나 압력을 받고 자퇴했다. 그러나 이 점 때문에 레닌이 결코 그를 작게 보지는 않았다. 오히려 이때부터 레닌은 스탈린에 주목하기 시작했다. 그는 스탈린이 신중하고 대담한 행동 요원의 자질을 갖췄다고 보았다. 그래서 마르토프가 그의 『구세주냐 파괴자냐』에서 추문들을 모두 폭로시키는 바람에 당이 시끄럽던 때인 1912년에 레닌은 스탈린을 볼셰비키 중앙위원회에 끌어들였다. 1913년에 그는 스탈린을 훈련시키기 위해 오늘날에는 폴란드에 속해 있으나 그때로서는 오스트리아에 속했던 크라코프Cracow로 불렀다. 레닌은 당내에서 소수 민족 문제에 대한 마르크시스트적 견해, 더 정확히 표현해 레닌이스트적 견해를 갖고 러시아의 소수 민족 문제에 대해 자신을 대변해줄 사람을 찾고 있었던 것이다. 사실 이러한 문제에 대해 레닌에게 주의를 불러일으켜준 사람은 고리키였다. 레닌은 그때 마침 민족 문제에 대해 긴 논문을 쓴 '훌륭한 조지아 사람'이 자기에게 있음을 고리키에게 알리면서 이 문제에 깊은 관심을 쏟을 것을 약속했다.

제21장

러시아와 폴란드 및 독일에서
여성 혁명가 로자 룩셈부르크가 투쟁하다

우리는 앞의 장들에서 때때로 단편적으로 로자 룩셈부르크와 만났다. 그러나 그녀는 그렇게 지나가는 식으로 다뤄질 혁명가가 아니다. 마르크시즘에 정통했던 그녀는 러시아 혁명사에, 그리고 볼셰비즘 이론사에 중요한 발자취를 남겼다. 그러므로 이 장은 그녀를 별도로 다루기로 한다.

1. 로자 룩셈부르크가 마르크시스트 혁명가로 성장하다

로자 룩셈부르크의 역사적 지위. 프뢸리히 Paul Frölich가 쓴 『로자 룩셈부르크: 그녀의 생애와 저술』 제3수정판의 영역본 서문에서 토니 클리프 Tony Cliff는 로자 룩셈부르크에 대해 다음과 같이 썼다:

마르크스의 전기 작가인 프란츠 메링이 로자 룩셈부르크를 '마르크스 이후의 가장 뛰어난 두뇌'라고 불렀을 때, 그는 과장을 한 것이 아니었다. 그러나 그녀는 그녀의 두뇌만을 노동 운동에 기여하게 한 것은 아니다. 그녀는 그녀가 가졌던 모든 것 — 그녀의 심장, 그녀의 정열, 그녀의 강력한 의지, 그녀의 생명 그 자체를 주었다. 무엇보다 로자 룩셈부르크는 혁명적 사회주의자였다. 그리고 위대한 혁명적 사회주의 지도자들과 교사들 가운데 그녀는 그녀 자신의 특별한 지위를 갖고 있다.[1]

그러면 그녀의 특별한 역사적 지위는 어떤 것인가? 클리프는 다음의 몇 가지를 지적하고 있다. 첫째, 그녀는 사회주의 운동 내부에서 전개된 개혁주의를 끊임없이 비판했다. 물론 그녀뿐만 아니라 레닌과 트로츠키 및 부하린 Nicolai Bukharin 등 다른 마르크시스트들도 개혁주의를 비판했다. 그들 역시 개혁주의자들이 옹호하는 '복지국가' 론을 '자본주의를 임시 변통으로 유지하려는 수단' 으로 보았으며 따라서 개혁주의자들이 사회주의를 '자본주의의 하녀' 로 전락시켰다고 비난한 것이다. 그러나 러시아에는 개혁주의의 뿌리가 워낙 약해서 한두 차례의 삽질만으로도 그 뿌리를 뽑아내기가 충분했음에 비해, 유럽에는 보수주의적 개혁주의의 뿌리가 깊었을 뿐만 아니라 노동자의 사고와 분위기에 큰 영향을 미치고 있었기에 보다 뛰어난 논리의 전개와 논쟁의 기술이 요청됐다. 이 요청에 훌륭히 부응한 이가 바로 로자 룩셈부르크였다. 이들 지역에서 그녀의 날카로운 메스는 레닌의 망치 이상의 강력한 힘을 발휘했던 것이다.

둘째, 그녀는 폴란드와 독일 및 러시아 등 세 나라의 사회주의 혁명 운동에 깊이 관여했다. 그것은 그녀가 러시아령(領) 폴란드에서 태어나 독일에서 장기간 체재한 특수한 경력에 의해 가능했다. 이 경력을 통해 그녀는 세 나라의 노동 운동에 독특한 기여를 할 수 있었으니, 독일의 노동 운동에는 러시아적 정신, 곧 혁명적 행동의 정신을 심어주었고, 폴란드와 러시아의 노동 운동에는 노동자의 자립과 민주주의 및 자기 해방이라는 서구적 정신을 전해주었다.

셋째, 그녀의 대표작 『자본축적론』은 마르크시즘에 대한 중대한 공헌이었다. 선진 공업 국가들과 후진 농업 국가들 사이의 상호 관계를 분석하면서 그녀는 제국주의가 자본주의를 장기간 안정시킬 것임을 내다보았다. 그러나 자본주의는 필연적으로 와해될 것임을 논증했다.

넷째, 진리에 대한 그녀 특유의 정열은 그녀를 사회주의자들이 흔히 범하게 되는 교조주의적 사고로부터 해방시킬 수 있었다. 사회주의자들이 그 앞에서 쉽게 무릎을 꿇는 '무오류의 권위' 라는 것보다 그녀를 못 견디게 만드는 존재는 없었다. 그녀는 독자적이며 자유로운 사고와 행동을 어느 무엇보다 존중했다. 그녀의 이러한 입장은 모든 사회주의자들에게 무한한 영감의 원천이 되어온 것이다.

다섯째, 그녀는 마르크시즘으로부터 '깊은 인간주의적 내용'을 배제시켜 그것을 단순한 '생명 없는 기계적 유물론의 사슬'로 만들려는 공산주의자들과 맞서 싸웠다. 그녀는 깊은 인간주의적 정열을 갖고 있었으며, 이것이 그녀의 생애에서의 중심적인 동력이었다. 이 때문에 그녀는 레닌과도 싸웠으며, 또 이 점 때문에 그녀는 죽은 뒤에도 스탈린주의자들에 의해 부당하게 공격을 받는다.

로자 룩셈부르크에 대한 연구. 이러한 역사적 위치의 혁명가였던 만큼 그녀에 대해서는 이미 권위 있는 연구들이 나와 있다. 앞에서 소개한 프뢸리히의 책이 선구자적이다. 이 책의 초판은 제2차 세계 대전이 일어나기 며칠 앞선 1939년 8월말에 파리에서 출간됐다. 저자는 그녀와 함께 독일에서 사회주의 운동을 주도했던 만큼 그녀에 대해 지극히 동정적이었다. 그는 1934년에 강제 수용소에서 석방된 뒤 독일을 떠나 줄곧 그녀의 전집 발간과 전기 발간에 몰두했으며 그 첫 결실이 이 책으로 나타났다.

이 책 다음으로 옥스퍼드 대학교와 펜실베이니아 대학교에서 정치학을 강의한 네틀J. P. Nettl 교수의 책이 나왔다.[2] 이 책은 보다 객관적인 입장에서 씌어졌으며 폴란드의 학자들로부터 반공적이라는 비판을 받았다. 국내의 단행본으로는 이갑영(李甲泳) 교수의 『로자 룩셈부르크의 재인식을 위하여』[3]가 있다.

나는 이 책들을 모두 참고하되, 특히 프뢸리히의 책에 바탕을 두고 「로자 룩셈부르크의 정치 사상: 러시아 혁명 속에서의 그녀의 이론가적 지위와 관련하여」를 발표했었다. 나의 졸저 『마르크시즘의 이해』(서울: 정음사, 1984)의 제7장을 형성했던 이 논문을 보완해 이 장을 구성하고자 한다.

저항 의식 속의 어린 시절. 로자 룩셈부르크는 1870년 3월 5일*에 러시아 영토인 폴란드 루블린Lublin 지구의 한 작은 마을인 자모스치 Zamosc에

---

* 그녀가 태어난 해를 1871년으로 보는 쪽도 있다. 그런데 최근의 연구는 1870년으로 본다. 레닌이 1870년에 출생했음을 고려해 소련이 그녀의 태어난 해를 일부러 늦춰 1871년으로 기록한 것이 통설이 됐다는 주장을 받아들이도록 한다.

서 유태인 가정의 5남매의 막내로 태어났다. 당시 폴란드는 여러 차례의 외국인 지배와 전쟁으로 경제가 피폐해 있었으며, 특히 제정 러시아의 절대주의적 폭정 아래 신음하고 있었다. 자모스치의 형편은 더욱 나빴다. 그 마을은 가난으로 찌든 곳이었으며 주민의 문화 수준은 대단히 낮았다. 이러한 환경에서 유태인으로 태어났다는 것은 이중의 형벌이었다. 당시 유태인은 거의 아무런 시민권을 갖지 못한 채 반유태적 관료 체제의 억압에 시달려야만 했다. '폴란드 유태인'이라고 하면 그것은 천대받고 가난에 울며 고통 속에 목숨을 부지해나가는 가련한 존재의 대명사와도 같았다.

로자 룩셈부르크의 가정은 다행히도 지극히 예외적이었다. 그녀의 할아버지는 목재상으로 어느 정도 성공했기에 자신의 자녀들에게 현대 교육을 받을 기회를 마련해줄 수 있었고, 따라서 그녀의 아버지는 독일의 상업 학교를 마칠 수가 있었다. 이 사실은 그녀의 생애에서 큰 의미를 갖는다. 그녀의 아버지가 서구 문화를 안고 돌아옴으로써 그녀는 어린 시절부터 자유주의적이며 개방적인 사고를 키워나갈 수 있었던 것이다. 그렇다고 해서 그녀가 폴란드의 문화적 전통에서 벗어난 교육적 분위기에서 성장했다고 보는 것은 옳지 않다. 그녀의 아버지가 폴란드 문학을 사랑하고 차리즘에 대한 강한 증오감을 가졌던 만큼이나 그녀 역시 애국적 또는 민족적 분위기를 느끼면서 자랐던 것이다. 어머니의 높은 교양도 로자의 지적 성장에 큰 영향을 주었다. 유태인 여성으로서는 보기 드문 문학적 재질을 지닌 그녀는 독일과 폴란드의 고전에 밝았던 것이다. 이러한 가정적 분위기 속에서 자랐기에 로자는 다른 유태인의 딸들과는 달리 다섯 살에 글을 읽고 쓸 수 있었으며 곧 어린이 잡지에 발표할 수도 있었다.

부모의 배려로 로자 룩셈부르크는 바르샤바의 제2여자 고등학교를 다녔다. 여기서 벌써 그녀의 민족 정신 또는 저항 의식은 뿌리를 내렸다. 제1여고는 러시아인의 딸들에게만 개방됐다는 점, 제2여고가 유태인의 딸들에 할당한 입학 정원은 지극히 적다는 점, 학교에서 폴란드어의 사용은 철저히 금지됐다는 점, 학교 교육의 초점이 폴란드인의 러시아화에

주어졌다는 점 등은 그녀의 생래적인 자유주의 정신을 자극시켰으며 폴
란드 민족 의식을 일깨워주었다. 그녀는 이러한 자신의 입장을 감추지
않았다. 따라서 탁월한 학업 성적에도 불구하고 그녀는 수석 졸업생에게
주어지는 금메달을 받지 못했다.

　17세가 된 해인 1887년에 그녀는 고등학교를 졸업하고 곧 '혁명사회당
프롤레타리아트'에 가입해 바르샤바 지부장인 노동자 카스프르자크
Martin Kasprzak와 일하기 시작했다. 1880년대라면 알렉산드르 2세의 암
살에 뒤따른 알렉산드르 3세의 강압 통치로 말미암아 러시아 지성계가
말할 수 없는 절망 속에 잠겨 있을 때였다. 로자의 표현으로는 "무관심
과 낙담, 형이상학적 및 신비적 경향"이 휩쓸고 있었다. 대부분의 혁명
세력도 희망을 잃고 투쟁의 대열에서 이탈해나갔다. 이러한 경향에 변화
가 일어난 것이 바로 그녀가 '프롤레타리아트'에 가입한 무렵이었다. 당
에는 새로운 피가 흘러들어오기 시작했으며 부흥의 징조를 나타내게 됐
다. 1889년에는 공장 노동자 중심의 '폴란드 노동자 동맹'이 '프롤레타
리아트'의 지원 아래 결성되기도 했다. 그녀 역시 이 일에 깊이 관여했
다. 그러나 곧 경찰에 발각됐으며, 이로 말미암아 그녀는 카스프르자크
의 준비에 따라 농부의 마차 바닥에 숨어 스위스의 취리히로 망명했다.

　취리히로 망명하다. 바르샤바가 절대주의의 암굴이었다면 취리히는 자
유주의적 공기의 원천이었다. 취리히는 특히 러시아와 폴란드 망명가들
의 중심지였으며 취리히 대학교는 청년 혁명가들의 모교였다. 이곳에서
그들은 끊임없이 토론을 벌였다. 철학, 다윈이즘, 여성 해방, 마르크스,
톨스토이, 러시아 농촌 공동체의 운명, 러시아에서 자본주의 발전의 역
사적 의의, 테러리즘, 서구 부르주아의 타락, 비스마르크의 몰락과 그의
반(反)사회주의 법에 대한 독일 사회민주당의 투쟁, 폴란드의 해방, 라
브로프와 체르니세프스키의 가르침, 투르게네프가 자신의 소설 『아버지
와 아들』에서 보여준 '배반' ——이 밖에도 수천 개의 질문들을 놓고 그
들은 '빵이 적었기에 그 대신 차를 많이 마시며' 정력적으로 토론을 벌
였다. 그러나 주제는 언제나 그 다양한 쟁점들에 일관되게 흐르는 혁명
그 하나였다.

그녀는 이러한 격론의 소용돌이에 빠지기보다 우선 공부에 몰두했다. 취리히 대학교에 입학해 자연과학과 수학을 전공했지만 그녀의 천직은 정치였다. 그리하여 1892년부터는 정치학의 연구에 빠져들었다. 경제학 과목들도 수강해, 스미스와 리카도 및 마르크스의 저작들을 열심히 읽어나갔다. 이와 동시에 취리히에 망명중인 러시아 혁명가들, 곧 악셀로드와 자수리치 및 플레하노프 등과 꾸준히 교유했다. 그녀는 특히 플레하노프를 존경의 마음으로 대했지만, 그렇다고 해서 자신의 주장이나 판단을 굽히지는 않았다. 폴란드 사회주의 망명가들, 특히 마르크레프스키-카르스키 Julian Marchlewski-Karski와 바르스자프스키-바르스키 Adolf Warszawski-Warski와도 동지로서의 친교를 발전시켜나갔다. 이러한 그녀의 친교 가운데 가장 중요한 것은 얀 티스즈카라고도 불린 리오 요기치스 Leo Jogiches와의 만남이었다. 그녀보다 5년 위인 리오는 빌나 Vilna의 부유한 유태인 가정에서 태어나 고등학교를 중퇴하고 혁명 운동에 뛰어들어 몇 차례 투옥됐다가 1890년 겨울에 취리히로 온 '대단히 남성적인 성격'의 소유자로서 이 시대에 이미 남녀 평등의 사상을 지녔고 여성의 정치적·사회적 활동을 장려하고 있었다. 그와 로자의 동지적 결합은 두 사람의 생애를 지배하게 된다.

사회주의 정당을 창건하다. 리오와 로자가 함께 참여한 최초의 정치적 사업은 새로운 정당의 창건이었다. 그들은 1892년에 프롤레타리아트당과 폴란드 노동자 동맹 및 그 밖의 사회주의적 단체들의 통합체인 폴란드 사회당에 주도적으로 참여했다. 이어 1893년에 파리에서 『노동자의 대의』라는 기관지도 창간했는데, 리오가 전체적인 책임을 맡았으며 로자가 이론 부분을 담당했고, 바르스키는 편집인으로 참여했다. 마침 취리히에서 사회주의 인터내셔널 제3차 대회가 열리게 됐다. 그녀는 폴란드 사회당의 입장을 밝히는 장문의 보고서를 작성했다. 여기서 그녀는 다음과 같은 노선을 제시했다.

첫째, 차리즘의 타도와 더불어 사회주의 혁명이 즉각 전개된다는 블랑키스트적 발상은 잘못이며, 차리즘의 타도 다음의 역사적 단계는 부르주아 민주주의 혁명이 될 것이라는 점. 둘째, 차리즘의 타도를 위한 투쟁은 대중 스스로에 의해 이끌려져야 하며, 음모적 엘리트 집단이 그것을 지도해야 한다는 발상은 오류라는 점. 셋째, 대중, 즉 노동자의 반(反)차리즘 투쟁은 그들이 정치적 쟁점에 대해 무관심하여 침묵을 지키고 있는 상황에서는 임금 인상 투쟁과 같은 일상적 이해 관계를 중심으로 시작될 수밖에 없다는 점. 넷째, 러시아 절대주의 체제의 타도가 폴란드를 비롯한 유럽 각국의 프롤레타리아트 혁명의 출발점이며 유럽 프롤레타리아트 혁명의 성공 속에서 폴란드의 프롤레타리아트도 진정한 해방을 맞이할 수 있으므로 폴란드의 사회주의 운동은 폴란드의 민족적 독립을 러시아 절대주의의 타도라는 큰 문제 속에서 파악해야 한다는 점 등이다.

폴란드 사회당의 생명은 길지 않았다. 프롤레타리아트당 그룹은 폴란드의 민족적 독립을 앞세우면서 '재외 폴란드 사회주의 연합'을 결성했다. 이들은 국제 사회주의 운동에 이름이 잘 알려져 있음을 기화로 리오와 로자를 중심으로 한 젊은 세대를 모략하기도 했다. 로자의 첫번째 스승이었다고 할 수 있는 카스프르자크를 러시아 비밀 경찰의 밀정이라고 중상함으로써, 그는 독일과 러시아에서의 여러 차례의 투옥 생활에도 불구하고 국제 사회주의 운동의 무대에 발을 붙이기 어려웠다. 그는 1905년에 차리즘의 교수대에서 처형됨으로써만 그를 오랫동안 괴롭힌 누명을 씻을 수 있었다. 그들의 중상은 1893년에 사회주의 인터내셔널 제3차 대회가 취리히에서 열렸을 때 절정에 이르렀다. 이 대회에 참가하려는 리오와 로자 그룹을 헐뜯은 것이다. 여기에는 플레하노프와 엥겔스도 가세했다. 그러나 23세의 로자는 대회장 한복판에 뛰어들어가 '자력(磁力)을 발하는 눈빛과 불꽃 튀기는 열변으로' 청중을 사로잡음으로써 대표권을 인정받을 수 있었다.

이제 폴란드 사회당의 분당은 피할 수 없게 됐다. 젊은 세대는 리오와 로자의 주도 아래 '폴란드 왕국 사회민주당'을 창건했다. 이에 따라 구세대의 모략은 더욱 심해져서, 가령 1896년에 런던에서 제4차 사회주의 인터내셔널이 열렸을 때는 로자가 바르샤바 헌병사령관의 총애를 받고 있다고까지 공개적으로 성토했으며, 1900년의 제5차 대회에서는 로자의 제명안을 내놓기에 이르렀다. 그러나 그녀에 대한 폴란드 노동자들과 정치범들의 신임장이 제출됐으며, 이에 따라 그녀는 대회에 의해 군국주의에 관한 중요한 보고문을 작성하도록 공식으로 요청받았다. 그 사이인 1897년에 그녀는 취리히 대학교에 「폴란드의 공업 발전」이란 논문을 제출해 정치경제학 박사학위를 받았으며 리투아니아 사회주의자들과의 통합을 추진해 '폴란드 왕국과 리투아니아의 사회민주당'을 창당했다. 카우츠키가 편집하는 이론지인 『노이에 자이트』에 「독일과 오스트리아에서의 폴란드 사회주의 운동의 새 경향들」과 「폴란드에서의 사회주의적 애국주의」 및 「한단계 한단계: 폴란드에서 부르주아 계급의 역사」 등을 발표했다. 프랑스에서 몇 개월을 보내면서 프랑스 사회주의자들과도 친교를 발전시켰다.

2. 독일의 노동 운동에 뛰어들다

사회 개혁인가 혁명인가? 이제 로자 룩셈부르크의 도제(徒弟) 시절은 끝났다. 이와 더불어 그녀는 독일의 노동 운동에 뛰어들었다. 스위스에 앉아서 폴란드의 지하 노동 운동을 지휘하는 것만으로는 만족할 수 없었던 것이다. 확실히 그때의 독일은 그녀가 자신의 두뇌와 정력을 발산하기에 충분한 곳이었다. 그곳에서는 노동 운동이 힘차게 전개되고 있었고, 독일 사회민주당과 노조는 국제 노동 운동의 가장 중요한 기둥들이었다. 특히 동부 독일은 원래 폴란드 영토로서 폴란드어를 사용하는 주민이 압도적이었고 폴란드어로 발행되는 기관지마저 갖춘 합법적 사회민주주의 조직들과 노조들이 활동하고 있었다. 이곳이야말로 그녀가 일할 곳이었다. 그러나 독일에서는 외국인의 정치 활동이 엄격히 규제됐기에 그녀는 자신의 옛 친구인 카를Karl과 올림피아Olympia 사이의 아들인 뤼베크 Gustav Lübeck와 1898년 4월 19일에 겉치레로 결혼해 독일 시민권을 얻었다.

그녀는 1898년 5월에 베를린에 도착했다. 독일은 임박해온 총선거의 열기에 젖어 있었다. 그녀는 곧 사회민주당 수뇌부와 접촉하고 폴란드 사람이 집중적으로 사는 업퍼 실레지아 Upper Silesia 지구의 유세에 뛰어들어 큰 성공을 거뒀다. 다시 베를린으로 건너가 이론 활동에 몰두했다. 그리고 이 일련의 활동을 통해 '마르크시즘의 교황'으로 존경받던 카우츠키의 인정을 받았고, 베벨과 싱거 및 메링 등 당대 일급의 사회주의 이론가들과의 친교를 발전시킬 수 있었다. 또한 여성의 권리, 특히 근로 여성의 권리를 위해 싸워온 제트킨과 교우를 다지게 됐다.

이 무렵 독일 사회주의 운동계에는 이른바 '베른슈타인 논쟁'이 일었다. 엥겔스의 영향을 받아 '윤리적 프티 부르주아 사회주의자'로부터 '과격 사회주의자'가 된 베른슈타인은 특히 1895년의 엥겔스의 죽음 이후에 차차 영국의 점진적 사회주의 쪽으로 기울어졌다. 폭넓은 민주적 기초, 노조와 페이비언적 사회개혁론에 의해 추구되는 경제적 협조 등에 대한 그의 공감은 그로 하여금 '수정주의'의 길을 걷게 했다. 이에 대해 "베른슈타인은 오늘날의 부르주아적 자유주의와 과격주의의 이념을 옹호하면서 사회주의 운동의 최종적 목표를 완전히 버렸다"는 반론이 제기됐고, 이에 따라 찬반의 격론이 몇 해 동안 벌어졌던 것이다.

로자 룩셈부르크도 물론 이 논쟁에 적극 참여했다. 그녀는 『사회 개혁인가 혁명인가?』라는 소책자를 통해 자신의 의견을 밝힌 것이다. 결론부터 말해, 그녀의 해답은 '개혁과 혁명'이었다. "개혁은 개혁대로 가치가 있다. 그러나 베른슈타인처럼 개혁 그 자체를 목적으로 삼아서는 안 된다. 왜냐하면 개혁이 아무리 많이 이뤄진다고 해도 현존 자본주의 체제의 존속에는 변함이 없기 때문이다. 사회주의자의 최종적 목표는 프롤레타리아트에 의한 권력의 장악이다. 그것이 혁명이다. 따라서 개혁만으로 만족하겠다는 것은 혁명의 포기를 의미하는 것이다" ── 대개 이러한 취지로 그녀는 베른슈타인의 개혁주의론을 비판했다.

베른슈타인은 또한 마르크시스트들이 주장해온 '자본주의 경제 체제의 불가피한 붕괴론'을 부인했었다. 자본주의적 생산 양식이 낳은 무정부 상태는 신용 제도와 카르텔 및 트러스트에 의해 점차 극복되고 있다는 점, 경제적 위기는 전반적인 번영의 경향 속에서 가벼운 경기 변동 정도로 줄어들었다는 점, 유한 책임 회사의 설립은 자본 소유의 민주화를

가져왔다는 점 등에 나타났듯이 자본주의는 자신의 적응력으로써 자신
의 붕괴를 방어했다는 것이다. 이에 대해서도 로자 룩셈부르크는 반격을
가했다. 베른슈타인이 경제 현상을 '통속적인 정치경제학'의 관점으로
부터, 곧 개발적 자본가의 입장에서 봄으로써 그러한 이론적 오류에 도
달했다고 주장한 것이다. 그녀의 반론은 우리가 뒤에서 살펴볼 그녀의
『자본축적론』에서 되풀이된다.

　이러한 논쟁의 과정에서 로자 룩셈부르크는 노동조합 운동의 본질에
대해서도 자신의 견해를 밝혔다. 그녀는 노조가 본질적으로 자본가 착취
에 대항하는 공격의 무기가 아니라 노동자의 조직화된 방어의 무기라고
보았다. 이 주장은 노조 운동가들의 반발을 불러일으켰다. 그들은 그녀
가 기본적으로 모든 노조 운동은 무용하다는 입장에 서 있다고 오해한
것이다. 카우츠키도 뒷날 노조에 관해 그녀와 비슷한 입장을 취했는데,
이로써 그녀는 카우츠키와 더불어 독일 노조의 공격의 표적이 됐다.

　합법적 투쟁론에 대한 비판. 로자 룩셈부르크의 그 날카로운 쟁론의 화살
이 베른슈타인에게만 겨냥된 것은 물론 아니었다. 그녀는 모든 개혁주의
자들에게 과감히 공격의 포문을 열었다. 그녀는 우선 의회민주주의를 통
해 사회주의를 실현할 수 있다는 이론에 대해 강력한 경계의 뜻을 나타
냈다. 선거에 참여함으로써 대중에게 사회주의 이념을 전파할 수 있다는
점, 의회 그 자체가 대중을 깨우치고 봉기시킬 중요한 무대가 될 수 있다
는 점, 입법 활동을 통해 사회주의 정책을 실현할 수 있다는 점 등에 대
해 그녀는 물론 긍정적인 평가를 내렸다. 그러나 의회제 자체가 몰락하
고 있다는 인식을 가져야 할 필요가 있다고 주장하면서 그녀는 노동자들
이 의회에서의 다수 투표에 의해 자본주의 국가를 압도할 수 있다는 환
상을 버려야 한다는 것을 역설했다.

　개혁주의자들이 옹호한 연정안(聯政案)에 대해서도 반대했다. 1899년
6월에 프랑스 사회주의자 밀레랑이 왈덱－루소 Waldeck-Rousseau 내각에
참여하자, 그의 동료인 조레스는 '부르주아 정부의 요새 속에 뛰어든 프
랑스 사회주의자의 용기'를 격찬하면서 "자본주의 사회의 사회주의로의
전개는 이제 정치적 지배가 프롤레타리아트와 부르주아지에 의해 공동

으로 행사되는 과도적 단계에 와 있다"고까지 선언했다. 국제 사회주의 운동계는 일반적으로 조레스의 해석을 호의적으로 받아들였다. 그러나 그녀는 그 이론이 환상적인 것이라고 주장했다. 부르주아 사회에서 사회 민주당의 역할은 본질적으로 반대당의 그것이어야 하는데 부르주아 정부의 내각 안에서는 진정한 반대의 역할을 수행할 수 없으며 따라서 이 연정에 각료로 참가한 사회주의자는 자신의 사회주의를 부르주아 민주주의의 수준으로 떨어뜨리고 있을 뿐이라고 판단한 것이다.

요약하건대, 베른슈타인과 조레스에 대한 논전에서 로자 룩셈부르크는 개혁주의의 이념과 정책은 '유토피아적 성격'을 갖고 있다고 비판한 다음, 그러한 성격의 개혁주의는 궁극적으로 노동 운동에 대해 커다란 위협을 제기하고 있다고 경고했다. 이어서 그녀는 개혁주의는 폭력 배제의 '합법주의 투쟁'을 옹호하고 있다고 지적하고, 그럼으로써 '합법성'의 바탕이면서 보호자로서 부르주아 사회에 내재하는 폭력을 감싸고 있을 뿐이라고 공격했다. 이러한 공격에서 우리는 그녀가 폭력혁명론을 지지하고 있음을 발견하게 되는데, 이 때문에 그녀는 당내에서뿐만 아니라 국제 사회주의 운동계에서 비판의 초점이 되며 당국의 날카로운 주목을 받게 된다. 1904년 7월에 빌헬름 2세를 모욕한 죄로 1개월의 금고형을 선고받는 것도 이러한 주목의 결과였다.

3. 1905년의 러시아 혁명과 로자 룩셈부르크

당 조직 이론을 둘러싼 레닌과 로자 룩셈부르크의 논전. 비록 독일 시민권을 얻고 독일 사회민주당에서 활약하고 있었으나 로자 룩셈부르크는 조국 폴란드의 압제자인 러시아에서의 사회민주주의 운동에 깊은 관심을 갖고 있었다. 러시아 사회민주주의 운동의 소장(消長)은 차리즘의 운명에 대해서뿐만 아니라 폴란드의 장래에 대해서도 직접적인 영향을 줄 것이라고 믿었기 때문이다. 또 러시아 사회민주주의 운동은 국제 사회주의 지도자들 사이에 커다란 관심의 대상이기도 했다.

러시아 사회민주주의 운동에 대한 그녀의 관심은 우선 당 조직 원리를 둘러싼 논쟁에의 참여로 나타났다. 우리가 이미 살폈듯이, 1903년 여름에 러시아 사회민주당 제2차 대회가 브뤼셀과 런던에서 열렸을 때 당 조직 원리를 놓고 레닌과 마르토프는 날카로운 대립을 보였었다. 마르토프는 자신을 사회주의자라고 생각하는 사람이라면 누구나 당원이 될 수 있으며, 당내에는 여러 그룹들이 나타날 수 있고, 그 그룹들은 상당한 자율권을 가져도 좋다고 주장했었다. 이에 대해 레닌은 철의 기율을 갖는 중앙 집권적 조직 이론을 옹호했었다. 당원은 당의 강령에 절대적으로 복종해야 하며 따라서 그룹 활동이란 허용될 수 없는 것이었다. 이 두 사람의 논전은 대단히 심각한 것이어서 이것을 계기로 당 지도부는 볼셰비키와 멘셰비키로 나뉘었다. 그런데 이 논쟁에 그녀가 참가한 것이다. 1904년 7월에 『이스크라』와 『노이에 자이트』에 함께 게재된 그녀의 논문 「러시아 사회민주주의에서 조직의 문제」가 바로 그것을 말해준다.

이 논문에서 그녀는 사회민주당이 노동자의 전위대가 돼야 하며 중앙 집권적으로 조직돼야 하고 당 다수파의 의지는 엄격한 규율에 의해 실천돼야 한다는 레닌의 견해에 동의했다. 그러나 그녀는 레닌의 초(超)중앙 집권주의를 거부했다. 레닌의 초중앙 집권주의 아래서 당의 지도부는 강력하게 보수주의적인 것이 되며, 따라서 당은 대중의 독자적 행동을 흡수해나가지 못하게 된다고 비판했다. 레닌의 원리 아래서 사회민주당은 블랑키적인 음모 정당으로 전락하게 될 것으로 그녀는 이해한 것이다. 결론적으로 그녀는 마르크시스트 원리의 틀 안에서 비판을 행사할 능력을 가진 당내 세력들을 활성화시켜줌으로써 당 기관에 대한 아래로부터의 효과적인 통제를 가능하게 해야 하며 그럼으로써 당이 교조주의 또는 관료주의에 빠져들지 않게 해야 한다고 주장했다. 레닌은 반론을 준비해서 『노이에 자이트』에 제출했다. 그의 반론의 대부분은 러시아 사회민주당의 내분의 분석에 집중되어 있었으며 효과적인 대답이 되지 못했다. 따라서 편집인인 카우츠키는 그것을 게재하지 않았다. 그러나 객관적으로 비교할 때, 이념적으로는 그녀가 옳았으나 권력 현실적으로는 레닌이 타당했다고 하겠다. 권력의 획득 그 자체보다 '전체로서의 역사 과정'에 관심을 쏟던 그녀에게 권력 획득의 무기로서의 조직보다 대중의 참여를 촉진시키는 과제가 근본적이었다. 그러나 레닌의 시선은 최종적 목표, 곧 권력의 획득과 그리고 그것을 성취하는 수단의 추구에 집중되어 있었다.

1905년 혁명의 성격과 그 이후 혁명의 방향. 1905년 1월 9일에 발생한 이른바 '피를 흘린 일요일' 사태는 '최초의 러시아 혁명'으로 불리거니와, 이 혁명의 성격과 방향을 놓고 러시아 사회민주주의자들이 커다란 논쟁을 벌이게 됐는데, 로자 룩셈부르크도 물론 여기에 참가하여 다시 한번 날카로운 펜을 들었다. 멘셰비키 지도자들은 마르티노프 A. S. Martynov의 『2개의 독재』에 제시된 부르주아 민주주의 혁명론에 입각해서 논리를 전개했다. 그들은 우선 러시아는 부르주아 혁명 단계를 거쳐 사회주의 혁명 단계로 들어가야 한다고 전제하고 따라서 이제 러시아에서 마침내 폭발한 혁명을 부르주아지가 이끌어나가야 한다고 주장했다.

그러면 프롤레타리아트의 역할은 무엇인가? 간단히 말해, 프롤레타리아트는 부르주아지의 집권을 뒷받침하는 데 자신의 역할을 국한시켜야 한다는 것이었다. 곧 "자유주의적 부르주아와 과격파 부르주아 혁명을 그 논리적 귀결로 이끌어가도록 강요하는 것으로 충분하다"고 강조했다. 바꿔 말해, 사회민주주의자들은 부르주아 정치의 틀 속에서 과격파 부르주아에게 압력을 가하는 것을 자신의 역사적 과제로 받아들여야 한다는 것이었다. 프롤레타리아트의 목표를 달성하기 위해 투쟁해서도 안 되며 부르주아지로부터 정치적 지도력을 빼앗으려고 해서도 안 된다고 멘셰비키 지도층은 주장했다. 그러한 시도는 부르주아지를 반동 진영으로 내몰아서 결국 혁명을 좌절시킬 것이라고 본 것이다.

볼셰비키 지도층은 이러한 논리를 비판했다. 트로츠키와 카우츠키, 그리고 로자 룩셈부르크 역시 비판에 나섰다. 그들은 그 이전 시기의 혁명들을 분석하면서, 프랑스 혁명은 과격파인 자코뱅의 지도력 아래 '평민들,' 곧 소(小)부르주아지와 프롤레타리아트 대중이 권력을 장악하고 부르주아지의 저항에 직면해서도 봉건제를 파괴했기 때문에 승리로 인도됐으나, 1848년의 독일 혁명은 부르주아지가 이제 막 첫번째의 조심스런 정치적 발걸음을 옮기기 시작한 과격파인 프롤레타리아트를 두려워한 나머지 혁명의 첫 폭풍우 직후 절대 체제와 제휴함으로써 실패하지 않을 수 없었다고 주장했다. 러시아의 부르주아지도 독일 부르주아지가 걸었던 똑같은 길을 걸을 것이 확실하므로, 부르주아 혁명을 옹호하는 것은 옳지 못하다는 것이 그들의 결론이었다.

역사적 교훈뿐만 아니라 러시아의 구체적인 조건도 프롤레타리아트의 집권을 정당화하고 있다고 그들은 주장했다. 당시 농업에서는 중세기의 나무 쟁기를 갖고 작은 토지를 경작하는 농민들로부터 근대적 방식으로 큰 규모의 토지를 경작하는 '자유주의적' 지주에 이르기까지 다양한 생산 방식이 병존하고 있었다. 도시에는 농민의 저렴한 가내 공업에 대항하지 못해서 크게 번영할 수 없던 프티 부르주아가 있었는가 하면 절대주의의 옹호 아래 성장한 근대적이며 고도로 집중된 공업 경영가들이 있었다. 이러한 사회적 모순 속에서도 러시아의 부르주아지는 혁명에 대해 소극적이었다. 러시아 부르주아지의 자유주의적 전통은 서구의 그것보다 짧을 뿐만 아니라, 절대주의 체제와의 연관 때문에, 그리고 프롤레타리아트에 대한 두려움 때문에 기성 체제와의 협상을 쉽게 추구하는 경향이 있었다. 정치적 의지도 결여되어 있었다. 다른 나라의 경우에는 프롤레타리아트는 정치적으로 계몽시키는 작업을 프티 부르주아가 담당했었는데 러시아에서는 다양한 사회주의 정당들 속으로 조직된 혁명적 인텔리겐치아만이 그것을 수행할 뿐이었다. 농민은 부르주아보다는 훨씬 더 혁명적이었다. 그들은 토지에 굶주려 있었으며 절대주의의 억압적 멍에로부터 자신을 해방시키고자 노력하고 있었다. 그러나 그들의 행동은 지방에 한정되었으며, 그들만으로 전체 투쟁의 지도력을 장악할 능력을 갖고 있지 못했다. 그들은 오히려 지도자를 요구하고 있었다. 로자 룩셈부르크가 적절히 지적했듯이, 자신들의 급박한 사회적 요구가 충족되기만 하면 그들은 즉시 반동 세력 쪽으로 기울어질 것이 확실했다.

이렇게 볼 때 혁명을 끝까지 끌고 나갈 수 있는 유일한 계급은 프롤레타리아트뿐이었다. 물론 러시아 전체 인구에 대한 노동자의 비율은 대규모 자본주의 국가들에서의 그것보다 훨씬 낮았다. 그러나 러시아의 노동자들은 정치적으로 긴요한 지역들에 대규모로 집중되어 있었고 거대한 투쟁 속에서 자신의 역량을 과시했다. 따라서 러시아 혁명은 당연히 프롤레타리아트에 의해 주도되는 혁명이어야 한다고 그들은 주장했다.

로자 룩셈부르크의 러시아 혁명론. 로자 룩셈부르크는 이러한 논리를 보다 정연히 전개해나갔다. 예컨대 1905년 1월에 『노이에 자이트』에 기고한 논설을 통해 그녀는 러시아 혁명이 프롤레타리아 혁명이 돼야 하는 이유를 보다 소상히 지적했다. 그녀는 무엇보다 "러시아가 정치적으로 가장 후진적인 나라로서 혁명적 세계 무대 위로 뛰어오르고 있다"고 분석하고 "이 이유 하나만으로도 러시아 혁명은 그 이전의 어떠한 혁명보다도 더욱 명백한 프롤레타리아트 계급적 성격을 갖게 된다"고 주장했다. 그녀의 분석은 그녀가 혁명의 즉각적 결과보다 그 과정을 보다 높이 평가하고 있었음을 보여주었다. 그녀는 프롤레타리아트가 자유주의 세력의 보조자로서가 아니라 혁명 운동의 전위대로서 지도적이면서도 결정적인 역할을 수행해나가고 그럼으로써 자신의 이익과 사명에 맞게 투쟁해나감으로써 혁명의 성격을 프롤레타리아트 혁명으로 발전시킬 수 있다고 본 것이다.

혁명이 성공한 다음에 나타날 정부의 성격에 대해서도 멘셰비키와 볼세비키는 견해를 달리했다. 우선 멘셰비키는 차리즘이 타도된 다음의 혁명 정부는 부르주아 계급의 정부여야 한다고 주장했다. 1905년 5월에 열린 멘셰비키 당 대회에서 그들은 "부르주아 정당의 일관성 없고 자기 이익 추구적인 정책에 대항한 자신들의 투쟁에서 자신들이 부르주아 민주주의 속으로 흡수되지 않도록 하기 위해 혁명 정부에 참여해서는 안 된다"고 결의한 것이다. 다만 "가장 과격한 혁명적 반대당으로 남아 있어야 한다"는 것이 멘셰비키의 공식 선언이었다. 이러한 입장을 취함에 있어서 그들은 "성숙하지 않은 상황에서 사회주의자들이 집권하는 경우, 그들은 그 운동 자체의 이익을 위해서 다른 계급의 이익을 지지하게 될 것"이라는 엥겔스의 경고를 원용했다. 이에 대해 레닌과 트로츠키 및 파르부스는 반론을 제기했다. 특히 레닌은 "멘셰비키의 출발점은 프롤레타리아트가 민주적 혁명과 그 권력 기관에 참여하는 것을 사회주의 혁명을 반대하는 정부에 참여하는 것과 동일시하는 것"이라고 공격하고, 엥겔스의 경고는 프롤레타리아트가 전체적 상황에 현혹되지 않도록 한 것에 지나지 않는다고 주장했다. 그리고 그는 자신의 해답으로서 '프롤레타리아트와 농민의 혁명적 민주적 독재'를 제시했다. 곧 사회주의자들과 앞으로 형성될 농민 정당의 대표들로 혁명 정부를 구성하고, 그 정부가 부르주아 민주주의 국가의 기초를 독재적으로 만들어낸다는 것이다.

로자 룩셈부르크는 멘셰비키 프로그램에 반격을 가하려는 레닌의 노력에 대체적으로 동의했다. 그러나 그녀는 레닌이 러시아 농민 내부의 커다란 사회적 분화를 간과하고 있으며 또 러시아 농민이 곧 혁명으로부터 돌아설 것이라는 점을 과소평가하고 있다고 보았다. 여기에서 그녀는 '농민에 의존하는 프롤레타리아트의 혁명적 독재'를 제시했다. 그 공식은 사회주의자들이 농민들과 연합하고 그들의 혁명적 행동에 의존하여 절대주의의 타도를 가져온 다음 단독으로 정부 권력을 장악하고 '혁명적 대중'을 무장시키며 '무장된 노동 계급'을 군대 조직으로 편성해야 한다는 것이다. 그리고 곧 독재적 수단에 의해 사회의 정치적 · 경제적 변형에 필요한 모든 기본적 조처들을 수행해나가지 않으면 안 된다는 것이었다. 이러한 과업이 성취된 다음 제헌 의회가 보편 참정권의 바탕 위에서 소집돼야 하는데, 의회가 헌법을 만들어내는 동안 혁명 정부는 독재권을 확보하고 있고 대중도 무장을 유지하고 있어서 의회가 반혁명의 길로 빠지지 못하도록 해야 한다고 그녀는 주장했다.

1905년에 러시아 혁명이 전개되면서 그녀는 '정치적 대중 파업'의 높은 효용성을 재확인할 수 있었다. 따라서 그녀는 그 무기가 유럽의 노동 계급 운동에서도 활용돼야 한다고 역설했다. 그러나 노조 운동가들은 반대했다. 예컨대 1905년 5월에 쾰른Köln에서 열린 노동조합 대회는 거의 만장일치로써 대중 파업안을 부결시켰다. 그러나 그해 가을 예나Jena에서 열린 독일 사회민주당 대회는 어떠한 상황 아래서는 그 무기가 독일 노동자에 의해 사용될 수 있다는 결의안을 채택했다. 그것은 확실히 그녀에게 하나의 승리였다.

4. 새로운 투쟁의 깃발을 들고

폴란드에 잠입하다. 건강이 무척 좋아진 데다 혁명 현장이 당 지도부의 현지 지도를 요청함에 따라 로자 룩셈부르크는 1905년 12월에 베를린의 한 동료 안나 마트스치케의 여권을 교묘히 이용해 폴란드로 잠입했다. 사실 혁명 운동은 러시아에서보다 폴란드에서 훨씬 더 정력적으로 전개됐었다. 폴란드의 공업화 수준은 러시아의 그것보다 높았으며, 차리즘의 식민 통치에 대한 민족적 반감은 도시의 소부르주아를 더욱 정치적으로 활성화시키고 있었다. 따라서 1904년 3월에 바르샤바에서 대규모 대중 시위가 발생한 이후 그것은 점차 다른 주요 지역들로 확산될 수 있었다. 이 과정에서 러시아의 군대와 경찰이 식민자가 식민지 백성에 대하는 그 특유한 잔학성으로써 임하자 폴란드 사회당은 그해 가을에 전국적인 무장 저항 봉기를 결정했다. 치열한 전투가 여러 도시들에서 벌어졌음은 물론이다. 이제 폴란드의 독립을 위한 중요한 첫걸음이 내디려진 것 같았다. 폴란드 사회당은 자신이 이 투쟁을 주도적으로 이끌었다는 점에 대해 커다란 긍지를 나타내면서, 경쟁적 사회주의 혁명 정당인 '폴란드 왕국과 리투아니아의 사회민주당'을 공격하고 나섰다.

폴란드 사회당 간부들의 입장은 다음과 같이 요약될 수 있었다. 우선 그들은 러시아 대중의 혁명적 정열과 역량을 과소평가하고 따라서 러시아 대중의 혁명적 봉기에 의한 차리즘의 붕괴와 그것에 뒤따른 폴란드의 독립 가능성을 배제했다. 그렇다면 폴란드의 독립은 어떻게 획득될 수 있단 말인가? 그들은 국제적 여건의 활용을 통한 폴란드 민족의 무장 해방 투쟁에 의해서만 가능하다고 보았다. 러일 전쟁의 발발 직후 폴란드 사회당의 지도자 필수드스키가 일본을 방문하여 독립 운동을 위한 재정 지원을 요청했던 것은 그러한 논리에서 나온 행동이었다. 실제로 그들은 폴란드 인민의 무장이라는 방향으로 움직여나갔다. 이를 위해 해외로부터 무기를 사들였으며 국내에서는 폭탄을 만들기 시작했고 전투단을 조직했다.

　로자 룩셈부르크는 자신이 그 간부진의 일원인 '폴란드 왕국과 리투아니아의 사회민주당'을 대변하여 폴란드 사회당의 노선을 비판했다. 「혁명의 날로부터: 다음은 무엇인가?」라는 일련의 논문들을 통해 그녀는 무장봉기론이 '혁명에 주는 중대한 위험성'을 경고했다. 그녀는 우선 폴란드 인민을 무장시킴으로써 차리즘의 강력한 사슬을 끊기에 충분한 군사력을 확보할 수 있다는 폴란드 사회당의 믿음을 '잘못된 계산'이라고 반박했다. 절대주의 체제는 물론 대중 봉기에 의해서만 타도될 것이다. 그러나 대중 스스로가 현상태에서 그것에 필요한 무기를 확보할 것으로 기대한다는 것은 무리라고 보았다. 그러면 그녀의 해답은 무엇인가? 그것은 선동 작업이었다. 군대 속에, 농민 속에, 그리고 도시 노동자 속에 파고들어가 계급의 입장에서 선동 작업을 전개하여 그들의 계급 의식을 일깨우는 것이 선행돼야 한다는 것이었다. 그녀는 특히 군의 사기 저하와 혁명 대열로의 이탈이 대중 봉기의 성공의 관건이라고 분석하고 이것을 유도하기 위한 선동 작업의 강화를 주장했다.

　폴란드 프롤레타리아와 러시아 프롤레타리아의 제휴? 폴란드 사회당과 폴란드 사회민주당의 견해 차이는 비단 이 문제에 국한된 것이 아니었다. 우리는 이 글의 앞부분에서 두 당의 기본적 차이를 이미 살펴보았었다. 여기서 되풀이한다면 전자는 어느 무엇보다 폴란드의 독립을 앞세웠고, 후자는 사회주의 혁명의 완성을 중시했다. 로자 룩셈부르크는 폴란드 프롤레타리아트의 러시아 프롤레타리아트와의 제휴에 의한 혁명을 통해 차리즘 절대 체제의 타도가 가능하다고 보았고, 그때야 비로소 폴란드의 독립도 실현된다고 판단했다. 그런데 이러한 논쟁이 이 시점에서 다른 형태로 재연됐다. 전자는 러시아 혁명에 폴란드 프롤레타리아트가 참여하는 것은 러시아 식민 통치에 대항하는 폴란드의 민족적 역량을 감소시킬 뿐이라고 주장하기 시작한 것이다. 노동자들의 파업에 대해서도 반대했다. 노동자들의 파업은 폴란드 자본가들의 재산에 대한 손상을 가져올 뿐이라는 것이다. 폴란드 사회당의 사실상의 당수인 다스진스키Ignaz Daszynski는 이러한 논리 위에서 1906년 1월에 폴란드 안에서의 노동자 총파업을 규탄하는 「공개 서한」을 발표했다. 그 논문은 폴란드 사회당원들에게 큰 충격을 주었으며, 이에 따라 1906년 2월의 당 대회에서 좌파는 폴란드의 독립이라는 구호를 포기하고 사실상 사회민주당의 강령에 일치되는 사항들을 채택했다.

한편 필수드스키 세력은 폴란드 독립의 목표를 고수하면서 투쟁단을 조직해 스스로를 '폴란드 사회당 혁명파'라고 부르면서 철도역과 우체국의 습격과 은행털이 등의 폭력 노선을 걸었다. 이 노선은 결국 혁명의 대의에는 크게 이바지하지 못하고 투쟁단은 무의미한 강탈 조직 내지는 산적 조직으로 비하되고 만다. 이에 따라 필수드스키도 폴란드 독립을 달성하기 위한 수단을 바꾼다. 1890년에 오스트리아–헝가리 합병 제국과 러시아 사이의 전쟁이 전자의 보스니아 병합으로 임박해지자 그는 전자와 제휴해서 폴란드 여단을 조직한 것이다. 이것을 로자 룩셈부르크를 비롯한 폴란드 사회민주당 간부들은 통렬히 비난했다. 필수드스키 세력이 걸어온 '사회주의적 애국주의' 노선은 이제 프롤레타리아트 운동으로부터 완전히 이탈하여 '제국주의 정복자의 진영'에 가담했다고 그들은 평가한 것이다.

투옥과 석방. 이러한 논쟁과 사태의 전개 과정에서 폴란드 사회민주당은 폴란드 프롤레타리아트 운동에서 뚜렷한 지도자가 됐다. 1901년에 1,000명 정도에 지나지 않던 당원의 수는 1905년에는 무려 25,000명에 도달했고, 1907년에는 40,000명이 됐다. 또 폴란드어와 독일어 및 이디시어로 신문을 발행하고 러시아어로 된 전단을 폴란드 주둔 러시아 군대에 뿌리며 노조를 조직하고 파업을 지도하는 위치로 성장했다. 당세(黨勢)가 이처럼 신장하자 경찰의 감시와 탄압은 더욱 날카로워졌으며, 1906년 3월 4일에 로자 룩셈부르크와 리오 요기치스는 발레프스카 Walewska 백작 부인 집에서 체포되고 말았다. 처음엔 경찰은 그들의 정확한 신원을 몰랐다. 로자를 그녀가 지닌 여권의 본명의 인물 마트스치케로, 리오를 그의 가명인 엥겔만 Otto Engelmann으로만 알고 있었다. 그러나 곧 그들의 정체를 파악하게 된다.

로자 룩셈부르크는 우선 바르샤바 시청의 경찰 유치장에 갇혔다. 그곳의 환경은 정말 끔찍했다. 정상적인 시기에 한 명을 수감하는 감방에 무려 열네 명이 수감됐다. 그 가운데는 정신착란자도 있어서 24시간 내내 소리쳐 울었으며 이 때문에 오랫동안 고통을 겪어온 정치범들은 히스테리 증세가 나타나 발작을 보이기도 했다. 그녀의 표현대로 "비옷 두루미처럼 묶여서" 자야 했으며 변소로부터의 악취를 즐겨야 했고 창녀들의 노랫가락에 귀를 기울이며 지내야 했다. 이런 여건 속에서 그녀의 건강은 점차 약해졌다. 단식 투쟁에의 참여는 그녀의 건강 상태를 더욱 악화시켰다. 4월 11일에 그녀는 악명 높은 바르샤바 성채 제10분관으로 옮겨졌다. 여기서는 죄수들을 조그만 닭장 같은 곳에 집어넣었다. 때때로 성채 안에 교수대를 세워 처형하기도 했으며, 이에 따라 사형수들과 사형집행관들의 행렬이 있을 때엔 고통스런 침묵이 형무소 전체를 뒤덮기도 했다. 적법한 절차 없이 '행정적인 통로'를 통해 처형이 가능했으므로 간수들의 부름에 따라 감방을 나갔다가 영원히 돌아오지 못하는 혁명가들이 적지 않았다. 한때 로자 룩셈부르크에게도 처형의 순간이 온 듯했다. 사형수를 부르는 그 특유의 말투로 죽음의 사자인 간수가 그녀를 불러낸 것이다. 함께 있었던 리오의 회고에 따르면, 이때 그녀의 두 눈은 튀어나오는 듯했으며 얼굴은 파리해졌다. 그러나 그것은 검문을 위한 부름에 불과했다.

로자 룩셈부르크의 건강은 더욱 심각해졌다. 그녀의 머리칼은 회색이 되어갔다. 그녀의 친척들은 그녀를 석방시키기 위해 '천국과 지상'을 동시에 찾아다녔다. 독일 사회민주당 집행부를 방문해 그녀가 독일 국적을 가진 만큼 독일 정부가 개입하도록 영향력을 행사해줄 것을 요청했다. 의료진의 보고서도 제출됐다. 그것은 그녀의 건강 상태가 심각함을 지적하고 석방을 건의했다. 폴란드 사회민주당의 투쟁단은 만일 그녀에게 어떤 해가 가해질 경우 적절한 보복이 따를 것임을 당국에 통고했다. 러시아 혁명으로 경찰의 사기가 떨어졌던 때라 고위 간부의 매수도 가능했다. 이러한 여러 요인들이 겹쳐 그녀는 보석금을 걸고 석방됐으며 이어 바르샤바를 떠나도 좋다는 허가도 주어졌다. 그녀는 우선 상트 페테르부르크로 가서 악셀로드를 만나 혁명 전술에 관해 심한 논쟁을 벌였다. 이어 피터 앤 폴 포트레스 형무소를 찾아가 시베리아 유형을 기다리는 파르부스와 도이치를 면회했다. 곧 『대중 파업과 당 및 노동조합』이란 소책자를 써서 러시아 혁명이 독일 프롤레타리아트에게 주는 교훈을 설명했다. 가을엔 만하임 Manheim에서 열린 당 대회에 참석했다. 한편 리오는 재판에 회부되어 8년형을 받았고 시베리아로 유형지가 결정됐다. 그러나 1907년 4월에 그는 탈옥에 성공했으며 폴란드 사회민주당을 다시 이끌 수 있었다.

로자가 러시아 혁명을 깊이 분석하다. 다시 안정을 되찾은 로자 룩셈부르크는 1905년과 1906년의 러시아 혁명을 냉정히 분석해보았다. 그녀는 "이 혁명이 혁명적 에너지의 전례 없는 과시, 목적의 명확성, 끈기에도 불구하고 패배를 경험했다"고 결론지었다. 그러면 그 패배의 원인은 무엇인가? 그녀는 두 가지를 제시했다.

첫째 원인은 혁명 그 자체의 내재적 성격에 있다고 보았다. 그 혁명은 "부르주아의 과제를 안고 있는 프롤레타리아트 혁명," 또는 표현을 달리한다면 "프롤레타리아적 사회주의 투쟁 방법을 지닌 부르주아 혁명"이어서 그 혁명이 드러낸 대량의 정치적·경제적 문제들은 그 복잡성으로 말미암아 현존의 사회 질서의 틀 안에서는 해결이 어려웠다는 것이다. 둘째 원인은 대외적 성격의 것이었다고 보았다. 유럽의 반동 세력이 러시아 절대 체제를 결사적으로 구출하고자 했기 때문에 혁명은 실패했다는 것이다. 이처럼 혁명의 실패를 시인했으나, 그녀는 그렇다고 좌절하지 않았다. 많은 혁명가들이 혁명의 대열에서 이탈하여 철학적 사색에 빠지거나 신비주의에 젖어들 때도 그녀는 미동도 하지 않았다. 1905~1906년의 혁명이 좌절된 다음에 나타난 반동이 아무리 그 위세를 떨쳐도 그것이 절대 체제의 옛 권력을 다시 확립하지 못할 것이며 또 커다란 정치적·경제적 문제들을 해결하지 못할 것이라고 판단하고 있었다. 그녀에게 혁명은 죽은 것이 아니었다. 혁명은 오히려 그 이전보다 더욱 강력한 힘을 지닌 채 부활할 것으로 생각됐다. 그녀의 이러한 신념은 1907년 5월에 런던에서 열렸던 러시아 사회민주당 대회에서 행한 두 연설에 잘 나타나 있다. 이 연설의 초점은 물론 앞으로 전개될 러시아 혁명의 계급적 성격에 있었다. 그러나 그녀는 혁명의 부활을 전제하고 자신의 논리를 전개했던 것이다. 그녀의 확신이 정당했음을 역사는 입증해주었다.
1912년에 러시아에는 새로운 혁명의 조류가 일기 시작했으며, 그것이 제
1차 세계 대전에 의해 다시 가라앉았으나 1917년에는 마침내 일대 격류
를 형성하게 된다.

러시아 혁명이 서구에 주는 교훈을 강연하다. 앞에서 지적했듯이, 1905~
1906년의 러시아 혁명이 실패하고 반동 정책이 전개되면서 혁명의 대열
은 흩어지기 시작했다. 이러한 현상은 독일에서도 뚜렷했다. 독일 사회
민주당 간부들은 정부와의 협력을 발전시켜나간 것이다. 그들은 예나 당
대회에서 통과된 대중 파업 결의안을 1906년 2월에 사실상 백지로 돌렸
으며 보수주의적인 노동조합 간부들에게 피동적으로 이끌려가는 경향을
보였다. 1906년 9월의 만하임 당 대회는 모든 면에서의 후퇴를 확인할
뿐이었다.

로자 룩셈부르크는 이러한 사태 진전을 대단히 심각하게 바라보았다.
특히 만하임 대회는 당의 간부들이 자신의 견해와 거의 완전히 다른 견
해를 갖고 있으며 이러한 차이는 '잠정적 탈선'에 기인하는 것이 아니라
는 점을 그녀에게 확인시켜주었다. 이제는 베벨을 비롯한 당 간부진의
대부분을 자신의 적으로 여기지 않으면 안 되겠다는 것을 깨닫기도 했
다. 이러한 그녀의 심경은 그녀가 1907년초에 클라라 제트킨에게 보낸
편지에 잘 나타나 있다. 당의 장차의 진로에 대해 깊은 우려를 표시한 클
라라에게 그녀는 우선 자신이 러시아로부터 돌아온 이후 고립을 느낀다
고 고백하고 당의 우유부단함과 쩨쩨함에 대한 실망을 솔직히 표현했다.
이어 그녀는 베벨을 포함한 당의 간부들이 모두 의회주의와 의회주의적
투쟁 방식에 젖어 의회주의의 한계를 뛰어넘어야 할 문제가 발생하는 경
우 완전히 무력한 존재가 됐다고 비판했다. 그뿐 아니라 그들은 의회주
의의 한계를 넘어서려는 동지들을 오히려 '인민의 적'으로 규탄할 정도
로 타락했다고 지적했다. 그러나 그녀의 관찰로는, 대중과 당원 대다수
는 속마음으로는 의회주의에 싫증을 내고 있으며 당의 투쟁 방식에서의
새 바람을 기다리고 있었다. 물론 그녀가 보기에 기회주의적인 당 간부
들과 노조 지도자들은 이러한 분위기가 성숙되는 것을 반대할 것이다.

그러나 결국엔 이 정체(停滯)를 깨뜨릴 의무를 자신이 지니고 있음을 그녀는 시사했다.

새로운 투쟁을 설계하면서 로자 룩셈부르크가 계산에 넣은 것은 근로 대중의 지지와 국내외 정세였다. 우선 그녀는 혁명적 열기와 투쟁 정신이 적어도 하급 당원들과 노동자들 사이에서는 꺼지지 않은 채 살아 있다고 보았다. 당시 그녀는 러시아 혁명의 서구에 대한 교훈에 대해 여러 곳에서 강연하고 다녔는데, 청중의 대부분인 그들은 대단한 관심과 열의로써 경청했던 것이다. 실제로 오스트리아 같은 곳에서는 러시아 혁명의 영향을 받아 여러 차례의 활발한 대중 운동이 전개됐으며, 1906년말에 오스트리아의 프롤레타리아트는 마침내 참정권을 획득할 수 있었다. 국제적으로는 제국주의 국가 사이의 전쟁 위험성이 증대되고 있었다. 예컨대 모로코를 둘러싼 프랑스와 독일의 분쟁은 유럽 전쟁의 가능성을 제기시켰던 것이다. 간단히 말해, '국제적 제국주의 정치'는 이제 그 진정한 성격을 드러내고 있었으며, 전쟁과 혁명의 시기는 밝아오고 있었다. 이러한 시점에서 다가올 투쟁에 대비해 프롤레타리아트를 지적으로 도덕적으로 준비시키는 것 ——이것이야말로 자신의 가장 중요한 과제라고 그녀는 생각했다.

정치적 대중 파업. 이러한 자신의 과제와 관련해 로자 룩셈부르크는 최대의 관심을 정치적 대중 파업에 쏟았다. 그녀는 일찍부터 프롤레타리아트의 투쟁의 무기로 정치적 대중 파업의 가치를 높이 평가해왔다. 그런데 러시아 혁명은 바로 자신의 판단이 정확했음을 입증했다고 그녀는 생각했다. 단순한 임금 인상이라는 목표를 위해서가 아니라 커다란 정치적 목표를 위해서 수백만의 노동자들이 파업을 전개한 예는 이전의 혁명에서는 결코 찾아볼 수 없는 일이었다. 바로 이 점이 러시아 혁명을 그 이전의 혁명과 구별짓는 중요한 요인이라고 분석한 그녀는 앞으로의 독일 혁명도 이것을 따라야 할 것이라고 주장했다. 혁명적 발효의 시대에 프롤레타리아트의 특수한 무기로서 정치적 대중 파업은 충분한 의미를 지니고 있다고 본 것이다.

따지고 보면 총파업안(案)의 역사는 대단히 길다고 할 수 있다. 이미

1839년에 영국의 차티스트*들은 그것을 무기 삼아 부르주아로부터 참정
권을 뺏어냈고 그로써 사회주의로 가는 길을 열었다. 다시 1868년의 브
뤼셀 회의에서 제1차 사회주의 인터내셔널은 '반전(反戰) 인민 파업'을
선언했다. 이어 1873년 9월에 제네바에서 열린 '국제 바쿠니스트 동맹'
은 총파업이야말로 부르주아 타도의 가장 효과적인 무기라고 선언했다.
만일 모든 노동이 10일 동안 중지된다면 그것은 현존 사회 질서의 붕괴
를 가져오기에 충분한 것이라고 보았다. 프랑스의 상디칼리스트들, 곧
집산주의자들도 총파업을 프롤레타리아트의 주요 무기라고 강조했다.
이 일련의 주장들 가운데 총파업으로써 부르주아 사회를 타도할 수 있다
는 주장은 '고답적인 환상'에 지나지 않는 것이다. 그러한 주장은 혁명
세력의 실제적 힘과 혁명의 목표 사이의 진정한 관계에 대한 잘못된 평
가를 보여줄 뿐이다.

실제로 총파업은 부르주아 사회의 타도를 겨냥한 것이 아니라 보다 큰
정치적 자유의 획득을 겨냥한 것이었다. 우선 벨기에 노동자들의 총파업
을 예로 들 수 있다. 1891년에 125,000명의 노동자들은 참정권 획득을 목
표로 총파업에 들어갔다. 이 첫번째 시도가 실패하자 1893년에는
250,000명의 노동자들이 총파업에 가담했으며 이로써 그들의 참정권은
크게 개선될 수 있었다. 스웨덴(1902)과 프랑스(1902) 및 네덜란드
(1903), 그리고 이탈리아(1904)의 노동자 총파업에서도 마찬가지였다.

그러나 독일에서는 총파업이 거의 언제나 냉대를 받았다. 사회민주주
의자들의 대부분은 "총파업은 무의미하다"라는 입장을 견지하고 있었
다. 노조 지도자들 역시 정치적 파업을 원칙적으로 부정했다. 1905년의
쾰른 노조 대회가 "노조는 어느 무엇보다 평화와 평온을 필요로 한다"라
고 선언했던 것은 정치적 파업에 대한 독일 노조의 태도를 말해주는 것
이었다. 이에 비해 개혁주의의 정치인들은 정치적 대중 파업안을 전적으
로 지지했다. 베른슈타인과 슈탐퍼 Friedrich Stampfer 및 아이즈너 Kurt
Eisner, 스스로를 마르크시스트 센터라고 부른 당 집행부 주변의 의원들

---

* Chartists. 1830~1840년대의 영국에서 노동자의 정치적 권리, 특히 보통 선거권의 획득
을 목표로 싸운 사람들. 이들의 운동은 탄압 등에 의해 1850년대 이후 쇠퇴했다.

과 편집인들 및 당료들 등이 그러했다. 그런데 이들은 정치적 대중 파업을 프롤레타리아트가 자신의 정치적 권익을 지키기 위한 수단으로, 곧 방어적 수단으로 파악했다. 또 무장 봉기에 대한 대안으로 이해했다. 이 점은 1903년 10월에 『노이에 자이트』에 발표된 독일의 정치가이며 마르크시스트 경제학자인 힐퍼딩 Rudolf Hilferding의 논설에 잘 나타났다. 이러한 경향에서의 예외적 존재가 카우츠키였다. 그는 우선 독일과 같이 엄격히 조직된 국가에서 총파업에 의해 '반동 세력'으로부터 정치적 양보를 받아내거나 또는 노동 계급에 대한 침해를 방지하는 것은 불가능하다고 보았다. 따라서 노동자들이 일단 이 무기에 의존하게 되면, 그들은 국가 권력의 장악에 이르는 모든 과정에 뛰어들 준비가 되어 있어야 한다고 주장했다. 그에게 총파업은 혁명적 상황에서만 적용될 수 있는 혁명적 무기였던 것이다.

로자의 혁명 자연발생론. 로자 룩셈부르크는 1905년의 예나 당 대회 때부터 정치적 대중 파업에 대한 당 지도부의 '인식 부족'에 크게 실망했다. 그녀는 자신의 견해를 강력히 표현함으로써 이 문제에 관한 보다 높은 수준의 토론을 유도해야겠다고 결심했다. 이에 따라 그녀는 1906년의 만하임 당 대회에 맞춰 앞에서 소개한 소책자 『대중 파업과 당 및 노동조합』을 발간했다. 여기서 그녀는 "대중 파업은 러시아 혁명에서 나타났듯이 변화 가능한 현상이어서 그것은 정치적 투쟁의 모든 국면, 혁명의 모든 단계들과 요소들을 반영한다"고 전제하고, "그것의 적응성과 그것의 유효성 및 그것의 기원을 둘러싼 요인들은 계속적으로 변화한다"고 분석했다. "그것은 혁명이 난관에 봉착한 것처럼 보일 때 새롭고 폭넓은 조망을 갑자기 열어주지만, 그것의 성공이 절대적으로 확실하다고 믿는 바로 그 시점에서 실패할 수도 있다"는 점을 그녀는 아울러 지적했다. 대중 파업을 어느 한 주어진 시점에서의 혁명 투쟁의 형태로 정의한 그녀는 그것이 "프롤레타리아트의 투쟁의 효과를 높이기 위해 영리하게 꾸며진 방법이 아니라, 프롤레타리아트 대중이 움직여나가는 방법, 곧 실제적 혁명에서 프롤레타리아트적 투쟁에 의해 취해지는 형태"라고 결론지었다. 요약하건대, 그녀는 대중 파업을 의도적인 전술의 인공적 산물이 아니라 자연적인 역사적 현상이라고 본 것이다. 그러므로 그녀는 사람들이 작동시키고자 하는 순전히 정치적인 대중 파업의 개념을 '생명 없는, 이론적인 고안'으로 파악하면서, 교착 상태에 빠진 운동을 해방시키기 위한 수단으로 대중 파업을 사용할 수 있다는 생각을 받아들이지 않았다. 기초적 행위를 위한 선행 조건들이 결여되어 있는 경우에는 그것을 인위적으로 유도하려는 어떠한 시도도 치명적 결과를 낳게 된다고 이해한 것이다. 왜 그러한가? 그녀에 따르면 "실제에 있어서 혁명을 낳은 것은 대중 파업이 아니라, 대중 파업을 낳는 것이 혁명이기 때문이다."

대중 파업에 대한 로자 룩셈부르크의 이러한 견해는 그녀의 이른바 '자연발생론'으로 연결된다. 혁명 운동은 '만들어지는 것'이 아니라는 것이다. 바꿔 말해, 혁명 운동은 당 지도층의 결정의 결과로서 나타나는 것이 아니라 어떤 역사적 상황 아래서 자연발생적으로 탄생한다는 것이다. 그렇다고 하여 그녀가 혁명을 유도하기 위한 당과 당 지도부의 노력 그 자체를 부인한 것은 아니다. 왜냐하면 그녀는 혁명이 자연발생적으로 일어날 수 있기 위해서는 프롤레타리아트 대중이 정치 의식에서 계몽되어 있어야 하며 그것을 위해서 당은 끊임없이 노력해야 한다는 것을 강조했기 때문이다. 물론 그녀의 자연발생론은 대중에 대한 조직의 영향력을 과소평가하고 대중의 초기적 활동을 과대평가한 것이 사실이다. 그러나 그녀의 자연발생론이 가령 지노비에프의 공격처럼 '자연 발생의 미신'도 아니며 당의 존재 이유 자체를 부인한 것도 아니다.[4]

5. 로자 룩셈부르크의 자본주의 종말론과 제국주의론

당 학교에서의 강의와 저술. 1906년에 독일 사회민주당은 베를린에 당 학교를 세웠다. 이때부터 제1차 세계 대전이 일어날 때까지 매 겨울마다 각 지역 당 조직이 선발한 약 30명의 당원들과 노조원들이 사회과학과 선동의 실제 기술에 관해 강의를 받았다. 강사진은 메링, 힐퍼딩, 둔케르 Hermann Duncker, 슈타트하겐 Arthur Stadthagen, 부름 Emmanue Wurm,

엑슈타인 Guster Eckstein, 하이네만 Hugo Heinemann 등으로 구성됐다. 이들의 대부분은 당내 과격파의 지지자들이었다. 로자 룩셈부르크도 처음부터 강사진에 포함되어 있었던 것 같다. 그러나 그녀는 첫 단계에서는 참가하지 않았다. 그녀가 스스로의 이유 때문에 참가하기를 거절했거나 또는 노동조합이 그녀에 반대했을 것이다. 그러나 독일 경찰이 오스트리아 국적의 힐퍼딩이 강의를 계속하는 경우 그를 추방하겠다고 위협해 그가 강사진에서 사퇴하자 카우츠키의 권고에 따라 그녀도 1907년부터 강의에 나서서 경제학을 가르쳤다.

그녀는 주로 마르크스의 경제학을 강의했다. 사실 그녀의 강의의 골격을 형성하고 있는 마르크스의 『자본론』은 그리 쉬운 교재가 아니었다. 그 책을 정확히 이해하려면 경제학과 사회과학에 대한 소양이 단단하지 않으면 안 된다. 그러나 수강생들은 교육 수준이 대단히 낮은 공장 노동자들이거나 목수 · 광부 · 기계공 · 가정 주부 · 당 서기 들로서, 비록 당 활동 분야에서는 뛰어난 사람들이었으나 선전 책자를 통해 겨우 사회주의에 접했을 뿐이었다. 이러한 수준의 그들에게 그녀는 문제의 핵심을 대단히 쉽게 가르쳐나갔다. 자신의 강의를 바탕으로 해서 로자 룩셈부르크는 2권의 중요한 책을 썼다. 『경제학 개론』과 『자본축적론』이 그것이다. 『자본축적론』은 그녀가 집필한 그대로 출간됐다. 그러나 『경제학 개론』은 단편적인 형태로 남아 있을 뿐이다.

『자본축적론』을 쓰게 된 배경. 『경제학 개론』을 개괄적인 형태로서는 거의 끝내갈 무렵인 1912년초에 로자 룩셈부르크는 예상하지 못했던 어려움에 부딪혔다. 자본주의적 생산의 전체 과정을 자본주의의 객관적인 역사적 제약뿐만 아니라 자본주의의 실제적 관계들 속에서 충분히 명백하게 설명할 수 없음을 깨닫게 됐던 것이다. 그녀는 자신이 겪고 있는 어려움의 바탕에는 마르크스의 『자본론』 제2권의 이론적 내용과 연결되어서 제기된 문제가 깔려 있다고 보았다. 보다 쉽게 말해서, '당대의 제국주의적 정치의 실제와 그 경제적 뿌리에 걸려 있는 문제'가 깔려 있다고 보았다. 이 문제들에 대답하려는 의도에서 그녀는 『자본축적론』을 쓰게 됐다.[5]

그녀의 주된 관심은 제국주의였다. 많은 마르크시스트들과 마찬가지로 로자 룩셈부르크는 전쟁은 자본주의적 사회 질서의 본질적 성격으로부터 발생한다고 확신했다. 그리고 거기서 한걸음 더 나아가 그녀는 현대의 전쟁을 낳고 있는 바로 그 원인들이 자본주의적 경제 체제가 계속적으로 존재하기 위해서는 필수적으로 필요한 조건들을 파괴하고 있다고 결론지었다. 그리고 자본주의의 최종적 붕괴는 대공황과 과잉 생산 및 실업자 증대 등으로 나타나는 경제적 위기와 또 그 위기를 극복하려는 파시즘의 대두와 파시스트 국가의 기상천외의 군비 확장 및 국내적 억압 정책과 대외적 팽창 정책 등으로 나타나는 정치적 위기를 가져온다고 예언했다.

마르크스의 이론들 가운데 한 부분에 의문을 품다. 그러나 그녀는 그러한 본연의 역사적 법칙을 마르크스의 『자본론』에 의지해서는 설명할 수 없었다. 그녀의 확신이 잘못된 것인가 아니면 마르크스의 가르침이 부적절한 것인가, 그것이 문제였다. 그리고 그것은 대단히 중요했다. 왜냐하면 그녀의 전체적 견해는 그 대답에 걸려 있었기 때문이다. 그녀의 모든 정치적 활동은 과학적 지식에 바탕을 두고 있었다. 바꿔 말해, 그녀의 가슴 속에 깊이 뿌리내려 있는 것은, 자본주의가 그 자체의 내재적인 모순에 의해 파괴될 것이라는 점이 과학적으로 입증될 때만 사회주의가 진실이 된다는 마음이었다. 그런데 그녀가 직면한 어려움은 자본주의 경제 체제가 장애 없이 발전할 수 있는가의 여부에 관한 문제였다. 경제학은 이 계속적인 발전의 가능성이 자본주의의 기본적 조건이라는 사실에 대해 아무런 이의를 제기하지 않는다. 초기의 경제 체제에서 생산은 직접적 사용을 위해 발생하며, 생산된 물건들은 영주와 노예에 의해 쓰여진다. 흉년과 전쟁 및 전염병이 때때로 재난을 가져온다. 그러나 경제 질서의 내재적 법칙으로부터 발생하는 위기, 구체적으로 말해, 과잉 생산의 위기, 풍요 속의 광범위한 기아, '정상적' 생산 조건을 재조정하기 위한 노력의 일환으로 행해지는 가용(可用) 상품의 강제적 대량 파괴 등은 초기의 경제 체제에서는 거의 모르는 일이었다.

자본주의 경제 체제는 이러저러한 방법으로 사회적 수요를 충족시키지 않으면 안 된다. 그 동기는 이익이다. 이익은 잉여가치, 곧 노동자 자신의 필수적 수요를 충족시키는 데 필요한 양 이상으로 노동자에 의해 소비된 노동력의 양으로부터 발생한다. 그러나 이익은 생산된 상품 속에 포함되어 있어서, 그것은 자본가가 생산된 상품을 사들이는 사람들을 충분히 확보할 때만 현실화될 수 있다. 자신의 상품을 팔아서 자신의 이익을 현실화할 수 있는 최선의 기회를 가진 자본가는 아주 싸게 생산할 수 있는 사람이다. 그 결과로 나타나는 경쟁은 개별적 자본가로 하여금 자신의 생산 수단을 개선하고 완전하게 만들도록 강요한다. 만일 그가 이 경쟁에서 후퇴할 때 그는 패배한다. 모든 새로운 기술적 진보는 생산력의 증가와 생산품의 증가를 가져온다. 그러나 동시에 고용된 노동자의 수는 떨어지며, 결과적으로 지불 능력을 가진 고객의 수도 떨어진다. 생산력이 강력해지면 강력해질수록 일손은 점점 불필요해진다. 이에 따라 불가피하게 나타나는 결과는 끊임없이 성장하는 실업자의 무리인데, 그들의 존재는 임금을 떨어뜨리게 해서 결국 구매력을 더욱더 제한시킨다. 그런데도 경쟁의 채찍질 덕분에, 자본주의 경제 체제는 더욱 많이 생산하도록 강요된다. 그 결과는 주기적인 위기의 불가피한 발생인데, 이 기간 동안에 경제적 요구를 더 이상 충족시킬 수 없는 생산 방법들은 제거되고 커다란 자본 가치가 파괴된다. 일단 이러한 일이 발생하면 그 과정은 반복되는데, 그때마다 생산력과 그리고 그것을 공급하는 데 요구되는 노동력의 양 사이에는 더 큰 차이가 벌어져서 위기는 더욱더 커진다.

이상이 마르크스가 자본주의적 경제 발전의 코스를 설명하는 방법이다. 여기서 마르크스는 한걸음 더 나아가 다음과 같이 말했다. 변동에도 불구하고 실업자의 예비군은 점점 더욱 커져서, 임금은 마침내는 최저의 생계비 수준으로 내려가며, 이에 따라 위기가 점차 빨리, 그리고 점차 처참하게 계기적으로 발생한다는 것이다.

그러나 로자 룩셈부르크에게 이러한 이론적 결론은 현실과는 모순되는 것 같았다. 1860년대로부터 유럽 노동자들의 임금은 착실하게 올라갔으며, 실업 예비군은 점점 작아졌다. 자본주의가 종말에 접근하고 있음을 암시하는 것으로 설명된 위기들은 점점 약해졌으며, 자본주의의 번영은 점점 증대 추세에 있었다. 이 모순으로부터 벗어나는 탈출구로서 마르크스 추종자들의 대부분은 마르크스가 분명히 그러한 뜻으로 쓰지 않은 말들을 끄집어내어 거기에 의미를 부여하기 시작했다. 이것은 특히 노동 계급의 점진적 빈곤화, 사회적 모순의 심화, 자본주의 경제의 붕괴에의 접근 등에 관한 마르크스의 설명 등에서 그러했다.

마르크스의 이론들에서 해답을 찾고자 노력하다. 이러한 새로운 해석들에 직면해, 로자 룩셈부르크는 마르크스의 이론에 굳게 매달렸다. 베른슈타인을 공박하면서, 그녀는 마르크스가 염두에 두었던 위기들은 자본주의 발전의 후기 단계에서 시작될 것이라고 선언하고, 자본주의의 현재의 저지되지 않은 흥기(興起)는 하나의 과도적 단계일 뿐이라고 주장했다. 그녀는 자본주의 발달은 조만간 극복할 수 없는 장애에 부딪힐 것이며, 그 장애 앞에서 깨어지고 말 것이라고 확신한 것이다. 그런데 그녀는 마르크스의 『자본론』 제2권에서 만일 그 논리가 건전한 것이라면 자신의 전체 이론을 전복시킬 구절을 발견했다. 그것은 자본의 점진적 축적의 가능성, 곧 생산의 무제한적 팽창의 가능성에 관련되는 것이었다. 우선 보기에는, 자본 축적의 과정은 아주 단순한 일처럼 보였다. 자본가는 마르크스에 의하면, 자본가 자신이 기계와 원자재 및 추가적 노동력을 사들이는 데 소비하지 않는 자신의 현실화할 수 있는 잉여가치의 일부를 사용하며, 그럼으로써 새로운 자본이 경제 체제 안에 투자된다. 그러나 만일 자본주의 경제 체제를 전체로서 파악한다면, 겉으로 보기에는 단순한 축적의 과정은 복잡한 것이어서, 개별적 자본가의 통제를 훨씬 넘어서는 것이다.

생산의 어떤 특정한 단계에서는, 소비자의 요구를 충족시키기 위해서, 낡아버린 생산 수단을 쇄신하기 위해서, 그리고 새로운 투자를 위해서 다양한 상품이 생산되지 않으면 안 된다. 동시에 이러한 다양한 종류의 상품들은 그들의 가치에 관해 서로간에 어떤 관계를 지지하고 있다고 보아야 할 것이다. 그러므로 기계와 원자재 등등의 생산자들은 그들 자신의 필요에 따라서, 그리고 생산의 매개(每個)의 새로운 시기에 소비재 생산자의 요구에 따라서 상품을 생산하지 않으면 안 된다. 한편 소비재의 생산자들은 그들이 생산의 수단에 대해서, 그리고 생산의 새 단계에서 사용하고자 하는 노동력에 대해서 지불하려면 자신들의 상품을 파는 데 성공하지 않으면 안 된다. 무계획하고 무정부적인 자본주의적 사회질서 속에서 이러한 관계들과 많은 그 밖의 똑같이 필요한 관계들은 새로운 자본의 어떤 공업에의 유입에 의해서, 또는 하락하는 가격, 자본의 가치 하락, 파산, 위기 등에 의해서 결정된다.

마르크스는 자본주의적 생산의 확대와 자본의 축적이 일어나는 이러한 가치의 상충적 관계를 대단히 재능 있게 구축된 모델에 의해 설명했다. 그는 자신의 모든 경제적 분석에서 항상 그러했듯이, 자본주의 이전 단계의 경제적 요소들의 잔재가 전혀 없는, 바꿔 말해 전적으로 자본가들과 그리고 잉여가치에 의존해 생활하는 식객들과 노동자들로만 구성된, 그리하여 전적으로 자본주의적 방식에 의해 생산하는 사회의 존재를 상정하고, 거기로부터 이론을 전개한 것이다. 그의 모델에 의하면, 매개(每個)의 상품은 자신의 구입자를 갖고 있으며 축적의 과정은 아무런 제약이나 제한 없이 이러한 순전히 자본주의적 방식으로 전개된다.

그러나 이 모델은 자본주의 사회에서는 위기가 점차 격화된다는 마르크스의 예언을 불가해(不可解)한 것으로 만들었다. 베른슈타인이 처음으로 주장한 이론, 곧 트러스트가 생산을 규제함에 의해 위기를 극복할 수 있다는 이론이 정당해 보였다. 1815년 이후 경제학자들은 자본주의의 무제한적인 발전이 가능한가의 여부에 대해, 무엇보다 꾸준하게 그리고 거대하게 증가하는 상품들을 사들일 수 있는 소비자를 갖는 것이 언제나 가능한가의 여부에 대해 격렬하게 논의해왔다. 로자 룩셈부르크가 논쟁의 무대 위에 올라오기 직전까지는 낙관주의자들이 마르크스의 모델에 바탕을 두어 완전한 승리를 거둔 것 같았다.

로자 룩셈부르크의 발견. 자본주의의 붕괴의 불가피성을 입증하고자 하는 로자 룩셈부르크에게 마르크스의 모델은 하나의 장애물이었다. 그때까지는 모든 이론가들은 그 모델을 착실하게 검토해보지 않은 채 그대로 받아들였다. 그러나 로자는 다음과 같은 것을 발견했다.

첫째, 마르크스는 자본 축적의 문제에 관한 자신의 연구를 종결지었던

것이 아니라 중간에서 그만두어버렸다. 둘째, 자신의 모델에서 마르크스
는 근본적인 조건을 고려에 넣지 않았다. 그는 노동력의 가치, 곧 임금의
총계는 생산 수단의 가치와 같은 비율로 증가할 것이라고 전제했다. 그
러나 확대되는 생산의 과정은 물론, 생산의 매개의 새로운 단계가 그것
이 대체하는 옛 것과 똑같은 형의 새로운 장비나 기계 따위 등을 요구하
는 방식으로 전개되지 않는다. 그것은 개량된 기계, 더욱 선진적인 기술,
더욱 철저한 합리화를 요구하는 것이다. 그 결과 생산 수단의 가치는 고
용된 노동력의 가치보다 더 빠른 비율로 점차 증대된다. 자신의 모델에
서, 마르크스는 가치 관계의 이러한 변화를 고려하지 않았던 것이다.

일단 이 요소가 고려된다면, 소비재의 생산자들은 어려운 딜레마에 직
면한다. 첫째, 그들은 그들의 현실화된 잉여가치의 축적을 점진적으로
버리고 점차적으로 줄어드는 부분을 제외하고는 스스로가 소비해버리지
않으면 안 되거나, 둘째 그들이 생산하는 소비재의 늘어나는 부분은 그
것을 돈을 내고 살 사람을 찾지 못할 것이라는 사실을 받아들이지 않으
면 안 된다. 팔리지 않는 소비재의 양이 꾸준히 늘어나고, 여기에 실업
예비군이 꾸준히 늘어나는 것이 겹쳐질 때, 그 결합은 점진적으로 심화
되면서 자본주의적 경제 위기의 원인이 되는 것이다.

『자본축적론』의 기본 발상. 제1차 세계 대전까지 자본가들은 증대하는
생산력과 상대적으로 축소되는 구매력 사이의 모순에 의해 발생한 딜레
마를, 거대한 양의 상품을 자본주의적 생산 양식을 사용하지 않았던 사
회 계층의 사람들, 예컨대 농민과 도시 수공업자에 팖으로써, 또는 생산
양식이 후진적인 지역, 예컨대 식민지에 팖으로써 해소했다. 그러나 자
본주의가 이 '비자본주의적 공간' 속으로 정력적으로 파고들어가면 들
어갈수록 그것은 더욱더 자본 축적의 과정을 촉구했다. 이 모든 것은 마
르크스의 이론들과 조화될 수 없는 어떤 사회적 현상의 존재, 특히 위기
의 잠정적 감소와 산업 예비군의 감소를 설명하는 것이었다.

로자 룩셈부르크는 비자본주의적 영역으로의 이 자본주의적 침투에서
자본 축적의 문제의 해결안을 발견했다. 그녀는 이러한 확대의 가능성이
있지 않는 한 자본주의는 존재할 수 없다는 것을 증명했다. 동시에, 그리

고 위에서 설명된 모델에도 불구하고, 그녀는 여전히 마르크스에 의지할 수 있었다. 자본주의의 역학에 관한 모든 문제들을 분석한『자본론』에서 마르크스가 순전히 자본주의적인 사회의 존재를 상정했던 것은 사실이다. 그러나 그는 또한 비자본주의적 지역으로의 자본주의의 침투가 경제적 위기를 극복하는 가장 효과적인 수단의 하나라는 사실을 강조했으며, 자본주의 시장의 확대 가능성이 더 이상 없을 때 자본주의는 불가피하게 소멸할 것이라는 사실을 강조했던 것이다.

로자 룩셈부르크는 이 아이디어를 자본 축적의 문제에 연결시켰으며, 이것이 그녀의 주요 저서의 커다란 업적이다. 그녀의 이론 전개 속에서 뒷날 그녀가 죽은 뒤, 부하린에 의해 발견된 몇 개의 과오들을 그녀가 범한 것은 사실이다. 그러나 부하린은 그녀의 중심적 주제를 부인하지는 못했다. 물론 그는 자신이 그녀의 주제를 부인하는 데 성공했다고 생각했지만, 그 과오는 프리츠 슈테른베르크 Fritz Sternberg에 의해 성공적으로 교정된다.

제국주의와 자본축적론. 로자 룩셈부르크는 자신의 이론 전개를 우선 원시적 공산 사회들의 몰락과 유럽 '문화'의 침략에 의한 야만적 파괴의 연구로써 시작했다. 그녀의『경제학 개론』에서 그녀는 잉카 제국과 인도 및 옛 러시아의 농촌 공동체를 예로 들어서 이 과정을 묘사했었다.

그녀는 이제 그 주제를 비자본주의적 경제로의 자본주의 경제의 침입이라는 관점으로부터 다시 붙들었다. 그녀는 이 과정을 다음과 같이 세 단계로 나누었다. 첫째 단계는 자연 경제(원시적 자급자족 사회)에 대한 자본의 투쟁으로, 이것은 봉건주의 아래서의 자본의 시원(始源)과 함께 시작돼 곧바로 이웃 지역의 범위 밖으로 퍼져나간다. 둘째 단계는 단순한 상품 생산 경제에 대한 투쟁이다. 그리고 셋째 단계는 축적의 남아 있는 조건들, 곧 남아 있는 시장들에 대한 세계 무대에서의 자본의 경쟁적 투쟁이다.

타오르는 증오심을 갖고서, 그녀는 자연 경제에 대한 자본의 투쟁, 그리고 이 투쟁을 전개하는 사람들, '문화의 보유자'라고 자처하고 권력에 굶주려 있으며 탐욕스럽고 자신들의 문명과 문화만이 가치 있다고 확신

한 이들이 다른 민족을 침략해 그들의 오래된 문화를 제거해버리고 수백
만 명의 목숨이 의존해 있는 그들의 산물을 파괴하고 기아와 대량의 죽
음을 결과시켜 마침내 전체 주민을 지상에서 없애버리는 그 과정을 묘사
하고 있다. 이 모든 행위를 그들은 자본주의의 씨가 번성할 수 있는 토양
을 준비하기 위해 아무런 걱정 없이, 위선적으로, 그리고 잔인스럽게 행
하는 것이다. 그녀는 이 잔인스럽고 유혈적인 과정을 인도와 알제리를
예로 들어 묘사하고 있다. 그녀는 '평화적 교역'에 의한 시장의 정복을
아편 전쟁으로부터 의화단(義和團)에 대한 국제적 대항 전쟁에 이르기까
지의 중국의 경우를 들어 설명하고 있다. 미국과 캐나다와 남아프리카의
역사를 분석해, 그녀는 원주민들이 어떻게 토지와 자유와 생명을 빼앗기
며, 자연 경제가 어떻게 단순한 상품 생산 경제에 의해 압착되며, 그리고
어떻게 자본이 들어가서 원주민 농민들을 한 지역에서 다른 지역으로 내
몰아버리는가를 묘사하고 있다. 이 과정에는 집단 학살과 머리 사냥과
같은 범죄들이 아무런 처벌 없이 저질러졌다.

그녀는 결론적으로 다음과 같이 말한다: "자본주의와 단순한 상품 생
산 경제 사이의 투쟁의 일반적 결과는 이것이다. 상품 생산 경제가 자연
경제를 대체한 다음에는 자본이 단순 상품 생산 경제를 대체한다. 그러
므로 만일 자본주의가 비자본주의적 구조로부터 생명을 받은 것이라고
말한다면 자본주의는 그 폐허로부터 생명을 이어받은 것이라고 말하는
것이 더 정확할 것이다. 〔……〕 역사적으로 볼 때, 자본 축적은 자본주의
적 생산 양식과 자본주의 전대(前代)의 생산 양식 사이에서 진행되는 물
질 교대적 과정이다. 〔……〕 그러므로, 자본 축적은 이 비자본주의적 구
조 없이는 더 이상 존재할 수 없다."

이렇게 시작하여 결국 로자 룩셈부르크는 자본주의가 제국주의에 이
르는 과정을 설명한다. 그녀에 의하면, 제국주의는 자본주의의 생명을
연장시키는 수단인 것이다. 1917년 5월 12일에 그녀는 브론케 Wronke의
형무소로부터 친구 한스 디펜바흐 Hans Diefenbach에게 편지를 쓰면서
"내가 『축적론』을 쓰고 있던 기간은 내 생애에서 가장 행복한 시간에 속
한다"고 술회했다. 이 책의 가치는 프란츠 메링과 율리안 마르클레프스

키Julian Marchlewski에 의해서만 인정됐다. 대부분의 마르크시스트들은 이 책에 대한 깊은 이해 없이 이 책을 비판했다. 따라서 그녀는 1915년에 베를린의 여자 형무소에서 '비자발적 휴가'를 취하면서 반론을 썼다. 그녀는 유럽의 자본주의 국가들이 자본주의의 생명을 연장시키기 위해 남아 있는 유일한 방법으로 제국주의 정책을 쓰고 있으며 그리하여 세계대전이 불가피하게 일어났다고 설명하고 그러나 제국주의는 자본주의의 마지막 단계라고 역설했다.

제22장
스탈린의 유년 및 청년 시절

우리는 제20장에서 스탈린이 1907년의 당 대회를 계기로 비로소 러시아 혁명가들의 대열에 얼굴을 드러냈으며, 1912년에 비로소 러시아 사회민주당의 중앙위원으로 발탁됐음을 보았다. 이때로부터 그는 레닌의 심복들 가운데 한 사람으로 활동하게 된다. 그리고 소련이 세워진 뒤 레닌의 후계자로서 약 25년 남짓한 세월 동안 소비에트 권력의 정상에 선다.

스탈린이 소련의 역사에서, 그리고 20세기의 세계사에서 차지하는 비중이 컸기에 그에 대한 연구는 참으로 많이 나왔다. 그것들 가운데 영어로 씌어진 가장 권위 있는 전기는 아마도 다음의 일곱 책일 것이다. 첫째, 아이작 도이처의 『스탈린』이다.[1] 둘째, 로버트 터커의 스탈린 3부작이다.[2] 셋째, 그의 최대의 정적이던 트로츠키의 『스탈린』이다.[3] 넷째, 우리가 자주 의지한 월프의 『혁명을 이룩한 세 사람』이다.[4] 다섯째, 그레이의 『스탈린』이다.[5] 여섯째, 벌록의 『히틀러와 스탈린』이다.[6] 일곱째, 울람의 『스탈린』이다.[7]

이 책들에 의지해, 특히 월프의 책에 의지해, 이 제22장으로부터 제25장까지 스탈린이 러시아 혁명에 뛰어들고 투쟁한 발자취를 살피기로 한다.[8]

1. 스탈린의 출생 지역: 그 역사적 배경

코카서스는 어떤 곳인가? 흑해가 반(半)유럽적이라면 카스피 해는 전
(全)아시아적이다. 이 두 바다 사이에 넓은 반도가 놓여 있는데, 만일에
러시아말로는 카프카즈Kavkaz라고 발음하는 코카서스 산맥이 없었더라
면, 그 반도가 대륙들을 연결하는 유일한 존재가 됐을 것이다. 세계에서
산세가 가장 강한 이 산맥의 서쪽에 터키가 있고, 동쪽에 사막과 초원 지
대가 있으며 남쪽에 이란 고원이 있고, 서남쪽에 소아시아가 있다. 이렇
게 삼면에 아시아가 놓여 있고 북서쪽으로 유럽이 시작되는 것이다. 역
사의 여명이 밝아오기 전부터 이루 헤아릴 수 없는 이민과 정복의 물결
이 이 지역을 거쳐갔다. 동서의 교차로와 같은 곳이어서 수많은 소수 민
족들이 지금도 이 지역에 살고 있는 것이다. 터키인, 타타르인, 체코인,
폴란드인, 그리스인, 페르시아인, 쿠르드인, 유태인, 몰다비아인, 에스토
니아인 등은 그래도 이름 있는 소수 민족이었다. 그러나 생소한 소수 민
족도 꽤 많다. 이 지역의 한 조그만 다게스탄Daghestan 자치공화국을 한
예로 들어보자. 1945년에 다게스탄 자치공화국의 인민위원회, 곧 내각은
22명의 인민위원으로 구성됐는데, 그 가운데 3명은 아바르인, 5명은 쿠
미크인, 4명은 라크인, 2명은 레스기아인, 그리고 2명은 다르기인이었
다. 참으로 장차 소비에트 정부의 민족 문제 장관이 탄생하기에 가장 적
합한 장소였는데, 실제로 1917년의 10월 혁명 직후 구성된 레닌의 초대
내각에서 민족 문제 장관이 되는 스탈린이 이곳에서 출생한다.

코카서스 산맥에는 무수한 산정(山頂)들이 있었으며, 또한 무수한 민
족들의 전설이 이 산정을 중심으로 쌓여 있다. 터키의 경사 지대 위에 자
리잡은 16,916피트의 아라라트 산은 바로 성서에 나오는 노아의 방주가
머물렀던 곳이다. 흑해 연변에는 그리스 신화의 콜키스Colchis 나라가
있다. 전설의 영웅 제이슨을 따라 아르고라는 배를 타고 황금의 양털이
있다는 콜키스 나라로 떠난다는 그리스 신화는 바로 이 지역을 두고 한
얘기이다. 실제로 먼 훗날 사람들은 그곳에서 석유를 발견했다. 16,531

피트의 카즈베크는 프로메테우스의 신화가 깃들인 곳이다. 이곳에 그리스의 신 제우스는 신의 명령을 어기고 인간에게 불을 가르쳐준 프로메테우스를 사슬로 묶어놓고 형벌을 가한 것이다. 18,480피트의 엘브루즈 정상에는 스탈린의 상이 서 있다. "유럽의 최고봉에 우리는 우리 시대의 가장 위대한 사람의 흉상을 세운다"라는 동판과 함께.

조지아는 어떤 곳인가? 스탈린은 바로 이 코카서스 산맥 지역의 조지아의 한 마을 고리 Gori에서 태어났다. 그런데 이 조지아 역시 수많은 민족들이 서로 싸우고 흥망성쇠를 거듭한 지역이었다. 스탈린이 어린 시절에 늘 보고 자란 그 카즈베크 산정의 옆구리를 따라 '알란족의 문'이라는 뜻의 달-이-알 Dar-y-al 협곡을 관통하는 유명한 군사 도로가 있었다. 이것은 우리에게 역사 이전에 알란족이 러시아의 초원 지대로부터 이 길을 지나갔다는 것을 말해준다. 그뒤 이 길을 지나간 군대의 이름을 일일이 열거한다는 것은 유라시아를 정복한 모든 민족의 이름을 열거하는 것과 마찬가지일 것이다.

스탈린의 어린 시절에도 슬라브족과 터키족이 코카서스의 남쪽에서 싸웠다. 다시 그의 성인 시절인 1915년에는 터키족이 이 지역에 싸움을 걸어왔으며, 1921년에는 그의 친구 세르고 오르조니키드제 Sergo Ordzhonikidze가 적군을 이끌고 달-이-알 도로를 통과하여 조지아 사회주의 공화국을 기습했고, 1943년에는 독일군이 그 길을 지나 '코카서스의 주인'이라고 불리는 블라디카프카즈 Vladikavkaz 마을을 잠시 점령하기도 했었다. 조지아는 고대 문명의 땅이었다. 유라시아 초원 지대가 석기 시대에 들어섰던 무렵에 이 조지아에는 이웃의 아르메니아에서처럼 기원전 2,000년께 이집트와 메소포타미아로부터 철기 문명이 들어온 것이다. 러시아가 기독교로 개종하기에 300년이나 앞서서 조지아는 아르메니아와 함께 기독교로 개종했었다. 바꿔 말해, 조지아는 아르메니아와 함께 세계에서 가장 오래된 기독교 왕국이었던 것이다.

조지아가 러시아보다 역사에 먼저 들어왔다면, 그것은 또한 러시아보다 역사에서 먼저 떠나갔다. 중세 말기부터 20세기초에 석유가 발견될 때까지의 그 긴 세월 동안 조지아는 전혀 발전하지 못했다. 더구나 몇 세기 동안을 '터키라는 햄머와 페르시아라는 모루 사이에' 끼여서 고생하기만 했다. 그래서 조지아는 마침내 러시아의 보호를 요청했는데, 러시아는 그 보호를 정복으로 바꿔버렸으며, 조지아를 아시아로부터 떼어내 유럽으로 편입시켰다. 그러나 터키와 이란과의 이 관계는 스탈린의 대외 정책에 크게 영향을 미친다. 스탈린의 대외 정책을 레닌의 대외 정책으로부터 구별시키는 두드러진 한 사례는 터키와 이란에 대한 그들의 차이에서 발견된다. 레닌은 차리 정부가 다르다넬스 해협 쪽으로, 곧 소아시아에 진출하려 하고 북이란을 복속시키려 했던 시도들을 맹렬히 비판했다. 케렌스키 임시 정부에 대한 레닌의 가장 혹독한 비판의 하나 역시 이 지역에 대한 정책이었다. 레닌은 케렌스키 정부가 이들 지역에 대한 욕심을 버리지 않고 있다고 비난한 것이다. 따라서 레닌은 집권과 더불어 제정 러시아가 진출하려 했던 이란과 터키의 몇몇 지역에 대한 모든 주장을 깨끗이 부인해버렸다. 이에 따라 레닌은 터키와 이란의 지지를 획득했으며 존경과 감사의 마음을 얻었던 것이다. 그러나 스탈린은 그들 지역에 대해 압력을 가하고 소련의 영향 아래 두려고 했다.

코카서스의 남부 지역, 곧 코카서스를 가로지르는 코카서스 산맥의 남쪽 지역을 트랜스코카시아라고 부르는데, 조지아가 속한 이 트랜스코카시아는 회교도들의 근거지이기도 했다. 스탈린이 태어나기 40년 전 이 지역에 속하는 체르케스 지방의 회교도들이 러시아 정복자에 대항하는 성전을 벌였으며 20년을 끈 뒤 패배한 일이 있었다. 그런데 스탈린이 태어나기 1년 전 그들은 다시 궐기했던 것이다. 그때로부터 65년이 지난 1943년 1월 5일에 2차 세계 대전의 소용돌이 속에서 소련 군대의 기관지인 『적성(赤星)』은 코카서스의 회교도들이 독일에 대해 성전을 선언했다는 기사를 실었다. 회교도들의 반러시아 투쟁을 기억하는 사람들에게 이것은 놀라운 보도였다. 그러나 1945년 10월 17일에 소비에트 정부가 이 지역 회교도들의 자치공화국 두 개를 폐지시키고 조지아 공화국과 그 이웃 공화국에 편입시킨다고 발표했을 때, 사람들은 그것이 2차 세계 대전 당시 회교도들이 독일 점령군에 협력한 데 대한 보복임을 알게 됐다.

스탈린의 어린 시절의 별명은 코바 Koba였다. 그것은 조지아의 자유를 얻기 위해 싸운 유명한 게릴라 전사의 이름에서 따온 것이었다. 스탈린의 초등학교 급우였던 이레마시빌리 Iosif Iremashvili는 스탈린을 애칭 '소소'로 부르면서 이렇게 회고했다: "코바는 소소에게는 하느님과 같았다. 소소는 또 하나의 코바, 코바처럼 이름 높은 전사이며 영웅이 되고 싶었다. 우리가 그를 코바라고 부를 때 그의 얼굴은 긍지와 기쁨으로 빛났다. 소소는 그 이름을 몇 년 동안 간직하고 있었으며, 그것은 그가 당 기관지에 글을 쓰기 시작할 때 사용한 그의 최초의 익명이 됐다."[9]

모든 혁명가들처럼, 그는 자신을 감추기 위해 많은 가명들을 썼다. 그러나 그가 일생을 통해 가장 좋아한 이름은 코바, 그리고 철의 인간이란 뜻의 스탈린이었다. 월프가 스탈린을 만났을 때엔 스탈린이란 이름이 공식적인 이름으로 쓰인 지 벌써 10년이 넘었을 때인데도 그와 가까운 사람들이 그를 코바라고 불러주면 대단히 기뻐하는 것을 보았다고 한다. 1913년에 출판된 그의 가장 중요한 이론적 저작인 『마르크시즘과 민족 문제』에 그는 코바와 스탈린이란 이름을 결합한 K. 스탈린이란 이름으로 서명했다.

스탈린의 아시아적 요소. 스탈린의 이러한 산악 지대에서의 소수 민족주의적 요소들에 대한 노출이 레닌으로 하여금 1913년에 그에게 민족 문제에 대한 논문을 써서 당 대회에 보고하게 했던 것이다. 그리고 이것이 초대 소비에트 정부의 내각에서 스탈린이 민족 문제 장관이 되는 첫 단계였던 것이다. 스탈린은 그뒤 소련의 권력 구조에서 정상에 선 뒤 철저한 러시아 민족주의자가 됐다. 원래부터 대러시아 민족주의적인 레닌 이상으로 러시아 민족주의적인 입장을 견지했다. 반(反)러시아적인 조지아 출신의 그가 그처럼 철두철미하게 러시아 민족주의자가 된 것을 어떻게 설명해야 할 것인가? 그것은, 월프가 지적했듯이, 아마도 코르시카 섬 출신의 나폴레옹으로 하여금 프랑스 제국의 상징이요 건축가로 만들고, 오스트리아 사람인 히틀러로 하여금 대게르만 제국의 옹호자로 만들고, 플레밍 사람인 샤를르로 하여금 스페인 대제국의 건설자로 만든 그 심리적 요인과 같은 것이었으리라. 스탈린의 성격의 어느 한 측면과 그리고 그가 속한 민족적 특성 사이의 일 대 일적인 유사성을 찾으려는 것이 잘못인지 모르겠다. 그러나 우리가 그의 조지아적인 기원을 염두에 둔다면 어떤 통찰력을 갖게 되는 것도 사실이다.

스탈린이즘과 레닌이즘 사이의 차이점은 그들의 상이한 배경, 그리고 그들의 상이한 성격의 관점에서 설명될 수 있다. 그 차이점에 대한 이해 없이 레닌이 죽은 뒤에 나타난 스탈린의 독재적 지도력의 전체적 경향은 이해하기 어렵다. 1917년 이후 지도 체제에서의 일련의 교체는 러시아의 정신 문화에서의 이중성을 말해주는 슬라브주의자들과 서구주의자들 사이의 긴 투쟁의 상징적 축도였다. 처음에 등장한 인물들, 곧 케렌스키, 밀류코프, 멘셰비키는 모두 극단적인 서구주의자들이었다. 그 다음에 서구주의자와 친슬라브주의자의 혼종인, 중앙 볼가 지역으로부터의 대러시아인 레닌이 나타났다. 그리고 마지막으로 코카서스 산맥 지역 출신의 이 조지아인에 의해 레닌의 서구주의적 동료들이 모두 거세된 것이다. 레닌은 러시아의 과거와 제도를 말하면서 흠으로 생각되는 부분에 대해서는 '아시아적'이라는 경멸조의 단어를 썼다. '아시아적 전체주의' '아시아적 관료제' 따위의 표현을 그는 자주 썼다. 그러나 스탈린은 '아시아적'이라는 단어를 1913년에 레닌의 직접적인 개인 지도 아래 쓴 한 편의 논문밖에는 그런 식으로 쓰지 않았다.

1941년 4월 13일에 일본과 소련은 불가침 조약을 체결했다. 이로써 소비에트 러시아는 동부에 대해서는 안심하고 서구에 대처할 수 있었고, 일본은 소련에 대해서는 마음을 놓고 미국의 진주만을 공격할 수 있었다. 그 조약의 체결식에서 마츠오카 요스케(松岡洋右) 일본 외무부 대신은 축배를 들면서 "이 조약이 지켜지지 않는다면 나는 목숨을 버리지 않으면 안 됩니다. 왜냐하면 당신이 알다시피, 우리는 아시아인이기 때문입니다"라고 말했다. "우리 두 사람 모두 아시아인이지요"라고 스탈린은 답변했다.

2. 스탈린의 어린 시절 : 사실과 왜곡

스탈린에 대한 기록들. 스탈린의 생애, 특히 권좌에 오르기 이전의 생애
에 대해 말하기에 앞서 그에 대한 기록들이 어떤 대접을 받았는가를 살
펴볼 필요가 있다. 스탈린의 공식 전기 어디를 보아도 그의 어린 시절이
나 가족 등 주변에 대한 정확한 묘사가 없다. 그에 대한 가족들의 회고물
또는 친구나 이웃들의 회고도 전혀 수집된 것이 없다. 그의 속셈이나 활
동을 이해할 수 있는 그가 쓴 개인적인 편지 따위도 수집된 것이 전혀 없
다. 물론 마치 자기의 모든 것을 모두 털어놓는 트로츠키의 자서전 같은
것을 스탈린은 결코 쓰지 않았다. 그의 어린 시절이나 청년 시절을 우리
에게 말해줄 수 있는 공식적 기록이라고는 전혀 없다. 정말 그는 너무나
조용히 권력의 자리에 올랐기 때문에 그는 그의 동료 가운데 어느 누구
의 주목도 받지 못한 것이다.

외국의 관찰자들도 하나같이 그를 둘러싼 비밀스런 분위기를 강조했
다. 1929년에 맞이한 그의 50세 생일에 소련공산당 기관지『프라우다』조
차「수수께끼의 스탈린」이라는 기사를 실었다. 그의 공식 전기를 쓴 에
누키드제 Abel Enukidze와 베리아 Lavrenti Beria 및 야로슬라프스키 모두
마치 무대로부터 오랫동안 추방됐던 사람의 생애를 재구성하듯이 전기
를 썼다. 그들이 쓴 전기물들은 그 속에 씌어진 내용보다 씌어지지 않은
것들 때문에 더욱 유명하며, 씌어진 내용도 이미 주어진 처방에 맞추어
만들어진 냄새가 짙다.

그에 관한 기록들은 파괴됐거나 그 내용이 변경됐고 탄압을 받기도 했
다. 그 스스로가 말한 얘기들도 기초적 사실들에 대해서조차 서로 모순
되는 것이 많다. 그에 대해서 말할 수 있는 입장에 있는 사람들, 예컨대
그의 적들뿐만 아니라 그의 평생의 동지들조차도 두려움 때문에 또는 숙
청을 당했기 때문에 아무 말도 못 하거나 또는 요구되는 말만 한 것이다.
기록 · 일반 역사 · 당사 · 회고록 등은 모두 금지됐거나 소각됐으며, 스
탈린을 찬양하는 글들만이 남은 것이다. 지난날 소련에서는 국가 기관이

유일한 출판자로서, 글 쓰는 일에서 결론을 유도하는 모든 작업, 그리고 검열하고 편집하고 수정하고 판매하는 모든 일은 국가 기관만이 맡았다. 스탈린에 대해 불리한 기록은 그 원본 자체를 없애버렸다. 그러면서도 그의 전기를 조작하기 위한 작업을 여러 방면으로 벌였다. 예를 들어 1934년에 조지아 공산당 제9차 대회는 트랜스코카시아의 혁명 운동사를 다시 써야 한다는 주장을 하고 나섰다. 조지아와 트랜스코카시아 당사(黨史)와 혁명 운동사에 관해 공산주의 역사가들이 쓴 책들에 오류가 있으므로 '볼셰비즘의 역사를 위조하려는 시도'에 대해 더 큰 관심을 집중해야겠다는 뜻이었다.

베리아가 역사의 조작에 앞장서다. 이 역사 조작의 작업에 베리아가 앞장을 섰다. 이때 베리아는 소련공산당 산하의 조지아 공화국 공산당의 위원장으로, 스탈린의 신임을 더 얻어 중앙으로 진출하고자 혈안이 되어 있었다. 그래서 조지아 공산당 9차 대회에서 "조지아 공산당의 역사, 그리고 조지아와 트랜스코카시아의 모든 혁명 운동의 역사는 스탈린 동지의 공작과 저작에 불가분리하게 연결되어 있는데도 이것이 학문적으로 제대로 연구되지 않았다"고 비난하면서, 그 이유를 그때까지 이 방면의 역사를 쓴 조지아 공산당 지도자들의 잘못으로 돌렸다. 모스크바에서는 모스크바에서대로 조지아와 트랜스코카시아에서의 혁명 운동의 역사가 잘못 씌어져왔기 때문에 스탈린의 활동이 제대로 부각되지 않았다고 강조했다.[10]

이러한 배경에서 1935년 7월 21일과 22일에 베리아는 역사 조작의 작업을 집행하기 위한 연설을 정력적으로 행했다. 이 연설은 뒷날 『트랜스코카시아에서 볼셰비키 조직의 역사에 관해: 스탈린의 초기 저작들과 활동들』이라는 제목이 붙어 책으로, 또 여러 나라 말로 출간됐다. 이 책에서, 스탈린이 이미 권력의 정상에 오른 뒤에 출간됐던 역사책들과 회고록들도 모두 잘못된 것들로 선언됐다. 그것에 그치지 않고 베리아는 조지아의 지도적인 공산주의 역사가인 노령의 필립 마카라드제에게 그가 이미 출간했던 역사책들을 수정하도록 경고했다. 베리아의 경고는 여기서 끝나지 않았다. 그는 조지아 지역의 당사를 쓴 에누키드제와 오라헤라시빌리 Mamia Orakhelashvili에 대해 "인민의 적으로 드러난 에누키드 제와 오라헤라시빌리는 트랜스코카시아 조직의 역사에 대한 의도적인 왜곡과 위조를 그들의 책에 몰래 집어넣었다"고 공격한 것이다. 이에 따라 에누키드제는 처형됐고 오라헤라시빌리는 행방불명됐다.

그러면 여기서 잠시 문제의 그 책을 정말 베리아가 쓴 것인가 알아보기로 하자. 스탈린이 죽은 뒤인 1953년 6월에 체포된 베리아는 이 책을 조지아 공산당 기관지인 『공산주의자』의 편집인이면서 조지아 마르크스-엥겔스 연구소 소장인 베디아 E. Bediia를 비롯한 여러 사람들이 함께 썼으며 자신은 이름만 빌려주었다고 수사관들에게 말했다. 그 말은 대체로 사실이었다. 우선 베리아는 마르크스-레닌주의에 대해 아는 것이 거의 없어서 그런 책을 쓸 수 없었다. 그러나 스탈린에게 더 잘 보이려고, 또 그 시대의 관행에 따라, 자신이 혼자 쓴 것처럼 위장했던 것이다. 그리고 그 위장이 드러날 것을 예방하고자 1937년에 베디아를 암살했다.[11]

사실 에누키드제는 약 30년 동안 스탈린의 아주 가까운 친구였다. 1930년까지만 해도 그는 트랜스코카시아의 초기 혁명 운동사를 쓰면서 그것이 스탈린에게 충실한 기록이 되도록 여러 차례 수정하는 것도 주저하지 않았었다. 그랬기 때문에 그는 카가노비치, 보로시로프, 오르조니키드제와 함께 『스탈린의 생애』라는 공식 전기를 쓸 4명의 공저자의 한 사람으로 뽑혔던 것이다. 실제로 이 공식 전기는 소련 정부에 의해 러시아어로는 물론 소련의 여러 소수 민족들의 언어로 또 여러 개의 외국어로 출간됐고 국내외에 널리 배부됐다. 그러나 에누키드제에게 결정적으로 불리했던 것은 그가 이 책을 쓰기에 앞서서 쓴 회고물들이 너무나 정확하다는 데 있었다. 그 당시에도 진실한 것으로 선언된 크루프스카야의 회고록이나 크라신의 회고록들과 대조하거나 또는 공식 기록들에 대조해도 너무 정확한 것이었다. 스탈린에 관한 기록들이 이러한 운명을 겪었다는 점들을 머리에 두면서 스탈린의 경력을 그의 출생에서부터 살피기로 한다.

스탈린의 가정 환경. 우리가 흔히 스탈린이라고 부르는 이오시프 ─ 영어로는 조세프 ─ 비사리오노비치 주가시빌리 Iosif Vissarionovich

Djugashvili는 1879년 12월 21일에 조지아의 고리에서 태어났다. 조지아는 자연이 참으로 아름다운 곳이다. 조지아 사람 역시 아름답고 매력적이기로 유명하다. 조지아는 또 풍부한 문화적 유산으로도 유명하다. 그러했기에 카우츠키는 1921년에 조지아를 방문하고는 "조지아는 세계에서 가장 아름다운 곳들 가운데 하나이면서 세계에서 가장 풍부한 나라들 가운데 하나가 되기에 아무런 부족함이 없다"고 찬탄했던 것이다. 조지아 사람들은 용맹스럽고 충성스러우며 정신 수준이 높은 것으로도 유명하다. 외국의 방문객들은 이 나라 사람들의 친절에 놀라곤 한다. 소련 전문가인 에이미 나이트Amy Knight 박사가 지적했듯이 "이처럼 명성 높은 조지아에서 소련 역사상 가장 악명 높은 2대 정치적 악한인 스탈린과 베리아가 태어났다는 것은 소련 역사의 가장 큰 역설들 가운데 하나라고 하겠다."[12]

어떻든 조지아는, 게다가 고리는 제정 러시아의 변방이었다. 영국의 세계적 역사학자 앨런 벌록Alan Bullock 교수가 지적했듯이, 알렉산더 대왕은 당시 그리스 왕국의 변방이던 마케도니아 출신이었고 나폴레옹은 프랑스의 한 작은 섬 코르시카 출신이었으며 히틀러는 합스부르크 제국의 변방이던 브라우나우 출신이었던 것처럼, 스탈린 역시 장차 자신이 통치할 나라의 한계선상에서 태어난 외곽인(外廓人)이었던 것이다. 이때는 트로츠키가 생후 1개월이 막 지났을 때였고, 레닌이 아홉 살의 소년이었을 때였다. 언덕이란 뜻의 고리는 쿠라Kura 강 위에 안락하게 자리잡은 조그만 마을이었는데 당시 인구는 5,000명 정도였던 것 같다. 그가 태어난 뒤 얼마 지나지 않아 고리를 조지아의 수도 티플리스로 연결하는 철도가 개통됐다. 이 바람에 철도가 지나는 연변의 집들이 헐려 많은 주민들이 생활 근거를 잃었는데, 그의 집도 여기에 포함됐다.

그는 방 두 개짜리의 조그만 집에서 태어났는데, 벽과 마루는 그 지방에서 거칠게 구워낸 벽돌로 만든 것이었다. 집의 한쪽은 큰 유리창으로 되어 있었다. 이 집은 지난날 소련에서 국가적인 사당처럼 되어 있었다. 큰방이 온 가족의 거실로, 작은 탁자와 의자, 그리고 소파가 있었고 볏짚으로 만든 매트리스가 덮인 침대가 들어가 있었다. 이 방은 또한 이 집의 가장의 영업 장소, 곧 구두 수선방이었다. 나머지 또 하나의 방은 부엌으로 썼다. 그는 이오시프의 애칭인 소소로 불렸다.

가난과 질병은 이 집의 친근한 방문객이었다. 소소의 세 형제들은 모두 어린 시절에 죽었으며, 이 때문에 그는 그 집안의 유일한 자식이 됐다. 일곱 살 때 그는 마마에 걸렸는데, 이 때문에 그의 까무잡잡한 피부에는 곰보 자국 같은 것이 남았다. 1903년의 경찰 기록은 소소의 신체적 특징으로 곰보 자국과 그리고 한쪽 발의 두 발가락이 붙어 있는 점을 지적했으며, 어떤 다른 기록들은 그의 왼팔이 약간 위축되어 있다고 주장한다. 트로츠키는 그 위축은 선천적인 것으로 알코올 중독이나 매독 따위의 결과라고 보았다. 그러나 이것은 순전한 추측이다. 몹시 싫어하는 사람에게 어떤 탈이 있을 때 그것을 치명적인 유전이나 매독이나 알코올 중독 따위로 둘러대는 것은 일종의 심리적인 복수라고 할 수 있는데, 트로츠키의 주장도 그것이 아닌가 보여진다. 예컨대 레닌이 죽었을 때도 레닌의 마지막 뇌졸중이 매독에 의한 것이었다는 소문이 그럴싸하게 퍼져 있었다. 그러나 의학적인 증거는 정반대였다. 트로츠키는 또 소련이 건국된 뒤 자신과 스탈린이 모두 소련공산당 정치국원이었던 당시를 회상하면서 정치국 회의에서 스탈린은 그의 왼손에 따뜻한 장갑을 자주 끼고 있었는데 그것은 스탈린이 류머티스를 앓고 있었기 때문이었다고 주장했다.

그런데 월프는 이 주장에 신빙성을 두지 않았다. 그는 스탈린을 아주 가까운 거리를 두고 볼 기회를 몇 차례 가졌다. 매우 친밀한 대화를 나누면서 스탈린을 보았으나 왼팔이 비교적 부자유스러웠던 점, 그리고 윗저고리 속에 왼팔을 가끔 찔러넣는 것을 볼 수 있었으나 그 밖에는 아무런 이상을 발견할 수 없었다고 회상했다. 왼팔이 약간 움직여지지 않는다는 점은 아마도 어린 시절에 소아마비를 가볍게 앓았던 때문이 아닌가 보여진다고 월프는 썼다. 그가 조사할 수 있었던 모든 경찰 기록에서도 그의 팔에 대한 기록은 찾을 수 없었다. 그러나 터커 교수에 따르면, 열 살 때인가 열한 살 때 소소는 종교적 성일(聖日)에 강가에 모인 군중 속에 섞여 있다가 지나가는 마차에 치어 2주일 정도 치료를 받았는데 왼쪽 팔에 입은 상처 부분에서 피가 잠시 썩어들어갔던 탓에 왼쪽 팔꿈치에 고질적인 어떤 증세가 남았다고 말한다. 어떻든 1916년에 총소집령이 내렸을 때 그는 병역을 감당하기에는 신체적으로 부적당하다는 판정을 받았다.

스탈린의 부모. 스탈린의 아버지는 경찰 기록에는 고리에 가까운 디디릴로Didi-Lilo라는 조그만 마을에 인접한 한 시골의 농부였던 것으로, 또는 1864년에 해방된 농노 출신인 것으로 나타나 있다. 1920년대초 스탈린 쪽에서 나온 스탈린에 관한 기록들에서도 스탈린은 자신의 아버지를 농민 출신으로 말했다. 그러나 레닌의 후계자 지위를 둘러싼 파벌 싸움이 절정에 도달했을 때, 그리고 지도자가 될 사람의 사회적 성분이 크게 문제가 됐을 때, 스탈린은 자신을 '공장 노동자의 아들'이라고 주장했다. 1930년대말에 스탈린의 권력이 확고해지고 사회 계급과 계급 사이의 구별이 '폐지'됐다고 주장했을 때, 마르크스-엥겔스-레닌 연구소가 발행한 스탈린의 전기는 두 개의 주장을 모두 배합하고 있었다. 그것은 모두 정확한 것이었다. 스탈린의 아버지는 농민의 아들로 태어난 농민이었다. 그러나 당시 러시아 농민의 상당수가 그러했듯 그는 '농민-장인(匠人)'의 범주에 속했다. 몇 대를 두고 그의 집안은 구두 수선업에 종사해왔던 것이다. 스탈린의 아버지는 아들이 구두 수선공이 되기를 바랐다. 그러나 아들에게 구두 수선 기술을 가르치기에 앞서 죽어버렸다. 그는 죽기에 앞선 몇 해 동안 아델하노프Adelkhanov의 구두 공장에 취직을 했다. 이로써 그는 '프롤레타리아트 계급'에 속하게 된 것이다. 그러나 트로츠키는 스탈린의 아버지가 결코 구두 공장의 직공이 된 일이 없었으며, 따라서 스탈린의 출신 성분이 결코 프롤레타리아트일 수 없다고 반박했다. 스탈린의 아버지는 농민이었고, 나중에는 소(小)상인이었다는 것이다.

스탈린의 아버지는 마르고 석탄색의 검은 머리칼과 콧수염을 가졌다. 스탈린의 청년 시절의 용모는 바로 아버지의 용모를 닮았다. 다른 한편으로, 스탈린의 아버지는 난폭하고 성정이 과격했으며 술을 지나치게 많이 마셨다. 아내와 아들을 마구 난폭하게 때려 스탈린으로 하여금 아버지를 몹시 미워하게 만들었으며 폭력에 익숙하게 만들었다. 세상은 폭력으로 가득 찼으며 이러한 폭력의 세계에서 살아남으려면 자기가 먼저 폭력을 써야 한다는 생각도 갖게 됐다. 터커 교수가 지적했듯이, 스탈린이 뒷날 지하 혁명가 때나 집권자 때나 "때려라"라는 용어를 많이 썼던 것은 결코 우연이 아니었다.[13]

스탈린의 아버지는 구두 수선공으로 받는 월급을 늘 술값으로 없애다시피 했다. 그래서 생계는 스탈린의 어머니가 감당해야 했다. 그녀는 고리에서 하녀·세탁부·침모·식모 등 어려운 일들에 닥치는 대로 종사하며 집안 살림을 꾸렸다.

스탈린의 부모가 싸우는 일들 가운데 하나는 스탈린의 교육 문제 때문이었다. 신앙심이 깊었던 스탈린의 어머니는 스탈린을 정교의 신부로 만들고 싶었다. 조지아에서 야심이 있는 사람들은 으레 신부직을 택했다. 왜냐하면 비러시아 평민 출신이 출세할 수 있는 길이란 그 길밖에 없었기 때문이다. 그것이 교회에 대한 봉사와 함께 러시아 국가에 대한 봉사의 경력이었던 것이다. 그런데 이 점에 대해서도 트로츠키는 다음과 같이 공격하는 것을 잊지 않았다: "소(小)부르주아지 가운데 가장 낮은 계층은 〔……〕 자신의 아들들에 대해 두 개의 높은 출세길을 알고 있을 뿐이다. 관리의 길과 신부의 길이 그것이다. 히틀러의 어머니도 그녀의 아들이 목사의 경력을 밟기를 꿈꿨었다."[14]

신부로 키우는 첫 단계로 그녀는 1888년에 아홉 살이 된 스탈린을 교회 학교로 보냈다. 교회는 스탈린 가정의 가난을 인정해 매달 3루블을 스탈린에게 주었고 스탈린의 어머니로 하여금 학교에서 일하게 해서 매달 10루블을 벌게 했다. 그런데 스탈린의 아버지는 맹렬히 반대했다. "아들을 사제로 만들겠다고? 너는 그걸 보지 못하고 죽을 거야. 나는 구두쟁이야. 내 자식은 구두쟁이가 돼야 해"라고 소리지르며 아내를 때렸다. 그뿐 아니라 아버지는 어린 스탈린을 억지로 학교에서 끌어내 구둣방으로 데려가 조수로 일을 시키기 시작했다. 이것은 스탈린의 생애 전체에서 유일한 프롤레타리아 경력이 된다. 스탈린의 어머니는 조금도 양보하지 않았다. 남편과 결사적으로 싸워 아들을 다시 학교로 되돌려보냈다. 이때로부터 1년쯤 지나 스탈린의 아버지는 술집에서 말다툼을 하다 칼을 맞고 죽었다.[15]

결혼 전의 성은 겔라드제 Geladze인 에카테리나 주가시빌리, 곧 스탈린의 어머니는 감바레울리 Gambareuli 마을의 농노의 집안에서 태어났다. 스탈린은 그녀의 네번째이자 마지막 아들이었는데 그녀가 스무 살 때 낳은 자식이었다. 소소가 어른이 돼 그녀의 곁을 떠날 때까지 그녀는 과부로서 그가 구두 기술자의 직업보다는 더 나은 직업으로 진출할 수 있도록 뒷바라지하는 데 혼신의 정열을 바쳤다. 자신이 정성을 들일 대상으로 유일하게 남은 스탈린을 위해 모든 것을 희생할 준비가 되어 있었다. 그녀는 강했으며 또한 부지런했다. 동네의 허드렛일은 거의 모두 그녀의 차지가 되다시피 했다.

가장 나중에 나온 스탈린의 공식 전기물들 가운데 하나인 야로슬라프스키의 전기에 의하면, 스탈린은 "일곱 살 때 알파벳을 공부하기 시작했고 1년 이내에 처음에는 조지아어를 그 다음에는 러시아어를 읽을 수 있게 됐다." 그러나 그가 '1년 이내에' 조지아어를 숙달한 다음에 러시아어를 숙달하게 됐는지 의심스럽다. 그가 러시아어를 숙달하게 된 것은 러시아어만을 집중적으로 가르친 교회 학교에서였던 것으로 보인다. 교회 학교에서도 조지아어는 강의어로 금지됐던 것이다. 그러나 조지아어는 그의 일생 동안 그가 즐겨 쓴 언어였으며 그는 이 언어를 통해 일상적인 문제에 대해 사고했다. 그가 신학교에 가서야 러시아어를 통달했다는 사실은 그의 말투에 일생을 일관하는 하나의 뚜렷한 특징을 남겼는데, 메마르고 단정적이며 교리적인 말투, 그리고 교리문답식의 짧은 질의문답투의 말투가 그것이다. 그의 러시아어는 뚜렷한 조지아어의 악센트를 가졌으며 느릿느릿했다. 어휘의 결핍과 상상력의 결여는 사람들에게 러시아어가 그의 태생어가 아니며 그의 어린 시절의 언어가 아니라는 점을 상기시켜주었다.

다른 한편으로, 스탈린은 이 교회 학교 시절에 조지아 문인들이 조지아어로 쓴 책들을 적지 않게 읽었다. 그 책들은 농노의 비참한 생활을 비판적으로 다룬 소설, 러시아 침략자들에 맞서 싸우다 죽은 조지아 투사들을 다룬 소설, 로빈 후드처럼 의적 활동을 하던 조지아 산적들을 다룬 소설, 그리고 알렉산드르 카즈베기 Alexandr Kazbegi가 1840년대의 실화에 바탕을 두고 쓴 소설인『아버지 살해』——이 소설에 스탈린이 평생 존경하는 코바가 등장한다——등을 포함했다. 그 책들에는 조지아 민족주의와 젊은이들 사이의 사랑, 그리고 음모와 모험 및 복수 등의 수많은 얘기들이 들어 있었다. 물론 이 책들은 조지아 민족주의를 억압하는 학교의 도서실에는 없었다. 그는 책 대본 가게에서 빌려 보았는데, 어느 날은 하루종일 책 읽기에 빠져들었다. 그는 노래부르기도 좋아했다. 목소리가 좋았던 그는 성가 대원으로 찬송가를 자주 불렀다.

3. 스탈린이 신학교에서 혁명 운동에 접하다

감옥 같은 신학교 생활. 1888년 가을에 스탈린이 아홉 살이 됐을 때 그는 교회의 통제 아래 놓인 고리의 초등학교 4학년으로 입학했다. 그는 1894년까지 이 학교를 다녔다. 그리고 거의 열다섯 살이 됐을 때 그는 티플리스의 신학교에 입학했는데, 학비는 면제를 받았으며 교복과 옷과 식사와 기숙사도 무료로 제공받았다. 수업은 따분했으며 교조적이고 반복적인 것이었다. 하느님과 차리에 대한 충성이 교육의 핵심으로, 이것이 모든 과목의 내용을 결정하는 데 가장 주된 것이었다. 약 600명의 학생들은 3층으로 된 학교 안에 완전히 갇혀 지냈으며, 일요일 오후에만 잠깐 외출이 허용됐다. 그러나 그 외출도 감시받았다. 스탈린은 그의 신학교 생활을 에밀 루드비히와의 회견에서 이렇게 설명했다:

루드비히: 무엇이 당신으로 하여금 반항아가 되게 몰아갔습니까? 그것은 아마도 당신의 부모가 당신에게 심하게 굴었기 때문이었던가요?

스탈린: 아닙니다. 나의 부모는 교육을 받지 못한 사람들이지요. 그러나 그들은 나에게 어떠한 수단에 의해서도 심하게 굴지 않았습니다. 내가 학생이었던 신학교에서는 달랐습니다. 굴욕을 주는 정권에 대한, 그리고 신학교에서 풍미했던 교활한 방법에 대한 항의에서 나는 혁명가, 마르크시즘의 신봉자가 될 준비가 되어 있었으며 마침내 그렇게 됐던 것입니다.

612

루드비히: 그러나 당신은 제수이트 교도들에게 어떤 좋은 점이 있다고 인정하지 않습니까?

스탈린: 인정합니다. 그들은 그들의 일에 조직적이며 끈기 있습니다. 그러나 그들의 모든 방법들의 기초는 다른 사람들에 대해 밀정 짓을 하고 뒤를 캐거나 고통에 빠뜨리게 하는 따위입니다. 그런 것들에 좋은 점이란 뭐가 있겠소? 기숙사에서의 밀정 짓을 예로 들어봅시다. 아홉시에 차를 마시라는 종이 울립니다. 그러면 우리는 식당으로 갑니다. 그리고 나서 우리가 돌아와보면 누가 와서 우리 방들을 뒤졌으며 그래서 우리의 모든 상자 따위들이 뒤엎어져 있는 것을 알게 됩니다. 〔……〕 그런 곳에 뭐 좋은 게 있겠습니까?[16]

티플리스 신학교에서 스탈린이 반체제적인 사상을 형성해나갔던 것은 확실하다. 티플리스 신학교의 교수들은 조지아의 언어와 문화에 대한 멸시를 늘 나타내곤 했다. 그리고 이것이 민족주의적인 조지아에서 소요의 잦은 원인이었던 것이다. 스탈린이 출생하기 6년 전인 1873년에 학생들이 반(反)조지아적인 러시아의 교육에 항거하다 퇴학당한 일이 있었다. 또 스탈린이 입학하기 10년 전인 1885년에는 조지아 민족주의와 사회주의를 혼합시킨 학생들의 지하 동아리들이 팽창해나갔었다. 신학교 교장인 파벨 추데츠키 Pavel Chudetsky가 조지아 민족 전통에 대한 경멸을 나타냈을 때, 스탈린의 최초의 마르크시스트 교사들 가운데 한 사람인 지블라드제 Sylvester Gibladze가 학생석에서 일어나 교장을 두들겨팼으며 거기에 맞춰 그의 동료 학생들이 박수를 친 사건이 있었다. 그는 3년 동안 군대의 훈련소로 보내졌으며 신학교는 문이 닫혀졌다. 1년 뒤 그 교장은 고리의 사제의 아들로서 반(反)러시아적인 태도 때문에 신학교에서 퇴교당한 라기예프 Iosif Lagiyev에 의해 진짜 조지아식으로 칼에 찔려 죽음을 당했다. 당시의 학교 분위기에 대해 티플리스 헌병대장은 다음과 같이 보고했다: "러시아의 신학교와 비교해볼 때, 티플리스의 신학교는 가장 불리한 조건 아래 놓여 있다. 이 신학교에 오는 학생들은 〔……〕 때때로 〔……〕 반종교적 마음의 틀을 나타내고 있으며 러시아적 요소에 대해 적대적이다."[17]

스탈린이 신학교에 들어갔을 때도 그러한 분위기가 이 학교를 감싸돌고 있었다.

신학교를 그만둔 데 대한 다양한 설명들. 러시아에 소련이 수립된 뒤인 1930년대에도 그 신학교는 용도는 달라졌으나 여전히 그 자리에 서 있었다. 그 학교의 정면에는 스탈린이 "1894년 9월 1일부터 1899년 7월 20일까지," 말하자면 그가 열다섯 살이 되기 조금 전부터 스무 살이 될 때까지 거기에서 공부했다는 것을 기록한 현판이 걸려 있었다. 이 날짜들은 아마 학교의 기록에 바탕을 둔 것일 터인데, 스탈린의 초기 경력에서 몇 가지 불분명한 점들 가운데 최초의 불명확한 점을 제기하는 것이다.

1939년에 레닌 연구소가 출판한 스탈린 전기에 따르면, 스탈린은 1899년 7월 20일이 아니라 1899년 5월 29일에 그의 '비밀 혁명 활동' 때문에 신학교로부터 퇴교당했다. 그 날짜는 거의 2개월 전인 셈이며 학기말과 일치하지 않는다. 1931년에 스탈린은 한 설문서에서 자신이 "마르크시즘을 선전했다는 이유로 신학교에서 추방됐다"라고 썼다. 앙리 바르뷔스 Henri Barbusse는 스탈린과의 회견을 근거로 1935년에 출판한 공인된 스탈린 전기에서 스탈린이 '정치적 균형의 결여' 때문에 퇴교당했다고 썼다. 저명한 볼셰비키 지도자들인 카가노비치와 보로시로프, 그리고 오르조니키드제 및 에누키드제 등은 그들의 공저로 1930년에 출판한『스탈린의 생애』에서 스탈린이 "정치적으로 마땅하지 않다는 이유로 추방됐다"고 썼다. 이에 앞서 에누키드제는 스탈린에 대한 아첨적인 글에서 스탈린이 "신학교에서 나왔다"고 썼다. 1939년에 스탈린의 60세 생일 때 그를 찬양하는 글들이 발표됐다. 여기서 칼리닌 Mikhail Kalinin은 "그는 신학교에 등을 돌렸다"고 썼다. 한편 1930년에 출판된『소련 소백과 사전』제8권에 포함된 스탈린에 대한 항목은 "신학교에서 스탈린은 요주의 인물이 됐으며 곧 신앙심이 없음을 이유로 추방됐다"고 썼다. 공식 간행물이라고 볼 수 있는 그 밖의 책들은 그가 금서를 읽었기 때문에 추방당했다고 썼다.

야로슬라프스키는 1940년에 이 모든 이설들을 종합하려는 듯 다음과

같이 자세히 썼다: "1898년 9월 29일 오후 9시에 일단의 학생들이 식당에서 조세프 주가시빌리(스탈린)의 주변에 모여들었으며, 그는 그들에게 신학교 당국에 의해 허용되지 않은 책을 읽어주었다."

야로슬라프스키에 의하면, 드미트리 신부가 스탈린의 방에 들어왔을 때 스탈린은 그대로 책을 읽고 있었다. "너는 네 앞에 서 있는 사람을 보지 않느냐"고 신부가 물었다. 그러나 그는 "나는 내 눈앞의 검은 점 이외에는 아무것도 보이지 않는다"고 말했다고 야로슬라프스키는 썼다. 마침내 1899년 5월 27일에 드미트리 신부는 신학교 교수 회의에 "정치적으로 믿을 수 없는 이오시프 주가시빌리를 추방할 것"을 제의했다. 야로슬라프스키에 따르면, 그 제안은 통과됐다. "불분명한 이유로 시험을 치르지 않았다는 이유로 신학교에서 추방됐는데 실제로는 차리즘에 위험스러운 견해를 품고 있는 사람이라는 판단 때문에 신학교에서 추방됐다"고 그는 썼다.

위에서 살폈듯이 스탈린이 퇴교당한 경위에 대한 공식적인 설명은 구구해서 무엇이 진상인지 알기 어려운 형편이다. 우리를 더욱 어리둥절하게 만들어주는 것은 스탈린이 막 권력의 정상에 선 때이던 1930년에 스탈린의 어머니가 기자들에게 털어놓은 다음과 같은 얘기였다:

소소는 언제나 착한 소년이었다. 〔……〕 내가 그를 야단칠 일이란 결코 없었다. 그의 아버지 비사리온은 소소를 좋은 구두 기술자로 만들고 싶어 했다. 그러나 소소가 열한 살 때 그의 아버지는 죽었다. 나는 그가 구두 기술자가 되는 것을 바라지 않았다. 나는 오직 한 가지 일만을 원했는데 그것은 그가 신부가 되는 것이었다. 〔……〕 그는 퇴교당하지 않았다. 내가 그의 건강 때문에 집으로 데려온 것이다. 그가 신학교에 들어갔을 때 그는 열다섯 살이었고 아주 튼튼한 소년이었다. 그러나 열아홉 살이 될 때까지 너무 공부를 했기 때문에 쇠약해졌으며 의사는 나에게 그가 결핵에 걸렸을지 모른다고 말했다. 그래서 나는 그를 학교에서 데리고 온 것이다. 그는 학교를 떠나고 싶어하지 않았다. 그러나 나는 그를 데려왔다. 그는 나의 단 하나뿐인 아들이었다.[18]

1946년에 이 모든 혼란을 헤치고 새로운 간략한 전기문이 마련돼 스탈린 전집에 실렸다. 이에 따르면, 스탈린은 1888년 9월에 교회가 운영하는 고리의 4년제 초등학교에 입학해 1894년 7월에 '1급으로' 졸업했다. 4년제 학교를 6년 만에 졸업한 이유에 대해서는 아무런 설명이 없었다. 아마 러시아어가 익숙하지 못해서 또는 병 때문에 처음엔 쉬었었는지도 모르겠다. 같은 기록에 따르면, 1894년 9월 2일에 그는 티플리스 신학교에 입학했고, "1896년부터 마르크시스트 학생 연구 동아리를 이끌었으며 마르크스의 『자본론』과 『공산당 선언』, 그리고 마르크스와 엥겔스의 다른 저작을 연구했다." 1898년 1월에 그는 "티플리스 철도 일원의 노동자들의 동아리를 이끌기 시작했다." 거기에서 "I. V. 스탈린, V. Z. 케트스호벨리 및 A. G. 트술루크드제는 메사메 다시 Mesame Dasi(제3의 그룹)의 혁명적 소수의 핵심을 형성했다." 1899년 5월 29일에, 같은 기록에 의하면, "I. V. 스탈린은 마르크시즘을 선전한 이유로 티플리스 신학교에서 퇴교당했다."

기록들이 서로 다른 까닭. 스탈린이 어떤 이유로 또 어떤 경위로 티플리스 신학교를 그만두게 됐는지의 문제가 우리에게는 덜 중요할 수 있다. 윌프가 지적했듯이, 우리의 관심은 별로 대수로운 것 같지 않은 그의 초기 경력에 관해 이렇게 설명이, 그것도 공식 기관의 간행물에서 구구하냐 하는 점에 있다. 이 의문에 대한 해답은 그러나 간단히 풀릴 수 있다. 소련 당국이 그의 권세에 비례해 개인 숭배를 조장하면서 그의 기록을 더욱더 미화해나갔던 것이다. 풀어 말해, 아첨과 칭송을 뒷받침하기 위해 그의 천재성과 그의 혁명성을 조작하지 않으면 안 됐던 것이다.

다른 예를 들면, 레닌 전집의 초판에서 스탈린에 대한 언급은 각주에 나온다. 아마 당의 설문지에 근거를 둔 것으로 보이는데, 그를 '1898년 이후의 당원'으로 기록하고 있다. 1932년에 스탈린은 에밀 루드비히에게 이렇게 말했다: "나는 열다섯 살인 1894년에 혁명 운동에 가담했습니다. 그때 나는 트랜스코카시아의 어떤 불법적인 러시아 마르크시스트 단체와 연관을 맺고 있었습니다." 물론 이 2개의 설명이 반드시 불일치하는 것은 아니다. 왜냐하면 스탈린이 1894년에는 불법적인 독서회에 들어갔고 1898년에는 당에 들어갔을 수 있기 때문이다. 그러나 루드비히와의 회견 직후 야로슬라프스키와 베리아는 스탈린이 열다섯 살에 마르크시스트가 됐다는 주장을 밀고 나가기로 합의하고, 이것을 뒷받침하는 새로운 주장을 펴기 시작했다. 그래서 야로슬라프스키는 스탈린이 신학교에 들어가기 전에, 곧 고리에 있을 때 다음과 같은 일을 했다고 썼다: "학생으로서 그는 노동자들과 농민들에게 그들의 빈곤의 원인들을 설명해주곤 했다. 〔……〕 그리고 마르크시스트 사상을 처음 알게 됐다. 〔……〕 그가 신학교로 떠났을 때 그는 이미 마르크시스트 비밀 동아리에서 4년의 경험을 쌓았으며 그의 최초의 불법적 간행물을 출판했다."[19]

야로슬라프스키와 베리아, 그리고 레닌 연구소는 모두 스탈린이 신학교 학생이었을 때인 1898년에 레닌의 논문을 처음 읽고 나서 "나는 어떻게 해서든지 그를 만나지 않으면 안 된다"고 말한 것으로 기록한 회고록을 인용하고 있다. 베리아에 의하면, 소년 스탈린은 "그때 2개의 혁명적 마르크시스트 학생 동아리들을 지도하고 있었으며, 학교 밖에서 열한 개 또는 그 이상의 사회민주주의 노동자 동아리들을 지도하고 있었다."

이런 식으로 야로슬라프스키와 베리아는 열다섯 살의 신학생이 1890년대말에 티플리스에서 철도 파업을 이끌어나갔던 것으로 그려놓았다. 그러나 당시의 상황으로 보아 이것은 거의 불가능했다. 신학생들은 스탈린 스스로가 회고했듯이 감옥과 같이 철저히 봉쇄된 곳에서 생활했으며 그들의 일거수 일투족은 늘 감시받고 있었기 때문이다. 그의 급우였던 이레마시빌리 역시 "학교에서의 생활은 슬프고 단조로웠다. 기숙사 벽속에 밤낮으로 갇혀서 우리는 몇 해를 거기서 보내야만 하는 죄수처럼 느껴졌다"고 회고한 것이다.

이레마시빌리의 회고록은 베리아의 것보다 10년 이상 앞섰으며 따라서 보다 더 솔직히 말할 수 있었던 시기에 나왔기에, 베리아의 그것보다 신용도가 비교 안 되게 더 높은 것이다. 그런데 여기서 이레마시빌리는 스탈린이 관계된 꼭 하나의 혁명적 동아리를 언급하고 있다. 이레마시빌리는 이렇게 썼다: "어느 날 저녁 〔스탈린과〕 나는 신학교에서 몰래 빠져

나와서 벼랑을 마주 보며 서 있는 한 조그만 집으로 갔다. 그 집은 티플리스 철도 노동자들에게 속해 있었다. 우리 뒤로 우리와 견해를 같이하는 신학교 학생들이 따라왔다. 거기에서 우리는 혁명적 노동자들의 사회민주당 노동 조직과 만나게 된 것이다."[20]

이 회고는 티플리스에서의 생활에 대해 스탈린이 1926년에 회고했던 것과 비슷하다.

마지막으로, 스탈린이 신학교와 어떻게 결별했는가에 대해서는 또 다른 회고가 있다. 의사 고고키아 Gogokia의 회고가 그것이다. 그는 스탈린의 급우였으며, 그의 회고록은 야로슬라프스키가 스탈린의 전기를 쓸 때 많이 참고됐다. 여기서 고고키아는 이렇게 썼다: "이오시프는 학과에 더 이상 신경쓰지를 않고 그저 합격 점수나 받을 정도로 또는 시험에 통과할 정도로나 공부했다. 성격이 사나운 사제 아바지드제는 한때는 지능 있고 잘 발전되어나갔으며 믿기지 않을 정도의 풍부한 기억력을 가진 그가 그저 합격 점수나 받을 정도로 공부하게 된 이유를 추측해보고 그를 신학교에서 내쫓아야 한다는 결정을 얻어내는 데 성공했다."[21]

혁명 사상과 운동에 접했던 것은 사실이다. 그렇다면 도대체 진상은 무엇인가? 이 물음에 대한 대답은 여러 자료들을 면밀히 조사한 터커 교수에 의해 가장 권위 있게 주어졌다.[22]

첫째, 스탈린은 '위험한 사상의 금서'들을 상당히 많이 읽었다. 성경을 책상 위에 펴놓고 읽는 체하지만 시선은 실제로 무릎 위의 금서로 갔다. 프랑스의 위대한 소설가 빅토르 위고 Victor Hugo의 『바다의 노동자들』과 『1793년』이 그 보기들이었다. 프랑스 혁명 전야를 다룬 위고의 『1793년』을 읽고 나서는 자연히 프랑스 혁명, 1848년에 유럽을 뒤흔든 혁명들, 그리고 노동자들이 혁명의 과정에 세웠던 파리 코뮌 등에 관한 책들을 정력적으로 읽어나갔다. 스탈린의 이러한 독서는 신학교 당국에 곧 포착됐다. 신학교의 기록들은 그가 여러 차례 거듭 벌을 받았으며 어떤 때는 다섯 시간 동안 지하실에 감금되기도 했음을 보여준다.

둘째, 스탈린은 학교 당국에 대해 저항적이었다. 역시 신학교의 기록들에는 그가 학교의 당국자들에게 "거칠고 존경하지 않으며 불만 어린 목소리로 대답하고 교수들에게 인사하지 않으며 항의하는 학생"임을 증명해주는 사례들이 적지 않게 나타났다.

셋째, 스탈린은 혁명 운동 조직에 연결되어 있었다. 이때 스탈린에게 결정적으로 영향을 끼친 혁명가는 조지아 사회민주당의 지도자들 가운데 한 사람인 라도 케트스호벨리 Lado Ketskhoveli였다. 그는 티플리스 신학교에서 퇴교당하자 키예프로 가서 공부한 뒤 1897년에 티플리스로 잠입해 사회민주당 운동에 뛰어들었다. 스탈린은 그를 만난 뒤 친형님처럼 느끼게 됐다. 그래서 그의 권유에 따라 1898년에, 그러니까 신학교를 그만두기 1년 전에 사회민주당의 한 조직에 가입했던 것이다. 이때 스탈린은 이미 퇴교당하는 것을 각오했다. 이레마시빌리가 스탈린에게 꾹 참고 신학교를 졸업하면 대학교 입학 자격이 생기니까 대학교에 진학해 혁명 운동에 본격적으로 뛰어들 것을 권고했으나 스탈린은 이미 혁명 이념에 공감해 있었던 데다가 신학교가 자기를 결코 졸업시키지 않을 것임을 내다보고 1899년 5월에 자퇴한 것이다.

스탈린의 어머니는 그뒤 스탈린이 신부가 되지 못한 것을 늘 가슴 아파했다. 스탈린이 소련의 최고 권력자이던 때인 1936년에 와병중의 어머니를 고향으로 찾아갔을 때 그녀는 "네가 끝내 신부가 되지 못했다니 참으로 딱하구나"[23]라고 탄식했다. 매우 드문 냉혈한인 스탈린은 어머니에 대해서만큼은 따뜻하게 잘 대하고자 했으나, 이 마지막 말에는 웃고 말았다. 어머니는 다음해에 별세한다.

제23장
스탈린이 마르크시스트 혁명 대열에 참여하다

신학교를 떠난 스탈린은 곧 티플리스에서, 그리고 그뒤에는 조지아의 몇몇 주요 도시들에서 혁명 운동에 참여했다. 그러나 그의 활동은 두드러지지 않았다. 조지아 사회민주당은 다른 지도자들에 의해 이끌리고 있었던 것이다. 그러나 뒷날 그가 소련의 최고 권력자가 된 뒤 이 시기의 조지아에서의 그의 운동 경력은 철저히 조작된다. 그리고 그 과정에서 그때 그의 선배요 지도자였던 혁명가들이 처형된다. 이 장은 그러한 사실들을 주로 월프의 연구와 터커의 연구에 바탕을 두고 살피기로 한다.

1. 스탈린이 직업적 혁명가로 출발하다

관측소 직원으로 출발하다. 만 20세에 스탈린이 신학교에서 나온 뒤, 스탈린은 가정 교사로 일했다. 그러나 벌이는 시원치 않았다. 따라서 그의 생활은 비참했으며, 신학교 급우들의 도움을 받지 않으면 안 될 지경이었다. 그러나 가난 때문에 괴로워하지는 않았다. 뒷날에도 그랬지만 그의 생활은 검소했다. 이 점에 대해 뒷날 그의 정적이 되고 마는 이레마시빌리도 이렇게 말했다: "그는 그의 개인적 복지에 대해 관심이 없었다. 그는 생활로부터 아무것도 요구하지 않았다. 왜냐하면 그는 그러한 요구가 사회주의 원칙과 양립하지 않는다고 생각한 것이다. 그는 자신의 이념을 위해 생활을 희생할 수 있는 인격은 충분히 갖고 있었다."

그가 크렘린의 지배자가 됐을 때도 그는 평범한 옷차림을 했다. 그저 평범한 준(準)군복 차림에 무릎까지 올라오는 구두를 신고 앞챙이 달린 모자를 썼다. 이러한 복장은 일상 생활에서도 그러했고 국가 행사에서도 그러했다. 1940년에 그는 관리들을 민간인들로부터 구별짓기 위해 복장에 금줄과 금견장을 달게 했다. 이때야 비로소 그도 금견장과 금줄이 달린 원수의 복장을 입었으며 가슴에 메달과 훈장과 리본을 달았고 보석으로 된 별을 달았다. 테헤란 회담이나 얄타 회담과 같은 국제 회담에서의 복장도 다르지 않았다.

신학교를 떠난 때로부터 7개월 뒤인 1899년 12월에 스탈린은 티플리스 관측소의 하급 직원 자리를 얻었다. 이 자리는 어느 정도 교육을 받은 사람을 요구하는 자리였다. 그러나 월급이 시원찮아서 비숙련 조지아 지식인에게도 열려 있었다. 그래서 10년 가까이 그 자리는 '신부의 자격을 빼앗긴' 퇴교당한 신학생들의 독무대가 됐다. 케트스호벨리 다음에 스탈린이, 그 다음에는 다비타시빌리 Davitashvili, 그 다음에는 베르드제니시빌리 Berdzenishvili가 그 자리에 있었다. 이런 사람들이 이 자리에 연속적으로 앉았기 때문에, 1907년에 카모가 250,000루블 이상의 큰 노획금을 측후소장의 서재 속에 감추어놓을 수 있었다.

티플리스에서 운동에 참여하다. 스탈린의 관측소 직원으로서의 경력은 오래가지 않았다. 1901년 5월 1일 노동절에 약 2,000명의 티플리스 노동자들이 경찰에 대항해 시가 행진을 벌이자 경찰은 이들에 발포했으며, 이 때문에 14명이 부상을 당하고 15명이 체포됐다. 경찰은 이어 온 시내를 뒤져 밀정들이 제공해준 명단에 오른 모든 사회민주당원들을 체포했다. 그들은 스탈린을 체포하기 위해 관측소에 나타났다. 그러나 스탈린은 벌써 이곳을 떠나 고리로 도망친 뒤였다. 이로써 직업적 혁명가로서의 경력은 시작됐다.

분위기가 가라앉고 나서야 그는 티플리스에 되돌아왔다. 그리고 여전히 동지들의 물질적 도움 속에서 생활해야 했다. 그는 경찰이 다시 그의 존재를 포착해서 "증명서도 없이, 또한 일정한 직업도 없이, 그리고 일정한 주거가 없이 살고 있다"고 기록할 때까지 1년 남짓한 세월을 빈민

층에 가서 선동적인 연설을 하기도 했으며, 노동자들의 시위를 이끌기도
했고, 때때로 당내의 파쟁에서 중심적인 역할을 수행하면서 살았다.
1901년 가을에 그는 티플리스 사회민주당 지방위원회에 가입했다. 두 번
의 회기에 참석한 다음에, 그는 조지아에 속한 흑해의 항구 바툼Batum
으로 떠났다. 지난날 소련의 공식적 설명으로는 그는 티플리스 당 위원
회에 의해 "그곳으로 파견됐다." 그러나 1930년에 파리에서 발간된 조지
아 멘셰비키 기관지 『투쟁의 메아리』는 스탈린이 티플리스의 당 지도자
들에 대해 부당한 중상을 거듭한 이유로 티플리스 당 조직으로부터 추방
됐다고 주장했다. 이 주장에도 엿보이지만, 뒷날 스탈린에 대한 수많은
비난들 가운데 스탈린이 자신의 이익을 위해서는 자신의 동지들에 대한
모해를 서슴지 않았다는 주장이 많음은 주목할 만하다. 월프가 지적했듯
이, 레닌과 트로츠키도 정적들로부터 갖가지 비판을 받았으며 비난의 대
상이 되기도 했으나 동지들을 모해했다는 비난은 한차례도 받은 일이 없
었다.

그런데 이 주장을 반박하기 위한 의도에서인 듯 베리아는 티플리스의
헌병대장이 쿠타이스에 파견된 수석 보좌관에게 보냈다는 1902년 7월 1
일자의 다음과 같은 편지를 새로 발견했다고 1930년대 중엽에 발표했다:
"1901년말에 〔스탈린은〕 선전 공작을 위해 바툼으로 파견됐다." 그러나
이것은 조작된 자료였다. 베리아의 조작은 계속된다. "스탈린이 바툼에
오기 전에는 바툼에는 노동자들의 사회민주당 조직은 전혀 없었다." 스
탈린이 이곳에 도착해서 신년 연회를 위장해 한 회의를 소집하고 여기에
서 "네 개 또는 다섯 개의 뛰어난 연설을 했으며 스탈린 동지에 의해 영
도되는 지도적인 당 그룹을 세웠다." 그때로부터 2개월 이내에 "11개 사
회민주당 노동자 동아리들이 스탈린 동지의 지도력 아래 활발히 기능하
기 시작했다." 2월 27일에는 로드쉴드 공장에 노동자들의 파업이 시작됐
는데, 여기에서 "스탈린 동지 스스로가 파업위원회의 일을 이끌었으며,
요구 조건들을 설정해내고 전단을 만들어냈으며, 그것을 인쇄하고 뿌릴
사람들을 조직했다." 3월 8일에 32명의 파업자들이 체포돼 그들의 향리
로 추방됐다. 이에 스탈린은 다시 파업을 주도했는데, 이 파업에서 300

622

여 명이 체포됐다. 감옥소를 깨뜨리려는 시도가 있었으며, 이로 말미암아 16명의 노동자들이 죽었고 54명이 부상을 당했고 500여 명이 체포됐다. 다시 베리아에 의하면, "이 열광적인 활동 속에서 스탈린 동지는 티플리스 조직과 밀접한 접촉을 유지했으며 때때로 티플리스를 방문했고 티플리스 사회민주당 조직의 일을 지도했다."

스탈린이 투옥되고 유배되다. 이러한 일련의 활동이 그때까지는 별일 없이 조용했던 바툼 경찰의 주목을 받지 않을 수 없었다. 그래서 1902년 4월 18일에 스탈린은 "다른 동지들과 함께 지도적인 당 그룹의 한 모임에서 체포됐다." 이로써 그의 첫번째 옥살이가 시작됐다. 그런데 그때의 『이스크라』는 로드쉴드의 파업과 바툼 형무소로 몰려간 일이 사회민주당원들의 지도력 아래 이루어진 것이라는 얘기는 전혀 하지 않고 보다 자연발생적으로 일어났던 것처럼 보도했다. 그리고 『이스크라』는 그 사건들을 이끌었던 노동자 두 사람의 이름을 지적하고 있을 뿐, 스탈린의 이름은 전혀 언급하지 않았다. 그러나 멘셰비키의 설명은 베리아의 주장을 부분적으로 뒷받침하고 있다. 스탈린이 형무소 공격을 비밀리에 추진했으나 멘셰비키는 스탈린이 '의미 없는 모험과 소용 없는 유혈'을 조장한다고 비난했던 것이다.

1년 6개월 동안 스탈린은 행정 처분을 기다리면서 바툼 형무소와 쿠타이스 형무소에 차례로 수감됐다. 그와 그 밖의 15명은 3년으로부터 4년의 유배형을 받고 동시베리아로 유배됐다. 1903년 11월말에 유형자들은 동시베리아로 망명의 길을 떠났다. 3년형을 받은 스탈린의 유형지는 노바야 우다 Novaya Uda였는데, 이곳은 바이칼 호수로부터 멀지 않은 곳으로 이르쿠츠크 성의 작은 마을이었다. 그러나 도착한 지 1개월 8일 만인 1904년 1월 5일에 탈출에 성공해 2월에는 티플리스와 바툼에 다시 나타났다.

2. 스탈린의 투쟁 경력: 조작과 사실

레닌과의 첫 연계에 관한 스탈린의 회고. 스탈린은 레닌이 죽은 때로부터 일주일 뒤인 1924년 1월 8일에 크렘린에서 사관 생도들에게 자신과 레닌과의 관계가 어떻게 시작됐나에 대한 연설을 했다:

나는 1903년에 레닌과 처음 알게 됐다. 정말 그것은 서로 얼굴을 맞댄 친교는 아니었다. 그것은 교신에 의한 것이었다. 그러나 그것은 나에게 지울 수 없는 인상을 남겼는데 당에서 나의 모든 일을 통해 그와 같은 인상은 결코 받아본 일이 없었다. 그때 나는 시베리아에 유형중이었다. 1890년대말 이후, 그리고 특히 1901년 이후, 곧 『이스크라』 출현 이후의 레닌의 혁명적 활동에 대한 나의 지식은 레닌에게서 우리는 특별한 재능의 인간을 발견한다는 확신을 심어주었다. 나는 그를 당의 단순한 지도자로 간주하지 않고 실제의 창립자로 간주했다. 왜냐하면 그만이 우리 당의 내적 본질과 긴급한 필요를 이해하고 있었기 때문이었다. 내가 그를 우리 당의 다른 지도자들, 예컨대, 플레하노프, 마르토프, 악셀로드와 다른 사람들과 비교할 때 그는 그의 동료들의 머리요 어깨인 것으로 나에게는 보였다. 그들과 비교할 때 레닌은 지도자들 가운데 한 사람이 아니라 투쟁에 대한 두려움을 전혀 알지 못하는, 그리고 미탐험의 길을 따라 대담히 당을 이끌어나가는 가장 높은 지위의 지도자, 산(山)독수리로 보였다. 〔……〕 이러한 인상은 너무나 나를 꽉 사로잡았기 때문에 나는 당시 해외에서 정치적 망명자로 살고 있는 나의 가까운 친구에게 그의 의견을 묻는 편지를 쓰지 않을 수가 없었다. 얼마 뒤 내가 이미 시베리아에 유형을 와 있을 때, 나는 나의 친구로부터 열광적인 편지를 받았으며 레닌으로부터 간단하나 대단히 인상적인 편지를 받았는데, 나의 친구가 나의 편지를 레닌에게 보여주었던 것 같다. 레닌의 편지는 비교적 짧았다. 그러나 그것은 우리 당의 실제 활동에 대한 대담하고 두려움 없는 비판을 포함하고 있었으며 즉각적인 장래에서 당이 추진해야 할 사업의 전반적 계획에 대한 두드러지게 명백하고 간결한 설명을 포함하고 있었다. 레닌만이 가장 복잡하게 얽힌 문제들을 그처럼 간단하고 명백하게, 그처럼 간결하고 대담하게 쓸 수 있었기 때문에 문장 하나하나가 마치 총알 나가는 듯 울렸다. 이 간단하고 대담한 편지는 레닌은 우리 당의 산독수리라는 나의 의견을 강화시켰다. 나는 노(老)지하 운동가의 버릇으로서, 레닌의 이 편지를 다른 편지들처럼 불 속에 넣어버린 점에 대해 나 스스로를 용서할 수 없다.[1]

이러한 술회가 사실일까? 아니다. 월프가 이미 꼼꼼하게 분석했듯이, 우리가 레닌에 대한 스탈린의 이 추념사를 따져보면 볼수록 더 많은 의문들이 솟아난다. 스탈린은 자신이 그 편지를 불태워버렸다고 말했다. 그렇다면 크루프스카야의 사본은 남았어야 될 것이 아닌가? 그 편지는 레닌과 크루프스카야가 제네바에 정착해 생활하던 때 씌어졌다는 얘기인데 이때는 분당 직후의 시기로서 크루프스카야는 레닌이 그녀에게 받아쓰도록 한 편지들 또는 레닌 자신이 쓴 편지들의 사본을 모두 갖고 있었다. 레닌이 초를 잡았다가 발송하지 않은 편지까지도 보관했다. 그런데 크루프스카야의 사본철에나 또는 그녀의 회고록 어느 곳에도 레닌이 시베리아의 스탈린에게 보냈다고 스탈린이 주장하는 편지의 자취는 전혀 없다.

더욱 큰 의문은 다음의 것들이다. 스탈린은 스스로가 자신은 1903년 11월 29일에야 그의 유형지인 노바야 우다에 도착했고 여기서 1개월 8일을 묵은 다음인 1904년 1월 5일에 탈출했다고 썼었다. 그렇다면 그가 제네바로부터 편지를 받았다는 것은 더욱 믿기 어려운 것이다. 유형수는 그들이 시베리아의 오지에 들어서고 나서야 비로소 그들의 최종 유배지가 어디라는 걸 알게 된다. 그러므로 스탈린이 40일 미만의 짧은 시일 안에 자신의 주소를 알고 이것을 외국에 사는 레닌에게 알려주어 그로부터 회신을, 더더구나 편지 배달이 가장 어려운 혹한의 겨울에 받았다는 것은 믿기 어려운 일이다. 레닌이 러시아 본국에 있었다고 해도 그것은 불가능했을 것이다. 간단히 말해, 트로츠키가 『스탈린』에서 충분히 파헤쳤듯이, 스탈린이 자신과 레닌과의 관계에 대해 주장하는 사실들은 서로 모순되는 것이다.

스탈린은 왜 거짓말을 했을까? 스탈린이 레닌의 편지를 받았다고 주장할수 있는 근거가 전혀 없지는 않다. 레닌이 문제의 그 시기에 당의 동지들과 교신한 기록들—이 기록은 물론 크루프스카야가 보관하고 있었다—에 의하면, 레닌은 당시에 제네바에서 자신의 옛 글 「우리들의 조직상의 과업에 대한 한 동지에의 편지」를 소책자의 형식으로 재출판하고있었다. 이 편지는 원래 1902년 9월에 슈나이어슨A. A. Schneierson에게씌어진 것이었는데, 레닌은 그 편지가 매우 중요한 것으로서 한천(젤라틴)판으로 인쇄해서 다른 동지들에게 돌려야겠다고 생각한 것이다. 그리고 그것은 1903년 6월에 시베리아에서 시베리아 당 위원회에 의해 재출판됐던 것이다. 그러니까 스탈린도 아마 시베리아에서 이 소책자의 한사본을 얻어 읽었을 가능성은 있다. 그것은 정말 "가까운 장래에 취할당의 사업에 대한 전반적인 계획에 대해 두드러질 정도로 분명하고 간결한 레닌의 설명을 포함하고 있었다." 만일 이러한 추측이 정확한 것이라면 그것은 그 시기로부터 스탈린은 레닌의 제자가 되었음을 의미하는 것이라고 하겠다.

그렇다고 해도 우리의 의문은 여전히 남는다. 왜 스탈린은 그처럼 자신과 레닌과의 개인적인 친교를 사실보다 앞당기어 입증하려고 했던가?그것도 레닌이 죽은 일주일 뒤에 말이다. 우리가 레닌의 생애의 마지막시기에 레닌과 스탈린 사이에 긴장됐던 관계를 면밀히 검토한다면 한 가지 대답은 쉽게 얻게 된다. 스탈린은 레닌 사후에 즉시 자신과 레닌 사이의 참으로 오래됐다는 친교 관계를 과장함으로써 자신과 레닌 사이의 알력을 호도하려 했던 것 같다. 또 하나의 동기는 레닌 사후의 권력 계승전에서 유리한 입장에 서기 위해서였던 것 같다. 레닌과의 친교 관계를 과장해놓는 것이 장차의 권력 계승전에서 대단히 유리하다는 것을 스탈린은 이미 꿰뚫고 있었던 것이다. 그때 권력 계승 투쟁의 후보자들 가운데그 어느 누구도 이 점에 착안하지 않았다는 점을 고려한다면, 스탈린의원려(遠慮) 있는 주도면밀함에 놀라움을 금할 수 없을 것이다.

월프는 그 밖의 또 하나의 중대한 이유가 스탈린이 자신의 과거를 감추기 위해서였다고 보고 있다. 트로츠키도 그렇게 보았다.[2] 이들에 의하면, 티플리스의 비밀 경찰 두목은 1911년에 "우리들의 정보 요원들로부터 최근에 받은 정보에 따르면, 이오시프 주가시빌리는 조직에서는 소소, 그리고 코바라는 가명으로 알려져 있다. 그는 1902년 이래 사회민주당에서 제1부[철도]의 선전 요원 및 부장으로 일해오고 있는데, 처음에는 멘셰비키였고 그 다음에 볼셰비키가 됐다"라는 보고서를 상급 기관에 보냈었다. 그것은 사실이다. 이 보고서는 조지아에 보관됐던 경찰의 모든 문서들과 마찬가지로 1921년에 적군(赤軍)이 조르다니아에 의해 영도되던 조지아 공화국을 전복시킨 뒤 볼셰비키의 손안에 들어갔다. 이 보고서는 소련에서는 처음이자 마지막으로 1925년 12월 23일에 티플리스에서 발간된 조지아의 볼셰비키 신문인 『자리야 보스토카 *Zarya Vostoka*(동방의 새벽)』에 실렸다. 스탈린의 46회 생일을 경하하기 위해 차리 경찰의 기록과 노(老)조지아 볼셰비키 지도자들의 회고록을 모아 내는 가운데, 우리가 앞에서 본 그 정보 부분도 실린 것이다. 그러나 이 부분은 어떤 의미에서 스탈린에 대한 경하일 수 없었다. 그가 멘셰비키였다는 사실, 특히 조르다니아에 의해 영도된 조지아 사회민주당의 멘셰비즘에 속해 있었다는 사실은 스탈린에게 결코 영예가 될 수 없었다. 따라서 바로 이 과거를 감추기 위해 스탈린은 자신과 레닌과의 관계를 조작한 것이라고 월프는 본 것이다.

이에 대해 터커는 이의를 제기한다. 그러한 경찰 보고서가 실제로 있음은 사실이나, 그 보고서의 내용은 여러 가지로 부정확하다는 것이다. 무엇보다 이 보고서는 스탈린이 1902년경부터 멘셰비즘에 속해 있었다고 주장하나 멘셰비즘은 1904년에 비로소 생겨난 것이 아니냐고 터커는 반문한다. 터커는 당이 볼셰비키와 멘셰비키로 쪼개어졌을 때 스탈린이 아무 주저 없이 볼셰비즘을 지지했음은 여러 증거에서 명백하다고 주장한다. 또 1911년에 스탈린은 티플리스에 있지 않고 바툼에 있었다는 것이다.[3]

조지아 사회주의와 조르다니아. 1890년대에 시작된 조지아 사회주의는 놀라운 속도로 트랜스코카시아의 정치적 진공 속으로 팽창했다. 정부 관리들은 초기의 이 성장을 별로 심각하게 생각하지 않았다. 마치 1890년대에 중앙 러시아에서 마르크시즘이 그것보다는 더 위험한 나로드니크 테러리즘에 대해 유용한 견제력이 된다고 보았기 때문에 마르크시즘에 어떤 합법성을 부여했듯이, 그들은 조지아 마르크시즘이 조지아 민족주의 운동 내부에서 분열의 씨가 된 것이라고 보았기 때문에 조지아 마르크시즘에 더 큰 합법적 자유를 부여했던 것이다. 마르크시즘이 러시아에서는 합법성의 밀월 기간이 짧았지만, 트랜스코카시아에서는 길었다. 당국이 자신들의 책략이 과연 현명한 것인지에 대해 의혹을 품기 시작했을 때는 이미 너무 늦었다. 조지아 사회주의는 강력한 대중 운동으로 이미 발전해버렸으며 그것을 자궁의 시대로 거슬러 밀어낼 힘은 없었던 것이다. 다른 지역의 마르크시스트 조직들과는 달리 조지아 사회주의 운동은 수적으로 약한 노동자들과 인텔리겐치아 사이에서뿐만 아니라 농민들 가운데서도 많은 추종자들을 갖고 있었다. 그것은 러시아 전체에서 최초의 공개적인 사회민주주의 대중 정당이 됐다.

1905~1906년의 혁명 시대에 조지아 사회민주당은 조지아의 모든 곳을 이끌었다. 당원들 가운데는 시장들과 대의사들, 그리고 조지아의 소공자들이 포함됐다. 그 운동은 농촌과 시의회, 그리고 막 생겨나는 중산 계급과 인텔리겐치아의 지지를 받고 있었다. 시의회들은 적위대를 무장하기 위해 자금을 조달해주기로 표결했다. 1906년에 당국은 트랜스코카시아에서 전국적인 두마 의회의 선거를 다른 성들이 투표를 끝낼 때까지 연기시켰다. 그것은 예견되는 사회민주당의 압승이 바람직하지 못한 어떤 선례를 남기게 되는 것을 막기 위해서였던 것이다. 조지아 마르크시즘 운동의 대중적 성격, 바로 그것이 이 지역에서 볼셰비즘의 성장을 더디게 한 요인이라고 하겠다.

트랜스코카시아 사회주의의 진정한 아버지는 노아 조르다니아였다. 그는 레닌과 같은 나이였다. 이 조지아 지식인은 처음에는 중앙 러시아 지하 운동에 참가했으며 그 다음에 마치 레닌이 플레하노프와 함께 일하기 위해 그러했듯이 해외로 갔다. 조르다니아와 그의 가까운 동료들, 제자들은 플레하노프가 정통적 마르크시스트라는 의미에서 자신들의 인생을 정통적 마르크시스트로 마쳤다. 그리고 플레하노프처럼 그들 역시 때로는 멘셰비키와 볼셰비키 두 파 사이에서 중간 위치를 차지하고 있었다.

1897년에 조르다니아는 해외 망명지로부터 돌아왔는데, 그것은 『크발리 *Kvalii*(고랑)』라는 진보적 잡지의 편집인 자리를 맡기 위해서였다. 그는 그 잡지를 곧 조지아어로 된 '합법적 마르크시즘'의 기관지로 만들었다. 차리 당국은 조지아에 대해서는 마음놓고 있었기 때문에, '합법적 마르크시즘'이 러시아에서는 이미 오래 전에 잊혀졌는데도 그것이 조지아에서는 여전히 유효하다고 잘못 생각해 탄압하지 않았다. 그래서 『크발리』는 계속해서 자유롭게 출간됐으며, 1904년까지는 억압되지 않았다. 6년여의 세월 동안, 그것은 마르크시즘에 관한 주요 논쟁점들과 내용들을 소개했으며 그것을 통해 마르크시즘을 교육했다. 한 가지 중요한 점은 그것들을 모두 트랜스코카시아의 지역적 특성에 맞게 변용시켰다는 점이다. 그렇게 하기 위해 조르다니아는 그 운동의 모든 주요한 강령적 문서들을 직접 써서 기고했다.

사실 이 기관지를 통해 많은 재능 있는 인물들이 배출됐기에, 플레하노프를 따라 조지아 사회민주당이 멘셰비즘으로 넘어갔을 때 그것은 전국적인 멘셰비키파의 지도자들의 주요 공급처가 됐던 것이다. 그래서 제2대 두마에서 사회민주당의 지도자로 조지아 사회민주당의 가장 젊고 가장 유능한 의원인 26세의 조지아인 헤르쿨레스 체레텔리 Hercules Tseretelli가 뽑힐 수 있었다. 스톨리핀 내각이 체레텔리를 구속하고 그의 출마를 금지시키자, 제3대 두마와 제4대 두마에서 사회민주당 세력의 지도력을 장악한 것은 또 하나의 조지아아인인 니콜라이 츠헤이드제 Nicolai Chkheidze였다. 1917년 2월 혁명 이후 체레텔리는 임시 정부의 각료가 되며 츠헤이드제는 페트로그라드 소비에트의 초대 의장, 그리고 전러시아 소비에트 집행위원회의 초대 의장이 된다. 그들의 영향력은 그처럼 전국적인 것이었다.

스탈린이 마르크시즘에 대한 그의 최초의 맛을 경험한 것은 바로 조르다니아와 그의 동료들이 편집한 이 잡지로부터였다. 정말 조지아의 모든 마르크시스트들은 그 정신적인 빚을 조르다니아에게 졌다고 해도 과언은 아니다. 만일 그들이 조르다니아에게 그에 대한 빚에 대해 감사해하지 않는다면, 그것은 마치 레닌이 플레하노프에 대해 진 빚에 대해 감사의 뜻을 표하지 않는 것과 마찬가지로 해석될 수 있다. 레닌은 플레하노프에 대해 진 빚에 대해 충분히 감사의 뜻을 표했다. 트로츠키 역시 그러했다. 플레하노프가 트로츠키에 대한 적개심을 공개적으로 나타냈는데도 그러했다. 그러나 스탈린이나 또는 스탈린의 공식적 전기 작가들 가운데 어느 누구도 스탈린이 『크발리』나 조르다니아에 대해 진 정신적 빚을 한마디도 언급하지 않았다. '레닌의 후계자'로 자신을 세우기 위해 스탈린은 레닌의 적이라고 할 수 있는 조르다니아에게 자신이 정신적 빚을 지고 있음을 인정할 수 없었던 것이다.

조지아의 볼셰비즘을 이끌었던 네 지도자들. 트랜스코카시아에 볼셰비키 운동의 최초의 씨앗을 심은 장본인은 상트 페테르부르크의 정부 그 스스로였다. 그것은 주로 죄수들을 이 지방으로 추방함에 의해서였다. 1900년대 이후 정부 당국은 석방된 러시아의 정치범들을 이 '안전하고' 먼 변경 지대로 보내 경찰의 감시 아래 살게 했다. 그들과 더불어 정부 당국은 중앙 러시아에서 체포된 조지아 태생의 정치범들을 그들의 고향으로 보냈다. 이 시골로 보내진 조지아인들 가운데 두 사람이 지도적인 볼셰비키가 되는데, 그들이 바로 라도 블라디미르 케트스호벨리와 아벨 에누키드제였다.

여기에 1900년 한 해 동안에 조지아로 온 네 사람의 전형적인 대러시아인이 있다. 첫째가 크라신으로서, 그는 우리가 앞에서도 여러 번 보았듯이 엔지니어로 바쿠에서 발전소를 관리하기 위해 이곳으로 온 것이었다. 둘째가 칼리닌인데 그는 기계공이었다. 셋째는 자물쇠 제조업자인 세르게이 알릴루에프Sergei Alliluev인데 티플리스 철도 사무실에 고용됐다. 넷째는 레닌의 가까운 친구인 빅토르 쿠르나토프스키 Victor Kurnatovsky인데 화학 공업 기사로 티플리스에서 일하도록 경찰의 허락을 받았다. 이 네 사람은 모두 스탈린의 생애에서 중요한 역할을 수행하게 된다. 크라신은 1904년말까지 발전소를 관리하면서, 자신의 사무실에서 자신이 신뢰하는 조지아의 지도자들을 만났으며, 문헌들의 밀수, 여권의 위조, 자금 조달 등을 주선했고, 중앙위원으로서 자신의 의무를 수행했으며, 비밀 인쇄 공장을 모든 러시아에 봉사하는 하나의 인쇄 공장으로 확대시키고자 했다. 그는 이중 생활을 하도 잘 영위했기 때문에 그가 중앙 러시아의 고위직으로 승진됐을 때까지도 아무도, 그러니까 발전소 관리진 쪽에서도, 경찰에서도, 노동자 쪽에서도 그의 지하 역할을 전혀 눈치채지 못했다. 4년 동안 전혀 발견되지 않은 채 그처럼 격렬한 활동을 계속할 수 있었다는 것은 지하 운동사에서 정말 드문 일이었다. 그 밑에서 일하는 노동자들이 한때 파업을 벌이며 그를 관리자직으로부터 해임하라고 요구했을 정도로 그의 이중 생활은 완벽했다. 레닌이 그를 높이 평가했다는 것은 놀라운 일이 아니었다.

우리는 4년 동안 티플리스에 살면서 러시아 전역에서 가장 영향력 있는 레닌이스트인 이 사람이 레닌이 자파만의 중앙위원회 구성을 끝낸 직후 거기에 따르지 않고 '화해파'가 됐던 사실을 지적했었다. 그는 1903년의 분열이 얼마나 심각한 것이었는지 잘 몰랐으며, 그렇기에 정력을 반차리즘 운동에보다 오히려 내분에 쏟아야 할 필요성에 대해 회의적이었던 것이다. 트랜스코카시아에서 영향력이 가장 컸던 그가 그처럼 당의 분열에 대해 회의적이었기 때문에 트랜스코카시아에서는 당의 분열이 늦게 나타났고 러시아 전체에서 제일 큰 지하 인쇄 공장인 그의 인쇄 공장은 1905년까지는 두 파의 저작물들을 계속해서 인쇄했던 것이다. 그리고 이미 지적했듯이 그해에 크라신은 멘셰비크인 트로츠키의 전단들도 인쇄했던 것이다.

크라신의 영향이 그처럼 당의 분열을 트랜스코카시아에서는 늦추는 것이었다면 우리가 앞에서 지적한 다른 세 사람의 그것은 어떻게 말할 수 있겠는가? 칼리닌이 이때 스탈린을 만났는지는 모르겠으나 그는 코카서스에 오래 머물지는 않았다. 철도원 파업에 참여한 몇 달 뒤에 그는 중앙 러시아로 돌아갔다. 그때로부터 21년 뒤 그는 소련의 대통령, 곧 명예직에 불과한 '전러시아 소비에트 집행위원회의 의장'이 된다. 제한된 시야와 단순하고 소박한 생활 방식을 가진 그는 자신의 출신 계급인 프롤레타리아화한 농민의 상징으로 정부의 표면에 높이 자리잡게 됐던 것이다. 그는 스탈린의 총애를 잃지 않았기에 1946년에 노령으로 공직에서 자연사를 하는데, 이러한 죽음이란 그의 세대의 노(老)볼셰비키에게는 매우 비(非)자연적인 것이 된다.

칼리닌의 동료인 알릴루에프는 영구히 트랜스코카시아에 정착해 한 조지아 여성에게 장가를 들었다. 그는 정치적으로는 중요하지 않았다. 그러나 그는 스탈린의 생애에 대단히 중요한 존재가 된다. 1918년에 스탈린이 레닌의 초대 내각에서 민족 문제 장관이 됐을 때, 그는 자신의 비서인 나데즈다 알릴루에바 Nadezhda Allilueva와 약혼하는데, 이 여자가 바로 알릴루에프가 조지아 여성과 결혼해 낳은 두 나라 말을 하는 딸이었던 것이다. 1년 뒤 그녀는 스탈린의 두번째 부인이 된다. 그때 그녀는 열일곱 살이었고, 스탈린은 마흔 살이었다. 그녀는 스탈린과의 사이에 아들 바실리 Vasiley와 딸 스베틀라나 Svetlana를 낳는다.

대러시아로부터의 1900년도 이민자들 가운데 네번째 사람인 빅토르 쿠르나토프스키는 크라신보다는 작은 인물이었으나 레닌에 대해서는 보다 무조건적인 추종자였다. 아마 스탈린에게 『이스크라』와 레닌의 존재를 알려주고 스탈린을 '타협할 수 없는 볼셰비즘'의 방향으로 밀어붙여 준 사람이 바로 이 사람이었을 것이다. 베리아는 1935년에 자신이 쓴 스탈린 전기물에서 두 사람 사이의 관계를 이렇게 묘사했다: "쿠르나토프스키가 티플리스에 도착한 뒤 그는 스탈린 동지와 긴밀한 접촉을 이룩했으며 그의 가까운 친구이자 동업자가 됐다." 이것은 쿠르나토프스키가 스탈린과 동격이었거나 또는 아마도 스탈린의 아래에 있었음을 의미할 것이다.

1904년 가을에 레닌은 볼셰비크인 블라디미르 보브로프스키 Vladimir Bobrovsky와 그의 아내를 코카서스로 보냈고 다시 카메네프를 보냈는데, 이것은 쿠르나토프스키의 체포에 의해, 그리고 크라신의 이전에 의해 남겨진 자리를 채우기 위함이었다. 카메네프는 어린 시절을 조지아에서 보냈으며 따라서 이 지역에 대해 잘 알고 있었다. 그는 단단하게 뭉쳐져 있고 강력한 조지아의 사회주의 운동을 분열시키기 위해 열심히 일했다.

그래서 그는 한 사람씩 두 사람씩 자기 주변으로 끌어모을 수 있었으며 스탈린도 분명히 이 가운데 포함됐던 것이다. 그러나 카메네프는 나중에 숙청됐기 때문에 그가 어떤 활동을 했는지에 대한 구체적인 증거들을 추적해내는 일은 공식적인 역사학에서는 더 이상 허용되지 않았다.

빅토르 타라투타의 회고. 다음엔 빅토르 타라투타의 회고록을 살펴보자. 타라투타는 자신이 카메네프를 처음 만났을 때 분명히 카메네프가 코카서스 볼셰비키 조직의 지도자였다고 쓰고 있다. 크라신과 마찬가지로 타라투타는 많은 코카서스의 볼셰비키들을 언급하고 있다. 그러나 스탈린의 이름은 결코 그 이름들 가운데 나타나지 않는다. 보브로프스키 부인의 회고록도 베리아와 베리아 이후의 전기 작가들이 쓴 스탈린 전기물들과 분명히 상치된다. 보브로프스키 부인의 간단한 회고록은 1934년에 집필돼 러시아어로 먼저 출판되고 그 다음에 코민테른에 의해 여러 나라말로 출판된 책이다. 그런데 여기서 그녀는 자기가 1904년 가을에 티플리스와 바쿠에서 일하다가 트랜스코카시아 지방을 위해 새로이 조직된 볼셰비키 위원회로 선발됐으며 바쿠 위원회의 서기가 됐다고 쓰고 있다. 그녀는 '너무나 큰 규모 위에서, 그리고 너무나 작은 비밀 속에서' 운영되는 지하 인쇄 공장을 재조직해 그것을 두 개의 공장으로 분산시켰는데 이것은 물론 더욱 안전하도록 하기 위해서였다는 것도 덧붙였다. 이어 그녀는 자기 남편, 그리고 다른 볼셰비키 당원들의 활동상을 잘 기록하고 있다. 당시에 스탈린은 트랜스코카시아에서 볼셰비키의 모든 지구 위원회들과 당 전체의 모든 활동을 움직이고 있었다고 베리아는 뒷날 주장했지만, 그녀는 스탈린에 대해서는 "꽤 어린 소소"라고만 간단히 한마디 했을 뿐 더 이상 아무런 설명도 하지 않았다.

공식 전기물들은 또 1904년의 대파업을 스탈린이 이끌었다고 주장한다. 그러나 그녀는 그것이 멘셰비키에 의해 지도된 것이었다고 간단히, 그리고 솔직히 지적하고 있다. 그녀는 그 대파업이 멘셰비키의 대중적 지도자인 셴드리코프Ilya Shendrikov의 '예외적으로 재능 있는 선동적인 웅변'에 의해 지도됐음에 반해, 볼셰비키는 대중에 접근함에 있어서 실수를 저질렀고 특히 연설자로서 셴드리코프의 열정적인 재능과 비교될 만한 단 한 명의 선동가도 갖지 못했다고 자인하면서 볼세비키가 집회에서 그를 비판하려다가 노동자들에게 오히려 야유를 들었다고 덧붙였다. 그래서 볼세비키는 따로 경쟁적인 집회를 열어보려 했으나 이번에는 셴드리코프가 그것을 방해하려고 자신의 연설을 연장시켜 청중들을 떠나지 못하게 함으로써 자신의 목적을 이뤘다고 회고하고 있다. 이 책은 1934년에 출판됐으나 1904년 가을과 1905년 봄의 일들에 대해서는 가장 정확한 회고를 담은 것이었다. 물론 그녀의 회고록은 베리아가 과거를 조작하는 작업을 벌이기 이전의 것이었다. 그뒤 그녀의 회고록은 러시아에서 완전히 불태워 없어졌다.

베리아에 의하면, 조르다니아에 의해 창시된 대중 운동은 '합법적 마르크시즘'으로 제한되어버렸고, "스탈린, 케트스호벨리, 트술루키드제 동지들에 의해 지도된 메사메 다시의 소수파가 지하 간행물을 위한 투쟁을 벌이기 시작했으며 그 결과 스탈린 동지에 의해 영도되는 소수파는 레닌의 입장, 곧 볼세비즘 입장을 채택했다." 그러나 만일 우리가 스탈린의 독재 아래 1930년에 출판된 『대백과 사전』제9권의 78쪽으로 돌아간다면 다른 이야기들을 발견하게 된다:

혁명적 레닌이스트 경향의 정상에 M. 트스카카야, F. 마카라드제, 소소 주가시빌리 스탈린, A. 트술루키드제, 그리고 그 밖의 사람들이 서 있었다. 사회민주주의 운동은 1900년대초부터 합법적 및 비합법적 바탕 위에서 동시에 발전했다. 〔……〕 1898년부터 조르다니아가 편집인을 한 『크발리』에는 두 경향의 논문들이 게재되어 있었다. 〔……〕 혁명적 마르크시즘의 옹호자들의 논문들도 역시 『크발리』의 페이지에 게재되어 있었다. 그 논문들은 그것이 합법적 출판물에서 가능했던 만큼까지, 명백한 계급적 이데올로기를 개진하고 있었다. 그것들은 예컨대 마카라드제의 논문들과 같은 것이었다. 1898년말에, 장차의 조지아 볼세비즘의 지도자들의 한 사람인 트술루키드제는 『크발리』에서 조르다니아의 입장에 대항했다. 〔……〕 〔1903년에〕 트랜스코카시아 전체는 조지아 사회민주당 조직을 포함해 『이스크라』의 강령을 지지하고 있었다. 경제주의는 공개적인 지지자라고는 아무도 없었다. 1904년에 『크발리』는 폐쇄됐다. 지하 기관지에 대한 큰 필요성에 대해 느낌이 있었다. 〔……〕 볼셰비키는 라도 케트스호벨리를 우두머리로 삼아 바쿠에서 지하 간행물인 『프롤레타리 브로드졸라(프롤레타리아의 투쟁)』를 조직했다. 그 상황은 1905년초 조지아 사회민주당원들의 대다수가 멘셰비즘의 입장에 섰을 때 바뀌었다. 〔……〕 1905년의 한 해에 볼셰비즘과 멘셰비즘 사이에는 혹독한 투쟁이 발전되어나갔다.[4]

이 지루하고 상호 모순되는 증거들로부터 몇 가지 기본적인 것들이 나타났다고 하겠다. 첫째, 스탈린이 트랜스코카시아에서 처음부터 제1인자였던 것이 아니라 다른 사람의 문하에 있었고 다른 사람으로부터 배웠다는 사실이 명백해진 것이다. 둘째, 볼셰비키 그룹이 1904년에 트랜스코카시아에서 처음 형성된 것은 카메네프가 볼셰비키 그룹을 조직하기 위해 이 지역으로 파견된 뒤였는데, 그나마 조지아의 탁월한 지도자들과 그들의 조직에 눌려 있었다는 점이다. 스탈린이 파벌의 투사로서 최초의 훈련을 받은 것은 이 작은 서클 내부에서였던 것 같다.

스탈린도 시인했던 볼셰비키의 약세. 공식적인 전기들은 스탈린이 즉각적으로 트랜스코카시아를 '볼셰비즘의 거점'으로 바꿔놓았다고 주장하고 있다. 그러나 너무나 많은 증거들은 그 주장과는 정반대로 증언한다. 볼셰비키와 멘셰비키의 두 개의 통합 당 대회, 곧 1906년의 스톡홀름 대회와 1907년의 런던 대회에서 트랜스코카시아의 볼셰비키는 단 한 명의 대표를 보내기에 충분할 만큼의 표도 모으지 못했다. 네 차례에 걸쳤던 모든 두마의 선거에서, 사회민주당이 트랜스코카시아의 대부분의 의석을 차지했는데, 그들은 모두 멘셰비키였지 볼셰비키는 한 사람도 없었다. 다시 『대백과 사전』에 따르면 "1905년에는 대다수가 멘셰비즘의 입장에 서 있었다." 1906년에는 볼셰비키와 멘셰비키는 단 하나의 통합 운동을 형성하고 있었다. 그래서 레닌을 편집위원의 한 사람으로 하고 상트 페테르부르크에서 출간된 『사회민주주의자』는 1906년 10월 13일자에서 트랜스코카시아로부터 올라온 다음과 같은 보고문을 싣고 있었다. 그 내용

은 다음과 같다: "지난 며칠 사이에 트랜스코카시아의 사회민주당 조직의 제4차 대회는 끝났다. 43명의 대의원들이 300명 당원에 대해 한 표꼴로 투표권을 갖고 회의에 참석했다. 10명 정도의 대의원들은 투표권은 없고 발언권만 가진 채 참석했다. 전자의 수에 있어서 볼셰비키는 6명이었고 그 나머지는 멘셰비키였다. 〔……〕 대의원들의 대다수는 티플리스에서 왔는데 22명이나 됐다. 그들은 6,000명의 당원들을 대표하고 있었다. 〔……〕 선거는 직접적이었으며 거의 모든 당원들이 그 선거에 참가했다. 바쿠는 4명의 대의원을 보냈다. 모두 멘셰비키였다. 〔……〕 볼셰비키는 단 하나의 볼셰비키 결의안도 통과시키지 못했다."[5] 여기에서 보았듯이 스탈린이 일했던 티플리스도 그렇고 바쿠도 그렇고 어느 곳도 볼셰비키의 손에 장악되지 않았으며 볼셰비키는 멘셰비키에 비해 7 대 1의 꼴도 되지 못했다.

1910년으로 뛰어올라가면 우리는 그때 파리에서 출간되던 『사회민주주의자』에서 K·S라고 서명된, 곧 코바 스탈린이 쓴 한 보고서를 보게 된다. 그것은 바쿠에서 보낸 것인데 거기에서 스탈린은 바쿠의 볼셰비키 조직에는 300명 정도의 당원이 있다고 주장했다. 그들은 거기에서 다수파이지만 그러나 '약 100명 가량의' 멘셰비키와 통합하려 하고 있다고 썼다. 그러나 "그저 희망만으로는 분열이 청산되지 않기 때문에 멘셰비키 동지들과의 통합은 아직 실현되지 않고 있다"고 썼다. 다시 1912년으로 뛰어올라오면, 우리는 볼셰비키가 여전히 멘셰비키에 의해 지도되고 통제되는 트랜스코카시아의 지역위원회와 아주 갈라서는 데 실패했음을 알게 된다. 베리아조차 그 점을 시인하는 형편이었다. 또 『사회민주주의자』 제32호에 게재된 1913년 12월 15일자의 트랜스코카시아로부터의 한 보고문에서도 이 점은 시인됐다.

1917년의 혁명에서 조지아 멘셰비키는 조지아에서 권력을 장악하는 문제에 대해 거의 아무런 걱정을 하지 않았다. 그래서 그들은 실제로 혁명과 더불어 노아 조르다니아를 대통령으로 하는 독립적인 민주공화국을 세웠다. 자기 스스로가 표방한 민족자결주의의 강령에 따라, 그리고 변경 지대에서 평화를 이룩해야 한다는 그의 절실한 요구에 따라 레닌은 조지아 공화국을 승인하는 쪽을 지지했다. 트로츠키 역시 마찬가지였다. 그러나 스탈린과 그의 친구인 오르조니키드제의 마음은 달랐다. 그들은 은밀히 적군에 의한 침략을 준비해서 1921년에 실제로 조지아 공화국을 침략해서 전복시킨다.

3. 역사는 어떻게 조작되는가

역사 조작의 분기점. 앞에서 지적된 사실들은 만일 그것이 조작될 새로운 러시아의 역사학과 충돌하지만 않는다면 우리를 놀라게 하지는 않을 것이다. 왜냐하면 레닌이 1903년의 당 대회에서 다른 『이스크라』 편집위원들과 결별했다는 사실이 트랜스코카시아에까지 알려지려면 상당한 시간이 걸릴 것이기 때문이다. 또 레닌의 장식적인 주요 인물인 플레하노프와 자신의 충실한 중앙위원회 추종자들이 자신을 버렸을 때 러시아의 일반 당원들은 그 분열에 어리둥절해져서 어느 편을 택할 것인지 우물쭈물하게 됐다는 것도 당연히 있을 수 있다. 그리고 1905년부터 1912년까지 전체 운동은 어느 정도 재통합됐으며 그래서 강력하고 정통적인 좌파적 플레하노프주의형 대중 운동이 강한 트랜스코카시아 지방에서 스탈린도 한 조그만 부분이 된 볼셰비키파가 전체적인 조직 속에서 계속하고 있었던 것이다. 레닌이 살아 있던 때 씌어진 모든 회고록들, 혁명 이전 시기의 모든 당 문서들과 보고문들, 일반적인 역사적 분석의 시험을 견뎌낼 수 있는 모든 증거들은 새로운 해석이 세워지기 이전에 이제 무시되고 대치되고 억압되고 파괴되지 않으면 안 됐다.

그 결정적인 전환기들은 다음과 같다. 우선 1929년의 해로서 스탈린의 절대적 통치와 스탈린의 개인 숭배가 시작된 첫 해인데, 그것은 그의 과거의 모든 순간들을 그의 현재의 무한한 영예와 일치하도록 요구하는 것이었다. 그 다음이 1935년으로 이때는 조지아의 최고 권력자인 베리아가 새 역사를 조작해내기 위한 작업에 들어간 해다. 그 다음이 1935~1938년으로 이때는 숙청이 많은 회고록 집필자들로 하여금 그들의 기억들을 없애거나 수정하도록 가르쳤던 때다. 그 다음이 1938년으로 이 해에 스탈린은 원래는 익명으로 출판된 공식 당사인 『소련공산당사』의 집필자로 등장하며 이 책은 스탈린의 『전집』에서 제15권이 됐다. 그 다음이 1946년으로 이 해부터 스탈린의 『전집』이 스탈린의 감수 아래 나타나기 시작한 것이다.

에누키드제의 회고. 이것이 인간적인 의미에서 무엇을 의미하는가에 대해서는 스탈린의 옛 친구인 아벨 에누키드제의 운명을 추적함에 의해 이해될 수 있다. 에누키드제는 당이 가장 믿을 수 있는 힘을 이루고 있는 노동자 계급으로부터 레닌에 의해 충원된 지도자들 가운데 가장 뛰어난 지도자의 한 사람이었다. 레닌을 추종했던 지식인들과는 달리 노동자 계급으로부터의 이 직업적 혁명가들은 독자적인 사고를 하지 않는 사람들로서 덜 동요했으며 레닌에게 무얼 물어본다든가 또는 레닌과 갈라선다든가 하는 일이란 거의 없었다. 그들은 기관의 명령을 수행하는 것에서 자신들의 생활의 의미를 발견했다.

농민의 아들로서 프롤레타리아화한 에누키드제는 스탈린보다 두 살 많았는데 중앙 러시아를 향해 일찍이 조지아를 떠났다. 그리고 거기서 그는 숙련된 기술을 배웠으며 마르크시즘에 대한 첫 훈련을 받았다. 1897년에 중앙 러시아로부터 추방된 그는 티플리스의 철도역에 취직했다. 1902년 4월과 9월에 그는 짧은 기간의 지하 공작과 함께 무수한 체포와 탈출이 교차된 생활을 시작했다. 그는 1903년에 시베리아로부터 탈출해 문자 그대로 지하 운동자의 생활을 했는데, 1903년부터 1906년까지 바쿠의 지하실 인쇄 공장에서 일했다. 그의 기록은 이렇게 계속된다. 1907년 체포와 탈출, 1908년 체포와 유배와 재탈출, 1910년 체포와 탈출, 1911년 체포와 탈출, 1914년 체포와 그리고 그가 군대로 징집되는 투르한스크로의 추방. 그러다가 1917년에 그는 병사들의 대의원으로서 소비에트의 1차 전국 대회에 나타났고 소련 정부에서 높은 지위에 이르렀으며 소련공산당 중앙위원회의 정위원이 됐다. 그는 스탈린에게는 매우 가깝고 견실한 부하였다. 그래서 1929년에 맞이한 스탈린의 50회 생일에 그는 『스탈린의 생애』라는 심포지엄에 기고하도록 초청된 네 사람 중의 하나가 될 수 있었다. 다른 세 사람은 오르조니키드제, 보로시로프, 카가노비치였는데, 카가노비치는 나중에 스탈린의 처남이 된다.

1929년은 스탈린을 위대한 인물로 영예롭게 만들어주는 첫 해였다. 이해에 스탈린의 모든 과거를 그의 현재의 영광에 맞추어내는 작업을 처음 시도한 것이다. 이러한 작업에서 에누키드제에게 맡겨진 과제는 스탈린의 이름을 바쿠의 지하 인쇄 공장에 연결시키는 일이었다. 그런데 문제는 크라신과 에누키드제의 초기의 회고록들이 충분히 보여주었듯이, 스탈린은 그것과는 약간의 연결도 없었던 데 있다. 그 유명해진 인쇄 공장은 1923년의 무수한 회고록들 속에서 충분히 논의됐던 것이다. 그 인쇄 공장에 관한 책들은 모두 출판됐고, 그 인쇄 공장에 관련된 사람들의 이름들은 모두 밝혀졌지만 어느 한 권의 회고록도 스탈린의 이름을 언급하지 않았다. 이런 상태에서 스탈린을 그 인쇄 공장에 연결시켜야 할 에누키드제는 오히려 과거의 많은 지식에 붙들려 있는 셈이어서 뒷날 베리아가 해낸 만큼의 미화 작업들을 하지 못했다. 바꿔 말해, 그가 스탈린의 과거를 미화한다고 해도 거기엔 한계가 따르게 마련이었으며, 따라서 스탈린의 과거를 미화한다고 해놓은 작업이 결국엔 그의 몰락을 가져오게 되는 것이다. 그의 몰락을 가져오게 한 그의 조작된 회고는 이렇게 시작하고 있다:

오늘 스탈린은 50세가 됐다. 얼마나 빨리 시간은 흐르고 있는지! 나는 내 앞에 꽤 분명히 내가 그를 처음 회견했던 티플리스에서의 청년 소소 주가시빌리를 보고 있다. 〔……〕 블라디미르 케트스호벨리는 바쿠에서 조그만 불법적인 인쇄 공장을 조직하고 있었다. 그는 두 명의 믿을 만한 식자공들과 그들이 쓸 활판을 구하고 있었다. 그 당시 기존하는 러시아 사회민주노동당의 티플리스 위원회는 바쿠 인쇄소의 모든 간행물과 모든 작업은 티플리스 위원회의 통제를 받아야 한다는 조건 아래 이 모든 요구를 들어줄 태세가 되어 있었다. 〔……〕 케트스호벨리는 나를 활판과 식자공을 받아오라고 두번째로 티플리스에 보냈다. "소소 주가시빌리를 찾아봐. 그는 좋은 사람이지. 그에게 모든 걸 말해. 그러면 그가 도와줄 거야." 케트스

호벨리는 그렇게 말했다. 소소와의 짧은 대화 뒤에 나는 모든 것들을 얻었다.[6]

이것 역시 에누키드제가 고심 끝에 조작해낸 것이었는데, 이것은 한 가지 결정적인 의미를 내포하고 있었다. 스탈린이 티플리스 위원회의 위원이 아니었거나 또는 설령 위원이었다 해도 그 위원회를 통솔하는 입장은 아니었다는 것을 의미한다. 그러니 베리아 등이 말하는 식으로 케트스호벨리에게 바쿠에 인쇄 공장을 세우라고 지시를 내렸다거나 또는 그 인쇄 공장의 주도권을 장악하려고 했다거나 따위의 얘기는 믿을 수 없는 것이었다. 1923년에 출간된 그 인쇄 공장에 관한 숱한 책들은—이때는 레닌과 그 인쇄소에 관여했던 대부분의 사람들이 살아 있었다—그 당시에 티플리스는 바쿠에 대해 아무런 지배권이 없었다는 점, 케트스호벨리가 정말 혼자서 그 공장을 세우고 이끌어나갔다는 점, 그래서 티플리스로부터 질투를 사게 됐다는 점, 그러다가 결국 크라신의 도움을 받아 그 공장은 트랜스코카시아뿐만 아니라 러시아 전체를 대상으로 하는 큰 규모의 공장이 됐다는 점들을 명백하게 하고 있다.

베리아의 조작. 그러나 베리아는 다른 그림을 그리고 싶어했다. 그가 그린 그림에 의하면 트랜스코카시아의 조직들은 완전히 중앙 집권화되어 바툼과 바쿠는 아무런 조직이 없었고 티플리스가 뭘 하라고 명령하거나 누구를 거기에 보낼 때만을 빼놓고는 아무것도 하지 않았다는 것이다. 베리아가 에누키드제에게 자신의 초기의 회고들을 철회하도록 강요함에 따라 에누키드제의 입장은 점차 아래로 떨어져나갔다. 그 과정은 연민의 정이 어리는 것이었다. 그러나 그것이 스탈린의 과거에, 그 수정에, 그리고 스탈린의 그뒤의 인생에서의 주요한 사건들, 1930년대말의 대숙청 등에 간접적인 빛을 던져준다는 점에서 그 과정은 추적해볼 만한 가치가 있다. 여기에 그 유명한 바쿠 인쇄 공장의 기원과 활동에 대한 계속적인 해석이 있다. 최초의 해석은 우리를 1903년까지 거슬러 올라가게 한다. 1903년에 케트스호벨리—그는 1902년의 습격에서 체포된 사람들 가운데 가장 중요한 사람이었다—는 형무소 감방에서 "전제 정치를 타도하

자! 자유여 영원하라! 사회주의여 영원하라!"라고 외치다가 차리 비밀
경찰의 명령에 따라 형무소 감방에서 총살당했다. 순교한 지도자를 기리
기 위해 당은 다음의 송사가 든 소책자를 발간했다: "케트스호벨리는 조
지아의 혁명적 신문을 만들어낸 최초의 사람이었다. 그는 여기에서 혁명
적 인쇄소를 조직한 최초의 사람이며 바쿠 노동자들 사이에 혁명의 씨앗
을 심은 최초의 사람이었다."[7]

이 소책자의 이름은 『라도 케트스호벨리의 생애와 혁명적 활동』인데
1903년에 티플리스에서 나왔다. 여기서 지적된 혁명적 신문이란 『브로드
졸라(투쟁)』를 의미하는데, 조지아어로 발간된 최초의 혁명적 신문인 이
신문 역시 케트스호벨리가 창간하고 편집한 것이다. 조르다니아가 편집
한 『크발리』는 합법적인 마르크시스트 신문이었다.

이것이 그 위대한 인쇄 공장에 대한 최초의 언급이다. 1923년에 볼셰
비키가 사회민주당 창건 25주년을 축하하던 때 모든 유명한 지하 간행물
들을 다룬 많은 문헌들이 나타났다. 여기에 크라신의 한 설명이 있다:

가장 중요한 인쇄 공장은 바쿠에 있는 우리의 인쇄 공장이었다. 이 신
문은 1901년에 우리의 조지아 동지 라도 케트스호벨리에 의해 계획된 것
이었는데 그는 일찍 죽었다. 〔……〕 라도 동지는 신문을 내기 위한 정부
의 허가를 얻어내는 문제를 매우 간단히 풀어냈다. 그는 정부의 서명을 위
조하여 그의 이름에 허가를 받아낸 것처럼 했고, 그리고 나서 가짜 서류에
대해 공증을 받았다. 〔……〕 우리의 공장의 방향에 따른 라도에 대한 계
승자는 티폰 티푸라조비치 에누키드제〔지하 공작원 때의 이름은 세미온
으로서, 아벨 에누키드제와 혼동해서는 안 된다〕였다. 그는 1923년 현재
지폐를 인쇄하는 우리 공장의 관리자이다. 〔……〕 세미온은 타타르 거리
에 신문사를 차렸는데, 아주 잘 감추어져서 아벨 에누키드제를 우두머리
로 하는 전인원이 체포됐을 때도 인쇄 공장은 무사하곤 했다. 1904년 세
미온 동지는 바쿠의 모든 일을 아벨 에누키드제에게 넘겨주고 모스크바로
갔다.[8]

만일 우리가 인쇄 공장에 관한 『아벨 에누키드제의 회고에 관심을 돌려 보면—그 회고는 크라신의 회고물과 같은 해에 출간됐다—그리고 그 것을 그 공장에서 일했던 다른 사람들에 연결지어보면 우리는 많은 추가 적인 지식을 얻을 수 있다. 케트스호벨리는 처음에는 합법적인 인쇄소를 운영했다. 그러다가 그가 그 자신을 지하 인쇄소에 완전히 바치기로 결 정했을 때 그는 그의 부유하고 보수적인 형으로부터 100루블을 얻어냈 다. 자신은 혁명 활동을 때려치울 계획인데 '존경받을 만한' 경력을 쌓 기 위해서는 돈이 필요하다고 설득한 결과였다. 티플리스에 있는 다양한 원천들로부터 그는 또 수백 루블을 얻어낼 수 있었다. 크라신은 돈 많은 자유주의자들로부터 모두 800루블을 얻어냈으며 종국엔 바쿠 시청으로 부터 2,000루블의 융자금까지 얻어냈는데 바쿠 시장은 옛 시절 나로드니 크였던 노비코프 A. I. Novikov였던 것이다.

비밀 인쇄 공장의 진상. 크라신의 금융적인 지원 아래 그 공장은 그것이 광범위한 지역의 지하 조직들을 지원하고 재단기를 비롯해 여러 개 언어 의 활판기 등 신문을 만드는 데 필요한 기계들을 모두 사들일 때까지 확 장해나갔다. 크라신은 위급할 때 도망칠 수 있게끔 함정문을 스스로가 마련하기까지 했다. 점점 규모가 커진 이 공장에서 처음에는 두 사람이, 그 다음에는 다섯 사람이, 그리고는 자기 이익을 돌보지 않는 일곱 명의 인쇄공들이 수도원의 수도사처럼 함께 일하고 살았다. 그들은 하루에 10 시간을 일했으며 긴급할 때는 시간의 제한 없이 일했다. 그 공장은 난방 도 되지 않았고 통풍도 되지 않았다. 길로 나가는 창문들은 벽돌과 모르 타르로 봉해져 있었다. 주목받게 되는 것을 피하기 위해 아무도 낮에는 밖으로 나가지 않았다. 밤이 되면 그들은 세 시간 동안 바람을 쐬러 차례 로 위로 올라갔다. 모두 같은 음식을 먹었으며 각자는 한 달에 25루블을 받았다. 그들은 같은 책을 읽고 토론하곤 했다. 첫번째는 케트스호벨리 가, 그 다음에는 세미온이, 그리고 그 다음에는 아벨 에누키드제가 바깥 세계와 접촉하는 사람이 됐다.

크라신은 크루프스카야에게 『이스크라』 매호의 대지(臺紙)를 만들어 서 어떤 과학 서적처럼 포장해서 자기에게 보내게끔 했다. 그 대지를 가지고 크라신과 그의 인쇄 공장은 주조를 만들어냈으며, 따라서 손쉽게 『이스크라』를 찍어낼 수 있었다. 경찰은 갑자기 『이스크라』가 코카서스로부터 북쪽으로 대량 흘러들어간다는 사실을 깨닫게 됐다. 자신들이 국경 지방으로부터 『이스크라』가 밀반입되는 것을 모든 기술을 다해 막고 있는데도 그렇다는 것을 알고 경찰은 페르시아 국경 지대에 감시원들의 수를 2배, 3배로 늘렸다. 그러나 소용이 없었다.

비밀 인쇄 공장은 수천 장의 『이스크라』를 찍어냈다. 그뿐만 아니라, 『공산당 선언』, 카우츠키의 『에르푸르트 프로그램』, 파르부스의 『전쟁과 혁명』, 트로츠키의 『1905년의 해』 등의 소책자, 레닌의 『무엇을 해야 하나?』와 수없는 다른 것들, 곧 수백만 장의 전단들과 소책자들과 정기 간행물들을 찍어냈다. "우리들 가운데는 볼셰비키가 다수였다. 그러나 공장에는 멘셰비키도 역시 있었다. 우리들의 차이는 우리들의 작업에 아무런 영향을 전혀 주지 않았다"고 에누키드제는 레닌과 크라신이 모두 살아 있을 때인 1923년에 썼다. 볼셰비키의 제3차 대회가 열린 1905년 이후에야 그것은 완전히 볼셰비키의 공장이 됐다. 이때는 제3차 당 대회가 멘셰비키와의 단결을 협상하자는 결의안을 채택했음에도 크라신은 화해파에서 떨어져나와 다시 한번 완전히 볼셰비키가 됐기 때문이다. 종합해보건대, "이 시점에서 러시아 혁명 운동의 가장 두드러진 운동가들 가운데 한 사람은 크라신이었다. 키 크고 그 용맹에서 뛰어나며 넓은 이마에 지적인 얼굴을 하고 있으며 큰 매력을 가진 그는 추진력과 탁월한 능력의 인간이었다."[9]

에누키드제의 피살. 1926년에 나온 『소련 대백과 사전』의 제4권도 바쿠의 인쇄 공장에 대해 다음과 같이 기술하고 있다: "바쿠 인쇄 공장의 창시자요 조직자는 케트스호벨리였다. 1903년에 그 인쇄 공장의 책임자는 T. T. 에누키드제(세미온)이었다. 〔……〕 그리고 총체적인 감독과 재정은 레오니드 크라신에 의해 대표되는 중앙위원회에 이전됐다. 〔……〕 바쿠 인쇄 공장의 시작과 소멸 사이의 시간에서 I. 볼크바드제, V. 둠바도제, S. 토드리아, K. 조사, I. 스트루아 및 A. 에누키드제가 거기에서 일했다."

그러나 1935년초에 트랜스코카시아 비밀 경찰의 두목이면서 조지아의 최고 권력자인 베리아는 그 출판 인쇄 공장의 역사에 대해 손을 대는 작업을 시작했다. 그의 첫 조처는 에누키드제로 하여금 『프라우다』에 자신의 부정확함에 대해 '고백'하게 하는 것이었다. 그의 다음 조처는 1935년 7월 21일과 22일에 코카서스에서 당 관리들의 대회를 열고 「트랜스코카시아에서 볼셰비키 조직의 역사에 관해」란 강연을 하는 것이었다. 이 강연은 우선 7월 29일부터 8월 5일까지 8일 동안 『프라우다』에 전문이 게재됐다. 이어 같은 제목 아래 러시아어로 100,000부나 출판됐고 곧바로 8개 판이 뒤따랐으며 영어를 비롯한 세계의 주요 언어들로 출판됐다. 그뒤 같은 제목으로 또는 『스탈린의 초기 저작들과 활동들』이라는 제목으로 여러 차례 수정되어 출판됐다. 뛰어난 역사학자로 스탈린의 공식적 전기 작가인 에밀리언 야로슬라프스키Emilian Yaroslavsky는 이 책에 대한 서평을 발표하면서 다음 세대들에게 꼭 가르쳐야 할 책이라고 격찬했다.[10]

베리아에 의하면 바쿠 인쇄 공장은 케트스호벨리에 의해 세워졌다. 그러나 "스탈린 동지의 발의와 그리고 스탈린 동지에 의해 영도되는 티플리스 위원회의 지도에 따라 세워진 것"이라는 것이다. 그리고 스탈린은 "케트스호벨리 동지에게 활판, 장비, 돈을 공급하게끔 티플리스 위원회의 간부들을 이끌었다"는 것이다.

자신의 형으로부터 처음 100루블을 속여 받은 다음 정부의 서명을 위조해 인쇄 시설을 샀던 케트스호벨리는 죽었다. 그리고 자금 염출을 주로 했던 크라신도 죽었다. 그러나 아벨 에누키드제는 죽지 않았다. 따라서 이제 에누키드제는 자신의 회고록들을 부인하지 않으면 안 됐다. 이 부인극(否認劇)은 1935년 1월 16일에 『프라우다』에 에누키드제의 부인이 게재됨으로써 시작됐다. 에누키드제는 옛날의 진실과 자기 자신을 부인하지 않으면 안 됐던 것이다. 에누키드제가 중앙위원회의 뛰어난 위원이었고 역전의 투사였다는 점 때문에 그의 부인은 참으로 큰 놀라움을 안겨주었다. 에누키드제는 다음과 같이 쓰지 않으면 안 됐다:

불행하게도 지금까지 이 문제들이 충분히 그리고 정확하게 설명되어오지 않았다. 〔……〕 나 역시 내가 『백과 사전』과 『소련 대백과 사전』에서 저질렀던 과오들을 바로잡지 않으면 안 된다. 거기에 내가 바쿠에서 사회민주당 조직을 세웠던 것처럼 나의 생애에 대해 썼었다. 이것은 진실이 아니다. 탁월한 역할은 지블라드제, 트술루키드제, 케트스호벨리, 스탈린과 다른 사람들의 시대에 만들어진 티플리스 중앙 당 그룹에 의해 바쿠에 파견된 라도 케트스호벨리에 의해 수행됐다. 〔……〕 레닌은 케트스호벨리 동지를 통해 바쿠 당 조직과의 연관을 유지했다. 다른 몇 명의 동지들을 따라 나는 그저 케트스호벨리를 도왔을 뿐이다. 그러므로 바쿠 위원회의 창설에 있어서, 그리고 이 조직에 볼셰비키의 『이스크라』적 얼굴을 부여함에 있어서 케트스호벨리 동지의 역할을 어떤 식으로라도 감축시키는 것을 결코 정당화시킬 수 없는 것이다. 나는 케트스호벨리와 비교하면 상대적으로 아무런 일도 한 것이 없다.[11]

에누키드제가 그의 이 글을 『프라우다』에 제출하기에 앞서서 그는 글 전체를 놓고 베리아와 협상했으며 결국 베리아의 동의를 얻어 『프라우다』에 발표했던 것이다. 그러나 베리아에게 그것은 시작에 지나지 않았다. 그때로부터 6개월 뒤 베리아는 「트랜스코카시아에서 볼셰비키 조직의 역사에 관해」라는 그의 유명한 연설을 했다. 여기서 에누키드제에 대한 베리아의 공격은 가혹했다. 베리아는 이렇게 공격했다: "아벨 에누키드제는 고의적으로, 그리고 적대적인 의도를 갖고 트랜스코카시아의 볼셰비키 조직의 역사를 날조했으며 〔……〕 냉소적으로, 그리고 염치없이 잘 알려진 역사적 사실들을 왜곡했다. 그는 바쿠에서 최초의 불법적인 인쇄 공장의 수립에 자신이 한몫을 했다고 주장한 것이다. 자신의 이러한 허위들과 왜곡들이 곧 폭로될 위험에 처해 아벨 에누키드제는 『프라우다』의 난에 이 '과오들'을 인정하지 않으면 안 됐던 것이다."[12]

베리아는 이어 문제의 그 인쇄 공장에서 일한 것으로 초기의 회고록들에서는 그렇게 많이 언급되지 않았던 식자공 트술라드제로 하여금 다음과 같이 선언하게 했다: "그 인쇄 공장의 모든 기간을 통해 케트스호벨리 동지와 나 자신과 그리고 다른 한 식자공 이외에는 그 인쇄 공장에서 일했던 사람은 아무도 없었다.” 트술라드제의 ‘회고’는 물론 허위였다. 그 ‘회고’는 큰 인쇄소에서 일한 사람들의 숫자를 겨우 셋으로, 그나마 한 사람의 이름을 밝히지도 않고 줄여놓고 있으며, 또 크라신의 회고록 속에 나와 있던 사람들 가운데 한 사람을 제외한 나머지 모든 사람들의 이름을 제외시킨 것이다. 이 허위 ‘회고’를 통해 베리아는 무엇보다 에누키드제의 참가를 없었던 것으로 해버린 것이다. 그때로부터 3년이 채 안 돼 베리아의 그 연설문의 제4판이 나왔다. 여기에는 에누키드제에 대해 다음과 같은 새로운 해석이 붙어 있었다: “아벨 에누키드제는 인민의 ‘치명적’인 적으로 노출됐다.” 실제로 이때는 에누키드제가 비밀 경찰에 의해 뇌에 총탄을 맞고 죽어버린 뒤였다.

역사 조작에 장애물이 된 혁명가들을 모두 죽이다. 에누키드제만이 공격의 대상이 된 것은 아니었다. 우리가 앞에서 이미 소개했던 필립 마카라드제도 공격의 대상이 됐다. 조지아의 저명한 역사가로 새로 수립된 조지아 소비에트 공화국 임시 정부의 초대 총리를 지낸 마카라드제는 이때 70세였다. 그런데 베리아의 이 제4판은 “마카라드제 동지는 자신의 저작들을 수정하고 자신의 저작들이 포함한 과오들과 왜곡들을 바로잡을 노력을 하지 않고 있다”고 공격했다.

즈겐티 T. Zhgenti와 비비네이시빌리 B. Bibineishvili도 공격을 받았다. 베리아는 이렇게 주장했다: “그들의 글들과 회고록들에서, 즈겐티와 비비네이시빌리 및 다른 사람들은 〔……〕 스탈린, 오르조니키드제, 스판다리안 동지들의 영도력 아래 〔……〕 멘셰비키에 대항한 트랜스코카시아 볼셰비키의 투쟁의 위대한 역사적 의의에 대해 침묵을 지켰다. 즈겐티와 비비네이시빌리가 조지아의 볼셰비키를 비방하고 우리 당의 역사를 버릇 없이 위조하고 왜곡한 것이 확실하지 않은가?” 그리고 각주에는 “1937년에 비비네이시빌리는 인민의 적으로 노출됐다”고 씌어 있었다. 마카라드제에 대한 공격은 같은 책에서 다른 각도에서 제기됐다. 마카라드제는 오쿠야바 M. Okujava, 므디바니 B. Mdivani, 카프타라드제 S. Kavtaradze, 토로셰리드제 M. Toroshelidze, 트신차드제 K. Tsintsadze 등

646

'조지아 민족 편향주의자들'과 함께 1922년에 다른 소수 민족들과 함께 트랜스코카시아 연방공화국을 형성한 다음 소련에 편입되려 하지 않고 조지아만으로 하나의 자치공화국을 형성하여 소련에 편입되려 시도했다는 것이다. 그리고 각주에는 다시 위에 열거된 사람들 가운데 오쿠야바를 제외한 나머지 네 사람이 1936년에 인민의 적으로 노출됐다고 기록됐다. 오쿠야바도 결국 처형됐다.

스탈린이 지휘했던 역사 조작. 그러면 이 역사 조작은 베리아가 스탈린에게 잘 보이려고 주도한 것인가? 아니다. 에이미 나이트 박사의 정밀한 연구는 이 모든 것이 스탈린의 지시에 의한 것임을 보여준다. 1934년 여름에 스탈린은 크렘린의 새로운 실력자로 떠오르기 시작하던 소련공산당 정치국 위원이며 레닌그라드 시 및 지역 당 위원장인 키로프Sergei Kirov에게 일을 맡기려고 했다. 그러나 키로프는 "제가 역사에 대해 무엇을 압니까?" 하고 물으며 거절했다. 이에 스탈린은 베리아를 지목했으며 베리아는 저명한 선배 혁명가들을 마구 죽이면서까지 스탈린의 입에 맞게 역사를 날조했다. 키로프는 그해를 넘기지 못하고 암살된 반면에 베리아는 3년 뒤 중앙으로 영전해 정규 경찰과 비밀 경찰을 총괄하는 내무부의 장관이 된다.

제24장
스탈린이 레닌의 제자가 되다

앞장에서 우리는 스탈린의 혁명가로서의 초기 활동을 살폈다. 여기서 두드러지게 드러난 것은 그의 활동 무대는 중앙이 아니라 변방이었으며 거기서도 지도적 역할은 수행하지 못했다는 사실이다. 그는 어떤 특별한 자질과 능력을 발휘하지도 못했다. 그는 이론에 뛰어나지도 않았고 문필이나 연설이나 웅변에 능한 사람도 아니었고 대중을 사로잡는 카리스마를 가진 사람도 아니었으며 어떤 독특한 색깔을 갖지도 못한 보통 사람이었던 것이다. 그의 배경이 이러했기에 스탈린이 레닌의 주목을 받게 된 것은 스탈린이 강도 행위를 통한 비밀스런 자금 조달의 공작에서 탁월한 능력을 보인 1912년에 이르러서였다. 그리고 이때 레닌은 스탈린을 볼셰비키 당 중앙위원회 위원으로 특별 선발하게 된다. 이 장은 역시 월프의 연구 가운데 스탈린 부분에 주로 의존하되 다른 책들을 함께 참고하면서 이 과정을 설명하기로 한다.

1. 첫 아내의 죽음이 스탈린의 성격을 더욱 모질게 만들다

스탈린의 첫 아내. 1904년초 시베리아로부터 도망쳐나온 스탈린은 그의 고향인 조지아로 돌아왔다. 그가 조지아까지 무사히 돌아왔다는 사실은 그가 그때까지는 잘 알려진 인물이 아니었거나 그가 은밀한 행동에서 뛰어난 재능을 가졌거나 또는 그가 그 두 요소를 함께 가졌거나를 의미하는 것이었다. 이 점에 관한 트로츠키의 관찰은 역시 비판적이었다.

　시베리아로부터 그는 곧장 티플리스로 돌아왔다. 그 사실은 놀라움을 불러일으키지 않을 수 없었다. 아무리 남의 눈에 전혀 띄지 않았던 도망자라고 해도 언제나 눈을 까뒤집고 감시하는 경찰에 의해 너무나 쉽게 관찰될 수 있는 고향땅으로, 그것도 페테르부르크나 모스크바 같은 곳도 아닌 티플리스와 같은 작은 시골 도시로 돌아오는 법이란 거의 없다. 그러나 청년 주가시빌리는 아직도 코카서스의 탯〔胎〕줄을 끊지 않고 있었던 것이다. 조지아어는 여전히 거의 전적으로 그의 선전의 언어로 남아 있었다. 더구나 그는 자신이 경찰의 주목의 초점이라고 느끼지 않았다. 그는 중앙 러시아에서 자신의 재능을 시험해볼 결심을 못 하고 있었던 것이다. 그는 해외에 알려진 존재도 아니며 해외로 나가려고 해보지도 않았다. 그를 티플리스에 묶어놓은 데는 보다 더 개인적인 이유가 있었던 것 같다. 그는 이때 이미 결혼한 상태였다. 그의 투옥과 유형 시절에 그는 티플리스에 젊은 아내를 남겨놓고 있었던 것이다.[1)]

　시베리아로부터 도망쳐나온 직후 스탈린은 그 자신의 가정을 이룩했다. 그의 결혼 날짜는 그의 생애의 모든 부분들처럼 비밀에 싸여 있다. 그의 어린 시절의 친구인 이레마시빌리는 그가 1903년에 결혼했다고 주장했는데 이것이 사실이라면 그것은 스탈린이 형무소에 갇혀 있는 동안 결혼을 했다는 것을 의미한다.*

　스탈린의 아내는 조지아의 한 소녀 에카테리나 스바니드제 Ekaterina Svanidze였다. 그녀는 스탈린의 한 혁명 동지의 누이동생이었는데, 스탈린은 뒷날 그를 소련의 외환은행 총재 자리에 앉힌다. 그러나 그녀 자신은 혁명가가 아니었다. 여러 사람들의 얘기들이나 기록들을 종합해보건대, 그녀는 그저 단순하고 가정적이며 농민의 기질을 가진 평범한 여자였던 것 같다. 신앙심이 깊고 남편에 대해 복종적이며 모든 것을 다 바치

---

* 최근의 한 연구는 스탈린이 1906년 6월에 그녀와 결혼했으며 그녀는 1907년 10월에 티프스로 사망했다고 주장했다.

는 그런 형의 여자였던 것 같다. 트로츠키는 종교를 가진 이 여자와의 결혼은 스탈린이 마르크스의 이론에 무관심했다는 하나의 표시라고 보고 있다. 그러한 관찰도 어느 정도 정당화될 수 있을 것이다. 그러나 우리는 이 결혼을 스탈린의 출신과 그 환경 속에서 이해하지 않으면 안 될 것이다.

조지아의 혁명 조직은 중앙 러시아에서의 혁명 조직처럼 직업적인 지적 혁명가들로 구성된 소규모적이며 교의적(教義的) 단체로 구성되진 않았다. 그것은 이미 하나의 광범위한 대중 운동이었으며 많은 사람들에게 영향을 주고 있었고 또한 그 운동을 따르는 대중들의 태도에 의해 영향을 받고 있었다. 더구나 러시아 정당들의 전통의 한 부분이라고 할 수 있는 남자와 여자 사이의 밀접한 동지 의식, 그리고 남녀간의 평등 의식이 조지아에서는 결여되고 있었다. 러시아 정당들의 그러한 전통은 남녀 두 성으로부터 몇 대를 두고 혁명가들이 나왔기 때문에 생긴 것이었는데, 조지아에는 그러한 전통이 없다 보니, 러시아 혁명사에 등장했던 소피아 페로프스카야, 베라 핑거, 베라 자수리치, 나데즈다 크루프스카야, 앙젤리카 발라바노프, 로자 룩셈부르크, 알렉산드라 콜론타이 같은 여성 혁명가들이 조지아에서 배출되지 못했던 것이다. 달리 표현해, 자신의 짝을 투쟁의 과정에서, 지하 운동의 모임에서, 형무소에서, 또는 망명지에서 발견한 조지아 혁명가는 거의 없다. 사랑과 동지를 서로 떼어 생각할 수 없는 그러한 결합은 조지아 혁명가들에게서는 찾기 어려운 것이었다. 이렇게 볼 때, 스탈린의 아내가 평범한 가정 주부형의 여자였다는 사실은 조지아적 상황에서는 자연스러운 일이었다고 하겠다. 두 사람 사이의 결혼 생활은 이레마시빌리에 의해 다음과 같이 관찰됐다:

그의 결혼은 행복한 것이었다. 정말, 그의 가정에서 그가 옹호했던 성(性)의 평등을 발견하기란 불가능했다. 〔……〕 어느 다른 사람과 평등한 권리를 나눈다는 것은 그의 성격이 아니었다. 그러나 그의 결혼은 행복한 것이었다. 왜냐하면 지적인 면에서 그를 도저히 따를 수 없는 그의 아내는 그를 반신(半神)으로 간주했기 때문이다. 조지아의 여성으로서 그녀는 여

자는 남자에게 복종해야 한다는 것을 신성 불가침으로 여기는 전통 속에
서 자랐던 것이다. 그녀의 모든 정열로 그녀는 그녀의 남편의 행복을 위해
일했다. 그녀는 집회 때문에 바쁘게 지내는 소소를 위해 매일 밤을 뜨거운
기도 속에 보냈다. 그녀는 그가 하느님을 언짢게 하는 생각들로부터 돌아
서서 땀 흘려 일하고, 그리고 기쁨을 얻는 조용한 가정 생활로 돌아와줄
것을 기도했다. 정신적인 휴식이라고는 없는 이 사내는 자신의 가난한 가
정에서야 겨우 사랑을 발견할 수 있었다. 그의 아내, 그의 아이와 그의 어
머니만이 그가 다른 모든 사람들에게 퍼부었던 그 모멸로부터 면제되어
있었다.[2]

첫아들 야콥. 그 어린아이는 야콥 주가시빌리로서 그들의 결혼으로부터
수년 뒤에 태어난 아이였다. 스탈린이 1911년에 조지아를 떠났던 때 아
내는 이미 죽었으며 아들을 데려가지 않았다. 야콥은 스탈린의 어머니나
장모와 함께 살았던 것 같다. 야콥에 대한 얘기는 이레마시빌리가 1919
년에, 그러니까 러시아 혁명의 결과로 조지아에 사회민주당 정권이 들어
섰던 때, 티플리스 중학교의 교사가 되어서 야콥이 자기 반의 학생임을
알았을 때 처음 세상에 알려졌다. 이레마시빌리는 야콥이 특히 뛰어난
학생은 아니었다고 썼다. 뒷날 조지아가 소련의 통치 아래 놓이자 스탈
린은 야콥을 모스크바로 데려가서 크렘린에 있는 자신의 아파트에서 살
게 했다. 그곳에서 야콥은 철도 공학을 공부하기 시작했다. 체코슬로바
키아의 저널리스트인 싱거 Kurt Singer의 설명에 따르면, "야콥은 실력이
빈약한 학생임이 드러났다. 마침내 스탈린은 인내심을 잃고 야콥에게
'네가 엔지니어가 될 수 없다면 최소한 구두 수선공은 되겠지'라고 말하
면서 대학에서 집으로 돌아오라고 명령했다." 그러나 야콥은 스탈린의
명령을 따르지 않고, 조지아로 가서 전기공이 됐다.

독소 전쟁이 시작된 때로부터 1년이 지난 1942년에 독일 정부의 한 성
명서는 독일 육군이 '스탈린의 아들 야콥 주가시빌리'를 체포했다고 보
도했다. 스탈린에 관해서라면 조그만 것에라도 주의를 기울이는 것이 보
통인 소련 신문은 이에 대해 아무런 반응이 없었다. 1944년 10월 4일에

『뉴욕 타임스』는 바티칸 당국에 가까운 한 소식원은 다음과 같은 자세한 얘기를 썼다:

야콥이 1941년 7월 24일에 독일인들에 의해 레스노 부근에서 포로로 잡혔을 때 그는 적군의 중위였다. 〔……〕 바티칸은 1941년 9월에 괴링 Hermann Göring 독일군 원수와 청년 스탈린 사이의 대화에 관한 보고를 갖고 있다. 〔……〕 당시 24세의 공산주의자와의 토론에서 괴링은 그에게 독일의 군사력과 공업력에 대해 큰 인상을 남겨주려고 했으며 서구 문화의 전체적 우위를 확신시키려고 했다. 야콥은 아무런 감동을 받지 않았을 뿐만 아니라 비러시아적인 것에 대한 모든 것에 대해 모멸을 나타냈다. 모스크바가 세계의 가장 강력한 정치적 · 사회적 · 경제적 중심이 될 것이라고 그는 놀란 나치 지도자에게 말했다. 그의 개인적 경력에 관해서는, 야콥은 자신이 그의 아버지를 보는 일이 거의 없고 또 자신이 총리의 아들이라고 해서 개인적 특권을 누리는 일은 전혀 없다고 말했다.[3]

이 얘기가 안고 있는 난점(難點)은 야콥의 나이를 1941년 현재 24세라고 쓴 점이다. 실제로 그는 그 당시 24세가 아니라 34세에 가까웠다. 1945년 5월 1일에 『뉴욕 타임스』는 독일의 다차우로부터의 발신으로 미군이 32,000명의 수감자들을 해방시켰다는 기사를 실었다. 그리고 이 기사는 "1941년에 체포된 스탈린 총리의 아들 야콥이 포함되어 있다고 한다"라는 구절을 포함하고 있었다. 이 기사에 대해서도 소련의 신문들은 아무런 반응을 보이지 않았다. 유고슬라비아의 공산주의자로서 스탈린에 의해 투르한스크로 추방됐던 실리가Anton Ciliga는 그의 『시베리아』라는 책에서 스탈린에게 사생아가 있다고 주장했었다. 투르한스크는 스탈린이 한때 유형 생활을 했던 곳이다. 여기서 스탈린은 시베리아의 한 농부(農婦)와의 사이에 사생아를 가졌다는 것이다. 실리가는 그곳에서 자신이 스탈린의 아들이라고 뽐내는 한 청년을 만났는데 그의 나이는 1935년 현재 20세였다고 한다. 1945년 6월 30일에 미국의 중국 전문 기자 에드거 스노Edgar Snow는 『새터데이 이브닝 포스트』에 다음과 같은 기사

를 썼다:

스탈린의 딸 스베틀라나는 매력적인 19세의 소녀인데 아마 어느 누구보다도 그에게 가까울 것이다. 〔……〕 스탈린은 그녀를 자신의 주부(主婦)라고 부르곤 했다. 그러나 최근에 그녀는 결혼했으며 다른 곳으로 살러 나갔다. 〔……〕 또한 스탈린에게는 두 아들이 있었는데 모두 적군에 있다. 장남 야콥은 스탈린의 이혼한 전처〔이것은 물론 사실 착오이다: 월프의 주해〕와의 사이의 자식인데 전쟁초에 나치의 손에 잡혔고 그뒤 베를린에 가까운 포로 수용소에서 자살한 것으로 보고되고 있다. 스탈린의 두 번째 부인과의 사이의 다른 아들인 바실리는 폭격기 조종사로서 적기 훈장과 수보로프 훈장 제2급을 수여받았다.[4]

둘째아들 바실리. 바실리는 스탈린이 러시아 혁명으로부터 2년 뒤인 1919년에 젊은 여성 알릴루에바와 결혼하여 얻은 아들이다. 알릴루에바는 스베틀라나의 어머니이기도 하다. 그런데 바실리에 대해서는 러시아의 신문들이 여러 가지를 많이 보도했다. 1944년 10월 9일에 바실리 요시포비치 스탈린 대령으로서, 그는 다른 몇 명의 장교들과 함께 영예로운 언급을 받았다. 1945년 5월 30일에 스탈린 대령은 수보로프 훈장 제2급을 수여받은 76명의 장교들 가운데 한 사람이었다. 1946년 3월 2일에 스탈린 원수는 그의 아들 바실리를 대령에서 소장으로 승진시켰다. 이때 '바실리는 숙련되고 용기 있는 지도력' 때문에 1942년에는 적기 훈장을 수여받았고, 1945년에는 수보로프 훈장을 수여받았다는 사실이 보도됐다. 1948년 5월에 『오고네크(불)』는 "모스크바에서 열린 노동절 사열에서 자신의 비행기에서 한 공군 분대를 지휘하는 스탈린 총리의 아들 바실리 스탈린 소장"의 사진을 게재했다. 그뒤 이런 종류의 보도는 계속됐다.

평범한 조지아의 한 농부(農婦) 스바니드제와의 사이에 낳은 아들 야콥이 스탈린의 원래의 성인 주가시빌리라는 성을 갖고 있음에 비해 당의 동지인 알릴루에바와의 사이에 낳은 아들은 자랑스러운 스탈린이라는

성을 가져 바실리 요시포비치 스탈린(요시프 스탈린의 아들 바실리라는
뜻)이란 성명으로 불렸다는 것은 대조적이다. 실리가가 시베리아에서 보
았다는 스탈린의 아들은 더욱 말할 것도 없고 야콥도 스탈린의 아들로서
세상에 알려지는 것을 스탈린은 바라지 않았던 것 같다. 소련의 신문들
이 이들에 관한 외부의 기사에 대해 아무런 반응도 보이지 않았다는 것
이 그 점을 말하는 것이다. 바실리에 관해 세상에 널리 알리는 것을 주저
하지 않은 데 비해 같은 어머니의 딸인 스베틀라나에 대해서는 역시 침
묵을 지킨 것이 더 많았다. 그녀가 결혼했을 때조차 아무런 공식 발표가
없었으며, 스베틀라나의 남편의 이름조차 국가 기밀로 감추어졌었다.

첫 아내를 잃다. 1905년과 1906년에 소년 시절의 친구들인 스탈린과 이
레마시빌리는, 코카서스 지역도 뒤늦게나마 볼셰비키와 멘셰비키 사이
의 분열을 느끼게 되면서부터, 서로 떨어져가게 됐다. 이때 스탈린은 볼
셰비키에, 이레마시빌리는 멘셰비키에 각각 속해 있었다. 이 시기에 대
해 이레마시빌리는 이렇게 쓰고 있다: "그의 투쟁의 주력은 그의 옛 친
구들에게 향해졌다. 그는 모든 모임에서 우리를 공격했으며 어느 곳에서
나 우리에게 독약과 증오를 심어주면서 가장 무자비하고 파렴치한 방법
으로 문제들을 논의했다. 그는 우리를 불과 칼로써 뿌리째 뽑아버리고
싶어했을 것이다. 〔……〕 그러나 조지아 마르크시스트들의 압도적인 다
수는 우리 편이었다. 그것은 그를 더욱더 화나게 하고 격노하게 만들 뿐
이었다."

이러한 논쟁이 점차 확대되어가던 무렵에 스탈린은 사랑하는 아내 에
카테리나를 잃었다. 이미 사이가 멀어진 이레마시빌리는 그러나 그녀의
장례식에 참가했다. 그는 이 장례식에 대해 다음과 같이 회고했다:

그는 매우 풀이 죽어 있었다. 그러나 그는 나를 옛날처럼 친구를 대하
듯 만나주었다. 이 강심장의 사나이의 창백한 얼굴은 그의 충실한 동반자
의 죽음에 의해 일어난 진정으로의 고뇌를 반영하고 있었다. 〔……〕 조그
만 장례 행렬이 묘지 입구에 왔을 때, 〔스탈린은〕 나의 손을 굳게 잡고 관
을 가리키면서 이렇게 말했다: "이 사람이 나의 돌 같은 심장을 부드럽게

만들었다네. 그녀는 죽었어. 그리고 그녀와 함께 모든 인간에 대한 나의
마지막 따뜻한 정(情)도 죽었다네.” 그는 그의 오른손을 그의 가슴 위에
놓았다. “이 마음속은 아주 황량해. 아주 전적으로 황량해!” 그가 그의 아
내를 묻은 날로부터 그는 정말 인간적인 감정의 마지막 찌꺼기를 잃었다.
〔……〕 그의 가슴은 그의 잔인한 아버지가 이미 그가 어린아이였을 때 그
에게 심어주기 시작했던 전적으로 악독한 증오로 가득 찬 것이었다.
〔……〕 그 자신에 대해 무자비해진 그는 모든 사람들에게 무자비해졌다.[5]

2. 제3차 당 대회에도 참석 못 한 스탈린

명단에 안 보이는 스탈린. ‘통합된 당’을 이룩하기 위해 소집된 당 대회
에서 오히려 예기하지 못한 분열이 일어났던 것은 스탈린이 시베리아로
의 유형을 기다리면서 형무소에 갇혀 있던 때였다. 우리가 이미 살폈듯
이, 레닌은 그 당 대회, 곧 제2차 당 대회가 빚어낸 위기를 가라앉히기
위해 제3차 당 대회의 소집을 제의했다. 스탈린이 1904년에 시베리아에
서 도망쳐나와 조지아에서 활동을 재개하게 됐을 때는, 제3차 당 대회를
열자는 레닌의 운동이 한창 벌어지고 있었다.

1904년 11월에, 그러니까 스탈린이 시베리아에서 돌아온 때로부터
10~11개월 뒤, 볼셰비키는 처음으로 조지아에 자파의 조직을 만들어내
는 데 성공했으며, 이에 따라 티플리스에서 자파의 제1차 대회를 열었
다. 이 대회에는 티플리스와 바툼 및 쿠타이스 등에 있는 네 개의 조직들
로부터 15명의 대의원들이 참석했다. 대회의 의장은 트랜스코카시아에
볼셰비키 조직을 세우라는 레닌의 명령을 받아 이곳에 온 카메네프였다.
그런데 스탈린이 트랜스코카시아의 볼셰비키 운동에서 처음부터 뛰어난
지도자였고 창시자였다는 소련 당국의 공식 주장과는 거리가 멀게, 이때
그의 이름은 그 15명의 초대 대의원 명단에도 끼지 못했을 뿐만 아니라,
사실 레닌과 멘셰비키 가운데 어느 쪽을 지지해야 할 것인지에 대해서도
결심하지 못하고 있었다.

뻔뻔스런 역사 날조. 그러면 이 역사적인 볼셰비키 대회를 소련 당국은 어떻게 다루고 있는가? 마르크스-엥겔스-레닌 연구소의 스탈린 전기는 조지아 볼셰비즘을 탄생시킨 이 당 대회를 완전히 무시하는 방법을 택해 언급조차 하지 않았다. 그러나 베리아는 『트랜스코카시아에서 볼셰비키 조직의 역사』를 집필하면서 그 대회를 무시해버리기가 어려웠다. 그래서 그해 그 책의 곳곳에서 크고 작은 인물들의 이름을 잔뜩 나열하면서도 그 대회에 참석한 대의원들의 이름이나 그 대회가 선정한 조직의 임원 이름들은 전혀 언급하지 않는 대신에 그저 대의원의 숫자와 구성된 위원회 등에 대해서만 언급하는 방식을 썼다. 그러나 야로슬라프스키의 『스탈린의 생애에서 획기적인 사건들』은 뻔뻔스러운 사실의 날조를 저질렀다. 그 대회가 "스탈린에 의해 주재됐다"고 기술한 것이다. 이 책이 나왔을 때는 대숙청의 진행과 더불어 과거를 새로 편집해서 쓰고 회고록들을 완전히 개작할 때였던 것이다.

실제로 그 대회에 참석한 대의원들의 명단은 예전에 씌어진 당의 역사와 기록들에 분명히 나타나 있으며 그 대회에 참석한 대의원들의 회고록에도 나타나 있다. 이것들은 모두 레닌이 살아 있을 때 씌어진 것들이다. 어느 것에도 스탈린의 이름은 나오지 않는다. 더구나 레닌 시대에 씌어진 모든 회고물들은, 또는 그 대회의 참석자들이 숙청에 의해 모두 사라져버리기 이전까지는, 그 대회가 카메네프에 의해 주재됐다는 것을 명백히 썼다. 다시 말하지만, 스탈린은 그 대회에 대의원으로 참석하지 못했고 따라서 임원으로도 선출되지 못했다. 그리고 레닌이 '볼셰비키 위원회의 국(局)'이라는 이름 아래 볼셰비키 전국 조직을 구성하고 있었는데, 물론 스탈린은 그 전국 조직에 트랜스코카시아 대표로도 선출되지 못했다. 트랜스코카시아 대회는 카메네프를 대표로 선출했던 것이다.

이 무렵인 1904년에 레닌의 참모 본부를 구성했던 것은 모두 17명이었다. 스탈린은 거기에도 끼지 못했다. 그런데도 마르크스-엥겔스-레닌 연구소의 스탈린 전기는 스탈린이 "제3차 대회의 소집을 위한 이 운동에서 레닌의 충실한 부관이었으며 트랜스코카시아 볼셰비키의 지도자였다"고 주장한 것이다. 동시에 그 책에 따르면 스탈린은 러시아 사회민주당의

656

트랜스코카시아 연방위원회의 실질적인 지휘자였다는 것이다. 그런데 이 위원회는 레닌의 적인 멘셰비키의 지휘 아래 있었던 것이다. 확실히 이 두 개의 주장은 서로 모순되는 것이다.

마지막으로, 트랜스코카시아 볼셰비키가 제3차 대회에 보내는 그들의 대표로 선출한 사람은 카메네프, 트스카카야, 야파리드제, 네프스키 Nevsky — 어떤 이에 따르면, 네프스키가 아니라 레만Lehmann이다 — 네 사람이었다. 스탈린은 끼지 못했던 것이다. 레닌이 살아 있는 동안, 또는 1920년대에 씌어진 당의 모든 역사물들과 회고물들은 이 네 명의 이름만을 지적하고 있다. 다만 네번째 인물이 네프스키였느냐 레만이었느냐에 대해서만 의견을 달리하고 있다.

그러나 1930년대 초반에는 제3차 대회에 보낸 트랜스코카시아의 대표단의 구성에 대해 묘한 표현이나 회피적인 표현을 쓰기 시작한 것이다. 1934년에 모스크바에서 출판된 포포프의 책은 제3차 당 대회에 참석한 대의원 명단을 제시하면서도 트랜스코카시아 대의원 명단에 대해서는 트스카카야와 카메네프의 이름만 밝히고 나머지에 대해서는 한 '바쿠의 노동자'라고만 썼다. 1935년에 모스크바에서 출판된 크노린 Popoy Knorin의 책은 제1차 당 대회와 제3차 당 대회의 대의원의 명단을 모두 게재해놓고도 제2차 당 대회의 대의원의 명단을 생략하고 있다. 1935년에 모스크바에서 출판된 스탈린 자신의 책은 모든 당 대회의 대의원의 명단을 생략하고 있다.

레닌이 살아 있는 동안에 씌어진 회고물들은 모두 스탈린과 제3차 당 대회 사이의 관계에 대해 한마디도 하지 않았다. 제3차 당 대회의 소집을 위해 싸웠다거나 그 당 대회를 실제로 지도했다거나, 또는 그 당 대회에 의해 선출된 볼셰비키 중앙위원회를 지도했다거나 하는 문제에 대해서는 더더구나 말할 것도 없었다. 어떠한 아주 먼 관계조차도 보여주고 있지 않은 것이다. 1935년에조차, 곧 베리아가 막강한 힘을 배경으로 역사를 스탈린에게 유리하게 변개시키던 시점에서조차 충실한 피아트니트스키 Piatnitsky는 제3차 당 대회의 제30주년을 기념하고자 글을 쓰면서 스탈린에 대해서는 아무 말도 않고 지나간 것이다. 그러나 이제는 얘기가 달라졌다. 대숙청과 함께, 스탈린이 트랜스코카시아에서 지도적인 볼셰비크였고 볼셰비즘 운동의 전국적인 2명의 지도자들 가운데 한 사람이었다는 식으로 모든 것이 고쳐지지 않으면 안 됐다. 이러한 전설을 만들어내기 위해 이러한 전설에 반하는 과거의 역사책들이나 기록들은 그것이 반대파에 의해 씌어진 것이건 추종자들에 의해 씌어진 것이건 모조리 불태워지고 파괴됐다. 레닌의 글들뿐만 아니라 스탈린 자신의 글들조차 현재의 공식적 '전설'에 반하는 부분은 모조리 검열을 받고 윤색됐다. 한 예를 들어보자.

스탈린의 카메네프와의 관계. 1910년 12월 31일에 스탈린은 그의 망명지인 솔비체고드스크Solvychegodsk로부터 파리로 한 장의 편지를 쓴 일이 있었다. 이 편지는 러시아에서 여러 번 출판됐으며 그것은 숙청이 있기 전에는 언제나 다음과 같이 시작되고 있었다: "시메온 동지! 어제 나는 한 동지로부터 자네의 편지를 받았네. 무엇보다, 레닌과 카메네프, 그리고 다른 이들에게 가장 따뜻한 인사를 보내네." 그러나 카메네프의 숙청 이후 이 편지는 베리아에 의해, 그리고 스탈린에 의해, 그의 『소련공산당사』에서는 아무런 인사말이나 서두가 없이 인용됐다. 시메온의 이름도 사라졌고 레닌과 카메네프의 이름도 모두 사라졌다. 그 편지는 두번째 단(段)으로부터 시작되고 있었다. 마지막으로, 1946년에 이 편지는 다시 한번 '전문'이 출판됐다. 그러나 그것은 전문이 아니었다. 왜냐하면 앞에서 소개한 서두가 다음과 같이 생략됐기 때문이었다: "시메온 동지! 무엇보다, 레닌과 다른 이들에게 가장 따뜻한 인사를 보내네." 이처럼 카메네프가 1910년에 파리에서 레닌의 가장 가까운 동료였다는 사실, 그리고 트랜스코카시아에서 카메네프가 볼셰비키의 지도자였기 때문에 스탈린이 친밀하게 아는 가장 중요한 볼셰비크였다는 사실을 감추고자 했던 것이다.

카메네프는 스탈린처럼 지하에서 꽤 많은 세월을 보낸 사람이었다. 스탈린과 트로츠키보다 4년 뒤, 그러니까 1883년에 태어난 그는 티플리스에서 고등학교를 마친 다음 모스크바 대학교에 진학했다. 그러나 여기서 학생 운동에 가담해 체포됐고 단기형을 복역한 뒤 티플리스로 추방됐으며, 거기서 철도원들과 제화공들을 가르쳤고, 1902년 중반에 레닌 가까이에서 생활하고자 해외로 나갔다. 파리에서 그는 트로츠키의 누이동생인 올가 브론슈타인을 만나 뒷날 그녀와 결혼했다. 2차 당 대회 뒤에 레닌은 그를 조지아로 보냈는데, 거기서 그는 볼셰비키파를 조직했던 것이다. 그는 트랜스코카시아 지방 철도원들의 파업을 조직하는 등 활동을 벌이다가 1904년 1월에 경찰의 체포령을 받았다. 다시 모스크바로 달아났으나 그곳에서 체포돼 1904년 7월에 다시 티플리스로 추방됐다. 1905년의 혁명 이후 그는 다시 해외로 나갔다가, 『프라우다』의 책임을 맡으라는 레닌의 명령에 따라 1913년에 러시아로 돌아왔다. 그리고 1차 세계대전의 대부분의 기간을 스탈린처럼 시베리아의 유형지에서 보냈다.

스탈린의 트로츠키에 대한 질투. 스탈린의 선망과 질투의 보다 더 심각한 대상은 그와 같은 나이의 젊은이인 트로츠키였다. 1905년의 혁명 당시 이 젊은 혁명가는 그 유명했던 상트 페테르부르크 소비에트의 탁월한 인물로 전국적인 명성을 얻었다. 더구나 1917년 10월 혁명 당시, 그리고 그 뒤로부터 레닌의 죽음에 이르는 시기까지 트로츠키의 이름은 언제나 레닌의 이름과 함께 불가분리의 결합 속에 연결되어 있었다. 스탈린 집권 시대에 역사의 수정이 처음 수행된 것은 크게 보아서는 이 레닌―트로츠키의 결합성에 대한 기억을 파묻어버리고 레닌―스탈린의 결합성으로 대체시키기 위함이었다.

여기서 잠깐 하나의 뒷얘깃거리 같은 것으로 제3차 당 대회에 참석한 코카서스 대표들과 레닌 사이의 대화를 소개하기로 한다. 이 대화는 당시 트랜스코카시아의 볼셰비키 조직이 어떻게 운영되고 있었던가에 대한 약간의 지식을 준다. 크루프스카야의 『레닌의 회고록』에 따르면, "네 명의 대의원들이 코카서스로부터 왔다. 그러나 세 표밖에는 없었다. 블라디미르 일리치는 그 네 명 가운데 누가 세 표를 행사할 자격을 갖고 있느냐고 물었다. '누가 다수표를 받았는가?' 라고 물었다. 미카(곧 트스카카야)는 깜짝 놀라며 대답했다. '어째서 당신은 우리 코카서스에서는 투표를 한다고 생각하십니까? 우리는 모든 문제를 동지적인 방법으로 결정합니다. 그들은 우리들 가운데 네 명을 보냈습니다. 그리고 몇 표가 할

당됐는지는 중요하지 않습니다'."[6]

전집의 발간. 1946년 한 해 동안 스탈린은 그의 전집을 발간하기 시작했다. 월프에 의하면, 이 전집의 발행을 위한 자료들을 수집하는 작업을 베리아가 맡았으며 베리아는 1935년초에 그 자료들 가운데 필요한 것들을 추려 『스탈린의 초기 저작들과 활동들』을 출간했다.

그런데 스탈린은 1935년부터 1946년까지, 그의 초기 저작들, 곧 1946년에 출판된 『전집』의 1권과 2권에 해당하는 부분들을 간행하기를 주저했다. 제3권은 별 문제가 없었다. 그것은 대체로 이미 출판되고 재출판된 자료들이었던 것이다. 스탈린은 초기 저작들에 대해서는 어떤 것이 출간되는 것이 좋고 어떤 것이 출간돼서는 안 되는지 결심하지 못했기에 『전집』의 출간을 주저했던 것이다. 그것이 마침내 출간됐을 때는 그것은 1901년에 씌어진 것으로는 세 편만을 포함시켰으며, 그때부터 1904년말까지의 글은 한 편도 포함시키지 않았다. 그런데 1901년의 글들이라는 것들도 내용이나 문체에서 의심나는 점이 많았다.

1901년에 썼다는 세 편 가운데 첫 편은 조지아의 지하 신문『투쟁』의 첫호에 나온 일종의 편집과 논설 방침에 관한 글이며, 1901년 9월자로 되어 있다. 우리가 이미 살폈듯이 그 지하 신문을 창설한 사람은 케트스호벨리였다. 그 글은 분명히 스탈린의 글은 아닌 것이다. 그 글의 주요 내용은 『이스크라』에서 따온 것이며, 그 문체는 스탈린의 뒷날의 글들의 문체와 퍽 다른 것이었다. 두번째 글은 내용과 문체에서 첫번째 글보다 더욱더 의심이 가는 글이다. 그 글은 긴 논문인데, 부드러운 마음씨의 우아한 품성을 가진 사람의 글이었다. 그는 서구에 의해 많은 영향을 받은 듯하며 정치적·경제적 무기로서 러시아의 학생 운동을 대단히 높게, 지나치게 높게, 생각한 반면에 러시아에서의 파업을 꽤 깔보는 요소는 이 글에서는 찾아보기 어려운 것이다. 문구들이나 내용들은 레닌적이라기보다는 플레하노프적이다. 이 글 역시 케트스호벨리의 작품인 것 같다.

레닌의 주목을 받다. 스탈린의 활동이 보다 뚜렷해지는 것은 1905년부터라고 하겠다. 그가 볼셰비키파에 속했으며 트랜스코카시아 지방에서 탁월한 선전가들 가운데 한 사람이었음을 뒷받침하는 증거들은 적지 않다.

예컨대, 1905년말에 그는 탬머포르즈의 볼셰비키 대회에 대의원의 한 사람으로 참석한 것이다. 스탈린에 대해 긍정적인 평가를 하고 있는 그레이는 스탈린의 이 회의에의 참석을 다음과 같이 쓰고 있다: "그것은 중대한 여행이었다. 왜냐하면 그 여행은 그를 레닌과의 직접적 접촉으로 연결시켰으며 그를 혁명 운동의 주류 속으로 데려다놓은 것이었다."[7]

그리고 1906년과 1907년에 그는 레닌의 강령들을 옹호하고 전파하는 논문들을 꽤 자주 발표했다. 이때 그가 쓴 필명이나 익명들은 코바, Ko, K, K. Ko, K 동지, K. 카토, 이바노비치, 코바 이바노비치 등이었다. 1908년에 그는 K. 스테핀, K. S., K. St. 등의 이름들을 실험하기 시작하며, 다시 K. 솔린과 K. 살린이란 이름도 써본다. 그러다가 1913년에 『마르크스즘과 민족 문제』라는 저작에서 처음으로 K. 스탈린이란 이름을 쓴다. 이것은 조지아 전역에는 그래도 꽤 알려진 자신의 익명 코바와 '강철 인간'이란 뜻의 스탈린을 합친 것이다.

26세이던 1905년부터 28세이던 1907년까지 스탈린의 지식과 능력과 자신감은 점점 성숙되어갔다. 그 이유들 가운데 하나는 경험과 능력에서 그의 상급자였던 사람들의 죽음 또는 이 지역으로부터의 떠남이었다. 케트스호벨리는 1903년에 암살됐고, 트술루키드제는 1905년에 결핵으로 죽었으며, 쿠르나토프스키는 시베리아로 유형을 갔다. 크라신과 노긴은 레닌과 화해해 1905년부터 중앙 러시아에서 일하기 시작했다. 카메네프와 2명의 에누키드제, 곧 아벨 에누키드제와 티폰 에누키드제, 그리고 조르다니아는 제네바로 갔다. 게다가 조지아의 가장 탁월한 지도자들은 이때쯤이면 거의 모두가 멘셰비즘의 진영으로 가담했다. 2차 당 대회에 이 지역의 대표로 참석했던 세 명의 대의원 전원, 그리고 조지아 대중의 지도자가 될 체레텔리와 츠헤이드제 모두가 멘셰비즘에 가담한 것이다. 이제 막 자라기 시작하는 트랜스코카시아의 볼셰비즘은 1905년의 제3차 당 대회의 대의원들인 트스카카야, 네프스키, 야파리드제의 새 지도부를 발전시켜나가야 할 처지에 있었고, 이러한 상황은 스탈린의 성장에 퍽 유리했던 것이다. 확실히 1905년 이후의 글에서는 스탈린적인 문체가 확실해진다. 볼셰비즘의 이론에 충실하면서 레닌의 명제들을 자주 인용하고 있는 것이다.

1905년 1월 19일에 조지아어로 된 전단이 하나 나왔다. 이것은 물론 '동맹위원회'의 이름으로 되어 있었다. 전단의 제목은 「코카서스의 노동자들이여, 복수의 때다」로 되어 있었다. 문체는 확실히 스탈린의 것이다. 이 전단 가운데 우리의 주목을 끄는 문구는 "당 위원회를 중심으로 집결하라. [……] 오직 위원회만이 우리를 이끌어갈 수 있다. [……] 오직 그것만이다"라는 것이다. 이러한 문구가 스탈린이 레닌의 주목을 받는 계기가 됐을 것이다. 우리가 앞에서 살폈듯이 레닌은 '조직의 인간' 그 자체로, 언제나 "당은 노동 운동의 하인이 아니라 지도자이며, 조직이야말로 승리에의 관건이며, 기회주의에 대한 제동"이라고 연설해왔던 것이다. 그는 또한 당에 의한 대중의 통솔, 당 중앙위원회에 의한 당의 통솔을 강조했던 것이다. 이와 관련해 도이처의 다음 글은 핵심을 지적하고 있다:

1905년 5월에 [스탈린]은 『당의 견해 차이에 대한 간단한 조사』라는 소책자를 발간했다. 그것은 다시 한번 레닌 주장의 반복이었다. [……] 그의 다른 논문들뿐만 아니라 그 소책자는 [스탈린]이 다른 것과 타협할 수 없는 레닌주의자였다는 것에 대해 아무런 의혹을 남기지 않고 있다. 이때 볼셰비키는 코카서스의 지하 운동 가운데 대단히 작은 소수를 갖고 있었을 뿐이다. [스탈린]의 고향 조지아는 문자 그대로 멘셰비키의 금성탕지였던 것이다. 그러므로 그가 취한 견해는 소수의 소수 견해였다. 왜냐하면 그 지역에서 볼셰비키 지도자들의 대부분은 멘셰비키와의 화해를 추구하고 있었기 때문이었다. 이 시점에서 [스탈린]은 레닌의 주목을 받게 됐다. 왜냐하면 레닌은 자신의 주장이 트랜스코카시아에서 충분한 열의와 확신을 불러일으키지 못하고 있는 것이 아닌가 의심하고 있었던 것이다. 그런데 그가 막심 리트비노프로부터 러시아어와 조지아어 및 아르메니아어로 출판된 [스탈린]의 소책자를 알게 됐으니 그것은 기쁜 놀라움이었다. 레닌의 아내이며 조수인 크루프스카야는 스탈린이 레닌의 견해를 옹호한 그 소책자 한 권을 요청했다. 이것이야말로 레닌과 그의 장차의 후계자 사이

662

의, 비록 간접적이긴 하지만, 최초의 의심할 여지가 없는 연결이었다.[8]

이 점에 대해서는 월프도 다음과 같이 비슷한 견해를 제시한다. 스탈린이 강력한 중앙 집권적인 당 기구의 창조자요 찬양자로서의 레닌에게 이끌렸다면, 트로츠키는 바로 레닌이즘의 그 점 때문에 레닌으로부터 몇 해 동안 멀어졌던 사람이었다. 트로츠키는 정열적인 뛰어난 웅변가요 문필가로서, 또한 근대의 위대한 사회 사상가들의 제자로서, 또한 대중을 뒤흔들어놓는 뛰어난 웅변에 의해 인민들의 탁월한 보호자가 될 수 있는 혁명적 자질을 갖고 있는 사람으로서 사상과 그 사상의 독창성 및 명확성과 그것의 표현에서의 정확성에 대해 높은 가치를 부여하고 있었다.

그러한 트로츠키에게 스탈린은 2급의 인물이었다. 사실 문필가로서, 웅변가로서, 이론가로서 스탈린은 엉성한 사람이었다. 트로츠키의 표현을 빌리면, 스탈린은 "회색이며 무색의 범용한 인간이었다." 그러나 조직인으로서 스탈린은 트로츠키의 윗길이었다. 그는 레닌의 조직에서 종속적인 역할을 하다가 그것을 붙잡아 제 것으로 만들고 변형시키고 확대시켰던 것인데 이런 점에서 스탈린을 당할 사람은 거의 없었다. 1905년과 1917년처럼 혁명의 열기가 감도는 '폭풍 노도의 시대'에서 트로츠키는 빛을 낼 수 있었고, 색깔 없는 스탈린은 뒤편에 비켜서 있을 수밖에 없었다. 그러나 사람이 언제나 열정 속에서만 사는 것은 아니다. 레닌이 죽자 결국 조직의 인간이 빛을 보는 시대가 열린 것이다.

3. 스탈린이 마침내 레닌을 만나다

레닌과 스탈린의 첫 대면. 크루프스카야가 쓴 『레닌의 회고록』은 레닌과 스탈린이 1905년 12월에 탬머포르즈 대회에서 처음 만나는 장면을 이렇게 회고했다:

코카서스식의 옷을 입고 끝이 하얀 탄피줄을 차고 그는 냅킨으로 싼 어떤 둥근 물체를 들고 왔다. 식당에 있는 모든 사람들이 식사를 집어치웠다. [……] "그는 폭탄을 가져왔다!" [……] 그러나 그것은 수박이었다. 스탈린은 수박과 몇 개의 설탕을 친 열매를 일리치와 나에 대한 선물로 가져왔던 것이다. "나의 아주머니가 그것을 보냈습니다." 그는 부끄러운 표정을 지으며 설명했다. 엄청난 용기를 갖고 있는 이 투사는 [……] 동시에 뛰어나게 순수하고 온유한 동지로 보였다. [……] 그는 핀란드와 상트페테르부르크 사이를 자주 여행했는데, 언제나 완전히 무장을 하고 다녔다. 어머니는 매번 그의 등에 권총들을 특별한 주의를 기울여 매어주곤 했다.[9]

스탈린이 이미 러시아의 통치자였던 시절에 출판된 크루프스카야의 회고록으로 미루건대, 스탈린은 크루프스카야에게 큰 인상을 남겨주지는 못했던 것 같다. 그녀는 이렇게 쓰고 있다: "그 대회에 참석한 대의원 가운데 어느 누구도 그것을 잊기 어려울 것이다. 참석자들 가운데는 로조프스키 A. Lozovsky, 바란스키 Baransky, 야로슬라프스키가 있었다. 나는 그 동지들을 기억하고 있는데, 그 까닭은 그들의 지역으로부터 그들이 보낸 보고서가 아주 매력적이었기 때문이다." 그러나 레닌도 스탈린에게 큰 인상을 심어주지 못했던 것 같다. 스탈린은 레닌의 죽음으로부터 일주일 뒤 크렘린에서 사관 생도들에게 이렇게 말했다:

나는 우리 당의 산(山)독수리를 보고 싶어했다. 나는 위대한 인간, 정치적으로뿐만 아니라 [……] 신체적으로도 위대한 인간을 보고 싶어했다. 왜냐하면 나의 상상 속에서 나는 레닌을 어마어마하고 당당한 거인으로 그리고 있었기 때문이다. 그러나 실망스럽게도 매우 평범하게 생긴 사람, 키도 평균 이하이며, 결코, 문자 그대로 결코, 보통의 인간들로부터 구별될 수 없는 사람을 보았던 것이다. [……]

'위대한 인간'은 집회에 늦게 도착해서 회중이 숨을 죽이고 그의 출현을 기다리고 있다가 그 위인이 들어오기 바로 직전에는 "쉿! 조용히 해! 그분이 오신다!" 하는 경고가 내려지는 것이 통념이다. 이러한 의식은 나에게는 쓸데없는 것으로 보이지 않는다. 왜냐하면 그것은 큰 인상을 만들어내며 존경심을 불어넣기 때문이다. 그런데 대의원들이 도착하기에 앞서 레닌은 이미 대회장에 도착해서 어느 한구석에 자리잡고 그저 평범한 대의원들과 그저 평범한 대화를 젠체함이 없이 나누고 있는 것을 알고 나는 실망했다. 그때 이것이 나에게는 어떤 기본적인 규칙에 대한 위반으로 보였다는 것을 나는 여러분들에게 감추지 않겠다.[10]

스탈린은 실제로 이러한 의식을 중시한 사람이었다. 예컨대 코민테른 대회 같은 경우, 그리고 공공의 행사 같은 경우 스탈린은 결코 그러한 의식을 무시하지 않았다.

스톡홀름 대회에서의 레닌과 스탈린. 1906년 4월에 스톡홀름에서 열린 제4차 당 대회에서 스탈린은 다시 한번 레닌을 만났다. 이때는 레닌이 스톡홀름 대회에서 '패배'한 때였다. 이때의 레닌을 스탈린은 이렇게 묘사했다: "나는 볼셰비키 대의원들이 조그만 무리를 지어 레닌을 쳐다보면서 자문을 구하던 모습을 기억하고 있다. 나는 레닌이 이를 꽉 깨물고서 '동지들, 코맹맹이 소리 하지 마' 하고 날카롭게 말하던 것을 기억하고 있다. 코맹맹이 소리 하는 지식인들에 대한 증오, 자신의 힘에 대한 신뢰감, 승리에 대한 신뢰감——그것이 레닌이 그때 우리에게 얘기한 것이었다."

스탈린도 이때 패배한 지도자 주변에 모여들었던 사람들 가운데 있었다. 그러나 어떤 이유에서인지 그는 스톡홀름 대회를 비판하는 레닌의 선언서에 서명하지 않았다. 그 선언서는 '전(前)볼셰비키파에 속했던 대의원'——모든 파벌이 '해체'됐기 때문에 '전'이라는 용어를 썼다——의 이름으로 발표됐다. 거기에는 26명이 서명했으나 스탈린의 이름은 빠졌는데 이 점에 대해 스탈린이나 소련 당국은 한번도 해명한 일이 없었다. 그러나 스탈린은 여전히 레닌을 추종하고 있었다. 스톡홀름 당 대회에서 볼셰비키와 멘셰비키의 견해 차이는 너무나 날카로운 것이었고, 1년 뒤의 런던 대회에서는 더욱더 날카로워지는 것이어서 스탈린이 어떤 양다리 작전을 쓰기란 어려웠을 것이다. 어떻든 레닌에 대한 스탈린의 결착은 확고한 것이었으며, 이것을 레닌은 높게 평가했다.

스톡홀름 대회에서 볼셰비키는 10명으로 구성될 집행위원회에 겨우 세 명의 대표밖에는 보낼 수 없는 형편이었다. 이어 1907년에 열린 제5차 당 대회인 런던 대회에서 볼셰비키는 정위원과 후보위원 15명을 획득했다. 볼셰비키는 또한 비밀리에 17명의 자파 센터를 구성했다. 위에서 지적된 사람들밖에 그것은 카메네프와 포크로프스키 등을 포함했다. 그러나 세 명 가운데도, 열다섯 명 가운데도, 또는 열일곱 명 가운데도, 스탈린은 포함되지 않았다. 그런데도 베리아의 전기와 야로슬라프스키의 전기 및 레닌 연구소의 전기는 모두 스탈린이 이때 이미 레닌의 주요한 고문이었고 볼셰비키파에서 레닌에 버금가는 제2인자였다고 거짓되게 쓰고 있다.

농민 문제에 관한 견해 차이. 스톡홀름의 당 대회에서 스탈린은 농민 문제에 대해서만은 레닌과 견해를 달리했다. 우리가 제19장에서 이미 살폈듯이, 레닌은 토지의 '국유화'를 지지했고, 플레하노프와 멘셰비키는 '자치제'를 지지했던 것인데 스탈린은 볼셰비키의 다수와 함께 레닌의 안과 플레하노프의 안을 모두 배격했다. 그 점에 대해 스탈린은 다음과 같은 견해를 나타냈다: "우리가 투쟁하는 농민들과 함께 잠정적인 혁명적 동맹을 맺고 있으므로 그들의 요구가 경제 발전의 경향, 그리고 혁명의 진로와 대체로 모순되지 않는다면 우리는 그들의 요구를 지지해야 한다. 농민들은 분할을 요구한다. 분할은 위의 현상들과 모순되지 않는다. 그것은 우리가 토지의 완전 몰수와 그 토지의 분할을 지지해야 한다는 것을 의미한다. 이 견해로부터 국유화와 자치제화는 모두 수락하기 어려운 것이 된다."[11]

대회에서 우세한 견해는 스탈린의 견해였다. 그리고 1917년에, 스탈린이 예견했듯이 국유화 대신에 토지의 분할을 바라는 농민들의 요구를 받아들임으로써 볼셰비키의 권력 장악은 보다 쉬워졌던 것이다. 그렇다면, 스탈린의 전기 작가들은 이 정치적 창의성과 예견에 대해 많은 지면을 제공하면서 찬양하리라고 생각할 수 있을 것이다. 그러나 한마디도 없는 것이다. 권력의 장악에 가장 적합한 것이 레닌의 정당 조직 이론이었다면, 그리고 정치 권력의 장악에 따라 나타난 소수의 1당제 정부를 위한 공식을 제공한 것이 트로츠키의 즉각적인 '프롤레타리아 독재' 이론 또는 '영구혁명' 론이었다면, 농민을 새로운 볼셰비키 정권에 대해 관용적인 중립으로 유도한 것은 "토지의 분할에 의해, 투쟁하는 농민의 진짜 요구를 지지하라"는 스탈린의 제안이었다. 스탈린에 대해 객관적인 평가를 한다면 이것은 확실히 스탈린의 기여인 것이다. 이 점에 대해 그레이는 이렇게 쓰고 있다:

토지를 장악해 농민들에게 직접 분배한다고 해서 그가 분배주의라고 부른 이 원칙은 농민들이 바라는 것이었고 이것만이 그들의 지지를 얻을 수 있는 것이었다. 레닌과 다른 대의원들은 그의 제안을 공격했다. 그러나 그는 그의 입장을 유지했으며 그것만이 명백한 실제적 정책이라고 주장했다. 그는 더 나아가 농촌자본주의를 키워줌에 있어서 그의 제의는 마르크시스트 교리와 일치하는 것이며 사회주의 혁명을 향한 논리적 진보라고 주장했다. 그리고 1907년의 그의 정책은 비로소 레닌의 보장을 받아서 "모든 토지를 농민에게"라는 구호를 낳는데, 이 구호는 토지 문제에 관해 당의 광범한 지지를 얻는 데, 그리고 〔볼셰비키 당이〕 승리를 거두는 데 주요한 요인이었다.[12]

그런데도 스탈린의 명백한 이론적 기여에 대해 한마디의 언급도 없는 것이다. 거기에는 두 가지 이유가 있다. 첫째 스탈린은 자신이 레닌의 생전에는 언제나 레닌에게 충실했다고 주장했던 것이다. 그의 표현으로는 레닌의 "최고의 그리고 가장 충실한 제자"였다는 것이다. 레닌이 죽은 1924년으로부터 자신이 마침내 제1인자의 지위를 확보한 1929년까지의 시기에, 그가 언제나 간판으로 내세운 것은 자신의 모든 경쟁자들은 한 때 레닌에 반대했거나 또는 의견을 달리한 기록이 있으나 자신만은 결코 그래본 일이 없었다는 주장이었다. "모든 노(老)볼셰비키 가운데 나의 옷만이 가장 깨끗하다"고 그는 코민테른 지도자들에게 뽐내는 듯 말한 일이 있다. 두번째 이유는 다음과 같다. 스탈린은 처음에는 "농민의 회망을 지지한다"고 했으나 그뒤에는 태도를 바꿔 농민에게 국가의 희망을 부과하는 태도를 취했다. 바꿔 말해, 토지를 국가가 소유하고 한때 자유화됐던 농민들을 다시 토지에 붙잡아 매어두는 그러한 정책을 취했던 것이다. 그가 추구한 농업의 집단화가 바로 그것이다. 이 집단화는 레닌이 옹호했던 총체적인 '국유화'보다 더한 것이었다. 그리고 플레하노프가 두려워했던 악몽인 전체주의적 국가주의를 뛰어넘는 것이었다.

스탈린의 과거가 드러나다. 레닌과 만난 다음에 조지아로 돌아온 스탈린은 그 사이 조르다니아가 2년 동안의 해외 체류로부터 돌아와서 그 당시에는 이미 당내 모든 파벌의 당원들이 관련된 광범위한 약탈 사업을 진정으로 청산하고자 노력하고 있다는 사실을 알게 됐다. 조르다니아는 그러한 약탈 행위를 자행해온 행동 대원들을 해산시키기 위한 위원회를 조직했으며 그러한 약탈 행위를 계속하는 사람은 누구나를 막론하고 당에서 추방하겠다고 위협했다. 그런데 조르다니아의 이러한 숙당 작업은 결과적으로 트랜스코카시아에서 처음으로 볼셰비키에게 진정한 세력을 형성하게 하는 계기를 마련해주었을 뿐이다. 왜냐하면 그로부터 추방의 위협을 받고 있는 사람들은 이미 너무나 법 밖에 나와 있고 또한 혁명적 모험주의의 생활 속에 젖어서 그 짓에서 벗어날 수 없는 사람들이었다. 따라서 이들은 결국 당에서 나와 스탈린이 주도하는 바쿠의 한 비밀 조직 속으로 집결되게 됐다. 이것이 스탈린이 정말 이끌었던 최초의 '트랜스코카시아 센터'였다. 스탈린은 이 센터를 트신트사드제와 카모에게 맡기고 자신은 이 센터와 상트 페테르부르크의 레닌의 비밀 센터와의 사이의 연락 책임을 맡았다. 기술적으로 그리고 비밀리에 그는 배후에서 작업을 잘 해나갔다. 그러나 그 역할의 범위가 어느 정도였는지는 오늘날까지도 확실히 밝혀지지는 않고 있다.

혁명 자금의 조달을 위한 약탈 행위를 금지하는 런던 당 대회의 결의가 통과된 지 겨우 한 달이 지나서 티플리스에서 강탈 행위가 터졌다. 이것은 정말 세상을 깜짝 놀라게 했다. 그 사건에 대한 수사와 조사는 혐의의 초점을 점차 스탈린에게로 좁혀갔다. 그러나 그 진상이 정확하게 밝혀지지 않은 채 혁명이 일어났다. 1918년 3월 18일에, 그러니까 혁명 이후 처음으로, 마르토프는 이 사건의 베일을 조금 거두어 스탈린이 그 사건의 주모자라고 썼다. 이 글이 발표됐을 때는 스탈린은 소련 정부의 민족 문제 장관이었고 마르토프는 겨우 탄압이나 면하고 있는 멘셰비키의 지도자에 지나지 않았다. 스탈린은 마르토프가 "소련의 정부 관리에 대해, 그리고 소련 정부에 대해 범죄적 중상을 범했다"고 법원에 제소했다. 스탈린은 자신의 변호인으로 당시 『프라우다』의 편집위원이었던 소스노프스키를 선임했는데 그는 나중에 스탈린의 대숙청 때 처형되고 만다.

마르토프는 폴란드의 좌파 사회주의자 법률가로 본명이 파벨 레윈슨인 라핀스키 Lapinsky를 자신의 변호인으로 선임했다. 라핀스키는 뒷날 코민테른의 지도자가 되는데 결국 스탈린의 대숙청 때 처형된다. 그리고 당시의 소련의 사법 절차에 의해 허용됐던 '일반 변호인'으로서 마르토프는 라파엘 아브라모비치를 선임했다. 그러나 그는 자신의 입장을 변호하기에 급급했을 뿐이었다. 그것도 겨우 들릴까말까 하는 목소리로 말이다. 그러자 마르토프는 배심원에 의한 재판을 청구했다. 그러나 스탈린은 자신이 정부의 고관이며 정부의 명예가 지켜져야 한다는 명분으로 3명의 볼셰비키 재판관들로 구성되는 최고 재판소의 청문회를 요구했다. 그러나 이때는 관료적 특권이 나타나기 전이었으며, 마르토프가 스탈린은 민주적 법정에서 다툴 수 있는 자신의 권리를 박탈하려 한다고 비난함에 따라, 스탈린도 움츠러들었다. 따라서 배심원에 의한 재판이 열렸다. 여기서 스탈린은 자신이 당의 재판을 받은 일도 당으로부터 추방된 일도 없다고 완강히 부인했다. 자기가 당에서 재판을 받아 추방된 사실이 있다고 주장하는 것은 악의에 찬 중상이라고 항변했다. 그리고 "증거가 될 문서 없이 사람을 비난할 권리는 아무에게도 없으며 단순한 풍문의 바탕 위에서 진흙을 던지는 것은 부정직하다"고 주장했다.

그러자 마르토프는 그 증거가 될 문서들을 찾아내기 위해 재판을 연기하자고 요구했다. 그는 스탈린을 재판한 경험이 있는 트랜스코카시아의 당 재판소 재판장이던 이시도르 라미시빌리 Isidor Ramishvili, 트랜스코카시아의 볼셰비키 지도자 샤우미안 Shaumyan, 그리고 마르토프에 의하면,

약탈 행위를 폭로하려는 자리노프 동지에 대한 스탈린의 암살 음모를 조사했다는 조사위원장이었으며 당시 소련 재무부 장관인 구코프스키 Gukovsky, 그리고 트랜스코카시아의 주요 간부들을 증인으로 소환해줄 것을 요청했다. 이에 대해 스탈린은 '트랜스코카시아와 통신함에 따른 어려움과 신뢰하기 어려운 점'을 이유로 이의를 제기했다. 그는 마르토프가 제안한 증인들의 자격에 대해 아무런 언급을 하지 않았고 또한 자리노프를 암살하려 했다는 새로운 비난에 대해서도 침묵을 지켰다. "나는 결코 재판을 받은 일이 없다"고 그는 첫날의 재판에서 되풀이했다. "만일 마르토프가 그렇게 말한다면 그것은 악질적인 중상이다"라고 말할 뿐이었다.

법원은 연기 신청을 받아들였다. 그리고 볼셰비키가 아니지만 1919년에 혁명 역사 문헌소장으로 발탁된 보리스 니콜라예프스키를 마르토프의 요청에 따라 트랜스코카시아로 내려보냈다. 거기서 그는 실베스터 지블라드제와 이시도르 라미시빌리, 그리고 티플리스의 당 재판소에 참여했던 사람들로부터 증언 구신서를 받았다. 법원의 두번째 심리는 이 구신서를 살핀 다음에 이것에 바탕을 두고 반대 심문을 하도록 예정되어 있었다. 그러나 두번째 심리는 결코 열리지 않았다. 그 문제가 다시 법원에 제기됐을 때는 첫번째 심리의 모든 기록들이 사라졌다고 보고됐다. 마르토프에게는 "정부 각료의 명예를 모욕하고 해치려 했다"는 것이 인정돼 가벼운 '사회적 견책'이 내려졌다. 그 사건의 진상을 캐가기 시작하면 결국 레닌에게 귀착되기 때문에 재판은 그렇게 중단된 것이다.

4. 레닌이 스탈린을 발탁하다

'훌륭한 조지아 사람.' 티플리스 사건이 폭로된 이후 몇 해 동안은 레닌과 그의 추종자들에게는 '흉년'이었다. 많은 추종자들이 떨어져나갔으며 실망과 쇠퇴의 분위기가 그들 사이를 감돌았다. 레닌이 스탈린을 높이 평가하게 된 것은 바로 이 시점에서였다. 약탈 행위는 원래 레닌 스스로가 지지한 것이었고 때로는 지시한 것이기도 했다. 따라서 스탈린이 그런 행위를 했다고 지탄을 받는다고 해서 그것이 스탈린을 불명예의 사람으로 만들었다고 레닌은 보지 않은 것이다. 볼셰비키와 멘셰비키의 분열이 더욱더 심해져서 두 파가 완전히 두 개의 분리된 정당으로 갈라서게 되는 그러한 상황 속에서 또는 자신의 세력이 쇠퇴해가고 있는 상황 속에서, 레닌은 당에서 추방된, 또는 스스로가 당에서 물러난 스탈린을 자신의 중앙위원회에 직접 발탁했다.

여기서 발탁했다는 말이 중요하다. 스탈린은 1912년에 체코의 수도 프라하에서 열린 볼셰비키의 당 대회에서 민주적인 방법으로 중앙위원회에 선출된 것이 아니다. 레닌은 중앙위원회의 선출 때 처음부터 스탈린의 이름을 제시하지 않았다. 약탈 행위를 반대했던 추종자들을 자극하지 않기 위해서였는지, 또는 스탈린이 널리 알려지지 않았기 때문이었는지, 우리로서는 확실히 알기는 어렵다. 어떻든 레닌은 처음부터 스탈린을 중앙위원으로 추천하지는 않았다. 그러나 중앙위원회가 선출되고 일단 정회를 선언하자 레닌은 새로이 선출된 중앙위원회가 스탈린을 중앙위원회에 '특별 선발' 할 것을 제의했으며, 그의 제의는 받아들여졌다.

중앙위원회는 이미 한 사람의 조지아인을 그 위원으로 갖고 있었다. 오르조니키드제가 그 사람이다. 따라서 스탈린의 선출과 더불어 새로 선출된 중앙위원회는 2명의 조지아인을 갖게 된 셈이다. 이 두 사람은 멘셰비키의 거점인 트랜스코카시아에서 싸우게 되는데, 레닌은 확실히 트랜스코카시아의 멘셰비키와의 싸움에서 민족 문제에 관해 자신의 대변자가 될 조지아인이 필요했던 것이다. 레닌은 1913년 2월에 고리키에게 보낸 편지에서 스탈린을 '훌륭한 조지아 사람' 이라고 썼다. 레닌의 모든 글들과 편지들에서 그가 어느 한 당원을 놓고 얘기할 때 그의 민족을 결부시켰던 것은 이번이 처음이다. 이것은 그만큼 당시 레닌이 멘셰비키의 거점인 트랜스코카시아에서 그들과 맞서 싸워줄 조지아인이 필요했으며 그런 관점에서 스탈린을 발탁했다는 것을 의미한다. 스탈린은 조지아 출신이지만 조지아의 멘셰비키와 달리 조지아 민족주의에 대한 애정이 거의 없었던 것이다. 도이처도 이 시점에서 스탈린에 대한 레닌의 신뢰는

확고한 것일 뿐만 아니라, 스탈린에 대해 레닌은 자부심까지 느끼고 있었다고 썼다.[13]

스탈린의 솔직한 고백. 우리는 이때까지 스탈린이 어떻게 정치적으로 성장해왔는가에 대해 살펴보았다. 우리가 살펴본 것은 가령 베리아나 야로슬라프스키 등등이 쓴 공식적인 설명과는 다르다. 그러나 우리의 설명이 보다 더 진상에 가까운 것이다. 스탈린 자신도 적어도 꼭 한 번 자신의 입을 통해 우리가 묘사해온 것에 맞는 자신의 성장 경위를 솔직히 인정한 일이 있다. 그것은 1926년이었다. 이때 레닌은 이미 죽었으며, 스탈린은 제1인자의 지위를 향한 권력 투쟁의 소용돌이 속에 빠져들었을 때였다. 이때는 아직 자신의 동료들에 대한 파괴, 그리고 자신에게 불리한 증거들에 대한 파괴를 꿈도 꾸지 못하던 때였다. 그해에 그는 티플리스를 다시 방문했으며, 모여든 노동자들 앞에서 연설을 하게 됐다. 자신을 찬양하는 아첨에 가까운 몇 시간의 연설을 들은 다음 그는 우선 "동지들, 나의 모든 의식(意識) 속에서 말하건대, 나는 여러 대표들이 나에게 준 찬사의 절반도 받을 자격이 없다는 것을 말하지 않으면 안 되겠다. 〔……〕 동지들, 이것은 환상일 뿐이며 완전히 무용한 과장이다. 그것은 한 혁명가의 무덤에서나 말하는 방식인 것이다. 그러나 나는 죽어가고 있는 것이 아니다. 그러므로 나는 동지들에게 내가 과거에 어떤 사람이었나에 대한 진정한 상(像)을 그려주지 않으면 안 되겠고 내가 당에 있어서 현재의 지위를 누구 때문에 갖고 있는가에 대해 말하지 않으면 안 되겠다"는 말로 답사를 시작했다. 그의 답사는 다음과 같이 이어졌다:

나는 1908년을 기억하는데, 그해에 처음으로 철도의 노동자들이 나에게 한 클럽을 책임지도록 떠맡긴 것이다. 〔……〕 이들 동지들, 지블라드제와 다른 동지들에 비하면 나는 혁명의 견습생이었던 것이다. 나의 최초의 교사들은 티플리스의 노동자들이었다. 나는 그들에게 동지로서의 진정한 감사를 표하고자 한다.

그 다음 나는 1905년과 1907년의 해들을 기억하는데, 이때 당의 희망에 따라 나는 바쿠에서 일하게 됐다. 석유 노동자들 사이에서의 두 해 동안의

혁명 사업은 나를 실제적인 투사요, 실제적인 지도자로 만들었다. 〔……〕
나는 최초로 위대한 노동자 대중의 지도력이 무엇을 의미하는가를 알았
다. 〔……〕 나는 혁명의 일꾼이 됐다. 나는 1917년을 기억하는데, 이때는
당의 결정에 의해, 투옥과 추방 뒤에, 나는 상트 페테르부르크로 던져진
것이다. 거기에서 러시아 노동자들 사이에, 전세계를 통한 프롤레타리아
트의 위대한 교육자와의 밀접한 접촉 속에서, 세계 대전 동안에 프롤레타
리아트와 부르주아지 사이의 강력한 투쟁의 폭풍 속에서, 나는 처음으로
위대한 노동 계급 정당의 지도자들의 한 사람이 되는 것이 무엇을 의미하
는 것인지 알게 됐다. 〔……〕 거기서, 러시아에서, 레닌의 지도 아래, 나
는 혁명의 선임 일꾼이 된 것이다. 〔……〕

   티플리스에서의 견습생으로부터 바쿠에서의 일꾼에까지, 레닌그라드에
서의 우리의 혁명에서의 선임 일꾼이 되기까지 ─ 동지들, 그것이 나의
혁명에의 도제의 길이었다. 동지들, 그것이 내가 어떤 사람이었고 내가 어
떻게 성장해왔는가에 대한 솔직하고 과장 없는 진정한 묘사인 것이다.[14]

이것이 본질적으로 진상의 개괄이다. 티플리스의 그 집회에 나와 있던
많은 사람들은 그들 자신의 지식으로부터 그 말이 정확하다는 것을 알 수
있었다. 그러나 위에서 살폈듯이 진상은 뒷날 철저히 왜곡됐던 것이다.

제25장

혁명 열기의 하강과 외로워진 망명 생활

우리는 제19장에서 1905년의 10월 선언에 뒤따라 1906년부터 1911년까지 국정을 진두지휘했던 스톨리핀 총리의 강온 양면 정책이 질서를 회복시키는 데 크게 이바지했음을 보았다. 상황이 이렇게 바뀌면서 1908년을 고비로 혁명의 열기가 크게 내려갔다는 사실도 살폈다. 혁명가들에게 좌절의 시대가 열린 것이다. 이러한 맥락에서, "망명 생활이란 1905년의 혁명 이전에서보다 지금이 몇백 배나 어렵다"고 레닌은 1913년에 고리키에게 썼다.[1]

1900년부터 1905년까지의 첫번째 망명 생활에서 레닌은 5년을 해외에 머물러 있었다. 그러나 그 5년은 자신과 희망의 5년이었다. 1905년의 혁명을 보고 밀입국했다가 곧 탈출함으로써 시작된 두번째 망명 생활은 실패로부터의 탈출이었다. 그뒤로부터 스톨리핀의 반동의 세월 동안, 레닌은 자신이 해외에서 망명 혁명가로 죽을 것으로 확신할 정도로 혁명의 열기는 식고 있었다. 수백만 대중의 머리 위에 섰었던 혁명가들은 이제 그들을 대중에게 연결시켰던 유대가 흔적 없이 해체되는 것을 보게 됐다. 게다가 완전히 무력해진 채 서로가 서로를 헐뜯고 비난하며 욕하는 분위기에 휩싸여버렸다. 패배주의와 고립감이 그들을 지배하고 있었다. 혁명은 까마득한 미래의 일처럼 생각됐다. 그럴 수밖에 없었다. 다시 강조하듯, 스톨리핀이 총리로 국정을 이끌던 1906년과 1911년의 다섯 해 사이에 러시아는 두드러진 진보를 보여주었기 때문이었다. 확실히 스톨리핀이 보여준 경제적 발전과 정치적 탄압은 혁명가들에게는 큰 재난이었다. 그래서 레닌 스스로 1914년 12월 12일에 쓴 한 논설에서 "이제 혁명적 정신은 거의 없어졌다"[2]고 썼다. 이 장은 이처럼 혁명의 열기가 식어든 상황에서 레닌을 비롯한 혁명가들이 어떻게 생활했던가를 설명하기로 한다.

1. 혁명의 열기가 식어들다

바보 놀이를 하며 시간을 보낼 정도로 사기가 떨어지다. 불요불굴의 혁명 투사 레닌도 지쳐 있었다. 그렇게 강인하고 그렇게 어려움을 잘 견디는 레닌도 망명 생활의 병폐로부터 벗어나지 못했다. 그렇다고 해서 경찰의 탄압이 컸던 것은 아니다. 당시 레닌과 그의 볼셰비키 본부를 형성한 주요 동지들은 핀란드의 쿠오콜라에 살고 있었는데, 러시아 정부는 비록 핀란드가 러시아 제국에 포함되어 있다 해도 핀란드의 자치권을 존중해 핀란드의 내정에 관여하는 것을 피했기에, 크루프스카야가 인정했듯이, 그들은 그곳에서 상당한 자유를 누렸다.

레닌은 당시 볼셰비키 당원인 라이타이젠D. G. Leiteisen의 집에서 살고 있었는데, 이 집은 상트 페테르부르크로부터 기차로 2시간 미만의 거리에 있었다. 이 집에서 레닌은 크루프스카야, 크루프스카야의 어머니, 자신의 여동생 마리아, 보그다노프와 그의 가족, 두브로빈스키, 그리고 라이타이젠 및 그의 가족들과 함께 살았다. 말하자면 볼셰비키 참모 본부가 이 집에 자리잡고 있었던 것이다. 정말 경찰이 마음만 먹으면, 한 번의 습격으로 볼셰비키 참모 본부를 점령할 수 있었을 것이다. 이 본부와 상트 페테르부르크를 매일 왕래한 것은 크루프스카야였다. 아침마다 일찍이 원고와 교정지 및 지시 사항들과 함께 기차를 타고 상트 페테르부르크로 갔다가 새로운 소식, 서로 만날 약속, 풀어야 할 문제들을 안고 밤마다 돌아왔다.

이처럼 러시아 내부의 혁명 세력과 매일매일 접촉하며 지내는데도 레닌은 뭔가 사기가 떨어져가는 것을 느꼈다. 그것은 아마도 혁명 운동이 하강하고 있다는 느낌에서 나왔을 것이다. 이들은 그러한 기분에서 벗어나기 위해 '바보 놀이' 같은 것을 하기도 했다. 보그다노프는 계산만을 했으며, 레닌은 계산도 했으나 놀이에 직접 끼기도 했다. 라이타이젠은 완전히 미쳐 있었다. 이들이 그 놀이를 하던 순간에 만일 어떤 사명을 띤 당원이 이곳에 들어왔다면 그는 몹시 당혹스러워했을 것이라고 크루프스카야는 회상했다.

비밀 경찰이 볼셰비키의 핵심부에까지 침투하다. 지난날의 소련 비밀 경찰에 비하면 반대파에 대한 탄압에서 덜 무자비하고 덜 철저하며 그 숫자에서도 훨씬 적지만, 차리의 비밀 경찰인 오흐라나는 그 당시에는 탄압의 무자비함에서 둘째가라면 서러워할 존재였다. 농민 봉기와 반란이 구실만 주면, 그들은 계엄령도 서슴지 않고 선언했으며, 교수대에서 수많은 사람들을 처형했고, 정치범을 재판에 회부하지 않고 최고 5년까지 시베리아에 유배할 수 있는 권한을 악용하기도 했다.

오흐라나의 규모는 크지 않았다. 당시 이 기관의 최고 책임자였던 바실리에프의 증언에 따르면, 규모가 가장 컸을 때도 러시아 전체에 흩어져 활동하는 요원의 수는 1,000명 정도였으며, 수도의 요원의 수는 100명 정도였고, 해외의 요원은 매우 적었다. 따라서 해외에서 사회민주당의 당 대회가 열리면 모스크바와 상트 페테르부르크의 얼마 안 되는 요원들 가운데 가장 우수한 요원들을 추려 해외에 내보내지 않을 수 없었다. 그러나 오랫동안의 정치적 경험 덕분에, 비밀 경찰은 레닌보다도 먼저 러시아에 새로운 정치적 상황이 전개되고 있다고 판단했으며, 따라서 다시 한번 혁명 세력에 대한 보다 철저한 침투 공작을 펴기로 하고, 사회민주당의 볼셰비키파와 사회혁명당의 최정상부에 침투하기로 결정했다.

볼셰비키 조직 속에 뭔가 새로운 음모의 촉수가 들어온 냄새를 처음 맡은 사람은 크루프스카야였다. 그녀는 레닌이 상트 페테르부르크에 합법적인, 곧 경찰이 인가한 볼셰비키 기관지가 있었는데도 최근에 다시 부활시킨 『프롤레타리』를 핀란드로부터 러시아 본토로 밀반출하는 기구를 세웠을 때 그 일을 자원한 상트 페테르부르크의 당원 부부인 코미사로프 Komissarov 부부로부터 '이상한 느낌'을 갖게 된 것이다. 그녀는 그들에 대해 다음과 같이 썼다: "첫번째 순간에 이상한 느낌, 날카로운 불신감 같은 것이 나에게 엄습해왔다. 나는 이 느낌이 어디에서 온 것인지 생각할 수 없었다." 그래서 크루프스카야는 곧 그 느낌을 없애면서 그들에게 일을 맡겼다. 다시 크루프스카야에 따르면, "카피야 코미사로프는 매우 사무적인 조수였으며 매사를 빨리 정확히, 그리고 비밀리에 해냈다. 〔……〕 무기들을 상트 페테르부르크에 밀반출한 뒤 그녀는 그것들을 우랄 지방으로 가져갔다. 〔……〕 그녀의 남편은 자고로드니 프로스펙트 9번지의 집주인인 시모노프를 위한 관리인이 됐다. 〔……〕 반동의 세월 동안에, 코미사로프는 불법적인 동지들을 수를 가리지 않고 여권을 마련해주어가면서 그 집에 머물게 했다."[3]

그런데 그녀가 우랄 지방으로 여행한 뒤 모든 관련자들이 체포됐으며 무기는 압수됐고 무장대는 해체됐다. 은신처와 위조된 여권을 제공받았던 동지들은 유럽 국경을 넘는 동안 모두 체포됐다. 밀정들은 볼셰비키의 군사 조직에도 침투해 들어와 1907년에 스비보르그와 크론슈타트에서의 반란 이후 모든 비밀 조직자들이 체포됐다. 그들은 모든 지방위원회에 침투해 들어갔다. 이 때문에 동지들 사이에는 상호 불신감과 의심들이 자라게 됐다.

혁명 운동이 점차 하강하면서 자격 있는 사람들이 점점 모자라게 됐다. 이것은 비밀 경찰 요원들이 지하 조직의 위계에서 상층으로 빨리 승진하는 데 큰 도움이 됐다. 그들은 지하 조직 안에서 자기네가 꼭 차지해야 할 자리가 있는 경우 그 자리의 볼셰비키를 체포함으로써 자신들의 '승진'을 촉진시켰다. 이렇게 조심스럽게 계획된 체포의 연속에 이어, 비밀 경찰 요원인 쿠쿠슈킨 Kukushkin은 1910년에 모스크바 조직의 정상에 올라섰다. 모스크바 조직의 당원의 숫자는 바로 혁명 조직의 쇠퇴와 쿠쿠슈킨의 경력의 성공을 함께 보여주는 것이다. 1908년에는 500명이던 것이 1909년 중반에는 250명으로 떨어졌고 1909년말에는 150명으로 떨어진 데 이어, 1910년에는 모두가 쿠쿠슈킨에게 장악됐다.

합법적인 볼셰비키 일간지 『프라우다』가 상트 페테르부르크에서 창간된 1912년에 2명의 비밀 경찰 요원인 체르노마조프 Miron Chernomazov와 말리노프스키Roman Malinovsky가 그 편집 진용에 끼여들었다. 전자는 이사회의 의장 겸 상임 편집위원이 됐고, 후자는 재정 책임자 겸 비상임 편집위원이 됐다. 모스크바에서의 합법적인 볼셰비키 기관지도 비밀 경찰 요원들에 의해 창간됐다. 그들 가운데 한 사람을 레닌은 정말 높이 평가해 극소수의 가장 신임할 만한 간부들의 회의에 참석시키기도 했다. 그는 당의 중앙위원에까지 선출됐으며 러시아 내부에서 볼셰비키의 지도적인 대변인이 됐다.[4] 말리노프스키가 그 사람으로, 이 사람에 대해서는 다시 살피기로 한다.

레닌이 얼음 위를 건너다 빠져 죽을 뻔하다. 레닌이 1907년 여름에 런던에서 열렸던 당 대회로부터 돌아왔을 때 크루프스카야는 그가 극도로 피곤해서 음식을 제대로 먹지 못하는 것을 알았다. 그래서 그녀는 '작은 삼촌,' 곧 리디아 크니포비치Lydia Knippovich가 사는 핀란드의 깊숙한 곳에 자리잡은 스티르수덴의 소나무 숲으로 그를 데리고 가서 맛있는 음식을 먹이며 쉬게 했다. 그러나 확실히 레닌은 옛날의 레닌이 아니었다. 고립 상태가 점점 커져나간 것이다. 그는 현실 정치로부터 보다 더 이론적인 독서와 집필로 물러섰는데, 이것은 그의 피곤한 정신을 위한 다른 형태의 휴식이었다. 그리고 나서 그는 핀란드의 오글부Oglbu로 갔다. 그러나 거기서 그는 자신의 추종자들과 매일매일의 접촉을 더 이상 유지할 수가 없었다. 상트 페테르부르크에서 경찰이 지노비에프와 카메네프 및 로슈코프 등 그의 가장 중요한 부하들을 검거했기 때문이었다. 그런가 하면 핀란드의 자치권에도 불구하고 차리의 경찰은 마침내 그를 잡으려고 수색을 시작했다는 소문이 그의 귀에 들어왔다. 그것은 소문이 아니었다. 당시 핀란드에는 레닌말고도 카를 트라우베르크Karl Trauberg와 그가 지휘하는 '북부 지역의 날아다니는 폭력대'가 있었는데, 이 단체가 파블로프 장군의 암살에 성공한 데 이어 내각을 파괴하고 차리를 암살하려는 계획을 세우고 있음을 파악한 경찰은 마침내 1907년 12월 5일에 핀란드에 들어와 트라우베르크의 아파트를 습격했던 것이다. 사태가 이렇게 진전되는 것을 보고 레닌은 다시 한번 해외로 나가기로 결심했다.

레닌의 선택은 스톡홀름이었다. 스톡홀름으로는 일주일에 한 번씩 아보 Abo에서 떠나는 작은 기선이 있었다. 그러나 레닌은 아보에서 기선을 타지 않았다. 그 까닭은 거기에는 경찰이 벌써 그를 기다리고 있을 것으로 판단했기 때문이다. 그 대신에 그는 일단 얼음 위를 건너 조그만 섬으로 가 그 섬에서 스톡홀름으로 가는 기선을 잡기로 했다. 그래서 그는 길잡이를 한 사람 고용해서 그의 안내를 받으며 얼어붙은 바다 위를 무려 2마일이나 걸어갔다. 그것은 물론 밤에 불을 켜지 않은 채 이루어졌다. 그런데 얼음 위를 건너면서 그는 길잡이가 술에 취해 있으며 길이 몹시 위험하다는 것을 알고 당황했다. 어느 지점에서인가 얼음이 깨지고 레닌의 발 밑에서 움직이기 시작했다. '아이구! 이 얼마나 어리석게 죽는 방법인가'라고 레닌은 생각했다. 정말 1907년말의 어느 날 밤 레닌이 얼어붙은 바다 위를 건너다 얼음이 깨지는 바람에 빠져 죽었다면 러시아의 역사는 물론 유럽과 세계의 역사는 달라졌을 것이다. 크루프스카야도 곧 스톡홀름으로 왔다. 그래서 그들은 함께 베를린으로 갔다. 그때는 크리스마스 이브였다. 그러나 축제 같은 느낌을 전혀 가질 수 없었다. 동지들은 그에게 어떤 러시아 망명자들의 집에도 가지 말라고 경고했다. 독일의 경찰들이 그의 검거에 혈안이 되어 있었기 때문이었다.

제네바를 거쳐 파리로 가다. 베를린에서 그들은 첫번째 망명지였던 제네바로 갔다. 최초의 망명지였기 때문에 제네바는 그들에게는 고향 같았다. 그러나 거기에 도착했을 때인 1908년 1월 20일에 그들은 상한 생선을 먹은 탓에 식중독에 걸려 오한을 겪게 됐다. "제네바는 즐거움이라고는 없는 죽고 텅 빈 도시와 같았다. 그처럼 차갑게만 느껴지는 텅 빈 제네바의 거리를 걸으면서, [레닌은] '내가 마치 여기에 묻히려고 온 것 같게만 느껴지는군' 하고 중얼거렸다"고 뒷날 크루프스카야는 썼다. 레닌은 그의 여동생 안나에게 1908년에 보낸 제네바에서의 첫번째 편지에서도 같은 말을 했다. "이 망할 놈의 제네바"라고 투덜댔던 것이다. 그래서 그들은 1909년에 파리로 갔다. 그러나 거기서도 그들은 기쁨을 발견하지 못했다. 1911년에 안나가 그들을 만나러 파리로 갔을 때, 그녀는 몹시 괴로움을 느끼는 그를 보았다. "우리가 다음의 혁명까지 살 수 있을지" 하고 그는 말하는 것이었다. 그 사이인 1910년 여름에 그는 스톡홀름에서 사는 어머니를 방문했다. 그것이 어머니를 마지막으로 만난 셈이 된다.

2. 레닌만이 혁명을 붙들고 투쟁하다

『프롤레타리』를 재출발시키다. 망명 생활이 외롭고 괴롭다고 해서 레닌이 자기 동정 속에서 시간을 보낼 사람은 결코 아니었다. 제네바에서 그는 자신이 1905년에 러시아에서의 혁명적 봉기의 소식을 듣고 홍분해 러시아로 돌아가면서 잊어버렸던 옛 시절의 당 출판사를 다시 세워『프롤레타리』를 다시 새롭게 출발시켰다. 제1호 가운데 13부만이 러시아 본토에 당도했으며, 제2호와 제3호 및 제4호 가운데는 모두 합쳐 겨우 62부만이 들어갔다. 그래도 레닌은 실망하지 않았다. 오히려『프롤레타리』를 더 많이 배부하도록 힘쓰라는 편지를 이탈리아에 있는 고리키와 루나차르스키, 비엔나에 있는 트로츠키, 그리고 러시아에 있는 당원들에게 보냈다. 그는 또 전단들을 만들고 소책자들과 책들을 쓰기 시작했으며 스톨리핀의 새 농업 정책을 분석하면서 동시에 예기하지 못했던 보수적 입헌 군주정의 발전을 분석했다. 그는 또 두마 의회의 회의록의 단어 하나하나를 연구했고 통계적 보고서를 수집했으며 두마와 철학에 대한 논쟁에도 참여했는데, 그 논쟁은 그가 그에게 아주 가까웠던 사람들과 전개한 논쟁들 가운데 가장 격렬한 것이었다.

레닌은 또 온 낮을 도서관에서 보내며 국내 문제와 국제 문제를 언제나 주의 깊게 관찰했다. 다른 한편으로, 자신의 진영을 이탈해나갔거나 그 자신이 탈락시킨 사람들을 대치시킬 새로운 사람들을 훈련시키고자 애썼다. 간단히 말해, 그의 모든 활동은 그 외양에서 전과 같았다. 그러나 모든 것은 전보다는 공허했고 덜 만족스러웠다. 그는 뭔가 안정을 잃었으며, 자주 침울함에 빠져들었다. 확실히, "이 시간들(1908~1911)은 레닌에게 힘든 해들이었으며, 정말 그의 생애에서 가장 힘든 해들이었던 것이다."[5]

러시아 안에서 레닌을 지지하는 혁명가들 사이에서도, 이 어려운 세월 동안에 자신들을 모두 새로운 논쟁들로부터 보호하고 그 새로운 논쟁들을 멸시하며 제2차 해외 망명의 활동들을 멸시하는 경향이 자라났다. 이러한 태도는 1912년에 레닌과 그리고 그해에 상트 페테르부르크에서 세워진 볼세비키의 합법적 기관지『프라우다』의 편집진 사이에 틈이 벌어지게 만들었다. 비웃는 사람들에게 그는 이렇게 썼다: "그렇다. 망명 생활의 환경에는 참기 어려운 것이 많다. 〔……〕 어느 다른 곳에서보다 이곳에는 더 많은 결핍과 빈곤이 있으며 높은 율의 자살이 있다. 그러나 오직 이곳만이 〔……〕 혼란한 정치적 공백 기간에 러시아 민주주의의 가장 중요하고 근본적인 문제로서 제기되고 있으며 간주되고 있는 것이다."[6]

레닌 스스로는 다른 동지들에 비하면 그래도 좀 낫게 지낸 편이었다. 그의 누이동생에 의하면, 레닌은 몹시 빈곤한 생활을 했다. 먹는 것도 형편없었고 옷차림도 초라했으며 극도로 절약했다. 불면증에 시달렸으며 옛날의 위장 장애와 두통이 재발해 고생을 하곤 했다. 전보다 질병에도 자주 걸리는 셈이었다. 그러나 당으로부터의 월급, 저술에서 얻어지는 약간의 수입, 크루프스카야의 어머니나 자신의 어머니로부터의 간헐적인 도움이 그 빈곤을 어느 정도 메워주었다. 물론 그와 크루프스카야는 가끔 노동자들이 주로 모여 사는 지역의 영화관과 극장 또는 음악 감상실에 가기도 했고, 자전거 여행도 했고, 하이킹을 떠나기도 했다. 여름에는 값싼 집에 머물면서 해변에서 휴양하기도 했다. 그러나 그 경비는 가장 낮은 것으로서 그들은 검소하고 금욕적인 생활을 영위해나갔다. 파리에서 살 때도 포도주를 마시지 않았으며 한동안은 고기도 먹지 않고 지냈는데, 이것은 반드시 경제 때문만은 아니고 건강을 위해서였다. 그렇다고 해도 그의 생활은 대단히 곤궁하고 단순했다. "그러나 생활의 기쁨이 먹고 싶은 대로 먹고 사치스럽게 사는 데만 있는 것은 아니잖겠는가? 블라디미르 일리치는 생활에서 기쁨을 얻는 방법을 알고 있었다"고 크루프스카야는 썼다.

그는 파안대소로 웃기도 했으며, 다른 사람들을 크게 웃게 만들기도 했다. 이 점은 그와 접촉을 했던 모든 사람들이 이구동성으로 지적하는 부분이다. 비극적인 상황 속에서 자신도 큰 소리를 내가며 웃을 뿐만 아니라 다른 사람들도 웃게 하는 기술——월프에 따르면, 그것이야말로 그가 진정한 러시아 인민의 아들임을 말해주었다.

마르크스를 다시 읽다. "혁명의 모든 새로운 단계가 열릴 때마다 그는 스승들에게서 조언과 위안을 찾고자 했다"고 크루프스카야는 썼다. 물론 여기서 '스승들'이라고 한 것은 마르크스와 엥겔스를 말하는 것이었다. 레닌은 특히 1848년의 혁명이 붕괴한 뒤 '잠 못 이루는 망명의 밤' 동안 마르크스와 엥겔스가 서로 주고받은 편지들과 대중들에게 한 말들에 깊은 관심을 기울였다. 그들 역시 한동안 1848년의 봉기가 절대로 그런 식으로 끝나지 않을 것이라는 환상에 지배됐었으며, 늘 혁명적 정열 속에 그 환상을 키워내기도 했었다. 그러나 주요한 정치적 사변들과 경제적 동향을 냉철히 분석한 결과 새로운 혁명은 새로운 위기의 결과로서만 가능하다는 것을 깨닫게 됐던 것이다. 그리고 그 깨달음은 그들로 하여금 비현실적인 꿈속에 사로잡힌 낭만적 좌파들과 과감히 손을 끊게 했다. 레닌은 '공산주의자 동맹' 내부의 자신의 반대자들에 대해 마르크스가 1850년에 보낸 다음과 같은 반박을 열심히 읽었다:

당신들은 진정한 여건 대신에 순수한 의지를 혁명의 추진력으로 삼고 있다. 우리가 노동자들에게 이렇게 말하고 있을 때, 곧 환경만을 변경시키기 위해서뿐만 아니라 여러분 스스로를 변경시키기 위해서, 그리고 여러분 스스로가 권력을 장악하기에 적합할 수 있도록 만들기 위해서, 여러분은 15년 또는 20년 또는 50년의 부르주아 전쟁과 민족 전쟁을 치르지 않으면 안 된다고 말하고 있을 때, 당신들은 그들이 당장에 정치 권력을 장악하거나 그렇지 않으면 모든 희망을 버리지 않으면 안 된다고 정반대로 얘기해왔다. 우리가 독일의 프롤레타리아트가 아직도 얼마나 후진 상태에 있는가를 지적하는 동안, 당신들은 독일 장인(匠人)들의 민족주의와 편견에 아첨을 했던 것이다.[7]

레닌은 이 구절을 잘 이해할 수 있었다. 그리고 자파 내의 낭만주의자들과의 다가올 투쟁에서 자신을 강화시키는 원천으로 삼고자 했다. 그러나 1848년의 패배에 대한 마르크스와 엥겔스의 반응 가운데는 레닌으로서 수락하기 어려운 다른 면이 또 있었다. 마르크스의 동의에 따라 『공산당 선언』의 선조 격인 그 유명한 '공산주의자 동맹'은 "더 이상 시기적으로 적절하지 않다"는 이유로 스스로 해산했던 것이다. 패배한 망명자들을 사로잡은 광기에 골치를 앓던 마르크스와 엥겔스는 이처럼 자신들을 음모에 얽히고설킨 외인 거류지로부터 해방시키고, 또 그 해체되어가던 조직과 낭만주의적인 어리석은 짓들로부터 해방시키게 되자 안도의 한숨을 내쉴 수 있었다. 그뒤로 다시는 그들은 결코 독일의, 또는 국제적인 음모 조직에 가담하지 않았다. 그들은 그러한 비밀 조직은 혁명이 임박한 상황에서만 적합한 것이라는 점을 확신하게 됐다. 그들은 또한 광범위한 합법적 노동조합과 정당이 이제 가능하게 됐으며, 지하 음모 정당은 자기 기만과 경찰의 정탐 행위를 위한 바탕이 될 뿐이고, 그들 자신은 시대적 상황에 적합하지 못한 조직에 참여하느니 차라리 이론적 노동에 몰두함으로써 미래의 진정한 운동을 구축하는 데 더 많은 일을 할 수 있다고 믿었다.

그러나 레닌은 자신의 시대는 다르다고 느꼈다. 스톨리핀의 보수주의적 입헌 군주제는 안정되어가는 듯했으며 따라서 그는 과연 자기 생전에 제2의 혁명을 볼 수 있을지에 대해 상당한 의혹을 품고 있었던 것이다. 그러나 1850년에 마르크스가 보았던 것과는 달리, 유럽이 상대적으로 평화가 확산되는 장기적 새 시대에 들어갈 것으로는 보지 않았다. 반대로 자본주의는 그 붕괴가 임박한 단계에 이른 것으로 보았다. 풀어 말해, 세계 대전이 임박했으며 그 세계 대전은 1904~1905년의 러일 전쟁이 가져온 위기보다 더 큰 위기를 가져올 것으로 보았던 것이다. 마르크스가 그러한 말들을 했을 때부터 이미 50년이 지났으며, 이 50년 동안 사회주의 정당들은 견고한 세력으로 성장했고 이 사회주의 정당들은 노동자들로 하여금 정치 권력을 장악하기에 적합하게끔 만들었다고 레닌은 생각했다. 이제 신념을 갖고 있는 사회주의자로서 자신의 신념이나 이론에 따라 행동하는 사람이라면 결코 위대한 국제 사회주의 운동이나 또는 러시아 사회주의 운동으로부터 이탈할 수 없을 것이라고 생각했다.

무엇보다 레닌은 조직의 인간이었고 행동의 인간이었다. 그리고 그에겐 인간의 의지가 가장 중요한 가치로 받아들여지고 있었다. 그의 모든 글들 가운데 즉각적인 투쟁의 실제적 필요성을 강조하지 않은 글이란 하나도 없다고 해도 좋을 것이다. 따라서 그는 당을 떠난다든가 하는 따위의 생각을 전혀 가질 수가 없었다. 당이 음모가들의 동아리를 의미하는 것이든, 대중의 강력한 운동을 의미하는 것이든, 또는 패배한 망명가들의 파당에 불과한 것이든, 그는 언제나 당의 인간이었던 것이다. 그것이 아무리 작은 것으로 줄어든다 해도 그는 여전히 그것을 당이라고 부를 것이었다. 1909년에 마르크스의 딸과 그녀의 남편, 곧 라파르그 내외 Paul and Laura Lafargue가 자살했다는 소식을 들었을 때, 그는 크루프스카야에게 다음과 같이 말했다: "만일 사람이 당을 위해 더 이상 일할 수 없다면, 그는 진리를 그대로 받아들이고 라파르그 내외가 죽었던 방법으로 죽을 수 있지 않으면 안 된다." 그 말이야말로 레닌의 모든 것을 말해 준다.

1909년까지면 당은 거의 무너져버려 크루프스카야가 "우리에게는 사람이 전혀 없다"고 말할 정도였다. 1922년에 지노비에프는 그때를 회상하면서 "이 불행한 시점에 전체로서의 당은 존재하지 않았다"고 말했다. 러시아 안에서는 밀정들의 붕괴 작전에 의해, 그리고 증대되는 무관심으로 당은 거의 완전히 붕괴된 상태였으며, 해외의 망명지에서는 거의 모든 동지들이 레닌의 곁을 떠났고 혁명의 대열에서 이탈해나갔다. 그러나 오직 레닌만이 그 당을 붙들고 있었다.

3. 무인도의 트로츠키

혁명의 장래에 대해 낙관적이던 트로츠키. 이 혁명의 하강의 시기에도 트로츠키의 혁명적 열의는 다른 망명자들의 열의보다 덜 손상됐다. 그의 첫번째 해외 체류는 너무 짧아서 그에게 거의 아무런 영향을 주지 못했으며, 그의 두번째 해외 망명이 시작됐을 때 그는 28세의 청년에 지나지 않았다. 그의 젊음이 그의 혁명적 열의를 지탱시켜주고 있었던 것이다. 그리고 그는 시베리아의 그 긴 유배로부터 탈출해 그에게는 여러 가지의 매력을 주는 서구로 망명할 수 있게 된 것을 무척 기뻐했다. 러시아 혁명의 성격에 대한 그의 이론 역시 그를 낙관적으로 만들어주었다. 그는 살아생전에 혁명의 성공을 보리라고 확신하고 있었으며, 그 성공도 결코 늦게 나타나리라고는 생각하지 않았다. 마르크스와 엥겔스처럼, 그는 경제 위기의 기복과 혁명적 열의의 기복 사이에 어떤 상관 관계가 있다고 믿었다. 그는 경기 후퇴와 빈곤이 아니라 경제와 고용의 여러 지표(指標)들에서의 상승이 러시아 노동 계급에게 자신감과 전투성을 회복시켜줄 것이라는 결론에 도달하고 있었다.

그가 원래 자신감이 높은 기질을 갖고 있는 것은 사실이나, 자신의 운명에 대한 그의 확신감은 1905년의 사태에 의해 고양되어 있었다. 그때 그는 상트 페테르부르크 소비에트에서 50일 동안 맹활약을 함으로써 젊은 나이에도 불구하고 가장 뛰어나며 인기 높은 지도자로 등장했던 것이다. 또 그뒤에 있었던 상트 페테르부르크 소비에트 집행위원들에 대한 반역죄 혐의 재판에서 당당한 자기 변호로 자신의 명성을 더욱 높이 올렸다. 그뿐만이 아니다. 1905년의 사태 전개는 그의 이론적 자신감을 강화시켰다. 그해초에 그는 뒷날 그의 대명사가 된 영구혁명론의 개괄적인 구상을 발표했는데, 그해말의 사태 진전은 그에게 자신의 이론이 현실로서 입증됐다는 자신감을 불어넣어주었다. 형무소에서 그는 일련의 소책자들을 써나갔는데, 뒷날 그것들을 묶어 『1905년의 해』란 책으로 출판했다. 그 책은 그 기념비적인 해에 대해 씌어진 저술들 가운데 가장 뛰어나고 가장 위대한 것이었다.

초당파적 입장을 취한 트로츠키. 시베리아를 탈출해 런던으로 왔던 때 마침 1907년의 통합 당 대회가 열리게 되어 있었다. 말하자면 가장 적절한 시기에 유형지에서 탈출한 셈이었다. 거기서 그는 1905년에 이뤄졌던 전반적인 통합이 이미 깨어졌으며 따라서 당은 다시 한번 여러 파벌들로 분열되고 있다는 것을 알게 됐다. 그는 자기의 경우처럼 지난해 동안 엄청난 위신을 얻은 로자 룩셈부르크가 러시아 혁명의 본질에 대한 분석과 이해에서 자기에게 가까운 입장에 서 있으며, 또 레닌이 자기에게 날카롭게 반대되는 입장에 서 있지 않다는 것을 알고 무척 기뻐했다. 그는 자신과 멘셰비키의 대변지인 『나찰로』의 편집인이었으며, 또 그들의 지지를 받아 상트 페테르부르크 소비에트의 지도층에 올라갔던 것이 아니었던가. 그랬었던 멘셰비키와 자신 사이에는 이제 정치적 견해에서 큰 간격이 생겼던 것이다.

이러한 상황에서 그는 앞으로 5년 동안 자신의 행동의 일차적 지침이 되는 하나의 결론을 도출했다. 그것은 초당파적인 입장을 견지할 뿐만 아니라 스스로 초당파적인 조직을 형성하자는 것이었다. 볼셰비키와 멘셰비키가 1903년에서 1905년 사이에 치열하게 싸웠지만, 행동을 취할 기회가 왔을 때 그들은 단결해 차리즘과 투쟁하지 않았던가. 마찬가지로 혁명의 새 물결이 다시 한번 밀어닥칠 때 지금은 분열되어 있는 그들도 다시 한번 단결할 것이라고 그는 믿었던 것이다. 무엇보다 그때는 각성한 노동 계급의 절실한 필요와 요구가 다시 한번 이 비잔틴적인 논쟁과 파벌 사이의 불목을 압도해버릴 것이라고 그는 생각한 것이다. 거대한 총파업이 일어나는 경우, 그것은 자연히 노동자들의 소비에트를 형성하게 될 것이고, 그 소비에트는 보다 포괄적인 성격을 지닐 것이며, 또 어느 파벌이나 당보다 더욱 권위 있는 기관이 될 것이라고 생각했다. 이때의 트로츠키를 도이처는 다음과 같이 요약해서 설명하고 있다: "〔트로츠키는〕 멘셰비키가 카데츠와 제휴하려는 경향을 보이는 점에 대해 멘셰비키를 강력히 비판했다. 그 대신에 그는 노동자와 농민의 연합을 옹호했다. 폴란드 사회민주당을 대표하는 로자 룩셈부르크는 〔트로츠키의〕 영구혁명론을 지지했다. 레닌은 노동자와 농민의 동맹을 옹호함에 있어서 트로츠키가 볼셰비키와 공동의 광장 위에 서 있다는 것을 두 번씩이나 강조해서 인정했다. 다시 한번 레닌은 트로츠키를 자기 편으로 끌어들이려고 했으나 다시 그는 실패했다."[8]

이러한 판단에서 그는 1907년부터 1914년 사이의 불행했던 세월, 곧 당내 파벌들 사이의 논쟁과 불화가 격심해졌던 세월 동안 어느 한 파에도 속하지 않았다. 스스로 선택한 무인도에 머무르고 있었던 것이다. 그의 이러한 입장은 각 파로부터의 공격을 받게 만들기도 했다. 지난날 소련에서 출판된 반(反)트로츠키이즘에 관한 공식적 문헌들의 대부분은 바로 이 시기에 트로츠키가 취했던 입장에 대한 레닌의 반박을 인용한 것으로 형성됐던 것이다.

트로츠키가 초당파적인 입장에 서서 한편으로는 이쪽을 꾸짖는가 하면, 다른 한편으로는 저쪽을 비판하는 자세는 두 쪽을 동시에 화나게 만들었다. 그의 '초당파적 자세'는 그들에게는 허영이거나 무원칙적인 무관심으로 비쳤으며, '비(非)당파적' 강령의 바탕 위에서 자신의 파벌을 형성하겠다는 자세는 야심으로 비쳤고, 남들은 모두 자신들의 그룹을 대변해 말하고 있는 형편에 그만이 당 전체를 대변해 말하겠다는 태도는 용납할 수 없는 오만으로 보여졌다. 결국 초당파적인 집단 지도 체제를 형성함으로써 당의 통합을 가져오겠다는 그의 노력은 실패로 돌아가고 말았다. 웅변가로서, 소책자 발행인으로서, 그리고 호민관으로서 그는 뛰어난 자질과 역량을 이미 보여주었다. 그러나 조직가로서는 실패한 것이다.

전반적으로 보아 트로츠키의 이러한 입장은 앞으로 5년의 기간에서 그를 볼셰비키보다는 멘셰비키에 더 가깝게 만들어주었다. 왜냐하면 분열의 문제에서 레닌은 언제나 공격자였기 때문이었다. 1910년에 결국 멘셰비키와 그리고 당의 단결을 주장하는 볼셰비키——이들을 '당 볼셰비키' 또는 '화해파'라고 부른다——사이의 제휴가 성립됨으로써 레닌의 파벌 의식이 궁지에 몰렸을 때, 통합 당 대회는 트로츠키의 개인 기관지인 『비엔나 프라우다』를 당의 기관지로 선언했다. 그리고 1912년 8월에 레닌이 그의 반대자들을 공개적으로 조직 밖으로 쫓아내고 자파를 합법적인 당으로 선언했을 때 트로츠키는 다시 한번 '당 멘셰비키' '멘셰비키 청산주의자들' '당 볼셰비키들'을 위한 구심점이 됐다. 이 '8월 블록'은 모든 그룹을 '공격자'에 대항하게 만들어 단결시키려는, 그리고 레닌으로 하여금 평화를 유지하도록 강요하게 하는, 아니면 최소한 논쟁과 투쟁 방식을 단일 조직과 공동의 대의 속의 동지들에게 허용될 수 있는 한계 안에 고정시키려는 트로츠키의 마지막 노력이었다. 이 점에 대해 트로츠키는 이렇게 선언했다: "수만 명의 노동자들을 옹호하고 있는 하나의 커다란 마르크시스트 공동체 안에서 의견의 상위와 불화란 존재할 수밖에 없다. 그 공동체의 각 성원은 공통적인 프로그램의 바탕 위에서 자신의 견해를 옹호할 권리와 의무를 갖고 있는 것이다. 그러나 그 의무를 수행함에 있어서 누구나 자신은 형제들의 단체 안에서의 차이를 다루고 있다는 점을 망각해서는 안 된다. 〔……〕 투쟁에 있어서 기율과 총화는 상호 존경과 신뢰 없이는 생각할 수 없으며, 이러한 도덕적 원칙을 지키지 못한 사람은 그의 의도가 무엇이건간에 사회민주당의 그 존재 자체를 파괴하고 있는 것이다."[9]

만일 이 개념이 그대로 고수됐더라면, 러시아 혁명의 운명, 소비에트 정부의 운명, 그리고 트로츠키 자신의 운명은 얼마나 달라졌을 것인가! 이 문제는 1917년에 다시 제기되는데, 이번에는 트로츠키가 자신이 제시했던 그 원칙에 따르지 않는다. 그는 레닌의 입장에 서게 되는 것이었다. 나중에야, 곧 스탈린과의 권력 투쟁에 들어서서 패배의 세력이 되면서 그는 다시 자신의 옛 원칙으로 돌아간다.

망명지 비엔나에서의 트로츠키. 망명가들을 갈라놓은 문제들로부터 트로츠키가 초연할 수 있었던 것은 그가 지리적으로도 그들과 떨어져 있었다는 점에 기인하는 것이라고도 볼 수 있다. 러시아 망명가들의 대부분은 파리, 베를린, 제네바, 취리히 등에 몰려 있었음에 비해 그는 비엔나를 택했던 것이다. 거기에서 그는 1908년부터 자신의 기관지 『프라우다』를 발간하고 있었다, 그리고 이 『비엔나 프라우다』는 당의 단결을 계속 호소하고 또한 극단적인 정치적 과격주의, 곧 영구혁명론을 전개함으로써 러시아 내부에서 상당한 인기를 모으고 있었다. 약 3년 반 동안 그는 혼자서 격월간으로 그것을 찍어냈다. 기사와 논평의 대부분을 그 자신이 썼으며, '흑해 선원조합'을 통해 러시아에 밀반입시켰다. 그러나 경찰은 이미 여기에도 밀정을 투입시키고 있었으며 1차 세계 대전의 발발 직전, 그러니까 트로츠키의 입장에서 볼 때 밀반입이 가장 중요한 시기에, 경찰은 이 조직을 습격해 간부들을 체포해버렸다.

트로츠키의 주요 편집 보조원은 요페 A. A. Joffe였다. 요페는 신경 질환이나 정신 질환을 겪고 있었으며 이 때문에 정신분석 전문의인 아들러 Alfred Adler의 치료를 받게 됐다. 그런데 아들러 일가는 트로츠키 일가의 친구였으며 이 인연으로 요페와 트로츠키는 가까워졌다. 요페는 또 아들러를 통해 정신분석학을 수립한 오스트리아 의학자인 프로이트 Sigmund Freud에 관심을 갖게 됐다. 트로츠키는 요페를 러시아에 지하 조직을 만들라는 밀령과 함께 밀입국시켰는데, 경찰은 그를 즉각 체포해버렸다. 그는 1917년에 혁명이 일어나서야 겨우 시베리아 유형지에서 풀려나올 수 있었다. 혁명과 더불어 레닌의 초대 내각에서 외무부 장관이 된 트로츠키는 그를 초대 독일 대사로 보낸다. 그뒤 1927년에 트로츠키가 스탈린과의 권력 투쟁에서 패배해 당에서 추방당하자 그는 항의하여 자살하고 만다. 그 밖에 트로츠키를 도왔던 사람들은 리아자노프와 스코벨레프 Skobelev 및 코프 Kopp 등을 들 수 있다. 리아자노프는 당의 단결을 옹호하는 노조 운동가였는데, 차차 마르크스의 사상을 본격적으로 연구해 러시아의 지도적인 마르크스 학자가 되며 소련 정부에서 마르크스-엥겔스 연구소 소장이 된다. 그리고 스코벨레프는 당시 혁명의 학도로서 1917년 2월 혁명 직후에 세워진 케렌스키 임시 정부의 노동부 장관이 되고, 코프는 요페처럼 소련의 외교관이 된다.

트로츠키가 비엔나에 살던 때 그의 둘째아들 세르게이가 태어났으며 그의 큰아들 레온이 초등학교에 들어갔다. 당시 오스트리아 법은 어린이들은 학교에서 그들의 부모의 신앙에 따른 종교 교육을 받게 규정하고 있었다. 트로츠키 내외는 레온에게 루터교를 지정해주었다. 그들은 루터교가 아들의 정신 생활에도 도움을 줄 뿐만 아니라 일상 생활에도 덜 부담스러울 것이라고 생각한 것이다. 트로츠키가 비엔나에 머물고 있던 때 그의 부모가 그의 첫번째 결혼에 의한 그의 딸을 데리고 찾아왔다. 베를린에서 트로츠키의 어머니는 신장 수술을 받았으며 방선균병의 치료를 받았는데, 그녀는 그녀의 생애의 마지막 10년을 이 병으로 고생했다. 트로츠키의 부모는 트로츠키의 과격주의를 마침내는 용인해주었다. 트로츠키는 그의 자서전에서 "부모님과의 마지막 논쟁은 독일어로 쓴 나의 첫번째 책이었다"고 쓰고 있다. 그들이 그를 방문한 1910년에 환갑의 어머니는 고향 야노브카로 돌아갔으며, 그해에 그녀가 트로츠키를 낳은 바로 그곳에서 죽었다.

그의 두번째 망명 생활에서 그는 한때 그가 사용한 필명인 펜이란 뜻의 페로답게 펜을 움직여 생계를 유지했다. 그는 사회주의적 색채가 있는 합법적 잡지인 『키예프 사상』지의 통신원이 된 것이다. 그는 문학, 독일 및 오스트리아의 문제, 정치, 경제 등에 대해 썼는데, 뒷날 소비에트 정부는 그 글들을 다시 출판한다. 그러한 글들을 쓰고 얻는 수입은 그의 수수한 생활의 비용을 충당시켜주기에는 충분한 것이었다. 그러나 물론 살림이 넉넉하지는 않았다. 특히 그가 『프라우다』의 발간에 매달렸던 때는 수입이 줄어들었다. 이때의 생활을 그는 뒷날 이렇게 회고한다: "그때 아내는 길을 물어서 전당포엘 갔으며 내가 보다 넉넉하게 지내던 시절에 샀던 책들을 책장수에게 다시 팔지 않으면 안 됐다. 우리의 조그만 소유물들이 집세 때문에 빼앗기기도 했다. 우리는 아기가 둘이 있었으나 유모는 없었다. 우리의 생활은 아내에게는 이중의 부담이었다. 그러나 그녀는 여전히 시간과 기운을 내 나의 혁명 사업을 도와주었다."[10]

이처럼 어려운 때도 트로츠키는 경제적 위기와 정치적 봉기 사이의 상관 관계를 연구하는 데 정열을 쏟았으며, 그가 살고 있는 오스트리아-헝가리 합병 제국의 민족 문제와 노동 문제에 정열을 쏟았다. 자신이 공부한 외국어들에는 모두 유창했던 그는 곧 비엔나의 노동자들의 집회에서 독일어로 연설할 수 있게 됐다. 다른 한편으로, 그는 힐퍼딩의 소개로 바우어 Otto Bauer와 아들러 Max Adler 및 렌너 Karl Lenner와 같은 당대 일급의 마르크시스트 이론가들과 만났다. 트로츠키가 인정했듯이, "그들은 다양한 주제에 관한 지식이 나의 지식보다 우월한, 잘 교육받은 사람들이었다." 그래서 그는 그들의 애기를 열심히 들었다. "그러나 대단히 금세 나는 당혹스러워졌다. 그 사람들은 혁명가들이 아니었다"고 그는 회고했다. 무엇보다 "이 교육받은 마르크시스트들이 정치라는 큰 문제들, 특히 혁명적 전환의 문제에 부딪혔을 때 마르크스의 방법론을 적용함에 있어서 절대적으로 무능하다는 것을 발견하곤" 그는 놀라버렸다.[11]

유태인 망명가들의 국제주의. 러시아로부터 탈출한 망명자들 가운데 그들의 망명지의 정당에서 그 정당을 거의 고향처럼 느끼며 활동하던 사람들은 로자 룩셈부르크, 앙젤리카 발라바노프, 파르부스, 그리고 트로츠키 네 사람이었다. 그런데, 월프가 지적했듯이, 이 네 사람이 모두 유태인 출신이라는 점은 대단히 흥미있는 일이다. 유태인에게는 아마도 그들을 비교적 덜 러시아적이며 또는 덜 폴란드적으로 만들고 반면에 더욱 유럽적이며 더욱 세계주의적으로 만드는 혈통이 있는 것인지도 모르겠다.

그렇다고 해서 모든 유태인 출신의 러시아 망명가들이 그러했던 것은 아니다. 악설로드, 마르토프, 지노비에프, 카메네프가 후자의 경우에 속한다. 그들은 그들의 망명지의 정당에 입당해 활동한 일이 없었다. 플레하노프도, 자수리치도, 레닌도 결코 그들이 살던 큰 도시들에서의 사회주의 운동에 참여하지 않았었다. 레닌은 15년의 세월을, 그리고 플레하노프와 자수리치는 성인으로서의 전생애를 해외 망명지에서 보냈는데도 말이다.

그러나 파르부스, 룩셈부르크, 발라바노프, 트로츠키는 달랐다. 파르부스는 독일 사회민주당의 지도자였고, 발라바노프는 이탈리아 노동 운동에 보다 깊이 관련되어 있었으며, 룩셈부르크는 무려 세 나라의 사회주의 정당에서 활약하고 있었다. 트로츠키는 이 세 사람보다는 비교적 덜 '국제적'이었다. 그가 죽는 날까지 러시아는 그의 머릿속에 가장 깊숙이 자리잡고 있었던 것이다. 그러한 그 역시 독일어와 프랑스어를 구사하는 뛰어난 웅변가였으며 오스트리아 사회민주당에 적잖게 관계하고 있었다.

트로츠키가 마르크스를 다시 읽다. 비엔나에 머물면서 트로츠키는 마르크스와 엥겔스에게로 다시 관심을 쏟았다. 마치 레닌이 상트 페테르부르크의 그 대동요 이후 마르크스와 엥겔스에 관심을 새로이 쏟고 연구했듯이, 트로츠키 역시 의외로 고요해진 비엔나에서 '스승'의 사상에 대한 연구로 들어간 것이다.

이 시기에 마르크스와 엥겔스에 대한 레닌의 연구는 그에게 더할 나위 없는 자신감을 불어넣어주었다. 그는 마르크스와 엥겔스가 철저한 혁명가였으며 또 분파주의자의 흔적이라고는 조금도 갖지 않았다는 확신을 얻었다. 특히 그는 마르크스가 새로운 민중 봉기가 일어날 것이라는 망상에 여전히 매달려 있던 1850년 3월에 쓴 영구혁명론에 깊은 감명을 받았다. 이 글에서 마르크스는 민주적 소(小)부르주아지는 그들의 요구가 어느 정도 받아들여지기만 하면 혁명을 종결하려고 하지만, 혁명을 영구하게 만드는 것, 풀어 말해, 모든 지배 계급과 소유 계급이 그 권력을 빼앗기고 정부 기구가 프롤레타리아트에 의해 장악될 때까지 혁명을 계속하는 것이야말로 프롤레타리아 계급의 이익이요 과업이라고 주장했던 것이다. 마르크스는 공식적인 정부 이외에도 노동자들은 혁명적인 노동 계급의 정부를 세우지 않으면 안 된다고 주장했다. 그렇게 하는 경우 부르주아 민주 정부는 노동자들의 모든 지원을 즉각적으로 잃을 뿐만 아니라 처음부터 노동 계급의 전체적 대중이 자신들의 뒤에 서 있다는 위협 의식을 갖게 될 것이라고 본 것이다. 그리고 노동자들을 정부의 명령 아래가 아니라 노동자들에 의해 세워진 혁명 당국의 명령 아래 놓기 위해 그들을 그들의 지도자들과 참모 본부로서 조직하고 무장하는 것이 필요하다고 보았다. 마르크스는 노동자들이 이 목적을 위해 영구 혁명을 외치며 싸워야 한다고 결론지었다. 그런데 레닌과 트로츠키가 1917년에 추구하게 되는 것은 대개 이 노선에 따른 것이었다.

루나차르스키가 본 트로츠키. 트로츠키가 비엔나에서 7년을 보냈다는 점, 망명가들 사이의 투쟁과 쟁점들로부터 초연해 있었다는 점, 그뒤 종군 특파원으로 발칸 지역과 스페인 및 멀리 미국에까지 돌아다녔다는 점들 때문에 우리는 1907년과 1917년 사이의 긴 기간 동안 그를 추적하지 않을 것이다. 그러나 우리가 그를 우리의 시야에서 쫓아내기에 앞서, 나중에 소비에트 정부의 교육부 장관이 되는 루나차르스키의 매우 민감한 붓이 뛰어나게 묘사한 당시의 트로츠키의 모습을 살피기로 한다:

내가 트로츠키를 처음 만난 것은 1905년, 그러니까 1905년의 1월 사태 이후였다. 〔……〕 당시 트로츠키는 뛰어나게, 우리 모두와는 구별되게 우아했으며 그리고 대단한 미남이었다. 그런데 그의 우아함, 그리고 특히 누

구와 이야기하든 부주의한 것 같으면서도 고자세적인 처신은 나를 불쾌하
게 만들었다. 다리를 무릎 위로 꼬고 앉아서 그가 집회에서 행할 즉흥 연
설의 초를 연필로 내려갈기는 이 멋쟁이를 나는 몹시 실망했다는 눈빛으
로 바라보았다. 그러나 트로츠키의 연설은 힘차고 잘하는 것이었다.
〔……〕

　나는 어떤 사람이 레닌의 면전에서 이렇게 말하던 것을 기억하고 있다.
"〔1905년 10월의 총파업 이후의 혁명적 상황에서〕 흐루스탈레프의 별은
떨어졌습니다. 그리고 이제 소비에트의 강자는 트로츠키입니다." 이 말을
듣고 레닌은 잠시 우울해지는 것 같았다. 그러나 곧 이렇게 말했다. "알겠
네. 트로츠키가 지칠 줄 모르고 멋있는 일을 해낸 결과로서 그걸 얻은 것
이지."

　그의 체포 때까지 상트 페테르부르크 프롤레타리아트 사이에 트로츠키
의 인기는 대단히 높았다. 그리고 그 인기는 법정에서 그의 탁월한 극적이
며 영웅적인 행동의 결과로 증대됐다. 〔……〕 1905년과 1906년의 모든 사
회민주당 지도자들 가운데, 트로츠키는 그의 젊음에도 불구하고 그 자신
을 가장 잘 준비를 갖춘 사람으로 나타냈다. 그 당시 레닌 같은 사람까지
도 가졌던 망명자들의 어떤 협소함 같은 것을 그는 가장 적게 갖고 있었
다. 어떤 다른 사람들보다 그는 권력을 위한 폭넓은 투쟁이 진정 무엇인지
를 잘 인식하고 있었다. 그리고 그는 가장 큰 인기를 얻었던 것이다. 레닌
이나 마르토프도 어떤 실질적인 얻음이 없었다. 플레하노프는 많이 잃었
다. 〔……〕 트로츠키는 그때부터 선두에 서게 된 것이다. 〔……〕

　그러나 트로츠키는 당(黨)뿐만 아니라 조그만 그룹 하나를 조직하는 데
있어서도 거의 성공하지 못했다. 트로츠키의 엄청난 오만함, 그리고 다른
사람들을 돌보아주거나 신경을 써주는 능력이나 의사의 결여, 레닌을 언
제나 둘러싸고 있는 그러한 매력의 결여는 트로츠키로 하여금 외로움을
맛보게 했던 것이다. 〔……〕 정치 단체 안에서의 일에는 트로츠키는 거의
맞지 않는 사람이었다. 그러나 개인적 성품 같은 것이 그 중요성을 잃는
역사적 사변들 속에서는 오직 그의 장점만이 앞에 드러나는 것이었다.
〔……〕

　나는 레닌은 결코 그 자신을 돌아보지 않는 사람이라고 생각한다. 그는 역사의 거울 속을 들여다보거나 후세가 그에 대해 뭐라고 말할 것인지에 대해 생각해보는 일이 없는 사람이라고 생각한다. 그는 그저 자기 권력의 맛을 알아서가 아니라 자신이 옳으며 다른 사람들이 자신의 일을 망쳐서는 안 된다는 것을 확신하고 있기 때문에 오만하게 자신의 일을 해나가는 것이다. 권력에 대해 자신의 반대자의 견해로부터 볼 수 있는 능력의 결여―그런데 이 결여는 정치 지도자에게는 대단히 쓸모 있는 것이다―로부터 나온 것이다. 〔……〕

　레닌과는 달리 트로츠키는 때때로 그 자신을 돌아본다. 트로츠키는 자신의 역사적 역할을 사랑하며 또한 인류의 기억 속에 진정한 혁명적 지도자의 표징으로 남기 위해 자신의 목숨을 희생하는 것까지를 제외하지 않을 정도로 어떤 개인적 희생을 할 용의가 틀림없이 되어 있었을 것이다.[12]

이러한 면밀한 관찰과 예언적인 글들은 레닌이 살아 있던 시절에 씌어져서 1923년에 모스크바에서 『혁명의 얼굴들』로 처음 출판됐다. 이 책에 스탈린의 얼굴은 전혀 소개되지 않았다. 그것은 루나차르스키가 스탈린에 반대하는 무엇이 있어서가 아니라 1923년에는 아무도 스탈린이 장차 소련의 정치에서 주도적인 인물로 등장하리라고 생각하지 않았기 때문이다. 그러나 뒷날 스탈린은 몇 차례의 권력 투쟁을 거치면서 제1인자로 떠올랐고, 반면에 트로츠키는 패배해 다시 망명의 길을 밟지 않으면 안 됐다. 『혁명의 얼굴들』도 트로츠키의 운명을 감내하지 않으면 안 됐다. 스탈린 치하에선 트로츠키가 혁명에서 중요한 역할은 고사하고 어떠한 역할을 했다는 것도 인정될 수 없기 때문에, 대중의 뇌리에서 트로츠키의 모습을 완전히 지워버리지 않으면 안 됐던 것이다. 따라서 루나차르스키는 아마도 강압에 의해 그 이후의 판본에서는 트로츠키에 관한 글들을 빼버리지 않으면 안 됐다.

4. 철학적 논쟁이 크게 일어나다

사니니즘의 풍미. 이 어두운 시대에 러시아 사회 전반에는 데카당, 곧 퇴폐적인 분위기가 풍미했다. 젊은이들 사이에는 에로티시즘과 자살이 대중적 현상이 됐다. 아르트시바셰프 Artsybashev가 1907년에 출판한 『사닌 *Sanin*』은 한때 날개 돋친 듯이 팔려버렸는데, 그것은 젊은이들이 갖고 있는 혁명에 대한 극단주의적 열정과 에로티시즘과 자살 등을 하나의 주제로 엮어 쓴 책이었다. 자살, 유혹, 나체주의, 근친 상간, 육체적 힘의 영광화, 육체적 쾌락, 정치나 지식에 시간을 보내는 사람들에 대한 조소, 동물처럼 생활하라는 인생관, 모든 규범이나 원칙으로부터의 해방——이러한 것들이 사니니즘의 핵심이었다. 마치 투르게네프의 『아버지와 아들』이 1860년대의 상징이었듯이, 1905년 이후 데카당 시절의 상징은 사니니즘이었다. 학생 시절부터 과격한 정치 운동에 흡수됐던 많은 지식인들도 이제는 그들로서는 처음으로 그들이 믿어왔던 전제(前提)들을 분석하기 시작했다. 많은 이들이 움츠러들기 시작했다. 열광적인 행동의 인간들, 테러리스트들까지도 강요된 무행동(無行動)의 상황에서 그들 행위의 의미를 곰곰이 생각해보게 됐다. 어떻게 해서 나는 나의 이상과 나의 인생을 나의 동포에게 사형을 집행하는 데 바치는 사람이 됐는가? 그들은 이러한 물음을 갖게 됐던 것이다.

내무부 대신 플레베의 암살자들 가운데 한 사람이었던 사빈코프는 이러한 물음을 그가 1909년과 1912년에 각각 출판한 소설 『창백한 말〔馬〕』과 『아닌 것의 이야기』에서 다음과 같이 표현하고 있다:

사람은 왜 사람을 죽여서는 안 되는 것인가? 그리고 왜 살인은 어느 한 경우에서는 정당화되고 다른 경우에서는 정당화되지 않는가? 사람들은 그 이유들을 찾는다. 그러나 나는 왜 사람이 사람을 죽여서는 안 되는지 이유를 모르겠다. 그리고 나는 왜 이런저런 이름으로 죽이는 것은 옳다고 간주되고 다른 이름으로 죽이는 것은 그르다고 하는 것인지 이해하지 못한다. 〔……〕 나는 삶과 죽음 사이의 경계에 있는 것이다. 그리고 죽음이 지배하는 곳에 법은 없는 것이다. 왜냐하면 법은 삶만을 규제하기 때문이다. (『창백한 말』에서 주인공의 얘기)[13]

테러는 그들에게는 그것에 의해 죽고 살아야 할 종교였으며, 또한 사랑과 희생과 저주가 서로 함께 얽힌 종교였던 것이다. 그래서 그 주인공은 이렇게 말한다: "이 말을 꼭 기억하라: 위대한 사랑은 〔……〕 인간이 자신의 동지들을 위해 자신의 목숨을 버릴 것을 요구한다. 그리고 그는 자신의 목숨 이상의 것—그의 영혼을 내놓지 않으면 안 되는 것이다."[14]

그런가 하면 『아닌 것의 이야기』 속의 한 테러리스트는 고뇌 속에서 이렇게 외친다: "우리는 어디에서 법을 발견해야 하는 것인가? 당의 강령에서? 마르크스에게서? 엥겔스에게서? 칸트에게서? 〔……〕 마르크스도, 엥겔스도, 칸트도 누구를 죽여본 일이 없다. 그들은 결코 죽여본 일이 없다. 내 이야기를 듣고 있나? 그들은 모른다. 그들은 당신과 내가 알고 있는 것을 알 수 없다. 〔……〕 그들이 뭐라고 썼든지간에, 우리가 죽였는지 안 죽였는지에 대해 그들은 모르는 것이다."[15]

러시아 마르크시즘의 새 논쟁과 『베히』. 이와 동시에 러시아 마르크시스트들 사이에서는 새로운 철학적 논쟁이 일어나게 됐다. 그것은 물론 러시아 마르크시스트들 사이에서만 일어난 특유한 현상은 아니었다. 당시 유럽 사회주의 사상계에서는 '수정주의'와 '정통 마르크시즘' 사이의 이론적 논쟁이 치열하게 벌어지고 있었던 것이다.

러시아 마르크시스트들 사이에서 논쟁을 불러일으킨 대표적인 마르크시스트 사상가는 불가코프와 베르디아에프였다. 마르크시스트로서 워낙 영향력이 컸던 이 두 거장이 1900년과 1901년에 마르크시즘과의 결별과 기독교로의 귀의를 발표했을 때 러시아 마르크시스트 사상계는 물론 러시아 사회가 받은 충격은 컸었는데, 이 두 사람이 다른 다섯 명의 지도적 인텔리겐치아들과 함께 1909년에 『베히(방향 표지)』라는 논문집을 출판하면서 러시아 인텔리겐치아들이 자랑스런 전통으로 여겨오던 모든 것에 대한 전면적 배격을 선언하자 체제와 반체제 모두가 큰 놀라움에 빠졌던 것이다. 1909년이라면 1905년의 혁명이 좌절된 이후 스톨리핀의 반동 정치가 고조에 이르자 마르크시스트들을 포함한 인텔리겐치아 사이에서 패배감이 만연하던 때였다. 차리즘에 굳건히 대항해온 사회민주주의자 출신의 자유민주주의자 스트루베가 여기에 가담했던 까닭도 그러한 사회적 분위기의 영향 때문이었다.

『베히』에 발표된 논문들은 러시아 사회의 그릇된 모습에 대해 인텔리겐치아 스스로의 책임을 물었다. 그러한 자성의 토대 위에서 그 논문들은 정치에의 집착으로부터의 탈피와 기독교로의 귀의를 통한 정신적 재생을 권유했다. 이러한 배경에서, 체제 쪽에서는 그들을 "천사들로부터 축복받을 용감한 일을 해낸 정신적 투사들"로 격찬한 반면에 반체제 쪽에서는 그들을 "혁명 전통을 배반하고 반동 세력과 결탁한 부르주아 배신자들"로 매도했다. 공평히 말해, 그 어느 쪽의 평가도 정확하지 않았다. 『베히』의 논문들은 극우 반동 세력의 탐욕과 민중 탄압에 대해 가혹히 비판하고 극좌 혁명 세력에 대해서는 테러리즘을 비판하면서, 자신들의 출발점이던 인간의 구제로 돌아가 새로운 해답을 주고자 했던 것이다. 결론적으로 이인호(李仁浩) 교수는 다음과 같이 결론지었다: "『방향표지』에 실린 논문들에서 인텔리겐치아의 결함이라고 지적된 문제들은 어느 면에서는 극좌의 혁명적 인텔리겐치아에게서만 볼 수 있는 현상이 아니라 러시아 사회 전체와 결부되어 있는 것이라 함이 필자들에 의해 곳곳에서 암시되고 있었다. 그런 의미에서, 『방향 표지』에 실린 글들은 인텔리겐치아에 대한 비판이라기보다는 하나의 새로운 역사철학의 개척에의 시도였다고 볼 수 있다."[16]

베르디아에프와 불가코프가 걸은 길. 그러면 베르디아에프와 불가코프는 그뒤 어떤 길을 걸었나? 베르디아에프는 유력한 귀족의 집안에서 태어나 러시아 귀족 사회의 문화적 유산에 아주 익숙했던 타고난 예술가요 사상가였다. 그는 키예프 대학교 법학부 학생 시절에 마르크시즘에 빠져들었다가 제적과 유형의 과정을 밟았으나 그뒤 독일로 유학해 철학을 공부하면서 마르크시즘으로부터 벗어났고 귀국한 뒤 1904년에 불가코프와 함께 『생명의 문제』를 편집했다. 그는 『베히』 운동 이후에는 더욱 철학

연구에 몰두해 마침내 20세기 러시아의 대표적 종교적 사상가로 자리를
잡았으며 러시아 혁명 이후 서구로 망명해 러시아의 지성사와 소련식 공
산주의에 관한 저술들을 남긴다. 그는 1948년에 70세로 죽을 때까지 사
회주의와 개인주의 및 협동적 기독교 사상의 변증법적 합(合)을 설교한
다. 다른 한편으로, 불가코프는 가난한 성직자 집안 출신으로 신학교의
수준 낮은 교육에 대한 반동으로 혁명적 허무주의에 매혹됐다가 모스크
바 대학교 법학부에 진학한 뒤에는 마르크시즘에 빠졌다. 그러나 그는
곧 기독교 신앙을 되찾아 마르크시즘의 구세 사상과 기독교를 접합한 기
독교 사회주의를 세워보고자 노력했다. 이러한 포부로 그는 2대 두마 의
원으로 활약했으며 러시아 혁명 이후에는 러시아 정교의 신학자가 되어
그의 생애에서 마지막 20년에 해당하는 1924년부터 1944년까지 파리에
있는 러시아 정교 신학교의 교장으로 일한다.

다른 한편으로, 러시아 사회민주당 내부에서도 철학적 논쟁이 크게 벌
어졌다. 우선 철학자인 보그다노프와 루나차르스키가 마르크시즘을 이
상주의 철학과 조화시키려는 시도를 벌이기 시작한 것이다. 이것은 레닌
에게 대단히 위험스럽게 보였다, 이에 레닌은 보그다노프 및 루나차르스
키와 뜨거운 논쟁을 벌이고 드디어 그들과 헤어졌다. 그것은 대체로
1908년에서 1909년 사이의 일이었다.[17]

제26장

혁명의 열기가 다시 일어나다

되돌이켜보건대, 1904년에서부터 1907년 사이의 몇 해는 '혁명과 반(反)혁명의 시기'였다. 러일 전쟁에서의 패배가 혁명적 열기를 내연(內燃)시켜 마침내 '피를 흘린 일요일'로부터 전국적인 총파업에 이르는 1905년의 혁명을 만들어내더니, 1907년부터 차리의 복수가 시작된 것이다. 도이처가 "1907년은 차리의 복수의 해였다"[1]고 썼을 때, 그것은 조금도 과장이 아니었음을 우리는 앞의 장들에서 보았다. 차리의 복수는 확실히 효력을 나타냈다. 이에 따라 1908년부터 1911년 중반까지는 반동의 정치가 나타났으며 혁명 운동은 거의 소멸되다시피 했다는 것도 우리는 이미 살펴보았다. 정말 1908년부터 1911년까지의 네다섯 해는 혁명가들에게는 가장 견디기 어려운 시절이었다. 크라신이 실험실에서의 폭탄 제조를 중단하고 점차 사회주의 운동에서 손을 떼면서 공학에 전념하게 된 것이나, 리아자노프가 마르크시즘의 석학이 되어 자기 세대를 학문적으로 정리하고자 노동조합 활동과 당의 통합을 위한 투쟁을 포기한 것이나, 루나차르스키가 문학과 종교에 점점 빠져들고 보그다노프가 프롤레타리아 문화에 탐닉하게 된 것 등이 모두 이 '좌절의 시대'에 일어난 것이었다.

그런데 1911년 중반부터 사태는 레닌에게는 퍽 유리하게 개선되기 시작했다. 이 장은 이러한 상황에서 레닌이 혁명 운동을 어떻게 이끌어갔던가를 살피기로 한다.

1. 레닌의 입장이 개선되다

레닌이 반대파를 모두 몰아내다. 레닌의 입장이 개선되게 된 여건으로 하딩은 두 가지를 지적하고 있다.[2]

첫째, 볼셰비키파에서 이견자들을 모두 몰아내어서 이제 그들이 레닌의 노선에 위협적인 존재가 될 수 없게 됐다는 점이다. 이 점을 다음에서 자세히 살펴보기로 하자. 1908년부터 1911년까지 러시아 사회민주주의 운동은 분열과 암투를 격심하게 겪었다. 레닌의 적들은 모든 분열과 암투의 원인이 레닌의 권력욕과 그의 '분열 광기(狂氣)'에 있다고 비난하는 반면, 그를 존경하는 추종자들은 그것을 그의 선지자적 예견의 결과로 돌렸다. 그러나 확실히 그러한 분열과 암투에서 '공격자'로서의 레닌의 역할은 결코 무시할 수 없었다. 그리고 또 비밀 경찰의 은밀하고 치밀한 분열 공작도 가볍게 볼 수 없었다.

레닌의 주도 아래 1909년에 당 기관지 『브페레드』를 중심으로 한 '브페레드주의 볼셰비키'는 거의 모두 축출됐다. '브페레드주의 볼셰비키'란 간단히 말해 두마를 거부하자는 볼셰비키들이었다. 이들은 노동조합에 대해서도 적개심을 보였다. 그런 것들은 모두 사기이므로 거부해야 하며 불법적인 지하 운동을 확대해야 한다고 그들은 주장했다. 보그다노프, 루나차르스키, 폴리안스키, 알렉신스키, 마누일스키, 포크로프스키, 멘진스키 등이 모두 이때 쫓겨났다. 이들은 두마에 대한 전술적인 문제에서 레닌과 의견을 달리했었는데, 레닌은 한꺼번에 내몰아버릴 수 있었다. 쫓겨난 이들은 '무산자 문화' 그룹과 '정통 마르크스주의' 그룹으로 다시 나뉜다. 그런데 이들은 결국 제1차 세계 대전 동안 다시 레닌에게 돌아오며 볼셰비키 혁명 직후 레닌 정부에서 모두 요직을 차지해, 예컨대, 멘진스키는 비밀 경찰의 두목이 되며, 마누일스키는 유엔 주재 우크라이나 대사가 되고, 루나차르스키는 교육부 장관이 된다.

이들에 대칭되는 세력이 멘셰비키의 '청산주의자들'이었다. 이들은 두마의 선거와 선거 운동, 두마 안에서의 의회 활동, 노조의 합법적 등록, 그리고 합법적 신문의 허용 등에 힘입어 '합법적이면서 공개적이고 공식적인 활동의 기회'를 추구하고자 했던 것이다. 따라서 그들은 노조 운동과 선거 운동, 특히 노조 운동에 열중해, 지하당은 이제 쓸모가 없으므로 '청산'해야 한다고 주장했다. 지하당의 음모적 방법도 이젠 약점으로 보였다. 그것은 밀정의 침투를 받게 되는 위험성을 가져온다는 것이다. 그리고 문구는 거창하지만 발행 부수는 무시해도 좋을 만한 그런 지하 신문을 찍어내다가 경찰의 습격이나 받게 되고 노동조합의 허가가 취소되는 결과만을 가져온다는 것이다.

레닌은 이 '우익 청산주의자들'과도 싸웠다. 정말 그는 '좌익 청산주의자들'인 '브페레드주의 볼셰비키'에 대해서, 그리고 '멘셰비크 청산주의자들'에 대해서, 그러니까 그의 표현으로는 '두 개의 전선에서' 싸운 것이다. '멘셰비크 청산주의자들'과의 싸움은 결국 마르토프와의 싸움으로까지 발전했다. 레닌과 마르토프는 이때 표면상으로는 서로 친밀했다. 두 사람 모두 지하당을 지지하고 있었고 "두마 선거와 합법적 노조의 결성을 허용하는 1906년 4월 17일의 법에 의해 허용된 합법적 기회를 이용해야 한다"는 점에 의견의 일치를 보고 있었다.[3]

그러나 마르토프가 생각한 지하당이라는 것은 강제에 의해 완전한 불법 상태로 되돌아갔을 경우를 생각해 예비해두는 단순히 '골격만의 장치'가 돼야 한다는 것이었다. 반면에 레닌에게는 합법적 활동이란 지하당의 작전과 활동의 영역을 넓히는 데 이용되는 표피적인 활동으로 여겨졌었다.

노동조합에 대해서도 레닌과 마르토프의 관점은 달랐다. 레닌은 어떠한 상황 아래서의 합법적 노조 운동도 불신했다. 그는 노동조합이 개발할 수 있는 독립성과 또한 그것이 조성할 수 있는 '부르주아적 이데올로기'를 경계했다. 그래서 그는 "합법적인 또는 반(半)합법적인 노동조합과 그 밖의 조직은 그 안에서 사회민주주의의 지배적인 영향력을 보장하는 데, 그리고 가능한 한 그것을 변형시켜 사회민주당에 대한 지지의 첨병으로 만드는 데 이용하자"고 주장했던 것이다. 이에 반해 마르토프는 정반대로 노동조합과 당을 두 개의 자율적인 조직으로 보았다. 레닌이

이러한 마르토프에게 공격의 포문을 연 것이다. 특히 1911년에 마르토프
가 레닌에 대한 대반격으로서, 우리가 이미 보았듯이, 레닌이 은행 강도
사건을 비롯해 훔친 돈의 착복과 통화 위조의 준비 및 슈미트 상속인으
로부터의 유산 부당 취득 등의 사건에 연루됐음을 다시 한번 상세히 폭
로하자, 레닌의 반격은 더욱 날카로워졌다. 레닌은 이 계제에 마르토프
에 대한 무자비한 전쟁을 벌이기로 결심하고 그를 면밀하게 공략해나갔
다. 우선 이미 묵은 애기를 다시 폭로하는 마르토프의 행위는 점잖은 행
위가 아니며 오히려 당의 분열을 재촉하는 것뿐이라는 인상을 당내에
심어주는 데 성공한 것이다. 카우츠키 같은 뛰어난 지도자도 다음과 같
이 쓸 정도였다: "우리는 레닌과 그의 지지자들에게서 분열의 원인을 볼
수 없다. 레닌의 행동 속에서 우리는 단지 자신을 공격하는 마르토프의
공격에 대한 대답을 볼 수 있을 뿐이다." 플레하노프도 같은 평가를 내
렸다.

당내에서 레닌의 입장이 개선될 수 있었던 또 하나의 사건이 이 시기
에 일어났다. 장차 소련의 총리가 되는 류코프는 이 당시 레닌의 무자비
한 당 동지 추방에 반대하면서 일종의 타협주의를 표방하고 있었다. 그
는 자신의 목표를 달성하기 위한 정치 공작을 준비하려고 러시아로 뛰어
들었는데, 그뒤를 밀정들이 따르고 있었던 것이다. 그 결과 류코프가 접
촉한 사회민주당원들은 거의 모두가 체포됐다. 이때 경찰은 류코프가 부
주의하게 몸에 지녔던 러시아 지하 조직원들의 주소를 입수했고 그 주소
에 따라 사회민주당원들을 체포할 수 있었다는 소문을 퍼뜨렸다. 이 소
문은 물론 류코프와 '타협주의자들'의 위신을 크게 떨어뜨리는 결과를
가져왔고, 여기서 레닌은 반사적인 이익을 얻을 수 있었던 것이다.

레나 금광의 노동자 학살 사건. 레닌의 입장을 개선시킨 두번째의 변화는
노동 운동의 부흥이었다. 노동자들의 파업이 다시 일어나기 시작한 것이
다. 1910년까지면 러시아의 공업화는 상당히 진행된 편이어서, 이에 따
라 노동자의 수효도 크게 늘어났다. 그러자 정부의 억압 정책에도 불구
하고 자연히 노동자들의 파업 역시 늘어나게 되었다.

이러한 상황에서 1912년에 레나Lena 금광에서 노동자 학살 사건이 일

어났다. 레나 강 연안의 황량한 시베리아 침엽수림 지대에 자리잡은 금광의 주주들은 러시아와 영국의 자본가들을 비롯해 니콜라이 2세의 친척들과 정부의 고관들로 구성됐는데, 그들은 매년 7,000,000루블 정도의 큰 이윤을 얻으면서도 7,000명 정도의 노동자들을 무자비하게 착취했다. 이 지역 경찰서장의 보고에 따르면, 금광의 관리자는 도덕성을 완전히 결여한 사람으로 노동자들을 하루에 14시간에서 16시간까지 혹사시키면서도 너무나 적은 임금을 주었고 그나마도 절반은 벌금의 명목으로 공제했다. 게다가 임금의 대부분은 금광이 경영하는 가게의 회수권으로 주었기 때문에 노동자들은 비싼 가격으로 나쁜 식료품들을 사야 했다. 1912년 2월말에 한 가게가 썩은 말고기를 팔자 노동자들은 격분해 동맹 파업을 일으켰다. 그것은 평화적이었다. 하루 8시간 노동제와 임금 인상을 비롯해 벌금 인하와 생활 환경의 개선 등을 요구할 뿐이었다. 그런데도 헌병대는 지도적인 노동자들을 체포했다. 이에 약 3,000명의 노동자들이 궐기하자 헌병대는 발포해 270명을 죽이고 250명을 부상당하게 했다. 그래도 노동자들은 파업을 계속했으며 1912년 7월에 나머지 노동자들이 항의의 행동으로 모두 금광을 떠났다. 그런데도 내무부 대신은 같은 일이 벌어지면 "과거에 그렇게 했듯이 미래에도 그렇게 하겠다"[4]고 말할 뿐이었다.

하딩이 지적했듯이, "이 야만적인 행동 속에서 정부는 다시 한번 자신의 야만성과 그리고 전적으로 무책임한 국가 폭력의 사용을 과시했다."[5]

이러한 일련의 사태에서 레닌은 "전제 정치 체제가 국가의 강압적 기관들을 계속해서 완전히 통제하고 있는 한, 러시아는 무권리와 야만의 나라로 남아 있을 것"이라는 평소의 신조를 쉽게 다른 사람들에게 전파하고 확신시킬 수 있었다. 레닌은 첫번째 혁명의, 곧 1905년의 혁명의 유형이 되풀이될 것이며, 이번에는 대중들이 1905년의 과오로부터 많은 교훈을 배웠기에 결코 중도에서 혁명 투쟁을 포기하지 않을 것이라고 보았다. 레닌은 이렇게 썼다: "1908~1910년의 세 해는 가장 나쁜 형태로서는 '검은 백인단'의 반(反)혁명의 시기였으며, 〔……〕 프롤레타리아트의 사기 저하와 해체의 시기였다. 파업자의 수효는 떨어져서, 1909년에는

60,000명으로, 1910년에는 50,000명으로 내려갔다. 그러나 눈에 두드러진 변화가 1910년말에 나타났다. 〔……〕 1911년은 노동자들이 점차 공격쪽으로 넘어가는 것을 보게 됐다. 파업자의 수효가 100,000명으로 오른 것이다. 다양한 부문으로부터 나타나는 징조들은 반혁명의 승리에 의해 일어난 갑갑함과 망연함을 지나가고 있으며, 다시 한번 혁명을 위한 충동이 있음을 가리키고 있다."[6]

레닌의 주장은 환상이 아니었다. 확실히 1911년에 들어서자 러시아 전역에서의 파업은 양적으로 확대되기 시작한 것이다. 이와 동시에 볼셰비키에 대한 노동자들의 지지도 올라갔다. 볼셰비키 신문의 판매 부수도 늘어나서, 멘셰비크의 16,000부의 2배가 훨씬 넘는 40,000부에 도달했다. 지식인들도 다시 정치에 관심을 돌리기 시작했다. 1911년에 모스크바 대학교에서는 다시 소요가 일어났으며, 경찰의 학원 탄압에 항의해 21명의 교수들과 다수의 강사들이 사직하는 일도 일어났다. 이들 가운데는 물리학자 레베데프P. Lebedev와 화학자 젤린스키N. Zelinsky 및 지질 화학자 베르나드스키V. Vernadsky 등이 포함됐다.[7]

이러한 '새로운 혁명적 범람'은 러시아 사회민주당의 운동에 새로운 상황을 만들어주었다. 그 새로운 상황은 물론 레닌에게는 유리했다. 역시 레닌의 투쟁 방법이 옳았다는 것을 입증시켜주었기 때문이다. 볼셰비키의 합법적 신문인 『즈베즈다 Zvezda(별)』가 상트 페테르부르크에서 다시 나타나기 시작한 것도 이때였다.

2. 레닌이 프라하에서 당 대회를 열다

새로운 중앙위원회의 구성. 1905년의 혁명 이후에 러시아 사회민주당은 볼셰비키와 멘셰비키의 공동으로 제4차(1906년 4~5월) 및 제5차(1907년 5~6월) 당 대회를 열었고, 1908년과 1909년 및 1910년에 각각 당 중앙위원회를 열었었다. 그러나 레닌은 혁명의 열기가 다시 감돌게 되자, 1911년부터 지노비에프와 카메네프 및 톰스키 등의 지원을 받아 다시 볼셰비키 단독으로 당을 이끌어가기 시작했다. 그리하여 1911년 10월 자파만으로 '러시아 조직위원회'를 수립하고 이것을 모체로 1912년 1월에 체코슬로바키아의 수도 프라하에서 새로이 당 대회를 연다.

러시아 사회민주당의 역사에서 대단히 중요한 의미를 갖는 이 대회는 레닌의 음모적이며 쿠데타적인 방식에 의해 성립됐다. 그는 우선 자파만의 러시아 조직위원회의 이름으로 새로운 당 대회를 개최한다는 뜻을 선언하고 역시 그 이름으로 초청장을 발송했다. 레닌의 부인 크루프스카야는 여전히 공식적인 당 서기였으며, 지하 조직과의 연계에서 레닌이 가장 유리한 입장에 있었다. 자금도 충분했다. 이러한 여건을 이용해 레닌은 자기와 가까운 대의원들에게만 초청장이 제때 들어가게 하고 자신의 반대파에게는 아예 보내지 않았다. 자신이 내쫓은 당 간부들은 물론 플레하노프와 트로츠키에게도 초청장을 보내지 않았다. 이렇기 때문에, 당 대회가 막상 체코슬로바키아 사회민주당의 '인민의 집'에서 열렸을 때 그의 반대파의 얼굴은 거의 보이지 않았다. 그런데도 대의원들은 레닌의 반대에도 불구하고 플레하노프와 트로츠키는 물론이고 레닌에 의해 축출된 당원들에게까지 초청장을 보내야 한다고 주장하고 나섰다. 이에 따라 레닌은 초청장을 보냈으나, 그것이 늦게 전달될 수밖에 없다는 것은 처음부터 명백한 일이었다. 그래도 플레하노프는 답장을 보내왔는데, 그 내용은 "당신의 대회 개최의 결정은 너무 일방적이어서 내가 멀리 있는 것이 더 좋을 것이다. 당의 통일에 대해서는 그것이 더욱 이익이 될 것이다"라는 것이었다.

트로츠키도 장문의 편지를 보내왔다. 여기서 그 역시 "대회 개최의 결정이 너무나 일방적이며 소집 방식이 너무나 독단적이다"라는 점을 들어 레닌을 비판하고 당의 통일을 위해 모든 파벌의 동의의 바탕 위에서 공동의 전당 대회를 소집할 것을 제의했다. 한편 마르토프 지지자들과 '청산주의자들'은 초청을 받지 못해 대회장에 나타나지 못했으며, 타협주의자들은 지도자를 잃었기에 생기가 없었다. 플레하노프를 지지하는 대의원이 두 명 있었으나, 그 가운데 한 명은 레닌에게 이미 포섭당한 뒤였다.

　프라하 당 대회는 이런 식으로 열린 것인데도, 레닌은 그 특유의 배짱으로 대의원들을 설득해 이 대회를 '전(全)러시아 사회민주노동당 대회'로 선언하는 데 성공했다. 이 당 대회 이전에 합법적으로 구성된 중앙위원회는 해산된 것으로 선언됐다. 그리고 그것을 대체할 새 중앙위원회를 곧바로 재구성했는데, 레닌, 지노비에프,* 오르조니키드제, 골로세킨 Goloshekin, 스판다리안 Spandaryan, 말리노프스키, 슈바르츠만 Schwartzman이 이때 선출된 중앙위원회의 정위원이다. 이 가운데 슈바르츠만은 원래 플레하노프 지지자였으나 이 당 대회에서 레닌에게 포섭된 사람이었고 나머지는 모두 골수 레닌주의자들이었다. 수감중인 류코프나 그의 추종자들인 타협주의자들은 누구 하나 중앙위원으로 선출되지 못했다. 마르토프나 단에게도 자리가 주어지지 않았으며, 플레하노프와 트로츠키 및 그들의 추종자들에 대해서도 마찬가지였다. 따라서 프라하 중앙위원회는 '타협할 수 없는 볼셰비키'로만 구성된 셈이다. 이에 대해 '타협주의자 볼셰비키'를 포함한 거의 모든 파벌들은 복종하거나 제명을 감수할 수밖에 없었다. 중앙위원회의 후보 위원들도 역시 레닌의 추종자들로 채워졌다. 뒷날 스탈린 내각의 교육부 장관이 되는 부브노프, 뒷날 소련의 국가 원수가 되는 칼리닌, 1917년에 볼셰비키의 당무가 당 서기 크루프스카야 혼자의 힘으로는 감당하기 어려울 정도로 비대해졌을 때 제2의 당 서기로 선출되는 스타소바, 그리고 스미르노프 A. P. Smirnov가 여기에 속한다.

　레닌의 추종자들로만 구성된 중앙위원회에 스탈린은 정위원으로는 물론 후보 위원으로도 선출되지 않았다. 레닌은 대담하면서도 세심하게 정치 공작을 벌이는 능력을 과시하고 있는 스탈린을 신임하고 있었으나, 대회가 그의 선출에 동의할 것으로 보여지지 않았기 때문에 그의 이름을 제시하는 모험을 시도하지 않은 것이다. 그 대신 레닌은 중앙위원회는 꼭 필요하다고 판단되는 경우 당 대회의 의결 없이 중앙위원을 '특별 선발'할 수 있어야 한다고 주장했다. 이 '특별 선발' 제도가 새로운 것은

---

* 지노비에프는 1883년에 유태인 낙농 농부의 아들로 태어나 교사 생활을 하다가 혁명 운동에 뛰어들었다. 이때 그는 만 29세였다.

아니었다. 전에도 있었다. 그러나 1905년부터 1907년까지의 민주적 대중 정당의 시기에 배척을 받아 결국 폐지됐던 것인데, 레닌이 이제 다시 들고 나온 것이다. 레닌의 주장은 받아들여졌으며, 이에 따라 그는 프라하 당 대회 직후 스탈린을 벨로스토츠키Belostotsky와 함께 중앙위원으로 '특별 선발' 할 수 있었다.

1917년부터 1937년까지 러시아에서 발간된 모든 당 기록들은, 가령 레닌『전집』제15권 러시아어 제3판은, 프라하 당 대회에 대해 다음과 같은 정확한 기록을 남기고 있다: "프라하 대회에서 중앙위원회는 다음과 같은 인물들을 그 구성원으로 선출했다. 레닌, 지노비에프, 오르조니키드제, 슈바르츠만, 골로세킨, 스판다리안, 말리노프스키가 그들이다. 중앙위원회 위원이 체포되는 경우 그를 대신할 후보자로서는 다음과 같은 인물들이 선출됐다. 부브노프, 스미르노프, 칼리닌, 스타소바가 그들이다. 그러나 대회 직후 스탈린과 벨로스토츠키는 중앙위원회로 특별 선발됐다."[8]

이 책이 출간된 직후 소련에서는 스탈린에 의한 피의 대숙청이 시작됐다. 이와 더불어 스탈린은 스스로 볼셰비키의 당사를 썼는데, 여기서 그는 프라하 당 대회에 관한 기록을 다음과 같이 왜곡시켰다: "프라하 대회는 레닌, 스탈린, 오르조니키드제, 스베르드로프, 스판다리안, 골로세킨과 기타 사람들로 구성되는 볼셰비키 당 중앙위원회를 선출했다." 대숙청 속에 처형된 지노비에프와 부브노프 및 스미르노프의 이름이 그들의 생명과 함께 이 명단에서도 사라진 것이다. 그러나 말리노프스키는 뒷날 비밀 경찰의 밀정이었음이 발각됐기에 이 명단에서 지워진 것이었다. 한편 스탈린의 이름이 레닌 바로 그 다음으로 끌어올려졌고, 그가 '특별 선발' 의 방법으로 중앙위원이 됐다는 기록도 삭제됐다. 어떻든 프라하 당 대회에 의해 구성된 중앙위원회는 레닌에게 충실했고, 또 레닌이 권력을 장악할 때까지 중요한 역할을 수행한다. 오늘날 소련공산당의 기관지『프라우다 Pravda(진실)』가 1912년 4월에 창간된 것도 이 위원회의 결정에 의해서인 것이다.[9]

레닌 반대파의 공세. 이러한 레닌의 독주에 분개해 레닌에 반대하고 있던 모든 다른 파벌들이 레닌을 공격하고 나섰다. 이에 앞장선 지도자들 가운데 한 사람이 바로 비엔나의 트로츠키였다. 그는 우선, 우리가 앞에 서 지적했듯이, 1908년 10월부터 망명지 비엔나에서 펴내기 시작한 격월 간 신문 『프라우다』의 이름을 레닌이 '표절' 해 볼셰비키의 기관지 이름 으로 쓰기 시작한 것을 비난하면서 당의 단합을 위해 새로운 대회를 열 것을 제의했다. 그의 노력은 결실을 보아 1912년 8월에 비엔나에서 '타 협하지 않는 볼셰비키' 세력을 제외한 모든 다른 세력의 거의 대부분이 대표된 당 대회가 열렸다. 풀어 말해, '볼셰비키 타협주의자,' '볼셰비키 브페레드주의자,' 마르토프파, 플레하노프파, 트로츠키파 모두가 참석한 것이다. 이 모임에 참석한 사람들을 '8월 블록'이라고 부른다.

그런데 이 '8월 블록'은 대회의 시작과 더불어 분열되기 시작했다. 트 로츠키가 뒷날 회고했듯이, "이 블록은 공동의 정치적 기반을 갖고 있지 않았다."[10] 그들은 그저 자신들이 몇 해 동안 일조해왔던 당에서 축출되 지 않기를 바라는 것 이외에는 아무런 공통적인 요소를 갖고 있지 않았 던 것이다. 더구나 플레하노프 같은 거장이 트로츠키를 개인적으로 싫어 한다는 이유 하나만으로 대회의 참석을 거부하고 있었으니, '8월 블록' 의 앞날은 밝지 못했던 것이다. '8월 블록'의 대회를 엉망으로 만든 또 하나의 결정적인 요소는 비밀 경찰 요원들의 장난이었다. '볼셰비키 브 페레드주의자' 그룹의 대의원으로 이 대회에 참가한 폴리야코프 Polyakov는 사실 이 비엔나 대회를 깨뜨리고자 경찰이 투입한 첩자였다. 그는 대회 도중에 소동을 벌이거나 또는 모든 파벌에 대해 집중적인 공 격을 벌이곤 함으로써 대회의 진전을 방해했던 것이다. 당시엔 물론 그 의 정체가 드러나지 않았다. 그러나 볼셰비키 혁명 뒤 그의 정체가 드러 나 그는 총살된다.

이런 혼란 속에서도 이 대회는 당의 통합을 추진할 임시 위원회를 구 성하는 데 성공했다. 그러나 이 위원회는 서로 싸우는 장소로서의 구실 밖에는 수행하지 못했다. 트로츠키와 멘셰비키가 서로 맹렬히 싸우고, 다시 트로츠키와 멘셰비키가 청산주의자들과 심각히 다툰 곳도 바로 이 위원회였다. 이에 따라 1914년 2월에 트로츠키는 마침내 이들로부터 떨어져나와 새로운 '비(非)당파적 파벌'을 형성하고, 상트 페테르부르크에서 '노동자를 위한 비당파적인' 합법적 잡지로 『보르바 *Borba*(투쟁)』를 발간하기에 이르렀다. 루나차르스키, 라데크, 콜론타이, 포크로프스키, 폴리안스키 등이 이 잡지에 참여했다.

3. 혁명 운동의 삽화 말리노프스키 사건

레닌에 접근했던 경찰 첩자들. 프라하의 당 대회에서 일약 중앙위원으로 부상한 말리노프스키란 어떤 사람인가? 이 부분에서 '신비스런' 그의 이야기를 들어보도록 하자. 레닌이 혁명 운동을 벌여온 이후 그의 주변에는 거의 언제나 첩자들이 침투해 있었다. 그 첫째가 구로비치였다. 그는 최초의 합법적 마르크스주의 기관지인 『나찰로』를 경찰의 자금으로 지원하면서 마르크스주의 운동에 침투해 있었다. 그 둘째가 미하일노프였다. 치과 의사였던 그는 1895년말에 레닌과 마르토프의 지하 조직에 침투해 들어와 있다가 조직원들의 상당수를 경찰에 넘겼다. 그 셋째가 지토미르스키였다. 그는 베를린에서 레닌의 비밀 공작원으로 볼셰비키 조직에 가담해 있으면서 카모의 다이너마이트 사건과 크라신의 위조 지폐 사건 및 티플리스 강도 사건 등에 관한 정보를 경찰에 넘겨주었다.

이들 가운데 가장 유능했던 첩자는 지토미르스키였다. 그는 레닌을 위해 너무나 일을 잘했기 때문에 레닌은 그를 언제나 '신뢰할 수 있는 인물'이라고 주변의 동지들에게 소개하곤 했었다. 그는 1909년에는 제네바에 있던 레닌을 방문해서 '첩자와 음모가 적은 대도시' 파리로 옮겨가자고 유혹하기도 했었다. 크루프스카야의 회고에 따르면, "그 주장은 레닌에게는 아주 설득력 있는 것이었다." 지토미르스키가 볼셰비키의 의심을 받기 시작한 것은 1911년부터이다.

혁명적 경찰견 부르체프. 그러나 레닌의 '통찰력'이 그의 정체에 의심을 품게 한 것이 아니었다. 부르체프 Vladimir Burtsev가 지토미르스키에게서 밀정의 냄새를 맡은 것이었다. 사실 부르체프는 밀정의 냄새를 맡아내는

데는 천부적인 자질을 갖고 있었다. 우리가 앞에서 살펴본 경찰 첩자 아제프의 정체를 밝혀낸 것도 그였다. 월프가 "타고난 혁명적 경찰견(犬)인 부르체프는 일단 밀정의 냄새를 맡으면 결코 그 추적을 멈추는 법이 없었다"[11]고 썼었는데, 그것은 결코 과장이 아니었다. 그는 지토미르스키에 대한 이상한 증거들을 모아 마침내 레닌에게 넘겨주고 그를 경계하라고 말했다. 그러나 지토미르스키에 대한 레닌의 믿음이 너무 컸기 때문에 그 경고를 잘 받아들이려고 하지 않았다. 그러자 부르체프는 "만약 나의 고발이 사실이 아니라면 그로 하여금 나를 혁명 재판소로 끌고 가게 하십시오. 그곳에서 그는 자신의 결백을, 나는 나의 고발의 정당성을 증명할 수 있을 것입니다"라는 편지를 보냈다. 부르체프는 만일 지토미르스키에 대한 레닌의 신뢰가 철회되지 않는다면 공공연한 추문으로 만들어 폭로할 기세로 나온 것이다.

레닌도 뭔가 느끼게 됐다. 그래서 지토미르스키에 대해서뿐만 아니라, 볼셰비키 운동에 대거 침투해 있을 첩자들의 퇴치에 대해 결정적인 조처를 취해야겠다고 마음먹었다. 그리고 자신의 '또 하나의 믿을 만한 동지'인 말리노프스키를 선임해서 부르체프와 함께 당내 첩자들을 분쇄하라고 지시했다. 그러나 이 말리노프스키야말로 오랫동안 레닌 측근에 침투해서 암약해온 비밀 경찰의 첩자였던 것이다. 그러나 당시로서는 레닌은 물론 부르체프도 이것을 까맣게 모르고 있었다.

다시 우리의 원래의 주제였던 말리노프스키 사건으로 돌아가기로 하자. 레닌의 지시에 따라 부르체프가 말리노프스키를 만나자, 말리노프스키는 부자연스럽게 느껴질 정도로 흥미를 갖고 부르체프에게 여러 가지 질문을 던졌다. 경찰이나 정부의 누가 볼셰비키에게 또는 부르체프에게 비밀 정보를 흘려주고 있는가? 지토미르스키를 의심하는 이유는 무엇인가? 무엇이 계기가 되어 그를 의심하게 됐는가? 그런 물음에 대해 대답해줄 수 없다면, 나는 이 사건에서 손을 뗄 수밖에 없겠다, 근거 없이 동지를 의심할 수는 없지 않겠는가? 현재의 볼셰비키 가운데 당신이 경찰의 밀정이라고 의심을 품고 있는 사람은 또 누구인가? ― 이런저런 따위의 질문들을 던졌다. 그는 특히 부르체프에게 정보를 흘려주는 정부의 관리가 누구인지 알아내려고 무척 애를 썼다. 부르체프로서는 말리노프스키를 의심할 아무런 이유도 없었다. 그가 알기로는 말리노프스키는 저명한 노조 운동가이며 볼셰비키 당 중앙위원회의 중앙위원인 동시에 제4대 두마에서는 볼셰비키파의 지도자로 선출된 중앙 정계의 거물인 것이다. 그러나 부르체프는 워낙 신중한 사람이며 비밀을 신봉하는 사람이어서 말리노프스키의 유도에 넘어가지 않았다.

그러한 부르체프도 한번 레닌에게 정보를 제공하겠다고 은밀히 알려온 비밀 경찰의 한 자유주의적 관리의 이름을 말리노프스키에게 대준 적이 있었다. 그 관리는 모스크바의 비밀 경찰에 소속된 시르킨Syrkin이었다. 이것을 말리노프스키가 놓칠 리 없었다. 그러나 시간을 두었다가 이 정보를 모스크바 비밀 경찰의 최고 책임자에 보고해, 그를 시베리아로 유배시킬 수 있었다. 1917년에 러시아에 혁명이 일어난 뒤에야 비로소 말리노프스키의 '죄상'이 드러난다. 2월 혁명으로 니콜라이 2세가 물러가고 임시 정부가 경찰 문서를 공개했을 때야 볼셰비키는 비로소 그가 비밀 경찰의 첩자였다는 것을 알게 된다. 소비에트 정부가 들어선 다음엔 더 많은 경찰 기록을 발굴해 그의 '죄상'을 더 많이 찾아내게 된다.

노동자로 출발해 경찰 첩자가 된 말리노프스키. 그러면 말리노프스키는 어떤 사람이며, 어떻게 볼셰비키 당내에서 암약했던가? 말리노프스키는 1878년에 러시아 영토인 폴란드의 플로츠크Plotsk 성에서 농부의 아들로 태어나 노동자가 된 사람이었다. 그는 천부적인 건강체여서 혈색은 언제나 불그레했으며 체격도 좋았다. 화술에도 능했으며, 술은 문자 그대로 두주불사(斗酒不辭)였다. 그리고 늘 호화스런 생활을 그리워했다. 이러한 그가 재단사로, 그 다음엔 선반공으로 생활을 해나가자니 견디기 어려웠다. 독일에 노동자로 나가도 보았으나 뜻대로 안 됐다. 다시 러시아로 돌아와 절도와 강도에 손을 대 1899년부터 1902년까지 복역하기도 했다. 복역을 마치고 그는 돈벌이를 위해 노동 운동과 첩자 노릇의 두 세계를 오가게 된다.

그는 노동 운동과 혁명 운동에의 참여가 자신의 수입을 늘려줄 것이라고 생각하게 됐다. 노동 운동과 혁명 운동에 참여해 높은 자리에 올라가

면 갈수록 그에 대한 경찰의 평가도 높아져서 자신을 이용하려는 욕심이
커질 것이며, 이에 잘 응해주면 수입이 좋을 것이라고 계산한 것이다. 이
러한 욕심에서 노동 운동에 헌신한 결과 마침내 1906년에는 상트 페테르
부르크 금속 노조의 창설 요원이 됐고, 1907년에는 서기가 됐다. 그리고
그 지위를 이용해 러시아 사회민주당에 입당할 수 있었는데, 입당과 동
시에 비밀 경찰의 고등 첩자가 된 것이다. 전에는 그저 하찮은 제보원으
로 푼돈이나 얻어 쓰는 꼴이었으나 이젠 당당히 정기적으로 급료를 받게
됐다. 1910년 3월 현재 모스크바 비밀 경찰의 정보원 명부에 그는 '매달
50루블을 받는 사람'으로 올라 있었다. 정보원으로서의 자신의 지위를
굳히기 위해 고육지계를 쓰기도 했다. 어느 비밀 집회를 경찰에 알려주
고 자기도 현장에서 함께 구속되는 방법을 쓴 것이다. 물로 그는 쉽게 풀
려나왔다. 이런 식으로 1912년까지 그는 다섯 차례 구속됐다. 경찰은 차
차 그에게 보다 어려운 임무를 주었다. 당시 경찰은 차리즘 체제에 대한
가장 주요한 위험을 체제에 반대하는 모든 세력의 통합이라고 보고 이것
을 방지하고자 했다. 경찰은 바로 이 일을 말리노프스키에게 맡기기로
결정하고 말리노프스키에게 가능한 한 당내의 분열을 심화시키라는 명
령을 내렸다.

　우스운 얘기처럼 들릴지 모르나, 역설적으로 말해 '당내의 분열을 심
화시키는 것'은 레닌이 바라는 일이었다. 우리가 앞에서 살펴보았듯이,
레닌은 자신의 추종자들을 제외한 모든 파벌을 모두 당에서 내쫓으려고
하지 않았던가? 따라서 말리노프스키는 철저한 볼셰비크로 위장해 점차
레닌에게 접근해나갔다. 접근한 정도가 아니다. 반(反)레닌 세력의 제거
를 적극 지원해주었다. 가령 레닌이 규탄하던 '멘셰비크 청산주의자들'
의 비밀 집회를 은밀히 지원해주곤, 이들을 일망 타진하는 방법을 썼으
며, '볼셰비크 타협주의자'의 우두머리인 류코프의 체포를 주선하기도
했다. 이것들은 모두 레닌이 바라는 것이 아니었던가? 또한 레닌에 접근
하기 위해 볼셰비키 당내에서 자신의 '승진'에 방해가 되는 간부들을 검
거시키는 방법도 썼다. 검거에 따라 생긴 빈자리를 레닌은 자꾸 말리노
프스키로 메웠던 것이다.

두마에 진출한 말리노프스키. 1912년의 후반에 제4대 두마 의원 선출을 위한 전국 선거가 실시됐다. 그런데 이 전국 선거에 말리노프스키가 입후보하게 된 것이다. 그리고 경찰은 경찰대로, 레닌은 레닌대로 그의 당선을 위해 전력을 다했다. 경찰은 유능한 말리노프스키를 의회에 투입시켜 의회 조종의 한 도구로 사용하고자 했으며, 레닌 역시 그의 재능은 두마에서 볼셰비키의 이익에 크게 봉사할 것이라고 확신했기 때문이었다.

절도범·강간 미수범·강도범 출신의 말리노프스키를 두마로 보내기 위해 내무부는 우선 그가 '훌륭한 평판의 신민 증명서'를 고향의 당국자로부터 받아낼 수 있도록 배려를 아끼지 않았다. 그 다음에는 그의 선거구에서 당선 가능성이 있는 경쟁적 후보자들을 이런저런 혐의를 걸어 형무소에 집어넣었다. 여기에는 모스크바 노동 운동가들 가운데 가장 이름 높던 크리포프Krivov가 포함되어 있었다. 볼셰비키 조직은 그 나름대로 말리노프스키를 도와주었다. 물론 그는 당선됐다. 비밀 경찰은 그의 격에 맞춰 정보원으로서의 월급을 50루블에서 500루블로 올려주었다. 레닌 역시 흥분해 "두마에 처음으로 탁월한 노동 지도자가 나타났다"고까지 썼다.

제4대 두마에는 7명의 멘셰비키와 6명의 볼셰비키가 진출했다. 이들은 곧바로 단일 당파를 형성하고, 우리가 앞에서 여러 번 보았던 조지아 출신의 츠헤이드제를 이 단일 당파의 의장으로, 말리노프스키를 부의장으로 각각 선출했다. 볼셰비키 의원들과 멘셰비키 의원들은 또한 볼셰비키의 공식 기관지인 『프라우다』와 멘셰비키의 공식 기관지인 『루츠 *Luch*(빛)』 모두에 편집위원으로 취임했다. 해외에서의 분열과는 달리, 러시아 안에서는 통합에 대한 열망과 압력이 동시에 컸던 것이다. 이 통합은 물론 레닌과 경찰 모두에게 바람직한 일이 아니었다. 우선 레닌은 러시아 안에서 발간되는 『프라우다』에 대한 불만을 표시했다. 『프라우다』는 타협주의의 길을 밟고 있었고, 이에 어긋나는 경우에는 레닌이 보낸 논설을 수정하는 일도 서슴지 않았기 때문이었다. 레닌이 '분노의 편지'를 『프라우다』에 보냈지만 소용이 없었다. 경찰은 경찰대로 볼셰비키와 멘셰비키의 통합을 깨뜨려야겠다고 생각하고 있었다. 그리고 레닌과 경찰은 모두 그 통합을 깨뜨리는 임무를 말리노프스키에게 부여한 것이다. 특히 레닌은 두마 안에서의 통합을 깨뜨리는 임무를 거의 완전히 말리노프스키에게 맡기고 자신은 『프라우다』를 제 길로 바로잡는 일에만 몰두하기로 마음먹었다. 실제로 그렇게 하기 위해 레닌은 파리로부터 당시에는 오스트리아에 속했으나 오늘날에는 폴란드의 갈리시아에 속한 크라코프로 옮겨갔다. 크라코프에서 상트 페테르부르크까지는 특급 열차로 하루 낮밤밖에 걸리지 않았던 것이다. 이와 동시에 레닌은 우선 스베르들로프Jacob M. Sverdlov를 상트 페테르부르크로 보냈다. 『프라우다』 편집진에게 자신의 뜻을 직접 전달하게 하기 위해서였다. 레닌은 이것을 말리노프스키에게 알려주었고, 말리노프스키는 이것을 다시 경찰에 알려줘 스베르들로프는 1913년 2월 10일에 체포되고 말았다. 그러자 레닌은 이번엔 스탈린을 보냈다. 그러나 말리노프스키의 보고로 그 역시 체포되고 말았다.[12] 이들은 모두 시베리아로 유배됐으며, 결국 1917년 2월 혁명이 일어나 석방될 때까지 그곳에 머물러 지내게 된다.

부하린이 말리노프스키를 의심하다. 이 무렵부터 말리노프스키에 대한 의혹이 제기되기 시작했다. 우선 비엔나에 살던 부하린[13]이 말리노프스키를 의심하는 편지를 레닌에게 보냈다. 그러나 레닌은 오히려 부하린을 꾸짖었다. 레닌은 부하린이 말리노프스키에 대한 중상 모략을 들은 것이라고 단정하고 만일 부하린이 계속 그 중상 모략에 의존한다면 자신은 부하린을 '배신자'로 규정하겠다고 호령한 것이다. 부하린은 이에 질려 더 이상 말리노프스키에 대해 얘기하지 않기로 작정했다. 자신에 대해 서서히 일어나는 의혹의 연기를 제거하기 위해 말리노프스키는 당 중앙위원회 석상에서 두마의 볼셰비키 의원들에게 가까운 어떤 사람이 경찰의 첩자임에 틀림없다고 선수를 치고 나왔다. 당은 『프라우다』의 편집장인 체르노마조프에 혐의를 걸고 그를 은밀히 조사하기 시작했는데 사실 그는 볼셰비키 간부진에 침투한 또 하나의 밀정이었다. 1914년 2월에 그는 『프라우다』의 경리 책임자로 선임됐고, 이에 따라 그는 이 신문의 대차대조표는 물론 이 신문에 대한 헌금자들의 명단을 정확하게 알아내 경찰에 넘길 수 있었다. 그러면서 자신의 열성을 표시하기 위해 '여기저기서' 자금을 끌어모아 신문사에 납부하기도 했는데, 물론 '여기저기서'란 비밀 경찰의 경리부를 의미하는 것이었다. 경찰은 가끔『프라우다』에 벌금을 먹여 말리노프스키의 손을 통해『프라우다』에 '헌금된' 돈을 회수해갔다. 그러나 이것을 볼셰비키 안에서는 아무도 몰랐다.

1914년 5월 8일에 말리노프스키는 돌연 '건강상의 이유'를 내세워 두마 의장 로드지앙코M. V. Rodzyanko에게 사표를 제출했다. 그리고 그날로 어느 누구에게도 연락을 취함이 없이 행방을 감췄다. 그러나 사임의 진짜 이유는 곧 밝혀졌다. 내무부 대신 준코프스키Junkovsky는 그날 로드지앙코를 방문하고 말리노프스키가 사실은 이제까지 경찰의 밀정이었는데 그대로 두면 그 정체가 폭로될 단계에 이르렀고 만일 그 정체가 드러나면 두마의 위신은 실추될 것이므로 이것을 막기 위해 그를 사퇴시키기로 결정했다는 뜻을 알리러 온 것이었다. 준코프스키는 이 얘기가 두마의 의장단에게만 전해져야지 그 범위 밖으로 퍼져서는 곤란하다는 뜻을 아울러 전했다. 그러나 그러한 비밀이 지켜질 수가 없었다. 말리노프스키의 얘기는 밖으로 모두 흘러나와 마침내 하르코프Kharkov의 일간지인『우트로 Utro』의 상트 페테르부르크 특파원인 본치 브루이에비치에게까지 전해졌다. 그래서 그가 이것을 보도하자, 레닌은 그의 친구인 본치 브루이에비치에게 그것이 사실무근이란 전보를 보내왔다. 이때 말리노프스키가 레닌을 찾아와 자신이 젊은 시절 강간 미수죄로 유죄 판결을 받은 사실이 있었는데 경찰이 이제 와서 자신이 의원직에서 사임하지 않으면 이 사실을 폭로하겠다고 협박해서 할 수 없이 사표를 냈노라고 변명했다.

이런 상황 속에서 멘셰비키는, 특히 그 지도자 격인 마르토프와 단이 이 사건을 레닌에 대한 공격의 자료로 삼고 나왔다. 말리노프스키가 그처럼 암약할 수 있었던 근본 원인은 당신의 분열주의에 있는 것이 아니냐고 물고늘어진 것이다. 레닌은 별수없이 자파만의 조사위원회를 구성해서 말리노프스키 사건을 다루게 했다. 조사위원은 레닌과 지노비에프 및 하네키 등으로 구성됐다. 이들은 곧바로 부하린을 포함해 전부터 말리노프스키를 의심해온 당원들로부터 증언을 들었다. 이들은 말리노프스키에 대해 의심스럽게 느꼈던 점들이나 또는 그렇다고 들은 얘기들을 낱낱이 증언했다. 부르체프도 증언했다. 그런데 그는 말리노프스키가 "비열한 사람이지만 경찰의 첩자는 아니다"라고 말한 것이다. 레닌은 밤새 이 문제로 고민했다. 그리곤 마침내 말리노프스키가 경찰의 첩자가 아니라고 결론지었다. 그에 대한 비난은 멘셰비키가 지어낸 것이라고 단정한 것이다.

이러한 결론은 레닌이 말리노프스키가 경찰의 첩자라는 것을 알면서도 자신의 입장과 자파의 입장을 옹호하기 위해 의도적으로 내린 것일까 아니면 정말 멘셰비키의 모략이라고 생각해서 내린 것일까? 물론 우리는 분명한 대답을 얻을 수는 없다. 그러나 크루프스카야가 이 문제에 대해 이렇게 회고했다는 점만 여기에 옮김으로써 당시의 레닌의 심경의 일단을 보기로 한다:

〔레닌은〕 말리노프스키가 밀정 노릇을 해왔다는 것은 전혀 불가능한 이야기라고 생각했다. 이러한 소문들은 멘셰비키에서 나왔다. 〔……〕 위원회가 모든 소문을 조사해보았으나 그러한 비난에 대한 어떠한 결정적 증거도 얻을 수가 없었다. 〔……〕 오직 단 한번 의혹이 그의 마음속에서 번쩍 일어났었다. 나는 폴로니노 Polonino〔말리노프스키에 대한 조사위원회의 당 재판이 열렸던 레닌 일가의 여름철 거주지〕에서의 하루를 기억한다. 그때 우리는 지노비에프의 집에서 돌아오면서 이러한 소문에 관해 얘기를 하고 있었다. 갑자기 〔레닌이〕 우리가 건너고 있던 다리에서 발을 멈추고는 이렇게 말했다: "그게 사실일지 몰라!" 그리고서 그의 얼굴은 불안을 나타내고 있었다. "무슨 이야기를 하십니까? 그것은 당치도 않은 말씀입니다." 나는 수긍할 수 없다는 듯 대답했다. 그러자 〔레닌은〕 냉정을 되찾고는 볼셰비키에 대한 투쟁에서 멘셰비키가 사용하는 수단이 비열하다면서 멘셰비키를 욕하기 시작했다.[14]

확실히 어느 누구보다도 크루프스카야는 말리노프스키를 믿었던 것 같다. 뒷날 말리노프스키는 1차 세계 대전에서 독일군의 포로로 잡혀가

716

는데, 이때 크루프스카야를 통해 말리노프스키는 레닌과 교신을 계속한다.[15] 말리노프스키는 자신의 지위를 함부로 버리는 등 당기를 어겼다는 이유로 견책을 받았지만 1916년말에 레닌은 독일군 포로 수용소에 수용된 그에게 '특사'를 내려 완전한 복권 조처를 취해준다.

결국 볼셰비키 혁명 이후 처형되다. 볼셰비키 혁명이 성공한 때로부터 1년 뒤 그는 독일군으로부터 석방되어 다시 상트 페테르부르크로 돌아온다. 이때는 차리 경찰의 기록들이 모두 볼셰비키 정부 손에 들어와 있을 때로, 그 기록들은 대체로 그가 경찰의 밀정 노릇을 했다는 사실을 보여준다. 그러나 그는 레닌을 만나게 해달라고 요청한다. 물론 그는 지노비에프의 명령에 따라 구속되고 곧 재판에 회부된다. 그러나 재판장에서의 그의 태도는 당당하고 도전적이었다. 자신이 젊은 시절에 '구역질나는 일들'을 많이 저질렀다는 사실을 레닌에게 고백했지만, 레닌은 "볼셰비키에게는 젊은 시절의 개인적 잘못은 아무런 의미가 없다"고 하면서 들으려조차 하지 않았다고 주장했다. 또 자신은 독일군에 잡힌 러시아 병사들을 상대로 볼셰비즘의 이념을 전파했으며, 이 공로로 레닌은 자신을 복권까지 시켜주었다고 변호했다. 자신은 자신의 과오의 심각성을 깊이 뉘우치고 있으며 새 조국에서 열심히 일할 각오가 되어 있다고 호소하기도 했다. 그러나 그는 결국 사형 선고를 받았으며, 그날 밤으로 총살됐다. 레닌은 고리키에게 말리노프스키 사건에 대해 말하면서 "말리노프스키의 일, 그건 정말 수수께끼의 일이었어"라고 술회했었다. 정말 그런지도 모르겠다. 부르체프가 지적했듯이, 그는 자신의 위치에 대해 잘 알고 있으면서도 제 발로 러시아로 돌아왔고 죽음에 대한 아무런 공포도 갖고 있지 않았다.

4. 부하린이 혁명 운동에서 두각을 나타내다

우리는 앞에서 부하린에 대해 짤막하게 살폈다. 그러나 그는 그렇게 다뤄질 혁명가가 아니다. 러시아 혁명 그 자체에 대한 이바지는 그렇게 높지 않다고 해도 러시아 혁명이 성공한 뒤 수행한 역할이 대단히 컸기 때문이다. 이러한 시각에서, 부하린에 관한 결정적인 연구인 스티븐 코언 Stephen F. Cohen 교수의 『부하린과 볼셰비키 혁명』을 중심으로 부하린이 혁명 운동에 뛰어들고 레닌 및 스탈린과 만나는 과정을 설명하기로 한다.

모스크바 대학 시절의 혁명 운동과 망명. 니콜라이 이바노비치 부하린은 신력으로 따져 1888년 10월 9일에 태어났다. 아버지는 모스크바 대학교 수학과 졸업생으로 모스크바 지역에서 교사로 입신해 뒷날 감세관을 거쳐 성(省) 정부의 참사관으로까지 승진한다. 어머니 역시 당시로서는 높은 수준의 교육을 받은 교사 출신이었다. 부하린의 출생지는 모스크바였다. 그는 그뒤 망명 시기를 빼놓고는 자신의 생애의 거의 모든 시기를 이 도시에서 보내는데, 이 사실은 뒷날 그에게 정치적으로 중요하게 작용한다. 부하린의 아버지의 경력은 레닌의 아버지의 경력과 놀라울 정도로 비슷했다. 두 아버지 모두 19세기 러시아에서는 결코 흔한 성취라고 할 수 없는 대학 졸업생이었으며, 게다가 모두 수학 전공이었다. 두 아버지 모두 교사로 입신해 관리로 출세했다.

부하린의 부모는 아들을 높은 지적 분위기 속에서 키웠다. 그래서 부하린은 이미 네 살 반의 나이에 글을 읽을 수 있었고 쓸 수 있었다. 거기서 한걸음 더 나아가, 그는 세 방면에서 관심을 키웠다. 자연사(自然史)와 세계 문학 및 그림이 그것들인데, 이 세 방면에 대한 그의 관심은 평생 동안 계속되며 높은 수준을 유지한다. 부하린은 모스크바의 한 초등학교를 1등으로 졸업한 뒤 모스크바에서 일류로 꼽히는 한 고전(古典)학교를 역시 1등으로 졸업했다. 당시 러시아의 고전 학교가 유지했던 교육 수준은 높아서, 철학과 윤리학과 논리학은 물론 역사학과 외국어와 수학 및 자연과학 등에서도 깊이 공부하지 않으면 안 됐다. 그 과정에서 부하린은 다른 우수한 급우들과 마찬가지로 정치적 과격주의에 빠져들었다. '피를 흘린 일요일'로 상징되는 1905년의 혁명은 이듬해 그를 마침내 마르크시스트이면서 동시에 볼셰비크로서의 과격한 공산주의 혁명 지망생으로 만들었다. 그래서 그는 볼셰비키 당원으로 모스크바의 어느 한 지역에서 차리즘 타도를 부르짖는 전단을 뿌리는 일에 앞장서게 됐고, 곧이어 모스크바의 소년 혁명 단체들을 하나의 통일체로 만드는 데 성공하기에 이르렀다.

이때까지만 해도 그는 경찰의 주목을 받지 않았다. 그리하여 만 19세가 된 1907년에 모스크바 대학교 경제학과에 입학할 수 있었다. 그렇다고 해서 혁명 사업에서 손을 뗀 것은 아니었다. 그는 경제학 공부에 몰두하면서도 지하 운동에 계속 참여해 만 20세가 된 1908년에 당시 러시아에서 가장 큰 도시인 모스크바의 볼셰비키 당 위원회 위원으로 선출되기에 이르렀다. 이때로부터 그는 경찰의 주목을 받았다. 그 결과는 1909년부터 1911년까지의 2년 기간에 세 차례의 체포로 나타났다. 그는 세번째 체포의 결과로 시베리아 북부의 한 외로운 시골로 유배되자 1911년 8월에 그곳을 탈출해 독일로 망명하는 데 성공했다.

경제 이론가로 자리를 굳히다. 부하린이 방랑하는 망명객으로의 삶을 선택하고자 러시아를 떠났을 때 그는 만 23세였으며 5년 경력의 볼셰비키 혁명가였다. 이때로부터 1917년에 러시아에서 혁명이 일어나 귀국할 때까지 6년 동안 그는 독일, 오스트리아, 스위스, 스웨덴, 노르웨이, 덴마크, 미국 등 7개국을 오가면서 혁명 이론가로서의 삶과 혁명 투쟁가로서의 삶을 동시에 살았다. 우선 그는 학문 연구에 몰두했다. 독일어와 프랑스어 및 영어 공부를 계속해서 곧 독일어와 프랑스어를 구사할 수 있게 됐으며 영어를 읽을 수 있게 됐다. 이어 자신의 전공인 경제학을 붙들고 늘어졌으며 비엔나 대학교에 학적을 두기도 했다. 당시 비엔나 대학교의 경제학자들, 예컨대 오이겐 폰 뵘 바베르크 Eugen von Böhm-Bawerk와 카를 멩거 Karl Menger 및 프레데릭 폰 비제 Frederick von Wiese 등은 이른바 오스트리아 경제학파를 형성하고 마르크스의 경제 이론들을 맹렬히 공격하고 있었다. 그들의 공격의 초점은 마르크스의 경제 이론들 가운데 가장 취약한 부분인 노동가치설이었다. 그들은 가치란 마르크스가 말하는 대로 생산물에 내포된 노동의 양에 의해 결정되는 것이 아니라 개별적 구매자들의 효용에 의해 결정된다고 주장하면서 이른바 한계효용설을 제시한 것이다. 한계효용학파의 노동가치설에 대한 공격은 마르크스의 경제 이론에 대한 경제학적 공격들 가운데 영향력이 가장 큰 공격이라는 평가를 받고 있었다. 특히 뵘 바베르크가 1896년에 출판한 『칼 마르크스와 그의 체계의 종말』은 뵘 바베르크 개인의 성공이면서 한계효용학파의 성공으로, 마르크스의 경제학 전반에 대한 성공적 가격으로 여겨지고 있었다.

부하린은 한계효용학파의 공격으로부터 마르크시즘을 수호해야겠다고 결심했다. 그래서 그는 뵘 바베르크의 강의와 비제의 강의를 직접 수강했다. 그 결과 그는 만 26세가 된 1914년에 『유한 계급의 경제 이론』을 완성할 수 있었다. 그는 한계효용학파에 대해 이미 이론적으로 논박했던 오스트리아 마르크시스트 경제학자인 루돌프 힐퍼딩의 이론에서 출발했다. 그리고 나서 그는 한계효용론은 "생산의 과정으로부터 이미 제거된 부르주아의 이데올로기"에 지나지 않는다는 자신의 명제를 부연했다. 이 책은 러시아에서 혁명이 성공한 뒤인 1919년에 비로소 출판됐다. 그것은 대단한 성공이었다. 마르크스의 노동가치설을 살리고 싶었던 마르크시스트들에게 이 책은 "한계론은 한계선상의 부르주아지의 한계적 이론일 뿐"이라는 믿음을 심어줄 수 있었던 것이다. 그래서 이 책은 여러 나라 말로 번역됐으며, 소련에서는 각종 경제학 교과서에 부하린의 이름과 함께 반드시 소개됐다.

부하린은 이처럼 비엔나 학파의 한계효용론을 논박하면서 다른 한편으로 비엔나를 거점으로 하는 오스트리아 마르크시스트들을 만나 그들로부터 배울 수 있었다. 그 과정에서 그는 오토 바우어 및 루돌프 힐퍼딩과 가까워졌는데, 힐퍼딩이 1910년에 출판한 『금융 자본: 자본주의 발달에서의 가장 새로운 단계』로부터 큰 영향을 받았다. 힐퍼딩의 『금융 자본』은 독점자본주의와 제국주의가 성립하고 발전하는 과정을 날카롭게 파헤친 대작이었다. 부하린은 이 문제에 열정적으로 매달렸다. 그리하여 1915년에, 그러니까 『유한 계급의 경제 이론』을 완성한 때로부터 1년 뒤에 이 작은 책의 집필을 끝낼 수 있었다. 이 책 역시 러시아에서 혁명이 성공한 뒤인 1918년에 출간된다.

이 책은 우선 힐퍼딩이 『금융 자본』에서 전개한 이론들을 그대로 받아들렸다. 금융자본주의의 형태로 바뀐 독점자본주의는 국내적으로는 시장을 독점하고 국외적으로는 높은 보호 관세율의 설정을 통해 외국의 경쟁을 막아놓고서 보다 더 높은 이익을 얻기 위해 팽창주의적 정책, 곧 제국주의의 길을 추구한다는 것, 그리하여 식민지들을 획득함으로써 싼값에 원자료를 공급받음과 아울러 비싼 값에 상품을 수출해 소화시킨다는 것, 이렇게 볼 때 제국주의는 금융자본주의의 경제적으로 논리적인 대외 정책이 된다는 것 등이 그것들이었다. 이렇게 볼 때, 부하린의 이 책은 이론적 독창성을 결여했다고 할 수 있다.

그러나 부하린이 이바지한 부분이 있다. "금융 자본은 제국주의 정책 이외에는 어떤 다른 정책을 추구할 수 없다는 것, 그러므로 제국주의는 현대 자본주의와 아주 긴밀하게 연결될 체제일 뿐만 아니라 현대 자본주의의 가장 핵심적 요소라는 것"을 논증함으로써 힐퍼딩의 이론을 과격화하는 데 성공한 것이다. 부하린의 이러한 논점은, 힐퍼딩의 논점 역시 그러했듯, 자연히 전쟁의 문제를 제기시켰다. 그러나 부하린은 "제국주의 시대에서는 전쟁이 불가피하다"는 논점을 힐퍼딩과는 다르게 아주 확실하게 제시했다. 그 무렵 유럽의 사회민주주의자들 사이에서는 "제국주의 국가들이 전쟁 없이 공존할 수 있다"는 명제가 광범위하게 유포되고 있었다. 그들은 자본주의가 더 발달하면 그 다음 단계에서는 '세계 경제의 평화적 조직'을 보게 될 수 있을 것이라고 예견했으며, 카우츠키는 그것을 '초(超)제국주의'라고 불렀다. 부하린은 이러한 논리에 반기를 든 것이었다. 그에게 제국주의는 전쟁을 반드시 동반하는 것이었다. 그러므로 1차 세계 대전은 '작은 일을 잘못 처리해 그 결과로 확대된 전쟁'도 아니었고 '회피할 수 있었던 전쟁'도 아니었으며, 불가피하게 일어날 수밖에 없는 전쟁이었다.

부하린의『제국주의와 세계 경제』는 우리가 다음 장에서 보게 될 레닌의『제국주의: 자본주의의 최고의 단계』보다 몇 달 앞서 탈고된 것이었다. 그래서 레닌은 부하린에 대해 언급하지 않으면서 부하린으로부터 상당히 많은 부분을 빌려다 쓰게 된다. 이로써 부하린은 '오직 레닌에게만 버금갈 뿐인' 또는 보는 사람에 따라서는 '레닌을 뛰어넘는' 볼셰비키의 정상급 이론가로 자리를 잡게 된다. 그가 20대의 청년으로 망명지에서 완성한 두 책들, 곧 『유한 계급의 경제 이론』 및 『제국주의와 세계 경제』 는 '새로운 볼셰비키 이데올로기'에 크게 이바지했던 것이다.

레닌과 스탈린 및 트로츠키와의 만남. 망명 생활 가운데 부하린은 레닌을 처음 만났다. 부하린은 망명 다음해인 1912년에 크라코프에 망명중이던 레닌을 찾아가 가르침을 받았으며, 부하린의 뛰어남을 인정한 레닌은 1913년에 비엔나에서 생활하던 부하린을 찾아주었다. 자존심 강한 레닌 이, 더구나 이 무렵이면 이미 볼셰비키의 움직일 수 없는 대표자로 공인 된 레닌이 어느 누구를 찾아준다는 것은 상상하기 어려운 일이었다. 따 라서 레닌의 부하린 방문은 부하린에게 '영예'를 베풀어준 것으로 여겨 졌다. 두 사람의 '사제 관계'는 대체로 순조로웠다. 그러나 워낙 독립심 이 강한 부하린은 비록 레닌의 이론이라고 해도 납득이 가지 않으면 이 의를 제기하곤 했는데, 다른 사람의 이의 제기에 매우 민감했던, 또는 거 부적이었던 레닌으로서도 부하린의 이의 제기에 대해서만큼은 비교적 너그러웠다.

부하린은 스탈린도 만났다. 1913년에 비엔나로 스탈린이 레닌의 지시 에 따라 찾아온 것이다. 스탈린은 볼셰비키 당의 민족 문제 정책을 밝히 는 논문을 끝내야 할 임무를 띠고 있었다. 부하린은 외국어를 전혀 모르 는 스탈린을 도와 스탈린으로 하여금 『마르크시즘과 민족 문제』를 끝맺 도록 해주었다. 레닌은 곧 이 논문을 승인해주었다. 부하린과 스탈린의 만남은 이렇게 우호적으로 시작됐으나, 그때로부터 25년 뒤 스탈린의 대 숙청 앞에서 부하린은 목숨을 잃고 만다.

부하린은 트로츠키도 만났다. 그때는 1917년 1월로, 두 사람 모두 자 신들의 마지막 망명지로 미국의 뉴욕을 선택하고 있을 때였다. 두 사람 은 뉴욕에서 러시아 망명자들이 발간하던 러시아어 일간지로 '새로운 세 계'라는 뜻을 지닌 『노비 미르』의 편집에 참여하게 됐던 것이다. 두 사람 은 그때로부터 두 달 뒤에 러시아에서 혁명이 일어났다는 소식을 듣고는 곧바로 귀국한다. 그러나 그뒤 그들이 걸었던 길은 정반대였다. 부하린 이 종국적으로 볼셰비키 우파의 길을 걸었음에 반해 트로츠키는 종국적

으로 볼셰비키 좌파의 길을 걷는다. 그러나 그들의 최후는 똑같게 나타
난다. 두 사람 모두 스탈린에 의해 목숨을 잃고 마는 것이다.

제27장

러시아의 제1차 세계 대전 참전과 레닌의 반전 운동

1913년에 로마노프 왕조는 왕조 건립 300주년을 맞았다. 이 무렵까지에는 러시아의 정치적 · 경제적 · 사회적 상황이 1905년의 최악의 상황으로부터 점점 호전되는 것처럼 보였다. 산업은 각 부문에서 주목할 만한 발전을 나타냈으며, 경제 성장률은 유럽에서 제1위였다. 노동자들의 생활도 많이 개선됐으며, 육군의 강화 계획도 끝났고, 두마도 그런대로 입헌 군주제의 모습을 보이며 굴러가는 듯했다. 해외로 망명한 러시아 혁명가들의 목소리에 귀를 기울이는 유럽 사람들은 거의 없는 것 같았다. 스트라빈스키 Igor Stravinsky의「봄의 제전」과 디아길레프 Sergei Diaghilev의 러시아 발레는 파리에서 대성황 속에 끝났다. 300주년 축제 속의 로마노프 왕조는 1905년의 악몽을 잊은 듯했고, 역사학자 베르나드스키 George Vernadsky가 지적했듯이, "가까운 장래에 러시아에서 혁명의 가능성은 아주 적은 듯했다."[1] 페로 Marc Ferro의 표현을 빌리면, "러시아의 위신이 1913년에서보다 더 커 보인 때는 그전에는 결코 없었다."[2] 그러나 그 다음해인 1914년에 제1차 세계 대전이 일어나고 러시아가 참전하면서 러시아의 장래에 대한 환상은 깨졌다. 라스푸틴은 1911년에 황후 알렉산드라를 통해 니콜라이 2세에게 "전쟁과 더불어 러시아와 당신들의 최후가 올 것이며 당신은 마지막 한 사람까지를 모두 잃을 것"[3]이라고 경고했었다. 우습게도 이 예언은 적중하게 된다. 러시아는 1차 세계 대전에 개입하게 되고 1차 세계 대전에서의 패전은 결국 러시아에 혁명을 가져오며 로마노프 왕조의 몰락을 촉진시킨다. 이 장은 러시아가 1차 세계 대전에 참전하면서 겪게 되는 나라 안팎의 위기들, 그리고 그 가운데 레닌을 비롯한 혁명가들의 활동을 살피기로 한다.

1. 러시아의 참전과 황실

1차 세계 대전의 발발. 제1차 세계 대전이 비록 1914년에 일어난 것이었으나 그 불길은 19세기 후반부터 타오르고 있었다. 19세기 후반이면 구미(歐美) 제국주의 국가들에 의한 아시아와 아프리카의 분할이 거의 다 끝났던 무렵으로, 이 상황에서 독일로 대표되는 신흥 자본주의 국가들의 도전이 시작되고 있었다. 따라서 20세기에 들어오면서 식민지의 재분할을 위한 열강의 쟁패가 불꽃을 튀면서 벌어졌다. 이 과정에서 동맹 관계의 편성과 재편성은 다양하게 벌어졌는데, 전쟁 발발 직전에는 독일과 오스트리아 및 불가리아, 그리고 터키가 한패가 됐고, 영국과 프랑스 및 러시아 등이 다른 한패가 됐다. 이탈리아와 루마니아는 독일과 오스트리아의 동맹국이면서 개전초엔 중립을 지켰으나 나중엔 연합국 쪽으로 돌아섰다.

이러한 국제 환경 속에서 1914년 6월 28일에 오스트리아-헝가리 합병 제국의 황태자 페르디난드 대공 Archduke Franz Ferdinand 부처가 당시로서는 '세계의 화약고'로 불리던 발칸 반도에 자리잡은 보스니아 Bosnia 의 수도 사라예보 Sarajevo에서 세르비아 Serbia의 한 청년의 저격으로 암살당한 사건이 벌어졌다. 이로써 1차 세계 대전이 일어났다. 프린치프 Gavrilo Princip라는 19세 학생이 쏜 두 방의 총알은 바로 유럽 열강을 모두 참혹한 대전 속에 몰아넣는 뇌관 역할을 한 것이다.

합스부르크 집안이 이끌어온 오스트리아-헝가리 합병 제국의 마지막 황제 요제프 1세 Franz Joshep I는 자신이 재위한 70여 년 동안 자신의 제국의 판도에 병합되어 있는 많은 소수 민족들을 계속 탄압하면서 제국을 겨우 유지하고 있었다. 그러다가 러시아를 중심으로 한 범(汎)슬라브주의가 침투해 들어와 슬라브 계통의 소수 민족들이 꿈틀거리자 우선 판도

안의 헝가리만을 오스트리아와 대등한 지위로 끌어올려 오스트리아-헝
가리 합병 제국을 만들었던 것이다. 그러나 다른 소수 민족들의 반발은
그대로 남아 있었다. 그런데도 요제프 1세는 1908년에 보스니아와 헤르
체고비나Herzegovina를 제국의 판도 안에 병합시키는 욕심을 부렸다. 이
것은 세르비아의 즉각적인 반발을 불러일으켰다. 세르비아는 이 두 곳을
자신이 건설하려는 대(大)세르비아에 포함시키려 했던 것이다. 그뒤에도
오스트리아와 세르비아의 충돌은 계속됐다. 세르비아가 알바니아를 탐
내 이곳에 진출했으나 오스트리아의 강경한 반대로 물러설 수밖에 없었
고, 또한 몬테네그로를 병합하려던 시도도 오스트리아의 방해로 좌절되
고 만 것이다. 이에 따라 오스트리아에 대한 세르비아의 원한은 커지고
말았으며, 이 쌓였던 원한이 오스트리아 황태자 부처에 대한 저격으로
폭발한 것이다.[4]

그러면 황태자 암살범 프린치프의 운명은 어떻게 됐나? 법정에서 그
는 자신의 입장을 다음과 같이 당당하게 변호했다: "나는 범죄인이 아니
다. 왜냐하면 나는 해로운 인간을 막아버렸기 때문이다. 나의 목적은 모
든 남(南)슬라브족의 통일이며 또한 오스트리아로부터의 그들의 해방이
다." 그의 대답은 '테러리즘' 한 단어였다. 그는 20세 미만이었기에 사형
선고를 면제받고 무기 징역을 선고받았다. 그러나 오늘날 체코에 속하는
보헤미아의 테레지엔슈타트Theresienstadt 감옥에서 폐결핵으로 1918년
4월에 죽고 말았다.[5]

러시아의 참전. 오스트리아-헝가리 합병 제국은 세르비아 정부가 이 저
격 사건의 배후에 있다고 주장하면서 이것을 개전의 이유로 삼아 세르비
아에 선전을 포고했다. 그러자 러시아가 그의 '슬라브족의 작은 아우의
나라'인 세르비아를 지원할 것을 선언하고 나섰다. 오스트리아-헝가리
합병 제국의 동맹국인 독일이 가만있을 리 없었다. 곧바로 러시아와 러
시아의 동맹국 프랑스에 선전을 포고했다. 드디어 1914년 8월초에 제1차
세계 대전이 시작됐고 러시아의 참전은 확고해진 것이다. 이 무렵 러시
아는 수도의 이름을 페트로그라드로 고쳤다.

레닌은 1913년에 고리키에게 보낸 편지에서 다음과 같이 썼었다: "오

726

스트리아와 러시아 사이의 전쟁은 혁명을 위해서는 대단히 쓸모 있을 것이야. 그러나 〔오스트리아 황제〕 프란츠 요제프와 〔러시아 황제〕 니콜라이가 우리에게 그런 기쁨을 줄 것 같지는 않아."[6] 그러나 그들은 기쁨을 주었다. 러시아에서의 혁명을 촉진시키는 전쟁을 시작한 것이다. 많은 사람들은 러시아의 무수한 인민들이 러시아의 참전에 냉담할 것으로 내다보고 있었다. 그 무수한 인민들에게 조국 러시아는 '어머니이면서 동시에 계모'였을 뿐이었다. 산·사막·큰 바다, 1년에 6개월씩이나 얼어붙는 땅들로 구성된 이 광대한 러시아의 영토는 그 주민들에겐 하나의 '감옥'이었다.[7] 그렇기에 그들은 '계모'와 '감옥'을 위해 별로 큰 힘을 내지 않을 것으로 보았던 것이다.

그러나 러시아에 대한 독일의 선전 포고는 러시아 국민들의 적개심을 크게 불러일으켜 국민적 단결의 결정적 계기가 됐다. 일반 국민들은 그들이 아우의 나라 세르비아를 돕기 위한 명예로운 '정의의 전쟁'을 수행한다고 믿었으며, 또한 서구 연합국과의 동맹은 러시아가 이 전쟁이 끝난 뒤에 영국과 프랑스 등 민주 국가의 정치 체제를 도입하게 될 중요한 계기라고 믿었다. 따라서 니콜라이 2세가 총동원령을 내렸을 때, 약 1억 5천만 명의 인구 가운데 1%에 해당하는 약 150만 명의 징병 해당자들이 총을 들었다. 이 숫자는 독일과 오스트리아-헝가리의 평상시 군인들을 모두 합친 것보다도 컸으며, 러시아의 군대가 군인들의 숫자만으로는 세계에서 가장 큰 군대임을 말해주었다. 게다가 예비역까지 모두 끌어낸다면 러시아의 군대는 5백만 명 규모로까지 커질 수 있었다. 그러나 독일군에 비해 포병이 아주 약했다. 수송 역시 약했다. 해군은 일본에 대한 패전 이후 증강 계획을 추진한 결과 톤으로만 따져서는 세계 3위에 올랐으나 질로서는 약했다. 전반적으로 말해, 러시아의 군사력은 단기전에는 준비가 잘 되어 있는 편이었지만 지구전에는 준비가 제대로 되어 있지 않은 편이었다.[8]

이렇게 강점과 약점을 다 갖춘 상태에서 사기는 높아 개전초에 약 100만 명의 탈주자가 발생하리라는 예견과는 달리 불과 수천 명만이 전선을 이탈했을 뿐이었다. 장비가 부족했는데도 러시아 군대는 잘 싸워 프랑스가 독일 군대의 손에 괴멸되는 것을 막을 수 있었다. 당시 러시아 군대의 사기가 꽤 높았구나 하는 점은 당시 영국의 사학도로 러시아를 사랑한 나머지 직접 러시아 군대에 들어가 전쟁에 참가했던 파레스 Bernard Pares 경의 다음과 같은 관찰에 잘 나타나 있다: "이 훌륭한 병사들과 함께 있다는 것은 기쁨이었다. 내가 군대에 있는 모든 기간에 나는 비천한 것이라고는 결코 보지 못했다. [병사들이] 술 취하는 일도 없었다. 각자는 모두 자신의 최선을 다하고 있었다. 그것은 내가 살아오면서 보아온 것으로는 가장 고귀한 분위기였다."[9]

이러한 묘사는 결코 과장이 아니었다. 게르만족에 대한 슬라브족의 역사적인 반감이 애국심으로 나타났던 것이다. 러시아군 총사령관 니콜라이 대공은 병참에 대한 지식이 거의 없는 사람이었다. 그러나 니콜라이 2세의 숙부인 그는 기골이 장대하고 풍채가 좋은 인물이었을 뿐만 아니라 대단히 양심적이어서 러시아 장교단의 절대적 지지를 받고 있었다. 따라서 그는 이들의 도움을 받아 전선을 지탱해나갈 수 있었다.

러시아의 패전. 그러나 9월에 들어서서 러시아 군대는 밀리기 시작했다. 비스마르크의 역전 노장이던 힌덴부르크 Paul von Hindenburg 원수와 그의 총참모장 루덴도르프 Erich von Ludendorff의 날랜 용병 앞에 러시아의 제2군이 탄넨베르크 Tannenberg에서 무너지더니 제1군마저 곧 마수리안 Masurian 호수에서 깨진 것이다. 1915년초부터 전국은 확대됐다. 그러자 전쟁이 일찍 끝날 것이라는 기대는 무너졌고, 러시아의 군 장비와 경제력의 한계가 드러나기 시작했다. 전쟁에 대비한 12주분의 비축품은 이제 바닥이 났는데, 국내 산업은 필요한 군수 물자의 3할 정도밖에는 생산하지 못하고 있었다. 더구나 대륙과 발틱 바다가 봉쇄당한 데 이어 터키가 독일과 오스트리아에 가담해 다르다넬스 Dardanelles 해협*을 봉쇄함으로써 러시아는 외국과의 통상이 완전히 끊겨 큰 어려움에 빠지게 됐

---

* 마르마라 Marmara 해(海)와 에게 Aegean 해를 잇는 유럽과 아시아 사이의 해협. 이웃의 보스포루스 Bosporus 해협은 마르마라 해와 흑해를 잇는다. 터키 북서부에 있는 마르마르 해의 시각에서 볼 때, 마르마르 해의 북쪽은 보스포루스 해협을 거쳐 흑해로 통하고 남서쪽은 다르다넬스 해협을 거쳐 에게 해로 통한다.

다. 연합국의 제한된 물자가 블라디보스토크와 알칸젤을 통해 들어왔으나 국내 행정이 엉망이어서 이것을 제때에 공급하지 못하는 경우가 많았다. 따라서 러시아 군대는 제대로 싸울 수 없었다. 당시의 한 기록은 다음과 같이 지적하고 있다: "12일 이상이나 독일군은 우리의 전선을 휩쓸었으나 우리는 가진 것이라곤 아무것도 없기 때문에 반격할 수 없었다. 〔……〕 모든 것이 완전히 떨어진 상태에서 우리 연대들은 칼을 갖고 싸웠다. 〔……〕 피는 곳곳에서 흐르고 있었다. 〔……〕 우리의 대오는 가늘어졌다. 2개 연대가 적의 포화에 의해 거의 완전히 괴멸됐다."10)

이러한 형편이어서, 1915년 전반기까지 러시아 군대의 전사자는 151,000명, 부상자는 683,000명, 포로가 된 병사가 895,000명에 이르렀다. 사병은 물론 장교들의 사기도 크게 떨어졌다. 이에 반비례하여 정부를 원망하는 소리는 점점 높아졌다.

패전의 영향. 러시아군의 패퇴는 러시아 제국에 심각한 결과를 가져왔다. 리투아니아와 폴란드 및 갈리시아가 독일과 오스트리아의 지배 아래 들어가게 된 것이다. 그러자 독일과 오스트리아는 오스트리아-헝가리 합병 제국 안에 사는 소수 민족들의 회의인 로잔Lausanne 회의에 이들의 대표들을 대거 참가시켰고, 이들의 독립 운동을 지원하고 나섰다. 소수 민족들의 분리 운동을 통해 러시아 제국을 분해시키자는 것이었다. 이어 독일은 러시아의 핀란드 통치에 반대하면서 핀란드의 독립을 열망하는 핀란드 사람들로써 핀란드 군단을 조직시켜주고 러시아에 대항해 싸우게 했다. 곧이어 역시 러시아의 지배에서 벗어나려는 우크라이나와 타타르의 개별적 군대도 만들어주었고, 1916년 11월 3일에는 폴란드의 독립을 승인해주었다.

상황을 전반적으로 검토한 끝에 총사령관 니콜라이 대공과 그의 총참모장 자누스케비치Zhanuskevitch는 퇴각령을 내림과 동시에 초토 작전으로써 독일군의 진격을 막으려 했다. 그런데 이 퇴각 자체에 큰 문제가 있었다. 엄청난 숫자의 부녀자들과 어린이들이 퇴각하는 군대의 행렬 속에 뛰어들어 함께 피난의 길을 떠난 것이다. 이 큰 규모의 피난민들과 포로들의 무계획한 후방 유입은 후방 지역의 경제 상태를 혼란에 빠뜨렸다.

게다가 퇴각 자체는 이미 서부 공업 지대의 포기를 의미하는 것이어서 러시아 경제의 기반을 흔들어놓았다. 피난민의 유입에 대해 농업부 대신 크리보셴Alexandr V. Krivoshein은 "이 엄청난 이주는 러시아를 혁명과 파멸에 몰아넣을 것"이라고 경고했었는데, 그것 역시 정확한 예언이 된다.

물가 오름세는 거듭됐다. 물가 지수는 전전(戰前)의 100에서 1915년 12월에 156, 1916년 6월에 196, 1916년 7월에 222로 뛰는 반면, 생활 필수품의 가격은 전전의 100에서 1916년 7월 현재 육류는 332, 버터는 220, 밀가루는 265, 감자는 144, 소금은 585로 폭등했다. 농민들은 식량을 도시에 내놓지 않았고, 노동자들의 파업은 1914년 8~12월 동안의 34,752건에서 1915년 한 해에 553,094건, 1916년 한 해에 1,085,354건으로 급증했다. 임금은 물가를 따라가지 못했다. 노동자들의 도시로의 대거 유입이 임금을 계속 내려가게 한 것이다. 1917년 1월 현재 페트로그라드에 있는 노비 레스너Novy Lessner 지구의 공장 노동자들 가운데 최저 생계비인 월 200루블을 받는 사람은 10%가 채 되지 않았다. 그 노동자들 가운데 50%는 100루블 미만의 임금을 받고 살았다. 노동자들만 낮은 임금에 허덕인 것이 아니었다. 사무직 노동자들과 공무원들의 봉급 역시 물가 폭등을 뒤따르지 못했다. 중산 계층과 소(小)부르주아지의 구매력은 바닥으로 떨어졌다. 이렇게 볼 때, 1917년 2월 혁명에 사무직 노동자들과 소상인들이 참여한 것은 결코 우발적인 일이 아니었다.[11] 경제 상태가 이처럼 비참해지면서, 국민들 사이에 염전 의식은 점점 높아갔다.

두마의 의원들은 이러한 분위기를 적절히 활용했다. 그들은 정부의 무능을 공격하면서 이 기회에 두마가 각료들을 임명할 수 있는 권한을 확보하고자 했다. 개전 1주년인 1916년 7월 19일에 제4대 두마가 6주의 회기를 시작했을 때 두마의 강력한 반대당 의원들은 차리즘을 폐지시키고 입헌 민주정을 도입할 것을 제의하기도 했다. 가장 격렬하게 차리즘을 비판한 의원은 역시 케렌스키였다. 야심가인 그는 해외의 혁명 세력들 가운데 일부와 제휴한 뒤 '부르주아지의 지도 아래서의 대중 혁명'을 획책하기도 했다.[12]

이러한 상태는 정부의 자신감의 상실과 무능으로 더욱 악화됐다. 두마의 의원인 바실리 술긴Vasily V. Shulgin은 그때의 상황을 이렇게 묘사했다: "이 거대한 도시에서 정부에 동정적인 사람을 수백 명 정도라도 찾을 수 없다는 데 문제가 있었다. 그러나 그것보다 더 큰 문제는 정부 고위층 가운데 정부에 대해 동정적인 사람들을 찾기 어렵다는 데 있었다. 사실 각료들 가운데 스스로의 능력을 믿고 스스로가 하는 일에 대해 신뢰감을 가진 이는 한 사람도 없었다. 자기 주먹으로 책상을 칠 만한 능력을 가진 각료도 없었다."[13] 농업부 대신 크리보셴은 이때의 정부가 '피난처'를 닮았다고까지 썼다.

2. 라스푸틴의 궁정 농락과 피살

황후와 라스푸틴. 왜 이러했던가? 그처럼 중요한 시기에 러시아 궁정이 라스푸틴의 '검은 힘'이 행사하는 결정적인 지배 아래 철저히 농락당하고 있었던 것이 그 한 요인이다. 그가 황제와 황후의 신임을 얼마나 두텁게 받고 있었는가에 대해 1910년부터 1917년까지 러시아 주재 영국 대사를 지낸 부캐넌George Buchanan 경은 다음과 같이 회고했다:

개인적 자력(磁力)에 의해 또는 어떤 형태의 최면술적 제시에 의해, 라스푸틴은 황태자 ─ 귀여운 소년이며 그의 부모들의 우상이다 ─ 의 혈우병 고통을 의심의 여지없이 덜어주었다. 황후는 라스푸틴을 연모와 같은 감정으로 대했다. 그녀는 라스푸틴의 타락한 생활에 대한 얘기를 절대로 믿지 않으려 했다. 라스푸틴이 벌인 술 난장판이 경찰의 개입을 불러일으켰을 때도 마찬가지였다. 그녀에게 라스푸틴은 언제나 비난받을 수 없는 사람이며, 하느님을 두려워하는 사람이며, 옛날의 성자들과 같이 저주받고 박해받는 사람이었다.[14]

확실히 라스푸틴은 특히 황후를 철저히 자기 손아귀에 움켜쥐고 있었다. 황태자 알렉시우스가 총사령부가 있는 스타프카 Stavka로 아버지를 방문하고 있을 때, 이 어린이의 몸에 악성 종기가 나기 시작했다. 이 종기는 벌써 신체 조직을 조금씩 파들어가고 있었다. 그러나 이 종기를 수술하는 경우 이 어린이의 고질인 혈우병을 자극하여 마침내 죽음에 이르게 할 것이 두려워 의사들은 머뭇거렸다. 이 소식을 듣고 기절하게 된 황후에게 라스푸틴은 이렇게 속삭였다:

딸이여, 어제 밤새도록 나는 마치 선지자 야곱이 하느님과 밤새도록 싸웠듯이 그대의 아들의 목숨을 위해 하느님과 싸웠소. 나는 싸웠으며 나는 승리했소. 하느님은 나에게 "그 어린이는 목숨을 건질 것이다"라고 말했소. 그러나 그는 나에게 좀 별난 이야기를 했소. 그대의 목숨, 그대 아들의 목숨, 그대 남편의 목숨, 그리고 그대 딸들의 목숨은 나의 목숨과 묶여져 있고 함께 싸여져 있다고 말이오. 또 내가 살아 있는 한 그대들 역시 살고 번영할 것이나 내가 죽을 때 그대들도 생존하지 못할 것이라고 말했소.[15]

황태자는 기적적으로 살아났다. 이에 따라 그에 대한 황후의, 그리고 황후의 절대적 영향 아래 놓여 있는 황제의 신임은 확고부동해졌다.

1915년부터 라스푸틴의 궁정 지배는 뚜렷해졌다. 라스푸틴은 궁정을 주름잡고 별별 음탕한 짓을 하며 돌아다녀도, 그럼으로써 궁정과 귀족 사회의 기강을 문란시키며 돌아다녀도, 감히 견제하는 사람이 없었다. "러시아가 독일 손에 망할 것이 아니라 이 시베리아의 돌중놈 손에 망하겠구나" 하는 탄식이 도처에서 나왔다. 정부 고관의 자리도 라스푸틴이 떼었다 붙였다 했다. 뜻 있는 인사들 가운데는 더러운 벼슬길을 버리고 고향으로 돌아가는 이들도 있었다. 그래도 황후는 "빨리 와주세요. 나는 그대를 기다리고 있으며, 그대 때문에 괴로워하고 있습니다. 나는 그대의 신성한 축복을 청하며, 하느님의 축복을 받은 그대의 손에 입맞추고자 합니다. 나는 그대를 영원히 사랑합니다"라고 호소하는 편지를 보내고 있었다.

그런데 라스푸틴이 실제로는 성 능력이 보잘것없었다는 보고서가 나와 있다. 라스푸틴의 복잡한 여성 편력에 질투를 느낀 그의 한 정부가 1914년에 그를 칼로 찔렀을 때 치료를 위해 그의 몸을 진단했던 의사가 남긴 기록에 따르면 라스푸틴의 생식기가 아주 나이 많은 사람의 그것처럼 위축되어 있었다고 한다. 이 의사는 라스푸틴이 그런 생식기를 갖고 성교를 할 수 없었을 것이라고까지 보았다. 이 의사는 라스푸틴이 알코올 중독에 가까웠고 매독을 앓았던 것이 그런 결과를 가져왔으리라고 추측했다.[16]

라스푸틴을 제거하려는 음모. 라스푸틴을 제거해야겠다고 결심한 사람은 다름아닌 총사령관 니콜라이 대공이었다. 그래서 그는 라스푸틴에게 총사령부를 방문해서 장병들을 위해 기도해달라고 요청했다. 물론 이 요청은 라스푸틴을 전장의 총사령부로 끌어내어 죽여버리려는 유인이었다. 영악한 라스푸틴이 이 음모를 눈치채지 못할 리가 없었다. 그래서 황후에게 니콜라이 대공을 총사령관직에서 해임시키도록 황제를 설득하라고 가르쳤다. 싸움은 라스푸틴의 승리로 돌아갔다. 황제가 니콜라이 대공을 해임한 것이다. 이런 식으로 충실하고 유능한 전쟁부 대신 폴리바노프 Polivanov가 해임됐고, 다시 외무부 대신 사조노프 Sergei Sazonov가 해임됐다. 그리고 전시의 공안을 담당할 내무부 대신 자리에 라스푸틴의 천거로 멍텅구리에 가까운 알렉산드르 프로토포포프 Alexandr Protopopov가 올랐다.[17]

1916년 9월에 니콜라이 대공을 해임한 니콜라이 2세는 자신이 패국(敗局)을 수습하겠다고 총사령관의 지위에 올라 전선으로 나가는 어리석음을 저질렀다. 사실 그는 인간성은 좋았으나 무능하고 암울한 지도자였다. 그에 대한 평가를 다음의 두 책에서 인용하기로 한다:

그는 우리가 한 인간에 대해 찬양할 수 있는 많은 덕성을 갖고 있다. 그의 지위에 대한 깊은 책임감, 그의 나라와 인민에 대한 진정한 관심, 그의 친구들에 대한 의리, 그리고 그의 가족에 대한 깊은 애정이 그것이다. 그러나 그는 대담하고 꿋꿋한 영도력에 요구되는 자질 가운데 많은 것을 결

여하고 있었다.[18]

실제로 니콜라이 2세는 내각 회의에 싫증을 내고 어떤 교훈적인 대화에 짜증을 내는 전제주의적이면서 게으른 지배자였다. 알렉산드라와 마찬가지로 그는 평범한 사람들이 아닌 사람들의 무리 속에서는 불편해했다. 그의 대신들이 재능이 있으면 있을수록 그는 곧 그들에 대해 화를 냈다.[19]

이처럼 그는 통치자로서, 더구나 전시의 통치자로서 무능한 군주였다. 그와 그의 아내가 서로 주고받은 편지들이 각각 별개의 책으로 출판되어 있는데,[20] 이것을 보면 두 사람이, 더구나 차리가 얼마나 상황에 어둡고 문자 그대로 '골빈 사람'이었는가를 쉽게 알게 된다. 그들의 편지들은 국내외적 상황에 대해서보다는 날씨와 생활 주변 및 가족들에 대한 관심으로 일관되어 있었다. 이처럼 무능한 그가, 더구나 군사에 대해 어두운 그가 출전해보아야 전쟁의 수행에 아무런 도움을 주지 못하고 오히려 내정의 대권이 모두 황후와, 따라서 라스푸틴에게 돌아가는 해악만 남겨줄 것이라고 판단한 각료들은 사임하겠다는 위협으로 니콜라이 2세를 설득하려 했으나 뜻을 이루지 못했다. 과연 그의 출전과 더불어 조정은 더욱 철저히 라스푸틴에게 농락됐고 황후와 라스푸틴의 관계를 조롱하는 벽보가 나붙는 등 황실의 권위는 완전히 땅에 떨어졌다.

그래도 3백 년 사직에 충신이 없을 리가 없었다. 간언(諫言)이 계속됐다. 그러자 황후 알렉산드라는 다음과 같은 편지를 보냈다: "당신의 굳건한 작은 아내와 우리의 친구 ── OUR FRIEND라고 언제나 대문자로 표기했다 ──라스푸틴에 복종하십시오." 그뿐 아니다. 라스푸틴의 '작전 지시'를 그대로 차리에게 전달하고 있었다. "우리의 친구는 너무 고집 세게 진격하지 말라고 권합니다. 너무 고집 세게 진격하면 손해가 너무 클 것이기 때문이란 것입니다." 어느 때는 전선의 군사 배치의 현황과 병참선에 대해 "우리의 친구는 너무나 열렬히 알고 싶어합니다"라고 썼다. 또 어느 때는, "우리의 친구가 밤에 계시를 받았는데, 라트비아 지역을 공격해야 한다고 합니다"라는 편지도 보냈다. "사흘 동안 기차 통행을 정지시켜야 한답니다" "밀가루와 버터와 설탕을 실은 마차만 통과시키라는 명령을 내려야 한다고 합니다" "리가 근처로 진격해서는 안 된답니다" "우리는 언제나 그가 말하는 대로 행동하지 않으면 안 된다고 그는 말하고 있습니다" "우리가 카스피안 산맥으로 올라가서는 안 된다고 우리의 친구는 바라고 있습니다"——이런 따위의 편지를 줄기차게 보냈고 차리는 믿어지지 않게도 이 권고들을 따랐다.

알렉산드라에 대한 궁정의 증오가 커졌음은 물론이다. 차리와는 형제 사이인 미하일 대공은 두마의 의장인 로드지앙코에게 다음과 같이 말했다고 트로츠키는 쓰고 있다: "우리 가족 모두는 알렉산드라가 얼마나 해로운 존재인가를 알고 있다. 반역자들만이 그녀와 그녀의 남편을 둘러싸고 있다. 정직한 모든 사람들은 떠났다. 이러한 상황에서 무엇을 해야 한단 말인가?"[21]

문제의 심각성을 깨달은 태후, 곧 알렉산드르 3세의 황후요 니콜라이 2세의 어머니가 전지(戰地)의 아들을 찾아갔다. 그녀는 아들을 늘 애칭인 니키로 불러왔다. 그래서 그녀는 이렇게 호령했다: "니키, 수도로 돌아가라. 너의 아내의 손에서, 그리고 라스푸틴의 손에서 러시아 제국이 멸망해가고 있다. 제국과 신민을 건질 사람은 차리, 너밖에 없다." 그래도 니콜라이 2세는 움직이지 않았다. 오히려 "어머님, 라스푸틴은 우리의 은인이며 하느님이 보낸 사람입니다"라면서 라스푸틴을 감쌌다. 태후가 다시 "이봐, 니키, 정신차려! 네 아내가 라스푸틴과 동침하고 있다는 소문이야. 함께 돌아가자"고 호소했다. 그래도 소용없었다. 시민들이 들끓기 시작했다. 황후를 수녀원으로 내쫓고 황제를 퇴위시키며 라스푸틴을 처형하고 니콜라이 대공을 니콜라이 3세로 즉위시켜야 한다는 여론이 거세게 일어난 것이다. 더구나 지금 독일군에게 밀리고 있는 형편이 아닌가. 황후를 뜻하는 '독일 여자'를 궁정에서 몰아내자는 시위가 벌어지기도 했다.[22]

음모자들의 얼굴. 이러한 분위기 속에서 라스푸틴에 대한 암살의 음모는 무르익었다. '검은 백인단'의 창립자 푸리시케비치 V. M. Purishkevich와 유수포프 Felix Yusupov 공을 비롯한 귀족과 정신(廷臣)이 음모를 주

도해나간 것이다.[23]

유수포프는 당시 러시아에서 가장 많은 유산의 상속자였다. 그의 아버지는 러시아의 석탄과 철 및 석유의 생산을 독점했기에 그 부(富)가 차리의 부를 능가하였다. 자기 아내의 생일 선물로 크림 반도에서 가장 높은 산을 준 정도였다. 그의 재산은 당시의 미화로 3억 5천만 달러에서 5억 달러에 이르렀다 한다. 이 유산을 그대로 물려받은 젊은 유수포프는 또한 당대의 손꼽히던 미인이었던 어머니의 아름다움을 이어받아 '유럽에서 가장 아름다운 청년'으로 불리고 있었다. 10대에 벌써 육체적 · 물질적 쾌락에 빠져들어 유럽을 만유하면서 여성과 아편을 동시에 즐기며 다녔다. 그러다가 옥스퍼드 대학교에 입학했는데, 학생 신분으로 요리사 · 운전사 · 시종 · 집사 · 말 시중꾼을 거느리고 살았다. 그러면서도 발레리나들과 염문을 뿌렸으며, 집안에서는 늘 기타를 치며 집시의 노래를 즐기곤 했다. 그러던 그가 스물일곱 살이 된 1914년에 러시아로 돌아와 니콜라이 2세의 조카딸인 이리나Irina 공주와 결혼했다. 이 결혼을 앞뒤로 그는 라스푸틴을 만났다. 그런데 라스푸틴이 그에게 "황후는 대단히 현명한 통치자야. 그녀는 제2의 에카테리나 여제야. 그러나 황제, 그는 황제가 아니야. 그저 하느님의 어린아이일 뿐이지"라고 속삭이면서 황제는 황후가 섭정이 되는 조건 아래 황태자에게 황제의 지위를 물려주어야 한다고 말한 것이다. 이에 그는 라스푸틴이 군주제를 멸망시키고 있다는 판단을 하게 됐고 그의 제거를 결심하게 됐다.

이때 바로 푸리시케비치가 두마에서 라스푸틴을 저주하는 연설을 했다. 유수포프는 곧바로 그를 초대해 함께 라스푸틴을 죽이자고 제의했고 그 자리에서 두 사람은 의기 투합됐다. 이 음모에 육군 장교 수코틴 Sukotin과 군의관 라조베르트Lazovert 및 유수포프의 친구 파블로비치 Dmitry Pavlovich 대공이 끌어들여졌다. 거사의 날은 1916년 12월 29일로 잡혔다. 이날 유수포프가 자신의 거소(居所)인 모이카 궁의 지하 식당에 자신의 자동차로 라스푸틴을 초청한다, 그 차는 라조베르트가 운전사로 가장하여 운전한다, 지하 식당에서 유수포프는 라스푸틴에게 독약이 든 음식을 먹인다, 그 사이 다른 음모자들은 2층에서 기다리다가 신호를 받아 내려와 라스푸틴의 시체를 치운다——이것이 그들의 음모의 골자였다. 이때쯤이면 라스푸틴도 자신에게 어떤 위해가 닥쳐오고 있다는 것을 느끼고 있었다. 그래서 그는 니콜라이 2세에게 다음과 같이 대단히 신비로운 예언적 편지를 썼는데, 이 편지는 아직도 라스푸틴의 '전설'의 한 부분이 되고 있다:

나는 내가 내년 1월 1일 이전에 죽을 것이라고 느낍니다. 〔……〕 만일 내가 일반 백성의 암살자, 특히 나의 형제인 러시아 농민에게 살해된다면, 러시아의 차리인 당신은 두려워할 것이 아무것도 없습니다. 당신은 옥좌 위에 앉아서 계속 통치할 것이며, 당신의 어린아이들에 대해서도 두려워할 것이 아무것도 없을 것입니다. 그들은 수백 년 동안 러시아를 통치할 것입니다. 그러나 만일 내가 귀족들에 의해 살해된다면, 그들의 손은 나의 피로써 젖어 있을 것이며, 25년 동안 내 피를 그들의 손으로부터 지우지 못할 것입니다. 그들은 러시아를 떠나게 될 것입니다. 형제가 형제를 죽일 것이며, 그들은 서로가 서로를 죽이고 서로를 미워할 것입니다. 25년 동안 이 나라에는 귀족이 없을 것입니다. 〔……〕 만일 나의 죽음을 가져온 사람이 당신과 친척 관계가 있는 사람이라면, 당신의 자녀들과 친척들의 어느 누구도 2년 이내에 죽을 것입니다.[24]

암살 음모의 성공 여부는 유수포프가 라스푸틴을 자기 집으로 데려올 수 있느냐 없느냐에 달려 있었다. 유수포프는 라스푸틴이 자기 아내인 이리나 공주의 아름다움에 매혹되어 있다는 것을 알고 이것을 이용하기로 했다. 당시 이리나는 건강을 위해 크림 반도에서 휴양하고 있었는데도, 그녀가 집에 있으며 바로 그녀가 라스푸틴의 초대에 앞장서고 있다고 속인 것이다. 그리하여 마침내 라스푸틴은 초대를 받아들여 유수포프가 암살 장소로 골라놓은 지하 식당에까지 왔다. 원래 지하 식당은 늘 비어 있던 곳이었다. 그러나 라스푸틴을 안심시키기 위해 미리 손을 써 살롱처럼 꾸며놓았다. 최근에도 연회가 열렸던 것 같은 인상을 주려고 술잔 같은 것도 여기저기에 늘어놓았다. 다른 음모자들이 대기하고 있는 곳인 바로 위층의 방에서는 축음기를 틀게 해 라스푸틴이 지하 식당에 도착했을 때는 미국의 「양키 두들」노래가 거기까지 흘러내려왔다.

 라스푸틴은 어떻게 암살됐나? 이 지하 식당에서 라스푸틴은 결국 암살됐는데 그 과정을 많은 책들은 대체로 다음과 같이 설명했다:

 라스푸틴은 독약이 든 과자와 포도주를 먹었다. 그러나 그는 미동도 하지 않았다. 오히려 유수포프에게 기타를 쳐달라고 요청했고, 이에 따라 '겁에 질린 암살자'는 기타를 치고 '시체'는 흥겹게 마시며 노래부르는 기이한 광경이 무려 2시간 반이나 계속됐다. 견디다 못한 유수포프가 마침내 권총으로 라스푸틴의 등을 쏘아 명중시켰다. 라스푸틴은 흰 곰 가죽 위로 굴러떨어졌다. 그러나 다시 두 눈을 부릅뜨고 일어나 유수포프를 잡아당겼다. 유수포프가 소리지르며 도망치자 라스푸틴은 대문 쪽으로 뛰어나갔다. 이때 푸리시케비치가 달려나와 연거푸 두 번 쏘았으나 모두 빗나갔다. 세번째에 겨우 어깨를 맞춰 쓰러뜨렸다. 다시 한 방을 쏘고 발길질을 했다. 그리고 라조베르트와 함께 밧줄로 전신을 묶어 네바 강의 얼음을 깨고 강물 속으로 집어넣었다. 사흘 뒤 시체가 발견돼 엄격한 검시를 했는데 죽은 원인은 독살도 총살도 아닌 익사였다.

그러나 새로운 자료들을 모두 살핀 뒤 파이프스 교수는 큰 테두리 안에서는 통설과 일치하나 부분적으로는 통설과는 다르게 대체로 다음과 같은 취지로 설명했다:

 유수포프는 아내가 곧 돌아올 것같이 위장하곤 라스푸틴에게 마실 것과 알몬드 열매 및 초콜릿을 권했다. 의사 라조베르트가 이미 초콜릿 속에 가루로 된 청산칼륨을 아주 많이 삽입시켜놓은 뒤였다. 라스푸틴이 좋아하는 포도주 머데이라 Madeira도 옆에 한 병 놓여 있었다. 포도주잔 안으로는 청산칼륨이 액체 상태로 묻어 있었다. 금세 들어올 것 같던 유수포프의 아내가 여전히 안 들어오자 라스푸틴은 뭔가 이상하게 생각했던지 마시지도 않고 먹지도 않았다. 그래도 유수포프는 라스푸틴을 감언이설로

속여 먹고 마시게 했다. 의사는 15분 안에 죽을 것이라고 말했었는데 라스푸틴은 멀쩡했다. 라스푸틴은 유수포프에게 기타를 치라고 요청했고, 유수포프는 그 요청에 응했다. 이때쯤 라스푸틴은 얼굴빛이 좀 안 좋아 보였다. 그러나 쓰러지지는 않았다. 유수포프는 놀라서 잠시 실례한다고 말하고는 위로 올라가 동료들과 상의했다.

드미트리 파블로비치 대공은 라스푸틴을 돌아가게 하고 다음 기회를 보자고 제의했다. 그러나 다른 음모자들의 입장은 강경했다. 라스푸틴을 살려서 돌려보낼 수는 없다는 것이었다. 유수포프는 자신이 라스푸틴을 사살하겠다고 제의하고 대공의 권총을 빌려 등뒤에 감춘 채 지하 식당으로 돌아왔다. 라스푸틴은 아주 병들어 보였고 거친 숨을 쉬고 있었다. 그러나 포도주 한 잔을 마시더니 다시 생기를 회복했고 '육체는 인간이나 마음은 하나님인 집시들'을 보러 가자고 제의했다. 유수포프는 라스푸틴의 눈이 두려웠고 또 라스푸틴이 독약을 견뎌내듯 총알도 견뎌내게 되지 않을까 걱정했다. 유수포프는 걱정을 떨쳐버리려고 라스푸틴에게 세면장에 걸려 있는 정교한 17세기 이탈리아 작품인 고난받는 예수의 십자가상을 보러 가자고 제의했다. 그 상은 수정과 은으로 만든 것이었다. 라스푸틴이 그것을 보려고 허리를 굽혔을 때 유수포프는 라스푸틴의 등에 발사했다. 비명을 지르며 라스푸틴은 마루 위에 쓰러졌다.[25]

파이프스 교수에 따르면, 총소리를 듣자마자 위에서 기다리던 공모자들이 뛰어내려왔다. 그들은 유수포프가 허리를 굽힌 채 라스푸틴의 몸을 살피고 있음을 보았다. 유수포프는 라스푸틴이 죽었다고 생각했다. 그러나 푸리시케비치는 라스푸틴이 고통스러워하면서 여전히 숨쉬고 있음을 보았다. 드미트리와 라조베르트 및 수코틴 등은 푸리시케비치의 차에 라스푸틴의 외투와 고무장화를 싣고 바르샤바 기차역*으로 가서 그것들을 거기에 있는 푸리시케비치의 기차 안의 난로 안에서 처리해버렸다. 푸리시케비치와 유수포프는 그들이 돌아오기를 기다렸다. 그런데, 유수포프

---

* 상트 페테르부르크의 역들 가운데 하나로 종착역이 바르샤바이다.

의 회고록에 따르면, 그는 갑자기 라스푸틴의 시체를 보고 싶은 충동에 사로잡혔다. 라스푸틴은 움직임이 전혀 없는 채 누워 있었으며 겉으로 보기에 확실히 죽어 있었다. 그러나 좀더 꼼꼼하게 살펴보니 라스푸틴의 눈은 끔벅끔벅하고 있었다. 라스푸틴은 유수포프의 이름을 부르며 끝없는 증오심으로써 유수포프를 바라보았다. 유수포프가 반신반의하던 때 라스푸틴은 유수포프의 두 발을 움켜쥐더니 목을 잡았다. 유수포프는 라스푸틴을 밀어젖히고 위로 뛰어올라갔다. 거기선 푸리시케비치가 기분 좋은 자세로 담배를 피우고 있었다. 푸리시케비치의 회고에 따르면, 유수포프는 글자 그대로 사색이 됐고 "나를 알아보지 못한 채 넋빠진 사람처럼 중앙 복도로 뛰어가더니 이웃에 있는 자기 부모의 아파트로 달아났다." 푸리시케비치는 총을 쥐고 지하 식당으로 내려갔다. 라스푸틴은 사라진 뒤였다. 놀라서 여기저기를 돌아보니 라스푸틴은 벌써 집을 나가 정원을 눈을 맞으며 비틀거리면서 걸어가고 있었다. 라스푸틴은 "모든 것을 황후에게 말할 거야"라고 소리치며 정문에 접근했다. 푸리시케비치는 총을 쏘았으나 맞추지 못했다. 다시 쏘았으나 역시 맞추지 못했다. 세 번째 발사에야 겨우 라스푸틴을 넘어뜨렸다. 푸리시케비치는 한차례 더 쏜 다음 죽은 것을 확인했다.

시간이 좀 지나서 이 동네를 순찰하던 한 경찰관이 찾아와 자신이 총소리를 들었는데 무슨 일이 있었느냐고 물었다. 그 사이 돌아온 유수포프는 연회가 조금 전에 끝났으며 연회에 참석했던 손님 한 사람이 술에 취해 허공에 대고 총을 쏘았노라고 둘러댔다. 그러나 이웃 파출소의 경찰관들도 찾아와 자신들 역시 총소리를 들었노라고 말했다. 자신의 감정을 잘 억누르지 못하는 푸리시케비치는 "우리가 라스푸틴을 쏘아 죽였어"라고 소리질렀다. 그러나 눈더미에 파묻힌 라스푸틴의 시체를 보게 된 유수포프는 겁이 났다. 그는 자신의 서재로 뛰어올라갔다가 거기서 졸도했다. 조금 지나 의식을 회복하자 하인으로 하여금 집안의 개들 가운데 한 마리를 쏘아 죽이게 했다. 유수포프는 뒷날 수사가 진전되면 그 총소리가 경찰관들이 들은 총소리였다고 둘러댈 생각이었다. 공모자들은 하인들을 불러 라스푸틴의 시체를 철사로 꽁꽁 묶은 뒤 드미트리의 차에 싣게 했다. 그리고는 멀리 떨어져 있으며 인적이 드문 곳에 있는 다리로 싣고 가서 말라이야 모이카Malaia Moica 운하 속에 던져버렸다. 라스푸틴이 지녔던 물건들도 던져버렸다. 그러나 서두르다가 하나를 다리 위에 남겨놓은 채 돌아왔으며, 이것이 라스푸틴의 시체를 찾아내는 단서가 된다.

라스푸틴 암살에 대한 반응.[26] 라스푸틴이 암살됐다는 소문은 빠르게 퍼졌다. 페트로그라드 주재 프랑스 대사는 그날이 지나가기에 앞서 소식을 들었다고 주장했다. 황후는 내무부 대신 프로토포포프로부터 정확한 보고를 받았으나 시체가 발견되기 전까지는 그 말을 믿지 않고 라스푸틴이 숨었다고 믿었다. 황후는 유수포프가 자신은 라스푸틴에 관해 어떤 일도 한 일이 없다고 주장한 편지를 받고서는 마음을 놓기까지 했다. 그러나 페트로그라드 시내에는 소문이 곧바로 퍼져나갔으며 사람들은 기쁨에 넘쳐 "개에게는 개죽음이 있어야지" 하며 합창하듯 외쳤다. 공모자들의 주역인 드미트리 대공은 극장에 갔다가 사람들로부터 박수를 받았다. 이때의 분위기를 어떤 사람은 "마치 부활절의 분위기와 같았다"라고 썼다.

이틀 뒤 라스푸틴의 시체는 얼음들 사이에 끼인 채 발견됐다. 검시 결과 그는 세 발의 총을 맞은 데서 발생한 상처로 말미암아 죽은 것으로 판정됐다. 독약의 흔적은 전혀 발견되지 않았다. 파이프스 교수가 풀이했듯이, 이것은 그가 취했던 포도주와 과자 따위에 독이 없었음을 말해주는 것이었다. 황후의 요청에 따라, 그는 공식적으로는 시베리아에 묻힌 것으로 발표됐으나 황실이 머무르는 궁이 있는 곳인 차르스코에 셀로에 묻혔으며 그를 위해 교회가 거기에 세워졌다. 한편 니콜라이 2세는 담담한 표정을 지었다. 그의 측근이 남긴 기록에 따르면, 그는 라스푸틴의 죽음에 오히려 안도하는 것 같았다. 그의 일기장도 그가 라스푸틴에 관해 아무런 기록을 남기지 않았음을 보여주었다.

라스푸틴 암살 이후의 황제와 황후.[27] 암살자들이 기대했던 것은 니콜라이 2세를 황후로부터 멀어지게 하는 대신에 두마의 압력에 좀더 굽히게 만들려는 데 있었다. 그러나 결과는 정반대로 나타났다. 니콜라이 2세는 황후에게 더욱더 가까워졌으며 반대자들과의 타협은 있을 수 없다는 황후의 지론이 정확했다는 믿음을 더욱더 굳혀주었다. 차리는 자신의 조카 드미트리와 자신의 조카사위인 유수포프 등이 살인 음모에 개입됐다는 사실에, 특히 유수포프가 거짓말을 했다는 사실에 몹시 역겨워했다. 그래서 차리는 "나의 친인척들의 손이 이 농부의 피로 더럽혀졌다는 사실로 나는 러시아 앞에 부끄러워졌노라"라고 탄식했다. 차리는 드미트리에게 페르시아로 가서 거기에 주둔한 러시아 군대에 입대하라고 명령했다. 그러자 16명의 대공들과 대공 부인들이 드미트리가 러시아에서 살 수 있도록 용서해주기 바란다는 탄원서를 올렸다. 니콜라이 2세는 화를 냈다. 그의 눈에 그들 모두가 반대자들 편에 서 있는 것으로 비친 것이다. 그래서 그는 그들과의 관계를 끊었다. 한편 비밀 경찰은 많은 지도자들이 암살자들에게 보낸 축전들을 모아 차리에게 보여주었다. 이것은 차리의 자존심을 몹시 상하게 만들었다.

암살자들에 대한 재판은 라스푸틴의 제거를 니콜라이 2세에게 권고했던 태후의 강력한 영향으로 결코 열리지 못했다. 드미트리는 페르시아의 러시아 군대에 입대한 뒤 곧바로 영국으로 가서 영국의 귀족 사회에 어울리며 재미있게 살다가 미국의 한 재산 상속녀와 결혼했다. 유수포프는 자신의 영지들 가운데 한곳으로 망명했다가 유럽으로 이주했다. 푸리시케비치는 뒷날 10월 혁명 이후 볼셰비키들에게 체포됐다가 석방되며 볼셰비키 정권을 타도하기 위해 귀족들이 조직한 백군에 가담했다가 1920년에 프랑스에서 죽는다.

한편 니콜라이 2세는 12월말에 트레포프를 총리직에서 해임하고 그 자리에 골리친 공을 임명했다. 골리친 공은 자신이 건강도 좋지 않고 나이도 먹었으며 경험이 없다는 이유를 내세워 임명하지 말아달라고 간청했다. 그러나 니콜라이 2세는 허락하지 않았다. 이 무렵에는 내각은 실제로 어떤 일도 하지 못했고 총리직이라는 것도 의전적인 것에 지나지 않았다. 골리친 공은 결국 로마노프 왕조의 마지막 총리 대신이 된다.

3. 사회주의 인터내셔널의 분열

제2인터내셔널의 반전론(反戰論). 20세기초부터 국제적으로 긴장은 높아갔다. 위기에 위기가 뒤따르고 민족적 대립의 감정이 격앙될 뿐만 아니라 군비 경쟁은 치열해졌다. 나라마다 국방비는 해마다 늘었고 국민들의 조세 부담도 커졌다. 반면에 외교적 조정의 가능성은 점차 좁아갔다. 열강은 대립적인 별개의 동맹 체제에 각각 편입되어 있어서 일단 어느 지역에서 전쟁이 일어나는 경우, 그것이 곧바로 세계 대전으로 번질 가능성이 크다는 것은 누구나 다 느낄 수 있었다. 이러한 국제 위기와 무장 평화의 상황에서 인류를 전쟁의 참화로부터 구출해야 한다는 주장이 사회주의 인터내셔널에서 더욱더 높아지게 되었다. 20세기에 들어서서 그 첫 모임이 1900년에 파리에서 열린 국제 평화 회의였다. 유럽 각국의 사회주의자들은 이 회의에서 군국주의와 식민주의에 반대하는 공동의 투쟁을 위한 모든 노동 계급의 총동원을 호소했던 것이다. '전쟁에 반대하는 노동 계급의 국제적 연대' ──이것만이 전쟁을 방지할 수 있다고 그들은 믿었다.[28]

유럽에 점차 전쟁의 먹구름이 짙어가자, 이들은 1907년에 독일의 슈투트가르트에서 다시 평화를 위한 국제 회의를 열었다. 각 대륙의 25개국에서 파견된 884명의 대표들이 참석한 이 회의에는 전례 없이 거대한 규모의 러시아 대표단도 참가했다. 물론 레닌도 각 파가 망라된 63명의 러시아 대표단 가운데 속해 있었다. 회의가 진행되면서 언제나 마르크시즘의 혁명적 입장을 견지해옴으로써 국제 사회주의 운동자들로부터 존경을 받아온 독일 사회민주당이 식민주의와 전쟁의 문제에 대해 동요를 나타냈다. "모든 식민 정책을 언제나 거부해서는 안 된다"는 입장을 나타낸 것이다. 그러나 맹렬한 반대에 부딪혀 이 주장은 채택되지 못했다. 따라서 슈투트가르트 회의는 제국주의와 군국주의에 반대한다는 뜻을 전체의 결의로 명백히 제시할 수 있었다. 이들의 결의를 요약하면 전쟁이 일어나는 경우 자기네 나라가 이 전쟁에 참가하는 것에 반대하며 만일 자기네 나라가 전쟁에 참가해도 사회주의자는 이 전쟁에 끝까지 반대해야 한다는 내용이었다. 이것은 파리 평화 회의의 결의의 연장(延長)이라 할 수 있다. 그러나 슈투트가르트 회의는 파리 평화 회의의 결의보다 한 걸음 더 나아간 대목이 있다. "전쟁이 일어나는 경우, 전쟁에 의해 일어난 경제적·정치적 위기를 인민들의 봉기를 위해 이용하도록 온 힘을 다할 것이며, 그리하여 자본주의 계급의 지배의 붕괴를 촉진하자"는 대목이었다. 레닌과 로자 룩셈부르크의 이론적 합작인 이 대목은 혁명으로 전쟁을 종식시키자는 결의로, 이후 국제 공산주의 운동 기구인 코민테른의 이론적 기초가 된다.

전쟁의 방지를 위한 사회주의자들의 '임시 비상 회의'는 1912년 11월에 스위스의 바젤에서 다시 열렸다. 이때 레닌은 당내 파쟁 문제에 몰두하고 있어서 그 회의에 나가지 않았다. 대신에 카메네프를 인솔자로 하는 5명의 볼셰비키 대표단을 보냈다. 바젤의 '임시 비상 회의'는 국제 상황에 관해 슈투트가르트 회의의 서약을 다시 한번 다짐했다. "전쟁이 일어난다면 전쟁의 즉각적인 종식을 위해 개입하는 것이 우리들의 의무이며 전쟁에 의해 일어난 경제적·정치적 위기를 인민의 봉기에 이용하도록 온 힘을 다하며, 그리하여 자본주의 계급의 지배의 붕괴를 촉진하자"고 선언한 것이다. 그리고 나서 "모든 나라의 사회주의 정당들과 노동조합들은 만장 일치로 전쟁에 반대한다"[29]고 덧붙였다.

깨어지는 반전론. 1914년 6월 28일에 일어난 운명의 사라예보 사건으로 1차 세계 대전의 폭발이 눈앞에 닥친 7월 29일과 30일에 국제 사회주의자들은 다시 한번 브뤼셀에서 회합을 가졌다. 유럽 사회주의 정당들의 저명한 지도자들, 예컨대, 프랑스의 장 조레스, 구에드, 벨랑, 영국의 하디 Keir Hardie, 러시아의 악설로드, 폴란드의 룩셈부르크, 독일의 하세 Hasse와 카우츠키, 이탈리아의 모르가리 Morgari와 발라바노프, 오스트리아의 아들러 부자(父子) Victor and Friedrich Adler 등이 참석했다.[30]

그런데 이 회의에서 일부 사회주의자들은 국제 사회주의 운동의 일관된 정책인 '전쟁 반대'에 대한 지지를 유보했다. 가령 빅토르 아들러는 "우리에게서 더 이상의 행동을 기대하지 말라. 우리들의 신문은 탄압받고 있다. 나는 대중 집회에서 연설하려고 여기 있는 것이 아니고 당신들에게 '수십만의 인민이 전선으로 투입되고 있고 군법이 가정에서도 판을 치고 있는 이때에는 어떠한 행동도 불가능하다'는 사실을 말해주려고 온 것이다"라고 말했다. "자기의 조국이 침략당하거나 또는 후진국에게 패배당하기를 바라는 사회주의자가 어디 있단 말인가"라고 극언하는 대표도 있었다.

그러나 대부분의 대표들은 여전히 '전쟁 반대'를 절규했다. 이 점에 관한 장 조레스의 웅변은 뛰어난 것이었다. 그의 불타는 웅변은 회의장의 청중을 사로잡아 그들로 하여금 거리로 뛰어나가 '전쟁 타도'와 '국제 사회주의 만세'를 외치게 했다. 그러나 그는 파리로 돌아온 이틀 뒤 한 민족주의자의 저격에 의해 숨지고 만다. 마침내 세계 대전이 벌어지자 사회주의자들의 태도는 더욱 달라졌다. '전쟁 지지'로 돌아선 것이다. 윌슨은 이렇게 쓰고 있다: "1914년 8월, 제국 의회의 사회민주당 소속 의원들은 한 사람도 남김없이 참전에 찬성 투표했다. 바로 2년 전 제2인터내셔널에서 채택된 결의안은 노동 계급이 어떤 전쟁에도 참가하지 말자는 것이었다. 전쟁이란 노동자들이 '자본가의 이익을 위해, 왕조의 야욕을 위해, 비밀 외교·협정의 목적 수행을 위해 저희끼리 서로 쏴 죽이는' 짓에 지나지 않기 때문이라는 것이다. 그리고 사회주의자들은 이런 위기를 이용해서 민중을 일깨워 자본주의 질서에 반항케 하여야 한다는 것이었다."[31]

독일의 사회주의자들뿐이 아니었다. 러시아의 두마에서도 사회민주당 의원들은 전원이 참전에 찬성 투표했다. 플레하노프조차 돌아섰다. 그는 러시아 청년들에게 '조국 러시아'를 위해 싸울 것을 권했다. 그는 자신이 나이만 많지 않으면 '조국 수호'를 위해 전선에 나갈 용의가 있다고까지 선언했다.[32] 그는 독일 제국의 타도가 프롤레타리아 혁명의 시발이라고 판단한 것이다.

4. 레닌의 반전 운동과 제국주의론

볼셰비키 조직의 붕괴. 레닌은 깜짝 놀랐다. 그러면서 자신의 반전(反戰) 의식을 더욱 굳혔다. 뒷날인 1915년 6월에 그는 『제2인터내셔널의 와해』라는 소책자에서 "전쟁을 겪으면 역사상의 위기 또는 인간 생활의 큰 재앙과 불행을 겪을 때처럼 망연자실하고 파멸해버리는 사람이 있지만, 그래도 여기서 교훈을 얻어 더 강해지는 사람도 있다"고 썼는데, 이 대목의 후반은 물론 자신을 가리킨 것이다. 그러나 다른 나라의 사회주의자들은 둘째로 하고 러시아의 사회주의자들 가운데서도 전쟁 지지자들이 잇달아 나오는 데는 놀랄 지경이었다. 우선 우리가 앞장에서 살펴보았던 '러시아 비밀 경찰과 그 첩자의 색출의 명수'였던 부르체프가 "모든 사회주의자는 이 전쟁에서 조국 러시아를 지원해야 한다"는 선언문을 발표했다. 그리고는 차리 정부의 허가나 또는 사면의 약속도 기다리지 않고 군 복무를 자원하기 위해 러시아로 돌아갔다. 국경에서 그는 그의 큰 적이었던, 또 그를 큰 적으로 여기던 러시아 경찰에 의해 곧바로 체포됐다. 시베리아에서 1년을 보낸 뒤에야 프랑스 대사의 중재로 그는 사면됐다. 그러자 그는 페트로그라드에서 자유롭게 계속해서 전쟁을 지지하는 글을 썼다. 사회혁명당의 지도자들로서 러시아 정부와 싸우고자 차리의 감옥과 시베리아로부터 탈출한 아브크센티예프, 부나코프(푼다민스키), 아르구노프, 사빈코프, 라자레프, 모이센코, 보로노프 등이 이제는 모두 열렬한 '조국 방위론자'들로 바뀌었다. 이들은 "이 시점에서 차리즘에 대한 혁명 운동은 득책이 아니라고 우리는 생각한다. 왜냐하면 그것은 우리나라 군사력만 약화시키게 될 것이기 때문이다"라고 주장하게 된 것이다.

파리에 있던 볼셰비키 혁명가들 가운데서도 이탈자가 생겨났다. 파리에서 러시아 외부의 모든 볼셰비키 조직들을 조정하는 기능을 수행해온 해외 조직 지도위원회의 다섯 위원들 가운데 두 위원이 프랑스 군대에 자원 입대하는가 하면 다른 한 위원은 지도위원직에서 물러났다. 파리의 볼셰비키 총회에서는 참석자 94명 가운데 11명이 전쟁에 대한 적극적 지원에 찬성했고, 나머지 참석자 가운데서도 상당수가 우물쭈물하면서 태도를 정하지 못하고 있었다. 시간이 흐르면서 자원 입대자들은 점차 늘어났다. 어느 한 열렬한 볼셰비키가 애국 선언을 발표하자 볼셰비키는 물론 멘셰비키도 여기에 서명을 했다. 참으로 놀라운 일이었다. 해외의 볼셰비키 조직은 깨끗이 무너진 것이다. 그것도 경찰의 탄압에 의한 것이 아니라, 자체 안에서 무너진 것이었다. 다시 한번, 비탈의 밑바닥에서부터 시작하는 시시포스의 노동을 위한 불요불굴의 확신과 철의 의지가 필요하게 됐다.

이네사 아르망과 레닌. 1913년과 1914년의 중요한 두 해에 레닌은 개인적인 어려움을 겪어야 했다. 그것은 아내이면서 동지이고 또한 당의 서기인 크루프스카야가 병이 든 것이다. 눈알이 툭 튀어나오는 병으로 그 육체적 고통은 아주 컸다. 그것만으로도 그녀는 더 이상 당 서기로서의 직무를 감당할 수 없었다. 그런데 거기에 더해 수전증마저 생겼고 무릎은 솜처럼 늘어졌다. 쇠약 · 무기력 · 현기증, 그리고 끊임없는 두통이 그녀를 사로잡았다. 의사는 신경과민이 그 질병의 원인이라고 진단하고 전지 휴양을 권했다. "프롤레타리아트 여성에게는 신경과민은 없다"고 그녀는 농담으로 대꾸했으나 처방에 따라 숲속으로 여행하는 도중에 졸도하기도 했다.

마침내 1913년 7월에 베른의 한 병원에서 그녀는 수술을 받았다. 그 수술은 꽤나 힘든 것이었다. 레닌이 그의 어머니에게 보낸 편지에 따르면, "약 세 시간 동안 의사들은 마취제도 사용하지 않고 그녀를 괴롭혔으나, 그녀는 영웅적으로 그것을 견뎌냈다." 수술 뒤 그녀의 갑상선종은 서서히 치유됐다. 크루프스카야의 와병은 확실히 레닌의 활동에 상당한 제약을 가져왔다. 그래서 그는 그 중요한 시기에 열렸던 국제 사회주의자들의 모임에 직접 나갈 수가 없었던 것 같다. 1914년 7월의 브뤼셀 비상 회의에도 이네사 아르망 Inessa Armand을 보내는 것으로 만족해했다.

이네사 아르망은 누구인가?[33] 그녀는 레닌보다 다섯 살 아래의 아름다운 여성이었다. 그녀는 파리에서 오페라 가수인 아버지와 여배우인 어머니 사이에서 태어났는데, 아버지가 일찍 죽어서 모스크바에 사는 숙모 밑에서 자랐다. 열일곱 살에 사범학교를 마치고 이듬해에 프랑스 출신의 러시아인 아르망과 결혼했다. 남편은 부유한 집 자식이어서 생활은 넉넉했다. 그녀의 아름다움도 활짝 폈다. 어느 한구석에도 미운 곳이 없는 뛰어난 프랑스 미녀였다. 그녀는 남편이 세운 학교에서 어린이들을 가르치며 시간을 보냈다. 자녀도 넷이나 두었다. 그러나 그녀의 깊은 내부로부터의 열정은 차차 사회 혁명 운동에 깊은 관심을 갖게 만들었다. 처음에는 라브로프의 글들에, 그 다음에는 레닌의 글들에, 특히 레닌의『무엇을 해야 하나?』에 차차 빠져들게 됐다. 1905년의 혁명은 그녀를 완전히 혁명가로 개종시키게 된다.

그녀는 남편의 동의를 받고 마침내 혁명 운동에 뛰어들었다. 러시아의 모든 혁명가들이 그러했듯이 그녀도 물론 경찰에 체포되어 시베리아로 유형을 떠나게 됐다. 이때 그녀를 사랑하는 한 청년이 그녀를 따라 시베리아까지 갔다. 한편 그녀의 남편은 그녀에게 계속 생활비를 보내주었다. 그러나 그녀의 애인이 폐결핵에 걸려 스위스로 떠나자, 그녀도 러시아를 탈출하여 그에게로 갔다. 그녀가 도착한 뒤 2주 뒤에 그가 죽자, 그녀는 다시 파리로 돌아가서 1910년에 소르본 대학교에 입학했다. 이 해에 레닌이 그녀를 만났는데, 그때 레닌은 마흔 살이었고 그녀는 서른다섯 살이었다. 그녀는 열렬한 레닌주의자가 되어 레닌의 집을 자주 왕래했다. 레닌의 아내 크루프스카야와도 친해졌다.

레닌은 철저한 금욕주의자였다. 특히 남녀 관계에서 그는 높은 자제력을 보이는 19세기적 빅토리안이었다. 볼셰비즘은 그를 정치적 과격주의자로 만들었으나 정치적 과격주의는 그의 개인적 보수주의와 공존하고 있었다. 그런데도 그는 차차 이네사에 애정을 느끼게 됐다. 그래서 레닌은 그녀와 혁명 사업을 협의한다며 파리 오를레앙 가(街)의 카페에서 몇 시간씩 함께 있는가 하면 덴마크의 수도 코펜하겐의 사회주의 인터내셔널 회의에 열흘씩 그녀를 동반하기도 했다. 게다가 역설적이게도 레닌은 그녀의 부르주아적 면모를 아껴 때때로 그녀에게 베토벤의「열정」을 피아노로 연주시키는가 하면 그녀의 우아한 옷차림에 매혹되기도 했다. 확

실히 레닌이 그녀와 주고받은 약 100통의 편지들은 그들이 매우 뜨거운 사이였음을 보여준다.[34]

크루프스카야가 눈치를 채고 자신이 물러서겠다고 말했다. 그것은 위장이 아니었다. 그녀에게 레닌은 남편이면서 동시에 그녀가 평생을 바치고 있는 공산주의 정치 운동의 지도자였다. 그 지도자, 특히 엄격한 당의 기율을 강조하는 그 지도자가 떠나라고 명령하면 그녀는 충실한 볼셰비크로서 그 명령에 따라 떠날 결심이었다. 그러나 레닌은 크루프스카야의 떠남을 허락하지 않았다. 그녀는 자신의 평생의 반려자이자 동지이고 또한 그 합(合)이면서 자신의 분신이었다. 그녀가 없는 자신을 레닌은 상상할 수가 없었다.

이네사는 볼셰비키 혁명의 성공을 보고 1920년 9월의 어느 날 마흔다섯 살에 북부 코카서스의 한 아름다운 마을에서 열병을 치료하다가 죽었다. "당신을 향한 정열이 소진된 나는 산송장"이라는 마지막 편지를 남겼다. 그녀의 시체는 1921년에 모스크바로 옮겨져 매장됐는데 그녀의 장례식에서 레닌은 몹시 슬퍼했다. 그 누구도 그에게 위로의 말을 건네기 어려울 정도로 그는 깊은 슬픔에 빠져 있었다. 볼셰비키가 집권한 뒤 그들은 붉은 광장에 자리잡은 크렘린 궁의 바깥 벽에 무덤을 만들고 국내외 혁명 투사들의 유골을 거기에 묻었다. 이것을 흔히 크렘린 외벽의 무덤이라고 부르는데, 레닌은 그녀의 유골을 여기에 묻게 했다.[35] 레닌이 죽은 뒤 마련된 거창한 국립 묘지는 그녀의 묘역에서 가깝다. 그뒤 즈다노프Andrei Zhdanov나 스탈린과 같은 거물들이 그녀의 묘역 근처에 묻혔다.*

---

* 레닌에게 또 한 사람의 애인이 있었다고 최근의 한 저서는 주장했다. 러시아 전기 작가 보리스 소콜로프가 1999년 11월에 출판한 『레닌의 여인들: 아르망과 크루프스카야』에 따르면, 그녀는 엘리자베타 케이라는 가명을 썼다. 작가는 레닌이 아무런 갈등 없이 동시에 세 여인을 사랑할 수 있었던 복잡한 성격의 인물이었다고 묘사했다. 작가는 "레닌이 돈 후안은 아니었지만 특유의 카리스마로 여성들을 끄는 힘이 있었다"고 주장했다. 작가는 "레닌이 권좌에 오른 뒤 다른 독재자들처럼 권력을 이용해 여성을 유혹하는 비열한 짓은 하지 않았다"고 옹호한 뒤, "그러나 레닌이 정말 사랑했던 연인은 3명의 여인이 아니라 혁명이었다"고 결론지었다(동아일보, 1999년 11월 17일).

위기를 모면한 레닌. 다시 레닌과 크루프스카야에게로 돌아오도록 하자. 1914년 8월 7일에 오스트리아의 지방 경찰이 적성 국가 출신 거주자들의 집들을 수색하게 됐는데, 그 대상에 레닌도 포함되어 있었다. 실제로 경찰이 불시에 찾아들어 그를 연행했다. 때마침 러시아 군대가 이 지방으로 진격하고 있었다. 이에 경찰은 그를 러시아 간첩의 혐의로 감옥에 넣었다. 이때는 레닌에겐 확실히 위기였다. 러시아인에 대한 오스트리아인의 적개심은 무척 커서 감옥 밖의 농민들이 "러시아의 간첩들이 처형당하지 않고 살아나오면 우리들이 그들의 눈알을 뽑고 혀를 자르자"고 떠들어댈 정도였다. 레닌에게 음식과 의복 및 책을 날라다주던 크루프스카야는 이 소리를 듣고 놀랐다고 뒷날 회고했다. 비단 오스트리아 사람들만 두려운 것이 아니었다. 만일 러시아와의 국경 지대인 이 지역이 곧 러시아 군대에 장악된다면, 레닌은 다시 반정부 활동의 주모자로 처형될 판이었다.

그러나 레닌은 구조자를 찾아낼 수 있었다. 빅토르 아들러가 그 사람이다. 오스트리아 사회민주당의 거물인 그가 내무부 장관을 찾아가 레닌이 러시아 차리즘에 대한 열렬한 반대자로서 러시아 정부에 의해 오히려 처형될 사람이라는 점을 설득력 있게 말해주었다. 오스트리아가 다시 러시아와 손을 잡아도 그는 러시아에 대항해 싸울 사람이라고 강조하자, 내무부 장관은 마침내 레닌을 석방시켜주었다. 석방과 동시에 그는 크루프스카야와 함께 중립국 스위스로 갔다. 지노비에프도 곧 석방되어 아내와 함께 스위스의 레닌을 찾아와 합류했다. 트로츠키도 아들러의 도움으로 가족과 함께 무사히 비엔나를 빠져나와 스위스로 간다. 아들러는 이처럼 자신의 힘으로 뒷날 볼셰비키 혁명을 이끄는 수뇌부를 모두 구출하게 된다. 그러나 뒷날 아들러는 전쟁 지지 노선을 걸었다는 이유로 이들에 의해 '계급의 적'으로 단죄된다.

레닌의 「전쟁에 대한 7개의 테제」. 중립국 스위스에 당도한 레닌은 정신을 가다듬어 「전쟁에 대한 7개의 테제」를 작성했다. 그리고는 9월 6일과 7일에 여섯 명의 충실한 동지들 앞에서 그것을 낭독했다. 그것은 우선 오늘날 유럽의 전쟁이 '부르주아적 제국주의적 특성을 갖고 있는 세습

왕가들 사이의 전쟁'이라고 규정하고 제2인터내셔널의 지도자들이 대부분 사회주의를 배신하여 부르주아적 국수주의에 영합하고 있다고 비판했다. 그것은 이어 그 원인이 '소시민적 기회주의의 팽배'에 있다고 단정했다.

러시아에 관련하여 그것은 다음과 같이 선언됐다: "러시아에서 사회민주주의의 과제는 우선 대(大)러시아인과 차리 군주주의의 국수주의에 대한 무자비하고도 끊임없는 투쟁이다. 또한 러시아 자유주의자들과 카데츠들, 그리고 인민주의자들에 의한 국수주의의 정교한 방어에 대항하는 것도 제1과제에 속한다. 노동자 계급과 러시아의 고통받는 인민의 관점에서 보면 폴란드와 우크라이나 및 러시아의 인민을 압제하는 차리와 그리고 그를 추종하는 군부가 패배하는 것이 훨씬 나을 것이다." 그리고 마지막으로 제7의 테제는 다음과 같이 선언하고 있다:

현재 사회민주당의 슬로건은 다음과 같은 것이어야 한다. 아래와 같은 완전한 선전책(宣傳策)이 군대와 군대의 행동 영역에 전파돼야 한다. 곧, 사회주의 혁명과 노동자 동지들 및 다른 나라의 고용된 노예들을 위해서는 모든 나라의 부르주아 정부와 당에 투쟁의 총구를 돌려야 하는데, 이 목표를 위해서는 선전 방침이 각국의 국어로 번역돼야 하며 각국의 군대와 각 집단에 불법적인 세포책을 조직하는 것이 필수적이다. 또 노동 대중의 혁명적 의식에 호소하는 것이 긴요하며 사회주의를 배신한 현 인터내셔널 지도자들과 투쟁하는 것도 중요하다. 또 독일, 폴란드, 러시아, 그리고 기타 다른 나라 사람들에게 여론을 조성해 유럽의 각 개체 국가들을 연방 공화국으로 변형시키는 것도 중요하다.[36]

레닌의 이 일곱 개의 테제는 다시 다듬어져서 공식으로 선포된다. 어떤 의미에서 1차 세계 대전의 발발 이전의 레닌은 국제적 혁명가가 아니라 러시아의 혁명가였다고 할 것이다. 1차 세계 대전이 일어나기 전에는 그가 국제 관계에 깊은 관심을 보인 일이 거의 없었다. 그러나 이제 혁명의 초점은 국제적인 것이 됐고, 러시아에서 사회주의 운동의 운명은 유럽 혁명 내지는 세계 혁명이라는 더 큰 과업에 종속되게 됐다. 여기서부터 레닌은 국제적 마르크시즘의 이론과 전략의 전체적 망(網)을 짜나갈 필요성을 절감하게 됐다.

반전 마르크시스트들의 회의는 전시에 세 차례 열렸다. 1915년의 베른 회의와 짐머바르트 Zimmerward 회의, 그리고 1916년의 키엔탈 Kienthal 회의가 그것들이다. 짐머바르트 회의에서 레닌은 각국에서 마르크시스트들이 주축이 되어 이 제국주의 전쟁을 종결시키기 위한 내란을 일으켜야 한다는 점을 역설했다. 그러나 그의 주장은 40명의 참석자들 가운데 8표밖에는 얻지 못했다. 비단 이 회의에서뿐만 아니라 전시의 세 회의에서 참석자들은 대개 평화주의로 나왔던 것이다. 그러나 레닌은 짐머바르트 회의를 통해 러시아 사회민주주의 운동의 한 분파의 대표자로부터 일약 국제적 지도자로 부각될 수 있었다. 그의 이론은 당대의 문제에 대한 구체적이며 비타협적 해답을 내려주고 있었기 때문이었다.[37] 그리고 그의 이론은 그가 10월 혁명을 통해 집권한 뒤인 1919년에 모스크바에서 창설되는 제3인터내셔널의 골격이 된다.

레닌의 제국주의론. 레닌은 짐머바르트에서 개진된 자신의 이론을 심화시켜 1916년에 『제국주의: 자본주의의 최고의 단계 *Imperialism: The Highest Stage of Capitalism*』[38]를 출간했다. 이 소책자의 이론적 골격은 영국의 과격주의자인 홉슨 J. A. Hobson과 독일의 사회민주주의자 힐퍼딩에 의해 부분적으로 마련된 것이었다. 그러나 그 기조와 결론은 새로운 것이었다.

레닌은 무엇보다 군국주의와 제국주의는 가장 발달된 유형의 자본주의의 조직적 특성이라고 보았다. 이로써 레닌은 자본주의가 본질적으로 평화적 성격을 갖고 있다고 본 마르크스로부터 이탈한 것이며 그것이 그의 제국주의론의 출발점이 된 것이다. 레닌은 우선 "초기 자본주의에 관한 한 마르크스의 분석이 옳다"고 보았다. 그러나 1870년대부터 자본주의는 '건설적이며 본질적으로 평화적인 단계'를 벗어나서 독점자본주의의 단계에 들어섰다고 레닌은 주장했다. 그러면 독점자본주의 단계는 어떤 단계인가? 이 단계에서 선진 공업 국가들은 그 국내적 투자 기회가 고갈됐으므로 그 나라들은 싼 노동력과 싼 원자재를 제공해주며 또한 그 것들을 갖고 만들어낸 상품을 비싸게 팔 수 있고 자본을 수출할 수 있는 해외 식민지들을 얻기 위해 쟁패전에 들어가게 된다는 것이다. 여기서 레닌은 마르크스의 예언과는 달리 선진 공업 국가들에서 프롤레타리아 트 혁명이 지체되어온 것은 그들이 바로 해외에 식민지들을 만들어 이 식민지들을 착취해왔기 때문이라고 보았다. 되풀이해 말한다면, 값싼 원 료와 값싼 노동력의 공급지이며 동시에 값비싼 상품 및 값비싼 자본의 수출 시장인 식민지를 갖게 됨으로써, 선진 공업 국가는 막대한 이윤을 획득하게 됐고 이 이윤으로 상층 노동 계급을 매수해버려 계급 투쟁과 사회주의 혁명이 지체되고 있다는 것이다.

그런데 전세계 금융 자본의 80%를 차지하는 영국·독일·프랑스·미 국의 4개국과 식민 지역 전체의 80%를 차지하는 영국·독일·프랑스 3 개국은 점점 식민지를 착취하지 않고는 살지 못할 지경에 이르게 되고 마르크스의 이론에 따라 경제적 모순은 계속 격화되니까 이 사태가 극에 이르면, 각국은 이윤을 찾아 마침내 서로 목숨을 걸고 크게 싸우게 되고 야 만다고 주장했다. 물론 이 사투는 결국 하나의 국제 체제로서의 자본 주의의 파괴를 가져오는 것으로 레닌에게는 비쳤다. 따라서 그는 프롤레 타리아 혁명이 바로 선진 공업 국가의 젖줄이며 선진 공업 국가의 계급 투쟁을 둔화시키는 장본인인 식민지에서의 민족 해방 혁명으로 시작돼 야 한다고 보았다. 그리고 그는 이 분석 위에서 결국 프롤레타리아 혁명 은 식민지를 갖고 있는 선진 공업 국가에서보다 경제적으로 후진되어 있 으나 식민지가 없는 러시아에서 먼저 발생할 것이며, 그 혁명은 전쟁에 의해 촉진될 것이므로 사회주의자는 러시아가 패전에 의해 프롤레타리 아 혁명이 촉진될 수 있도록 도와야 한다고 지적했다. 이러한 논리의 연 장선 위에서 아시아와 아프리카 등 서유럽 선진 국가들의 식민지로 착취 받고 있는 약소 민족들의 해방 투쟁을 적극 도와야 한다고 주장했다. 이 것이 마르크스의 혁명 이론에 대한 중요한 수정임은 물론이지만, 레닌은 뒷날 집권하면서 바로 이러한 논리 위에서 코민테른, 곧 국제 공산주의 운동 기구를 세운다.

　그러나 레닌을 포함한 볼셰비키나 그 반대파인 멘셰비키도 1917년 2월의 러시아 혁명 촉발에 직접적 영향을 미치지 못했고 예견하지도 못했다. 러시아 국내에서 활동하던 볼셰비키 지도자들은 레닌의 지시대로 반전 운동을 했기 때문에 거의 모두가 구금되거나 유배되어 있었다. 따라서 이들도 표면에 나서지 못하고 있었던 것이다.

제28장
2월 혁명과 임시 정부의 수립

우리는 흔히 1917년에 러시아에서 두 개의 혁명이 일어났다고 말한다. 2월 혁명이 그 하나이고 10월 혁명이 그 다른 하나이다. 그러나 학문적으로 엄격히 말해 2월 혁명만이 혁명이었다. 자연발생적인 대중 시위가 무질서를 형성하면서 차리즘 정권을 붕괴시켰으며 그 소용돌이 속에서 세워진 임시 정부가 곧바로 전국적으로 수용됐다는 점에서 그러했다. 이에 비해, 이른바 10월 혁명은 전형적인 쿠데타였다. 소수의 음모가들이 철저한 비밀 속에 계획을 수립하고 그 계획을 비밀리에 조직적으로 집행함으로써 임시 정부를 타도함과 아울러 권력을 장악했기 때문이었다. 이 장에서는 2월 혁명을 설명하기로 한다.

우선 자료에 대해 간단히 말하겠다. 2월 혁명에 관한 가장 자세한 분석은 프랑스의 대표적 러시아 전문가들 가운데 한 사람인 마르크 페로 Marc Ferro가 쓴 『1917년 2월의 러시아 혁명』[1]이다. 5백 쪽에 가까운 이 책은 차리즘이 붕괴된 과정, 그리고 임정이 운영된 과정을 연대기적으로 꼼꼼하게 살폈다. 우리가 이미 앞장들에서 자주 참고했던 파이프스의 『러시아 혁명』도 다섯 개의 장을 통해 2월 혁명을 매우 치밀하게 재현시켜놓았다. 트로츠키의 『러시아 혁명사』 역시 2월 혁명으로부터 10월 쿠데타까지를 한 편의 긴 영화처럼 재생시키는 데 성공했다.

1. 1917년의 1월과 2월

니콜라이 2세에 대한 허위 보고.[2] 운명의 해 1917년이 밝았다. 동시에 황실에 대한 비난과 공격의 목소리는 더욱 높아졌다. 그러나 니콜라이 2세와 황후는 무감각했다. 그들은 차르스코에 셀로에 있는 알렉산드르 궁전에서 조용하게 가정 생활을 보낼 뿐이었다. 내무부 대신 프로토포포프가 일주일에 1회 또는 2회 정도로 찾아와서 치안 상황에 관해 보고했는데 그 보고는 대체로 황실의 비위에 맞게끔 꾸며졌다. 황실을 겨냥한 음모들에 관한 소문들이 나돌고 있으나 근거가 없다는 것, 나라 전체가 조용하다는 것, 정부는 어떤 형태의 무질서도 평정하기에 충분한 무력을 확보하고 있다는 것 등등이 보고의 주된 내용들이었다.

프로토포포프는 황실로 하여금 자신의 보고가 진실된 것임을 믿게 하려고 일반 백성들로 하여금 자신들은 황실에 충성을 바치고 있으며 어떠한 정치적 변동에 대해서도 반대한다는 취지의 편지를 써서 황실에 보내게 하는 운동을 벌였다. 이 편지들은 니콜라이 2세와 황후를 안심시켰으며, 그들로 하여금 정치적 반대는 수도의 몇몇 불순분자들이 벌이는 것 정도로 여기게 만들었다. 황후는 기분이 좋아서 편지들을 방문자들에게 보여주기도 했다. 이 무렵 날씨가 예년보다도 훨씬 더 매섭게 추워졌다. 그래서 러시아의 여러 곳들에서 기차 운행이 정지됐고 식량과 연료의 공급이 중단됐는데 이러한 일들은 전혀 보고되지 않았다. 수도의 노동자들이 생활고에 너무 시달린 데다가 공장들이 문을 닫는 바람에 그저 길거리를 헤매고 있다는 사실도 보고되지 않았고, 니콜라이 2세를 체포해서 퇴위시키려는 음모들이 여기저기서 꾸며지고 있다는 경찰 당국의 정보도 보고되지 않았다. 내무부 대신은 모든 것이 철저히 통제되고 있으니 걱정하지 마시라는 말만 니콜라이 2세에게 거듭할 뿐이었다.

위기의 경고를 무시하다.[3] 그렇지만 니콜라이 2세는 기분이 썩 좋지는 않았다. 때로는 우울해지기도 했다. 황후 역시 마찬가지였다. 그녀는 침대에 누워서 시간을 보내곤 했다. 그녀 곁에는 오직 비루보바 Vyrubova

가 있을 뿐이었다. 이 여자는 황후에게 듣기 좋은 말만을 하는 것으로 악명이 높았다. 이러한 상태에서 차리는 오전에는 장군들을 접견해 전황에 대해 보고받기도 했고 외국의 대사들을 접견하기도 했으며, 오후에는 산책을 하거나 자녀들과 전기로 움직이는 썰매를 타기도 했다. 저녁에는 러시아 고전들을 읽고 도미노 게임을 하며 퍼즐 놀이를 했다. 때로는 영화를 보았다.

방문자들 가운데는 심각한 위기가 임박했음을 경고하는 사람들이 없지 않았다. 특히 이리나 공주의 아버지이며 자신의 매부가 되는 알렉산드르 미하일로비치 대공은 아주 쉬운 말로 경고를 아끼지 않았다. 그러나 니콜라이 2세는 그저 듣기만 할 뿐 반응이 없었다. 황후의 경우에는 경고하는 사람들을 내쫓았다. 경고와 더불어 대안을 제시한 대표적인 사람은 러시아 주재 영국 대사 부캐넌 경이었다. 그는 신년 인사차 방문한 자리에서 국민이 신뢰하는 사람을 총리에 임명할 것을 건의했던 것이다. 이 건의에 대한 니콜라이 2세의 반응은 거칠었다. 그는 "내가 내 신민의 신뢰를 회복해야 된다는 뜻입니까 아니면 내 신민이 나의 신뢰를 회복해야 된다는 뜻입니까?"라고 반문했던 것이다. 그것뿐이 아니었다. 그는 위기가 임박했다는 풍문은 과장이며 자신의 군대가 자신을 지켜줄 것이라고 대답했다. 이 무렵 니콜라이 2세는 영국 대사관이 두마의 반정부적 의원들과 접촉하고 있을 뿐만 아니라 그들에게 재정적인 지원을 하고 있다는 경찰 보고를 받았다. 그래서 영국 대사의 건의를 차갑게 뿌리쳤던 것이다.

1917년 1월 5일에는 골리친 총리 대신이 음모에 대해 보고했다. 모스크바에서는 공공연히 '다음번 차리'에 대해 말하고 있다고 보고한 것이다. 이 보고에 대해 니콜라이 2세는 "황후와 나는 모든 것이 하느님의 손에 있음을 알고 있다. 하느님의 의지대로 이뤄질 것이다"라고 대답했을 뿐 어떤 조치도 취하지 않았다. 이 무렵 황실을 자주 방문했던 사람의 회고에 따르면, 황실의 분위기는 마치 상중(喪中)의 집안을 닮았다. 이 시기의 차리의 일기도 그저 날씨나 가족들 얘기로 가득 차 있었다. 국정에 대한 언급은 전혀 없었다. 그러던 그가 자신의 마음속을 다른 사람에게 드러낸 때가 한 번 있었다. 1917년 1월 7일이었다. 두마 의장 로드지앙코가 현재의 상황이 위기 상황임을 설명하고 "신민들이 폐하와 국가의 선(善) 가운데 어느 하나를 택하도록 만들지 마십시오"라고 건의했을 때, 그는 자신의 두 손 사이에 머리를 박고는 "지난 22년 동안 나는 최선을 다하고자 노력해왔는데 그렇다면 지난 22년 동안 내가 한 일이 모두 잘못이었다는 것이 가능한 일인가"라고 반문했던 것이다.

차리를 제거하려는 음모들.[4] 니콜라이 2세가 개혁을 위해 아무런 일도 하지 않으려고 하는 것이 명백해지자, 보수주의자들은 군주제를 살릴 수 있는 단 하나의 방법은 니콜라이 2세를 제거하는 것이라는 결론에 이르렀다. 이 목적을 위해 여러 갈래의 음모들이 진행됐지만 오늘날까지 밝혀진 것은 다음과 같은 두 가지뿐이다.

첫째는 기업인 출신으로서 10월당 당수가 된 두마 의원 알렉산드르 구츠코프가 추진한 음모이다. 구츠코프의 회고록에 따르면, 그는 막 시작되고 있는 러시아 혁명은 1848년에 일어났던 프랑스 혁명의 전례를 따르지 않으리라고 보았다. 프랑스 혁명에서 노동자들은 왕정을 타도하고는 '더 좋은 사람들'이 정부를 형성해서 이끌어가도록 했다. 그러나 러시아에서는 혁명가들이 곧바로 집권함과 동시에 러시아를 멸망으로 몰고 갈 것이라고 그는 예견했다. 따라서 이것을 막기 위해서는 니콜라이 2세의 동생인 미하일 대공이 섭정이 된다는 조건 아래 니콜라이 2세가 아들 알렉시우스에게 양위하게 해야 한다고 생각했다. 구츠코프는 이 음모에 두마의 부의장인 니콜라이 네크라소프 Nicolai Nekrasov와 부유한 기업인인 미하일 테레시첸코 Mikhail Tereshchenko 및 드미트리 비아젬스키 Dmitri Viazemsky를 끌어들였다. 그들은 니콜라이 2세가 탄 기차를 세워 그를 협박해 양위시킨다는 계획을 세웠다. 그러나 이 음모는 더 이상 진전되지 못했다. 지지자들을 더 이상 확보하지 못했기 때문이었다.

둘째는 게오르기 르보프 Georgi Lvov 공이 세운 것이었다. 젬스트보 의회들의 연합회 회장인 그는 육군 참모총장 미하일 알렉세에프 Mikhail Alekseev의 지원을 약속받는 데 성공했다. 이들은 황후를 크림으로 은퇴시키고 니콜라이 2세로 하여금 차리의 권한의 대부분을 니콜라이 대공에게 넘기게 한다는 계획을 세웠다. 이때 니콜라이 대공은 총사령관직으로부터 해임된 뒤 코카서스 전선 사령관으로 봉직하고 있었다. 음모자들은 코카서스의 티플리스 시장 하티소프A. I. Khatisov를 통해 니콜라이 대공의 뜻을 물었다. 하룻동안 생각해보겠다던 니콜라이 대공은 결국에는 거절했다. 농민들과 병사들이 그러한 변동을 이해하지 못할 것이라는 이유에서였다. 그래서 하티소프는 르보프와 약속했던 암호문인 "병원은 문을 열 수 없다"는 전문을 르보프에게 보냈다. 니콜라이 대공은 그러나 이러한 음모가 있었다는 사실을 니콜라이 2세에게 알리지는 않았다. 그만큼 니콜라이 2세에 대한 신뢰는 땅에 떨어졌던 것이다.

'노동자들의 그룹'의 선언.[5] 이 무렵 즉각적인 위기는 수도에서 두 조직에 의해 조성되고 있었다. 하나는 두마였다. 2월 14일에 12일의 회기로 열릴 예정인 두마는 벌써부터 강력한 반정부적 언동을 보이고 있었다. 그리고 두마가 열리는 경우에는 노동자들이 두마의 반정부적 분위기를 이용해 큰 규모의 시위를 벌일 것이 확실했다. 내무부 대신 프로토포포프는 두마의 지도자들과 노동자들의 지도자들을 모두 합쳐 약 300명을 구속시킬 방안을 세워보았으나 감히 실행하지 못했다. 다른 하나는 '노동자들의 그룹'의 선전 선동이었다. 멘셰비키에 속하는 코스마 그보즈데프Kosma Gvozdev가 이끄는 이 조직은 군주제의 폐지와 민주적 임시 정부의 수립을 내세우는 전단을 시내에 뿌리면서 이 목표를 실현시키기 위해 노동자들이 총궐기할 것을 호소했다. 이 조직은 마침내 두마의 구츠코프와 손을 잡았다. 두마가 개원하는 날에 수천 수만 명의 노동자들로 수도의 거리들을 덮게 하고 군주제의 민주적 임시 정부로의 대체를 요구하게 한다는 데 합의한 것이다.

프로토포포프 내무부 대신은 이 정보를 입수했다. 그는 '노동자들의 그룹'이 선언서를 발표한 때로부터 하루가 지난 1917년 1월 27일에 그 조직의 지도자들 모두를 체포해 피터 앤 폴 요새 감옥에 투옥했다. 이 보고를 받은 직후에 니콜라이 2세는 전임 법무부 대신 니콜라이 마클라코프Nicolai Maklakov를 불러 현재의 제4대 두마를 해산하며 제5대 두마를 위한 선거를 1917년 12월에 실시할 계획임을 밝히는 선언서를 기초하게 했다. 이 소식은 두마에 전해졌으며 물론 두마를 격분시켰다. 다른 한편으로, 프로토포포프는 수도 방위권을 반대 세력에 동정적인 니콜라이 루즈스키 Nicolai Ruzsky 장군으로부터 세르게이 하발로프 Sergei Khabalov 장군에게 넘겼다. 하발로프 장군은 곧바로 강력한 경고문을 발표했다. 이러한 조처들은 효과를 보았다. 2월 14일로 예정된 노동자들의 시위는 취소됐다.

그러나 국가의 행정은 마비되고 있었다. 내각조차 대신들이 이 핑계저 핑계로 불참하는 바람에 기능이 사실상 정지됐다. 프로토포포프조차 참석하지 않는 경우가 늘어났다. 보다 더 심각하게 내무부의 경찰국이 분해되고 있었다. 경찰국장 파벨 쿠를로프 Pavel Kurlov 장군은 사직했으며 후임은 결정되지 않았다. 경찰국의 가장 중요한 부서인 특별과는 아무런 지시를 받지 못해 손을 놓은 상태였다. 반대 세력은 정부의 법령을 무시한 채 집회와 시위를 사실상 마음대로 열기에 이르렀다. 언론에 대한 군대의 검열도 중단됐다. 따라서 신문들과 잡지들은 검열과를 찾아다닐 필요가 없어졌다. 그런데도 내무부 대신 프로토포포프는 무사태평이었다. 이때의 그의 언동을 지켜본 사람들은 그가 제정신이 아니라고 생각했다.

2. 2월 혁명이 일어나다

지난 며칠 동안 일용품을 사기 위해 가게를 하나하나 뒤지며 다니다가 지친 주민들의 불만은 크게 늘어났다. 1914년의 여름 이후 가난한 사람들이 식품 공급의 불량으로 고통을 겪었음은 확실하다. 그러나 이 점에서의 상황이 최근에 와서 악화된 것으로 보이지 않는다. 〔……〕

대사관에 도착해서 나는 어느 정도의 선동에 주목하게 됐다. 가가린스카야 Gagarinskaya 거리와 프렌치 케 French Quay(프랑스 거리)의 모퉁이에 하나의 그룹이 형성되고 있었다. 〔……〕 오늘 아침에는 교외에서 충돌이 있었다고 한다. 빵가게는 털리고 '그 과정에서' 몇 명이 부상당했다고 한다. 움직임은 생각했던 것보다 더 심각한 것으로 보인다.

어떠한 폭력적 시도도 불가능하게 만들 경찰의 배치가 있는 것은 사실이다. 그럼에도 불구하고, 우리가 떠나면서 우리는 고스티니 드보르Gostiny Dvor의 방향 쪽으로 상당한 규모인 것으로 나에겐 보인 시위자들의 군중을 볼 수 있었다. 〔……〕

움직임은 정치적 성격을 띠어가고 있으며, 오늘 아침 몇 개 공장들이 파업에 들어갔다. 〔……〕 치안 세력은 어느 때보다 크다. 〔……〕 큰 시위 군중들이 니콜라이 역의 방향으로부터 당도해서 시청 앞에 모여 있다. 나는 명백하게 붉은 기를 볼 수 있었다. 이 시점에서 경찰관들은 발포가 있을 것이라고 선언했다.[6]

페트로그라드의 민중 봉기. 이상은 1917년 2월 혁명 며칠 전 수도 페트로그라드의 모습을 묘사한 한 프랑스 외교관의 글이다. 다음에서 2월 혁명이 일어나는 과정을 살피기로 한다.

1917년에 접어들면서 노동자들의 시위와 파업은 점점 늘어나 1917년 1월과 2월의 두 달 사이에 연인원 약 676,300명이 참가한 약 1,330건의 파업이 발생했다. 이들은 무엇보다 당장 먹고 사는 문제에 시달리고 있었다. 생존에 필요한 최저의 식품도 구하기 어려울 정도로 공급이 달렸다. 두마 의장 로드지앙코가 1917년 2월에 니콜라이 2세에게 보낸「경제 상황에 관한 보고서」에 따르면, 밀과 보리는 최저 수요량의 50%가 그리고 버터나 가금(家禽)은 25%가 공급되고 있을 뿐이었다. 기름의 공급도 모자라 난방도 시원찮았다. 시민들의 방안 온도가 섭씨 11~14도 정도였고, 교실 같은 곳은 6~7도 정도에 불과했다.[7] 2월 중순부터 수도에는 시민들에 대한 식량 공급이 더욱 어려워져 2월 15일 현재 열흘분의 비축밖에는 남지 않았다. 이에 따라 수도 지구 사령관 하발로프 장군은 배급제를 실시했다. 그러나 그나마도 떨어져버렸다. 그래도 사람들은 빵가게 앞에 줄을 만들면서 그 추운 밤을 새웠다. 경찰 정보원들도 가족을 먹일 수 없게 됐다며 공공연히 불평을 털어놓으면서 그 줄에 끼여들었다. 2월 22일, 드디어 영하 20도의 추위를 참고서 몇 시간째 장사진을 이루며 기다려 섰던 시민들에게 '니에트,' 곧 '더 이상 없다'는 말이 떨어졌다. 여기서부터 러시아와 세계를 변혁시킨 러시아의 2월 혁명이 시작됐다. 굶주림과 좌절 속에 지쳐 있던 가정 주부들이 빵가게와 그 밖의 식품점들을 습격하기 시작한 것이다. 특히 낮은 급료와 낮은 임금에 시달리던 병사들의 부인들과 방직 공장의 여공들이 습격자들의 주축을 이루었다. 마침 기름이 아주 부족해져 푸틸로프 제철소가 문을 닫게 되자 직장을 잃은 수천 명의 노동자들이 길거리로 쏟아져나왔다.

2월 23일에 사회주의자 단체들은 '부녀자들의 날'을 선포하고 시위를 이끌어나가려고 했다. 그러나 그들의 지도를 기다림이 없이 시위는 점차 확대되어나갔다. 특히 비보르그Vyborg 지구를 포함한 노동자 밀집 지구에서는 걷잡을 수 없이 확대되어갔다. 그리고 "우리의 어린애들은 굶고 있다" "우리는 먹을 것이 없다" "빵을 다오" 등의 구호가 거리에 넘쳐흐르기 시작했다. "전제 정치를 타도하라"는 구호도 섞여 나오기 시작했다. 한 연구에 따르면, 이날 수도의 400,000명 노동자들 가운데 90,000명이 거리로 쏟아져나왔다. 그러나 경찰과의 본격적인 충돌은 벌어지지 않았다.

그런데 바로 그처럼 심각했던 날에 니콜라이 2세는 가족과의 오랜 재결합을 마치고 먼 모길레프Moghilev 사령부로 되돌아갔다. 그는 모길레프에서 일주일 정도 머물면서 전황을 분석하고 대책을 세울 계획이었다. 프로토포프는 차리가 수도를 비우는 것에 대해 아무런 이의를 제기하지 않았다. 그는 니콜라이 2세에게 걱정할 일이 아무것도 없다고 안심시키기조차 했다. 니콜라이 2세는 그 말을 믿고 떠난 것이다. 그처럼 그는 사태의 중요성을 깨닫지 못했던 것이다.[8]

다음날, 파업자의 수는 약 197,000명으로 늘어났다. 숫자가 늘어나면서 그들의 용기도 늘어나, 이제는 파업자의 거의 모두가 '전제 정치 타도'를 외치게 됐다. 그들은 「라 마르세예즈」를 부르고 붉은 기를 흔들기도 했다. 이때 노동자 계층이 살고 있는 지역과 수도의 중심부를 연결하는 네바 강의 다리는 무장 경찰이 지키고 있었다. 그러나 네바 강이 얼어서 노동자들은 아무런 어려움 없이 도심지로 밀려들어올 수 있었다.

이 당시 수도의 경찰 및 군대의 병력은 결코 적지 않았다. 경찰의 수는 약 3,500명에 이르렀고 여기에 수천 명의 헌병들이 보충되어 있었다. 코사크 기병대들이 위기에 대비해서 수도로 호출되어 있었으며, 사태가 악화되면 다른 몇 연대들이 올라오게 되어 있었다. 이 밖에도 페트로그라드 수비대는 상당한 규모로 예비군을 이미 동원시켜놓고 있었으며, 수만 명의 신병들을 충원해놓고 있었다. 전체적으로 보아 수도의 군경 병력은 160,000명 수준에 이르렀다. 그러나 이들 군경은 약간의 예외를 제외하고는 시위 군중들에게 동정적이었다. 이 점에 대해 리브망은 다음과 같이 쓰고 있다: "노동자들과 병사들 사이에 꽤 가까운 관계가 처음부터 수립됐다. 노동자들은 자신들의 어려움을 병사들에게 호소하고 장교들은 그 호소에 대해 아무것도 할 수 없게 되어버리니까 그들의 눈을 감아버린 것이다. 시위 군중들을 해산시키게 됐을 때 코사크 기병대들조차 열의의 명백한 결의를 나타냈으며, 그들 가운데 상당수는 놀란 군중들의 따뜻한 갈채를 받았다."[9]

파업이 확대되다. 2월 25일에는 파업이 총체적인 규모로 확대됐다. 학생들도 교실을 박차고 나와 거리의 노동자들에 가세했다. 전차의 운행도 정지됐고 신문도 나오지 않았다. 수도 페트로그라드는 마치 포위당한 도시처럼 보이기 시작했다. 비보르그는 이제 완전히 군중의 손에 장악됐다. 이때서야 비로소 니콜라이 2세는 모길레프 사령부로부터 하발로프 장군에게 "내일 현재로 수도의 거리에서 모든 혼란을 진압할 것을 명령한다"는 전보를 보냈다. 그처럼 그는 러시아 사회가 어떻게 돌아가고 있는지 전혀 알지 못하고 있었던 것인데 병사와 파업자 사이의 동정적인 연계도 파악하지 못한 채 진압의 명령을 내린 것이다. 하발로프는 기가 막혔다. 그는 발포가 불가능하다는 것을 알고 있었다. 뒷날 그는 당시의 자신의 심정을 이렇게 썼다: "이 전보는 〔……〕 나에게는 커다란 쇠망치의 때림 같았다. '내일 현재로 정지시켜라.' 어떻게? 내가 무엇을 해야 한다는 말인가? 어떻게 '정지' 시키란 말인가? 그들이 빵을 요구할 때, 우리는 빵을 주었다. 〔……〕 그러나 깃발이 '전제주의 타도'라고 써 있을 때, 그것은 더 이상 빵의 문제가 아니다."[10]

이날 밤부터 차리의 비밀 경찰은 시위 군중의 지도자들을 체포하기 시작했다. 시위하는 군중 세력이나 비밀 경찰이나 모두 지금부터의 며칠이 결정적인 시기가 될 것이라는 판단에 이르렀다. 또한 군부가 어떻게 움직일 것이냐에 따라 대세는 결정될 것이라는 판단에 똑같이 도달하고 있었다. 그런데 이런 상황 속에서 페트로그라드의 지하 운동의 지도자들은 당 중앙으로부터 아무런 지시도 받지 못했다. 페트로그라드의 지하 운동의 지도자들 가운데 한 사람이었던 카주로프Kazhurov는 당시의 상황을 이렇게 썼다: "우리는 〔볼셰비키〕당 중앙으로부터 아무런 명령도 받지 못했다. 페트로그라드 위원회는 검거되어 있고 중앙위원회의 대표인 슐리아프니코프Shlyapnikov는 다음날들에 대비한 명령을 내려줄 위치에 있지 않았다." 볼셰비키 당뿐만 아니라 다른 당들도 마찬가지였다. 그들도 간부들의 피체(被逮)로 거의 완전히 기능이 마비되어 있었다.

즈나멘스키 광장의 학살. 시위의 네번째 날은 일요일이었다. 24시간 통금령이 내렸는데도 정오가 되기 전에 노동자들이 벌써 도심으로 쏟아져 나왔다. 군대 역시 핵심 지역에 배치됐다. 그러나 병사들과 시위 군중은 다정한 눈인사를 교환했고 정다운 대화를 나누기도 하였다. 장교들의 태도는 달랐다. 그들의 대화를 금지시켰고 마침내 발포를 명령했다. 병사들은 이에 응하기는 했다. 그러나 그들은 시위 군중을 죽이고 싶은 생각이 없었다. 그래서 공포만 쏘아댔다. 그러자 장교들이 마침내 기관총으로 쏘아댔다. 오후가 되면서 몇몇 지구에서 마침내 장교들이 발포하기 시작했다.

가장 큰 규모의 발포는 즈나멘스키Znamensky 광장에서 일어났다. 알렉산드르 3세의 거대한 동상이 서 있는 이 광장은 평소에도 정치적 선동가들이 사람들을 불러모을 때 쓰였던 곳이다. 수도에서 유명한 집회 장소인 이곳에서 볼린스키Volynsky 수비 연대의 한 중대가 발포함으로써 약 40명을 죽이고 많은 사람들을 다치게 했던 것이다. 이 발포는 그 당장에는 효과를 나타냈다. 밤이 되면서 수도는 조용해졌으며 정부는 수도의 중심부를 다시 장악하는 데 성공했던 것이다. 자신을 얻은 하발로프 장군은 차리에게 군사 반란은 진압될 것이라고 전보를 보내 차리를 안심시 컸다. 그래서 그날 밤에 니콜라이 2세의 딸은 아니지만 공주의 직함을 지닌 라지윌 Radziwill은 화려한 자신의 궁전에서 야회를 열기까지 했다. 러시아 주재 프랑스 대사에게 이 야회는 1789년의 프랑스 대혁명 당시에 파리에서 있었던 비슷한 야회를 연상하게 만들었다. 바로 이날 밤에 니콜라이 2세는 두마를 4월까지 정회시키도록 골리친 총리에게 지시했고 골리친 총리는 로드지앙코 두마 의장에게 차리의 뜻을 전달했다.

병사들의 반란. 그런데 바로 그날 밤에 중대한 변화가 일어났다. 대낮의 학살이 병사들로 하여금 장교들에게 반감을 품게 만들었으며 마침내는 차리에 대해서까지 반감하도록 만든 것이다. 여기서 주목해야 할 사실은 수도의 수비를 위해 동원됐거나 소집된 병사들 가운데 상당수가 1880년 대에 태어난 농민 출신이었다는 사실이다. 그들은 이 위태로운 시점에 로마노프 왕조를 꼭 지켜야겠다고 결심할 이유가 없는 사람들이었다. 3백여 년에 걸친 농노의 고통과 슬픔을 뼛속 깊이 지닌 그들은 오히려 명분만 주어지면 시위 군중에 참여할 사람들이었고 따라서 '화약고 부근에서 불타고 있는 장작'과 같았다.

그리하여 그 다음날부터 파블로프스키 Pavlovsky 연대의 제4중대에서부터 발포 거부가 시작됐다. 이 발포 거부는 곧 파블로프스키 연대 전체로 번지고 마침내 프레오브라젠스키 Preobrazhensky 연대와 볼린스키 연대에까지 파급됐다. 장교들은 차리의 이름을 빌려 병사들을 제어하려 했다. 그러나 병사들의 태도는 확고했다. 자신들의 면전에서 사라지지 않으면 발포하겠다고 오히려 위협하는 것이었다. 장교들은 사라지지 않을 수가 없었다. 발포 거부를 분명히한 다음 병사들은 시위 군중들에게 자신들이 그들의 편임을 알렸다. "겁내지 말고 우리에게 오시오. 우리에게 말이오." 병사들은 이렇게 말했다. 병사들은 말로만 끝내지 않았다. 무기를 시위 군중들에게 나눠주기 시작한 것이다. 이때부터 시위 군중들은 힘을 나타냈다. 법원 청사를 불태우고 법무부 청사를 불태운 다음 차리의 겨울 궁전으로 달려갔다. 거기서도 아무런 제지가 없었다. 그들은 겨울 궁전 꼭대기로 올라가 차리의 기를 내리고 붉은 기를 올렸다. 이렇게 볼 때, 2월 혁명은 노동자들의 반란으로 묘사될 수도 있겠으나 농민 출신 병사들의 반란으로 설명될 수도 있다.

2월 혁명의 정확한 날짜. 그날이 1917년 2월 27일이었다. 많은 역사학자들이 지적했듯이, 2월 혁명이 시작된 날짜를 굳이 꼭 짚어내야 한다면 그 날짜는 구력으로는 2월 27일, 신력으로는 3월 12일이 된다. 바로 이날에 노동자들의 시위는 병사들의 반란으로 바뀌었으며 이때부터 차리즘 정부는 수도에 대한 통제력을 잃은 것이다. 그리고 첫번째 병사들의 반란의 '영예'는 파블로프스키 연대에 돌아간다. 수도의 수비에 대해 최고의 책임자라고 할 수 있는 전쟁부 대신 미하일 벨리아프Mikhail Beliav 장군은 반란에 참가한 병사들을 모두 군법 재판에 돌리고 유죄가 인정되면 처형하고자 했다. 그러나 하발로프 장군은 그러한 조처를 막았다. 그렇게 할 힘이 자신들에게 없음을 깨달았기 때문이었다.

이 일련의 과정에서 볼셰비키 당을 비롯한 모든 반체제 정당들은 거의 아무런 역할을 수행하지 못했다. 페트로그라드의 볼셰비키 지도부는, 앞에서 지적했듯이, 거의 완전히 마비되어 있었다. 그래도 좀 생각한다는 몇몇 지도자들도 상황을 오판하고 있었다. 병사들과 시위 군중들의 연계가 성립되리라곤 예측하지 못했으며, 혁명이 성공하리라곤 생각조차 못했다. 그렇기 때문에 이 단계에서는 반차리적 선전 활동을 강화하는 것이 현명한 길이라고 보았다.

3. 니콜라이 2세가 퇴위하다

정부와 두마의 대응. 이러한 상황에서 정부의 지도자들은 강경과 온건의 두 파로 나뉘었다. 내무부 대신 프로토포포프는 두마의 해산과 반정부적 의원들의 체포 및 대규모 발포를 주장하고 나섰고, 총리 골리친은 이 방안에 반대한 것이다. 당시 골리친은 두마 안의 자유주의적 입헌주의적 의원들과 손을 잡고 점진적 개혁을 통해 차리즘을 보존하려는 입장을 취하고 있었으며, "내각의 총사직, 의회의 3일 간 정회, 대중적 인기를 누리고 있는 알렉세에프 장군을 수반으로 하는 새로운 신임 내각의 구성"

을 골자로 하는 두마 의원 마클라코프의 제안에 기울어져 있었다. 각료들의 대부분은 평상시에는 권력 현시욕(顯示慾)에 젖어 있는 내무부 대신이 싫었고 또 골리친의 방법론이 합리적이었기 때문에 골리친의 온건론을 추종해왔었다. 그러나 상황이 급박하다는 절박감은 그들로 하여금 내무부 대신의 강경론으로 기울게 했다.[11]

내무부 대신의 강경론이 채택되자 2월 27일에 노령의 총리 골리친은 니콜라이 2세의 이름으로, 곧 칙령으로, 두마의 해산을 명했다. 두마는 두마가 생각하고 있는 것을 차리에 알리기 위한 방편으로, 마치 1789년에 프랑스 혁명 당시의 제헌 의회가 그러했듯이, 칙령을 거부하고 회의를 계속해나가기로 결정했다. 그러나 차리의 명령에 불복종하는 것이 아니라는 점을 명백히하기 위해 그들은 의사당인 토리드Tauride 궁의 회의실에서 회의를 열지 않고 그 뒤의 별관에서 회의를 열었다. 한편 의장 로드지앙코는 시위 사태가 혁명으로 발전해나가는 것을 피하고자 니콜라이 2세에게 새로운 '신임 정부'를 구성하라는 전보를 계속 보냈다. 가령 2월 27일에 그는 이렇게 말했다: "상황은 보다 나빠지고 있습니다. 조처가 즉각 취해지지 않으면 안 됩니다. 나라와 왕조의 운명이 결정돼야 할 마지막 시간이 왔습니다. 내일이면 너무 늦을 것입니다."[12]

아직도 심각하게 느끼지 못한 니콜라이 2세. 그러나 차리로부터는 아무런 회신이 없었다. 그럴 수밖에 없었다. 그가 차르스코에 셀로의 황후 알렉산드라로부터 받은 전보는 시위 사태를 크게 걱정하지 않게끔 묘사하고 있었다. 가령 로드지앙코가 "내일이면 너무 늦을 것"이라는 전보를 보낸 그날에 황후는 다음과 같은 전보를 보냈던 것이다: "이것은 부랑자들의 움직임입니다. 젊은 패거리들이 뛰어다니면서 남의 일이나 막고 있는 노동자들과 함께 흥분을 자아낼 단순한 목적에서 빵이 없다고 소리쳐대고 있는 것입니다. 날씨가 대단히 추워진다면 그들은 아마도 모두가 집에 머물러 있을 것입니다. 그러나 두마가 얌전하게 굴어주기만 한다면 이 모든 것은 지나가고 조용해질 것입니다."[13]

이런 상황이었기에 니콜라이 2세는 로드지앙코의 전보에 대해 코웃음을 칠 수 있었다. 차리는 로드지앙코의 전보를 알렉세에프 장군에게 집어던지면서 "저 뚱뚱보 로드지앙코가 나에게 난센스 같은 얘기를 써 보냈는데, 대답조차 하지 않을 거야"[14]라고 말했다고 전해지고 있다. 차리는 자신이 수도의 정보로부터 사실상 차단되어 있다는 사실을 모르고 있었다. 당시 전선에서 차리의 측근으로 있었고 나중에는 황제의 퇴위 칙서를 쓰게 된 외교관 바실리 Nicolai de Basily는 이 점에 대해 "무정부 상태에 종지부를 찍어야 할 필요한 결정을 그 혼자만이 내려야 할 시점에 차리가 유효한 통신으로부터 차단되어 있었다는 것은 차리의 불운일 수 밖에 없었다"[15]고 회고했다.

니콜라이 2세가 수도에서의 대규모 시위를 '난센스 같은 얘기'라고 비웃은 그 다음날인 2월 28일에 시위는 더욱 확대됐다. 앞에서 지적했듯이, 2월 27일 밤까지는 병사들의 혁명 가담은 확실해져 그 수효는 이미 약 66,000명에 이르렀으며, 러시아의 바스티유 감옥인 피터 앤 폴 요새 감옥도 혁명에 가담한 병사들의 손에 넘어갔다. 따라서 2월 28일 아침에 내각은 사실상 마지막이 될 회의를 열고 시국 대책을 검토했다. 강경 세력을 이끌어왔던 내무부 대신 프로토포포프가 제일 먼저 일어나 발언했다. "이제 남은 일이라곤 나를 총살하는 것이야." 그리곤 내각의 총사직을 주장하면서 밖으로 나가버렸다. 이때 니콜라이 2세의 동생인 미하일 대공이 들어와 차리에게 상황을 설명하고 의견을 듣자고 제의했다. 각료들이 동의하자 그는 전화로 총사령부를 불러냈다. 알렉세에프 장군이 전화를 받았다. 40분 뒤 알렉세에프 장군은 미하일 대공에게 "차리는 고마움을 표하면서 차르스코에 셀로로 가서 거기서 모든 것을 결정하겠다고 말한다"는 뜻을 전했다. 이 말을 전해듣고 내각은 모든 것을 포기했다. 그리고 각료들은 두마로 갔다. 이제는 두마가 그들을 체포할 수도 있겠으나 그래도 두마가 자신들에게는 최선의 신변적 보호를 베풀어줄 수 있을 것이라고 생각한 것이다.[16]

두마와 시위 군중. 두마도 사실은 새로운 상황의 전개에 어떻게 대처해야 좋을지 몰라 쩔쩔매고 있었다. 그런데 마침내 20,000여 명의 시위 군중이 의사당으로 밀려들어오기 시작했다. 이제 그들은 맨손의 시위 대원들이 아니었다. 손에는 총을 들고 있었다. 이것을 보고 대부분의 두마 의원들은 고개를 푹 숙였다. 도망치는 의원들도 있었다. 그러나 카데츠의 총수 밀류코프는 이런 때일수록 정정당당한 태도를 취해야 한다고 생각했다. '차리가 이 두마를 얼마나 미워했는가? 이 두마를 해산한 것은 결국 차리가 아닌가? 그런데 우리가 왜 시위 군중 앞에 머리를 숙여야 한단 말인가?' 그는 그렇게 생각한 것이다.

의사당으로 몰려든 무장한 시위 군중들은 두마 의원들에게 외쳐대기 시작했다. "우리에게 명령을 내리시오. 이제부터 우리가 할 일이 무엇인지 말하시오." 그들은 미친 듯이 떠들어댔다. 이때 두마의 뛰어난 웅변가로서 차리에 대해 언제나 날카롭게 공격해온 케렌스키가 시위 군중 앞에 나타났다. 변호사 출신으로 이때 36세의 청년 정치인이었던 그가 시위 군중 앞에서 반차리적 열변을 토하기 시작한 것이다. 그리고는 "대신들을 모조리 체포하시오. 우체국·전신국·전화국을 점거하시오. 철도역과 정부 청사를 점령하시오"라는 '명령'을 내렸다. 케렌스키는 그 다음 로드지앙코에게 권력을 장악하라고 권했다. 그러나 차리에게 충실한 그는 감히 그럴 수가 없었다. 그래서 왕당파 의원인 슐긴에게 "나는 반란에 가담하고 싶지 않아"라고 말하며 고개를 흔들었다. 그러자 왕당파이면서도 현실주의자인 슐긴은 "당신이 권력을 장악하지 않는다면, 다른 사람이 잡을 거요"라고 대꾸하면서 집권을 권했다. 이에 로드지앙코는 정권 인수를 결심하고 시위 군중 앞에 나타나 두마가 중심이 돼 새로운 '책임 있는 정부'를 구성하겠다고 약속했다. 그리고 곧바로 극우파를 제외한 두마 안의 모든 정당 등과 정파들의 지도자들 12명으로써 질서 회복과 군대의 통수를 위한 임시 집행위원회를 구성했다. 이로써 제국의 정부는 일단 무너지고 두마의 새 정부가 세워진 것이다. 두마의 임시 집행위원들은 사실 그 상당수가 왕당파였다. 이 시점에서도 그들은 로마노프 왕조가 완전히 붕괴돼야 한다는 생각을 갖고 있지 않았다. 그저 상황에 밀려 혁명의 입장에 서게 된 것이었다. 피어슨이 이들을 "마지못한 혁명가들"[17]이라고 부른 이유가 여기에 있다.

소비에트의 구성. 두마의 임시 집행위원회가 수립되던 바로 그날, 시위를 주도해온 노동자들과 병사들은 멘셰비크인 츠헤이드제를 의장으로 하는 '노동자들과 병사들의 대표자들의 소비에트 임시 집행위원회'를 결성했다. '소비에트'란 러시아어 단어는 영어의 카운슬council에 해당하며 우리말로는 '협의회'란 뜻이다. 혁명에 가담한 군대 쪽에서는 1개 중대에서 1명씩, 그리고 노동자 쪽에서는 1,000명에서 1명씩 각각 대표를 뽑아 이 기구에 보냈다. 역설적이게도 이 기구 역시 두마의 의사당 안에서 결성됐다. 장소는 케렌스키에 의해 배정된 것이다. 혁명 세력의 대표 기구가 두마의 청사 안에 있을 때 두마도 무사하고 수도의 질서도 유지될 수 있다고 그는 판단했던 것이다. 이로써 케렌스키가 뒷날 회고했듯이, "2개의 서로 다른 러시아가 나란히 자리잡고 있었다. 〔아직은 그것을 깨닫지 못하고 있으나〕 모든 것을 잃은 지배 계급의 러시아와 〔……〕 그 사실을 알지 못한 채 권력을 향해 행진하고 있는 노동자의 러시아가 나란히 자리잡고 있었던 것이다."[18]

이 소비에트의 임시 집행위원회의 결성은 두마의 임시 집행위원회의 결성보다 몇 시간 빨랐는데, 사실 두마는 소비에트의 출현에 어느 정도 겁을 먹었기에 서둘러 자신의 임시 집행위원회를 결성했던 것이다. 소비에트 임시 집행위원회는 그날로 자신들의 대변지로서 뉴스라는 뜻을 갖는 신문 『이즈베스치아 *Izvestia*』를 발행했다.

그런데 소비에트의 임시 집행위원회나 두마의 임시 집행위원회나 그 어느 쪽도 처음엔 스스로가 권력을 장악해야 한다는 생각이나 혁명에 대한 청사진이 거의 없었다. 두마의 임시 집행위원회는 여전히 차리가 '민중의 신임을 받는 내각'의 구성에 동의할 것을 기대하고 있었다. 한편 소비에트의 역할에 대해서는 사회주의자들 사이에 의견이 엇갈렸다. 멘셰비키는 프롤레타리아 사회주의 혁명이 성취되기 위해서는 우선 부르주아 민주주의 혁명이 이룩돼야 하며, 따라서 전제 체제가 자유주의적 부르주아지에 의해 완전히 타도될 때까지는 사회주의자들은 권력의 장악을 회피해야 한다고 주장했다. 그들은 자신들의 역할을 노동자들을 도와 전제 체제를 타도하는 것에 우선 한정하고, 소비에트에 적극 참여했다. 볼셰비키도 기본적으로는 이러한 입장에 서 있었다. 물론 레닌은 러시아의 부르주아지는 민주적인 성격을 갖고 있지 않으며 따라서 러시아에서 부르주아 민주주의 혁명은 노동 계급의 동맹에 의해 이뤄져야 한다는 이론을 제시해왔고, 혁명이 발발하자 두마의 임시 집행위원회를 타도하고 소비에트가 임시 혁명 정부를 수립할 것을 주장했지만, 유형지에서 이제 막 풀려나오기 시작하는 국내의 볼셰비키는 뚜렷한 방안을 제시하지 못하고 있었다. 이들은 우선 멘셰비키와 협력하는 자세를 취했다.

뒤늦게 위기를 깨달은 니콜라이 2세. 이러한 상황 속에 니콜라이 2세는 뒤늦게 수도의 사태에 대해 반응을 보이기 시작했다. 그는 자신의 겨울 궁전에 차리의 기가 내려지고 붉은 기가 올려진 2월 27일까지도 수도에는 '거리의 무질서'가 있을 뿐이라는 보고를 받고 있었다. '거리의 무질서'란 그의 재위 23년 동안 무수하게 발생했던 일이 아니더냐? 그 정도의 사태라면 수도 지구 사령관 하발로프나 내무부 대신 프로토포포프가 해결할 일이지, 러시아 전군(全軍)의 최고 사령관이며 러시아 전체의 차리인 자신이 나설 일이 아니지 않는가? 그는 그렇게 생각하고 있었다. 그런데 그 다음날부터, 곧 2월 28일부터 그는 수도의 사태가 무심히 넘길 일이 아니라는 것을 어느 정도 인식하기 시작했다. 그날 밤 황후로부터 "양보가 불가피합니다. 가두의 전투가 계속되고 있습니다. 많은 군부대들이 적에게로 넘어갔습니다"라는 전보가 날아온 것이다. 이 전보를 받고서야 그는 비로소 움직이기 시작했다. 그러나 그는 수도로 돌아갈 결심을 한 것이 아니라 가족들이 있는 차르스코에 셀로로 돌아가기로 결심했다. 그는 아직도 자신의 수도에의 존재가 사태 수습의 관건이라는 것에 대한 인식을 갖지 못했던 것이다.

이것은 니콜라이 2세가 수도에서 심각하게 어려운 일들이 일어나고 있음을 비로소 인식하기는 했지만 그것의 깊이와 강도(强度)를 정확히 인식하지 못하고 있었음을 말해준다. 그 점에서 니콜라이 2세는 1789년 7월 4일의 프랑스 국왕 루이 16세의 잘못을 되풀이한 셈이었다. 혁명이 일어났다는 보고에 루이 16세는 이것은 혁명이 아니라 반란이라고 대답했던 것이다.

니콜라이 2세는 수도의 무질서가 군대의 무력으로 진압될 수 있다고 믿었다. 그래서 그는 골리친 총리의 건의를 받아들여 수도의 치안을 책임질 군사 독재자로 역전의 노장인 66세의 니콜라이 이바노프 Nicolai Ivanov 장군을 임명했다. 페트로그라드 군사 지구의 모든 병력은 물론 내각의 대신들 역시 그에게 복종해야 했다. 4개의 기병 연대와 4개의 보병 연대가 그에게 추가로 파견됐다. 이 8개 연대에는 모두 기관총 부대가 배치됐다. 이것은 니콜라이 2세가 무력으로써 민중 봉기를 진압하려는 계획을 세웠음을 명백히 보여주었다.

니콜라이 2세를 싫어한 루즈스키 사령관. 2월 28일 새벽 5시에 니콜라이 2세와 수행원들을 태운 열차는 모길레프를 떠나 북쪽을 향해 출발했다. 전보는 계속 날아들어왔다. 그러나 그 모든 것은 차리를 놀라게 할 뿐이었다. 겨울 궁전이 혁명 세력에 넘어갔으며, 두마의 임시 집행위원회가 구성됐다는 소식도 전해졌다. 3월 1일 새벽 2시에 수도의 남쪽 100마일 지점에 있는 말라야 비세라 Malaya Vishera에 이르렀을 때 철로는 이미 끊겨 있었다. 열차가 멈추자 한 장교가 올라와 기관총과 대포로 무장한 혁명군이 바로 앞에서 대기하고 있다고 말했다. 이제 차르스코에 셀로나 페트로그라드로 돌아가는 길은 막힌 것이다. 니콜라이 2세는 측근들의 권고를 받아들여 루즈스키 장군 휘하의 북부 방면 군사령부가 있는 프스코프로 떠났다.

3월 1일 저녁 7시에 니콜라이 2세의 열차는 프스코프에 도착했다. 그런데 마중나온 고관들과 장군들 가운데 놀랍게도 루즈스키 장군이 빠져 있었다. 몇 분이 지나서야 그가 나타났는데 그의 안경 아래로부터는 비우호적인 눈빛이 흘러나왔다. 이제 니콜라이 2세가 머무른 이 지역에서 가장 높은 장군이면서 전국적으로는 알렉세에프 총사령관 다음으로 높은 지휘관인 그는 아주 정치화된 군인이었다. 그는 내무부 대신 프로토포포프가 자신을 수도 지구 경비 사령관으로부터 해임했던 데 대해, 그리고 자신의 부대의 사병들에게 급식을 제대로 해주지 못하고 있는 데 대해 불만을 품어왔다. 게다가 그는 니콜라이 2세를 싫어했고 군주제가 시대에 뒤떨어진 낡은 제도라고 믿었으며 두마의 반대당 의원들에 호의적이었다. 니콜라이 2세는 자신의 생애에서 가장 중요한 이틀을 자신을 싫어하고 자신에게 불충한 군 사령관의 영향 아래 보내게 된다.

뒤늦게나마 열차 안으로 들어오면서 루즈스키는 페트로그라드와 차르스코에 셀로의 모든 군대가 혁명군에 가담했다는 충격적인 사실을 보고했다. 차리의 근위군도, 황실 수비대도 모두 넘어간 것이다. 니콜라이 2세는 큰 배신감을 느꼈다. 그리고 절망감도 느꼈다. 그러나 이제 되돌이킬 수 없는 거의 마지막 상황에 온 것이었다. 루즈스키는 니콜라이 2세에게 "군주는 군림할 뿐이며 통치는 정부가 한다"는 영국식 제도에 따라 두마에게 내각 구성권을 준다는 결정을 내리도록 권유했다. 그래서 니콜라이 2세는 자신이 그처럼 오랫동안 거부해왔던 것, 곧 두마가 받아들일 수 있는 새 내각의 구성에 동의한다는 전보를 두마 의장 로드지앙코에게 보내라고 명령했다. 동시에 수도 지구 경비 사령관 이바노프에게 시위자들을 무력으로 진압하려던 계획을 취소한다는 명령을 내렸다. 이것으로 해결의 돌파구가 열릴 수 있을 것으로 그는 기대했다. 이날 밤을 거의 지새우다시피 하면서 그는 자신의 이 결정이 1905년의 10월 선언이 나타냈던 효과를 보여줄 것인가 회의하기도 했다.

그러나 로드지앙코가 루즈스키에 보낸 답전은 절망적이었다: "폐하와 당신들은 수도에서 일어나고 있는 것이 무엇인지 정말로 인식할 수 없는 모양이구려. 무서운 혁명이 일어났소. 황후에 대한 증오는 뜨겁게 타오르고 있소. 유혈을 방지하기 위해서 나는 모든 각료들을 체포할 수밖에 없었소. 〔……〕 나도 실 한 오라기에 매달려 있는 형편이오. 권력은 내 손에서 빠져나가고 있소. 당신이 제안한 조처는 너무 늦었소. 그것을 위한 시간은 가버렸소. 돌이킬 수가 없소."[19]

로드지앙코의 설명은 전혀 과장이 아니었다. 루즈스키의 전보가 도착한 그날 아침 이미 두마의 임시 집행위원회와 소비에트의 임시 집행위원회는 임시 정부를 세우기로 합의하고 각료의 인선까지 끝낸 것이다. 카데츠의 밀류코프가 외무부 장관에, 케렌스키가 법무부 장관에, 10월파를 대표하여 구츠코프가 전쟁부 장관에 각각 내정됐으며, 자유주의적 인사로 대중적 인기가 높았던 르보프 공이 총리에 내정됐다. 로드지앙코는 새 내각의 토론에 참여하는 것이 허용됐으나, 두마의 영향력이 감퇴함에 따라서 그의 영향력도 급격히 줄어들고 있었다. 소비에트의 힘이 훨씬 더 컸던 것이다.

새 내각의 구성은 니콜라이 2세의 퇴위를 전제로 한 것이었다. 그리고 그의 아들 알렉시우스를 새 차리로 옹립하되 그의 동생 미하일 대공이 섭정을 한다는 것이 전제된 것이었다. 두마 쪽의 대표들은 그 길이 '제정의 제도와 로마노프 황가를 살리는 유일한 길'이라고 판단하고 있었다. 거의 모든 장군들의 견해도 마찬가지였다. 그들은 알렉세에프 장군을 경유하여 니콜라이 2세의 퇴위를 요구하는 전문을 루즈스키 장군에게 보냈다. 이 전보들 앞에서는 니콜라이 2세도 얼굴이 창백해질 수밖에 없었다. 그에게 장군들의 전보 하나하나는 로드지앙코의 그 무수한 전보들보다 더욱 중요했던 것이다.

니콜라이 2세의 퇴위 결정. 루즈스키와 무려 네 시간에 걸쳐 대화를 나눈 니콜라이 2세는 그의 강력한 건의를 받아들여 마침내 퇴위를 결심했다. 3월 3일에 자신의 열차에서 아침 식사를 끝낸 직후였다. 루즈스키에게 그는 "짐은 짐의 아들 알렉시우스에게 제위를 물려주기로 결정했다"고 말했다. 그리곤 성호를 그었다. 측근의 신하들과 장군들도 그를 따라 성호를 그었다. 그러자 니콜라이 2세는 "짐에게 베풀어준 그대들의 뛰어나고 충실한 봉사에 고마움을 표한다. 짐은 그 봉사가 짐의 아들 아래서도 계속될 것을 희망한다"고 말했다. 곧이어 준비된 퇴위서에 서명을 마쳤다. 이것이 구력으로 3월 3일, 신력으로 3월 16일 오후 3시였다. 그가 서명을 끝낸 시간으로부터 임시 정부 쪽에서 그 퇴위서를 받으러 올 때까지 약 여섯 시간이 걸렸다. 이 시간 동안 니콜라이 2세는 여러 가지 생각에 빠졌다. 그는 자신과 자신의 가족이 모두 크림의 리바디아 Livadia로 가서 은퇴의 생활을 보내는 것이 허용되리라고 생각했다. 차리가 될 알렉시우스도 겨우 12세인 만큼 대학 교육을 마칠 때까지는 통치의 모든 책임을 섭정에게 맡겨놓고 부모와 함께 지낼 수 있으리라고 생각했다. 그러면서 그는 아들의 주치의 페도로프 Fedorov 교수에게 아들의 혈우병에 대한 의견을 물었다. 그 질문의 정치적 의미를 충분히 이해하고 있는 페도로프는 대단히 신중하게 다음과 같이 대답했다: "폐하, 과학은 그 병이 불치의 병이라고 우리들에게 가르치고 있습니다. 그러나 그 병에 걸린 사람도 때로는 노령에 도달하기도 합니다. 그러나 알렉시우스는 일이 터지면 그저 그때의 운에 달려 있는 상태입니다." 그리고 그는 알렉시우스가 결코 말을 타서도 안 될 것이며 그를 피로하게 만드는 모든 일들로부터 해방되어 있어야 한다고 강조했다. 그러고 나서 그는 순전히 의학적인 견해로부터 벗어난 의견을 다음과 같이 개진했다. 만일 니콜라이 2세가 퇴위하게 되면 니콜라이 2세는 황후와 함께 외국으로의 망명을 강요당할 것이며, 그렇게 되는 경우 알렉시우스가 차리의 지위를 지닌 채 해외에서 부모와 함께 지내는 것은 결코 허용되지 않을 것이고, 가령 니콜라이 2세 내외가 러시아에서 생활하는 것이 허용된다 해도 알렉시우스는 다른 사람의 손에서 양육되고 교육될 것이 확실하다고 말한 것이다.

이 말을 듣자 니콜라이 2세는 큰 고뇌에 빠졌다. 차리로서의 그는 알렉시우스가 자신의 유일한 적자(嫡子)로서 러시아 제위에 대한 불가침의 정당한 권리를 갖고 있다는 점을 잊고 싶지 않았다. 그러나 아버지로서의 그는 그 어려운 질병중의 사랑하는 아들을 남의 손에 넘겨줄 수가 없었다. 여기서 그는 자신과 자신의 가족의 운명뿐만 아니라 러시아의 운명에 큰 영향을 미치는 극적인 결정을 취하게 됐다. 제위를 아들에게가 아니라 동생 미하일에게로 넘기기로 결정한 것이다. 그는 퇴위서를 받으러 온 임시 정부의 대표들에게 떨리는 낮은 목소리로 이렇게 말했다: "짐은 짐의 제위를 포기하기로 결정했다. 오늘 세시까지 짐은 짐의 아들 알렉시우스에게 양위하겠다고 생각했다. 그러나 지금 짐은 짐의 동생 미하일에게 양위하기로 짐의 결정을 바꾸었다. 짐은 그대들이 한 아버지의 심정을 이해해주리라고 믿는다."[20]

니콜라이 2세는 새로운 퇴위서에 서명하기에 앞서 르보프 공을 임시 정부의 총리에, 그리고 니콜라이 대공을 다시 군 최고 사령관에 임명하는 서류에 서명을 끝냈다. 그 다음 두번째의 퇴위서에 서명했다. 그러나 자신이 그처럼 사랑하는 군에 고별 인사를 하지 않고는 퇴위할 수 없다고 느꼈다. 그래서 모길레프로 갔다. 미하일에 양위했다는 사실이 전해지자 차리의 충실한 추종자들도 동요하기 시작했다. 그들은 제위의 일차

적 계승자는 알렉시우스라는 믿음이 깨어진 데 대해, 그리고 적법한 계
승자 알렉시우스의 의견이 전혀 고려되지 않은 채 적법한 계승자의 중대
한 권리가 박탈당한 데 대해 분노를 느끼기조차 했다.

새로운 차리 미하일의 등극 거부. 이제 미하일은 새로운 차리가 됐다. 러
시아에는 오랜 옛날부터 미하일 2세가 제위에 등극하면 러시아는 그의
숙원의 대상인 콘스탄티노플을 손에 넣을 수 있을 것이라는 전설이 내려
오고 있었다. 그러나 로마노프 왕조가 수립된 이후 미하일이란 이름을
가진 사람이 제위에 오른 적은 없었다. 그래서 미하일이 등극하면 그는
미하일 2세가 될 수 있었다. 마침 러시아의 남진 정책을 반대해왔던 영
국과 프랑스가 만일 연합국이 승전하게 되면 러시아에 콘스탄티노플을
주겠노라는 제의를 해왔었다. 이제 미하일이 등극하고 연합국이 승전하
게 되면 그 오랜 전설은 드디어 실현되는 것이다.

이때 미하일의 나이는 서른아홉이었다. 정치적 야심도 있었고 무사(武
事)에도 능했다. 그는 형 니콜라이 2세로부터 제위가 자신에게 양위됐다
는 전보를 받고는 페트로그라드로 달려갔다. 그러나 수도에는 반(反)군
주 정치적 분위기가 고조되어 있었다. 무엇보다 소비에트는 "더 이상 로
마노프는 필요 없다! 우리는 공화국을 원한다!"고 외치고 있었다. 니콜
라이 2세의 퇴위서를 받아온 슐긴이 니콜라이 2세의 퇴위 소식이 군중들
을 만족시킬 수 있을 것이라는 판단 아래 그 소식을 전하면서 "미하일
황제 만세"를 외치자 노동자들은 그를 밟아 죽일 기세로 덤벼들었다. 이
러한 상황을 보고 로드지앙코와 케렌스키는 미하일에게 "인민의 의사에
반하여 제위에 오르지 말 것"을 권고했다. 미하일은 이 권고를 받아들였
다. 다만 앞으로 새로 구성될 제헌 의회가 추대하는 경우엔 제위를 계승
하겠노라고 말했다. 이렇게 하여 로마노프 왕조는 304년 만에 막을 내린
것이다.

니콜라이 2세의 불운은 여기서 끝나지 않았다. 수도에는 그가 군 총사
령부로 돌아가 혁명을 진압하기 위해 군대를 몰고 오거나 또는 독일군을
끌어들일 것이라는 풍문이 그럴싸하게 나돌았다. 황후가 독일 여자라는
점이 후자의 소문의 근거였다. 신문들에는 라스푸틴과 황후의 추문에 관

한 기사들이 쏟아져나왔고, 황후가 러시아를 '배반' 하고 모든 군사 정보를 독일에 흘려주었다는 비난도 함께 실렸다. 이렇게 되자 임시 정부는 자신의 안전을 위해서도 니콜라이 2세와 그 가족들을 체포하지 않을 수 없었다. 그들은 모두 차르스코에 셀로에 연금됐다.

4. 2월 혁명과 1905년 혁명과의 비교

이상에서 살펴보았듯이, 로마노프 왕조의 시대는 끝이 났다. 이것이 러시아의 2월 혁명이며, 흔히 부르주아 민주주의 혁명이라고 불린다. 임시 정부의 요인들이 부르주아지 계열이며 그들의 자유주의적 경향은 혁명의 과업을 군주제의 폐지에 국한시켰기 때문이다. 여기서 잠시 1905년의 혁명과 1917년 2월 혁명을 비교하기로 한다.[21]

비슷한 점들. 흔히 "1905년의 혁명은 1917년 2월 혁명을 위한 최후의 무대 연습이었다"라고 말할 정도로 두 혁명 사이에는 다음과 같은 비슷한 점들이 있다.

첫째, 두 혁명은 모두 패전 뒤에 왔다. 1905년의 혁명은 일본과의 전쟁에서의 패배 뒤에, 그리고 2월 혁명은 1차 세계 대전에서의 패배 뒤에 왔다. 따라서 정부의 사기는 크게 떨어져 대중 봉기에 대항할 굳은 결의가 없었다. 브린턴 Crane Brinton은 그의 유명한 『혁명의 해부』[22]에서 혁명은 정부의 재정 파탄이나 패전으로부터 오게 된다고 말했는데, 그것은 바로 러시아 혁명에 대한 해부에서 얻은 결론이었다. 레닌을 비롯한 볼셰비키 지도자들이 러시아의 전쟁에의 개입을 국내 혁명의 기틀로 보았던 것은 이 점에서 탁견이었다고 할 것이다. 그들은 전쟁은 전쟁을 수행하는 그 사회의 구조에 큰 긴장을 주는데 그것은 전쟁에 이긴 경우에도 마찬가지라고 보았다. 긴장이·크면 큰 사회적 변화를 가져오며 이것은 또한 혁명의 원인이 된다는 것이다. 패전의 경우에는 더더구나 그 긴장이 더욱 커서 몹시 큰 변화가 나타나 혁명 과정을 촉진시킨다고 그들은 보았다. 이것은 러시아의 두 혁명의 경우 적중했다.

둘째, 두 혁명은 모두 자연발생적인 대중 봉기로 시작돼 정부와 반체제 정당의 지도자들에게도 하나의 기습이었다. 1905년의 혁명의 경우에도 그러했지만, 1917년 2월 혁명의 경우에도 그것은 전형적인 자연 발생의 민중 봉기로 시작됐다. 이 점에 대해 챔벌린은 다음과 같이 썼다: "1917년 2월에 있어서 로마노프 왕조의 붕괴는 모든 시대를 통틀어놓고 보아도 지도자 없고 자연발생적이며 익명적인 혁명의 가장 대표적인 보기의 하나다. 1916~1917년 겨울의 러시아에서 거의 모든 생각 있는 관찰자들은 기존하는 정권의 붕괴의 가능성을 내다보고는 있었으나, 아무도, 심지어는 혁명 지도자들 가운데서조차, 페트로그라드에서 일어난 파업과 빵을 달라는 소요가 나흘 뒤에 군대의 반란과 정부의 붕괴로 그 정점에 도달하리라고는 인식하지 못했다."[23]

한편 맥닐 역시 비슷한 취지로 다음과 같이 썼다: "2월에 시작한 혁명은 페트로그라드의 노동자와 병사 및 일반 시민의 자연발생적 대중 봉기였다. 〔……〕 그것은 이론 없이, 당 없이, 중앙위원회나 지도자 없이 일어난 봉기였다. 이것은 대중은 그냥 내버려두면 혁명을 수행할 능력이 없다는 레닌의 믿음에 어긋나는 것이다."[24]

셋째, 반체제 정당의 지도자들은 정부에 대항할 조정된 계획이나 행동의 노선에 합의할 수 없었다. 이 점을 잘 보여주는 책의 하나가 앞서 소개한 피어슨의 것이다. 러시아 두마 안의 온건파 세력을 주로 연구한 이 책은 2월 혁명 직후의 시기에 그들이 얼마나 줏대 없이 우왕좌왕했던가를 실감나게 설명한다. 그나마 케렌스키가 단호한 자세를 취함으로써 두마가 임시 집행위원회를 만들 수 있었고 이것을 바탕으로 소비에트와 제휴해 임시 정부를 만들 수 있었다. 비단 온건파만이 아니었다. 우리가 이미 보았듯이, 볼세비키와 멘셰비키도 아무런 지도력을 발휘하지 못했으며 아무런 프로그램도 제시하지 못했던 것이다. 그러니까, 트로츠키의 표현을 빌리면, "왕조는 썩은 과일같이 혁명이 그 첫번째 문제에 접근할 시간도 갖기 전에 한번 흔들어본 것만으로도 무너져버린 것이다."[25]

차이점들. 그러나 1905년의 혁명과 2월 혁명의 사이에는 다음과 같은 기본적인 차이점이 있었다. 첫째, 1905년의 혁명 당시에는 군부가 황실에 충성해 대중 봉기를 진압했으나 1917년의 혁명에서 군부는 혁명 세력을 지지했다. 이 점에 대해 윌슨은 다음과 같이 썼다: "군대는 농민 출신의 장병들이 대부분이었으니 이 파업 진압에 동원할 도리도 이제는 없었다. 코사크들, 심지어는 앞서 저 모스크바 폭동을 진압시킨 세메네프스키 수비 연대도 폭도 편에 가담했다."[26]

군대 가운데서도 군사력의 효과적인 사용으로 민중 봉기를 진압할 수 있을 것이라는 구상을 한 장군이 있었다. 니콜라이 2세가 퇴위하기 전날, 알렉산드르 루콤스키Alexandr Lukomsky 장군은 60,000명의 수비대를 동원하면 10일 이내에 민중 봉기를 진압할 수 있다고 생각했다. 그러나 그렇게 하기 위해서는 독일과 단독 평화 조약을 맺어야 하며 이것은 결국 황실의 대내외 신용을 추락시키는 것이라고 보았기 때문에 구체적으로 추진하지 않았다.

둘째, 1905년의 혁명 당시에는 혁명을 주도할 조직된 리더십이 너무 늦게 형성됐으나 1917년의 혁명 당시에는 혁명의 발발과 동시에 조직된 리더십이 출현해 대중 봉기를 이끌어나갔다. 소비에트가 바로 그것이다. 다시 윌슨의 표현을 빌리면 "마치 러시아 전설에 나오는 불사신의 마법사 코시체이의 마술에 걸렸다 살아난 사람처럼 소비에트는 1905년 이후의 마비 상태에서 소생한 것이다."[27] 이 노동자의 소비에트가 2월 혁명 당시에는 즉각 군대를 끌어넣어 '노동자와 병사의 소비에트'를 만들고 그 집행위원회를 구성해 혁명을 이끌어나간 것이다.

제29장

이중 권력 시대의 개막:
임시 정부의 무기력과 소비에트의 실권 장악

2월 혁명이 역사상 어느 다른 혁명들보다 다른 점이 있다면 그것은 기존 체제의 붕괴 속도가 너무나 빨랐다는 사실이다. 지구 표면의 6분의 1을 차지하는, 세계에서 가장 큰 제국이 마치 유기적 통일 없는 인공적 건물이었던 것처럼 글자 그대로 눈 깜짝할 사이에 무너져내린 것이다. 빠르게 보면 이틀 안에, 아무리 길게 보아도 사흘 안에 붕괴되고 말았다. 니콜라이 2세의 측근이던 바실리 로자노프 Vasily Rozanov가 "신문사『새 시대』가 문을 닫아도 러시아가 문을 닫듯 이렇게 빨리 닫지는 못했을 것"[1]이라고 탄식한 것은 정곡을 찌른 것이었다.

그렇다고 해서 임정이 제대로 기능할 수 있는 처지도 아니었다. 소비에트가 실질적 권력자로 등장했기 때문이었다. 이러한 이중 권력의 상황에서 혼란은 엄청난 규모로 확대됐다. 그리하여 임정은 자신이 러시아를 통치할 수 없음을 고백하는 성명서를 발표하기에 이르렀다. 이 시점에 해외에서 투쟁해온 혁명가들이 계속해서 입국했으며, 4월 3일에는 레닌이 입국했다. 이로써 러시아의 혁명적 상황은 새 국면을 맞게 됐다.

다른 한편으로, 1917년 3월 2일에 발족하여 1917년 10월 25일에 쓰러진 임시 정부의 237일 통치는 크게 보아 세 시기로 나누어진다. 첫째가 르보프 공의 수반 아래 카데츠 및 10월파 등 입헌민주주의를 표방하는 세력이 단독으로 내각을 구성했던 시기(3월 2일~5월 5일)이다. 둘째가 르보프 공의 수반 아래 입헌민주주의 세력이 소비에트 세력과 연합한 시기(5월 5일~7월 7일)이다. 그리고 셋째가 케렌스키 수반 아래서의 시기

(7월 7일~10월 25일)이다. 이 장에서는 이 세 시기 가운데 첫번째 시기를 일차적으로는 파이프스 교수의 『러시아 혁명』에 의존해 다루기로 한다.[2] 대체로 레닌이 망명지에서 귀국하기 직전인 4월 2일까지의 약 1개월이 다뤄질 것이다.

1. 임시 정부의 발족과 정책

임시 정부의 8개 사항. 1917년 3월 2일은 러시아 혁명에서 뜻깊은 날이었다. 이날 오전에 '페트로그라드 노동자들 및 병사들의 대표들의 소비에트'는 임시 집행위원회(Ispolkom)를 공식으로 발족시켰다. 이 기구는 러시아의 혁명 세력을 대표하는 기구였다. 위원장에는 멘셰비키에 속한 체레텔리가 선출됐다. 이날 저녁에 두마는 '임시 각료 회의'를 출범시켰다. 이 기구가 3월 10일부터 '임시 정부'로 불리게 된다. 임정은 니콜라이 2세에 의해 제위를 물려받았던 미하일 대공에 의해 법통을 공식적으로 부여받았다고 할 수 있다. 왜냐하면 미하일 대공은, 우리가 앞장에서 이미 보았듯이, 제위 계승을 포기하면서 "임정이 두마의 주도 아래 태어났으며 앞으로 제헌 의회가 구성돼 인민의 의사를 나타낼 때까지 완전한 권력을 부여받는다"[3]고 선언했기 때문이다. 같은 맥락에서, 두마의 의장 로드지앙코는 임정은 두마의 임시 위원회에 의해 임명됐기 때문에 새 정부로서의 정통성을 갖는다고 설명했다. 그러나 그 설명은 어디까지나 두마 지도자들의 설명이었을 뿐 혁명 세력의 설명은 아니었다. 혁명 세력은 자신이 이제 러시아의 실세임을 확신하고 있었던 것이며 그 사실을 임정의 지도자들도 인정하고 있었다. 그렇다고 해서 혁명 세력이 처음부터 임정을 완전히 부인하고 스스로가 단일 정부로서 행세한 것은 아니었다. 여기서 임정은 이스폴콤과의 묵인 아래, 또는 이스폴콤과의 협의 아래 각원들을 선발하고 정책을 세우게 됐다.

이러한 배경에서 임정의 외무부 장관으로 내정된 밀류코프와 이스폴콤 사이의 협의를 거쳐 우선 임정이 앞으로 할 일들의 기초로 다음 여덟

개 사항이 결정됐다. 첫째, 테러리스트들을 포함한 모든 정치범들을 곧바로 특사한다. 둘째, 1906년에 차리즘 정부에 의해 약속됐으나 결코 완전히 실현되지 않은 언론의 자유, 결사의 자유, 집회의 자유, 파업의 자유를 곧바로 부여한다. 셋째, 민족과 종교 및 사회적 출신으로 말미암은 불리한 조건들과 특권들을 곧바로 폐지한다. 넷째, 보통·비밀·직접·평등의 원칙에 입각한 선거에 의해 구성될 제헌 의원의 소집을 곧바로 준비한다. 다섯째, 모든 경찰 기관들은 해체되며 민병대에 의해 대체된다. 민병대의 장교들은 선출되며 지방 정부의 감독을 받는다. 여섯째, 보통·직접·평등·비밀 투표에 입각해 새로운 선거를 실시해 지방에 자치 정부의 기관들을 만든다. 일곱째, 혁명에 참가했던 군대의 부대들은 자신들의 무기들을 그대로 가지며, 그 부대들은 전선으로 보내지지 않는다는 보장을 받는다. 여덟째, 군대의 군사적 기강은 유지된다. 그러나 공무가 아닌 때의 병사들은 시민들과 똑같은 권리를 누린다.[4]

임정 8개 사항의 문제점들. 파이프스 교수가 날카롭게 지적했듯이, 이것들 가운데 임정에 대해 가장 치명적이었던 것은 다섯번째 사항과 여섯번째 사항이었다. 이 두 가지로써 지방의 관료 기구와 경찰은 단숨에 사라졌으나 그 대신에 출현할 기관들은 행정적 책임을 전혀 지지 않도록 됨으로써 곧바로 전국적인 무정부 상태가 뒤따랐기 때문이었다. 그 이전의 혁명에서건 그 이후의 혁명에서건, 다시 파이프스에 따르면, 이 경우와 같은 행정적 황폐화는 없었다.[5]

이 두 가지보다는 덜 치명적이었지만 그것들에 못지않게 크게 부담스러웠던 것은 첫번째 사항이었다. 테러리스트들을 포함한 모든 정치범들을 곧바로 전면 사면하게 함으로써 페트로그라드는 시베리아와 해외로부터 돌아오는 가장 극단적인 과격파들로 단숨에 가득 차버렸다. 귀환 즉시 임정을 뒤엎으려는 그들의 귀환 비용은 모두 정부가 부담했으며, 귀환에 문제가 생길 때는 정부가 개입해 풀어주었다. 후자의 대표적인 보기가 트로츠키의 경우였다. 트로츠키가 뉴욕으로부터 돌아오는 길에 캐나다에 머물게 되자 영국 정부가 그를 구금했다. 이때, 외무부 장관 밀류코프가 정부의 이름으로 보증해 트로츠키를 석방시켰던 것이다. 다음

장에서 보게 되듯이, 임정 타도를 외치는 레닌과 그의 동지들이 망명지 스위스로부터 귀국하도록 입국 사증을 내준 것도 임정이었다. 일곱번째 사항도 부담스럽기는 마찬가지였다. 2월 혁명을 성사시킨 핵심 무력인 약 160,000명의 페트로그라드 수비대를 무기를 그대로 지닌 채 수도에 머물게 함으로써 임정은 임정에 대해 결코 호의적일 수 없는 큰 규모의 무장 병력에 포위된 셈이었다.[6]

이러한 악조건을 감내하고 거기에 더해 각료의 인선에 대한 협의를 끝내고서야 임정은 3월 2일 저녁에 각료들의 명단을 발표할 수 있었다. 각료 회의 의장 겸 내무부 장관에 르보프 공, 외무부 장관에 밀류코프, 법무부 장관에 케렌스키, 교통부 장관에 네크라소프, 무역부 장관에 알렉산드르 코노발로프 Alexandr Konovalov, 공교육부 장관에 알렉산드르 마누일로프 Alexandr Manuilov, 전쟁부 장관에 구츠코프, 농업부 장관에 안드레이 신가로프 Andrei Shingarov, 재정부 장관에 미하일 테레시첸코 Mikhail Tereshchenko, 국가 회계 감독원장에 이반 고드네프 Ivan Godnev, 신성 종무원장에 르보프 공 겸임 등이 그것이었다. 임정은 명단을 발표한 뒤 이스폴콤에게 승인을 요청했다. 그러나 이스폴콤은 그 문제는 '부르주아지의 재량' 의 문제라고 답변했다.

르보프 공의 이력서. 이때 56세의 르보프 공은 부유한 지주 출신으로 젬스트보를 통해 경력을 쌓아올린 사람이었다.[7] 전쟁 기간에 그는 전국의 모든 젬스트보들과 시의회들의 연합체인 젬고르 Zemgor의 의장이었다. 밀류코프에 따르면, 르보프 공을 각료 회의의 의장으로 추대한 이유는 르보프 공이 젬고르의 의장으로 젬고르를 잘 이끌었던 데 있었다. 그러나 사람들은 밀류코프가 르보프 공을 명목상의 우두머리로 내세워놓고 실권은 자신이 차지하려는 야심에서 그렇게 했다고 의심했다.

이 의심에는 충분한 근거가 있었다. 르보프는 이처럼 심각한 위기를 이겨내며 러시아를 이끌어가기엔 역량이나 신념이 모자란 사람이었다. 우선 그는 행정 경험이 거의 없었다. 그런데 엉뚱하게도 인민주의 사상에 젖어서 인민은 현명하고 한없이 착하다는 믿음 아래 사실상 무정부주의에 가까운 인민관을 지니고 있었다. 그래서 툭하면 "우리 러시아 인민은 슬기롭고 위대하다. 그러므로 인민에게 맡기면 된다"고 말하곤 했다. 그가 취임사에서 "우리가 살고 있는 이 매일매일은 러시아 인민의 지칠 줄 모르는 창조력과 정치적 지혜, 그리고 러시아 인민의 위대함에 대한 신념을 강화시켜준다"고 말했던 것은 그의 평소의 인민관을 반영한 것이었다. 그래서 지방의 행정 책임자들을 모두 해임해놓고 어떻게 할 것이냐는 질문을 받았을 때 그는 "임정의 역할은 해임에 국한된다. 빈자리들은 모두 그 지역 사람들이 뽑게 하면 된다"고 대답할 뿐이었다.

그때 각료 회의의 서기였던 변호사 출신의 블라디미르 나보코프 Vladimir Nabokov는 뒷날 이렇게 회상했다: "나는 르보프 공이 권위 있게 말하거나 결정적으로 또는 확실하게 말하는 경우를 한 건도 기억하지 못한다. 그는 수동성(受動性)의 구현 그 자체였다." 파이프스가 결론지었듯이, 르보프 공은 위기의 총리로서 완전한 실패작이었다. 그가 치안 책임자인 내무부 장관을 겸임했다는 사실도 상황을 더 악화시켰다. 그는 7월에 총리직을 사임한 뒤 곧바로 사라지며 1926년에 파리에서 잊혀진 사람으로 사망한다. 그리고 여기에 나오는 나보코프의 아들이 미국으로 이주해 『롤리타』와 같은 소설 등을 쓴 작가 블라디미르 나보코프이다.

밀류코프와 케렌스키. 각료 회의를 지배한 사람은 의장인 르보프 공이 아니었다. 정적 관계였으며 강력한 성격의 소유자들인 외무부 장관 밀류코프와 법무부 장관 케렌스키 두 사람이 지배했다. 밀류코프는 알렉산드르 2세 치세이던 1859년에 태어났으니 1881년에 태어난 케렌스키보다 구세대에 속했다. 밀류코프의 장점은 지칠 줄 모르는 정력에 있었다. 그는 글자 그대로 밤낮을 가리지 않고 촌음을 아껴가며 일했다. 정치적 집회들의 사회를 보고 여러 형태의 협상에 참여하고도 여전히 책을 쓰고 신문을 편집하며 강연을 했다. 그는 참으로 방대한 지식의 창고였다. 그의 깊은 학문적 연구는 그를 러시아의 뛰어난 역사가들 가운데 한 사람으로 자리잡게 만들었다. 그는 또 경험 많은 두마 의원으로서 허영에 들뜨지도 않았고 감정에 치우치지도 않았다. 그러나 그에게도 약점이 있었다. 그것은 정치적 통찰력의 부족이었다. 그리고 그것이 결국 정치인으로서의 그의 경력을 파괴한다. 그 한 보기가 군주제를 유지해야 한다는 주장이었다. 그는 러시아가 군주제를 유지해야 한다고 주장하면서 그것을 임정의 출범 당시 발표해야 한다고까지 주장했다. 이스폴콤이 그것을 받아들일 리가 없었다. 그래서 우리가 앞에서 살핀 8개 사항을 결정할 때 그 문제는 앞으로 구성될 제헌 의회에 맡기기로 양해하되 발표문에는 포함시키지 않기로 했던 것이다.

케렌스키는 정반대였다. 밀류코프가 이론과 논리 그 자체였다면 케렌스키는 충동과 감정 그 자체였다. 대중의 분위기를 재빠르게 감지했기에 그는 혁명의 우상으로 일찍 떠올랐으나, 감정에 따라 충동적으로 움직이다 보니 그는 자신이 맡은 과제를 해결해나가는 데 능력이 떨어짐을 보여주게 됐다. 그의 전기를 보면, 그는 야심이 컸던 사람이었다. 그러나 어떤 굳은 신념이나 사상을 갖고 있지는 않았다. 오히려 그것을 찾고 있었다. 결국 그는 사회혁명당에 입당했으며, 1912년에 일어났던 저 악명 높은 레나 금광 사건의 변호사로 전국적인 명성을 얻었다. 이어 1913년에 일어났던 역시 악명 높은 베일리스Beilis 사건을 통해 전국적 변호사로서의 명성을 굳혔다. 베일리스라는 무명의 키예프 유태인이 우크라이나의 한 청년을 죽였다는 혐의로 기소됐을 때, 그는 이 사건이 유태인에 대한 편견과 박해에서 나왔으며 베일리스는 러시아의 관료 체제와 교회가 벌인 반유태인 운동의 희생자에 지나지 않음을 입증함으로써 법원으로 하여금 베일리스를 무죄 방면하게 만들었던 것이다.[8]

이어 두마에서 그는 뛰어난 웅변가로 금세 의원들과 대중의 주목을 받았다. 제4대 두마에서는 노동자들의 그룹인 트루도비키의 지도자가 됐으며 동시에 범(汎)좌익 세력의 대변인이 됐다. 이로써 이미 혁명 이전에 그는 떠오르는 별로 여겨졌다. 그는 자신의 몸매가 나폴레옹의 그것과 비슷하다는 데 착안해 나폴레옹이 취했던 포즈를 취하기를 좋아했다. 또 천부적인 극적 언동으로써 군중들이 사랑하는 멜로드라마를 펼치곤 했다. 그러나 그는 사람을 알아보는 눈이 약했다. 이 약점에 그의 격렬한 성격이 겹쳐져 결국 정치적으로 무너지고 만다.

케렌스키는 혁명이 진행되고 있는 러시아에서 부르주아지 세력과 혁명 세력을 연결하는 데 성공함으로써 탁월한 정치가로 성장하고 싶어했다. 이 목표와 관련해 그는 우선 임정에서 법무부 장관을 꼭 맡고자 했다. 그는 이스폴콤의 동의를 받아놓는 것이 중요하다고 판단하고 이스폴콤에 동의를 요청했으나 거절당했다. 이스폴콤은 임정의 인선에 직접적으로 개입하고 싶지 않다는 뜻을 이미 밝혀놓았기 때문이다. 그러자 그는 군중 앞에 나서서 "나는 인민 없이는 살 수 없다. 당신들이 나를 의심하는 순간 나를 죽여라"고 상투적인 멜로드라마적 연기를 발휘했다. 군중은 환호했으며 그를 앞세우고 이스폴콤으로 밀려갔다. 이스폴콤은 마침내 그의 법무부 장관 취임을 승인했다. 그러나 이스폴콤은 그의 협박을 결코 용서하지 않는다.

임정에 대한 국내외의 지지. 임정이 소비에트의 지원 아래 출범한 것이었지만, 임정의 초기에 임정은 국내외의 공식적 지지를 확보하는 데 일단 성공했다. 우선 국내를 보면, 대공들과 장군들 및 수천 명의 하위직 장교들을 포함한 전국의 공식적 기관들의 공직자들이 임정에 대한 충성을 나타냈다. 극단적 반동 세력을 대표하는 알렉산드르 사마린 Alexandr Samarin이 이끄는 '귀족 연합'도 임정을 지지했다. 이어 외국을 보면, 제정 러시아와 외교 관계를 맺었던 나라들이 모두 임정을 승인했다. 3월 9일에 미국이 승인한 데 이어 영국과 프랑스 및 이탈리아를 비롯해 다른 동맹국들과 우방들이 승인했다. 이러한 국내외적 지지는 임정으로 하여금 자신이 실제로 러시아를 통치하고 있다는 믿음을 갖게 만들었는데, 그것이 환상임은 곧 드러난다.

차리즘 관리들에 대한 처리. 임정의 긴급한 당면 과제는 제정(帝政)의 관리들을 어떻게 처리하느냐의 문제였다.[9] 그들 가운데 일부는 이미 혁명 세력에 의해 체포됐고 다른 일부는 두마로 피난와 있었다. 두마의 의사당 복도와 방에는 수백 명의 전직 관리들이 앞으로 닥칠 두려움에 떨며 밀려와 있었다. 법무부 장관 케렌스키는 폭력을 인정하지 않겠다고 선언했다. "두마는 피를 흘리지 않는다"가 그의 구호였으며, 그는 실제로 군중 앞에서 사형(私刑)을 당하고 있거나 당할 전직 관리들을 보호해주었으며 '폭도'의 손에 잡혀 살해될 위기에 직면한 전직 고관들을 스스로 빼내오기도 했다. 내무부 대신 프로토포포프와 전쟁부 대신 수호믈리노프 Vladimir Sukhomlinov 장군이 그 대표적 보기들이었다. 그는 전직 고관들을 두마 의사당 옆에 있으며 보호받는 통로로 연결된 '대신들의 궁전'으로 옮겨주었다. 그들은 거기서 엄중한 감시 아래 놓여진 채, 그리고 대화를 금지당한 채 앉아 있었다. 그들은 곧 피터 앤 폴 요새 감옥으로 옮겨졌다. 이 과정에서 프로토포포프는 자신의 머리에 총을 겨눈 경비병에게 쫓기며 공포에 질린 채 걸었는데 그렇지 않아도 작은 사람이 더 작아 보였다. 프로토포포프는 원래 "나는 그저 한 성의 부총독만 돼도 행복하겠다"고 생각했던 사람이었다. 그래서 그는 뒷날 내무부 대신이 됐을 때 "아니, 내가 내무부 대신이 되다니!" 하고 스스로 너무나 놀라워했다. 두마에서 사퇴하라는 공격을 받았을 때는 "어떻게 해서 얻은 내무부 대신 자리인데 그만두라니 어림없지"라고 소리질렀다. 이처럼 분에 넘치는 출세를 했던 그에게 이제 비참한 최후가 기다리고 있었다. 요새 감옥이 가득 채워지자 나머지 사람들은 미하일로프스키 마술장(馬術場)으로 옮겨졌다. 혁명의 첫 며칠 동안 약 4,000명이 체포됐거나 연금됐는데, 그들의 대부분은 볼셰비키가 집권한 이후 레닌 정부가 '붉은 공포'를 개시하던 때 처형된다.

전반적으로 보아, 파이프스가 지적했듯이, 2월 혁명은 혁명의 격렬성을 고려할 때 상대적으로 무혈에 가까웠다. 살해됐거나 부상당한 사람들의 수는 1,300명과 1,450명 사이였다. 사망의 대부분은 무정부주의적 수병들이 장교들을 죽인 크론슈타트와 헬싱키에서 일어난 것으로, 수병들은 독일적인 성을 가진 장교들을 간첩이라고 단정해 죽였던 것이다.

2. 소비에트가 임정을 압도하다

이중 권력 시대의 개막. 임정이 출범했으나 그 무엇 하나 안정된 것이 없었다. 러시아는 이제 차리 체제에서 벗어났을 뿐이었고, 뚜렷한 항로를 갖고 있지 못했다. "우리는 우리가 그저 어두운 동굴에서 막 탈출해나와 밝은 한낮에 서 있는 느낌이다. 그리고 우리는 어디로 가야 할지 또는 무

엇을 해야 할지 모르는 채 여기에 서 있는 것이다"[10]라는 한 시민의 술회
는 당시 러시아의 사회적 분위기를 정확히 말해준 것이었다.

우리는 앞에서 임정이 출범한 바로 그날 노병(勞兵) 소비에트 임시 집
행위원회(이스폴콤)가 구성됐음을 지적했었다. 사실 이 노병 소비에트의
이스폴콤은 권력과 권위에서 임정을 능가하였다. 두마 의원들이 임정의
구성을 서둘렀던 것도 그렇게 하지 않으면 노병 소비에트의 '무뢰한들'
이 권력을 장악할지 모른다는 두려움이 컸기 때문이었다. 이처럼 노병
소비에트의 힘이 컸기 때문에, 임정도 그 출발에서 이스폴콤의 '인준'을
받지 않으면 안 됐던 것이다. 이러한 배경에서, 트루도비키에 속한 이스
폴콤 위원 블라디미르 스탄케비치 Vladimir Stankevich는 "소비에트는 전
화로 적절한 명령을 내림으로써 15분 안에 임정을 해산시킬 힘을 갖고
있다"고 자랑했으며, 페트로그라드 소비에트 의장인 멘셰비크 츠헤이드
제는 임정 만세의 깃발을 들고 소비에트 본부를 방문한 학생들에게 "임
정은 민주적 정부가 아니라 부르주아 정부일 뿐이며 혁명에 대한 신념이
약한 만큼 여러분이 임정의 활동을 신중하게 살펴야 할 것"[11] 이라고 경
고했던 것이다.

따라서 러시아에는 '2개의 권력'이 동시에 존재하고 있었고, 공식적으
로는 임시 정부가 통치하나 실제로는 소비에트가 통치하는 셈이었다. 이
점에 대해 당시 멘셰비키 소속 사회민주당원인 수하노프 Nicolai N.
Sukhanov는 "우리는 임정이 '통치한다'는 허구를 창조하고 유지하면서
실제로는 각종의 다양한 '행정'의 기능을 수행하지 않으면 안 되었다"[12]
고 술회했다. 두 기관이 위치한 장소 역시 각자의 힘을 상징했다. 소비에
트와 이스폴콤은 차리즘 아래 반대 세력의 중심이었으며 두마의 의사당
인 타우리다 궁전에 자리잡은 반면에 임정은 처음엔 제정의 내각 청사였
던 마린스키 궁전에 자리잡았다가 곧 차리의 청사인 겨울 궁전에 자리잡
은 것이다.

이스폴콤 명령 제1호. 이러한 상황을 극명하게 보여준 사례가 이스폴콤
이 발표한 명령 제1호였다.[13]

전시에 국가의 핵심적 기관인 군대에 관련된 이 명령을 내리면서 이스

폴콤은 임정과 아무런 협의도 하지 않았다. 소비에트의 지도자들은 군대의 병사들이 대체로 소비에트에 쏠려 있는 반면에 장교들은 대체로 임정에 호의적임을 인식하고 명령 제1호를 통해 병사들에 대한 장교들의 권한을 줄여버린 것이다. 보다 구체적으로 말해, 소비에트는 군대가 임정의 손에 넘어가 부르주아지의 도구가 되는 것을 예방하려고 했던 것이다.

명령 제1호의 영향은 엄청나게 컸다. 그것은 결과적으로 군대 내부의 위계 질서를 거의 완전히 무너뜨렸다. 군대 내부에서는 병사들을 중심으로 여러 위원회들이 결성됐으며 이 위원회들은 곧바로 멘셰비키와 볼셰비키 및 사회혁명당에 의해 장악됐다. 장교들은 계급의 적인 것처럼 대접받았으며 그들의 권위는 크게 줄어들었다. 더구나 소비에트는 군대를 자신이 지휘해야 한다는 믿음 아래 임정의 전쟁부 장관을 자신의 피고용인처럼 여겼다. 예컨대, 3월 6일에 이스폴콤은 전쟁부 장관 구츠코프에게 "당신은 어째서 소비에트의 결정에 복종하려고 하지 않느냐"고 따졌다. 구츠코프는 명령 제1호가 유지되는 한 전쟁 수행이 어렵다고 보고 철회시키려 했으나 실패한다.

'그림자 정부' 이스폴콤. 이스폴콤은 거의 모든 입법 활동을 주도했다. 국방 분야에서 일하는 사람들을 포함해 모든 직장 근로자들에게 하루 8시간 근로제를 허용하는 입법을 실현했으며, 3월 3일에는 제정의 구성원들 전원을 체포한다는 결정을 내렸는데 여기에는 전군 최고 사령관인 니콜라이 대공이 포함됐다. 같은 날에 이스폴콤은 그 동안 중단됐던 우편 및 전보 기능이 모두 소비에트의 감독 아래 회복된다는 결정을 발표했다. 3월 5일에는 언론 통제령을 내려, 우선 극우 신문들로부터 시작해 우익 신문들을 차례로 폐간시켰고, 3월 7일에는 모든 신문들과 잡지들에 대해 소비에트의 명시적 동의 없이는 발행될 수 없을 것이라는 결정을 통고했다. 이 결정은 자유주의자들로부터 의견의 자유와 언론의 자유의 침해라는 비난을 받았다.

이스폴콤은 빠르게 관료화됐다. 3월 3일에는 식량 공급·철도·우편·전보·재정 등 긴급한 현안 문제들을 다룰 위원회들을 만들었으며,

이 위원회들은 집합적으로 곧바로 '그림자 정부'의 역할을 수행했다. 이 위원회들이 임정의 해당 부서들을 지휘하고 통제했기 때문이었다. 3월 7일에는 츠헤이드제와 수하노프를 비롯한 다섯 명의 저명한 사회주의 지도자들이 이스폴콤 안에 '접촉위원회'를 만들어 소비에트와 임정 사이를 연결하고 조정하는 기능을 수행하기 시작했다. 3월 19일에는 전쟁부에는 물론 산하의 육군 본부와 전선의 각 사령부에 위원을 파견해 그들을 감독하게 만들었다. 4월 8일에는 이스폴콤의 위원 수가 종전의 10명으로부터 19명으로 증원했다. 곧이어 페트로그라드 소비에트는 전(全)러시아 소비에트로 확대됐고 전러시아 중앙집행위원회를 두었다. 이스폴콤을 대체한 이 중앙집행위원회는 72명으로 구성됐다. 그들 가운데 23명은 멘셰비키였고, 22명은 사회혁명당원이었으며, 12명은 볼셰비키였다. 한편 중앙집행위원회는 자체 내부에 또 하나의 관료 기구인 국(局)을 두었다. 이 국은 24명의 위원들로 구성됐는데, 11명은 멘셰비키였고, 6명은 사회혁명당원이었으며, 3명은 트루도비키였고, 4명은 비당파적 사회민주당원이었다. 여기서 주목되는 것은, 파이프스 교수의 지적처럼, 소비에트건 중앙집행위원회이건 국이건 어느 곳에도 농민 조직들의 대표가 한 사람도 없었다는 사실이다. 당시 러시아 전체 인구의 80%를 차지하는 농민들은 이 기관들로부터 초연했던 것이다. 이것은 전러시아 소비에트가 전국민의 10%와 15% 사이를 차지하는 계층만을 대표했을 뿐임을 말해준다.[14] 4월 21일에 이르러서 중앙집행위원회는 임정에 대해 중앙집행위원회에 미리 알리지 않은 채 어떤 '주요한' 정치적 조치도 취하지 말라는 지시를 내린다.

소비에트의 대표들은 장관들의 정책과 조처가 소비에트의 노선에 적합한 것인가를 늘 점검했고, 국민들과 기업들도 자신의 문제를 임정보다 소비에트로 가져갔다. 그러나 소비에트는 정책과 행정에 대한 책임을 함께 지자는 임정의 제의를 거부했다.

파브자프콤의 활동. 소비에트가 이처럼 활동하는 가운데 노동자들은 자신들의 대표들을 소비에트에 파견해놓고도 별도로 자신들의 공장에서마다 공장위원회라는 뜻의 파브자프콤 Fabzavkom을 발족시켰다. 노동자들은 이 기구를 통해 자신들이 속한 공장을 운영하거나 적어도 경영진의 공장 운영을 감독했다. 이 파브자프콤에는 특히 무정부주의자들이 많이 참여했다. 그들은 이 조직 자체가 하나의 자치 사회의 모델이 되도록 했다. 볼셰비키도 참여했는데, 그들은 파브자프콤들을 이제 막 형성되기 시작한 사회주의적 국가 경제 행정 체계에 종속시킨다는 계획이었다. 한편 소비에트와 파브자프콤은 자신들의 산하에 무장대를 두었는데, 이 무장대는 곧 적위대(赤衛隊)로 불렸다.

3. 로마노프 황가의 망명 문제와 임정

니콜라이 2세 가족이 연금되다. 소비에트가 취한 조처들 가운데 하나는 바로 니콜라이 2세와 그의 가족 전원에 대한 체포였다.[15]

소비에트는 니콜라이 2세가 해외로 나가는 경우 곧바로 반혁명 음모의 중심이 되리라고 보았던 것이며, 그리하여 3월 3일에 체포를 결정했고, 3월 7일에는 연금의 장소로 차르스코에 셀로를 결정했으며, 3월 8일에는 니콜라이 2세와 그의 가족으로부터 시민권과 재산을 박탈했다. 3월 9일부터 황가는 실제로 차르스코에 셀로에 연금됐다. 300명의 보병들과 1개 기관총 중대가 사회혁명당 소속 장교인 세르게이 므치슬라프스키 Sergei Mstislavsky의 지휘 아래 황실 가족을 엄중히 감시했다. 므치슬라프스키는 우선 니콜라이 2세에게 "내 앞에, 혁명적 노동자들과 병사들의 사절 앞에, 마치 감옥의 죄수가 감옥 감독관 앞에 서듯이 서라"고 통보했다. 니콜라이 2세가 나타났다. 그는 뭔가 말하고 싶어하는 듯했다. 그러나 므치슬라프스키는 인사도 하지 않고 모자도 벗지 않고 서 있었다. 니콜라이 2세는 잠시 멈춰 그를 바라보다 등을 돌린 채 가버렸다. 이 무렵 니콜라이 2세는 '로마노프 대령'으로 불렸다.

퇴위한 뒤 차르스코에 셀로에 연금된 니콜라이 2세와 그의 가족의 처지는 가혹했다. 황제의 지위로부터, 황후의 지위로부터, 황태자와 공주의 지위로부터 연금된 죄수로의 전이(轉移)는 무척 고통스러운 것이었다. 그들은 차르스코에 셀로 궁전에서 거의 한 발짝도 나갈 수 없었으며, 편지와 전보 및 전화 등 통신을 비롯한 생활 전반이 엄격한 감시 아래 놓여졌다. 연금 생활 몇 주 사이에 니콜라이 2세와 알렉산드라의 머리칼은 거의 잿빛으로 바뀌었다. 그들은 바싹 늙어버렸다. 검열에서 해방된 신문은 이 유폐 생활의 가족들을 철저히 매도하고 나섰다. 그들이 궁정 생활 당시에 얼마나 호화로운 식생활을 했는가에 대한 우스꽝스러울 정도로 과장된 만화들과 기사들이 나왔다. 정치범이 교수대에서 숨이 끊어지는 모습을 보며 니콜라이 2세가 박수 치는 그림도 나왔다. 어느 신문은 알렉산드라가 피로 가득 찬 욕조에서 목욕을 하면서 "만일 니콜라이가 혁명가들을 몇몇 더 죽이면 나는 이런 피 목욕을 자주 할 수 있을 텐데" 하고 중얼거리는 만평도 그려냈다. 반(反)로마노프 감정의 고조가 이렇게 반영된 것이었다.

망명 계획이 좌절되다. 이런 상황 속에서 임정의 수뇌들은 니콜라이 2세의 가족을 해외에 망명시키고자 했다.[16) 그것은 니콜라이 2세와 그 가족의 바람이기도 했다. 이 문제에 대해서는 이들의 안전의 법적인 책임을 지고 있으며 따라서 이들을 때때로 면담한 법무부 장관 케렌스키가 열의를 갖고 일했다. 그는 우선 이들의 처형 그 자체를 막기 위해 법무부 장관으로서 사형 폐지 법안을 확정짓기까지 했다. 니콜라이 2세가 이것을 모를 리 없었다. 그래서 "전시중에 사형 제도를 폐지시켜서는 무엇보다 군대의 기강을 잡을 수가 없다. 나를 위험으로부터 구출하기 위해 사형제를 폐지한다면, 나는 내 조국의 선(善)을 위해 내 목숨을 버릴 준비가 되어 있다"고 말해주었다. 그러나 케렌스키의 결심도 단호했다. 그는 니콜라이 2세와 알렉산드라의 처형을 요구하는 모스크바의 노병 소비에트 앞에서 "나는 러시아 혁명에서 마라*가 되지 않을 것이다. 나는 내 스스로 차리를 무르만스크로 데려갈 것이다. 러시아 혁명은 복수를 하지 않는다"고 선언한 것이다.

---

* 마라Jean Paul Marat는 신문 『인민의 벗』을 발행해 파리 민중의 정치 참여를 고취시켰다. 과격파의 한 집결지인 산악당의 당수로 루이 16세 내외의 처형을 강력히 주장하다가 반혁명파 여성에게 척살됐다. 향년 50세.

무르만스크는 영국으로 가는 러시아의 출구였다. 사실 임정이 생각한 니콜라이 일가의 망명지는 영국이었다. 영국의 국왕 조지 5세 George V 는 니콜라이 2세와는 친사촌 사이였다. 외무부 장관 밀류코프와 페트로그라드 주재 영국 대사 부캐넌 사이에는 망명의 교섭이 진행됐다. 런던으로부터의 회답은 좋다는 것이었다. 자유당 소속 하원의원으로 1916년에 연립 내각을 구성한 로이드 조지 David Lloyd George 총리는 전제제에 대한 반감이 커서 니콜라이 일가에 대한 감정 역시 좋지 않았으나 망명 요청이 니콜라이 일가로부터가 아니라 연합국의 임시 정부로부터 나왔다는 점에 유의해 허락한 것이다. 독일 정부도 니콜라이 일가가 탄 배를 포격하지 않겠다는 약속을 비밀리에 주었다.

그러나 기밀은 소비에트에 새나갔다. 소비에트가 망명을 허락할 리가 없었다. 소비에트는 만일 임정이 그들의 망명을 실현시키려 한다면 임정과의 절연도 불사한다고까지 발표했다. 거기서 한걸음 더 나아가 망명을 막기 위해 그들의 형무소 수감을 요구하고 나섰다. 이때 마침 성난 병사들이 시민들과 함께 라스푸틴의 무덤을 파헤쳐 그의 관곽과 유골을 불태운 사건이 일어났다. 그리고 이것은 니콜라이 일가에 대한 반감을 회상시키는 결과를 가져왔다. 니콜라이 일가의 해외 망명에 대한 국내적 분위기는 점차 나빠져갔다. 그뿐 아니다. 이것은 다시 영국 정부에 영향을 미쳤다. 니콜라이 일가의 영국 망명은 러시아 국민의 영국에 대한 감정을 악화시킬 것이라는 판단이 서게 된 것이다. 게다가 노동당의 국회의원들이 니콜라이 2세 일가의 영국 망명에 대해 반대한 것이 로이드 조지 총리에게는 큰 부담으로 떠올랐다. 그는 그것이 연립 내각의 유지를 약화시키게 되는 것이 아닌가 걱정했던 것이다. 이에 따라 영국은 1910년까지 영국 국왕이었던 에드워드 7세의 미망인의 덴마크 출생 여동생인 니콜라이 2세의 어머니를 제외한 나머지 가족 전원에 대해 망명지 제공의 뜻을 철회해버렸다. 이로써 니콜라이 일가의 운명은 점차 각박한 곳으로 떨어져간 것이다.

케렌스키가 본 니콜라이 2세. 이 무렵 니콜라이 2세는 차르스코에 셀로 안에서 눈을 치우기도 하고 걷기도 하며 정원 일을 하거나 독서하며 시간을 보냈다. 그것은 그에게 '강요된 게으름'이었다. 그를 때때로 방문한 케렌스키는 이렇게 회고했다: "황실의 모든 가족은 창 곁의 조그만 탁자 둘레에 혼란에 빠진 채 모여들어 있었다. 나는 니콜라이 2세를 비인간적 괴물 또는 치밀한 살인자라고 생각했었다. 그러나 그를 만나보니 그에게도 인간적인 측면이 있었다. 그는 아주 수줍은 사람이었다. 그의 교육 수준은 높은 것 같지 않았다. 그는 자신의 아들과 딸들을 빼놓고는 어느 것에도 관심을 쏟지 않았다. 그는 속세의 일에는 지쳐 있고 하느님과만 대화하고 싶어하는 신비주의자 같았다. 그의 미소와 매력적인 눈 뒤에서 나는 외로움과 처량함을 감춘 가면을 보았다. 그것을 보고 나자 나는 그의 권력을 전복시키는 것이 왜 그렇게 쉬웠는가를 알았다. 그는 권력을 유지하려고 싸우고 싶어하지 않았던 것이며 그래서 권력은 그의 손에서 그저 떨어져내린 것이었다. 그는 권력에 지쳐 있었다."

그런 때문이었는지 니콜라이 2세는 오히려 마음편해하는 것 같았다. 황실의 상궁 나리시키나Naryshkina의 회고에 따르면, 니콜라이 2세는 그녀에게 "내가 더 이상 피곤한 회견에 응할 필요가 없어졌고 이 끝없는 서류들에 서명할 필요가 없어졌으니 참으로 기쁘다. 나는 이제부터 독서하고 산책하며 내 자녀들과 시간을 보내겠다"고 말했다. 케렌스키도 비슷한 느낌을 받았다. "니콜라이 2세는 자신의 새로운 생활 양식을 즐기는 것 같았다. 그는 나무를 자르고 화단 쪽으로 쌓아올렸으며 정원 일을 보기도 했다. 그는 큰 짐에서 벗어난 사람처럼 보였다"고 케렌스키는 회고했다. 황후에 대한 케렌스키의 인상은 달랐다. 그녀는 비록 마음의 상처가 컸으나 여전히 오만하고 자부심에 넘쳐 있었다. 케렌스키는 그녀가 강한 의지를 가진 영리한 여성으로 느꼈다고 회고했다.[17]

4. 임정의 결정적 실정

지친 임정의 장관들. 위에서 살폈듯이, 소비에트가 실권을 장악한 상태에서 임정의 장관들은 무척 힘들게 일해야 했다. 소비에트의 동의를 받아가며 일해야 했기에 각료 회의는 저녁과 때로는 늦은 밤에 열리곤 했다. 그래서 장관들은 지친 몸으로 회의장에 도착했으며 회의장에서 조는 경우마저 목격됐다.

임시 정부가 어느 정도 열의와 정력을 기울인 부문은 민권에 관한 부문으로, 무수한 정치범을 대거 석방하고 — 그러나 석방된 정치범 가운데 그 어느 누구도 자신들의 석방에 대해 임정에 감사하지 않았다 — , 사형제와 군사 법정을 폐지시켰으며 신앙과 민족에 바탕을 둔 시민의 차별을 폐지했다. 집회와 결사 및 언론의 자유가 보장됐고 사병(私兵)의 조직까지도 합법적으로 가능했다. 레닌도 4월 3일에 망명지에서 귀국했을 때, "러시아는 이제 세계의 모든 국가들 가운데 가장 자유롭다"고 말할 정도였다.

무엇보다 임정의 최대의 약점은 임정에게는 통치를 위한 효과적인 물리력 또는 강제 수단이 없었다는 사실이다. 임정의 두번째 약점은 카리스마적 지도자를 갖지 못했다는 것이다. 권력의 기반이 약한 정부일수록 강력한 지도자를 갖고 있어야 그나마 어려움을 헤쳐나가게 마련이다. 그러나 임정 지도자들의 대부분은 나약한 부르주아 출신의 자유주의적 신사들이었다. 케렌스키가 예외적이긴 했다. 여위고 언제나 말끔히 면도를 하고 있으며 머리카락이 빳빳이 일어나 있는 이 중키의 변호사는 그 뛰어나게 날카로운 명연설로 어느 정도 군중을 사로잡고 있었다. "여러분! 나, 케렌스키가 여러분에게 호소합니다"[18]라는 그의 연설은 언제나 청중에게 열정적으로 받아들여지곤 했다.

이처럼 권력과 권위와 카리스마를 갖고 있지 못한 임정은 그나마 결정적인 문제에서 상황을 정확히 파악하지 못했다. 전쟁 문제와 토지 문제 및 제헌 의회 소집 문제가 그것이다.

전쟁 문제. 첫째, 전쟁 문제에 관해서다. 혁명이 일어났을 때 국민들과 병사들은 이미 전쟁에 지쳐 있었다. 특히 농촌 출신이 대다수를 차지한 병사들은 스스로 싸우기를 포기하고 병영을 이탈해 대규모로 귀환하고 있었다. 특히 3월과 4월에는 종전을 호소하는 병사들의 수가 부쩍 늘었다. 레닌은 이것을 보고 "병사들은 자기들의 발로써 평화 쪽에 투표했다"고 썼다. 그러나 임정의 수뇌들은 전쟁의 수행을 바랐다. 우선 입헌 민주주의 사상을 갖고 있었던 그들은, 특히 외무부 장관 밀류코프는, 서구 민주주의 국가와의 연대 의식을 강하게 느꼈으며, 이 의식은 신력으로 따져 1917년 4월 2일에 발표된 미국의 참전으로 더욱 높아졌다. 또 미국의 임시 정부 승인과 이에 따른 32,500만 달러의 차관은 임정의 전쟁 계속 결의를 굳건히 해주었다. 임정의 지도자들은 또 러시아는 다른 나라들과의 공약을 준수해야 한다는 국가로서의 의무감을 강조했으며, 승전을 통해 흑해를 러시아의 지배 아래 두려고 했고 군을 계속 전쟁에 개입시킴으로써 소비에트와 결별시키려고 했다. 그래서 3월 22일의 기자 회견에서 밀류코프는 전쟁 계속의 의지를 보다 더 명확히 선언했다.

제헌 의회 문제. 둘째, 상황을 안정시키기 위해 가장 시급했던 과제는 아마도 제헌 의회의 조기 소집이었을 것이다. 제헌 의회를 구성하면 이 기구는 정통성에 근거해 극좌와 극우 양쪽으로부터의 도전을 극복할 수 있을 것으로 기대됐기 때문이었다. 이러한 기대에서 3월 25일에 임정은 70명의 법률가들로 위원회를 구성하고 선거 절차에 관한 법률들을 만들기 시작했다. 그러나 임정은 다른 현안들에 매달려 결국 제헌 의회의 선거를 실시하는 데 실패했다. 이로써 임정 스스로가 다짐했던 8개항 가운데 제4항을 지키지 못한 잘못을 저질렀다.

토지 문제. 셋째, 토지 문제에 관해서다. 대다수의 국민들이 평화를 열망하듯, 거의 모든 농민들은 토지의 즉각적인 무상 재분배를 열망했다. 임정 일부에서도 처음에는 이에 호응하는 정책을 취하려는 구상이 나왔다. 그러나 임정의 중심 인물들은 대체로 스스로를 토지를 소유한 중산 계급의 대변자로 인식했고, 따라서 토지 개혁을 과감히 수행하지 못했다. 물론 차리 체제의 붕괴와 더불어 노동자들보다 더 과격해진 농민들은 정부의 결정을 기다리지 않고 스스로 지주나 중산층의 토지를 점령해서 분배해버렸다. 〔따라서 볼셰비키가 농민들에게 토지를 주었다는 주장은 사실과 맞지 않는 얘기다. 볼셰비키가 집권했을 때는 농민들이 스스로 이미 토지를 차지해 정부가 나눠줄 땅이 없었다.〕

그러면 임정은 왜 이렇게 상황을 잘못 판단했던가? 우선 임정 요인과 임정을 지지한 부르주아지는 2월 혁명의 성격을 제대로 이해하지 못했다. 노동자들은 프롤레타리아 혁명을 해서라도 일단 그들이 쟁취한 것들은 놓치지 않을 뿐만 아니라 그들의 생활상을 근본적으로 개선해야겠다는 결의가 컸고, 농민들도 마찬가지였을 뿐만 아니라 과격도(過激度)에서 노동자를 능가했다. 그러나 부르주아지는 차리 전제 체제로부터 권력을 이양받은 것은 자기들이며 앞으로 몇십 년 간 그 권력이 유지될 것으로 믿었다. 이들은 프랑스 혁명의 사례에서 보듯, 혁명에는 주기가 있어서 과격파의 장악에서 보수파로의 반동, 곧 테르미도르Thermidor*가 있을 것임을, 곧 '러시아판 테르미도르'를 믿고 있었던 것이다. 이처럼 임시 정부는 권력 기반도 없었을 뿐만 아니라, 국내 개혁을 뒤로 미루고 대독전(對獨戰)을 수행하기로 결정함으로써 스스로의 생명을 단축시켰다. 우리가 다음에서 보게 되듯이, 평화와 개혁을 약속한 소비에트, 특히 볼셰비키에게 집권의 길을 재촉해준 것이다.

---

* 프랑스 혁명에서 과격 세력인 산악당은 혁명 정부를 세우고 혁명력(革命曆)을 제정했는데, 이 달력의 11월이 테르미도르였다. 1794년 테르미도르 9일 —태양력으로 1794년 7월 27일—에 부르주아 계급이 중심이 된 온건파는 쿠데타를 일으켜 산악당의 혁명 정부를 무너뜨렸다. 이것을 테르미도르의 반동이라고 부른다.

제30장

혁명가들의 귀국과 레닌의 4월 테제

이중 권력이 빚어낸 무질서와 무정부의 상황은 1917년 봄을 고비로 해외 혁명가들이 대거 귀국함에 따라 더욱 혼란스러워졌다. 특히 레닌이 귀국과 동시에 '4월 테제'를 발표하고 '임정 타도와 소비에트 집권' 노선을 제시하자 임정의 힘은 더욱 약해졌다. 더구나 '4월 반란'은 러시아를 통치 불가능의 상태로 만들어놓았다. 이에 따라 마침내 임정과 소비에트의 연합이 이뤄지게 된다. 그러나 곧 볼셰비키가 개입된 '7월 위기'가 발생하면서 러시아는 더욱 혼미한 국면에 접어들었다. 그래도 임정은 레닌을 비롯한 볼셰비키 지도자들에게 체포령을 내렸고 레닌은 다시 해외로 망명한다. 이 장은 대체로 1917년 4월부터 8월까지의 시기를 다루기로 한다.

1. 레닌이 독일의 도움으로 귀국하다

플레하노프는 해답을 주지 못하다. 1917년 3월과 4월은 러시아 혁명 운동의 거장들이 속속 귀국한 달이었다. 플레하노프, 크로포트킨, 체르노프 등이 모두 이 달에 러시아로 돌아왔다. 멘셰비키인 단, 사회혁명당원인 아브젠티에프Nicolai Avzentiev와 나탄손Nathanson 같은 2급의 지도자들도 모두 이달에 돌아왔다. 다른 혁명 지도자들도 아무리 늦어도 5월초까지는 페트로그라드로 돌아왔다. 이때쯤이면 마르토프와 악설로드 및 트

로츠키의 글을 통한 영향력이 확고히 자리잡고 있었다.[1]

이들 가운데 큰 선배는 역시 '러시아 마르크시즘의 아버지'인 플레하노프였다. 그러나 그의 전기를 쓴 바론 교수가 분석했듯이 이 무렵에는 그의 영향력은 작았다. 왜냐하면 그는 지난 몇 해 사이 러시아 혁명에 대한 현실적 처방을 내놓지 못했기 때문이었다. 따지고 보면 그는 너무나 오랫동안 러시아에서 떨어져 살았다. 그는 현장 감각을 상실하고 있었던 것이다. 게다가 그는 이미 61세로서 청년기의 유연성 또는 신축성을 잃고 교조주의에 빠져 있었다. 이러한 요인들이 그로 하여금 가장 중요한 시점에 '혁명의 교사'로서의 주도적 역할을 수행하지 못하게 했던 것이다. 그 결과 그는 영향력을 잃기에 이르렀다.

레닌이 2월 혁명의 소식을 듣다. 그러면 레닌은? 레닌이 2월 혁명의 소식에 접한 것은 망명지인 스위스 취리히에서였다. 2월 하순의 어느 날 저녁 식사를 끝내고 막 도서관으로 떠나려는데 폴란드인 동지 한 사람이 뛰어들어오면서 "소식 못 들었어요? 러시아에서 혁명이 일어났어요" 하고 외친 것이다. 레닌은『새 취리히 신문』3월 2일자의 보도를 통해 확인할 수 있었다. 이 신문은 2쪽에서 베를린 발신으로 페트로그라드에서 혁명이 일어났으며 두마가 차리 정부의 대신들을 체포한 뒤 권력을 장악했다고 보도한 것이다.[2] 레닌은 곧바로 자신이 귀국해 실천할 전면적인 설계를 짜놓았다. 그의 설계의 골자를 윌슨은 다음과 같이 설명했다:

정권은 임시 정부와 페트로그라드 소비에트 두 기관이 장악하고 있는데 이 두 기관은 이해가 서로 대립되는 집단을 저마다 대표하고 있다. 소비에트는 평화·빵·자유·토지를 바라는 민중을 대표했다. 임시 정부는 뭐니뭐니 해도 부르주아지 계열로, 이들의 자유주의 경향은 로마노프 왕조 타도를 바라는 데 국한되어 있었다. 국방부 장관은 구츠코프. 이 자는 모스크바의 대공업가요 대지주. 외무부 장관은 밀류코프. 이 자는 전직 역사 교수로 카데츠 당을 창설한 자이며 러시아 부르주아지의 대지도자였다. 법무부 장관은 청년 변호사 케렌스키로, 페트로그라드의 귀부인들과 놀아나면서 자기야말로 어떤 눈부신 활약을 하게 마련된 인물이라는 미신

비슷한 신념에 사로잡혀 있던 자였다.

　이 정부가 민중의 소원을 풀어줄 리 만무하다. 〔……〕 이 정부는 민중에게 평화를 줄 수 없다. 〔……〕 전쟁 완수를 언질로 프랑스와 영국의 보조를 받고 있는 정부이니까 말이다. 〔……〕 이 정부는 민중한테 빵도 못 줄 것이다. 빵을 주자면 자본가와 지주 계급의 재산을 뺏어내야만 하는데 부르주아 정부란 원래 사유 재산 제도를 보호하게 마련인 까닭이다. 또한 민중에게 자유도 줄 수 없다. 언제나 민중을 두려워하는 저 지주층과 자본가들의 정부니까 말이다. 〔……〕

　혁명은 아직도 제1단계의 과도기에 불과하다. 이제부터 부르주아지한테서 권력을 뺏어내야만 한다. 전러시아의 노동자들과 농민들 및 군인들은 페트로그라드 소비에트 영도 아래 단결해야 한다. 〔……〕 소비에트가 완전히 세력을 쥐면, 로마노프 왕조와 부르주아 정부가 체결한 조약의 무효를 선언하고, 모든 비밀 조약을 공개하고 모든 국가와 즉시 휴전을 제의할 것이며, 모든 식민지와 속국의 해방을 주장하고, 온 세계의 노동자들에게 부르주아 정부를 타도하고 권력을 노동자 소비에트 손에 넣도록 권하고, 전쟁 수행을 위해 부르주아 정부에 진 10억 달러의 부채는 자본가 등 자신이 갚아야 한다고 선언해야 한다. 노동자들과 농민들이 이 부채의 이자를 갚는다는 것은 오랜 세월을 두고 자본가들이 약탈물을 나누어 먹고자 노동자들의 상호 살생을 허락해준 것을 고맙게 여긴다는 뜻이 되고 말 것이다.[3]

레닌의 이러한 구상 속에는 벌써 그가 귀국 후 주장하게 될 핵심적 대목들이 보인다. 임정의 타도, 소비에트의 권력 장악, 휴전, 토지의 분배 등이 바로 그것들이다.

레닌의 귀국을 위한 비밀 협상. 그러나 레닌의 귀국은 쉬운 일이 아니었다. 무엇보다 임시 정부가 그의 귀국을 허락하지 않았다. 전쟁을 계속하고자 하는 임정이 전쟁 반대론의 선봉인 레닌에게 귀국의 푸른 신호를 주지 않은 것이다. 프랑스 등 연합국 경유도 마찬가지 이유로 불가능했다. 연합국 역시 전쟁 반대론자의 입국이 임정을 괴롭히게 될 것을 바라지 않았던 것이다. 얼마나 초조했는지 그는 연인 이네사 아르망에게 "이 저주스런 스위스를 떠나지 못하게 되는 것이 아닌가 하는 두려움에 떨고 있다"[4]고 쓰기까지 했다. 3월말까지도 귀국을 위한 묘안이 나오지 않았다. "우리가 이 시점에 이곳에 이처럼 주저앉아 있어야 한다는 것이 얼마나 큰 고문인지 당신은 상상할 수 있을 거요"라고 호소하기도 했다. 비행기를 얻어 타고 귀국하는 방도도 생각해보았으나 크루프스카야가 "한밤중에 반미치광이가 꾸는 꿈같은 공상"이라고 반대하는 바람에 집어치웠다. 스웨덴말을 모르는 것을 위장하기 위해 벙어리 노릇을 한다는 것을 전제하고서 스웨덴 여권을 위조해서 귀국하는 방법도 생각해보았다. 그러나 "당신은 잠자면서 꿈속에 멘셰비키를 보고는 '이 악당들아, 악당들' 하고 소리를 지르게 되어 모든 계획을 망칠 것"이라는 크루프스카야의 충고를 듣곤 그것도 포기해버렸다.

이 궁리 저 궁리 끝에 마침내 묘안이 나왔다. 독일 정부의 협력을 얻어 독일을 경유해 스칸디나비아로 해서 러시아로 들어간다는 것이 그것이었다. 독일은 러시아와 종전에 들어가면 동부 전선의 병력을 서부 전선으로 돌려 연합국에 대한 공세를 강화할 수 있다고 판단할 것이므로 자신들의 러시아 귀국을 도와줄 것이라고 마르토프는 계산한 것이다. 그 계산은 정확하였다. 그 이유를 풋맨David Footman은 다음과 같이 쓰고 있다:

전쟁의 모든 기간을 통해 독일인들은 그들의 적 러시아인들을 약화시키기 위한 모든 가능한 수단을 찾고 있었다. 한 수단이 혁명을 고취시키는 것이었다. 만일 혁명이 러시아 정부를 엎어버린다면 그것은 러시아 군대의 해체로 이어질 것이다. 그래서 독일인들은 용의주도하게 해외의 러시아 혁명 지도자들을 지원했다. 그들에게 자금을 공급해주기도 하고 그들이 그들의 선전물을 러시아로 밀반입시키는 일을 도와주기도 했다. 소비에트 역사가들은 볼셰비키가 독일인들로부터 돈을 받았다는 것을 격분해서 부인하고 있으나, 그들이 받았다는 것을 입증할 자료들은 얼마든지 있다. 2월 혁명 뒤 독일인들은 그 어느 때보다 더욱 열성적으로 러시아를 전쟁의 밖으로 밀어내고자 했다. 그리고 레닌이 러시아가 당장에 전쟁을 중지하는 것을 바라고 있으므로, 독일인들은 그가 그의 영향력을 발휘할 수 있는 러시아로 돌아가는 것이 자신들의 이익이 된다고 느끼고 있었다.[5]

마르토프의 제안은 거의 모두에게 받아들여졌다. 그래서 그들은 스위스 사회주의 운동의 한 지도자인 그림 Robert Grimm에 접근해 그에게 이 문제를 우선 스위스 정부와 협의해달라고 부탁했다. 그림은 이 부탁을 받아들여 스위스 외무부 장관 호프만 Hoffmann과 접촉했다. 호프만은 이 문제에 자신을 공개적으로 개입시킴으로써 스위스의 중립을 위태하게 만들고 싶지는 않으므로 은밀히 베른 주재 독일 공사관의 롬베르크 G. von Romberg 공사에게 알릴 수 있다고 말했다. 그는 실제로 그렇게 했다.[6]

롬베르크 공사는 곧바로 본국 정부에 "뛰어난 러시아의 혁명가들이 프랑스를 거쳐 귀국하는 경우 잠수함 공격의 위험이 있음을 두려워하여 독일을 경유해 러시아로 돌아가고자 한다"는 전보를 보냈다. 본국 정부는 즉시 환영하고 나왔다. 그래서 스클라르즈 Georg Sklarz를 밀사로 보내 레닌과 접촉하게 했다. 베른 주재 독일 공사관과 취리히 주재 독일 영사관에게는 스클라르즈를 전폭적으로 지원해주라는 훈령을 내렸다.

스클라르즈와 레닌의 접촉 내용은 확실하지 않다. 그러나 스클라르즈가 레닌에게 독일 정부가 레닌과 레닌의 1급 참모인 지노비에프를 독일을 경유해서 중립국 스웨덴의 국경까지 데려다준다는 안을 제의한 것은 분명하다. 그러나 레닌은 이 제의를 일단 거절했다. 그는 자신이 독일 정부의 제안에 따른 귀국의 길을 밟을 경우 '반역자'로서 체포되지 않을까 두려워하게 된 것이다. 그러나 그는 마음을 바꾼다. 그래서 독일안을 받아들이느냐 마느냐의 문제를 다루기 위한 볼셰비키 지도자들의 회합에서, 독일안에 따른 귀국은 러시아의 전통 있는 사회주의자들을 독일의 간첩으로 인식하게 할 우려가 있으므로 거부해야 한다는 루나차르스키의 반대와 또는 독일이 사회주의 혁명가들을 일거에 체포하고자 꾸민 음모일 수도 있다는 일부의 의혹을 뿌리치고, 이렇게 말했다: "혁명이 위험에 처한 상황에서 우리가 바보 같은 부르주아적 편견에 주의를 기울일 수는 없다. 또 만일 독일 자본가들이 우리를 러시아에 잡아 넘길 정도로 멍청하다면, 그것은 그들의 장례식을 치른다는 것을 의미한다. 나는 제의를 받아들인다. 나는 가겠다." 그의 이 같은 단호한 결정에 대부분의 볼세비키도 동조했다.

밀봉 열차. 레닌과 그 일행은 스위스의 좌파 사회주의자 프리츠 플라텐 Fritz Platten의 도움을 받아 롬베르크 공사에게 다음과 같이 조건을 제시했다: "우선 우리들의 이름이 대외적으로 알려져서는 안 된다. 그들은 치외법권을 향유하는 밀폐된 별개의 기차칸에 승차한다. 출발에서 도착까지 일행 중 어느 한 사람이라도 중도에서 하차를 요구당하지 않는다"는 것이 그 골자이다. 독일 정부로서는 이론의 여지가 없었다. 따라서 협상은 급진전됐다. 그러나 레닌과 그의 동료들은 여전히 자신들이 페트로그라드에서 어떻게 받아들여질 것인지에 대한 의아심을 저버릴 수 없었다. 그 오랜 간난신고의 혁명 투쟁 끝의 귀국이 '반역자의 행위'로 지탄된다면 도대체 그 귀국이 무슨 가치가 있는 일이란 말인가. 그래서 마지막 순간에 그들은 스위스에 머물고 있는 프랑스와 독일 및 폴란드의 사회주의자들과 스위스의 사회주의자들을 동원했다. 그들로 하여금 이 러시아 혁명가들이 독일 제국주의를 비롯한 모든 제국주의에 맞서서 견결히 투쟁하고 있으며 전세계의 프롤레타리아 혁명을 위해 일하고자 귀국하는데 독일 열차로의 귀국이 유일한 수단이라는 선언서에 서명하게 만든 것이다. 그리고도 자신들의 입장을 보다 분명히해놓고자 자신들이 귀국해 혁명에 성공해 권력을 장악하면 곧바로 독일의 프롤레타리아 혁명을 지원할 것이라는 자신들의 성명서를 따로 발표했다.

이제 귀국을 위한 모든 절차는 끝났다. 독일은 그들을 위한 특별 열차를 준비했다. 그들이 중간에 독일에서 몰래 내려 독일 사회주의 운동에 끼여든다거나 또는 누구와 만나 정보를 주고받아서도 안 된다는 것이 독일 정부의 입장이었다. 그래서 그들이 탄 칸은 완전히 '밀봉' 됐다. 레닌이 '밀봉 열차'로 귀국했다고 하는 것은 여기서 나온 말이다. 그들은 3월 27일에 스위스 기차로 스위스를 떠나 독일 서남부의 한 작은 도시인 고 트마딩겐바이징겐에서 내렸다. 여기서 바로 '밀봉 열차'에 올랐다.

'밀봉 열차'에는 32명의 러시아 혁명가들이 탔다. 여기에는 볼셰비키가 19명, 유태인 동맹원 6명, 국제주의 멘셰비키가 3명이 포함되어 있었다. 그 가운데 가장 주요한 인물들은 레닌과 그의 아내 크루프스카야, 지노비에프, 이네사 아르망, 소콜니코프, 라데크 등이었다. 그들은 독일의 만하임과 베를린을 거쳐 3월 29일 저녁에 종착역인 발틱 바다의 사스니츠Sassnitz에 도착했다. 거기서 3월 31일 아침에 배를 타고 스웨덴의 말모에Malmoe에 도착한 다음 곧장 스톡홀름으로 갔다. 스톡홀름 중앙역 대합실에는 볼셰비키 망명자들과 스톡홀름 시장을 비롯한 스웨덴의 사회주의자들이 레닌의 귀환을 진심으로 따뜻하게 맞아주었다. 레닌이 스톡홀름에 머무른 것은 단 하루뿐이어서 자신의 망가진 의복을 수선할 여유가 없었으므로 그는 동지들의 성화로 바지와 신발을 새로 샀다.[7] 그들은 다시 열차로 핀란드 국경 지대에 도착하고, 핀란드를 지나서 러시아 국경 지대에 닿았다. 이제 국경선만 넘으면 페트로그라드의 핀란드 역에 도착하는 것이다.

여기서 핀란드 역이라는 이름에 대해 설명하기로 한다. 오늘날까지도 러시아의 역 이름은 출발지를 기준으로 삼지 않고 종착역을 기준으로 삼는다. 따라서 핀란드 역은 상트 페테르부르크의 많은 역들 가운데 핀란드를 종착지로 삼아 출발하는 역이다.

핀란드 역에 도착하다. 핀란드 역에는 카메네프가 이끄는 볼셰비키의 지도자들이 나와 있었다. 레닌을 환영하기 위해서였다. 이곳에 스탈린은 나오지 않았는데, 이 작은 사실 하나만으로도 레닌과 스탈린의 관계가 얼마나 멀었는가를 말해준다고 뒷날 트로츠키는 썼다.[8] 어떻든 레닌은 카메네프를 보자마자 "당신들은 『프라우다』에 뭐라고 써왔어? 우리는 몇몇 호(號)를 읽고 당신에게 무척 성을 냈다오"라고 직설적으로 말했다. 이런 직설적인 면박은 레닌의 특성이었으며, 레닌과 오랫동안 함께 일한 그의 동지들은 그 점을 잘 이해하고 있었다. 그러나 그것이 그들로 하여금 레닌에 대한 사랑과 존경을 억제시킨 때는 한번도 없었다고 트로츠키는 썼다.

4월 3일 저녁 마침내 레닌과 그 일행을 태운 열차가 핀란드와 러시아의 국경을 넘어 페트로그라드의 한 외역인 핀란드에 도착했다. 레닌은 10년 만에 다시 러시아로 돌아온 것이다. 그가 돌아왔을 때 핀란드 역에서 벌어진 역사적 사건을 무어헤드Alan Moorehead는 다음과 같이 썼다:

4월 3일 늦은 오후까지 엄청난 군중이 핀란드 역 앞의 광장을 막고 있었으며, 무수한 붉은 기가 곳곳에서 휘날리고 있었다. 군대가 군악대와 함께 레닌이 나타날 것으로 예상되는 입구 쪽 근처로 나와 있었으며, 장갑차의 불길한 모습이 비단실이 지나갈 틈조차 없는 광장에 나타났다. 대(臺)에 설치해놓은 서치라이트가 그 대낮 같은 빛을 군중들의 얼굴을 지나서 그 건너의 건물에 비치고 있었다. 플랫폼 거기에는 더 많은 병사들이 받들어 총을 하면서 기다리고 서 있었으며, 더 많은 깃발과 더 많은 볼셰비키 구호의 인쇄물 및 붉은 금의 개선문이 있었다. 〔……〕 그리고 볼셰비키 일행이 손에 꽃을 들고 기다리고 서 있었다. 레닌이 체포를 당하다니, 천만에였다.[9]

어찌나 많은 사람들이 모여 있었던지, 페트로그라드 소비에트 의장인 멘셰비키의 츠헤이드제조차 전날에는 차리의 전용 대합실이었으나 지금은 그를 위해 마련된 역 구내의 대합실에 억지로 들어갈 수밖에 없는 정도였다. 츠헤이드제가 기다리는 동안에도 밖에서는 「라 마르세예즈」가 '천둥 소리처럼' 울려퍼지고 있었다. 마침내 열차가 도착하고 레닌이 내렸다. 그러자 사람들이 모두 그에게 몰려가 레닌은 한걸음도 옮기기 어려울 정도였다. 뒷날 '레닌 모(帽)'로 불리는 둥근 캡을 쓰고 얼어붙은 것 같은 얼굴 표정을 한 레닌에게 츠헤이드제는 이렇게 말했다: "레닌 동지, 페트로그라드 소비에트의 이름과 전체 혁명의 이름으로 우리는 당신의 러시아 귀환을 환영합니다. 〔……〕 그러나 우리는 혁명적 민주주의의 1차적 과업은 안으로부터이든 밖으로부터이든 어떤 방해로부터 혁명을 방어하는 것이라고 생각합니다. 우리는 이 목표가 요구하는 것은 민주 세력의 분열이 아니라 공고화라고 생각합니다. 우리는 당신이 우리와 함께 이 목표를 추구하기를 희망합니다."[10]

확실히 "모든 권력을 소비에트로"라는 레닌의 구호는, 울람이 지적했듯이, 그의 인기와 영향력을 크게 증대시켰다.[11] 그 앞에 모여 서 있는 그 인파가 그것을 말해주고 있었다. 레닌은 자신의 절대적 인기와 영향력을 깊이 인식하면서 다음과 같이 선언했다:

친애하는 동지들, 병사들, 노동자들! 나는 여러분 각자 속에서 승리의 러시아 혁명을 맞이하게 되어 기쁩니다. 그리고 나는 여러분을 전세계 프롤레타리아트 군대의 전위대로서 맞이하는 것입니다. [……] 약탈적인 제국주의 전쟁은 유럽 전체를 통한 내란의 시작입니다. [……] 전세계적 사회주의의 새벽은 이미 밝아오고 있습니다. [……] 독일은 부글부글 끓고 있습니다. [……] 이젠 아무 날에라도 유럽 전체의 자본주의는 무너질 판입니다. 당신들에 의해 성취된 러시아 혁명은 새 기원의 길을 준비했으며 또 새 기원을 열었습니다. 전세계적 사회주의 혁명 만세![12]

90분 동안 계속된 레닌의 열변은 청중들을 흥분과 격정 속에 빠트렸다. 그들은 「라 마르세예즈」를 미친 듯이 불러대면서 레닌에게 달려갔다. 그 속을 가까스로 빠져나온 레닌은 볼셰비키 당사 격이라고 할 수 있는 여성 당원 크세신스카야Kshesinskaya의 집으로 갔다. 그녀는 유명한 발레리나이기도 했다. 다음날 아침이 되어서야 레닌과 크루프스카야는 1917년 7월까지 머무르게 될 누이동생 마리아의 집으로 갔으며, 그 다음날인 4월 4일에 레닌은 누이동생 올가와 함께 1916년에 별세한 어머니의 무덤을 처음으로 찾아갔다.[13]

2. 레닌이 4월 테제를 발표하다

4월 테제. 레닌은 곧바로 볼셰비키 간부 회의를 소집하고 이른바 '4월 4일의 테제'를 발표했다. 그 골자는 다음과 같다: 1) 자본주의의 타도 없이 전쟁을 종결짓는 것은 불가능하다. 이 점을 군대 안에 널리 알리라; 2) 당은 지금과 같은 과도기에서는 전술에서 신축성을 가져야 한다; 3) 임시 정부를 더 이상 지원하지 말라; 4) 소비에트의 권력을 확장함과 동시에 소비에트 안에서 볼셰비키의 권력을 확장해야 한다; 5) 의회제 공화국안(案)은 받아들일 수 없다. 군대와 경찰 및 관료는 폐지되지 않으면 안 된다; 6) 모든 지주의 재산은 몰수돼야 하며 모든 토지는 국유화돼야 한다; 7) 모든 은행은 소비에트의 통제를 받는 단일 국립 은행으로 통합돼야 한다; 8) 생산과 분배에 대한 소비에트의 통제를 확대하라; 9) 당 대회를 소집하여 당 강령을 새 상황에 맞도록 바꾸고 당의 이름을 사회민주당에서 공산당으로 바꿔라; 10) 새로운 혁명적 국제 조직을 창설하라.[14]

4월 테제에 대한 반응. 레닌의 '4월 테제'는 여러 가지 점에서 사회민주당원들을 당혹시켰으며, 한 멘셰비키 지도자의 표현을 빌리면, "천둥 같은"[15] 소리였다. 첫째, 러시아는 장기적인 부르주아 민주주의의 시대를 겪지 않고는 사회주의에 도달할 수 없다는 마르크시스트적 교조를 굳게 믿고 있던 이들에게, 프롤레타리아트와 가난한 농민이 즉각적으로 권력을 장악해야 한다는 레닌의 주장은 플레하노프의 표현을 빌리면 "노망한 소리"였다. 둘째, 대다수의 사회민주당원들은 이제 정치 활동에 필요한 합법적 여건이 갖춰진 만큼 레닌의 '소수 음모자의 전위' 정당관이 바뀌어질 것으로 기대했다. 그러나 그는 혁명 정당이 대중을 따라서는 안 되며 오히려 대중으로부터 초연한 지위에서 대중을 올바른 길로 이끌어야 한다는 지론을 되풀이했다. 셋째, 그는 아직까지 지속되어온 임정과의 협력을 끊을 것을 역설한 것이다. 그뿐 아니라, 새 상황 아래서 그가 멘셰비키와 볼셰비키의 단합을 추구할 것이라는 기대와는 달리 더 엄격히 '진리'와 '오류'를 가리고, 그의 노선을 일방적으로 강요하고 나섰다. 넷째, 그는 전쟁 문제에서 소비에트의 입장을 타협의 여지없이 비판했다. 사실 전쟁 문제에 대해 소비에트는 혼선 속에 애매한 태도를 취했었다. 예컨대, 모스크바의 볼셰비키는 '전쟁 타도'를 외치고 나왔고, 볼셰비키 우파는 이것을 거부했으며, 소비에트 집행위원회와 멘셰비키는 "자유를 위한 전쟁에는 찬성하나 승리를 위한 전쟁에는 찬성하지 않는다"는 묘한 태도를 취했다. 이러한 혼란 속에 나온 공식이 '혁명적 방어주의' 였다. "자유를 위해, 침략자의 총검에 굴복하지 않기 위해 싸우지만, 국내의 반동 세력과도 견결히 투쟁한다"는 애매한 내용이 바로 그것이다. 동시에 교전 각국의 노동자들이 동시에 내란을 일으켜 지배 계급을 타도함으로써 종전을 가져올 것을 의미하는 '제국주의 전쟁의 내전화(內戰化)'를 주장했었다. 그런데 레닌은 이 '혁명적 방어주의'를 비판하고 즉각 종전을 주장한 것이다.[16]

그리고 4월 테제를 제시하면서 레닌은 볼셰비키의 멘셰비키와의 통합을 단호하게 반대했다. "러시아에는 통합의 경향이 있다고 들었어. 그것은 사회주의의 배반이야. 카를 리브크네히트Karl Lievknecht처럼, 110명에 대항한 한 명처럼, 홀로 서 있는 것이 더 나은 것이라고 생각해"라고 그는 말했다. 1914년에 1차 세계 대전이 일어났을 때 독일 의회에서 110명의 독일 사회민주당 소속 의원들은 전쟁에 관한 정부의 입장에 찬성 투표했지만 독일 사회민주당의 지도자 리브크네히트만은 반대 투표를 했던 것이다.[17]

레닌의 4월 테제에 대한 당내의 반응은 달랐다. 몰로토프를 포함한 소수의 볼셰비키 좌파는 이것을 받아들였고, 스탈린을 포함한 볼셰비키 중도파는 임정과의 협력을 중시하면서도 레닌에 대한 도전을 포기하고 있었다. 그러나 카메네프를 중심으로 하는 볼셰비키 우파는 이것을 받아들일 수 없는 것이라고 주장했다. 그래서 카메네프의 책임 아래 있는 『프라우다』는 처음엔 4월 테제를 기사화하기를 거부했으며, 4월 7일에 가서야 기사화했을 때는 4월 테제가 『프라우다』의 입장에 어긋난다는 카메네프의 논평을 덧붙였다. 전반적으로 볼셰비키의 대부분은 4월 테제에 대해 냉담했으며 반감을 갖기조차 했다. 트로츠키의 표현을 빌리면 "러시아 혁명의 가장 중요한 문서들 가운데 하나가 된" 레닌의 4월 테제가 그의 측근에 의해서도 얼마나 냉대를 받았는가에 대해 트로츠키는 이렇게 쓰고 있다: "레닌의 이 테제는 그 자신의 이름으로 발표됐으며, 그리고 그것은 그 자신의 것이었다. 당의 중심적 기관들은 그것을 〔……〕 적의

(敵意)를 갖고 맞았다. 아무도, 어느 조직이나, 어느 그룹이나, 어느 개인도 거기에 자신의 서명을 첨부하지 않았다. 10년 동안 레닌의 직접적이며 일상적인 영향 아래 자신의 사상을 형성해온, 그리고 해외로부터 레닌과 함께 귀국한 지노비에프조차 침묵을 지키며 옆으로 비켜서 있었다."[18]

그러면 볼셰비키가 아닌 다른 사회주의자들의 반응은 어떠했던가? 그들도 하나같이 냉소적이거나 부정적이었다. 가령 지난날에는 볼셰비키 중앙위원회 위원이었던 골덴베르크I. P. Goldenberg는 "마르크스주의자 레닌, 전투적 사회민주당의 지도자 레닌은 더 이상 존재하지 않으며 새로운 레닌이 나타났으니 바로 무정부주의자 레닌"이라고 비웃었다. 이들에 맞서 레닌은 "우리의 불행은 동지들이 여전히 옛 볼셰비키로 남아 있으려 한다는 것이다. 우리는 옛 볼셰비즘을 포기해야만 한다"[19]고 주장했다.

4월 테제가 받아들여지다. 레닌은 그러한 신념으로 3주에 걸쳐 끈질기게 동지들을 설득했으며 드디어 자신의 4월 테제를 4월 24일부터 29일까지 페트로그라드에서 열린 제7차 전러시아 볼셰비키 당 협의회를 통해 볼셰비키의 공식 입장으로 확정시킬 수 있었다. 그는 자신의 입장을 설득시키기 위해 "일체의 이론은 회색이며, 푸르른 것은 영원한 생명의 나무이다"라는 괴테의 『파우스트』 중에서 메피스토펠레스Mephistopheles의 시 구절을 읊기도 했다. 어떻든 레닌의 이 승리는 대단히 중요한 정치적 의미를 갖는 것이었다. 1917년의 중요한 시간들을 당내 파쟁과 이론 투쟁에 소비한 멘셰비키와 사회혁명당에 비해, 레닌은 이 시기에 볼셰비키를 자신을 정점으로 하는 단일주적(單一柱的) 정당으로 굳혔으며 권력 장악의 첫걸음을 디뎠던 것이다. 당원의 수는 80,000명을 넘어섰다. 확실히 레닌의 귀국은 러시아 혁명 운동에서 볼셰비키의 활동을 크게 강화시킨 결정적 계기가 됐다. 이 점에 대해 트로츠키는 다음과 같이 쓰고 있다: "4월 3일에 레닌은 해외로부터 페트로그라드에 도착했다. 오로지 그 순간으로부터 볼셰비키 당은 크게 말하기 시작했으며, 그리고 더욱 중요하게는 그 자신의 목소리를 갖고 크게 말하기 시작했다."[20] 이때 볼셰비키 중앙위원회는 레닌을 비롯해 지노비에프와 스탈린 및 카메네프 등 4인으로 구성됐다.

레닌의 이러한 활동은 독일을 기쁘게 했다. 레닌의 반전론은 말할 것 없이 즐거운 것이었고 레닌의 혁명 고취는 독일에, 독일과의 전쟁을 계속하는 임정에 큰 부담이 된다고 평가했던 것이다. 그래서 스톡홀름의 독일 첩보원들은 베를린에 "레닌의 러시아 입국은 성공적이다. 그는 우리가 바라는 방향으로 일하고 있다"고 보고했다.

3. 4월 위기를 계기로 임정과
소비에트의 연합 정부가 세워지다

4월 위기가 발생하다. 실제로 레닌의 활동은, 그리고 러시아 국민들 사이의 반전 열기는 영국과 프랑스로 하여금 러시아가 독일과의 전쟁을 포기하게 되는 것이 아닌가 하는 두려움을 갖게 했다. 이에 임정 외무부 장관 밀류코프는 4월 18일에 두 나라 정부에 대해 "임정은 연합국에 대한 자신의 의무를 완전히 준수할 것"이라는 전보를 해외의 러시아 대사관들을 거쳐 발송했다. 이 전보는 물론 연합국을 안심시켰다. 그러나 이 전보가 4월 20일에 국내 신문들에 보도됐을 때 국내 여론은 크게 자극됐다. 사회주의자들의 경우에는 임정의 그러한 약속에는 여전히 승전 이후 배상금을 받아내고 심지어 영토 병합의 반대급부를 받아낼 뜻이 깔려 있다고 주장하면서 러시아는 그 따위 제국주의적 의도를 버려야 한다는 공격을 덧붙였다.

이에 따라 4월 20일과 21일에 페트로그라드의 거리들에서는 큰 규모의 반전 · 반정부 시위가 일어났다. 그것은 자연발생적이었다. 그러나 볼셰비키가 곧바로 개입했다. 우선 바그다에프 S. Ia. Bagdaev로 대표되는 볼셰비키 당원들은 "임정을 타도하고 모든 권력을 소비에트로"[21]라는 구호를 외치면서 시위자들을 선동했다. 이어 볼셰비키 중앙위원회는 시위대를 격동시키는 결의안을 통과시켰다. 이 결의안은 임정을 '철저한 제국주의자'로 규정하고 임정은 국내 자본가들에 의해서뿐만 아니라 영국과 프랑스의 자본가들에 의해 지배되고 있다고 비난했다. 이 결의안은 이어 소비에트는 임정에 대한 지지를 철회하라고 촉구했다. 그런데 시위대들과 관련해 주목해야 할 점은 병사들도 끼여들기 시작했다는 사실이다. 특히 한 젊은 사회민주당 소속 장교인 시오도르 린데Theodore Linde는 여러 병영들을 순회하면서 병사들을 동원해 거리로 끌어냈다. 그는 곧 살해된다. 몇몇 병사들이 그의 성(姓)이 독일 사람들의 성과 비슷하다는 생각으로 독일의 간첩이라고 여겼던 것이다.

페트로그라드 경비 사령관 코르닐로프Lavr Georgevich Kornilov 장군은 포병 부대를 불러들였다. 그는 무력을 써서라도 시위를 중지시키기로 결심했다. 그러나 소비에트 중앙집행위원회는 무력으로써가 아니라 설득으로써 중지시키라고 지시했다. 이에 그는 중앙집행위원회 대표들과 회담했으나 결론은 무력을 써서는 안 된다는 것이었다. 여기서 한걸음 더 나아가 소비에트는 중앙집행위원회는 자신이 공식으로 지시하기 전에는 어떤 군부대도 무력으로써 시위를 진압하려고 해서는 안 된다는 포고문을 발표했다. 이 포고문은 "중앙집행위원회만이 병사들을 배치할 권한이 있다"고 덧붙이면서 "군부대의 이동에 관한 명령서에는 중앙집행위원회의 위원들 가운데 적어도 2명의 서명이 포함돼야 한다"고 명시했다. 이 포고문은 페트로그라드 경비 사령관의 권위를 크게 실추시켰다. 따라서 코르닐로프는 자신의 전보를 요청했으며 그리하여 5월초에 일선의 8군 사령관으로 전보됐다.[22]

중앙집행위원회는 4월 21일 저녁에 앞으로 48시간 동안 모든 시위를 금지시킨다고 결정했다. 동시에 어느 누구든지 무장한 사람을 거리로 유도해내는 사람은 혁명의 배반자로 규탄하겠다고 선언했다. 이 포고문의 발표와 동시에 시위에 대한 대중의 열기가 식어 페트로그라드에서는 거리의 무질서가 진정됐다. 그러나 모스크바에서는 4월 21일부터 이틀 정도 볼셰비키 당원들이 임정 타도를 외치며 시위를 벌였다.

4월 위기의 정치적 의미. 4월 20~21일의 시위는 자연발생적으로 시작된 것이었으나 볼셰비키 당이 개입했고 고취시킨 것이었음이 분명했다. 파이프스 교수가 "볼셰비키는 러시아의 전쟁 목표를 둘러싼 정치적 위기를 이용하면서 4월 21일에 권력 장악을 위한 첫번째 시도를 했다"[23]라고 썼던 까닭이 거기에 있다. 그러나 볼셰비키의 푸치 putsch, 곧 '작은 반란' 또는 '폭동'은 좌절됐다. 그러자 볼셰비키 당은 자신은 이 일에 아무런 관련이 없다고 선언했다. 4월 22일에 당은 중앙위원회를 열고 "소(小)부르주아 대중이 초기의 약간의 주저 끝에 친(親)자본가 세력을 지지하고 나왔는데, 반정부 구호를 외친 것은 시기상조였으며 시위는 더 이상 벌어져서는 안 되겠고 소비에트의 명령은 준수돼야 한다"는 취지의 결의안을 채택한 것이다. 이 결의안은 '모험주의'를 비판한 카메네프의 주도 아래 채택됐던 것으로 보였으며, 폭력적 수단에의 의존과 거리의 시위 등 '모험주의적' 노선을 지지했던 레닌의 패배를 의미했다.

다른 한편으로, 4월의 '작은 반란'은 임정에 대한 최초의 심각한 위기를 불러일으켰다. 차리즘이 붕괴한 때로부터 겨우 2개월 지나 국가가 해체되고 있음이 분명해진 것이다.

연합 정부의 수립. 임정은 자신의 힘으로는 더 이상 어떻게 해볼 수가 없음을 깨달았다. 그래서 4월 26일에 "임정은 더 이상 통치할 수가 없게 됐으며 이제까지 통치에 직접적으로 참여하지 않은 창조적 세력의 대표들이 임정에 참여해주기 바란다"는 성명을 발표했다. 이 성명이 말한 창조적 세력이란 사회주의자들을 뜻한 것이었다. 그러나 소비에트 중앙집행위원회는 4월 28일에 임정의 제의를 거절했다. 그들은 자신들이 임정에 참여하면 자신들이 부르주아 세력과 타협했다는 비난을 대중으로부터 받을 것이라고 걱정했기 때문이었다.

그러나 소비에트 중앙집행위원회는 곧 마음을 바꾸게 됐다. 그 계기는 전쟁부 장관 구츠코프가 4월 30일에 사임하고 이어 외무부 장관 밀류코프가 사임함으로써 마련됐다. 이들의 사임은 부르주아지가 임정을 떠나고 있음을 의미했다. 구츠코프의 회고에 따르면, 그때 러시아는 더 이상 통치할 수 없는 나라가 되어버렸다. 오로지 군부의 지도자들과 대기업의 지도자들이 참여함으로써만 정부가 유지될 수 있겠는데 그것이 불가능한 일임이 확실해진 터에 자신은 사퇴할 수밖에 없었다고 그는 회고했다. 소비에트도 상황의 심각성을 깊이 깨달았다. 그래서 5월 1일에 소비에트 중앙집행위원회는 44 대 19, 기권 2의 표결로 임정에 참여하기로 결정했다. 임정에 참여함으로써 임정을 살려내야만 반동적 세력이 혼란과 무질서를 이용해 임정을 타도하고 반혁명적 정부를 세우려는 시도를 막을 수 있다는 멘셰비키의 주장이 받아들여진 것이다. 반대표는 볼셰비키와 그리고 주로 마르토프의 지지자들인 '멘셰비키 국제주의자들'이 던진 것이었다. 그들은 소비에트가 전면적으로 권력을 장악해야 한다는 뜻에서 부분적 권력 장악을 의미하는 연정 참여를 거부했던 것이다.

연정 구성의 협상은 곧바로 순조롭게 진행됐다. 그리하여 5월 5일에 새 정부가 르보프 총리를 여전히 총리로 받들면서 수립됐다. 밀류코프는 교육부 장관으로 전임되고, 케렌스키는 전쟁부 장관이 됐으며, 사회혁명당 수뇌급인 체르노프가 농업부 장관에, 멘셰비키의 스코벨레프가 노동부 장관에, 멘셰비키의 체레텔리가 체신부 장관에 각각 취임했다. 외무부 장관에는 카데츠에 속한 젊은 기업인인 미하일 테레시첸코Mikhail I. Tereshchenko가 임명됐는데 그는 이 방면에 완전한 문외한이었다. 사람들은 그가 케렌스키와 마찬가지로 프리 메이슨에 속한 까닭에 '프리 메이슨 연결'의 힘에 의해 중요한 직책을 맡게 됐다고 보았다.

연정의 성립은 이중 권력이 빚어낸 혼란을 완화시키는 데 이바지했다. 그러나 이것은 볼셰비키의 입지를 강화시켰다. 이제 볼셰비키만이 유일한 야당으로, 그리고 혁명의 수호자로 남게 된 것이다. 반면에 연정에 참여한 멘셰비키와 사회혁명당 우파는 임정의 부르주아 요인들과 더불어 온건파로 비치게 됐으며 곧바로 위신을 잃어갔다.

연정은 곧 다음과 같은 정책을 발표했다: 1) 영토 병합과 전쟁 배상금의 지불 없는, 민족자결주의에 입각한 평화; 2) 방어적·공격적 작전을 위한 군사력의 강화; 3) 군부에서 민주화의 강화; 4) 경제 파탄과의 무자비한 투쟁; 5) 토지를 경작 농민에게 무상으로 분배하는 문제를 제헌의회에 넘긴다는 전제 아래 국가 경제와 경작 농민의 이익을 일치시키는 테두리 안에서 토지 사용의 규제; 6) 노동의 철저한 보호; 7) 유산층에 대한 과세의 증가; 8) 가능한 가장 빠른 시일 안에 제헌 의회의 구성〔연정은 6월 14일에 제헌 의회의 선거일로 9월 17일을 지정한다). 그러나 이 연정도 안정을 이룩하지 못했다. 연정을 가장 괴롭힌 쟁점은 토지 문제였다. 앞에서도 지적했듯이, 농민들은 스스로 지주와 중산층의 토지들을 차지해버렸고, 전장에서의 탈주자들이 계속 농촌으로 흘러들어오면서 토지를 둘러싼 폭력과 혼란이 난무했다. 정부에 토지위원회가 구성되고 전국에 그 지부를 두었으나 이 기구를 통해 문제를 해결하기에는 너무 복잡했다. 게다가 임정의 요인들 가운데는 토지 분배 문제를 제헌 의회에서 해결해야 한다는 원칙론이 우세해서 실질적인 작업이 거의 없었다.

케렌스키가 레닌에 경고하다. 이러한 상황 속에서 6월 1일에 제1차 전러시아 노병 대표자 소비에트 회의가 페트로그라드에서 열렸다. 1,090명의 대의원들 가운데 775명이 당적을 분명히했는데, 세력 분포는 사회혁명당원이 285명, 멘셰비키가 248명, 볼셰비키가 105명으로 나타났다. 볼셰비키는 그 원래의 뜻과는 달리 그 수에서 가장 적었다. 그러나 볼셰비키는 가장 잘 단결되어 있었고 다른 세력들은 분파 작용이 심했으며 단결력을 과시하지 못했다. 이 점은 레닌의 연설에서도 엿보였다. 멘셰비키 지도자 체레텔리가 "러시아에서 모든 권력을 떠맡을 준비가 돼 있다고 선언할 만한 정당은 없다"고 연설한 데 대해 레닌은 "나는 대답한다. 분명히 있다고! 그 어떤 정당도 거부할 수 없으며, 우리 당도 거부하지 않거니와 우리 당은 언제 어느 때라도 모든 권력을 떠맡을 준비가 되어 있다"[24]고 역설했던 것이다.

이 대회의 가장 중심적 쟁점은 임정에 대한 지지의 문제였다. 여기서 레닌은 임정에 대한 소비에트의 지지를 반대한다는 뜻을 명백히하고 볼셰비키는 이제 집권 태세를 갖췄다고 밝혔으며, 멘셰비키 좌파 및 사회혁명당 좌파의 지지를 얻었다. 그러나 대회는 543 대 126, 기권 52의 표결로 소비에트의 임정 지지안을 가결했다. 이 대회에서 케렌스키는 명연설로 레닌을 다음과 같이 통박했다: "러시아 민주주의의 과업은 혁명의 산물을 공고화하여 해외에 망명해야 했던 레닌 동지가 이런 곳에서 자유롭게 말할 수 있고 다시는 스위스로 망명할 필요가 없게 하는 데 있다. 레닌 동지는 어린아이 같은 처방, 곧 체포·파괴·처형만을 제시하고 있다. 당신의 정체는 무엇인가? 사회주의자인가? 차리 체제의 경찰인가?"
이 대목에서 레닌은 발언 중지를 요청했다. 그러나 케렌스키는 다음과
같은 예언적인 발언을 했다: "레닌 동지는 우리에게 〔왕권의 정지와 공화
정의 수립이 선언된 해인〕 1792년의 프랑스 대혁명의 길을 밟도록 가르치
고 있다. 그 혁명은 끝내 독재로 끝났다. 그대가 고의는 없으나 반동 세
력과 무모한 동맹을 이룩해 우리 임정을 파괴한다면, 그대는 진정한 독
재자를 위해 문을 열어주는 격이 될 것이다."

7월 위기. 전러시아 소비에트의 지지를 확보한 임시 정부는 대독전(對
獨戰)의 승리로 지지의 기반을 넓힐 생각으로 갈리시아에 대해 총공세를
폈다. 이것은 특히 전쟁부 장관 케렌스키의 발의에 따른 것이었다. 그는
1789년의 프랑스 혁명 과정에서 일어났던 일을 떠올렸다. 1792년에 이르
러 프랑스군은 침공해 들어오는 프로이센군을 격퇴시킴으로써 프랑스
국민을 혁명 정부 쪽으로 결집시키는 데 성공했던 것인데, 그는 이 기적
이 러시아에서도 되풀이되기를 기대했던 것이다. 그래서 신임 외무부 장
관 테레시첸코는 프랑스 정부에 대해 "만일 총공세가 성공하는 경우 정
부는 수도의 시위와 폭동을 진압할 수 있는 강력한 조처들을 취하겠다"
고 다짐했다. 케렌스키는 직접 주요 부대들을 찾아다니며 모든 열의로써
설득하고자 했다. 러시아 민주주의의 생존은 이제 군에 달려 있으며 군
은 기강을 세우고 사기를 높여 독일과의 전쟁을 반드시 승리로 이끌어야
한다고 특유의 '화산이 폭발하는 것과 같은 웅변'으로써 역설했다. 동시
에 최고 사령관 알렉세에프를 해임하고 1916년 전쟁의 영웅인 알렉세이
브루질로프Alexei Brusilov를 후임으로 임명했다. 케렌스키의 이러한 노
력은 병사들의 환영을 받았다. 그가 다니는 곳마다 병사들은 꽃을 들고
나와 뿌렸으며 그의 옷에 입을 맞췄다. 그러나 직업 군인들은 그를 비웃
으면서 '최고 사령관'이 아니라 '최고 설득자'라고 불렀다.

다른 한편으로, 케렌스키의 군사 공세가 얼마나 무모한 것이었나에 대
해 트로츠키는 이렇게 회고했다: "우리는 공세가 군(軍)의 존재 그 자체
를 위협하는 모험이라는 점을 지적했다. 그러나 임정은 그 자신의 연설
화(演說化)에 취해가고 있었다. 장관들은 병사들의 모두가 혁명에 의해

그 가슴속 깊이까지 흔들려 있으며 그들이 바라는 대로 만들어질 수 있는 대단히 부드러운 진흙인 것으로 생각했다."[25]

7월 3일과 5일 사이에 임정은 페트로그라드 경비 사령부의 부대들을 전선으로 이동시키기 시작했다. 임정이 이런 결정을 내렸을 때는 앞으로 예상되는 독일군의 반격에 대비한다는 판단이 앞섰지만, 막상 이동에 착수하면서는 볼셰비키의 선전물에 오염된 병력을 수도로부터 빼냄으로써 볼셰비키의 영향력을 감소시킨다는 정치적 계산도 작용했다. 이것은 볼셰비키의 입장에서는 중대한 타격을 입는 일이었다. 따라서 그들은 "부르주아 정부를 위해 제국주의적 전쟁을 수행하려는 목적에서 전선으로 이동되지 않도록 하자"고 선동하는 선전문을 군부대에 집중적으로 뿌렸다. 특히 페트로그라드 경비 사령부에서 가장 큰 부대인 제1기관총 연대를 상대로 반전 선전을 맹렬히 전개했다. 11,340명의 병사들과 300명의 장교들로 구성된 이 연대는 볼셰비키의 강력한 지지 세력이었다. 그래서 볼셰비키 군사위원회는 이 연대에 심어진 약 30명의 세포원들을 통해 전선 이동 거부 운동을 전개했다. 여기엔 무정부주의자들도 참여했다.

그런데 7월 6일부터 독일의 반격이 격화되면서 대패주(大敗走)가 거듭됐고 이것은 러시아를 '7월 위기'에 몰아넣었다. 후방의 군인들과 노동자들이 반란에 가까운 반전 시위를 벌였기 때문이었다. 예컨대, 기관총 연대는 임정의 명령에 저항하면서 자동차를 탄 적위대와 함께 수도의 주요 지점들을 장악했으며 크론슈타트에서는 약 5,000명의 무장한 수병들이 수도로 몰려들었다. 그들은 소비에트 청사에 집결해 소비에트에게 집권할 것을 요구했다. 때를 맞춰 볼셰비키는 곧 약 11,000명으로부터 25,000명에 이르는 노동자들을 소비에트 청사로 동원했다. 지난날 소련 시대의 책은 무려 500,000명의 병사들과 수병들 및 노동자들이 수도의 시위에 참가했다고 주장했다. 어떻든 시위자들은 모두 소비에트의 즉각적 집권을 요구했다.[26]

그러나 멘셰비키와 사회혁명당은 여전히 마르크시스트적 혁명 이론의 교조(도그마)에 빠져 집권을 거부했다. 이들의 태도는 너무 완고해 시위하던 수병들이 "이 바보 같은 자들아, 준다고 할 때 권력을 받아라"고 소리지르며 폭행을 가할 정도였다.

그런데 이 시점에서 레닌과 그의 볼셰비키 지도부는 주춤했다. 레닌과 행동을 같이했던 지노비에프에 따르면, 레닌은 지금이 볼셰비키의 집권을 위해 결정적인 행동을 취할 때인지 판단을 하지 못했다. 며칠의 고심 끝에 쿠데타를 일으키지 않기로 결정했다. 뒷날 트로츠키는 "우리는 실수를 저질렀다. 우리는 권력 장악을 시도했어야 했다"라고 회고한다. 어떻든 임정은 곧 군대를 동원해 시위자들을 무력으로써 진압했으며, 그 결과 약 400명이 죽거나 다쳤다.

임정의 레닌 체포령. 볼셰비키의 쿠데타 시도가 중지되면서, 임정은 볼셰비키의 당 자금이 독일 정부에서 나오고 있으며, 레닌이 적과 내통해 정부 전복을 시도하고 있다고 공격했다. 이 시기에 레닌이 독일 정부로부터 자금 지원을 받았던 것은 확실한 것 같다. 당시 독일 외무부 장관 폰 쿨만Richard von Kuhlmann은 1917년 12월의 비밀 비망록에서 "볼셰비키가 그들의 주요 기관지인 『프라우다』를 큰 신문으로 끌어올리고 좁았던 그들의 당의 기반을 눈에 두드러지게 확대할 수 있었던 것은 그들이 다양한 통로와 다양한 명목 아래 우리로부터 정기적인 자금 지원을 받은 때부터다"라고 썼다.

이와 동시에 레닌에 대한 체포령이 내려졌고, 레닌은 일부 군부의 지원을 받아 겨우 위기를 모면했다. 레닌은 6월 29일부터 핀란드로 피신했기에 체포되지 않았으나 임정의 레닌 공격은 효과가 나타났다. 독일에 대한 반감이 높은 러시아 국민들은 레닌을 의심하게 된 것이다. 레닌 스스로 "이제 〔임정의〕 그들은 우리 모두를 총살하겠군. 그들이 그렇게 하기에는 지금이 가장 좋은 때이니 말이야"[27]라고 말할 정도였다. 군부와 큰 도시들에서도 볼셰비키 당을 탈당하는 당원이 생겨났다. 볼셰비키 세력이 컸던 크론슈타트와 페트로그라드의 비보르그 구역에서조차 레닌에 대한 충성을 공개적으로 드러내는 당원은 보기 드물었다. 인쇄소 역시 볼셰비키의 인쇄물을 받아주지 않았다. 이 때문에 볼셰비키의 신문조차 나올 수 없었다. 이러한 맥락에서, "7월 위기는 볼셰비키 당을 존폐의 위기로 몰아넣었다"고 지적한 역사학자들의 분석은 충분히 이해될 수 있었다.

케렌스키는 이러한 반(反)볼셰비키적 분위기를 충분히 활용했다. 그래서 총리 르보프 공과 입헌주의자들을 물러나게 하고, 자신이 총리에 취임해 사회주의자들을 중심으로 새 내각을 구성했다. 소비에트 집행위원회는 7월 22일에 147 대 45, 기권 42의 표결로 새 내각을 인준했다. 그러나 전반적으로 임정은 대단히 약했다. 임정은 통치의 방법으로 강압을 거부하고 있었으며, 그저 양보와 호소 및 대중에 대한 신뢰만으로 국민을 자신의 편으로 끌어들이려 했을 뿐이다. 그러나 그 정책은 결국 실패하고 마는 것이다.[28]

4. 레닌과 독일의 비밀 접촉

반란의 과학과 전술에 몰두한 레닌. 레닌의 부인 크루프스카야는 자신의 『레닌의 회고록』에서 "레닌은 1905년에 러시아에서 '피를 흘린 일요일'이 일어난 것을 안 직후부터 망명지 제네바에서 반란의 과학을 부지런히 공부했다"라고 썼다. 이러한 맥락에서 지난날 소련의 대표적 반체제 지식인들 가운데 한 사람인 안드레이 시니야프스키 Andrei Sinyavsky는 "레닌은 정치 투쟁 분야에서 뛰어난 과학적 전문가였다"[29]라고 평가했다.

레닌은 매우 비밀스런 사람이었다. 표피적으로 볼 때, 그는 엄청나게 많이 말하고 썼다. 그의 전집이 55권으로 구성됐다는 사실 하나만으로도 그가 얼마나 공개적인 사람이었는가를 말해준다. 그러나 그가 자신의 속셈을 측근에게라도 털어놓는 일이란 거의 없었다. 그는 자신의 구상을 거의 언제나 마음속에만 담고 있었다.

달리 표현한다면, 일반적이거나 총체적인 문제들에 대해서는, 그리고 넓은 의미에서의 프로그램에 대해서는 레닌은 매우 솔직했고 공개적이었다. 그러나 전술에 대해서는 언제나 은밀했다. 그래서 레닌의 속마음이 무엇인가를 알아내기가 무척 어려웠다. 이 점에서 그는 "국가는 혁명의 프로그램에 대한 예방으로 방위되는 것이 아니라 혁명의 전술에 대한 예방으로 방위된다"고 말했던 1930년대와 1940년대초 이탈리아의 파시스트 독재자 베니토 무솔리니Benito Mussolini의 선배 격이라고 하겠다. 이렇게 비밀스럽게 일을 추진했기에 상대방 또는 적으로 하여금 긴장감을 덜 갖게 만들었으며 그 일이 실패해도 그는 시치미를 떼거나 책임을 피할 수 있었다.[30]

레닌의 이러한 이중성 또는 위장 전술은 우리가 다음 장에서 다룰 볼셰비키의 10월 쿠데타 때 잘 나타난다. 레닌과 볼셰비키 지도부는 분명히 권력을 장악하고 싶어했다. 그러나 그들은 자신들이 권력을 장악하고 싶어한다는 것을 공개적으로는 전혀 선언하지 않았다. 그들은 '아래로부터의 압력'이 전혀 없었는데도 '아래로부터의 압력'에 따라 자신들을 움직이고 있다는 입장을 취했다. 볼셰비키가 사용한 이러한 도구의 이중성을 처음 정확히 지적한 사람은 이탈리아 사람 쿠르지오 말라파르트 Curzio Malaparte였다. 무솔리니의 쿠데타에 참가했던 그는 뒷날 『쿠데타』라는 책을 출판했는데, 여기서 이렇게 썼다: "볼셰비키 혁명가들은 두 개로 명백히 구분되는 수준에서 일을 추진했다. 하나는 보이는 수준이고 다른 하나는 안 보이는 수준이다. 이 안 보이는 수준, 감춰진 수준에서의 공작이 현존하는 정권의 사회적 기관들에 대해 죽음의 타격을 가했던 것이다."[31]

레닌은 독일 제국주의자들의 돈을 받아 썼다. 이렇게 볼 때, 레닌이 독일 정부로부터 은밀하게 큰 규모의 활동비를 받아 썼다는 것은 조금도 이상하지 않았다. 물론 레닌과 볼셰비키 지도부는 그 사실을 전적으로 부인했다. 그러나 아래에서 보듯 그들은 매우 비밀스런 통로로 독일 정부와 접촉을 유지했던 것이다.

2차 세계 대전이 끝난 뒤 독일 정부의 비밀 문서들은 거의 완전히 공개됐다. 이 문서들에 따르면, 볼셰비키는 주로 당 조직과 선전을 위해 독일 정부로부터 지원금을 받았다. 독일 정부는 1917년에는 볼셰비키가 권력을 장악하도록, 그리고 1918년에는 볼셰비키가 권력을 유지하도록 돕기 위해 상당히 많은 돈을 주었던 것이다. 그 액수는 모두 합쳐 금으로 따져 5천만 독일 마르크에 해당하는 것으로 추산됐는데, 이 돈은 그때의 미화로 6백만 달러에서 1천만 달러 사이의 가치이며 약 9톤의 금을 살 수 있는 가치에 해당하는 것으로 추산됐다.

이 돈의 어떤 부분은 중립국 스웨덴의 수도인 스톡홀름에 상주한 볼셰비키 요원들에게 전달됐다. 그 요원들의 책임자는 야콥 휘르스텐베르크 가네트스키Jacob Fürstenberg Ganetsky로, 그는 주로 스톡홀름 주재 독일 대사관의 러시아 전문가인 쿠르트 리츨러Kurt Reezler와 접촉했다. 독일 정부는 돈을 베를린의 디스콘토게젤샤프트Diskontogesellschaft를 통해 스톡홀름의 나이Nye 은행으로 보냈고, 가네트스키는 자신의 친척 에브게니아 수멘손Evgenia Sumenson에게 보냈다. 이 여자는 페트로그라드에서 활동하는 레닌의 폴란드인 부하 코즐로프스키M. Iu. Kozlovsky와 엉터리 제약 회사를 차려놓고 가네트스키와 거래함으로써 그 거래가 사업 때문에 이뤄지는 것처럼 보이게 했다. 다른 한편으로, 독일 정부는 10루블짜리 위조 지폐를 대량으로 제작해 러시아 국내의 볼셰비키에 전달했다.

레닌은 이 모든 거래를 잘 알고 있었다. 그는 때때로 암호 전보를 통해 자신이 돈을 받았음을 가네트스키와 코즐로프스키에게 알렸다. 돈이 모자라니 더 보내라는 뜻을 전하기도 했다. 그때 임정의 방첩부 대장은 보리스 니티킨Boris Nitikin 대령이었다. 그는 프랑스 정보 기관의 도움을 받아 암호 해독에 부분적으로 성공해 1917년 7월에 수멘손과 코즐로프스키를 체포할 수 있었다. 그녀는 자신이 가네트스키로부터 750,000루블을 받았음을 수사관들에게 시인했다. 레닌을 비롯한 볼셰비키 지도부가 러시아의 적국 독일 정부로부터 돈을 받았다는 혐의가 구체적 증거로 뒷받침되기 시작했다.

볼셰비키 중앙위원회는 곧바로 혐의를 부인하는 성명서를 발표했다. 레닌은 자신은 가네트스키나 코즐로프스키로부터 자신을 위해서나 당을 위해 1코페크도 받은 일이 없다는 성명서를 발표했다. 이 성명서에 지노비에프와 카메네프가 레닌의 진실을 보장하는 서명을 했다. 이 성명서에서 레닌은 임정이 반혁명 세력과 손을 잡고 러시아판 드레퓌스 사건을 만들고 있으며 제2의 베일리스 사건을 만들고 있다고 비난했다. 드레퓌스 사건이란 1894년에 프랑스 군부가 유태인 프랑스 육군 장교인 알프레

드 드레퓌스Alfred Drefus가 독일의 간첩이라는 혐의를 조작해 종신형을
내렸던 사건이었다. 드레퓌스는 1906년에 무죄 판결을 받았다. 베일리스
사건은 우리가 제29장에서 이미 보았듯이 유태인 베일리스에게 살인 혐
의를 뒤집어씌우려 했던 사건이었다. 레닌은 자신의 혐의가 조작된 것
같은 인상을 대중에 심어주고자 했던 것이다. 이 성명서를 발표한 뒤 그
는 다시 숨어버렸다.

제31장

10월 쿠데타와 소비에트 국가의 성립

케렌스키가 총리로 취임한 7월 7일부터 러시아는, 그리고 러시아 혁명은 역사적으로 대단히 중요하며 결정적인 시기에 들어섰다. 볼셰비키는 권력 장악을 위한 본격적이면서 최종적인 시도를 벌이게 되는데 이때 뛰어난 능력을 과시한 혁명가가 바로 트로츠키였다. 그는 핀란드로 망명한 레닌을 대신해 볼셰비키를 이끌고 자신이 창안한 현대적 쿠데타 방식을 철저히 활용함으로써 10월 25일에 임정을 타도하고 정권을 탈취하는 데 성공했던 것이다. 트로츠키가 '10월 혁명의 영웅'으로 불린 까닭이 거기에 있다. 이 장은 10월 쿠데타가 성사되는 과정을 살피기로 한다.

1. 코르닐로프의 쿠데타가 실패하다

케렌스키가 오판하다. 케렌스키는 전쟁부 장관을 겸임하면서 총리에 취임하자 곧 독재자로 행동하기 시작했다. 그는 우선 자신의 위신을 높이려는 계산에서 자신의 집무실 겸 관저로 겨울 궁전을 썼다. 그는 겨울 궁전 안의 알렉산드르 3세의 침실에서 잠을 잤고 알렉산드르 3세의 책상에서 집무했다. 취임 사흘 뒤인 7월 10일에 코르닐로프를 군 최고 사령관에 임명하고 그에게 7월 반란에 가담했던 부대들의 무장 해제와 해체를 빠른 시일 안에 끝내도록 지시했고, 페트로그라드 경비 사령부의 병력을 100,000명으로 줄인 뒤 나머지는 전선으로 보내도록 지시했다. 『프라우

다』와 그 밖의 볼셰비키 출판물들이 군부대 안에서 열람되는 것도 금지
시키도록 지시했다. 그런데 케렌스키는 볼셰비키 당 자체에 대한 조처는
취하지 않았다. 레닌이 독일로부터 돈을 받았음을 명백하게 보여주는 증
거들을 확보했는데도 법무부 장관을 위원장으로 하는 조사위원회를 구
성하는 선에서 행동을 멈췄을 뿐 볼셰비키 당사를 수색한다거나 심지어
파괴한다는 선으로까지는 가지 못했다.

그 이유는 두 가지였다. 첫째, 케렌스키는 군대가 7월 반란에 가담한
세력을 무력으로 진압하는 것을 보고 그들이 결국엔 니콜라이 2세를 중
심으로 왕당파를 형성해 반혁명을 시도하게 되는 것이 아닌가 두려워했
다. 따라서 볼셰비키를 탄압하기에 앞서 왕당파의 등장에 쐐기를 박는
것이 중요하다고 판단해 우선 니콜라이 2세와 그의 가족 및 약 50명의
수행원들과 시종들을 시베리아의 토볼스크Tobolsk로 이동시켰다. 토볼
스크는 작은 마을로 기차역이 없어서 탈출이 매우 어려운 곳이었다. 그
들의 이동은 7월 31일에 극도의 비밀 속에 진행됐다.

둘째, 케렌스키는 소비에트와의 관계를 좋게 유지하고 싶어했다. 소비
에트는 볼셰비키를 소비에트의 한 중요한 구성원으로 여겼으며, 볼셰비
키에 대립해온 멘셰비키와 사회혁명당도 볼셰비키에 대한 공격을 반혁
명 세력의 탈권 시도라고 보았던 것이다. 그래서 소비에트는 레닌에 대
한 혐의는 반혁명 세력의 조작인 만큼 임정은 혐의를 철회해야 한다는
성명서마저 발표하기에 이르렀다.

이 두 가지 이유로 케렌스키는, 그리고 소비에트는 볼셰비키 당을 결
정적으로 붕괴시킬 수 있었던 기회를 놓쳤다. 법무부 장관 파벨 페레베
르제프Pavel Pereverzev는 통탄을 금할 수 없었다. 레닌의 반역죄 증거를
확보하는 데 모든 힘을 쏟았으며 이것을 근거로 레닌을 재판에 회부해
반역자로 처형받게 하고 볼셰비키 당을 분쇄함으로써 임정을 튼튼하게
세워야 한다고 믿었던 그의 이제까지의 노력이 물거품이 됐기 때문이었
다. 반면에 볼셰비키는 결정적 위기를 넘긴 셈이었다. 그래서 트로츠키
는 뒷날 "다행스럽게도 우리의 적들은 충분한 결의가 없었다"고 회고했
다. 트로츠키는 이 무렵 볼셰비키 당에 입당한다.[1]

케렌스키에 대한 지지가 줄어들다. 볼셰비키에 대한 케렌스키의 관용은 곧 일어나는 코르닐로프의 쿠데타에 대한 엄격과는 크게 대조된다. 이 점을 다음에서 살피기로 한다.

총리에 취임한 케렌스키는 임정에 대한 지지의 폭을 넓히기 위해 8월 12일에 전직 두마 의원들을 비롯해 농민·군인·회사·소비에트의 대표들을 망라한 2,500명으로 구성된 국가 회의를 모스크바에서 소집했다. 그러나 국가 회의가 단결된 모습으로 자신을 지지해줄 것으로 생각한 케렌스키의 기대와는 달리 그는 사회주의자들의 지지만 받았을 뿐 우익 세력의 지지는 거의 받지 못했다. 우익 세력의 불만은 여러 가지였다. 가장 큰 불만은 어째서 7월 폭동을 일으킨 볼셰비키를 법대로 다스리지 못했느냐에 쏠렸다. 그들에 따르면, 볼셰비키의 7월 푸치는 1923년에 독일 뮌헨에서 일어났던 히틀러의 맥주집 푸치처럼 무모한 것이었고 일으킨 사람들을 한꺼번에 궤멸시킬 수 있는 것이었는데도 어째서 너그럽게 끝맺음했느냐는 것이었다. 우익 세력은 케렌스키에 대해 노골적인 경멸을 표시하기도 했다.

코르닐로프가 부각되다. 우익 세력이 자신들의 구세주로 발견한 사람은 모스크바 국가 회의를 통해 크게 부각된 군 최고 사령관 코르닐로프였다. 그러면 코르닐로프는 어떤 사람이었나?[2]

코르닐로프는 1870년에 시베리아의 카자흐 집안에서 태어났다. 레닌과 동갑이었다. 코르닐로프의 아버지는 농민이면서 병사였으며 어머니는 주부였다. 코르닐로프의 이러한 평민적 배경은 귀족 계급의 아버지를 두었던 레닌의, 그리고 케렌스키의 집안 배경과 대조됐다. 코르닐로프는 어린 시절을 카자흐-키르기즈Kazakh-Kirghiz에서 보냈으며 그 지연 때문에 아시아와 아시아 사람들에 대한 평생의 애정을 키울 수 있었다. 군사학교를 졸업한 뒤 참모대학에서 공부해 우등으로 졸업했다. 곧 투르케스탄Turkestan에서 복무하기 시작했고 아프가니스탄과 페르시아로까지 원정길에 오르기도 했다. 중앙 아시아의 터키 방언을 통달했던 그는 러시아의 아시아 변경 지대 전문가가 됐으며 자신의 주변에 이 지역 사람들인 테케 투르코만Tekke Turkoman들을 경호원으로 삼아 모여 있게 했고 또 이 지역의 옷으로 꾸미기를 좋아했다. 그는 러일 전쟁에 참전했고 중국에 무관으로 파견된 뒤 1차 세계 대전에 사단장으로 참전했다가 1915년 4월에 포로로 잡혔으나 체코 간호 장교의 도움으로 탈출해서 귀국했다. 이 극적인 탈출로 그는 국민들에게 전설적 장군으로 부각됐다. 1917년 3월에 두마의 임시위원회는 퇴위를 앞둔 니콜라이 2세에게 그를 페트로그라드 군사 지구 사령관으로 임명하게 했으며 이 자리를 그는 볼셰비키의 4월 반란 때까지 지켰다. 그러나 곧 8군 사령관으로 전보됐다가 케렌스키에 의해 군 최고 사령관으로 임명됐던 것이다.

러시아의 장군들은 대체로 정치적이었고 따라서 정치 군인들이었다. 그러나 코르닐로프는 글자 그대로 무인으로서 전설적 용기의 전선 장교였다. 그는 둔탁함으로 이름 높았다. 그의 앞의 앞 전임자인 알렉세에프는 "코르닐로프는 사자의 심장과 양의 두뇌를 가진 사람"이라고 평했는데, 파이프스 교수는 이 평가가 공정하지 않다고 보았다.[3]

코르닐로프는 실무적인 재능과 상식을 충분히 지녔으며 경우에 따라서는 진보적 견해들도 갖고 있었다. 다만 정치와 정치인들을 불신하고 조롱했을 뿐이다. 이렇게 볼 때, 파이프스가 주장했듯이 그를 왕정 복고론자로 의심할 근거란 없었다고 하겠다.

군인 시절의 초기부터 코르닐로프는 불복종의 성향을 보였다. 이 성향은 2월 혁명 이후 두드러지게 나타났다. 그는 러시아 군대의 해체와 임정의 무능을 바라보면서 군인에게 요구되는 무조건적 복종의 틀로부터 과감히 벗어나게 된 것이다. 그의 반대자들은 그가 독재자의 야심을 가졌다고 비난했다. 그러나 그가 애국자였다는 사실이 함께 고려돼야 할 것이다. 당시 47세였던 그는 1,000,000명 카자흐 사람들에게뿐만 아니라 대다수의 병사들에게 '애국자 영웅'으로 불리고 있었다. 그는 조국의 이익을 위해서라면 어떤 정권 아래서도 일할 자세를 갖췄으며, 특히 국가의 명운이 좌우될 대전이 진행되는 이 시점에서는 승전이 최고의 가치인데, 승전을 보장하기 위해서는 국내 질서의 회복이 가장 중요하다고 보았다. 그가 8월 하순에 일으키게 되는 쿠데타는 이러한 맥락에서 이해돼야 할 것이다.

케렌스키와 코르닐로프 사이의 협상. 임정 수반 케렌스키 총리는 독일의 대공세에 제동을 걸기 위해서는 코르닐로프에게 군 최고 사령관의 자리를 맡겨야 한다고 판단하고 7월 7일과 8일 사이의 밤에 코르닐로프에게 자신의 뜻을 밝혔다. 코르닐로프는 곧 몇몇 장군들과 협의한 뒤 조건을 제시했다. 군대 내부에서의 명령 계통이 회복될 수 있게끔 군에 대한 소비에트의 간섭을 철회시킬 것, 2월 혁명 이후 군대 내부에 신설된 위원회들을 폐지시키거나 위원회들의 권한을 크게 줄일 것, 후방의 군부대에서 지휘 계통이 회복될 수 있게끔 조처해줄 것, 탈영과 반란 등으로 유죄가 확정된 군인들을 사형에 처할 수 있게 해줄 것, 군 최고 사령관은 자신의 양심과 국민에 대해서만 책임을 지게 할 것, 그리고 경제가 튼튼해야 전쟁을 효과적으로 이끌어갈 수 있는 만큼 군 최고 사령관에게 국가경제에 관한 권한을 부여할 것 등이 그것들이었다.[4]

케렌스키는 대노했다. 코르닐로프가 사실상 독재권을 요구하고 있다고 판단한 것이다. 그러나 코르닐로프는 자신은 소비에트에 맞서려 하는 것이지 임정에 맞서려 하는 것이 아니라고 주장했다. 그런데 은밀히 진행된 이 협상 과정이 코르닐로프의 공보 담당관이며 기업인인 우익 보수주의자 자보이코Vasily Zaboiko에 의해 7월 21일에 신문에 보도됐다. 비사회주의 진영에서는 일제히 코르닐로프를 격찬했다. 난세를 헤칠 영웅이 출현했다는 칭찬도 적지 않았다. 그러나 사회주의 진영에서는 엄청난 비난을 그에게 퍼부었다. 협상은 7월 24일에 코르닐로프의 승리로 끝났다. 케렌스키는 경제에 관한 권한 등을 제외하고는 그의 조건들을 대체로 받아들였고 이에 따라 그는 군 최고 사령관을 맡은 것이다.

코르닐로프가 쿠데타를 일으키다. 자유주의자들과 부르주아들은 코르닐로프가 자신들의 새로운 보호자이자 투사가 될 수 있다고 믿었다. "이 위협적인 시간에 러시아를 생각하는 모든 사람들은 당신을 신념과 희망을 갖고 우러러봅니다"[5]라는 전두마 의장 로드지앙코의 말은 이러한 분위기를 단적으로 증명하는 것이었다.

그런데 문제는 케렌스키가 코르닐로프가 제시했던 조건들을 구체적으로 이행할 수 없게 되면서 일어났다. 당시 전쟁부 장관 대리인 보리스 사빈코프가 케렌스키와 코르닐로프 사이를 오가면서 8월초에 4개항 문서를 만들었을 때 처음엔 서명을 약속했던 케렌스키가 8월 8일에 가서는 절대로 서명할 수 없다고 버틴 것이다. 특히 후방에서도 사형 제도가 적용될 수 있다는 조항과 관련해 케렌스키는 강한 반감을 표시했다. 코르닐로프는 자신이 속았다고 생각하게 됐다. 그는 또 케렌스키가 자유스런 사람이 아니며 적국 독일과 내통하고 있는 어떤 사회주의 세력의 포로가 되어 있다는 의심을 강하게 품기에 이르렀다. 코르닐로프의 의심에는 근거가 있었다. 이미 우익으로부터 강한 불신을 받은 케렌스키가 의존할 수 있는 세력은 사회주의 세력뿐이었기 때문이었다.

이 무렵 임정에 대한 코르닐로프의 불신을 더욱 키운 사건이 일어났다. 독일에 대한 대책을 협의하기 위해 코르닐로프는 각료들 앞에서 군부의 현상황에 대해 보고함과 아울러 독일군과 오스트리아군에 대한 대책을 보고하려 하자 케렌스키는 갑자기 그에게 몸을 숙이더니 낮은 목소리로 발언에 조심하라고 말한 것이다. 케렌스키의 그 행동에서 코르닐로프는 각료들 가운데 누군가가 군사 정보를 외부로 흘리고 있다는 평소의 의심을 굳히게 됐다. 코르닐로프는 이 사실을 자신의 예하 장군들에게 알렸으며 혐의를 사회혁명당 당수인 체르노프 농업부 장관에게 돌렸다. 이 시점부터 코르닐로프는 임정이 국가를 이끌기에는 부적절하다고 결론내렸다.

코르닐로프는 곧 군부대들의 이동을 단행했다. 이때 그는 어느 한 부대는 모스크바나 페트로그라드에서 볼셰비키의 폭동이 일어날 때 그것을 진압할 부대가 될 것이라고 말했다. 동시에 그는 이렇게 말했다: "나는 반혁명 분자가 아니다. 나는 구정권을 경멸한다. 과거로의 회귀는 없으며 또 그것은 불가능하다. 그러나 우리는 러시아를 진정으로 구원할 수 있는 권위를 필요로 한다. 그 권위가 세워져야 전쟁을 영예롭게 끝낼 수 있으며 제헌 의회를 성립시킬 수 있다." 이어 그는 권위를 세우도록 자신이 정부에 압력을 가할 것이며, 경우에 따라서는 스스로가 새로운 강력한 권위의 수립에 참여할 것이라는 포부를 밝혔다.

이 무렵 코르닐로프에 대한 기대와 찬사가 쏟아져나왔다. 우익 보수 계열의 신문들은 러시아의 구원은 오로지 코르닐로프를 국가의 최고 지도자로 받드는 데서 찾을 수 있다는 취지로 보도했으며, 백만장자 모로조프의 아내는 그 앞에 무릎을 꿇고 엎드려서 러시아를 구원해달라고 간청했다. 이러한 분위기에 고무된 코르닐로프는 8월 26일에 마침내 자신의 군대를 수도로 불러들임과 동시에 케렌스키에게 사임을 요구하고 민간의 모든 권력을 자신에게 넘기라고 제의했다. 케렌스키는 굴복하지 않았다. 그는 코르닐로프를 반역자로 선언하고 그를 총사령관 자리에서 해임했다. 후임에는 코르닐로프의 앞의 앞 전임자였던 알렉세에프가 9월 1일자로 임명됐다. 그러나 그는 곧 "이제 러시아에는 더 이상 군대라는 것은 존재하지 않는구나"라고 개탄하면서 사임한다.

케렌스키는 곧바로 소비에트와 볼셰비키에게 반혁명 세력의 타도에 협조해줄 것을 요청했다. 임정은 그들에게 무기를 나눠주었으며 약 60,000명에 이르는 시민들이 총을 들고 코르닐로프의 반란군에 맞섰다. 철도 종사자들은 페트로그라드로 가는 철로를 파괴해 코르닐로프 군대의 이동을 막았다. 다른 한편으로 사회주의자들은 코르닐로프 군대의 병사들에게 코르닐로프의 지시는 노동자들과 농민들의 이익에 어긋나는 것이라고 설명함으로써 그들 스스로 무기를 놓도록 유도했다. 이에 따라 코르닐로프가 가장 믿었던 특수부대 사령관 크리모프Alexandr Krymov 장군은 자살했으며 코르닐로프는 "자살하지 말고 임정에 항복하라"는 부인의 간곡한 애원을 받아들여 총을 놓았다. 그는 곧바로 한 호텔에 연금됐다. 그는 조금도 저항하지 않았다. 그저 정부가 권위를 확고히 세우기 바라며 더 이상 자기를 이용하지 말라고 말할 뿐이었다. 그는 곧 '반란 음모'에 가담했던 약 30명의 장교들과 함께 비호프Bykhov 요새 감옥에 수감됐다. 호텔에서도 감옥에서도 그는 자신에게 충실한 테케 투르코만 경호원들의 보호를 받았다. 그는 볼셰비키의 10월 쿠데타 직후 탈옥에 성공하며 카자흐 사람들이 많이 모여 사는 돈Don 강 유역으로 탈출한 뒤 알렉세에프 장군과 함께 의용군을 세운다.

코르닐로프 쿠데타의 진상. 이 대목에서 우리가 검토해야 할 부분이 있다. 그것은 코르닐로프의 쿠데타는 케렌스키에 의해 도발됐다는 주장이다. 교활한 케렌스키가 우직한 코르닐로프를 함정에 빠뜨려 군부 쿠데타의 길을 완전히 봉쇄하기 위해 코르닐로프로 하여금 쿠데타를 결심하도록 유도했다는 설명이다. 이 함정설에 나타나는 중개인이 블라디미르 르보프 Vladimir Lvov이다.[6] 지주 계급 출신으로 모스크바 신학대학 졸업생인 그는 3대 두마와 4대 두마에서 의원을 지낸 10월 당원으로, 정신 상태를 의심받을 정도의 과대망상가요 권력 추구형의 야심가였다. 러시아의 국가적 운명에 결정적으로 헌신하고 싶어한다고 자주 말하던 그를 케렌스키와 그의 부하인 네크라소프가 교묘히 이용해 코르닐로프로 하여금 쿠데타를 일으키게 만들었다고 어떤 학자들은 설명한다. 코르닐로프의 쿠데타는 너무나 복잡한 요인들을 안고 있어서 아직도 단정적으로 설명하기가 쉽지 않다. 그러나 만일 케렌스키가 자신의 권위를 높이기 위해 코르닐로프와의 결별을 도발했다는 해석이 정확하다면, 케렌스키는 실패했을 뿐만 아니라 정반대의 결과를 얻어낸 셈이 됐다. 두 사람 사이의 충돌은 케렌스키의 보수주의자들 및 자유주의자들과의 관계를 결정적으로 악화시켰을 뿐만 아니라 자신의 사회주의적 기반을 강화시키지도 못했다. 케렌스키의 군과의 관계도 결정적으로 악화됐다. 코르닐로프의 쿠데타에 동조하기를 거부했던 군 장교들조차 케렌스키가 군 최고 사령관과 고위 장교들을 다루는 태도에 크게 실망했으며 한걸음 더 나아가 그의 좌익 편향에 증오심을 나타냈다. 볼셰비키의 10월 쿠데타 때 케렌스키가 임정의 수호를 위해 군의 개입을 요청했건만 군이 전혀 움직이지 않게 되는 배경에는 그러한 요인이 작용하게 된다.

이 일로 가장 큰 혜택을 입은 쪽은 볼셰비키였다. 볼셰비키가 독일의 돈으로 운영되어왔다는 소문은 이 난리 속에서 잊혀져버렸고 반혁명 분쇄에 이바지했다는 긍정적 평가가 확산됐기 때문이었다. 8월 27일 이후, 케렌스키가 의지했던 사회혁명당과 멘셰비키는 약화됐으며 따라서 임정은 제한적인 범위 안에서나마 수행해오던 기능을 더 이상 수행할 수 없게 됐다. 그리하여 9월과 10월에 러시아는 키 없는 배처럼 표류하기만 했다. 따라서 좌익으로부터의 반혁명을 위한 무대가 설정된 셈이었다. 이러한 맥락에서 케렌스키는 뒷날 "8월 27일은 10월 27일의 볼셰비키 쿠데타를 가능하게 만들었다"[7]고 회고했다. 그러나 레오니드 스타호프스키 Leonid I. Stakhovsky는 코르닐로프의 쿠데타가 임시 정부를 결정적으로 약화시켰고 이로써 볼셰비키 쿠데타를 쉽게 만들어주었다는 주장은 케렌스키가 악의적으로 또는 자신의 방어를 위해 전개한 것으로 평가했다. 이러한 평가에 근거해 그는 "진짜 악한은 코르닐로프가 아니라 케렌스키 그 자신이었다"고 결론지었다. "케렌스키가 고의적으로 코르닐로프를 배반함으로써 러시아를 볼셰비키의 손에 팔아버렸다"[8]는 것이었다. 볼셰비키의 10월 쿠데타가 성공한 직후에 구성된 코르닐로프 조사위원회의 결론도 마찬가지였다. 코르닐로프는 임정을 타도할 계획은 전혀 없었으며 임정을 볼셰비키로부터 방어하고자 했다는 것이다. 이러한 맥락에서, 파이프스 교수는 코르닐로프 사건을 러시아 혁명의 역사에서 "매우 이상한 일들 가운데 하나"라고 규정하면서 그것은 "코르닐로프의 음모"가 아니라 "케렌스키의 음모"였다고 결론지었다. 어떻든 2월 혁명 이후의 큰 흐름에서 케렌스키는 뒷날 다음과 같이 회고했다: "일반적으로 2월 혁명의 역사는 전선에서의 계속적으로 커가는 붕괴와 그리고 국내에서의 계속적으로 늘어나는 무정부 상태였던 것으로 말해지고 있다. 실제에 있어서 이 혁명의 역사는 천천한 상승과, 후기에 있어서, 바꿔 말해, 코르닐로프 장군의 반란 이후 급격한 하강(下降)의 커브를 나타내고 있다."[9]

2. 레닌이 무장 봉기를 역설하다

레닌의 『국가와 혁명』. 케렌스키가 '7월 위기' 속에 레닌의 체포령을 내렸음은 앞에서 지적했다. 이에 레닌은 당 간부들의 권고를 받아들여 다시 핀란드로 달아나 옛 볼셰비키 당원의 집에 은신했다. 이때의 레닌의 모습은 다음과 같이 묘사되어 있다: "7월 이후 레닌은 핀란드에서 지쳐 있었다. 사건들로부터, 그리고 그의 동료들과 지지자들의 대부분으로부터 단절되어 있었다. 몇 달 동안의 맹렬한 활동 뒤에, 이젠 그가 마치 핀란드의 감옥에서 복역하기 위해 스위스의 감옥으로부터 탈출한 것처럼 보였다. 트로츠키는 우리에게 레닌이 자신의 고립을 깨뜨리기 위해 여러 명의 볼셰비키를 호출해선 질문을 던지기도 하고 당 지도자들의 연설과 행동을 감수하게 하며 잘 만들어진 통로를 통해 자신의 지시를 중앙위원회로 보내기도 했다고 말하고 있다."[10]

그러나 그러한 일들말고 레닌이 몰두했던 일이 따로 있었다. 그것은 그의 대표작들 가운데 하나가 되는 『국가와 혁명』의 집필이었다. 그는 10월에 다시 러시아로 돌아갈 때까지 약 100일에 걸친 시간에 마르크스주의적 국가론을 자기 나름으로 정리한 것이다. 그는 우선 국가는 지배계급이 피착취 계급을 지배하기 위한 억압 도구임을 종전과 마찬가지로 인정했다. 그러나 그는 대중은 볼셰비키 당의 지도 없이는 혁명을 수행할 능력이 부족하다는 종래의 대중관(大衆觀)을 버리고, 프롤레타리아 혁명 이후의 새 사회에서 그들이 담당하고 보여줄 능력을 높이 평가했다. 프롤레타리아 혁명이 이룩되면 국가의 모든 기관은 폐지되고 '무장된 노동계급'의 독재에 의해 자본주의의 잔재를 없애고 민주주의가 실현되며, "행정은 글이나 아는 사람이면 누구나, 가감승제의 산술이나 아는 사람이면 누구나 참가해서 이뤄진다"고 보았다. 파이프스 교수가 "허무주의적 작품"이라고 평가한 이 책의 핵심적 내용이 허상이었음은 곧 나타난 소련의 전체주의적 독재 체제에 의해 입증된다. 이로써 플라메나츠John Plamenatz가 적절히 비판했듯이 "우리의 현대 세계를 변화시킨 바로 그 인간의 이해력이 얼마나 좁았으며 그의 통찰력이 얼마나 모자랐느냐를 보여주었다." 어떻든 이 저서에서 레닌은 자신의 주장과 이론의 정당성을 입증하기 위해, 우선 마르크스와 엥겔스의 이론의 '완전성과 무오류성'을 역설하고, 그 다음에 자신의 주장을 뒷받침할 수 있는 마르크스와 엥겔스의 문구를 찾아 그대로 옮기는 논쟁 방식을 철저히 구사했다.[11]

레닌의 무장봉기론. 『국가와 혁명』을 집필하는 사이사이에 레닌은 무장봉기론을 제시했다. 7월 10일에 집필한 「정치적 상황」에서 그는 "러시아 혁명이 평화적으로 전개되리라는 희망은 모두 흔적 없이 사라졌다"고 지적한 뒤, "오늘날의 상황을 객관적으로 분석한다면 군부의 독재 체제가 나타나거나 노동자들의 결정적 투쟁이 일어나거나 그 두 가지 가운데 하나가 될 것인데, 군부의 독재 체제가 등장하는 것을 막기 위해 노동자들이 무기를 들고 반란을 일으켜야 한다"고 주장함으로써 노동자들의 무장 봉기에 더 큰 무게를 실어준 것이다. 이에 따라 그는 "더 이상 '모든 권력을 소비에트로'라는 구호는 정확하지 않다"고 공개적으로 선언했다. 7월 26일부터 9월 3일까지 비밀리에 열린 제6차 볼셰비키 당 대회는 레닌의 이 노선을 채택했다. 결의안은 러시아는 현재 "모든 권력을 소비에트로"라는 구호 아래 "반혁명적 제국주의 부르주아지의 독재"가 지배하는 나라가 됐다고 비판하고 "모든 권력을 소비에트로"라는 구호가 타당성을 잃은 만큼 볼셰비키는 노동자들과 가난한 농민들의 지지 위에서 반혁명 세력을 구축한 뒤 "케렌스키 독재 체제의 청산"을 위해 투쟁해야 한다고 제의했다. 이로써 볼셰비키는 임정에 대해서뿐만 아니라 소비에트에 대해 선전을 포고한 것이었다.

다시 '모든 권력을 소비에트로.' 레닌의, 그리고 볼셰비키 당의 새 노선에 대해 대부분의 볼셰비키는 불만이 컸다. 왜냐하면 볼셰비키는 소비에트에서 그래도 꽤 괜찮은 세력을 차지하고 있었기 때문이었다. 그런데 볼셰비키 당이 다시 '모든 권력을 소비에트로'의 노선으로 돌아서게 되는 계기가 열렸다. 소비에트가 대중들 사이에서 인기를 잃어가던 흐름이 그것이었다. 소비에트의 기관지 『이즈베스치아』가 「소비에트 조직의 위기」라는 논설에서 솔직히 지적했듯이 소비에트가 인기의 정점에 이르렀던 때는 전국에 800개 정도 세워졌던 소비에트가 이 무렵엔 상당히 많이 사라졌거나 서류 위에서만 존재하는 경우가 적지 않았던 것이다. 남아 있는 소비에트도 위신과 영향력을 잃고 있었다. 또 소비에트는 농민들의 조직들과 공동 보조를 취하는 데 실패함으로써 농민들은 소비에트 구조의 '전적으로 외부에' 남아 있었다. 이러한 상황은 볼셰비키에게 소비에트에 열성적으로 침투해 들어가 자신들의 목적에 맞게 소비에트를 조종할 기회를 주었으며, 그리하여 그들은 다시 "모든 권력을 소비에트로"의 구호로 복귀하게 됐던 것이다.

트로츠키가 레닌과 손을 잡다. 이 무렵 트로츠키가 볼셰비키 당에 입당했다. 트로츠키가 멘셰비키로 출발했으며, 레닌과도 여러 차례 대결했던 혁명 전술가라는 점은 이미 지적했었다. 그런데 그는 7월 위기에 즈음해 전쟁 반대, 임정 반대, 소비에트의 타협주의적 노선 반대를 명백히하고 있었다. 그뿐 아니라, "레닌이 현재 취하는 노선은 지난날 우리 사이에 존재하던 견해 차이를 무의미하게 만들었다"고 판단해 레닌에게 체포령이 내려졌을 때 이에 항의하다가 구속됐다. 따라서 7월 26일에 소집된 볼셰비키 제6차 당 대회는 트로츠키와 그의 추종자들을 받아들이고 트로츠키를 레닌과 지노비에프 및 카메네프와 함께 중앙위원으로 선출했다. 이때 당원 수는 무려 240,000명으로 늘어났다.

그런데 코르닐로프의 우익 쿠데타가 발생하자, 케렌스키는 우익을 견제하고 자신의 정부를 연명시킬 수 있는 길은 다시 사회주의자들의 협력을 확보하는 것이라고 판단해 그 신호로 트로츠키를 석방했다. 그리고 8월 24일에 5인의 독재 체제를 수립하고 9월 1일에 러시아가 공화국임을 선포했다. 이때 레닌은 핀란드의 수도 헬싱키로 은신처를 옮긴 직후였다. 레닌은 턱수염을 깎고 가발을 쓴 뒤 콘스탄틴 이바노프Konstantin Ivanov라는 가명의 신분증을 얻어 기관차의 화부로 위장한 채 이곳으로 옮겼던 것이다. 자연히 트로츠키는 피신중인 레닌을 대신해 볼셰비키를 집권에까지 이끌어가게 됐다.[12]

레닌은 트로츠키에게 전폭적인 지지를 보냈다. 「잘한다! 트로츠키 동지」의 글을 쓰면서 트로츠키를 격려했다. 이제 레닌과 트로츠키는 '서로를 특사' 하면서 발을 맞춰나가는 것이었다. 이 점에 대해 도이처는 다음과 같이 쓰고 있다: "사실, 그렇게 오랫동안 떨어져 있던 레닌의 길과 트로츠키의 길은 이제 만났다. 그들은 각각 상대방이 훨씬 일찍 도달했으며 그리고 그 자신은 오랫동안 심하게 다투어온 어떤 결론에 이미 도달했었던 것이다. 그러나 그 어느 쪽도 의식적으로 상대방의 견해를 받아들이지 않고 있었다. 서로 다른 출발점으로부터 그리고 서로 다른 과정을 통해 그들의 마음은 이제 그들의 현재의 일치를 향해 움직여온 것이다."[13]

우선 트로츠키는 볼셰비키의 이름으로보다는 소비에트의 이름으로 집권해야 한다는 판단 아래 9월 23일에 멘셰비키의 츠헤이드제를 대신해 페트로그라드의 소비에트 의장으로 선출되는 데 성공했다. 이것은 볼세비키가 권력 장악의 길에서 매우 중요한 고비를 넘어섰음을 의미했다. 이때부터 레닌은 다시 "모든 권력을 소비에트로"를 더욱 소리 높이 외치기 시작했다. 동시에 트로츠키는 볼셰비키가 지배하는 공장 소비에트에마다 준(準)군사 기관인 적위대를 설립하는 한편, 9월 30일에 페트로그라드 소비에트에 군사혁명위원회(밀레브콤)를 신설하고 자신이 그 의장이 되어 수도 일대의 병력을 장악했다. 그는 또 의장 자격으로 곳곳에 뛰어다니며, 그의 명연설로 볼셰비키 집권을 위한 분위기를 만들려고 했다. 이즈음 볼셰비키는 페트로그라드 소비에트와 모스크바 소비에트에서 제1당이 됐다. 볼셰비키의 힘이 이처럼 뚜렷해지자, 그들은 곧바로 케렌스키에 대한 지지의 철회를 선언하고 레닌 체포령의 철회를 요구했다.

볼셰비키의 힘이 이처럼 커질 수 있었던 가장 주요한 요인은 코르닐로프 우익 쿠데타의 실패에 있었다. 노동자들과 농민들은 이제 자신들이 장악하고 있는 공장과 땅을 지키겠다는 결의가 확고했으며, 이 결의는 반(反)우익적 분위기를 낳은 것이다. 그리고 이 반우익적 분위기는 곧바로 멘셰비키에 대한 반감으로 나타났고, 볼셰비키에 대한 지지로 연결됐다. 한편 볼셰비키에 대한 독일의 지원도 큰 몫을 했다. 뒷날 공개된 독일 외무부의 기밀 문서들은 이때 독일이 "어떤 수단에 의해서라도, 가장 과격한 수단을 써서라도 볼셰비키를 지원해야 한다"[14]는 계획을 보여주고 있다.

레닌의 무장봉기론이 당 중앙위원회에서 거부되다. 그러나 볼셰비키의 집권을 위한 마지막 장애는 볼셰비키 내부에 있었다. 당 중앙위원회가 볼셰비키의 즉각적 집권에 반대한 것이다. 특히 카메네프와 지노비에프는 마르크스 이론에 입각해서 "볼셰비키는 제헌 의회의 소집을 기다려야 하며 이 의회에서 사회혁명당 좌파와 제휴해 혁명의 주도적 역할을 수행해야 한다"고 주장했다. 이것은 서구 프롤레타리아의 봉기를 촉진시킬 것이며 이 봉기는 러시아에서 프롤레타리아 정당의 집권을 요구하게 될 것이라는 것이다. 이 논리 위에서 당 중앙위원회는 제2차 전러시아 소비에트 대회의 소집을 요구하고 나섰다. 볼셰비키가 다수를 차지할 것이 확실한 만큼, 이 대회를 통해 볼셰비키의 프로그램을 밀고 나가자는 계략에서였다.

당 중앙위원회의 이러한 결정은 레닌에게 불만이었다. 그는 "대회를 원하는 것이 아니라 행동을 원하는 것이었다."[15] 그래서 그는 망명지 핀란드로부터 볼셰비키 당이 즉각 무력 봉기를 준비해나가라는 편지를 두 차례나 중앙위원회에 보냈다. 「볼셰비키는 권력을 장악하지 않으면 안 된다」라는 9월 12일자 편지와 「마르크시즘과 반란」이라는 9월 14일자 편지는 "볼셰비키는 권력을 장악할 수 있고 장악하지 않으면 안 된다"는 그의 지론을 담고 있었다. "볼셰비키가 즉각적인 종전 및 평화, 그리고 '토지를 농민들에게'를 약속하고 실천한다면 어느 누구도 전복시킬 수 없는 정부를 볼셰비키는 세울 수 있다"고 그는 거듭 강조했다. 보다 더 구체적으로 말해, "우선 무력 봉기를 조정할 참모 본부를 세워라. 그리고 페트로그라드를 장악할 준비를 하라. 별동대를 조직해 전화국과 다른 중요한 건물들을 장악하라. 임정의 참모 본부 요원 전체를 체포할 계획을 수립하라"——이것이 그의 편지들의 골자였다. 한마디로 그는 군사 쿠데타를 권고하고 있는 것이었다.[16] 그러나 당 중앙위원회는 레닌의 편지를 거부했다. 당시 중앙위원회의 분위기는 레닌의 편지를 불태워버리기로 결의할 정도로 레닌의 제의에 대해 냉담했다.

9월 17일에 레닌은 망명지를 러시아에 훨씬 더 가까운 곳으로 옮겼다. 그리고는 페트로그라드의 부하들에게 군사 쿠데타를 준비하도록 계속 강요했다. 그는 「위기는 성숙됐다」라는 글에서 "위기는 여기에 와 있다"고 주장하고 "보다 적극적인 행동을 지연시키는 것은 범죄"라고 썼다. 그의 주장의 골자는 다음과 같이 요약될 수 있다: "러시아뿐만 아니라 유럽 전체가 혁명의 언저리에 와 있다. 볼셰비키는 세 곳을 때리지 않으면 안 된다. 페트로그라드와 모스크바 및 발틱 함대가 그것이다. 볼셰비키는 겨울 궁전을 공격하고, 네바 강을 건너는 다리를 장악하고, 수도를 오지로부터 고립시킬 계획을 마련하지 않으면 안 된다. 중앙위원회는 어째서 행동하지 않으려 하는가? 중앙위원회는 당이 이제 권력을 장악하고 있으며 10월에 전러시아 소비에트 대회를 열 것을 기다릴 필요가 없다는 것을 볼 수 없단 말인가?"[17] 그래도 당 중앙위원회는 움직이지 않았다. 그들은 쿠데타를 일으키기에 충분한 만큼의 여건이 아직 성숙하지 않았다고 판단했던 것이다.

볼셰비키 당 중앙위원회가 쿠데타를 결정하다. 그래서 레닌은 10월 3일과 10일 사이의 어느 날 — 그 정확한 날짜는 오늘날까지도 밝혀지지 않았다 — 가발과 안경을 쓰고 수염을 말끔히 깎아버린 다음 은밀하게 페트로그라드로 들어갔다. 볼셰비키 중앙위원들을 직접 만나 설득하기 위해서였다. 그는 「국외자의 조언들」이라는 자신의 짧은 글을 읽게 하면서 우선 "이제 무장 봉기를 포기한다는 것은 볼셰비키의 가장 중요한 구호인 '모든 권력을 소비에트로'와 혁명적 프롤레타리아적 국제주의의 모든 것을 포기하는 것을 뜻한다"고 역설하고, "우리의 세 주력들, 곧 지휘부와 노동자와 군은 우리가 어떤 손실을 감수하고서라도 즉각 전화국들·전신국들·기차역들·교량들을 점령할 수 있게끔 결속돼야 하며, 적의 중심부에 해당하는 사관학교와 전신국 및 전화국 등을 공격하고 포위하기 위해 가장 우수한 노동자들로 소총 및 수류탄 무장 부대를 편성해야 한다"고 강조했다. 그래도 중앙위원들이 자신을 지지하지 않자 레닌은 중앙위원들을 한자리에 불렀다.

그들은 10월 10일부터 16일까지 비보르그 구역에 자리잡은 수하노프의 아파트에서 모였다. 수하노프는 볼셰비키가 아니었으며, 지금 무엇이 자신의 집에서 열리고 있는지도 모르고 있었다. 그의 아내가 볼셰비키였으므로 회의가 여기서 열리게 된 것이었다. 이 역사적인 중앙위원회에는 지노비에프, 카메네프, 트로츠키, 스탈린, 스베르들로프, 우리츠스키, 드제르진스키, 콜론타이, 부브노프, 스콜니코프, 로모프가 참석하고 있었다. 이들의 거의 대부분은 뒷날 스탈린에 의해 처형된다. 그러나 이날 그들은 모두 가장 가까운 동지로서 모여 있었으며, 더더구나 임시 정부에 대한 쿠데타를 감행하느냐 마느냐를 결정해야 할 중요한 역사적 의제를 놓고 결속되어 있었다.

마지막 날에 토론은 10시간이나 계속됐다. 레닌은 1) 독일군이 페트로그라드를 점령할 가능성이 있으며, 2) 코르닐로프 쿠데타와 같은 우익 군부의 쿠데타 가능성이 있으며, 3) 제헌 의회 선거에서 볼셰비키는 여전히 소수파가 될 것이고, 4) 제헌 의회를 통해 구성될 새로운 비(非)볼세비키 정부는 독일과 단독 강화할 가능성이 크며, 5) 서구 각국에서도 노동자들에 의한 혁명의 가능성이 높고, 6) 러시아에서도 농민 반란이 격화되고 소비에트에 대한 노동자들의 지지가 늘어나고 있다고 주장하면서, 볼세비키 주도 아래 무장 봉기에 의한 집권만이 러시아 혁명과 국제 혁명을 배반하지 않는 것이라고 역설했다. 레닌은 10월 25일에 페트로그라드에서 열릴 예정인 제2차 전러시아 소비에트 대회를 쿠데타의 눈가림으로 쓸 수 있다고 주장하면서 그 직전에 쿠데타를 일으켜 권력을 장악하고 나서 이 대회의 인준을 받는 방식을 취할 수 있다고 제의했다.

그러나 카메네프와 지노비에프는 여전히 다르게 생각하고 있었다. 그들은 당이 아직도 충분히 강하지 못한 상태에서 당 전체의 사활이 걸린 쿠데타를 감행했다가 실패한다면 이번에는 당이 완전히 붕괴될 것이라고 본 것이다. 그들은 한걸음 더 나아가 "볼세비키로서는 소비에트에 기초를 둔 연정을 구성해 그 밖의 사회주의 정당들과 협력하는 것이 바람직한 일이지 독자 행동을 해 폭력적 방식으로 정권 장악을 기도하는 것은 위험한 일"이라고 주장했다. 이제 노동자들과 농민들 및 병사들 사이에 볼세비키에 대한 지지가 높아가고 있어 멀지 않아 볼세비키 지지 세력이 각급 소비에트를 압도할 것이고 이어 소집될 예정인 제헌 의회에서도 무시 못 할 의석을 차지할 것이 확실한 마당에 왜 폭력에 의한 쿠데타를 감행해 이 모든 전망을 저버리려 하느냐는 논리였다. 설령 쿠데타가 성공한다 해도 식량 공급을 확보하고 경제를 부흥시키는 일 밖에, 가장 어려운 일로서 독일과의 강화를 타결하거나 아니면 혁명 전쟁을 수행해야 하는 등의 엄청난 과제들을 온통 '혼자서' 떠맡아야 할 처지에 놓일 것이라는 얘기였다. 이 어려운 문제들을 해결하려면 역시 정당들 사이에 제휴가 필요하며 볼세비키는 이미 그러한 제휴를 앞장서 이끌 수 있는 실력을 갖추고 있다고 그들은 주장했다.[18]

노긴과 밀류틴 Vladimir Miliutin 및 류코프 등이 이 견해에 찬성했다. 레닌은 자신의 주장이 받아들여지지 않는다면 당직을 사임한다고 위협했다. 마침내 카메네프와 지노비에프를 제외한 나머지 중앙위원들의 찬성

을 얻어 쿠데타안은 10월 16일에 통과됐다. 카메네프는 중앙위원을 사임
하고『노바야 지즌』과의 회견을 통해 자신과 지노비에프는 볼셰비키의
즉각적인 무장 봉기에 찬성하지 않는다고 공개적으로 발언했다. 레닌은
격노했다. 이런 '스트라이크 파괴 분자들'은 당에서 추방돼야 한다고 주
장했다. 그런데도 지노비에프, 류코프, 노긴, 밀류틴 등도 곧 중앙위원을
사퇴한다. "노동자들과 병사들의 절대 다수의 의지에 반해 추진되고 있
는 중앙위원회의 파국적 정책에 책임을 같이할 수 없다"는 것이었다. 그
러나 그들은 중앙위원회가 쿠데타 계획을 추진해나가자 자신들의 사퇴
를 '반성'한 뒤 복귀를 간청하며 그리하여 중앙위원회로 돌아가게 된다.

3. 볼셰비키가 쿠데타를 일으키다

트로츠키가 쿠데타를 준비하다. 이때부터 트로츠키의 공작은 시작됐다.
그는 코르닐로프의 쿠데타와 같은 우익 군사 쿠데타로부터 소비에트를
수호하기 위해 페트로그라드의 노동자들과 병사들을 대규모로 무장시켜
야 한다는 결의안을 소비에트 중앙 집행위원회에서 통과시키는 데 성공
했다. 그리고 그것을 바탕으로 볼셰비키 행동 대원들에게 우선 5,000자
루의 장총을 넘겨주었다. 이러한 움직임들이 수도의 주요 정치인들에게
포착됐음은 물론이다. 따라서 페트로그라드에는 볼셰비키의 군사 쿠데
타설이 파다하게 나돌았다. 그러나 트로츠키는 이 소문을 부인했다. 볼
셰비키는 쿠데타를 준비하고 있지 않다고 시치미를 뗀 것이다. 그러나
그는 만일 임시 정부가 페트로그라드 경비 사령부의 부대들을 전선의 부
대들로 교체시킨다면 볼셰비키도 할 수 없이 행동을 취할 수밖에 없다고
경고했다. 당시 페트로그라드 경비 사령부의 부대들 가운데 대부분은 볼
셰비키에 동조하고 있거나 최소한 중립적인 입장을 취하고 있었기 때문
에 트로츠키는 이들의 교체를 자신이 추진하고 있는 볼셰비키 쿠데타에
대한 중대한 타격으로 본 것이었다.[19]
　이 시점부터 비(非)볼셰비키 세력과 임정은 볼셰비키의 군사 쿠데타

가능성에 대해 날카롭게 대처하기 시작했다. 우선 비볼셰비키가 장악하고 있는 전러시아 소비에트의 중앙 집행위원회는 무기를 볼셰비키에게 넘겨주는 것을 금지한다는 결의안을 채택했다. 임정은 모든 가두 시위를 금지시켰으며, 폴코브니코프Georgi Polkovnikov 대령으로 하여금 임정 청사인 겨울 궁전 주변의 경비를 강화하도록 지시했다. 당시 페트로그라드 주재 미국 대사 프란시스David Francis는 "국민들의 감정은 볼셰비키에 반대하는 쪽으로 돌아서고 있으며, 따라서 볼셰비키는 쿠데타를 하지 못할 것"이라고 본국 정부에 보고했는데, 이 보고는 표면의 분위기에 비추어서는 비교적 정확한 것이었다고 보여진다. 그러나 군부에 대한 볼셰비키의 영향력은 점차 커가고 있었으며 그 공로의 대부분은 트로츠키에게 돌아갈 수 있는 것이었다. 반볼셰비키적 부대였던 피터 앤 폴 요새의 수비대도 트로츠키의 격정적인 연설로 마침내 돌아섰다. 수만 자루의 총이 계속해서 볼셰비키 적위대로 넘겨졌다. 이제 볼셰비키 쿠데타를 위한 음모는 완전히 성숙됐고, 거사의 시기만이 문제로 남아 있었다. 10월 24일에 케렌스키는 각료 회의를 열고 비상 사태령을 선포했다. 폴코브니코프에게 페트로그라드 전체 병력을 지휘할 권한을 주고 모든 소요와 반란을 진압할 것을 명령했다. 소비에트 군사혁명위원회는 불법 단체로 선언됐고 볼셰비키 신문에 대한 폐쇄령을 내렸다. 동시에 트로츠키와 그 밖의 볼셰비키 지도자들에 대한 체포령이 내려졌다. 그러나 폴코브니코프는 거의 움직이지 않았다. 여군 일개 대대를 겨울 궁전에 증파했을 뿐, 볼셰비키 세력의 거점인 '스몰리니 신부(新婦) 학교'에 대해서는 손도 대지 않았다.

이 시점에서 레닌은 무장 봉기를 독려하는 글을 다시 써서 중앙위원들에게 돌렸다. "지금 어떤 이유에서건 봉기를 주저함이 곧 죽음을 의미하리라는 것은 불을 보듯 분명하다. 기다려서는 안 된다. 모든 것을 잃을 수 있다. 혁명을 구하고 평화를 제공하고 페트로그라드를 구하고 기아를 해결하고 농민들에게 토지를 넘기는 일은 모두 혁명가들에게 달려 있다. 이것을 알면서도 혁명가들이 때를 놓친다면 이것은 엄청난 범죄가 된다"고 주장한 이 글은 "정부는 동요하고 있다. 중병에 걸린 그들의 목숨을

앗아야 한다. 어떤 희생을 치르더라도! 한 번만 행동을 주저해도 그 결과는 곧 죽음일 것이다"[20]라고 끝맺었다.

트로츠키가 쿠데타를 개시하다. 이런 상황 속에서 트로츠키는 10월 24일부터 소비에트 군사혁명위원회 의장의 자격으로 군대를 동원해 행정부 가운데 전략적으로 중요한 곳들을 일시에 점거했으며 볼셰비키 당 기관지는 임정의 타도를 요구했다. 이때 레닌은 변장한 차림으로 소비에트 청사로 숨어들다가 임정측 병사들에게 잡힐 뻔했으나 술주정꾼으로 위장해 위기를 넘겼다. 그의 모습은 꼭 치과 의사 앞에 나타난 환자와 비슷했다. 레닌 역시 볼셰비키 당사가 아니라 소비에트 청사에 들어가 쿠데타를 지휘했는데, 이것은 볼셰비키의 이름으로가 아니라 소비에트의 이름으로 집권해야 한다는 트로츠키의 의견을 따른 것이었다.

이때 스탈린은 주요한 역할을 수행하지 못했다. 도이처는 이렇게 지적하고 있다: "봉기의 날들에 스탈린은 그 주요한 행동자들 가운데 있지 않았다. 보통 때의 그 이상으로, 그는 그늘에 머물러 있었는데, 이 점은 그의 공식 전기 작가들에게 당혹감을 불러일으켰던 요소이며 아마도 '사태의 폭이 크면 클수록 그 안에서의 스탈린의 자리는 더욱 작았다' 라는 트로츠키의 말을 정당화해주는 것이었다. 부분적으로 이것은 스탈린 자신의 비중이 그 밖의 어느 기관에서보다 컸던 중앙위원회의 무능력의 결과였다."[21]

케렌스키가 미국으로 망명하다. 트로츠키는 쿠데타를 빈틈없이 진행시켰지만 허점이 없을 수 없었다. 중앙 전화국을 점령한 뒤 겨울 궁전으로 이어진 전화선들을 모두 절단시켰지만 등록되어 있지 않던 두 개의 선은 놓쳤던 것이다. 케렌스키 총리를 비롯한 임정의 장관들은 겨울 궁전의 말라치트실 Malachite Room에 모여 외부와의 접촉을 시도했다. 케렌스키는 이제까지 대외적으로는 늘 자신감을 표시했다. 그러나 이날 그는 늙고 피곤해 보였다. "허공을 바로 볼 뿐 어느 누구에게도 시선을 던지지 않는 그의 눈은 고통과 통제된 두려움을 감춘 채 반은 감겨 있었다." 그날 밤 그는 전선의 사령관들과 연락이 닿자 지원을 요청했다. 그러나 어느 누구도 그의 요청에 응하지 않았다. 10월 24일이 지나 10월 25일 아침

아홉시가 되자 그는 페트로그라드 주재 미국 대사관의 한 외교관으로부
터 빌린 자동차를 타고 미국 국기를 휘날리며 지원을 요청하고자 전선으
로 달려갔다. 그러나 어느 장군도 그를 도우려 하지 않았다. 앞에서 이미
설명했듯이, 전선의 장교들은 그가 코르닐로프를 부당하게 함정에 빠뜨
렸고 크리모프 장군으로 하여금 자살하게 만들었다는 믿음을 버리지 않
았던 것이다. 겨우, 700명 규모의 카자흐 부대를 이끄는 크라스노프P. N.
Krasnov 한 장군만이 응해 차르스코에 셀로에까지 진격했으나 어느 부대
도 자신에 합류하지 않는 것을 깨닫고는 더 이상 진군하지 않았다.[22] 결
국 케렌스키는 미국 대사관으로 망명한다.

볼셰비키 쿠데타가 성사되다. 10월 25일 아침까지는 수도의 거의 모든 지
역이 볼셰비키의 손안에 들어갔다. 이날의 모습을 지난날 소련의 대표적
역사학자는 이렇게 썼다:

노동자 · 병사 · 수병들의 부대는 겨울 궁전을 포위했고 순양함 아브로
라Abrora(영어의 오로라: 서광)는 궁에서 멀지 않은 네바 강에 대기했다.
그리고 피터 앤 폴 요새의 대포들은 겨울 궁전을 겨냥하고 있었다. 군사혁
명위원회는 유혈 사태를 피하기 위해 저녁 6시와 8시, 두 번에 걸쳐서 임
시 정부에게 항복하라는 최후 통첩을 보냈으나 답이 없었다. 전직 각료들
은 아직도 여전히 케렌스키가 북부 전선의 군대를 이끌고 와서 자신들을
구해주리라고 기대했던 것이다

저녁 9시 45분, 피터 앤 폴 요새로부터 보내온 약속된 신호에 따라 순양
함 아브로라는 겨울 궁전을 향해 공포탄을 발사했다. 이것은 돌격 개시의
신호였다. 적위군 · 병사 · 수병들의 부대가 사방에서 겨울 궁전을 향해 돌
진했다. 기관총과 소총의 따가운 사격 소리는 수천 명의 사람들이 외치는
승리의 '만세' 소리에 묻혀버리고 말았다. 15분쯤 뒤 여군 '결사대'가 항
복을 했고 그 뒤를 이어 사관생도들도 항복했다. 적위병들과 수병들이 궁
안으로 밀고 들어가 이를 점령했다.

필사적으로 구정권을 지키려는 고립된 수비대와의 전투가 궁전 안에서
새벽 2시까지 계속됐다. 마침내 노동자 · 병사 · 수병들은 임시 정부의 각

료들이 머무르고 있는 홀 안으로 침투해 들어갔다. "페트로그라드 소비에
트 군사혁명위원회의 이름으로 임시 정부는 전복되었음을 공포함"이라고
군사혁명위원회 위원인 안토노프-오프세옌코Antonov-Obseenko가 엄숙
하게 선언했다. 13명의 전직 각료들은 체포되어 피터 앤 폴 요새로 보내
졌다. 임무 수행에 실패한 겨울 궁전 수비대는 무장 해제를 당했지만 소비
에트 당국에 대항해 나서지 않겠다는 조건으로 석방됐다.[23]

그때 임정의 법무부 장관이던 말리안토비치P. N. Maliantovich는 자신
을 포함한 각료들이 체포되던 당시의 상황을 이렇게 회고했다: "갑자기
시끄러운 소리가 어디에선가 일어났다. 그 소리는 강도(强度)와 범위에
서 갑자기 커졌으며 좀더 가까운 곳에서 일어났다. 그 소리에는 뭔가 특
별한 데가 있었다. 그 이전의 소리들로부터 뭔가 달랐다. 뭔가 마지막인
것 같은 소리였다. 종말이 눈앞에 닥쳐왔음이 곧바로 명백해졌다. 누워
있거나 앉아 있던 사람들은 모두 일어서서 각자의 외투를 쥐었다. 소리
는 더 커졌으며 〔……〕 이제 우리들이 공격을 받고 있음이 명백해졌다.
그들이 여기까지 왔다는 것은 겨울 궁전이 이미 그들에게 장악됐음을 의
미했다. 임정이 이제 무엇을 명령할 수 있겠는가. 우리는 외쳤다. 우리는
유혈을 바라지 않는다. 우리는 항복한다."[24] 임정은 이렇게 무너졌다. 그
런데 극소수의 사람을 제외하곤 어느 누구도 임정의 붕괴에 대해 유감을
표시하지 않았다. 국민들은 거의 전적으로 무관심했다.
트로츠키가 솔직히 고백했듯이, 볼셰비키는 군부를 거의 완전히 장악
하고 있어서 그들의 승리는 손쉽게 이뤄질 수 있었다. 레닌이 10월의 볼
셰비키 쿠데타를 "새 털을 들어올리는 것보다 쉬운 일이었다"고 말한 것
도 이런 맥락에서 볼 때 결코 과장이 아니었던 것이다. 정말, 트로츠키가
거듭 강조한 대로, "단 하나의 연대도 러시아의 민주주의를 수호하려고
일어나지 않았다."[25]
구력으로는 10월 25일, 신력으로는 11월 7일 아침 볼셰비키가 장악한
페트로그라드 노병 소비에트의 군사혁명위원회는 「러시아의 시민들에
게」라는 승리의 성명서를 발표했다. 레닌이 직접 초안한 이 성명서의 전

문은 다음과 같다: "임시 정부는 폐지됐다. 국가의 권력은 페트로그라드 노동자·병사 대표들의 소비에트의 기관으로서 프롤레타리아트와 페트로그라드 경비 사령부의 정상에 서 있는 군사혁명위원회에게 넘겨졌다. 인민이 구현하고자 투쟁해온 사항들, 곧 민주적 평화의 즉각적인 실현, 대지주에 의한 토지 소유의 철폐, 노동자들에 의한 생산의 통제, 소비에트 정부의 수립 — 이와 같은 사항들은 보장되어 있다. 병사들과 노동자들 및 농민들의 혁명이여 영원하라!"[26] 한편, 트로츠키에 의하면, 쿠데타가 성공했다는 보고를 받자 레닌은 트로츠키에게 "박해와 지하 생활로부터 갑자기 권력에 올라섰을 때, 당신은 알지"라고 말한 뒤, 숨을 멈추고 나서는 독일어로 "그것은 사람을 현기증나게 한다는 것을"[27]이라고 덧붙였다. 트로츠키의 회고는 이렇게 이어졌다: "권력의 쟁취와 관련해 이렇게 딱 한마디 다소 사적인 얘기를 한 다음 레닌은 곧바로 그날 할 일에 임했다."

바로 이날 아침 제2차 전러시아 노병 대표자 소비에트 대회가 열렸다. 이 대회에서 멘셰비키와 대부분의 사회혁명당원들은 볼셰비키의 음모와 쿠데타를 맹렬히 비난하고 볼셰비키 정권에 저항할 것임을 다짐하는 선언서를 발표한 뒤에 회의장을 떠났다. 그러나 트로츠키는 조금도 당황하지 않았다. 떠나는 그들을 향해 "그대들은 그대들의 역할 수행을 끝냈다. 그대들이 속한 곳으로 가거라. 그곳은 역사의 쓰레기 더미이다"[28]라고 외친 것이다. 교묘한 조종의 기술을 발휘해 사회혁명당 좌파의 지지를 확보하고 쿠데타를 인준시킬 수 있었다. 이로써 10월 쿠데타는 이뤄졌다. 이것은 대중 봉기였던 2월 혁명과는 달리 레닌의 소수 음모자들에 의한 혁명 정당 이론에 입각한 쿠데타였다. 그것은 특히 정권 장악을 주저한 다른 정파들에 비해 권력에 대해 끈질긴 야심을 갖고 적절한 시기를 포착한 레닌과 트로츠키 및 볼셰비키에 의해 가능했던 것이다.

여기서 덧붙이고자 하는 것은 트로츠키에게 창안의 공이 돌아갈 수 있는 현대적 쿠데타 방식이다. 우리가 제30장에서 잠시 살폈던 이탈리아의 파시스트 전략가 쿠르지오 말라파르트는 1930년대에 이탈리아에서 파시스트들이 무솔리니의 지휘 아래 쿠데타를 일으켜 권력을 장악하던 때 이탈리아를 방문한 영국의 소설가 이스라엘 장윌Israel Zangwill이 "바리케이드도, 길거리의 전투도, 포도(鋪道) 위의 시체도 없는 것에 놀라 자신이 혁명을 목격하고 있다는 사실을 믿기를 거부했다"고 쓴 일이 있다. 말라파르트는 "바로 그것이, 곧, 훈련된 소규모의 기동 부대들에 의한 전략적 지점들에 대한 조용한 장악, 그리고 그 결과로서의 무혈이 현대 혁명의 특성"이라고 지적했다. 볼셰비키의 10월 쿠데타는 바로 이 설명에 부합되는 것이었다. 10월 쿠데타 때, 볼셰비키는 지난 4월과 7월에 레닌의 주장에 따라 채택했던 대규모의 무장 시위와 가두 투쟁을 버리고 소수의 훈련된 병사들 및 노동자들의 부대들로 하여금 볼셰비키 군사 조직의 일사불란한 지휘 아래 통신·수송·인쇄·전기·수도 등 수도의 핵심적 중심지들을 장악하게 함으로써 임정으로 하여금 반격 자체를 불가능하게 만들었다. 쿠데타의 대상이 현대적 도시의 신경 중추에 한정됐기에 쿠데타가 진행되는 동안에도 오페라·연극·영화·카페·식당 등은 가득 찬 손님들과 더불어 영업을 계속할 수 있었다. 이러한 맥락에서, 이탈리아에서 파시스트 쿠데타를 일으키기 위한 준비의 하나로 볼셰비키의 10월 쿠데타를 자세히 연구한 말라파르트가 10월 쿠데타는 레닌의 작품이 아니라 트로츠키의 작품이었다고 강조했던 것이다.[29] 트로츠키 스스로도 자신의 『러시아 혁명사』에서 그 점을 드러내놓고 자랑했다.[30] 서구의 지도적 마르크시스트들 가운데 한 사람인 토니 클리프는 "트로츠키는 이렇다 할 만한 군대를 갖고 있지 못한 명장"[31]이라고 평했는데, 소규모의 기동 부대들로써 전략적 지점들을 장악하게 함으로써 쿠데타를 성공시킨 트로츠키의 방식을 분석하면 그의 평이 적절했음을 느끼게 된다.

4. 소비에트 국가가 세워지다

레닌의 평화 선언. 제2차 전러시아 소비에트 대회는 볼셰비키의 쿠데타와 집권을 반대한 멘셰비키와 사회혁명당 우파가 떠난 뒤 계속됐다. 레닌이 곧 등장했다. 이때의 상황을 미국의 청년 신문 기자로 마침 볼셰비키 10월 쿠데타의 현장을 목격했던 존 리드John Reed는 10월 쿠데타에 관해 하나의 고전이 된 『세계를 뒤흔든 10일』이라는 책에서 이렇게 묘사했다:

> 환호와 열광이 터져나와 레닌, 저 위대한 레닌과 의장단의 입장을 알린 시각은 정확히 8시 40분이었다. 작달막한 체구, 굵은 목 위의 큼직한 머리, 상당히 벗겨진 머리, 작지만 활기찬 눈, 호감가는 큰 입, 강인한 턱에 그 유명한 턱수염은 당장은 깎은 상태였지만 앞으로 다시 평소처럼 기르게 될 것이었고 벌써 자라나기 시작한 상태였다. 양복 상의는 해진 것이었으며 바지는 다리에 비해 너무 길었다. 서민들의 우상이 되기에는 너무나도 눈에 띄는 모습이 되지 못했다. 그런데도 그는 역사상 보기 드물게 사랑받고 존경받는 지도자였다. 독특한 스타일의 지도자, 오직 자신의 뛰어난 지성 덕분으로 지도자가 된 사람. 냉정하고 비타협적이며 초연해 인기에 집착하지 않는 태도, 심오한 사상을 가장 쉬운 말로 표현하고 구체적인 상황을 분석할 수 있는 능력, 그의 치밀한 감각은 사유의 비할 데 없는 대담성과 결합돼 있었다.[32]

레닌은 연단에 서서 그저 한마디를 외쳤다: "이제부터 우리는 사회주의 질서를 건설해나갑시다!"라고. 그러자 다시 한번 우레 같은 박수 소리가 터져나왔다. "제일 먼저 해야 할 일은 평화를 실현하기 위한 실제적 조처들을 채택하는 것입니다. 우리는 무병합·무배상·민족의 자치권이라는 소비에트측 조건의 바탕 위에서 모든 교전국 인민들에게 평화를 제의할 것입니다"라고 그는 선언했다. 대회는 레닌의 평화 선언에 대한 표결에 들어갔다. 카메네프가 평화 선언에 대한 찬성 투표를 요구하자 대의원 전원이 '우레 같은 박수'로 지지의 뜻을 나타냈다. 그들은 "전쟁은 끝났다! 전쟁은 끝났다!"고 소리를 질렀으며 감격에 겨워 눈물을 흘리기도 했다. 전쟁에 찌든 러시아에 마침내 평화가 온 것처럼 그들은 생각한 것이다.[33]

이 대회는 바로 이날, 곧 구력으로 10월 26일, 신력으로 11월 8일에 레

닌을 소비에트 인민위원회 의장 자격의 정부 수반으로 선출했다. 원래
레닌은 자신은 볼셰비키 당 중앙위원회 의장으로만 남아서 정부를 지휘
하고 감독하겠다는 생각에서 트로츠키에게 인민위원회 의장을 맡기려
했다. 그러나 동지들은 모두 레닌에게 그 자리를 맡겼던 것이다. 이로써
인류 역사상 최초의 소비에트 정부가 출범한 것이었다. 10월 27일 새벽
에 대회는 막을 내렸다. "우리는, 우리는 우리의 새로운 세계를 건설하
리라"는 내용의 국제 공산주의 운동의 노래 「인터내셔널」이 장엄하게 울
려퍼졌다.

인민위원회 체제의 등장. 러시아에는 이제 인민위원회 정부가 출범했다.
새 정부의 혁명적 성격을 레닌은 여러 호칭에서부터 드러내고자 했다.
이와 관련해 트로츠키는 다음과 같이 회고했다:

"뭐라고 불러야 할까요?" 레닌은 몹시 심사숙고했다. "적어도 장관은
안 됩니다. 흔해빠지고 거슬리는 명칭이라서요." "위원이라고 할 수도 있
을 겁니다." 내가 제안했다. "단지 현재 너무 많은 위원들이 있지요. 어쩌
면 수석위원이……, 아니, 수석이란 말은 좋게 들리지 않아요. 인민위원
이라고 하면 어떨까요?" "인민위원? 내 생각으로는 좋습니다. 그러면 전
체 정부는요?" "인민위원회는 어떻습니까?" "인민위원회라." 되풀이하고
서 레닌은 대답했다. "단연 좋군요. 그 말에서 혁명을 느낄 수 있어요."
이 마지막 말은 뚜렷하게 기억납니다.[34]

곧바로 서구의 내각에 해당하는 인민위원들의 회의, 러시아어로 약칭
소브나르콤Sovnarkom을 구성하는 인민위원들의 명단이 발표됐다. 내무
인민위원에 류코프, 농업 인민위원에 밀류틴, 노동 인민위원에 실리아프
니코프A. G. Shiliapnikov, 전쟁 인민위원에 오브세옌코와 크릴렌코N. V.
Krylenko 및 디벤코P. E. Dybenko, 무역 및 공업 인민위원에 노긴, 교육
인민위원에 루나차르스키, 재정 인민위원에 스크보르초프I. I. Skvortsov,
외무 인민위원에 트로츠키, 법무 인민위원에 오포코프G. I. Oppokov, 조
달 인민위원에 테오도로비치I. A. Teodorovich, 체신 인민위원에 아빌로

프 N. P. Avilov, 민족 문제 위원장에 스탈린이 각각 임명됐다.

인민위원회의 출범과 동시에 기존의 소비에트 중앙 집행위원회는 폐지됐고 새로운 중앙 집행위원회가 구성됐다. 101명으로 구성된 이 위원회에는 볼셰비키가 62명으로 다수를 차지했으며, 사회혁명당 좌파가 29명을 차지했다. 의장에는 카메네프가 선출됐다. 인민위원회는 이 중앙 집행위원회에 책임을 지도록 규정됐다.

제헌 의회의 선출과 해산. 임정은 입헌 정부의 수립을 위해 제헌 의회를 소집할 것을 약속했었고 이 제헌 의회가 곧바로 소집되지 않자 볼셰비키를 포함한 많은 정당들은 이 점을 맹렬히 항의했었다. 그런데 이 요구는 10월 쿠데타 이후에도 계속됐으며 따라서 볼셰비키는 썩 내키지는 않았으나 1917년 11월 25일에 선거를 실시했다.

볼셰비키는 집권과 동시에 반대파의 신문들과 반대당 그 자체를 탄압했는데도 총 유효 투표 약 36,000,000표 가운데 약 25%에 해당하는 약 9,560,000표를 얻어 전체 의석 707석 가운데 175석을 확보하는 것으로 그쳤다. 이에 비해 사회혁명당은 총 유효 투표의 약 58%에 해당하는 약 17,450,000표를 얻어 410석을 확보했는데, 우파가 370석을 얻음에 비해 좌파는 40석으로 그치고 말아 볼셰비키와 사회혁명당 좌파가 연합 전선을 형성한다 해도 215석에 지나지 않았다. 카데츠는 17석, 멘셰비키는 16석을 얻는 것에 그쳤다.

1918년 1월 18일에 제헌 의회가 열리자, 사회혁명당 우파 및 카데츠 등 반볼셰비키 세력은 소비에트 체제를 거부하고 나섰다. 그러나 레닌과 볼셰비키는 권력을 이양할 생각이 전혀 없었다. 따라서 그들이 취할 수 있는 유일한 길은 무력으로 의회를 해산하는 것이었다. 레닌은 의회를 곧바로 해산하면서 "세상의 아무것도 우리로 하여금 소비에트의 권력을 포기하도록 할 수 없다"고 선언했고 트로츠키도 "제헌 의회는 혁명 운동의 길을 가로막고 있으며 따라서 제거돼야 한다"고 주장했다. 이로써 그들은 볼셰비키 독재의 뜻을 처음부터 분명히했다. 10월 쿠데타 이후 처음이자 마지막인 이 '자유' 선거에서 볼셰비키는 소수파임이 입증됐다. 그뒤 소련의 모든 기간에 소련의 정치 지도자들은 그들에 대한 소련 유

권자들의 진정한 지지도를 측정하려는 조그만 시도도 모험하지 않았다.[35]

반대당과 언론 탄압 및 체카의 창설. 제헌 의회 선거에서 볼셰비키가 패배한 사실은 레닌으로 하여금 반대당과 언론에 대한 확고한 통제가 필요함을 절감하게 만들었다. 물론 우파 정당들에 대한 탄압은 혁명 직후부터 실시됐으나, 선거 이후에는 자유주의적인 부르주아 정당들에까지 미쳤다. 1917년 12월 11일에 우선 카데츠를 불법화시키고 당 간부들을 '인민의 적'으로 체포했으며, 곧 농민 및 노동자 단체들을 해체했고, 1918년 6월 14일에는 멘셰비키와 사회혁명당의 우파 및 중도파를 '반혁명 행위'를 저질렀다는 혐의로 소비에트에서 추방했다. 1918년 1월을 앞뒤 해 사회혁명당의 일부 간부들이 레닌을 암살하려다 실패한 사건이 몇 차례 일어나면서 볼셰비키와 밀월 시대를 즐겼던 사회혁명당 좌파도 곧 탄압의 대상이 됐다. 특히 볼셰비키의 농업 정책과 대외 정책에 불만을 품기 시작한 사회혁명당 좌파가, 우리가 아래에서 보듯 레닌 정부가 독일과 강화 조약을 맺은 데 항의해 1918년 7월 6일에 주소(駐蘇) 독일 대사 빌헬름 밀바흐Wilhelm Milbach 백작을 살해하고 반란을 일으키자 볼셰비키는 곧바로 군대를 동원해 진압함과 동시에 사회혁명당을 불법화시켰다. 반대당에 대한 탄압은 신문에 대한 탄압과 동시에 이뤄졌다. 집권 사흘째에 모든 '적대적' 신문들의 폐쇄를 명령한 데 이어 1918년과 1919년까지엔 볼셰비키 정책을 비판하는 모든 신문들을 금지시켰다.

이 일련의 탄압을 전담한 기관이 1917년 12월 20일에 창설된 비밀 경찰 체카Cheka였다. 체카는 '반혁명 및 태업과의 투쟁'을 목표로 선언했으며 특히 신문과 반대당의 사찰 및 탄압을 일차적 임무로 삼았다. 체카의 초대 위원장은 폴란드 출신의 '창백한 살인귀' 드제르진스키였다. 그는 체카의 임무를 다음과 같이 설정했다: "적은, 언제나 감시하는 눈이 있다고 느끼게 만들어져야 하며 또 그가 소비에트 권력에 반대하는 어떠한 계획을 시도하자마자 그의 머리 위에 무거운 처벌의 손이 무자비하게 떨어질 것이라고 느끼게 만들어져야 한다. 체카의 처벌은 법정의 결정에 따라 단두하는 길로틴이 아니다. 체카는 적을 범죄의 현장에서 잡으면 재판 없이 그를 파괴하며 그를 수용소에 가둬둠으로써 사회로부터 격리시키고 상세한 수사와 광범위한 홍보가 필요한 경우에만 재판에 회부한다."[36]

연합국은 새 정부의 승인을 거부하다. 소비에트 정부는 곧바로 연합국을 상대로 종전 및 평화 협상을 제의했다. 그러나 페트로그라드 주재 연합국 대사들은 11월 9일에 회합을 갖고 이 제의를 묵살하기로 합의했다. "볼셰비키 정부는 러시아 인민에 의해 승인된 정부가 아니라 힘에 의해 세워진 참칭 정부이다"라고 그들은 결론지었다. 미국 대사 프란시스는 볼셰비키 정부에 대해 "역겹다"[37]는 표현을 쓰기도 했다.

그러나 독일의 기쁨은 너무나 컸다. 러시아와 대치한 동부 전선에는 거의 1,000,000명의 대군이 배치됐던 것인데 이제 러시아와의 휴전을 통해 이 막대한 병력을 서부 전선으로 빼돌릴 수 있게 됐기 때문이었다. 실제로 두 나라는 1917년 12월 하순에 협상을 개시했다. 소비에트 정부의 수석 대표는 외무 인민위원 트로츠키였다. 그때 페트로그라드 주재 미국 대사관의 로빈스Raymond Robins 대령은 트로츠키를 가리켜 "개새끼임에 틀림없지만 예수 그리스도 이후 가장 위대한 유태인"이라고 평가했는데, 그는 자신이 처음 경험하는 외국과의 이 협상을 많은 어려움 속에서도 매듭지을 수 있었다. 1918년 3월 3일에 브레스트-리토프스크Brest-Litovsk 조약을 통해 종전을 성립시킨다.[38] 레닌과 그의 볼셰비키 동지들을 도와준 것이 이렇게 엄청난 반대 급부를 가져다주리라고는 독일은 애초엔 생각하지 못했을 것이다.

수도를 모스크바로 옮기다. 새 정부는 종전과 더불어 1918년 3월에 수도를 모스크바로 옮겼다. 레닌은 자신의 집무실 겸 관저를 크렘린 궁으로 결정했다. 여기서의 생활에 대해 헤르만 베버Hermann Weber는 "레닌은 엄격하고 소박하게 살았다"라고 쓴 뒤 크렘린 사령부의 지휘관이었던 말코프P. Malkov의 증언을 다음과 같이 소개했다: "레닌은 가장 먹고 살기 힘들 때조차 모든 특별 배급이나 선물을 거절하고 이것들을 아동 복지 시설에 기탁했습니다. 또 레닌이 옷 입는 것은 어떠했는지! 나는 정말로 그의 양복이 단 한 벌뿐이었다고 믿었습니다. 그것은 아주 깨끗하고 단정하고 항상 흠 잡을 데 없이 다름질되어 있었습니다. 그렇지만 벌써 꽤 해진 것이었고 아마 실제로 단벌이었을 거예요. 고작해야 두 벌이었을 것이고 그 이상은 아니었습니다."[40]

사회혁명당 여성 당원이 레닌에 중상을 입히다. 레닌의 검박한 사생활이 주변 사람들을 감동시킨 것은 사실이었지만, 그의 통치는, 특히 독일과의 '굴욕적인' 강화 조약 체결과 새로운 형태의 독재의 등장은 혁명가들 사이에서조차 거센 반발을 불러일으켰다. 그리하여 그에 대한 암살이 몇 차례 시도됐는데, 그것들 가운데 가장 큰 것은 1918년 8월 30일에 일어났다.

이날 아침에 충실한 볼셰비크이며 체카의 페트로그라드 지부장인 우리트스키가 암살됐다. 암살범은 유태인 청년으로 중도 정당인 인민사회당에 속한 카네기서 L. A. Kannegisser였다. 그는 체카에게 처형된 친구의 복수를 위해 우리트스키를 죽였던 것이다. 이 소식에 접한 레닌의 측근들은 레닌에게 대중 앞에서의 출현을 삼가하도록 권고했다. 그러나 그는 매주 금요일 오후나 저녁에 그렇게 했듯이 이날 오후에도 모스크바 시내에 모습을 나타냈다. 이때 20대의 한 젊은 여자가 레닌에게 접근해 빵이 부족하다고 불평하며 사라졌는데 그와 거의 동시에 세 발의 총성이 울리며 레닌이 쓰러졌다. 그녀는 곧 체포돼 체카 본부에서 혹독한 고문을 받다가 9월 3일에 처형됐다. "레닌이 국가를 배신했기에 암살하고자 했다"고 진술한 그녀는 사회혁명당 당원인 파니 에피모브나 카플란 Fannie Efimovna Kaplan으로, 이미 10대 소녀 때 무정부주의 운동에 가담해 테러리스트로 활동하다가 사형 선고를 받았지만 시베리아 유형으로 감형됐다가 2월 혁명과 동시에 특사를 받았었다. 한편 레닌은 중상을 입었으나 차차 회복됐다.[40]

제32장

니콜라이 2세 일가의 최후와 혁명가들의 최후

10월 쿠데타를 통해 권력을 장악하고 소비에트 국가를 출범시킨 레닌과 그의 볼셰비키 지도자들은 곧바로 1당 독재 체제를 확립하기 위해 무자비한 공포 정치를 개시한다. 이 과정에서 1918년에 니콜라이 2세와 그의 가족들은 처참한 최후를 맞게 된다. 그러나 볼셰비키 혁명가들의 대다수도 끝내는, 레닌을 계승한 희대의 독재자 스탈린의 철권 통치 아래 비참한 최후를 맞게 된다. 이 장은 그들 모두가 어떻게 죽임을 당했는가를 살피면서, 이것의 정치적 의미가 무엇인지 생각하기로 한다. 또 이것을 통해 1917년의 러시아 혁명이, 10월의 볼셰비키 쿠데타가 러시아에 무엇을 주었는가를 생각하면서 볼셰비키 쿠데타의 산물인 소련의 본질을 토론해보기로 한다.

1. 니콜라이 2세 일가가 에카테린부르크로 옮겨지기까지

찰스 1세와 루이 16세의 경우. 결론부터 말해, 니콜라이 2세와 황후 알렉산드라, 황태자 알렉시우스, 네 명의 공주들, 한 명의 시의(侍醫), 그리고 세 명의 하인들은 1918년 7월 16일 오후의 밤과 17일 오전의 밤 사이에, 아마도 17일 오전 2시 30분에 우랄 지역의 도시인 에카테린부르크 Ekaterinburg에서 소비에트 정부의 비밀 경찰 기구인 체카 요원들에 의해 황실 일가가 그 동안 머물던 집의 지하실에서 최후를 맞이했다. 체카 쪽에서는 처형이란 말을 썼으나 파이프스 교수는 살해란 말을 썼다.[1] 파이프스는 니콜라이 2세 일가의 운명을 영국의 찰스 1세의 운명과 프랑스의 루이 16세의 운명에 비교했다. 다음에서 우선 찰스 1세의 경우와 루이 16세의 경우에 관한 파이프스의 설명을 듣기로 한다.

유럽에서 혁명적 봉기의 결과로 목숨을 잃었던 군주는 두 사람이었다. 첫째가 영국 스튜어트Stuart 왕조의 찰스 1세였다. 스코틀랜드의 제임스 6세가 제임스 1세라 칭하며 잉글랜드 왕을 겸하면서 시작된 이 왕조는 제임스 1세의 아들이 1625년에 찰스 1세로 즉위한 뒤 새로운 국면을 맞이했다. 그는 왕권 신수설을 신봉해 의회와 때때로 대립하다가 의회가 요청한 '권리 청원'을 승인한 뒤에는 11년이나 의회를 소집하지 않고 전제 정치를 폈다. 마침내 1642년에 왕당파와 의회파 사이에 내란이 벌어져 끝내 청교도를 중심으로 하는 의회파가 권력을 장악하고 찰스 1세의 처형을 결정했다. 그런데 찰스 1세는 특별히 구성된 고등법원에서 재판을 받았다. 그에게는 공식적인 기소가 이뤄졌으며 자신을 변호할 기회가 주어졌다. 재판은 공개적으로 진행됐고 재판 기록은 재판이 진행되던 때 출판됐다. 처형은 1649년에 공공의 장소에서 많은 사람들이 보는 가운데 행해졌다.

둘째가 프랑스 부르봉Bourbon 왕조의 루이 16세였다. 1589년에 앙리 4세의 즉위로 시작된 이 왕조는 루이 15세의 손자가 1774년에 루이 16세로 즉위하면서 새로운 국면을 만났다. 1789년 7월 14일에 프랑스 대혁명이 일어났기 때문이다. 그는 곧바로 체포됐으며 1791년에 탈출을 시도했으나 실패하자 혁명의 과정에서 성립됐던 국민 의회의 재판에 회부됐다. 이 재판 역시 공개 재판이었으며 그는 변호사의 변호를 받았다. 심리 과정은 길었으며 그는 다수의 표결로 사형 선고를 받았다. 재판 기록은 역시 재판 과정중에 출판됐으며, 처형은 파리의 중심에서 대낮에 행해졌다.

그러나 니콜라이 2세는 기소되지도 않았고 재판을 받지도 않았다. 그를 사형시킨 소비에트 정부는 그것에 관련된 자료들을 어느 한 가지도 출판하지 않았다. 그뿐 아니다. 처형된 사람은 니콜라이 2세에 국한되지 않았으며 그의 아내와 자녀들 및 수행원들에게까지 확대됐다. 파이프스가 정확히 지적했듯이, 한밤에 이뤄진 이 행위는 공식적 처형보다는 갱단의 학살을 더 닮았다.[2]

　독일과의 강화 조약이 미친 영향. 10월 쿠데타가 성사됐던 때 황실 일가는, 우리가 앞장에서 보았듯이, 케렌스키가 보낸 유배지인 시베리아의 톨보스크에서 살고 있었다. 1917년말과 1918년초 사이의 겨울에 톨보스크의 '총독의 집'에서 살던 그들의 생활은 그 이전과 비슷했다. 그들은 산보하는 것, 부근의 교회에서 종교적 의식에 참석하는 것, 신문을 받아보는 것, 그리고 친구들과 교신하는 것 등이 허용됐다. 코빌린스키 Evgeni Kobylinsky 대령과 330명의 병사들이 보호와 감시의 두 목적을 수행하기 위해 그들 곁에 있었으며 주민들은 그들에게 대체로 따뜻한 관심과 예우를 베풀었다. 1918년 2월에 그들에 대한 국가 보조금은 줄어들었다. 그러나 그들은 여전히 비교적 안락한 생활을 영위할 수 있었다. 이때만 해도 볼셰비키는 긴급히 다뤄야 할 과제들이 너무 많았기 때문에 황실에 대해 생각할 여유가 전혀 없었다. 그래서 10월 쿠데타 직후에 잠시 논의했으나 아무런 결정을 내리지 않았다.

　3월이 돼 독일과의 강화 조약이 맺어지면서 상황은 바뀌기 시작했다. 러시아 사람들의 대부분이 독일을 몹시 미워했던 까닭에 이 조약은 볼셰비키 정권에 대해 엄청난 증오심을 불러일으켰다. 왕당파들 사이에서는 이러한 분위기를 활용해 왕정 복고를 시도하려는 움직임을 보였다. 볼셰비키는 이 움직임을, 그리고 독일 장군들 사이에서 친왕당파적 분위기가 자라고 있음을 경계했다. 독일은 막상 동부 전선에서의 종전을 이룩한 다음엔 러시아에 니콜라이 2세를 복위시켜 군주제를 부활시키는 것이 독일의 국가 이익에 합치될 것이라는 생각을 갖기 시작했다. 특히 모스크바 주재 독일 대사 밀바흐 백작이 그 구상의 주창자였다. 소비에트 정부가 독일과 종전한 것까지는 좋았는데 세계혁명론을 부르짖으며 독일의 혁명 세력을 북돋고 있는 만큼 이 정부의 타도가 시급하다고 본 것이다. 특히 니콜라이 2세를 구출해서 그를 중심으로 왕당파를 불러일으켜 다시 군주제를 성립시켜준다면 그는 독일에 감사해하고 독일에 복종적이 되지 않겠느냐고 대사는 계산하기도 했다. 그래서 대사는 이 속셈을 감춘 채 레닌 정부에게 니콜라이 2세와 그의 가족들을 모스크바로 옮겨놓으라고 유혹했다. 이 무렵 황실 가족들을 구출해내려는 왕당파의 움직임이 구체적으로 나타났다. 그러나 가족 전체가 한꺼번에 구출돼야지 분리를 전제로 한 구출 계획에는 동의할 수 없다는 니콜라이 2세의 주장은 구출 작업을 까다롭게 만들었다. 또 실제로 강력하고 뱃심 좋은 지도자도 없었다. 따라서 몇몇의 밀사가 오가다가 중단되고 말았다.[3]

이러한 배경에서 레닌은 1918년 3월 9일에 니콜라이 2세에 의해 니콜라이 2세의 퇴위 직전에 후계자로 지명됐던 미하일 대공을 유배시킨다는 명령을 내렸다. 미하일 대공은 정치에 전혀 뜻이 없었으며 그래서 왕위 계승을 거부했었다. 그는 2월 혁명 이후 페트로그라드 근교에 있는 자신의 영지에서 조용히 살면서 될 수 있는 대로 대중의 이목을 피하려고 했었으며, 1917년 7월에 영국으로 가고자 했었으나 영국 정부는 입국사증을 주지 않았었고, 1917년말에는 자신의 황실 성(姓)을 아내의 성으로 바꾸고 싶다는 청원서를 레닌에게 제출했었으나 아무런 반응도 얻지 못했었다. 그런데 이제 레닌의 명령에 따라 우선 소비에트 본부 건물 안에, 이어 체카 본부 건물 안에 구속됐으며, 수도가 모스크바로 옮겨진 직후인 3월 12일에 시베리아의 페름Perm이란 곳으로 유배됐다. 거의 같은 시기에 로마노프 황실에 속한 니콜라이 2세의 친인척들은 모두 시베리아의 먼 한촌들로 유배됐다. 이렇게 볼 때, 독일과의 강화 조약은 니콜라이 2세와 그의 가족들에 대해서는 물론 그의 친인척들의 운명에 직접적인 영향을 미치게 된 셈이었다.

한때는 재판이 고려되다. 레닌은 2월 혁명이 일어나기 8년 전인 1911년에 "적어도 100명의 로마노프들을 참수하는 것이 필요하다"고 썼었다. 그런데 이제는 그러한 대량 학살은 위험하게 느껴졌다. 향리에서는 왕당파에 대한 지지가 강했기 때문이었다. 그래서 그때 법무 인민위원이던 스타인베르크Isaac Steinberg에 따르면 볼셰비키 정부는 혁명 재판소를 구성해 니콜라이 2세를 거기에 세워 그의 죄상을 대중에 알림으로써 왕당파에 대한 지지에 찬물을 끼얹는 것이 어떨까 하는 구상도 가졌다. 그러나 레닌은 니콜라이 2세에 대한 재판은 시기 상조라고 규정하고 다만 그에 대한 자료를 충실히 모으는 데 힘쓰라고 지시하는 것으로 그쳤다.

1918년 4월 중순에 신문들은 '니콜라이 로마노프'에 대한 재판이 임박했다는 소식을 보도했다. 신문들은 이 재판이 니콜라이 2세 때의 정부 요인들에 대해 앞으로 계속될 재판들 가운데 첫번째 재판이 될 것이라고 보도하면서 초대 전쟁 인민위원 니콜라이 크릴렌코가 '최고 수사위원회'의 위원장으로 내정됐음을 알렸다. 니콜라이 2세에 대해서는 1905년 10월 선언 이후에 입헌 군주로서 저지른 죄에 대해서만 재판하게 될 것이라고 덧붙였다. 그러나 4월 22일에 신문들은 그러한 보도들을 모두 부인한 크릴렌코의 담화를 크게 실었다. 크릴렌코는 로마노프라는 성을 가진 한 첩자를 재판하려는 계획이 그러한 오보의 근거가 된 것 같다고 설명했다.

2. 에카테린부르크에서의 학살

에카테린부르크 소비에트의 분위기. 우리는 앞에서 독일 대사가 니콜라이 2세와 그 가족들을 구출하려는 목적에서 그들을 모스크바로 옮겨놓으라고 유혹한 사실을 지적했다. 레닌 정부는 독일 대사의 속셈을 정확히 읽고 있었다.[4]

그렇다고 강력한 승전국인 독일에 정면으로 맞설 수는 없었다. 이 곤경에 탈출구가 생겼다. 우랄 산맥의 광산 도시 에카테린부르크에 자리잡은 '우랄 지역 소비에트'가 니콜라이 2세와 그의 가족들을 자신들이 억류해야겠다고 나선 것이다. 혁명의 열기가 가장 강한 지역 가운데 하나인 에카테린부르크의 소비에트는 니콜라이 2세와 그의 가족에 대해 자신들의 손을 직접 대고 싶었고, 4월말에 실제로 그들을 탈취해버렸다. 그러자 레닌 정부는 자신들의 힘이 아직 먼 시베리아까지 미치지 못해서 어쩔 수 없다는 핑계를 댔다.

그러면 왜 에카테린부르크의 소비에트는 그런 뜻을 가졌던가? 이 소비에트에는 니콜라이 2세를 몹시 미워한 극단주의자들이 많았다. 그들은 차리 체제에서 경찰의 손에 고통을 겪었었기에 니콜라이 2세를 '흡혈귀'라고 부르고 있었다. 그들은 무엇보다 가끔 떠도는 왕정 복고설에 당황해했다. 왕정이 복고되면 자신들은 모두 처형될 것이라는 두려움을 느꼈던 것이다. 프랑스 대혁명이 진행되던 1793년에 국민의회가 루이 16세를 재판하던 때 과격주의자 로베스피에르는 "만일 왕이 죄가 없다면 왕을 왕의 자리에서 물러나게 한 사람들이 죄를 저지른 셈"이라는 논리를 펴면서 루이 16세의 처형을 주장했었다. 에카테린부르크 소비에트의 극단주의자들도 같은 생각이었다. 그래서 그들은 될 수 있는 대로 빨리 니콜라이 2세를 자신들의 관할 아래 억류시켜 처형해야 한다고 믿었고 이 문제와 관련해 3월말과 4월초 사이에 모스크바의 소비에트 본부와 접촉했다. 5월에 들어가 강의 얼음이 녹으면 니콜라이 2세 일가의 탈출이 쉬워질 것이라는 예상은 그들을 서두르게 만들었다. 그런데 이웃 옴스크의 소비에트도 비슷한 생각을 갖고 있었다. 그래서 옴스크 소비에트는 무장 부대를 토볼스크로 보냈다. 이틀 뒤 에카테린부르크의 무장 부대도 토볼스크에 도착했다. 그들은 서로 다퉜다.

그러나 병력에서 약한 쪽인 에카테린부르크가 후퇴하지 않으면 안 됐다. 그러나 그들은 무장 병력을 증강한 뒤 4월 13일에 토볼스크로 돌아와 황실 일가를 억류하는 데 성공했다. 자슬라프스키S. S. Zaslavsky가 이끄는 이 무장 부대는 황실 일가 전원의 형무소로의 수감을 요구했으며, 이 지방의 교도소에 감방들을 마련했다. 비슷한 시점에, 모스크바의 소비에트 본부는 토볼스크의 경비대 대표로부터 토볼스크의 상황에 대한 보고를 받았다. 뒷날 레닌 정부는 이 보고에 근거해 황실 일가의 에카테린부르크로의 이동을 허가했다고 설명하는데 파이프스는 그 설명이 '사후의 합리화'라고 보았다. 왜냐하면 소비에트 본부는 4월 1일에 '가능하다면' 황실 일가를 모스크바로 데려오기로 결의했기 때문이었다.[5]

야코블레프의 등장. 니콜라이 2세 일가가 여전히 토볼스크에 머물던 때인 4월 22일에 모스크바로부터 볼셰비키의 밀사 한 사람이 토볼스크에 나타났다. 본명이 콘스탄틴 미아친Konstantin Miachin인 바실리 야코블레프 Vasily Iakovlev가 바로 그였다. 그는 오랫동안 정체가 분명하지 않았던 인물로 한때는 혁명가들 사이에서 영국의 첩자로 의심되기조차 했었다. 10월 쿠데타가 성공하고 나서야 그는 볼셰비키 당원이었음이 확인됐다. 1886년에 태어난 그는 1905년에 러시아 사회민주당에 입당했으며 볼셰비키의 무장 강도 짓에 여러 차례 가담한 뒤 1911년에 벨기에로 망명해 전기공으로 일했다가 2월 혁명 직후 귀국했다. 10월 쿠데타 때는 소비에트 군사혁명위원회에서 일했고 2차 소비에트 대회에 대의원으로 선출됐으며, 1917년 12월에 체카 고위 간부로 임명됐고 제헌 의회 해산 때 큰 역할을 했다.

야코블레프는 니콜라이 2세를, 그리고 가능하다면 그의 가족 전원을 모스크바로 데려오라는 레닌의 친서를 갖고 약 160명의 기병들과 함께 나타났다. 이때는 레닌 정부가 니콜라이 2세의 재판을 계획했던 것으로 보인다. 야코블레프는 니콜라이 2세와 그의 가족에게 공손했다. 그래서 토볼스크의 군인들은 야코블레프를 왕당파로 의심하기조차 했다. 야코블레프는 니콜라이 2세에게 이유는 말하지 않고 모스크바로 가야 한다고만 했다. 니콜라이 2세는 자신으로 하여금 모스크바에서 독일과의 강화 조약에 서명하게 하도록 하려고 자신을 모스크바로 데려가는 것으로 추측했다. 그는 레닌 정부가 자신을 여전히 필요한 존재로 생각하고 있다고 믿고 있었던 것이다. 그래서 그는 주변 사람들에게 "그 조약에 서명을 하기보다는 내 손을 자르겠다"고 말하기도 했다. 이러한 생각은 파이프스가 지적했듯이 그가 자신의 퇴위 이후에 러시아에서 일어난 일들이 어떤 것이었으며 거기서 자신은 얼마나 관계가 없는 사람이 됐는가에 대해 이해가 전혀 없었음을 보여주었다.[6]

야코블레프의 지시에 따라 니콜라이 2세 일행은 기차 편으로 모스크바로 향했다. 그러나 이 소식을 에카테린부르크는 정확히 입수하고 있었다. 그래서 기차가 4월 30일 오전 8시 40분에 에카테린부르크에 도착했을 때 에카테린부르크 소비에트의 과격주의자들은 야코블레프를 '혁명의 배반자'라고 부르면서 니콜라이 2세 일행을 자신들에게 넘기도록 압박했다. 그래서 기차는 무려 세 시간이나 역에 정차해야 했다. 그 사이 소식에 접한 모스크바의 소비에트 본부는 에카테린부르크의 손을 들어주었다. 그렇게 하는 것이 에카테린부르크 소비에트를 모스크바에 적대적으로 바꿔놓지 않을 것이라고 판단했기 때문이었다. 에카테린부르크 소비에트는 니콜라이 2세 일가를 엄중한 경비 속에 두 대의 차에 나눠 태운 뒤 부유한 기업인인 니콜라이 이파테프Nicolai Ipatev의 소유로 그때로서는 비어 있던 집으로 데려가 연금했다.

미하일 대공의 살해. 니콜라이 2세 일가가 사실상 수인으로서의 생활을 계속하던 때 그의 친인척들에 대한 처형 또는 살해가 여기저기서 자행됐다. 대표적인 희생자가 페름에서 유배 생활을 하던 미하일 대공이었다. 그는 3월에 이곳에 처음 도착하자마자 영국인 비서 니콜라이 존슨Nicolai Johnson과 함께 형무소에 수감됐다. 그러나 그는 곧 석방돼 호텔에서 하인과 운전사를 데리고 비교적 편히 지냈다. 체카가 감시하고 있었으나 시내를 자유롭게 다니도록 허용됐기 때문에 탈출하고자 마음먹었으면 가능했을 것이다. 그러나 다른 로마노프 일가 사람들처럼 그 역시 수동적이었다. 그의 아내는 부활절 휴가 때 그를 방문했는데, 그의 요청에 따라 페트로그라드로 돌아갔으며 거기서 영국으로 망명한다.

6월 12일 오후의 밤과 13일 오전의 밤 사이에 다섯 명의 무장한 사람들이 미하일 대공의 호텔을 방문했다. 그들은 대공을 깨운 뒤 옷을 입고 자신들을 따라오라고 말했다. 대공은 그들에게 신분증을 보자고 요청했다. 그들이 응하지 못하자 대공은 이 지역 체카의 두목을 만나기를 요구했다. 그들은 화를 내면서 힘에 의존하겠다고 협박하는 한편 자신들이 왕당파로 대공을 구출하기 위해 온 것처럼 거짓말하기도 했다. 대공은 옷을 입고 존슨과 함께 따라갔다. 그들은 이 두 사람을 데리고 교외의 숲으로 가서 그때 체카의 일반적 관습에 따라 등에 총을 쏘아 죽였다. 두 사람의 시체는 곧 부근의 용광로에서 태워졌다. 다음날 체카 요원들은 대공이 탈출했으며 그를 찾는 수색이 진행중이라고 발표했다. 동시에 그들은 왕당파가 대공을 납치했다는 소문도 퍼뜨렸다.

니콜라이 2세 일가의 살해가 결정되다. 그러면 에카테린부르크에서 니콜라이 2세 일가는 어떤 생활을 했나? 그들은 글자 그대로 죄수와 같은 생활을 했다. 이 지역의 감시병들이 난폭하게 굴었기 때문이다. 우선 감시 대장 아바데예프Alexandr Avadeyev는 니콜라이 2세를 늘 '흡혈귀 니콜라이'라고 부르며 모욕과 학대를 가했다. 가족은 사생활을 가질 수도 없었다. 병사들은 침실과 화장실까지 따라다니며 음란한 말로 그들을 괴롭혔다. 아침 식사는 검은 빵과 차뿐이었고 점심과 저녁 겸으로는 수프와 커틀릿이 나왔다. 식탁에는 테이블보조차 없었다. 그나마의 식사도 아바데예프에게 빼앗기는 일이 잦았다. 이런 생활 속에 1918년 5월 19일에 니콜라이 2세는 50세의 생일을 맞았으며 5월 25일에 알렉산드라는 46세의 생일을 맞았다.

6월로 들어서면서 니콜라이 2세는 비밀리에 전달된 편지를 받았다. 구출해주겠다는 편지였다. 편지는 계속해서 들어왔으며, 그리하여 6월 26일 오후의 밤과 27일 오전의 밤 사이에 니콜라이 2세 일가는 밤잠을 자지 않으면서 구출을 기다렸다. 그러나 구출의 손길은 결코 오지 않았다. 파이프스 교수는 이 편지들이 모두 체카의 장난이었을 것이라고 추측했다.[7]

곧 7월이 됐다. 에카테린부르크 소비에트는 마침내 이 일가족을 죽이기로 결정했다. 우선 중앙 정부의 뜻이 어떤가를 알아보았다. 우랄 지역 일대에서 가장 강력한 볼셰비크인 골로시체킨Fillip I. Goloshchekin은 7월 12일에 모스크바에서 돌아오면서 중앙 정부가 황가의 운명을 에카테린부르크 소비에트에 맡긴다는 문서를 보여주었다. 마침 볼셰비키 정권을 타도하려는 외국군이 이미 러시아에 들어왔고 왕당파의 백군이 곳곳에서 일어나고 있었다. 시베리아에서는 45,000명 규모의 체코 여단이 서부로 진격해오면서 이미 옴스크를 장악했고 에카테린부르크를 향해 진격해오고 있었다. 체코 여단은 원래 오스트리아-헝가리 합병 제국의 군대로서 러시아군에 포로로 잡혔다가 케렌스키 정권에 의해 재조직되어 체코의 독립을 위해 싸우던 군대였다. 이러한 위기 상황에서 에카테린부르크 소비에트의 체카는 책임자 야콥 유로프스키Jacob Yourovsky의 지휘 아래 니콜라이 2세 일가의 살해를 준비했다.

살해의 지휘자 유로프스키의 배경. 유로프스키는 통상적인 범죄 행위로

징역을 살았던 한 유태인의 손자로 톰스크에서 시계공의 도제로 일하다
가 1905년의 혁명 때 볼셰비키에 가담했기에 에카테린부르크로 유배됐
다. 거기서 그는 사진관을 열었는데 이곳은 볼셰비키의 회합 장소로 자주
쓰였다. 1차 세계 대전이 일어나자 그는 징집돼 군의관 보좌 역할을 했으
며, 2월 혁명이 일어나자 탈영해 에카테린부르크로 돌아와 병사들 사이
에서 반전 운동을 폈다. 10월 쿠데타 직후 우랄 지역 소비에트는 그를
'법무 인민위원'으로 임명했으며 곧 그는 이 지역 체카의 두목이 됐다.
파이프스 교수는 유로프스키에 대해 "유감과 좌절로 가득 찬, 모든 면에
서의 악한으로 비밀 경찰에 적합한 잔인성을 지녔다"[8]고 평가했다. 알렉
산드라는 그를 보자마자 '야비하고 불쾌한' 사람이라면서 싫어했다.

그러나 그는 체카에 소중한 몇 가지 자질을 갖고 있었다. 국가 재산을
양심적이면서 정직하게 다뤘으며, 무제한적인 난폭함과 상당한 심리적
통찰력을 보여줬다. 그는 니콜라이 2세 일가가 감금된 이파테프의 집에
오자마자 감시병들이 황실의 재물을 상대로 저지르는 절도를 철저히 단
속했다. 절도의 허용은 감시병들에 대한 매수로 발전할 수 있고 외부와
의 연락과 심지어 탈출을 돕는 계기가 될 수 있다고 판단했기 때문이었
다. 그래서 그는 황실 일가가 지닌 귀중품들을 모두 조사한 뒤 목록을 만
들고 매일매일 점검했다. 이 점에 대해 니콜라이 2세는 긍정적으로 평가
했다.

니콜라이 2세 일가가 살해된 장면. 니콜라이 2세 일가의 운명은 곧바로
최악의 상태에 빠지게 됐다. 날짜는 7월 17일 오전의 밤 1시 30분이었다.
유로프스키는 잠자고 있는 그들을 모두 깨워 체코 여단이 진격해오는 만
큼 다른 곳으로 옮겨야겠다고 말했다. 11명의 수인들은 씻고 옷 갈아입
는 데 약 30분을 썼다. 그런 후 유로프스키는 그들을 지하실로 데려갔다.
자동차가 올 때까지 기다리라는 것이었다. 지하실은 폭이 5미터에 길이
가 6미터였으며 가구는 아무것도 없었다. 의자조차 없었다. 유로프스키
의 지시에 따라 두 개의 의자가 들여놓아졌으며 하나에 니콜라이 2세가
14세의 아들 알렉시우스를 안고 앉았고 다른 하나에 아내 알렉산드라가
앉았다. 그리고 그들 뒤로 23세의 올가, 21세의 타티나, 19세의 마리, 17

세의 아나스타샤 등 네 딸이 섰고 1명의 시의와 3명의 시종들이 섰다.

몇 분 뒤 유로프스키는 10명의 무장한 사람들과 함께 나타났다. 그는 "당신들의 친척들이 당신들을 구출하고자 했다. 그들은 실패했으며 이제 우리는 당신들을 사살하지 않으면 안 된다"고 선언했다. 니콜라이 2세가 본능적으로 벌떡 일어나 "뭐라고" 하면서 아내와 아들을 막아보려 했다. 그 순간 체카 대원들이 일제히 그를 향해 총을 쏘았다. 그는 즉시 죽었다. 이것을 신호 삼아 체카 대원들은 나머지 사람들에게 난사했다. 알렉산드라와 한 딸은 성호를 긋고 쓰러질 매우 짧은 시간을 가질 수 있었다. 지하실은 연기와 화약 냄새로 가득 찼으며 시체들로부터의 피는 냇물처럼 흘렀다. 그 순간 숨이 덜 끊긴 알렉시우스가 머리를 조금쯤 움직였다. 그러자 한 체카 대원이 구둣발로 밟아버렸고 유로프스키가 다시 총을 쏘았다. 그 순간 그냥 기절해 쓰러졌던 아나스타샤가 의식을 회복하곤 소리를 질렀다. 다시 모든 체카 대원들의 난사가 뒤따랐다.

체카 대원들은 시체들로부터 귀중품들을 재빨리 빼내 자신들의 주머니에 집어넣었다. 그러자 유로프스키는 내놓지 않으면 죽이겠다고 위협해 그것들을 모두 회수했다. 거기엔 금시계와 다이아몬드 담뱃갑을 비롯해 귀금속들이 적지 않았다. 유로프스키는 그것들을 갖고 나와 밖에서 대기하던 소비에트 위원들과 함께 트럭에 올라탔다.

유골들이 암매장되다. 러시아 사람들은 순교자의 시체는 기적적인 힘을 발휘한다고 믿는다. 에카테린부르크 소비에트는 사람들이 니콜라이 2세 일가를 순교자로 여기고 로마노프 황실에 대한 숭배 열기를 일어나게 하지 않을까 걱정했다. 그래서 시체들을 사람들의 눈에 뜨이지 않는 곳에 암매장하기로 결정하고 에카테린부르크 소비에트의 위원들을 포함한 25명으로 하여금 트럭에 싣게 하고 함께 에카테린부르크에서 북쪽으로 40리쯤 떨어진 킵티아키Kiptiaki라는 마을 부근의 숲으로 가져갔다. 그 25명은 모두 노동자 출신이었다. 그들은 시체들이 니콜라이 2세 일가의 시체들임을 알게 되자 왜 우리들로 하여금 죽이게 하지 않았느냐며 거세게 항의했다. 그들은 우선 희생자들의 주머니를 뒤졌다. 그러자 유로프스키는 만일 거기서 나오는 물건들에 욕심을 낸다면 현장에서 총살하겠다고 위협하면서 감시병들을 세워놓았다.

시체들을 다루다 보니 니콜라이 2세의 딸들은 특별한 코르셋을 차고 있었음이 드러났다. 유로프스키는 모든 시체들의 옷들을 벗기라고 명령했다. 몸 속에 감춰뒀던 다이아몬드 같은 것들이 드러났다. 유로프스키는 사람들의 눈이 번쩍 빛나는 것을 느낄 수 있었다. 일을 좀더 진행시켜보니, 황후는 진주로 만든 허리띠를 차고 있었으며 딸들은 모두 라스푸틴의 사진과 기도문이 들어간 부적을 지니고 있었음이 밝혀졌다. 희생자들로부터 수거된 다이아몬드는 모두 8킬로그램에 이르렀다. 유로프스키는 귀금속들을 모두 가방에 보관시켰고 나머지는 시체들과 함께 불태우게 했다. 이 과정에서 희생자들 가운데 여섯 여자들의 시체들에 성적 모욕이 가해졌다. 한 일꾼은 "내가 황후를〔어떻게 어떻게 해보았으니〕편안하게 죽을 수 있겠다"고 뒷날 자랑하고 다닌다. 일꾼들은 곧 화장한 뒤의 남은 것들을 모두 '네 형제들'이라고 불리는 곳의 금광 속에 묻었다.

소콜로프의 조사 보고서와 유로프스키의 회고록. 니콜라이 일가에 대한 학살이 저질러졌던 때로부터 일주일 뒤 체코 여단은 에카테린부르크를 점령하는 데 성공했으며 볼셰비키는 도망쳤다. 이 지역을 포함해 우랄 일대의 새로운 지배자로 등장한 왕당파의 콜차크Alexandr Kolchak 제독은 1919년 1월에 학살의 진상을 조사하도록 명령했으며 이에 따라 시베리아의 변호사 니콜라이 소콜로프Nicolai Sokolov가 중심이 돼 2년 동안 철저히 조사해 보고서를 내놓았다. 이 보고서에 따르면, 소콜로프는 유로프스키 일당이 유골들을 묻은 '네 형제들'의 광산을 파냈다. 그러나 성상(聖像)들이나 목걸이들 따위, 황실 일가의 애견의 주검, 황후의 잘려나간 손가락 하나 정도만이 발굴됐을 뿐이었다. 조사위원회는 시체들이나 유골들을 전혀 찾을 수 없었다. 이때부터 황실 일가는 학살을 피해 탈출하는 데 성공했다는 소문이 나돌게 됐다.

그러나 이 소문은 유로프스키의 회고록이 공개됨으로써 끝났다. 1920년에 집필됐으나 소련이 고르바초프Mikhail Gorbachev 체제 아래 개방과 개혁의 시대에 들어간 1989년에 출판된 이 회고록을 통해 학살의 진상이 상세히 밝혀졌던 것이다.

그러면 유골들은 소콜로프가 조사했던 때 어째서 발굴되지 않았던가? 이 의문은 유로프스키의 회고록을 읽음으로써 비로소 풀릴 수 있었다. 유로프스키의 회고록에 따르면, 그는 '네 형제들'의 광산은 아무래도 사람들의 눈에 쉽게 뜨일 수 있다는 생각을 곧 갖게 됐다. 그래서 7월 18일 밤에 그곳의 유골들을 꺼내 좀더 깊은 금광 속에 묻었다. 이때도 여전히 체카 요원들이 지켜보았다. 그는 일꾼들에게 유골들에 유황산을 많이 뿌리도록 지시했다. 그는 이 일을 모두 끝내고 나서 황실의 물건들, 예컨대 니콜라이 2세와 황후가 마지막 밤까지 썼던 일기장 등을 모두 모스크바로 보냈다. 이 자료들은 뒷날 공개된다.

소련 정부의 거짓말과 발굴. 니콜라이 2세 일가가 살해되던 시점에 니콜라이 2세의 다른 집안 사람들도 살해됐다. 에카테린부르크의 동북쪽에 자리잡은 알라파에프스키 Alapaevsky에는 1918년 5월 이후 세르게이 미하일로비치 대공, 엘리자베타 페도로브나 대공 부인, 블라디미르 팔레이 공작, 그리고 대공의 세 아들들이 자택 연금 상태로 수인 생활을 하고 있었다. 그들은 7월 18일 오전의 밤에 숲속으로 끌려가 심하게 구타당한 뒤 살해됐다. 뒷날 백군이 이곳을 점령한 뒤 시체들을 파내 부검을 실시해보니 그들의 대부분은 산 채로 매장됐던 것으로 판명됐다.

이러한 범죄들을 저지르고도 소비에트 정부는 철저히 거짓말을 했다. 외무 인민위원 치체린 Georgi Chicherin은 1922년에 니콜라이 2세의 딸들은 미국에 살고 있다고 말하기도 했다. 관련자들이 회고록을 쓴 경우엔 출판을 하지 못하게 했다. 그러나 소콜로프의 회고록이 1924년에 파리에서 출판되자 더 이상 거짓말을 계속할 수 없었다. 그래서 살해의 현지 관련자들 가운데 한 사람의 회고 형식을 통해 재매장의 진상을 밝혔으며 니콜라이 2세의 가족들 가운데 어느 한 사람도 살아남지 못했음을 인정했다.

그들의 유골은 1991년말에야 발굴됐다. 소련이 해체되기 직전이었다. 검찰은 한 농부의 증언을 바탕으로 그들의 유골들을 찾아냈으며, 1995년에 유전자 확인 등의 과학적 방법으로 그 유골들이 니콜라이 2세 일가의 유골들임을 확인했다. 그리하여 1996년 7월 15일에 러시아 수도 상트 페테르부르크 시의 중구청은 그들의 사망을 공식으로 확인했다. 그리고 그들이 학살된 때로부터 꼭 80주년이 된 1998년 7월 17일에 상트 페테르부르크의 '상트(聖) 베드로와 바울 교회'의 묘지에 국장의 형식으로 안장됐다. 이 묘지는 로마노프 황가의 묘지였다.[9]

그러면 유로프스키는 그뒤 어떻게 됐나? 그는 체코 여단이 에카테린부르크를 장악하기 직전에 모스크바로 탈출했다. 그는 집단 살해에 대한 보상으로 체카 본부의 위원으로 승진했으며 1921년 5월에 레닌이 직접 만나주는 영예를 받았다. 그가 니콜라이 2세를 사살하는 데 썼던 권총은 모스크바의 혁명 박물관의 특별 보관소에 보관됐다. 그는 1938년에 크렘린의 병원에서 자연사했으며 그는 볼셰비키의 '작은 영웅들'의 궁전에 자리를 얻었다. 살해자들 가운데 한 사람인 벨로보로도프 Alexandr Beloborodov는 당 중앙위원을 거쳐 내무 인민위원으로 승진했으나 스탈린의 대숙청 시기인 1938년에 총살됐으며, 사형 집행서를 유로프스키에게 주었던 골로시체킨 역시 이 시기에 사라졌다.

3. 다시 망명길에 올랐거나
암살됐거나 처형된 러시아 혁명가들

케렌스키의 운명. 그러면 차리즘 타도에 앞장섰던 러시아 혁명가들은 그뒤 어떤 최후를 맞이했던가? 우선 임정을 이끌었던 케렌스키부터 살피기로 한다.

케렌스키는 10월 쿠데타가 일어난 그날 페트로그라드 주재 미국 대사관으로 피신해 1918년 5월까지 그곳에 머물렀다. 곧 파리로 망명해 소비에트 체제에 반대하는 선전 활동에 주력했다. 그는 제2차 세계 대전이 일어난 직후인 1940년에 미국으로 이주해 강연과 저술에 힘쓰다가 1970년 6월 11일에 향년 89세로 뉴욕 시에서 자연사했다. 그가 남긴 회고록으로는 『볼셰비즘으로 가는 서곡』과 『러시아와 역사의 전환점』 등이 있다. 케렌스키 내각의 각료들은 모두 볼셰비키에 의해 피터 앤 폴 요새 감옥에 투옥됐으며 대체로 처형된다.

플레하노프와 크로포트킨의 최후. ‘러시아 마르크시즘의 아버지’ 플레하노프는 2월 혁명 직후에 큰 기대를 안고 귀국했다. 그러나 10월 쿠데타는 그에겐 커다란 타격이었다. 그는 폭력에 의한 볼셰비키 쿠데타를 민주주의에 대한 배반이라고 본 것이다. 한편 볼셰비키는 그를 혁명의 배반자라고 매도했다. 마치 프랑스의 국왕 루이 14세가 “내가 곧 국가로다”라고 외쳤듯이 “내가 곧 마르크시즘이로다”라는 자부심 속에 망명 투쟁을 벌였던 사람으로서 그가 받은 충격은 너무나 컸다. 실의와 좌절 속에 그는 1918년 5월 30일에 핀란드 테리오키Terioki의 한 요양원에서 향년 62세로 죽었다. 레닌과 트로츠키를 비롯한 러시아의 초기 마르크시스트들은 모두 플레하노프를 스승으로 떠받들었었건만 그가 죽었을 때 냉담했다. 그러나 뒷날 소련 정부는 그를 복권시켜주며 크렘린 궁전 옆에 세운 ‘사회주의자들의 추념비’에 그의 이름을 올려준다.[10]

러시아에서 제정을 타도한 혁명, 곧 2월 혁명이 일어나자 크로포트킨은 귀국했다. 그는 임시 정부를 지지하고 볼셰비키를 비판했다. 그러나 볼셰비키는 10월 쿠데타를 통해 임정을 타도하고 소비에트 국가를 세웠다. 크로포트킨은 크게 실망해 공적 생활에서 은퇴한 뒤 모스크바 근교 드미트로프에 자리잡은 자신의 저택에서 연구와 저술에 몰두했다. 그는 레닌을 비롯한 볼셰비키 지도자들을 악당이라고 불렀고, 볼셰비키 체제는 본질이 악하기 때문에 반드시 멸망하리라고 확신했다. 크로포트킨의 그러한 언동은 당연히 볼셰비키 정권을 격분시켰다. 그러나 레닌은 그를 체포하지 말라고 지시했다. 크로포트킨이 오랜 세월 제정의 타도를 위해 싸운 고결한 인격의 혁명가였다는 사실, 특히 그가 쓴 자서전『한 혁명가의 회상』이 국내외에 큰 영향을 주었다는 사실 등을 레닌은 정확히 기억하고 있었던 것이다. 크로포트킨은 볼셰비키 정권과 그 정권에 반대하는 세력들 사이에 일어났던 내란이 볼셰비키 정권의 승리로 마무리되어 가던 시절인 1921년에 자신의 집에서 조용히 숨을 거두었다. 그가 살던 집은 1948년부터 1977년까지 영·미 학교의 교사로 쓰였다.

　한편, 멘셰비키의 지도자들은 대체로 망명길에 올랐다. 마르토프가 대표적인 보기였다. 애초엔 레닌의 절친한 동지였던 그는 볼셰비키 정권이 테러와 폭력으로 반대 세력을 무자비하게 탄압하는 데 격분해 볼셰비키를 성토하는 성명서를 발표한 뒤 서구로 망명해 그곳에서 죽는다.

　룩셈부르크의 최후. 플레하노프가 극좌 세력의 매도 속에 죽은 때로부터 1년도 지나지 않은 시점에서 로자 룩셈부르크는 극우 세력에 의해 타살됐다. 그가 어떤 배경에서 어떻게 타살됐는가에 대해서는 내가 다른 글을 통해 자세히 썼기에[11] 여기서는 되풀이하지 않고 핵심적인 부분만 설명하기로 한다. 독일에서 1916년에 투옥됐기에 2월 혁명에 참가할 수 없었던 그녀는 1918년에 독일이 제1차 세계 대전에서 패전하면서 제정이 무너지자 석방됐다. 그녀는 함께 투옥됐다가 함께 석방된 리브크네히트와 더불어 1918년 12월에 독일공산당을 창당하는 데 성공했다. 그렇다고 해서 그녀가 '볼셰비키 혁명'을 독일에 그대로 재연시키고자 시도했던 것은 아니다. 그녀는 볼셰비키 쿠데타 이후에 러시아에 나타난 정치 체제는 프롤레타리아를 위한, 그리고 프롤레타리아에 의한 독재가 아니라 프롤레타리아에 대한 독재라고 정확히 비판했던 것이다. 그녀가 지향했던 것은 노동자 계급이 권력과 국가의 역사 발전에 당당하면서도 창조적 주체가 되는 이상주의적이면서 인간주의적 체제였던 것이다.

　룩셈부르크가 리브크네히트와 함께 독일공산당을 창당하고 프롤레타리아 혁명을 추구하게 되자 독일의 극우 세력은 몹시 긴장했다. 1919년 1월초에 베를린에서 흔히 1월 봉기 또는 1월 폭동으로 불린 민중 봉기가 일어나자 정부는 두 사람을 비롯한 독일공산당의 간부들을 검거했다. 그들을 지독히 미워했던 육군은 1월 15일 밤에 두 사람을 총의 개머리판으로 때려 죽였다. '마르크스 이후 가장 뛰어난 두뇌'라던 룩셈부르크의 육체적 두뇌는 이렇게 박살이 났다. 그녀의 시체는 곧 베를린 시내를 흐르는 란트베르 운하 속으로 던져졌으며 1919년 5월 31일에야 발견돼 지상으로 인양됐다. 그녀의 오랜 혁명 동지인 레오 요기치스는 진상 조사에 나서 살해자들이 살해를 마친 뒤 열었던 술자리의 사진을 입수해 그들의 음모를 폭로했다. 이 일 때문에 그는 1919년 3월 10일에 체포됐고 경찰에 의해 살해됐다. 룩셈부르크와 리브크네히트의 피살은 독일에서 파시즘이 일어나기 시작하고 있음을 알리는 가장 정확한 첫 신호였다. 이때로부터 14년 뒤인 1933년에 독일에서는 히틀러 총통 체제가 출범하는 것이다.

레닌과 크루프스카야의 최후. 레닌은 집권으로부터 4년 반쯤 지난 1922년 5월에 만 52세의 나이에 중풍으로 쓰러졌다가 곧 회복됐다. 그러나 일곱 달 뒤에 다시 뇌출혈을 일으켜 반신불수가 된 채 누워지내야 했다. 그러다가 1924년 1월 21일에 54세의 나이로 집권 6년 3개월 만에 죽고 말았다.

두번째 중풍으로부터 죽음을 맞이할 때까지의 13개월 동안 레닌은 크렘린 안의 아파트에 갇혀 살다시피 했다. 아내 크루프스카야와 누이동생 마리아 및 몇 명의 비서들만이 그를 뒷바라지했다. 이 시기에 이미 후계 권력 투쟁이 벌어지기 시작했고 그 동안 레닌의 오른팔 노릇을 하던 스탈린은 레닌에게 등을 돌린 채 독자적 세력을 구축하기 시작했다. 이러한 상황에서 레닌은 자신의 죽음을 예견하며 1922년 12월 23일과 1923년 1월 4일 사이에 몇 차례 간격을 둔 채, 1923년 봄에 열리게 될 제12차 당대회에 전달할 자신의 뜻을 비밀리에 받아쓰게 했다. 이 기록이 뒷날 레닌의 '유언'이라고 불리게 된다.

이 '유언'에서 레닌은 당과 국가의 관료화가 빠르게 진행되고 있음을 비판했다. 당과 국가의 관료화가 빠르게 진행됨으로 말미암아, 당과 국가의 봉사 대상이 돼야 할 노동자들과 농민들이 당과 국가로부터 소외되고 있음을 아울러 지적했다. 레닌은 후계자가 되려는 야심을 품고 있는 지도자로 스탈린과 트로츠키를 지목하고 두 사람 사이의 권력 투쟁으로 당이 분열될지 모른다고 경고하기도 했다. 레닌은 특히 스탈린이 당의 총서기로 선출된 뒤 이 자리를 악용해 자신의 손에 무한대의 권력을 집중시키고 있다고 경고했다. 이 자리는 정치적 자리라기보다는 당의 사무를 총괄하는 사무적 자리인데도 그 본래의 뜻을 버리고 정치적으로 활용하고 있다고 꾸짖었다. 그리고 나서 '아주 거친' 성격의 스탈린을 이 자리로부터 해임시킬 것을 제의했다.

레닌은 편지의 형식으로 쓴 이 문서의 복사본을 몇 부 만든 뒤 각각 밀봉하고 "비밀임. 레닌에 의해서만, 그리고 레닌이 죽은 뒤에는 그의 아내 나데즈다 크루프스카야에 의해서만 개봉될 수 있음"이라고 써넣었다. 그러나 뒷날 밝혀졌듯이 이 편지는 곧바로 스탈린의 손에 들어갔다. 그래서 스탈린은 레닌의 속셈을 정확히 파악하게 됐고 레닌의 후원을 받지 못한 상태에서 독자적으로 집권하는 길을 구상해서 추진하게 됐다.

레닌이 죽자 소련 정부는 성대한 국장을 치른 뒤 급조된 묘소에 그의 유해를 미라로 처리한 뒤 안치했다. 그뒤 스탈린이 집권하면서 1930년에 크렘린 궁전의 정면에 붉은 화강암으로 레닌 국립묘지를 만들고 성대한 의식을 거친 뒤 이 묘지 안에 그의 미라를 안치해놓았다. 스탈린이 이 일을 주도했던 배경에는 정치적 계산이 숨어 있었다. 후계 권력 투쟁에서 겨우 승리한 그는 이 일을 주도함으로써 자신이 가장 충성스런 레닌의 제자임을 과시하고 그것을 통해 정통성을 보완받고자 했던 것이다. 이 레닌 국립묘지는 한 채의 집처럼 되어 있는데, 소련공산당 정치국 위원들은 5월 1일의 메이데이 노동절 기념 행사 때나 볼셰비키 10월 혁명 기념일 때 이 집 위에 올라서서 퍼레이드를 벌이는 군대의 사열을 받기도 하고 국민들의 박수를 받기도 했다. 그곳이 마치 자신들의 정통성의 원천인 것처럼 그들은 행동했다.

레닌에게는 혁명의 동지이면서 합법적인 아내가 있었다. 그녀가 바로 '혁명의 어머니'로 칭송되던 나데즈다 크루프스카야이다. 그녀는 레닌이 혁명의 가시밭길에 발을 디디던 때로부터 시작해 레닌이 크렘린에서 죽을 때까지 혁명의 동지로서, 그리고 무엇보다도 중요하게 아내로서 충실하게 보필했다. 다만 애석했던 것은 그들 사이에 소생이 전혀 없었다는 사실이다. 그런데 레닌이 병석에 누워 사실상 무능력 상태에 빠졌을 때부터 스탈린이 그녀를 괄시하기 시작했다. 그녀가 스탈린의 잔인성과 난폭성을 경계하고 레닌에게 주의를 환기시키는 것을 눈치챘기 때문이다. 스탈린은 심지어 그녀를 모욕하기도 했다. 그 이야기를 듣고 레닌은 격분했다. 그래서 스탈린에게 편지를 써서 그녀에게 사과하도록 요구하면서 만일 사과하지 않는다면 스탈린을 더 이상 동지로 여기지 않겠다고

까지 경고했다. 그런데도 스탈린은 사과하지 않았다. "제 말을 철회하라
면 철회하겠습니다. 그러나 도대체 뭐가 문제인지 모르겠습니다. 제 잘
못이 무엇인지 이해할 수 없습니다"라는 답장을 보내는 데 그쳤다. 어떤
학자들은 스탈린의 행동은 치밀하게 계산된 것이라고까지 분석했다. 레
닌이 빨리 죽기를 바란 스탈린이 레닌을 격분시켜 레닌의 질병을 악화시
키고자 했다는 것이다. 레닌이 죽은 직후 스탈린이 레닌을 독살했다는
소문이 나돌았음을 상기할 때, 그러한 분석이 아주 근거 없는 것만은 아
니라고 하겠다.

레닌이 죽고 스탈린이 마침내 소련의 최고 권력자가 되자 크루프스카
야에 대한 스탈린의 홀대는 더욱 심해졌다. 그녀는 그녀대로 굴복하지
않고 대담하게 스탈린을 비판했다. 스탈린을 '새로운 차리'이며 '파시스
트'라고 부르기도 했다. 스탈린은 보복을 계획했다. 흐루시초프의 첫번
째 회고록에 따르면, 스탈린은 소련공산당 정치국의 회의에서 그녀가 과
연 레닌의 부인이었느냐고까지 물었다. 이것은 그녀가 레닌의 아내였다
는 사실조차 부인하려는 음모의 신호탄이었다. 스탈린의 음모는 어떤 여
자를 골라 레닌의 진짜 부인인 것처럼 조작하려는 작업으로까지 이어졌
다. 그러던 시점인 1939년에 그녀는 자연사했다. 만 70세였다. 스탈린은
그녀가 죽자 그녀에 대해 너그러워졌다. 그래서 정중한 장례를 치러주었
고, 레닌 국립묘지와 크렘린 외벽(外壁) 사이에 있는 빈터에 그녀의 무
덤을 마련해주었다. 거기에는 그녀의 흉상도 세워주었다.

그런데 레닌에게는 또 한 사람의 여성이 있었다. 원래 레닌은 철저한
금욕주의자였고 일생 동안 아내에게 충실했지만 그에게도 정부가 있었
다. 미모의 프랑스인 유부녀 이네사 아르망이었다. 레닌이 파리에서 망
명하던 1910년에 처음 만난 뒤 그녀가 1920년에 코카서스에서 콜레라로
죽을 때까지 10년 동안 내밀한 관계를 유지했다. 그녀가 죽었을 때는 레
닌이 건강하게 크렘린의 주인으로 행세하던 때였다. 그래서 장례는 공식
적인 장례에 가까운 수준에서 장엄하게 치러졌다. 그녀의 유해가 모스크
바로 돌아왔을 때 국립 볼쇼이 악단이 쇼팽의 장송곡을 연주했으며 60대
의 장갑차가 운구를 호송했다. 레닌은 하얀색의 히아신스 생화를 보냈

다. 그것뿐만이 아니다. 화장된 그녀의 재는 흔히 영어로 '크렘린 월 The Kremlin Wall'이라고 불리는 크렘린 외벽의 국립묘지에 묻힐 수 있었다.

이 대목에서 필자는 크렘린 외벽의 국립묘지에 대해 설명할 필요를 느낀다. 여기에는 화장된 뼛조각들과 재만 묻고 그 앞에 명패를 붙였는데 10월 쿠데타의 주역들을 비롯해 약 200명의 세계적 공산주의자들이 그런 식으로 안치돼 있다. 그 가운데에는 존 리드라는 미국의 청년 기자도 포함되어 있다. 1887년에 태어나 하버드 대학교를 졸업한 뒤 '과격한 성향'의 신문 기자가 된 그는 만 서른 살이던 1917년에 상트 페테르부르크 현장에서 볼셰비키 10월 쿠데타를 목격하고 1919년에 볼셰비키 쿠데타를 아주 호의적으로 본 『세계를 뒤흔든 10일』이란 책을 출판해서 일약 세계적 명사가 됐다. 이 책의 짧은 서문은 레닌이 써주었다. 볼셰비키 쿠데타에 자극을 받은 그는 미국에서 공산주의 운동을 시작했으며, 1920년에 모스크바에서 열린 세계 공산당 대회에 미국 대표로 참가했다. 그러나 거기서 발진티푸스에 걸려 아깝게도 서른세 살에 죽었는데, 볼셰비키 지도자들은 그를 화장한 뒤 그의 재를 그의 명패와 함께 이곳에 보존해 둔 것이다.

멕시코에서 암살된 트로츠키의 최후. 트로츠키는 레닌이 죽은 뒤 벌어진 권력 투쟁에서 스탈린에게 패배해 1929년 2월에 아내 세도바와 함께 영구히 망명길에 올랐다. 그는 우선 터키에 입국할 수 있었다. 4년 동안 계속된 터키에서의 망명 생활은 그에게는 어떻게 보면 축복이었다. 왜냐하면 그는 이스탄불 부근에 있는 프린키포 섬에 살면서 저술에 전념해 『나의 생애』라는 자서전과 『러시아 혁명사』를 완성할 수 있었기 때문이다. 그러나 트로츠키의 망명 생활은 고달팠다. 스탈린의 모진 박해가 계속됐기 때문이었다. 그래서 1933년에 프랑스로 옮겼고, 1935년에 노르웨이로 옮겼다. 그 과정에서 스탈린이 보낸 자객들로부터 여러 차례 습격을 받았다. 그러나 주재국의 보호와 트로츠키 스스로의 엄중한 경계에 자객들의 실수가 겹쳐 그는 목숨을 보존할 수 있었다.

이러한 극심한 어려움 속에서도 그는 독일에서 나치즘이 발흥하고 있음을 경고하는 글을 발표했으며, 『일그러진 혁명』과 『배반당한 혁명』 및

『영구혁명론』등의 저술들을 출간했다. 이 저술들을 통해 그는 소련에서 10월 혁명의 정신은 스탈린과 그리고 스탈린을 떠받드는 관료 체제에 의해 이미 사라졌으며, 그리하여 소련은 또 하나의 관료 독재 국가로 전락했다는 주장을 일관되게 유지했다. 스탈린을 혹독하게 비판하고 매도한 책인 『스탈린』을 쓴 것도 이때였다. 트로츠키는 스탈린의 성격과 사생활까지도 매섭게 비판하고 조롱함으로써 스탈린에 대한 적개심을 유감없이 드러냈다.

트로츠키가 노르웨이에서 망명 생활을 보내던 때인 1936년 7월에 스탈린은 모스크바에서 결석 재판을 통해 트로츠키에게 국가 반역죄의 죄명 아래 사형을 선고했다. 지노비에프와 카메네프에게도 사형이 선고됐다. 이듬해 1월에 트로츠키는 겨우 멕시코로 들어올 수 있었다. 소련 정부를 비롯한 친스탈린적 국제 공산주의 운동계의 방해뿐만 아니라 멕시코 공산주의자들의 항의에도 불구하고 혁명가 출신인 카르데나스 대통령이 단호한 결단을 내렸기에, '입국사증을 갖지 못한 떠돌이별'이라고 자처한 이 카리스마적 혁명가는 정착지를 얻을 수 있었던 것이다. 그러나 트로츠키의 생활이 결코 평탄할 수는 없었다. 그는 예상되는 스탈린의 암살단으로부터 자신을 보호하기 위해 멕시코 시티 교외에 위치한 코요아칸이라는 곳에 자신의 집을, 그의 표현을 빌리면, 성채 또는 요새처럼 꾸몄다. 멕시코 정부도 수비대를 상주시켜주었고 트로츠키의 안전을 멕시코 국립경찰청 정보부장 레안드로 산체스 살라사르 대령의 직접적 책임 아래 맡겨두었다. 트로츠키는 그 대신 멕시코 국내 정치에 대해서는 전혀 발언하지 않는다는 다짐을 주었다. 비교적 안전한 여건 속에서 그는 『마르크시즘을 옹호한다』를 저술했다.

트로츠키는 여러 차례 죽을 고비를 넘겼었다. 멕시코에서만 해도 암살되기 석 달 앞선 1940년 5월 24일 새벽 3시쯤에, 스탈린이 밀파한 암살 특공대 약 20명이 이곳을 기습해 적어도 300발 정도의 총알을 쏘아댔었다. 그때 트로츠키의 침대에 두 발이, 그리고 부인의 침대에 한 발이 명중했으나 그들은 기적적으로 조그만 상처도 입지 않고 살아남았다. "운명이 나에게 유예를 부여했다"는 트로츠키의 표현 그대로, 운명의 여신은 스탈린의 주도면밀한 계획을 무참하게 좌절시켰던 것이다.

그러나 "비록 운명이 나에게 유예를 부여했지만, 스탈린이 나를 살해할 것을 결코 포기하지 않을 것이므로 그 유예는 짧은 기간에 지나지 않을 것"이라던 트로츠키 스스로의 예언처럼, 그때로부터 3개월이 지난 8월 20일에, 그 동안 비서로 위장했던 암살자는 자신의 논문을 읽어보고 논평해달라는 교묘한 말로 트로츠키의 서재에 단신으로 들어가, 이에 응해 펜을 들고 줄을 쳐나가던 트로츠키에게 결정적 일격을 가한 것이다. 암살자는 그 일격으로 트로츠키의 뇌의 급소를 찌름으로써 소리없이 그를 해치우고 곧장 달아날 수 있다고 계산했다. 그러나 결과는 달리 나타났다. 급소가 아니라 그 부근을 찔렀기 때문에 61세의 나이에도 불구하고 힘이 장사였던 트로츠키의 반격을 받았으며 ― 뇌수를 7센티미터나 찔리고도 큰 소리를 지르며 반격을 가했다는 것은 역시 트로츠키의 초인적 정력을 말해준다 ― 이 소동 때문에 집에 머물고 있던 추종자들과 경비원들이 몰려들어 잡히고 말았다. 트로츠키는 곧 빅토리아 이 레빌라기게도Victoria y Revillagigedo의 크루즈 베르데Cruz Verde 병원으로 호송됐다. 그러나 트로츠키는 일급 의료진의 뇌수술에도 불구하고 사건 발생 26시간 뒤인 8월 21일에 절명한다. 그리고 그의 죽음으로 1930년대에 소련을 공포 속에 몰아넣었던 그 전율스런 스탈린의 대숙청은 종결된다.

트로츠키가 죽은 뒤 장례식은 멕시코 시티 중심가에 자리잡은 알카사르 장의사에서 치러졌다. 미국의 트로츠키 추종자들이 트로츠키의 유해를 미국으로 가져가려 했으나 미국 정부는 입국을 거절했다. 그의 관이 들어올 경우 여러 가지 시끄러운 일들이 벌어지게 될 것을 염려했기 때문이었다. 트로츠키는 망명을 거듭하는 가운데 입국사증을 얻지 못해 고생한 일이 한두 번이 아니었다. 그래서 '입국사증을 갖지 못한 떠돌이 별'에 자신을 비유한 일이 있다. 그는 죽어서도 입국사증 문제로 고생한 셈이 됐다.

트로츠키가 암살당한 때로부터 열세 해가 지난 1953년 3월에 스탈린도 마침내 죽었다. 그리고 이어 몇 달 지나지 않아 트로츠키의 암살을 지휘했던 비밀 경찰 두목 베리아도 죽었다. 그때로부터 다시 세 해가 지난

1956년 2월, 스탈린의 대숙청을 아슬아슬하게 피하면서 육체적 생명과 정치적 생명을 동시에 유지해온 흐루시초프는 세계 공산주의 역사에서 획기적인 장(章)을 연 스탈린 격하의 신호를 올렸다. 스탈린은 살인귀로 규정되어 소련의 모든 공식 간행물에서 그에 관한 기록들이 삭제됐다. 소비에트 백과 사전에서도 스탈린이란 항목은 없어졌다. 이와 동시에 스탈린에 의해 희생된 많은 노(老)혁명가들은 비록 사후에나마 복권됐다. 트로츠키의 사실혼상 부인이었던 나탈리아 세도바는 남편의 복권을 신청했다. 그러나 허용되지 않았다. 흐루시초프가 반스탈린주의자이기는 했으나 소련 체제 자체를 비판한 트로츠키를 복권시키기는 어려웠으리라. 그러나 우크라이나에서 태어나 멕시코에서 한줌의 재로 끝난 트로츠키의 저술은 오늘날까지 그런대로 지지자들을 확보하고 있다. 펜이라는 뜻의 필명 페로Pero를 지녔던 그답게 죽는 순간에도 펜을 들고 있었던 그의 펜에서 쏟아져나온 수만 마디의 말들은 세계 여러 나라에서 여전히 읽히고 있는 것이다.

고문을 당한 뒤 처형된 노(老)볼셰비키 혁명가들. 스탈린의 정적 살해는 트로츠키에 국한되지 않았다. 그는 레닌과 함께 볼셰비키 당을 만들고 유지해온, 그리고 10월 쿠데타에 참여한 이른바 노(老)볼셰비키를 모두 제거하기로 결심했다. 그 첫 신호는 키로프의 암살이었다. 상트 페테르부르크에서 페트로그라도로 바뀌었다가 레닌 정부의 출범 직후에 레닌그라드로 바뀐 이 유서 깊은 역사적 도시와 그 일대를 중심으로 힘을 길러온 키로프가 1934년 12월 1일에 암살된 것이다. 비밀 경찰은 '지노비에프 그룹'의 니콜라예프Leonid Nikolayev를 범인으로 지목했다. 비밀 경찰에 이용당했음을 직감한 니콜라예프는 스탈린 앞에서 자신은 하수인일 뿐 진범들은 비밀 경찰 요원들이라고 털어놓았다. 스탈린은 니콜라예프를 처형함과 동시에 12명의 레닌그라드 비밀 경찰 요원들을 모두 처형했다. 곧이어 1935년·1월에 스탈린은 수만 명의 레닌그라드 일대 주민들을 반혁명 분자로 규정해 처형하거나 시베리아로 유배했다.[12]

1935년 여름에 스탈린은 지노비에프와 카메네프를 비롯한 이른바 지노비에프 그룹을 체포했다. 그들이 스탈린을 암살하고 소비에트 체제를 전복시키려 했다는 것이었다. 그들에 대한 재판은 1936년 8월에 '지노비 에프와 카메네프 등 16명의 볼셰비키 범죄자들'에 대한 재판으로 국민들에게 발표됐다. 그들은 트로츠키의 지시를 받고 비밀 테러리스트 조직을 만들어 키로프를 암살했으며 스탈린을 비롯한 볼셰비키 지도자들을 암살한 뒤 서구 제국주의자들과 제휴해 인민의 국가를 팔아먹으려 했다는 조작된 죄목으로 전원 사형을 선고받고 처형됐다. 그들에 동조한 것으로 지목된 톰스키는 자살한 것으로 발표됐다.

1937년 1월에 '반소비에트 트로츠키 중앙'으로 불린 17명에 대한 재판이 뒤따랐다. 여기에는 라데크, 피야타코프 Gregori Pyatakov, 소콜니코프 Gregori Sokolnikov 등 저명한 볼셰비크 지도자들이 포함됐다. 그들은 서구 제국주의에 매수된 트로츠키에 동조한 뒤 독일의 나치 지도자들 및 일본의 군국주의자들과 공모해 소비에트 정부를 전복시켜놓고 러시아에 자본주의를 도입하려 했다는 조작된 혐의로 사형을 선고받고 처형됐다. 1937년 6월에 소련공산당 기관지 『프라우다』는 투하체프스키 M. N. Tukhachevsky 원수를 비롯한 군부의 저명한 지도자들이 처형됐음을 발표했다. 공개 재판은 전혀 없었다. 『프라우다』는 그들이 지주들과 기업가들의 족쇄를 러시아 인민들에게 다시 채우게 하려는 목적에서 외국의 제국주의자들과 손을 잡고 소비에트 정부를 타도하려 했다는 조작된 혐의를 처형의 이유로 보도했다.

1938년 3월에 '우파와 트로츠키주의자들의 반소비에트 블록'에 속한 21명의 볼셰비키에 대한 재판이 뒤따랐다. 여기에는 부하린과 류코프 및 크레스틴스키 Nicolai Krestinsky 등이 포함됐다. 우크라이나의 총리와 소련의 프랑스 및 영국 대사를 지낸 라코프스키 Kh. G. Rakovsky도 포함됐다. 그들의 혐의 역시 같았다. 이 일련의 숙청 재판극은 야만적인 고문을 동반한 채 불법적이면서도 포악하게 진행됐다. 차리즘의 혹독한 탄압 아래서도 신념을 잃지 않고 험난한 가시밭길을 걸으며 투쟁했던 국제적 명성의 볼셰비키 지도자들이 스탈린의 사나운 사냥개들이 우글거리는 루비앙카의 비밀 경찰 취조실에서 필설로 묘사할 수 없는 야수적인 고문 아래, 그리고 시키는 대로 '자백'하지 않으면 아내와 자녀들마저 죽이겠다는 위협 아래 굴복하곤 했으며 그렇게 하고도 총살형에 처해지곤 했다. 지노비에프와 카메네프는 총살형장에 끌려가면서 스탈린을 향해 충성을 맹세하고 울고 불며 용서와 자비를 빌었으나 목숨을 건지지 못했다. 라데크와 소콜니코프는 트로츠키가 얼마나 악질적인 매국노였는가를 '폭로'하는 데 협조한 공로로 사형 대신에 10년형을 받았다. 한때 부하린 역시 비굴하게 처신했던 것으로 알려졌었다. 그러나 그는 자신의 품위를 결코 잃지 않은 채 처형됐다.[13]

비밀 경찰 고문자들의 최후. 치밀한 냉혈한인 스탈린은 자신의 명령에 따라 이 숙청에서 고문을 담당했던 비밀 경찰의 우두머리들도 처형하기로 결심했다. 첫 희생자는 야고다 Genrikh Yagoda였다. 야고다가 자신의 비밀을 너무 많이 알고 있다고 생각한 스탈린은 야고다를 혹독한 고문 끝에 범죄를 '자백'하게 만들었다. 야고다는 자신이 자신의 전임자인 멘진스키를 죽였으며 키로프의 암살을 방조했고 작가 고리키와 고리키의 아들을 암살했으며 외국의 교사를 받아 소련공산당에 대한 쿠데타를 획책했다고 '자백'한 것이다. 야고다는 자신에 대한 관용을 간청했으나 스탈린은 그를 처형했다.

야고다를 고문하고 처형하는 데 앞장섰던 야고다의 후임자 예조프 Nicolai Ezhov 역시 똑같은 운명에 처해졌다. 예조프는 자신의 후임자인 저 악명 높은 베리아의 손에서 가혹한 고문을 받은 뒤 '자백'했고 처형됐다. 이어 예조프에 가까웠다는 혐의를 받은 당 및 정부 관련자들에 대한 숙청이 뒤따랐다.[14]

베리아는 자신의 죄를 '자백'하거나 인정하기를 거부하는 관련자들을 혹독하게 고문하도록 허용했으며 상대방이 거물급일 때는 스스로가 고문을 지휘하면서 상대방의 고통을 즐기기도 했다. 예조프 관련자 숙청은 군부에도 미쳐 약 4,000명이 투옥됐거나 처형됐다. 극동군 사령관 블릴류헤르 Bliukher 원수의 고문은 베리아가 스스로 맡았다. 그는 너무나 괴로워 "스탈린 대원수여! 저 사람이 저에게 하고 있는 짓을 듣고 계십니까?"라고 소리쳤다. 고문은 계속됐으며 그의 눈알 하나가 빠져나왔다. 그는 마침내 죽고 말았다. 베리아는 이번에는 블릴류헤르의 아내를 고문했다. 그녀는 목숨을 잃지는 않았다. 뒷날 그녀는 그 일을 회상하면서 베리아는 사디즘 취미, 곧 가학적 취미를 갖고 있었으며 사람이 고문에 시달릴 때 어떤 상태에 빠지는가를 재미있게 관찰하는 취미를 갖고 있는 것 같았다고 증언했다.

희생자들을 죽인 과정. 스탈린 정부는 숙청의 희생자들이 어디서 어떻게 처형됐고 그들의 시신이 어떻게 처리됐는지에 대해 전혀 밝히지 않았다. 그러나 거기엔 하나의 유형이 있었다. 그것은 감옥 지하실에서 완전히 벌거벗은 채 무릎을 꿇어앉힌 채 뒷머리에서 총살되는 일로 시작됐다. 비밀 경찰은 감옥의 지하실을 '목욕탕'이라고 불렀고 총살하는 일을 '의학적 과정'이라고 불렀다. 시체는 곧바로 그곳에 마련된 화장터에서 화장됐고 재는 따로 마련된 재 구덩이로 들어갔다. 수백 수천 파운드의 재가 들어가는 재 구덩이가 꽉 차면, 비밀 경찰의 하수인들은 그 재를 자동차에 싣고 나와 모스크바의 아스팔트 길 위에 뿌렸다.[15]

희생자들의 일부는 스탈린이 죽은 뒤 소련공산당의 제1서기로, 그리고 소련 정부의 총리로 등장한 흐루시초프가 스탈린 격하 운동을 벌이기 시작한 뒤 무죄가 선언됐고 복권됐다. 그러나 대부분은 고르바초프 시대에 와서야 복권됐다. 고르바초프의 집권 4차 연도인 1988년 2월에 소련 정부는 1930년대의 대숙청기에 재판 연극에 회부돼 처형된 노볼세비키들이 '불법적으로 수집됐고 조작된 증거'에 의해 유죄를 선고받았으며 따라서 무죄라고 선언한 것이다.

부하들에게 버림받은 스탈린의 최후. 그러면 이 모든 숙청과 살인의 총수인 스탈린의 최후는 어떠했던가? 이 물음에 앞서 지적돼야 할 것은 스탈린은 러시아의 전체 역사에서 최대의 학살자였다는 사실이다. 아니, 러시아 역사에서뿐만 아니라 20세기의 세계사에서 가장 큰 학살자였다.

히틀러는 제2차 세계 대전 기간에 유태인만 아주 적게 잡아도 약 5,640,000명을, 아주 많이 잡으면 약 6,920,000명을 죽였으며, 그의 통치 아래서 그가 일으킨 전쟁으로 말미암아 약 3,250,000명의 독일 사람이 죽었다. 이 숫자만 놓고 따져도 히틀러는 아주 적게 잡아도 약 8,890,000명을, 아주 많이 잡으면 약 10,170,000명을 죽인 셈인데, 이들밖에도 수백만 명이 히틀러의 감옥에서, 집단 수용소에서, 그리고 포로 수용소에서 죽었다.

스탈린은 히틀러보다도 훨씬 더 많이 죽였다. 그는 농민의 집단화 정책을 추진하는 과정에서 10,000,000명에 가까운 사람들을 처형하거나 강제 노역장에서 죽게 만들었고, 1930년대의 대숙청 과정에서 약 8,000,000명을 죽이거나 결과적으로 죽게 만들거나 폐인으로 만들었다. 그뒤에도 그는 숙청의 도끼를 놓는 일이 없었다.

뒷날 스탈린은 2차 세계 대전중에 모스크바를 방문한 영국 총리 처칠 Winston Churchill에게 1920년대말과 1930년대초 사이에 자신과 농민들 사이에 전쟁이 벌어졌었다고 말하면서 그 전쟁이 현재 진행중인 소련과 독일 사이의 전쟁보다 더 무서운 것이었다고 회고했다. 이것은 농민의 집단화 과정이 얼마나 무자비한 유혈 투쟁을 동반한 것이었나를 말해준다. 자신의 아내라고 해서 예외가 아니었다. 농민들의 반발이 얼마나 격심한가, 그리고 그러한 농민들에 대한 비밀 경찰의 탄압이 얼마나 무자비한가를 전해들은 아내 나데즈다 알릴루에바가 마침내 자신의 의견을 털어놓자 스탈린은 그녀를 그 자리에서 죽여버린 것이다. 그때는 1932년 11월의 어느 날 밤이었고 그녀는 자살한 것으로 발표됐다. 그녀의 나이 만 31세 때의 일이었다. 그뒤에도 우리가 앞에서 살폈듯이 정적들을 무참하게 죽였다.

이러한 스탈린의 최후에 대해서는 내가 다른 책에서 자세히 썼기에[16] 여기서는 되풀이하지 않겠다. 간단히 말해, 그는 지병인 뇌동맥경화증이 악화돼 1953년 3월 1일 저녁에 크렘린 부근의 쿤트세보 별장에서 쓰러졌다. 스탈린은 특히 만년에 이르러 의심증이 깊어져 자신의 침실 주변에 사람이 가까이 오지 못하게 했다. 그래서 가정부들이나 경호원들이 그의 와병을 인식한 때는 3월 2일 이른 아침이었던 것 같다. 그러나 그들은 함부로 의사를 부를 수 없어서 말렌코프 Georgi Malenkov와 베리아 및 흐루시초프 등을 비롯한 당대의 극소수 실세들에게 보고했다. 이들은 곧 현장으로 달려왔다. 그러나 그들은 스탈린의 심각한 질환 발생을 확인하고도 의학적 치료를 전혀 베풀지 않고 결국 죽음에 이르도록 유도했다. 그들은, 첫째, 스탈린이 살아났지만 반신불수가 됐을 때 자신을 의학적으로 적절히 치료하지 못했다는 혐의로 자신들을 처형할 수 있으며, 둘째, 스탈린이 설령 다시 깨어나 정상으로 돌아와도 자신이 혼수 상태에 빠졌던 것에 대해 어떤 음모가 있었다는 의심을 갖고 자신들을 처형할 수 있다는 두려움에 빠졌기 때문이었다. 그리하여 스탈린은 3월 5일에 모스크바의 아파트에서 향년 74세로 사망한 것으로 발표됐다. 그는 성대한 국장의 예우를 받은 뒤 레닌 국립묘지에 안치됐다. 그러나 흐루시초프가 스탈린 격하 운동을 벌이면서 거기서 쫓겨나는 현대판 부관참시의 수모를 겪게 된다.

베리아의 최후. 스탈린이 죽은 때로부터 100일 정도 지난 1953년 6월 26일에 베리아는 체포됐다. 베리아는 글자 그대로 사악하고 못된 사람이었다. 스물두 살이 된 1921년에 체카의 아제르바이잔 지부 요원으로 임명됨으로써 비밀 경찰에 발을 들여놓은 그는 이 자리에서 참으로 많은 '반소비에트 인사'들을 체포해 고문 치사시켰거나 처형했다. 이 과정에서 그는 자신의 유일한 행동 강령으로 '무제한의 무자비'를 채택했다.[17]

이 점이 스탈린에 인정돼 베리아는 처음엔 조지아의 비밀 경찰 두목으로, 이어 트랜스코카시아 전역의 비밀 경찰 두목으로 출세의 출세를 거듭했다. 이 과정에서 그는 조지아를 포함한 트랜스코카시아의 혁명사를 스탈린 중심으로 조작하면서 그 조작에 방해되는 진짜 혁명의 주역들을 모조리 죽였다. 그리하여 그는 마침내 1938년에 중앙 정부의 내무부 장관으로 임명돼 정규 경찰과 비밀 경찰을 총괄하기에 이르렀다. 그는 스탈린의 기대에 어긋나지 않게 스탈린에 충성을 다하면서 스탈린의 눈에 어긋나는 사람들을 무자비하게 계속해서 처형했다.

그러나 스탈린이 죽은 뒤 흐루시초프를 중심으로 하는 반베리아 세력은 베리아를 제거하기 위한 음모를 꾸몄으며 마침내 1953년 6월 26일에 국방부 장관 불가닌 Nicolai Bulganin과 원수 주코프 Georgi Zhukov 등의 도움을 받아 베리아를 체포하는 데 성공했다. 공식 발표에 따르면, 베리아는 12월 24일에 만 54세의 나이로 총살됐다. 그의 죄목은 "외국의 제국주의자들과 결탁해 소비에트 정부를 전복시키려 한 반당·반국가 범죄"였다. 소련 국민의 공포와 증오의 표적이던 그는 그렇게 죽었기에 무덤조차 남기지 못했다. 그 역시 자신이 애용했던 방법, 곧 화장한 뒤 재를 길거리에 뿌려 날린 방법으로 처리됐을 것이다.

4. 볼셰비키 정권의 성격

교조주의와 폭력의 국가. 이상에서 살펴본 일들은 볼셰비키 정권의 한 측면에 지나지 않는 것일까? 아니다. 국가의 폭력 독점과 무제한 행사는 볼셰비키 정권의 본질이었던 것이다. 우리가 앞의 장들에서 보았듯이 레닌을 비롯한 볼셰비키 지도자들은 '혁명을 지키기 위한 수단'으로 폭력의 정당성을 수없이 강조하지 않았던가. 그 점에서 볼셰비키 정권은 히틀러의 나치 정권이나 무솔리니의 파시스트 정권과 똑같았다. 지난날 소련 연구의 세계적 권위자인 메를 페인소드 Merle Fainsod 교수가 날카롭게 지적했듯이, 테러와 폭력은 소련에서 '권력의 한 제도'였으며, 역시 소련 연구의 세계적 권위자인 배링턴 무어 Barrington Moore 교수가 적절히 지적했듯이 '조직화된 테러'를 국가가 독점하고 행사함으로써 소비에트 체제를 유지할 수 있었던 것이다.[18] 그리고 카를 프리드리히 Carl J. Friedrich 교수와 즈비그네프 브레진스키 Zbigniew F. Brzezinski 교수가 공통적으로 지적했듯이, 국가에 의한 테러와 폭력의 완벽한 독점과 행사라는 측면에서 소련은 '전체주의적 독재'의 전형적 보기가 됐던 것이다.[19]

프랑스의 철학자이며 소설가인 알베르 카뮈 Albert Camus는 "모든 쿠데타는 비밀 경찰의 폭력 국가로 귀결되거나 또 하나의 쿠데타로 귀결된다"고 지적했다. 1917년 10월에 출발해 1991년 12월에 끝을 본 볼셰비키 정권 74년의 역사를 되돌이켜보면 카뮈의 지적이 정곡을 찔렀음을 깨닫게 된다. 10월 쿠데타의 산물인 소련은 결국 비밀 경찰 국가로 전락하고 말았던 것이다. 비밀 경찰이 전국을 장악한 채 조금이라도 의심이 가는 사람이라면 가차없이 체포해서 강제 수용소로 보내거나 감옥으로 보내는 공포 정치를 통해 국민을 통제하고 정권을 유지했기 때문이다.

　이렇게 볼 때, 소련 치하에서 반체제 지식인들 가운데 한 사람으로 서방 세계의 주목을 받았던 안드레이 시니아프스키Andrei Sinyavsky의 분석은 경청할 만하다. 그는 '교조-폭력-국가 권력'의 연쇄가 소련의 본질이라고 파악했던 것이다. 국가 스스로 마르크시즘-레닌이즘, 곧 볼셰비즘만이 유일한 진리라고 강조함으로써 그것을 교조로 만들고, 그 교조를 누구나 다 받아들이도록 국가가 폭력을 행사함으로써 국가 권력을 유지한 것이 바로 소련이었다고 그는 고발했다.[20]

　소련의 마지막 최고 권력자 고르바초프는 그 연쇄를 깨뜨리고자 했던 정치가였다. 그러나 그가 실패하고 말았음은 우리가 잘 알고 있는 사실이다.

　러시아 혁명사의 교훈. 여기서 우리는 러시아 혁명사가 주는 의미를 되새기게 된다. 우선 차리즘 체제의 비인도주의적 성격이다. 우리가 이미 살폈듯이, 차리즘 체제는 극소수 특권층의 향락을 위해 대다수 피치자들을 철저히 억압하고 착취했다. 그 점에서 차리즘 체제는 국가를 빙자한 범죄 집단에 가까웠다. 따라서 이 체제를 타도하고 새로운 체제를 세워야겠다고 결심한 혁명가들의 등장은 자연스런 일이었다.

　여기서 우리는 어째서 차리즘 체제가 스스로 개혁의 길을 걷지 않아 마침내 혁명을, 또는 쿠데타를 불러일으켰던가를 묻게 된다. 우선 차리즘 체제의 둔감과 무지였다. 세계의 조류가 인도주의와 민주주의의 방향으로 흘러가고 있으며 인간의 해방으로 움직이고 있는데도 오늘의 쾌락과 안일에 취해 눈을 감았다. 그것은 또 차리즘 체제의 오만을 의미했다. 너희 아랫것들이 감히 도전해오다니 하는 오만이 세계사의 진운을 무시하게 만들었던 것이다. 이 바탕에는 지배층의 탐욕이 깔려 있다. 자신이 가진 것은 땅 한 평이라도 잃지 않아야 하겠고, 이미 많이 가졌는데도 더 많이 가져야겠다는 물질적 욕심이, 그리고 이 물질적 욕심을 뒷받침해줄 수 있는 도구로 권력을 그대로 유지해야 한다는 권력욕이 개혁을 가로막았던 것이다. 이러한 배경에서, 억압받고 착취받는 사람들의 한은 쌓이게 됐고 분노와 증오는 광범위하게 확산되면서 혁명의 원동력으로 작용하기에 이르렀다. 이렇게 볼 때, 1905년의 혁명이나 1917년의 2월 혁명은 역사의 당연한 진행이었다. 오히려 너무 늦게 일어났다고 말할 수 있을 것이다.

그렇다면 10월 쿠데타로 집권에 성공한 볼셰비즘이 유일한 대안이었을까? 아닐 것이다. 여기서 우리는 영국의 세계적 철학자인 버틀랜드 러셀Bertrand Russell의 경구를 떠올리게 된다. 그는 "나는 두 가지 이유 때문에 볼셰비즘을 거부하게 된다. 첫째, 볼셰비키 방식으로 공산주의에 도달하기 위해 인류가 치러야 할 대가는 너무 무서운 것이며, 둘째, 그 대가를 치른 뒤에조차도 나는 볼셰비키가 이루고 싶다고 말하는 그 결과를 얻을 수 있다고 믿지 않기 때문이다"[21]라고 말한 것이다.

확실히 볼셰비즘은 너무나 많은 인명을 희생시켰다. 러시아 혁명 과정에서, 우리가 이미 보았듯이, '러시아 마르크시즘의 아버지' 플레하노프는 레닌에 대해 "그대가 말하는 노선을 따라가면 러시아는 또 하나의 거대한 차리즘 체제를 만들어내게 될 것"이라고 경고했었는데, 실제로 또 하나의 거대한 차리즘 체제가 되고 만 볼셰비즘의 통치 아래 러시아 사람들은 과연 러시아 혁명이 가치 있는 일이었던가 물었을 것이다. 또 그렇게 많은 인명의 희생을 치르고도 소련이 얻은 것이 과연 무엇이었던지 물었을 것이다. 결국 러시아 혁명은 러시아에서 '로마노프의 차리즘'을 '붉은 차리즘'으로 대체시킨 것에 지나지 않았다는 혹평을 받아도 할말이 없게 됐다.

이렇게 볼 때, 영국과 독일을 비롯한 서유럽의 국가들이 폭력혁명론을 배제시킨 사회주의의 길, 의회민주주의를 통한 사회주의의 길을 걸었던 것은 현명한 선택이었다고 하겠다. 우리가 이미 보았듯이, 그 길은 볼셰비키에 의해 '수정주의'이며 '혁명에 대한 배반'이라고 매도됐었다. 그러나 20세기의 역사는 그 길이 대다수 국민들에게 보다 큰 자유와 보다 많은 복지를 베풀어주었음을 증명해주었다. 따라서 지난날 동유럽의 공산 국가들에서조차 '인간의 얼굴을 가진 사회주의'를 옹호하는 지도자들이 나왔던 것인데 소련은 그들의 등장에서 위협을 느끼고 탄압했던 것이다.

러시아 혁명가들이 그 길을 걷지 못했다는 것은 러시아의, 그리고 러시아 혁명에 크게 영향받은 다른 많은 나라들의 불운이었다고 하겠다. 물론 차리즘의 야수성 밑에서 어떻게 의회를 통한 사회주의, 곧 사회민 주주의 또는 민주사회주의의 길을 걸을 수 있었겠느냐는 반론이 가능하 다. 그러나 2월 혁명 이후 임정 아래서 부르주아 민주주의가 시작되던 시기엔 멘셰비키가 강조했듯이 우선 부르주아 민주주의가 뿌리내리도록 도왔더라면 러시아는 서구 민주주의 국가들이 걸었던 길을 걸을 수 있지 않았을까? 이렇게 볼 때, 부르주아 민주주의 단계를 생략시킨 채 곧바로 쿠데타를 통해, 그리고 공포와 폭력 및 세뇌를 통해 사회주의 단계로 뛰 어넘으려 했던 레닌의 노선은 잘못된 처방이 아니었던가 생각하게 된다.

주

수정 · 증보판 머리말

1) Richard Pipes, *The Russian Revolution* (New York: Alfred A. Knopf, 1990).
2) Hélène Carrére d'Encausse, *The End of the Soviet Empire: The Triumph of the Nations*, tr. from French by Franklin Philip(New York: A New Republic Book, Basic Books, 1993), Ch. I.
3) 지은이는 이 순례에 기초하여 다음의 책을 출판했다: 김학준, 『붉은 영웅들의 삶과 이상: 소련과 동유럽 공산주의자들의 발자취』(서울: 동아일보사, 1997).

제1장

1) 트로츠키가 러시아어로 쓴 원고는 1930년 11월에 탈고됐다. 이 책은 맥스 이스트먼 Max Eastman의 뛰어난 번역으로 다음으로 출판됐다: Leon Trotsky, *The History of the Russian Revolution* (New York: Simon and Schuster, 1932). 제1권이 『차리즘의 타도』, 제2권이 『시도된 반혁명』, 제3권이 『소비에트의 승리』이다. 이 책의 축소판이 다음이다: Leon Trotsky, *The Russian Revolution*, selected and edited by F. W. Dupee (Garden City, N. Y.: Doubleday Anchor Books, Doubleday and Co., 1959). 본문에 인용된 문장은 이 축소판의 1쪽에 있다. 전 3권은 뒷날 다음으로도 출판됐다: Leon Trotsky, *The History of the Russian Revolution* (Ann Arbor: The University of Michigan Press, 1960).
2) 이 용어는 다음 책의 제목에서 빌렸다. Bertram D. Wolfe, *Three Who Made a Revolution: A Biographical History*, rev. ed. (New York: Dell Publishing Co., 1964).
3) F. W. Dupee, "Editor's Note," in Trotsky, *The Russian Revolution*, p. vii.
4) 이 부분에 대해서는 다음의 책을 보는 것이 좋겠다: Sergei Nikandrovich Syrov 지음, 기연수 옮김, 『러시아의 역사: 고대 루시에서 볼셰비키 혁명까지』(서울: 동아일보사, 1988), pp. 21~28; 김학준, 『러시아사』, 증보 1판(서울: 대한교과서주식회사, 1999), pp. 2~14.

5) Nicolai Berdyaev, *The Russian Idea*, with a new introduction by Alexander Vucinich (Boston: Beacon Press, 1962), p. 3. 이 책의 초판은 다음이다: Nicolai Berdyaev, *The Russian Idea*, translated from the Russian by R. M. French (London: Geoffrey Bles, Ltd., 1947).

6) 기연수 옮김, 『러시아의 역사』, 제3장.

7) 노브고로드에 대한 자세한 설명은 다음에 있다: 김형주, 『문화로 본 러시아』(서울: 두리, 1997), pp. 67~69.

8) Warren B. Walsh, *Russia and the Soviet Union: A Modern History*, rev. ed. (Ann Arbor: The University of Michigan Press, 1968), pp. 47~57.

9) Jesse D. Clarkson, *A History of Russia*, 5th printing (New York: Random House, 1966), pp. 67~145.

10) Walsh, *Russia and the Soviet Union*, pp. 54~92.

11) 기연수 옮김, 『러시아의 역사』, p. 94.

12) 이반 4세에 대해서는 다음 책을 보는 것이 좋겠다: Robert Payne and Nikita Romanoff, *Ivan the Terrible* (New York: Thomas Y. Crowell Co., 1975).

13) 기연수 옮김, 『러시아의 역사』, p. 103.

14) Clarkson, *A History of Russia*, pp. 98~140; Walsh, *Russia and the Soviet Union*, pp. 78~92.

15) 기연수 옮김, 『러시아의 역사』, pp. 117~20.

16) Nicholas V. Riasanovsky, *A History of Russia* (Oxford: Oxford University Press, 1977), 이길주 옮김, 『러시아의 역사』(고대-1800)(서울: 까치, 1991), pp. 231~33.

17) Clarkson, *A History of Russia*, pp. 140~45; Walsh, *Russia and the Soviet Union*, pp. 89~92.

18) Berdyaev, *The Russian Idea*, p. 3.

19) Clarkson, *A History of Russia*, pp. 146~51; Walsh, *Russia and the Soviet Union*, pp. 93~106.

20) Richard Pipes, *The Russian Revolution* (New York: Alfred A. Knopf, 1990), p. 53.

21) 같은 책, p. 54.

22) 같은 책, p. 91.

23) 이길주 옮김, 『러시아의 역사』, p. 261.

24) 같은 책, p. 262.

25) 기연수 옮김, 『러시아의 역사』, pp. 134~37.

26) 같은 책, p. 138.

27) Berdyaev, *The Russian Idea*, pp. 12~14.

28) Robert K. Massie, *Peter the Great: His Life and World* (New York: Alfred A. Knopf, 1981), Chs. 1~11.

29) 같은 책, Chs. 12~17.

30) 같은 책, Chs. 19~21.

31) 기연수 옮김, 『러시아의 역사』, pp. 158~59.

32) Walsh, *Russia and the Soviet Union*, pp. 107~13.

33) 이길주 옮김, 『러시아의 역사』, pp. 336~39.

34) Pipes, *The Russian Revolution*, p. 3.

제2장

1) Richard Pipes, *The Russian Revolution* (New York: Alfred A. Knopf, 1990), p. 65.

2) Sergei Nikandrovich Syrov 지음, 기연수 옮김, 『러시아의 역사: 고대 루시에서 볼셰비키 혁명까지』(서울: 동아일보사, 1988), pp. 167~71.

3) Nicholas V. Riasanovsky, *A History of Russia* (Oxford: Oxford University Press, 1977), 이길주 옮김, 『러시아의 역사』(고대-1800)(서울: 까치, 1991), p. 396.

4) 같은 책, pp. 388~99.

5) 같은 책, pp. 365~66.

6) Andrei Anikin, *Russian Thinkers: Essays on Socio-Economic Thought in the 18th and 19th Centuries* (Moscow: Progress Publishers, 1988), 김익희 옮김, 『러시아의 사상가들: 18·19 세기 러시아 사회 · 경제 사상』(서울: 나남출판, 1994), pp. 211~12.

7) Leon Trotsky, *The Russian Revolution*, selected and edited by F. W. Dupee (Garden City, N. Y.: Doubleday Anchor Books, Doubleday and Co., 1959), p. 6.

8) 이길주 옮김, 『러시아의 역사』, pp. 371~82.

9) 같은 책, pp. 401~20.

10) 김익희 옮김, 『러시아의 사상가들』, pp. 61~62.

11) 같은 책, pp. 71~93.

12) 같은 책, pp. 401~13.

13) Kasimir Waliszewski, "Catherine the Great and the French Revolution," in L. Jay Oliva (ed.), *Russia and the West from Peter to Khrushchev* (Boston: D. C. Heath and Co., 1965), pp. 60~61.

14) Nicolai Berdyaev, *The Russian Idea*, with a new introduction by Alexander Vucinich (Boston: Beacon Press, 1962), pp. 18~19.

15) 노비코프에 대한 간략한 평가를 보기 위해서는 다음을 참조하라: Michael T. Florinsky, *Russia: A History and Interpretation* I (New York: Macmillan Co., 1953), pp. 600~10. 그 에 대한 체계적인 학위 논문으로는 다음이 있다: Michael Alan von Herzen, "Nikolai Ivanovich Novikov: The St. Petersburg Years," unpub. Ph. D. diss., Berkeley: University of California at Berkely, 1975.

16) 김익희 옮김, 『러시아의 사상가들』, 제4장.

17) Berdyaev, *The Russian Idea*, p. 20.

18) James M. Edie et al., *Russian Philosophy* I (Chicago: Quadrangle Books, 1965), pp. 62~100.

19) 김익희 옮김, 『러시아 사상가들』, p. 105.

20) Edward Crankshaw, *The Shadow of the Winter Palace: Russia's Drift to Revolution, 1825~1917* (New York: Viking Press, 1976), pp. 20~23.

21) "[Prince Adam] Czartoryski on the Education of Alexander I," in L. Oliva(ed.), *Russia and the West from Peter to Khrushchev* (Boston: D. C. Heath and Co., 1965), pp. 60~61.

22) Edie et al., *Russian Philosophy* I, p. 67.

23) 카람진의 역사관에 대한 체계적 연구를 보려면 다음을 참조함이 좋겠다: Edward Alan Cole, "The Enlightened Nationalism of N. M. Karamzin, 1766~1826," unpub. Ph. D. diss., Berkeley: University of California at Berkeley, 1972.

24) Warren B. Walsh, *Russia and the Soviet Union: A Modern History*, rev. ed.(Ann Arbor: The University of Michigan Press, 1968), p. 174.

제3장

1) 김학준, 『러시아사』, 증보 1판(서울: 대한교과서주식회사, 1999), pp. 91~93.

2) Andrei Anikin, *Russian Thinkers: Essays on Socio-Economic Thought in the 18th and 19th Centuries* (Moscow: Progress Publishers, 1988), 김익희 옮김, 『러시아의 사상가들: 18·19세기 러시아 사회·경제 사상』(서울: 나남출판, 1994), p. 146.

3) 같은 책, pp. 146~47.

4) Nicolai Berdyaev, *The Russian Idea*, with a new introduction by Alexander Vucinich (Boston: Beacon Press, 1962), p. 23.

5) 김익희 옮김, 『러시아의 사상가들』, p. 180.

6) 이 대목의 골격은 다음에 의존했다: Edward Crankshaw, *The Shadow of the Winter Palace: Russia's Drift to Revolution, 1825~1917* (New York: Viking Press, 1976), pp. 29~36.

7) 김익희 옮김, 『러시아의 사상가들』, p. 155.

8) 같은 책, p. 160.

9) 같은 책, pp. 162~69.

10) 같은 책, p. 134.

11) Anatole G. Mazour, *The First Russian Revolution, 1825* (Berkeley: The University of California Press, 1937).

12) Richard Pipes, *The Russian Revolution* (New York: Alfred A. Knopf, 1990) p. 4.

13) Warren B. Walsh, *Russia and the Soviet Union: A Modern History*, rev. ed.(Ann Arbor: The University of Michigan Press, 1968), p. 187에서 다시 옮김.

14) Sergei Nikandrovich Syrov 지음, 기연수 옮김, 『러시아의 역사: 고대 루시에서 볼셰비키 혁명까지』(서울: 동아일보사, 1988), p. 193.

제4장

1) George F. Kennan, *The Marquis de Custine and His Russia in 1839* (Princeton, N. Y.: Princeton University Press, 1971).

2) 니콜라이 1세의 통치에 대해서는 기본적으로 다음 책에 의존했다: Nicholas V. Riasanovsky, *Nicholas I and Official Nationality in Russia, 1825~1855* (Berkeley: The University of California Press, 1969).

3) Nicholas V. Riasanovsky, *A History of Russia,* 3rd ed. (New York: Oxford University Press, 1977), 김현택 옮김, 『러시아의 역사 II (1801~1976)』(서울: 까치, 1982), pp. 34~39.

4) Warren B. Walsh, *Russia and the Soviet Union: A Modern History*, rev. ed. (Ann Arbor: The University of Michigan Press, 1968), p. 204.

5) Richard Pipes, "The Historical Evolution of the Russian Intelligentsia," in Richard Pipes (ed.), *The Russian Intelligentsia* (New York: Columbia University Press, 1961), p. 47.

6) 소연방 과학 아카데미 역사연구소 레닌그라드 지부 편집, 이경식·한종호 옮김, 『러시아 문화사: 19세기 전반~볼셰비키 혁명』(서울: 논장, 1990), pp. 58~61.

7) 같은 책, pp. 61~63.

8) James M. Edie et al., *Russian Philosophy* I(Chicago: Quadrangle Books, 1965), pp. 101~54.

9) 이하 차아다에프에 대해서는 기본적으로 다음 논문에 의존했다: 이인호, 「민족적 자의식과 역사 해석」, 『문학과지성』 제7권 제1호(1976), pp. 76~91.

10) 같은 책, p. 80.

11) Nicolai Berdyaev, *The Russian Idea*, with a new introduction by Alexander Vucinich (Boston: Beacon Press, 1962), p. 38.

12) George Weider, "The Petrashevsky Circle and the Rise of Opposition to the Government in St. Petersburg, 1840~1849," unpub. Ph. D. diss., Berkeley: University of California at Berkeley, 1971.

13) Andrei Anikin, *Russian Thinkers: Essays on Socio-Economic Thought in the 18th and 19th Centuries* (Moscow: Progress Publishers, 1988), 김익희 옮김, 『러시아의 사상가들: 18·19 세기 러시아 사회·경제 사상』(서울: 나남출판, 1994), p. 221.

14) William Holway Hill II, "Vissarion Grigorevich Belinskii, 1811~1840," unpub. Ph. D. diss., Berkeley: University of California at Berkeley, 1972; Herbert E. Bowman, *Vissarion*

Belinsky, 1811~1848: A Study in the Origins of Social Criticism in Russia (Cambridge, M. A.: Harvard University Press, 1954).

15) Nicolai Berdyaev, *The Origin of Russian Communism* (Ann Arbor: The University of Michigan Press, 1960), p. 41.

16) 같은 책, 같은 곳.

17) 김익희 옮김, 『러시아의 사상가들』, p. 222.

18) *Memoirs of Alexander Herzen,* tr. by J. D. Duff (New Haven: Yale University Press, 1923) 및 Alexander Herzen, *My Past and Thoughts,* tr. by Constance Garnett, 6 vols. (London, 1924). 그 밖에 Martin Malia, *Alexander Herzen and the Birth of Russian Socialism, 1812~1855* (Cambridge, M. A.: Harvard University Press, 1961).

19) S. V. Utechin, *Russian Political Thought* (New York: Frederick A. Praeger, 1963), p. 117.

20) Berdyaev, *The Origin of Russian Communism,* p. 36.

21) *The Political Philosophy of Bakunin: Scientific Anarchism,* compiled and edited by G. P. Maximoff(Glencoe, Ill.: Free Press, 1953). 또한 Edmund Wilson, *To the Finland Station: A Study in the Writing and Acting of History* (Garden City, N. Y.: Doubleday and Co., 1940), 강봉식 옮김, 『근대 혁명 사상사』(서울: 을유문화사, 1962), 제14장.

22) Edie et al., *Russian Philosophy* I, pp. 157~220.

23) Berdyaev, *The Russian Idea,* p. 47.

24) Nicholas V. Riasanovsky, "Khomiakov on Sobornost," in E. J. Simmons (ed.), *Continuity and Change in Russian and Soviet Thought* (Cambridge, M. A.: Harvard University Press, 1952), pp. 183~96.

25) 김익희 옮김, 『러시아의 사상가들』, pp. 215~20.

26) Walsh, *Russia and the Soviet Union,* p. 198.

27) 마르스 슬로님 지음, 김규진 옮김, 『러시아 문학과 사상』(서울: 신현실사, 1980), pp. 144~47.

28) N. O. Lossky, *History of Russian Philosophy* (New York: International Universities Press, 1951), p. 47.

29) Franco Venturi, *Roots of Revolution: A History of the Populist and Socialist Movement in the Nineteenth Century Russia* (New York: Alfred A. Knopf, 1960), pp. 20~21.

제5장

1) 이하의 논의는 다음에 의존했다: Albert L. Weeks, *The First Bolshevik: A Political Biography of Peter Tkachev* (New York: New York University Press, 1968), pp. 14~19.

2) Bernard Pares, *A History of Russia* (New York: Alfred A. Knopf, 1939), p. 355.

3) Andrei Anikin, *Russian Thinkers: Essays on Socio-Economic Thought in the 18th and 19th Centuries* (Moscow: Progress Publishers, 1988), 김익희 옮김, 『러시아의 사상가들: 18·19세기 러시아 사회·경제사상』(서울: 나남출판, 1994), p. 229; L. Jay Oliva (ed.), *Russia and the West from Peter to Khrushchev* (Boston: D. C. Heath and Co., 1965), Ch. V.

4) Jerome Blum, *Lord and Peasant in Russia from the Ninth to the Nineteenth Century* (Princeton: Princeton University Press, 1961), pp. 612~18.

5) Nicholas V. Riasanovsky, *A History of Russia,* 3rd ed. (New York: Oxford University Press, 1977), 김현택 옮김, 『러시아의 역사 II(1801~1976)』(서울: 까치, 1982), p. 93.

6) L. G. Churchward, *Contemporary Soviet Government,* 2nd ed. (London: Routledge & Kegan Paul, 1975), p. 27.

7) Sergei Nikandrovich Syrov 지음, 기연수 옮김, 『러시아의 역사: 고대 루시에서 볼셰비키 혁명까지』(서울: 동아일보사, 1988), p. 203.

8) 김현택 옮김, 『러시아의 역사 II(1801~1976)』, pp. 95~96.

9) 기연수 옮김, 『러시아의 역사』, p. 202.

10) James M. Edie et al., *Russian Philosophy* II(Chicago: Quadrangle Books, 1965), p. 4.

11) 이하 체르니셰프스키의 생애와 사상 및 활동에 대해서는 다음에 의존했다: William F. Woehrlin, *Chernyshevsky: The Man and the Journalist* (Cambridge, M. A.: Harvard University Press, 1971). 이와는 다른 견해를 갖고 체르니셰프스키를 분석한 또 하나의 학위 논문은 다음의 것이다: Norman Gregor Ostrovsky Pereira, "N. G. Chernyshevsky: An Intellectual Biography," unpub. Ph. D. diss., Berkeley: University of California at Berkeley, 1970. 체르니셰프스키를 소개한 지은이의 글은 다음과 같다: 김학준, 「러시아 반체제 지식인의 한 모습: 체르니셰프스키의 문학과 사상」, 『세계의 문학』, 1979년 가을호, pp. 16~37. 이 논문은 같은 제목으로 다음 책들에 수록됐다: 유종호 편집, 『문학과 정치』(서울: 민음사, 1980), pp. 89~113 ; 김학준, 『마르크시즘의 이해』(서울: 정음사, 1984), 제2장.

12) Deborah Hardy, *Peter Tkachev: The Critic as Jacobin* (Seattle: The University of Washington Press, 1977), pp. 3~16.

13) Nicolai G. Chernyshevsky, *What Is To Be Done? Tales about New People,* tr. by Benjamin R. Tucker, rev. and abridged by Ludmilla B. Turkevich(New York: Random House, 1961).

14) Woehrlin, *Chernyshevsky,* p. 96.

15) Pereira, "N. G. Chernyshevsky: An Intellectual Biography," p. 235.

16) Edie et al., *Russian Philosophy* II, pp. 61~65.

17) Nicholai Berdyaev, *The Origin of Russian Communism* (Ann Arbor: The University of Michigan Press, 1960), p. 48.

18) Edie et al., *Russian Philosophy* II, p. 60.

19) Edward Crankshaw, *The Shadow of the Winter Palace: Russia's Drift to Revolution, 1825~1917* (New York: Viking Press, 1976), pp. 13~36.

20) Franco Venturi, *Roots of Revolution: A History of the Populist and Socialist Movements in the*

Nineteenth Century Russia (New York: Alfred A. Knopf, 1960), p. 87.

21) Thomas G. Masaryk, *The Spirit of Russia* I(New York: Macmillan Co., 1919), p. 83.

22) Peter Kropotkin, *Memoirs of a Revolutionist*, ed. by James Allen Rogers (Garden City, N. Y.: Doubleday and Co., 1962), pp. 193~99.

23) Richard Pipes, *Russia Under the Old Regime* (London: Weidenfeld and Nicolson, 1974), pp. 273~74.

24) 같은 책, p. 274.

25) Leopold H. Haimson, *The Russian Marxists and the Origins of Bolshevism* (Cambridge, M. A.: Harvard University Press, 1955), pp. 13~14.

26) Pipes, *Russia Under the Old Regime*, p. 274.

27) 트카초프를 소개한 지은이의 글들은 다음과 같다: 김학준, 「19세기 제정 러시아 사상가들의 혁명 이론에 대한 고찰」, 『국방 연구』 제19권 제2호(국방대학원 안보문제연구소), 1976년 12월, pp. 417~736; 김학준, 「소련 정치 체제의 전통과 유산」, 『소련 연구』 제1권 제1호(한양대학교 소련문제연구소), 1979년 6월, pp. 45~82; 김학준, 「트카초프의 정치 사상: 그것이 레닌이즘에 미친 영향을 중심으로」, 『사회과학 논문집』 제5집(서울대학교 사회과학대학), 1980, pp. 1~23. 이 마지막 논문은 다음 책에 수록됐다: 김학준, 『마르크시즘의 이해』, 제3장.

28) Berdyaev, *The Origin of Russian Communism*, Chs. 1~6.

29) 이 학위 논문이 다음과 같은 책으로 나왔다: Weeks, *The First Bolshevik*.

30) 이 학위 논문이 다음과 같은 책으로 나왔다: Hardy, *Peter Tkachev*.

31) Weeks, *The First Bolshevik*, pp. 84~85.

32) Edie et al., *Russian Philosophy* II, pp. 118~22; Venturi, *Roots of Revolution*, pp. 445~68.

33) Darrell P. Hammer, *U. S. S. R.: The Politics of Oligarchy* (Hinsdale, Ill.: The Dryden Press, 1974), pp. 106~07.

34) George Vernadsky et al. (eds.), *A Source Book for Russian History from Early Times to 1917* III (New Haven: Yale University Press, 1972), p. 652.

35) Richard T. De George, *Patterns of Soviet Thought: The Origin and Development of Dialectical and Historical Materialism* (Ann Arbor: The University of Michigan Press, 1970), pp. 116~17.

36) 같은 책, pp. 647~50.

37) Edmund Wilson, *To the Finland Station: A Study in the Writing and Acting of History* (Garden City, N. Y.: Doubleday and Co., 1940), 강봉식 옮김, 『근대 혁명 사상사』(서울: 을유문화사, 1962), pp. 280~82.

38) Warren B. Walsh, *Russia and the Soviet Union: A Modern History*, rev. ed. (Ann Arbor: The University of Michigan Press, 1968), p. 261.

39) Crankshaw, *The Shadow of the Winter Palace*, p. 252.

40) 같은 책, pp. 262~64.

41) Jesse D. Clarkson, *A History of Russia* (New York: Random House, 1966), pp. 328~29.

42) 기연수 옮김, 『러시아의 역사』, pp. 220~22.

43) 같은 책, p. 222.

제6장

1) Richard Pipes, *The Russian Revolution* (New York: Alfred A. Knopf, 1990), p. 57.

2) Eric Hoffer, *The True Believer* (New York, 1951).

3) Sergei Nikandrovich Syrov 지음, 기연수 옮김, 『러시아의 역사: 고대 루시에서 볼셰비키 혁명까지』(서울: 동아일보사, 1988), p. 222.

4) 같은 책, pp. 223~25.

5) Georg von Rauch, *A History of Soviet Russia*, tr. by Peter and Annette Jacobson, 3rd ed.(New York: Frederick A. Praeger, 1962), pp. 11~12; Arthur Mendel, "Marxism Comes to Russia," in L. Jay Oliva(ed.), *Russia and the West from Peter to Khrushchev* (Boston: D. C. Heath and Co., 1965), pp. 152~56.

6) 이홍구, 「공산주의의 이론과 실제」, 서울대학교 사회과학대학 정치학과(편), 『정치학 개론』(서울: 서울대학교 출판부, 1975), pp. 422~29; Alex N. Dragnich and Jorgen Rasmussen, *Major European Governments*, 4th ed. (Homewood: The Dorsey Press, 1974), pp. 55~76.

7) Adam B. Ulam, "The Russian Political System," in Samuel H. Beer et al. (eds.), *Patterns of Government*, 3rd ed. (New York: Random House, 1973), p. 601.

8) Nicholai Berdyaev, *The Origin of Russian Communism* (Ann Arbor: The University of Michigan Press, 1960), p. 17.

9) Samuel H. Baron, *Plekhanov: The Father of Russian Marxism* (Stanford: Stanford University Press, 1963).

제7장

1) Richard T. De George, *Patterns of Soviet Thought: The Origin and Development of Dialectical and Historical Materialism* (Ann Arbor: The University of Michigan Press, 1970), p. 113.

2) Bertram D. Wolfe, *Three Who Made a Revolution: A Biographical History*, rev. ed.(New York: Dell Publishing Co., 1964).

3) Louis Fischer, *The Life of Lenin* (New York: Harper & Row, 1964).

4) Edmund Wilson, *To the Finland Station: A Study in the Writing and Acting of History* (Garden City, N. Y.: Doubleday and Co., 1940), 강봉식 옮김, 『근대 혁명 사상사』(서울: 을유문화사, 1962).

5) 같은 책, p. 367.

6) Adam B. Ulam, *The Bolsheviks: The Intellectual and Political History of the Triumph of Communism in Russia* (New York: Collier Books, 1965), pp. 96~110.

7) Robert H. McNeal, *Bride of the Revolution: Krupskaya and Lenin* (Ann Arbor: The University of Michigan Press, 1972).

8) 강봉식 옮김, 『근대 혁명 사상사』, p. 385.

9) McNeal, *Bride of the Revolution*, p. 11.

10) Wolfe, *Three Who Made a Revolution*, pp. 118~19.

11) 같은 책, pp. 119~20.

제8장

1) Leon Trotsky, *The Russian Revolution*, selected and edited by F. W. Dupee(Garden City, N. Y.: Doubleday and Co., 1959), p. 49.

2) Richard Pipes, *The Russian Revolution* (New York: Alfred A. Knopf, 1990), pp. 57~58.

3) 같은 책, 같은 곳.

4) 같은 책, pp. 58~59.

5) 같은 책, pp. 59~60.

6) Trotsky, *The Russian Revolution*, pp. 88~89.

7) Pipes, *The Russian Revolution*, pp. 60~61.

8) Nicholas V. Riasanovsky, *A History of Russia*, 3rd ed.(New York: Oxford University Press, 1977), 김현택 옮김, 『러시아의 역사 II(1801~1976)』(서울: 까치, 1982), p. 125.

9) Hélène Carrére d'Encausse, *Confiscated Power: How Soviet Russia Really Works*, tr. by George Holoch from French(New York: Harper & Row, 1982), p. 1.

10) Sergei Nikandrovich Syrov 지음, 기연수 옮김, 『러시아의 역사: 고대 루시에서 볼셰비키 혁명까지』(서울: 동아일보사, 1988), pp. 233~35.

11) 같은 책, p. 126.

12) Howard D. Mehlinger and John M. Thompson, *Count Witte and the Tsarist Government in the 1905 Revolution* (Bloomington: Indiana University Press, 1972).

13) 소연방 과학 아카데미 역사연구소 레닌그라드 지부 편집, 이경식 · 한종호 옮김, 『러시아 문화사: 19세기 전반~볼셰비키 혁명』(서울: 논장, 1990), pp. 271~72.

14) Emile Capouya and Keitha Tompkins, *The Essential Kropotkin* (London: Macmillan Co., 1976).

15) 마르스 슬로님 지음, 김규진 옮김, 『러시아 문학과 사상』(서울: 신현실사, 1980), pp. 157~59.

16) 이하 플레하노프에 대해서는 다음에 의존했다: Samuel H. Baron, *Plekhanov: The Father of Russian Marxism* (Stanford: Stanford University Press, 1963).

17) Baron, *Plekhanov*, p. vii; Leszek Kolakowski, *Main Currents of Marxism: Its Rise, Growth and Dissolution* II, tr. from the Polish by P. S. Falla, 3 vols.(Oxford: Clarendon Press, 1978), p. 329.

18) Bertram D. Wolfe, *Three Who Made a Revolution: A Biographical History*, rev. ed.(New York: Dell Publishing Co., 1964), pp. 120~23.

19) Robert H. McNeal, *The Bolshevik Tradition: Lenin, Stalin, Khrushchev, Brezhnev*, 2nd ed.(Englewood Cliffs, N. J.: Prentice-Hall, 1975), p. 7.

20) "Martov: Marxism Means Mass Support," in Thornton Anderson(ed.), *Masters of Russian Marxism* (New York: Appleton-Century-Crofts, 1963), pp. 92~100.

21) McNeal, *The Bolshevik Tradition*, p. 8.

22) Louis Fischer, *The Life of Lenin* (New York: Harper & Row, 1964), p. 32.

23) 이 항목은 특별한 출처를 밝히지 않는 한 Wolfe, *Three Who Made a Revolution*, pp. 134~38 및 Adam B. Ulam, *The Bolsheviks: The Intellectual and Political History of the Triumph of Communism in Russia* (New York: Collier Books, 1965), pp. 127~38에 바탕을 두고 있다.

24) Edmund Wilson, *To the Finland Station: A Study in the Writing and Acting of History* (Garden City, N. Y.: Doubleday and Co., 1940), 강봉식 옮김, 『근대 혁명 사상사』(서울: 을유문화사, 1962), pp. 386~87.

25) 같은 책, p. 390.

26) G. M. Krzhizhanovsky, "The Siberian Deportee I," in Tamara Deutscher(ed.), *Not by Politics Alone: The Other Lenin* (West Port, Conn.: Lawrence, Hill and Co., 1973), p. 50.

27) Marcel Liebman, *La Revolution Russe* (Brussel: Les Editions Gerard, 1967), tr. by Arnold J. Pomerans, *The Russian Revolution* (New York: Random House, 1970), p. 58.

28) 같은 책, 같은 곳.

29) Robert H. McNeal, *Bride of the Revolution: Krupskaya and Lenin* (Ann Arbor: The University of Michigan Press, 1972), pp. 47~48.

30) Wolfe, *Three Who Made a Revolution*, p. 139.

31) 같은 책, p. 99의 각주 1).

32) McNeal, *Bride of the Revolution*, pp. 49~50.

33) Wolfe, *Three Who Made a Revolution*, p. 142.

34) 같은 책, 같은 곳.

35) 같은 책, p. 145.

36) 강봉식 옮김, 『근대 혁명 사상사』, p. 390.

37) 이 부분은 전적으로 Baron, *Plekhanov*에 의존했다. 플레하노프의 생애와 사상을 국내에 소개한 글로는 다음이 있다: 김학준, 「플레하노프이 정치 사상」, 『마르크시즘의 이해』(서울: 정음사, 1984), 제4장~제6장.

제9장

1) 이 항목은 전적으로 다음에 의존했다: Richard Pipes, *The Russian Revolution* (New York: Alfred A. Knopf, 1990), pp. 3~8.

2) 같은 책, 같은 곳.

3) 같은 책, 같은 곳.

4) Robert H. McNeal, *The Bolshevik Tradition: Lenin, Stalin, Khrushchev, Brezhnev,* 2nd ed.(Englewood Cliffs, N. J.: Prentice-Hall, 1975), p. 10.

5) Bertram D. Wolfe, *Three Who Made a Revolution: A Biographical History,* rev. ed.(New York: Dell Publishing Co., 1964), pp. 150~51.

6) Alan Moorehead, *The Russian Revolution* (New York: Perennial Library ed., Harper & Row, 1965), p. 36.

7) Leopold H. Haimson, *The Russian Marxists and the Origins of Bolshevism* (Cambridge: Harvard University Press, 1955), p. 119.

8) Samuel H. Baron, *Plekhanov: The Father of Russian Marxism* (Stanford: Stanford University Press, 1963), pp. 212~13.

9) Robert C. Tucker, *Stalin As Revolutionary, 1879~1929* (New York: W. W. Norton and Co., 1973), p. 20.

10) Wolfe, *Three Who Made a Revolution,* pp. 153~54.

11) James E. Connor(ed.), *Lenin on Politics and Revolution: Selected Writings* (New York: Pegasus, 1968), pp. 31~78.

12) Wolfe, *Three Who Made a Revolution,* pp. 155~56.

13) Richard Pipes, "The Origins of Bolshevism: The Intellectual Evolution of Young Lenin," in Richard Pipes(ed.), *Revolutionary Russia: A Symposium* (Garden City, N. Y.: Doubleday and Co., 1969), pp. 62~63.

14) Albert L. Weeks, *The First Bolshevik: A Political Biography of Peter Tkachev* (New York: New York University Press, 1968), p. 4.

15) 같은 책, p. 5.

16) Georg von Rauch, *A History of Soviet Russia,* 6th ed., tr. by Peter and Annette Jacobsohn(New York: Praeger Publishers, 1972), p. 15.

17) Eric R. Wolf, *Peasant Wars of the Twentieth Century* (New York: Harper & Row, 1969), p. 82.

18) 이 작은 책은 다음에 포함되어 있다: Connor(ed.), *Lenin on Politics and Revolution*, pp. 31~78.

19) 이하의 내용은 모두 다음에 의존했다: Wolfe, *Three Who Made a Revolution*, pp. 156~66.

20) Edmund Wilson, *To the Finland Station: A Study in the Writing and Acting of History* (Garden City, N. Y.: Doubleday and Co., 1940), 강봉식 옮김, 『근대 혁명 사상사』(서울: 을유문화사, 1962), pp. 405~06.

21) Wolfe, *Three Who Made a Revolution*, pp. 159~60.

22) 같은 책, p. 163.

23) Adam Ulam, *The Unfinished Revolution: An Essay on the Sources of Influence of Marxism and Communism* (New York: Vintage Books, 1960), p. 169.

제10장

1) 이 장의 골격은 다음에 의존하고 있다: Leon Trotsky, *My Life* (New York: Pathfinder Press, 1970), Chs. I~VII; Bertram D. Wolfe, *Three Who Made a Revolution: Biographical History*, rev. ed.(New York: Dell Publishing Co., 1964), Chs. X~XII. 이 책 이외에 참고된 책은 다음의 것이다: Isaac Deutscher, *The Prophet Armed: Trotsky, 1879~1921* (London: Oxford University Press, 1978), Chs. I~III.

2) Deutscher, *The Prophet Armed*, p. 7.

3) 같은 책, p. 8.

4) Irving Howe, *Leon Trotsky* (New York: Penguin Books, 1979), p. 2.

5) Trotsky, *My Life*, foreword.

6) 같은 책, 같은 곳.

7) Deutscher, *The Prophet Armed*, p. 13.

8) Edmund Wilson, *To the Finland Station: A Study in the Writing and Acting of History* (Garden City, N. Y.: Doubleday and Co., 1940), 강봉식 옮김, 『근대 혁명 사상사』(서울: 을유문화사, 1962), pp. 417~18.

9) 같은 책, 같은 곳.

10) 같은 책, 같은 곳.

11) 같은 책, 같은 곳.

12) 같은 책, p. 419.

13) Wolfe, *Three Who Made a Revolution*, p. 208에서 다시 옮김.

14) 같은 책, p. 209.

15) 강봉식 옮김, 『근대 혁명 사상사』, p. 423.

제11장

1) 이 절은 다음에 의존했다: Bertram D. Wolfe, *Three Who Made a Revolution: A Biographical History*, rev. ed.(New York: Dell Publishing Co., 1964), pp. 164~67.

2) Samuel H. Baron, *Plekhanov: The Father of Russian Marxism* (Stanford: Stanford University Press, 1963), pp. 196~215.

3) Edmund Wilson, *To the Finland Station: A Study in the Writing and Acting of History* (Garden City, N. Y.: Doubleday and Co., 1940), 강봉식 옮김, 『근대 혁명 사상사』(서울: 을유문화사, 1962), pp. 423~25.

4) 같은 책, pp. 424~25.

5) 같은 책, pp. 425~29.

6) 그녀는 뒷날 세르주Victor Serge와 함께 다음의 책을 썼다: *The Life and Death of Leon Trotsky* (New York: Basic Books, 1975).

7) Wolfe, *Three Who Made a Revolution*, p. 217.

8) 강봉식 옮김, 『근대 혁명 사상사』, p. 429.

9) Adam B. Ulam, *The Bolsheviks: The Intellectual and Political History of the Triumph of Communism in Russia* (New York: Collier Books, 1965), p. 175.

10) Baron, *Plekhanov*, pp. 215~16.

11) Ulam, *The Bolsheviks*, p. 162.

12) Wolfe, *Three Who Made a Revolution*, pp. 224~29.

13) Baron, *Plekhanov*, p. 223.

14) Wolfe, *Three Who Made a Revolution*, pp. 225~26.

제12장

1) Adam Ulam, *The Bolsheviks* (New York: Collier Books, 1965), p. 187.

2) Edmund Wilson, *To the Finland Station: A Study in the Writing and Acting of History* (Garden City, N. Y.: Doubleday and Co., 1940), 강봉식 옮김, 『근대 혁명 사상사』(서울: 을유문화사, 1962), p. 406.

3) Leopold H. Haimson, *The Russian Marxists and the Origins of Bolshevism* (Cambridge: Harvard University Press, 1955), p. 171.

4) Bertram D. Wolfe, *Three Who Made a Revolution: A Biographical History*, rev. ed.(New York: Dell Publishing Co., 1964), p. 234.

5) Robert H. McNeal, *Bride of the Revolution: Krupskaya and Lenin* (Ann Arbor: The University of Michigan Press, 1972), p. 109.

6) Wolfe, *Three Who Made a Revolution*, p. 235.

7) 같은 책, 같은 곳.

8) 같은 책, pp. 235~36.

9) 같은 책, p. 236.

10) 같은 책, p. 239.

11) Haimson, *The Russian Marxists and the Origins of Bolshevism*, p. 176.

12) 같은 책, p. 178.

13) Wolfe, *Three Who Made a Revolution*, p. 244.

14) 같은 책, p. 246.

15) 같은 책, p. 250.

16) 같은 책, 같은 곳.

17) 같은 책, pp. 252~53.

18) Irving Howe, *Leon Trotsky* (New York: Penguin Books, 1979), p. 28.

19) Wolfe, *Three Who Made a Revolution*, p. 257.

20) Edward H. Carr, *A History of Soviet Russia: The Bolshevik Revolution, 1917~1923* (London: Macmillan Co., 1954), p. 35.

21) Wolfe, *Three Who Made a Revolution*, p. 258.

22) 같은 책, pp. 260~61. 강조는 레닌의 것.

23) 같은 책, pp. 263~64.

24) Carr, *A History of Soviet Russia* I, p. 38.

25) Alfred G. Meyer, *Leninism* (Cambridge: Harvard University Press, 1957), p. 98.

제13장

1) Bertram D. Wolfe, *Three Who Made a Revolution: A Biographical History*, rev. ed.(New York: Dell Publishing Co., 1964), pp. 268~69.

2) 같은 책, p. 269.

3) Richard Pipes, *The Russian Revolution* (New York: Alfred A. Knopf, 1990), pp. 79~80.

4) Wolfe, *Three Who Made a Revolution*, pp. 269~71.

5) Pipes, *The Russian Revolution*, p. 78.

6) L. G. Churchward, *Contemporary Soviet Government*, 2nd ed.(London: Routledge & Kegan Paul, 1975), p. 36.

7) Darrell P. Hammer, *U. S. S. R.: The Politics of Oligarchy* (Hindsdale, Ill.: The Dryden Press,

1974), p. 22.

8) Warren B. Walsh, *Russia and the Soviet Union: A Modern History*, rev. ed.(Ann Arbor: The University of Michigan Press, 1968), p. 22.

9) Hammer, *U. S. S. R.*, p. 22.

10) Pipes, *The Russian Revolution*, p. 9.

11) 같은 책, pp. 9~11.

12) Wolfe, *Three Who Made a Revolution*, pp. 270~71.

13) 같은 책, p. 271.

14) 같은 책, 같은 곳.

15) 주바토프와 주바토피즘에 대한 가장 체계적인 연구로는 다음이 있다: Jeremiah Schneiderman, *Sergei Zubatov and Revolutionary Marxism: The Struggle for the Working Class in Tsarist Russia* (Ithaca, N. Y.: Cornell University Press, 1976).

16) Pipes, *The Russian Revolution*, pp. 11~12.

17) Wolfe, *Three Who Made a Revolution*, pp. 271~73.

18) Schneiderman, *Sergei Zubatov and Revolutionary Marxism*, p. 312.

19) 같은 책, pp. 350~61.

20) Wolfe, *Three Who Made a Revolution*, pp. 274~75.

21) Jesse D. Clarkson, *A History of Russia*, 5th printing(New York: Random House, 1966), pp. 378~79.

22) Pipes, *The Russian Revolution*, pp. 30~35.

23) 같은 책, p. 32.

24) Wolfe, *Three Who Made a Revolution*, pp. 278~79.

25) 같은 책, p. 279.

26) 같은 책, p. 280.

27) Fitzroy Maclean, *Take Nine Spies*(London: Weidenfeld and Nicolson, 1978), 제3장 ("Dangerous Edge")은 아제프를 다뤘다.

28) Solomon M. Schwarz, *The Russian Revolution of 1905: The Workers' Movement and the Formation of Bolshevism and Menshevism*, tr. by Gertrude Vakar(Chicago: The University of Chicago Press, 1967), p. 34.

29) Wolfe, *Three Who Made a Revolution*, p. 281.

30) 같은 책, pp. 281~82.

31) Isaac Deutscher, *The Prophet Armed: Trotsky, 1879~1921* (New York: Oxford University Press, 1954), Ch. 4.

제14장

1) Richard Pipes, *The Russian Revolution* (New York: Alfred A. Knopf, 1990), pp. 18~21.

2) Bertram D. Wolfe, *Three Who Made a Revolution: A Biographical History*, rev. ed.(New York: Dell Publishing Co., 1964), pp. 282~83.

3) Gregory Gapon, *The Story of My Life* (London, 1905; New York, 1906).

4) Sidney Harcave, *First Blood: The Russian Revolution of 1905* (New York: Macmillan Co., 1964), p. 69.

5) Pipes, *The Russian Revolution*, p. 22.

6) 같은 책, pp. 22~23.

7) Wolfe, *Three Who Made a Revolution*, p. 284.

8) 같은 책, pp. 285~86.

9) Pipes, *The Russian Revolution*, p. 25.

10) 같은 책, p. 286.

11) Walter Sablinsky, *The Road to Bloody Sunday: Father Gapon and the St. Petersburg Massacre of 1905* (Princeton: Princeton University Press, 1976).

12) Pipes, *The Russian Revolution*, p. 26.

13) Wolfe, *Three Who Made a Revolution*, p. 286.

14) 같은 책, 같은 곳.

15) Pipes, *The Russian Revolution*, p. 26.

16) Sergei Nikandrovich Syrov 지음, 기연수 옮김, 『러시아의 역사: 고대 루시에서 볼셰비키 혁명까지』(서울: 동아일보사, 1988), pp. 244~46.

17) Pipes, *The Russian Revolution*, p. 26.

18) 같은 책, p. 27.

19) 같은 책, pp. 26~30.

20) 같은 책, 같은 곳.

21) L. G. Churchward, *Contemporary Soviet Government*, 2nd ed.(London: Routledge & Kegan Paul, 1975), p. 36.

22) Pipes, *The Russian Revolution*, pp. 32~33.

23) Wolfe, *Three Who Made a Revolution*, pp. 302~05.

1) Bertram D. Wolfe, *Three Who Made a Revolution: A Biographical History*, rev. ed.(New York: Dell Publishing Co., 1964), pp. 287~89.

2) Neil Harding, *Lenin's Political Thought* (London: The Macmillan Press, 1977), vol. I, p. 201.

3) 레닌이 클라우제비츠로부터 무엇을 어떻게 배웠나에 대해서는 다음을 참조할 수 있다: 김학준, 『소련 정치론』(서울: 일지사, 1976), pp. 391~93. 또한 P. H. Vigor, *The Soviet View of War, Peace and Neutrality* (London: Routledge & Kegan Paul, 1975).

4) Wolfe, *Three Who Made a Revolution*, p. 305.

5) 파르부스의 정치 이론이 러시아 혁명 운동에 미친 영향에 대해서는 다음을 참조하라: Solomon M. Schwarz, *The Russian Revolution of 1905: The Workers' Movement and the Formation of Bolshevism and Menshevism*, tr. by Gertrude Vakar(Chicago: The University of Chicago Press, 1967), pp. 248~52.

6) Wolfe, *Three Who Made a Revolution*, p. 308.

7) 같은 책, p. 309.

8) Leon Trotsky, *My Life* (New York: Pathfinder Press, 1970), pp. 166~67.

9) Wolfe, *Three Who Made a Revolution*, pp. 289~91.

10) Trotsky, *My Life*, p. 167.

11) Wolfe, *Three Who Made a Revolution*, pp. 289~93.

12) Leon Trotsky, *The Russian Revolution,* selected and edited by F. W. Dupee from *The History of the Russian Revolution* (Garden City, N. Y.: Doubleday Anchor Books, 1959), pp. 4~12.

13) 레닌의 입장은 1905년 7월에 제네바에서 발표된 그의 작은 책 *Two Tactics of Social Democracy in the Democratic Revolution*에 나타나 있다. 이 작은 책에 대한 평가에 대해서는, L. G. Churchward, *Contemporary Soviet Government*, 2nd ed.(London: Routledge & Kegan Paul, 1975), p. 33.

14) Wolfe, *Three Three Who Made a Revolution*, p. 292.

15) 같은 책, pp. 292~93.

16) 같은 책, p. 293.

17) 같은 책, pp. 293~96.

18) 같은 책, p. 295.

19) 같은 책, p. 296.

20) 트로츠키의 영구혁명론에 대한 간결하면서도 뛰어난 분석에 대해서는, Irving Howe, *Leon Trotsky* (New York: Penguin Books, 1979), pp. 23~33.

21) Wolfe, *Three Who Made a Revolution*, pp. 296~300; Schwarz, *The Russian Revolution of 1905*, pp. 248~52.

22) Z. A. B. Zeman and W. B. Scharlau, *The Merchant of the Revolution: The Life of Alexandr Israel Helphand* (London, 1965).

23) Wolfe, *Three Who Made a Revolution*, pp. 300~10.

24) Trotsky, *My Life*, p. 169.

25) Wolfe, *Three Who Made a Revolution*, p. 301.

26) 같은 책, 같은 곳.

27) 같은 책, p. 310.

제16장

1) Richard Pipes, *The Russian Revolution* (New York: Alfred A. Knopf, 1990), p. 35.

2) 같은 책, pp. 35~37.

3) 같은 책, p. 37.

4) 같은 책, 같은 곳.

5) 같은 책, 같은 곳.

6) 같은 책, 같은 곳.

7) 같은 책, p. 38.

8) Nicolas de Basily, *Memoirs: Diplomat of Imperial Russia, 1903~1917* (Stanford: Hoover Institution Press, 1973), p. 49.

9) Pipes, *The Russian Revolution*, pp. 38~39.

10) 같은 책, p. 39.

11) 같은 책, pp. 39~40.

12) 같은 책, p. 40.

13) 같은 책, 같은 곳.

14) Bertram D. Wolfe, *Three Who Made a Revolution: A Biographical History*, rev. ed.(New York: Dell Publishing Co., 1964), pp. 320~21.

15) 같은 책, pp. 320~21.

16) 같은 책, 같은 곳.

17) Neil Harding, *Lenin's Political Thought* I(London: The Macmillan Press, 1977), p. 202.

18) 이 부분은 대체로 Wolfe, *Three Who Made a Revolution*, pp. 310~17에 의존했다.

19) Louis Fischer, *The Life of Lenin* (New York: Harper & Row, 1964), p. 47.

20) Henry Frederick Reichman, "Russian Railwaymen and the Revolution of 1905," unpub. Ph. D. diss., Berkeley: University of California at Berkeley, 1977.

21) Sergei Nikandrovich Syrov 지음, 기연수 옮김, 『러시아의 역사: 고대 루시에서 볼셰비키 혁명까지』(서울: 동아일보사, 1988), pp. 246~47.

22) Wolfe, *Three Who Made a Revolution*, p. 311.

23) Solomon M. Schwarz, *The Russian Revolution of 1905: The Workers' Movement and the Formation of Bolshevism and Menshevism*, tr. by Gertrude Vakar(Chicago: The University of Chicago Press, 1967), p. 171.

24) Edward H. Carr, *A History of Soviet Russia: The Bolshevik Revolution, 1917~1923* (London: Macmillan Co., 1954), pp. 51~53.

25) 악설로드에 대한 체계적 연구에 대해서는 다음을 참조함이 좋다: Abraham Ascher, *Pavel Axelrod and the Development of Menshevism* (Cambridge: Harvard University Press, 1972).

26) 같은 책.

27) Wolfe, *Three Who Made a Revolution*, pp. 311~16.

28) Harding, *Lenin's Political Thought*, p. 202.

29) Leon Trotsky, *My Life* (New York: Pathfinder Press, 1970), p. 175.

30) Samuel H. Baron, *Plekhanov: The Father of Russian Marxism* (Stanford: Stanford University Press, 1963), pp. 305~65.

제17장

1) Sergei Nikandrovich Syrov 지음, 기연수 옮김, 『러시아의 역사: 고대 루시에서 볼셰비키 혁명까지』(서울: 동아일보사, 1988), p. 247.

2) Richard Pipes, *The Russian Revolution* (New York: Alfred A. Knopf, 1990), pp. 42~44.

3) 같은 책, p. 43.

4) Bertram D. Wolfe, *Three Who Made a Revolution: A Biographical History*, rev. ed.(New York: Dell Publishing Co., 1964), pp. 321~22.

5) Pipes, *The Russian Revolution*, p. 44.

6) 같은 책, pp. 44~46.

7) 같은 책, p. 46.

8) Warren B. Walsh, *Russia and the Soviet Union: A Modern History*, rev. ed.(Ann Arbor: The University of Michigan Press, 1968), p. 336.

9) Wolfe, *Three Who Made a Revolution*, pp. 322~23.

10) Louis Fischer, *The Life of Lenin* (New York: Harper & Row, 1964), p. 51.

11) Edmund Wilson, *To the Finland Station: A Study in the Writing and Acting of History* (Garden City, N. Y.: Doubleday and Co., 1940), 강봉식 옮김, 『근대 혁명 사상사』(서울: 을유문화사, 1962), pp. 431~32.

12) Wolfe, *Three Who Made a Revolution*, pp. 324~26.

13) 같은 책, 같은 곳.

14) 같은 책, pp. 326~28.

15) 같은 책, p. 328.

16) *History of the U. S. S. R.* I(Moscow: Progress Publishers, 1977), p. 303.

17) George Vernadsky et al.(eds.), *A Source Book for Russian History from Early Times to 1917*(New Haven: Yale University Press, 1972), p. 746.

18) Wolfe, *Three Who Made a Revolution*, pp. 326~30.

19) *History of the U. S. S. R.* I, p. 304.

20) Wolfe, *Three Who Made a Revolution*, pp. 332~33.

21) 강봉식 옮김, 『근대 혁명 사상사』, p. 435.

22) Wolfe, *Three Who Made a Revolution*, pp. 333~34.

23) 같은 책, 같은 곳.

24) Trotsky, *My Life*(New York: Pathfinder Press, 1970), Ch. XV.

제18장

1) Richard Pipes, *The Russian Revolution*(New York: Alfred A. Knopf, 1990), p. 152.

2) 같은 책, pp. 154~56.

3) 같은 책, pp. 157~60.

4) Frederick L. Schuman, *Government in the Soviet Union*, 2nd ed.(New York: Thomas Y. Crowell, 1967), p. 22.

5) Paul Frölich, *Rosa Luxemburg: Her Life and Work*(New York: Monthly Review Press, 1972), p. 106.

6) Pipes, *The Russian Revolution*, p. 162: Bertram D. Wolfe, *Three Who Made a Revolution: A Biographical History*, rev. ed.(New York: Dell Publishing Co., 1964), pp. 338~50.

7) Wolfe, *Three Who Made a Revolution*, pp. 338~43.

8) Pipes, *The Russian Revolution*, pp. 162~65.

9) Edmund A. Walsh, *The Fall of the Russian Empire*(Boston: Little, Brown and Co., 1928), p. 85.

10) Pipes, *The Russian Revolution*, p. 164.

11) Robert K. Massie, *Nicholas and Alexandra*(New York: Dell Publishing Co., 1967), pp. 311~35.

12) Wolfe, *Three Who Made a Revolution*, pp. 345~56.

13) Isaac Deutscher, *The Prophet Armed: Trotsky, 1879~1921*(New York: Oxford University Press, 1954), pp. 176~77.

14) Wolfe, *Three Who Made a Revolution*, pp. 348~52.

15) 같은 책, pp. 350~58.

16) 같은 책, p. 350.

17) M. N. Pokrovsky, "Lenin as a Revolutionary Leader," in Tamara Deutscher(ed.), *Not By Politics Alone: The Other Lenin* (Westport, Conn.: Lawrence Hill and Co., 1973), p. 72.

18) Wolfe, *Three Who Made a Revolution*, pp. 353~56.

19) 같은 책, pp. 355~56.

제19장

1) Sergei Nikandrovich Syrov 지음, 기연수 옮김, 『러시아의 역사: 고대 루시에서 볼셰비키 혁명까지』(서울: 동아일보사, 1988), pp. 254, 257.

2) Warren B. Walsh, *Russia and the Soviet Union: A Modern History*, rev. ed.(Ann Arbor: The University of Michigan Press, 1968), pp. 339~41.

3) Richard Pipes, *The Russian Revolution* (New York: Alfred A. Knopf, 1990), pp. 166~69.

4) 이 장의 내용은 출전을 특별히 밝히지 않는 한 전적으로 같은 책, pp. 169~71.

5) Edward Crankshaw, *The Shadow of the Winter Palace: Russia's Drift to Revolution, 1825~1917* (New York: Viking Press, 1976), p. 366.

6) 이 항목의 내용은 특별히 출전을 밝히지 않는 한 대체로 다음에 의존했다: Bertram D. Wolfe, *Three Who Made a Revolution: A Biographical History*, rev. ed.(New York: Dell Publishing Co., 1964), pp. 338~60.

7) *History of the U. S. S. R.* I(Moscow: Progress Publishers, 1977), p. 309.

8) Wolfe, *Three Who Made a Revolution*, pp. 355~62.

9) 같은 책, 같은 곳.

10) Walsh, *Russia and the Soviet Union*, p. 342.

11) Wolfe, *Three Who Made a Revolution*, pp. 357~62.

12) Pipes, *The Russian Revolution*, p. 183.

13) 같은 책, pp. 187~90.

14) 같은 책, pp. 188~90.

15) 같은 책, p. 190.

16) 같은 책, pp. 190~91.

17) Wolfe, *Three Who Made a Revolution*, p. 363.

18) 같은 책, p. 364.

19) 같은 책, p. 366.

20) 같은 책, pp. 368~69.

21) 같은 책, p. 369.

22) 같은 책, pp. 370~71.

제20장

1) 이 장은 특별한 출처를 밝히지 않는 한 기본적으로 다음에 의존하고 있다: Bertram D. Wolfe, *Three Who Made a Revolution: A Modern History*, rev. ed.(New York: Dell Publishing Co., 1964) pp. 372~98.

2) Neil Harding, *Lenin's Political Thought* I(London: The Macmillan Press, 1977), p. 236.

3) Wolfe, *Three Who Made a Revolution*, p. 375.

4) Samuel H. Baron, *Plekhanov: The Father of Russian Marxism* (Stanford: Stanford University Press, 1963), pp. 268~69.

5) Wolfe, *Three Who Made a Revolution*, p. 380.

6) 같은 책, pp. 380~81.

7) 같은 책, pp. 285~86.

8) 같은 책, pp. 386~87.

9) Adam B. Ulam, *The Bolsheviks: The Intellectual and Political History of the Triumph of Communism in Russia* (New York: Collier Books, 1965), pp. 279~80.

10) Wolfe, *Three Who Made a Revolution*, p. 397.

제21장

1) Paul Frölich, *Rosa Luxemburg: Her Life and Work*, tr. by Johanna Hoornweg (New York: Monthly Review Press, 1972), p. ix.

2) J. P. Nettl, *Rosa Luxemburg* (London: Oxford University Press, 1966).

3) 이갑영, 『로자 룩셈부르크의 재인식을 위하여: 민주주의 · 인간 · 사회주의』(서울: 한울, 1993).

4) Leszek Kolakowski, *Main Currents of Marxism: Its Rise, Growth, and Dissolution*, Vol. II(*The Golden Age*), tr. from the Polish by P. S. Falla(Oxford: Clarendon Press, 1978), pp. 76~82.

5) Nettl, *Rosa Luxemburg*, p. 165.

제22장

1) Isaac Deutscher, *Stalin: A Political Biography*, 2nd ed. with a new section on Stalin's last years(New York: Oxford University Press, 1966).

2) Robert C. Tucker, *Stalin as Revolutionary: 1879~1929*(New York: W. W. Norton, 1973) 및 *Stalin in Power: The Revolution from Above: 1928~1941*(New York: W. W. Norton, 1990).

3) Leon Trotsky, *Stalin: An Appraisal of the Man and His Influence*, edited and translated by Charles Malamuth(New York: Harper & Brothers, 1941).

4) Bertram D. Wolfe, *Three Who Made a Revolution: A Biographical History*, rev. ed.(New York: Dell Publishing Co., 1964).

5) Ian Grey, *Stalin: Man of History*(Garden City, N. Y.: Doubleday and Co., 1979).

6) Alan Bullock, *Hitler and Stalin: Parallel Lives*(New York: Alfred A. Knopf, 1992).

7) Adam Ulam, *Stalin: The Man and His Era*(New York: Viking Press, 1973).

8) 특별히 출전을 밝히지 않는 한, 기본적으로 월프의 책에 의존했다.

9) Wolfe, *Three Who Made a Revolution*, p. 403.

10) Amy Knight, *Beria: Stalin's First Lieutenant*(Princeton, N. J.: Princeton University Press, 1993), pp. 56~57.

11) 같은 책, 같은 곳.

12) 같은 책, p. 11.

13) 같은 책, p. 74.

14) Trotsky, *Stalin*, p. 9.

15) Tucker, *Stalin as Revolutionary: 1879~1929*, pp. 74~75.

16) Wolfe, *Three Who Made a Revolution*, p. 411.

17) Deutsher, *Stalin*, p. 15.

18) Wolfe, *Three Who Made a Revolution*, pp. 413~14.

19) 같은 책, p. 416.

20) 같은 책, p. 417.

21) 같은 책, 같은 곳.

22) Tucker, *Stalin as Revolutionary: 1879~1929*, pp. 85~91.

23) 같은 책, pp. 72~73.

제23장

1) Bertram D. Wolfe, *Three Who Made a Revolution: A Biographical History,* rev. ed.(New York: Dell Publishing Co., 1964), pp. 424~25.

2) Leon Trotsky, *Stalin: An Appraisal of the Man and His Influence,* edited and translated by Charles Malamuth(New York: Harper & Brothers, 1941), pp. 50~51.

3) Robert C. Tucker, *Stalin as Revolutionary: 1879~1929* (New York: W .W. Norton 1973), pp. 98~99.

4) Wolfe, *Three Who Made a Revolution,* p. 433.

5) 같은 책, p. 434.

6) 같은 책, p. 439.

7) Ian Grey, *Stalin: Man of History* (Garden City, N. Y.: Doubleday and Co., 1979), p. 32.

8) Wolfe, *Three Who Made a Revolution,* p. 440.

9) Grey, *Stalin,* p. 31.

10) Amy Knight, *Beria: Stalin's First Lieutenant* (Princeton, N. J.: Princeton University Press, 1993), p. 59.

11) Wolfe, *Three Who Made a Revolution,* p. 433.

12) 같은 책, p. 444.

제24장

1) Leon Trotsky, *Stalin: An Appraisal of the Man and His Influence,* edited and translated by Charles Malamuth(New York: Harper & Brothers, 1941), p. 43.

2) Bertram D. Wolfe, *Three Who Made a Revolution: A Biographical History,* rev. ed.(New York: Dell Publishing Co., 1964), p. 450.

3) 같은 책, p. 451.

4) 같은 책, pp. 451~52.

5) 같은 책, p. 453.

6) 같은 책, p. 456.

7) Ian Grey, *Stalin: Man of History* (Garden City, N. Y.: Doubleday and Co., 1979), p. 53.

8) Isaac Deutscher, *Stalin: A Political Biography,* 2nd ed. with a new section on Stalin's last years(New York: Oxford University Press, 1966), p. 69.

9) Wolfe, *Three Who Made a Revolution,* p. 465.

10) 같은 책, pp. 465~66.

11) 같은 책, p. 467.

12) Grey, *Stalin*, pp. 56~57.

13) Deutscher, *Stalin*, p. 122.

14) Wolfe, *Three Who Made a Revolution*, p. 473.

제25장

1) Bertram D. Wolfe, *Three Who Made a Revolution: A Biographical History*, rev. ed.(New York: Dell Publishing Co., 1964), Chs. 23~24.

2) Louis Fisher, *The Life of Lenin*(New York: Harper & Row, 1964), p. 84.

3) Wolfe, *Three Who Made a Revolution*, pp. 477~78.

4) Edmund Wilson, *To the Finland Station: A Study in the Writing and Acting of History* (Garden City, N. Y.: Doubleday and Co., 1940), 강봉식 옮김, 『근대 혁명 사상사』(서울: 을유문화사, 1962), p. 463.

5) Neil Harding, *Lenin's Political Thought* I(London: The Macmillan Press, 1977), p. 249.

6) Wolfe, *Three Who Made a Revolution*, p. 483.

7) 같은 책, p. 484.

8) Isaac Deutscher, *The Prophet Armed: Trotsky, 1879~1921*(New York: Oxford University Press, 1954), p. 178.

9) Wolfe, *Three Who Made a Revolution*, p. 489.

10) 같은 책, p. 491.

11) Leon Trotsky, *My Life* (New York: Pathfinder Press, 1970), p. 207.

12) Wolfe, *Three Who Made a Revolution*, pp. 493~95.

13) 같은 책, pp. 497~98.

14) 같은 책, 같은 곳.

15) 같은 책, 같은 곳.

16) 이인호, 『러시아 지성사 연구』(서울: 문학과지성사, 1980), pp. 172~205.

17) Robert H. McNeal, *The Bolshevik Tradition: Lenin, Stalin, Khrushchev, Brezhnev*, 2nd ed.(Englewood Cliffs, N. J.: Prentice-Hall, 1975), pp. 20~21.

제26장

1) Isaac Deutscher, *The Prophet Armed: Trotsky, 1879~1921*(New York: Oxford University Press, 1954), p. 175.

2) Neil Harding, *Lenin's Political Thought* I(London: The Macmillan Press, 1977), pp. 282~83.

3) Bertram D. Wolfe, *Three Who Made a Revolution: A Biographical History*, rev. ed.(New York: Dell Publishing Co., 1964), p. 522.

4) Sergei Nikandrovich Syrov 지음, 기연수 옮김, 『러시아의 역사: 고대 루시에서 볼셰비키 혁명까지』(서울: 동아일보사, 1988), pp. 258~60.

5) Harding, *Lenin's Political Thought*, p. 282.

6) 같은 책, pp. 282~83.

7) *History of the U. S. S. R.* I(Moscow: Progress Publishers, 1977), p. 316.

8) Wolfe, *Three Who Made a Revolution*, p. 531.

9) Robert H. McNeal, *The Bolshevik Tradition: Lenin, Stalin, Khrushchev, Brezhnev*, 2nd ed.(Englewood Cliffs, N. J.: Prentice-Hall, 1975), pp. 21~22.

10) Leon Trotsky, *My Life* (New York: Pathfinder Press, 1970), p. 225.

11) Wolfe, *Three Who Made a Revolution*, p. 536.

12) Isaac Deutscher, *Stalin: A Political Biography*, 2nd ed. with a new section on Stalin's last years(New York: Oxford University Press, 1966), pp. 122~23.

13) 부하린에 대한 대표적인 연구로 다음을 지적할 수 있다: Stephen F. Cohen, *Bukharin and the Bolshevik Revolution: A Political Biography, 1888~1938*(New York: Alfred A. Knopf, 1973).

14) Wolfe, *Three Who Made a Revolution*, pp. 551~52.

15) Robert H. McNeal, *Bride of the Revolution: Krupskaya and Lenin*(Ann Arbor: The University of Michigan Press, 1972), p. 159.

제27장

1) George Vernadsky, *A History of Russia* (New York: New Home Library, 1944), p. 214.

2) Marc Ferro, *La Revolution de 1917*(Aubier Editions Montaigne, 1967), tr. by John Lamb Richards, *The Russian Revolution of February 1917*(London: Routledge & Kegan Paul, 1972), p. 3.

3) C. L. Sulzberger, *The Fall of Eagles* (New York: Crown Publishers, 1977), p. 264.

4) 1차 세계 대전의 기원에 대해서는 Brison D. Gooch(ed.), *Interpreting European History, 2 Vols.* (Homewood, Ill.: The Dorsey Press, 1967), II, Ch. 10.

5) Sulzberger, *The Fall of Eagles*, p. 225.

6) Alan Moorehead, *The Russian Revolution* (New York: Perennial Library edition by Harper & Row, 1965), p. 91.

7) Ferro, *The Russian Revolution of February 1917*, p. 3.

8) Richard Pipes, *The Russian Revolution* (New York: Alfred A. Knopf, 1990), pp. 201~05.

9) Bernard Pares, *Day by Day with the Russian Army, 1914~1915* (London: Constable, 1915), pp. 835~36.

10) Ferro, *The Russian Revolution of February 1917*, p. 18.

11) 같은 책, pp. 19~22; Warren B. Walsh, *Russia and the Soviet Union: A Modern History*, rev. ed.(Ann Arbor: The University of Michigan Press, 1968), pp. 469~70.

12) Pipes, *The Russian Revolution*, pp. 221~24.

13) Jesse D. Clarkson, *A History of Russia* (New York: Random House, 1966), p. 431.

14) G. W. Buchanan, *My Mission to Russia and Other Diplomatic Memories*, 2 Vols.(London: Cassell, 1923), pp. 241~42.

15) Sulzberger, *The Fall of Eagles*, p. 267.

16) Pipes, *The Russian Revolution*, pp. 259~60.

17) 같은 책, pp. 258~59.

18) Howard D. Mehlinger & John M. Thompson, *Count Witte and the Tsarist Government in the 1905 Revolution* (Bloomington: Indiana University Press, 1972), p. 58.

19) Ferro, *The Russian Revolution of February 1917*, p. 24.

20) *The Letters of the Tsar to the Tsaritsa, 1914~1917*, tr. by A. L. Hynes from the official edition of the Romanov Correspondence (Stanford: Stanford University Press, 1963), pp. 317~18 및 *The Letters of the Tsaritsa to the Tsar, 1914~1916* (Stanford: Hoover Institution Press, 1973).

21) Leon Trotsky, *The History of the Russian Revolution*, tr. by Max Eastman(London: Sphere Books, 1967), p. 80.

22) Robert K. Massie, *Nicholas and Alexandra* (New York: Dell Publishing Co., 1967), p. 315.

23) 이하 라스푸틴의 암살에 관련된 정보는 같은 책, pp. 368~81.

24) 같은 책, p. 372.

25) Pipes, *The Russian Revolution*, pp. 262~66.

26) 같은 책, p. 266.

27) 같은 책, p. 267.

28) Samuel H. Baron, *Plekhanov: The Father of Russian Marxism* (Stanford: Stanford University Press, 1963), pp. 317~18.

29) Bertram D. Wolfe, *Three Who Made a Revolution: A Biographical History*, rev. ed.(New

910

York: Dell Publishing Co., 1964), pp. 604~06.

30) 이 회의에 대해서는 다음을 참조하라: Paul Frölich, *Rosa Luxemburg: Her Life and Work*, tr. by Johanna Hoornweg (New York: Monthly Review Press, 1972), pp. 199~201.

31) Edmund Wilson, *To the Finland Station: A Study in the Writing and Acting of History* (Garden City, N. Y.: Doubleday and Co., 1940), 강봉식 옮김, 『근대 혁명 사상사』(서울: 을유문화사, 1962), pp. 456~57.

32) Baron, *Plekhanov*, p. 318.

33) Louis Fischer, *The Life of Lenin* (New York: Harper & Row, 1964), pp. 74~81.

34) Tamara Deutscher(ed.), *Not By Politics Alone: The Other Lenin* Ⅲ(Westport, Conn.: Lawrence Hill and Co., 1973).

35) 이 무덤에 관해서는 김학준, 『붉은 영웅들의 삶과 이상: 소련과 동유럽 공산주의자들의 발자취』(서울: 동아일보사, 1997), p. 65.

36) Wolfe, *Three Who Made a Revolution*, pp. 636~37.

37) Adam B. Ulam, *Expansion and Coexistence: The History of Soviet Foreign Policy, 1917~1967*(New York: Frederick A. Praeger, 1968), pp. 26~27.

38) 이 작은 책자의 전문은 다음에 있다: James E. Connor(ed.), *Lenin on Politics and Revolution: Selected Writings* (New York: Pegasus, 1968), pp. 111~50.

제28장

1) Marc Ferro, *La Revolution de 1917*(Aubier Editions Montaigne, 1967), tr. by John Lamb Richards, *The Russian Revolution of February 1917*(London: Routledge & Kegan Paul, 1972). 그리고 여기서 한 가지 명백히해둘 것이 있다. 날짜에 관한 것이다. 당시 러시아는 구력(舊曆)인 율리우스 달력 Julian Calender을 사용했다. 그러나 10월 혁명 직후 소비에트 정부는 세계 공용의 신력(新曆)인 그레고리 달력 Gregorian Calender을 채택했다. 이 두 달력 사이에는 13일의 차이가 있다. 이 장과 다음 장의 날짜는 구력에 의한 것이다. 그러나 신력에 따르면 2월 혁명은 3월 혁명이 되고, 10월 혁명은 11월 혁명이 된다.

2) Richard Pipes, *The Russian Revolution* (New York: Alfred A. Knopf, 1990), pp. 267~68.

3) 같은 책, p. 268.

4) 같은 책, pp. 269~71.

5) 같은 책, pp. 270~71.

6) Louis de Robien, *The Diary of a Diplomat in Russia, 1917~1918*, tr. from the French by Camilla Sykes(New York: Praeger Publishers, 1970), pp. 7~9. 이 일기는 1917년 혁명의 연구에 대단히 귀중한 자료의 하나다.

7) "Rodzianko's Report on the Economic Situation in February 1917," in George Vernadsky et

al.(eds.), *A Source Book for Russian History from Early Times to 1917*, 3 Vols. (New Haven: Yale University Press, 1972), III, p. 877.

8) Marcel Liebman, *La Revolution Russe* (Brussel: Les Editions Gerard, 1967), tr. by Arnold J. Pomerans, *The Russian Revolution* (New York: Random House, 1970), p. 100.

9) 같은 책, p. 101.

10) Ferro, *The Russian Revolution of February 1917*, p. 38.

11) 당시 두마의 자유주의적 입헌주의적 의원들의 정치적 역할을 집중적으로 분석한 책에는 다음이 있다: Raymond Pearson, *The Russian Moderates and the Crisis of Tsarism, 1914~1917* (London: The Macmillan Press, 1977).

12) Ferro, *The Russian Revolution of February 1917*, p. 44.

13) William H. Chamberlin, "The March Revolution Was Spontaneous," in Arthur E. Adams (ed.), *The Russian Revolution and Bolshevik Victory: Why and How?* (Boston: D. C. Heath and Co., 1960), p. 23.

14) Robert K. Massie, *Nicholas and Alexandra* (New York: Dell Publishing Co., 1967), pp. 399~400.

15) Nicholas de Basily, *Memoirs: Diplomat of Imperial Russia 1903~1917* (Stanford: Hoover Institution Press, 1973), p. 114.

16) Massie, *Nicholas and Alexandra*, p. 402.

17) Pearson, *The Russian Moderates and the Crisis of Tsarism*, Ch. 7.

18) Massie, *Nicholas and Alexandra*, pp. 403~04.

19) 같은 책, p. 411.

20) 같은 책, 같은 곳.

21) Darrell P. Hammer, *U. S. S. R.: The Politics of Oligarchy* (Hinsdale, Ill.: The Dryden Press, 1974), pp. 27~28.

22) Crane Brinton, *The Anatomy of Revolution* (Englewood Cliffs, N. J.: Prentice-Hall, 1957), 차기벽 옮김, 『혁명의 해부』, 개역 증보판(서울: 학민사, 1983).

23) Chamberlin, "The March Revolution Was Spontaneous," p. 23.

24) Robert H. McNeal, *The Bolshevik Tradition: Lenin, Stalin, Khrushchev, Brezhnev*, 2nd ed.(Englewood Cliffs, N. J.: Prentice-Hall, 1975), p. 25.

25) Leon Trotsky, *The Russian Revolution* (Garden City, N. Y.: Doubleday Anchor Books, 1959), p. 75.

26) Edmund Wilson, *To the Finland Station: A Study in the Writing and Acting of History* (Garden City, N. Y.: Doubleday and Co., 1940), 강봉식 옮김, 『근대 혁명 사상사』(서울: 을유문화사, 1962), p. 470.

27) 같은 책, p. 471.

제29장

1) Richard Pipes, *The Russian Revolution* (New York: Alfred A. Knopf, 1990), p. 337.

2) 같은 책, 제8장~제10장.

3) Alan Moorehead, *The Russian Revolution* (New York: Perennial Library edition by Harper & Row, 1965), p. 159.

4) Pipes, *The Russian Revolution*, p. 298.

5) 같은 책, 같은 곳.

6) 같은 책, pp. 298~99.

7) 같은 책, p. 300.

8) 같은 책, pp. 70~71.

9) 같은 책, pp. 302~04.

10) Leonard Schapiro, "The Political Thought of the First Provisional Government," in Richard Pipes(ed.), *Revolutionary Russia: A Symposium* (Garden City, N. Y.: Doubleday and Co., 1969), p. 128.

11) Pipes, *The Russian Revolution*, pp. 323~24.

12) Jesse D. Clarkson, *A History of Russia* (New York: Random House, 1966), p. 444.

13) Pipes, *The Russian Revolution*, pp. 304~07.

14) 같은 책, pp. 324~26.

15) 같은 책, pp. 332~33.

16) Robert K. Massie, *Nicholas and Alexandra* (New York: Dell Publishing Co., 1967), pp. 441~61.

17) Pipes, *The Russian Revolution*, pp. 334~36.

18) Massie, *Nicholas and Alexandra*, pp. 441~61.

제30장

1) Marc Ferro, *La Revolution de 1917* (Aubier Editions Montaigne, 1967), tr. by John Lamb Richards, *The Russian Revolution of February 1917* (London: Routledge & Kegan Paul, 1972), p. 202.

2) Richard Pipes, *The Russian Revolution* (New York: Alfred A. Knopf, 1990), p. 386.

3) Edmund Wilson, *To the Finland Station: A Study in the Writing and Acting of History* (Garden City, N. Y.: Doubleday and Co., 1940), 강봉식 옮김, 『근대 혁명 사상사』(서울:

을유문화사, 1962), pp. 471~73.

4) Marcel Liebman, *La Revolution Russe* (Brussel: Les Editions Gerard, 1967), tr. by Arnold J. Pomerans, *The Russian Revolution* (New York: Random House, 1970), p. 127.

5) David Footman, *The Russian Revolutions* (London: Faber and Faber, 1962), p. 62.

6) 이하 레닌의 귀국에 관한 협상의 자세한 내용의 출처는 다음이다: Alan Moorehead, *The Russian Revolution* (New York: Perennial Library ed. by Harper & Row, 1965), pp. 173~81.

7) 헤르만 베버 지음, 정초일 옮김, 『레닌』(서울: 한길사, 1999), p. 167.

8) Leon Trotsky, *Stalin*, from the Russian by Charles Malamuth (New York: Harper & Brothers, 1941), p. 194.

9) Moorehead, *The Russian Revolution*, p. 182.

10) 같은 책, p. 183.

11) Adam B. Ulam, *The Unfinished Revolution: An Essay on the Sources of Influence of Marxism and Communism* (New York: Vintage Books, 1960), p. 185.

12) Moorehead, *The Russian Revolution*, p. 183.

13) 베버, 『레닌』, p. 168.

14) "The Tasks of the Proletariat in the Peasant Revolution(April, 1917): The April Theses," in James E. Connor(ed.), *Lenin on Politics and Revolution: Selected Writings* (New York: Pegasus, 1968), pp. 158~60.

15) Nikolai N. Sukhanov, *The Russian Revolution, 1917: A Personal Record* (New York, 1955), p. 280.

16) Ferro, *The Russian Revolution of February 1917*, pp. 188~90.

17) Robert C. Tucker, *Stalin as Revolutionary: 1879~1929* (New York: W. W. Norton, 1973), pp. 166~67.

18) Leon Trotsky, *The Russian Revolution*, ed. by F. W. Dupee from Leon Trotsky's *The History of the Russian Revolution* (Garden City, N. Y.: Doubleday Anchor Books, 1959), p. 227.

19) 베버, 『레닌』, pp. 169~71.

20) Trotsky, *The Russian Revolution*, p. 212.

21) Pipes, *The Russian Revolution*, p. 401.

22) 같은 책, p. 403.

23) 같은 책, p. 399.

24) 베버, 『레닌』, p. 173.

25) Leon Trotsky, *My Life* (New York: Pathfinder Press, 1970), p. 311.

26) E. H. Carr, *A History of Soviet Russia* (London: Macmillan Co., 1964), I(1950), pp. 90~91.

27) Leon Trotsky, *Lenin*(New York: Capricorn Books, 1971), p. 82.

28) Leonard Schapiro, "The Political Thought of the First Provisional Government," in Richard Pipes(ed.), *Revolutionary Russia: A Symposium* (Garden City, N. Y.: Doubleday and Co., 1969), p. 142.

29) Andrei Sinyavsky, *Soviet Civilization: A Cultural History*, tr. from the Russian by Joanne Turnbull(New York: Arcade Publishing Co., 1988), pp. 59~60.

30) Pipes, *The Russian Revolution*, pp. 394~97.

31) 같은 책, p. 398.

제31장

1) Richard Pipes, *The Russian Revolution* (New York: Alfred A. Knopf, 1990), pp. 437~38.

2) 같은 책, pp. 440~42.

3) 같은 책, p. 441.

4) Pipes, *The Russian Revolution*, pp. 441~51.

5) Alan Moorehead, *The Russian Revolution* (New York: Perennial Library ed. by Harper & Row, 1965), pp. 213~15.

6) 같은 책, pp. 451~64.

7) Alexander Kerensky, *Russia and History's Turning Point* (New York: Duell, Sloan & Pearce, Inc., 1965).

8) Leonid I. Stakhovsky, "Kerensky Betrayed Russia," in Arthur E. Adams(ed.), *The Russian Revolution and Bolshevik Victory: Why and How?* (Boston: D. C. Heath and Co., 1960), pp. 85~96.

9) Alexander Kerensky, "Both Left and Right Betrayed the Provisional Government," in Adams, *The Russian Revolution and Bolshevik Victory*, p. 82.

10) Marcel Liebman, *La Revolution Russe* (Brussel: Les Editions Gerard, 1967), tr. by Arnold J. Pomerans, *The Russian Revolution* (New York: Random House, 1970), p. 234.

11) "State and Revolution(August-September, 1917): The Marxist Theory of the State and the Tasks of the Proletariat in the Revolution," in James E. Connor(ed.), *Lenin on Politics and Revolution: Selected Writings* (New York: Pegasus, 1968), pp. 184~232. 이 소책자에 대한 날카로운 비판은 John Plamenatz, "Lenin and Russian Communism," in Samuel Hendel(ed.), *The Soviet Crucible: The Soviet System in Theory and Practice*, 4th ed.(North Scituate, Mass.: Duxburg Press, 1973), pp. 74~75.

12) Robert H. McNeal, *The Bolshevik Tradition: Lenin, Stalin, Khrushchev, Brezhnev*, 2nd ed.(Englewood Cliffs, N. J.: Prentice-Hall, 1975), pp. 38~43.

13) Isaac Deutscher, *The Prophet Armed: Trotsky, 1879~1921*(New York: Oxford University Press, 1954), p. 256.

14) Moorehead, *The Russian Revolution*, p. 226.

15) 같은 책, p. 227.

16) 같은 책, 같은 곳.

17) 같은 책, 같은 곳.

18) Geoffrey Hosking 지음, 김영석 옮김, 『소련사』(서울: 홍성사, 1988), pp. 56~57.

19) 같은 책, p. 235.

20) 헤르만 베버 지음, 정초일 옮김, 『레닌』(서울: 한길사, 1999), pp. 185~86.

21) Isaac Deutscher, *Stalin: A Political Biography*, 2nd ed. with a new section on Stalin's last years (New York: Oxford University Press, 1966), pp. 166~67.

22) Pipes, *The Russian Revolution*, pp. 491~93.

23) Sergei Nikandrovich Syrov 지음, 기연수 옮김, 『러시아의 역사: 고대 루시에서 볼셰비키 혁명까지』(서울: 동아일보사, 1988), pp. 281~82.

24) Pipes, *The Russian Revolution*, pp. 496~97.

25) Leon Trotsky, *Stalin*, tr. from the Russian by Charles Malamuth(New York: Harper & Brothers, 1946), p. 239.

26) Leo Lande, "The Mensheviks in 1917," in Leopold H. Haimson(ed.), *The Menshevik: From the Revolution of 1917 to the Second World War* (Chicago: The University of Chicago Press, 1974), p. 3.

27) McNeal, *The Bolshevik Tradition*, p. 44.

28) Alan Bullock, *Hitler and Stalin: Parallel Lives* (New York: Alfred A. Knopf, 1992), p. 56.

29) Pipes, *The Russian Revolution*, pp. 485~86.

30) Leon Trotsky, *The Russian Revolution*, selected and edited by F. W. Dupeee(Garden City, N. Y.: Doubleday and Co., 1959), pp. 429~30.

31) Tony Cliff, *Lenin* (London: Pluto Press, 1976), II, p. 138.

32) John Reed, *Ten Days That Shook the World*, a new edition with an introduction by Bertram D. Wolfe(New York: The Modern Library, Random House, 1960), pp. 170~71. 번역문은 다음에서 옮겼다. 베버, 『레닌』, pp. 189~90.

33) Adam B. Ulam, *Expansion and Coexistence: The History of Soviet Foreign Policy, 1917~1967*(New York: Frederick A. Praeger, 1968), p. 52.

34) 베버, 『레닌』, p. 190.

35) Herbert McClosky and John E. Turner, *The Soviet Dictatorship* (New York: McGraw—Hill Book Co., 1960), pp. 74~75.

36) Jesse D. Clarkson, *A History of Russia* (New York: Random House, 1966), p. 492.

37) David Francis, *Russia from the American Embassy, April 1916~November 1918*(New York: Charles Scribner's Sons, 1921), p. 186.

38) John W. Wheeler-Bennett, *Brest-Litovsk: The Forgotten Peace, March 1918*(London: Macmillan, 1956); Gerhard Schulz, *Revolution and Peace Treaties, 1917~1920*, tr. by Marian Jackson from the German(London: Methuen and Co., 1972).

39) 베버, 『레닌』, pp. 200~01.

40) Pipes, *The Russian Revolution*, pp. 806~09

제32장

1) Richard Pipes, *The Russian Revolution* (New York: Alfred A. Knopf, 1990), Ch. 17.

2) 같은 책, p. 746.

3) Robert K. Massie, *Nicholas and Alexandra* (New York: Dell Publishing Co., 1967), pp. 465~515.

4) Pipes, *The Russian Revolution*, pp. 746~48.

5) 같은 책, pp. 749~50.

6) 같은 책, p. 753.

7) 같은 책, pp. 766~70.

8) 같은 책, pp. 771~72.

9) 동아일보, 1998년 7월 18일.

10) 자세한 얘기는 나의 『붉은 영웅들의 삶과 이상: 소련과 동유럽 공산주의자들의 발자취』 (서울: 동아일보사, 1997), pp. 40~41에 있다.

11) 같은 책, pp. 87~93.

12) Alan Bullock, *Hitler and Stalin: Parallel Lives* (New York: Alfred A. Knopf, 1991), pp. 466~67.

13) 김학준, 『붉은 영웅들의 삶과 이상』, pp. 144~47.

14) Amy Knight, *Beria: Stalin's First Lieutenant* (Princeton, N. J.: Princeton University Press, 1993), pp. 87~100.

15) David Remnick, *Lenin's Tomb: The Last Days of the Soviet Empire* (New York: Random House, 1993), pp. 62~69.

16) 김학준, 『붉은 영웅들의 삶과 이상』, pp. 168~75.

17) Knight, *Beria*, pp. 20~46.

18) Merle Fainsod, *How Russia Is Ruled* (Cambridge, M. A.: Harvard University Press, 1963) 및 Barrington Moore, *Terror and Progress, U. S. S. R.*(Cambridge, M. A.: Harvard University Press, 1954).

19) Carl J. Friedrich and Zbigniew F. Brzezinski, *Totalitarian Dictatorship and Autocracy*, 2nd rev. ed.(New York: Frederick A. Praeger, 1965), pp. 15~27.

20) Andrei Sinyavsky, *Soviet Civilization. A Cultural History*, tr. from the Russian by Joanne Turnbull(New York: Arcade Publishing Co., 1988).

21) Samuel Hendel(ed.), *The Soviet Crucible: The Soviet System in Theory and Practice*, 4th ed.(North Scituate, Ma.: Duxbury Press, 1973), p. 82.

러시아 혁명사 일지

〔※날짜는 구력에 의한 것임〕

1613년: 로마노프 왕조의 개창.

1667~1671년: 스테판 라진의 농민 반란.

1682~1725년: 표트르 대제.

1762~1796년: 에카테리나 대제.

1773~1775년: 푸가초프의 농민 반란.

1801년 3월: 파벨 1세의 암살과 알렉산드르 1세의 즉위. 코카서스 정복을 시작.

1802년: 원로원의 개편과 행정부서의 설치.

1803년: 자유 농민에 관한 법령 선포.

1804년: 유태인의 술장사를 금지시키고 농사를 짓게 하는 칙령 선포. 카르코프와 카잔에 대학교 설립.

1805년: 대(對)프랑스 연합 전선에 참가; 아우스텔리츠에서 패배.

1806년: 슬라브주의자의 한 사람인 이반 키리예프스키 출생.

1807년: 나폴레옹과 틸지트에서 굴욕적인 조약을 체결.

1809년: 핀란드를 정복.

1810년: 제한된 범위 안에서의 대의 제도의 도입을 골자로 하는 스페란스키의 보고서를 알렉산드르 1세에게 제출.

1811년: 반체제적 지식인 벨린스키 출생.

1812년: 베사라비아를 합병. 나폴레옹, 모스크바 점령.

1812년 3월 25일: '러시아 사회주의의 아버지' 게르첸 출생.

1823년: 대표적 인민주의자 라브로프 출생.

1824년: 문서국의 청년들, 『므니모지나』를 출간.

1825년 12월 14일: 알렉산드르 1세의 사망으로 니콜라이 1세 즉위. 데카프
리스트의 반란이 일어남.

1827년: 『모스크바 베스트니크』, 파고진의 편집 책임 아래 출간.

1829년: 대표적 반체제 지식인 체르니세프스키 출생.

1830년: 프랑스 7월 혁명 발발.

1831년: 모스크바에서 스탄케비치 서클 조직.

1831~1833년: 폴란드인들이 러시아에 항거하여 봉기.

1833년: 스페란스키, 『러시아 제국의 법률 전집』 발간.

1834년: 벨린스키, 저널리스트로서의 활동을 시작.

1836년: 차아다에프가 니콜라이 1세 체제를 부인하는 「역사철학에 관한 서
한 제1호」를 발표.

1839년: 벨린스키, 『조국 연보』와 『동시대인』에서 활동.

1840년: 가속 농노의 해방을 허용.

1841~1843년: 게르첸, 유형 생활.

1844년: 폭력혁명론을 옹호하며 뒷날 레닌에게 큰 영향을 줄 트카초프 출생.

1845년: 상트 페테르부르크에서 페트라셰프스키 서클 조직.

1847년: 과격한 혁명 노선을 제창할 네차예프 출생.

1848년: 프랑스와 독일 및 이탈리아에서 혁명 운동 전개. 벨린스키 사망. 마
르크스와 엥겔스의 『공산당 선언』 완성.

1849년: 페트라셰프스키 독서 회원들이 사형 선고를 받았으나 뒤에 사면.

1851년: 게르첸, 「러시아와 사회주의」란 편지 집필.

1852년: 키리예프스키, 『유럽 문화의 성격과 러시아 문화와의 관계』 발표.
게르첸, 런던에서 『콜로콜』 발간.

1853~1856년: 크림 전쟁에서 패전.

1855년: 니콜라이 1세의 사망으로 알렉산드르 2세 즉위.

1856년: '러시아 마르크시즘의 아버지' 플레하노프 출생.

1857년: 알렉산드르 2세 내정 개혁 문제를 다룰 위원회 임명.

1858~1859년: 농촌 문제에 관한 체르니세프스키의 논문들 발표.

1860년: 블라디보스토크 건설. 국립은행 창설. 라브로프, 대중 강연에서

「철학의 현대적 의의에 관해」를 발표.

1861년: 알렉산드르 2세 ‘대개혁’을 시작하고 농노 해방령을 공포. 체르니세프스키 『위대한 러시아아인』을 발표.

1861~1862년: 혁명 선언과 농민 반란이 대대적으로 전개됨.

1861년: 바쿠닌, 서유럽에서 활동을 시작.

1862년 2월: 체르니세프스키 농노 해방의 기만성을 비판하는 『주소 없는 편지』 집필.

6월: 『동시대인』과 『러시아의 말』 폐간.

7월: 체르니세프스키 피체. 정치소설 『무엇을 해야 하나?』 집필. 자이치예프스키, 『청년 러시아의 선언』 발표. 체르니세프스키의 ‘제자’ 격인 과격 청년 도브롤리우보프 요절.

1862~1868년: 피사레프가 반체제 저술 활동을 전개.

1863년: 예산안을 최초로 공개. 폴란드인의 반란 발발.

1864년: 젬스트보 의회 신설. 사법 개혁안 발표. 체르니세프스키, 유형을 시작. 제1인터내셔널이 런던에서 결성.

1866년: 카라카조프, 알렉산드르 2세의 암살을 시도, 트카초프, 『대의』에 참여.

1867년: 라브로프, 유배.

1868년: 트카초프, 『깨어진 환상』 발표.

1868~1869년: 라브로프, 『역사 서한』을 발표.

1869~1870년: 네차예프, 혁명 단체인 ‘인민의 정의’ 조직.

1870년 4월: 레닌 출생.

1871년: 파리 코뮌 수립. 오데사에서 유태인 학살 사건 발생.

1872년: 제1인터내셔널 본부 뉴욕으로 이동, 실질적으로 종말. 마르크스의 『자본론』 러시아어로 번역.

1872~1874년: 무정부주의자 크로포트킨이 노동자들을 선동. 라브로프, 「우리의 강령」 발표. 트카초프, 스위스로 망명.

1873년: 네차예프에게 20년의 유형 선고됨.

1873~1874년: ‘인민으로’의 운동이 정점에 이르다.

1874년 봄: ‘인민으로’의 운동 좌절.

1875년: 라브로프, 『미래 사회에서 국가의 요소』 발표. 트카초프, 『경종』에서 혁명 운동에 의한 정치 권력의 장악을 주장.

1876년: 인민주의자들이 ‘토지와 자유’ 당을 결성. 트카초프, 『혁명과 국가』 발표.

1877~1878년: 여성 혁명가 자수리치가 트레포프 장군을 저격했으나 실패, 결국 스위스로 망명.

1879년 4월 1일: 소로비예프, 알렉산드르 2세 암살을 시도.

　　　　10월: ‘토지와 자유’ 당이 ‘인민의 의지’ 당과 ‘흑토 재분배’ 당으로 분열.

　　　　10월 25일: 트로츠키 출생.

　　　　12월 8일: 스탈린 출생.

1880년: 스테판 할투린, 겨울 궁전에 폭탄 설치. 플레하노프, 제네바로 망명.

1881년 3월 1일: 알렉산드르 2세가 암살되어 알렉산드르 3세 즉위.

1882년: 『러시아 자본주의의 운명』 출판. 유아 노동 금지령 공포. 네차예프 사망.

1883년: 마르크스 사망. 러시아 최초의 마르크시스트 조직인 ‘노동자 해방 그룹’이 스위스에서 플레하노프와 악셀로드 및 자수리치 등에 의해 결성. 플레하노프, 『사회주의와 정치적 투쟁』 출판.

1884년: 블라고예프, 상트 페테르부르크에서 사회민주주의 서클 조직.

1885년: 모로조프에서 파업 발생. 플레하노프, 『우리들의 차이점』 출판.

1886년: 인두세 폐지. 트카초프, 파리에서 사망.

1887년 2월 28일: 알렉산드르 3세의 암살 미수.

　　　　5월 7일: 레닌의 형 알렉산드르, 알렉산드르 3세 암살 미수 사건에 연좌되어 처형.

1887년 11월 22일: 레닌, 카잔 대학교에서 퇴학.

1888년: 레닌, 처음으로 마르크스의 저서를 읽다.

1889년: 제2인터내셔널이 파리에서 개최; 플레하노프가 참석.

1890년: 교육부 당국, 레닌에게 교외생으로 법학 공부를 계속해도 좋다고 허가.

1891년: 시베리아 횡단 철도 개통.

1891~1892년: 러시아 전역에 대기근 발생. 인민주의 운동 다시 시작. 산업 위기가 나타나고 우조브카와 로츠에서 파업 발생.

1892년 1월: 레닌, 사마라에서 변호사 업무 시작.

1893년: 위테가 재무부 대신에 임명. 보브로프, '인민의 권리' 당을 창설. 레닌, 인민주의를 비판. 레닌, 사마라에서 사회민주주의 서클 조직 및 상트 페테르부르크의 '노동 운동 지도 중앙 그룹'에 참여. 레닌, 포스트니코프의 『남부 러시아의 농업 경제』에 대한 서평 집필.

1894년: 알렉산드르 3세 사망으로 니콜라이 2세가 즉위. 젬스트보 의회의 건의를 묵살.

봄: 레닌, 자신의 평생의 반려이며 동지가 될 나데즈다 크루프스카야를 만나다. 레닌, 「인민의 벗이란 무엇이며 그들은 사회민주주의자들과 어떻게 싸워야 하는가」 발표. 라브로프, 『현대 사상 사론』 출판.

1895년 4월: 야고슬라브에서 파업자 학살 발생.

5월: 레닌, 플레하노프 그룹과의 접촉을 위해 서유럽 여행.

9월: 레닌, 귀국하여 마르토프와 함께 '노동 계급의 해방을 위한 투쟁의 동맹'을 결성하고 『노동자의 대의』를 발간할 준비.

12월 8일: 레닌 피체. 이후 14개월을 피터 앤 폴 포트레스 형무소에 수감.

1896년: 레닌, 「파업론」 집필. 곧 『러시아에서 자본주의의 발달』 집필에 착수. 상트 페테르부르크 섬유 노동자들 파업.

5월: 니콜라이 2세의 대관식.

1897년: 레닌, 3년의 유형 생활을 위해 시베리아로 출발. 유형지에서 웨브 부처의 『영국 노동조합의 이론과 실제』 번역.

3월 16~17일: 키예프에서 사회민주주의자들이 자신들의 전국적 조직 결성을 시도했으나 실패.

여름: 트로츠키, '남러시아 노동자 동맹' 결성에 주도적 역할을 수

행. '유태인 노동자 총동맹'이 결성되다. 1일 11시간 반 노동
제가 실시되다.

1898년: 여순항을 조차(租借).

1월: '남러시아 노동자 동맹'이 검거되면서 트로츠키가 생애 처음
으로 형무소에 수감.

3월: 소련공산당의 기원인 '러시아 사회민주노동당'이 민스크에서
결성. 그러나 경찰에 발각되어 당 프로그램도 마련해보지 못
하고 유산. 레닌은 유형중인데도『노동자 신문』의 편집위원으
로 피선.

7월: 레닌과 크루프스카야, 레닌의 유형지 슈센스코예에서 결혼식.

1899년 4월: 레닌의『러시아에서 자본주의의 발달』출판. '경제주의'에 대
항하는「17인의 항의」가 레닌 주도 아래 시베리아 유형지에서 발
표. 트로츠키, 레닌의 이름을 처음 듣고 그의 저작에 접하다. 혁명
동지 알렉산드라와 결혼. 스탈린, 티플리스 신학교에서 퇴교. 치체
린의『20세기 전야의 러시아』가 발표. 이 소책자를 통해 차리 전제
체제의 포기와 선거를 통한 의회의 구성 및 그 의회에 의한 헌법 제
정과 책임 정부의 수립을 권고.

1900년: 라브로프 사망.

2월 3일: 레닌, 시베리아 유형 종결.

2월~3월: 빅토르 쿠르나토프스키, '티플리스 사회민주주의 위원
회'를 결성했으나 곧 해체.

4월: '경제주의자' 들 '재외 사회민주당원 동맹'을 결성. 플레하노
프와 그의 지지자들은 이에 맞선 '재외 혁명 사회민주주의 연맹'
결성.

5월: 레닌, 상트 페테르부르크 여행중 체포, 10일 간의 구류. 트로
츠키의 시베리아 유형 생활 시작.

7월~11월: 레닌과 포트레소프, 해외 출국에 성공해 플레하노프 문
하에 들어가다.

12월: '사회혁명당' 결성.

12월 21일: 『이스크라』 창간. 창간호에 레닌이 「우리 운동의 긴급한 과제」 발표. 레닌은 포트레소프 및 마르토프와 '삼각 동맹'을 이루다.

1901년: 황실이 젬스트보 의회 자체를 탄압하기 시작.

3월 9일: 빅토르 쿠르나토프스키 등의 『이스크라』 편집진이 피검.

5월: '경찰사회주의' 또는 '경찰노조주의'의 일환으로 모스크바에 '기계 공업 노동자 상조회'가 세워지다.

6월: '사회민주당,' 제네바에서 회의를 열고 당의 통합을 위해 당 대회를 개최키로 결정.

10월 4~6일: '사회민주당' 대회가 취리히에서 개최.

1902년 1월: 레닌과 플레하노프의 의견 차이 심각.

3월: 레닌의 『무엇을 해야 하나?』의 출간을 통해 당 조직 원리를 제시.

4월 5일: 스탈린 피체.

5월: 레닌과 『이스크라』 사무실이 런던으로 이사.

6월 1일: 『이스크라』와 『여명』지의 편집진이 '사회민주당'의 프로그램 초안 작성. 제2차 당 대회에서 채택.

10월: 트로츠키, 시베리아 유형지를 탈출해 런던에 도착. 『이스크라』에 기고하기 시작. 그뒤 파리에서 그의 두번째 부인이 되는 여류 혁명가 나탈리아 세도바를 만나다.

1903년 1월: 남러시아 로스토프 지역에서 파업 발생.

2월: 스탈린, '코카서스 연합 위원회'의 위원으로 부재중에 피선.

3월: 바쿠와 바툼 지역에서 파업 발생.

3월 3일: 트로츠키, 『이스크라』의 편집진에 참여.

4월: 레닌의 반대에도 불구하고 『이스크라』 사무실 제네바로 이사.

7월: 오데사, 키예프, 엘리자베트그라드 지역에서 파업 발생. 이로써 '경찰사회주의' 종말.

7월 12일: 스탈린, 3년의 시베리아 추방령.

7월 17일~8월 10일: '러시아 사회민주노동당' 제2차 당 대회가 브뤼셀과 런던에서 개최. '유태인 동맹'이 탈퇴하고 3인의 상임위원회 구성. 볼셰비키와 멘셰비키로 갈라지고 트로츠키가 레닌에 반대.

가을~겨울: 볼셰비키와 멘셰비키 사이에 분규가 계속. 레닌, 『이스크라』의 편집·논설위원직 사임. 새로운 『이스크라』가 52호부터 발간. '재외 혁명 사회민주주의 동맹'과 당 위원회가 멘셰비키의 세력권에 들어가고 중앙위원회만 볼셰비키의 통제 아래 놓이게 되다.

11월: 스탈린, 시베리아 유형 생활 시작.

12월: 젬스트보 의회의 자유주의자들, 하나의 결사체로서 '해방 동맹'을 결성하고 『해방』을 발간. 이 해에 라스푸틴이 처음으로 상트 페테르부르크에 등장. 플레베가 행정의 주도권을 위테로부터 계승. 조지아의 혁명가 케트스호벨리, 형무소에서 총살.

1904년: 멘셰비키, 당 기구를 장악. 레닌, 중앙위원회를 탈퇴하고 제3차 당대회를 준비하기 위한 '당내 다수파 위원회국'을 수립.

1월: 스탈린, 유형지에 도착.

1월 27일: 러일 전쟁 발발.

2월: 스탈린, 유형지를 탈출, 조지아의 고리로 귀향.

5월: 레닌, 「일보 전진, 이보 후퇴」 발표. 멘셰비키 '기회주의자들'이 '우리의 옛 『이스크라』의 명예를 더럽혔다'고 주장하면서 '진짜' 당을 만들기 위해 새 당 대회를 열어야 한다고 역설. 그뒤 보그다노프와 루나차르스키 및 본치 브루이에비치 등 지식인들의 지원을 받게 되어, 마침내 8월에 22명의 레닌주의자들이 제네바에 모여 새 당 대회의 소집을 요구하게 되다. 이를 바탕으로 11월에 '당내 다수파 위원회국' 결성.

7월 24일: 내무부 대신 플레베 암살.

9월: '사회민주당'을 제외한 '전러시아 반차리 정당 연합 전선' 회의 파리에서 개최.

10월 20일: '해방 동맹' 제2차 대회, 서구식의 기본권과 자유를 골격으로 하는 '젬스트보 프로그램' 채택.

11월~12월: 멘셰비키, 자유주의자를 지지. 트로츠키, 이에 멘셰비키와 절연하고 1917년까지 어느 파에도 속하지 않게 되다.

12월: 볼셰비키 기관지『전진』창간.

12월 20일: 여순항 함락. 이를 보고 레닌은 곧「여순항의 함락」이란 글을 발표.

1905년 1월: '사회혁명당' 제1차 당 대회 개최, 자유민주주의, 농촌 개혁, 토지 재분배, 사유 재산권의 보장 등을 강령으로 채택, 테러 조직인 '투쟁단'을 결성.

1월 3일: 푸틸로프 노동자들 파업.

1월 7일: 가퐁 신부, 푸틸로프 노동자들을 위해 차리에게 탄원서 발송.

1월 9일: '피를 흘린 일요일'이란 혁명적 사건 발발. 이를 계기로 레닌은 내란과 혁명의 방법론 및 군사학을 파고들다. 클라우제비츠의『전쟁론』연구. 클루세레 장군의『시가전: 파리 코뮌의 한 장군의 권고』를 번역. 트로츠키, 러시아로 돌아가다. 트로츠키와 파르부스의 제휴가 시작되는데 1907년까지 지속.

2월: 볼셰비키가 3차 당 대회의 소집을 요구한 데 대해 멘셰비키는 반대를 표명.

2월 4일: 세르게이 대공 암살.

3월: 농민 반란 확대. 볼셰비키 활동 강화. 대부분의 중앙위원회 위원들의 지지를 획득.

4월 18~28일: '러시아 사회민주당' 제3차 대회 런던에서 개최. 당 기관지로서『이스크라』대신『프롤레타리』를 발간키로 결정하고 당헌 제1조를 수정. 또한 상임위원회를 폐지하고 중앙위원회로 모든 권한을 넘길 것을 결정. 멘셰비키는 이를 불법 대회라고 비난. 볼셰비키와의 협상을 위해 조직위원회를 선출.

4월: 제네바에서 가퐁 신부가 재외 혁명 세력의 통합을 호소하는

「공개 서한」을 발표. 이에 응해 18개 사회주의 정당들이 모였으나 별 결론 없이 끝나다.

5월: '조합의 조합' 결성. 스탈린, 『당의 견해차에 대한 간단한 조사』 발표.

5월 14일: 러시아 함대가 쓰시마(對馬) 해협에서 궤멸.

6월: 이바노보 보즈네센스크에서 최초로 '소비에트' 조직 등장. 로츠 지역의 무장 봉기로 2천 명 사망.

6월 13일: 오데사에서 파업 발생.

6월 14일: 포템킨 호(號)의 반란.

7월: 코스트로마에서 '소비에트' 조직. 레닌의 논문 「파리 코뮌과 민주적 독재의 임무」 발표. 멘셰비키를 비판하고 프롤레타리아의 주도권 장악을 주장하는 「민주 혁명에서 사회민주당의 두 가지 전술」 발표.

7월 6~8일: 젬스트보 의회의 모스크바 회의 개최.

8월 6일: '불리긴 두마'에 관한 칙령 발표.

8월 23일: 러일 전쟁의 뒤처리로 포츠머스 조약 조인.

9월: 레닌, '불리긴 두마'의 보이콧과 노동자 봉기의 무장화를 주장.

9월 20~27일: 레닌, 멘셰비키와의 연합에 동의.

10월 7일: 모스크바·카잔 철도 파업.

10월 8일: 전모스크바 철도 파업.

10월 12일: 핀란드를 제외한 전러시아의 철도 파업.

10월 14일: 상트 페테르부르크의 '노동자 대표 소비에트' 결성.

10월 15일: '입헌민주당' 결성.

10월 17일: 차리, '10월 선언' 선포. 위테가 총리에 임명되고 제헌 의회의 소집 약속. 이 선언을 지지하는 '10월파' 결성. 소비에트, 『이즈베스치아』 발간.

10월 19일: '상트 페테르부르크 소비에트' 파업 중지.

11월: 트레포프의 '검은 백인단' 활동.

11월 9일: 볼셰비키의 『새 삶』과 멘셰비키의 『출발』 및 『투쟁』 등의 신문들 발간. 레닌 귀국. 그러나 곧 핀란드로 돌아가다. 라스푸틴과 황실과의 첫 해후.

11월 14~15일: 세바스토폴 폭동.

11월 16일: '농민 동맹' 위원들 피체.

11월 22일: '모스크바 소비에트' 결성.

11월 26일: '상트 페테르부르크 소비에트' 의장 흐루스탈레프 노살, 피체. 트로츠키, 의장직을 계승.

12월 1일: '상트 페테르부르크 소비에트' 재정 파업을 경고.

12월 3일: '상트 페테르부르크 소비에트' 집행 위원들 피체.

12월 7일: 모스크바에서 10만 명 파업.

12월 8일: 모스크바에서 15만 명 파업.

12월 9일: 모스크바에서 게릴라 전술에 의한 무장 봉기 발생, 시가전 전개.

12월 11일: 새로운 선거법 공포.

12월 11~17일: 스탈린, 레닌을 처음으로 만나다.

12월 14일: 군대가 노동자들에게 발포.

12월 17일: 모스크바 봉기 진압.

12월 28일~1906년 1월 4일: '사회혁명당'이 좌파와 우파로 분열. 두마 선거의 보이콧을 결성.

1906년 1월: 볼셰비키와 멘셰비키, 합동 중앙위원회를 열고 제4차 당 대회 소집을 공고.

1월 11~16일: 제2차 '입헌민주당' 대회 개최.

3월: 제1대 두마에서 '입헌민주당'이 제1당으로 등장.

3월 14일: 니콜라이 2세, 결사의 자유를 다시 철폐.

4월: 가퐁 신부 피살.

4월 10~27일: '러시아 사회민주당' 제4차 대회 스톡홀름에서 개최. 두마 선거에 대한 보이콧을 철회.

4월 13일: 니콜라이 2세는 전제 정치의 원칙을 다시 천명.

4월 27일: 제1대 두마의 총회 개회. 총리 위테 해임.

5~6월: 레닌이 상트 페테르부르크로 돌아오다. 『전진』 『운동』 『메아리』 등의 합법적 신문들을 통해 멘셰비키와의 논쟁을 재개.

7월: 스비보르그와 크론슈타트에서 폭동 발생.

7월 8일: 제1대 두마 해산. 스톨리핀 총리가 독재권을 행사.

8월 21일: 『프롤레타리』 창간호 발행. 레닌, 「보이콧에 관하여」라는 논문 게재.

11월: 볼셰비키, 무장 투쟁을 위한 전투단 조직과 게릴라의 조직을 주장.

11월 3~7일: 제1차 탬머포르즈 회의 개최.

11월 9일: 스톨리핀, 토지 개혁령 공포.

1907년 1월~2월: 제2대 두마 선거 운동.

1월 4일: 트로츠키, 시베리아로 종신 유형 출발.

2월 18일: 트로츠키, 유형지 탈출.

2월 20일: 제2대 두마 개회.

2월 28일~5월 19일: '러시아 사회민주당' 제5차 대회가 런던에서 개최, 1917년 혁명이 성공하기까지 마지막으로 열린 통합 대회가 된다.

6월 1~3일: 스톨리핀, 55명의 '사회민주당' 대표를 체포할 것을 두마에 요구. 두마가 거부하자 스톨리핀이 두마를 해산. 3대 두마 선거를 위한 위헌적인 선거법 공포(6월 3일의 쿠데타).

8월: 레닌, 핀란드를 떠나 슈투트가르트로 가서 국제 사회주의 대회에 참석(1907년 중반 이후 레닌이 당 중앙위원회에 대한 통솔력을 잃다).

11월 1일: 제3대 두마 개회. '10월파'가 제1세력으로 대두.

12월: 레닌은 핀란드를 떠나 스톡홀름과 베를린을 거쳐가며 1917년까지 계속되는 망명 생활을 다시 시작.

1907~1914년: 러시아 사회민주당의 당내 파벌 사이의 논쟁과 불화 격심. 이 기간 트로츠키는 어느 파벌에도 속하지 않다.

1908년 1월: 레닌, 제네바에 도착. 지노비에프가 그의 새 보좌역으로 등장.

1월~2월: 바쿠에서 대규모 파업 발생.

3월 25일: 스탈린 피체, 바일로프 감옥에 수감.

8월: 당 중앙위원회 전체 회의 개회. '중앙위원회 해외국' 수립. 당 분열과 논쟁 계속. 이때쯤부터 레닌은 비로소 모스크바 당 중앙위원회에서 겨우 우위를 차지.

9월: 스탈린, 다시 시베리아로 유형을 떠나다. 레닌, 『마르크시즘과 수정주의』를 집필.

10월 3일: 트로츠키의 개인 기관지 『프라우다』, 그의 새 망명지 비엔나에서 창간.

가을~겨울: 볼셰비키는 『프롤레타리』, 멘셰비키는 『사회민주당의 목소리』를 각각 발행. 볼셰비키 내에서 두마 대표단의 소환을 주장하는 '소환주의자' 들과 두마의 대표들에게 최후 통첩을 보내자는 '최후 통첩주의자' 들의 대립으로 위기 발생. 멘셰비키 내에서는 지하 운동의 포기와 합법적 활동을 주장하는 '청산주의자' 들이 대두. '사회혁명당' 의 투쟁단 단장이 비밀 스파이였음이 드러나 당이 위기에 처하다.

1909년: 모스크바에서 『베히』 출간. 베르자예프와 불가코프 등 당대 일급의 철학자 및 평론가들의 논문집이 선풍을 일으키다. 트로츠키의 『1905년의 해』가 출판.

봄~여름: 볼셰비키 분열. 레닌, 지노비에프, 카메네프 그룹 대 『전진』파로 대립. 멘셰비키는 플레하노프파와 청산주의자들로 대립. 트로츠키는 중도파를 지휘.

6월: 스탈린, 시베리아에서 다시 탈출.

1910년 1월 23일: 중앙위원회는 당의 단결을 요구. 이 해에 당의 단결을 주장하는 볼셰비키 '화해파' 와 멘셰비키의 제휴가 성립. 레닌, 이 제휴를 비판.

3월 23일: 바쿠에서 스탈린 다시 피체.

9월 23일: 스탈린, 세번째 유형길.

1911~1912년: 레닌, 자신의 관심의 대부분을 국제 문제로 돌리다.

1911년 1월 24일: 스탈린, 레닌에게 편지를 보냄. 당내 파벌 사이의 논쟁을 '찻잔 속의 폭풍'으로 비유.

봄~가을: 사회혁명당 내의 '청산주의자'들이 테러를 포기하고 노동조합과 두마에서 활동하기 시작.

5월: 레닌, '중앙위원회 해외국'에서 자파를 철수.

6월: 당의 분열과 분쟁이 심화.

7월 6일: 스탈린, 상트 페테르부르크에 귀환.

9월 6일: 스톨리핀 암살.

10월: 레닌, 자파만으로 '러시아 조직위원회' 수립.

1912년 1월 6일~17일: 볼셰비키 대회가 프라하에서 개최. 청산주의자를 파문하고 제4대 두마 선거 운동에 참여하기로 결정. 볼셰비키 단독으로 레닌이 이끄는 중앙위원회 수립.

3월: 플레하노프파, 『전진』파, 트로츠키파, 『사회민주당의 목소리』파 등이 파리에서 회동, 프라하 대회의 무효를 주장.

4월 5일: 레나 금광의 노동자들 학살 사건 발생. 이 사건과 관련해 청년 변호사 케렌스키가 부각되기 시작.

4월 22일: 『프라우다』 창간. 스탈린 다시 피체.

6월 9일: 제3대 두마 해산.

7월: 레닌, 볼셰비키 본부를 크라코프로 옮기다.

7월~10월: 제4대 두마 선거 운동.

8월: '8월 블록'이 당의 단결을 위해 트로츠키의 주도 아래 비엔나에서 회의를 개최. 볼셰비키, 참가 거부.

9월 1일: 스탈린, 바실리예프라는 가명으로 네번째 탈출에 성공, 상트 페테르부르크 도착.

11월 15일: 제4대 두마 개회. '사회민주당'의 대표단은 7명의 멘셰비키와 6명의 볼셰비키로 구성.

12월: 트로츠키의 『프라우다』 발간 중단.

1913년 1월~2월: 스탈린, 레닌의 지도 아래 소수 민족에 관한 『마르크시즘과 민족 문제』 집필. 트로츠키를 만나다.

2월 22일: 스탈린 다시 피체.

3월: 로마노프 왕조 건립 300주년.

6월: 레닌 일가 베른으로 이사. 크루프스카야가 수술을 받다.

7월: 스탈린, 여섯번째 유형길.

8월 24일: 볼셰비키 신문, 『우리의 길』 간행. 9월 25일 폐간.

9월 25~10월 1일: 레닌, 지노비에프, 카메네프, 크루프스카야, 트
로이야노프스키, 6인의 두마 대표단, 폴란드 사회민주당 대표단이
참석한 여름 회의 개최.

1914년 1월: 파업과 시위, 경찰과의 충돌 등으로 전러시아에서 불만 고조.
인터내셔널은 볼셰비키와 멘셰비키의 재결합을 고려.

2월: 트로츠키는 비당파적 파벌의 합법적 잡지로서 『투쟁』 발간.
카메네프가 러시아로 파견되어 두마의 볼셰비키 대표단을 지도하
고 『프라우다』를 감독.

여름: 모스크바, 이바노보-보츠네센스크, 바쿠, 상트 페테르부르크
등지에서 파업 발생.

6월 18일: 볼셰비키와 멘셰비키의 통합 당 대회가 인터내셔널의 후
원 아래 브뤼셀에서 개최.

8월: 제1차 세계 대전의 발발로 사회민주당의 기존 파벌들 재편성.
플레하노프, 알렉신스키로 대표되는 방어주의자와 레닌, 지노비에
프, 마르토프, 트로츠키로 대표되는 패배주의자로 나뉘다. 전자는
참전으로 조국을 방위해야 한다고 주장하나 후자는 전쟁 반대를 주
장.

11월 5일: 두마의 볼셰비키 대표단 체포.

12월: 레닌이 「전쟁에 대한 7개의 테제」를 발표하고 차르 정부의
타도와 제국주의 전쟁의 내전화를 주장.

1915년 2월 13일: 카메네프와 두마의 볼셰비키 대표단의 재판에서 시베리
아 유형 선고.

2월 14일: '동맹국 사회주의자 런던 회의' 개최. 부르주아 제국주
의 정부들과의 관계를 단절하고 독일 및 오스트리아-헝가리의 사

회주의자들과 우호 관계를 강화시킬 것을 촉구.

2월 17일~3월 2일: 재외 볼셰비키의 베른 회의 개최, 반전 운동을 토의.

3월 20~22일: 제2차 베른 회의 개최. 반전 운동과 제3인터내셔널 창설 논의.

9월 5~8일: 짐머바르트 회의 개최. 유럽 사회주의 정당들이 참여하여 짐머바르트 반전 선언문을 발표. 레닌, 전쟁 종결을 위해 각국의 마르크시스트들이 내란을 일으킬 것을 주장.

1916년: 레닌, 『제국주의: 자본주의의 최고 단계』를 발간. 방어주의자와 패배주의자 사이의 대립 심화.

2월 5~8일: 베른 회의 개최, 전쟁 중단을 위한 각국 사회주의자들의 투쟁을 보고.

4월 23~30일: 키엔탈 회의 개최.

12월: 스탈린에게 징집 영장이 발부됐으나 신체적인 이유로 면제.

12월 2일: 라스푸틴 암살. 전국, 소요 상태로.

1917년: 2월 혁명과 10월 혁명의 해.

1~2월: 정부의 제도가 완전 붕괴. 두마의 '진보 블록'과 동맹국의 외교관들 사이에 협상 진행으로 니콜라이 2세의 퇴위와 입헌 군주제 수립을 고려.

2월 22일: 페트로그라드에서 대중 봉기.

2월 23일: 식량 배급 대열에 서 있던 주부들의 소요로 시작된 2월 혁명이 발발. 볼셰비키 노동자들, 시위대 조직. 대규모 파업.

2월 24일: 총파업이 발생하고 유혈 폭동과 시가전으로 발전.

2월 26일: 차리, 제4대 두마 해산. 두마 의원들, 임시 정부를 수립하기 위해 페트로그라드에 체류.

2월 27일: 두마, 임시 위원회 조직. '페트로그라드 노동자 대표자들의 협의체' 결성.

2월 28일: '모스크바 소비에트' 결성. 『이즈베스치아』 복간.

3월 1일: '페트로그라드 소비에트,' '노동자·병사 대표자들의 소비에트'로 확대. 병사들, 이틀 전부터 노동자들에 대한 발포 명령을 거부하고 반란을 시작. '페트로그라드 소비에트,' 군대에 대해 제1호 명령을 하달.

3월 2일: 두마의 임시 위원회, 임시 정부 수립을 발표. 르보프 공을 수반으로 하는 신내각이 들어서다. '사회혁명당'은 조건부 지지를 약속. 니콜라이 2세 퇴위.

3월 3일: 임시 정부 정식으로 발족.

3월 5일: 『프라우다』 복간. 권력이 유명무실한 임시 정부와 '페트로그라드 소비에트'로 양분.

3월 6일: 임시 정부, 모든 정치범의 사면을 선언.

3월 7일: 임시 정부, 니콜라이 2세의 체포를 명령.

3월 12일: 임시 정부, 사형 제도를 폐지. 스탈린과 카메네프가 페트로그라드로 귀환.

3월 13일: 황궁 수비대 해산.

3월 14일: '소비에트 행정위원회,' 「세계 인민에게 보내는 선언문」 발표.

3월 15일: 카메네프, 전쟁에 관한 볼셰비키의 입장을 설명. 8시간 노동제를 지지하는 모스크바 노동자들의 총파업 발생.

3월 23일: '혁명의 순교자들 장례식' 거행.

3월 31일: 플레하노프 귀국.

4월 3일: 레닌, '밀봉 열차'로 페트로그라드에 도착. 「4월 테제」 발표.

4월 7일: 『프라우다』 레닌의 「4월 테제」를 게재.

4월 18일: 임정 외무부 장관 밀류코프가 연합국에 대한 의무 준수를 다짐하는 각서 전달.

4월 20~21일: 밀류코프 외무부 장관의 대외 정책에 항의하는 무장 시위가 페트로그라드에서 발생.

4월 21일: '토지위원회' 구성.

4월 24~27일: '전러시아 볼셰비키 당 대회'가 개최되어 레닌의 「4

월 테제」를 채택, 즉각적인 종전을 주장. 멘셰비키와의 통합에 반대.

4월 29일: 임정 수반 르보프 공, 소비에트의 협력을 요청.

4월 30일: 전쟁부 장관 구츠코프 사임.

5월 2일: 외무부 장관 밀류코프 사임.

5월 4일: '전러시아 농민 대표자 회의' 개최. 트로츠키 귀국.

5월 5일: 연합 정부 구성. 르보프 공은 총리직에 잔류하고 전쟁부 장관에 케렌스키 임명. 사회주의자들, 7개 각료직을 차지.

5월 9일: 마르토프 귀국.

5월 22일: 부르지로프가 총사령관에 임명.

6월 3일: '전러시아 노병 소비에트' 1차 회의 개최. '사회혁명당'과 멘셰비키가 다수를 차지하고 임정 지지안을 통과.

6월 9일: 볼셰비키, 페트로그라드에서의 반정부 시위를 중단.

6월 14일: 연합 정부, 제헌 의회의 선거일을 9월 17일로 지정.

6월 18일: 갈리시아 지역에 러시아군의 진격 시작. 소비에트가 조직한 페트로그라드 대중 집회가 친볼셰비키 시위로 돌아서다.

7월 3~4일: 반정부 '7월 폭동' 페트로그라드에서 발생.

7월 5일: 볼셰비크 지도자들에 대한 체포령.

7월 6일: 독일군 러시아 전선을 붕괴.

7월 7일: 레닌, 도피.

7월 8일: 임정 수반 르보프 공 사임, 케렌스키 총리에 취임.

7월 12일: 케렌스키, '국가 회의'의 소집을 요구.

7월 16일: 코르닐로프가 총사령관에 피임.

7월 23일: 트로츠키, 카메네프, 루나차르스키 등 피체. 레닌에 대해서도 체포령이 내려지다. 『프라우다』 사무실이 습격을 받아 파괴.

7월 24일: 케렌스키, 독재권을 장악.

7월 26일~8월 3일: '제6차 러시아 사회민주당 회의,' '4월 대회'를 승인. 볼셰비키, 새로운 혁명을 향해 움직여가다.

8월 4일: 카메네프 석방.

8월 9일: 제헌 의회의 선거일이 11월 12일로 연기.

8월 12~15일: '국가 회의'가 모스크바에서 개최. 코르닐로프 장군 부각. 모스크바 총파업 발생.

8월 20일: 페트로그라드 선거에서 볼셰비키 승리.

8월 21일: 독일군 리가 점령.

8월 24일: 르보프 공과 코르닐로프 장군 회담.

8월 25일: 르보프 공과 케렌스키 회담.

8월 27~30일: 코르닐로프 쿠데타 실패.

8월 27일: '5인의 독재 체제' 수립.

9월 1일: 코르닐로프 피체, '페트로그라드 소비에트'에서 볼셰비키의 결의안 통과. 코르닐로프 쿠데타의 저지로 볼셰비키에 대한 신임 증가.

9월 4일: 트로츠키 보석으로 석방.

9월 5일: '모스크바 소비에트'에서도 볼셰비키 결의안 통과.

9월 9일: '페트로그라드 소비에트'의 지도자들 볼셰비키로 전향.

9월 14~21일: '민주 회의' 페트로그라드에서 개최. 트로츠키, 볼셰비키의 대변인으로서 타협적인 연합 정부에 도전. '공화국 의회' 선출.

9월 23일: 트로츠키, '페트로그라드 소비에트' 의장으로 피선.

9월 24일: 케렌스키 제3차 연합 정부 수립. 모스크바 지방 선거에서 볼셰비키 승리.

9월 25일: '페트로그라드 소비에트,' 케렌스키 지지를 거부.

10월 2일: '러시아 공화국 임시 의회' 활동을 시작.

10월 7일: '임시 의회' 개회. 볼셰비키, 참석 거부.

10월 9일: '페트로그라드 소비에트 군사혁명위원회' 결성.

10월 10일: '볼셰비키 당 중앙위원회,' 무장 봉기 선언.

10월 13일: '페트로그라드 소비에트' 병사들, 군사적 권한을 '군사혁명위원회'에 넘겨줌.

10월 16일: '볼셰비키 중앙위원회,' 카메네프와 지노비에프의 반대를 물리치고 레닌 정책을 승인.

10월 17일: 볼셰비키가 폭동을 일으키리라는 소문이 퍼짐.

10월 20일: '군사혁명위원회,' 반란 준비 시작.

10월 22일: 페트로그라드 요새의 간부들과 '군사혁명위원회' 사이에 마찰 발생.

10월 23일: 무장 봉기의 최대의 장애였던 피터 앤 폴 요새 감옥이 '페트로그라드 소비에트' 지지를 선언.

10월 24일: 임시 정부, '군사혁명위원회'의 요원들을 체포하고 볼셰비키의 언론을 탄압하기 시작. 페트로그라드 주둔 군대의 교체를 명령. 케렌스키, '공화국 의회'에서 최후의 연설.

10월 25일: 10월 혁명이 오전 2시에 시작. 정오에 '공화국 의회'가 폐쇄되고, 오후 3시에 레닌은 '페트로그라드 소비에트'에 참석. 임시 정부가 있는 겨울 궁전에 대한 작전이 오후 9시에 개시. '제2차 전러시아 노병 소비에트 대회'가 오후 11시에 개최.

1918년 7월 16일: 니콜라이 2세 일가 볼셰비키에 의해 '처형.'

중요 인물 소개

가퐁 신부: 상트 페테르부르크의 노동자들을 겨울 궁전으로 이끌어가던 장본
　　　인. 이것이 1905년 '피의 일요일'의 단서가 됨. 그뒤 경찰 첩자로
　　　전신했다가 혁명 세력에 의해 처형당함.

게르첸: 러시아 사회주의의 아버지로 불린다. 차리즘에 반대하여 두 차례의
　　　유형 생활을 하였으며, 이를 계기로 서구로 망명함. 런던에서『종』
　　　이란 반체제적 잡지를 출판함.

고리키: 러시아의 대표적 작가의 한 사람. 그 역시 혁명 운동에 뛰어들었다.
　　　런던 당 대회에 관한 좋은 회고록을 남겼다. 런던 당 대회에서 레닌
　　　을 처음 만났으며, 그로부터 두 사람의 우정이 시작됨.

골리친: 2월 혁명 당시의 총리. 니콜라이 2세의 명령에 따라 두마의 해산을
　　　명령함.

구츠코프: 니콜라이 2세 시절의 기업인이면서 정치인으로 임정에서도 활약
　　　함.

네차예프: 가장 열광적인 러시아 혁명가들 가운데 한 사람. 바쿠닌의 제자로
　　　활약함.『혁명가의 교리 문답』을 씀. 레닌에게 영향을 미침.

노긴: 10월 쿠데타 당시 볼셰비키 당 중앙위원회 위원. 소비에트 정부의 초
　　　대 무역 및 공업 인민위원.

니콜라이 대공: 니콜라이 2세의 숙부. 1차 세계 대전 당시 러시아군 총사령관.

니콜라이 1세: 1825년부터 1855년까지 30년 동안 강압 통치로 러시아를 다스
　　　림.

니콜라이 2세: 로마노프 황실의 마지막 차리. 1894년에 즉위하고 1917년 2월

혁명으로 퇴위함. 온 가족이 1918년 7월에 에카테린에서 볼셰비키
에게 총살당함.

단: 멘셰비크 지도자. 모스크바 소비에트에서 활약했음.

도브롤리우보프:『동시대인』에서 활약한 반체제적 지식인. 체르니세프스키의
제자. 요절하다.

도이치: 레브 도이치는 1870년대의 러시아 혁명가들 가운데 가장 대담하며
가장 정력적이었다. 플레하노프 등과 반체제 테러리스트 운동을 벌
임.

드지에르진스키: 폴란드 사회민주당 충신의 볼셰비크. 소비에트 정부가 세워
진 다음 비밀 경찰의 두목이 됨.

라데크: 폴란드 사회민주당 출신의 볼셰비크. 뒷날 코민테른과 스탈린 정권
을 대변하는 뛰어난 저널리스트가 되지만 끝내는 스탈린에 의해 숙
청됨.

라브로프: 인민주의 운동의 가장 중요한 철학자.『미래 사회에서 국가의 요
소』(1875)를 저술함. 그의 인민주의 이론은 미하일로프스키에 의해
발전됨.

라스푸틴: 시베리아 출신의 괴승. 니콜라이 2세의 황후 알렉산드라의 눈에 띄
어 황실을 출입하게 되면서 황실의 신임을 독점함. 이를 기화로 고
관현직의 교체를 좌우하면서 로마노프 황실의 몰락을 재촉함. 1916
년 12월에 모살됨.

레닌: 변호사 출신의 러시아 혁명가. 카잔 대학교 학생 시절 마르크스의『자
본론』을 읽다. 상트 페테르부르크로 올라와 독서회 운동 등을 주관
하며 마르크시스트로서의 지위를 확고히하다. 플레하노프를 만나
고 돌아와 상트 페테르부르크에서 '노동 계급의 해방을 위한 투쟁
의 동맹'을 결성하다. 그러나 곧 검거되어 시베리아로 유배되다.
이곳에서『러시아에서 자본주의의 발달』을 쓰다. 풀려나온 다음
『이스크라』지를 창간하다.『무엇을 해야 하나?』등을 통해 소수의
직업적 혁명가의 음모 정당관을 제시하다. 통합 당 대회에서 자신
의 입장을 지지하는 세력만으로 볼셰비키파를 이루며, 이후 볼셰비

즘의 대변인이 되다. 1917년 10월 쿠데타를 통해 마침내 정권을 장
악하고 인류 사상 최초의 소비에트 정부를 세우다. 아내는 나데즈
다 크루프스카야. 그들 사이에 자식은 없었다. 1924년 1월에 뇌출
혈로 사망함.

로드지앙코: 두마의 의장. 2월 혁명의 발발과 더불어 니콜라이 2세에게 여러
　　　　가지 정책을 건의하지만 묵살됨.

루나차르스키: 통합 당 대회 이후 레닌이 시련에 빠졌을 때 보그다노프 등과
　　　　함께 그를 지지함. 보그다노프의 제3대 두마 선거 거부 운동을 지
　　　　지함. 소비에트 정부의 초대 교육 인민위원이 됨.

루즈스키: 니콜라이 2세를 좋아하지 않았던 군 사령관으로 니콜라이 2세의
　　　　퇴위에 영향을 미침.

룩셈부르크: 로자 룩셈부르크는 유태인 여성으로 폴란드 노동자 연맹의 창립
　　　　에 크게 기여한다. 취리히로 망명하여 플레하노프 등과 사귀고
　　　　1893년에 폴란드 사회당 결성에 참여하고, 베를린에서 독일 사회민
　　　　주주의 운동에 뛰어들다. 1차 세계 대전이 일어나자 스파르타쿠스
　　　　동맹을 결성해 반전 운동에 나섰다가 암살된다. 러시아 혁명 운동
　　　　에도 깊이 관여함.

류코프: 레닌이 통합 당 대회 이후 시련에 빠졌을 때 그를 지지하고 나섰다.
　　　　10월 쿠데타 당시 볼셰비키 당 중앙위원회 위원. 소비에트 정부의
　　　　초대 내무 인민위원이 됐다가 레닌 다음으로 총리가 됨.

르보프 공작: 2월 혁명으로 니콜라이 2세가 퇴위하고 생겨난 임시 정부의 초
　　　　대 수반.

리트비노프: 레닌이 통합 당 대회 이후 시련에 빠졌을 때 그를 지지하고 나온
　　　　볼셰비크. 뒷날 소련의 외무부 장관이 됨.

마누일스키: 볼셰비크. 소련 정부가 수립된 뒤 코민테른의 지도자가 됨.

마르토프: 레닌과 함께 상트 페테르부르크 투쟁 동맹을 결성했었으며 이로
　　　　말미암아 형무소에 갔었고 레닌과 함께 『이스크라』를 계획했었다.
　　　　그러나 통합 당 대회에서 마르토프와 레닌은 완전히 갈라서며 그뒤
　　　　정적이 된다. 소비에트 정권이 세워지고 독재 정치의 기미가 뚜렷

해지자 마르토프는 해외로 나온다. 멘셰비키의 이론적 지도자임.

마카라드제: 볼셰비크 지도자. 『사회주의를 위한 25년의 투쟁』이란 회고록을 남겼다. 스탈린에 의해 숙청됨.

말리노프스키: 차리 비밀 경찰의 밀정. 레닌의 측근으로 접근해 와 있었다. 볼셰비키 쿠데타 직후 처형됨.

멘진스키: 볼셰비크. 소비에트 정부가 수립된 뒤 비밀 경찰의 두목을 지냄.

밀류코프: 입헌주의자들을 이끌어나간 저명한 역사학자. 임시 정부에서 외무부 장관과 교육부 장관 등으로 활약함.

미하일 대공: 니콜라이 2세에 의해 차리 후계자로 지정됐으나 거부함. 볼셰비키에 의해 암살됨.

바쿠닌: 무정부주의자. 1800년대 중반의 유럽 혁명에 뛰어들어 활약했고 그 때문에 반생을 형무소에서 보냈다. 모든 형태의 혁명, 이를테면 테러리즘과 소요 및 대중 봉기 등을 옹호함.

벨린스키: 차리 체제에 대해 혹독한 비판을 가한 니콜라이 1세 시대의 지식인. 저널리즘에서 활동했다. 볼셰비즘의 정신적 선구자들 가운데 한 사람.

보그다노프: 철학자. 통합 당 대회가 깨어진 이후 레닌 및 크라신과 더불어 삼두 마차를 형성하고 볼셰비키를 이끌어나간 사람. 그러나 1908년 이후 제3대 두마 선거 거부 운동을 주도하고, 두마 선거를 지지한 레닌의 추방을 주장함.

보그로프: 경찰의 앞잡이이면서 동시에 무정부주의 운동의 행동 대원. 스톨리핀 총리를 암살함.

부르체프: 레닌의 추종자. 혁명 조직 속에 침투한 밀정의 냄새를 맡아내는 데는 천부적 자질이 있었음.

부브노프: 볼셰비크 지도자. 프라하 당 대회에서 당 중앙위원회 중앙위원 후보가 되다. 스탈린에 의해 숙청됨.

부하린: 볼셰비크 이론가이며 지도자. 10월 쿠데타 당시 볼셰비키 당 중앙위원회 위원으로 주로 모스크바에서 활약함. 뒷날 스탈린에 의해 숙청됨.

사빈코프: 1905년의 혁명 기간의 사회혁명당 소속 테러리스트. 10월 쿠데타
   에 반대하는 민중 봉기를 주도했으며, 소비에트 형무소에서 죽다.

사조노프: 1910년부터 1917년 사이의 제정 러시아 외무부 대신.

세도바: 나탈리아 이바노브나 세도바는 여고생 때부터 혁명 운동에 뛰어들었
   다. 트로츠키의 유럽 순회 강연중 파리에서 만나 사실상의 부인이
   된다. 트로츠키가 죽는 순간까지 충실히 그를 보필했다. 트로츠키
   의 유고들을 정리해 출판한 것도 그녀였다. 트로츠키와의 사이에
   두 아들을 두었다.

소콜로프스카야: 알렉산드라 르보브나 소콜로프스카야는 트로츠키의 첫번째
   부인으로 트로츠키와 함께 남부 러시아 노동자 동맹을 조직했다가
   검거되어 시베리아에서 유형 생활을 하게 된다. 트로츠키와의 사이
   에 두 딸을 낳는다.

수하노프: 고리키 그룹에 속했던 사회민주주의자. 2월 혁명 초기 페트로그라
   드 소비에트의 지도자 가운데 한 사람. 7권으로 간행된 『혁명의 노
   트』의 저자.

슈비코프스트키: 니콜라예브에서 인민주의 운동을 시작했던 사람. 이 사람에
   게서 트로츠키는 마르크스의 책을 얻어 보게 된다. 그리고 그의 집
   안을 드나드는 젊은이들이 주축이 되어 남부 러시아 노동자 동맹이
   결성됨.

슈펜처: 트로츠키의 사촌형. 오데사 출신의 프리랜서 저널리스트로 출판사를
   열기도 했다. 트로츠키를 오데사로 데려가 교육시켜준 사람이다.

스타소바: 볼셰비키 당의 서기로 크루프스카야를 보좌함. 프라하 당 대회에
   서 중앙위원회 후보 위원이 됨.

스탈린: 조지아 출신. 신학교를 중퇴하고 혁명 운동에 뛰어들었다. 시베리아
   에서 유형 생활을 보냄. 볼셰비크로서 레닌의 주목을 받아 프라하
   당 대회 직후 당 중앙위원으로 특별 선발되면서 당 수뇌급에 올랐
   다. 색채가 없는 조직인으로 트로츠키와는 크게 대조된다. 러시아
   혁명에서는 큰 역할을 수행하지 못했다. 그러나 레닌 사후 권력 투
   쟁에 승리해 권력의 정상에 오른다.

스톨리핀: 니콜라이 2세의 내무부 대신 및 총리 대신. 군주제를 살려보려고
　　억압 정책과 개혁 정책을 병행해나갔다. 과감한 토지 개혁 정책을
　　써서 농촌을 상당히 안정시켰다. 그러나 차리즘에 적대적인 세력의
　　참정권을 크게 제한했다. 1911년에 암살당함.

시포프: 모스크바 젬스트보 의장. 입헌주의적 개혁안인 젬스트보 프로그램을
　　성안함.

아르망: 여성 혁명가로서 레닌이 깊은 애정을 갖고 있었다. 레닌 혁명의 성
　　공을 보고 죽음.

아브라모비치: 멘셰비크 지도자. 특히 10월 쿠데타 이후 멘셰비즘이 박해의
　　대상이 된 상태에서 멘셰비즘의 뛰어난 지도자가 됨.

아키모프: 이른바 경제주의자 그룹에 속한 마르크시스트. 통합 당 대회에서
　　무려 22개의 수정안을 제출하면서 플레하노프의 당 프로그램을 비
　　판함.

악설로드: 유태인으로 러시아 혁명 운동에 참여함. 플레하노프 등과 ‘노동자
　　해방 그룹’을 세웠으며 『이스크라』를 통해 활동함. 멘셰비즘의 이
　　론적 창시자로서 레닌의 당 조직 이론을 비판함.

알렉산드르 2세: 니콜라이 1세의 뒤를 이음. 농노의 해방으로 이름 높음. 1881
　　년에 암살됨.

알렉산드라: 니콜라이 2세의 황후. 독일의 공주 출신. 라스푸틴에게 현혹되어
　　그에게 대권을 줌으로써 궁정과 국민 모두로부터 배척당함.

알렉신스키: 두마에서 볼셰비키를 이끌었던 사람.

야코블레프: 토볼스크에 억류된 니콜라이 2세 일가를 모스크바로 송환하려
　　했으나 실패한 볼셰비크.

에누키드제: 스탈린의 어린 시절의 친구. 볼셰비크. 노동자 계급으로부터 충
　　원됐다. 스탈린에 의해 숙청됨.

와르스키: 폴란드 사회민주당 출신의 볼셰비크. 스탈린에 의해 숙청됨.

유수포프: 라스푸틴을 모살하는 음모의 주역.

위테: 니콜라이 2세의 재무부 대신으로 러시아의 급속한 공업화 정책을 취
　　함. 유능한 정치가. 총리로 승진함.

이레마시빌리: 스탈린의 어린 시절 친구. 멘셰비크. 스탈린에 관한 회고록을
　　　남김.

자보이코: 반동적 기업인으로 코르닐로프 군 최고 사령관으로 하여금 소비에
　　　트를 타도하는 쿠데타를 일으키도록 선동.

자수리치: 베라 자수리치는 미혼 여성으로 일찍부터 혁명 운동에 뛰어들었
　　　다. 트레포프 장군의 암살을 시도했으나 미수에 그쳐 해외로 망명
　　　함. 플레하노프 및 악셀로드와 함께 '노동자 해방 그룹'을 형성함.

자이치네프스키: 「청년 러시아의 선언」(1862)을 통해 러시아 과격주의의 형성
　　　에 이바지했다. 특히 폭력에 의한 정치혁명론을 전개.

젤리아보프: 토지와 자유당 안에 황제의 목숨을 겨냥한 암살단을 만듦. 알렉
　　　산드르 2세를 암살하려다 실패해 처형당함.

조르다니아: 조지아 사회민주당의 창건자. 뒷날 조지아의 단명했던 민주 공
　　　화국의 대통령이 된다. 멘셰비크 지도자.

주바토프: 니콜라이 2세 시대 모스크바 경찰국장. 노동조합을 경찰이 조직하
　　　고 지원함으로써 사실상 노조 운동을 통제하는 '경찰노조주의'의
　　　창시자.

지노비에프: 볼셰비크 지도자. 레닌의 측근의 한 사람. 제3코민테른의 의장을
　　　지냄. 소련공산당 정치국원으로 막강한 권력을 갖고 있었으나 스탈
　　　린에 의해 처형됨.

지브: 카잔 대학교의 의학도로서 트로츠키 등과 함께 남부 러시아 노동자 동
　　　맹을 결성한다. 그의 회고록은 트로츠키 연구에 좋은 자료의 하나
　　　로 여겨지고 있다.

지토미르스키: 러시아 경찰의 스파이. 혁명가로 위장해 레닌의 측근에까지 올
　　　라와 있었다.

차아다에프: 니콜라이 1세의 체제와 국시를 완전히 부정하는 「역사철학에 관
　　　한 서한 제1호」를 발표한 지식인. 서구화주의자의 선구자로 간주됨.

체레텔리: 멘셰비크 지도자. 조지아 출신. 두마의 사회민주당 지도자.

체르니세프스키: 알렉산드르 2세 치하에서 반체제 활동을 전개한 대표적 지식
　　　인. 『동시대인』이라는 잡지를 통해 활약했다. 반생을 형무소와 시

베리아 유형지에서 보냄. 그의 정치소설 『무엇을 해야 하나?』는 당
대의 청년들에게 큰 영향을 주었다.

츠헤이드제: 멘셰비크 지도자. 2월 혁명 직후 결성된 '노동자·병사 대표자
들의 소비에트 임시 집행위원회'의 의장이 됨.

카메네프: 볼셰비크의 일급 지도자 가운데 한 사람. 소비에트 정부가 세워진
뒤 소련의 고위 외교관을 지냄. 소련공산당 정치국원이었으나 스탈
린에 의해 숙청당함.

카모: 주로 코카서스 지방에서 활약한 행동주의적 볼셰비크. 볼셰비키의 자
금 조달을 위한 은행털이를 담당. 러시아 혁명이 성공한 뒤 교통 사
고로 사망.

칼리닌: 볼셰비크로 프라하 당 대회에서 당 중앙위원회 후보 위원으로 선출
됨. 소련의 국가 원수를 지냄.

케렌스키: 변호사 출신. 뛰어난 웅변가. 두마 의원으로 활약했음. 2월 혁명
직후 임시 정부에서 주도적 역할을 수행했으며, 마침내 총리직에
오름. 10월 쿠데타와 더불어 해외로 망명해 미국에서 죽음.

케트스호벨리: 트랜스코카시아 지역에서 볼셰비즘 운동을 이끌어감.

코르릴로프: 케렌스키 임시 정부의 군 최고 사령관. 우파적 군인. 케렌스키
임정에 반대하는 쿠데타를 일으켰으나 실패함.

크라신: 레닌의 추종자. 그러나 통합 당 대회 이후 레닌파에서 떠나 '화해 조
정파'에 속함. 폭탄 제조와 은행털이 등의 실제적 일을 맡음.

크루프스카야: 나데즈다 크루프스카야는 어려서부터 혁명적 분위기에서 성장
함. 상트 페테르부르크에서 노동자 교육 운동에 참가하고 있을 때
레닌을 만나 시베리아 유형지에서 결혼함. 레닌의 아내이면서 동지
였고 충실한 추종자였음.

키리예프스키: 슬라브주의의 대표적 인물. 「서구 문화의 성격과 러시아 문화
와의 관계」를 발표함.

톰스키: 볼셰비크. 레닌의 충실한 추종자. 소련공산당 정치국원을 지내며 노
조의 책임자로 있다가 스탈린에 의해 숙청됨.

트슬루키드제: 조지아 볼셰비즘 지도자의 한 사람.

트로츠키: 유태인의 아들로 우크라이나에서 태어난 뛰어난 웅변가이며 문필
　　　가. '남부 러시아 노동자 동맹'을 결성했다가 투옥되고 시베리아로
　　　유배됨. 탈출하여 레닌의 제자로서 『이스크라』에 참여. 통합 당 대
　　　회를 계기로 레닌에 반대하는 입장을 취했으나 1917년 10월 쿠데타
　　　를 위해 함께 손잡고 일함. 1905년의 혁명기에 두각을 나타냈음. 소
　　　비에트 정부의 외무 인민위원과 국방 인민위원을 지냄. 그뒤 스탈
　　　린과의 권력 투쟁에서 패배해 망명 생활을 거듭하다가 1940년에 멕
　　　시코에서 암살됨.

트카초프: 『경종』등의 잡지를 통해 활약함. 소수의 직업적 혁명가들에 의한
　　　음모적 정당을 결성하고 이 정당이 프롤레타리아트의 전위대로서
　　　혁명을 일으켜야 한다는 이론을 전개함. 불우한 일생을 마침. 그러
　　　나 그의 이론은 레닌이즘의 골격이 됨.

티스즈카: 일명 레브 그로조우스키. 조직가. 로자 룩셈부르크와 불가분의 결
　　　합을 이룬다. 철권으로 폴란드 사회민주당을 이끌어나감.

파르부스: 사해동포주의적 혁명가. 영구혁명론을 전개했으며 젊은 트로츠키
　　　를 이론적으로 지지해줌. 저널리스트로도 활약했으나 독일 군부와
　　　도 제휴하는 등 복잡한 굴절의 생애를 보냄.

페트라셰프스키: 상트 페테르부르크의 자기 집에서 1845년에 이념적 독서회
　　　를 비밀리에 만들었다. 이 독서회의 회원들은 과격주의 사상을 포
　　　지하고 있었고 1849년에 모두 체포됨.

페로브스카야: 여성 혁명가. 그가 이끄는 음모자들이 알렉산드르 2세의 암살
　　　에 성공함.

페스텔: 12월 당원의 반란을 주도했던 청년 장교. 과격한 급진주의 사상을 포
　　　지하고 있었다.

포크로프스키: 독창적인 사상가이면서 역사가. 레닌의 추종자. 보그다노프의
　　　두마 거부 운동에 참여했었으나 다시 레닌에게 돌아옴.

포트레소프: 레닌이 시베리아 유형을 마치고 해외로 나와 포트레소프 및 마
　　　르토프와 '삼각 동맹'을 맺고 『이스크라』의 편집·논설진에 참여
　　　함. 레닌이 집권한 뒤엔 외국으로 망명.

폴리안스키: 볼셰비크. 그러나 1909년에 레닌이 '브페레드주의 볼셰비키'를 축출할 때 보그다노프와 루나차르스키 등과 함께 쫓겨난다. 트로츠키의 『투쟁』지에 참여함.

푸리시케비치: 황실에 반대하는 세력에 대해 조직적 테러를 가하는 '검은 백인단'의 창립자. 라스푸틴을 모살하는 음모단의 일원.

플레베: 니콜라이 2세의 내무부 대신으로 암살됨.

플레하노프: 러시아에 마르크시즘을 받아들인 최초의 체계적 사상가. 러시아 마르크시즘의 아버지로 불린다. 나로드니크 운동의 한 분파인 흑토재분배당의 영수가 됨. 제네바에 망명하여 무려 37년을 이곳에서 보냄. 자수리치와 악설로드 및 도이치와 함께 '노동자 해방 그룹'을 세움. 레닌과 『이스크라』를 창간함. 10월 쿠데타 이후 귀국했으나 불명예 속에 죽음.

피사레프: 러시아 허무주의의 가장 대표적인 설명자. 『러시아의 말』을 통해 과격한 글들을 발표했다. 요절하다.

하발로프: 2월 혁명 당시 수도 지구 경비 사령관.

호먀코프: 슬라브주의 운동의 지도자. 집단주의 또는 집단 공동의 원칙이라고 번역되는 소보르노스트라는 개념을 개발함.

참고 문헌

참고 문헌은 대체로 1차 자료와 2차 자료로 나누어 작성하는 것이 일반적인 관례다. 여기서는 우선 러시아 혁명의 주역들을 중심으로 문헌을 작성하고, 그 다음에 일반적인 문헌을 작성하는 방식을 택했다. 그러나 혁명 이후 시기를 다룬 책들은 대체로 제외시켰다. 여기에 적혀 있는 책들 가운데 내가 읽지 않은 책들이 물론 상당히 많다. 그러나 앞으로 이 방면에 관해 연구할 사람들의 편의를 위해 여러 저서들의 참고 문헌을 중심으로 만들어보았다.

1. 레 닌

☞ 레닌의 저술

Lenin, V. I., *Collected Works,* 45권, London: Lawrence and Wishart, 1960~1970.

The Letters of Lenin, tr. by Elizabeth Hill and Doris Mudie, New York, 1937.

Connor, James E., ed., *Lenin on Politics and Revolution: Selected Writings,* New York: Pegasus, 1968.

Possony, Stefan, T., ed., *The Lenin Reader: The Outstanding Works of V. I. Lenin,* Chicago: Henry Regnery Co., 1966.

Tucker, Robert C., ed., *The Lenin Anthology,* New York: W. W. Norton, 1975.

☞ 레닌의 전기물 또는 레닌에 관한 회고물

Deutscher, Tamara, ed., *Not By Politics Alone: The Other Lenin* Ⅲ, West Port, Conn.: Lawrence Hill and Co., 1973.

Fischer, Louis, *The Life of Lenin*, New York: Harper & Row, 1964.

Gorky, Maxim, *Days with Lenin*, New York, 1932.

Krupskaya, Nadezhda K., *Memories of Lenin*, tr. by E. Vernery, New York, 1930.

McNeal, Robert H., *Bride of the Revolution: Krupskaya and Lenin*, Ann Arbor: The University of Michigan Press, 1972.

Morgan, M. C., *Lenin*, New York: Viking Press, 1971.

Possony, Stefan T., *Lenin: The Compulsive Revolutionary*, Chicago: Henry Regnery Co., 1964.

Schapiro, Leonard and Peter Reddaway., eds., *Lenin: The Man, the Theorist, the Leader*, London: The Pall Mall Press, 1967.

Shub, David, *Lenin*, Garden City, N. Y.: Doubleday and Co., 1948.

Theen, Rolf, *Lenin: Genesis and Development of a Revolutionary*, Philadelphia, J. B.: Lippincott, 1973.

Valentinov, Nikolay, *Encounters with Lenin*, tr. by Paul Rosta and Brian Pearce, New York: Oxford University Press, 1968.

Wolfe, Bertram D., *The Bridge and the Abyss: The Troubled Friendship of Maxim Gorky and V. I. Lenin*, London: The Pall Mall Press, 1967.

Zetkin, Klara, *Reminiscences of Lenin*, London: Modern Books, 1929.

☞ 레닌에 관한 연구 업적

Cliff, Tony, *Lenin: Building the Party,* London: Pluto Press, 1975; *Lenin: All Power to the Soviets*, London: Pluto Press, 1976; *Lenin: Revolution Besieged*, London: Pluto Press, 1978.

Eissenstat, Bernard, ed., *Lenin and Leninism: State, Law, Society*, Lexington, D. C.: Heathe, 1971.

Fischer, Louis, "Lenin's Legacy," *Columbia University Forum*(Fall, 1964), pp. 6~10.

Frankel, Jonathan, *Vladimir Akimov on the Dilemmas of Russian Marxism, 1895~1903*, Cambridge: Cambridge University Press, 1969.

Gruber, Helmut, *International Communism in the Era of Lenin: A Documentary History*, Ithaca: Cornell University Press, 1967.

Harding, N., *Lenin's Political Thought*, London: The Macmillan Press, 1977.

Lazitch, Branko and Drachkovich, Milorad, *Lenin and the Comintern*, Vol. I, Stanford: Hoover Institution Press, 1972.

Lewin, Moshe, *Lenin's Last Struggle*, tr. by A. M. Sheridan Smith, New York: Pantheon Books, 1968.

Meyer, Alfred G., *Leninism*, Cambridge: Harvard University Press, 1957.

Page, Stanley W., *Lenin and World Revolution*, New York: New York University Press, 1959.

Pipes, Richard, "The Origins of Bolshevism: The Intellectual Evolution of Young Lenin," in Pipes, Richard, ed., *Revolutionary Russia: A Symposium*, Garden City, N. Y.: Doubleday and Co., 1969, pp. 33~66.

Skukman, Harold, *Lenin and the Russian Revolution*, New York: Capricorn Books, 1966.

Silverman, Saul, ed., *Lenin*, Englewood Cliffs, N. J.: Prentice-Hall, 1972.

Treadgold, Donald W., *Lenin and His Rivals: The Struggle for Russia's Future 1898~1906*, New York: Frederick A. Praeger, 1955.

Varga, E. and L. Mendelsohn, ed., *New Data For V. I. Lenin's Imperialism, the Highest Stage of Capitalism*, New York, 1940.

헤르만 베버 지음, 정초일 옮김, 『레닌』, 한길사, 1999.

2. 스탈린

☞ 스탈린의 저술

Stalin, I. V., *Sochineniia*, 13 vols., Moscow, 1946~1952(영역본); *Works*, 13
권, Moscow, 1952~1955.

————, *Stalin's Speeches on the American Commumst Party*, New York, n.d.

Franklin, Bruce, ed., *The Essential Writings 1905~1952*, Garden City, N. Y.:
Doubleday and Co., 1972.

McNeal, Robert H., ed., *Stalin's Works: An Annotated Bibliography*, Stanford:
Hoover Institution Bibliographical Series XXVI, 1967.

☞ 스탈린의 전기물

Bajanow, B., *Stalin, der rote Diktator*, Berlin, n.d.

Bullock, Alan, *Hitler and Stalin: Parallel Lives*, New York: Alfred A. Knopf,
1992.

Deutscher, Isaac, *Stalin: A Political Biography*, 2nd ed., New York: Oxford
University Press, 1966.

Grey, Ian, *Stalin: Man of History*, Garden City, N. Y.: Doubleday and Co.,
1979.

Iremashvili, Iosif, *Stalin und die Trag die Georgiens*, Berlin, 1932.

(저자는 스탈린과 같은 시대에 한 마을에서 태어나, 스탈린과 초급 학교로부
터 티플리스 신학교에 이르기까지 각급 학교를 함께 다녔다. 그는 티플리스의
교사로 일했다. 1921년 5월에 그는 볼셰비크의 비밀 경찰에 체포되어 형무소에
수감됐다. 그의 누이가 스탈린을 겨우 만나 석방을 탄원했다. 스탈린은 이 탄원
을 들어주어 그를 석방했으나 그는 멘셰비크였기 때문에 볼셰비키 당에의 가입
을 거절했다. 그 결과 그는 61명의 다른 조지아인들과 함께 1922년 10월에 독일
로 추방됐다. 그는 독일에서 스탈린에 관한 책을 썼는데, 객관적으로 쓰려고 무
척 애를 썼다.)

Ludwig, E., *Stalin*, New York, 1942.

Rigby, T. H., ed., *Stalin*, Englewood Cliffs, N. J.: Prentice-Hall, 1966.

Smith, E. E., *The Young Stalin: The Early Years of an Elusive Revolutionary*, New York: Farrar, Strauss and Giroux, 1967.

Souvarine, B., *Stalin: a Critical Survey of Bolshevism*, tr. by C. L. R. Jones, New York: Ziff-Davis, 1939.

Trotsky, Leon, *Stalin: An Appraisal of the Man and His Influence*, tr. by Charles Malamuth, New York: Harper & Brothers, 1941.

Tucker, Robert C., *Stalin as Revolutionary: 1879~1929*, New York: W. W. Norton, 1973.

————, *Stalin in Power: The Revolution from Above: 1928~1941*, New York: W. W. Norton, 1990.

Ulam, Adam, *Stalin: The Man and His Era*, New York: Viking Press, 1973.

Yaroslavsky, E., *Landmarks in the Life of Stalin*, London, 1942.

☞ 스탈린에 관한 연구 업적

Aronson, Gregory, "Was Stalin a Tsarist Agent?" *The New Leader* (August 20, 1956), pp. 23~24.

Bialer, Seweryn, ed., *Stalin and His Generals: Soviet Military Memoirs of World War II*, New York: Pegasus, 1969.

Conquest, Robert, *The Great Terror: Stalin's Purge of the Thirties*, New York: Macmillan, 1968.

Djilas, Milovan, *Conversations with Stalin*, tr. by Michael Petrovich, New York: Harcourt, Brace and World, 1962.

Erlich, Alexander, *The Soviet Industrialization Debate, 1924~1928*, Cambridge: Harvard University Press, 1960.

Lunghi, Hugh, "Stalin Face to Face," *The Observer Weekend Review* (February 24, 1963), pp. 1~25.

Salisbury, Harrison, *Stalin's Russia and After*, London, 1955.

Tucker Robert C., "Theory of Charismatic Leadership," *Daedalus* (Summer, 1968), pp. 731~56.

————, ed., *Stalinism: Essays in Historical Interpretation*, New York: W. W. Norton, 1977.

3. 트로츠키

☞ 트로츠키의 저술

트로츠키의 저술은 그의 이념에 동정적인 2개의 출판사, 즉 뉴욕의 Pathfinder Press와 런던의 Pathfinder Press에 의해 체계적으로 재출판되고 있다. 아래에 그의 저술의 목록을 열거하기로 한다. 출판사의 이름이 표시되어 있지 않으면, 그것은 Pathfinder Press에 의해 출판됐음을 의미한다.

Our Revolution, New York: Henry Holt, 1918.

The Real Situation in Russia, New York: Harcourt, Brace, 1928.

Stalin, New York: Harper & Brothers, 1946.

Literature and Revolution, London: Russell & Russell, 1957.

Diary in Exile, Cambridge: Harvard University Press, 1958.

The History of the Russian Revolution, 3 Vols., Ann Arbor: The University of Michigan Press, 1960.

The New Course, Ann Arbor: The University of Michigan Press, 1961.

Lessons of October, London: New Park Publications, 1971.

1905, New York: Random House, 1972.

Terrorism and Communism, Ann Arbor: The University of Michigan Press, 1972.

The First Five Years of Communist International, 2 vols.

The Permanent Revolution.

The Third International After Lenin.

My Life.

The Revolution Betrayed.

Their Morals and Ours.

Whither France?

☞ 트로츠키의 저술에 관한 선집

Writings of Leon Trotsky (12권).

On Literature and Art.

On the Jewish Question.

The Basic Writings of Trotsky, ed. Irving Howe, New York: Random House, 1963.

The Age of Permanent Revolution, ed. Isaac Deutscher, New York: Dell Publishing Co., 1964.

☞ 트로츠키의 전기물

Deutscher, Isaac, *The Prophet Armed: Trotsky, 1879~1921,* New York: Oxford University Press, 1954.

──, *The Prophet Unarmed: Trotsky, 1921~1929,* New York: Oxford University Press, 1959.

──, *The Prophet Outcast: Trotsky, 1930~1940,* New York: Oxford University Press, 1963.

Eastman, Max, *Leon Trotsky: The Portrait of a Youth,* New York: AMS Press, 1925.

Serge, Victor, and Natalya Sedova Trotsky, *The Life and Death of Leon Trotsky,* New York: Basic Books, 1975.

☞ 트로츠키에 대한 언급이 많은 책들

Abramovitch, Raphael, *The Soviet Revolution,* New York: International Universities Press, 1960.

Cohen, Stephen F., *Bukharin and the Bolshevik Revolution. A Political Biography, 1888~1938*, New York: Alfred A. Knopf, 1973(증보판은 Oxford University Press에서 1980년에 나왔다).

Day, Richard, *Leon Trotsky and the Politics of Economic Isolation*, New York: Cambridge University Press, 1973.

Erlich, Alexander, *The Soviet Industrialization Debate, 1924~1928*, Cambridge: Harvard University Press, 1960.

Lewin, Moshe, *Lenin's Last Struggle*, New York: Alfred A. Knopf, 1972.

Mavrakis Kostas, *On Trotskyism: Problems of Theory and History*, London: Routledge & Kegan Paul, 1976.

Medvedev, Roy, *Let History Judge*, New York: Alfred A. Knopf, 1972.

Nedava, Joseph, *Trotsky and the Jews*, Philadelphia: Jewish Publication Society of America, 1972.

Rabinowitch, Alexander, *The Bolskeviks Come to Power*, New York: Donald Press, 1962.

Souvarine, Boris, *Stalin*, London: Longmans and Green, 1939.

Sukhanov, N. N., *The Russian Revolution, 1917*, New York: Oxford University Press, 1955.

Tucker, Robert C., ed., *Stalinism: Essays in Interpretation*, New York: W. W. Norton, 1977.

Wilson, Edmund, *To the Finland Station: Study in the Writing and Acting of History*, New York: Doubleday and Co., 1953.

Wolfe, Bertram D., *Three Who Made a Revolution: A Biographical History*, rev. ed., New York: Dell Publishing Co., 1964.

이상 트로츠키 부분은 다음에서 옮긴 것이다. Howe, Irving, *Leon Trotsky*, New York: Penguin Books, 1979, pp. 199~201.

4. 넓은 의미에서 러시아 혁명사에 관련된 문헌

Alliluyeva, Svetlana, *Twenty Letters to a Friend,* tr. by Priscilla J. McMillan, New York: Harper & Row, 1967.

Anderson, Thornton., ed., *Masters of Russian Marxism,* New York: Appleton-Century-Crofts, 1963.

Ascher, Abraham, *Pavel Axelrod and the Development of Menshevism,* Cambridge: Harvard University Press, 1972.

Barghoorn, Frederick, "The Russian Radicals of the 1860's and the Problem of the Industrial Proletariat," *The Slavonic Review*(March, 1943), pp. 57~69.

Baron, Samuel H., *Plekhanov: The Father of Russian Marxism,* Stanford: Stanford University Press, 1963.

Benckendorff, Count Paul, *Last Days at Tsarkoe Selo,* London: Heinemann, 1927.

Berdyaev, Nicolai, *The Origin of Russian Communism,* Ann Arbor: The University of Michigan Press, 1960.

————, *The Russian Idea,* Boston: Beacon Press, 1962.

Beria, Lavrenty, *On the History of the Bolshevik Organizations in Transcaucasia,* London, 1939.

Bochenski, J. M. and T. J. Blakeley, eds., *Bibliography of Soviet Philosophy,* Dordrecht: Holland, D. Reidel Publishing Co., Vols. I, IV and V (Index), 1959~1964.

Botkin, Gleb, *The Real Romanovs,* New York: Revell, 1931.

Bowman, Herbert E., *Vissarion Belinsky, 1811~1848: A Study in the Origins of Social Criticism in Russia,* Cambridge, M. A.: Harvard University Press, 1954.

Browder, Robert and Alexander Kerensky, eds., *The Russian Provisional*

Government 1917: Documents, 3 Vols., Stanford: Stanford University Press, 1961.

Buchanan, George W., My Mission to Russia and Other Diplomatic Memories, 2 Vols., London: Cassell, 1923.

Buckanan, Meriel, The Dissolution of an Empire, London: Murray, 1932.

Buckanan, Paul, and Alexander Kerensky, The Murder of the Romanovs, London: Hutchison, 1935.

Buxhoeveden, Baroness Sophie, Left Behind: Fourteen Months in Siberia During the Revolution, New York: Longmans, 1929.

————, The Life and Tragedy of Alexandra Feodorovna, Empress of Russia, New York: Longmans, 1928.

Bykov, P. M., The Last Days of Tsardom, London: Martin Lawrence, 1934.

Capouya, Emile, and Keitha Tompkins, The Essential Kropotkin, London: Macmillan Co., 1976.

Carr, Edward H. A History of Soviet Russia, London: Macmillan Co., 1951~현재. (이 책은 10권으로 계획되어 있으며, 현재 6권이 나와 있다. 첫 3년은 The Bolshevik Revolution, 1917~1923'의 부제가 붙어 있다. 제4권이 'The Interregnum, 1923~1924'이며, 제5권과 제6권이 'Socialism in One Country, 1924~1926'이다. 제7권부터 제10권까지는 그 잠정적 부제가 'Foundations of a Planned Economy, 1926~1929'로 되어 있다.)

Central Committee of the All-Union Communist Party(Bolsheviks), History of the All-Union Communist Party(Bolsheviks), Moscow: Foreign Languages Publishing House, 1938.

Chamberlin, William H., The Russian Revolution, 1917~1921, 2 Vols., New York: Macmillan, Co., 1952.

Cheshire, H. T., "The Radicals of the Sixties and Their Leaders," The Slavonic Review(June, 1922), pp. 110~20.

Clarkson, Jesse D., A History of Russia, New York: Random House, 1966.

Cohen, Stephen F., Bukharin and the Bolshevik Revolution: A Political

Biography, 1888~1938, New York: Alfred A. Knopf, 1973.

Cole, Edward Alan, "The Enlightened Nationalism of N. M. Karamzin, 1766~1826," unpub. Ph. D. diss., Berkeley: University of California at Berkeley, 1972.

Crankshaw, Edward, *The Shadow of the Winter Palace: Russia's Drift to Revolution, 1825~1917*, New York: Viking Press, 1976.

Curtiss, John Shelton, *The Russian Revolution of 1917*, Princeton, N. J.: Princeton University Press, 1957.

Daniels, Robert V., *Red October: The Bolshevik Revolution of 1917*, New York: Charles Scribner's Sons, 1967.

Edie, James M., et al., *Russian Philosophy*, Chicago: Quadrangle Books, 3 Vols., 1965.

Ferro, Marc, *The Russian Revolution of February 1917*, tr. by J. L. Richards from the French, London: Routledge & Kegan Paul, 1972.

Florinsky, Michael T., *Russia: A History and Interpretation* I, New York: Macmillan Co., 1953.

Footman, David, *Red Prelude. The Life of the Russian Terrorist Zhelyabov*, New Haven: Yale University Press, 1945.

Frölich, Paul, *Rosa Luxemburg: Her Life and Work*, tr. by Johanna Hoornweg, New York: Monthly Review Press, 1972.

Futrell, Michael, *Northern Underground. Episodes of Russian Revolutionary Transport and Communications through Scandinavia and Finland 1863~1917*, London, 1963.

Gapon, Gregory, *The Story of My Life*, London, 1905.

George, Richard T. De, *Patterns of Soviet Thought: The Origin and Development of Dialectical and Historical Materialism*, Ann Arbor: The University of Michigan Press, 1970.

Getzler, Israel, *Martov: A Political Biography of a Russian Social Democrat*, Cambridge: Cambridge University Press, 1967.

Gilliard, Pierre, *Thirteen Years at the Russian Court,* New York: Doran, 1921.

Glenny, Michael, "Leonid Krasin: The Years Before 1917. An Outline," *Soviet Studies,* Vol. 22(October, 1970).

Golder, Frank A., *Documents of Russian History, 1914~1917,* New York: Appleton-Century-Crofts, 1927.

Haimson, Leopold H., *The Russian Marxists and the Origins of Bolshevism,* Cambridge M. A.: Harvard University Press, 1955.

Hammer, Darrell P., *U. S. S. R: The Politics of Oligarchy,* Hindsdale, Ill.: The Dryden Press, 1974.

Harcave, Sidney, *First Blood: The Russian Revolution of 1905,* New York: Macmillan Co., 1964.

Hardy, Deborah, *Petr Tkachev, The Critic as Jacobin,* Seattle: The University of Washington Press, 1977.

Hare, Richard, *Pioneers of Russian Social Thought: Studies of Non-Marxian Formation in Nineteenth-Century Russia and of Its Partial Revival in the Soviet Union,* London: Oxford University Press, 1951; 2rd rev. ed., New York: Vintage, 1964.

Herzen, Alexander, *Memoirs of Alexaner Herzen,* tr. by J. D. Duff, New York: Yale University Press, 1923.

————, *My Past and Thoughts,* tr. by Constance Garnett, 6 Vols., London. 1924.

Herzen, Michael Alan von, "Nikolai Ivanovich Novikov: Th St. Petersburg Years," unpub. Ph. D. diss., Berkeley: University of California at Berkeley, 1975.

Hill, William Holway II, "Vissarion Grigorevich Belinskii, 1811~1840," unpub. Ph. D. diss., Berkeley: University of California at Berkeley, 1972.

Howard, Dick, *Rosa Luxemburg: Selected Political Writings,* New York: Monthly Review Press, 1971.

Joll, James, *The Anarchists,* 2nd ed., London: Methuen, 1979.

Karpovich, Mikhail, "A Forerunner of Lenin: P. N. Tkachev," *The Review of Politics*(July, 1944).

Keep, John, *The Rise of Social Democracy in Russia,* Oxford: Clarendon Press, 1963.

————, *The Russian Revolution,* New York: W. W. Norton, 1974.

Kennan, George F., *The Marquis de Custine and His Russia in 1839,* Princeton, N. Y.: Princeton University Press, 1971.

Kerensky, Alexander, *Russia and History's Turning Point,* New York: Duell, Sloan & Pearce, Inc., 1965.

Kindersley, Richard, *The First Russian Revisionists: A Study of "Legal Marxists" in Russia,* New York: Oxford University Press, 1962.

Knight, Amy, *Beria: Stalin's First Lieutenant,* Princeton, N. J.: Princeton University Press, 1993.

Kropotkin, Peter, *Memoirs of a Revolutionist,* ed. by James Allen Rogers, Garden City, N. Y.: Doubleday and Co., 1962.

Lampert, E., *Sons Against Fathers. Studies in Russian Radicalism and Revolution,* New York: Oxford University Press, 1965.

————, *Studies in Rebellion: Belinsky, Bakunin, and Herzen,* London: Routledge & Kegan Paul, 1957.

Lerner, Warren, *Karl Radek: The Last Internationalist,* Stanford: Stanford University Press, 1970.

Levitsky, Serge L., "Legislative Initiative in the Russian Duma," *American Slavic and East European Review* 15(October, 1956), pp. 313~24.

Liebman, Marcel, *La Revolution Russe,* Brussel: Les Editions Gerard, 1967, tr. by Arnold J. Pomerans, *The Russian Revolution,* New York: Random House, 1970.

Lossky, N. O., *History of Russian Philosophy,* New York: International Universities Press, 1951.

Lunacharsky, A. V., *Revolutionary Silhouettes,* London, 1967.

Malia, Martin, *Alexander Herzen and the Birth of Russian Socialism, 1812~1855*, Cambridge, M. A.: Harvard University Press, 1961.

————, "What Is the Intelligentsia?" in Pipes, Richard, ed., *The Russian Intelligentsia*, New York: Columbia University Press, 1961.

Masaryk, Thomas G., *The Spirit of Russia*, New York: Macmillan Co., 1919.

Mazour, A. G., *The First Russian Revolution, 1825*, Berkeley: The University of California Press, 1937.

Marcuse, Herbert, *Soviet Marxism: A Critical Analysis*, New York: Vintage Books, 1961.

Maximoff, G. P., *The Political Philosophy of Bakunin: Scientific Anarchism*, Glencoe, Ill.: Free Press, 1953.

————, *The Political Philosophy of Bakunin: Selected Writings of Bakunin*, New York: Macmilian Co., 1953.

McNeal, Robert H., *The Bolshevik Tradition: Lenin, Stalin, Khrushchev, Brezhnev*, 2nd ed., Englewood Cliffs, N. J.: Prentice-Hall, 1975.

Mehlinger, Howard D. & Thompson, John M., *Count Witte and the Tsarist Government in the 1905 Revolution*, Bloomington: Indiana University Press, 1972.

Mendel, Arthur, "Marxism Comes to Russia," in Oliva, L.(ed.) *Russia and the West from Peter to Khrushchev*, Boston: D. C. Heath and Co., 1965.

Mendelsohn, Ezra, *Class Struggle in the Pale: The Formative Years of the Jewish Workers' Movement in Tsarist Russia*, Cambridge: Cambridge University Press, 1970.

Miluikov, Paul, *Russia and Its Crisis*, Chicago: University of Chicago Press, 1905.

————, *Russia at the Turning Point. The Bolshevik Period of the Russian Revolution*, Paris, 1927.

Moorehead, Alan, *The Russian Revolution*, New York: Perennial Library ed. by Harper & Row, 1965.

Nettl, J. P., *Rosa Ruxemburg*, London: Oxford University Press, 1966(이 책은 2권으로 되어 있으나 1권으로 축소된 판본이 따로 있음).

Nomad Max, *Apostles of Revolution*, New York: Crowell-Collier Books, 1961.

Oliva, L., ed., *Russia and the West from Peter to Khrushchev*, Boston: D. C. Heath and Co., 1965.

Pares, Bernard, *A History of Russia*, New York: Alfred A. Knopf, 1939.

————, *Day by Day with the Russian Army, 1914~1915*, London: Constable, 1915.

Payne, Robert, *Life and Death of Lenin*, New York: Simon and Schuster, 1964.

Pereira, Norman Gregor Ostrovsky, "N. G. Chernyshevsky: An Intellectual Biography," unpub. Ph. D. diss., Berkeley: University of California at Berkeley, 1970.

Pipes, Richard, *Russia Under the Old Regime*, London: Weidenfeld and Nicolson, 1974.

————, ed., *Revolutionary Russia: A Symposium*, Garden City, N. Y.: Doubleday and Co., 1969.

————, *Social Democracy and the St. Petersburg Labor Morement. 1885~1897*, Cambridge: Harvard University Press, 1963.

————, *Struve: Liberal on the Left*, Cambridge: Harvard University Press, 1970.

————, *The Russian Revolution*, New York: Alfred A. Knopf, 1990.

Plamenatz, John, *German Marxism and Russian Communism*, London: Longmans, 1954.

————, "Lenin and Russian Communism," in Hendel, Samuel, ed., *The Soviet Crucible: The Soviet System in Theory and Practice*, 4th ed., North Scituate, Mass.: Duxbury Press, 1973.

Plekhanov, G. V., *Selected Philosophical Works*, Vol. I, Moscow, n. d.

————, *The Role of Individuals in History*, New York, 1940.

Popov, N., *Outline History of the Communist Party of the Soviet Union*, 2 Vols., New York: International Publishers, 1934.

Prawdin, Michael, *The Unmentionable Nechaev: A Key to Bolshevism*, New York: Roy Publishers, 1961.

Rabinowitch, Alexander, *Prelude to Revolution: The Petrograd Bolsheviks and the July 1917 Uprising*, Bloomington: Indiana University Press, 1968.

————, *The Bolsheviks Come to Power*, New York: W. W. Norton, 1972.

Rappoport, Angelo S., *Pioneers of the Russian Revolution*, London: St. Paul and Co., 1918.

Rauch, Georg von, *A History of Soviet Russia*, 3rd ed., New York: Frederick A. Praeger, 1962.

————, *A History of Soviet Russia*, 6th ed., tr. by Peter and Annette Jacobsohn, New York: Praeger Publishers, 1972.

Reed, John, *Ten Days That Shook the World*, New York, 1919, a new edition with an introduction by Bertram D. Wolfe, New York: The Modern Library, Random House, 1960.

Reshetar, John S., *A Concise History of the Communist Party of the Soviet Union*, New York: Frederick A. Praeger, 1960.

Riasanovsky, Nicholas V., *Nicholas I and Official Nationality in Russia, 1825~1855*, Berkeley: The University of California Press, 1969.

Robinson, Geroid T., *Rural Russia Under the Old Regime*, New York: Longmans, 1932.

Sablinsky, Walter, *The Road to Bloody Sunday: Father Gapon and the St. Petersburg Massacre of 1905*, Princeton: Princeton University Press, 1976.

Senn, Alfred, *The Russian Revolution in Switzerland 1914~1917*, Madison: University of Wisconsin Press, 1971.

Simmons, E. J., ed., *Continuity and Change in Russian and Soviet Thought*, Cambridge: Harvard University Press, 1952.

Spitzer, Alan B., *The Revolutionary Theories of Louis Auguste Blanqui*, New York: Columbia University Press, 1957.

Suny, Ronald Grigor, "A Journeyman for the Revolution: Stalin and the Labour Movement in Baku, June 1907∼May 1908," *Soviet Studies* (January 1972), pp. 373∼94.

Troyat, Henri, *Daily Life in Russia under the Last Tsar*, tr. by Malcolm Barnes, Stanford: Stanford University Press, 1979.

Treviranus, C. R., *Revolutions in Russia: Their Lessons for the Western World*, New York: Harper & Brothers, 1944.

Troyat, Henri, *Daily Life in Russia Under the Last Tsar*, tr. by Malcolm Barnes, Stanford: Stanford University Press, 1979.

Ulam, Adam B., *The Bolsheviks: The Intellectual and Political History of the Triumph of Communism in Russia*, New York: Collier Books, 1965.

————, *The Unfinished Revolution: An Essay on the Sources of Influence of Marxism and Communism*, New York: Vintage Books, 1960.

Utechin, S. V., *Russian Political Thought*, New York: Frederick A. Praeger, 1963.

Vaarlamov, V., *Bakunin and the Russian Jacobins and Blanquists as Evaluated by Soviet Historiography*, New York: Research Program on the USSR, East European Fund, 1955.

Venturi, Franco, *Roots of Revolution: A History of the Populist and Socialist Movement in the Nineteenth Century Russia*, New York: Alfred A. Knopf, 1960.

Vernadsky, George, et. al., eds., *A Source Book for Russian History from Early Times to 1917*, New Haven: Yale University Press, 1972.

Von Laue, Theodore H., *Why Lenin? Why Stalin?: A Reappraisal of the Russian Revolution*, Philadelphia: J. B. Lippincott, 1964.

Walsh, Warren B., *Russia and the Soviet Union: A Modern History*, rev. ed., Ann Arbor: The University of Michigan Press, 1968.

Weeks, Albert L., *The First Bolshevik: A Political Biography of Peter Tkachev*, New York: New York University Press, 1968.

————, "The First Bolshevik," *Problems of Communism*(October–November, 1967).

Weider, George, "The Petrashevsky Circle and the Rise of Opposition to the Government in St. Petersburg, 1840~1849," unpub. Ph. D. diss., Berkeley: University of California at Berkeley, 1971.

Wildman, Allan, *The Making of a Workers' Revolution: Russian Social Democracy 1891~1903*, Chicago: University of Chicago Press, 1962.

Wilson, Edmund, *To the Finland Station: A Study in the Writing and Acting of History*, Garden City, N. Y.: Doubleday and Co., 1940, 강봉식 옮김, 『근대 혁명 사상사』, 을유문화사, 1962.

Woehrlin, Willian F., *Chernyshevskiy: The Man and the Journalist*, Cambridge, M. A.: Harvard University Press, 1971.

Wolfe, Bertram D., *Three Who Made a Revolution: A Biographical History*, rev. ed., New York: Dell Publishing Co., 1964.

Wolf, Eric R., *Peasant Wars of the Twentieth Century*, New York: Harper & Row, 1969.

Yarmolinsky, Avrahm, *Road to Revolution. A Century of Russian Radicalism*, London: Lassell & Co., 1967.

Zilliacus, Konni, *The Russian Revolutionary Movement*, London: Bradbury, Agnew & Co., 1905.

기연수 옮김, 『러시아의 역사: 고대 루시에서 볼셰비키 혁명까지』, 동아일보사, 1988.

김학준, 「19세기 러시아 사상의 한 모습: 체르니세프스키의 문학과 사상」, 『세계의 문학』, 1979년 가을호, pp. 16~37.

이인호, 「민족적 자의식과 역사 해석」, 『문학과지성』, 제7권 제1호, 1976.

————, 『러시아 지성사 연구』, 문학과지성사, 1980.

이홍구, 「공산주의의 이론과 실제」, 서울대학교 사회과학대학 정치학과 (편), 『정치학 개론』, 서울대학교 출판부, 1975.

색 인

책, 논문, 신문, 잡지

ㄱ

「개성 이론의 개관」 171

「깨어진 환상」 166

『게릴라 투쟁론』 545

『경종』 164~65, 169

『공산당 선언』 187, 203, 241, 260, 316, 355, 616, 643, 683

『공산주의자』 606

『공산당의 역사』 378

『구세주냐 파괴자냐』 542~43, 561

『국가와 혁명』 170, 830~31

『그곳 그리고 되돌아와서』 485

ㄴ

『나의 왕복 여행』 485

『나찰로(시작)』 252, 267, 437, 473, 497, 500, 686, 709

『남부 러시아의 농업 경제』 225

「노동 계급과 사회민주주의 지식인」 368,

『노동자의 대의』 246~47, 276, 280, 340, 346~47, 350, 352

『노바야 지즌(새로운 삶)』 451, 473, 500, 838

『논리학』 311

『뉴욕 타임스』 652

『니콜라이 1세의 생애』 109

ㄷ

『당의 견해 차이에 대한 간단한 조사』 662

『대의(大義)』 160, 163

『동방 평론』 323

『동시대인』 122, 145~46, 148, 153, 193, 198

『디 글로케(종)』 438

ㄹ

『라도 케트스호벨리의 생애와 혁명적 활동』 641

『러스카야 가제타(러시아의 신문)』 437

『러시아 혁명의 역사』 430

『러시아에서의 자본주의의 발달』

  225, 247~48, 250, 252, 256, 321,
  518
『러시아의 경제 발전 문제에 대한
  비판 소고』 230
『러시아의 말』 148, 154~55, 160
『러시아의 병사』 544
『러시아의 부(富)』 229
『레닌 전기』 214
『레닌 전집』 225
『레닌의 생애』 216
「레닌의 선구자인 트카초프」 160
『레닌의 청년 시대』 215
『레닌의 회고록』 544, 659, 663, 818
『루츠(빛)』 713

ㅁ

「마르크시스트에 반대하여」 229
『마르크시즘과 민족 문제』 602,
  661, 722
『망원경』 115~16, 122
『모스코프스키 베스트니크』 129
『모스크바 관찰자』 122
『모스크바 해럴드』 129
『모스크바인』 130
『무엇을 해야 하나?』 152, 157,
  286~87, 289, 292~95, 325,
  327~29, 643, 747
「무엇을 해서는 안 되는가」 368
『문화의 진화』 312

『므니모지나』 129
『미래 사회에서 국가의 요소』 172

ㅂ

『백치』 133
『베드모스티(뉴스)』 66
『베히(방향 표지)』 696~97
『브페레드(전진)』 375, 700
『비엔나 프라우다』 688
『투쟁』 660, 709
『투쟁의 메아리』 622
『프롤레타리 브로드졸라(프롤레타
  리아의 투쟁)』 635, 641
「빨치산 투쟁」 552

ㅅ

『사닌』 695
『사회민주주의자』 241, 635~36
『사회민주주의자와 인민주의자 사
  이의 토론』 225
『사회주의를 위한 25년의 투쟁』
  554
『사회주의와 정치적 투쟁』 205~06,
  209
『상트 페테르부르크에서 모스크바
  로의 여행』 82~83, 95, 114,
『새터데이 이브닝 포스트』 652
「서구 문화의 성격과 러시아 문화와
  의 관계」 131

『세계 시장과 농업의 위기, 총파업,
　러시아와 혁명, 식민 정책, 사회주
　의와 은행』 437
『소련 대백과 사전』 216, 634~35,
　643, 645
『소련 소백과 사전』 614
「소련공산당사」 638, 658
『소련의 역사』 479, 482, 517
「수수께끼의 스탈린」 604
『순수 이성 비판』 126
『스탈린의 생애』 606, 614, 638
『시가전: 파리 코뮌의 한 장군의 권
　고』 421
「시베리아 대표단의 보고」 366
『시베리아』 652
「시작해야 할 지점」 286
「19세기」 130

○

『아닌 것의 이야기』 695
『아버지와 아들』 155, 695
『알렉산드르 일리치 울리야노프에
　대한 회고』 216
『암흑의 권력』 308
『어디에도 없는 것으로부터의 사람
　들』 485
『에르푸르트 프로그램』 643
「여순항의 함락」 394
『역사 서한』 171

『역사적 유물론에 관해』 320
「역사철학에 관한 서한 제1호」 115
「역사철학에 관한 서한」 116
『영국 노동조합의 이론과 실제』
　250
『오고네크(불)』 653
『올리버 트위스트』 308
「왕을 구하는 개구리들에게 제정신
　을 들게 하는 새로운 시도」 368
「우리 운동의 긴급한 과제」 284~
　86
「우리들의 조직상의 과업에 대한 한
　동지에의 편지」 626
「우리의 강령」 172
『우리의 대의』 317~18
「우리의 정치적 과업」 366
『우리의 차이점』 205~09, 241, 243
「위기는 성숙됐다」 835
「위대한 러시아인」 156
『유럽인』 130
「이론과 윤리를 타도하라!」 154
『이스크라(불꽃)』 270, 276, 279~
　82, 284, 294, 307~08, 325~41,
　345~47, 350~52, 358~67, 371,
　457, 574, 623~24, 634, 643
『20세기 전야의 러시아』 381
『이즈베스치아(뉴스)』 453, 472~
　73, 770, 832
『인민 의지의 선전자』 172

『인민의 벗이란 무엇이며 그들은 사회민주주의자와 어떻게 싸워야 하는가?』 229

『1905년의 해』 485, 533, 643, 685

『일리아드』 325

『일보 전진, 이보 후퇴』

ㅈ

『자리야 보스토카(동방의 새벽)』 627

「자본과 노동」 151

『자본론』 164, 198, 224, 228~29, 246, 485, 589~90, 592, 595, 616

『자서전』(다윈) 320

『전쟁과 혁명』 643

『전쟁론』 421

「전쟁에 대한 7개의 테제」 750~52

『전진』 172

『젊은이들의 교훈서』 63

『제2인터내셔널의 와해』 746

『제국주의: 자본주의의 최고의 단계』 721, 752

『제국주의와 세계 경제』 721~22

『조국 연보』 122, 124, 171

『종의 기원』 320

「주소 없는 편지」 151

「중앙 집권주의냐 보나파르티즘이냐」 368

『즈베즈다(별)』 704

ㅊ

『창백한 말〔馬〕』 695

「철학의 현대적 의의에 관해」 171

「청년 러시아의 선언」 156~57

ㅋ

『코뮌』 165

『콜로콜(종)』 124, 145~46, 165

『크발리(고랑)』 629~30, 634, 641

『키예프 사상』 323, 690

ㅌ

『트랜스코카시아에서 볼셰비키 조직의 역사에 관해: 스탈린의 초기 저작들과 활동들』 605, 644, 660

ㅍ

『파우스트』 308, 809

「포이어바흐에 관한 테제」 375

『프라보(권리)』 396

『프라우다(진실)』 604, 644, 659, 669, 677, 681, 690, 707~08, 713~15, 804, 808

『프랑스 혁명』 312

『프롤레타리』 442, 460, 544, 560, 676, 680

『피안으로부터』 124

ㅎ

『해방』 381, 448

『혁명가의 교리 문답』 173

『혁명과 국가』 170

『혁명의 얼굴들』 694

『혁명의 해부』 777

『혁명적 프롤레타리아』 544

『현대 사상사론』 172

「현실에 대한 예술의 미학적 관계」 145

件名

ㄱ

가속 농노 domestic serf 49

갈리시아 341, 729, 815

갈색 셔츠대 478

개혁주의 438, 564, 572~73

개혁주의론 571

거부주의자 560

검은 백인단 503, 538, 540~41, 702, 735

검은 셔츠대 478

게르만족 728

게릴라 537, 539, 554~55, 602

경작 농노 field serf 49

경제결정론 160

경제주의 257~69, 290, 330

경제주의자 257, 268, 277, 328, 338, 340, 374

경찰 국가 111~12

경찰노동조합주의 385~86

경찰노조주의 388~89

경찰사회주의 383~92, 401~02

계급 대표 군주제 38

계급 투쟁 188, 203, 208, 268, 370, 389

계급 혁명 187~88

계속 혁명 437

고리 Gori 556, 600, 607~08, 612~13, 621

공리주의 160~61

공산당 807

공산적 사회주의자 184

공산주의 295

공산주의자 565

공산주의자 동맹 682~83

공식적 러시아 official Russia 49~50

공안위원회 366

공포 정치 38~39, 42, 851, 879

과격주의 315

과격주의자 279

과격파 272~74

과학적 사회주의 183, 185, 189

관료주의 369~70

교회사회주의 401

국가 두마 489, 493

국가 소멸설 188~89

국가 소비에트 489

국가평의회 91

국민 의회 47

국유화 666

국제 바쿠니스트 동맹 586

군국주의 33, 743, 752

군사 쿠데타 835

군사-기술 센터 540

군사-기술국 541

군사-기술위원회 543

군사위원회 541

군사혁명위원회 834, 839~40, 842~43

궁정 정치 86

궁정 쿠데타 458

궁정 혁명 36~37, 68, 106, 156

그리스 599

그리스 정교 32, 35

기계공업 노동자 상조회 388

기본법 489~91, 494, 515

기회주의 292~94, 324, 369, 438

ㄴ

나로드니크 narodnik 152, 157~59,

191, 529

나로드니크 운동 123, 152, 157~59, 194, 206, 246, 284

나로드니크 테러리즘 628

나치 459

남러시아 노동자 동맹 315~17, 322

남진 정책 59, 297

네르친스크 조약 the Treaty of Nerchinsk 57

네바 강 63~64, 104, 738, 762, 841

노동 계급 188

노동 운동 291

노동군(勞動軍) 291

노동당 457, 504

노동자 대표들의 소비에트 453, 458, 532

노동자 정부 431

노동자 해방 그룹 204~11, 241, 243~44, 246, 264~65, 275, 312, 329, 342

노동자 해방 동맹 246~47

노동자들의 그룹 759

노동조합 258, 291, 382, 572, 700~01, 744

노동조합주의 290

노르웨이 719

노바야 우다 Novaya Uda 623, 625

노병 소비에트 792

노병(老兵) 소비에트 임시 집행위원

회 770, 781, 788

노브고로드 32, 39, 45

노장파 256, 328

농노 해방 138~41

농노 해방령 151, 153, 156, 158

농노제 36, 117, 122

농민 공동 부락체 125~26, 207~08

농민 반란 52~53, 107, 139, 156

농민 전쟁 43

농민사회주의 284, 290, 308

농민에 의존하는 프롤레타리아트의
　혁명적 독재 578

농민위원회 385

농민적 무정부주의 240

농업 공장 531

농업의 집단화 668

농촌 개혁안 520

농촌 공동체 511~12, 518~19, 595

농촌 러시아 rural Russia 49~50,

농촌 프롤레타리아트 531

농촌사회주의 136, 385

농촌사회주의자 492

니슈타트 조약 the Treaty of Nystadt
　67

니즈니 노브고로드 213

니콜라에프 312, 314~15, 317~19,
　321~22

니힐리즘 nihilism 121

ㄷ

다게스탄 Daghestan 자치 공화국
　599

다르다넬스 Dardanelles 해협 601,
　728

달-이-알 협곡 600

당 대회 253, 289, 334, 340, 342,
　345~46, 348, 350~54, 356~58,
　363, 367, 372, 374, 424, 545,
　547~49, 555, 583, 598, 637, 705

―창당 대회 253~54, 351, 543

―제2차 당 대회 288, 327, 331,
　342, 346, 349, 351, 389, 574, 655,
　657, 661

―제3차 당 대회 655~57, 661

―제4차 당 대회 501, 526, 704

―제5차 당 대회 526, 704

당 멘셰비키 687

당 볼셰비키 687

당 조직 개정안 425

당 중앙위원회 346, 360~61, 394,
　424, 506~07, 527, 541, 544, 662,
　704, 714, 834~36

당 프로그램 334, 342~43, 345,
　354~57, 359

당기위원회 507

대개혁 136~44

대러시아 30, 307

대륙 봉쇄령 89

대륙회의 456

대북방 전쟁 66

데카당 695

데카프리스트 105

데카프리스트 반란 93~107, 156

덴마크 548, 556

도시사회주의 385

도약 이론 144, 150

독일 127, 438, 458, 493, 556, 560~ 61, 564, 570~71, 585~87, 601, 682~83, 719, 725~29, 743, 752~53, 779, 793, 801~03, 810, 815~17, 819~20, 827, 834, 837, 848~50, 854~55

독일 사회민주당 289, 324, 437~39, 558, 570, 573, 582, 584, 588, 691, 743

독재 355, 815, 831~33, 850

독재자 434

독재주의 136

독점자본주의 752

동전 반란 52

동진 정책 297

동폴란드 297

두마Duma 448, 483, 488, 492~95, 501~04, 506, 517, 521, 680, 700~01, 713~14, 724, 736, 741, 745, 759~60, 765~74

—제1대 두마 486, 492, 504, 515, 552

—제2대 두마 495, 505, 515~17, 540, 546, 629

—제3대 두마 517, 526, 629

—제4대 두마 629, 711, 713, 759

디디 릴로Didi-Lilo 608

ㄹ

라즈노치네츠raznochinets 143~ 45, 147

라트비아 사회민주노동당 418, 500, 507

라트비아 사회민주연합 418

러시아 공장 노동자들의 조합 402

러시아 국토의 동맹 478

러시아 사회 민주 동맹 243, 266

러시아 사회민주(노동)당 211, 253~54, 276, 288, 346, 351, 353~54, 368, 440, 463, 500~01, 526, 542, 574, 598, 656, 704~05, 712

러시아 인민의 동맹 478

러시아 인민주의 126

러시아 정교 129, 131~34, 180, 190, 221, 305, 315, 320, 383, 401

러시아 정교위원회 478

러시아 조직위원회 705

러시아 혁명 29~30, 50, 68~69, 106, 212, 262, 273, 292, 300~01,

309, 343, 345, 356, 429~30, 434, 438, 442~43, 520, 553, 575, 577~78, 583~85, 685, 806, 822, 851, 881

러시아 혁명사 84, 173, 191

러시아 혁명주의 136~37

러시아주의 370

런던 171, 333~35, 358, 526, 541, 548, 569, 574, 685

런던 당 대회 424, 531, 541~47, 549, 635, 665~66, 668

레나 강 148, 282, 322, 703

레나 금광 702, 785

레닌 연구소 614, 617, 666

레닌그라드 Leningrad 65, 673

레닌이즘 159~60, 212, 358, 376, 603, 663

레닌주의 287

레페신스키 Panteleimon N. Lepeshinski 420, 555

로마노프 왕조 41, 46~59, 64, 493, 724, 765, 769, 776, 778

로잔 회의 729

루마니아 142, 556~57, 725

루터교 689

룸펜 프롤레타리아트 538~39

리바디아 Livadia 774

리보니아 Livonia 40

리제 Liege 335

리투아니아 40, 297, 306, 352, 729

리투아니아 사회민주당 418,

리투아니아계 폴란드 사회당 418

◼ ㅁ

마르세유 341

마르크스-엥겔스-레닌 연구소 437, 609, 656

마르크시스트 178, 212, 224~26, 229, 231, 253, 291, 296, 311, 315~18, 323, 327, 329, 331, 338~41, 354, 380, 400~01, 435, 464, 519, 529~30, 540, 542, 564, 571, 574, 590, 613, 617, 628~29, 688, 690, 720, 752

마르크시스트 독서회 228~29

마르크시스트 전위대 290

마르크시즘 183, 188~89, 197~201, 204, 224~25, 229~30, 240~42, 245~46, 256, 259, 287, 289, 307, 312~14, 319~21, 323~24, 329, 336, 342~44, 434~35, 532, 563~65, 612, 628~29, 638, 696, 698, 720, 743, 752

마린스키 극장 452

마수리안 호수 728

마케도니아 556, 607

만하임 583, 804

만하임 당 대회 584, 587

말모에 Malmoe 804

맥시멀리스트 514, 551, 553

메사메 다시(제3의 그룹) 616, 634

멕시코 309, 336, 485, 871

멘셰비즘 205, 241~42, 328, 369,
459, 497, 502, 546, 627, 629, 635,
661

멘셰비즘의 위기 497

멘셰비키 291, 306, 308, 346, 349,
359~63, 365, 367, 370, 373~75,
396, 398~400, 423~24, 427~29,
431, 435, 437, 440~41, 450~61,
464, 473, 491, 497~502, 504~06,
517, 526, 529, 531~36, 539~41,
544~48, 552, 559~60, 574~75,
577, 603, 623, 627, 633, 636, 643,
646, 654~55, 657, 662, 665~66,
669, 671, 686~87, 700, 704, 708,
713, 715~16, 747, 754, 801,
807~09, 813, 816, 823, 829, 832,
834, 843

멘셰비키 사회민주당 417

멘셰비키 중앙위원회 495

명예 재판소 542

모로조프 노동자들의 파업 180~82

모로코 493, 585

모스크바 34, 37, 40, 51, 64, 94,
321~22, 387~89, 445~46, 468,
479~81, 491, 503, 537, 543~46,

551, 605, 652~53, 657, 676~78,
694, 718~19, 747~48, 824, 835,
849, 854, 856~58

모스크바 대공국 31, 34~46,

모스크바 대학교 78~79, 273, 335,
658, 704, 718~19

모스크바 소비에트 480, 834

모스크바 총파업 480

몬테네그로 142, 726

몽골 제국 33

몽둥이 차리 109~13

무기위원회 542

무산 노동 계급 225, 229

무산자 문화 그룹 700

무장 혁명대 538~40, 545

무장론 535

무장봉기론 580, 831, 834

무장투쟁론 535~36

무정부주의 127, 239~40, 370, 505

무정부주의자 158, 168, 324, 338,
783, 791

문맹 퇴치반 228, 246

뮌헨 427, 558

미국 188, 310, 692, 719, 722, 753,
786, 796

미르 mir 32, 125, 131, 140, 144, 149,
519

민스크 387

민족 문제 장관 599, 602, 632, 669

민족 해방 혁명 753
민주 공화국 355~56, 428
민주 연맹 127
민주적 독재 정부 432
민주적 중앙 집권주의 424
민주주의 289, 310, 356, 370~71, 831
밀류코프파 471
밀봉 열차 803~04

ㅂ

바이마르 공화국 438
바이칼 호수 623
바젤 744
바쿠 553, 559
바티칸 652
반개혁의 시대 232
반노프스키 위원회 274
반동 정치 108, 135, 519, 531, 697, 699
반전론 743~45, 810
발칸 323
발트 해 40, 55
발틱 함대 835
백군 300
백러시아 30
백러시아 사회당 418
범슬라브주의 133, 142, 725
베르홀렌스크 Verkholensk 324~25

베른 747
베른 회의 752
베를린 192, 558, 561, 570, 579, 588, 679, 688~89, 804
베이징 조약 the Treaty of Peking 141
벨기에 349~50, 358, 556, 586
변증법 261
변증법적 유물론 185, 242
보로네즈 육사 189
보로디노 전투 94, 97
보수주의자 758
보스니아 Bosnia 725~26
보야르 Boyar 31
볼가 강 40, 52, 75, 144, 213, 221
볼린스키 수비 연대 764~65
볼셰비즘 122, 159, 205, 284~85, 295, 306, 328, 459, 563, 605, 627~28, 632, 634~35, 661, 717, 748, 881
볼셰비키 291, 306, 308, 346, 349~50, 359~63, 367, 374~75, 380, 396, 398~400, 419, 423~24, 427, 440~43, 451~61, 464, 473, 480, 491, 495, 497~502, 504, 517, 526~27, 529, 531, 537, 540, 543, 545~49, 554~56, 558, 560, 574~75, 627, 630, 633~36, 643, 654~56, 660, 662, 665~68, 671,

675~78, 686~87, 700, 704, 707~
16, 719, 722, 746~47, 749~50,
754, 766, 797, 806~09, 812~14,
816~17, 819~20, 822~24, 832~
44, 847~49, 851, 853~54, 879
볼셰비키 사회민주당 417
볼셰비키 센터 540~41, 544, 547
볼셰비키 위원회의 국(局) 368,
374, 656
볼셰비키 중앙위원회 439, 561, 810,
820
볼셰비키 쿠데타 830, 841
봉건주의 428, 595
부녀자의 날 762
부르봉 왕조 490
부르주아 민주 정부 692
부르주아 민주 혁명 357, 399, 428~
29, 431, 575, 777
부르주아 민주주의 882
부르주아지 258, 290, 357, 399,
428~31, 435, 464, 497~98, 575~
76, 800
부역 농노 49
부지 제도(扶持制度) 38
부티르키 Butyrki 321~22
분여지(分與地) 140
불가리아 132, 142, 556, 725
불라빈의 반란 74
브레스트-리토프스크 조약 849

브뤼셀 127, 335, 349~50, 574
브뤼셀 회의 586
브페레드주의 볼셰비키 700~01
블라디보스토크 141
블라디카프카즈 Vladikavkaz 600
블랑키스트 464, 540
비론의 학정 시대 68
비밀 결사 370
비밀 경찰 39, 98, 350, 387~88,
390, 676~78, 700, 708, 710~13,
764, 848, 860, 876
비밀 무장대 553
비보르그 Vyborg 495, 762~63, 817,
836
비알리스토크 Bialystok 340
비엔나 323, 332, 485, 688, 690~
92, 708, 714, 720, 722
비엔나 대학교 719

ㅅ

사니니즘 695
사도신경 257~58
사라토프 Saratov 75
사마라 325, 331, 350
사마르티아 제국 30
사스니츠 Sassnitz 804
4월 위기 810~11
4월 테제 798, 806~09
사회개량론 257

사회민주당 245, 251, 325, 358, 383,
  396, 429, 431~32, 436, 456~57,
  471, 495, 502, 504, 506, 552, 570,
  572, 574, 619, 627~29, 635, 645,
  676, 688, 693, 701, 751

사회민주당원 277, 290, 385, 388~
  89, 398, 492, 501, 503, 531, 621,
  702, 807

사회민주주의 159, 202, 210, 257,
  263, 329, 344, 559, 573~74, 628

사회민주주의자 255, 267, 283~84,
  387, 575

사회주의 124~25, 133, 160, 206,
  260, 288, 310, 322, 324, 330~31,
  356~57, 371, 430, 434, 556, 564,
  568~69, 572, 751, 845, 881~82

사회주의 전위대 284

사회주의자 452, 563~64, 571, 574,
  577, 683, 744~46, 753, 802~03,
  812

사회주의자 정부 431

사회혁명당 308, 380~81, 385, 390,
  397, 415, 417~18, 432, 451~53,
  461, 471, 491, 503, 506, 517~18,
  523, 529, 551~53, 676, 746, 785,
  809, 816, 823, 829, 847~48

사회혁명당원 307, 338, 385, 397,
  503~04, 529, 552, 843

삼각 동맹 275~76

삼두 마차 527, 546

상부 구조 186, 207

상임위원회 352

상트 페테르부르크 64~65, 96, 347,
  351~52, 390, 402~09, 427, 440~
  43, 445~46, 450~51, 453, 458,
  479, 491, 493, 501, 506, 537, 554,
  557, 582, 664, 675~76, 678, 681,
  714, 717

상트 페테르부르크 대학교 86, 143,
  270~73, 445~46, 511

상트 페테르부르크 소비에트 451~
  55, 460, 468, 493, 497, 498, 501,
  659, 685~86

상트 페테르부르크 위원회 544

생산 수단 186, 594

생산 양식 186, 188, 596

생산력 186

서구주의자 310, 603

서구화주의 119~29, 134~35

서구화주의자 119, 134, 204

세르비아 Serbia 142, 725~27

세메네프스키 수비 연대 481~82,
  779

소(小)발칸 전쟁 438

소러시아 30

소련 355, 455, 601~03, 606~08,
  614, 622, 627, 702, 847, 851,
  862~63, 879, 881

소련 마르크시즘-레닌이즘 연구소
　214

소련공산당　438, 604~05, 608

소비에트　441, 444~64, 474~77,
　479, 485, 499, 532~34, 553, 598~
　99, 686, 769~71, 773, 778~80,
　787~91, 796~97, 800, 807, 813~
　14, 816, 823, 826, 833, 837, 840,
　842~49, 851, 855

소비에트 정부　601, 846, 851~53

소비에트 집행위원회　477, 480, 482,
　629, 810, 812, 818

소수자 독재　434

소아시아　599, 601

소장파　256, 328

소환주의　526

소환주의자　560

솔비체고드스크 Solvychegodsk　658

수정주의　256, 259~64, 290, 321,
　324, 330, 571, 696, 881

수정주의자　266, 324, 338

슈센스코예　249, 251, 254~56

슈투트가르트　743

슈투트가르트 회의　743~44

스몰렌스크 Smolensk　45

스비보르그 Sveaborg　121

스웨덴　40, 45, 55, 57, 60, 66, 586,
　719

스위스　127, 164~65, 244, 320, 373,
559, 567, 570, 719, 744, 747, 750,
　783, 799, 801~02, 804, 830

스위스 사회민주당　559

스칸디나비아　801

스키타이 제국　30

스타리크 Starik　283

스탄케비치 서클　119

스탈린이스트　344, 355

스탈린이즘　603

스톡홀름　438, 454, 460, 485, 500~
　01, 503, 526, 678~79, 804

스톡홀름 당 대회　504, 506, 529,
　531~32, 539~40, 543, 546, 635,
　665~66

스트렐치 the Streltsy　56

스페인　77, 692

슬라브족　600, 728

슬라브주의　128~35

슬라브주의자　119, 134, 603

시민 혁명　111, 114

시베리아　320~25, 339, 350, 392,
　484, 624~26, 638, 648~49, 654,
　685, 746~47

시오니스트　306

시오니즘　307

시온주의　352

10월당　516

10월 선언　465~85, 487, 491, 513,
　552

10월 17일의 동맹 517

10월의 총파업 444~64

10월 쿠데타 844, 851, 853, 881

10월 혁명 755

10월파 471, 780

식민주의 743

실증주의 160~61

17명의 항의 258, 267

◎

아래로부터의 혁명 98, 135, 182, 237

아르메니아 556, 600

아르메니아 사회민주당 418, 500

아르메니아 혁명연합주의당 418

아르첼리 arteli 73

아르헨티나 300

아스트라한 149, 213

아시아적 관료제 603

아시아적 전체주의 603

아이훈 조약 the Treaty of Aigun 141

안티드 오토 323

알란족 600

알렉산드리아 341

알바니아 726

알제시라스 Algeciras 493

얄타 회담 621

양원제 489

언론의 자유 310, 467, 475, 782

언론 통제령 789

에카테린부르크 Ekaterinburg 851, 855~63

엔지니어들의 조합 446

엘브루즈 600

8시간 노동제 475, 477

여순항 392~96, 463

연락위원회 456

연방사회주의자 551

연합 전선 847

연합 정부 432, 435, 810, 812~14

영구혁명론 310, 429~30, 440, 485, 533, 667, 685~86, 688, 692

예나 당 대회 587

예니세이 강 249~50

예방혁명론 156

오글부 Oglbu 678

오데사 298, 304~12, 315~17, 319, 321, 336, 390, 411

오데사 대학교 314~15

오브도르스크 Obdorsk 485

오스트리아 77, 493, 561, 585, 719, 725~26, 728~29, 744

오스트리아 사회민주당 691

오스트리아-헝가리 합병 제국 127, 142, 581, 690, 725~26, 729, 859

오트레즈키 422~23, 528

온건파 471

옴스크 856

왕당파　391, 488, 514, 769, 823,
　853~54, 858, 862

우라르투　30

우랄 산맥　553

우스트-쿠트 Ust-Kut　322

우스펜스키 대사원　237

우크라이나　54, 297, 305~06, 402,
　439, 729

우크라이나 공화국　31

우크라이나 사회당　418

우크라이나 사회민주당　500

우크라이나 혁명당　418

우파 Ufa　254~55, 258

웨스트민스터 사원　333

위로부터의 개혁　151, 154, 182, 237

위로부터의 혁명　98, 135

유물론　320, 335

유물사관　185~86, 199

유태인　180, 238, 297~301, 303~
　07, 309, 352~53, 478, 488, 523,
　566, 568, 690~91

유태인 노동자 총동맹　306~07

유태인 독립노동당　390

유태인 동맹　346~47, 350~53, 359,
　547

유태인 볼셰비즘　306~07, 459

유태인 사회주의자 동맹　253, 288,
　340, 418, 500, 507, 526

유토피아 사회주의자　262

유형지　275, 321, 325~26

의원 내각제　502, 505

의회기회주의　504

의회주의　79, 310, 584

이데올로기적 동질성　288

이디시어　303, 306, 353

이란　601

이론의 인간들　375

이르쿠츠크　322~23

2월 혁명　711, 755, 761~62, 765~
　66, 777~78, 787, 799, 843, 880

이즈브란나야 라다 Izbrannaia rada
　37~38

이탈리아　586, 725, 744, 786

인민 공화국　51

인민위원회　846~47

인민으로　152, 157~59, 191, 193~
　94

인민의 의지당　149, 155, 157, 159,
　172, 175~76, 197, 206, 295, 299,
　380, 387, 458, 551

인민의 자유를 위한 정당　471

인민주의　126, 150, 206, 313~14,
　319

인민주의 운동　123, 173

인민주의자　152, 175, 189, 191,
　198~200, 229, 242, 268, 296,
　311~15, 338

인민혁명론 82

인터내셔널 351

인텔리겐치아 113~18, 122, 136, 152, 154~55, 183, 236, 291, 293, 311, 329~30, 330, 349, 386, 576, 628

일본 377, 394~97, 413, 478, 579, 603, 777

임시 정부 429, 432, 755, 773, 780~97, 799~800, 807, 812~14, 816~18, 826~27, 829~30, 832, 838, 841~44

임시 집행위원회(이스폴콤) 452~53, 769~73, 778, 781, 783, 785~86, 788~90

임시 혁명 정부 434~37

입헌 군주제 465, 683, 724

입헌민주당 224, 380~82, 383, 396, 432, 471, 491~92, 502, 504~06, 516

입헌민주당원 492

입헌민주주의 780

입헌주의 385, 485, 505

입헌주의자 471

제2인터내셔널 743, 745

ㅈ

자본주의 136, 160, 162, 186, 257, 330, 343, 357, 371, 428, 564, 571, 576, 592, 594~97, 683, 721, 744, 752~53, 806, 831

자유민주주의 136

자유의 날들 471

자유주의자 338, 385

자유주의적 관료제 509~10

자치제 666

자코뱅 클럽 456

자코뱅주의 Jacobinism 97

자코뱅주의자 155~57

자파드니키 Zapadniki 118

재외 혁명 사회민주주의자 동맹 366

재정 선언서 493

저널리즘 147

적군(赤軍) 300, 627

적위대 628, 791, 816, 834, 839, 841

전러시아 사회민주노동당 대회 706

전러시아 사회민주당 380

전러시아 소비에트 790, 815, 839

전러시아 소비에트 집행위원회 631

전러시아 중앙집행위원회 790, 839

전위대 당 532

전제제 88, 122

전제주의 289, 488

절대주의 33, 371, 505

정통 마르크스주의 그룹 700

정통 마르크시즘 288, 696

정통주의 268

제국주의 564, 590, 595~97, 721,
　743, 752
제네바 124, 173, 197, 321, 341, 366,
　420, 424, 427, 442, 586, 624, 626,
　661, 679~80, 688, 709
제네바 대학교 312
제수이트 613
제정 러시아 30~31, 34, 48, 67, 70,
　77, 81, 93, 109, 127, 190, 232, 292,
　307, 350, 566, 601
젬스키 사보르 Zemsky Sabor 37
젬스트보 의회 138, 141, 381, 385,
　398~99, 475
젬스트보 프로그램 381
조국 전쟁 92~96
조사위원회 350, 559
조지아 350, 600~03, 605, 607, 610,
　613, 620, 622, 627~32, 635, 648,
　650~51, 661, 713
조지아 공산당 605~06
조지아 마르크시즘 628
조지아 멘셰비키 636
조지아 민족주의 612, 671
조지아 민주공화국 546, 627, 637
조지아 볼셰비즘 630, 634, 656
조지아 사회민주당 350, 619~20,
　627~29, 634
조지아 사회주의 627
조지아 사회주의 공화국 600

조지아 사회주의연방혁명당 418
조합들의 조합 414~15, 446~47,
　450~51
주바토피즘 386~91
중국 596
중도파 424
중앙 집권주의 37, 368~70, 423~
　24
중앙 통제 288
중앙위원회 346, 360~62, 366~67,
　371~73, 375, 425, 434, 442, 526,
　540~41, 559, 637, 671, 706~07,
　764, 778, 838
즈나멘스키 광장의 학살 764~65
지방위원회 346~47, 424, 458, 677
지방의 혁명적 자치 정부 457
지브랄탈 해협 493
지역주의 340
지혜를 사랑하는 사람들 128~29
직업적 조합 398
직업적 혁명가 288, 294, 330~31,
　358~59, 370, 456, 621
짐머바르트 Zimmerwald 회의 752
집단 지도 체제 687

ㅊ

차르스코에 셀로 407, 467, 741, 756,
　767~68, 771~73, 777, 791, 841
차리즘 48~50, 83, 92, 94, 97~98,

110~11, 113~18, 127, 136, 145, 159, 179, 236, 264, 356~57, 371, 377, 382~383, 421, 429, 438, 446, 463, 469, 477, 502, 505, 573, 577, 579, 686, 746, 755, 880, 882

참정권 356

철권 통치 178

철도 피고용자들 및 노동자들의 조합 446

청년 터키 운동 438

청산주의자 532, 560, 700, 705, 708

체카 Cheka 848, 851, 858~61, 863

체코 671, 726, 859

체코슬로바키아 사회민주당 705

초제국주의 721

초중앙 집권주의 574

총파업위원회 454, 458

최후 통첩주의 526

출판의 자유 310, 475~76, 782

치기린 사건 205

7월 위기 798, 815~17, 830, 832

7월 혁명 113

ㅋ

카데츠 Kadets 471, 495, 503, 506, 517, 686, 780, 847~48

카르디스 조약 the Treaty of Kardis 55

카스피 해 53, 599

카자흐 40

카잔 75, 213, 221, 224, 316

카잔 광장 시위 191~92

카잔 대학교 220~21, 318

카즈베크 600

캐나다 300

캘리포니아 금광 372

코르시카 607

코민테른 290, 545, 548, 633, 665, 667~68, 744, 753

코사크족 297

코카서스 390, 439, 545, 551, 553~57, 599, 601, 631~32, 643~44, 649

코카서스 볼셰비키 633

코카서스 산맥 599~600, 603

코펜하겐 548

콘스탄자 557

콘스탄티노플 438

콜키스 Colchis 599

쿠데타 99~106, 517, 755, 822, 825~26, 828~30, 834, 836~38, 840, 843, 880, 882

쿠타이스 556, 622, 655

쿠타이스 형무소 623

크라스노프 P. N. Krasnov 841

크라코프 Cracow 561, 714, 722

크렘린 34, 56, 237, 336, 621, 624

크론슈타트 64, 476, 677, 817

크림 반도 77

크림 전쟁 113, 137, 142, 146

키엔탈 회의 752

키예프 31, 33, 55, 57, 316, 390, 439, 522, 524, 544, 619

키예프 공국 31

키예프 대학교 273

키예프 루시 30~33, 35

킵차크 한국(汗國) 33, 35

E

타타르 30, 32, 39, 729

타타르족 32

타협주의 702, 713

타협주의자 705

탄넨베르크 Tannenberg 728

탬머포르즈 Tammerfors 474, 480, 502, 661

탬머포르즈 회의 504, 537, 541, 663

터키 29, 74~75, 77, 93, 141~42, 556, 599, 601, 725, 728

터키족 600

테러리스트 514~15, 518, 552, 695~96

테러리즘 175, 177, 195~97, 205, 274, 387, 415, 516, 518, 726

테헤란 회담 621

토지 개혁 519

토지 개혁령 520

토지 개혁안 495, 514, 529~30

토지 국유화 344, 530, 666

토지와 자유당 155, 157, 171, 176, 190~97, 204

토지위원회 814

통합 당 대회 340, 347, 349~52, 354, 357, 359, 362~66, 372, 423, 425, 440, 500, 503, 545, 635, 685, 687

—제2차 통합 당 대회 541

투르크족 297

투르한스크 Turkhansk 249, 638, 652

투쟁 강령 374

튜더 왕조 490

트랜스코카시아 501, 546, 601, 605~06, 627~29, 631~33, 635~37, 640, 656~57, 660~61, 668~71

트랜스코카시아 센터 668

트로츠키 수도원 58

트로츠키-파르부스 공식 431, 435

트루도비키 Trudoviki 492, 495, 503~04, 506, 785

티플리스 Tiflis 238, 542, 553~54, 556~57, 559, 561, 607, 612, 617~18, 620~23, 627, 630~33, 636, 638~41, 645, 649, 655, 668, 672~73, 709

티플리스 관측소 558, 621
티플리스 사회민주당 622~23
티플리스 신학교 613, 616, 619
틸지트 조약the Treaty of Tilsit 88

ㅍ

파리 192, 335~36, 558, 659, 679,
    681, 688, 709, 743, 746~47
파리 조약 137~38
파리 코뮌 173, 422, 618
파블로프스키 연대 765~66
8월 블록 687, 708
페르시아 601
페이비언 사회주의 263
페이비언 사회주의자 250
페테르호프 447, 454, 465, 496
페트라셰프스키 서클 120~21, 133
페트로그라드 726, 729, 746, 761,
    763~64, 766, 772~73, 776, 778,
    782, 798~99, 803~05, 810, 814,
    816~17, 835, 838~39
페트로그라드 소비에트 629, 788,
    790, 799~800, 805, 833~34
평화 선언 844
포메스티 pomestie 35
포츠머스 조약 393, 444
포템킨 선상의 반란 411~12, 423
폭풍 군대 478
폴란드 40, 45, 54, 57, 77, 94, 100,

142, 297, 306, 352, 493, 517, 537,
    561, 564~66, 569~70, 573, 579,
    580~81, 669, 729
폴란드 공산당 548
폴란드 노동자 동맹 567
폴란드 독립 운동 113
폴란드 리투아니아 사회민주당 418,
    500
폴란드 사회당 396, 418, 537, 568~
    69, 579~80
폴란드 사회민주당 350, 396, 507,
    526, 547, 580~83, 686
폴란드 사회민주당원 545, 547
폴란드 왕국 사회민주당 569
폴란드 왕국과 리투아니아의 사회민
    주당 570, 579
폴란드 유태인 566
푸가초프 농민 반란 73~77, 81, 183
푸틸로프 Putilov 404, 762
프라하 543, 704~05
프라하 당 대회 544, 671, 704~09
프랑스 77, 150, 323, 336, 389, 458,
    485, 493, 585~86, 725~27, 744,
    753, 786, 800, 810, 815
프랑스 혁명 77, 81~84, 94, 113,
    169, 184, 200, 235
프레스니야 Presnya 481~82
프로그램위원회 357
프로프소유지 398

프롤레타리아트 183, 284, 289~90, 324, 329~31, 344, 354, 357, 359, 395, 429~32, 436, 458, 464, 498, 533, 569, 571, 575~77, 585~88, 609, 682, 692

프롤레타리아트 독재 287, 344, 355~58, 667

프롤레타리아트 혁명 282

프롤레타리아트와 농민의 민주적 독재 432, 435, 504, 578

프린키포 336

프티 부르주아 블랑키즘 167

프티 부르주아지 576

플로츠크 Plotsk 711

피를 흘린 일요일 232, 377, 401~02, 408, 410, 420, 426, 428, 437, 463, 467, 575, 699

피터 앤 폴 포트레스 64, 67, 105, 148, 152, 154, 160, 247, 253, 315, 768, 841

핀란드 238, 251, 418, 454, 460, 480, 502, 554, 556, 558, 664, 675~76, 729, 804, 830

핀란드 노동당 418

핀란드 저항당 418

핀란드 행동당 396

ㅎ

하부 구조 186

합리주의 310

합리주의자 310

합법적 마르크시스트 231, 256, 276, 314, 324

합법적 마르크시즘 230~31, 241~44, 252, 311, 629, 634

해방 동맹 381, 448, 450

해방자 차리 388

해외 사회민주당원 동맹 278

해외 혁명 사회민주주의 동맹 278, 284

행동의 인간들 375

허무주의 154

헝가리 113, 725~26

헤겔 좌파 149

헤겔주의자 124

헤르체고비나 Herzegovina 726

혁명적 모험주의 812

혁명적 방어주의 808

혁명적 패배주의 396

호딘카 들판의 비극 234, 236~37

혼란의 시대 41~46

화해 조정파 372

화해주의 440

화해파 424, 500, 631, 687

황권신수설 36

회개하는 자유주의자 314

회피 원칙 144, 150

흑토 재분배당 159, 197, 204

흑해 297, 599, 622, 796

흑해 선원조합 688

인명

ㄱ

가리발디 Giuseppe Garibaldi 421

가퐁 신부 Georgi Gapon 390, 401~08, 417~19, 423

게드 Jules Gaesde 395

게르시니 Gershni 308

게르첸 Alexander Herzen 103, 107, 114, 116, 119~21, 123~27, 134~35, 139, 143~48, 153~55, 157, 198, 338

겔판드 Alexander L. Gelfand 428, 437

고고키아 Gogokia 618

고골리 Nicolai V. Gogoli 115, 139

고두노프 Boris Godunov 42~43

고레미킨 Ivan Goremykin 492, 494, 513

고리키 Maxim Gorky 405, 437, 527, 545, 547~51, 562, 671, 674, 680, 717, 726, 875

고츠 Gotz 308

곤차로프 Ivan Goncharov 213

골덴베르크 I. P. Goldenberg 547, 809

골로세킨 Goloshekn 706~07

골로시체킨 Fillip I. Goloshchekin 859, 864

골리친 Prince N. D. Golitsyn 742, 757, 766, 771

골리친 Vasily Golitsyn 56~58

괴링 Hermann Goering 652

괴테 Goethe 82, 308, 809

구로비치 M. Gurovich 709

구세프 Gusev 374, 442

구에드 Jules Guesde 199, 744

구츠코프 A. I. Guchkov 469, 516, 758, 773, 783, 789, 799, 812

구코프스키 Gukovsky 670

구트술 Gutsul 247

그룬월드 C. de Grundwald 109

그림 Robert Grimm 802

글린스키 Yuri Glinsky 37

ㄴ

나제즈딘 N. I. Nadezhdin 116

나탄손 Natanson 308, 798

나탈리아 Natalia 335, 427, 442, 485, 873

나폴레옹 Bonaparte Napoléon 88~89, 93~94

네스테렝코 Nesterenko 317

네차예프 Sergei G. Nechayev 164

네크라소프 N. A. Nekrasov 153, 193, 308, 758, 783, 829

네프스키 Alexandr Nevsky 34, 657, 661

노긴 Nogin 546~47, 661, 837~38

노비코프 Nicholi Novikov 81~83, 642

노사르 Georgi Nosar 273, 452, 461

노스코프 Noskov 362

노츨랭 M. Noetlin 493

니나 Nina 323

니콘 Patriarch Nikon 53~54

니콜라예프 Leonid Nikolayev 873

니콜라이 1세 Nicolai I 100~03, 108~14, 116, 118, 120, 134~35, 137, 144, 297

니콜라이 2세 Nicolai II 232~40, 383~84, 393, 404, 409, 412~16, 447~50, 454, 465~68, 470, 475, 487~88, 494, 505, 525, 727, 733~34, 741~42, 756~58, 762~63, 765, 768, 771~76, 791, 793~94, 852~63

니콜라이 대공 Grand Duke Nicolai 728~29, 733, 735, 759

ㄷ

다비타시빌리 Davitashvili 621

다윈 C. R. Darwin 239, 320

단 Theodor I. Dan 242, 340, 459~60, 544, 550, 706, 715, 798

데스니츠키 Semyon E. Desnitsky 79~80

도브로스포크 Dobrosvok 442

도브롤리우보프 Nicolai Dobrolyubov 143, 145, 153~54, 160, 190

도스토예프스키 Fyodor M. Dostoyevsky 120, 133, 193, 217

도이처 Isaac Deutscher 301, 499, 662, 671, 686, 699, 833, 840

도이치 Lév Deutsch 191, 196~97, 205, 307, 582

두르노포 Pyotr Durnovo 469~70, 472, 494

두바소프 Dubassov 481

두브로빈스키 675

드지에르진스키 Dzierzynski 548

디킨스 Charles Dickens 308

ㄹ

라기예프 Iosif Lagiyev 613

라데크 Karl Radek 548, 709, 804, 874~75

라디스체프 Alexandr Radishchev 82~86, 95, 114

라미시빌리 Isidor Ramishvili 669~
70
라브로프 Pyotr Lavrov 150, 155,
158, 164~66, 168, 171~73, 193,
198~99, 210, 747
라브리올라 Antonio Labriola 320
라비치 Olga Ravich 558
라살 Ferdinand Lassalle 287, 483
라스푸틴 Gregory Rasputin 495~
96, 516, 526, 731~42
라이타이젠 D. G. Leiteisen 547,
675~76
라조베르트 Lazovert 736, 738~39
라진 Stepan Razin 45, 52, 107
라하프 Frederic Cesar Laharpe 86
러셀 Bertrand Russell 184, 881
레닌 Vladimir I. Lenin 107, 128, 152,
159~60, 170, 175, 212~31,
240~59, 265, 275~95, 301, 306,
308, 310, 312~13, 319, 321, 325,
327~53, 355~62, 364~76, 380,
389, 394~96, 399, 420~27,
430~43, 454~55, 457~60, 463,
471~74, 480, 485, 497, 499~508,
517~19, 526~62, 564~65, 574~
75, 577~78, 598~99, 601~03,
608~09, 617, 622, 624~26, 628,
630~32, 634~38, 640, 643, 645,
648~77, 678~84, 686~89, 691~

94, 699~718, 721~22, 726, 743~
44, 746~54, 799~800, 802~10,
812, 814~15, 817~21, 830~40,
841~49, 851, 854~57, 882,
레르몬토프 Mikhail Lermontov 115,
308
레만 Lehmann 657
레베데프 P. Lebedev 704
레빈 E. Y. Levin 346
레페신스키 Lepeshinsky 249
렌너 Karl Lenner 690
렝그니크 Lengnik 249, 362, 367
로드지앙코 M. V. Rodzyanko 715,
735, 758, 761, 765, 767, 769,
773~74, 776, 826
로모노소프 Mikhail V. Lomonosov
79~80
로모프 836
로베스피에르 M. Robespierre 169,
366, 856
로슈코프 547, 678
로조프스키 A. Lozovsky 664
롬베르크 G. von Romberg 802~03
롱게 Jean Longuet 246
루나차르스키 A. Lunacharsky 374,
420, 426, 473, 527, 680, 692, 694,
698~700, 709, 802
루덴도르프 Erich von Ludendorff
728

루드비히 Emile Ludwig　555, 612, 616~17

루미안체프　442

루바노비치 Rubanovich　308

루바노프스카야 Elizabetha Rubanovskaya　84

루스벨트 Theodore Roosevelt　393

루즈스키 Nicolai Ruzsky　760, 772~74

루콤스키 General Lukomsky　779

루텐베르크 Pincus Rutenberg　419

룩셈부르크 Rosa Luxemburg　260, 366, 368~69, 396, 427, 437~38, 459, 536, 539, 547, 563~97, 650, 685~86, 691, 744, 866

류코프 Aleksei Rykov　375, 396, 442, 459, 546~47, 702, 706, 712, 782, 837, 838, 846, 874

르보프 Lbov　554

르보프 공 Prince George E. Lvov　758~59, 773, 775, 780, 783~84, 813,

리버 M. I. Lieber　547

리브망 Marcel Liebman　253~54, 763

리브크네이트 Karl Lievknecht　808, 866

리스트 Friedrich List　238

리아도프　527

리아자노프 D. Riazanov　199, 689, 699

리터 Ritter　130

리트비노프 M. Litvinov　374, 546, 556, 558, 662

리페르트 Lippert　311

릴레예프 K. P. Ryleyev　99~100, 105

ㅁ

마르크스 Karl Marx　123, 127, 151, 159~60, 164, 171, 184~85, 190, 198, 200, 224~25, 242~43, 246, 257, 259~61, 454, 462, 464, 485, 589, 591~95, 616, 682~85, 691~92, 696, 753, 831

마르토프 Iuri Martov　241~42, 246~47, 249, 251, 258, 265, 276~77, 306, 308, 328, 337, 339, 352~53, 358~59, 361~68, 370~71, 394, 426~27, 441, 459~60, 498, 535, 542~44, 550~51, 561, 574, 624, 669~70, 691, 693, 701~02, 705~06, 709, 715, 798, 801~02, 813, 866

마르티노프　354~55, 365~66, 441, 459~60, 575

마이어 Alfred G. Meyer　160, 376

마주르 Anatole G. Mazour　107

마츠오카 요스케(松岡洋右) 603

마카라드제 Philip Makaradze 554, 605, 646

마클라코프 Vasily A. Maklakov 767

마투셴코 Matushenko 423

마하이스키 Makhaisky 324

말라케즈 Jean Malaquais 485

말리노프스키 Roman Malinovsky 678, 706~07, 709~17

맥닐 Robert H. McNeal 228, 277, 354, 778

메링 Franz Mehring 542, 571, 588

멘진스키 527, 700, 875

모로조프 N. A. Morozov 195~96,

모로조프 S. T. Morozov 181,

모로조프 Savva Morozov 372, 383, 543

모르가리 Morgari 744

모틀리 John Motley 109

몰로토프 V. M. Molotov 808

몽테스키외 Monterquieu 81

무라비에프 Alexandr Muraviev 96

무라비에프 Nikita Muraviev 96, 98~99

무어헤드 Alan Moorehead 278, 805

무 힌 Ivan Andreevich Mukhin 315~16

므디바니 B. Mdivani 646

미네 Mignet 312

미노 Minor 308

미르스키 Pyotr Svyatopolik Mirsky 397, 405, 409, 412, 489

미하일 세 Mikhail II 776

미하일 대공 Grand Duke Mikhail 103, 735, 768, 774, 781, 854, 858

미하일로프스키 Nicolai Mikhailovsky 173, 229

미히나 Alexandra N. Mikhina 387

밀 J. S. Mill 162, 311

밀로라도비치 M. A. Miloradovich 102~03

밀류코프 Pavel Miliukov 415, 450, 492, 505, 603, 769, 773, 781, 783~85, 796, 799, 810, 812~13

밀류틴 Nicolai A. Miliutin 141, 837, 838, 846

ㅂ

바네프 Vaneev 247, 249, 251

바덴의 마리 루이제 공주 Princess Marie Louise of Baden 87

바란스키 Baransky 664

바론 Samuel Baron 189, 461, 799

바르뷔스 Henri Barbusse 614

바르샤프스키 Adolf Warshawski 548

바르스키 Adolf Y. Warski 350, 548

바뵈프 Francois N. Babeuf 173, 184

바실리 3세 Vasily Ⅲ 36

바실리 Nicolai de Basily 448, 768

바실리에프 Vasiliev 390, 676

바실치코프 408~09

바우만 Baumann 374

바우어 Otto Bauer 690

바자로프 Bazarov 374, 527

바쿠닌 Mikhail Alexandrovich Bakunin 119, 121, 126~28, 157~58, 164~65, 172~73, 192, 194, 198, 200, 239

발라바노프 Angelica Balabanoff 545, 547~48, 650, 691, 744

발마셰프 Balmashev 382

베르나드스키 V. Vernadsky 704

베르드제니시빌리 Berdzenishvili 621

베르디아에프 Nicolai Berdyaev 46, 95, 159, 188, 267, 696~97

베른슈타인 Eduard Bernstein 243, 256~64, 266~67, 321, 324, 571~73, 586, 593

베리아 Lavrenti Beria 604~06, 617, 622~23, 632~34, 636~37, 639~40, 644~47, 656~58, 666

베벨 August Bebel 369, 571, 584

베트로바 Vetrova 315

벤켄도르프 Alexandr Benkendorff 111~12

벤투리 Franco Venturi 134, 160

벨랑 Vaillant 744

벨로스토츠키 Belostotsky 707

벨린스키 Vissarion Grigoryevich Belinsky 119~24, 126, 145, 153, 190, 198

보고로프 Dmitri Bogorov 523~24

보골레포프 Nikolai Bogolepov 271, 274, 324, 382

보골리우보프 A. Bogoliubov 175

보그다노프 A. A. Bogdanov 350, 373, 442, 459, 526~27, 541~42, 546, 553, 555, 675~76, 698~700

보로시로프 Voroshilov 614, 639

보로프스키 Vorovsky 374

보브로프스키 Vladimir Bobrovsky 632

보트킨 Vasily Petrovich Botkin 119

본치 브루이에비치 Vladimir D. Bohnch-Bruyevich 285~86, 374, 715

볼긴 Volgin

볼디레프 A. V. Boldyrev 116

볼로트니코프 Ivan I. Bolotnikov 44~45

볼크바드제 643

부나코프 N. F. Bunakov 189

부르체프 Vladimir Burtsev 709~11

부브노프 Bubnov 546, 706~07, 836

부하린 Nikolai Bukharin　564, 595, 714~15, 717~23, 874~75

불가코프 S. N. Bulgakov　267, 696~98

불라빈 Kondratzije Bulavin　67

불라토프 Colonel Bulatov　101

브론슈타인 David Leontievich Bronstein　298~99, 301

브린턴 Crane Brinton　777

브베덴스키 Vvedenski　479

블랑 Louis Blanc　144, 150~51, 166

블랑키 L. A. Blanqui　165, 173

비론 Count Ernest John Byron　68

비비네이시빌리 B. Bibineishvili　646

비슈니아크 Vishniak　308

비스마르크 Bismarck　142, 510, 728

ㅅ

사빈코프 Boris Savinkov　272, 695, 746

사조노프 Egor Savinkov　382, 397, 733

사포발 Shapoval　249

사피로 Leonard Shapiro　160

살티코프 Sergius Saltykov　85

생 시몽 Saint Simon　119, 184, 188

샤에비치 Shaevich　390

샨처　547

세르게이 대공 Grand Duke Sergei 382, 388, 413

세마슈코 N. A. Semashko　558

세미온　642

세비리오프 S. P. Shevyryov　128

셴드리코프 Ilya Shendrikov　633~34

셸링 Friedrich W. Schelling　115, 119, 128~30, 146

소스노프스키　669

소콜니코프 Gregori Sokolnikov　804, 874~75

소피아　56, 58

수바린 Boris Souvarine　560

수보로프 Alexandr V. Suvorov　75, 78, 93

수코틴 Sukotin　736, 739

수하노프 Nicolai N. Sukhanov　788, 790, 836

수호자네트 N. O. Sukhozanet　104

술리모프 Sulimov　544

슈나이더만 Jeremiah Schneiderman 390

슈나이어슨 A. A. Schneierson　626

슈미트 Nicolas Schmidt　542

슈바르츠만 Schwartzman　706~07

슈비고프스트키 Franz Shvigovstky 312~15, 317, 319~20

슈이스키 Vasily I. Shuisky　43, 45

슈체르바토프 M. M. Shcherbatov 115

슈펜처 Moisey Filippovich Shpentser
304~05, 308~10, 320
슐긴 V. V. Shulgin 731, 769, 776
슐라이어마허 Schleiermacher 130
슐리아프니코프 Shlyapnikov 764
스미르노프 A. P. Smirnov 547,
706~07
스미스 A. Smith 95~96
스베르들로프 Jacob M. Sverdlov
714, 836
스베틀라나 Svetlana 632, 653~54
스코벨레프 Skobelev 689, 813
스클라르즈 Georg Sklarz 802
스타르코프 Starkov 249
스타소바 Stasova 374, 442, 706~07
스타인베르크 Steinberg 308, 854
스탄케비치 Nicolai V. Stankevich
119, 126, 153, 788
스탈린 Joseph Stalin 109, 283, 291,
299, 303, 323, 336, 395~96, 546~
48, 555, 558~59, 561, 598~619,
620~647, 648~673, 688~89, 694,
706~07, 714, 718, 722, 804, 808,
836, 851, 868~72, 876~78, 867~
72, 875~78
스테파노비치 Iakov Stefanovich
196~97, 205
스톨리핀 Pyotr Stolipin 508~26,
680, 683, 697

스트루베 Pyotr B. Struve 69, 229,
231, 241, 245, 254, 256, 267, 276,
283, 410, 448~49, 510, 513, 697
스판다리안 Spandaryan 646,
706~07
스페란스키 Mikhail Speransky 88,
90~91, 105, 112
스페슈네프 Nicholai A. Speshnev
156
시르킨 Syrkin 711
시포프 Dmitri Shipov 381, 469, 516
시피아긴 D. S. Sipyagin 324, 382,
409
시흐마토프 S. Shikhmatov 112
실빈 Silvin 249

ㅇ

아나스타샤 Anastasia 861,
아들러 Alfred Adler 689
아들러 Max Adler 690
아들러 Victor Adler 332, 744, 750
아르구노프 Azef Argunov 390, 746
아바데예프 Alexander Avadeyev
859
아바쿰 Archpriest Avvakum 53~54
아브라모비치 Rafael Abramovich
547, 669
아브젠티에프 Nicolai Avzentiev 798
아브크센테프 Nicolai Avksentev 461

아제프 Yevno Azev 308, 390, 397,
  518, 710
아키모프 353~56
악사코프 Ivan Aksakov 179
악셀로드 Pavel Axelrod 165, 191,
  205, 243~44, 246, 258, 261, 266,
  306, 308, 328~29, 332, 337~39,
  350, 353, 359, 361~69, 420, 427,
  441, 456~60, 497~98, 532~33,
  551, 559, 568, 582, 624, 691, 744,
  798
알렉산드라 Alexandra Lvovna Sokol-
  ovskaya 312~13, 315~17, 320~
  23, 336, 734~35, 767
알렉산드라 Empress Alexandra Fedo-
  rovna 234, 495
알렉산드르 1세 Alexandr I 68,
  85~91, 93, 100, 103, 297
알렉산드르 2세 Alexandr II 125,
  129, 136~77, 180, 298~99, 388
알렉산드르 3세 Alexandr III 178~
  82, 304
알렉산드르 Alexandr Ilyich Ulyanov
  217~20
알렉세에프 Mikhail Alekseev 758,
  766~68, 772, 774, 827
알렉세이 Alexei Mikhailovich 50,
  53~54,
알렉시우스 Alexius 495, 732, 774~

76
알렉신스키 Alexinsky 527, 546, 700
알릴루에바 Nadezhda Allilueva 632,
  653, 877
알릴루에프 Sergei Alliluev 630, 632
야로슬라프스키 Emilian Yaroslavsky
  546, 604, 611, 614~15, 617~18,
  644, 656, 664, 666
야비치 Yavich 318
야코블레프 Ivan Alexeyevich Yako-
  vlev 856~57
야쿠보비치 Alexandr Yakubovich
  102
야쿠슈킨 Ivan Yakushkin 96
야파리드제 657, 661
에누키드제 Abel Enukidze 604~06,
  614, 630, 638~46, 661
에르몰로프 Aleksei Ermolov 413~
  14, 469
에블로기 Evlogi 478
에센 Essen 374~75, 442
에카테리나 1세 Ekaterina I 68
에카테리나 2세 Ekaterina II 70~73,
  76~78, 80~83,
에피모프 251
엘리자베타 Elizabetha 69~70
엥겔스 Friedrich Engels 123, 159,
  171, 184~85, 198, 200, 242~43,
  245, 260~61, 569, 571, 577, 616,

682~83, 685, 691, 696, 831

오가리오프 Nicholai Platonovich Ogaryov 119, 123~24

오도예프스키 V. F. Odoyevsky 128, 132

오라헤라시빌리 Mamia Orakhela-shvili 605~06

오르조니키드제 606, 614, 637, 639, 646, 671, 706~07

오볼렌스키 Evgeni Obolensky 102~03, 465~66

오시포비치 Osipovich 313

오웬 R. Owen 184

오쿠야바 M. Okujava 646~47

올리야 Olya; Olga 301

올민스키 Olminski 374

옵틴스키 Makarios Optinsky 131

요제프 1세 Franz Joseph I 725~26

요페 A. A. Joffe 688~89

우리츠스키 836

우바로프 Sergei Uvarov 112, 146

우테친 S. V. Utechin 125

운슐리히트 Unschlicht 548

울람 Adam B. Ulam 295, 338~39, 805

웨브 부처 Sidney and Beatrice Webb 250, 256

위테 Sergei I. Witte 182~83, 238~39, 257, 379, 385, 392~94, 413,

444, 446~50, 460, 465, 469~70, 472, 475~76, 482~83, 487~88, 492~93

윅스 Albert L. Weeks 160

윌슨 Edmund Wilson 173, 227, 250, 258, 332, 483, 745

유딘 Gennadii Vasilyevich Yudin 248~49

유수포프 Felix Yusupov 735~42

이그나티에프 Ignatiev 5430~44

이네사 Inessa Armand 747~49, 801, 804, 869

이레마시빌리 Iosif Iremashvili 602, 617, 619~20, 649~51, 654

이리나 공주 Princess Irna 736~37

이바노프 Nicolai Ivanov 772~73

이반 3세 Ivan Ⅲ 31, 35~36, 44

이반 4세 Ivan Ⅳ 36~42

이반 5세 Ivan Ⅴ 56

이스트맨 Max Eastman 320

이인호(李仁浩) 697

일리야 Ilya Nicolaevich Ulyanov 214~17

ㅈ

자누스케비치 Zhanuskevitch 729

자리노프 670

자보이코 Zaboyko 826

자수리치 Vera Zasulich 175~76,

196~97, 205, 246, 259, 266, 276, 308, 328, 337~39, 350, 361~62, 367~68, 568, 650, 691

자이치네프스키 Pyotr G. Zaichnevsky 156~57

자하리나 Natalia A. Zakharina 124

제트킨 Clara Zetkin 542, 571, 584

젠코프스키 V. V. Zenkovsky 128

젤리아보프 A. I. Zheliabov 176, 397

젤린스키 N. Zelinsky 704

조르다니아 Noak Zhordania 350, 546, 627~30, 634, 636, 641, 661, 668

조사 643

조지 5세 King George V 793

주바토프 Ergei Vasilievich Zubatov 386~87, 389~91, 402

주코프스키 Vasily A. Zhukovsky 130

준코프스키 Junkovsky 715

즈겐티 T. Zhgenti 646

즈보로브스키 Zborovski 461

즐리드네프 Zlydnev 479

지나 Zina 323

지노비에프 Gregory Zinoviev 306, 527, 546~47, 558, 588, 678, 684, 691, 704, 706~07, 715, 717, 750, 804, 809, 817, 832, 834, 836~38, 871, 874~75

지브 Ziv 316, 318~19, 321~22

지블라드제 Sylvester Gibladze 613, 645, 670

지토미르스키 Jacob Zhitomirsky 350, 558, 709~10

지틀로프스키 Zhitlovsky 308

ㅊ

차아다에프 Pyotr Chaadaev 115~16, 120

차이코프스키 Nicolai Chaikovsky 335

챔벌린 Chamberlin 778

체레텔리 Hercules Tseretelli 629, 781, 813~14

체레텔리 I. G. Tsereteli 546, 661

체르노프 Viktor Chernov 380, 798, 813, 827

체르니셰프스키 Nicholas Chernyshevsky 123, 143~53, 155~57, 161, 190, 198, 207

체르케소프 Cherkesov 335

츠헤이드제 Nicholas Chkhkeidze 661, 713, 769, 788, 790, 805

치체린 Boris Chicherin 381, 559, 863

ㅋ

카가노비치 Lazar Kaganovich 606,

614, 639

카라코조프 Dmitry V. Karakozov
171

카람진 Nicholas M. Karamzin
87~88, 91, 115, 213

카르포비치 Mikhail Karpovich 160

카메네프 Leo Borisovich Kamenev
306, 527, 546, 632~33, 635, 655~
58, 661, 666, 678, 691, 704, 744,
804, 808, 812, 832, 834, 836~38,
845, 871, 874~75

카모 Semyon A. T. P. Kamo 554~
60, 621, 668, 709

카우츠키 Karl Kautsky 243, 245,
260, 266, 288, 369, 542, 570~72,
574~75, 587, 589, 607, 643, 702,
721, 744

카주로프 Kazhurov 764

카프타라드제 S. Kavtaradze 646

칸테미르 A. B. Kantemir 80

칸트 Immanuel Kant 126, 171, 261,
696

칼라일 Thomas Carlyle 88

칼리닌 Mikhail Kalinin 614, 630~
31, 706~07

칼미코바 A. M. Kalmykova 277

케난 George F. Kennan 109

케렌스키 Alexaner F. Kerensky 213,
419, 492, 601, 603, 689, 730,

769~70, 773, 776, 778, 780,
783~86, 792~95, 799, 813~15,
818, 822~30, 832, 840~41, 859,
864

케르젠체프 Platon M. Kerzhentsev
442

케트스호벨리 Lado Ketskhoveli 619,
621, 630, 634~35, 639~45, 660~
61

코르닐로프 Lavr G. Kornilov 810,
822, 824~30,

코미사로프 Kommissarov 554,
676~77

코셀리오프 A. I. Koshelyov 128

코프 Kopp 689

콜론타이 252, 650, 709, 836

콜트조프 Koltzov 350

쿠르나토프스키 Victor Kurnatovsky
630, 632, 661

쿠스코바 E. D. Kuskova 257

쿠쿠슈킨 Kukushkin 677

쿠투조프 Mikhail Kutuzov 93~94,
97

쿨만 Richard von Kuhlmann 817

퀴스틴 후작 Marquis de Custine
108~09, 111

퀴헬베커 W. Kuchelbecker 103

크노린 Popoy Knorin 657

크누니얀츠 Knuniyants 374

크라시코프 Krasikov 352, 374

크라신`Leonid Krassin 341, 350, 372~73, 383, 418, 439~42, 459, 527, 541~42, 546~47, 553~55, 557~60, 606, 630~32, 639, 641~44, 646, 661, 699, 709

크랭크쇼 Edward Crankshaw 175, 515

크레머 Arkadi Kremer 244, 350

크로포트킨 Pyotr Kropotkin 157, 239~40, 798, 865

크루프스카야 Nadezhda Konstantinovna Krupskaya 225~28, 246~47, 254~56, 281, 325, 328~29, 332, 334, 339, 341, 361, 365, 373~74, 417, 420, 442~43, 544, 547, 554, 606, 624, 626, 642, 650, 659, 663~64, 675~79, 681~82, 684, 705, 709, 716~17, 747~50, 801, 804, 806, 818, 867~68

크르지자노프스키 Zinaida Krzhizhanovsky 247, 249, 252, 325, 331, 333, 341, 362~63

크리보셴 A. V. Krivoshein 730~31

크리자노프스키 Sergei Kryzhanovsky 489, 522

크세신스카야 Kshesinskaya 806

클라우제비츠 von Clausewitz 421

클레어 Claire(Kler) 325~26

클뤼제레 Cluseret 421

키리예프스키 Ivan Kireyevsky 128~29, 131

키리예프스키 Pyotr Kireyevsky 128

ㅌ

타라투타 Victor Taratuta 543~44, 546~47, 633

타티슈체프 Vasily Tatishchev 79

테오도로비치 547

토로셰리드제 M. Toroshelidze 646

토크빌 Alexis de Tocqueville 109, 142

토푸리드제 Topuridze 362

톨스토이 Leo Tolstoy 218, 227, 240, 247, 308, 320, 324, 383, 402, 516

톰스키 M. P. Tomsky 291, 546, 704, 874

투간 바라노프스키 Tugan Baranowsky 245, 276

투르게네프 Ivan Turgenev 95, 106, 138, 153, 155, 218, 255, 695

투르게네프 Nicolai Turgenev 95~96, 98, 105~06

트레차코프 Ivan Tretyakov 79

트레포프 D. F. Trepov 175~76, 386, 388, 410, 444, 446, 450, 452, 466, 472, 475, 742

트로츠키 Leon Trotsky 29~30, 77,

173, 215, 233, 235~36, 279, 296~
328, 331~38, 353~55, 359~60,
365~66, 394, 400, 420, 426~31,
433~43, 459~61, 471~75, 479~
80, 482~85, 487, 497~500, 530,
533, 536, 545, 564. 575, 577, 604,
607~10, 622, 625, 630~31, 637,
649~50, 659, 663, 667, 680, 684~
94, 722, 735, 750, 778, 782, 799,
804, 808~09, 815, 817, 823, 830,
832~34, 836, 838~40, 842~44,
846~47, 849, 867, 870~73

트루베츠코이 공 Prince Sergei Tru-
betskoy 96, 101, 396, 416, 446,
469

트술라드제 645~46

트술루키드제 Tsulukidze 634, 645,
661

트스카카야 Mikha Tskhakaya 657,
659, 661

트신차드제 K. Tsintsadze 646

트카초프 Peter N. Tkachev 150~51,
155, 157, 159~70, 194, 285~86

티스즈카 Jan Tyszka 547

ㅍ

파고진 M. P. Pagogin 128~30

파레스 Bernard Pares 728

파르부스 A. L. Parvus 260, 427~28,
430~33, 436~38, 440, 459, 497,
533, 577, 582, 643, 691

파벨 1세 Pavel I 72, 74, 85~86

파블로비치 대공 Grand Duke
Dmitry Pavlovich 736

파이프스 Richard Pipes 107, 113,
178, 233, 378, 393, 403

페기 Charles Péguy 357

페도로프 Fedorov 774

페도토프 G. P. Fedotov 505

페로 Marc Ferro 724, 755

페르디난드 대공 Archduke Franz
Ferdinand 725

페스텔 Pavel Ivanovich Pestel 96~
99, 101, 105, 156

페인소드 Merle Fainsod 160, 879

페초린 Pechorin 118

페트라세프스키 Mikhail Vasilyevich
Petrashevsky 120

페트로시안 Medvedyeva Ter Pet-
rossian 557

펠스 Joseph Fels 549

포스탈로프스키 D. S. Postalovsky
442, 459

포스트니코프 V. E. Postnikov 225

포이어바흐 L. Feuerbach 126, 144,
149

포크로프스키 M. N. Pokrovsky 205,
220, 527~28, 546, 666, 700, 709

포트레소프 Alexandr N. Potresov 241~42, 244, 247, 265, 276~77, 327~28, 337, 339, 350, 363, 367, 370, 459

포포프 Popov 378, 657

폴리바노프 Polivanov 733

폴리안스키 Poliansky 709

폴리야코프 Polyakov 708

폴코브니코프 Georgi Polkovnikov 839

표트르 대제 Peter Alesseevich Romanov 48, 59~69, 80 120~21, 131, 237

표트프 3세 Peter Ⅲ 70~71

푸가초프 Emilian Pugachev 45, 73~76, 107

푸리시케비치 V. M. Purishkevich 735~36, 738~40, 742

푸리에 Charles Fourier 147, 151, 184, 188

푸슈킨 Alexander S. Pushkin 43, 65, 76, 79~80, 85~86, 97, 109, 114~15, 122, 147, 193, 308

푼다민스키 Fundaminsky 308, 746

프로이트 S. Freud 218

프로코포비치 S. N. Prokopovich 257, 266

프로토포포프 A. Protopopov 733, 741, 756, 759~60, 762, 766, 768,

771~72, 786~87

플레베 V. K. Plehve 275, 382~86, 389, 391~92, 397, 403, 409, 512, 518, 695

플레하노프 Georg V. Plekhanov 159, 178, 189~211, 230, 240~47, 261~64, 278~84, 308, 312, 327~48, 351~56, 358~59, 361~62, 364, 367~68, 370~71, 417, 420, 427, 443, 459, 461~64, 491, 529~31, 535, 540, 549~50, 559, 568~69, 624, 628~30, 637, 666, 668, 691, 693, 702, 705~06, 708, 745, 798~99, 807, 865, 881

피사레프 Dimitri Pisarev 143, 154~55, 160, 387

피셔 Louis Fischer 454, 472

피아트니츠스키 Piatnitsky 657

피히테 Johann G. Fichte 119

필수드스키 Josef Pilsudski 396, 537, 579, 581

핑거 650

ㅎ

하네키 Jacob Hanecki 350, 548, 715

하디 Deborah Hardy 160

하디 Keir Hardie 744

하르딘 A. N. Khardin 224

하발로프 Sergei Khabalov 760~61,

763~64, 766, 771

하세 Hasse 744

하우 Irving Howe 297, 301

하코프스키 Pyotr Khakovsky 103,
105

할투린 S. N. Khalturin 197

헤겔 Georg W. Friedrich Hegel 119,
130, 144, 146, 171, 242, 261

호먀코프 Alexis Stepanovich Khomya-
kov 131~32

호프만 Hoffmann 802

홉스 Thomas Hobbes 48, 167

홉슨 J. A. Hobson 752

화이트 Andrew Dickson White 109

힌덴부르크 Paul von Hindenburg
728

힌드맨 Hyndman 395

힐퍼딩 587~89, 690, 720~21, 752